2022

中国烟草年鉴

CHINA
TOBACCO
YEARBOOK

《中国烟草》杂志社有限公司　编

中国经济出版社
CHINA ECONOMIC PUBLISHING HOUSE

2021年9月28日，国家烟草专卖局党组书记、局长，中国烟草总公司总经理张建民在湖北十堰竹山县擂鼓镇烟墩梓村调研

《东方烟草报》社 岳武东 摄

2021年4月27—29日，国家烟草专卖局党组书记、局长，中国烟草总公司总经理张建民（中）在海南烟草调研。图为张建民在屯昌实验基地调研雪茄烟叶生长情况

海南省局 陈少阳 摄

2021年4月25日，国家局党组成员、副局长徐瑾（前排中）在宁夏吴忠红寺堡区调研

宁夏区局 郭 莉 摄

2021年7月7日，国家局党组成员、副局长段铁力（左三）走访重庆卷烟零售户

重庆市局 涂金周 摄

国家局、总公司领导调研

2021年5月11日，国家局党组成员、副局长张天峰（前排中）在广西中烟调研

广西中烟　供稿

2021年4月20—22日，国家局党组成员、副局长韩占武（中）在浙江烟草调研。图为韩占武参观浙江省局（公司）党建文化园

浙江省局　供稿

1 2021年1月18日，2021年全国烟草工作电视电话会议在北京召开

《中国烟草》杂志社 陈兴杰 摄

2 2021年1月20日，2021年烟草行业安全生产电视电话会议在北京召开

《中国烟草》杂志社 赵 男 摄

1

2

1 2021年3月1日，全国烟草行业落实全面从严治党主体责任工作会议以电视电话会议形式在北京召开

《中国烟草》杂志社　陈兴杰　摄

2 2021年3月3日，烟草行业党史学习教育动员会以电视电话会议形式在北京召开

《中国烟草》杂志社　陈兴杰　摄

3 2021年3月10日，2021年全国烟草行业财务审计工作会议以电视电话会议形式在北京召开

《中国烟草》杂志社 赵 男 摄

4 2021年3月18日，2021年全国烟草专卖管理工作电视电话会议在北京召开

《东方烟草报》社 王文华 摄

1 2021年3月19日，2021年全国烟草行业网络安全和信息化工作会议以电视电话会议形式在北京召开

《中国烟草》杂志社 周 茹 摄

2 2021年3月25日，全国烟草行业2021年党的建设暨人事工作电视电话会议在北京召开

《中国烟草》杂志社 陈兴杰 摄

3

4

5

3 2021年3月25日，中国烟草职工思想政治工作研究会第九次会员代表大会以电视电话会议形式在北京召开

《中国烟草》杂志社　陈兴杰　摄

4 2021年4月2日，2021年全国烟草行业规范管理工作电视电话会议在北京召开

《中国烟草》杂志社　陈兴杰　摄

5 2021年4月20日，2021年行业经济运行、卷烟销售暨物流工作电视电话会议在北京召开

《中国烟草》杂志社　陈兴杰　摄

1

2

1 2021年6月30日，国家烟草专卖局庆祝中国共产党成立100周年暨机关“两优一先”表彰大会在北京召开

《中国烟草》杂志社　陈兴杰　摄

2 2021年7月13—14日，全国烟叶高质量发展现场会在四川凉山西昌市召开

四川省局　供稿

3 2021年7月20日，国家局党组理论学习中心组（扩大）参观“不忘初心、牢记使命”中国共产党历史展览

《中国烟草》杂志社 陈兴杰 摄

4 2021年9月24日，全国烟草科技创新大会以电视电话会议形式在北京召开

《中国烟草》杂志社 陈兴杰 摄

5 2021年8月27日，2021年全国烟草行业多元化投资管理工作电视电话会议在北京召开

《中国烟草》杂志社 陈兴杰 摄

1 2021年10月8日，国家局、总公司机关举行升旗仪式，庆祝中华人民共和国成立72周年

《东方烟草报》社 王文华 摄

2 2021年11月15日，烟草行业学习贯彻党的十九届六中全会精神动员会以电视电话会议形式在北京召开

《中国烟草》杂志社 陈兴杰 摄

1

2

1 2021年5月31日，“金叶先锋·担当奉献”烟草行业庆祝建党100周年主题宣讲首场报告会在北京召开

《中国烟草》杂志社 陈兴杰 摄

2 2021年6月18日，国家局、总公司举行“党旗引领下的中国烟草”专题展览启动仪式

《中国烟草》杂志社 陈兴杰 摄

1 2021年6月22日，为庆祝建党百年，细化“我与客户共成长”“我为基层服好务”等主题实践，烟草新零售研讨会暨第二届零售服务之星评选活动在湖南长沙市启动

《中国烟草》杂志社 供稿

2 2021年5月24日，国家局、总公司机关举办“党在我心中”党史知识竞赛决赛，《中国烟草》杂志社有限公司获得一等奖

《中国烟草》杂志社 陈兴杰 摄

3 2021年6月5日，黑龙江佳木斯市局（公司）举办“喜迎建党百年史，我与客户共成长”黑龙江省第四届卷烟零售客户节

黑龙江佳木斯市局 吕海涛 摄

4

5

6

4 2021年4月，上海烟草集团举办“根基血脉 力量之源——党的群众路线百年历程图片史料展”

上海烟草集团 供稿

5 2021年6月29日，江苏省局（公司）举办庆祝建党100周年主题活动——“闪亮的名字”首届最美苏烟人发布仪式

江苏省局 柳 庆 摄

6 2021年6月23日，浙江金华浦江县局（分公司）组织开展庆祝建党100周年“我与党旗合影”创意拍摄活动

浙江省局 供稿

1 2021年6月28日，安徽芜湖市局（公司）举办"学党史唱红歌颂党恩庆华诞"庆祝建党100周年红歌大合唱

安徽芜湖市局 孙玉玲 摄

2 2021年6月23日，福建省局（公司）联合福州北江社区为机关和社区老党员颁发"光荣在党50年"纪念章

福建省局 林麦梓 摄

3 2021年10月20日，福建中烟厦门烟草工业有限责任公司举办庆祝建党100周年“永远跟党走”新时代主题快闪活动

福建中烟　供稿

4 2021年4月20日，江西赣州兴国县局（分公司）开展“党史学习教育赠书”活动

江西省局　供稿

5 2021年6月，河南省局（公司）“党旗引领下的河南烟草商业”成就展开展

河南省局　供稿

1 2021年6月21日，河南中烟漯河卷烟厂举行庆祝建党100周年新党员入党宣誓暨老党员重温入党誓词活动

河南中烟　张园营　摄

2 2021年4月12日，湖北宜昌城区局（营销部）在零售户“党员之家”开展党史学习教育活动，聆听老党员讲党课

湖北宜昌城区局　李　灿　摄

3 2021年4月23日，湖南中烟长沙卷烟厂青年职工在橘子洲头开展庆祝建党100周年“品读红色经典 感受伟人情怀”学党史读书班活动

湖南中烟 供稿

4 2021年11月19日，湖北中烟举办“传承红色基因——我来讲党史”员工大讲堂演讲比赛决赛

湖北中烟 供稿

5 2021年7月4日，湖南省局（公司）举办湖南烟草商业系统庆祝建党100周年文艺演出

湖南省局 供稿

1 2021年4月29日，广西河池市局（公司）开展“唱红歌 颂党恩 抗美援朝老兵讲革命故事”活动

广西河池市局 潘棉纯 摄

2 2021年5月20日，广西中烟党支部在广西柳州三江县林溪镇科马界红军路革命遗址开展党史学习教育活动

广西中烟 供稿

3 2021年7月14日，海南省局（公司）组织“椰海金叶”志愿者服务队开展“走进客户——我与客户共成长”系列主题党日活动

海南省局 王升庆 摄

4　2021年5月7日，重庆巫山县局（分公司）组织开展“抢抓农时助移栽，我为烟农办实事”活动

重庆巫山县局　王思懿　摄

5　2021年4月13日，中共四川中烟党组理论学习中心组2021年第二季度集中学习暨党史学习教育读书班在四川长征干部学院甘孜泸定桥分院开班

四川中烟　戴　坤　摄

1 2021年9月2日，云南中烟红塔集团昭通卷烟厂党委举办“走过 100 年”西柏坡党史学习教育培训班

云南中烟 供稿

2 2021年9月28日，云南中烟红云红河集团开展庆祝建党100周年“我为群众办实事”2021年度突破杯短视频制作技能竞赛

红云红河集团 黄 倩 摄

3 2021年9月8—10日，陕西延安市局（公司）组织开展“情系烟农 我为烟农办实事”助农实践活动

陕西省局 供稿

4 2021年4月30日，陕西中烟宝鸡卷烟厂举办喜迎建党100周年“我心向党”职工广场舞大赛

陕西中烟 供稿

3

4

1 2021年6月8日，青海海北藏族自治州局（公司）党史学习教育领导小组办公室在尕布龙时代楷模纪念馆开展“红色基地忆党史 不忘初心跟党走”主题党日活动

青海省局 供稿

2 2021年10月22日，宁夏区局（公司）举办庆祝建党100周年机关青年党员突击队成立暨授旗仪式

宁夏区局 郭莉 摄

3 2021年6月30日，“金叶先锋·担当奉献”烟草行业庆祝建党100周年主题巡回宣讲报告会在新疆区局（公司）举办

新疆区局 齐嫣雯 摄

1 2021年，烟草行业拍摄有关案件警示教育片，深化警示教育

国家局廉政办（巡视办） 供稿

2 2021年4月29日，江苏省局组织举行“六个严禁”集体承诺暨宣誓仪式

江苏省局　薛文娟　摄

1

2

1 2021年7月29日，安徽合肥市局（公司）组织党员领导干部参观安徽省廉政警示教育基地

安徽合肥市局 顾思杰 摄

2 2021年3月5日，湖南省局（公司）召开全省烟草商业系统落实全面从严治党主体责任暨纪检监察工作会议

湖南省局 孙 衎 摄

3 2021年11月10日，湖北中烟召开警示教育大会

湖北中烟　供稿

4 2021年6月16—18日，广西中烟组织副处级以上党员干部到广西百色市全国廉政教育基地参观

广西中烟　供稿

1 2021年11月24日，海南三亚市局（公司）组织参观"牢记前车之鉴 绷紧纪律之弦"2021年全省党员干部警示教育三亚巡回展

海南三亚市局 石大阳 摄

2 2021年4月7日，四川中烟召开"两项整改"专项巡察动员部署暨巡察组进驻动员会

四川中烟 邹忠鑫 摄

1

2

1 2021年5月31日至6月4日，北京市局（公司）举办北京烟草第一期干部专业化能力提升培训班

北京市局 供稿

2 2021年5月14日，“全国示范性劳模和工匠人才创新工作室”在河北白沙烟草有限责任公司挂牌

河北中烟 供稿

1 2021年5月12日，内蒙古呼和浩特市局（公司）开展2021年客户经理职级评定“业务能力测试”

内蒙古区局 供稿

2 2021年5月17日，上海烟草集团举办2021年“上海烟草工匠”命名颁奖会暨职工创新工作室创建推进会

上海烟草集团 供稿

3 2021年，浙江省局（公司）组织开展“‘互联网+烟草专卖商业’浙江模式青年说”全省烟草商业系统巡回宣讲

浙江省局 供稿

4 2021年3月4日，福建中烟厦门烟草工业有限责任公司举办第13届金桥杯职工技能竞赛

福建中烟 供稿

5 2021年10月27—29日，河南省局（公司）第三届烟草物流岗位技能竞赛在驻马店市举办

河南省局 供稿

1 2021年7月10—13日，湘鄂赣烟草商业系统打叶复烤设备修理职业技能竞赛在湖南烟叶复烤有限公司举办

湖南省局　供稿

2 2021年10月19日，重庆中烟举办“最美追赶者”先进事迹巡回宣讲

重庆中烟　孙　健　摄

3 2021年9月14日，四川省局（公司）举行四川烟草商业系统首届公文写作能力竞赛开班仪式

四川省局 供稿

4 2021年10月22日，四川中烟什邡卷烟厂举办2021年烟机设备维修技能大赛

四川中烟什邡卷烟厂 肖 望 摄

5 2021年9月25日，“贵烟杯”第五届贵州中烟烟机设备机械修理职业技能竞赛在毕节卷烟厂举办

贵州中烟 刘大强 摄

1 2021年6月22日，云南省局（公司）举办云南烟草商业脱贫攻坚总结暨劳动模范表彰大会

云南省局 供稿

2 2021年5月12日，陕西烟草商业系统创新人才库成员在上海大数据交易中心进行学习交流

陕西省局 供稿

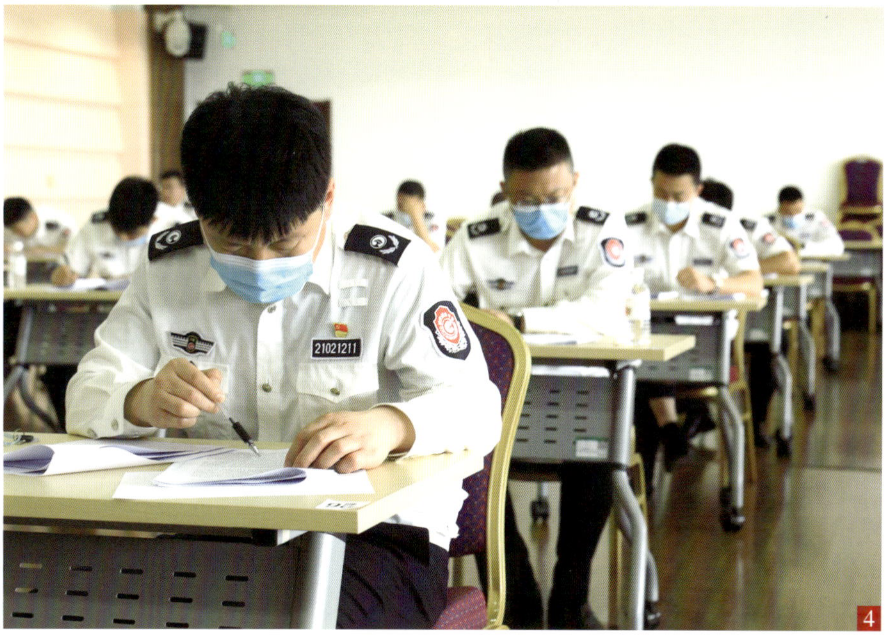

3 2021年12月7—8日，陕西省企业数字化转型特派员进企诊断服务启动仪式在陕西中烟宝鸡卷烟厂举行

陕西中烟　供稿

4 2021年5月28日，大连市局（公司）组织开展专卖管理岗位技能竞赛选拔考试

大连市局　孙家辉　摄

1 2021年9月28日，南纤公司举办新《中华人民共和国安全生产法》专题讲座

南纤公司　供稿

2 2021年10月19日，首届烟草行业青年技能竞赛——烟叶评级职业技能竞赛在河南郑州市开幕。图为参赛选手比赛现场

《中国烟草》杂志社　供稿

1 2021年9月29日，北京市局（公司）举办北京烟草第八届职工运动会

北京市局 供稿

2 2021年7月20日，张家口卷烟厂有限责任公司举办“文化引领 技术创新 护航企业安全发展”主题安全技术与安全文化论坛

张家口卷烟厂有限责任公司

高 毅 摄

3 2021年4月17日，内蒙古包头市局（公司）举办“百人健步跟党走，百题竞答思党恩”主题健步行活动

内蒙古区局 供稿

1 2021年11月26日，上海烟草集团举行“同升一面旗·共唱一首歌”升旗仪式暨《上海市志·工业分志·烟草业卷（1978—2010）》首发式

上海烟草集团　供稿

2 2021年9月18日，浙江金华浦江县局（分公司）组织员工开展素质拓展活动

浙江省局　供稿

3 2021年7月28—29日，福建中烟举办职工羽毛球比赛

福建中烟　供稿

4 2021年8月27日，江西九江都昌县局（分公司）工作人员向零售户讲解“星火”文化理念体系

江西省局 供稿

5 2021年5月20日，山东中烟青州卷烟厂举行“工匠日”“工匠月”活动启动仪式，将每年5月18日设为厂“工匠日”，5月设为厂“工匠月”

山东中烟青州卷烟厂
刁立鹏 摄

6 2021年2月7日，河南三门峡市局（公司）机关党委开展“迎春送暖 传递党恩”新文明实践雷湾村赠春联活动

河南三门峡市局
姚 谆 摄

4

5

6

1 2021年12月，第四届湖北烟草工商协同全民健身活动成功举办

湖北中烟　供稿

2 2021年4月25日，湖南张家界市局（公司）举办纪念“五四运动”102周年青春巡礼报告会，青年员工面对国旗现场宣誓

湖南张家界市局　李　欢　摄

3 湖南中烟与社会公益组织在长沙首创的纯公益定位全民共享公共文化空间——“圭塘河共享图书馆”（2021年）

湖南中烟　周腾浪　摄

4 2021年9月16日，广东肇庆市局（公司）举办肇庆市烟草系统2021年篮球比赛

广东省局　供稿

5 2021年10月27日，广西钦州市局（公司）举办法纪道德讲堂“员工说纪”警示教育会暨“清风传家 严以治家”廉政家风作品颁奖会

广西区局　供稿

1 2021年7月15日，广西中烟多元化企业真龙天瑞彩印包装有限公司举办“传承红色基因 致敬建党百年”2021年红色·安全运动会

广西中烟 供稿

2 2021年7月30日，海南海口市局（公司）举办“勇当先锋·实干担当”先进事迹宣讲活动

海南海口市局 王升庆 摄

编写说明

一、《中国烟草年鉴》是全面反映中国烟草行业改革和发展情况以及所属各企业发展概貌的专业性、权威性行业综合年鉴。自1996年创刊以来，已先后编纂出版了1991—1995年、1981—1990年、1996—1997年、1998—1999年、2000年、2001年、2002年、2003年、2004年、2005年、2006年、2007年、2008年、2009年、2010年、2011—2012年、2013年、2014年、2015年、2016年、2017年、2018年、2019年、2020年、2021年共25卷。从2004年卷起，由《中国烟草》杂志社有限公司《中国烟草年鉴》编辑部具体负责编辑工作。

二、《中国烟草年鉴(2022)》设有特载，大事记，行业概览，国家烟草专卖局 中国烟草总公司组织机构，党史学习教育，烟草专卖管理与经营，烟草工业，科研和教育培训，新闻舆论和文化建设，公益活动，社会责任报告选登，重要政策法规与文件选登，先进人物与先进集体，附录共计14个栏目。本卷年鉴“栏目”下设“分目”“条目”。

三、本卷年鉴主要收录了2021年全国烟草行业发展的工作情况。各栏目内容充实，信息量大，反映了行业改革发展的历程，具有很强的权威性、延续性。为更直接展示行业工作与成就，2022年卷年鉴在正文中配图，采用四色印刷，表现形式多样；并以彩图配合相关栏目，生动、直观、全面地反映行业各方面发展情况，彩图涉及面广，内容丰富。

四、在总体结构上，本卷年鉴积极适应烟草行业改革发展和行业类年鉴编纂新要求，突出综述性条目和特色条目，加强对行业总体情况的反映，力求全面呈现烟草产业各发展环节的情况。

五、本卷年鉴中，“国家烟草专卖局”简称“国家局”，“中国烟草总公司”简称“总公司”；“××烟草专卖局(公司)”简称“××局(公司)”，“××中烟工业有限责任公司”简称“公司”或“××中烟”。

六、计量单位标准：卷烟计量单位1万箱=5亿支，1万件=1亿支，1箱=5万支；非法流通卷烟以万件、件为计量单位；面积单位：烟叶种植面积使用万亩、亩，其余均使用公制单位；烟叶计量单位1万吨=20万担。

七、专用名词：“低焦油卷烟”在未特别说明的情况下，特指焦油量8毫克/支及以下卷烟。“重点品牌”，包括2021年卷烟重点品牌(规格)、中高端卷烟销量排名前15位品牌、卷烟销售额排名前15位品牌以及雪茄烟重点品牌。2021年卷烟重点品牌(规格)包括“云烟”“双喜·红双喜”“利群”“红塔山”“南京”“黄金叶”“黄鹤楼”“黄山”“芙蓉王”“泰山”“白沙”“七匹狼”“中华”“玉溪”“贵烟”“钻石”“娇子”“真龙”“好猫”“长白山”“兰州”“金圣”“红河”“苏烟”“红金龙”“龙凤呈祥”“牡丹”“天子”“延安”“中南海”“冬虫夏草”等31个品牌,以及“金桥”“都宝”“长城(醇雅薄荷)”等3个视同重点品牌(规格);中高端卷烟(二类以上)销量排名前15位品牌为“利群”“黄鹤楼”“芙蓉王”“南京”“云烟”“中华”“玉溪”“双喜·红双喜”“黄山”“七匹狼”“黄金叶”“贵烟”“真龙”“苏烟”“娇子”;卷烟销售额排名前15位品牌为“中华”“利群”“云烟”“黄鹤楼”“芙蓉王”“南京”“双喜·红双喜”“黄金叶”“玉溪”“黄山”“白沙”“贵烟”“七匹狼”“泰山”“红塔山”;雪茄烟重点品牌为“长城”“王冠”“黄鹤楼”“将军”。

八、根据《国家烟草专卖局办公室关于调整卷烟产销量统计数据口径的通知》(国烟办综〔2018〕310号),将卷烟型雪茄烟产销量计入2021年卷烟产、销总量统计。卷烟型雪茄烟,指符合雪茄烟系列国家标准(GB/T 15269—2010)规定的产品技术要求且茄芯由烟丝构成的雪茄烟产品。

九、本卷年鉴中的各种资料、数据,除任免文件、机构设立与调整、先进人物名单、先进人物简介和先进集体名单外,截止时间为2021年12月31日。

编　者

2022年12月

国家局、总公司机关及行业各直属单位主要撰稿人员名单

江厚龙　国家局科技司
许嘉东　国家局科技司
卫明源　中国烟草机械集团有限责任公司
刘新鉴　中国烟草实业发展中心
王智誉　北京市烟草专卖局(公司)
高栓龙　天津市烟草专卖局(公司)
张　强　天津市烟草专卖局(公司)
苏维民　河北省烟草专卖局(公司)
朱永胜　山西省烟草专卖局(公司)
班晓华　内蒙古自治区烟草专卖局(公司)
董春亮　辽宁省烟草专卖局(公司)
王兴谦　吉林省烟草专卖局(公司)
柳　涛　黑龙江省烟草专卖局(公司)
周　强　上海烟草集团有限责任公司
崔云辉　江苏省烟草专卖局(公司)
张雅慧　江苏省烟草专卖局(公司)
游平议　浙江省烟草专卖局(公司)
张璐璐　安徽省烟草专卖局(公司)
傅积恩　福建省烟草专卖局(公司)
刘丽蓉　江西省烟草专卖局(公司)
蔡世龙　山东省烟草专卖局(公司)
包自超　山东省烟草专卖局(公司)
范素娟　河南省烟草专卖局(公司)
刘冠华　湖北省烟草专卖局(公司)
汤　锐　湖南省烟草专卖局(公司)
金　童　湖南省烟草专卖局(公司)
张　慧　广东省烟草专卖局(公司)
黄祥进　广西壮族自治区烟草专卖局(公司)
甘菊萍　海南省烟草专卖局(公司)
严　正　重庆市烟草专卖局(公司)
王恩锋　四川省烟草专卖局(公司)
周必昂　贵州省烟草专卖局(公司)

王津军　云南省烟草专卖局(公司)
郭得敏　西藏自治区烟草专卖局(公司)
杨　智　陕西省烟草专卖局(公司)
毕耜栋　甘肃省烟草专卖局(公司)
陈星竹　青海省烟草专卖局(公司)
杜振平　宁夏回族自治区烟草专卖局(公司)
韩　敏　新疆维吾尔自治区烟草专卖局(公司)
李　阳　大连市烟草专卖局(公司)
陈　兰　深圳市烟草专卖局(公司)
靳丹丹　河北中烟工业有限责任公司
徐　璐　江苏中烟工业有限责任公司
许亚军　浙江中烟工业有限责任公司
孙　群　安徽中烟工业有限责任公司
王瑞安　福建中烟工业有限责任公司
李　杨　江西中烟工业有限责任公司
王绍习　山东中烟工业有限责任公司
陈仕文　河南中烟工业有限责任公司
章　盛　湖北中烟工业有限责任公司
周腾浪　湖南中烟工业有限责任公司
何小凡　湖南中烟工业有限责任公司
李　夏　广东中烟工业有限责任公司
陶海游　广西中烟工业有限责任公司
周健茂　广西中烟工业有限责任公司
范　森　重庆中烟工业有限责任公司
曾庆苗　四川中烟工业有限责任公司
黄　霞　四川中烟工业有限责任公司
高　雕　贵州中烟工业有限责任公司
张宸睿　云南中烟工业有限责任公司
彭　林　云南中烟工业有限责任公司
杨裕萍　云南中烟工业有限责任公司
许　杨　陕西中烟工业有限责任公司
赵英豪　中国烟草总公司郑州烟草研究院
张　睿　中国烟草总公司合肥设计院
杨明伟　中国烟草总公司职工进修学院
严　怡　上海新型烟草制品研究院
刘静静　南通醋酸纤维有限公司
李如音　昆明醋酸纤维有限公司
钟慧婷　珠海醋酸纤维有限公司

国家局、总公司机关各部门、各单位提供资料人员名单

汪为民　办公室(外事司)
郑素平　办公室(外事司)
徐悦理　办公室(外事司)
唐嘉晨　办公室(外事司)
骆　扬　发展计划司
宋启航　专卖监督管理司
张　震　经济运行司
汪　洋　政策法规与体制改革司
孙艺菲　财务管理与监督司(审计司)
刘国帅　人事司
林圣哲　直属机关党委
卢嘉琦　国家局党组党风廉政建设领导小组办公室(巡视工作领导小组办公室)
崔　萌　规范管理办公室
冯晨旭　董事会工作办公室
袁　艺　中共国家烟草专卖局党校(国家烟草专卖局职工培训中心)
耿春磊　烟草经济研究所(政策研究室)
陈海潮　离退休干部办公室
邓永红　机关服务中心(机关服务局)
黄　慧　烟草经济信息中心
王文静　中国烟草学会办事机构
廉鹏举　中国烟叶公司(水源工程建设办公室)
张　潋　中国卷烟销售公司
王垣雯　中国烟草投资管理公司
常　成　中烟国际集团有限公司
孙　妍　中烟商务物流有限责任公司
徐　瑾　中国双维投资有限公司
张　帅　《中国烟草》杂志社有限公司

目录

国家烟草专卖局

中国烟草总公司组织机构

党史学习教育

烟草专卖管理与经营

烟草工业

卷烟生产

雪茄烟生产

烟草机械工业

卷烟辅助材料生产

烟叶加工

科研和教育培训

科研院所

教育培训

授权专利

3 2021年6月17日，重庆市局（公司）举办“渝叶杯”重庆市烟草商业系统第四届职工运动会

重庆市局 涂金周 摄

4 2021年9月，云南中烟举办“点燃心中之火 突破永不止步”2021年职工气排球、桥牌、围棋比赛

云南中烟 供稿

1

2

1 2021年6月22日，陕西西安市局（公司）举办最美奋斗者宣讲会

陕西省局 供稿

2 2021年9月29日，甘肃平凉市局（公司）举办迎国庆趣味运动会

甘肃平凉市局 苏全忠 摄

新闻舆论和文化建设

公益活动

社会责任报告选登

重要政策法规与文件选登

先进人物和先进集体

先进人物名单

先进集体名单

附　录

国际烟草

品牌名录

索　引

Contents

Feature

Memorabilia

Industry Overview

STMA and CNTC Organization

Party History Learning and Education

Monopoly Administration and Business Operation

Industry Manufacture

Scientific Research, Education, and Training

News, Reports, and Corporate Culture

Public Welfare Activities

Selection of Social Responsibility Reports

Selection of Significant Polices, Regulations, and Documents

Outstanding Individuals and Groups

Appendixes

Index

特　载

全力推动党领导下的烟草行业高质量发展 以优异成绩迎接党的二十大胜利召开

——2022 年全国烟草工作电视电话会议在北京召开

1 月 17 日，2022 年全国烟草工作电视电话会议在北京召开。会议的主要任务是：以习近平新时代中国特色社会主义思想为指导，全面贯彻党的十九大和十九届历次全会及中央经济工作会议精神，传达学习贯彻国务院领导同志批示精神，总结 2021 年烟草工作，分析面临的形势，部署 2022 年重点任务。工业和信息化部党组成员，国家烟草专卖局党组书记、局长，中国烟草总公司总经理张建民作工作报告。国家局党组成员、副局长徐璒作总结讲话，党组成员、副局长段铁力、张天峰、韩占武出席会议。

张建民在讲话中指出，2021 年，全行业坚决贯彻落实党中央、国务院决策部署，坚持“总量控制、稍紧平衡，增速合理、贵在持续”方针，全力推动高质量发展、推进高效能治理、造就高素质队伍，全面从严治党取得新成果，高质量发展达到新水平，高效能治理迈出新步伐，高素质队伍得到新提升，实现了“十四五”良好开局。要总结好过去一年行业工作实践和成效，把握正确方向，保持战略定力，强化系统观念，坚持全面从严，防范重大风险，努力做好新时代烟草工作。

在认真分析行业面临的形势后，张建民强调，做好新时代烟草工作，必须旗帜鲜明讲政治，坚持从党和国家工作大局中分析形势、谋划改革、推动发展，准确把握做好行业工作的方向和原则，坚定不移推动高质量发展、推进高效能治理、造就高素质队伍，努力把党领导下的烟草事业全面推向前进。牢牢把握“两个确立”的决定性意义，坚持把习近平新时代中国特色社会主义思想作为做好行业工作的根本指针，强化政治忠诚，深化理论武装，推动实践转化；牢牢把握“三新一高”的战略导向，坚持把创造性贯彻落实党中央决策部署作为做好行业工作的根本要求，胸怀“国之大者”，找准行业定位，融入全局发展；牢牢把握“两个大局”的时代要求，坚持把顺应宏观经济社会环境作为做好行业工作的根本依据，顺应政策取向，顺应经济环境，顺应社会变化；牢牢把握“以人民为中心”的发展思想，坚持把满足人民美好生活需要作为做好行业工作的根本目的，推进行业与社会共建共享，助力全体人民共同富裕。

会议指出，做好 2022 年烟草工作，要坚持稳中求进工作总基调，完整、准确、全面贯彻新发展理念，服务和融入新发展格局，全面深化改革创新，坚持以供给侧结构性改革为主线，统筹疫情防控和生产经营，统筹发展和安全，继续落实“六稳”“六保”任务要求，坚持“总量控制、稍紧平衡，增速合理、贵在持续”方针，更加注重稳增长、调结构、推改革、育品牌、强素质、防风险，纵深推进全面从严治党，坚定不移推动高质量发展、推进高效能治理、造就高素质队伍，保持经济运行在合理区间，以扎实行动助力保持平稳健康的经济环境、国泰民安的社会环境、风清气正的政治环境，以优异成绩迎接党的二十大胜利召开。

会议提出了2022年的目标任务：坚持稳字当头、稳中求进，把保持经济平稳运行和市场良好状态摆在优先位置，综合考虑当前与长远、需要与可能、全局与局部，以系统观念优化目标管理，在质量效益明显提升基础上保持经济运行在合理区间。

会议强调，要切实担负起稳定宏观经济的政治责任、经济责任，积极推出有利于经济稳定的政策，坚决落实政策发力适当靠前的部署要求。在推动高质量发展的政策取向上，认真抓好“1+6+2”政策体系和“十四五”规划体系落实落地，有针对性做好跨周期政策设计，把短期调控和长期发展结合起来，创新完善重点政策举措，切实提高行业发展的稳定性、协调性、可持续性；在推进高效能治理的政策取向上，着力推进改革攻坚，研究制定或完善相关政策，不断提高政策的统一性、规则的一致性、执行的协同性，全面提升行业治理法治化、制度化、规范化水平；在造就高素质队伍的政策取向上，着眼于领导班子和干部队伍建设需要，破除体制机制障碍，以更大力度发现培养选拔优秀年轻干部，培养引进行业稀缺专业型干部，关心重视和持续加强基层建设。

会议强调，全行业要按照“稳”“进”“实”的要求，统筹兼顾、突出重点、把握关键，扎实做好2022年重点工作。一要加强政治建设，发挥全面从严治党政治引领和政治保障作用。深入推进党的建设，巩固拓展党史学习教育成果，始终坚持从严要求，更加注重标本兼治，把党的全面领导落实到行业工作各领域、各方面、各环节。二要完善运行调控，稳定行业经济大盘。坚定不移贯彻“十六字”方针，坚持跨周期和逆周期调节有机结合，提高运行调控的前瞻性、针对性，促进更高水平供需动态平衡，努力实现“稳”和“进”平衡联动、相互支撑。三要深化改革创新，推进高水平自立自强。着力深化重点领域和关键环节改革，深入推进创新驱动发展战略，全面实施数字化转型战略，扎实推动绿色低碳循环发展。四要突出品牌引领，提高供给体系质量和效率。牢固树立重视品牌、聚焦品牌的生产经营导向，强化品牌培育维护，推动品牌提质升级，稳定品牌合作生产，统筹全系列烟草产品协同发展。五要夯实产业基础，促进全产业链循环畅通无阻。加快实施产业基础再造和产业链提升工程，坚决稳固烟叶基础，巩固工业制造优势，强化现代流通支撑，增强配套保障能力，加强企业基础管理。六要依法合规监管，规范市场秩序行为。全面推进法治烟草建设，依法加强电子烟监管，强化烟草打假打私，提升规范管理效能，一体提升依法行政、依法管理、依法生产经营的能力和水平。七要提升队伍素质，激发干事创业活力。坚持党管干部、党管人才，把好选人用人导向，完善干部考核评价，强化干部管理监督，全方位培养引进用好人才，关心重视基层一线。八要防范重大风险，营造良好发展环境。坚决贯彻党中央关于防范化解重大风险的决策部署，全面贯彻落实总体国家安全观，增强风险防范能力，防范重大风险隐患。

就贯彻落实会议精神，徐璒在总结讲话中提出三点要求：一要及时广泛传达会议精神，营造学习贯彻浓厚氛围。准确把握全年工作部署要求，统一思想、凝聚共识，增强信心、鼓舞干劲，努力推动行业高质量发展、高效能治理、高素质队伍取得新进步、见到新成效。二要准确理解把握方向原则，理清工作思路和方法。深入学习领会、全面深刻理解“四个牢牢把握”和三方面政策取向，正确、完整、充分运用到实际工作中，确保行业上下统一思想、一致行动，汇聚形成推动行业改革发展的强大合力。三要紧盯年度目标任务，统筹推进各项工作落实。树牢全局观念和大局意识，全面提升整体工作水平；聚焦重点、难点问题，自觉担负起本单位工作责任，为行业整体发展多出力、作贡献。同时，要抓紧抓实岁末年初相关重点工作，实现“两烟”生产经营良好开局，抓好安全生产工作，有效做好疫情防控，精心组织春节期间各项活动。

会上，天津市局（公司）、浙江中烟、福建省局（公司）、湖北中烟、四川省局（公司）等5家单位作交流发言。

工业和信息化部、财政部、审计署有关部门负责人，国家局、总公司机关各部门、各单位副司级以上干部在主会场参加会议；行业各直属单位领导班子成员及所属各部门主要负责人在分会场参加会议。

◇ 原载《东方烟草报》

◇ 编辑：吴中奇　王　静

大事记

□ 2021年中国烟草大事记

- 1月
- 2月
- 3月

……

2021 年中国烟草大事记

1月

1 月 5 日，国家烟草专卖局、中国烟草总公司召开机关各部门各单位主要负责人述职大会。国家烟草专卖局党组书记、局长，中国烟草总公司总经理张建民出席会议并在讲话中强调，新的一年，机关各部门各单位要坚持以习近平新时代中国特色社会主义思想为指导，全面贯彻党的十九大和十九届二中、三中、四中、五中全会精神，认真落实党中央、国务院决策部署和中央经济工作会议精神，积极担当作为，始终保持慎终如始、戒骄戒躁，始终保持不畏艰险、锐意进取，全力推动各项工作走在前、作表率，在新征程上取得新进步、迈上新台阶，努力开创行业高质量发展新局面，为“十四五”开好局、起好步，以优异成绩庆祝中国共产党成立 100 周年。国家局党组成员、副局长徐瑝主持会议，党组成员、副局长段铁力、张天峰、韩占武出席会议。

1 月 8 日，《旗帜》杂志发表张建民同志署名文章《依托产业发展　助力打赢脱贫攻坚战》。

1 月 8 日，国家烟草专卖局安全生产委员会召开会议。段铁力出席会议并讲话。

1 月 8 日，总公司印发《关于改善基层生产经营设施的意见》，结合党史学习教育“我为基层办实事”有关要求，加大对基层单位的支持力度，出台六方面工作举措，有力改善相关单位的生产经营设施条件。

1 月 11 日，张建民主持召开国家烟草专卖局党组应对新冠肺炎疫情工作领导小组会议，研究部署疫情防控工作。徐瑝、段铁力、张天峰、韩占武出席会议。

1 月 18 日，2021 年全国烟草工作电视电话会议在北京召开。张建民作工作报告。张建民强调，要坚持稳中求进工作总基调，立足新发展阶段，贯彻新发展理念，构建新发展格局，以推动高质量发展为主题，以深化供给侧结构性改革为主线，以改革创新为根本动力，以满足人民日益增长的美好生活需要为根本目的，坚持系统观念，巩固拓展疫情防控和经济社会发展成果，更好统筹发展和安全，落实“六稳”“六保”任务要求，坚持“总量控制、稍紧平衡，增速合理、贵在持续”方针，完善现代化烟草经济体系，推进行业高效能治理，保持经济运行在合理区间，确保构建新发展格局迈好第一步、见到新气象，以高质量发展为“十四五”开好局，以优异成绩庆祝建党 100 周年。徐瑝、段铁力、张天峰、韩占武出席会议。

1 月 18 日，国家局印发《关于表彰烟草行业抗击新冠肺炎疫情先进集体和先进个人的决定》，授予湖北中烟工业有限责任公司武汉卷烟厂援建方舱医院突击队等 30 个集体“烟草行业抗击新冠肺炎疫情先进集体”称号，授予杨华强等 60 名同志“烟草行业抗击新冠肺炎疫情先进个人”称号。

1 月 19 日，张建民主持召开国家烟草专卖局党组（扩大）会议，认真传达学习贯彻习近平总书记在省部级主要领导干部学习贯彻党的十九届五中全会精神专题研讨班开班式上的重要讲话精神。徐瑝、段铁力、张天峰、韩占武出席会议。

1 月 19 日，国家局、总公司印发《规范直属专业性企业及事业单位投资项目审批管理规定》，对所涉及单位的投资从严管控，查漏补缺、扎紧笼子、切实防范投资风险。

1 月 20 日，2021 年烟草行业安全生产电视电话会议在北京召开。段铁力出席会议并讲话。

1月20日，国家局办公室印发《全国统一烟叶生产经营管理平台工作方案》，启动烟叶平台项目建设。

1月26日，张建民主持召开国家局党组理论学习中心组（扩大）集体学习，认真传达学习习近平总书记在十九届中央纪委五次全会上的重要讲话精神和全会公报，围绕贯彻落实全会精神、坚定不移推进行业全面从严治党开展研讨交流。徐瑭、段铁力、张天峰、韩占武参加学习。

1月26日，张建民主持召开国家烟草专卖局全面深化改革领导小组会议，研究行业贯彻落实国企改革三年行动方案的意见和举措。徐瑭、段铁力、张天峰、韩占武出席会议。

1月26日，2021年中国烟草实业发展中心工作电视电话会议在北京召开。段铁力对会议作出批示。

1月27日，2021年中国烟草机械集团有限责任公司工作电视电话会议在北京召开。段铁力对会议作出批示。

2月

2月3日，段铁力在北京烟草调研。

2月4日，张建民会见北京市西城区委副书记、区长孙硕。韩占武一同会见。

2月7日，徐瑭在中国双维投资有限公司调研。

2月8日，张建民主持召开国家烟草专卖局、中国烟草总公司党的建设工作领导小组会议，传达学习中央和国家机关党的工作暨纪检工作会议、全国组织部长会议精神，研究贯彻落实举措。徐瑭、段铁力、张天峰、韩占武出席会议。

2月10日，总公司印发新修订的《国有资产管理办法》，调整优化现有的行业国有资产管理架构、体系，提高资产配置效率效益，加强事中事后监督，细化落实责任追究制度，更好地落实国有资产保值增值任务，推进行业高质量发展经济体系建设。

2月18日，张建民主持国家局党组理论学习中心组（扩大）集体学习，邀请中央党史和文献研究院院长曲青山围绕认真学习《习近平谈治国理政》第三卷作专题辅导报告。徐瑭、段铁力、张天峰、韩占武参加学习。

2月19日，张建民主持召开国家局党组（扩大）会议，对开年以来工作进行简要回顾，研究部署近期重点工作。徐瑭、段铁力、张天峰、韩占武出席会议。

2月25日，张建民主持召开国家局、总公司党的建设工作领导小组会议，认真学习贯彻习近平总书记在党史学习教育动员大会上的重要讲话精神，传达学习中央有关文件精神，研究行业开展党史学习教育工作举措。徐瑭、段铁力、张天峰、韩占武出席会议。

2月25日，张建民主持召开国家烟草专卖局扶贫工作领导小组会议，认真学习贯彻习近平总书记在全国脱贫攻坚总结表彰大会上的重要讲话精神，研究行业巩固拓展脱贫攻坚成果同乡村振兴有效衔接相关工作。徐瑭、段铁力、张天峰、韩占武出席会议。

2月25日，国家烟草专卖局扶贫办等5个烟草行业单位被中共中央、国务院授予“全国脱贫攻坚先进集体”称号，4名个人被授予“全国脱贫攻坚先进个人”称号。

2月26日，张建民在北京与西藏自治区党委副书记、自治区主席齐扎拉举行会谈，双方就继续开展对口援藏工作、巩固拓展脱贫攻坚成果同乡村振兴有效衔接、推动西藏烟草改革发展、助力地方经济社会建设交换意见。徐瑭一同会谈。

3月

3月，国家局、总公司外派干部赴中国香港，中国烟草海外总部正式运营。

3月1日，全国烟草行业落实全面从严治党主体责任工作会议在北京召开。中央纪委国家监委驻工业和信息化部纪检监察组组长郭开朗出席会议并讲话。张建民出席会议并在讲话中强调，全行业要深刻领会习近平总书记关于充分发挥全面从严治党引领保障作用的重要论述，深入贯彻全面从严治党方针，贯彻落实中央纪委五次全会部署要求，聚焦引领保障高质量发展、高效能治理、高素质队伍，找准切入点精准发力，不断提高政治判断力、政治领悟力、政治执行力，以全面从严治党引领保障“十四五”时期行业改革发展，确保行业“十四五”目标任务落实见效。徐瑾、段铁力、张天峰、韩占武出席会议。

3月3日，烟草行业党史学习教育动员会在北京召开。张建民出席会议并在讲话中强调，全行业要深刻领会党史学习教育的重大意义，引导广大党员干部把学习党史同总结经验、观照现实、推动工作结合起来，同解决实际问题、补齐工作短板结合起来，立足新发展阶段，贯彻新发展理念，构建新发展格局，坚定不移正风肃纪反腐，坚定不移推动高质量发展、推进高效能治理、造就高素质队伍。徐瑾、段铁力、张天峰、韩占武出席会议。

3月4日，徐瑾在北京以视频形式会见菲莫国际东亚与澳洲区主席雷利（Paul Riley）等，双方进行友好会谈。

3月9日，张建民在北京与湖南省委书记、省人大常委会主任许达哲举行会谈，双方就推动湖南烟草产业高质量发展、助力建设现代化新湖南交换意见。

3月9日，韩占武在国家烟草专卖局党校调研。

3月10日，2021年全国烟草行业财务审计工作会议在北京召开。徐瑾出席会议并讲话。

3月11日，张建民在北京与贵州省委副书记、省长李炳军举行会谈，双方就巩固拓展脱贫攻坚成果同乡村振兴有效衔接、推动贵州烟草改革发展、助力地方经济社会建设交换意见。徐瑾一同会谈。

3月15日，张建民主持国家局党组理论学习中心组（扩大）集体学习，认真传达学习贯彻十三届全国人大四次会议和全国政协十三届四次会议精神，结合工作实际开展交流研讨。徐瑾、段铁力、张天峰、韩占武参加学习。

3月16日，张建民在北京会见天津市副市长李树起，双方就推动天津烟草改革发展、助力地方经济社会建设交换意见。徐瑾一同会见。

3月17—19日，张建民在陕西烟草调研。张建民在调研时强调，要认真贯彻党中央、国务院决策部署，深入落实全国烟草工作电视电话会议精神，坚定不移推动高质量发展、推进高效能治理、造就高素质队伍，瞄准全年目标任务不松劲，推动高质量发展各项工作迈出新步伐、迈上新台阶。

3月18日，2021年全国烟草专卖管理工作会议在北京召开。张天峰出席会议并讲话。

3月19日，2021年全国烟草行业网络安全和信息化工作会议在北京召开。段铁力出席会议并讲话。

3月22—24日，行业各直属单位及国家局、总公司机关各部门、各单位主要负责同志学习贯彻党的十九届五中全会精神专题研讨班在北京举办。张建民出席开班式并作动员辅导。张建民强调，全行业要认真学习领会、坚决贯彻落实全会精神，深刻领会和把握全会精神的核心要义，把立足新发展阶段、贯彻新发展理念、构建新发展格局的各项要求全面落实到行业“十四五”规划编制和实施中。徐瑾、段铁力、张天峰、韩占武出席开班式。张天峰出席结业式并作总结讲话。

3月23日，国家局办公室印发《12313烟草市场监管服务热线整合建设实施方案》，贯彻落实国务院关于优化地方政务服务便民热线的工作要求，加强12313烟草市场监管服务热线建设管理，深化“放管服”改革，实现12313热线纵向整合、横向协同，进一步提高专卖监管和政务服务能力。

3 月 25 日，全国烟草行业 2021 年党的建设暨人事工作电视电话会议在北京召开。张建民出席会议并在讲话中强调，行业组织人事工作要以习近平新时代中国特色社会主义思想为指导，全面贯彻党的十九大和十九届二中、三中、四中、五中全会精神，深入贯彻落实新时代党的建设总要求和党的组织路线，紧密结合推动高质量发展、推进高效能治理、造就高素质队伍的部署要求，在行业工作大局中找准职责定位，全力服务保障行业高质量发展。张天峰主持会议并作总结讲话。

3 月 25 日，中国烟草职工思想政治工作研究会第九次会员代表大会在北京召开。张天峰出席会议并讲话。

3 月 26 日，张建民在北京会见安徽省副省长何树山，双方就推动安徽烟草改革发展、助力地方经济社会建设交换意见。徐璒一同会见。

3 月 29 日，全国烟草行业“两项整改”专项巡察暨国家局党组第六轮巡视动员部署会在北京召开。韩占武出席会议并讲话。

3 月 30 日，国家烟草专卖局与中国财贸轻纺烟草工会在北京举行第十六次联席会议。张建民出席会议并在讲话中强调，进入新发展阶段，行业工会工作要以习近平新时代中国特色社会主义思想为指引，在促进行业高质量发展和服务职工群众中展现新气象、新作为。中华全国总工会党组成员、副主席、书记处书记江广平出席会议并讲话。张天峰出席会议。

4 月

4 月 2 日，全国烟草行业规范管理工作电视电话会议在北京召开。张天峰出席会议并讲话。

4 月 7 日，张建民主持召开国家局党组（扩大）会议，认真传达学习习近平总书记在福建考察时的重要讲话精神和中央有关文件精神，研究行业贯彻落实措施。徐璒、段铁力、张天峰、韩占武出席会议。

4 月 7 日，徐璒在宁夏吴忠红寺堡区调研定点帮扶工作。

4 月 7 日，国家局党校举行 2021 年春季学期开学典礼。韩占武出席开学典礼并作动员讲话。中央和国家机关党校（中央党校中央和国家机关分校）党委书记、常务副校长罗建辉出席。

4 月 8 日，张建民在北京会见华为技术有限公司董事长梁华，双方就进一步加强交流合作，推进高质量发展交换意见。段铁力一同会见。

4 月 13 日，张建民以普通党员身份参加国家局办公室（外事司）党支部活动，参观《伟大征程——庆祝中国共产党成立 100 周年特展》。

4 月 14—17 日，韩占武在广东、湖南烟草调研。

4 月 15 日，2021 年全国烟草科技工作会议在北京召开。段铁力出席会议并讲话。

4 月 19 日，张建民主持国家局党组理论学习中心组（扩大）集体学习，围绕学习贯彻习近平总书记在党史学习教育动员大会上的重要讲话精神和《论中国共产党历史》《毛泽东邓小平江泽民胡锦涛关于中国共产党历史论述摘编》等开展研讨交流。徐璒、段铁力、张天峰、韩占武参加学习。

4 月 19 日，张建民主持召开行业党史学习教育领导小组会议，传达学习贯彻中央党史学习教育领导小组关于“我为群众办实事”实践活动工作方案，研究行业具体工作方案。徐璒、段铁力、张天峰、韩占武出席会议。

4 月 19 日，张建民主持召开国家局、总公司经济运行分析会，分析研究一季度行业经济运行情况，安排部署下一步重点工作。徐璒、段铁力、张天峰、韩占武出席会议。

4 月 20 日，2021 年行业经济运行、卷烟销售暨物流工作电视电话会议在北京召开。段铁力出席会议并讲话。

4月20—22日，张建民在辽宁、大连烟草调研。张建民在调研时强调，要深入贯彻落实全国烟草工作电视电话会议精神，瞄准全年目标任务不松劲，推动高质量发展，推进高效能治理，造就高素质队伍，推动各项工作再创新的业绩。

4月20—22日，韩占武在浙江烟草调研。

4月23日，张建民在北京会见宁夏回族自治区副主席吴秀章，双方就巩固拓展脱贫攻坚成果、衔接乡村振兴、助力地方经济社会建设交换意见。徐瑛一同会见。

4月23日，张建民在北京会见中信集团副总经理、中信银行党委书记、行长方合英，双方就继续深化合作、推动高质量发展交换意见。徐瑛一同会见。

4月25日，国家局印发《政府信息公开工作办法》，推动法治烟草建设，更好地发挥政府信息公开对人民群众生产、生活和经济社会活动的服务作用。

4月25日，总公司印发《基本烟田永久保护工作指南》，督促指导各产区建立基本烟田永久保护制度，守住基本烟田红线，突出核心烟区烟田保护，加快推进基本烟田建管用一体化，稳定烟叶生产基本盘，稳定烟叶供给总量。

4月25—27日，徐瑛在宁夏烟草调研。

4月26—27日，段铁力在江苏烟草调研。

4月27日，韩占武在国家局党校调研。

4月27日，2021年庆祝“五一”国际劳动节暨“建功‘十四五’、奋进新征程”主题劳动和技能竞赛大会在北京举行。会议表彰了2021年全国五一劳动奖和全国工人先锋号获得者，烟草行业13个集体、3名个人获得全国五一劳动奖章和全国工人先锋号。

4月27—29日，张建民在海南烟草调研。张建民在调研时强调，要立足新发展阶段，贯彻新发展理念，构建新发展格局，坚定不移推动高质量发展、推进高效能治理、造就高素质队伍，以党的建设引领保障“十四五”开好局、起好步。

4月28日，2021年《中国烟草》杂志社有限公司工作座谈会在北京召开。徐瑛出席会议并讲话。

4月28日，段铁力在上海烟草调研。

4月29日，国家局办公室印发《全国统一工业生产经营管理平台工作方案》，正式启动工业平台项目建设。

4月30日，张建民主持召开国家烟草专卖局党风廉政建设领导小组会议，认真传达学习国务院第四次廉政工作会议精神，研究行业贯彻落实举措。徐瑛、段铁力、张天峰、韩占武出席会议。

4月30日，张建民主持召开烟草行业“十四五”规划编制工作领导小组会议，研究部署行业“十四五”规划编制、实施有关工作。徐瑛、段铁力、张天峰、韩占武出席会议。

4月30日，张建民主持召开国家烟草专卖局乡村振兴工作领导小组会议，研究部署行业巩固拓展脱贫攻坚成果同乡村振兴有效衔接工作。徐瑛、段铁力、张天峰、韩占武出席会议。

4月30日，国家局印发《烟草行业“十四五”规划》，与“1+6+2”高质量发展政策体系有机衔接，全面绘就行业未来5年发展蓝图。

5月

5月6日，张建民在北京会见云南省委常委、常务副省长宗国英，双方就稳定核心烟区、推动云南烟草高质量发展、助力地方经济社会建设交换意见。徐瑛一同会见。

5月7日，《学习时报》发表张建民同志署名文章《在坚守初心使命中实现高质量发展》。

5月10日，张建民主持召开行业党史学习教育领导小组会议，认真传达学习贯彻习近平总书记在广西考察时的重要讲话精神。徐瑛、段铁力、张天峰、韩占武出席会议。

5月11日，张建民在北京会见中国电信集团有限公司党组书记、董事长柯瑞文，双方就继续深化合作、推动高质量发展交换意见。徐瓏一同会见。

5月11—14日，段铁力在湖南烟草调研。

5月11—14日，张天峰在广西烟草调研。

5月12日，国家局党组印发《关于贯彻落实〈中共中央　国务院关于实现巩固拓展脱贫攻坚成果同乡村振兴有效衔接的意见〉的具体意见》，要求在5年过渡期内保证帮扶政策总体稳定，帮助脱贫地区实现脱贫攻坚成果巩固拓展，乡村振兴全面推进。

5月12—14日，张建民在新疆烟草调研。张建民在调研时强调，要深入贯彻落实习近平总书记重要讲话精神和第三次中央新疆工作座谈会精神，贯彻落实党中央治疆方略，立足新发展阶段，贯彻新发展理念，构建新发展格局，坚定不移推动高质量发展、推进高效能治理、造就高素质队伍，为维护新疆社会稳定、促进新疆繁荣发展作出新贡献。

5月18日，张建民在北京与甘肃省委副书记、省长任振鹤举行会谈，双方就推动甘肃烟草改革发展、助力地方经济社会建设交换意见。徐瓏一同会谈。

5月21日，张建民主持召开国家局党组理论学习中心组（扩大）集体学习，邀请中共中央党校（国家行政学院）中共党史教研部副主任、教授李庆刚围绕中国共产党的百年奋斗历程及启示作专题辅导报告。徐瓏、段铁力、张天峰、韩占武参加学习。

5月24日，张建民主持召开国家局党组（扩大）会议，传达学习贯彻中共中央政治局会议精神和习近平总书记在中共中央政治局第二十九次集体学习时的重要讲话精神。徐瓏、段铁力、张天峰、韩占武出席会议。

5月24日，张建民主持召开行业党史学习教育领导小组会议，听取行业党史学习教育阶段性总结汇报，对下一步工作提出要求。徐瓏、段铁力、张天峰、韩占武出席会议。

5月26—28日，张建民在河北烟草调研。张建民在调研时强调，要深入学习贯彻习近平总书记重要讲话精神，以习近平新时代中国特色社会主义思想为指引，立足新发展阶段，贯彻新发展理念，构建新发展格局，坚定不移推动高质量发展、推进高效能治理、造就高素质队伍，为推动经济强省美丽河北建设作出新的贡献。

5月31日，“金叶先锋·担当奉献”烟草行业庆祝建党100周年主题宣讲首场报告会在北京举行。张建民、徐瓏、段铁力、韩占武听取报告。张天峰致辞。

6月

6月1日，新修订的《中华人民共和国未成年人保护法》正式施行，将电子烟纳入“烟”的范围，将烟草专卖行政主管部门作为烟（含电子烟）相关违法行为的监管处罚主体。

6月1—5日，韩占武在江苏、江西烟草调研。

6月2日，段铁力在大连烟草调研。

6月3日，烟草行业农网建设研讨会在大连召开。段铁力出席会议并讲话。

6月4日，国家局印发《关于完善现行卷烟限价政策的通知》，明确完善现行卷烟限价政策目标要求，加强政策保障，逐步完善在国家局指导下由市场调节来决定卷烟零售价格的机制。

6月7日，张建民主持召开国家局党组（扩大）会议，研究新时代加强和改进行业思想政治工作的具体措施。徐瓏、段铁力、张天峰、韩占武出席会议。

6月7日，张建民主持召开行业党史学习教育领导小组会议，研究行业开展党史、新中国史、改革开放史、社会主义发展史宣传教育的具体措施。徐瓏、段铁力、张天峰、韩占武出席会议。

6月9日，党史学习教育中央第二十一指导组进驻会在北京召开。指导组组长王一鸣出席会议并讲话。张建民出席会议并在讲话中强调，全行业要把党史学习教育作为一项重大政治任务，深入学习贯彻习近平总书记在党史学习教育动员大会上的重要讲话精神，全面领会其丰富内涵、精神实质和实践要求，自觉把思想和行动统一到党中央决策部署上来，切实增强“四个意识”、坚定“四个自信”、做到“两个维护”，突出学党史、悟思想、办实事、开新局，增强开展好学习教育的自觉性、主动性，不断提高政治判断力、政治领悟力、政治执行力，推动学习教育走深走实。张天峰汇报烟草行业党史学习教育开展情况。徐𬍛、段铁力、韩占武出席会议。

6 月 10 日，张建民在北京会见中国银行行长刘金，双方就继续深化合作、推动高质量发展交换意见。徐𬍛一同会见。

6 月 15 日，国家局修订印发《涉案烟草制品价格管理规定》，解决基层单位在涉案烟草制品价格管理工作中存在的难点和政策空白，进一步提升涉案烟草制品价格管理工作水平。

6 月 16 日，张建民主持召开国家局党组（扩大）会议，传达学习贯彻习近平总书记对湖北十堰市张湾区艳湖社区集贸市场燃气爆炸事故重要指示和李克强总理批示精神。徐𬍛、段铁力、张天峰、韩占武出席会议。

6 月 16 日，张建民主持召开国家局乡村振兴工作领导小组会议，研究 2021 年国家局定点帮扶工作计划。徐𬍛、段铁力、张天峰、韩占武出席会议。

6 月 16 日，国家局党校举行行业首期青年干部培训班座谈会。韩占武出席座谈会并讲话。

6 月 16 日，韩占武为国家局党校 2021 年春季学期学员讲专题党课。

6 月 17 日，国家局党组理论学习中心组（扩大）到中国人民抗日战争纪念馆和卢沟桥参观学习。张建民、徐𬍛、段铁力、张天峰、韩占武参加。

6 月 17—18 日，国家局党组举办党史学习教育专题读书班。张建民、徐𬍛、段铁力、张天峰、韩占武参加学习并作交流发言。党史学习教育中央第二十一指导组副组长丁龙广对本次学习进行指导。

6 月 18 日，国家局、总公司在北京举行“党旗引领下的中国烟草”专题展览启动仪式。张建民宣布专题展览启动。徐𬍛、段铁力、张天峰出席启动仪式。韩占武致辞。丁龙广及指导组部分成员参加启动仪式并参观专题展览。

6 月 18 日，国家烟草专卖局、国家市场监督管理总局印发《保护未成年人免受烟侵害“守护成长”专项行动方案》，在全国范围部署开展为期三个月的保护未成年人免受烟（含电子烟）侵害“守护成长”专项行动，以强有力的措施落实未成年人保护要求。

6 月 21 日，张建民主持召开行业党史学习教育领导小组会议，传达学习习近平总书记在青海考察时的重要讲话精神，研究行业贯彻落实举措。徐𬍛、段铁力、张天峰、韩占武出席会议。

6 月 21 日，张建民主持召开国家局党组巡视工作领导小组会议，听取党的十九大后国家局党组第五轮巡视整改情况汇报，对下一步工作提出要求。徐𬍛、段铁力、张天峰、韩占武出席会议。

6 月 21 日，国家局党校举行 2021 年春季学期学习成果汇报会。张建民出席汇报会并在讲话中强调，学员们要以习近平新时代中国特色社会主义思想为指导，切实提高政治站位，始终胸怀“两个大局”、心系“国之大者”，做到学有所获、学有所成、学有所用，将学习成果转化为思想觉悟、转化为能力素质、转化为过硬作风，依靠学习创新应对变局、开拓新局，在抓落实、见实效上凝聚思想共识、汇聚攻坚合力，在推动行业高质量发展上开启新征程、展现新作为。韩占武出席汇报会。

6 月 21 日，国家局印发《关于认真贯彻习近平总书记重要指示精神　切实加强行业当前安全生产工作的通知》，对加强行业当前安全生产工作进行安排部署。

6 月 22 日，行业信访稳定工作电视电话会议在北京召开。韩占武出席会议并讲话。

6 月 22 日，国家局印发《烟草行业“十四五”现代物流发展规划》，指导烟草行业现代物流建设，充分发挥物流服务保障作用，推动行业物流高质量发展。

6 月 22 日，国家局印发《关于印发 2021 年定点帮扶工作计划的通知》，助力定点帮扶地区做好巩固拓展脱贫攻坚成果同乡村振兴有效衔接相关工作。

6 月 22—25 日，徐瑝在福建烟草调研。

6 月 22—25 日，段铁力在黑龙江烟草调研。

6 月 23 日，在中国共产党百年华诞到来之际，张建民走访慰问国家局、总公司机关离休干部毕静寰、贾宝珍。张天峰一同走访慰问。

6 月 23 日，段铁力主持召开行业合作生产工作座谈会，对深入推进合作生产提出要求。

6 月 25 日，张建民在北京会见河南省副省长费东斌，双方就推动河南烟草高质量发展、助力地方经济社会建设交换意见。韩占武一同会见。

6 月 29 日，张建民主持召开行业党史学习教育领导小组会议，深入学习贯彻习近平总书记在参观“‘不忘初心、牢记使命’中国共产党历史展览”和中共中央政治局第三十一次集体学习时的重要讲话精神。徐瑝、段铁力、张天峰、韩占武出席会议。

6 月 30 日，国家局召开庆祝中国共产党成立 100 周年暨机关“两优一先”表彰大会，颁发“光荣在党 50 年”纪念章，表彰机关“两优一先”先进集体和优秀个人。党史学习教育中央第二十一指导组组长王一鸣到会指导。张建民讲授党史学习教育专题党课。韩占武主持会议，徐瑝、段铁力、张天峰出席会议。

6 月 30 日，国家局印发《烟草行业“十四五”科技创新规划》，对“十四五”时期行业科技创新重点任务作出系统安排。

7 月

7 月 5 日，张建民主持国家局党组理论学习中心组（扩大）集体学习，围绕学习贯彻习近平总书记在庆祝中国共产党成立 100 周年大会上的重要讲话精神开展交流研讨，深入开展党史学习教育，推动行业高质量发展。徐瑝、段铁力、张天峰、韩占武参加学习。

7 月 5 日，郭开朗参观“党旗引领下的中国烟草”专题展览。张建民、韩占武一同观展。

7 月 6—9 日，韩占武在福建烟草调研。

7 月 7—8 日，段铁力在重庆烟草调研。

7 月 7—9 日，张天峰在河北烟草基层联系点调研党建工作。

7 月 8 日，国家局党校在福建厦门举行 2021 年春季学期毕业典礼。韩占武出席毕业典礼并为学员颁发毕业证书。

7 月 8—9 日，徐瑝在天津烟草调研。

7 月 9 日，国家局、总公司第十届科学技术委员会第一次全体会议在重庆召开。段铁力出席会议并讲话。

7 月 12 日，张建民主持召开行业党史学习教育领导小组会议，研究部署行业学习贯彻习近平总书记“七一”重要讲话精神有关工作。徐瑝、段铁力、张天峰、韩占武出席会议。

7 月 12 日，张建民主持召开国家局党组巡视工作领导小组会议，听取党的十九大后国家局党组第六轮巡视综合情况报告，对下一步工作提出要求。徐瑝、段铁力、张天峰、韩占武出席会议。

7 月 13—14 日，2021 年全国烟叶高质量发展现场会在四川凉山召开。四川省委副书记邓小刚出席会议并讲话。徐瑝出席会议并讲话。

7月14日，烟草行业学习贯彻习近平总书记“七一”重要讲话精神动员会在北京召开。张建民出席会议并在动员讲话中强调，行业广大党员干部职工要切实把思想和行动统一到“七一”重要讲话精神上来，进一步增强“四个意识”、坚定“四个自信”、做到“两个维护”，推动党史学习教育走深走实，全力将党领导下的烟草事业不断推向前进，为实现第二个百年奋斗目标贡献力量。段铁力、张天峰、韩占武出席会议，徐瑄在分会场参加会议。

7月14日，徐瑄在四川中烟西昌卷烟厂调研。

7月15日，张建民以普通党员身份参加所在的国家局办公室（外事司）党支部党史学习教育专题组织生活会。丁龙广到会指导并作点评。徐瑄、段铁力、张天峰、韩占武分别到所在的财务管理与监督司（审计司）、经济运行司、人事司、直属机关党委党支部参加党史学习教育专题组织生活会。

7月16日，张建民主持召开国家局、总公司经济运行分析会，分析研究上半年行业经济运行情况，安排部署下一步重点工作。徐瑄、段铁力、张天峰、韩占武出席会议。

7月20日，2021年烟草行业半年工作电视电话会议在北京召开。张建民出席会议并在讲话中强调，全行业要紧密团结在以习近平同志为核心的党中央周围，立足新发展阶段，完整、准确、全面贯彻新发展理念，积极融入新发展格局，全面推动高质量发展、推进高效能治理、造就高素质队伍，扎实推动各项目标任务落实落地，全力将党领导下的烟草事业不断推向前进。徐瑄主持会议，段铁力、张天峰、韩占武出席会议。

7月20日，国家局党组理论学习中心组（扩大）到中国共产党历史展览馆参观“‘不忘初心、牢记使命’中国共产党历史展览”。张建民、徐瑄、段铁力、张天峰、韩占武参加。

7月21日，韩占武前往中国纪检监察学院与参加中央和国家机关纪检监察干部监督执纪执法业务培训班的行业直属单位纪检组长（纪委书记）进行座谈交流。

7月23日，张建民在北京会见兴业银行党委书记吕家进，双方就继续深化合作、推动高质量发展交换意见。徐瑄一同会见。

7月23日，中国烟草总公司向河南省政府捐赠5000万元，用于受灾地区抢险救灾和灾后重建工作，助力当地群众尽早恢复正常生产、生活，以实际行动践行国企责任担当，为支持河南防汛救灾贡献力量。

7月23日，行业首个单体香原料实物库和数据库正式开放试运行，推动行业单体香原料资源共享，促进行业科技成果推广应用，进一步提升行业烟用香精香料核心技术自主研发和自我保障能力。

7月25日，国家局印发《烟草行业“十四五”专卖管理专项规划》，明确构建烟草专卖现代化监管新格局的指导思想、基本原则、重点目标、主要措施。

7月26—28日，张建民在西藏烟草调研。张建民在调研时强调，要深入学习领会习近平总书记关于西藏工作的重要论述和在西藏考察时的重要讲话精神，全面贯彻新时代党的治藏方略，抓牢抓实各项工作任务，坚定不移推动西藏烟草高质量发展，为推进西藏长治久安和高质量发展贡献力量。西藏自治区副主席江白，徐瑄一同调研。

7月27日，全国烟草行业第六次援藏工作座谈会在西藏拉萨召开。西藏自治区党委副书记、自治区主席齐扎拉出席会议并讲话。张建民出席会议并在讲话中强调，行业要认真学习领会习近平总书记在中央第七次西藏工作座谈会上和在西藏考察时的重要讲话精神，切实把思想和行动统一到党中央决策部署上来，增强“四个意识”、坚定“四个自信”、做到“两个维护”，心怀“国之大者”，全面贯彻落实新时代党的治藏方略，深刻理解做好新时代西藏工作的重大意义，进一步扛起援藏工作光荣职责，用心、用情、用力做好援藏工作。江白致辞，徐璒主持会议。

7月29日，烟草行业宣传贯彻《中共中央关于加强对“一把手”和领导班子监督的意见》精神电视电话会议在北京召开。韩占武主持会议并就行业贯彻落实《意见》提出工作要求。

7月30日，张建民主持召开国家局党组（扩大）会议，传达学习贯彻习近平总书记在西藏考察时的重要讲话精神，并对近期工作进行安排部署。徐璒、段铁力、张天峰、韩占武出席会议。

8月

8月6日，张建民主持召开国家局党组应对新冠肺炎疫情工作领导小组会议，传达学习国务院联防联控机制电视电话会议、首都严格进京管理联防联控协调机制会议精神，研究部署进一步做好疫情防控工作。徐璒、段铁力、张天峰、韩占武出席会议。

8月20日，总公司印发《烟草商业企业物流业务外包管理规范（试行）》，进一步明确商业企业物流业务外包的原则和限制范围，严格规范物流业务外包的决策流程和管理过程。

8月24日，国家局党组印发《贯彻落实〈关于加强巡视巡察上下联动的意见〉的若干措施》，重点围绕贯彻中共中央办公厅印发的《关于加强巡视巡察上下联动的意见》精神，结合烟草行业巡视巡察工作实际，梳理任务清单、制定落实措施。

8月25日，张建民主持召开国家局党组（扩大）会议，传达学习贯彻习近平总书记在中央财经委员会第十次会议上的重要讲话精神。徐璒、段铁力、张天峰、韩占武出席会议。

8月25日，张建民主持召开行业党史学习教育领导小组会议，第二次听取行业党史学习教育阶段性总结汇报，对下一步工作提出要求。徐璒、段铁力、张天峰、韩占武出席会议。

8月25日，张天峰在北京市局（公司）调研。

8月27日，国家局召开2021年定点帮扶工作专题会。徐璒出席会议并讲话。

8月27日，2021年全国烟草行业多元化投资管理工作电视电话会议在北京召开。张天峰出席会议并讲话。

8月28日，经中央党校、中央和国家机关党校同意，国家局党校增设湘潭教学点。

8月31日，张建民主持召开国家局党组（扩大）会议，认真传达学习贯彻习近平总书记在7月30日中共中央政治局会议上的重要讲话精神，学习贯彻李克强总理有关讲话精神，贯彻落实中央有关文件精神。徐璒、段铁力、张天峰、韩占武出席会议。

9月

9月2日，张建民在北京与湖北省委副书记、省长王忠林举行会谈，双方就推动湖北烟草高质量发展、促进地方经济社会建设交换意见。徐璒一同会谈。

9月2日，中国烟草学会召开第八届理事会第二次会议。韩占武出席会议并讲话。

9月6日，张建民主持召开国家局党组（扩大）会议，认真传达学习习近平总书记在中央民族工作会议上的重要讲话精神，研究行业贯彻落实举措。徐璒、段铁力、张天峰、韩占武出席会议。

9月9日，张建民在北京会见甘肃省副省长李沛兴，双方就推动甘肃烟草高质量发展、促进地方经济社会建设交换意见。徐璒一同会见。

9月9日，国家局印发《关于建设中国烟草科学数据中心的通知》，依托郑州烟草研究院并以其所属的中国烟草科技信息中心为主体建设中国烟草科学数据中心。

9月13日，张建民主持召开国家局党组（扩大）会议，认真传达学习贯彻习近平总书记在2021年秋季学期中央党校（国家行政学院）中青年干部培训班开班式上的重要讲话精神。徐瑾、段铁力、张天峰、韩占武出席会议。

9月13日，张建民主持召开国家局党组巡视工作领导小组会议，听取行业“两项整改”专项巡察综合情况汇报，安排部署下一步工作。徐瑾、段铁力、张天峰、韩占武出席会议。

9月13日，总公司印发《关于表彰烟草行业“十三五”科技创新工作先进集体和先进个人的决定》，授予辽宁省烟草公司朝阳市公司等29个集体“烟草行业‘十三五’科技创新工作先进集体”称号；授予北京市局（公司）信息中心谢刚等59名同志“烟草行业‘十三五’科技创新工作先进个人”称号。

9月14—16日，张建民在内蒙古烟草调研。张建民在调研时强调，要深入学习贯彻习近平总书记系列重要讲话精神，特别是在中央民族工作会议上的重要讲话精神，全面贯彻落实党中央、国务院决策部署，立足新发展阶段，贯彻新发展理念，构建新发展格局，坚定不移推动高质量发展、推进高效能治理、造就高素质队伍，完成好对少数民族地区、边疆地区帮扶任务，为推动内蒙古经济社会发展再作新贡献。

9月14—17日，徐瑾在云南烟草调研。

9月15日，张天峰在中国双维投资有限公司调研。

9月16—17日，张建民在宁夏回族自治区调研国烟定点帮扶和宁夏区局（公司）工作。张建民在调研时强调，要深入学习贯彻习近平总书记的重要讲话精神，认真落实党中央、国务院决策部署，立足新发展阶段，贯彻新发展理念，构建新发展格局，持续推动宁夏烟草高质量发展，为推动宁夏经济社会发展多作贡献。

9月16—17日，韩占武在大连、辽宁烟草调研。

9月22日，张建民主持召开行业党史学习教育领导小组会议，认真传达学习习近平总书记在陕西榆林考察时的重要讲话精神，研究行业贯彻落实举措。徐瑾、段铁力、张天峰、韩占武出席会议。

9月23日，国家局党组第七轮巡视、烟草行业“两项整改”回头看暨规范管理监督检查动员部署会在北京召开。韩占武出席会议并讲话。

9月23日，张建民主持国家局党组理论学习中心组（扩大）集体学习，邀请中共中央党校（国家行政学院）中共党史教研部教授、博士生导师张旭东围绕社会主义革命和建设时期历史作专题辅导报告。徐瑾、段铁力、张天峰、韩占武参加学习。

9月24日，全国烟草科技创新大会在北京召开。张建民出席会议并在讲话中强调，全行业要准确把握科技创新发展形势，系统谋划科技创新发展思路，坚持创新核心地位，推进高水平科技自立自强，依靠科技创新全面塑造发展新优势，推动行业发展质量变革、效率变革、动力变革。徐瑾、段铁力、张天峰、韩占武出席会议。

9月24日，“科技引领　自立自强——党的十八大以来烟草行业科技创新成就展”开展。张建民、徐瑾、段铁力、张天峰、韩占武参观展览。

9月26日，国家局办公室印发《全国烟草生产经营管理一体化平台政务领域建设工作方案》，正式启动一体化平台政务领域建设。

9月27日，韩占武出席2021年度首次中日烟草技术交流会，视频会见日本烟草产业株式会社执行董事兼中国事业部部长小口彻，双方进行友好会谈。

9月27日，国家局党组印发《关于全面加强新时代烟草行业科技创新工作的指导意见》，对未来一段时期行业科技创新工作作出全面部署，提出“六个全面”重点工作安排。

9月27—29日，张建民在湖北烟草调研。张建民在调研时强调，要深入贯彻落实习近平总书记“七一”重要讲话精神，立足新发展阶段，完整、准确、全面贯彻新发展理念，更好服务和融入新发展格局，努力推动湖北烟草发展走在行业前列，为实现湖北经济恢复重振作出更大贡献。

9月30日，张建民主持召开国家局、总公司人才工作领导小组会议，认真传达学习习近平总书记在中央人才工作会议上的重要讲话精神，研究行业贯彻落实举措。徐䢘、段铁力、张天峰、韩占武出席会议。

10月

10月8日，国家局、总公司机关隆重举行升国旗仪式，庆祝中华人民共和国成立72周年。张建民、徐䢘、段铁力、张天峰、韩占武参加。

10月8日，国家局印发《烟草行业法治宣传教育第八个五年规划（2021—2025年）》，深入学习宣传贯彻习近平法治思想，落实中共中央、国务院转发《中央宣传部　司法部关于开展法治宣传教育的第八个五年规划（2021—2025年）》工作要求，明确行业普法工作的指导思想和主要目标，明确普法重点内容，持续提升行业干部职工及相关主体的法治素养，加强行业法治文化建设，推进普法与依法治理有机融合。

10月11日，国家局党校举行2021年秋季学期开学典礼。韩占武出席开学典礼并作动员讲话。

10月11日，中国烟草总公司及山西烟草工商企业共向山西省政府捐赠5000万元，用于受灾地区应急抢险救援和受灾群众救助，助力当地尽快恢复正常生产、生活秩序，以实际行动践行国企责任担当，为支持山西防汛救灾贡献力量。

10月12—15日，徐䢘在安徽烟草调研。

10月12—15日，段铁力在吉林烟草调研。

10月13日，卷烟生产力梯度结构性转移试点暨一体化平台建设试点工作座谈会在安徽合肥召开。徐䢘出席会议并讲话。

10月15日，张建民在北京与贵州省委副书记、省长李炳军举行会谈，双方就推动贵州烟草高质量发展、促进地方经济社会建设交换意见。段铁力一同会谈。

10月15日，韩占武前往中央和国家机关工委法制教育中心，与正在开展党性锻炼的国家局党校2021年秋季学期学员座谈。

10月18日，国家局印发《行业“十四五”绿色低碳循环发展工作方案》，强调要推动形成绿色发展方式，加大生态环境保护力度，以科技创新为关键，全过程推行绿色烟叶、绿色生产、绿色物流，能源资源配置更加合理，综合利用效率大幅提高，循环利用水平进一步提升，绿色低碳循环发展体系初步形成，深入推进资源节约型、环境友好型行业建设。

10月19日，张建民主持召开国家局党组（扩大）会议，传达学习贯彻习近平总书记在中央人大工作会议上的重要讲话精神，研究行业贯彻落实举措。徐䢘、段铁力、张天峰、韩占武出席会议。

10月19日，张建民主持召开国家局、总公司经济运行分析会，分析研究前三季度行业经济运行情况，研究部署下一步工作。徐䢘、段铁力、张天峰、韩占武出席会议。

10月20日，《卷烟》强制性国家标准修订项目获得国家标准委正式立项。

10月21—23日，韩占武在山东烟草调研。

10月22日，徐䢘在北京以视频形式会见英美烟草集团亚太及中东区总裁迪占诺斯克，就深化双方合作及合资公司发展方向进行商讨。

10月22日，第七届《东方烟草报》理事会第一次会员代表大会在济南召开。张建民对会议作出批示。韩占武出席会议并讲话。

10月25日，张建民主持国家局党组理论学习中心组（扩大）集体学习，邀请中共中央党校（国家行政学院）研究室副主任、博士生导师沈传亮围绕改革开放史作专题辅导报告。徐𬭚、段铁力、张天峰、韩占武参加学习。

10月25日，张建民主持召开烟草行业网络安全和信息化领导小组会议，认真传达学习贯彻习近平总书记在中共中央政治局第三十四次集体学习时的重要讲话精神，研究行业贯彻落实举措。徐𬭚、段铁力、张天峰、韩占武出席会议。

11月

11月3日，国家局党组印发《加强对“一把手”和领导班子监督工作举措》，重点围绕贯彻中共中央印发的《关于加强对“一把手”和领导班子监督的意见》精神，结合烟草行业工作实际，制定具体落实措施。

11月5日，张建民主持召开国家局党组（扩大）会议，传达学习习近平总书记在深入推动黄河流域生态保护和高质量发展座谈会上的重要讲话精神，研究行业贯彻落实举措。徐𬭚、段铁力、张天峰、韩占武出席会议。

11月11日，国家局成立电子烟工作专班。

11月15日，烟草行业学习贯彻党的十九届六中全会精神动员会在北京召开。张建民出席会议并在讲话中强调，党的十九届六中全会精神极其丰富，意义极为重大，影响极为深远，行业各级党组织要把组织学习贯彻全会精神作为当前和今后一个时期的重大政治任务，迅速兴起学习热潮，把思想和行动统一到全会精神上来，把“两个确立”真正转化为做到“两个维护”的思想自觉、政治自觉、行动自觉，切实把学习贯彻全会精神的成效体现到具体工作中。徐𬭚、段铁力、张天峰、韩占武出席会议。

11月15日，张建民主持召开国家局党组（扩大）会议，认真传达学习党的十九届六中全会精神，研究行业贯彻落实意见。徐𬭚、段铁力、张天峰、韩占武出席会议。

11月15日，国家局印发《深化“证照分离”改革进一步激发市场主体发展活力实施方案》，持续深化“放管服”改革，进一步优化营商环境，大力推动照后减证和简化审批，创新和加强事中事后监管，加强措施保障确保改革落地见效。

11月19日，党史学习教育中央第二十一指导组在北京烟草调研并与基层党组织开展联学联建。丁龙广参加联学联建。韩占武一同参加。

11月19—21日，段铁力在福建烟草调研。

11月22日，张建民主持国家局党组理论学习中心组（扩大）集体学习，邀请中共中央党校（国家行政学院）督学、教授洪向华围绕学习党的十九届六中全会精神作专题报告。徐𬭚、段铁力、张天峰、韩占武参加学习。

11月22日，国家局党组印发《关于认真学习宣传贯彻党的十九届六中全会精神的意见》，在行业上下营造学习贯彻浓厚氛围，掀起学习贯彻热潮，推动学习贯彻往深里走、往心里走、往实里走。

11月26日，国务院发布关于修改《中华人民共和国烟草专卖法实施条例》的决定，明确“电子烟等新型烟草制品参照本条例卷烟的有关规定执行”。决定的施行，明确了烟草专卖行政主管部门对电子烟等新型烟草制品生产经营的监督管理职权，明确了电子烟的基本法律属性和监管原则。

11月26日，国家局、总公司在北京召开工作务虚会。郭开朗出席会议。张建民主持会议并在讲话中强调，全行业要准确把握明年工作的方向和重点，主动担当作为，锐意开拓进取，全面推进党领导下的烟草事业发展，以优异成绩迎接党的二十大胜利召开。徐𬭚、段铁力、张天峰、韩占武出席会议。

11月30日，2021年全国卷烟营销网络建设工作会议在北京召开。段铁力出席会议并讲话。

12月

12 月 2 日，国家局就认真贯彻落实《国务院关于修改〈中华人民共和国烟草专卖法实施条例〉的决定》，依法加强电子烟等新型烟草制品监管举行政策吹风会。新华社、中央广播电视总台、《经济日报》等媒体参加。

12 月 2 日，高速特种滤棒成型机研制项目通过验收，技术水平达到国内领先。

12 月 3 日，国家局召开学习贯彻《国务院关于修改〈中华人民共和国烟草专卖法实施条例〉的决定》电视电话会议。张建民主持会议并讲话。徐𬭎、段铁力、张天峰、韩占武出席会议。

12 月 3 日，总公司印发《构建宜机化烟草农业标准体系促进农机农艺融合发展三年行动方案》，以宜机化烟草农业标准体系建设为突破口，促进农机农艺融合，加快关键环节农机装备研发推广，推动烟叶生产向全程全面机械化升级，推动烟叶高质量发展，助力实现巩固拓展脱贫攻坚成果同乡村振兴有效衔接。

12 月 6 日，张建民在北京会见内蒙古自治区党委常委、呼和浩特市委书记包钢，双方就推动内蒙古烟草工业改革发展、助力地方经济社会建设交换意见。徐𬭎一同会见。

12 月 7 日，国家局贯彻落实《国务院关于修改〈中华人民共和国烟草专卖法实施条例〉的决定》的意见，要求国家局机关有关部门单位和地方各级烟草专卖局认真学习坚决贯彻国务院关于修改《中华人民共和国烟草专卖法实施条例》的决定，切实履行好电子烟监管职责。

12 月 7 日，总公司印发《关于烟草行业“十四五”时期烟叶生产投入相关政策的通知》，落实财政部对“十四五”时期烟叶生产投入政策的总体要求，严格投入范围和投入规模，突出投入方向和投入重点，对投入绩效目标管理、业绩考核、规范管理提出进一步要求。

12 月 7 日，段铁力在董事会工作办公室调研。

12 月 7—9 日，韩占武在湖南烟草调研。其间，韩占武调研国家局党校湘潭教学点，并与秋季学期青年干部培训班学员座谈。

12 月 8 日，段铁力在中烟商务物流有限责任公司调研。

12 月 10 日，张建民在北京与甘肃省委书记、省人大常委会主任尹弘，省委副书记、省长任振鹤举行会谈，双方就推动甘肃烟草高质量发展、促进地方经济社会建设交换意见。徐𬭎、段铁力一同会谈。

12 月 10 日，张建民在北京与湖南省委副书记、省长毛伟明举行会谈，双方就推动湖南烟草改革发展、促进地方经济社会建设交换意见。徐𬭎一同会谈。

12 月 10 日，国家局、总公司印发《烟草行业审计项目工作质量管理办法（试行）》，通过明确审计质量控制目标、建立健全工作机制、确定分级管理职责、科学优化项目流程等，推动构建审计项目质量管理的闭环管理体系。

12 月 13 日，张建民主持召开国家局党组（扩大）会议，认真传达学习中央经济工作会议精神，研究行业贯彻落实举措。徐𬭎、段铁力、张天峰、韩占武出席会议。

12 月 13 日，张建民主持国家局党组理论学习中心组（扩大）集体学习，围绕深刻认识“两个确立”的决定性意义开展交流研讨。徐𬭎、段铁力、张天峰、韩占武参加学习。

12 月 16 日，韩占武为国家局党校 2021 年秋季学期学员讲专题党课。

12 月 17 日，中国烟草职工思想政治工作研究会第十届理事会第二次会议在北京召开。张天峰出席会议并讲话。

12 月 17 日，总公司印发新修订的《烟叶生产基础设施建设项目管理办法》，落实财政部关于烟基建设有关政策和行业相关要求，围绕“高标准基本烟田建设”“烟叶生产全程机械化装备建设”“支撑绿色发展的新技术装备建设”三个主要方向推进烟基项目建设。

12 月 22 日，张建民主持国家局党组理论学习中心组

（扩大）集体学习，围绕学习贯彻中央经济工作会议精神开展交流研讨。徐璀、段铁力、张天峰、韩占武参加学习。

12 月 22 日，国家局党校举行 2021 年秋季学期学习成果汇报会。韩占武出席汇报会并讲话。

12 月 22 日，国家局印发《烟草行业中长期科技发展规划（2021—2035 年）》，全面贯彻落实国家第十四个五年规划和 2035 年远景目标纲要等政策文件精神，面向未来 15 年对烟草行业科技创新重点任务作出战略部署。

12 月 23—24 日，张建民在福建烟草基层联系点调研党建工作。张建民在调研时强调，要深入学习贯彻党的十九届六中全会精神，把思想和行动统一到全会精神上来；要慎终如始抓好党史学习教育各项工作任务落实，不断巩固深化党史学习教育成果，把基层党组织建设得更加坚强有力。

12 月 23 日，国家局、总公司机关组织开展党史学习教育“微党课”交流展示活动。徐璀、段铁力、韩占武出席活动，丁龙广到会指导。

12 月 23 日，总公司印发《开展标准化烟站创建全面加强烟叶基层建设实施方案》，指导推动烟站基层党建、基础设施、队伍建设、运行管理水平全方位提升。

12 月 24 日，段铁力为国家局党校 2021 年秋季学期学员讲专题党课。

12 月 27 日，张建民主持召开国家局党组（扩大）会议，认真传达学习贯彻习近平总书记对做好“三农”工作、全国老干部工作作出的重要指示精神，传达学习中央农村工作会议、全国老干部工作先进集体和先进个人表彰大会精神，传达学习全国工业和信息化工作会议精神，研究行业贯彻落实意见。徐璀、段铁力、张天峰、韩占武出席会议。

12 月 27 日，张建民主持召开行业党史学习教育领导小组会议，认真传达学习贯彻习近平总书记重要指示精神和党史学习教育总结会议精神，研究行业党史学习教育总结工作。徐璀、段铁力、张天峰、韩占武出席会议。

12 月 28 日，全国烟叶工作会议在北京召开。张建民出席会议并在讲话中强调，行业上下务必深刻认识稳固烟叶基础是贯彻党中央“三农”工作决策部署的具体体现，继续坚持全国一盘棋思想，把稳固烟叶基础摆在更加突出的位置，保持战略定力，紧密联动协作，打好稳固烟叶基础“组合拳”，筑牢行业高质量发展的根基。徐璀出席会议并讲话。

12 月 29 日，国家局印发《烟草基因组与生物育种重大科技项目实施方案（2021—2025 年）》，对接国家种业振兴创新战略，聚焦生物育种国际前沿，推进烟草种业技术自立自强，种源自主可控。

12 月 29 日，国家局印发《烟草绿色防控重大科技项目实施方案（2021—2025 年）》，主攻绿色植保，创新智慧植保，推广公共植保，推进成果工程化、产业化，提升烟草农业绿色发展的体系化能力。

12 月 30 日，国家局党校举行 2021 年秋季学期毕业典礼。韩占武出席毕业典礼并为学员颁发毕业证书。

12 月 30 日，国家局党组印发《关于推动烟草行业内部监督工作贯通协同的意见》，围绕贯彻党中央关于“以党内监督为主导，推动各类监督有机贯通、相互协调”的决策部署，着力构建烟草行业职责明确、协调畅通、全面覆盖、防治一体的监督体系，增强监督严肃性、协同性、有效性。

12 月 30 日，12313 烟草市场监管服务热线管理平台正式启动运行，按期完成整合建设工作。

12 月 31 日，张建民主持国家局党组理论学习中心组（扩大）集体学习，认真传达学习习近平总书记在中共中央政治局党史学习教育专题民主生活会上的重要讲话精神，围绕学习贯彻中央政治局专题民主生活会和党史学习教育总结会议精神开展交流研讨。徐璀、段铁力、张天峰、韩占武参加学习。

◇ 编辑：王　静

行业概览

全国烟草行业发展概况

【全面从严治党取得新成果】 **党史学习教育扎实推进**。2021年，烟草行业在党史学习教育中央第二十一指导组精心指导下，按照学史明理、学史增信、学史崇德、学史力行的要求，充分发动、广泛动员、细致安排，通过集中学习研讨、邀请专家授课、举办专题学习班等多种形式，学习贯彻习近平总书记系列重要讲话特别是“七一”重要讲话和党的十九届六中全会精神，认真学习“四史”和指定书目，组织开展庆祝建党100周年系列活动，举办“党旗引领下的中国烟草”专题展览和“金叶先锋·担当奉献”主题巡回宣讲，开展“我为烟农办实事”“我与客户共成长”“我为基层服好务”主题实践活动，推动党史学习教育走深走实，行业党员干部受到一次全面深刻的政治教育、思想淬炼、精神洗礼，达到学党史、悟思想、办实事、开新局的目的。

党的全面领导持续加强。行业落实新时代党的建设总要求，深刻认识加强党的集中统一领导的极端重要性，发挥党组“把方向、管大局、保落实”的重要作用，全面加强基层组织建设，把党的全面领导落实到烟草工作各领域、各方面、各环节，推动行业各级领导和广大党员干部对党忠诚、听党指挥、为党尽责，始终在思想上政治上行动上同以习近平同志为核心的党中央保持高度一致。

全面从严的氛围持续巩固。扛稳抓牢全面从严治党主体责任，发挥全面从严治党引领保障作用，落实《中共中央关于加强对“一把手”和领导班子监督的意见》，结合行业实际研究制定31项具体措施，以有效监督坚决把“关键少数”管住管好。巩固拓展“两项整改”成果，组织对行业直属单位开展全覆盖“回头看”检查，对421家基层单位开展专项巡察，规范行业领导干部配偶、子女及其配偶经商办企业行为，实现治标效果不断巩固、治本之措持续发力。零容忍惩治腐败，坚决拥护、全力支持配合中央纪委国家监委查处潘家华严重违纪违法案件，国家局党组给予多名司局级干部党政纪处分。抓深抓实以案促改、以案促治，持续深化重点领域廉洁风险防控，推动行业政治生态持续向好。

【高质量发展达到新水平】 **经济运行和市场状态持续向好**。落实国家“十四五”规划和2035年远景目标纲要，制定实施行业“十四五”规划和6个专项规划，同步抓好“1+6+2”高质量发展政策措施落地实施，聚力提升行业发展质量和效益。2021年，行业宏观调控针对性、有效性明显增强，卷烟产销基本平衡；“两烟”库存保持合理水平；卷烟结构稳步提升，单箱批发销售额比上年增加0.18万元；品牌规格精减优化，全年在产规格866个，比上年减少36个；重点品牌持续发展，有9个品牌销量超过200万箱，“中华”“利群”“云烟”“黄鹤楼”“芙蓉王”“南京”等6个品牌销售额超过1000亿元；市场价格保持稳定，整条卷烟销售价格指数99.42%，比上年提升0.99个百分点；国产传统雪茄烟迈上新台阶，单支批发均价3.11元，四大重点品牌销售额均超过亿元。

产业链、供应链现代化水平稳步提高。召开行业科技创新大会，聚焦“四个面向”部署新一轮科技创新，中式卷烟创新发展、烟草生物育种、绿色防控、香精香料自主研发等重大科技项目取得新进展，战略科技力量持续壮大。数字化转型战略加快实施，全国烟草生产经营管理一体化平台建设扎实推进，农、工、商、政各领域依次展开。卷烟营销网络建设提质增效，农村网络建设加速推进。烟机装备保障能力持续提升，ZJ119/ZB 416新一代国产高速卷接包机组得到普遍认可。智慧物流试点有序开展，供应链自主管控能力持续增强。国产丝束基地化供应稳步推进，特殊规格丝束供应短板加快补齐。

2021年6月18日，云南曲靖师宗县彩云镇小矣则村烟农用烟蚜茧蜂防治蚜虫，推进绿色生产

云南曲靖市局　王炳会　摄

国家标准、《电子烟管理办法》，按程序向有关部门和社会公众征求意见；系统谋划制定相关政策措施和工作细则，全面推进电子烟监管法治化、规范化。

重点领域和关键环节改革深入推进。配合财政部、工业和信息化部等完善中国烟草总公司及相关改革方案，推动建立中国特色现代企业制度；持续深化“放管服”改革，编制国家局权责清单，落实“证照分离”改革任务；探索建立零售户信用体系和信用监管机制，全面建成12313烟草市场监管政务服务热线各分中心，行政许可“好差评”系统全面部署实施；落实国企改革三年行动方案，稳妥推进厂办大集体改革、退休人员社会化管理等相关工作；持续开展整治拖欠民营企业、中小企业账款和农民工工资问题专项行动，督促落实应对疫情减免小微企业和个体工商户房屋租金政策要求；协调出台“十四五”时期烟叶生产投入政策，健全完善投入机制；持续推进卷烟营销市场化取向改革，深入实施大品牌、大市场、大企业战略；稳步推进国际经营业务整合。

全方位贡献创造历史最好水平。全年商业销售额、工商税利总额、财政总额等均创历史最好水平。持续发挥烟叶产业增收致富重要作用，全年实现烟农总收入704亿元，户均收入9.4万元，比上年增加1.7万元。保障零售户合理收益，全国卷烟零售综合毛利率11.02%，比上年提升0.59个百分点；零售户满意度89.41分，比上年提高1.04分。积极履行社会责任，完成2021年度定点帮扶各项工作任务，行业全年安排资金38.8亿元，重点用于巩固拓展脱贫攻坚成果同乡村振兴有效衔接及支持各地救灾工作等。

【高效能治理迈出新步伐】　**电子烟监管取得突破性进展**。2021年11月10日《国务院关于修改〈中华人民共和国烟草专卖法实施条例〉的决定》（简称《修例决定》）公布，依法明确电子烟参照卷烟监管，依法赋予烟草专卖行政主管部门监管职责，电子烟监管取得里程碑式重大突破。国务院《修例决定》公布后，国家局迅速召开电视电话会，对学习贯彻国务院《修例决定》作出全面部署；召开政策吹风会，明确电子烟监管法律依据，阐明依法加强电子烟监管的坚定立场和政策导向；起草完善《电子烟》

市场监管和规范管理全面加强。联合公安部、海关总署挂牌督办93起重大案件，查处案值亿元以上案件16起，有效遏制大规模海上走私卷烟猖獗势头，其中浙闽“4·27”案件一次性查获走私入境卷烟4.72万件，案值10亿元。全国共查处案值5万元以上假私烟案件8303起，查获假烟55.1万件、走私烟15.5万件，公安、司法机关依法拘留9634人，追究刑事责任7230人。联合市场监管总局开展保护未成年人免受烟侵害“守护成长”专项行动，查处向未成年人售烟违法行为，持续加强电子烟市场监管。加强卷烟生产经营全流程监管，优化零售户合理布局。加强内部审计监督，严肃问题整改和追责问责。围绕销售物资使用、行贿供应商禁入措施执行、香精香料和烟标（盒皮）采购、大额资金管理、专卖执法行为等开展专项检查，全方位落实各项规范制度要求。

【高素质队伍得到新提升】 **选人用人制度机制持续优化**。坚持党管干部、党管人才，落实新时代党的组织路线，着力培养造就“忠诚干净担当”的高素质专业化干部人才队伍。树立正确选人用人导向，常态化开展干部调研，加强对干部的日常了解，综合掌握干部思想、作风、能力、实绩、品行、廉洁等方面情况。严把选人用人组织关、程序关，突出选人用人政治标准，加大优秀年轻干部培养选拔力度，统筹用好各年龄段干部。坚决纠治“跑官要官”“带病提拔”“近亲繁殖”等问题，持续净化选人用人环境，干部选拔任用工作质量、群众认可度不断提升。

领导班子整体功能持续增强。注重领导班子年龄梯次化配备和专业、知识、经历等结构互补，加大行业直属单位之间、机关部门单位之间、机关和行业直属单位之间干部交流任职力度。加强领导班子和领导干部考核监督，及时研判领导班子作用发挥情况，有针对性地做好配备调整。行业直属单位和机关部门领导班子中，配备50岁左右干部的占比达到73%。

干部培训和能力提升持续加强。举办行业直属单位及国家局、总公司机关部门单位主要负责同志学习贯彻党的十九届五中全会精神专题研讨班，落实行业教育培训纲要和专业化能力提升计划，举办6期专业能力提升培训班。加强高层次人才选拔培养，续聘、新聘行业科技领军人才，组织开展首批行业青年科技人才推荐选拔工作，推进技能人才队伍建设，首次评选设立行业技能大师工作室，激励各类人才干事创业、担当作为。

◇编辑整理：王　静

发展计划与经济运行

【行业“十四五”规划编制】 2021年，行业坚持以习近平新时代中国特色社会主义思想为指导，学习贯彻党的十九届五中、六中全会精神和国家“十四五”规划纲要，理解立足新发展阶段、贯彻新发展理念、构建新发展格局的核心要义，把握推动高质量发展、推进高效能治理、造就高素质队伍的逻辑主线，与“1+6+2”高质量发展政策体系有机衔接，制定出台烟草行业“十四五”规划和科技创新、网络安全和信息化、物流、国产雪茄烟、专卖管理、干部人才队伍等专项规划，形成行业“十四五”规划体系，全面绘就行业发展蓝图。制定印发行业“十四五”规划重点任务分工方案，举办规划编制与实施培训班，指导行业各单位规划编制。行业各单位主动担当、迅速行动，积极对接行业规划体系，研究推动自身“十四五”发展的举措和办法，推进行业“十四五”规划落地实施，凝聚形成推进行业“十四五”发展的强大合力。

【“两烟”计划管理】 坚持把保持经济平稳运行和市场良好状态摆在优先位置，立足行业“十四五”及中长期高质量发展目标，统筹做好卷烟产销年度间综合平衡，科学设置结构增长和税利增长等行业生产经营主要预期目标，合理安排卷烟年度生产、调拨、销售计划，探索将高质量发展评价结果、专项计划执行情况等量化为卷烟产量计划调整参数，推动卷烟产销基本平衡，较好稳定行业对宏观经济指标的贡献。把握好计划调整的时效度，支持企业应对新冠肺炎疫情影响。巩固拓展卷烟生产力梯度转移试点成效，新增上海烟草集团，河北、安徽、湖南中烟为试点单位，探索企业间协调发展、共同发展新机制。

贯彻落实烟叶“稳产业”工作部署，系统谋划烟叶库存降至合理水平后的烟叶发展政策，保障工业企业原料需求；制定烟叶生产调拨三年计划，差异化安排企业烟叶调入计划，稳定产区单位生产预期；发挥烟叶在加快构建以品牌为核心的要素资源配置模式中的重要作用，稳步扩大优质烟叶资源进口，推动优质烟叶资源向优势企业、重点品牌适度集中，更好地支撑“大品牌、大市场、大企业”发展战略。

【投资制度化管理】 加强投资内控机制、提升投资决策水平，研究制定新版《烟草行业投资项目后评价管理办法》；针对国家局、总公司直属专业性企事业单位实际，研究制定印发国家局、总公司直属专业性企事业单位投资项目审批管理办法，对所涉及单位的投资从严管控。为适应国家工程建设规范和标准调整要求，满足工程建设项目实际需要，研究修订印发2021年版的卷烟厂、打叶复烤厂、卷烟物流配送中心等3个建设控制指标。明确拆分项目违规行为的认定标准和工作程序，为落实有关监管职责和制度要求提供程序支撑。开展行业投资数据信息的统计分析，编制形成《烟草行业2020年度投资报告》，对行业年度投资情况、投资工作服务国家经济社会的情况、行业重大项目实施情况等进行汇总、梳理、分析，为行业投资管理决策提供信息基础。开展2021年度“双随机、一公开”检查，克服疫情防控等因素影响，组织12名检查人员组成4个检查组对12个省级直属单位进行检查，按照中央巡视整改的有关要求精神，加大对行业投资领域违规行为问责追责情况的检查力度，加强与巡视、审计等工作的衔接，形成监管合力，增强检查效果。

【卷烟市场监测】 2021年，贯彻落实国家局党组始终把保持经济平稳运行和良好市场状态摆在优先位置的安排部署，按照“创新、规范、及时、准确”的工作要求，科学调整完善监测样本分布，不断提高数据质量、丰富分析维度、完善分析指标，完成12期《全国卷烟市场监测信息月报》；丰富市场监测内容，采用“不打招呼、不发通知、不听汇报、直奔零售户”形式，对湖北等重点市场调研，及时发现市场存在的问题、潜在的风险和挑战；不断优化市场监测体系，建立包括货源订单、市场动销、盈利水平、经营信心等维度的卷烟市场供需状态综合评价体系，为行业宏观调控、运行分析提供数据支撑和参考依据。为准确把握消费行为变化和市场真实需求，对消费者行为特征、卷烟消费趋势、市场供需状况和卷烟缺断货时消费者行为变化等方面开展全面深入分析，从消费者角度摸清卷烟市场真实供需状况，为行业宏观调控政策的制定，提高供给结构对需求变化的适配性提供科学决策依据。

【价格管理】 2021年，行业持续以烟草专卖品价格管理为基础，坚持做好烟草专卖品价格政策研究。按照《卷烟和雪茄烟价格管理办法》各项要求，做好卷烟产品价格核准工作，统筹高、中、低各价位卷烟协调发展，推进完善卷烟限价政策有关工作，逐步完善在国家局指导下由市场调节来决定卷烟零售价格的机制，推进相关政策平稳落实落地。落实“切实增加低价位卷烟有效供给”要求，防范市场供需失衡风险，针对低价位卷烟供需结构性矛盾问题，进一步优化低价位卷烟价格政策，提出低价位卷烟划线标准调整的政策建议，实现卷烟结构梯度平稳上移；清理国产卷烟调拨价格目录，推进建立市场化的“优胜劣汰”调控机制；结合“我为基层服好务”主题实践活动，解决基层单位在涉案烟草制品价格管理工作中存在的难点，修订印发《涉案烟草制品价格管理规定》，进一步提升涉案烟草制品价格管理工作水平；对烟叶产区开展书面调研和重点产区实地调研，全面了解近年来烟叶种植成本收益情况，分析当前烟叶价格政策存在的问题，构建烟叶收购价格总水平模型，优化烟叶价格调控政策，发挥以烟叶收购价格调动烟农种烟积极性、以调拨价格调节市场需求的杠杆作用，制定2022年烟叶价格政策，稳固烟叶基础，促进烟叶生产平稳发展；规范烟机经营、稳定生产秩序、防范政策风险，研究调整国产烟机技术使用费和进销差价事项，做好丝束、烟草机械产品价格管理及各类费用标准核定工作。

【助力乡村振兴】 **建立健全乡村振兴工作体系**。国家局党组高度重视乡村振兴工作，顶层谋划烟草行业脱贫攻坚同乡村振兴有效衔接的组织体系、政策体系和体制机制，由国家烟草专卖局党组书记、局长，中国烟草总公司总经理张建民担任组长，其他党组成员担任副组长，建立责任清晰、各负其责、执行有力的乡村振兴领导体系，国家局办公室、计划司等8个部门为乡村振兴工作领导小组成员单位，设立乡村振兴工作的专门处室，统筹落实巩固拓展脱贫攻坚成果同乡村振兴有效衔接各项具体工作。继续压茬向帮扶县选派优秀挂职干部，形成领导小组决策、乡村振兴办公室和成员单位落实、帮扶干部助力帮扶地区完成的三级工作机制。2021年，烟草行业共有1739个党支部结对共建1386个脱贫村；帮扶干部3.32万人，其中挂职帮扶干部3855人；投入3.35亿元帮扶2584个脱贫村，其中驻村工作队1299个、第一书记1257人、工作队队员2392人，做到帮扶不撤、政策不松、力度不减，持续落实“四个不摘”助力巩固脱贫攻坚成果。

帮扶政策和资金投入稳中有进。张建民局长全年主持召开5次乡村振兴工作领导小组会议，及时学习贯彻习近平总书记关于乡村振兴工作的重要讲话精神，研究部署定点帮扶工作，把定点帮扶作为烟草行业履行社会责任的重要载体和抓手。2021年印发《中共国家烟草专卖局党组关于贯彻落实〈中共中央　国务院关于实现巩固拓展脱贫攻坚成果同乡村振兴有效衔接的意见〉的具体意见》（国烟党〔2021〕87号）、《国家烟草专卖局关于印发2021年定点帮扶工作计划的通知》（国烟计〔2021〕96号）等帮扶政策和措施，保持帮扶政策的总体稳定，与脱贫攻坚政策有效衔接，继续加大定点帮扶力度，增加帮扶资金。

2021年，烟草行业安排捐赠资金33.9亿元，其中国家局机关本级投入2.9亿元，比上年增长45%；行业帮扶项目4960个，帮扶受益165万人，其中脱贫人口57.85万人、“三类户”7.6万户；招用脱贫人口5642人，培训46.51万人，其中基层干部2.6万人、技术人才14.54万人。行业继续加大烟草产业助农，新建4.2万户农网现代终端，比上年增长20%，累计建成25.61万户农网现代终端，占农村零售户数的10.61%。烟叶生产投入107亿元，种植烟叶1331.5万亩，惠及烟农74.6万户，收购价格比上年提高5%，烟农种烟收入607.5亿元，户均8.1万元，比上年增收1.6万元；烟农实现多元化收入96.6亿元，户均1.3万元，烟农种烟和多元化收入户均达到9.4万元。支持261个脱贫县巩固脱贫攻坚成果，其中支持42个国家乡村振兴重点县种植烟叶166.12万亩，收购烟叶21.13万吨（422.56万担），覆盖26.25%的全国乡村振兴重点县。

【定点帮扶】 **定点帮扶成效显著**。国家局自2002年、2013年、2016年定点帮扶湖北省十堰市竹溪县、竹山县和宁夏回族自治区吴忠市红寺堡区以来，共投入无偿帮扶资金7.19亿元，派驻挂职帮扶干部26人，累计购买和帮助销售农产品3.55亿元。2021年，国家局组织挂职帮扶干部开展轮换工作，选派6名干部在帮扶县挂职，投入无偿帮扶资金1.4亿元、有偿帮扶资金4653.7万元，消费帮扶采购农产品1.06亿元。通过定点帮扶受益人口12.28万人。

深入帮扶地区调研指导，落实定点帮扶责任。张建民局长和徐㻞副局长主持召开定点帮扶专题工作会，研究部署定点帮扶年度工作计划和落实措施，并分别赴定点帮扶的竹溪县、竹山县和红寺堡区调研指导巩固脱贫攻坚成果同乡村振兴有效衔接工作，相关部门负责人员46人次深入3个县区实地调研、协调解决问题。开展督促指导工作，并就发现问题致函定点帮扶地区政府，就存在的不足进行整改落实。

创新项目审核机制，保障项目实施。为进一步保障项目帮扶的精准和评审的公平、公正、公开，组织召开定点帮扶项目视频专家评审会，邀请乡村振兴专家对使用2021年1.25亿元帮扶资金的定点帮扶地区项目进行评审。

加强党建帮扶，夯实组织振兴根基。国家局人事司和机关党委组织9个党支部与帮扶县脱贫村党支部开展联学联建工作，机关党员干部捐款捐物459.66万元，比上年增长47%，助力党建与定点帮扶深度融合。

发挥行业优势，发展特色产业。2021年烟叶生产投入帮扶资金4653.7万元，帮助竹溪县和竹山县54个村1375户烟农种植烟叶4.54万亩，收购烟叶0.52万吨（10.43万担），为当地财政贡献烟叶税收3367.7万元，助力实现烟农收入共计1.81亿元。加大卷烟销售农网终端的惠农力度，投入85万元帮助定点帮扶地区农村商户开展农网建设。探索产业发展新模式，除“两烟”产业助力乡村振兴外，定点帮扶地区挂职干部通过国烟帮扶项目与地方政府合力孵化农村产业，通过消费帮扶或援建基础设施等方式扶持龙头企业38个，帮助培育新型农业经营主体77家，建立帮扶车间18个，招商引资4.5亿元，招用脱贫人口18人，帮助脱贫人口在非农岗位转移就业867人。

聚焦“两不愁三保障”，巩固脱贫攻坚成果。向定点帮扶地区投入1640万元助力巩固脱贫攻坚成果，支持安全供水基础设施建设项目、血液透析室建设项目等。与“我为群众办实事”系列主题实践活动结合，帮助定点帮扶地区开展文体设施建设、学校建设等，助力文化振兴和生态振兴。

【行业援藏】 2021年，行业贯彻落实习近平总书记关于西藏工作的重要指示和中央第七次西藏工作座谈会精神，将支援西藏建设作为服务党和国家工作大局的重要政治任务，作为履行行业社会责任的重要途径。国家局组织全行业力量援助西藏，在拉萨召开全国烟草行业第六次援藏工作座谈会，总结“十三五”时期的援藏工作成效，捐赠5.95亿元用于“十四五”时期西藏自治区兴边富农工作（2021年捐赠2亿元），惠及西藏区下辖所有地市。协调西藏自治区政府，拟定《国家烟草专卖局　中国烟草总公司对西藏自治区兴边富民工程定点捐赠资金协议》《“十四五”期间国家烟草专卖局援藏资金投资项目规划工作方案》，西藏自治区印发《烟草行业援助西藏自治区乡村振兴项目和捐赠资金管理的暂行办法》，确保烟草行业援藏资金安排使用到位、项目建设完成到位、项目惠民成效到位。

【行业经济运行概况】 **经济运行稳中向好**。2021年，行业坚持稳中求进工作总基调，落实“总量控制、稍紧平衡，增速合理、贵在持续”方针，始终把保持经济平稳运行和市场良好状态摆在优先位置，跨周期调节和逆周期调节协调联动，经济运行呈稳中向好、稳中加固的良好态势，主要指标达到历史最好水平。2021年卷烟单箱批发销售额比上年增长5.21%，行业一、二类烟销量比上年分别增长10.04%、9.27%，三类烟销量比上年下降4.83%。

重点品牌持续发展。2021年，重点品牌集中度进一步提高，行业31个重点卷烟品牌销量比上年增长2.08%，占全国销量比重91.69%，比上年提高1.38个百分点。重点品牌实现商业销售额比上年增长6.35%，占全国销售额比重95.81%，比上年提高0.51个百分点。平均单箱销售额比上年增长4.19%。

创新品类继续保持较快增长，创新品类卷烟销量比上年增长16.39%，占全国总销量的17.32%，比上年提高2.36个百分点。其中，细支烟销量增长12.39%、中支烟销量增长36.09%、短支烟销量增长0.84%。

雪茄烟快速发展，传统型雪茄烟实现销量比上年增长36.69%。其中，手工雪茄烟增长95.65%、机制雪茄烟增长34.44%。销售国产雪茄烟比上年增长36.79%，进口雪茄烟比上年增长 8.4%。

严格控制品牌规格总数，品牌规格精减优化，2021 年准产国产内销卷烟新品（含改造、整合等）49 个，退出 57 个，品牌数净减少 2 个，规格净减少 8 个。

税利总额稳步增长。2021 年，行业实现税利比上年增长 6.08%，累计实现利润比上年增长 3.85%，实现工业增加值比上年增长 6.25%。

【管理水平持续提升】 **精益管理水平逐年提高**。2021 年，行业通过开展精益管理实现提质增效 43.2 亿元，各单位进一步优化生产经营各环节资源配置，提高投入产出效率。工业企业人均劳动生产率比上年提高 3.46%，商业企业人均劳动生产率提高 3.02%。行业质量管理小组取得课题成果 8524 项，创造直接经济效益 13.97 亿元。物资采购工作更加公开、透明，全年公开招标比例达到 99.29%。

开展对标工作。开展对内蒙古区局（公司）等 10 家单位的帮扶和对陕西省局（公司）等 11 组单位对标共建，推动各单位创优争先。2021 年，工业企业 32 个对标指标中有 23 个指标比上年提升，19 个标杆值比上年提高；省级商业企业 23 个对标指标中有 7 个指标比上年提升，11 个标杆值比上年提高。

质量管理体系建设。行业企业标准制修订率 28.99%，流程优化改进率 21.45%。体系内审、管理评审中发现的不合格项 88.68% 整改完毕。

开展管理诊断。行业各单位开展自我诊断，针对问题点制定措施 3.24 万项。

推进绿色低碳工作。2021 年行业能源消耗总量比上年下降 0.93%，全行业万元工业增加值能耗比上年下降 5.1%，卷烟工业企业万元工业增加值能耗比上年下降 5.7%。2021 年行业排放二氧化硫比上年下降 33.1%，排放氮氧化物比上年下降 19.4%，排放化学需氧量比上年下降 1.9%，排放二氧化碳比上年下降 2.2%，万元工业增加值二氧化碳排放量比上年下降 7.6%。

【筑牢安全生产防线】 **部署行业安全工作**。国家局党组高度重视安全生产工作，组织召开国家局安全生产委员会会议和行业安全生产电视电话会议，把保障行业高质量发展作为安全生产的核心任务，谋思路、明方向、定措施，系统谋划行业安全生产的重点任务和方法举措。

落实安全生产责任。将习近平总书记关于安全生产重要论述专题活动纳入行业各单位党组理论学习中心组、支部“三会一课”和干部职工学习培训内容。全年举办 5 期行业安全大讲堂和“一把手”讲安全专题活动。贯彻新修订的《中华人民共和国安全生产法》，推进全员安全生产责任制建设，健全安全生产责任制和岗位安全责任清单，构建明职知责、履职尽责、失职追责的安全生产责任体系。

夯实安全管理基础。加强制度建设，修订《烟草行业道路机动车辆交通安全管理规定》，制定《烟草企业职业卫生管理规定》。加强队伍建设，指导行业各单位依法依规推进安全组织机构建设和专职安全管理人员配置，行业取得

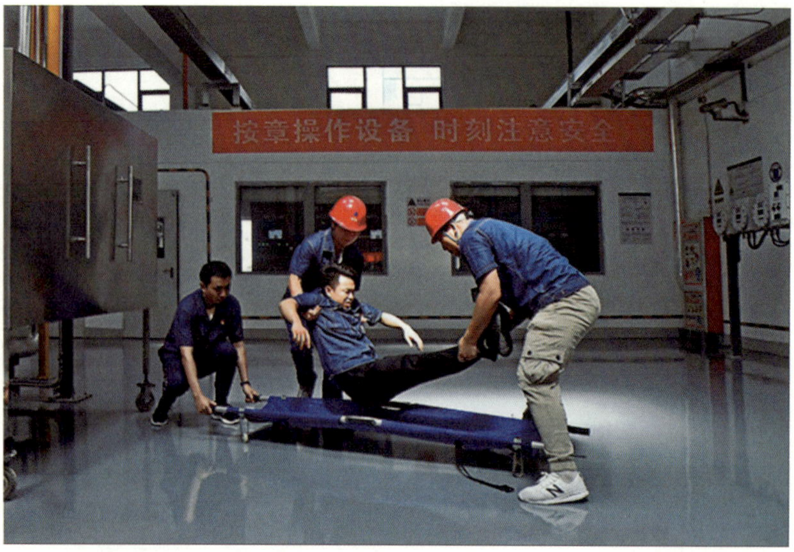

2021 年 6 月 18 日，贵州中烟贵定卷烟厂组织职工进行受伤人员救援演练，保障安全生产

贵州中烟　刘文斌　摄

注册安全工程师执业资格3965人，评聘1033人。加强安全生产标准化建设，制定行业安全生产标准化示范企业创建方案和评价标准，全行业初步形成示范经验成果116项。加强安全管理信息化建设，推进数字技术、智慧安全和安消集成应用。

排查治理风险隐患。全面普查卷烟工厂、物流中心、复烤企业、醋纤企业和多元化企业的安全生产基本状况，实施风险管控和隐患排查治理。组织开展行业安全生产大检查2次，23个检查组帮助145家受检单位梳理隐患766项，对隐患类别、分布状况、形成原因进行规律性研究和趋势性分析，对症施策，指导整改。

【董事会工作】 **抓好专项工作**。董事会工作办公室落实国家局关于安全生产、碳达峰碳中和等重要工作的批示，通过召开董事会会议、基本制度执行效能检查等方式抓好国家局党组有关工作部署的落实。

审议公司“十四五”规划目标。各工业公司董事会落实国家局党组关于编制行业“十四五”规划的各项工作要求，在尊重公司党组意见的基础上，以行业“十四五”规划中质量效益等6个方面的规划目标为指引，坚持全国烟草“一盘棋”，统筹好“六个关系”和“六个完善”，以行业战略为导向，突出公司自身特点和实际，对公司“十四五”规划目标逐项评估审议，完成“十四五”规划审议工作，推动企业高质量发展。

召开董事会会议。各工业公司董事会严格按照公司章程和《董事会议事规则》，组织召开董事会会议，确保董事会决策合法合规，确保经济运行保持在合理区间，确保国家局党组各项决策部署在工业公司落实落地，实现全年发展目标。全年共计召开董事会会议199次，听取议案和报告807份，保质保量完成董事会日常决策工作。

加强董事会管理监督。推动各工业公司加强采购领域廉洁风险防范，关注非公招采购方式选用理由的合规性，合规选用采购方式，做到应招尽招。全年合计审议采购项目2.23万项，涉及采购计划资金1502.28亿元，其中香精香料和烟标（盒皮）采购公开招标率同比增长7.55%和7.32%。推动监事履职尽责，不断完善监事报告制度和监事报告反馈机制，推动各公司监事进一步提高政治站位和履职能力，确保管理监督到位。

开展基本制度执行效能检查。落实《国企改革三年行动方案（2020—2022年）》有关工作要求，对18家工业公司开展2018—2020年基本制度执行效能检查。分6个检查组，组织91人次，历时35个工作日，检查606份制度文件、2247份董事会议案材料，抽查2198项具体工作，形成检查报告上报国家局，并向各工业公司反馈检查结果，对下一步工作提出明确改进要求。

建立三个沟通交流机制。建立董事长联席会议机制，不定期组织召开董事长联席会议，确保及时落实国家局党组交办的各项工作任务，加强各组董事会之间工作协调和沟通，做到重大部署同步推进，重要工作统一开展，重点要求协同落实，全年召开会议14次。建立董事会工作办公室内部业务交流机制，每季度请一组董事会在部门介绍本组董事会工作和公司情况，分享决策案例和经验，帮助专职董事相互了解不同公司间相似业务的决策行为。建立国家局部门间沟通机制，通过“走出去、请进来”，董事会工作办公室与国家局财务（审计）司、科技司、规范办、信息中心、法规司等部门举办7次互动交流，进一步了解行业有关政策导向和业务职能部门的具体工作要求，不断提高政策理解运用水平，及时反馈公司的难点问题，取得良好成效。

开展董事会工作培训。行业举办省级工业公司董事会建设培训班，70余名董事会工作相关人员参加培训。通过以训代会的形式，进一步加强工作指导，增进工作交流，提升能力素质。

加强董事会队伍建设。加强组织机构建设，2021年1月和8月，分别向国家局人事司提交有关工业公司董事会换届和董事监事调整建议，进一步明确有关工作流程和具体要求；完善董事会人员配备，全年配合人事司完成3家公司董事会换届、15家公司董事调整、2家公司监事调整。

◎编辑整理：王　静

烟叶生产经营

【稳固烟叶基础】　坚持把稳固烟叶基础作为烟叶生产的重中之重，划定基本烟田保护区，初步形成烟叶与粮食、区域特色作物融合发展的联合保护态势，稳固烟叶产业发展基本盘。督促产区编制出台“十四五”烟叶产业发展总体规划、基本烟田规划、基础设施建设规划、基层烟站建设规划，通过“1+3”规划体系对“十四五”烟叶长远发展作出系统性安排，以高标准规划引领高质量发展。进一步优化烟叶生产力布局，落实提价惠农政策，统筹做好移栽面积落实、烟叶防灾减灾、产情动态监测，稳定烟农队伍、稳定种烟收益、稳定产业规模，完成烟叶收购工作。

【烟叶供需调控】　***库存总量回归合理水平***。持续深化供给侧结构性改革，推动烟叶供需实现更高水平的协调平衡。提前完成库存控制在35个月以内合理水平的目标，库存总量高位运行局面得到根本扭转，为“十四五”高质量发展赢得主动。

优化工业库存结构。优质原料供给体系稳步升级，等级结构保障能力不断改善，全国烤烟上等烟收购占总收购量的71.23%，比上年增加3.05个百分点；多渠道加大工业库存资源调配力度，全年完成工业库存调剂8.92万吨（178.48万担）、出口置换1.41万吨（28.27万担）、单向出口4.34万吨（86.78万担）。

提升基地化供应水平。完善烟叶基地单元定期评价、动态调整机制，及时清理调整不达标基地单元，稳固工商购销关系，提升基地建设质量。全年基地调拨烟叶占产能总量的76.1%，比上年增加0.8个百分点。

提高上部叶可用性。着力突破上部叶可用性“瓶颈”，进一步完善以田间养熟、鲜烟采熟、调制后熟为重点的技术体系，加快推广以采烤一体化、上部4~6片一次性采烤、带茎砍烤为主的关键技术，提升上部叶成熟度、可用性、适配率。全国13个主产烟区、19家工业企业在126个单元联合开发高可用性上部叶180.5万亩、5.69万吨（113.8万担），比上年增加2.83万吨（56.6万担），满足重点品牌核心原料需求。

拓展工业利用技术创新应用。聚焦卷烟配方技术升级和原料使用价值提升，多途径拓宽原料使用范围，提高原料使用水平。福建中烟推动卷烟工艺前移，系统优化原料配置使用效率；江苏中烟深化配方打叶技术创新，发挥原

云南玉溪市澄江烟区“翡翠特色小产区”（2021年）

云南省局　供稿

料组增值作用；贵州、山东、江西、广西等工业企业探索配方复烤加工，挖掘烟叶利用空间；湖南中烟实施片烟混配处理，实现片烟全配方规模化输出。

【烟叶生产方式转变】 **提升规模化种植水平。**推进烟区土地稳定流转，加大职业烟农培育力度，推动集中连片种植、适度规模经营。全国百亩以上连片烟田面积占比69.7%，户均种植规模17.8亩，比上年增加2亩，其中20~50亩种烟农户占比38.2%，增加2.5个百分点。

增强专业化服务能力。加强合作社规范化管理、市场化运作、产业化发展、一站式服务能力建设，烟农专业合作社整合至947家、比上年减少225家，烟农入社率98.6%、比上年增加4.1个百分点；五大重点环节综合服务比例达到76.2%、比上年增加4.1个百分点。贵州、湖南、山东、重庆、陕西、广西等地的12家烟农合作社被评为国家农民合作社示范社；云南红河搭建烟农一站式服务平台，合作社专业服务网上交易量过亿元；贵州专业化采烤推广率达到90%，烟叶采烤损失率降至6.9%。

提升机械化作业水平。加大"耕种收、苗管烤"环节农机研发选型与推广力度，机耕、起垄环节机械化作业率分别达到94.9%、91.8%，比上年分别增加2.4个、8.7个百分点，烟夹在用比例从21%提高到27%。黑龙江加大关键农机装备研发改进，部分机型在移栽、采收等重点环节取得新进展。

烟叶产区自觉实施烟叶绿色生产。坚持"化肥减量化、植保绿色化、能源清洁化、资源循环化"发展方向，加大技术创新和推广使用力度，践行绿色低碳环保理念。全国施用种植绿肥218.3万亩，施用有机肥面积占比93.5%，比上年提高2.2个百分点；推广烟蚜茧蜂生物防治面积占比96.3%；烟田废弃地膜回收占比84.9%、资源化利用占比60.9%；推广应用新能源烤房15.7万座、占比21.6%，增加8个百分点。

【产业融合增收】 **烟叶与非烟产业融合呈现新格局。**推进烟叶与多元产业融合发展，扩大烟叶产业容量，进一步拓展烟农增收空间。建立以烟为主、多业融合的耕作制度和产业体系，全国烟后接茬面积占烟叶种植面积的83.8%，烟田与设施配套多元产业形态逐步由"小特产"升级为"大产业"，初步形成地域食用/药用菌、东南烟稻轮作、西南烟豆荞轮作和区域特色作物等四大产业集群，产值上亿元的产业达到13个。云南在核心烟区探索构建以烟为主、烟粮协同、绿色生态、经济高效的产业体系，"云香"系列自有品牌知名度扩大，"烟叶+N"现代农业产业体系形成；福建、湖南、贵州实施"以烟稳粮、以粮促烟"，形成烟粮双优基地融合发展模式；四川凉山种植烟后苦荞30万亩，探索烟荞和谐共生、融合发展新路径。

产业综合体建设迸发新活力。坚持把烟区产业综合体作为推动烟叶与非烟产业融合的试验田、农业产业化发展的示范园、烟区乡村振兴的样板区，集聚多方资源，深化产业融合，118个试点地区2021年种植面积43.7万亩，烟叶与多元产业总产值33.8亿元，亩均综合产值6223元，较大面生产产值提高1661元，稳烟区、保烟田、强产业、促增收效果显著。形成合作社传统订单、联合社（合作社协会）自主发展、新型种植经营主体与股份合作、农业龙头企业带动、多主体多业态联合发展等5种产业融合发展典型模式，助推烟区农村改革和乡村经济发展，产业综合体的生命力、竞争力、带动力得到全方位体现。

2021年，实现烟农总收入704.1亿元、比上年增加60.1亿元，其中多元产业增收96.6亿元，增加3亿元。户均收入9.4万元，比上年增加1.7万元，其中种烟收入8.1万元、多元产业增收1.3万元。

【烟叶流通改革】 **推进专业分级和原收原调。**加速落地"第三方组织、集中定点"的专业分级组织形式，提升专业分级质量和效率。山东专业分级全面采取托管服务，取消专业队入户和农户自分级，烟农减工降本成效显著，烟叶收购质量明显提升。严格开展对样收购、对样交接，健全烟包质量追溯和争议处理机制，提升原收原调到位率。全国烟叶收购等级质量检查平均等级合格率82.2%，烟叶收购质量水平继续保持稳定。按程序科学开展烤烟国标修订，有序推进农业转化验证与工业配方验证工作。

提升均质化加工能力。均质化加工规模比上年增加10万吨（200万担），实现重点品牌原料全覆盖、打叶复烤企业全覆盖和均质化标准工艺模式全覆盖，支撑后续制丝配方工艺需求。新增原烟存储能力10.5万吨（210万担）、总仓容能力58万吨（1160万担），复烤加工高峰期仓容紧张矛盾得到缓解。河南天昌、福建龙岩等复烤企业实施多环节、多频次烟碱数据检测，并有效应用于均质化生产投料。四川德昌、湖北襄阳等复烤厂落实均质化加工平库投料技术，取得良好效果。

推进区域加工中心建设。立足于烟叶流通环节畅通高效，加快构建以加工中心为载体的加工保障新机制，紧密对接10个重点品牌开展标准化对标区域加工中心创建，推进打叶复烤与卷烟制造的协同融合。贵州黔西南复烤厂对接“贵烟”品牌建设区域加工中心，加工对象高度聚焦贵州中烟一家，具备鲜明的集约化、专属化加工服务特征。湖南“芙蓉王”品牌湘西加工中心打造多功能柔性加工专线，有效满足湖南中烟个性化加工需求。

【烟叶基层基础建设】 **增强设施装备支撑能力。**稳定烟田基础设施投入政策，围绕三大重点方向，发挥规划引领和政策导向作用，统筹推进烟田设施装备综合配套，进一步夯实烟叶生产高质量发展物质基础。科学编制“十四五”烟基建设规划，推动完成基本烟田重新划定和建库建档工作。推进项目建设，2021年行业投入资金36.5亿元，建设各类项目19.4万件，新增高标准基本烟田11万亩、新能源烤房6万座、农业机械1.7万台套、烟夹应用4万座烤房，助力烟叶生产减工降本、绿色发展。

水源工程综合效益日益显现。2021年，新增复函援建项目7件、新增完工18件、竣工34件。行业援建工作开展十年来，累计复函项目292件、核定援建资金241.1亿元，完工使用项目231件，受益农田619.6万亩，其中烟田264.4万亩，有效保障农村和城镇919.3万人生产生活用水以及621.7万头牲畜饮用水。援建项目显著改善烟区生产生活条件，在稳固烟叶基础地位、巩固脱贫攻坚成果和助力乡村振兴等方面发挥重要作用。

【打叶复烤】 2021年，全国共有28家打叶复烤企业（含工业企业复烤车间）、52个生产加工点、60条打叶复烤生产线，分布在全国15个省（自治区、直辖市），年设计加工能力158.25万吨（3165万担）。其中，23家独立法人打叶复烤企业、47个生产点、52条生产线，年设计加工能力134.25万吨（2685万担），原烟仓库153.31万平方米，原烟仓库存储能力58万吨（1160万担），成品仓库148.04万平方米，原烟挑选车间42.49万平方米；5家卷烟工业企业所属打叶复烤车间、8条生产线，年设计加工能力24万吨（480万担）。

◇编辑整理：褚　幸

卷烟生产经营

【卷烟销售概况】 **全国卷烟销售运行态势良好。**深入贯彻“总量控制、稍紧平衡，增速合理、贵在持续”调控方针，统筹做好疫情防控和卷烟销售工作，维护品牌健康发展和市场平稳运行。2021年，全国卷烟单箱结构比上年增长5.21%。31个重点品牌卷烟销量比上年增长2.08%，创新产品销量比上年增长16.39%。

卷烟市场状态持续向好。2021年末，卷烟工商库存比上年减少4.98万箱，全国卷烟社会库存实现同比、环比双下降；整条卷烟零售价格指数99.42%，比上年增加0.99个百分点，达到近8年来最高值；全国卷烟零售综合毛利率11.02%，比上年增加0.59个百分点，市场状态保持稍紧平衡，向稳向好。

开展市场需求预测。2021年，组织开展2次年度和半年度预测、12次月度预测、2次专项预测。在2次全年预测中，商业公司预测国产内销卷烟量平均吻合度99.7%，同比基本持平；全年月度预测平均吻合度98.8%，比上年增加0.6个百分点；预测准确率总体保持较高水平。

加强工商交易管理。2021年，卷烟集中交易顺利开展，工商货源衔接有效充分，日常交易管理严格规范，备货移库工作有序进行，全国卷烟交易运行平稳。全年卷烟销售协议执行率99.98%，商业企业调入计划完成率99.61%，均保持较高水平；全年协议变更率4.1%，合同解除率0.28%，退货总量617箱，均较同期有明显降低，协议与合同的严肃性持续提高。

【品牌培育】　**探索开展品牌状态评价**。构建“136、345”品牌状态指数，根据各品牌全国平均流通价对批发价的偏离程度，运用统计学方法把品牌市场状态划分为“俏紧平松软”5个区间，每月分析研判，加强调度指导。评价结果显示，2021年3—12月，“136、345”品牌状态指数逐月上升，12月指数为115.89，整体市场状态为“紧”，并且“紧”的程度不断提高。

工商协同。聚焦精准培育品牌，发挥销售网络功能，创新工商协同方式。开展工商协同培育品牌优秀案例征集评选活动，对工商企业提报的54个工商企业协同营销案例进行评选分档，挖掘并推广行业工商企业协同营销的先进经验做法，进一步促进工商深度协同，形成工商共育品牌合力。

【卷烟市场监测】　**市场直测网络提质扩容**。构建多维分析体系和上线直测信息采集程序，扩充工商信息员至2000人。商业直测网络监测规格数扩充到286个，覆盖全国年销量超过3万箱的312个地市，工业直测网络监测规格数扩充到80个，覆盖全国188个地级市，市场监测的广度、深度、精度不断提升。

搭建立体化市场分析体系。以卷烟社会库存、卷烟零售价格指数、卷烟零售户毛利率和卷烟品规顺价指数为核心指标，探索建立6项指标20个维度市场分析体系，从“紧、稍紧、正常、稍松、松”5种状态，测算综合市场状态指数，并将该测算方法由省级层面延伸至地市级层面。把原有一至五类卷烟分析维度细化为一至八档分析维度，并把档位分析覆盖到所有终端数据指标，全面分析研判卷烟市场状态。

【市场化取向改革】　**加强品牌进退管理**。以“136、345”品牌高质量发展目标为引领，建立总公司、省级、地市级三级品牌共育机制，推动大品牌、大规格在全国市场准入。52个行业共育品牌规格销量比上年增加54.2万箱，增长4.3%，共育品牌规格平均市场覆盖率78.8%，比上年增加5.4个百分点。开展“清盘行动”，将市场认可度低、销量排名靠后的劣势品牌规格及时退出市场，加速清理停产品牌规格库存。商业企业共清库停产品牌规格420个，完成清理总量的99.5%。

优化销售业务模式。截至2021年底，11家工业企业网配城市覆盖率超过80%，5家工业企业网配城市覆盖率接近100%，13家工业企业网配量占调拨量比重超过50%，网上配货逐渐成为工商交易主要模式。统一全国客户档位划分，推广“俏紧平松软”量化评价指标体系，持续优化货源投放策略，进一步提升行业客户服务、品牌培育、监督管理标准化水平，增强工商企业把握市场、满足市场、引导市场的能力。订单满足率总体保持在合理区间，货源订足率、订足面等指标稳中有升，推动市场状态持续向好。

推进市场深耕工程。探索推广“档位+标签”投放方式，针对季节性消费、旅游特色消费、“红白喜事”事件用烟等需求，建立面向消费者的货源响应机制，发挥需求牵引供给作用，满足消费者真实需求。

江苏烟草客户经理使用“金丝利”终端帮助零售户分析销售数据（2021 年）

江苏省局　供稿

加大规范经营力度。依托行业营销监管平台，重点围绕主销规格停限投、高价位卷烟货源倾斜等问题，持续加强全流程、可视化业务监管，保障改革举措落地。2021 年，销售公司督办 2 次、函询 6 次、电话沟通 5 次，推动卷烟经营更加公平有序。基本杜绝随意人为调档、做单改单删单等行为，有效遏制卖大户、捆绑搭配问题，保障消费者自由消费权、客户自主选择权和工业企业公平竞争权。

全国统一卷烟营销管理平台建设有序开展。行业营销子系统建设取得重要进展，申请项目立项并获得批复，完成监理项目招标、合同签订等工作，推进建设项目招标。省级营销子系统建设试点工作取得实效。截至 2021 年底，浙江、重庆、福建、湖南、广东、河北等 6 家试点商业企业实现平台上线，基本完成年度试点任务。

【卷烟销售网络建设】　**增强城乡营销网络协调性**。响应乡村振兴战略，提炼大连农网流通品牌建设的成功经验，总结发挥农网现代终端示范引领作用的方式方法，开拓全体系农网终端建设的新思路，推动农网建设提速、提质、升级。深化零售终端体系建设，不断完善以直营终端为标杆、加盟终端为核心、一般现代终端为重点、合作终端为补充、普通终端为基础的零售终端体系，逐步发挥现代终端规模优势，城乡营销网络加快协调发展。

探索流通品牌建设。推广先进单位经验，探索输出品牌、输出模式、输出管理的有效路径，以“春天便利”“香溢零售”“金丝利零售”“湘汇 636”为代表的流通品牌快速崛起。基于对中国零售政策以及行业内外流通品牌建设经验的梳理，撰写商业企业流通品牌建设调研报告，研究行业流通品牌的建设、运营、管理模式等问题，为下一步深化流通品牌建设打下基础。

提升零售户服务质量。创新推进零售户信用体系建设，将信用指标统一划分为守法、守规、守约等三类，将全国信用等级统一划分为 6 个等级。商业企业探索构建信用承诺、评价、激励、约束等机制，守信者受益、失信者受限的成效初显，信用体系在创新服务方式、加强市场监管、优化资源配置等方面的作用得到发挥。2021 年，全国卷烟零售户满意度达到 89.41 分，比上年增加 1.04 分，连续 11 年上升。

开展“我与客户共成长”活动。围绕困难零售户帮扶、客户反映共性问题改进、零售户经营辅导、农网盲点空白点摸排、农村示范零售终端建设等5个重点项目，持续推进主题销售活动。完善农村零售网点布局，解决客户经营设施、卷烟订货、资金结算等困难，帮助客户打通经营堵点，整合多方资源为客户赋能。2021年，烟草行业营销战线走访困难零售户9.6万次，帮扶困难零售户4.1万户，解决零售户卷烟经营方面咨询投诉5.4万个，开展线上线下各类培训，参与零售户428.7万户。

【物流管理持续深化】 **统筹谋划行业物流发展。**编制印发《烟草行业“十四五”现代物流发展规划》，明确“十四五”行业物流发展的主要目标和重点工作。截至2021年底，13家省级商业企业、6家省级工业企业编制省内物流专项规划。

规范外包强化自主管控。制定《烟草商业企业物流业务外包管理规范》，进一步明确商业企业物流业务外包原则和限制范围，规范物流业务外包决策流程和管理过程，保障物流网络与渠道安全稳定。截至2021年底，存在限制性岗位外包的企业减少14个，外包送货人员数量由2548人减少到2405人，比上年下降5.61%，物流自主管控能力提升。

创新引领提高管理质量。持续改革物流对标方式，导入管理诊断模式，突出课题研究攻关，完善商业企业物流分组分类对标模式，首次进行工业企业物流关键运行指标通报，完善工业企业物流费用核算规程，精益物流持续深化，流程堵点逐个疏解，管理短板逐步弥补。持续推进物流设备管理工作，设备有效利用率进一步提高，设备维保水平逐步提升。应用工商卷烟预约到货，工商衔接精准高效，普及可视化配送、电子化签收、智能化调度等数字技术，商零配送便捷规范。加强智慧物流试点，引领行业仓储、分拣、配送智能化发展，15家省级工商企业组织实施智慧物流试点，加快物流数字化进程，释放数字能效，支撑烟草供应链高效畅通。

2021年，行业商业企业人均配送效率达到1063.2箱，比上年增长2.48%；万箱终端送货配车降至2.78辆，下降0.71%；平均送货响应时间31.81小时，缩短1.01小时；库存周转次数为21.46次，提高1.37%；分拣设备平均有效使用率96.38%，增加1.35个百分点。行业卷烟工业企业物流运输费用52.87亿元，比上年下降1.63%，工业物流费用占销售收入比例1.1%，减少0.05个百分点。

绿色低碳推动循环发展。巩固卷烟包装箱循环利用工作成果，全年使用循环利用包装箱包装生产卷烟1715.61万箱，减少新箱使用约8578.05万只。全面推动工商企业间开展卷烟托盘联运，全年卷烟托盘联运总量突破1400万箱，其中，滑托盘联运量316.59万箱，占比21.85%。扩大塑料烟箱、高强度烟箱运用范围，推动统一烟箱尺寸和简化烟箱印刷工作，探索绿色包装、减量包装和裹膜回收，进一步减少裹膜使用量。截至2021年底，行业43家卷烟物流配送中心通过采用打孔塑料裹膜探索减少裹膜用量，41家开展塑料裹膜回收，65家采用可循环包装配送卷烟。推进工业企业运输车辆技术升级，探索“公铁联运”运输组织方式，逐步减少重载柴油货车在长距离运输中的比重。推动卷烟配送环节应用新能源汽车。截至2021年底，26家省级公司157个卷烟配送中心开展新能源汽车配送卷烟试点，新能源配送车辆总量1555辆，占商业企业总配送车辆的11.7%。

整合优化提升资源效率。优化工业企业内部仓储运输资源布局、组织调度、运输线路。推动合作生产企业减少重复运输，在工业企业间推广仓储资源共用共享和合作运输。推进工业企业区域集散中心试点和商业企业区域性物流资源整合，促进工商企业间仓储资源共用共享，加强供应链上下游协作与区域协同。截至2021年底，区域物流新模式探索范围进一步扩大到10家省级工业企业和16家省级商业企业，功能逐步拓展到工业集散与商业分拨相结合，运行管理效率提高，市场响应和应急保障机制更富弹性。

精准施策抓好物流应急管理。针对国内部分地区出现的局部疫情和洪涝灾害，行业物流统筹做好疫情防控和生产经营保障，物流体系的整体协同能力、应急组织能力、柔性服务能力得到锻炼与提升。严格做好物流园区及作业场所消杀防护和物流作业过程防护，通过区域集散库、铁路运输、高速接驳等方式，确保工商干线运输“能送尽送、凡送必达”，采用封闭作业、无接触送货、定点取货、接力配送、社会专用车辆委托代送等方式，确保商零配送“能送尽送”，市场有序供应。

队伍建设增强竞争软实力。推进省级物流技能竞赛，筹备首届行业物流技能大赛。建设行业物流专业人才共享库，打造一支专业强、业务优、门类齐全、层次清晰的物流专家队伍，促进物流智力协同和人才共享。截至2021年底，行业物流从业人员数量近6万人，具有物流师职业资格的超过1.8万人。

◎编辑整理：褚　幸

雪茄烟生产经营

【雪茄烟产销情况】　国产雪茄烟加速增长，结构提升明显。2021年，首次印发《国产雪茄烟发展规划》，在规划的指导下，行业坚持稳中求进工作总基调，坚持以供给侧结构性改革为主线，统筹推进原料发展、工业生产、市场营销、打假打私等各项工作。为进一步明确发展任务，充分调动企业培育国产雪茄烟品牌积极性，首次下达国产雪茄烟生产、销售指导性计划，经过行业上下共同努力，国产雪茄烟增长势头良好，品牌影响力不断提升。国产雪茄烟产销实现大幅增长。其中，工业企业生产量比上年增长51.7%，商业企业实际销售国产雪茄烟比上年增长36.8%。调整《名晾晒烟名录》，将雪茄烟叶纳入计划管理。

2021年，国产传统雪茄烟总销量比上年增长36.8%，销售额比上年增长83.8%，单支批发均价比上年增长34.3%。其中，中高端雪茄烟销量增长85.3%，单支批发均价增长16.7%；“王冠”“黄鹤楼”“将军”“长城”等4个重点品牌合计销量增长48.5%，销量占比76.4%，单支批发均价增长26.8%，较整体水平高出0.47元。

探索雪茄烟特色销售模式。2021年，烟草行业工商企业丰富雪茄烟产品供给，探索构建独立的雪茄烟客户分档和货源供应规则，开展雪茄烟仓储设施建设，加速完善雪茄烟特色销售模式，有效畅通雪茄烟供应链，为顺利实现国产雪茄烟市场发展目标奠定基础。

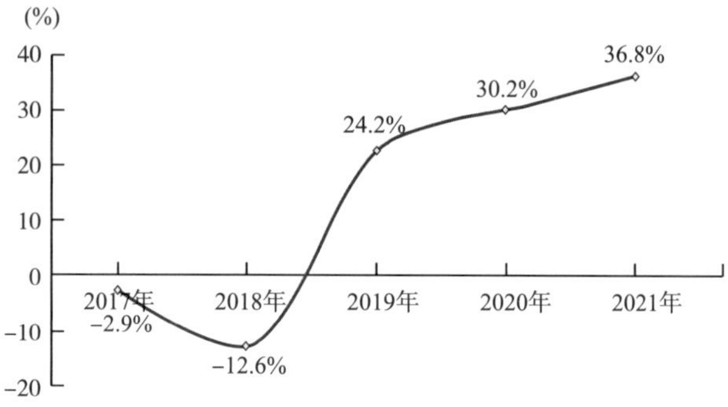

图1　国产雪茄烟销量增长率

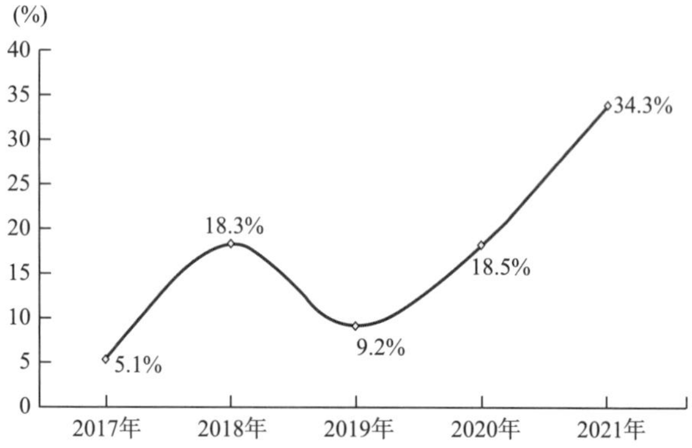

图2　国产雪茄烟单支批发均价增长率

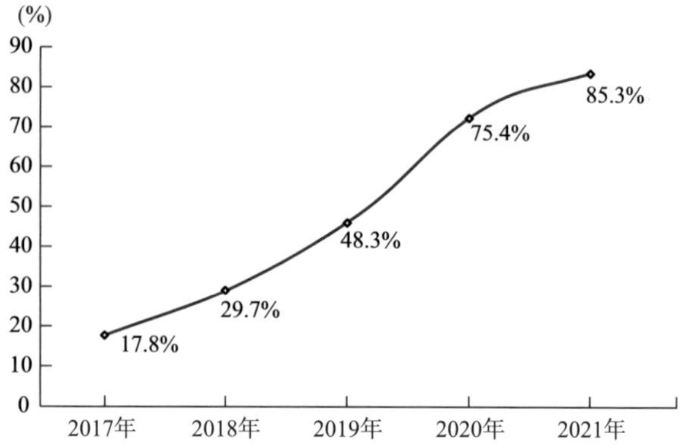

图3　国产中高端雪茄烟销量增长率

【国产雪茄烟叶原料保障】 认定烟草行业雪茄发酵工艺行业重点实验室，制订雪茄烟叶三年技术攻坚方案，补齐国产雪茄烟叶生产技术短板，加快品种培育和多产地比较试验，国产雪茄烟叶开发实现量质齐升，对进口原料有效替代，突破国产烟叶在中高端手工雪茄烟中使用“瓶颈”，研发全部使用国产烟叶的高端雪茄烟，国产雪茄烟叶在手工雪茄烟中配方使用占比提升。

2021 年，雪茄烟叶种植主要分布在湖北、海南、四川、云南等 10 个省，主要供应四川、湖北、山东、安徽、河南中烟等工业公司，2020 年度国产雪茄烟叶原料供应量占雪茄烟叶原料总供给量的 28. 29% 。其中，国产茄芯供给总量占国产雪茄烟叶原料供给总量的 81. 4% 。推进雪茄烟叶试种和规模化开发，2019—2021 年全国雪茄烟叶生产量基本实现“一年翻一番”；供给规模扩大，云南、海南、四川、湖北等 4 个雪茄烟叶主产区调拨量 1. 87 万担；工业使用比例逐步提高，在国产雪茄烟使用中手工雪茄占比 10% ，机制雪茄占比 50% ，原料供给质量稳步提升。

以国产雪茄烟叶产业化发展为目标，各雪茄烟叶产区围绕品种培育、种植栽培、采收晾制、堆捂发酵等技术进行探索研究，初步建立起以质量为中心、各具特色的生产管理体系。加强重要标准制（修）订，落实《国产雪茄烟发展规划》，国家局制定发布《雪茄烟叶工商交接等级标准》，云南、海南、四川、湖北分别制定雪茄烟叶收购执行标准，逐步构建生产标准体系，为有序开展雪茄烟叶生产经营流通提供工作指南。

◎编辑整理：褚　幸

多元化经营

【概　况】 2021 年，烟草行业多元化条线①认真贯彻国家局党组决策部署，研究制定烟草行业“十四五”时期多元化投资管理指导意见，按照“服务大局、规范运作、提质增效、建设队伍”指导方针，坚持稳中求进，助力烟草产业链建设，助力国有资产保值增值，助力维护行业和谐稳定发展环境，推动多元化高质量发展。

2021 年，行业多元化条线 43 家省级单位投资多元化企业共计 598 家②，其中，全资控股企业 392 家，参股企业 206 家，投资总额 1178 亿元。其中，392 家全资控股企业实现营业收入 399. 2 亿元，净利润 108. 73 亿元。社会聘用人员 4. 31 万人。

从投资领域分析，投资额排名前五位的单位分别是：云南中烟、上海烟草集团、浙江省局（公司）、山东中烟、福建省局（公司）。从企业数量分析，多元化企业数量排名前五位的单位分别是：云南中烟、上海烟草集团、湖北省局（公司）、山东中烟、湖南中烟。从企业利润分析，净利润排名前五位的单位分别是：云南中烟、上海烟草集团、湖南中烟、福建中烟、福建省局（公司）。

【服务主业发展，加强烟草产业链建设】 **着力提升自我保障能力，推动配套材料产业协调发展。**福建中烟整合投资的 4 家烟包印刷企业，全部取消法人实体合并至鑫叶投资管理公司，整合后业务量和经济效益稳步增长。四川中烟着力增强自主研发能力，实现从只能满足部分规格、低端产品需要，到具备生产四川中烟全牌号产品配套材料能力的转变。山东中烟、云南中烟等多家单位发挥全资控股配套企业作用，克服新冠肺炎疫情、原材料价格上涨、限电限产等困难，有力保障主业配套材料供给。

着力增强零售渠道掌控能力，推动直营零售企业整合发展。浙江省局（公司）推进主副融合战略，构建品牌商、平台商、经销商、零售终端等四方共赢共享的零售生态。广东省局（公司）、福建省局（公司）直营零售企业非烟业

---

① 纳入省级单位多元化投资管理部门指导、管理的多元化投资企业。

② 不含总公司、双维公司、中烟实业、郑州院、投资公司本级及无多元化企业上报的省级单位：山西省公司、海南省公司、西藏区公司、青海省公司、新疆区公司、江苏中烟。

务营收超过卷烟营收，消费者黏性进一步增强。广西区局（公司）打造“丹八桂”直营零售品牌，全年建设直营门店65家，签约加盟门店77家。江苏省局（公司）建成“金丝利零售”合作终端形象店801家。

推动行业金融企业服务主业发展，拓展金融服务功能。云南中烟红塔银行“香叶助农”平台注册烟农25.64万户，占全省烟农的46%。红塔证券挖掘信息资源开展卷烟产业链分析及新型烟草制品产业研究，为主业单位提供产业研究服务。

持续推动中维酒店品牌整合，提升行业酒店管理水平。陕西省局（公司）西安尚德大厦加入中维品牌，中维系发展至42家。江西省局（公司）南昌锦峰大酒店、安徽省局（公司）池州九子山宾馆完成授牌，导入中维品牌标准体系。山东省局（公司）5家中维系酒店克服新冠肺炎疫情影响，全年实现营业收入2.7亿元。湖南省局（公司）3家中维系酒店营业收入比上年增长30%。

【坚持推进“优化一批、整合一批、清退一批”，优化资产结构，提高资产质量】 **推动优化产业布局、资产结构**。云南中烟着力推动“金融＋实业”协同发展，加大行业金融资源优化力度：红塔银行定位建设产业银行；红塔证券定位特色券商；红塔创新逐步向私募基金规模化管理模式转型等。

推动管理整合、品牌整合、资产整合。福建中烟推动配套企业股权整合，鑫叶投资公司所属4家烟包企业全部实现全资经营并全部取消法人实体，实现烟包企业省内整合。湖北省局（公司）整合多元化资源，推进建设资产经营平台公司。云南中烟理顺做实云南中维酒店管理公司管理权，分散在不同投资主体的9家酒店管理权统一交由云南中维负责。

加大关停并转力度，妥善清理清退低效无效企业。云南中烟采取股权转让、吸收合并、清算注销等多种方式推进“瘦身”。浙江中烟清退两家“僵尸企业”。福建省局（公司）清退完成1家多元化企业。深圳市局（公司）挂牌转让揭西特美思度假村80%股权，完成“处僵治困”任务。贵州中烟解决厂办大集体问题，完成贵定华灿实业有限公司资本重组，2021年实现利润630万元。

【聚焦提质增效，提升企业核心竞争力】 **谋划“十四五”发展目标任务**。行业贯彻烟草行业“十四五”时期多元化投资管理指导意见。云南中烟以“建设先进制造业与现代服务业深度融合、一体发展的数字化企业”为方向，谋划多元化发展思路。福建省局（公司）深入分析所涉多元化业务板块的发展定位，制定整合优化投资结构、调整优化业务结构的主要措施。贵州省局（公司）明确“主辅互补、协调发展”多元化发展方向。四川省局（公司）在做好化肥、物流、物业等传统产业基础上，研究发挥资源优势拓展直营零售和保险经纪业务。

多措并举，推动多元化企业减亏增盈。江苏省局（公司）金丝利集团定期分析经济运行数据，一企一策，实现2011年以来的第一次扭亏为盈。山东中烟针对预亏和潜亏企业，建立预警机制，推进减亏增盈。颐中国际酒店、将军蓝湾酒店分别减亏707万元、281万元。

认真开展精益管理，挖掘企业发展潜力。广西中烟天成投资公司梳理解决80余项管理问题，持续推进精益管理，形成的《推进数字化创新 着力服务主业 进一步提升多元化企业核心竞争力》课题成果，在行业企业管理现场会上作书面交流。山东中烟组织精益课题33项，开展质量创新课题46项，其中9项管理创新课题进入山东省企业管理现代化创新成果排行榜前列；湖南中烟推进精益成果转化，持续开展“节约挖潜”活动，实施专项课题21项，实现节约挖潜1386万元。

【坚持规范运作，提升多元化治理体系和治理能力】
建立健全制度体系，构建长效管理机制。山东中烟推动以授权与监管相结合、放活与管好相统一为方向，推动行业全资多元化企业权责清单管理。云南省局（公司）、河北中烟开展多元化制度“废、改、立”工作。云南中烟规范多元化工程投资管理，进一步明确审批权限、审批流程、退出管理、过程管理。江苏省局（公司）规范金融投资管理，制订《金融投资管理办法》；贵州中烟制订《投资项目竣工验收管理办法》，加强投资痕迹管理。

完善法人治理结构，健全决策制衡机制。湖南中烟、上海烟草集团、内蒙古区局（公司）等多家单位严格落实重大问题党委研究讨论的前置程序，党委会、董事会实行“双向进入、交叉任职”，多元化企业切实发挥党组织的领导核心和政治核心作用。河南中烟建立运行“河南中烟—投资公司—多元化企业”的票据流、账务流、货物流，加强动态监管。

提高风险防范意识，增强风险防控能力。陕西省局（公司）、上海烟草集团针对多元化重大决策、合同管理、采购管理等共性风险，排查风险点，制订防控措施。山东中烟将军集团不良资产包处置、泉永印务减资工作案例被纳入国家局法规司案例分析成果库。四川省局（公司）围绕多元化7个风险种类，梳理161个风险事项，制订175条风险防控措施，并对2017年以来的1600余份经济合同进行全面评查。

【坚持党的全面领导，推动党建与业务深度融合】

突出多元化特色，打造党建特色品牌。多元化条线扎实推进全面从严治党，持续强化正风肃纪。河南省局（公司）投资公司注重在重点难点事项中考察锻炼党员。在“7·20”特大暴雨灾害和新冠肺炎疫情防控期间，党员干部迎难而上、冲锋在前。福建省局（公司）创建“金叶映党旗·海晟当先锋”党建品牌，推行“党建+企业重点项目”“党建+科技创新”党建工作模式。湖南省局（公司）精心打造“神农”党建品牌，开展酒店与社区党支部联学联建活动。

优化选人用人机制，造就高素质人才队伍。福建中烟以组织结构优化为契机，按照管理、技术、技能等三类岗位，构建分类管理、导向明确的人才成长机制。山东省局（公司）投资公司等多家单位制订青年人才遴选及培养方案，加大对优秀青年干部的培养、选拔力度。广西中烟建立多元化科技创新联盟，开展9项科技应用创新项目攻关。全年开展各类人才培训21场，培训课时近500小时，参与培训610人次。

加强软实力建设，树立良好的烟草社会形象。多家单位多元化投资管理部门深入推进“我为群众办实事”实践活动。山东中烟将军集团解决一批群众“急、难、愁、盼”问题，通过“省级文明单位”复评。重庆市局（公司）推进“巫溪小店”助农扶贫工作，加大优质农产品引入渝叶连锁线上商城、线下门店宣传推介。山东省局（公司）、安徽省局（公司）等多家单位利用直营零售店、酒店平台推广销售助农产品。

【中国双维投资有限公司】 2021年，中国双维投资有限公司（简称双维公司）本级实现税利11.42亿元，比上年增长0.62%。所有者权益总额348.61亿元，比上年减少20.86亿元。国有资产保值增值率103.80%。

问题项目“一案一策”清理退出取得阶段性成效。截至2021年底，双维公司及中维资本明确清退的9个问题项目，西安纸业、中合联宇、双维汇诚、瑞烟信德等4个项目完成退出；中维创新、首誉光控项目整体转让并收回50%本金；华录新媒项目稳妥推进退出事宜；中军和中维华信2个涉诉项目的处置积极推进。

重点投资企业运营管理平稳有序。重新对上海庙基地投资各项目进行分析，加强预判和论证工作，协同4家企业股东强化管理、抢抓机遇，持续推动企业开源节流、增收增效。上海庙矿业公司和三新铁路公司利润比上年持续增长，国电双维公司所属电厂1号机组成功点火进入试运行。支持烟辅配套企业加强创新、提升品质，双维伊士曼发力特规丝研发生产和市场拓展，截至2021年底，开发中细支等丝束规格24种，子规格多达44种，基本覆盖当前行业中细支卷烟常用丝束规格种类。扶持宁夏弘德包装公司落实产业帮扶和就业帮扶政策，助推红寺堡区创建全国易地搬迁移民致富提升示范区。

存量金融投资投后监管愈加规范。以创新的方法重新约定超额收益再分配，化解紫荆海峡基金项目资金安全风险和法律风险，投后监管工作重回正轨。动态跟踪市场走势，到位不越位督促企业筑牢风控合规红线，全年提出管理建议30余条，敦促红塔证券、红塔银行规范管理防控风险。按照“中方一致”原则，与中信银行合力推动阿尔金银行经营发展，2021年阿尔金银行资产规模、营业净收入和净利润比上年分别增长7.87%、6.9%和4.7%。合理利用双边税收优惠政策，成功争取阿尔金银行首次分红税率降低，节约税款近100万元。

◎编辑整理：周　佳　褚　幸　刘海文

专卖监督管理

【烟草打假打私】 **全年总体情况**。国家局和各级专卖监管部门加强与公安、海关、海警等部门协作配合，统筹做好疫情防控和打假打私。全年全国共查处案值5万元以上案件8303起，查获假烟55.1万件、走私烟15.5万件、非法烟丝烟叶1.4万吨，收缴制假烟机156台，公安、司法机关依法拘留9634人，追究刑事责任7230人，查获假私烟数量创十余年来新高。

高压打击海上走私。国家局印发《关于开展打击海上走私卷烟工作督查的通知》，加强对海上打私工作的督查指导。沿海省级局积极协调地方政府将打击海上走私卷烟活动纳入辖区反走私综合治理体系，形成打击合力。浙闽“4·27”案件查获走私入境卷烟4.72万件，案值10亿元；广东湛江、广西南宁等地海关、烟草部门联合开展专项行动，打掉5个走私团伙；河北、山东、海南、深圳等地也先后破获本辖区近年来最大的海上走私案件。

全力侦办大案要案。国家局会同公安部、海关总署挂牌督办93起重大案件，推动建立两广地区和华东地区协作机制，加快形成全国“一盘棋”格局。各级专卖监管部门主动跨省出击端窝打点、联合侦办案件、提供线索助力案件查办，全国共跨省查办重大案件789起，跨省联合办案58起。福建“2101”专案以情报大数据导侦，组建专班集中攻坚，抓获犯罪嫌疑人213人，涉案金额超过20亿元。浙江杭州“9·22”、陕西西安“8·06”、江苏扬州“3·10”、广东云浮“4·07”、广西钦州“12·14”、云南德宏“7·13”等一批打到源头、抓获主犯的大案要案成功告破，形成强大震慑。2021年全国查处案值亿元以上大案16起，国家局通报表扬重大案件810起，比上年增长16%，其中特大案件增长127%。

突出抓好重点地区治理。福建、广东制假规模持续萎缩，烟机查获量比上年分别下降74%和73%；河南开展“围歼三号”专项行动，摧毁一批制假、制丝和包装窝点；广西、云南加强对卷烟走私活动封堵和打击，筑牢边境反走私防线；云南打击非法经营烟叶活动，查获烟叶烟丝数量占全国43%；河北、江西、山东、湖南、四川、贵州等地密切关注制假转移动向，打掉一批立足未稳的制假、制丝窝点。

【内部管理监督】 **加强对各类专卖品生产经营企业全覆盖监管**。国家局组织对工业、商业、烟叶等不同类型194家企业专卖内管监督检查，加快补齐进出口、加热卷烟、雪茄烟等监管短板，严格落实专卖品生产经营全覆盖监管要求。浙江省局等单位认真开展检查，安徽中烟等企业积极配合属地监管，促进生产经营更趋规范。

2021 年 11 月 24 日，安徽芜湖市局成立打击涉烟犯罪情报分析研判室
安徽芜湖市局　陈　在　摄

推动真烟异常流动治理。加强分析研判，聚焦突出重点，依法取缔违规大户 4477 户，查处为违法违规经营大户提供便利的内外勾结问题 6 起。辽宁省局等单位以查办真烟外流重点案件为抓手，落实综合治理要求，取得积极进展。

防范重点领域不规范经营风险。认真开展全面加强废弃烟草专卖品处置管理专项行动，云南中烟等单位全面整改存在问题，严防废弃烟草专卖品流入制假窝点和违规用于生产烟碱；相关单位督导辖区企业整改雪茄烟、加热卷烟等不规范生产经营问题。

【市场监管】 **全面履行监管职责**。落实《关于切实加强卷烟零售市场监管工作的通知》，持续抓好市场日常监管，全年共出动市场监管人员 206 万人次，办理完成行政处罚案件 29.57 万起。江苏、湖北、山西、西藏等单位针对市场突出问题，组织开展专项整治行动；浙江、湖南等单位以信用监管为着力点，创新监管方式方法，取得积极成效。

完成 12313 热线整合建设。落实国务院优化政务服务便民热线工作要求，全面建成全国统一的 12313 热线数字化管理平台，实现热线数据全量实时汇聚；重庆、北京、黑龙江等省级局组建 12313 烟草市场监管服务热线分中心，建立“集中受理、派单处理、限时办结、评价督办”运行机制，高质量提供“7 × 24 小时”全天候服务。

持续提高规范执法水平。落实行政执法“三项制度”和《全面规范专卖管理人员行政执法行为的指导意见》，严格管理要求，促进规范执法。通报违反“六个严禁”典型案例，坚持以案明纪、以案促改，推动专卖执法人员法治意识和纪律规矩意识持续提高。

【电子烟监管】 **《中华人民共和国烟草专卖法实施条例》修订**。2021 年 11 月 10 日，《国务院关于修改〈中华人民共和国烟草专卖法实施条例〉的决定》公布，依法明确电子烟参照卷烟监管，赋予烟草专卖行政主管部门监管职责，电子烟监管取得里程碑式重大突破。在此前后，各级专卖监管部门坚持以保护未成年人为宗旨，联合有关部门开展一系列专项治理工作，推动电子烟监管稳步走上法治化、规范化轨道。

有效防止线下无序扩张。浙江、湖北、湖南、海南等地成功阻止违规项目落地；湖南等单位成功侦办非法利用烟叶提取烟碱典型案件；陕西、上海、安徽等地依法引导持证户销售行为，取得显著成效。

坚决遏制线上推广销售活动。依托全网涉烟信息监测平台，发现甄别处置利用微商、短视频、App 等推广销售电子烟线索 3.63 万条，敦促相关互联网平台落实自主清理机制。

开展“守护成长”专项行动。全国共清理中小学校、幼儿园周边销售电子烟网点 1261 个，查处向未成年人销售电子烟案件 310 起，行政处罚案件不断取得新突破。主动对接公安部门成功侦破“上头电子烟”案件137起，依法抓获犯罪嫌疑人2300余人。

【专卖行政许可服务】 **加强市场主体退出管理**。各地依法修订完善零售点合理布局，持续加大对违法违规经营户的清理，控增量、减存量、强监管，解决零售户数量增长过快问题。

开展卷烟零售户合理容量调研。认真分析影响辖区零售户数量的因素和指标，探索零售点科学布局方式和模型。上海烟草集团组合运用数量指导等布局模式；湖南省局加强零售许可证调控专项考核；浙江、广东、内蒙古等地强化对违法违规户的处罚措施，取得良好效果。

改进提高政务服务水平。全面应用行政许可“好差评”系统，有效畅通群众诉求表达和权益保障渠道，核实群众反映问题，并根据相关投诉有针对性改进优化。吉林省局开展“我为群众快审批”主题实践活动；宁夏区局关爱弱势群体，主动服务、靠前服务；江苏、甘肃、青海等地烟草行政服务窗口多次获得当地政府表彰。

【专卖队伍建设】 **改进培训工作**。适应疫情常态化防控要求，完善线下线上相互融合、相互促进的培训体系，统筹开展综合培训、技能培训、业务培训和岗位实战练兵活动，加强优秀学术论文成果转化应用，编发打假打私典型案例，提升培训质量。大连、新疆、天津等地与行业外单位加强培训合作，提升专卖队伍专业素养和实战能力。

推进岗位技能鉴定。修订岗位技能鉴定标准、教材并认真组织实施，提高鉴定质量，截至2021年底，行业专卖监管岗位技能人才占比突破70%。

加强专卖工作考评督导。定期通报专卖管理工作情况，引导督促各单位对标对表，夯实管理基础，提升工作水平。2021年国家局编制印发行业“十四五”专卖管理专项规划，制定全国统一专卖监管平台建设方案，为推进专卖监管工作提供引领。

◎编辑整理：周　佳　王　静　刘海文

政策法规与体制改革

【修改烟草专卖法实施条例】 2021年11月10日，《国务院关于修改〈中华人民共和国烟草专卖法实施条例〉的决定》（国令第750号）公布施行，明确规定“电子烟等新型烟草制品参照本条例卷烟的有关规定执行”。《修例决定》对电子烟的法律属性、监管主体、监管范围、监管内容进行明确和细化，是国家烟草专卖立法和管理历史上一个重要的里程碑。

此次修改《中华人民共和国烟草专卖法实施条例》，将电子烟等新型烟草制品参照卷烟进行监管，是加强烟草控制、保障人民群众身体健康的现实要求，是落实依法治国基本方略、加强法治化建设的具体举措，是加强市场监管，规范电子烟发展秩序，保障人民群众身体健康，保护消费者合法权益的法律依据。

为落实《修例决定》，国家局迅速着手研究和制定电子烟管理办法，完成起草《电子烟管理办法（征求意见稿）》及其说明，向机关部门及社会公开征求意见，组织举办监管者座谈会、企业座谈会等，推进相关配套措施的制定。

【法治烟草】 **法治烟草建设规划**。国家局制定法治烟草建设规划，明确“十四五”时期法治烟草建设指导思想、总体目标、主要任务及保障措施。制定行业法治宣传教育第八个五年规划（2021—2025年）。将法治建设列入领导班子述职及年度考核。

“七五”普法总结验收及先进评选。组织开展烟草行业“七五”普法验收总结工作。编制行业“七五”普法制度汇编、活动选编及实施报告。根据《中央宣传部　司法

部 全国普法办关于表彰2016—2020年全国普法工作先进单位、先进个人和依法治理创建活动先进单位的决定》，烟草行业7家单位被评为全国普法工作先进单位，9名个人被评为全国普法工作先进个人，4家单位被评为全国依法治理创建活动先进单位。组织开展烟草行业“七五”普法先进典型评选、审核、公示及上报工作。

开展普法宣传教育活动。国家局转发中央宣传部、司法部、全国普法办《2021年全国“宪法宣传周”工作方案》的通知，制定印发烟草行业贯彻落实方案及通知，组织开展宪法宣传周活动，通过发放书籍、张贴挂画、组织线上专题学习等形式落实宪法宣传贯彻活动。组织开展习近平法治思想专项学习，配发相关书籍1000余套。组织专卖执法人员开展业务专项普法教育，配发烟草专卖法及其实施条例6.82万余册。指导组织直属单位开展普法讲师选拔、法律辩论赛、知识竞赛等普法宣传活动；指导烟草行业各单位开展“3·15”“4·15”“6·29”等节点普法工作。

2021年，按照全国普法办《关于在中国普法微信公众号组织开展党内法规知识专项答题竞赛活动的通知》要求，组织行业单位参加并获得优秀组织奖4个。根据中宣部、中央网信办、全国人大常委会法工委等九部门联合印发的《“美好生活·民法典相伴”主题宣传方案》，开展相关主题宣传活动，继续推动民法典在烟草行业的普法宣传和贯彻落实。

制定印发《国家烟草专卖局办公室关于学习宣传和贯彻落实〈中华人民共和国未成年人保护法〉的通知》，各省级局广泛开展未成年人保护法学习宣传和贯彻落实工作，履行未成年人保护法赋予烟草专卖主管部门的主要职责。

2021年度法律专业委员会年度论文征集及评选。征集贯彻习近平法治思想、纪念烟草专卖法颁布三十周年、新修行政处罚法理论研究与实践适用等主题论文54篇，评选获奖论文17篇。

【制度体系建设】 **《烟草专卖行政处罚程序规定》修订**。《中华人民共和国行政处罚法》修订实施后，启动《烟草专卖行政处罚程序规定》修订工作，履行专家调研论证、专题座谈等程序，梳理行政处罚法修订条款及烟草专卖执法过程中的疑难问题，起草《烟草专卖行政处罚程序规定》修订草案、修订对照表和修订说明，并向省级局及社会公开征求意见。

2021年12月4日，陕西铜川市局（公司）开展国家宪法日法律宣传活动
陕西铜川市局 薛梓远 摄

规范性文件审查与管理。完成《名晾晒烟名录》《政府信息公开工作办法》《涉案烟草制品价格管理办法》等3份国家局层面规范性文件的合法性审核。完善省级局规范性文件备案审查授权委托，完成北京市局、天津市局、上海市局、陕西省局、山西省局、江西省局、河北省局、山东省局报送的规范性文件备案审查。组织开展烟草行业行政执法规范性文件合法性审核指导性案

例征集工作。

【法治监督】 **案卷评查和合同评查**。总结通报2020年行业专卖执法案卷和合同评查工作。制定印发2021年案卷评查、合同评查通知，对北京、天津、辽宁、吉林、河北、山东等8家省级局开展集中案卷评查和合同评查，汇总和收集行业各单位在评查中发现的疑点、难点，探索研究改进方法，对评查中反复出现的不合规问题，督促行业各单位加大整改力度，做到举一反三，寻根溯源，建立长效机制，防范专卖执法和合同管理过程中可能出现的法律风险。

加强专卖行政执法资格管理。重新核定全行业专卖执法徽章和检查证编码，进一步规范专卖执法资格，加强证件管理。审核发放福建、广西、天津、湖北、山西、广东等省级局申请变更、新增的徽章和检查证编码。组织开展2020年度专卖执法检查证和徽章年度审验工作。

【体制机制改革】 推进中国烟草总公司及相关体制改革工作。配合财政部研究修改完善改革方案。

落实国企改革三年行动方案的任务安排。制定《中共国家烟草专卖局党组关于贯彻落实国企改革三年行动方案（2020—2022年）的意见》，明确改革任务，推动落实落地。组织剥离国有企业办社会职能改革工作，加快推进烟草企业厂办大集体改革，落实“2022年全面收官”的目标任务要求。做好烟草职工家属区“三供一业”分离移交和烟草企业剥离移交国有企业办医疗、教育、市政、社区消防职能的扫尾工作。

推进“放管服”改革。贯彻落实党中央、国务院关于“加快转变政府职能，深化‘放管服’改革的重大举措”的重要部署，编制国家局权责清单。与国务院办公厅政府职能转变办公室沟通协调，研究调整《国家局行政许可事项清单》（烟草局2021版），进一步完善相关后续配套改革工作。

◇编辑整理：褚　幸

财务与审计

【财务运行科学管控】 **行业税利稳步增长**。贯彻“总量控制、稍紧平衡，增速合理、贵在持续”方针，更加注重“增速合理、贵在持续”，合理确定预算指标，密切跟踪监测税利进度，落实行业经济运行调控措施，全年实现工商税利总额13581亿元，比上年增长6.08%。

有效管控成本费用。强化预算引导和约束，完善定额管理体系，引导企业降本增效，工业卷烟销售成本率比上年下降1.2个百分点，行业三项费用率下降0.1个百分点。推动委托贷款置换银行贷款，利息支出比上年下降28.5%。落实“过紧日子”要求，严格控制一般性支出，2020—2021年“三公经费”平均降幅11.7%。

提升资金资产效益。持续推进资金竞争性存放工作，2021年货币资金收益比上年增长21.7%。基本完成清产核资不适用烟叶消化使用任务，库存烟叶质量进一步提升。加大资产盘活力度，全年处置低效资产6460项，出租资产超过2.1万项。

【贯彻重大决策部署】 **按时完成财政上缴任务**。加强资金统筹，保障及时入库，全年缴纳各项税金1.14万亿元，国有资本收益532亿元。

履行社会责任。安排“十四五”时期援藏资金，助力地方经济发展。安排工商企业捐赠预算，重点支持脱贫攻坚与乡村振兴有效衔接。督促落实减免小微企业和个体工商户房屋租金政策，持续开展对民营企业、中小企业拖欠账款清理工作，严防新增，巩固清欠成果。协调战略合作银行发放贷款，助力烟农和零售户防疫情、渡难关。

落实国企改革任务。基本完成“三供一业”资产分离移交、资金清算及绩效评价工作。完成行业退休人员社会化管理有关资产清查划转工作。

【完善财务政策】 *完善政策支撑体系*。协调财政部出台“十四五”烟叶生产投入政策，制定烟草行业贯彻落实意见，稳定投入政策力度，优化投入政策机制。研究制定国产中高端雪茄烟发展财务支持政策。修订行业国有资产管理办法，夯实省级公司责任，进一步完善国资监管制度体系。

保障重点资金投入。2021年安排烟叶生产“两项投入”预算106.2亿元，稳固烟叶基础；安排市场营销投入预算，加强重点卷烟品牌培育；安排研发费用预算，推动科技创新；安排专卖费用预算，保障专卖打假工作。

积极开展政策研究。对行业资产资本投资管理情况深入调研，开展行业参股投资清查摸底，探索提升国有资产效益效率的新思路。沟通协调财政部、国家税务总局，加快推动研究电子烟税收政策。配合做好卷烟消费税立法、雪茄烟税负调整、烟草关税研究。

【强化风险管理】 *加强会计信息质量管控*。强化常态化监管，重点关注收入确认事项，落实会计信息函询机制，提升会计信息质量。

加强行业资金管控。加大银行账户清理力度，全面排查核实行业定期存款和大额存单情况，开展资金管理专项调研，落实资金“飞行检查”常态化工作机制，化解资金管理领域风险隐患。行业27家商业企业和16家工业企业开展资金“飞行检查”工作。

加强境外投资管理。制定烟草行业境外投资财务管理办法，降低境外投资经营和合规风险。明确境外投资管理职责，规范境外投资经营行为，防范境外投资财务风险和廉洁风险。

【严格审计监督】 *加强审计工作统筹*。坚持严的主基调，聚焦重点领域，烟草行业全年共开展各类审计项目1.3万余项，发现问题3万余个，严格落实审计整改。印发年度审计工作要点，加强行业指导。统筹使用行业审计人力资源，上下联动开展审计项目。落实审计署企业年报和内审统计调查工作，健全完善行业审计工作报告制度。行业各单位通过培训交流、业务研讨、项目交叉互审等方式学习互鉴、共同提高。

加强审计制度建设。制定烟草行业审计项目工作质量管理办法，规范审计流程，构建审计项目质量管理体系。行业部分单位开展审计精益管理课题研究，推动审计项目创优活动，提升审计质量。

加强审计成果运用。行业审计部门全年移送问题线索190条，相关部门对有关责任人进行问责处理。全行业通报审计结果、审计整改和审计问责情况845项，充分发挥审计警示震慑作用。积极参与和推动内部监督贯通协同，发挥监督合力。

◇编辑整理：褚　幸

烟草科技

【科技创新政策】 2021年，国家局印发《关于全面加强新时代烟草行业科技创新工作的指导意见》和烟草行业中长期、“十四五”两项科技创新规划，共同构成新时代行业科技创新的顶层设计文件。

【科技创新大会】 2021年，国家局、总公司召开全国烟草科技创新大会，总结“十三五”烟草科技创新工作，系统部署“十四五”及其后一段时期行业科技创新工作，提出坚持“六个相统一”、聚焦“六个新突破”的新要求、工作方法和“六个全面”战略任务，向全行业发出坚持创新核心地位、推进高水平科技自立自强的动员令，为“十四五”和中长期行业科技创新工作开好局、起好步。表彰行业“十三五”科技创新先进集体和先进个人，举办“科技引领　自立自强——党的十八大以来烟草行业科技创新成就展”。中国工程院院士谢剑平作烟草科技发展趋势专题报告，上海烟草集团有限责任公司等5家单位作经验交流。

【科技创新体系建设】 **科技创新平台建设**。优化行业科技创新平台布局，2021年认定烟草行业雪茄发酵工艺、烟草生物学效应等行业重点实验室，认定贵州中烟技术中心为行业级工业企业技术中心。启动行业技术创新中心建设，谋划建设思路和领域布局。加强科学数据领域共性技术平台建设，依托中国烟草总公司郑州烟草研究院，以中国烟草科技信息中心为主体，建设中国烟草科学数据中心。

科技创新体制机制建设。修订印发《国家烟草专卖局中国烟草总公司科学技术委员会章程》，组建国家局、总公司第十届科学技术委员会。开展2021年度总公司科学技术奖励成果评选。优化科研攻关组织管理，在配方技术升级、新品种推广应用、雪茄烟叶生产等重大攻关任务上率先实施“揭榜挂帅”“赛马争先”新机制，激发调动创新活力，凝聚创新合力。制定烟草基因组计划与生物育种、绿色防控等新一轮重大科技项目“十四五”实施方案和雪茄烟三年技术攻坚方案，加强烟草与健康、烟叶多用途利用等重要领域科研布局。

【关键技术攻关】 **推进中式卷烟创新发展**。以技术创新引领中式卷烟创新，推进配方技术升级、风格特征强化等关键领域攻关，带动中式卷烟核心竞争力的新提升。升级卷烟数字化设计技术并推广，实现产品叶组、三丝、辅材、料香的系统化设计，引领产品研发向数字化、智能化方向升级进步。提升烟用香精香料核心技术研发和掌控能力，加强自主调香技术攻关，提升功能性香基模块的替代性研究、单体香原料的应用开发水平，升级推广单体香原料数据库和实物库、数字化调香技术平台。2021年，行业已知成分香精香料使用量占比超过2/3，香精香料单箱成本比上年降低3.2元，助力卷烟降本增

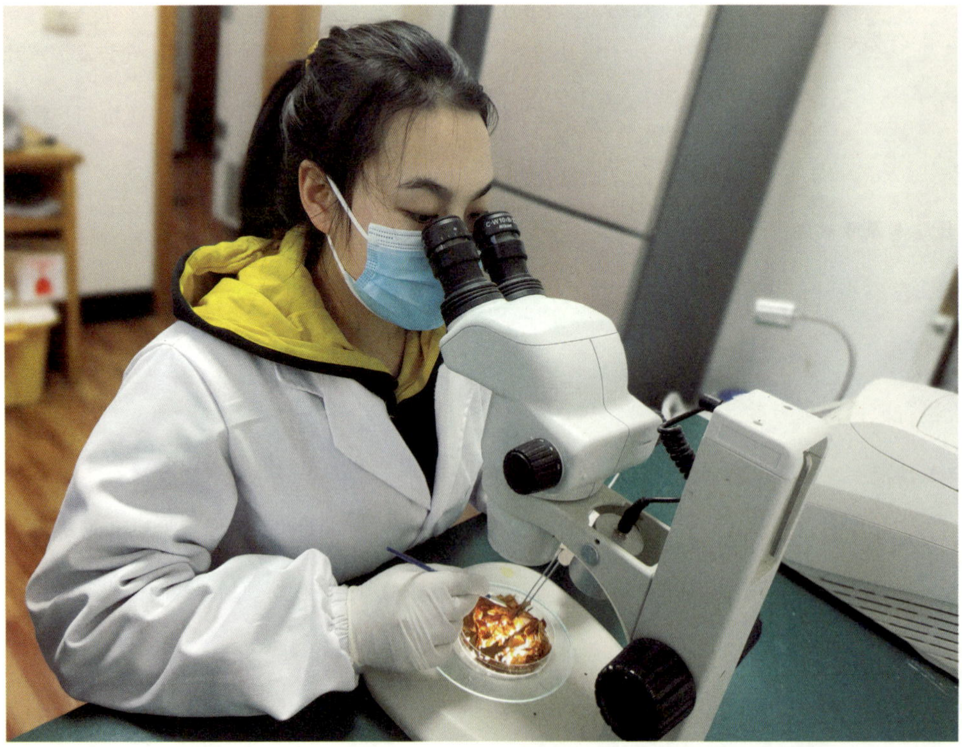

2021年，贵州中烟毕节卷烟厂“嗜卷书虱对仓储烟叶的危害研究”“嗜卷书虱在烟叶仓库的生活世代研究”两个科技项目取得阶段性成果。图为科研人员在观察仓储烟叶中的嗜卷书虱

贵州中烟毕节卷烟厂　朱斌健　摄

效。突破打叶复烤关键技术和装备“瓶颈”，提升重点品牌原料加工质量及与卷烟制丝整体协同。

推进现代烟草农业创新发展。推进生物育种创新与应用，育成“砵砂2号”“高蔗糖酯K326”“抗TMV云烟87”等5个品质、抗性改良的新品种并提交审定，推进山东、湖南、云南等产区和工业企业构建优质品种原料工商研一体化先行示范区，以创新品种带动特色原料开发和创新产品培育。推进烟叶绿色发展，烟草“三虫三病”绿色防控技术工程化开发和推广，烟蚜茧蜂保持植烟面积全覆盖，示范区、辐射区占比分别达到20%、80%。弥补国产雪茄烟叶生产技术短板，加快品种培育和多产地比较试验，国产雪茄烟叶开发实现产量、质量齐升，对进口原料有效替代，突破国产烟叶在中高端手工雪茄烟中使用“瓶颈”，研发全部使用国产烟叶的高端雪茄烟，国产雪茄烟叶在手工雪茄烟中配方使用占比大幅提升。

【产品质量安全】 完成《烟草行业产品质量监督检验检测机构管理办法》，为促进行业产品质量提升和满足市场监管需求提供支持。完成烟叶工商交接等级质量抽查、卷烟产品质量监督抽查、烟用材料质量安全专项监测，卷烟产品全部合格，烟用材料质量安全状况总体良好。完成2家行业质检机构的国家资质认定、行业审查和实验室认可。完成卷烟烟气分析等5项行业实验室能力验证。开展行业高层次质检人才培养工作。“3·15”期间，组织行业质检机构开展消费者权益保护活动。

【标准化支撑】 印发两批行业标准和总公司企业标准项目计划。制定发布9项行业标准及计量检定规程和3项总公司企业标准。加强重要标准制（修）订，落实雪茄烟发展规划任务分工，制定发布《雪茄烟叶工商交接等级标准》。《卷烟》国家标准修订获得国家标准委正式立项，由中国主导提案的2项国际标准获国际标准化组织（ISO）正式立项。

【中国烟草学会】 **学会组织建设**。2021年，烟草学会以通讯方式召开第八届理事会党委会议和常务理事会议，以电视电话会议形式召开第八届二次理事会议。审议通过调整10名理事、3名常务理事的决议，研究副理事长调整事项，传达学习两院院士大会中国科协第十次全国代表大会精神，总结2020年换届以来学会工作，安排部署下一阶段任务。

参与中国科学技术协会《中国科学技术协会年鉴》编纂工作。按照中国科学技术协会《中国科学技术协会年鉴》编纂工作要求，完成烟草学会主要活动和重要事件的编纂等工作。被评为《中国科学技术协会年鉴》（2021卷）优秀组织单位。

开展学术交流。国内学术交流。2021年，学会以优秀论文遴选为抓手，引导行业科技人员聚焦企业关注难题积极思考，共征集论文1238篇。经评选，评出优秀论文446篇，其中一类90篇、二类129篇、三类227篇。举办学术论文管理系统培训班，持续推动论文遴选规范化、程序化和标准化。在《东方烟草报》开辟专栏，选登年度优秀学术论文。完成《中国烟草科学与技术（1982—2020）》出版工作，首次从技术发展史角度，记录中国烟草总公司成立近40年中国烟草科技的发展历程与成就。

国际学术交流。完成国际烟草科学研究合作中心（CORESTA）参会论文遴选工作，共收到126篇论文，经行业内外专家评审，推荐21篇（工业11篇，农业10篇）代表中国烟草入选CORESTA会议论文。组织CORESTA线上会议参会工作，协助参会代表熟悉会议软件操作流程，安排预演练习，参会代表完成入选论文宣读交流工作。

科普活动。全国科普日活动。学会以“百年再出发，迈向高水平科技自立自强”为主题，同时结合党史学习教育“我为群众办实事”实践活动，组织行业各省烟草学会和专业委员会，累计举办科普活动210余项。其中，2家单位的活动被中国科协评选为“全国科普日优秀活动”。

“点对点、面对面”科普进基层活动。学会组织行业各省烟草学会成立工业、农业、专卖监管和卷烟流通等4个方向、总计885人的专家团队。开展科普需求调研，征集需求建议2.3万余条，据实制定活动计划。各单位结合全国科普日活动，从科普知识进企业、进队所、进农户、进终端和进社区等5个层面，累计开展科普活动5200余场，线上线下98.8万余人次参与。

科普开放日活动。学会联合青州烟草研究所，在青岛试验基地举办科普开放日活动，吸引社会公众参加。

◇编辑整理：周　佳　褚　幸　刘海文

网络安全和信息化建设

【数字化转型】　2021年，行业各单位全面贯彻习近平网络强国战略思想，坚决贯彻落实国家局党组工作要求，紧紧围绕“新动能、新手段、新支撑”的工作定位和“四转三大”的工作思路，以一体化平台建设为抓手，坚定实施数字化转型战略，实现“十四五”行业网信工作的良好开局。

2021年，国家局制定“十四五”网信专项规划，确定“11625”网信发展蓝图。行业36家省级单位网信规划向行业网信办备案，网信办审核完成34家。四川省局（公司）等单位高质量完成网信规划编制。行业网站推出数字化转型专栏，累计点击量超过30万次，12家直属单位“一把手”谈数字化转型。

【行业一体化平台建设】　2021年，行业云平台主中心节点在上海建成。上海烟草集团落实国家局要求，支持配合云平台建设，截至年底，实现主、副中心节点和70家行业单位的互联互通，为一体化平台各应用以及不建云省级单位应用上云提供基本条件；浙江副中心节点发挥先行支撑作用，为电子烟信息报送系统提供运行保障。制定云平台体系建设指导意见，指导推动10家省级单位云平台建设，行业“1+1+N”的云平台体系初步形成。

数字中台建设以支撑营销先行和保证数据互通、共享复用为目标，形成基线版。浙江省局（公司）、福建省局（公司）开展对接优化，推进行业推广版建设。工业互联网平台建设，着力打造覆盖工商企业“云边端”的统一基础运行环境，深入研究建设方案，完成立项招标等工作。一体化平台应用项目建设进展顺利，农、工、商、政各领域依次展开。湖南中烟支持二维码项目的测试与招标，截至

红云红河烟草（集团）有限责任公司昆明卷烟厂推进新技改工程，推动企业高质量发展（2021年）

云南中烟　供稿

2021年底，在行业6家工商企业启动试点实施；重庆市局（公司）第一个全面完成浙江模式推广工作并承建全国12313烟草市场监管服务热线管理平台。行业一体化平台8个项目有序推进、多点发力，“1242”总体格局基本形成。

【夯实数据治理基础】 2021年，国家局贯彻落实《中华人民共和国数据安全法》《中华人民共和国个人信息保护法》，印发加强行业数据安全和共享工作的意见。组织开展行业重要数据调查摸底，制订数据资产清单。开展数据标准研制，明确行业信息分类与编码、统一数据标准等规范。依法开展行业数据统计工作，切实加强经济运行分析、预测、预警。湖北中烟成立数据资产梳理办公室，研究数据治理方案；安徽中烟依托市场数据模型指导新品培育和卷烟投放，推动经验营销向大数据精准营销转变。

【筑牢网络安全屏障】 落实党组（党委）网络安全工作责任制和网络意识形态工作责任制，制定加强行业网络意识形态制度文件，全年开展网络安全宣传活动153场，线上培训18.2万人次。加强监测预警和值班值守，行业全年日常抵御代码注入、信息泄露等互联网攻击2亿余次，及时清除中央网信办通报的勒索病毒、僵尸木马、钓鱼邮件等风险隐患，圆满完成建党百年等重保任务。组织参加国家网络攻防演习，成功抵御网络攻击10亿余次。对行业互联网出口、互联网运行系统、行业外托管系统进行技术检测，组织排查“挖矿”等病毒威胁，完成近3万个漏洞修复和安全加固。

增强自主可控能力，坚持自主可控，全面完成国家局机关信创工程30个业务系统适配改造工作，加强行业督导和培训，各单位完成超过80%的改造任务，省市两级电子公文系统适配改造全部完成。湖北省局（公司）、天津市局（公司）较好完成年度工程实施工作。助力行业新冠肺炎疫情防控，拓展远程办公方式，全年全行业共召开4000余次视频会议，有效保障新冠肺炎疫情期间生产经营稳定运行。

【网信治理工作】 切实加强行业网信工作统筹“一盘棋”，初步建立行业各单位网信规划、投资计划和重大网信项目向行业网信办报备机制，探索建立行业专家评审机制，安徽中烟、安徽省局（公司）、贵州省局（公司）、广西中烟等单位专家在规划和项目评审中发挥技术把关和决策支持作用。国家局将行业数字化转型指数纳入省级公司工作业绩考核，结合网信工作年度考核指标，共同形成数字化转型综合评价体系。组织开展“我为基层服好务”实践活动暨行业数字化转型培训班。浙江中烟等单位开展网信领域专家评聘和技能竞赛，探索网信人才培养新模式。

◇编辑整理：周　佳　褚　幸　刘海文

人事与劳资

【行业干部人事选拔任用和管理】 **严把程序标准，精准科学选人用人。**2021年，行业干部人事选拔任用贯彻党管干部原则，落实好干部标准，严把选人用人政治关、品行关、能力关、作风关、廉洁关，确保被选用领导干部德配其位、才配其位。坚持把政治标准放在选人用人首位，深入了解人选在政治忠诚、政治定力、政治担当、政治能力、政治自律等方面的表现，对政治上不合格的干部采取一票否决。坚持事业为上，拓宽用人视野，选拔敢于负责、勇于担当、善于作为、实绩突出的干部。改进干部推荐考察工作，严格落实家访考察制度，严格核查干部选任中有关问题线索，加强综合分析研判，选干部配班子的基础更加扎实。执行任职前谈话制度，根据中组部有关规定，规范干部任职前公示内容，确保各环节程序落实到位。

统筹谋划推进，优化选人用人机制。着眼事业发展和领导班子建设需要，以“一把手”选配为重点，优化班子结构，注重优势互补，综合考虑年龄、性别、经历、专长等方面因素，坚持老中青相结合的梯次搭配，增强班子整体功能。健全完善领导班子研判工作机制，将集中调研和日常发现相结合，强化党组领导把关和充分发扬民主相结合，利用青年干部专业化能力提升班等契机，人事部门跟班学习深化对干部的日常了解，跟踪掌握干部情况；开展干部队伍常态化日常调研，深入掌握干部队伍建设情况。全面落实《烟草行业领导干部交流工作办法》，突出优化班子结构和培养锻炼干部需要，坚持干部交流与培养使用相结合，加大行业直属单位之间、机关部门单位之间、机关和行业直属单位之间干部交流力度，选派干部到艰苦地区、革命老区等基层一线挂职锻炼，盘活行业干部资源。落实《烟草行业教育培训体系建设纲要（2020—2023）》和《干部专业化能力提升计划》。全年分别举办行业司局级干部、青年干部、地市局（公司）主要负责人和国家局、总公司机关处级干部专业能力提升培训班 6 期，参训 280 人。

培养选拔优秀年轻干部，服务行业工作大局。从烟草行业发展的战略和全局高度科学谋划年轻干部工作，增强责任意识，树立战略眼光，突出常态化培养锻炼，加快形成选育管用全链条工作机制，做到量的储备和质的保证相统一、政治素质和专业素质相统一、持续选和强化管相统一。坚持淡化优秀年轻干部标签，统筹用好各年龄段干部，激发干部队伍整体活力；注重及时使用，破除论资排辈观念，对各方面条件比较成熟的年轻干部大胆使用。行业直属单位和国家局、总公司机关部门（单位）领导班子中年轻干部比例不断增加，领导班子梯次化年龄结构逐步形成。

加强干部管理监督，推动实现常态长效。贯彻落实党中央部署，组织开展行业规范领导干部配偶、子女及其配偶经商办企业行为工作，全面准确把握政策要求，紧密结合行业实际，推进规范工作有序完成，注重集中规范与干部选拔任用及日常管理监督工作有机结合，推动规范工作常态化、长效化。坚决调整处理违规违纪违法、失职失责失范的干部，给予 17 名国家局党组管理干部党纪政纪处分或组织处理，督促干部始终做到忠诚干净担当。严格执行领导干部个人有关事项报告制度，贯彻落实及时报告的政策要求，依规依纪做好查核结果认定处理工作，个人有关事项报告查核一致率连续三年得到提升。加强行业人事档案规范管理，制定《烟草行业人事档案审核工作指引》《烟草行业人事档案材料收集整理归档工作规范》，推动行业人事档案管理工作制度化、规范化。对 16 家行业直属单位开展选人用人工作专项检查和人事档案专项检查，突出检查选人用人的质量、导向、风气等方面，督促指导加强整改工作，推动各项问题见底清零。

【行业人才队伍建设】 **学习贯彻中央人才工作会议精神。**9 月，中央人才工作会议召开后，行业各级党组（党委）以各种形式组织学习贯彻中央人才工作会议精神，深入学习领会习近平总书记的重要讲话精神，全面准确宣传解读重要讲话的重要意义、丰富内涵和实践要求。牢固树立人才是第一资源的理念，全面贯彻落实“八个坚持”，把行业人才工作摆在更加突出的位置抓紧、抓实、抓好。在行业领导干部教育培训课程中，加入中央人才工作会议精神解读等内容。11 月，在烟草行业网络培训平台设立中央人才工作会议精神学习贯彻专题，引导行业各级领导干部树立人才意识，把思想和行动统一到党中央决策部署上来。

构建行业人才培养选拔工作体系。行业人才培养选拔坚持高端引领，强化荣誉激励，加快选拔培养大批行业一流科技领军人才、学科带头人和创新团队，续聘2名、新聘3名烟草行业科技领军人才；开展全国技术能手等国家级人才评选推荐工作。重视和加强行业青年人才培养选拔，制定《烟草行业青年科技人才托举计划管理办法》，从行业直属单位的青年科技人才中，选拔并稳定支持一批在行业各领域取得突出科研成绩且具有明显创新潜力的人才，造就一支数量可观的行业青年人才队伍，增强行业人才队伍后备力量。深化人才发展体制机制改革，坚持用宽广胸怀、民主作风、科学方法来发现、培养、团结和使用人才，抓好人才工作顶层设计和统筹协调，健全以创新价值、能力、贡献为导向的行业人才评价体系，营造识才爱才敬才用才良好环境。

全方位培养、引进、用好人才。建立“高精尖缺”人才引进机制，建立更为灵活的人才管理机制，造就一支与行业高质量发展相适应、规模适度、结构合理、素质优良的人才队伍。鼓励和支持行业各直属单位根据实际需求，拓宽引才思路，创新引才方式，建立绿色通道。稳定支持行业创新平台开展创新研究、创新人才培养。贯彻国家局、总公司关于加强行业技能人才队伍建设意见，在技能人才培养、使用、评价、激励等各方面，明确工作方向，部署具体措施，持续推进行业技能人才队伍建设。推进技能人才与技术人才职业发展贯通，推动畅通专业技术人才和技能人才成长通道。加强行业安全、专卖、网信、烟叶、营销、物流等领域人才库、专家库建设，实行动态管理，持续提升库内人员能力素质，发挥高级专业技术人才、高技能人才在专业领域研究、咨询和决策支持中的重要作用。

专业技术、技能人才队伍培养。进一步完善行业高级专业（技术）资格评审有关程序，调整充实行业高级专业（技术）资格评审委员会主任委员及评委会专家库，开展工程、农业、经济、会计、政工系列高级职称评审工作，印发《烟草行业中级专业（技术）资格评审工作规定》，规范行业中级专业（技术）资格评审工作。印发《烟草行业技能大师工作室建设管理实施办法（试行）》，开展首批3个职业的行业技能大师工作室评选设立工作。举办首届烟草行业青年技能竞赛——烟叶评级职业技能竞赛，20名竞赛优胜选手被国家局评为“烟草行业青年技术能手”。加大优秀技能人才培养力度，举办第一期行业优秀技能人才进修班。印发《烟草行业工匠学院建设管理办法（试行）》。审定印发《烟草行业职业技能评价“十四五”规划》。表彰2020年度行业省级二类以上职业技能竞赛优秀选手，91人被国家局授予“烟草行业技术能手”称号。完成第十五届国家高技能人才评选表彰活动相关工作，行业3人被人力资源社会保障部授予“全国技术能手”称号，1人被评为“国家技能人才培育突出贡献个人”。

【行业用工分配管理】 行业用工坚持控员与引员相结合，严控用工总量，提高劳动效率，优化人员结构，进一步提升劳动用工管理水平。持续落实中央稳就业任务，做好行业应届高校毕业生招聘和退役军人接收安置工作。从严从紧管理机构编制，推动省级工业企业设立巡察工作领导小组办公室。加强工时管理，印发行业部分工作岗位实行不定时工作制和综合计算工时工作制意见，维护劳动者合法权益。落实国务院工资总额决定机制改革意见和财政部要求，制定印发总公司所属企业工资总额管理办法，建立健全行业工资总额预算管理机制。在2020年工资分配向基层一线倾斜的基础上，进一步加大倾斜力度，做精做细倾斜方案。

【群团组织建设】 **行业群团工作**。3月30日，国家烟草专卖局与中国财贸轻纺烟草工会在北京举行第十六次联席会议，开展首次“烟草行业职工优秀技术创新成果评选活动”，联合印发《烟草行业劳模和工匠人才创新工作室联盟管理办法（试行）》，组建“烟草行业劳模和工匠人才创新工作室联盟”；参加中华全国总工会“产业工人队伍建设改革”研讨，河南中烟、职工进修学院2家单位入选中华全国总工会“产业工人队伍建设改革”试点单位。

国家局、总公司机关群团工作。持续开展“送温暖、献爱心”活动，做好特殊困难救助、残疾子女帮扶、日常慰问和节日慰问等工作，努力营造机关和谐氛围。实施青年理论学习提升工程，建强抓实青年理论学习小组，举办国家局、总公司机关青年专题辅导报告会和党史学习教育读书交流会，组织机关青年赴贵州遵义开展“根在基层”青年调研实践，多措并举为青年办实事、解难事。组织开展“三八”国际劳动妇女节活动，对机关女同志进行节日慰问，更好发挥女同志“半边天”作用。

【离退休干部管理】 **提升离退休干部党建工作质量**。离退休干部工作坚持以党的政治建设为统领，不断强化政治机关意识，严格落实全面从严治党主体责任，持续巩固“两项整改”成果，加强廉政建设，开展警示教育，做好网络意识形态工作。按照“学史明理、学史增信、学史崇德、学史力行”要求，开展离退休干部党史学习教育。坚持每天在微信群推送学习资料；组织收看专题报告、讲座7场，举办“我看建党百年新成就”座谈会2场；组织参加中央单位主题书画摄影展和“老党员的故事”活动，2名老同志作品获奖；在8个离退休干部党支部举行“光荣在党50年”纪念章颁发仪式和主题座谈会，共为74名老党员颁发纪念章。

年度重点工作有序推进。按照中组部通知精神，为74名离休干部办理提高医疗待遇，落实为800余名离休干部提高生活补贴标准，开展“我看建党百年新成就”调研，组织“全国先进老干部工作者”评选推荐工作，1人被评为“全国先进老干部工作者”。汇总分析行业退休人员社会化管理情况，举办政策业务培训班，做好宣传报道工作，开展保密自查自评，严格落实疫情防控要求，国家局离退办连续第18年被中组部评为“年报统计全优报表单位”。

精准化服务工作。坚持精细化管理，聚焦精准化服务，不断提升离退休干部工作服务管理水平。落实政治待遇，建立对离休干部“一对一”服务制度，重点做好对老领导、生活困难和高龄重病老同志的服务，落实好三个节日的普遍慰问和生日、住院的个别慰问。组织老同志体检，协助报销医疗费，配送常用药品，办理新退休人员手续，协助办理老同志后事，组织遗属申领丧葬补助金和抚恤金，加强车辆管理、活动站管理。

◎编辑整理：王　静

党建工作

【党史学习教育】 **行业党史学习教育**。2021年，按照党中央统一部署，在全行业开展党史学习教育，突出学党史、悟思想、办实事、开新局，做好规定动作，创新自选动作。加强组织领导，召开行业党史学习教育动员会、学习贯彻习近平总书记“七一”重要讲话精神动员会、党史学习教育总结会议，成立领导机构和工作机构，印发实施工作方案、宣传工作方案，召开领导小组工作会议10次，组建4个行业巡回指导组，编印简报40期、增刊40期。组织专题学习，通过个人自学、专题辅导、交流研讨等，及时跟进学习习近平总书记最新重要讲话精神。用好各类红色资源，就近、就便开展红色教育，传承红色基因，赓续红色血脉。行业各级党组（党委）坚持把“我为群众办实事”实践活动作为党史学习教育的重要载体和工作着力点，在为民服务上力行，解决群众面临的难事、基层面临的难题、发展

2021年7月2日，国家局党史学习教育第一巡回指导组及“金叶先锋·担当奉献”宣讲团参加大连烟草“我为客户办实事 人人动手建终端”活动
大连市局 王荣达 摄

面临的难点，深化“我为烟农办实事”“我与客户共成长”“我为基层服好务”主题实践，围绕助力乡村振兴、服务种烟农户、服务零售业主、保护未成年人身心健康、履行烟草行业社会责任等5个方面制定重点项目清单，在完成全部年度任务的同时，形成常态化开展为群众办实事长效机制，推动“我为群众办实事”落实落地落细，不断增强群众的获得感、幸福感、安全感。

国家局、总公司机关党史学习教育。国家局、总公司机关把学懂弄通做实习近平新时代中国特色社会主义思想作为长期政治任务，认真学习贯彻习近平总书记在党史学习教育动员大会上的重要讲话、“七一”重要讲话和党的十九届六中全会精神，对机关学习贯彻工作进行具体安排、提出明确要求，确保落实到每个党支部、每名党员。国家局党组制定年度学习计划，开展中心组集体学习，突出学习重点，深化集体研讨，加强成果转化。坚持把理论学习抓在日常、严在经常，用好习近平《论中国共产党历史》等指定学习资料，以中央和国家机关“学党史·强素质·作表率”党史学习接力赛为抓手，开展“四史天天学”活动，每日面向全机关发布阅读任务和思考题，使读原著、学原文、悟原理成为常态。创新理论学习形式，先后举办庆祝中国共产党成立100周年暨机关“两优一先”表彰大会、党史知识竞赛、“微党课”交流展示、庆祝中国共产党成立100周年书画作品展等特色活动，机关干部职工广泛参与，营造学用党史的浓厚氛围。实施青年理论学习提升工程，举办机关青年专题辅导报告会和党史学习教育读书交流会，强化党支部对青年理论学习小组的领导责任，创新青年理论学习小组活动形式，提升学习成效。

【基层党组织建设】 **行业基层党组织、党员队伍建设**。2021年，行业树立大抓基层的鲜明导向，持续推进党支部标准化规范化建设，加强分类指导、分类施策，起草形成行业工商企业党支部标准化、规范化建设调研报告，编印《党支部标准化规范化建设工作30例》。注重推广基层党建经验做法，编印《行业基层党建工作情况简报》6期，以严的精神、实的作风，提升基层党建工作水平。结合“党旗在基层一线高高飘扬”活动，发挥基层党组织战斗堡垒作用和党员先锋模范作用，设置党员先锋岗、责任区，开展志愿服务和承诺践诺，组织党员围绕新冠肺炎疫情防控、抢险救灾、社会救助、扶危帮困等需求，开展常态化志愿服务。各地烟草基层党组织积极组织党员下沉社区、街道，助力基层疫情防控，进一步增强行业基层党组织政治功能和组织力。做好行业贯彻《2019—2023年全国党员教育培训工作规划》中期评估工作，配合中组部做好烟草行业机关党建工作有关情况调研。

国家局、总公司机关基层组织建设。坚持以党的政治建设为统领，着力提高党员干部政治判断力、政治领悟力、政治执行力。持续加强政治机关建设，推动政治机关意识教育从司局向机关处室延伸，持续开展“让党中央放心、让人民群众满意的模范机关”创建活动。认真贯彻落实习近平总书记关于厉行节约、反对浪费的重要指示精神，组织机关全员学习讨论，开展厉行节约、反对浪费特别是制止餐饮浪费行为工作情况“回头看”，查找薄弱环节、加强监督检查、改进工作措施、提升管理水平。履行定点帮扶政治责任，发挥党建引领作用，组织机关和基层党支部联学联建，支持定点帮扶县乡村振兴和驻村第一书记履职尽责。从严从实抓好机关疫情防控，落实中央和国家机关工委与北京市防控要求，压紧压实防控责任，动态调整防控措施，确保机关安全和干部职工身体健康。

扎实推进“四强”党支部建设，推动基层党组织全面进步全面过硬。加强机关基层党组织建设，定期召开机关党委全委会和纪委全委会，规范党组织设置，督促按期换届和增补支委。推进党支部标准化规范化建设，严格落实“三会一课”等制度，党组成员带头，机关各部门、各单位党组织精心组织，认真讲授党史学习教育专题党课，召开专题组织生活会；鼓励机关支部总结归纳符合自身实际的支部工作法，推进党组织和党员分类管理，对机关各部门、各单位党组织2020年度民主生活会实现督导全覆盖。加强党员教育管理监督，严把政治标准，严格发展程序，做好党员发展工作；选派司处级干部参加国家局党校学习，推动党员教育线上线下同频共振；注重发挥支部纪检委员作用，加强党支部对党员的日常监督管理。夯实机关党建工作基础，做好党费收缴使用管理、党员组织关系接转、党内统计等工作；落实保密工作要求，开展自查自评，提升部门保密管理水平。加强党务干部队伍建设，严把兼职党务干部入口关、考核关，加强和改进专兼职党务干部教育培训，抓好以会代训，推动专兼职党务工作经历纳入干部履历要求落实落地。

加强党员干部管理监督，持之以恒正风肃纪反腐。加强机关纪委建设，贯彻落实国家局党组关于加强机关纪委建设措施，组织“两委委员”、党支部纪检委员等开展专题学习讨论和培训。加强纪律教育，开展监察法实施条例专题学习教育和测试，组织观看警示教育片，通报曝光典型案例，用身边事教育警醒身边人。持之以恒纠治“四风”。坚持教育提醒在先、预警防范在前，紧盯年节等重要节点，聚焦隐形变异问题，明确纪律要求；对机关疫情防控等工作中的形式主义、官僚主义问题开展监督检查。严肃监督执纪问责，坚持严的主基调，加强对问题线索的管理和处置工作，实事求是用好监督执纪“四种形态”。

【全面从严治党向纵深发展】 **持续强化政治忠诚**。用党的百年奋斗重大成就坚定信念、凝聚力量。2021年，行业以上率下、充分动员、周密安排，组织庆祝建党100周年系列活动、“永远跟党走”群众性主题宣传教育、“四史”宣传教育、“金叶先锋·担当奉献”庆祝建党100周年主题巡回宣讲，迅速掀起学习宣传贯彻党的十九届六中全会精神热潮，教育引导行业党员干部在学史、知史、悟史中感悟思想伟力、勇担时代使命，深刻领悟“两个确立”的决定性意义，增强践行“两个维护”的高度自觉。

把党的全面领导落实到烟草工作全方位、各领域。开展习近平总书记对烟草行业重要指示批示贯彻落实情况“回头看”，加强国家局党组对行业的统筹领导，发挥垂直管理系统体制优势，形成全国烟草“一盘棋”，层层贯通落实党中央决策部署，确保全行业始终在党的领导下沿着正确方向不断前进。

将烟草行业改革发展融入、服务党和国家发展大局。牢牢把握“国之大者”，找准行业定位，与党中央要求对标对表，坚持以高质量发展为主题，以高效能治理为动力，以高素质队伍为保障，更好履行党中央、国务院赋予的职能责任。2021年，行业税利总额、工业增加值、销售收入等主要经济指标均创历史最好水平，在促进经济增长、保证财政增收、稳定社会就业、振兴民族工业、壮大国有企业等方面持续为国民经济和社会发展作出全方位贡献。

巩固拓展“两项整改”成果。保持抓好长期整改、持续整改的定力韧劲，推进治标效果不断巩固、治本之措持续发力。形成常态长效抓整改机制，贯彻中央纪委国家监委巡视整改审核评估意见，制定4个方面14条具体工作措施，落实“四个融入”要求，推动整改走深走实。开展全覆盖“回头看”检查，组织对行业56家直属单位、421家地市级单位整改情况“回头看”和专项巡察，扭住问题、深化整改、巩固成效，确保整改成效经得起检验。推动集成整改、一体整改，统筹推进盒皮包装、资金存储、项目建设、招投标等重点领域以及境外企业廉洁风险防治，制定印发行业领导干部配偶、子女及其配偶经商办企业禁业范围相关文件，督促抓好整改期间制定完善的68项制度执行，把整改工作向更广范围、更深层次推进。

加强“一把手”监督，持续压实政治责任。贯彻落实《中共中央关于加强对“一把手”和领导班子监督的意见》（简称《意见》），把“一把手”监督作为政治建设的大事要事、作为管党治党的重中之重抓细抓实。抓学习宣传贯彻，以思想自觉引领行动自觉。组织开展课题研究，与驻工业和信息化部纪检监察组开展专题会商，召开行业宣贯大会，动员部署各级党组织抓好学习宣传贯彻。抓措施制定，以制度规范管根本管长远。制定印发国家局党组贯彻落实工作举措，明确12个方面任务、31项具体措施，配套列出党组（党委）书记第一责任人、班子其他成员“一岗双责”、纪检监察机构监督专责3份清单，推动知责明责、履责尽责。抓任务落实，以执行有力体现担当作为。坚持领导带头，国家局党组成员从自身严起，自觉接受监督、敢于加强监督、善于有效监督，党组成员与直属单位“一把手”全年谈话106人次。抓督导考核，以监督到位保障落实到位。将《意见》贯彻落实情况作为巡视重点监督内容，纳入直属单位党建和年度考核，配合驻工业和信息化部纪检监察组开展综合评估和专项检查，推动《意见》落细落实。

坚持“三不”一体推进，持续坚定政治定力。深刻认识烟草行业反腐败斗争依然严峻复杂的形势，落实“三不”一体推进战略，坚决打好反腐败攻坚战、持久战。削减存量强化“不敢”。发挥惩治震慑在筑牢“三不”基础中的打头作用，坚决拥护、支持配合中央纪委国家监委查处潘家华严重违纪违法案件，严肃查处违反中央八项规定精神典型问题，组织烟叶产区单位严肃查处侵害烟农利益问题，保持压倒性力量常在。以案促改推动“不能”。把以案促改作为贯通“三不”内在联系的重要纽带，部署开展潘家华案以案促改；组织盒皮（烟标）和香精香料采购监督检查，严格执行行贿供应商禁入措施，释放“黑名单”制度威力，压减腐败生成空间。警示教育促进“不想”。把严肃教育作为巩固“三不”氛围的关键一环，拍摄卢平等系列案件警示教育片，召开行业警示教育大会，监督指导发生严重违纪违法案件的直属单位党组召开专题民主生活会，教育引导党员干部汲取案件教训，筑牢拒腐防变思想堤坝。

健全完善监督体系，持续深化政治监督。将监督体系作为治理体系重要组成部分，构建烟草行业职责明确、畅通协调、全面覆盖、防治一体的监督体系。发挥巡视巡察综合监督作用。把内部巡视作为履行全面监督职责的直接抓手，开展两轮常规巡视，对16家直属单位党组进行政治体检，巡视全覆盖率达到87.7%；健全巡视巡察上下联动，指导督促直属单位有序推进巡察全覆盖，巡察全覆盖率达到88.2%。提高纪检监察专责监督质效。落实中央纪委部署要求，会同驻工业和信息化部纪检监察组研究制定深化行业纪检监察体制改革试点实施方案，以政治标准和创新精神研提改革任务举措。开展行业直属单位纪检组（纪委）工作考核，组织行业直属单位纪检组组长培训班，部署内设纪检监察机构干部全员培训。推动内部监督贯通协同。制定印发关于推动烟草行业内部监督工作贯通协同的意见，督促做深做实职能监督“基本盘”，促进纪检监察、巡视巡察与专卖内管、财务审计、组织人事、规范管理等内部监督工作贯通协同，推动形成监督合力，释放治理效能。

◇编辑整理：王　静

规范管理

【增强制度执行力，夯实规范管理根基】 2021 年，国家局围绕规范管理制度执行，加强调查研究，深入基层，开展专题调研。对行业 13 家直属单位开展实地调研，现场解答有关问题 92 个；对 54 家单位进行书面调研，了解基层执行制度情况，分析研判采购制度执行中存在的薄弱环节，及时督导基层正确理解和全面执行规范管理制度，并根据执行中的新情况、新问题，健全完善相关制度。

举办行业规范管理工作专题培训，到基层企业举办培训班辅导，提升业务工作水平。发挥信息化支撑作用，完善国家局规范管理信息系统，举办操作培训演示，解决系统运行实际问题，推动用好信息系统，增强“互联网 + 监管”素质能力。

【强化行贿供应商惩戒，防范化解重点领域采购风险】 坚持凡贿必禁、凡禁必严原则，持续加大行贿供应商惩戒力度。推动行业各单位健全完善行贿供应商惩戒制度，细化落实行贿供应商禁入措施，构建对不良行为供应商的立体防线。实行行贿供应商“黑名单”动态管理，及时将涉案企业及相关人员列入“黑名单”，保持行贿供应商惩戒高压态势。健全“黑名单”信息共享机制，织牢不良供应商监督网，实现同向发力、精准监督。严格行贿供应商禁入机制，对在供供应商进行严格审查，杜绝“黑名单”内的供应商参与新采购项目，“黑名单”震慑效果有力凸显。

【加强规范管理监督检查，严督实导制度落地见效】 构建线上线下监督联动机制，聚焦采购领域重点问题开展监督。根据国家局党组工作部署和要求，与“两项整改”回头看检查统筹整合，10 月 8 日至 12 月 3 日，一并对行业 40 家直属单位开展规范管理监督检查。重点围绕“规范管理制度落实、行贿供应商禁入措施执行、盒皮（烟标）和香精香料采购、多元化企业采购、单一来源采购项目运作”等 5 个方面进行监督检查，持续传递国家局党组推进严格规范的坚定决心，有效传导规范管理监管压力，推动以查促改、以查促建。加大网上督查力度，对 1248 个采购项目进行网上督查，有针对性督导有关单位对存在的问题进行整改。

【强化采购主体责任，持续提高监督效能】 完善考核指标，把规范管理工作完成情况纳入对直属单位业绩考核，发挥规范管理考评问责“指挥棒”作用，行业直属单位采购主体责任进一步压实。加大办事公开、民主管理力度，2021 年，全行业公开信息 146.36 万条，保障职工“四权”。巩固“三个保障机制”成果，突出采购流程关键环节把控，紧盯采购全过程的规范化运作。督导第六轮巡视单位落实规范管理问题整改。核实处理有关招标采购举报线索，及时发现和纠正问题。

◇编辑整理：周　佳　褚　幸　刘海文

2021 年，浙江金华市局主动融入公安打击经济犯罪情报共享圈，派驻专人入驻金华市公安经济犯罪研判中心

浙江金华东阳市局　徐朝阳　摄

国家烟草专卖局 中国烟草总公司 组织机构

- □ 国家烟草专卖局　中国烟草总公司领导成员
- □ 国家局、总公司机关各部门、各单位
- □ 省级烟草专卖局（公司）
- □ 省级中烟工业公司
- □ 其他直属单位
- □ 烟草行业组织机构图

国家烟草专卖局 中国烟草总公司领导成员

张建民

工业和信息化部党组成员

国家烟草专卖局党组书记、局长

中国烟草总公司总经理

徐　瑾

国家烟草专卖局党组成员、副局长

段铁力

国家烟草专卖局党组成员、副局长

张天峰

国家烟草专卖局党组成员、副局长

韩占武

国家烟草专卖局党组成员、副局长

国家局、总公司机关各部门、各单位

办公室（外事司）

【主要职责】

1. 拟订并组织实施机关政务管理的制度和工作规范，协调机关政务工作；负责国家局召开会议的计划管理和组织筹备工作；负责督办工作；负责全国人大代表建议和全国政协委员提案办理工作；负责国家局、总公司机关总值班工作。

2. 负责起草国家局、总公司的重要文件、会议报告及领导讲话；组织、协调行业重大问题调研工作；组织、协调行业电子政务建设；负责编发行业重要信息；负责国家局、总公司新闻信息发布工作；组织、协调行业履行《烟草控制框架公约》有关工作。

3. 负责国家局、总公司机关公文核稿、收发传递和文件印制工作；指导行业公文处理工作；管理国家局党组、国家局、总公司印章；负责国家局、总公司机关各部门、各单位和行业各直属单位印章管理工作；指导、协调行业档案管理工作；承担国家局保密委员会的日常工作。

4. 负责烟草系统外事管理工作。

5. 负责行业信访、稳定和应急管理工作；负责国家局、总公司机关安全、保卫工作；指导行业社会治安综合治理工作。

6. 承办国家局、总公司交办的其他事项。

【负责人】①

主任（司长）：刘培峰［2021 年 7 月—，2021 年 2—7 月任副主任（副司长），主持全面工作］

巡视员：王　红

副主任（副司长）：张　政、吴惠春、张　炜（—2021 年 8 月）

【内设机构】　设综合调研处、秘书处（值班室）、党组秘书处（督查处）、文档保密处、新闻宣传处、履约工作处（政务服务协调处）、信访保卫处、外事处等 8 个内设处室。

发展计划司

【主要职责】

1. 拟订并组织实施行业发展战略、发展规划；拟订行业生产布局规划；编制行业投资规划，拟订并组织实施投资年度计划；拟订行业技术装备政策。

2. 拟订并组织实施烟草专卖品产供销、进出口的年度计划。

---

① 2021 年 8 月，国家局党组印发《关于刘培峰和张炜同志职务任免的通知》（国烟党〔2021〕144 号），刘培峰同志任办公室（外事司）主任（司长），任职时间自 2021 年 7 月 16 日党组决定之日起计算；免去张炜同志的办公室（外事司）副主任（副司长）职务，另有任用。

2021 年 2 月，国家局党组印发《关于刘培峰同志任职的通知》（国烟党〔2021〕25 号），刘培峰同志任办公室（外事司）副主任（副司长），主持办公室（外事司）全面工作。

3. 拟订烟草专卖品管理名录；核定全国烟草专卖品生产、经营企业的生产规模。

4. 审核烟草系统投资项目和外资投资项目；负责行业投资项目管理和招投标工作；编制烟草专用机械设备分配计划。

5. 拟订烟草专卖品价格政策，管理烟草专卖品价格；收集、整理、分析、发布烟草专卖品价格信息。

6. 负责国家局定点帮扶和对口支援工作；研究行业涉及“三农”工作的政策措施，统筹协调并组织实施行业乡村振兴工作。

7. 承办国家局、总公司交办的其他事项。

【负责人】

司　长：张全在

副司长：张永焕、魏　隽（2021 年 4 月—）①

【内设机构】② 设综合处、计划处、投资处、价格处、乡村振兴工作处等 5 个内设处室。

专卖监督管理司

【主要职责】

1. 监督检查《中华人民共和国烟草专卖法》及《中华人民共和国烟草专卖法实施条例》的执行情况。

2. 拟订烟草专卖管理监督制度，监督检查烟草专卖品的生产经营活动。

3. 组织、指导并承办违反烟草专卖法律法规案件的查处，查禁、关停计划外烟厂，保护合法经营；会同国家有关部门取缔非法烟厂和烟草专卖品自由交易市场，打击假冒和走私烟草专卖品等违法活动。

4. 拟订烟草专卖许可证、烟草专卖品准运证管理制度，监督检查各类专卖许可证件的核发、使用工作；参与拟订名晾晒烟名录和烟草专卖机械名录。

5. 指导专卖行政执法和专卖队伍建设工作。

6. 承办国家局、总公司交办的其他事项。

【负责人】

司　长：王志勇（正厅级）

副司长：舒军龙、何　民

副巡视员：周　瑛、樊　荣（2021 年 4 月—）③

【内设机构】 设综合处、内部监督管理处、市场监督管理处、打假打私处、证件管理处、互联网涉烟监管处等 6 个内设处室。

经济运行司

【主要职责】

1. 承担行业生产、经营的统一调度工作，协调产供销的衔接；负责行业生产、经营的综合分析和预测监控；拟订并组织实施行业经济运行调控政策和方案。

2. 参与拟订烟草专卖品产供销年度计划，拟订并组织实施卷烟季度、月度生产进度计划；负责行业经济运行考核工作。

3. 负责行业产品结构调整工作；拟订并组织实施卷烟品牌发展规划，指导行业品牌维护与培育工作，组织开展品牌定向整合；依法实施烟草制品商标管理工作；组织开展中外烟草企业间生产技术合作工作。

4. 承担烟草专卖品卷烟材料供应管理工作；承担省级公司之间烟草专用机械设备的有偿转让、无偿划转、租借等管理事项。

5. 指导行业企业管理工作；承担行业质量管理工作，负责推行 ISO 9000 系列标准；组织开展行业节能减排工作；指导行业安全生产工作，依法处理重大安全事故；协调行业抗灾救灾工作。

---

① 2021 年 8 月，国家局党组印发《关于魏隽和倪迎春同志职务任免的通知》（国烟党〔2021〕73 号），魏隽同志任发展计划司副司长，试用期一年，任职时间自 2021 年 4 月 19 日党组决定之日起计算。

② 2021 年 5 月，国家局、总公司印发《关于调整发展计划司内设机构和人员编制的通知》（国烟人〔2021〕67 号），发展计划司增设乡村振兴工作处。

③ 2021 年 5 月，国家局党组印发《关于樊荣和聂晶同志职务任免的通知》（国烟党〔2021〕75 号），樊荣同志任专卖监督管理司副巡视员，任职时间自 2021 年 4 月 19 日党组决定之日起计算。

6. 承办国家局、总公司交办的其他事项。

【负责人】①

司　长：徐维华

副司长：张一峰、聂　晶（2021年4月—）

巡视员：刘　艳（2021年4月—，之前任副司长）

副巡视员：孙姝军（—2021年7月，退休）

【内设机构】　设综合处、生产经营管理处、企业管理处、安全处等4个内设处室。

政策法规与体制改革司

【主要职责】

1. 组织起草行业相关法律法规、规章草案和重大政策；审查行业生产经营管理的重要制度、重大经济合同和国家局、总公司机关各部门、各单位拟订的规范性文件；建立和完善专卖管理法规体系和行业管理法规体系。

2. 拟订并组织实施行业体制改革和企业组织结构调整规划和工作方案；指导企业和专业性公司改革工作；承办行业企业设立、分立、合并与撤销工作；指导建立现代企业制度。

3. 调查研究《中华人民共和国烟草专卖法》及《中华人民共和国烟草专卖法实施条例》、国家有关法律法规在行业中的执行情况和改革中存在的问题；监督检查行业依法行政，组织实施行政执法责任制工作；承担烟草专卖执法徽章、检查证的申领和批准工作；负责行业普法依法治理工作。

4. 承担行业法律咨询工作，指导行业行政机关和企业法律顾问工作；组织推动行业法制建设工作；参与研究和审议行业对外经济技术合作的有关政策和制度；组织开展烟草专卖法规、政策方面的国际交流。

5. 指导、协调行业行政复议工作，承办相关行政复议、行政应诉工作。

6. 承办国家局、总公司交办的其他事项。

【负责人】

司　长：王玉麟

副司长：卢勇华、张樑庆

巡视员：李春滨（—2021年5月，退休）

【内设机构】　设综合处、政策法规处（行政复议处）、体制改革处等3个内设处室。

财务管理与监督司（审计司）

【主要职责】

1. 研究提出行业有关经济政策建议；拟订并组织实施行业财务管理、资产经营管理、会计核算、审计监督的制度、办法。

2. 拟订并组织实施行业国有资产管理规定和国有资产保值增值考核办法、标准。

3. 管理监督行业财务资金；拟订行业税后利润分配政策及方案；编制并组织实施行业年度预算；组织行业所属企业上缴国有资本收益，编报行业国有资本经营预算。

4. 负责行业各类财务会计报告的汇总、审核和编报工作；监督检查行业会计信息质量；参与拟订行业财务会计、审计信息化建设发展规划。

5. 负责行业内部审计工作；拟订并组织实施行业内部审计工作规定、办法；拟订行业内部审计发展规划和年度审计项目计划。

6. 承办国家局、总公司交办的其他事项。

【负责人】

司　长：张孝堂

副司长：陈俊奎、严剑秋、刘艾生（—2021年5月）

副巡视员：张　甦

【内设机构】　设综合处、财务处、预算处、会计处、国

① 2021年5月，国家局党组印发《关于刘艳等三名同志职务任免的通知》（国烟党〔2021〕74号），刘艳同志任经济运行司巡视员，任职时间自2021年4月19日党组决定之日起计算；聂晶同志任经济运行司副司长，试用期一年，任职时间自2021年4月19日党组决定之日起计算。

有资产管理处、审计一处、审计二处、审计三处、机关财务处等9个内设处室。

科技司

【主要职责】

1. 承担烟草制品减害降焦工作；拟订行业科技发展政策及战略规划、年度计划；参与拟订行业技术装备政策，参与技术引进和技术改造论证工作；组织国内外科技交流与合作。

2. 承担国家局、总公司科技创新工作领导小组、科学技术委员会、全国烟草标准化技术委员会的日常工作；负责行业创新体系建设及创新能力考核工作；负责行业科技成果评价、推广、奖励；负责科技信息、科技统计及有关知识产权管理工作；研究提出科技经费预算建议。

3. 拟订并组织实施行业科技项目年度计划；组织管理行业重大科技项目；审核烟草新品种和烟草基因工程事项。

4. 负责行业产品质量评价和监督工作；负责行业质量技术监督检验机构建设、审查和认定工作；负责烟草专卖品、烟用材料和相关产品的质量技术监督及质量市场准入工作。

5. 负责行业标准化管理工作；编制并组织实施行业标准制订项目年度计划，管理行业用标准物质和标准样品的制作与发布；组织开展烟草专用仪器计量检定工作。

6. 承办国家局、总公司交办的其他事项。

【负责人】①

司　长：钱　航［2021年7月—，之前任副司长（副厅级），主持全面工作］

副司长：倪迎春（2021年4月—）

【内设机构】　设综合处、科技开发处、技术监督处、标准化处等4个内设处室。

人事司

【主要职责】

1. 拟订烟草系统人事、劳动工资、思想政治、教育培训工作相关政策和制度；指导烟草系统人事、用工、分配制度改革工作。

2. 负责国家局党组管理干部、机关各部门、各单位干部的管理工作；组织、指导、监督检查烟草系统各级领导班子建设工作；指导烟草系统人事档案管理工作。

3. 负责烟草系统机构编制、人才队伍建设工作；审核各级烟草专卖局的设立、分立、合并与撤销。

4. 负责烟草系统劳动、工资、保障工作；编制烟草系统教育培训规划，指导烟草系统教育培训工作。

5. 指导烟草系统党的建设、思想政治、企业文化建设工作；负责中国烟草职工思想政治工作研究会的日常工作。

6. 承办国家局、总公司交办的其他事项。

【负责人】

司　长：张靖江

副司长：刘　宇、刘艾生（2021年5月—）②

副巡视员：刘　宇、王海巾

【内设机构】　设综合处（研究室）、系统党建处（烟草行业工会办公室）、系统干部处、机关干部处、干部监督处、编制工资处、教育培训处（人才工作处）、干部档案处等8个内设处室。

直属机关党委

【主要职责】

1. 负责组织国家局、总公司机关政治理论、科学知识

① 2021年8月，国家局党组印发《关于钱航同志任职的通知》（国烟党〔2021〕145号），钱航同志任科技司司长，任职时间自2021年7月16日党组决定之日起计算。
2021年5月，国家局党组印发《关于倪迎春同志任职的通知》（国烟党〔2021〕72号），倪迎春同志任科技司副司长，试用期一年，任职时间自2021年4月19日党组决定之日起计算。
② 2021年5月，国家局党组印发《关于刘艾生同志任职的通知》（国烟党〔2021〕86号），刘艾生同志任人事司副司长。

学习，宣传和贯彻党的路线、方针、政策。

2. 负责国家局、总公司机关党风廉政建设和纪律检查的相关工作；负责国家局、总公司机关思想政治工作，组织协调精神文明建设工作。

3. 领导国家局、总公司机关各部门、各单位党组织开展各项组织活动。

4. 负责国家局、总公司机关各部门、各单位党组织和党员的管理，开展党员表彰奖励工作；负责国家局、总公司机关各部门、各单位党组织换届选举的指导工作，任免国家局、总公司机关各部门、各单位党组织的负责人。

5. 领导国家局、总公司机关工会、共青团、妇女工作委员会工作。

6. 承办国家局、总公司交办的其他事项。

【负责人】

直属机关党委书记：韩占武

直属机关党委常务副书记：李　安

直属机关党委副书记、直属机关纪委书记：王文胜

【内设机构】 设办公室、纪律检查室 2 个内设处室。

国家局党组党风廉政建设领导小组办公室（巡视工作领导小组办公室）

【主要职责】

根据《中共国家烟草专卖局党组关于成立党风廉政建设领导小组的通知》（国烟党〔2016〕88 号），国家局党组设立党风廉政建设领导小组办公室，党风廉政建设领导小组办公室与巡视工作领导小组办公室合署办公，部门简称廉政办（巡视办）。

1. 协助国家局党组落实全面从严治党主体责任，组织协调行业党风廉政建设和反腐败工作。

2. 依据《中国共产党问责条例》，对行业直属单位党组织和党的领导干部落实全面从严治党责任情况进行督促检查，按照规定的权限和程序进行问责。

3. 依据《中国共产党党内监督条例》，对行业直属单位党组织领导班子及其成员进行日常监督，对本级处理范围内的有关问题线索及时了解核实，提出处理建议。

4. 推进建立健全行业惩治和预防腐败体系，承担教育、制度、监督等党风廉政建设日常工作。

5. 依据《中国共产党巡视工作条例》以及国家局党组实施办法，组织开展对行业直属单位的巡视工作，指导行业巡察工作。

6. 按照有关规定，配合协助中央纪委驻工业和信息化部纪检组开展相关工作，对其交办的违纪问题线索及时处理，并反馈办理情况。

7. 承办国家局党组和领导小组交办的其他事项。

【负责人】①

廉政办主任：刘　忠

廉政办副主任、巡视办主任：张　炜（2021 年 7 月—）（机关部门正职）

巡视员：郁　毅

副司级巡视专员：屈巍超、张俊健、彭智瀚（2021 年 4 月—）

副巡视员：张小伍

【领导小组办公室部门设置】 设综合调研处、监督检查一处、监督检查二处、巡视工作处、巡察工作指导处等 5 个内设处室。

规范管理办公室

【主要职责】

1. 按照国家局党组有关行业规范管理的战略任务和工作部署，针对各个阶段的重点工作事项，制定计划，研究

① 2021 年 8 月，国家局党组印发《关于张炜同志任职的通知》（国烟党〔2021〕146 号），张炜同志任党风廉政建设领导小组办公室副主任、巡视工作领导小组办公室主任（机关部门正职），任职时间自 2021 年 7 月 25 日党组决定之日起计算。

2021 年 5 月，国家局党组印发《关于彭智瀚同志任职的通知》（国烟党〔2021〕91 号），彭智瀚同志任国家局党组巡视组副司级巡视专员，任职时间自 2021 年 4 月 30 日党组决定之日起计算。

措施，推动落实；组织规范管理制度贯彻落实情况的督办督查。

2. 负责谋划、研究健全完善行业规范管理制度，深入调查研究，组织科学论证，及时提出工作建议，构建规范管理保障机制。

3. 组织烟草行业规范管理工作会议，负责指导协调烟草行业规范管理工作信息化建设。

4. 承办国家局、总公司交办的其他事项。

【负责人】①

主　任：薛建平（—2021 年 8 月，退休）

副主任：李捍红（2021 年 8 月—，主持全面工作）（副厅级）

副主任：胡炳辉、张翠平

【内设机构】　设综合处、业务一处、业务二处等 3 个内设处室。

董事会工作办公室

【主要职责】

1. 协调省级工业有限责任公司董事会的工作。

2. 负责国家局、总公司派任省级工业有限责任公司，南通醋酸纤维有限公司、昆明醋酸纤维有限公司和珠海醋酸纤维有限公司董事长、副董事长、董事的日常联络服务工作。

3. 承办国家局、总公司交办的其他事项。

【负责人】②

董事会工作办公室主任：李德义（正厅级）

省级工业公司董事长：李德义（正厅级）、陈　晖（正厅级）（—2021 年 8 月）、舒　明、高一军（南通、昆明、珠海醋酸纤维有限公司董事长）、高学林（—2021 年 5 月，退休）、马伶燕（2021 年 4 月—）、马保军（2021 年 8 月—）

省级工业公司董事（机关部门正职）：王献生

董事会工作办公室巡视员、省级工业公司董事：秦　剑（—2021 年 2 月，退休）

董事会工作办公室巡视员：黄翠萍

董事会工作办公室巡视员、省级工业公司董事：陈昌鸿（2021 年 4 月任巡视员）

省级工业公司董事（机关部门副职）：沈云龙、马伶燕（—2021 年 4 月）、郭　勤（—2021 年 8 月，退休）、张弘毅、蔡　奕

董事会工作办公室副主任：刘晓杰

【内设机构】　设综合处、秘书处 2 个内设处室。

中共国家烟草专卖局党校
（国家烟草专卖局职工培训中心）

【主要职责】

中共国家烟草专卖局党校（国家烟草专卖局职工培训中心）是国家局直属的事业单位。

1. 负责行业局、处、科级党员领导干部党校教育，承担有关素质能力培训工作；组织开展相关教学课题研究。

2. 承办国家局、总公司组织的会议及业务培训。

3. 负责教育、培训、会议等服务保障工作。

4. 承办国家局、总公司交办的其他事项。

【负责人】

党校校长：韩占武（兼）

---

① 2021 年 8 月，国家局党组印发《关于李捍红和薛建平同志职务任免的通知》（国烟党〔2021〕147 号），李捍红同志任规范管理办公室副主任（副厅级），主持全面工作；免去薛建平同志的规范办公室主任职务，退休。

② 2021 年 5 月，国家局、总公司印发《关于委派马伶燕同志任职的通知》（国烟人〔2021〕74 号），委派马伶燕同志为江苏、安徽、福建中烟工业有限责任公司董事会董事、董事长，上海烟草集团有限责任公司董事会董事、副董事长，试用期一年，不再担任河北、江西、山东、广西中烟工业有限责任公司董事会董事，任职时间自 2021 年 4 月 30 日党组决定之日起计算；高学林同志不再担任江苏、安徽、福建中烟工业有限责任公司董事会董事、董事长，上海烟草集团有限责任公司董事会董事、副董事长。

2021 年 9 月，国家局、总公司印发《关于委派马保军同志任职的通知》（国烟人〔2021〕128 号），委派马保军同志为湖北、湖南、贵州、陕西中烟工业有限责任公司董事、董事长，任职时间自 2021 年 8 月 31 日党组决定之日起计算；陈晖同志不再担任湖北、湖南、贵州、陕西中烟工业有限责任公司董事、董事长。

2021 年 5 月，国家局党组印发《关于陈昌鸿同志任职的通知》（国烟党〔2021〕96 号），陈昌鸿同志任董事会工作办公室巡视员，任职时间自 2021 年 4 月 30 日党组决定之日起计算。

党校副校长、培训中心主任：程春节

党校副校长、培训中心副主任：王丹丹

巡视员：曾晓三

副巡视员：付祖荣

【内设机构】 设办公室、教务处、总务处（安全管理处）等3个内设处室。

烟草经济研究所（政策研究室）

【主要职责】

1. 参与起草国家局、总公司主要领导的报告、讲话，参与起草综合性文件，承担有关文稿的修改、核对工作。

2. 参与行业重大问题的调研，为制定行业中长期发展战略和重大政策提出建议。

3. 组织和承担行业战略性、全局性、综合性、长期性以及热点、难点问题研究，对建设现代化烟草经济体系、推动行业高质量发展、深化行业改革创新等重大问题提出建议。

4. 跟踪世界烟草市场、科技、政策发展趋势和主要跨国烟草公司发展战略、动态，收集、分析、整理和报送世界烟草重要情报信息。

5. 跟踪新型烟草产品发展动态，分析新型烟草产品的影响，研究提出新型烟草产品监管思路和发展战略。

6. 开展《烟草控制框架公约》及我国控烟履约法律、法规、政策发展趋势和影响研究，提出推进控烟履约工作的意见和建议。

7. 组织和承担行业重大软科学课题研究，提出提升行业软实力的策略和建议。

8. 承办国家局、总公司交办的其他事项。

【负责人】

所　长（主任）：李保江

副所长（副主任）：段红斌、张小乐

副巡视员：万里明

【内设机构】 设综合处、政策调研处、战略研究处、国际烟草处等4个内设处室。

离退休干部办公室

【主要职责】

1. 拟订烟草系统离退休干部工作有关制度、规定，指导系统离退休干部工作。

2. 组织开展离退休干部工作人员业务培训；负责离退休干部统计工作。

3. 研究提出国家局、总公司机关离退休干部工作经费预算建议；负责机关离退休干部的服务管理工作；组织机关离退休干部的政治学习、文件传阅以及参加重大政治活动。

4. 承办国家局、总公司交办的其他事项。

【负责人】

主　任：朱湘海

巡视员：王建法

党委副书记兼纪委书记：国文彤（机关部门副职）

【内设机构】 设综合处、机关离退休干部处2个内设处室。

机关服务中心（机关服务局）

【主要职责】

机关服务中心（机关服务局）是国家局直属的事业单位。

1. 负责机关及广安门办公楼行政后勤管理工作，拟订并组织实施内部管理制度；负责内部聘用人员的人事、劳动工资管理工作；管理北京金叶园会议中心。

2. 负责机关及广安门办公楼固定资产的管理；负责机关办公用品的采购、保管和供应工作；负责机关及广安门职工食堂的管理及食品的采购供应工作。

3. 负责机关及广安门办公楼交通运输、机动车辆管理、使用及安全工作；负责机关及广安门职工的医疗、保健、计划生育工作；负责机关及广安门办公楼门前三包、绿化、美化工作。

4. 负责机关及广安门办公楼的基本建设、房地产、房改及相关物业管理工作。

5. 负责广安门办公楼的消防、安全保卫工作。

6. 承办国家局、总公司交办的其他事项。

【负责人】

主 任（局长）：綦振平

巡视员：李卫东

副主任（副局长）：詹 举、王 伟①（2021 年 4 月—）

副巡视员：王效德

【内设机构】 设办公室、综合服务处、财务处、生活福利处、基建房产处、广安门管理处等 6 个内设处室。

烟草经济信息中心（网信办）

【主要职责】

烟草经济信息中心（网信办）是国家局直属的事业单位，承担一定的行业管理职能，履行烟草行业网络安全和信息化领导小组办公室职能，加挂烟草行业网络安全和信息化领导小组办公室牌子。

1. 承担烟草行业网络安全和信息化领导小组日常工作，指导协调和监督管理行业网络安全和信息化工作。

2. 拟订并组织实施行业网络安全和信息化规划、管理制度、办法；负责网络安全和信息化技术应用和技术规范的顶层设计。

3. 拟订并组织实施行业网络安全和信息化规范、标准；审核行业直属单位网络安全和信息化规划、实施方案；负责网络安全和信息化行业推广项目的综合协调、技术审核、安全监管等工作；承担行业网络安全和信息化基础设施、基础应用平台、数据中心等技术支撑体系和服务体系的建设与运行管理工作。

4. 负责行业统计工作；负责行业信息资源共享和管理工作。

5. 负责行业网络通信系统、网络安全保障体系的建设管理和监督检查工作。

6. 负责行业信息系统运行维护管理工作；负责总公司上海容灾中心业务管理工作。

7. 负责国家局内、外网站的建设和管理；指导和协调行业直属单位网站的建设和管理。

8. 承担国家局机关网络安全和信息化项目建设、管理与运行维护工作，承办国家局机关网络安全和信息化软硬件设备购置与管理等工作。

9. 承办国家局、总公司交办的其他事项。

【负责人】

主 任：阮泽锋

副主任：潘 红

总工程师：江 涛

副巡视员：张雪峰（—2021 年 6 月，退休）

【内设机构】 设综合处、信息统计分析处、系统运行处、网络通信安全处、运行维护管理处、网站管理处等 6 个内设处室。

中国烟草学会及其办事机构

【主要职责】

中国烟草学会是依法登记的全国非营利性、学术性社会团体，具有独立法人地位。

中国烟草学会办事机构在国家局、总公司领导下开展工作，接受民政部、中国科协的监督管理和业务指导，执行中国烟草学会理事会决议，处理日常事务。

1. 根据行业发展需要，组织行业科技工作者开展学术交流、科学普及和科技咨询活动，编印学术刊物。

2. 承担中国烟草学会的日常工作；负责协调上海中国烟草博物馆的业务工作。

3. 承办国家局、总公司交办的其他事项。

---

① 2021 年 5 月，国家局党组印发《关于王伟同志任职的通知》（国烟党〔2021〕93 号），王伟同志任机关服务中心（局）副主任（副局长），试用期一年，任职时间自 2021 年 4 月 30 日党组决定之日起计算。

【负责人】

中国烟草学会理事长：韩占武

中国烟草学会副理事长：刘　融、谢剑平、陈江华、唐　煦、张思荣、王德平、缪明明

中国烟草学会办事机构：

秘书长：刘　融（机关部门正职）

副巡视员：哈君利（—2021 年 2 月，退休）

【中国烟草学会办事机构内设机构】　设办公室、学术部、编辑部等 3 个专业部门。

中国烟叶公司（水源工程建设办公室①）

【主要职责】

中国烟叶公司是国家局、总公司直属的专业性公司，承担一定的行业宏观管理职能。

1. 组织、指导、协调、管理全国烟叶工作。

2. 研究提出并组织实施现代烟草农业的政策和发展规划；参与拟订烟叶种植、收购、储备、调拨和进口计划；参与拟订烟叶收购、调拨价格及打叶复烤加工费用标准。

3. 指导全国烟叶生产、收购和复烤加工工作；参与拟订烟叶国家标准、生产技术标准和打叶复烤技术标准；核准烟叶收购基准样品，组织烟草新品种审定工作；组织全国烟叶购销交易。

4. 研究提出行业水源工程、基础设施建设总体规划、年度计划；监督和指导补贴资金和援建资金的使用与管理；指导烟叶基层建设和打叶复烤企业管理；参与拟订打叶复烤企业技术改造规划；参与组织烟叶信息化工作。

5. 参与进口烟叶工作，负责进口烟叶国内流通管理，负责烟叶中外技术交流与合作工作。

6. 承办国家局、总公司交办的其他事项。

【负责人】

总经理兼水源工程建设办公室主任：陈江华

副总经理：刘建利、王现军、白光敏（2021 年 6 月—）②

总会计师：赵永红

水源工程建设办公室副主任：赵素芬（—2021 年 9 月，退休）、周义和（部门副职）

副巡视员：卞　卡、刘　昉

【内设机构】　设办公室、综合计划部、生产管理部（技术推广部）、收购管理部、复烤企业管理部、财务部、经营部、水源工程建设办公室综合组、水源工程建设办公室基础组、水源工程建设办公室水源组等 10 个内设部门。

中国卷烟销售公司

【主要职责】

中国卷烟销售公司是国家局、总公司直属的专业性公司，承担一定的行业宏观管理职能。

1. 组织、指导、协调、管理全国卷烟销售工作，研究提出全国卷烟销售工作的政策和相关制度。

2. 指导全国卷烟销售网络建设和商业企业卷烟现代流通建设工作；拟订卷烟销售网络运行规范，参与拟订卷烟销售网络管理标准。

3. 组织实施全国卷烟市场需求预测工作，参与拟订卷烟销售计划；参与组织卷烟产销衔接和品牌定向整合工作，参与拟订卷烟品牌发展规划。

4. 组织、指导全国卷烟市场调查工作，采集、分析、发布卷烟市场信息；参与组织卷烟销售信息化工作，负责卷烟销售信息网络的管理与维护。

5. 组织、指导全国卷烟交易工作，拟订卷烟营销规则，监督、检查卷烟促销工作；参与拟订进口卷烟销售计划，拟订进口卷烟的国内销售管理办法；组织、协调中外合作

---

① 根据《国家烟草专卖局关于成立水源工程建设办公室的通知》（国烟人〔2012〕418 号），成立水源工程建设办公室，按照非常设机构实行管理。根据《国家烟草专卖局关于中国烟叶公司增设水源工程建设办公室的通知》（国烟人〔2012〕316 号），在中国烟叶公司内部增设水源工程建设办公室。

② 2021 年 7 月，国家局党组印发《关于白光敏同志任职的通知》（国烟党〔2021〕142 号），白光敏同志任中国烟叶公司副总经理，试用期一年，任职时间自 2021 年 6 月 7 日党组决定之日起计算。

国内生产卷烟品牌的市场销售工作；依法对公司的全资企业、参股企业行使出资人权利，经营和管理国有资产，承担保值增值的责任。

6. 承办国家局、总公司交办的其他事项。

【负责人】

副总经理：袁　超（主持全面工作）

副总经理：连　飞、崔　萍

副巡视员：李　健、李念庆

【内设机构】 设办公室、财务部、网建部、信息部、市场管理部、交易管理部等6个内设部门。

中国烟草投资管理公司

【主要职责】

中国烟草投资管理公司是国家局、总公司直属的专业性公司，承担一定的行业宏观管理职能。

1. 负责行业多元化投资经营工作的归口管理；参与编制行业多元化投资规划，参与审核多元化投资项目；参与审核多元化经营企业国有产权转让、国有资产无偿划转等事项。

2. 拟订行业多元化经营管理规定和企业退出机制，指导建立现代企业制度，完善公司治理结构；建立和完善行业多元化经营企业国有资产保值增值指标体系和目标考核制度。

3. 根据总公司的授权，对总公司直接投资及本公司投资的多元化企业行使出资人权利，履行出资人职责。

4. 负责行业战略性投资项目的规划、论证及组织实施工作。

5. 负责国产醋纤丝束经营，依法经营其他烟用材料；参与拟订醋纤丝束分配计划与价格。

6. 承办国家局、总公司交办的其他事项。

【负责人】

总经理：关宏梅

巡视员：孙志强（2021年4月—，之前任副总经理）①

总会计师：刘秋明

副巡视员：刘中华

【内设机构】 设办公室、企业管理部、行业指导管理部、事业发展部、财务管理部、经营部等6个内设部门。

中国烟草机械集团有限责任公司

【主要职责】

中国烟草机械集团有限责任公司是国家局、总公司直属的专业性公司，承担一定的行业宏观管理职能。

1. 参与拟订并组织实施烟草机械工业的发展规划、年度计划；参与拟订行业技术装备政策及烟草机械生产企业的生产布局、企业定点方案；拟订并组织实施行业设备管理制度，组织、协调行业生产设备的日常管理工作；负责推广新设备、新技术，发布淘汰设备目录。

2. 参与拟订国产烟草机械设备分配计划和价格政策；组织、协调全国烟草机械的购销管理工作；拟订并组织实施烟草机械产品生产经营业务的管理制度。

3. 负责行业设备大修理（翻修）的定点及布局工作，指导定点企业的生产经营和技术管理，拟订并组织实施设备大修理的年度计划；负责行业烟草机械零配件管理工作。

4. 负责烟草机械产品的技术管理工作；负责国内外烟草机械的技术交流、技术合作、对外技术谈判、技术培训和技术咨询服务工作；负责烟草机械引进技术的消化吸收和国产化工作；参与组织烟草机械新产品技术鉴定工作；拟订烟草机械产品的质量标准；参与拟订烟草机械设备进出口年度计划；参与组织烟草机械出口工作，负责组织货源和售后服务，参与组织国际市场开发工作。

5. 依法对控股企业行使出资人权利，经营和管理国有资产，承担保值增值的责任；按照国家局的授权，管理本公司及控股企业的人事、劳动工资及纪检监察工作。

---

① 2021年4月，国家局党组印发《关于孙志强同志职务任免的通知》（国烟党〔2021〕76号），孙志强同志任中国烟草投资管理公司巡视员，免去其中国烟草投资管理公司副总经理职务，任职时间自2021年4月19日党组决定之日起计算。

6. 承办国家局、总公司交办的其他事项。

【负责人】①

党组书记、总经理：姚宗东

党组成员、副总经理：曲　伟、龙　旭、张维群

党组成员、纪检组组长：吴　伟

副巡视员：吴熙亮

【内设机构】　设办公室、综合计划部、党建和人力资源部、生产管理部、市场部（营销中心）、财务资产部、技术合作部、设备管理部、审计部、监察室、智能化工作办公室等 11 个内设部门。

【所属企业】　控股上海烟草机械有限责任公司、常德烟草机械有限责任公司、许昌烟草机械有限责任公司、秦皇岛烟草机械有限责任公司、中烟机械技术中心有限责任公司、北京达特集成技术有限责任公司、中烟烟机零配件采购服务中心有限责任公司、中烟物流技术有限责任公司等 8 家企业，参股云南烟草机械有限责任公司。

中烟国际集团有限公司

【负责人】②

董事会

董事长：邵　岩

董　事：张宏实、谭小燕、熊　斌、凌　毅、宁　伟、袁　健

经理层

党组书记、总经理：邵　岩

党组成员、副总经理：熊　斌、凌　毅（—2021 年 10 月，退休）、宁　伟

党组成员、纪检组组长：袁　健

巡视员：张宏实、谭小燕（2021 年 4 月—，之前任党组成员、副总经理）

国家局机关部门副职：易武军

【所属企业】　控股中烟国际（香港）有限公司、天泽烟草有限责任公司、中烟国际（北美）股份有限公司、中烟国际中东公司，天利国际经贸有限公司、TULLEY 国际有限公司；参股中烟国际阿根廷有限公司、中烟菲莫国际有限公司、中烟英美烟草国际有限公司、地平线国际合资有限公司、上海金鼎印务有限公司、天昌国际烟草有限公司、哈尔滨天阳国际烟草有限公司。

中国烟草国际有限公司

【负责人】

董事会

执行董事：邵　岩

监　事：袁　健

经理层

总经理：邵　岩

副总经理：熊　斌（主持公司日常工作）

副巡视员：张　浩、贺燕芳、丁　宏

【所属企业】　参股深圳烟草进出口有限公司。

中烟商务物流有限责任公司

【主要职责】

中烟商务物流有限责任公司是国家局、总公司直属的专业性公司，承担一定的行业宏观管理职能。

1. 拟订行业电子商务发展规划，负责烟草电子商务平台建设工作。

2. 制订行业现代物流建设规划，审核各省级工商企业现代物流建设规划并指导实施；物流投资建设项目政策咨询；组织、指导、协调、考评行业物流管理运行工作；拟定行业物流标准；行业物流技术研究、相关信息系统开发和组织实施工作。

3. 负责烟草电子商务平台、行业卷烟生产经营决策管

① 此处仅列中国烟草机械集团有限责任公司本部的领导成员。

② 2021 年 5 月，国家局党组印发《关于谭小燕同志职务任免的通知》（国烟党〔2021〕77 号），谭小燕同志任中烟国际集团有限公司巡视员，免去其中共中烟国际集团有限公司党组成员、中烟国际集团有限公司副总经理职务，任职时间自 2021 年 4 月 19 日党组决定之日起计算。

理系统和物流信息系统的运行维护、安全管理和技术支持工作；负责有关数据汇总、分析，提供信息服务。

4. 承办国家局、总公司交办的其他事项。

【负责人】

总经理：张　文

巡视员：董传国、范建治（—2021 年 1 月，退休）

副总经理：陈道富

总工程师：王金亮（—2021 年 5 月，退休）

副巡视员：李卫国、宋继炯（2021 年 4 月—）①

【内设机构】　设办公室、综合管理部、交易部、物流规划建设部、物流管理运行部、技术部（物流信息化部）、财务部等 7 个内设部门。

【所属企业】　控股北京中烟信息技术有限公司、共同持股中烟新商盟商务物流控股有限公司、参股中烟物流技术有限责任公司。

中国烟草实业发展中心②

【主要职责】

中国烟草实业发展中心是国家局、总公司直属的专业性公司。

1. 指导、协调、管理所属企业的生产经营活动；指导所属企业安全生产工作。

2. 组织实施所属企业组织结构调整，指导企业改革。

3. 依法对所属企业的国有资产行使出资人权利，承担国有资产保值增值责任，管理监督所属企业财务资金，组织实施内部审计工作。

4. 管理所属企业人事、劳动工资工作，指导所属企业精神文明建设，负责所属企业纪检监察工作。

5. 承办国家局、总公司交办的其他事项。

【负责人】③

党组书记、总经理：赵　琦

党组成员、副总经理：李东梅（—2021 年 2 月，退休）（副厅级）、刘　龙、孔庆峰、由　明（2021 年 4 月—）

党组成员、纪检组组长：由　明（—2021 年 4 月）、陈　媛（2021 年 4 月—）

总会计师：严奉炎

副巡视员：陈玉秋

【内设机构】　设办公室（外事办公室）、党建和人力资源部、生产部、安全监督管理部、企业管理部、财务部、审计部（监事室）、法律与改革部、市场营销部、物资供应部、纪检监察部（巡察工作办公室）等 11 个内设部门。

【所属企业】　下设黑龙江烟草工业有限责任公司、红塔辽宁烟草有限责任公司、吉林烟草工业有限责任公司、甘肃烟草工业有限责任公司、内蒙古昆明卷烟有限责任公司、深圳烟草工业有限责任公司、山西昆明烟草有限责任公司、海南红塔卷烟有限责任公司等 8 家卷烟工业企业，以及吉林烟草进出口有限责任公司。

中国双维投资有限公司

【主要职责】

中国双维投资有限公司是中国烟草总公司直属的全资子公司，负责组织实施中国烟草总公司确定的重大战略性投资项目，承担投资项目的经营管理职能。

1. 组织实施总公司非主业重大战略投资项目。

2. 参与总公司在金融领域战略投资。

3. 负责国家局、总公司交办的非主业战略投资项目研究论证及投后管理工作。

4. 参与总公司确定的行业多元化投资项目优质资产整

---

① 2021 年 4 月，国家局党组印发《关于宋继炯同志职务任免的通知》（国烟党〔2021〕78 号），宋继炯同志任中烟商务物流有限责任公司副巡视员，任职时间自 2021 年 4 月 19 日党组决定之日起计算。

② 中国烟草实业发展中心（简称中烟实业）成立于 1999 年 1 月。2004 年 11 月，根据国烟法〔2004〕734 号文件，国家局将原由省级局（公司）管理的兰州卷烟厂等 4 家卷烟生产企业调整为中烟实业管理，将原由省级公司持有的红塔辽宁烟草有限责任公司等 4 家卷烟工业企业的股权调整为中烟实业持有，调整后，中烟实业下设 8 家卷烟生产企业。

③ 2021 年 5 月，国家局党组印发《关于由明和陈媛同志职务任免的通知（国烟党〔2021〕94 号），由明同志任中国烟草实业发展中心副总经理，免去其中共中国烟草实业发展中心党组纪检组组长职务；陈媛同志任中共中国烟草实业发展中心党组成员、党组纪检组组长，试用期一年，任职时间自 2021 年 4 月 30 日党组决定之日起计算。

合工作。

5. 承担控股企业和投资项目经营管理工作，落实安全生产及风险管控责任，确保国有资产保值增值。

6. 承办国家局、总公司交办的其他事项。

【负责人】①

董事会

董事长：徐　瑳（—2021 年 5 月）、陈哲平（2021 年 9 月—）

董　事：张天峰（—2021 年 9 月）、万里明（—2021 年 9 月）、王玉麟（—2021 年 9 月）、张全在（—2021 年 9 月）、张孝堂（—2021 年 9 月）、魏　隽（2021 年 9 月—）、卢勇华（2021 年 9 月—）、刘艾生（2021 年 9 月—）、肖淑英（2021 年 9—12 月）、翟　旭（2021 年 9 月—）、徐晓新（2021 年 9 月—）

监　事：陈俊奎（2021 年 9 月—）

经理层

党组书记、法定代表人：陈哲平（2021 年 4 月—，之前任党组副书记、副总经理）

党组成员、纪检组组长：成协科

党组成员、副总经理：肖淑英（—2021 年 12 月，退休）、翟　旭、徐晓新

副巡视员：王守仁（—2021 年 9 月，退休）、宫　强（—2021 年 7 月，退休）

【内设机构】　设办公室、党建和人力资源部、法律部、投资管理部、企业管理部、财务管理部、监察审计部等 7 个内设部门。

【分支机构】　设中国双维投资有限公司银川分公司 1 个分支机构。

《中国烟草》杂志社有限公司

【主要职责】

《中国烟草》杂志社有限公司是中国烟草总公司的全资子公司，具有独立的企业法人资格。

1. 编辑、出版、发行国家局的机关刊物《中国烟草》杂志（半月刊）。

2. 建设、维护、管理中国烟草资讯网。

3. 在国家局办公室指导下负责《中国烟草年鉴》编纂、发行工作。

4. 编辑出版发行《新烟草》杂志（旬刊）。

5. 承办《烟草企业文化》杂志（月刊）编辑工作。

6. 管理和经营中烟广告公司。

7. 开展图书音像出版等相关业务。

8. 负责国有资产保值增值。

【负责人】②

董事会

董事长：支树华

董　事：支树华、赵百东、任　静（—2021 年 1 月）、张　政、刘　宇（2021 年 1 月—）

监　事：陈俊奎

经理层

总经理：支树华

总编辑：赵百东

副巡视员：刘　军

【内设机构】　设总编室、编辑一部、编辑二部、记者部、美术摄影编辑部、网络部、《中国烟草年鉴》编辑部、《新

① 2021 年 5 月，国家局、总公司印发《关于徐瑳同志兼任职务调整的通知》（国烟人〔2021〕72 号），徐瑳同志不再兼任中国双维投资有限公司董事、董事长。

2021 年 9 月，国家局、总公司印发《关于张天峰同志兼任职务调整的通知》（国烟人〔2021〕126 号），张天峰同志不再兼任中国双维投资有限公司董事。

2021 年 9 月，国家局、总公司印发《关于委派陈哲平等同志任职的通知》（国烟人〔2021〕127 号），委派陈哲平同志为中国双维投资有限公司董事、董事长；委派魏隽、卢勇华、刘艾生、肖淑英、翟旭、徐晓新同志为中国双维投资有限公司董事；委派陈俊奎同志为中国双维投资有限公司监事；张全在、张孝堂、王玉麟、万里明同志不再担任中国双维投资有限公司董事；成协科同志不再担任中国双维投资有限公司监事。

2021 年 5 月，国家局党组印发《关于陈哲平同志职务任免的通知》（国烟党〔2021〕89 号），陈哲平同志任中国双维投资有限公司党组书记，免去其中国双维投资有限公司副总经理职务，任职时间自 2021 年 4 月 30 日党组决定之日起计算。

② 2021 年 1 月，国家局、总公司印发《关于〈中国烟草〉杂志社有限公司董事人选调整的通知》（国烟人〔2021〕33 号），委派刘宇同志为《中国烟草》杂志社有限公司董事；任静同志不再担任《中国烟草》杂志社有限公司董事。

烟草》编辑部（黑龙江新烟草杂志社）、《烟草企业文化》编辑部、综合办公室、广告部（中烟广告公司）、财务部、市场发行部、考评部等14个内设部门。

◇编辑：周　佳　王　静　刘海文

省级烟草专卖局（公司）

北京市烟草专卖局（公司）

【概　况】　北京市烟草专卖局、北京市烟草公司成立于1986年1月。1985年12月31日，北京市经济委员会与中国烟草总公司共同签署《关于北京市烟草公司上划交接协议书》；同日，北京市政府办公厅下发京政办发〔1985〕148号文件，决定北京市烟草专卖局、北京市烟草公司从1986年1月1日起正式成立，北京市烟草公司上划中国烟草总公司，更名为中国烟草总公司北京市公司。2021年，北京市局（公司）下辖东城、西城、朝阳、海淀、丰台、石景山、通州、顺义、延庆、怀柔、大兴、昌平、密云、门头沟、房山、平谷等16个区烟草专卖局（公司），北京烟草营销中心、北京烟草物流中心，以及北京京烟卷烟零售连锁有限公司、金健恒通商贸有限公司和北京通大家园物业管理有限公司等3个多元化企业，北京黎马敦太平洋包装有限公司1个合资企业。市局（公司）机关设11个职能处室和10个专业部门。截至2021年底，总资产166.88亿元，其中固定资产11.44亿元、流动资产151.73亿元，资产负债率5.74%。从业人员3022人。

【领导成员】①

党组书记、局长、总经理：王劲栋

巡视员：周　宾（—2021年6月，退休）

党组成员、副总经理：殷　刚

党组成员、副总经理：江　涛

党组成员、纪检组组长：俞关勇（2021年6月—）

党组成员、副局长：洪伟峻（2021年11月—）

总工程师：刘永波

天津市烟草专卖局（公司）

【概　况】　天津市烟草专卖局、天津市烟草公司组建于1985年10月。1985年10月29日，天津市政府与中国烟草总公司共同签署《关于天津市烟草行业上划交接协议书》，决定自协议书签订之日起上划中国烟草总公司，更名为中国烟草总公司天津市公司。2021年，天津市局（公司）下辖市区第一、第二、第三等3个烟草专卖局（分公司），东丽、津南、西青、北辰等4个区烟草专卖局（分公司），滨海新区烟草专卖局（分公司）②，武清、宝坻、宁河、静海、蓟州等5个区烟草专卖局（有限公司），以及天津烟草营销中心、天津烟草物流中心、天津市烟草专卖局公路分局、天津市恒大实业公司、天津市津烟卷烟自营总店。市局（公司）机关设11个职能处室、6个专业部门。截至2021年底，总资产100.32亿元，其中固定资产3.9亿元、流动资产94.23亿元，资产负债率9.77%。从业人员1972人。

【领导成员】

党组书记、局长、总经理：孙晓莹

党组成员、纪检组组长：宁书成

党组成员、副局长：徐小波

党组成员、副总经理：刘　群

党组成员、副总经理：王　智

副巡视员：赵洪义

---

① 2021年6月，国家局党组印发《关于俞关勇同志任职的通知》（国烟党〔2021〕128号），俞关勇同志任中共北京市烟草专卖局（公司）党组成员、党组纪检组组长。

2021年11月，国家局党组印发《关于洪伟峻同志任职的通知》（国烟党〔2021〕227号），洪伟峻同志任中共北京市烟草专卖局（公司）党组成员、北京市烟草专卖局副局长，试用期一年，任职时间自2021年11月5日党组决定之日起计算。

② 2021年9月，国家局、总公司印发《关于调整天津市烟草专卖局（公司）所属部分机构的批复》（国烟人〔2021〕137号），撤销天津市滨海新区局塘沽分局、天津市滨海新区局汉沽分局、天津市滨海新区局大港分局、天津市烟草公司塘沽分公司、天津市烟草公司汉沽分公司、天津市烟草公司大港分公司，设立天津市烟草公司滨海分公司，天津市滨海新区烟草专卖局与天津市烟草公司滨海分公司合署办公，负责辖区内的烟草专卖管理和卷烟营销工作。

河北省烟草专卖局（公司）

【概　况】　河北省烟草专卖局成立于1984年3月，河北省烟草公司成立于1982年11月。1985年1月，河北省政府与中国烟草总公司签署协议，决定河北省烟草公司自签字之日起上划中国烟草总公司，更名为中国烟草总公司河北省公司。2003年6月，河北烟草实行工商分设。2021年，河北省局（公司）下辖石家庄、邯郸、保定、张家口、承德、唐山、廊坊、沧州、衡水、邢台、秦皇岛、河北雄安等12个地市级烟草专卖局（公司），158个县级烟草专卖局，158个县级卷烟营销机构（119个县级卷烟营销部、39个分公司），以及中维地产河北有限公司、河北平山温泉烟草培训中心2个多元化经营企业，22个派驻机构（分别为省公司派驻11个市公司的审计办公室和省局派驻11个市局的内部专卖管理监督办公室）。省局（公司）机关设14个职能处室、8个专业部门（含1个议事协调机构）。截至2021年底，总资产275.6亿元，其中固定资产10.52亿元、流动资产259.16亿元，资产负债率10.62%。从业人员8951人，其中劳务派遣人员684人。

【领导成员】①

党组书记、局长、总经理：邱永春

党组成员、副局长：戴　勇

党组成员、副总经理：王志涛

党组成员、副总经理：王　辉

党组成员、纪检组组长：罗明录（2021年11月—）

总经济师：刘剑峰（2021年10月—）

副巡视员：贾立业（—2021年8月，退休）

山西省烟草专卖局（公司）

【概　况】　山西省烟草专卖局成立于1983年7月，山西省烟草公司成立于1982年4月。1984年6月，山西省烟草公司上划中国烟草总公司，改制更名为中国烟草总公司山西省公司。2020年，山西省局（公司）下辖太原、大同、阳泉、长治、晋城、朔州、忻州、吕梁、晋中、临汾、运城等11个地市级烟草专卖局（公司），116个县级烟草专卖局（营销部）。省局（公司）机关设14个职能处室、8个专业部门。截至2021年底，总资产216.89亿元，其中固定资产16.13亿元、流动资产189.93亿元，资产负债率8.8%。从业人员6946人。

【领导成员】

党组书记、局长、总经理：王文忠

党组成员、副总经理：周武庆

党组成员、副局长：杨新民

党组成员、纪检组组长：李捍红（—2021年8月）

党组成员、副总经理：王宏超（2021年8月—）②

内蒙古自治区烟草专卖局（公司）

【概　况】　内蒙古自治区烟草专卖局、内蒙古自治区烟草公司成立于1984年1月1日。1984年9月，内蒙古自治区烟草公司上划中国烟草总公司，更名为中国烟草总公司内蒙古自治区公司。2021年，内蒙古区局（公司）下辖呼和浩特、满洲里、呼伦贝尔、兴安、通辽、赤峰、锡林郭勒、二连浩特、乌兰察布、包头、鄂尔多斯、巴彦淖尔、乌海、阿拉善等14个地市级烟草专卖局（公司），98个县级烟草专卖局（营销部），5个直属分局，5个县级烟草专卖局（分公司），1个烟叶分公司以及内蒙古金叶投资有限

① 2021年11月，国家局党组印发《关于罗明录同志任职的通知》（国烟党〔2021〕228号），罗明录同志任中共河北省烟草专卖局（公司）党组成员、党组纪检组组长，试用期一年，任职时间自2021年11月5日党组决定之日起计算。

2021年10月，国家局党组印发《关于刘剑峰同志任职的通知》（国烟党〔2021〕207号），刘剑峰同志任河北省烟草专卖局（公司）总经济师，试用期一年。

② 2021年9月，国家局党组印发《关于王宏超同志任职的通知》（国烟党〔2021〕176号），王宏超同志任中共山西省烟草专卖局（公司）党组成员、中国烟草总公司山西省公司副总经理，试用期一年，任职时间自2021年8月18日党组决定之日起计算。

责任公司1个全资子公司。自治区局（公司）机关设14个职能处室、9个专业部门，以及内蒙古自治区烟草专卖局铁路分局。截至2021年底，总资产139.99亿元，其中固定资产9.64亿元、流动资产125亿元，资产负债率8.28%。从业人员5437人。

【领导成员】①

党组书记、局长、总经理：杨　树

党组成员、纪检组组长：董建华

党组成员、副总经理：刘　永

党组成员、副总经理：牛其广

党组成员：王旭东［区局（公司）副职］

党组成员、副局长：董德富

副巡视员：刘凤君（2021年11月—）

副巡视员：王　强（2021年11月—）

辽宁省烟草专卖局（公司）

【概　况】　辽宁省烟草专卖局成立于1983年7月，辽宁省烟草公司成立于1983年5月。1984年9月2日，辽宁省政府与中国烟草总公司签署协议，决定辽宁省公司自签字之日起上划中国烟草总公司，更名为中国烟草总公司辽宁省公司。2006年，完成母子公司体制改革。2021年，辽宁省局（公司）下辖沈阳、鞍山、抚顺、本溪、丹东、锦州、营口、阜新、辽阳、铁岭、朝阳、盘锦、葫芦岛等13个地市级烟草专卖局（公司），51个县级烟草专卖局（分公司、营销部），15个审计派驻办公室，13个内部专卖管理监督派驻办公室，以及中国烟草辽宁进出口公司、丹东辽东烟草发展有限责任公司。省局（公司）机关设14个职能处室、8个专业部门。截至2021年底，总资产184.3亿元，其中固定资产10.28亿元、流动资产161.32亿元，资产负债率7.09%。从业人员5798人。

【领导成员】

党组书记、局长、总经理：孙　勇

党组成员、副总经理：蒋全波

党组成员、副局长：刘　涛

党组成员、纪检组组长：张宝月

党组成员、副总经理：王韶波

党组成员、副总经理：吴云勇

吉林省烟草专卖局（公司）

【概　况】　吉林省烟草专卖局、吉林省烟草公司成立于1983年7月。1984年9月，吉林省政府与中国烟草总公司签署协议，决定吉林省烟草公司自签字之日起上划中国烟草总公司，更名为中国烟草总公司吉林省公司。2021年，吉林省局（公司）下辖长春、吉林、四平、辽源、通化、白城、白山、松原、延边等9个地市级烟草专卖局（公司）。省局（公司）机关设14个职能处室、8个专业部门，以及金叶烟草有限责任公司、长春顺达房地产开发有限公司、金叶嘉园物业服务有限责任公司等3个直属公司。截至2021年底，总资产101.41亿元，其中固定资产15.81亿元、流动资产82.83亿元，资产负债率7.95%。从业人员4723人。

【领导成员】②

党组书记、局长、总经理：杨　俊

党组成员、副总经理：聂树忠（2021年5月—，之前任党组成员、副局长）

党组成员、副总经理：牛　千

党组成员、副总经理：吴家伟（—2021年6月，退休）

党组成员、纪检组组长：王晓宇（机关部门副职）

党组成员、副局长：黄继坤（2021年5月—）

---

① 2021年11月，国家局党组印发《关于刘凤君和王强同志任职的通知》（国烟党〔2021〕235号），刘凤君和王强同志任内蒙古自治区烟草专卖局（公司）副巡视员，任职时间自2021年11月15日党组决定之日起计算。

② 2021年6月，国家局党组印发《关于聂树忠和黄继坤同志职务任免的通知》（国烟党〔2021〕127号），聂树忠同志任中国烟草总公司吉林省公司副总经理，免去其吉林省烟草专卖局副局长职务；黄继坤同志任中共吉林省烟草专卖局（公司）党组成员、吉林省烟草专卖局副局长，试用期一年，任职时间自2021年5月24日党组决定之日起计算。

副巡视员：何　成

副巡视员：庞晓龙

黑龙江省烟草专卖局（公司）

【概　况】 黑龙江省烟草专卖局成立于1983年4月，黑龙江省烟草公司成立于1982年7月。1984年4月，黑龙江省政府与中国烟草总公司签署协议，决定自1984年1月1日起，黑龙江省烟草公司上划中国烟草总公司，更名为中国烟草总公司黑龙江省公司。2021年，黑龙江省局（公司）下辖哈尔滨、齐齐哈尔、大庆、牡丹江、佳木斯、绥化、鸡西、双鸭山、伊春、七台河、鹤岗、黑河、大兴安岭、绥芬河等14个地市级烟草专卖局（公司），65个县级烟草专卖局（分公司），黑龙江省烟草公司哈尔滨烟叶公司、黑龙江省烟草公司牡丹江烟叶公司、中国烟草黑龙江进出口有限责任公司、黑龙江烟叶复烤有限公司、黑龙江烟草投资管理有限公司和牡丹江烟草科学研究所。省局（公司）机关设15个职能处室、8个专业部门和黑龙江省烟草专卖局铁路分局。截至2021年底，总资产169.66亿元，其中固定资产11.27亿元、流动资产143.34亿元，资产负债率20.36%。从业人员7843人。

【领导成员】①

党组副书记、副局长、副总经理：罗明德（主持全面工作）

巡视员：李　健（2021年7—10月，之前任党组成员、副局长，退休）

党组成员：马保军（—2021年10月）

党组成员、副总经理：耿金波

党组成员、副总经理：孙旭东

党组成员、纪检组组长：苏方鹏

党组成员：刘所锋（2021年8月—）［省局（公司）副职］

总农艺师：武常青

上海市烟草专卖局、上海烟草集团有限责任公司

【概　况】 上海市烟草专卖局成立于1984年2月。上海烟草集团有限责任公司（简称集团公司）的前身是上海烟草（集团）公司，于1993年11月由原上海市烟草公司及所属企业改制而成；2011年1月，根据《国家烟草专卖局　中国烟草总公司关于上海烟草（集团）公司更名改制和完善公司法人治理结构的批复》，正式更名为上海烟草集团有限责任公司。2021年，上海市烟草专卖局、上海烟草集团有限责任公司下辖浦东新区、黄浦、徐汇、长宁、静安、普陀、闵行、虹口、杨浦、宝山、嘉定、金山、松江、青浦、奉贤、崇明等16个区烟草专卖局（有限公司），驻上海铁路专卖局（有限公司），上海烟草贸易中心有限公司、中国烟草上海进出口有限责任公司、上海海烟投资管理有限公司、上海海烟烟草糖酒有限公司、上海卷烟厂、北京卷烟厂有限公司、天津卷烟厂、上海烟草储运公司、上海新型烟草制品研究院有限公司、上海高扬国际烟草有限公司、上海海烟物流发展有限公司、上海烟草集团太仓海烟烟草薄片有限公司、上海王宝和大酒店有限公司、上海烟草集团苏州中华园大饭店有限公司，并控股上海烟草包装印刷有限公司、上海白玉兰烟草材料有限公司、上海牡丹香精香料有限公司等企业。市局、集团公司机关设23个处室（部门）。截至2021年底，总资产2575.26亿元，其中固定资产111.67亿元、流动资产1640.11亿元，资产负债率16.41%。从业人员1.15万人。

---

① 2021年8月，国家局党组印发《关于李健同志职务任免的通知》（国烟党〔2021〕149号），李健同志任黑龙江省烟草专卖局（公司）巡视员，免去其中共黑龙江省烟草专卖局（公司）党组成员、黑龙江省烟草专卖局副局长职务，任职时间自2021年7月25日党组决定之日起计算。

2021年10月，国家局党组印发《关于刘所锋和马保军同志职务任免的通知》（国烟党〔2021〕206号），刘所锋同志任中共黑龙江省烟草专卖局（公司）党组成员［省局（公司）副职］，试用期一年，任职时间自2021年8月31日党组决定之日起计算。免去马保军同志的中共黑龙江省烟草专卖局（公司）党组成员职务，另有任用。

【领导机构】①

董事会

董事长：陆　捷

副董事长：高学林（—2021 年 4 月）

副董事长：马伶燕（2021 年 4 月—）

董　事：郭　勤（—2021 年 8 月）、张弘毅、姜立功、唐　煦、陆　勇（职工董事）

监　事：杨桂选（—2021 年 10 月）、杨　军（2021 年 10 月—）

班子成员

党组书记、局长、总经理、上海新型烟草制品研究院院长：陆　捷

党组成员、副局长：姜立功

党组成员、副总经理、中国烟草博物馆常务副馆长：唐　煦

党组成员、副总经理：朱洪武（2021 年 7 月—）

党组成员、副总经理：赵　斌

党组成员、副总经理：徐　丹（—2021 年 9 月）（副厅级）

党组成员、副总经理：陈宣民（2021 年 7 月—，之前任总会计师）

党组成员、纪检组组长：杨　军（2021 年 7 月—）

总工程师：杨征宇（2021 年 7 月—）

上海新型烟草制品研究院副院长：陈超英

上海新型烟草制品研究院副院长：丁逸敏

江苏省烟草专卖局（公司）

【概　况】　江苏省烟草专卖局成立于 1983 年 7 月，江苏省烟草公司组建于 1982 年 11 月。1984 年 11 月 26 日，江苏省政府与中国烟草总公司签订协议，决定自协议签署之日起，江苏省烟草公司上划中国烟草总公司，更名为中国烟草总公司江苏省公司。2003 年 7 月，江苏烟草实行工商分设。2021 年，江苏省局（公司）下辖南京、苏州、无锡、常州、镇江、南通、扬州、泰州、盐城、淮安、宿迁、徐州、连云港等 13 个地市级烟草专卖局（公司），1 个多元化经营企业和 69 个县级烟草专卖局（分公司）。省局（公司）机关设 13 个职能处室、6 个专业部门。截至 2021 年底，总资产 930.08 亿元，其中固定资产 24.35 亿元、流动资产 764.16 亿元，资产负债率 4.5%。从业人员 1.08 万人。

【领导成员】

党组书记、局长、总经理：刘根甫

党组成员、副总经理：朱亚涛

党组成员、副局长：刘培峰（—2021 年 2 月）

党组成员、副总经理：董桂林

党组成员、纪检组组长：郭　宇

党组成员、副局长：张加成（2021 年 7 月—）②

总经济师：杨思藻

副巡视员：潘立慧

副巡视员：余慧强

浙江省烟草专卖局（公司）

【概　况】　浙江省烟草专卖局、浙江省烟草公司成立于

① 2021 年 5 月，国家局、总公司印发《关于委派马伶燕同志任职的通知》（国烟人〔2021〕74 号），委派马伶燕同志为江苏、安徽、福建中烟工业有限责任公司董事会董事、董事长，上海烟草集团有限责任公司董事会董事、副董事长，试用期一年，不再担任河北、江西、山东、广东、广西中烟工业有限责任公司董事会董事，任职时间自 2021 年 4 月 30 日党组决定之日起计算；高学林同志不再担任江苏、安徽、福建中烟工业有限责任公司董事会董事、董事长，上海烟草集团有限责任公司董事会董事、副董事长。

2021 年 10 月，国家局、总公司印发《关于委派上海烟草集团有限责任公司监事的通知》（国烟人〔2021〕139 号），委派杨军同志为上海烟草集团有限责任公司监事。

2021 年 9 月，国家局党组印发《关于朱洪武等四名同志职务任免的通知》（国烟党〔2021〕163 号），朱洪武同志任上海烟草集团有限责任公司副总经理；陈宣民同志任中共上海市烟草专卖局（集团公司）党组成员、上海烟草集团有限责任公司副总经理，免去其上海市烟草专卖局（集团公司）总会计师职务；杨军同志任中共上海市烟草专卖局（集团公司）党组成员、党组纪检组组长，试用期一年；杨征宇同志任上海市烟草专卖局（集团公司）总工程师，试用期一年。以上四名同志的任职时间自 2021 年 7 月 25 日党组决定之日起计算。

② 2021 年 9 月，国家局党组印发《关于张加成和李江苏同志职务任免的通知》（国烟党〔2021〕188 号），张加成同志任中共江苏省烟草专卖局（公司）党组成员、江苏省烟草专卖局副局长，免去其中共南京市烟草专卖局（公司）党组书记、南京市烟草专卖局局长、江苏省烟草公司南京市公司经理职务，任职时间自 2021 年 7 月 25 日党组决定之日起计算。

1984年3月。1984年12月30日，浙江省计划经济委员会与中国烟草总公司签署协议，决定浙江省烟草公司自1985年1月1日起上划中国烟草总公司，更名为中国烟草总公司浙江省公司。2003年7月，浙江烟草实行工商分设。2008年底，完成母子公司体制改革。2021年，浙江省局（公司）下辖杭州、宁波、温州、嘉兴、湖州、绍兴、金华、衢州、丽水、台州、舟山等11个地市级烟草专卖局（公司），65个县级烟草专卖局（分公司），以及浙江烟草投资管理有限责任公司（浙江香溢控股有限公司）、浙江烟草进出口有限公司（烟叶生产经营管理办公室）。省局（公司）机关设13个职能处室、6个专业部门。截至2021年底，总资产970.25亿元，其中固定资产25.91亿元、流动资产836.69亿元，资产负债率10.4%。从业人员9872人。

【领导成员】①

党组书记、局长、总经理：邱　萍（—2021年8月）

党组书记、局长、总经理：崔建华（2021年8月—）

巡视员：林少华（2021年1—6月，之前任党组成员、副总经理，退休）

党组成员、纪检组组长：关　军

党组成员、副局长：陈修年（2021年2月—，之前任党组成员、副总经理）

党组成员、副总经理：朱建辉（2021年1月—）

总经济师：陈　燕

安徽省烟草专卖局（公司）

【概　况】　安徽省烟草专卖局成立于1984年5月，安徽省烟草公司组建于1980年10月。1983年10月，安徽省政府与中国烟草总公司签署协议，安徽省烟草公司上划中国烟草总公司，更名为中国烟草总公司安徽省公司。2003年4月，安徽烟草率先实行工商分设。2006年，完成母子公司体制改革。2021年，安徽省局（公司）下辖合肥、淮北、亳州、宿州、蚌埠、阜阳、淮南、滁州、六安、马鞍山、芜湖、宣城、铜陵、池州、安庆、黄山等16个地市级烟草专卖局（公司），88个县级烟草专卖局，86个县级卷烟营销部，华环国际烟草有限公司及安徽皖南烟叶有限责任公司。省局（公司）机关设15个职能部门、8个专业部门，原投资管理处同财务管理处合署办公。截至2021年底，总资产483.81亿元，其中固定资产29.84亿元、流动资产430.59亿元，资产负债率25.53%。从业人员1.29万人。

【领导成员】

党组书记、局长、总经理：张亚宾

党组成员、副总经理：董建江

党组成员、纪检组组长：李柏林

党组成员、副总经理：王道支

党组成员、副总经理：张丙利

总农艺师：邵伏文

福建省烟草专卖局（公司）

【概　况】　福建省烟草专卖局、福建省烟草公司组建于1984年1月1日。1984年12月31日，福建省政府与中国烟草总公司签订协议，决定自协议签署之日起，福建省烟草公司上划中国烟草总公司，更名为中国烟草总公司福建省公司。2003年11月，福建烟草实行工商分设。2006年，完成母子公司体制改革。2021年，福建省局（公司）下辖福州、厦门、宁德、莆田、泉州、漳州、龙岩、三明、南平等9个地市级烟草专卖局（公司），76个县级烟草专卖局

---

① 2021年9月，国家局党组印发《关于崔建华和邱萍同志职务任免的通知》（国烟党〔2021〕184号），崔建华同志任中共浙江省烟草专卖局（公司）党组书记、浙江省烟草专卖局局长、中国烟草总公司浙江省公司总经理，试用期一年，任职时间自2021年8月18日党组决定之日起计算；免去邱萍同志的中共浙江省烟草专卖局（公司）党组书记、浙江省烟草专卖局局长、中国烟草总公司浙江省公司总经理职务。

2021年2月，国家局党组印发《关于林少华等三名同志职务任免的通知》（国烟党〔2021〕24号），林少华同志任浙江省烟草专卖局（公司）巡视员，免去其中共浙江省烟草专卖局（公司）党组成员、中国烟草总公司浙江省公司副总经理职务；陈修年同志任浙江省烟草专卖局副局长，免去其中国烟草总公司浙江省公司副总经理职务；朱建辉同志任中共浙江省烟草专卖局（公司）党组成员、中国烟草总公司浙江省公司副总经理，试用期一年。林少华、朱建辉同志的任职时间自2021年1月26日党组决定之日起计算。

（分公司）①，福建省三明金叶复烤有限公司、福建武夷烟叶有限公司，以及福建烟草海晟投资管理有限公司和中国烟草福建进出口有限责任公司。省局（公司）机关设15个职能处室、9个专业部门②。截至2021年底，总资产593.97亿元，其中固定资产33.44亿元、流动资产415.18亿元，资产负债率11.87%。从业人员1.5万人，实行全员聘用制。

【领导成员】

党组书记、局长、总经理：李民灯

党组成员、副总经理：尤清河（—2021年12月，退休）

党组成员、纪检组组长：纪任德

党组成员、副总经理：林师训

党组成员、副总经理：周志攀

总农艺师：陈顺辉

副巡视员：黄学良（—2021年4月，退休）

副巡视员：陈小红

江西省烟草专卖局（公司）

【概　况】 江西省烟草专卖局、中国烟草总公司江西省公司组建于1984年1月。1984年12月，江西省政府与中国烟草总公司签署协议，决定江西省烟草公司自签字之日起上划中国烟草总公司。2004年，江西烟草实行工商分设。2006年，完成母子公司体制改革。2021年，江西省局（公司）下辖南昌、九江、上饶、抚州、宜春、吉安、赣州、景德镇、萍乡、新余、鹰潭等11个地市级烟草专卖局（公司），98个县级烟草专卖局（分公司），及江西省烟草专卖局铁路分局、中国烟草井冈山传统教育基地、江西省锦峰投资管理有限责任公司、江西赣南烟叶复烤有限责任公司、江西省烟草培训中心、江西省烟草科学研究所等6个二级单位。省局（公司）机关设15个职能处室、6个专业部门③。截至2021年底，总资产283.21亿元，其中固定资产22.2亿元、流动资产247.15亿元，资产负债率11.3%。从业人员7852人。

【领导成员】

党组书记、局长、总经理：姜　凯

党组成员、副总经理：徐素珍

党组成员、副局长：胡义强（—2021年12月，退休）

党组成员、副总经理：李　民

党组成员、纪检组组长：卓东军（2021年7月—）④

山东省烟草专卖局（公司）

【概　况】 山东省烟草专卖局成立于1983年10月，山东省烟草公司组建于1982年4月。1985年12月，山东省烟草公司正式上划中国烟草总公司，更名为中国烟草总公司山东省公司。2004年2月，山东烟草实行工商分设。2021年，山东省局（公司）下辖济南、青岛、淄博、枣庄、东营、烟台、潍坊、济宁、泰安、威海、日照、莱芜、临沂、德州、聊城、滨州、菏泽等17个地市级烟草专卖局（有限公司），136个县级烟草专卖局（分公司、营销部）⑤，以及《东方烟草报》社有限公司、中国烟草山东进出口有限责任公司、中国烟草总公司青州中等专业学校、山东烟草投资

---

① 2021年7月，国家局、总公司印发《关于调整福建省烟草专卖局（公司）所属部分机构的批复》（国烟人〔2021〕108号），同意撤销三明市城区烟草专卖局，设立三明市三元区烟草专卖局，将三明市烟草公司城区分公司名称变更为三明市烟草公司三元分公司。三明市三元区烟草专卖局与三明市烟草公司三元分公司合署办公；同意撤销福建省沙县烟草专卖局，设立三明市沙县区烟草专卖局，三明市沙县区烟草专卖局与三明市烟草公司沙县分公司合署办公。

② 2021年6月，福建省局（公司）印发《关于调整福建省局（公司）机关部分内设机构、人员编制的通知》（闽烟人〔2021〕14号），单独增设内部专卖管理监督处，不再与专卖监督管理处、专卖稽查总队合署办公。

③ 2021年4月，国家局印发《关于江西省局（公司）调整内设机构及人员编制的答复意见》（国烟人综〔2021〕120号），同意规范管理办公室和审计处合署办公。

④ 2021年8月，国家局党组印发《关于卓东军同志任职的通知》（国烟党〔2021〕150号），卓东军同志任中共江西省烟草专卖局（公司）党组成员、党组纪检组组长，试用期一年，任职时间自2021年7月25日党组决定之日起计算。

⑤ 2021年5月，国家局、总公司印发《关于调整烟台市烟草专卖局（公司）所属部分机构的批复》（国烟人〔2021〕77号），同意撤销蓬莱市烟草专卖局、山东烟台烟草有限公司蓬莱营销部、长岛县烟草专卖局、山东烟台烟草有限公司长岛营销部，设立烟台市蓬莱区烟草专卖局、山东烟台烟草有限公司蓬莱营销部。烟台市蓬莱区烟草专卖局与山东烟台烟草有限公司蓬莱营销部合署办公，负责辖区内的烟草专卖管理和卷烟营销工作。

管理有限公司、山东烟叶复烤有限公司、山东烟草研究院，17个专卖内管派驻机构，17个审计派驻办。省局（公司）机关设22个内设机构，1个铁路分局。截至2021年底，总资产451.88亿元，其中固定资产50.1亿元、流动资产331.85亿元，资产负债率18.02%。从业人员2.33万人。

【领导成员】

党组书记、局长、总经理：吴洪田

党组成员、副局长：宋新忠

党组成员、纪检组组长：许　萍

党组成员、副总经理：徐立国

党组成员、副总经理：曹红祥

党组成员：宋洪润

巡视员：王卫平（2021年8月—，之前任党组成员、副总经理）①

河南省烟草专卖局（公司）

【概　况】　河南省烟草专卖局成立于1983年7月，河南省烟草公司组建于1982年11月。1984年8月，河南省政府和中国烟草总公司签订协议，决定河南省烟草公司及所辖工商企业全部上划中国烟草总公司，更名为中国烟草总公司河南省公司。2004年1月，河南烟草实行工商分设。2006年，取消县级烟草公司法人资格，完成母子公司体制改革。2021年，河南省局（公司）下辖郑州、开封、洛阳、平顶山、安阳、鹤壁、新乡、焦作、濮阳、许昌、漯河、三门峡、南阳、商丘、信阳、周口、驻马店、济源等18个地市级烟草专卖局（公司），133个县级烟草专卖局，134个县级烟草分公司，以及天昌国际烟草有限公司、中国烟草河南进出口有限责任公司、河南烟草投资管理有限公司和河南省烟草职工培训中心。省局（公司）机关设24个内设机构。截至2021年底，总资产420.63亿元，其中固定资产37.89亿元、流动资产369.95亿元，资产负债率11.46%。从业人员1.93万人。

【领导成员】

党组书记、局长、总经理：卓俭华

党组成员、副局长：卢俊良

党组成员、副总经理：赵建州（—2021年12月，退休）

党组成员、副总经理：王泽宗

党组成员、副总经理：殷建立

党组成员、纪检组组长：俞关勇（—2021年6月）

总农艺师：宋守晔（2021年8月—）②

湖北省烟草专卖局（公司）

【概　况】　湖北省烟草专卖局成立于1984年3月，湖北省烟草公司成立于1983年8月。1984年11月12日，湖北省政府与中国烟草总公司签署协议，决定湖北省烟草公司自协议书签订之日起上划中国烟草总公司，更名为中国烟草总公司湖北省公司。2003年8月，湖北烟草实行工商分设。2006年，完成母子公司体制改革。2021年，湖北省局（公司）下辖武汉、黄冈、襄阳、荆州、十堰、孝感、恩施、宜昌、咸宁、随州、黄石、荆门、鄂州等13个地市级烟草专卖局（公司），仙桃、天门、潜江等3个直管市烟草专卖局（公司）和神农架林区烟草专卖局（公司），89个县级烟草专卖局（营销部），14个烟叶分公司，以及湖北烟草金叶复烤有限责任公司、湖北省烟草专卖局教育培训中心、湖北烟草投资管理有限责任公司、中国烟草湖北进出口有限责任公司、湖北省烟草科学研究院（中国烟草白肋烟试验站）。省局（公司）机关设15个职能处室、7个专业部门。截至2021年底，总资产436.92亿元，其中固定资产

① 2021年9月，国家局党组印发《关于王卫平同志职务任免的通知》（国烟党〔2021〕167号），王卫平同志任山东省烟草专卖局（公司）巡视员，免去其中共山东省烟草专卖局（公司）党组成员、中国烟草总公司山东省公司副总经理职务，任职时间自2021年8月18日党组决定之日起计算。

② 2021年9月，国家局党组印发《关于宋守晔同志任职的通知》（国烟党〔2021〕177号），宋守晔同志任河南省烟草专卖局（公司）总农艺师，试用期一年，任职时间自2021年8月18日党组决定之日起计算。

33.78 亿元、流动资产 334.21 亿元，资产负债率 16.76%。从业人员 1.28 万人，其中聘用员工 2545 人。

【领导成员】①

党组书记、局长、总经理：顾厚武

党组成员、副总经理：夏汉林

党组成员、副局长：赵建成（2021 年 7 月—，之前任党组成员、副总经理）

党组成员、纪检组组长：刘义华（机关部门副职）

党组成员、副总经理：唐剑放（2021 年 7 月—）

巡视员：梁　斌（2021 年 1—7 月，之前任党组成员、副总经理，退休）

副巡视员：黄小刚（—2021 年 12 月，退休）

湖南省烟草专卖局（公司）

【概　况】　湖南省烟草专卖局成立于 1983 年 10 月，湖南省烟草公司成立于 1983 年 7 月。1985 年 1 月，湖南省烟草公司正式上划中国烟草总公司，更名为中国烟草总公司湖南省公司。2003 年 5 月，湖南烟草实行工商分设。2021 年，湖南省局（公司）下辖长沙、株洲、湘潭、岳阳、衡阳、郴州、常德、益阳、娄底、邵阳、张家界、怀化、湘西、永州等 14 个市（州）烟草专卖局（公司），95 个县（区）级烟草专卖局（分公司），中共湖南省烟草专卖局党校（湖南省烟草职工培训中心）、湖南烟叶复烤有限公司、中国烟草湖南进出口有限责任公司。省局（公司）机关设 16 个职能处室、7 个专业部门。截至 2021 年底，总资产 538.92 亿元，其中固定资产 61.48 亿元、流动资产 409.58 亿元，资产负债率 5.98%。从业人员 1.29 万人。

【领导成员】②

党组书记、局长、总经理：孔祥统

党组成员、副局长：徐文军（2021 年 6 月—，之前任党组成员、副总经理）

党组成员、副总经理：谢建宏

党组成员、副总经理：黄国联

党组成员、副总经理：何爱军（2021 年 5 月—）

党组成员、纪检组组长：代　伟（—2021 年 6 月）

总农艺师：陆中山

副巡视员：郑则豪（—2021 年 10 月，退休）

副巡视员：唐珊珊

广东省烟草专卖局（公司）

【概　况】　广东省烟草专卖局、广东省烟草公司成立于 1983 年。1985 年 11 月 20 日，广东省政府和中国烟草总公司签署协议，决定广东省烟草公司自协议签订之日起上划中国烟草总公司，更名为中国烟草总公司广东省公司。2003 年 5 月，广东烟草实行工商分设。2021 年，广东省局（公司）下辖广州、珠海、汕头、佛山、韶关、河源、梅州、惠州、汕尾、东莞、中山、江门、阳江、湛江、茂名、肇庆、清远、潮州、揭阳、云浮等 20 个地市级烟草专卖局（公司），广东韶关烟叶复烤有限公司，89 个县级烟草专卖局（分公司）。省局（公司）机关设 16 个职能处室、8 个专业部门，中国烟草广东进出口有限公司、广东粤烟投资管理有限公司、广州珠江城置业有限公司等 3 个专业公司。截至 2021 年底，总资产 639.5 亿元，其中固定资产 25.48 亿元、流动资产 494.64 亿元，资产负债率 12.59%。从业人员 1.44 万人。

---

① 2021 年 9 月，国家局党组印发《关于赵建成和唐剑放同志职务任免的通知》（国烟党〔2021〕172 号），赵建成同志任湖北省烟草专卖局副局长，免去其中国烟草总公司湖北省公司副总经理职务；唐剑放同志任中共湖北省烟草专卖局（公司）党组成员、中国烟草总公司湖北省公司副总经理，任职时间自 2021 年 7 月 16 日党组决定之日起计算。

2021 年 2 月，国家局党组印发《关于梁斌同志职务任免的通知》（国烟党〔2021〕22 号），梁斌同志任湖北省烟草专卖局（公司）巡视员，免去其中共湖北省烟草专卖局（公司）党组成员、中国烟草总公司湖北省公司副总经理职务，任职时间自 2021 年 1 月 26 日党组决定之日起计算。

② 2021 年 6 月，国家局党组印发《关于徐文军等三名同志职务任免的通知》（国烟党〔2021〕121 号），徐文军同志任湖南省烟草专卖局副局长，免去其中国烟草总公司湖南省公司副总经理职务；何爱军同志任中共湖南省烟草专卖局（公司）党组成员、中国烟草总公司湖南省公司副总经理，试用期一年；免去代伟同志的中共湖南省烟草专卖局（公司）党组成员、党组纪检组组长职务。何爱军同志的任职时间自 2021 年 5 月 24 日党组决定之日起计算。

【领导成员】①

党组书记、局长、总经理：王德源

巡视员：刘依平

党组成员、副局长：曾　政（—2021 年 5 月）

党组成员、副总经理：周　亮

党组成员、副总经理：刘志斌（—2021 年 9 月，退休）

党组成员、副局长：陈秉恒（2021 年 11 月—，之前任党组成员、副总经理）

党组成员、纪检组组长：高　翔

党组成员、副总经理：高　丽（2021 年 10 月—）

副巡视员：傅　斌

广西壮族自治区烟草专卖局（公司）

【概　况】　广西壮族自治区烟草专卖局成立于 1984 年 1 月，广西壮族自治区烟草公司成立于 1983 年 5 月。1984 年 12 月 1 日，广西壮族自治区人民政府与中国烟草总公司签署协议，决定自 1985 年 1 月 1 日起，广西壮族自治区烟草公司上划中国烟草总公司，更名为中国烟草总公司广西壮族自治区公司。2003 年 12 月，广西烟草实行工商分设。2021 年，广西区局（公司）下辖南宁、柳州、桂林、梧州、北海、防城港、钦州、贵港、玉林、百色、贺州、河池、来宾、崇左等 14 个地市级烟草专卖局（公司），94 个县级烟草专卖局（营销部），伊灵烟叶复烤有限责任公司和广西双维投资管理有限责任公司。自治区局（公司）机关设 16 个职能处室、7 个专业部门和 1 个临时机构。截至 2021 年底，总资产 190.48 亿元，其中固定资产 16.71 亿元、流动资产 107.37 亿元，资产负债率 10.31%。从业人员 7968 人。

【领导成员】

党组书记、局长、总经理：王　全

党组成员、副总经理：席亮文

党组成员、副总经理：陈可忠

党组成员、纪检组组长：肖　春

党组成员、副局长：凌为民

总农艺师：李　波

副巡视员：许　宁

副巡视员：王　勇

海南省烟草专卖局（公司）

【概　况】　海南省烟草专卖局、中国烟草总公司海南省公司成立于 1988 年 6 月。2021 年，海南省局（公司）下辖海口、三亚、儋州、琼海等 4 个地市级烟草专卖局（公司），14 个县级烟草专卖局（营销部），持有海南金沙岛卷烟销售有限责任公司 30% 的股份。省局（公司）机关设 12 个职能处室、6 个专业部门、1 个其他部门、1 个分支机构。截至 2021 年底，总资产 86.68 亿元，其中固定资产 4.07 亿元、流动资产 78.98 亿元，资产负债率 8.97%。在岗人员 1226 人，实行全员聘用制。

【领导成员】②

党组书记、局长、总经理：金忠理（—2021 年 7 月）

党组副书记、副局长、副总经理：徐　丹（2021 年 7 月—，主持全面工作）

党组成员、纪检组组长：梁开朝

党组成员、副总经理：王　军

党组成员、副总经理：王斌斌

党组成员、副局长：李　云

总会计师：徐丽芬

巡视员：闫玉岗（—2021 年 11 月，退休）

副巡视员：许丁科

---

① 2021 年 11 月，国家局党组印发《关于陈秉恒同志职务任免的通知》（国烟党〔2021〕218 号），陈秉恒同志任广东省烟草专卖局副局长，免去其中国烟草总公司广东省公司副总经理职务。

2021 年 11 月，国家局党组印发《关于高丽和张辉明同志任职的通知》（国烟党〔2021〕217 号），高丽同志任中共广东省烟草专卖局（公司）党组成员、中国烟草总公司广东省公司副总经理，试用期一年，任职时间自 2021 年 10 月 11 日党组决定之日起计算。

② 2021 年 9 月 18 日，国家局党组印发《关于徐丹和金忠理同志职务任免的通知》（国烟党〔2021〕182 号），徐丹同志任中共海南省烟草专卖局（公司）党组副书记、海南省烟草专卖局副局长、中国烟草总公司海南省公司副总经理，主持全面工作，任职时间自 2021 年 7 月 16 日党组决定之日起计算。免去金忠理同志的中共海南省烟草专卖局（公司）党组书记、海南省烟草专卖局局长、中国烟草总公司海南省公司总经理职务。

重庆市烟草专卖局（公司）

【概　况】　重庆市烟草专卖局、重庆市烟草公司成立于1983年。1984年7月14日，重庆市政府与中国烟草总公司签署协议，决定自1985年1月1日起，重庆市烟草公司上划中国烟草总公司，更名为中国烟草总公司重庆市公司。2003年8月，重庆烟草实行工商分设，四川卷烟工业与重庆卷烟工业跨省组建川渝中烟工业公司。2021年，重庆市局（公司）下辖万州、涪陵、黔江、渝中、大渡口、江北、沙坪坝、九龙坡、南岸、北碚、万盛经济技术开发区、渝北、巴南、长寿、江津、合川、永川、南川、綦江、大足、璧山、铜梁、潼南、荣昌、梁平、城口、丰都、垫江、武隆、忠县、开州、云阳、奉节、巫山、巫溪、石柱、秀山、酉阳、彭水等39个区（县）烟草专卖局（分公司），重庆市烟草投资管理有限公司1个多元化经营企业，中国烟草总公司重庆市公司销售分公司、烟叶分公司、物流分公司等3个专业分公司，重庆烟叶复烤有限公司及重庆烟草科学研究所。市局（公司）机关设20个部门。截至2021年底，总资产236.4亿元，其中固定资产13.38亿元、流动资产211.77亿元，资产负债率15.71%。从业人员8211人。

【领导成员】

党组书记、局长、总经理：李定晓

党组成员、副总经理：刘庆岩

党组成员、副局长：刘　伟

党组成员、纪检组组长：何　川

巡视员：冉幕寿（2021年8月—，之前任党组成员、副总经理）①

副巡视员：刘　劲（—2021年11月，退休）

四川省烟草专卖局（公司）

【概　况】　四川省烟草专卖局成立于1983年3月，四川省烟草公司成立于1982年10月。1984年7月9日，中国烟草总公司与四川省政府签署《关于四川省烟草公司上划交接协议书》，规定自签订之日起，全省烟草工商企业上划中国烟草总公司。1996年，中央决定设立重庆直辖市后，辖区烟草工商企业划归重庆管辖。2003年8月，四川烟草实行工商分设，四川卷烟工业与重庆卷烟工业跨省组建川渝中烟工业公司。2021年，四川省局（公司）下辖成都、自贡、攀枝花、泸州、德阳、绵阳、广元、遂宁、内江、乐山、南充、资阳、广安、达州、巴中、雅安、眉山、宜宾、凉山、阿坝、甘孜等21个市（州）烟草专卖局（公司），184个县级烟草专卖局，180个县级烟草分公司，以及中国烟草四川进出口有限责任公司、四川烟叶复烤有限责任公司、四川诚至诚烟草投资有限责任公司。省局（公司）机关设机构25个。截至2021年底，总资产631.94亿元，其中固定资产42.38亿元、流动资产500.03亿元，资产负债率10.12%。从业人员1.44万人。

【领导成员】②

党组书记、局长、总经理：董秀明

党组成员、副总经理：肖　瑞

党组成员、纪检组组长：唐　强（—2021年4月，退休）

党组成员、副总经理：耿宏斌

党组成员、副局长：白向群

党组成员、副总经理：周德文（2021年4月—）

党组成员、纪检组组长：赵新刚（2021年7月—）

总经济师：李作民

---

① 2021年9月，国家局党组印发《关于冉幕寿同志职务任免的通知》（国烟党〔2021〕165号），冉幕寿同志任重庆市烟草专卖局（公司）巡视员，免去其中共重庆市烟草专卖局（公司）党组成员、中国烟草总公司重庆市公司副总经理职务，任职时间自2021年8月18日党组决定之日起计算。

② 2021年5月，国家局党组印发《关于周德文同志职务任免的通知》（国烟党〔2021〕97号），周德文同志任中共四川省烟草专卖局（公司）党组成员、中国烟草总公司四川省公司副总经理，免去其中共成都市烟草专卖局（公司）党组书记、成都市烟草专卖局局长、四川省烟草公司成都市公司经理职务，任职时间自2021年4月7日党组决定之日起计算。

2021年9月，国家局党组印发《关于赵新刚同志任职的通知》（国烟党〔2021〕151号），赵新刚同志任中共四川省烟草专卖局（公司）党组成员、党组纪检组组长，试用期一年，任职时间自2021年7月25日党组决定之日起计算。

贵州省烟草专卖局（公司）

【概　况】　贵州省烟草专卖局成立于1983年9月，贵州省烟草公司成立于1981年11月。1985年11月13日，贵州省政府与中国烟草总公司签署协议，决定自1986年6月1日起，贵州省烟草公司上划中国烟草总公司，更名为中国烟草总公司贵州省公司。2004年1月，贵州烟草实行工商分设。2006年，取消县级公司法人资格，确立地市级公司市场经营主体地位，建立母子公司体制。2021年，贵州省局（公司）下辖贵阳、遵义、六盘水、安顺、毕节、铜仁、黔东南、黔南、黔西南、贵安等10个地市级烟草专卖局（公司），88个县级烟草专卖局（分公司），贵州省烟草科学研究院、中国烟草贵州进出口有限责任公司、贵州烟草投资管理有限公司、贵州烟叶复烤有限责任公司。省局（公司）机关设16个职能处室、9个专业部门。截至2021年底，总资产417.34亿元，其中固定资产49.83亿元、流动资产332.66亿元，资产负债率13.96%。从业人员1.59万人。

【领导成员】①

党组书记、局长、总经理：高体仁

党组成员、副总经理：沈　宏

党组成员、副总经理：陈　熹

党组成员、纪检组组长：张光伟

党组成员、副总经理：周　华（2021年11月—）

巡视员：任　林（2021年11月—，之前任党组成员、副局长）

副巡视员：刘登乾（2021年11月—）

云南省烟草专卖局（公司）

【概　况】　云南省烟草专卖局成立于1983年11月，云南省烟草公司成立于1982年4月。1985年1月，云南省人民政府与中国烟草总公司签署《关于云南省烟草公司上划交接协议书》，决定自1985年1月1日起，云南省烟草公司上划中国烟草总公司，更名为中国烟草总公司云南省公司。2021年，云南省局（公司）下辖昆明、玉溪、曲靖、红河、楚雄、大理、昭通、保山、文山、普洱、丽江、临沧、德宏、西双版纳、怒江、迪庆等16个地市级烟草专卖局（公司），129个县级烟草专卖局（分公司）②，云南省烟草烟叶公司、中国烟草云南进出口有限公司、云南烟叶复烤有限责任公司、云南华叶投资有限责任公司、云南香料烟有限责任公司等5个直属企业和云南省烟草农业科学研究院、云南省烟草质量监督检测站2个直属事业单位。省局（公司）机关设15个职能处室、7个专业部门。截至2021年底，总资产1358.66亿元，其中固定资产58.06亿元、流动资产1160.1亿元，资产负债率11.82%。从业人员2.07万人。

【领导成员】

党组书记、局长、总经理：李光林

党组成员、副局长：邓小刚

党组成员、纪检组组长：蔡振华

党组成员、副总经理：吴践志

党组成员、副总经理：包　毅（—2021年7月，退休）

总农艺师：杨　跃

副巡视员：段应泽

副巡视员：杨世田

西藏自治区烟草专卖局（公司）

【概　况】　西藏自治区烟草专卖局、西藏自治区烟草公

① 2021年11月，国家局印发《关于任林等三名同志职务任免的通知》（国烟党〔2021〕234号），任林同志任贵州省烟草专卖局（公司）巡视员，免去其中共贵州省烟草专卖局（公司）党组成员、贵州省烟草专卖局副局长职务；周华同志任中共贵州省烟草专卖局（公司）党组成员、中国烟草总公司贵州省公司副总经理，试用期一年；刘登乾同志任贵州省烟草专卖局（公司）副巡视员。任林、周华、刘登乾同志的任职时间自2021年11月15日党组决定之日起计算。

② 2021年6月，国家局、总公司印发《关于调整楚雄州烟草专卖局（公司）所属部分机构的批复》（国烟人〔2021〕79号），同意撤销楚雄州禄丰县烟草专卖局，设立禄丰市烟草专卖局。将云南省烟草公司楚雄州公司禄丰县分公司名称变更为云南省烟草公司楚雄州公司禄丰分公司。禄丰市烟草专卖局与云南省烟草公司楚雄州公司禄丰分公司合署办公，负责辖区内的烟草专卖管理和卷烟营销工作。

司成立于1998年1月。2001年1月，西藏自治区烟草公司正式上划中国烟草总公司，更名为中国烟草总公司西藏自治区公司。2021年，西藏区局（公司）下辖拉萨、日喀则、林芝、山南、昌都、阿里等6个地市级烟草专卖局（公司）。自治区局（公司）机关设14个职能处室、8个专业部门、1个临时机构。截至2021年底，总资产40.66亿元，其中固定资产3.32亿元、流动资产35.03亿元，资产负债率8.98%。从业人员761人，其中劳务派遣人员76人。

【领导成员】①

党委副书记、副局长、副总经理：李文辉（主持全面工作）

党委委员、副局长：旺　啦

党委委员、副总经理：乔建民（—2021年3月）

党委委员、副总经理：洛　桑

党委委员、副总经理：曾　涛

党委委员、副总经理：程　伟（2021年1月—）

党委委员、纪委书记：拉　果（2021年1月—）

副巡视员：王永长

副巡视员：巴　桑（2021年1月—）

陕西省烟草专卖局（公司）

【概　况】　陕西省烟草专卖局成立于1984年9月，陕西省烟草公司成立于1984年7月，实行合署办公。1985年4月3日，陕西省人民政府与中国烟草总公司签署协议，决定自1985年1月1日起，陕西省烟草公司上划中国烟草总公司，更名为中国烟草总公司陕西省公司。2003年12月，陕西烟草实行工商分设。2007年实施母子公司体制改革。2021年，陕西省局（公司）下辖西安、咸阳、宝鸡、渭南、商洛、汉中、安康、延安、榆林、铜川、杨凌等11个地市级烟草专卖局（公司），106个县级烟草专卖局（分公司），10个物流分公司以及陕西烟草投资管理有限公司、陕西烟草进出口有限责任公司、咸阳烟叶复烤有限责任公司、西安铁路烟草专卖分局。省局（公司）机关设15个职能处室、8个专业部门。截至2021年底，总资产226.29亿元，其中固定资产16.07亿元、流动资产174.94亿元，资产负债率14.92%。从业人员9369人。

【领导成员】

党组书记、局长、总经理：高兴智

党组成员、副局长：吉应城

党组成员、副总经理：梁培荣

党组成员、纪检组组长：赵启斌

党组成员、副总经理：董旭红

副巡视员：李树奎（—2021年1月，退休）

甘肃省烟草专卖局（公司）

【概　况】　甘肃省烟草专卖局、甘肃省烟草公司成立于1984年9月，实行合署办公。1985年5月15日，甘肃省经济委员会与中国烟草总公司签署协议，决定从协议签定之日起甘肃省烟草公司上划中国烟草总公司，更名为中国烟草总公司甘肃省公司。2006年，完成母子公司体制改革。2021年，甘肃省局（公司）下辖兰州、天水、定西、酒泉、武威、张掖、庆阳、平凉、陇南、白银、金昌、嘉峪关、临夏、甘南等14个地市级烟草专卖局（公司），82个县级烟草专卖局（营销部）和1个县级烟草专卖局（公司），甘肃省烟草专卖局铁路分局。省局（公司）机关设16个职能处室、6个专业部门。截至2021年底，总资产144.73亿元，其中固定资产8.18亿元、流动资产123.53亿元，资产负债率31.38%。从业人员4149人，实行全员聘用制。

---

① 2021年3月15日，乔建民同志逝世。

2021年3月，国家局党组印发《关于程伟等三名同志任职的通知》（国烟党〔2021〕45号），程伟同志任中共西藏自治区烟草专卖局（公司）委员会委员、中国烟草总公司西藏自治区公司副总经理，试用期一年；拉果同志任中共西藏自治区烟草专卖局（公司）委员会委员、纪委书记，试用期一年；巴桑同志任西藏自治区烟草专卖局（公司）副巡视员。程伟、拉果、巴桑同志的任职时间自2021年1月26日党组决定之日起计算。

【领导成员】①

党组书记、局长、总经理：师增建

党组成员、副总经理：张　威

党组成员、副局长：蔺志宏

党组成员、副总经理：和　平（2021 年 4 月—）

党组成员、纪检组组长：晏忠泰（2021 年 4 月—）

巡视员：杨　洪（2021 年 1 月—，之前任党组成员、副总经理）

副巡视员：向　阳（2021 年 4 月—）

青海省烟草专卖局（公司）

【概　况】　青海省烟草专卖局、中国烟草总公司青海省公司组建于 1984 年，1986 年划归国家烟草专卖局、中国烟草总公司管理。2004 年理顺全省烟草专卖管理体制，2007 年完成母子公司体制改革。2021 年，青海省局（公司）下辖西宁、海东、海西、格尔木、海南、海北、黄南、玉树、果洛等 9 个地市级烟草专卖局（公司），34 个县级烟草专卖局和 33 个非独立法人的营销部。省局（公司）机关设 12 个职能处室、5 个专业部门，以及青海烟草物流中心。截至 2021 年底，总资产 42.4 亿元，其中固定资产 1.34 亿元、流动资产 40.25 亿元，资产负债率 14.7%。从业人员 1075 人。

【领导成员】②

党组副书记、副局长、副总经理：薛　飞（主持全面工作）

党组成员、副总经理：刘海宁

党组成员、纪检组组长：李祥红

巡视员：秦　刚（2021 年 1 月—，之前任党组成员、副总经理）

副巡视员：李安益（2021 年 1 月—）

宁夏回族自治区烟草专卖局（公司）

【概　况】　宁夏回族自治区烟草专卖局、宁夏回族自治区烟草公司经宁夏回族自治区人民政府批准于 1983 年 10 月成立。1986 年 1 月，宁夏回族自治区烟草公司上划中国烟草总公司，更名为中国烟草总公司宁夏回族自治区公司。2021 年，宁夏区局（公司）下辖银川、石嘴山、吴忠、固原、中卫等 5 个地市级烟草专卖局（公司），22 个县级烟草专卖局（分公司）。自治区局（公司）机关设 12 个职能处室、5 个专业部门及 1 个非法人分支机构（中国烟草总公司宁夏回族自治区公司物流中心）。截至 2021 年底，总资产 37.37 亿元，其中固定资产 3.53 亿元、流动资产 31.7 亿元，资产负债率 6.99%。从业人员 1214 人，实行全员聘用制。

【领导成员】

党组书记、局长、总经理：宋　俊

党组成员、副局长：李光荣（—2021 年 5 月，退休）

党组成员、副总经理：罗增平

党组成员、副总经理：虎治富

党组成员、纪检组组长：岳　坤

副巡视员：杨万龙（2021 年 5 月—）③

新疆维吾尔自治区烟草专卖局（公司）

【概　况】　新疆维吾尔自治区烟草专卖局、新疆维吾尔自治区烟草公司成立于 1986 年 1 月 1 日，同年，新疆维吾尔自治区烟草公司上划中国烟草总公司，更名为中国烟草

---

① 2021 年 4 月，国家局党组印发《关于和平等三名同志任职的通知》（国烟党〔2021〕70 号），和平同志任中共甘肃省烟草专卖局（公司）党组成员、中国烟草总公司甘肃省公司副总经理，试用期一年；晏忠泰同志任中共甘肃省烟草专卖局（公司）党组成员、党组纪检组组长，试用期一年；向阳同志任甘肃省烟草专卖局（公司）副巡视员。和平、晏忠泰、向阳同志的任职时间自 2021 年 4 月 7 日党组决定之日起计算。

2021 年 3 月，国家局党组印发《关于杨洪同志职务任免的通知》（国烟党〔2021〕44 号），杨洪同志任甘肃省烟草专卖局（公司）巡视员，免去其中共甘肃省烟草专卖局（公司）党组成员、中国烟草总公司甘肃省公司副总经理职务，任职时间自 2021 年 1 月 26 日党组决定之日起计算。

② 2021 年 3 月，国家局党组印发《关于秦刚和李安益同志职务任免的通知》（国烟党〔2021〕46 号），秦刚同志任青海省烟草专卖局（公司）巡视员，免去其中共青海省烟草专卖局（公司）党组成员、中国烟草总公司青海省公司副总经理职务；李安益同志任青海省烟草专卖局（公司）副巡视员。秦刚和李安益同志的任职时间自 2021 年 1 月 26 日党组决定之日起计算。

③ 2021 年 6 月，国家局党组印发《关于杨万龙同志任职的通知》（国烟党〔2021〕116 号），杨万龙同志任宁夏回族自治区烟草专卖局（公司）副巡视员，任职时间自 2021 年 5 月 24 日党组决定之日起计算。

总公司新疆维吾尔自治区公司，2017 年 12 月，调整为新疆维吾尔自治区烟草公司。2011 年，自治区局将各地、州、市烟草专卖局所属县级烟草专卖行政主管部门名称统一为"某某地、州、市某某县（市、区）烟草专卖局"，原县级卷烟经营机构主要任务是市场服务，不再具体从事卷烟的批发与零售及其他经营活动。2021 年，新疆区局（公司）下辖乌鲁木齐、昌吉、博尔塔拉、伊犁、克拉玛依、塔城、阿勒泰、吐鲁番、哈密、巴音郭楞、阿克苏、喀什、和田等 13 个地市级烟草专卖局（公司），新疆维吾尔自治区烟草专卖局石河子市局、克孜勒苏柯尔克孜自治州烟草专卖局 2 个地（州、市）烟草专卖局①，94 个县级烟草专卖局，新疆烟草进出口有限责任公司。自治区局（公司）机关设 12 个职能处室、4 个专业部门、2 个中心。截至 2021 年底，总资产 98.25 亿元，其中固定资产 6.64 亿元、流动资产 87.4 亿元，资产负债率 6.29%。从业人员 2502 人。

【领导成员】

党组书记、局长、总经理：王　勇

党组成员、副总经理：刘建昌（—2021 年 2 月，退休）

党组成员、副局长：曲卫东

党组成员、副总经理：木哈拉木 · 西日甫

党组成员、副总经理：白玉龙

党组成员、纪检组组长：王录奎

副巡视员：秘秀峰（2021 年 1 月—）②

副巡视员：张　力（—2021 年 2 月，退休）

副巡视员：曲　浩（—2021 年 9 月，退休）

大连市烟草专卖局（公司）

【概　况】　大连市烟草专卖局、大连市烟草公司成立于 1984 年，1994 年上划中国烟草总公司，在烟草行业内计划单列，是国家局、总公司直接管理的省级烟草专卖局（公司）。2006 年 10 月，根据《国家烟草专卖局关于大连市烟草公司建立母子公司体制改革的批复》（国烟法〔2006〕754 号），大连市烟草公司的名称变更为中国烟草总公司大连市公司。2021 年，大连市局（公司）下辖中山、西岗、沙河口、甘井子、旅顺口、金州、普兰店、瓦房店、庄河、长海等 10 个区（市、县）烟草专卖局（分公司），大连烟草营销中心、大连烟草物流中心，以及大连东方大厦有限公司、大连春天物业管理有限公司 2 个多元化企业。市局（公司）机关设 11 个职能处室、5 个专业部门。截至 2021 年底，总资产 70.31 亿元，其中固定资产 1.74 亿元、流动资产 66.75 亿元，资产负债率 3.05%。从业人员 770 人。

【领导成员】③

党组书记、局长、总经理：刘　宁

党组成员、副局长：顾　建

党组成员、副总经理：郭天龙

党组成员、纪检组组长：郁　鹏（机关部门副职）

党组成员、副总经理：蔺　雁（2021 年 11 月—）

副巡视员：孙克战（2021 年 11 月—）

深圳市烟草专卖局（公司）

【概　况】　深圳市烟草专卖局、深圳市烟草公司成立于 1986 年。1995 年 4 月，深圳市烟草公司正式上划中国烟草总公司，更名为中国烟草总公司深圳市公司，享有省级烟草专卖管理权、经营权。2021 年，深圳市局（公司）下辖福田、罗湖、盐田、南山、宝安、龙岗、龙华、坪山、光明、大鹏新区等 10 个区烟草专卖局（公司），中深烟草贸易中心和深圳烟草进出口有限公司两个专业公司。市局（公司）机关设 11 个职能处室、6 个专业部门，2 个其他部

---

① 喀什地区烟草专卖局与克孜勒苏柯尔克孜自治州烟草专卖局合署办公。新疆烟草兵团石河子有限公司是兵团国资公司下属企业，人、财、物属兵团国资公司，自治区公司仅对其经营管理工作进行指导。

② 2021 年 2 月，国家局党组印发《关于秘秀峰同志任职的通知》（国烟党〔2021〕21 号），秘秀峰同志任新疆维吾尔自治区烟草专卖局（公司）副巡视员，任职时间自 2021 年 1 月 26 日党组决定之日起计算。

③ 2021 年 11 月，国家局党组印发《关于蔺雁和孙克战同志任职的通知》（国烟党〔2021〕232 号），蔺雁同志任中共大连市烟草专卖局（公司）党组成员、中国烟草总公司大连市公司副总经理，试用期一年；孙克战同志任大连市烟草专卖局（公司）副巡视员。蔺雁和孙克战同志任职时间自 2021 年 11 月 5 日党组决定之日起计算。

门和1个直属分局。截至2021年底，总资产163.95亿元，其中固定资产4.08亿元、流动资产152.18亿元，资产负债率5.18%。从业人员1301人。

【领导成员】

党组书记、局长、总经理：曾　政（2021年4月—）①

党组成员、副总经理：李新忠

党组成员、副总经理：赖远程

党组成员、纪检组组长：张红宇

◇编辑：王　静

省级中烟工业公司

河北中烟工业有限责任公司

【概　况】　河北中烟工业有限责任公司前身为河北烟草工商分设后于2003年6月成立的河北中烟工业公司。2010年12月，国家局、总公司批复同意河北中烟工业公司更名改制为河北中烟工业有限责任公司，并于2011年7月正式挂牌成立。公司下设张家口卷烟厂有限责任公司、河北白沙烟草有限责任公司2个具有独立法人资格的卷烟生产厂。2021年12月，公司“法律与改革部（发展战略研究中心、规范办）”更名为“法律与改革部（规范办）”，“投资管理部（采购办）”更名为“投资管理部”；撤销“发展战略研究中心”“采购办”“技改办”；临时机构“质量监督巡查办公室”与“企业管理部”合署办公。2021年，公司总部设22个部门、1个临时机构和北方烟机配件有限公司1个专业公司。截至2021年底，公司总资产203亿元，其中固定资产32.16亿元、流动资产154.67亿元，资产负债率38.43%。从业人员4922人。

【领导机构】

董事会②

董事长：舒　明

董　事：曲志刚、师进辉（—2021年2月）、杜为红、秦　剑（—2021年2月，退休）、胡自强（2021年2月—）、马伶燕（—2021年4月）、李　刚（—2021年11月，职工董事）、张晓军（2021年11月—，职工董事）

监　事：王海峰

班子成员③

党组书记、总经理：曲志刚

党组成员、纪检组组长：王海峰

党组成员、副总经理：杜为红

党组成员、副总经理：胡自强

党组成员、副总经理：王玉立（2021年5月—）

党组成员、副总经理：李　刚（2021年5月—）

一级高级经理：师进辉（—2021年8月，退休）

总工程师：王玉林

江苏中烟工业有限责任公司

【概　况】　江苏中烟工业有限责任公司前身为江苏烟草工商分设后于2003年9月成立的江苏中烟工业公司。2006

---

①　2021年5月，国家局党组印发《关于曾政同志任职的通知》（国烟党〔2021〕83号），曾政同志任中共深圳市烟草专卖局（公司）党组书记、深圳市烟草专卖局局长、中国烟草总公司深圳市公司总经理，任职时间自2021年4月7日党组决定之日起计算。

②　2021年2月，国家局、总公司印发《关于河北中烟工业有限责任公司董事会换届的通知》（国烟人〔2021〕38号），委派胡自强同志为河北中烟工业有限责任公司董事。

2021年5月，国家局、总公司印发《关于委派马伶燕同志任职的通知》（国烟人〔2021〕74号），委派马伶燕同志为江苏、安徽、福建中烟工业有限责任公司董事会董事、董事长，上海烟草集团有限责任公司董事会董事、副董事长，试用期一年，不再担任河北、江西、山东、广东、广西中烟工业有限责任公司董事会董事，任职时间自2021年4月30日党组决定之日起计算；高学林同志不再担任江苏、安徽、福建中烟工业有限责任公司董事会董事、董事长，上海烟草集团有限责任公司董事会董事、副董事长。

2021年11月，国家局、总公司印发《关于调整河北中烟工业有限责任公司董事的通知》（国烟人〔2021〕154号），聘任张晓军同志为河北中烟工业有限责任公司董事；李刚同志不再担任河北中烟工业有限责任公司董事。

③　2021年6月，国家局党组印发《关于王玉立和李刚同志任职的通知》（国烟党〔2021〕126号），王玉立和李刚同志任中共河北中烟工业有限责任公司党组成员、河北中烟工业有限责任公司副总经理，试用期一年，任职时间自2021年5月24日党组决定之日起计算。

自2021年1月1日起，《国家烟草专卖局　中国烟草总公司关于进一步规范行业非领导职务设置有关事项的通知》（国烟人〔2020〕171号）施行，省级工业公司及下属企业设置非领导岗位，不再设置非领导职务，非领导岗位按照一级高级经理、二级高级经理、一级业务经理、二级业务经理，一至四级助理设置。其中，巡视员对应一级高级经理，副巡视员对应二级高级经理。

年12月，完成对省内卷烟工业企业的合并重组。2008年5月，经国家局、总公司批复同意，更名改制为江苏中烟工业有限责任公司，并于2009年9月成立董事会，12月举行挂牌仪式。公司下设南京卷烟厂、徐州卷烟厂、淮阴卷烟厂等3个不具有法人资格的卷烟生产厂，以及南通烟滤嘴有限责任公司、江苏鑫源烟草薄片有限公司2个全资子公司。2021年，公司本部设23个部门。截至2021年底，公司拥有总资产773.61亿元，其中固定资产83.69亿元、流动资产661.34亿元，资产负债率8.02%。从业人员5825人。

【领导机构】

董事会

董事长：高学林（—2021年5月）、马伶燕（2021年4月—）

董　事：曾献兵、宣晓泉、王轩庭、郭　勤（—2021年8月，退休）、张弘毅、施　彬（职工董事）

监　事：黄宝生

班子成员

党组书记、总经理：曾献兵

党组成员、副总经理：宣晓泉

党组成员、副总经理：王轩庭

党组成员、副总经理：王海龙

党组成员、纪检组组长：黄宝生

党组成员、副总经理：朱卫星

党组成员、副总经理：招启柏

浙江中烟工业有限责任公司

【概　况】　浙江中烟工业有限责任公司前身为浙江烟草工商分设后于2003年7月成立的浙江中烟工业公司。2007年11月，国家局、总公司批复浙江中烟工业公司更名改制为浙江中烟工业有限责任公司。公司下设杭州卷烟厂、宁波卷烟厂2个不具有法人资格的卷烟生产厂，浙江中烟投资管理有限公司1个全资子公司，参股甘肃烟草工业有限责任公司、环球烟草有限责任公司、科伦印象有限责任公司等企业。公司本部设17个部门。截至2021年底，公司总资产570.85亿元，其中固定资产54.47亿元、流动资产443.81亿元，资产负债率18.34%。从业人员3290人。

【领导机构】

董事会

董事长：李德义

董　事：许明忠、杨柳军、张思荣、王献生（机关部门正职）、沈云龙、王良君（职工董事）

监　事：王德源（—2021年11月）、邓家云（2021年11月—）①

班子成员

党组书记、总经理：许明忠

党组成员、副总经理：杨柳军

党组成员、副总经理：张思荣

党组成员、副总经理：陶建英

党组成员、副总经理：张德春

党组成员、纪检组组长：邓家云（2021年11月—）

一级高级经理：娄晓平（—2021年11月，退休）

总工程师：储国海

二级高级经理：章志华（—2021年6月，退休）

安徽中烟工业有限责任公司

【概　况】　安徽中烟工业有限责任公司前身为安徽烟草工商分设后于2003年4月成立的安徽中烟工业公司。2010年，经国家局、总公司批复同意，更名改制为安徽中烟工

① 2021年11月，国家局、总公司印发《关于调整浙江中烟工业有限责任公司监事的通知》（国烟人〔2021〕162号），委派邓家云同志为浙江中烟工业有限责任公司监事；王德源同志不再担任浙江中烟工业有限责任公司监事。

2021年11月，国家局党组印发《关于邓家云同志任职的通知》（国烟党〔2021〕233号），邓家云同志任中共浙江中烟工业有限责任公司党组成员、党组纪检组组长，试用期一年，任职时间自2021年11月15日党组决定之日起计算。

业有限责任公司。2011年6月15日，安徽中烟工业有限责任公司成立董事会。同年6月27日，正式挂牌成立。公司下设蚌埠卷烟厂、芜湖卷烟厂、合肥卷烟厂、阜阳卷烟厂、滁州卷烟厂等5个不具有法人资格的卷烟生产厂，以及所属的蚌埠卷烟材料厂、芜湖卷烟材料厂、合肥烟草工贸总公司、阜阳卷烟材料厂、滁州卷烟材料厂等卷烟辅助材料生产企业；安徽中烟再造烟叶科技有限责任公司、滁州红三环大酒店有限责任公司、安徽焦甜香生物科技有限公司等3个全资子公司；中烟国际欧洲有限公司1家控股公司，华环国际烟草有限公司、双维伊士曼纤维有限公司2个参股公司。2021年，公司本部设19个部门（含合署办公部门）及1个市场营销中心、1个技术中心和1个物流中心。截至2021年底，公司总资产327.46亿元，其中固定资产54.01亿元、流动资产243.71亿元，资产负债率29.22%。在岗员工5698人。

【领导机构】

董事会

董事长：高学林（—2021年5月）、马伶燕（2021年4月—）

董　事：王志彬、郭　勤（—2021年8月，退休）、张弘毅、程华良、宁　敏、许新忠（职工董事）

监　事：齐义良

班子成员

党组书记、总经理：王志彬

党组成员、副总经理：程华良

党组成员、副总经理：宁　敏

党组成员、副总经理：杜　进（—2021年8月，退休）

党组成员、副总经理：王茂林

党组成员、副总经理：甘　宁

党组成员、纪检组组长：齐义良

总工程师：刘　云

二级高级经理：李国栋（—2021年6月，退休）

福建中烟工业有限责任公司

【概　况】　福建中烟工业有限责任公司前身为福建烟草工商分设后于2003年11月成立的福建中烟工业公司。2010年12月，经国家局、总公司批复同意更名改制为福建中烟工业有限责任公司，2011年7月8日正式挂牌成立。公司下设5个具有独立法人资格企业，分别是龙岩、厦门烟草工业有限责任公司2个卷烟生产企业，福建省龙岩金叶复烤有限责任公司1个打叶复烤企业，福建金闽再造烟叶发展有限公司1个烟草薄片生产企业，以及福建鑫叶投资管理集团有限公司1个多元化经营企业。2021年，公司本部设23个部门，分为12个职能部门和11个专业部门。截至2021年底，公司总资产298.43亿元，其中固定资产35.59亿元、流动资产225.52亿元，资产负债率23.63%。从业人员7067人。

【领导机构】

董事会①

董事长：高学林（—2021年5月）、马伶燕（2021年4月—）

董　事：王志江（—2021年11月）、夏开元（2021年11月—）、邱全胜、林荣欣、郭　勤（—2021年8月，退休）、张弘毅、李海民（职工董事）

监　事：林建红

班子成员②

党组书记、总经理：王志江（—2021年11月）

党组书记、总经理：夏开元（2021年10月—）

党组成员、副总经理：邱全胜

---

① 2021年11月，国家局、总公司印发《关于调整夏开元和王志江同志职务的通知》（国烟人〔2021〕158号），委派夏开元同志为福建中烟工业有限责任公司董事，担任该公司法定代表人；王志江同志不再担任福建中烟工业有限责任公司董事、法定代表人。

② 2021年11月，国家局党组印发《关于夏开元和王志江同志职务任免的通知》（国烟党〔2021〕229号），夏开元同志任中共福建中烟工业有限责任公司党组书记、福建中烟工业有限责任公司总经理，试用期一年；免去王志江同志中共福建中烟工业有限责任公司党组书记、福建中烟工业有限责任公司总经理职务，另有任用。夏开元同志的任职时间自2021年10月25日党组决定之日起计算。

党组成员、副总经理：伍达明

党组成员、副总经理：林荣欣

党组成员、纪检组组长：林建红

党组成员、副总经理：廖材河

党组成员、副总经理：吴志文

总工程师：陈万年

二级高级经理：田冬宏

江西中烟工业有限责任公司

【概　况】　江西中烟工业有限责任公司前身为江西烟草工商分设后于2004年10月成立的江西中烟工业公司。2007年12月，国家局、总公司批复同意江西中烟工业公司与所属南昌卷烟总厂合并重组为一个法人实体，企业名称为江西中烟工业公司。2009年10月，江西中烟工业公司更名改制为江西中烟工业有限责任公司，下设南昌卷烟厂、赣州卷烟厂、广丰卷烟厂、井冈山卷烟厂等4个不具有法人资格的卷烟生产厂。2021年，公司本部设20个部门。截至2021年底，公司总资产178.12亿元，其中固定资产33.35亿元、流动资产130.22亿元，资产负债率21.45%。从业人员4355人。

【领导机构】

董事会

董事长：舒　明

董　事：温东奇、王迪汗、张胜健、秦　剑（—2021年2月，退休）、马伶燕（—2021年4月）、刘沪明（职工董事）

监　事：秦日伦

班子成员

党组书记、总经理：温东奇

党组成员、副总经理：王迪汗

党组成员、副总经理：张胜健

党组成员、副总经理：赵明强

党组成员、纪检组组长：秦日伦

党组成员、副总经理：罗丽珍

二级高级经理：何善懋（2021年5月—）①

山东中烟工业有限责任公司

【概　况】　山东中烟工业有限责任公司前身为山东烟草工商分设后于2004年2月成立的山东中烟工业公司。2009年9月，国家局、总公司批复同意山东中烟工业公司更名改制和建立董事会。2010年4月20日，山东中烟工业有限责任公司挂牌成立，下设济南卷烟厂、青岛卷烟厂、青州卷烟厂、滕州卷烟厂等4个不具有法人资格的卷烟生产厂，以及将军烟草集团有限公司、颐中烟草（集团）有限公司、山东省烟草物资设备有限公司等3个全资子公司。2021年，公司本部设21个部门和3个相对独立运行中心。截至2021年底，公司总资产376.61亿元，其中固定资产48.27亿元、流动资产289.05亿元，资产负债率32.63%。从业人员5141人。

【领导机构】

董事会

董事长：舒　明

董　事：王建勇、王众声、鹿广瑞、秦　剑（—2021年2月，退休）、马伶燕（—2021年4月）、向　东（职工董事）

监　事：卢卫铭

班子成员

党组书记、总经理：王建勇

党组成员、副总经理：王众声

党组成员、副总经理：鹿广瑞

党组成员、副总经理：丛亮滋

党组成员、副总经理：蒋海岩

① 2021年6月，国家局党组印发《关于何善懋同志任职的通知》（国烟党〔2021〕115号），何善懋同志任江西中烟工业有限责任公司二级高级经理，任职时间自2021年5月24日党组决定之日起计算。

党组成员、纪检组组长：卢卫铭

党组成员、副总经理：王现君

河南中烟工业有限责任公司

【概　况】 河南中烟工业有限责任公司前身为河南烟草工商分设后于2004年1月成立的河南中烟工业公司。2009年8月，河南中烟工业公司更名改制为河南中烟工业有限责任公司。2011年8月，河南中烟工业有限责任公司挂牌成立。公司下设黄金叶生产制造中心、许昌卷烟厂、安阳卷烟厂、南阳卷烟厂、驻马店卷烟厂、漯河卷烟厂、洛阳卷烟厂等7个不具有法人资格的卷烟生产厂，河南卷烟工业烟草薄片有限公司1个薄片生产企业，河南金瑞香精香料有限公司、河南金芒果印刷有限公司、许昌永昌印务有限公司、焦作金叶醋酸纤维有限公司等4个卷烟辅助材料生产企业，1个行业级技术中心，1个博士后科研工作站。2021年，公司本部设23个部门。截至2021年底，公司总资产451.14亿元，其中固定资产58.35亿元、流动资产358.07亿元，资产负债率34.28%。从业人员8155人。

【领导机构】

董事会

董事长：李德义

董　事：李　斌、杨志忠、吴明山、沈云龙、王献生（机关部门正职）、刘亚利（职工董事）

监　事：刘学鲁

班子成员

党组书记、总经理：李　斌

党组成员、副总经理：杨志忠

党组成员、纪检组组长：刘学鲁

党组成员、副总经理：许廷选

党组成员、副总经理：李彦伟

党组成员、副总经理：王德平（—2021年9月）

二级高级经理：吴明山

湖北中烟工业有限责任公司

【概　况】 湖北中烟工业有限责任公司前身为湖北烟草工商分设后于2004年1月18日成立的湖北中烟工业公司。2006年，湖北中烟工业公司与武汉烟草（集团）有限公司、武汉卷烟厂实行双向合署办公，重组整合为一个法人实体。2007年11月28日，湖北中烟工业公司正式更名改制为湖北中烟工业有限责任公司。公司下设武汉卷烟厂、襄阳卷烟厂、恩施卷烟厂、三峡卷烟厂、红安卷烟厂、广水卷烟厂等6个不具有法人资格的卷烟生产厂，以及卷烟材料厂、湖北新业烟草薄片开发有限公司、红金龙（集团）有限公司、统一联邦国际有限公司、湖北宜昌金丝烟草有限公司、宜昌金叶工贸有限责任公司、襄阳市鸿琰实业有限责任公司等7个全资子公司，并控股湖北龙乡印刷包装股份有限公司。2021年，公司本部设职能部门12个，专业部门9个。截至2021年底，公司总资产645.8亿元，其中固定资产净值48.16亿元、流动资产506.47亿元，资产负债率30.53%。从业人员7155人。

【领导机构】

董事会①

董事长：陈　晖（—2021年8月）、马保军（2021年8月—）

董　事：郜　强、陈昌鸿（机关部门副职）、蔡　奕、姚　萌、聂广军、邓家云（—2021年11月，职工董事）

监　事：马超纯

班子成员

党组书记、总经理：郜　强

党组成员、副总经理：姚　萌

党组成员、副总经理：聂广军

① 2021年9月，国家局、总公司印发《关于委派马保军同志任职的通知》（国烟人〔2021〕128号），委派马保军同志为湖北、湖南、贵州、陕西中烟工业有限责任公司董事、董事长，任职时间自2021年8月31日党组决定之日起计算；陈晖同志不再担任湖北、湖南、贵州、陕西中烟工业有限责任公司董事、董事长。

党组成员、纪检组组长：马超纯

党组成员、副总经理：李　晖

党组成员、副总经理：谭文峰

党组成员、副总经理：万里鹏

总工程师：陈慧斌

二级高级经理：侯　波

二级高级经理：杨志明（2021年11月—）①

湖南中烟工业有限责任公司

【概　况】　湖南中烟工业有限责任公司前身为湖南烟草工商分设后于2003年成立的湖南中烟工业公司。2006年10月，湖南中烟工业公司与所属长沙卷烟厂、常德卷烟厂合并重组为一个企业法人；2007年11月，湖南中烟工业公司更名改制为湖南中烟工业有限责任公司。下辖长沙卷烟厂、常德卷烟厂、郴州卷烟厂、零陵卷烟厂、四平卷烟厂、吴忠卷烟厂等6个不具有法人资格的卷烟生产厂，湖南中烟投资管理有限公司、湖南中烟物流有限责任公司、湖南金叶烟草薄片有限责任公司3个全资子公司，控股浏阳天福打叶复烤有限责任公司、常德芙蓉烟叶复烤有限责任公司、湘西鹤盛原烟发展有限责任公司等3个复烤企业，并持有河北白沙烟草有限责任公司50%的股权。2021年，公司本部设19个部门，以及市场营销、技术、原料采购等3个中心。截至2021年底，公司总资产1029.2亿元，其中流动资产794.35亿元、固定资产112.59亿元，资产负债率16.56%。从业人员9367人。

【领导机构】

董事会

董事长：陈　晖（—2021年8月）、马保军（2021年8月—）

董　事：籍　涛、陈昌鸿（机关部门副职）、蔡　奕、刘　兴、栾永亮、黄富春（职工董事）

监　事：高青松

班子成员

党组书记、总经理：籍　涛

党组成员、副总经理：刘　兴

党组成员、副总经理：栾永亮

党组成员、纪检组组长：高青松

党组成员、副总经理：李　立

党组成员、副总经理：刘　军

党组成员、副总经理：龚道国

党组成员、副总经理：金铁龙

总工程师：钟科军

广东中烟工业有限责任公司

【概　况】　广东中烟工业有限责任公司前身为成立于2003年的广东中烟工业公司。2007年，更名改制为广东中烟工业有限责任公司，是全国烟草行业首家建立董事会的省级工业公司。公司下设广州卷烟厂、韶关卷烟厂、梅州卷烟厂、湛江卷烟厂等4个不具有法人资格的卷烟生产厂。2021年，公司本部设机构30个。截至2021年底，公司总资产474.61亿元，其中固定资产36.64亿元、流动资产365.53亿元，资产负债率21.46%。从业人员5937人。

【领导机构】

董事会②

董事长：舒　明

董　事：白云峰、袁汉辉、庄　红、陈　峰、郭志宏、秦　剑（—2021年2月，退休）、马伶燕（—2021年4月）、王文祥（—2021年3月，职工董事）、饶智华（2021年3月—，职工董事）

监　事：王国飞

---

① 2021年11月，国家局党组印发《关于杨志明同志任职的通知》（国烟党〔2021〕236号），杨志明同志任湖北中烟工业有限责任公司二级高级经理，任职时间自2021年11月15日党组决定之日起计算。

② 2021年3月，国家局、总公司印发《关于调整广东中烟工业有限责任公司董事的通知》（国烟人〔2021〕42号），聘任饶智华同志为广东中烟工业有限责任公司董事会董事，王文祥同志不再担任广东中烟工业有限责任公司董事会董事。

班子成员

党组书记、总经理：白云峰

党组成员、副总经理：区广安（—2021 年 2 月，退休）

党组成员、副总经理：袁汉辉

党组成员、纪检组组长：王国飞

党组成员、副总经理：张赤兵

党组成员、副总经理：庄　红

党组成员：梁　强

总工程师：许　光

二级高级经理：李显万

广西中烟工业有限责任公司

【概　况】 广西中烟工业有限责任公司前身为2003 年广西烟草工商分设后成立的广西中烟工业公司。2008 年 9 月 26 日，广西中烟工业公司完成公司制改造，更名为广西中烟工业有限责任公司。公司下设南宁卷烟厂、柳州卷烟厂 2 个不具有法人资格的卷烟生产厂，广西中烟天成投资管理有限责任公司、广西真龙物流有限责任公司 2 个全资子公司，其中，广西中烟天成投资管理有限责任公司下辖广西真龙实业有限责任公司、广西真龙彩印有限责任公司等 9 个全资、控股多元化企业，经营业务涉及烟草配套材料、物业管理、计算机技术等领域。截至 2021 年底，公司总资产 234.55 亿元，其中固定资产 36.1 亿元、流动资产 163.33 亿元，资产负债率 35.54%。从业人员 2871 人。

【领导机构】

董事会

董事长：舒　明

董　事：马伶燕（—2021 年 4 月）、谢昆或、覃　荣、陈　峰、区广安（—2021 年 2 月，退休）、袁汉辉、秦　剑（—2021 年 2 月，退休）、许　光（2021 年 4 月—）①、唐格莲（职工董事）

监　事：赵江波

班子成员

党组书记、总经理：谢昆或

党组成员、副总经理：覃　荣

党组成员、副总经理：陈　峰

党组成员、纪检组组长：赵江波

党组成员、副总经理：郭志宏

党组成员、副总经理：王　珏

总会计师：陈仲良（—2021 年 7 月，退休）

二级高级经理：陆建南

重庆中烟工业有限责任公司

【概　况】 重庆中烟工业有限责任公司于 2015 年 11 月 10 日挂牌成立。由原川渝中烟工业有限责任公司拆分组建，是中国烟草总公司全资子公司，直属国家烟草专卖局管理。公司下辖重庆卷烟厂、涪陵卷烟厂、黔江卷烟厂等 3 个不具有法人资格的卷烟生产厂。2021 年，公司本部设 22 个部门。截至 2021 年底，公司总资产 171.7 亿元，其中固定资产 14.35 亿元、流动资产 143.8 亿元，资产负债率 37.58%。从业人员 3250 人。

【领导机构】

董事会

董事长：李德义

董　事：张　力、沈云龙、王献生（机关部门正职）、程晓苏、张建华、魏　虹（职工董事）

监　事：陈　玟

班子成员

党组书记、总经理：张　力

党组成员、副总经理：程晓苏

党组成员、副总经理：张建华

党组成员、纪检组组长：陈　玟

① 2021 年 4 月，国家局、总公司印发《关于调整广西中烟工业有限责任公司董事的通知》（国烟人〔2021〕57 号），委派许光同志为广西中烟工业有限责任公司董事。

二级高级经理：张正念（—2021 年 10 月，退休）

四川中烟工业有限责任公司

【概　况】 四川中烟工业有限责任公司成立于 2015 年 11 月 8 日，由原川渝中烟工业有限责任公司拆分组建，是中国烟草总公司全资子公司。四川中烟下设成都卷烟厂、什邡卷烟厂、绵阳卷烟厂、西昌卷烟厂等 4 个不具有法人资格的卷烟生产厂，以及长城雪茄烟厂、四川三联新材料有限公司、四川中烟投资有限责任公司。2021 年，公司本部设 13 个职能部门和 7 个专业部门。截至 2021 年底，公司总资产 286.86 亿元，其中固定资产 24.84 亿元、流动资产 238.16 亿元，资产负债率 42.09%。从业人员 6409 人。

【领导机构】

董事会①

董事长：李德义

董　事：彭传新、王献生（机关部门正职）、沈云龙、崔建华（—2021 年 11 月）、邓　权、赵屹峰（2021 年 11 月—）、郭爱萍（—2021 年 11 月，职工董事）、晏　飞（2021 年 11 月—，职工董事）

监　事：樊宣刚

班子成员②

党组书记、总经理：彭传新

党组成员、副总经理：崔建华（—2021 年 9 月）

党组成员、副总经理：邓　权

党组成员、副总经理：赵屹峰

党组成员、纪检组组长：樊宣刚

党组成员、副总经理：刘静瑶

党组成员、副总经理：郭爱萍（2021 年 10 月—）

总经济师：姜　鸥（2021 年 10 月—）

二级高级经理：汤柱国

贵州中烟工业有限责任公司

【概　况】 贵州中烟工业有限责任公司前身为贵州烟草工商分设后于 2003 年 7 月成立的贵州中烟工业公司。2008 年 7 月，国家局、总公司批复同意贵州中烟工业公司更名改制为贵州中烟工业有限责任公司。公司下设贵阳卷烟厂、遵义卷烟厂、毕节卷烟厂、贵定卷烟厂、铜仁卷烟厂等 5 个不具有法人资格的卷烟生产厂和兴义烟叶储运站等 6 个二级单位，贵州福贵投资管理公司属多元化子公司，控股贵州黄果树金叶科技有限公司。2021 年，公司本部设 10 个职能部门、10 个专业部门。截至 2021 年底，公司总资产 343.71 亿元，其中固定资产 53.3 亿元、流动资产 264.21 亿元，资产负债率 34.75%。从业人员 6699 人。

【领导机构】

董事会

董事长：陈　晖（—2021 年 8 月）、马保军（2021 年 8 月—）

董　事：田　成、杨　东、方　静、陈昌鸿（机关部门副职）、蔡　奕、秦　宁（职工董事）

监　事：钟　勇

班子成员③

党组书记、总经理：田　成

党组成员、副总经理：方　静

党组成员、纪检组组长：钟　勇

党组成员、副总经理：关　培

---

① 2021 年 11 月，国家局、总公司印发《关于调整四川中烟工业有限责任公司董事的通知》（国烟人〔2021〕155 号），委派赵屹峰同志为四川中烟工业有限责任公司董事，崔建华同志不再担任四川中烟工业有限责任公司董事；聘任晏飞同志为四川中烟工业有限责任公司董事，郭爱萍同志不再担任四川中烟工业有限责任公司董事。

② 2021 年 10 月，国家局党组印发《关于郭爱萍和姜鸥同志任职的通知》（国烟党〔2021〕208 号），郭爱萍同志任中共四川中烟工业有限责任公司党组成员、四川中烟工业有限责任公司副总经理，试用期一年；姜鸥同志任四川中烟工业有限责任公司总经济师，试用期一年。郭爱萍和姜鸥同志任职时间自 2021 年 10 月 11 日党组决定之日起计算。

③ 2021 年 4 月，国家局党组印发《关于秦宁等三名同志任职的通知》（国烟党〔2021〕68 号），秦宁同志任中共贵州中烟工业有限责任公司党组成员、贵州中烟工业有限责任公司副总经理，试用期一年；李文刚、王光举同志任贵州中烟工业有限责任公司二级高级经理。秦宁、李文刚、王光举同志的任职时间自 2021 年 4 月 7 日党组决定之日起计算。

2021 年 9 月，国家局党组印发《关于杨东同志职务任免的通知》（国烟党〔2021〕164 号），杨东同志任贵州中烟工业有限责任公司一级高级经理，免去其中共贵州中烟工业有限责任公司党组成员、贵州中烟工业有限责任公司副总经理职务，任职时间自 2021 年 7 月 25 日党组决定之日起计算。

党组成员、副总经理：胡世龙

党组成员、副总经理：秦　宁（2021 年 4 月—）

一级高级经理：杨　东（2021 年 7 月—，之前任党组成员、副总经理）

总工程师：魏　鹰

二级高级经理：李文刚（2021 年 4—10 月，退休）

二级高级经理：王光举（2021 年 4 月—）

云南中烟工业有限责任公司

【概　况】　云南中烟工业有限责任公司前身为2003 年10 月云南烟草工商分设后成立的云南中烟工业公司。2004 年1 月1 日，云南中烟工业公司举行挂牌仪式。2010 年12 月28 日，国家局、总公司批复同意云南中烟工业公司更名改制为云南中烟工业有限责任公司。2011 年1 月27 日，云南中烟工业有限责任公司挂牌成立。公司集卷烟生产销售、烟草物资配套供应、科研以及多元化经营等为一体，是全国卷烟产销规模最大的省级中烟公司。公司拥有卷烟产量规模位居行业前两位的红塔烟草（集团）有限责任公司（下设玉溪卷烟厂、楚雄卷烟厂、大理卷烟厂、昭通卷烟厂等4 个不具有法人资格的全资卷烟生产厂）和红云红河烟草（集团）有限责任公司（下设昆明卷烟厂、红河卷烟厂、曲靖卷烟厂、会泽卷烟厂、新疆卷烟厂、乌兰浩特卷烟厂等6 个不具有法人资格的全资卷烟生产厂），以及营销中心、技术中心（云南烟草科学研究院）、云南合和（集团）股份有限公司、云南中烟物资（集团）有限责任公司、云南烟草国际有限公司、培训中心、云南中烟党校、云南中烟特有职业（工种）职业技能鉴定站、云南中烟新材料科技有限公司等多个直属单位，参控股云南烟草机械有限责任公司、云南中烟再造烟叶有限责任公司等多个境内企业。在瑞士、罗马尼亚、阿根廷、巴西、美国、缅甸、老挝、印度尼西亚、纳米比亚、伊朗、迪拜等国家和中国香港、中国澳门地区拥有多家全资、参控股境外企业和多个境外许可生产项目。2021 年，公司本部设18 个内设机构。截至2021 年底，公司总资产4445.69 亿元，其中固定资产283.84 亿元、流动资产2415.67 亿元，资产负债率41.97%。从业人员3.92 万人。

【领导机构】

董事会①

董事长：陈卫东（—2021 年11 月）、王志江（2021 年11 月—）

副董事长：李德义

董　事：陈卫东（—2021 年11 月）、王志江（2021 年11 月—）、李德义、王　勇、景　峰、王献生（机关部门正职）、沈云龙、赵　勇（职工董事）

监　事：郑雄志

班子成员②

党组书记：陈卫东（—2021 年11 月）

党组书记：王志江（2021 年11 月—）

党组成员、副总经理：夏开元（—2021 年11 月）

党组成员、副总经理：王　勇

党组成员、副总经理：景　峰

党组成员、纪检组组长：郑雄志

二级高级经理：赵　勇（—2021 年3 月，退休）

二级高级经理：张　峻（—2021 年1 月，退休）

二级高级经理：代　伟（2021 年6 月—）

陕西中烟工业有限责任公司

【概　况】　陕西中烟工业有限责任公司前身为陕西烟草工商分设后于2003 年12 月成立的陕西中烟工业公司。2009

① 2021 年11 月，国家局、总公司印发《关于调整王志江和陈卫东同志职务的通知》（国烟人〔2021〕159 号），委派王志江同志为云南中烟工业有限责任公司董事、董事长，担任该公司法定代表人；陈卫东同志不再担任云南中烟工业有限责任公司董事、董事长，法定代表人。

② 2021 年11 月，国家局党组印发《关于王志江等三名同志职务任免的通知》（国烟党〔2021〕230 号），王志江同志任中共云南中烟工业有限责任公司党组书记；免去陈卫东同志的中共云南中烟工业有限责任公司党组书记职务；免去夏开元同志的中共云南中烟工业有限责任公司党组成员、云南中烟工业有限责任公司副总经理职务，另有任用。

2021 年6 月，国家局党组印发《关于代伟同志任职的通知》（国烟党〔2021〕122 号），代伟同志任云南中烟工业有限责任公司二级高级经理。

年9月，经国家局、总公司批复同意，更名改制为陕西中烟工业有限责任公司。公司下设宝鸡卷烟厂、延安卷烟厂、汉中卷烟厂、澄城卷烟厂和旬阳卷烟厂等5个不具有法人资格的卷烟生产厂，以及具有独立法人资格的陕西中烟投资管理有限公司。2021年，公司本部新设信息中心，共设21个部门。截至2021年底，公司总资产210.69亿元，其中固定资产35.28亿元、流动资产155.71亿元，资产负债率24.49%。在岗人员5118人。

【领导机构】

董事会

董事长：陈　晖（—2021年8月）、马保军（2021年8月—）

董　事：严金虎、曹兴浪、赵德学、蔡　奕、陈昌鸿（机关部门副职）、秦东生（职工董事）

监　事：奚柏龙

班子成员

党组书记、总经理：严金虎

党组成员、副总经理：曹兴浪

党组成员、副总经理：赵德学

党组成员、副总经理：任　立（—2021年8月，退休）

党组成员、副总经理：李　强

党组成员、纪检组组长：奚柏龙

二级高级经理：马文卷

二级高级经理：李宝新

其他直属单位

中国烟草总公司郑州烟草研究院

【主要职责】　主要从事烟草栽培调制及贮保、烟草基因、卷烟加工工艺和卷烟配方、烟草化学、烟用香精香料、卷烟减害降焦、再造烟叶等方面的应用基础和共性技术研究，卷烟厂和烟叶复烤厂的工程设计、行业相关检测仪器的研制、开发等。学科范围覆盖从烟草基因到卷烟生产的全过程。郑州院是国际标准化组织烟草及烟草制品技术委员会（ISO/TC 126）国内技术归口单位，是国际烟草科学研究合作中心（CORESTA）的分会员单位。2021年，在职员工325人，其中各类专业技术人员282人，包括中国工程院院士1人、总公司科技杰出贡献奖获得者1人、行业科技领军人才2人、享受“国务院政府特殊津贴”专家6人、行业学科带头人10人、高级以上职称人员215人。硕士和博士学历人员222人。

【负责人】①

党组书记、副院长：宋亚强（—2021年9月）

党组副书记、院长：谢剑平（—2021年9月）

党组书记、副院长：宋民宝（2021年9月—）

党组成员、副院长：王德平（2021年9月—）

党组成员、副院长：张建勋

党组成员、副院长：罗登山

党组成员：胡清源

党组成员、纪检组组长：裴　丽

党组成员、副院长：窦　滨（2021年9月—）

副巡视员：王新民（—2021年5月，退休）

【内设机构】　设办公室（外事办公室、安全管理处）、科研开发处（烟草学会秘书处）、财务管理处（审计处）、人事处（研究生处）、党建工作处（机关党委合署办公）、纪检监察处（与党组纪检组合署办公）、后勤管理处等7个职能部门，烟草农业研究室（烟草行业生态环境与烟叶质

---

① 2021年9月，国家局党组印发《关于宋民宝等四名同志职务任免的通知》（国烟党〔2021〕190号），宋民宝同志任中共中国烟草总公司郑州烟草研究院党组书记、中国烟草总公司郑州烟草研究院副院长，试用期一年；王德平同志任中共中国烟草总公司郑州烟草研究院党组成员、中国烟草总公司郑州烟草研究院副院长，排名列张建勋同志之前；免去宋亚强同志的中共中国烟草总公司郑州烟草研究院党组书记、中国烟草总公司郑州烟草研究院副院长职务；免去谢剑平同志中共中国烟草总公司郑州烟草研究院党组副书记、中国烟草总公司郑州烟草研究院院长职务。宋民宝同志的任职时间自2021年9月6日党组决定之日起计算。

2021年12月，国家局党组印发《关于窦滨同志任职的通知》（国烟党〔2021〕237号），窦滨同志任中共中国烟草总公司郑州烟草研究院党组成员、中国烟草总公司郑州烟草研究院副院长，试用期一年，任职时间自2021年9月6日党组决定之日起计算。

量重点实验室）、烟草工艺研究室（烟草行业烟草工艺重点实验室）、烟草化学研究室（烟草行业烟草化学重点实验室）、烟草香料研究室（烟草行业烟草香料基础研究重点实验室）等4个科研部门，中国烟草科技信息中心、中国烟草标准化研究中心、国家烟草基因研究中心等3个行业中心，河南新桥烟草科技服务有限公司、郑州嘉德机电科技有限公司、郑州益盛烟草工程设计咨询有限公司等3个多元化经营企业。

中国烟草总公司合肥设计院

【主要职责】 负责组织烟草行业固定资产重大投资工程项目的技术审查（咨询）以及行业直属单位审批权限内的重大工程项目的技术咨询。参与行业打叶复烤厂和烟用仓库投资项目的前期总体规划及设计工作，参与烟草行业工程建设项目施工图第三方审查和项目的相关咨询工作，以及行业工程建设项目设计规范、技术标准的编制、修订和实施、监督工作等。

【负责人】

党委书记、院长：卢安宁（正厅级）

巡视员：陆　敏（2021年10月—，之前任党委委员、副院长）①

党委委员、纪委书记、副院长：葛　波

【内设机构】 设办公室、人事处、经营处、财务管理处（审计处）、技术审查处、设计处等6个内设处室。

中国烟草总公司职工进修学院

【主要职责】 承担行业高层次专业技术和职业技能人员培训、企业经营管理人员培训，培训项目研发设计与组织实施，行业特有职业技能鉴定与竞赛管理，行业网络学习平台管理，教材和师资等资源开发、建设和管理，黄淮产区的烟叶样品研究与管理，行业内外、国（境）内外教育培训合作与交流等工作；承办国家局、总公司机关各部门、各单位组织的培训项目，协助国家局、总公司职能部门开展年度培训计划制订、培训项目招投标等工作；承担中国烟草学会教育专业委员会和安全生产专业委员会工作。

【负责人】

党组书记、院长：王　宏

党组成员、副院长，国家烟草专卖局职业技能鉴定指导中心专职副主任：杨保吉（部门副职）

党组成员、副院长：刘学义

党组成员、副院长：李广才

党组成员、纪检组组长：陈卫华

党组成员、副院长：栗卫军

【内设机构】 进修学院设办公室（外事办公室）、人事处（离退办）、党建工作处（机关党委、工会办公室）、财务管理处、纪检监察处（审计处、规范办）、安全管理处、烟草农业培训部（黄淮烟叶样品中心）、烟草工业培训部、综合培训部、网络培训部、教学保障中心、信息中心、后勤保障中心等13个处室，并设有博士后研发基地。职业技能鉴定指导中心设综合管理处、质量督导处、鉴定考核处、标准命题处等4个处室。

上海新型烟草制品研究院

【主要职责】 作为行业级研究机构，着力突破专利制约和技术“瓶颈”，发挥技术成果应用转化的“孵化器”作用。2016年5月，国家局批复同意设立上海新型烟草制品研究院有限公司，与上海新型烟草制品研究院合署办公。

【负责人】

院　长：陆　捷（兼）

副院长：陈超英

副院长：丁逸敏

---

① 2021年10月，国家局党组印发《关于陆敏同志职务任免的通知》（国烟党〔2021〕209号），陆敏同志任中国烟草总公司合肥设计院巡视员，免去其中共中国烟草总公司合肥设计院委员会委员、中国烟草总公司合肥设计院副院长职务，任职时间自2021年10月11日党组决定之日起计算。

南通醋酸纤维有限公司

【概　况】　南通醋酸纤维有限公司（简称南纤公司）成立于1987年3月，由中国烟草总公司与美国塞拉尼斯公司合资经营，是集化工、化纤、热电为一体的大型工业企业。南纤公司占地面积84.94万平方米，总投资9.03亿美元，其中中方投资占69.32%、美方占30.68%。南纤公司主要产品为烟用二醋酸纤维丝束（简称醋纤丝束）及其配套原料二醋酸纤维素片（简称醋片），其中，醋纤丝束销售到全国约70个卷烟生产企业；醋片作为醋纤丝束的生产原料，除公司自用外，同时供应昆明醋酸纤维有限公司、珠海醋酸纤维有限公司。截至2021年底，公司总资产50.78亿元，其中固定资产18.77亿元、流动资产27.46亿元，资产负债率12.78%。在岗员工967人。

【领导成员】　南纤公司实行董事会领导下的总经理负责制，主要领导成员有：

董事长：高一军

副董事长：李察森（Scott Anthony Richardson）

党委书记、总经理：孙桂泉

党委委员、副总经理：杨占平

党委委员、副总经理：茅　俊

党委委员、副总经理：张　杰

党委委员、副总经理：江建军

副总经理：王文庭（Wen Wang）

副总经理：彭为骏（Weijun Peng）

党委委员、工会主席：韩振武

昆明醋酸纤维有限公司

【概　况】　昆明醋酸纤维有限公司（简称昆纤公司）成立于1993年5月，由中国烟草总公司和美国塞拉尼斯公司共同投资兴建，占地面积19万平方米，总投资9171.3万美元，其中中方投资占70%、美方占30%。公司主要产品为烟用二醋酸纤维丝束，年生产能力3.5万吨。截至2021年底，公司总资产9.23亿元，其中固定资产1.11亿元、流动资产7.55亿元，资产负债率12.2%。从业人员338人。

【领导成员】　昆纤公司实行董事会领导下的总经理负责制，主要领导成员有：

董事长：高一军

副董事长：李察森（Scott Anthony Richardson）

总经理：汪若泉（Bill Wang）

党委书记、副总经理：温　明

党委委员、副总经理：夏　吕

党委委员、总会计师：陆晓红

副总经理：何伟业（Javier Martinez）

副总经理：陈秋文（First Chen）

党委委员、工会主席：严　峰

珠海醋酸纤维有限公司

【概　况】　珠海醋酸纤维有限公司（简称珠纤公司）成立于1993年5月20日，由中国烟草总公司和美国塞拉尼斯公司合资兴建，占地面积28万平方米，总投资2.23亿美元，其中中方投资占70%、美方占30%。公司专业生产“华维”品牌烟用二醋酸纤维素丝束，年生产能力7.5万吨。截至2021年底，公司总资产20.43亿元，其中固定资产10.54亿元、流动资产7.86亿元，资产负债率32.1%。在岗员工351人。

【领导成员】　珠纤公司实行董事会领导下的总经理负责制，主要领导成员有：

董事长：高一军

副董事长：李察森（Scott Anthony Richardson）

党委书记、总经理：王　军

党委委员、副总经理：刘　强

党委委员、副总经理：赵树春

党委委员、总会计师：武晓虹

副总经理：罗莫斯（Enrique Ramos）（—2021年12月）

副总经理：叶志全（Marcus Yip）

党委委员、工会主席、副总经理（兼任）：吴超平

◇编辑：褚　幸

烟草行业组织机构图

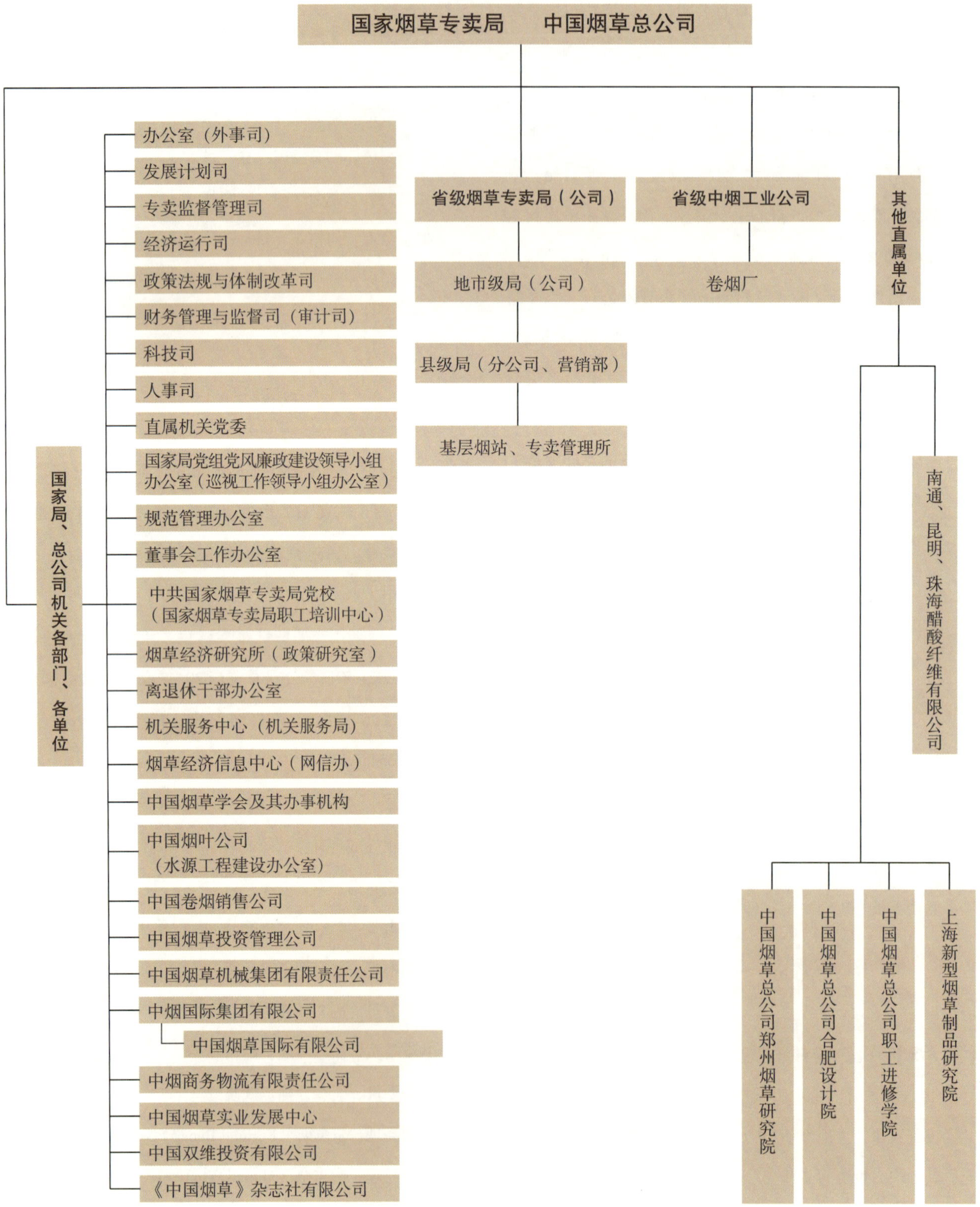
国家烟草专卖局　中国烟草总公司
国家局、总公司机关各部门、各单位
办公室（外事司）
发展计划司
专卖监督管理司
经济运行司
政策法规与体制改革司
财务管理与监督司（审计司）
科技司
人事司
直属机关党委
国家局党组党风廉政建设领导小组办公室（巡视工作领导小组办公室）
规范管理办公室
董事会工作办公室
中共国家烟草专卖局党校（国家烟草专卖局职工培训中心）
烟草经济研究所（政策研究室）
离退休干部办公室
机关服务中心（机关服务局）
烟草经济信息中心（网信办）
中国烟草学会及其办事机构
中国烟叶公司（水源工程建设办公室）
中国卷烟销售公司
中国烟草投资管理公司
中国烟草机械集团有限责任公司
中烟国际集团有限公司
中国烟草国际有限公司
中烟商务物流有限责任公司
中国烟草实业发展中心
中国双维投资有限公司
《中国烟草》杂志社有限公司
省级烟草专卖局（公司）
地市级局（公司）
县级局（分公司、营销部）
基层烟站、专卖管理所
省级中烟工业公司
卷烟厂
其他直属单位
南通、昆明、珠海醋酸纤维有限公司
中国烟草总公司郑州烟草研究院
中国烟草总公司合肥设计院
中国烟草总公司职工进修学院
上海新型烟草制品研究院

党史学习教育

烟草行业开展党史学习教育总体情况

根据中共中央《关于在全党开展党史学习教育的通知》精神，按照党中央统一部署，烟草行业各级党组织围绕“学史明理、学史增信、学史崇德、学史力行”和“学党史、悟思想、办实事、开新局”的目标要求，开展主题突出、形式多样的学习研讨、宣传教育和实践活动。

加强组织领导，确保学习教育“全覆盖”。国家局党组坚决落实主体责任，实现全行业1.27万个基层党组织、18.1万名党员党史学习教育全覆盖。局党组先后召开3次行业动员会，对全行业开展党史学习教育、学习贯彻习近平总书记“七一”重要讲话精神、学习贯彻党的十九届六中全会精神进行动员部署。行业各基层党组织针对不同群体党员特点，构建“网、刊、微、端、报”全方位学习平台，推动学习教育进车间、入站点、到人头。各级党组织带动烟农、卷烟零售户、联建单位共同开展学习教育，形成行业内外积极互动、党员群众共学互促的局面。

坚持以上率下，发挥“关键少数”示范引领作用。国家局党组及时跟进学习贯彻习近平总书记关于党的历史和党史学习教育系列重要论述，学习领会习近平总书记“七一”重要讲话精神和党的十九届六中全会精神，开展12次党组理论学习中心组集体学习，组织机关司局级以上党员领导干部开展交流研讨106人次。国家局党组成员带头讲专题党课、宣讲党的十九届六中全会精神，以普通党员身份参加所在党支部专题组织生活会，深入46家基层单位开展宣讲和调研指导。行业各级党组（党委）发挥领学促学作用，共开展集中学习1.9万余次，参加交流研讨3.3万余人次，讲专题党课1万余次。

确保目标效果，全程严督实导。国家局党组派出2个机关指导组和4个行业巡回指导组，各直属单位派出224个工作指导组，对27个局机关部门和专业公司、全行业57家直属单位及其所属3004家基层单位开展全覆盖督导。各级指导组加强沟通衔接，围绕专题学习研讨、专题民主生活会、专题组织生活会、“我为群众办实事”等重点工作，严督实导，并深入一线发掘亮点。行业巡回指导工作与“金叶先锋·担当奉献”烟草行业庆祝建党100周年主题巡回宣讲相结合，举办宣讲报告会57场，现场参与党员干部职工16.6万人。

用好红色资源，以丰富学习载体营造浓厚氛围。国家局党组以庆祝建党100周年为契机，举办“党旗引领下的中国烟草”专题展览；举办学习贯彻党的十九届五中全会精神专题研讨班、党校党员干部培训班，党组成员带头为学员讲党课。各基层党组织、广大党员干部开展集中学习交流研讨16万余次；用好各地红色“实景课堂”，开展现场教学；在烟草网络党校平台开设“学习贯彻‘七一’重要讲话精神、十九届六中全会精神”专题必修课；在各级各类行业媒体平台上开设“奋斗百年路　启航新征程”专栏，深入开展“党史天天学”“党课开讲啦”等活动，开展体验式、沉浸式学习。

聚焦办实事开新局，在为民服务、推动发展上力行见效。开展“我为烟农办实事”“我与客户共成长”“我为基层服好务”主题实践活动。持续加大农田基础设施建设投入力度和对烟农的扶持力度，全年烟农总收入704亿元，户均收入9.4万元。坚持共享发展，持续深化“放管服”改革，2021年卷烟零售户数增加到590万户；帮助零售户提升营利能力，卷烟零售综合毛利率提高到11.02%。解决基层生产经营设施短板，取消夜班生产，工资分配向基层一线岗位、艰苦边远地区倾斜，34.5万名基层职工更好共享行业改革发展成果。烟叶和卷烟生产持续向老少边穷地区倾斜，持续发挥好“两烟”生产对促进当地农民增收、政府增税的重要支撑作用；全年共安排33.9亿元，用于帮扶捐赠、水源工程建设等方面，助力乡村振兴。始终保持卷烟打假打私高压态势，加大电子烟等新型烟草制品监管力度，将电子烟产业平稳纳入法治化规范化轨道，加强烟草产品质量安全管控，开展保护未成年人免受烟侵害“守护成长”专项行动，保障人民群众身体健康。推动机关和基层单位党支部与村（社区）党支部结对共建，组织党员围绕疫情防控、抢险救灾、社会救助、扶危帮困等需求，开展常态化志愿服务。

烟草行业各级党组织把学习党史同总结经验、观照现实、推动工作相结合，以高质量发展工作成效检验党史学习教育成果。2021 年，全行业坚持稳中求进工作总基调，统筹做好疫情防控和生产经营各项工作，推进“十四五”各项规划部署落地实施，在供需双侧发力，加强和改善运行调控，畅通产业链供应链循环，召开全国烟草科技大会，强化科技创新战略支撑作用，深化重点领域改革攻坚，加强专卖管理和市场监管，经济运行保持在合理区间，发展质量和效益稳步提升。

烟草行业各单位开展党史学习教育概况

【北京市烟草专卖局（公司）】 2021 年，北京市局（公司）党组召开学习贯彻党的十九届六中全会精神动员部署会暨党史学习教育推进会，召开党组会 34 次、党史学习教育领导小组会议 38 次，开展党组理论学习中心组集体学习 11 次，机关处级以上干部 259 人次参加、51 人次交流发言。市局（公司）党组成员带头讲专题党课，宣讲党的十九届六中全会精神，以普通党员身份参加所在党支部的专题组织生活会，深入 21 家直属单位开展调查研究 50 余次。抽调业务骨干组建 4 个工作指导组，对 21 家直属单位开展全覆盖督促指导。举办“线上 + 线下”答题竞赛、全市烟草商业系统党史知识竞赛决赛、“党旗引领下的北京烟草”主题展览，召开北京烟草“两优一先”表彰大会。以学习贯彻党的十九届五中、六中全会精神为重点，全年北京市局（公司）共举办培训班 64 个，培训 2480 人、1.68 万人次；全市烟草商业系统共举办培训班 655 个，培训 2500 人、3.5 万人次。召开“我为群众办实事”实践推进会，推进实践活动开展。开展“我与客户共成长”“我为基层服好务”“我为社会做贡献”“我为职工解难题”主题实践活动。确定“我为群众办实事”项目清单，完成市局（公司）层面重点项目清单 22 项，全市烟草商业系统各单位、各部门层面完成项目清单 469 项。

【天津市烟草专卖局（公司）】 2021 年，天津市局（公司）根据指定学习材料，健全党组（党委）会议及时跟进学、党组理论学习中心组全面系统学、“三会一课”联系实际学、党员干部深入思考学等四层浸润学习机制，全市烟草商业系统组织举办专题读书班、开展现场教学、专家讲座、交流研讨等 220 余场次。用好红色资源，组织党员前往福建龙岩上杭县古田会议旧址、河北石家庄西柏坡革命圣地等红色教育基地参观，用好“实景课堂”开展“现场教育”。组织主题档案文献展、党史图片展览等活动，举办庆祝建党 100 周年歌咏大会、专题展览、主题宣讲、主题征文、党史知识竞赛、读书学史等系列活动 80 余场次。学用结合，开展“我与客户共成长”“我为社会做贡献”“我为基层服好务”“我为职工解难题”“我为高质量发展添活力”等主题实践活动，为困难群体、职工群众、零售户、基层单位办实事、解难题。突出宣传引导，抓好氛围营造。开展深度宣传，市局（公司）印发工作通报 47 期、增刊 43 期，制作宣传展板 200 余块，制作微视频作品 54 部。

【河北省烟草专卖局（公司）】 2021 年，河北省局（公司）组织召开全省烟草商业系统党史学习教育动员会，成立领导小组和工作专班，印发活动方案。全省成立工作机构 173 个，建立工作专班 60 个。省局（公司）党组成员到联系点开展调研 10 余次，工作指导组深入基层督导 27 次。开设党史、新中国史、改革开放史、社会主义发展史（以下简称“四史”）专题课程，举办全省烟草商业系统党支部书记、党务干部轮训班 11 期、党性教育培训班 2 期，培训 700 余人次。开展“三级书记讲党课”“清明祭英烈”活动，组织党员干部到革命教育基地学习，开展主题党日、演讲比赛、知识竞赛等活动，开展“我为群众办实事”实践活动，全省烟草商业系统形成“我为烟农办实事”“我与客户共成长”“我为基层服好务”等3张重点项目任务清单共3类2005项，帮扶困难零售户520户，解决问题194个，加大基层经营设施等改善力度，推动一系列职工群众“急难愁盼”问题的解决。

【山西省烟草专卖局（公司）】 2021年，山西省局（公司）召开全省烟草商业系统党史学习教育动员部署会，推进“四个专题学习”“专题组织生活会”等5项重点工作，把党史学习教育与“四史”宣传教育、巩固深化“不忘初心、牢记使命”主题教育成果相结合。举办各类读书班、讲座、研讨会823次，交流发言7800余人次；开展“三级书记讲党课”活动669次，共组织6800余人次到各类红色教育基地、爱国主义教育基地开展实地学习教育。围绕学习贯彻习近平总书记“七一”重要讲话精神，举办全省烟草商业系统“党旗飘扬映初心　砥砺奋进新征程”演讲比赛、“两优一先”表彰大会和脱贫攻坚先进集体、先进个人表彰大会；太原、晋中等市局（公司）成立巡回宣讲团，讲述党的好故事；晋城、运城等市局（公司）以志愿服务为切入点与社区党组织结对共建，助推基层治理。推进“我为群众办实事”实践活动，开展“我为烟农办实事”“我与客户共成长”“我为基层服好务”实践活动，破解基层“急难愁盼”问题，共为烟农、零售户、职工群众办实事452件。

【内蒙古自治区烟草专卖局（公司）】 2021年，内蒙古区局（公司）党组成立全区烟草商业系统党史学习教育领导小组及其办公室，加强党史学习教育组织领导和工作指导，制定实施方案、领导小组规则等文件13份。区局（公司）党组成员带头履行“一岗双责”，深入基层单位开展调查研究23人次，各直属单位领导班子召开领导小组会议、工作推进会、座谈会328次，区局（公司）机关和15个直属单位、109个旗县局（营销部）共186个党支部和2380名党员参加党史学习教育。

区局（公司）党组抽调机关109名党员干部组成12个指导组，对全区行业15个直属单位、109个旗县局（营销部）开展全覆盖指导督导。建立“每月一个学习专题、每月一期专题读书班、每月一次专题研讨”领学机制，全区烟草商业系统累计开展习近平新时代中国特色社会主义思想学习培训2339人次，专题学习贯彻习近平总书记“七一”重要讲话精神319次，开展“四史”专题学习2274次。把庆祝建党100周年与党史学习教育相结合，组织“党旗在基层一线高高飘扬”“重温红色历史　传承奋斗精神”“走进大国重器　感受中国力量”“体验脱贫成就助力乡村振兴”等学习体验活动。召开全区烟草商业系统党建工作现场会，交流基层党建工作经验，研究部署“十四五”时期党建重点工作。举办“永远跟党走”文艺演出，走访慰问离退休老党员干部185名。开展“我为群众办实事”实践活动，解决群众“急难愁盼”问题。结合全区烟草商业系统共性问题研究制定办实事清单67项，累计为群众办实事1962项。组织党员先锋队协助社区开展疫情防控3474人次、1.74万小时，派出包联帮扶驻村人员51名，持续巩固拓展脱贫攻坚成果与乡村振兴有效衔接。

【辽宁省烟草专卖局（公司）】 2021年，辽宁省局（公司）成立党史学习教育领导小组及4个指导组，制定实施方案和5个专项方案，共召开动员会、领导小组会、推进会、协调会26次，开展党组“第一议题”学习14次，发布工作通知38个，编发转发烟草行业党史学习教育情况简报88份。省局（公司）党组成员带头深入联系点和基层单位实地督导34次，“两级书记、两级班子”深入县级局和所在支部实地督导236人次。各指导组对14家直属单位开展现场指导60余次，调阅审核项目清单、剖析材料等500余份，推动中央及行业部署一贯到底、落实落细。围绕学懂弄通习近平新时代中国特色社会主义思想，全省烟草商业系统共举办党组理论学习中心组集体学习和读书班157次，开展支部集中学习1243次。发挥“两级书记、两级班子”引领作用，各级党员领导干部带头讲授党课336场次、领学解读1886人次，分层次举办高素质专业化研修班，推动党员、干部学习全覆盖。利用辽宁省红色资源，以走红色之路、悟红色精神、送红色服务“三个红色”实践活动，开展红色教育194次、4965人次。

开展“永远跟党走”群众性主题宣传教育，组织党员干部同烟农、零售户同学共建，举办书画大赛等群众性活动41次。举办全省烟草商业系统“知党史、守党规、跟党走”知识竞赛，开展“党旗在基层一线高高飘扬”先进事迹征集和征文活动，组建13个宣讲团，累计开展宣讲80场、受众2900人次。聚焦“我为烟农办实事”，实施送技术、送真情、送保障“三送”系列活动。聚焦“我与客户共成长”，实施初心助力、真心助跑、爱心助困“三心三助”系列活动。聚焦“我为基层服好务”，精准对接基层所盼，落实改善基层生产经营设施、信息化赋能、为基层减负等292项服务内容。

【吉林省烟草专卖局（公司）】 2021年，吉林烟草商业系统成立党史学习教育领导小组、领导小组办公室和指导组等机构，制定学习教育实施方案和4个主题实践活动专项方案。以“学”为基础，累计组织开展党组理论学习中心组集体学习107次、交流研讨80次、专题读书班57次、聘请专家辅导32次、讲专题党课430次、编发党史学习教育情况简报116期。学习研讨党史四个专题、习近平总书记“七一”重要讲话精神和党的十九届六中全会精神，并通过参观党史资料馆、举办党史知识竞赛、聆听现场教育等方式巩固提升学习成效。开展“我为基层服好务”“我为群众快审批”“我为烟农办实事”“我与客户共成长”等4项主题实践活动，推动“我为群众办实事”实践活动落实落地，组织省、市级局（公司）领导班子及班子成员制定“我为群众办实事”重点项目清单，并通过召开“我为群众办实事”实践活动推进会、指导组4次现场跟进督导、领导小组办公室半月调度等形式跟踪推进落实。截至2021年底，“我为群众办实事”项目清单所列884项实事全部完成销号。围绕助力特教事业、助力乡村振兴、帮扶困难群众等，开展“点亮群众微心愿”、为身边群众办实事好事等主题活动。全省烟草商业系统累计为群众办理实事好事1495项。

【黑龙江省烟草专卖局（公司）】 2021年3月8日，黑龙江省局（公司）召开黑龙江省烟草行业党史学习教育动员会，全省烟草商业系统党史学习教育拉开序幕。开展党史学习教育期间，黑龙江省局（公司）召开领导小组会议9次，制发各类方案、汇报、通知40余份；省局（公司）班子成员深入基层29次，做到基层联系点调研指导全覆盖；成立3个工作指导组，统筹推动工作落实。中央及省部级以上媒体报道黑龙江烟草经验21次，烟草行业党史学习教育情况简报编发黑龙江烟草党史学习教育工作成效7期。开展“我为群众办实事”实践活动，全省烟草商业系统共完成办实事项目1199项。

【上海市烟草专卖局　上海烟草集团有限责任公司】
2021年，上海市局（集团公司）党组制定印发党史学习教育方案措施，细化目标要求、学习内容、具体任务和工作措施。党组理论学习中心组全年共开展及时跟进学习39次、党组理论学习中心组（扩大）集体学习9次、专题读书班4次；各级党组织和全体党员干部以“党课开讲啦”活动、“双特”活动为载体，开展党课、特色主题党日、特色主题活动。全年各级领导班子开展集中学习533次，党员领导干部举行交流研讨198次、讲党课334次，党支部开展集体学习2579次，党员进行交流研讨1万余人次，基层党员讲党课585次，各级党组织开展“党课开讲啦”活动947次，围绕党史学习教育开展主题党日和特色活动1969次。将“我为群众办实事”实践活动贯穿党史学习教育始终。全年完成党组实事项目17项、各单位各处室层面实事项目347项。各级党组织累计为群众办实事1616项。

【江苏省烟草专卖局（公司）】 2021年，江苏省局（公司）聚焦党史学习教育目标任务和重点措施，成立组织机构、召开动员会议、制定工作方案，搭建51项活动载体，开展专题学习、专题培训、专题党课、专题宣讲、专题宣传教育、专题民主生活会和组织生活会、“我为群众办实事”实践活动等“六专题一实践”重点工作。全省烟草商业系统各级党组带头开展集中学习592次、交流研讨372次；各级党员领导干部到基层联系点、分管部门、所在党支部讲党课239次；运用红色资源开展各类活动500余次，累计1.4万余人次参与。围绕学习贯彻习近平总书记“七一”重要讲话精神和党的十九届六中全会精神，举办庆祝建党100周年“奋斗百年路·启航新征程”专题展览，举行首届“最美苏烟人”发布仪式，举办党史知识竞赛，组织读书分享活动，上下联动举办道德讲堂，开展“党史故事大家讲”等系列主题活动。部署开展“我与客户共成长”“我为品牌培育做贡献”“我与诚信小组结对子”“我为市场监管勇担当”“我为基层服好务”等主题实践活动，出台办实事制度100余个，实施办实事项目1100余项，解决群众身边“急难愁盼”问题。

【浙江烟草专卖局（公司）】 2021年，浙江省局（公司）制定全省烟草商业系统党史学习教育实施方案，提出6个方面17项具体措施与路径，画好“施工图”，明确“时间表”。组织党史学习教育各类专题集中学习，累计开展学习贯彻习近平总书记“七一”重要讲话精神集体学习176次，举办专题读书班105次。举办全省烟草商业系统“8090宣讲团”巡回宣讲活动，通过头脑风暴、访谈对话、直播等场景模拟，将党史学习教育延伸到基层。组织革命教育路线“描红”行动，全省烟草商业系统主要负责人共计52人参观中国共产党历史展览馆等场馆，319批次党员追寻红色足迹。制定“我为群众办实事”实施方案，完成258项“重点项目”清单。围绕浙烟“十四五”开局、数字浙烟生态体系建设，落实“我为烟农办实事”“我与客户共成长”“我为基层服好务”等主题实践活动，以“共圆百年梦 奋进新征程”为主题，制定开展庆祝建党100周年系列活动方案，组织开展庆祝大会、寄语征集、书画展览、走访慰问等13项活动。开辟“永远跟党走”OA专栏，通过“红色献礼进行时”“党旗在基层一线高高飘扬”“向党说说心里话”等专版，讲好红色故事。开展“永远跟党走，‘精实·先锋’云上红歌会”“迎建党百年 做数字先锋”系列数据掘金竞赛活动，营造学习氛围。

【安徽省烟草专卖局（公司）】 2021年，安徽省局（公司）围绕学习贯彻习近平新时代中国特色社会主义思想，举办专题读书班、邀请专家授课、开展研讨交流、组织政研课题研究、讲授专题党课等。选派1名党员参加安徽省直机关党史知识竞赛并获得一等奖。组织开展“思想作风建设”讨论、“建党百年话成长”主题征文、网络党课表彰展播、党建文化教育中心建设等活动，营造党史学习教育氛围。持续增强政治功能和组织力，支部建设典型做法相关工作视频获得第一届“新时代全国机关基层党建新成就”短视频展示“百优作品奖”。开展“两优一先”评选表彰，2名扶贫干部被评为安徽省脱贫攻坚先进个人。举办成长文化日活动，表彰10名成长人物，激励担当作为。推进“我为群众办实事”实践活动，围绕“我为烟农办实事”“我与客户共成长”“我为基层服好务”等主题，制定“1+3+18”重点项目清单，解决群众“急难愁盼”问题1445项。

【福建省烟草专卖局（公司）】 2021年，福建省局（公司）成立党史学习教育领导小组及其办公室，召开全省烟草商业系统动员会，印发实施方案及工作安排表。省局（公司）党组到陕西延安、福建龙岩革命老区学习，讲授专题党课，与福建中烟、湖南省局（公司）开展联学共建。组织学习贯彻习近平总书记系列重要讲话精神，特别是“七一”重要讲话精神和党的十九届六中全会精神，并学习指定书目。发挥福建革命老区优势，在龙岩古田镇召开全省党建龙岩现场会，做好国家局主要领导基层党建联系点建设。以“百年溯源”为主题，组织开展庆祝建党100周年“知史爱党”专题学习、“薪火传承”党性教育、“不忘初心”专题党课、“党建领航”现场会议、“党建解题”课题攻关、“示范引领”典型选树、“争当行家”知识竞赛、“真情为民”基层服务、“金叶先锋”事迹宣讲、“金叶颂党”主题宣传等活动。举办省局机关“两优一先”等系列表彰活动。开展“我为群众办实事”实践活动，制定为全省烟农和零售户办理服务的重点事项清单和机关党员对基层服务清单，各级党组（党委）落实办实事374项，基层党组织落实办实事项目3240项。

【江西省烟草专卖局（公司）】 2021年，江西省烟草商业系统各级党组织、全体党员干部做好“四史”“党史十二讲”、党史学习教育情况简报增刊学习，利用“大讲堂”“每周党史时间”活动和微信“每日一学”、“每日测试”、党史故事汇栏目，线上线下相结合，全面系统展开党史学习教育。深入学习贯彻习近平新时代中国特色社会主义思想，学习贯彻习近平总书记“七一”重要讲话精神和党的十九届六中全会精神，举办相关重要精神专题培训，覆盖培训人员万余人次。用好红色资源，建设“星火”党建文化室红色阵地，开展红色寻访、“革命研学之旅”、红色故事分享、诵读百年党史、“百年党史青年说”、瞻仰烈士陵园、网络祭英烈、唱红歌忆英烈、“百年党史我来讲”微党课竞赛等红色教育活动。召开专题民主生活会和专题组织生活会，查找存在的问题，明确努力方向；开展“我为群众办实事”实践活动，为群众办实事2315项，解决“急难愁盼”问题5050项，受益群众30.44万人次。推动党史学习教育成果转化，2021年全省烟草商业系统巩固经济运行稳的基础，保持好的态势。

【山东省烟草专卖局（公司）】 2021年，山东省局（公司）聚焦党史学习教育目标任务和重点措施，成立相关组织机构、召开动员会议、制定工作方案。全省烟草商业系统累计开展党组理论学习中心组集体学习646次、交流发言2253人次；举办专家讲座123场、1万余人次参加；开展红色教育710场、1.4万余人次参加；开展支部集体学习7000余次、交流研讨1.7万余次、讲党课2167次；建设党建引领高质量发展展厅，接待社会各界参观者680余人次。确定57项阶段性工作任务清单，围绕学习贯彻习近平总书记“七一”重要讲话精神和党的十九届六中全会精神，举办“我来讲党课”活动、“不忘初心、共享荣光”庆祝建党100周年文学书画摄影作品展、编制《中国精神》口袋书、“同升国旗、同唱国歌”、党史知识竞赛和党的十九届六中全会知识竞赛等系列主题活动。部署开展“我为烟农办实事”“我与客户共成长”“我为基层服好务”主题实践活动，在专卖领域创新开展“执法为民树新风”主题实践活动，累计为烟农、零售户、基层职工等办实事5188项、解决问题4544项，省局（公司）机关“党建引领聚合力 结对共建践初心”项目，入选省市联动深化“双报到”为民办实事优秀项目。

【河南省烟草专卖局（公司）】 2021年，河南省局（公司）党组建立党史学习教育领导机构和工作机构，成立全省烟草商业系统党史学习教育领导小组及其办公室。强化党的创新理论武装，组织各级党组织和党员干部深入学习贯彻习近平总书记在党史学习教育动员大会、庆祝中国共产党成立100周年大会上的重要讲话，学习党史、新中国史、改革开放史、社会主义发展史。河南省局（公司）党组理论学习中心组组织集体（扩大）学习13次、交流研讨11次，举办专题读书班5期。全省烟草商业系统开展各级党组（党委）理论学习中心组学习1506次，集中交流研讨1340次，举办专题读书班805期，其中，开展学习贯彻习近平总书记“七一”重要讲话精神集中学习381次，举办专题读书班214次；党史学习教育暨党的十九届五中全会精神专题培训班3期，培训处级干部243人。全省烟草商业系统处级领导干部讲党课140人次，各级党组织书记讲党课1220人次，优秀共产党员、老党员讲党课189人次，组织党员上党课、听党课3.67万人次，制作党课视频152部。

围绕学习宣传贯彻习近平总书记“七一”重要讲话精神，开展党史知识竞赛、党组书记谈学习体会、专题宣讲等活动，举办“党旗引领下的河南烟草商业”成就展、“党史我来讲、传承红色情”主题演讲比赛、庆祝建党100周年高质量发展大讲堂模范人物宣讲活动。利用红色资源，组织党员干部到安徽六安大别山、河南安阳红旗渠、开封焦裕禄纪念馆、郑州“二七”纪念堂等红色教育基地开展党性锻炼、现场教学、瞻仰参观活动714次。

围绕“我为群众办实事”实践活动，开展“我为烟农办实事”“我与客户共成长”“我为基层服好务”等主题实践活动。落实支部共建“手拉手”“四个一”（处级党员干部到基层当一天客户经理、当一天稽查员、当一天送货员、当一天烟技员）主题实践活动要求，建立结对共建机制，梳理实事项目清单，全省烟草商业系统为群众办实事3342项、解决问题2292个。在河南省洪涝灾害抢险救灾中，河南省局（公司）向省政府捐款1000万元，向受灾严重的烟农和零售户捐款200万元，支持灾后重建；组建党员突击队、党员巡逻队、党员服务队579个，党员到社区报到参与防汛救灾1673人、领导干部赴受灾一线开展防汛救灾873人次，党员干部职工自发捐款231.9万元。

【湖北省烟草专卖局（公司）】 2021年，湖北省局（公司）党组研究“1+6+N”党史学习教育总体部署，即制定1个党史学习教育总体方案，部署“学”“讲”“训”“联”“查”“建”等6个方面专项任务，明确20项学习教育具体安排，细化专题学习、重点实事项目、巡回指导工作“3个任务清单”，全面建立“小组领导＋专班协作＋跟进指导”工作模式。

开展省局（公司）党组成员深入基层宣讲党史和党的十九届六中全会精神，各级党组织书记开展“三级书记讲党课”，各单位团青组织持续推进“百名青年讲百年党史”活动，组建省局（公司）先进典型事迹宣讲团。立足湖北本土红色资源、“抗疫大思政课堂”等，创新红色教学，搭建党史学习平台。绘制11条红色研学经典“路线图”，编印红色读本、组织观看红色电影、参观红色档案，举办“我为什么入党大讨论”活动。在省局（公司）网站开设“学习专区”，打造“周五观党史”“电梯诗文”“党史知识竞赛”等特色板块。

开展“我为群众办实事”实践活动，省局（公司）党组落实重点实事43项，班子成员带头实施“组织一次专题调研、开展一次学习宣讲、领办一批实事项目、解决一项职工诉求、帮扶一个困难职工或群众”专项行动，示范带动全体党员开展“我是党员当先锋”“我为群众解难题”“争做党员志愿者”活动，累计办实事5202项，开展志愿服务9366次，受益群众35.6万人次。

【湖南省烟草专卖局（公司）】 2021年，湖南省局（公司）党组把党史学习教育贯穿全年，召开动员大会和总结会议，成立领导机构和工作机构，制定工作规则，印发实施方案，建立定期例会、工作联络、协调反馈、长效宣传和督促指导等5项机制，派出3个工作指导组强化指导，定期编发烟草行业党史学习教育情况简报和增刊宣传。

创新采取“读、听、看、讲、悟”相结合的学习方式，组织3期读书班、12次党组理论学习中心组学习，与福建省局（公司）开展联学联研，深入学习贯彻习近平总书记“七一”重要讲话精神和党的十九届六中全会精神。举办学习贯彻党的十九届五中全会精神暨党史学习教育专题培训班4期，轮训处级以上党员干部、县级局和复烤厂主要负责人267人。组织讲党课和优秀党课展播活动，党组成员带头讲授党史学习教育专题党课，宣讲党的十九届六中全会精神。组建党史学习教育宣讲团，举办巡回宣讲14场。到毛泽东故居、湖南党史陈列馆等红色教育基地开展党性锻炼。组织庆祝中国共产党成立100周年“永远跟党走”群众性主题宣传教育活动，组织“两优一先”评选表彰，开展党史知识竞赛，联合湖南中烟举办湖南烟草庆“七一”文艺晚会。把“我为群众办实事”实践活动作为党史学习教育的重要内容，开展“‘三全’服务惠烟农”“‘三新’服务靓终端”“忠诚卫士双服务”“如您所愿　送到您家”“送党课、送培训、送政策下基层”等5项特色主题实践活动。召开专题民主生活会和组织生活会，做好谈心谈话、征求意见、严肃开展批评与自我批评，巩固拓展党史学习教育成果。

【广东省烟草专卖局（公司）】 2021年，广东省局（公司）成立党史学习教育领导小组，召开学习教育动员会，制定印发学习教育实施方案、“我为群众办实事”实践活动方案。组织开展全省烟草商业系统“学党史　悟思想　办实事　开新局”党史知识竞赛、“奋斗百年路　启航新征程‘四史’知识在线测试”等活动，开设“学党史、知党情、跟党走”党史网络专题学习培训班，在机关开展“传承红色基因”主题党日活动，利用广东红色资源开展现场党性教育。省局（公司）党组书记向机关全体党员讲授“践行群众路线、筑牢为民情怀，打造风清气正政通人和的模范机关”党课，其他班子成员分别到所在支部讲党课6场次。建立“我为群众办实事”项目清单64项，综合完成进度88.5%，组建4个指导组对21家直属单位开展全覆盖巡回指导。开展庆祝建党100周年系列活动，深入学习贯彻习近平总书记“七一”重要讲话精神。举办“党课开讲啦”活动，面向全省烟草商业系统征集优秀党课作品22个，向国家局推荐优秀党课作品1个。开展“党旗在基层一线高高飘扬”活动，开展“两优一先”评选表彰，组织全体党员重温入党誓词，做好“七一”走访慰问、“光荣在党50年”纪念章颁发等工作。省局（公司）直属党委评选出优秀共产党员116人、优秀党务工作者30人、先进党支部12个，设立党员示范岗65个。各级党组（党委）开展意识形态专题研究44次，专题学习75次，举办专题讲座59期，组织基层党支部开展员工思想动态分析研判641次。

【广西壮族自治区烟草专卖局（公司）】 2021年，广西区局（公司）以各级党组（党委）理论学习中心组学习会为示范，深入学习贯彻习近平总书记“七一”重要讲话精神和党的十九届六中全会精神。各级党组（党委）领导班子进行集中学习121次，党员领导干部开展交流研讨94次、带头讲党课121次，举办专题讲座56场次。各基层党支部进行集体学习4332次，开展交流研讨2.15万人次，支部书记上党课744次。把庆祝建党100周年系列活动与党史学习教育相结合，举办脱贫攻坚先进事迹报告会、主题演讲比赛、党史知识竞赛、红色歌咏比赛、优秀党课评选、情景党课展演、参观企业文化展厅等活动。开展“两优一先”评选表彰，重温入党誓词。用好本地红色资源开展现场教学，组织党员到广西湘江战役遗址、百色起义旧址、广西军史馆等红色教育基地开展现场教学234批次，累计4968人次。举办“云课堂”、开设在线学习和在线知识问答专栏、组织在线参观展览、在线祭奠缅怀先烈等学习活动。自治区局（公司）党组派出指导组5个，确定工作内容和工作要求9项，对行业15家直属单位进行督导。

开展“我为群众办实事”实践活动，结合“我为烟农办实事”“我与客户共成长”“我为基层服好务”等主题，建立“我为群众办实事”项目清单，明确责任部门及人员，限时办结、销号管理。各级党组织为群众办实事好事1517件，解决群众“急难愁盼”问题。针对部分零售户资金不足问题，提供普惠金融服务“烟商贷”，累计为1.03万零售户办理“烟商贷”5.4亿元。在全区各办证窗口落实政务服务“好差评”制度，依规处理各类举报、投诉和差评30起。

【海南省烟草专卖局（公司）】 2021年，海南省局（公司）成立党史学习教育领导小组及其办公室，设工作小组3个，印发专项工作方案7个，省、市两级共召开动员会7次，开展督导调研58次，与党员干部职工座谈32次。深入学习研讨习近平总书记“七一”重要讲话精神、党的十九届六中全会精神等，组织开展党组理论学习中心组季度学习21次、专题学习39次，发放学习书籍3600余本，制作宣传展板、宣传栏189个，各基层党组织开展“红色课堂”活动180次、“结对共建”活动50次。举办先进典型宣讲会、党史知识竞赛、红色诗歌朗诵会、书法、绘画、摄影等庆祝建党100周年系列活动。全省烟草商业系统共发布党史学习教育情况简报49期，制作微视频、微党课35个，表彰优秀共产党员56人、优秀党务工作者29人、先进基层党组织9个。各级党组织和党员干部围绕服务卷烟零售户、服务基层一线等方面重点任务，推动155项“我为群众办实事”任务事项全部完成。召开专题民主生活会和专题组织生活会，结合作风整顿建设年和“查堵点、破难题、促发展”活动，通报典型案例，参观廉政教育基地，观看“共产党人的家风”图片展等。

【重庆市烟草专卖局（公司）】 2021年，重庆市局（公司）制定党史学习教育实施方案，成立领导小组及其办公室，召开部署会、动员会2次，专题会、工作推进会12次，印发文件、通知39个，做到精心组织、有序开展。

党史学习教育期间，市局（公司）开展党组理论学习中心组学习和集中学习31次、专题读书班4次，班子成员上党课、作宣讲31次，带队赴浙江嘉兴感悟红船精神；各级党组织开展专题报告、讲座111次，集中学习2679次，组织交流研讨6287人次，撰写心得体会2976篇，形成检视剖析材料和调研报告560篇，组织到延安、遵义、井冈山等革命圣地和本地红色教育基地开展现场教学191次。运用“中国烟草网络学院”“学习强国”等平台开展专题学习，开通钉钉指尖“党史微课堂”“党史上的今天”，打造“在线课堂”，全市烟草商业系统6000余名干部职工参与线上知识竞赛。印发《工作指导手册》，组建7个工作指导组，对45家直属单位开展3轮全覆盖指导。

开展“我为烟农办实事”“我与客户共成长”“我为基层服好务”等主题实践活动，制定35个办实事项目清单，为身边群众、烟农办实事1354件，解决卷烟零售户“急难愁盼”问题2189项，实施各类帮扶、捐赠项目158个，资金总额5802万元。

【四川省烟草专卖局（公司）】 2021年，四川省局（公司）党组召开党史学习教育动员会，明确16项具体任务，派出5个指导组完成4轮督导。完成革命、建设、改革和新时代等4个专题党史学习，学习贯彻习近平总书记“七一”重要讲话精神、党的十九届六中全会精神等，累计开展专题学习3660次，专题培训399场，现场教学442次。组织正处级以上干部到四川长征干部学院甘孜泸定桥分院参观学习，召开专题民主生活会和组织生活会，开展“三级书记讲党课”活动，省局（公司）党组成员先后为全体干部职工和对口联系村作专题党课辅导2次。举办庆祝建党100周年系列活动，开展主题征文、走访慰问、评先表彰等“七个一”活动，并首次以同步直播的形式举办文艺汇演，超过4万人次在线观看；选送3名先进典型参加“金叶先锋·担当奉献”烟草行业庆祝建党100周年主题巡回宣讲活动，举办四川宣讲报告会；构建“网、刊、微、端、报”五位一体学习教育传播矩阵，营造学习氛围。开展“我为烟农办实事”“我与客户共成长”“我为基层服好务”等主题实践活动，推动“我为群众办实事”1500个项目落地销号。

【贵州省烟草专卖局（公司）】 2021年，贵州省局（公司）党组召开全省烟草商业系统党史学习教育动员会，并将党史学习教育贯穿全年。面向全体党员，以副处级以上领导干部为重点，成立以主要领导任组长的工作领导小组，组建3个指导组开展工作。制定全省烟草商业系统党史学习教育具体工作安排，明确专题学习等6项任务。各级党委（党组）理论学习中心组集中学习1024次、专题研讨356次、举办读书班586期、开展革命传统教育525次、学习体验活动1570次。推进“我为群众办实事”实践活动，开展“我为烟农办实事”“我与客户共成长”“我为基层服好务”主题实践，确定办实事项目4854项。

【云南省烟草专卖局（公司）】 2021年，云南省局（公司）成立6个指导组，对24家直属单位和省局机关23个党支部党史学习教育进行全过程、全方位跟踪督促指导。党史学习教育期间，各级党组织开展专题学习研讨513次、专家辅导讲座264场、专题读书班435期，覆盖处级干部632人次、科级干部2862人次、党员1.2万人次；省局（公司）党组成员带头讲授党史专题党课16次，示范带动处级党员领导干部讲专题党课422次、党员微党课分享2135次；征集到党史学习心得体会188篇、“微党课”视频138部、先进事迹材料177篇、“我为群众办实事”典型案例159个，从中评选出“四个一百”作品汇编成书，供全体党员学习；组建由12位先进典型代表组成的宣讲团，开展11场次巡回宣讲；聚焦“我为群众办实事”5个重点方面，建立办实事清单，各级党组织共办实事4459项、党员个人办实事1.9万项；召开专题民主生活会和专题组织生活会，在政治体检中强化担当作为。

【西藏自治区烟草专卖局（公司）】 2021年，西藏区局（公司）开展“三更”专题教育，抓好“四史”学习，制定“我为群众办实事”任务清单并抓好落实，开展庆祝建党100周年和西藏和平解放70周年系列活动。创建“雪域阳光”党建品牌，推进机关党群活动中心和县级网点党建阵地建设，试点开展“书记项目”，创新实施政企、村企党建共建新模式。山南市局（公司）、昌都市局（公司）分别被评为全国文明单位、西藏自治区青年文明号。持续纠治“四风”，抓好“两项整改”，自治区局（公司）政治生态突出问题全面整改任务全部完成，中央第五轮巡视反馈意见有明确时限要求的59项全部完成，持续整改的16项处于落实中。深化政治巡察，对2家直属单位党组开展常规巡察、对2家直属单位开展政治生态研判。用好监督执纪“四种形态”，严肃查处违纪违规行为。

【陕西省烟草专卖局（公司）】 2021年，陕西省局（公司）共有215个党组织、3420名党员干部参加党史学习教育。省局（公司）成立领导小组，制定实施方案，派出8个指导组，对12家基层单位开展4轮督导，实现107家县级局（分公司、营销部）督导全覆盖。围绕学习贯彻习近平总书记“七一”重要讲话精神和党的十九届五中、六中全会精神等，省局（公司）举办党组理论学习中心组集体学习7次、读书班2次，分层分类集中轮训6批、500余人次，组织处级以上党员干部专题研讨163人次，各单位开展红色教育369场次。围绕庆祝建党100周年，举办全省烟草商业系统“感悟初心使命　争当陕烟先锋”云宣讲，开展“四个一百”、党史知识竞赛等活动。围绕为群众办实事，开展“我为烟农办实事”“我与客户共成长”“我为基层服好务”“我为社会尽责任”主题实践活动，累计办实事2682项。

【甘肃省烟草专卖局（公司）】 2021年，甘肃省局（公司）举办处级干部示范轮训班、基层党组织书记和党务骨干轮训班、省局机关党员培训班 8 期，全省烟草商业系统开展现场培训 94 次，轮训 3612 人次。开展革命传统教育和爱国主义教育、“四史”宣传教育、志愿服务、乡村振兴现场教育 240 场次。探索建立党组理论学习中心组、机关党委、党支部、党小组“四学联动”机制，各级党组理论学习中心组开展党史集中学习 103 次，研讨交流 1277 人次。推进实践活动。研究制定《“我为群众办实事”实践活动方案》，细化安排“我为基层服好务”“我与客户共成长”等 7 个主题实践活动，全省烟草商业系统确立办实事项目 807 项，完成办实事 549 项，建立长效机制 131 项。开展座谈交流、宣讲报告、红歌比赛、文艺展演、“光荣在党 50 年”纪念章颁发、“七一”表彰、慰问帮扶等庆祝建党 100 周年系列活动，组织开展好书荐读、学习体验、致敬革命先烈、学习先进模范、红色家风传承、国防教育等“永远跟党走”群众性宣传教育活动，举办“甘烟先锋·担当奉献”庆祝建党 100 周年主题巡回宣讲，建设省局机关党史学习教育走廊，全省烟草商业系统编发党史学习教育情况简报 620 期，刊发网站信息 486 条，“学习强国”“甘肃党建”等媒体刊用信息 27 条，烟草行业党史学习教育情况简报通报好做法 6 次。召开党史学习教育专题民主生活会和专题组织生活会，各级党支部查摆问题 1075 项，制定整改措施 1547 条。组织开展党史集中学习 2600 余场次，基层组织开展主题党日活动 1200 余场次、主题观影 314 场次、“党课开讲啦”活动 609 场、知识竞赛 180 场。

【青海省烟草专卖局（公司）】 2021 年，青海省局（公司）成立党史学习教育组织机构、召开动员大会、制定印发方案，压实党组、机关党委、支部三级组织责任和党员个人责任。省局（公司）共召开全省烟草商业系统党史学习教育领导小组会议 12 次，印发各类工作通知 36 个，编印党史学习教育情况简报 42 期，成立指导组 3 个，制定指导标准，对党史学习教育进行全覆盖严督实导。坚持“重点学 + 长期学”相结合，制定党组“第一议题”学习制度，深入学习贯彻习近平总书记系列重要讲话精神，学习“四史”和指定书目，全省烟草商业系统党支部开展集中学习 946 次，开展交流研讨 310 余次，党员撰写学习心得 3800 余篇。省局（公司）党组组织开展解难题、送爱心、展形象等 5 项实践活动，全省烟草商业系统共完成办实事解难题 280 项。深入学习贯彻习近平总书记“七一”重要讲话精神，组织召开庆祝中国共产党成立 100 周年暨“两优一先”表彰大会，评选表彰先进基层党组织 13 个、优秀党员 25 人、优秀党务工作者 13 人，机关 1 名干部和 1 个基层党支部被省直机关工委评为优秀共产党员和先进基层党组织。

【宁夏回族自治区烟草专卖局（公司）】 2021 年，宁夏区局（公司）45 个基层党组织，68 名副处级以上党员领导干部、578 名普通党员参加党史学习教育。宁夏区局（公司）党组召开全区烟草商业系统党史学习教育动员部署会，成立党史学习教育领导小组，组建工作指导组，制定印发党史学习教育实施方案和“我为群众办实事”实践活动方案，召开领导小组会议 8 次，确保学习教育有序推进。落实指定书目学习，跟进学习贯彻习近平总书记重要讲话精神、党的十九届六中全会精神，开展“奋进百年路、延安学党史”专题培训、举办全区烟草商业系统处级干部学习贯彻党的十九届五中全会精神专题研讨班。开展“我为群众办实事”实践活动，宁夏区局（公司）梳理 2 批 35 项办实事清单并如期完成，为群众办实事解难题。把党史学习教育与落实好重点目标任务结合起来，制定宁夏烟草商业系统“十四五”规划，全面推行方针目标管理，把学习成效转化为推动发展的实际行动。

【新疆维吾尔自治区烟草专卖局（公司）】 2021 年，新疆区局（公司）党组派出 4 个巡回指导组，对 14 个所属单位进行党史学习教育督导，全自治区烟草商业系统 180 余个党组织、1200 余名党员参加党史学习教育。

党史学习教育期间，全自治区两级党组共召开党史教育领导小组会议 150 余次，开展党组理论学习中心组专题学习 165 次，交流发言 500 余次，举办读书班 60 余次，组织发放学习必读书目、参考书目 7000 余份，组织观看“党旗引领下的中国烟草”宣传片 100 余次，开展“奋斗百年路 启航新征程”主题展览 3 期 20 余场。编发党史学习教育情况周报、简报、阶段总结 70 余期，30 余篇文章被国家局内网、烟草行业党史学习教育情况简报采用。评选表彰销售、专卖、物流、机关、基层等各个岗位上的优秀共产党员 60 人、优秀党务工作者 30 人、先进基层党组织 10 个。开展专题培训、红色教育基地观摩、乡村振兴脱贫攻坚体验活动 200 多场，党员志愿服务、承诺践诺、党史宣讲 500 余次。开展“我为基层服好务”“我与客户共成长”主题实践活动，制定完成重点项目清单 100 余项。开展“为群众办实事”2295 件，出台办实事 98 项，为群众办实事 1376 件；完成基层 92 个县级局基础设施调研工作，制定 46 家基层单位修建改善方案，解决生产经营安全等问题；解决“急难愁盼”问题，累计受益 18.9 万人次。

【大连市烟草专卖局（公司）】 2021 年，大连市局（公司）党组以做好“19 件事”为着力点，挂图作战、项目式推进党史学习教育。成立党史学习教育指导小组 4 个，开展专题指导 70 余次。组织开展党组理论学习中心组学习 10 次，举办各类专题读书班、辅导班 84 次，组织“党课开讲啦”党史专题党课 67 场，受众 1600 余人。丰富内容、拓展载体，邀请专家授课，举办“观红影、追红剧、唱红歌”活动，参加沉浸式情景党课、“向党说说心里话”主题征文活动、党史知识竞赛、主题音乐党课等活动，先后组织 21 个党支部、400 余名党员分批到辽宁抚顺雷锋学院、辽宁锦州辽沈战役纪念馆、辽宁丹东抗美援朝纪念馆等红色基地开展党性锻炼。学做结合、践行宗旨，开展“我为群众办实事”“人人动手建终端”实践活动，推动 127 项实事清单销号。

【深圳市烟草专卖局（公司）】 2021 年，深圳市局（公司）党组逐级建立党史学习教育领导机构和工作机构，向 12 家直属单位派出工作指导组，制定印发操作性文件，建立健全机制，党史学习教育在两级党组贯通推进，实现 32 个党支部、508 名党员全覆盖。建立健全“第一议题”制度，党组成员深入学习贯彻习近平总书记“七一”重要讲话精神和党的十九届六中全会精神，精读 7 本指定书目。组建深圳烟草党建融媒体中心，自行拍摄制作，上线“鹏城印迹”网络党课 11 期，由青年党员讲述深圳的抗日救亡史、改革开放史。结合庆祝建党 100 周年，开展重温入党誓词、纪录片拍摄活动，举办主题展览、群众宣讲等活动。市局（公司）党组成员到基层联系点调研 23 次，主要负责人到各单位调研实现全覆盖。市局（公司）党组完成民生项目 38 项、重点项目 5 项，各级基层党组织结合实际，开展“我与客户共成长”“我为基层服好务”等主题实践活动，在办实事中推动乡村振兴、提升服务质量、展现社会形象。

【河北中烟工业有限责任公司】 2021 年，河北中烟成立党史学习教育领导小组，公司领导带头深入分管部门、基层联系点开展调研座谈、讲授专题党课，跟踪督导党史学习教育开展情况。河北中烟党组将党史学习与“第一议题”制度有机结合，提高学习质量与效率。各级党组织全年组织讲授专题党课 162 次，举办专题培训班 8 期，开展专题辅导 3 次，组织党员线上专题学习达到 22.5 个学时。拓展活动载体，丰富学习形式。举办“永远跟党走 · 点赞新时代”红色礼赞展演，开展党史巡回宣讲，举办知识竞赛、“党史晨读”学习班、青年党史大讲堂等活动，征集“我的入党故事”，开展支部共建，全年共开展红色教育 64 次，激发各级党组织的活力。开展“我为群众办实事”实践活动，明确 51 项工作任务，截至 2021 年底，已完成 45 项，6 项取得阶段性成果。河北中烟总部组织党员为身边群众办实事 270 余项，各卷烟厂累计办实事 470 余项。

【江苏中烟工业有限责任公司】 2021 年，江苏中烟面向全省烟草工业系统 155 个基层党组织、2449 名党员，开展党史学习教育。深入学习贯彻习近平总书记在党史学习教育动员大会上的重要讲话、习近平总书记“七一”重要讲话精神和党的十九届六中全会精神，江苏中烟开展党组（党委）理论学习中心组学习 68 次、专题读书班 34 次，交流研讨 198 人次，班子成员讲授专题党课 45 人次。就近就便用好雨花台烈士陵园等红色资源，从企业发展历程中挖掘红色基因。创新学习方式，每月举办一次“四史”讲堂，建设“学四史，悦经典”线上书屋，开设“我和我的信仰”寄语专栏。开展“我为烟农办实事”“我与客户共成长”“我为基层服好务”等主题实践活动，制定并推进重点项目清单 185 项。强化督促指导，成立 3 个指导组，开展 3 轮全覆盖督导指导。

【浙江中烟工业有限责任公司】 2021 年，浙江中烟 77 个党组织、近 1600 名党员参加党史学习教育。成立党史学习教育领导小组，对企业各级党组织党史学习教育推进情况跟踪督导。利用线上线下平台阵地，开展宣传引导，“党建家园”融媒体移动平台点击量达到60余万次。开展集中研讨学、党课宣讲学、辅导培训学、线上自主学、现场教育学、榜样引领学、党群同心学，深入学习领会习近平新时代中国特色社会主义思想和伟大建党精神。开展集体学习1400余次，党员交流学习心得5000余人次。聚焦作风转变、为基层服好务，聚焦乡村振兴、为烟农办实事，聚焦品牌发展、与客户共成长，聚焦服务民生、为员工解难题，聚焦社会责任、为公益出份力，全年共开展为群众办实事活动758次。

【安徽中烟工业有限责任公司】 2021年，安徽中烟成立党史学习教育领导小组及其办公室，成立指导组2个，推动学习教育开展；印发实施方案，细化具体工作措施22条；发挥各类媒介平台作用，营造学习教育氛围。安徽中烟党组和基层各单位党委通过读书班等形式，开展集中学习130次，交流研讨44次，各级党员干部带头讲党课122次；各基层党支部开展集体学习2168次，基层党员交流研讨6671人次、讲党课688次；用好红色资源，在福建龙岩举办“传承革命精神、赓续红色基因”专题培训；举办知识竞赛、巡回报告会、文艺演出等，推动党史学习教育深入基层。围绕贯彻新发展理念、履行社会责任、服务广大烟农、服务卷烟零售户、服务基层一线等办实事、解难题，各级党组织为群众办实事983项，组织党员为身边群众办实事1554项。

【福建中烟工业有限责任公司】 2021年，福建中烟抓好组织实施，研究制定党史学习教育工作方案，细化45项重点措施。抓好专题教育，党组（党委）理论学习中心组开展集中学习125次、交流研讨133次，举办专题培训30余期、读书班20余期；全省烟草工业系统各级党组织开展集体学习1979次、交流研讨7649人次、基层联学60余次、讲授专题党课311场次。

创新形式载体，全省烟草工业系统各级党组织就地就便利用红色资源，通过“三会一课”、主题党日、共建共学等方式，开展参观学习、现场教学、党性锻炼等活动超过800场次，参与党员超过5000人次；开展“金叶先锋·担当奉献”烟草行业庆祝建党100周年主题巡回宣讲，举办党史学习教育知识竞赛和青年党员演讲比赛、“中国梦·劳动美 我心向党”摄影、书画大赛等；设计制作党史学习教育主题展板60余期；制作红歌串烧快闪等30部、党史教育微党课21部。

制定“我为群众办实事”实践活动实施方案和重点项目清单50项。开展“我为基层解难题”主题实践活动，累计为群众办实事432项，组织党员为身边群众办实事617件，出台办实事制度51个；开展“我与客户共成长”主题实践活动，服务零售户超过8万户；开展“我为烟农办实事”主题实践活动，帮扶烟农实践活动19项，开展各类烟农、烟叶技术指导超过130人次；开展“我为乡村振兴做贡献”主题实践活动、创新“社区结对共建”机制，与当地社区开展党建共建，推出为民举措57项，办好民生实事26项，帮扶生活困难群众351人、关爱英烈后代68人、服务“一老一小”2233人次、疫情志愿服务5000余人次，帮助群众解决“急难愁盼”问题，助力社区治理，助推城乡建设。建立重点任务清单、联动督导清单、整改落实清单等“三份清单”，推动党史学习教育。

【江西中烟工业有限责任公司】 2021年，江西中烟召开党史学习教育领导小组会议7次，印发各类文件49份，成立督导组2个，对基层企业开展督导检查3轮。编制学习资料4本，编发党史学习教育情况简报24期，其中6篇在烟草行业党史学习教育情况简报上刊载，公司及各基层单位在微信公众号、内刊及各类网站刊登党史学习教育有关文章822篇。举办庆祝中国共产党成立100周年暨“七一”表彰大会，组织开展“金叶先锋·担当奉献”烟草行业庆祝建党100周年主题巡回宣讲，利用省内资源，开展“红色走读”、寄语征集、文艺汇演、红色作品观影周、“书映百年伟业”好书荐读等群众性活动。到江西上饶弋阳县南岩镇方志敏干部学院、贵州遵义举办专题读书班，在江西井冈山举办党员轮训班，讲好专题党课，召开专题民主生活会和专题组织生活会，深入开展学习研讨和辅导讲座，深入学习贯彻习近平总书记“七一”重要讲话精神和党的十九届五中、六中全会精神等。江西中烟本级及各卷烟厂累计开展党组（党委）理论学习中心组集中学习62次、专题研讨50次、专题辅导讲座24次、读书班9次。加强和改进职工思想政治工作，聚焦重点难点问题开展课题研究，形成调研成果20余篇。

开展“我为群众办实事”实践活动。强化技术、服务、培训帮扶，助力省内烟叶产区建设，引导烟农完善建立微信交流群44个，开展主题党日活动5次，举办各类培训24场次，培训烟农2174人次；建立“千名困难零售户帮扶机制”、打造“万家品牌形象店”，解决零售户实际困难与需求；征集和解决职工难题难事106项。江西中烟党组成员带头深入基层开展“我为群众办实事”专题调研，协调解决问题22项。党史学习教育期间，江西中烟本级共形成“办实事”项目83项、各卷烟厂形成“办实事”项目380项，全部完成销号。

【山东中烟工业有限责任公司】 2021年，山东中烟成立党史学习教育领导机构和工作机构，召开党史学习教育动员会，安排部署全省烟草工业系统党史学习教育工作。坚持以上率下，全程严督实导，用好红色资源，聚焦为民服务和推动发展，开展学习研讨、宣传教育和实践活动。以学习贯彻习近平总书记在党史学习教育动员大会、庆祝中国共产党成立100周年大会上的重要讲话，党的十九届六中全会精神等为重点，结合开展庆祝建党100周年系列活动，研读指定学习材料，开展研讨交流。公司党组成员带头联系服务职工群众，开展专题调研，深入基层征求意见建议，梳理“我为群众办实事”重点项目清单1062项，帮助解决基层单位的重点难点问题和职工群众“急难愁盼”问题。各级党组织把学习党史同总结经验、观照现实、推动工作相结合，立足工作实际和主责主业，持续改进作风，强化责任担当，在推动企业高质量发展上见行见效。

【河南中烟工业有限责任公司】 2021年，河南中烟通过党组会、党史学习教育领导小组会研究党史学习教育17次，印发各类指导文件28份，坚持班子成员带队深入基层单位调研指导，组建2个巡回指导组进行督促指导。

开展“永远跟党走”群众性宣传教育，举办庆祝建党100周年文艺汇演和书法绘画摄影展，举办“深入学党史、永远跟党走”知识竞赛，就近就便开展革命传统教育、党性教育462场，举办专题讲座55场。全年组织党组理论学习中心组专题学习暨党史学习教育专题读书班4次共13天，公司领导班子成员开展专题研讨交流16人次。举办处级以上领导干部学习贯彻党的十九届五中全会精神专题研讨班和专业化能力提升班，各单位组织党组理论学习中心组、读书班等专题学习74次，面向基层党组织、党员干部讲授专题党课876场。开展“我为群众办实事”实践活动，面向所属各单位及省内外市场一线，累计征集意见建议149条，归纳形成重点项目140项，建立细化“我为群众办实事”重点项目清单，构建调查研究确定项目、完善措施推进实施、办结完成效果评估的闭环工作机制。把开展“作风建设年”活动作为党史学习教育的自选动作，制定专项工作方案，加强作风建设。

【湖北中烟工业有限责任公司】 2021年，湖北中烟党组把学习党史和开展“我为群众办实事”实践活动作为贯穿始终的两条主线，有序推进。强化分类指导，分8个群体确立学习清单。副处级以上党员领导干部，党组成员和各级班子成员带头领学调研，发挥示范带动作用；成立3个巡回指导组，开展2轮61次巡回指导，总结提炼特色亮点26项，指出存在问题13个，确保党史学习教育全覆盖；开展“我为群众办实事”实践活动，探索建立公示制、项目制、督办制、测评制等机制，形成公司党组办实事清单59项并全部落实。

围绕学习贯彻习近平总书记在党史学习教育动员大会上的重要讲话精神和四个专题，湖北中烟开展党组（党委）理论学习中心组学习71次，交流发言254人次。各级党组织讲党课328场次，参加人员6072人次。组织引导各级党组织到红色教育基地开展体验教学180余场、4000余人次。举办处级干部专题培训2期、科级干部专题培训5期、党员轮训25期。把党史学习教育与开展庆祝中国共产党成立100周年系列活动相结合，发起“领袖有号召，我们有响应”签名践诺活动，举办群众性文艺活动《伟大的征程》，组织制作20集中国共产党系列精神谱系视频，开展“传承红色基因——我来讲党史”“回顾党史健步走”等活动。组织先进集体和先进个人参加“金叶先锋·担当奉献”烟草行业庆祝建党100周年主题巡回宣讲，承接行业主题巡回宣讲报告会，组织专班选树企业先进集体和先进个人。学习抗美援朝英雄、老党员先进事迹。挖掘推广党史学习教育中的亮点和特色做法，形成创新案例集113篇；编发《简报》27期，被烟草行业党史学习教育情况简报采用11次。做好对外宣传，在行业内外媒体报道湖北中烟党史学习教育情况324篇，其中《愿得此生常报国》短视频被多家央媒转载。

【湖南中烟工业有限责任公司】 2021年，湖南中烟将深入学习贯彻习近平总书记“七一”重要讲话精神及其他系列重要讲话精神、推进“四史”学习作为重要任务，贯穿党史学习教育全过程。各级党组织开展各种形式的学习2810场次，联合湖南省烟草商业系统举办5期党史学习教育专题培训暨党的十九届五中全会精神集中轮训班，脱产轮训领导干部400余人。推动公司基层党组织参与互联共建，建立办实事清单560项，其中公司党组及班子成员重点牵头的实事22项，截至年底完成实事475项，正在推进85项。强化企社（村）共建，推动党员干部志愿服务常态化，全年开展志愿服务666次，参与党员5179人次。编印公司党史学习教育创新案例集，编发公司党史学习教育情况简报42期、增刊11期，在人民网、新华社、“学习强国”平台、《中国烟草》杂志、《东方烟草报》等刊载湖南中烟党史学习教育的经验报道146篇，营造党史学习教育氛围。

【广东中烟工业有限责任公司】 2021年，广东中烟成立公司党史学习教育领导小组及4个指导组，通过党组会议及党组理论学习中心组学习、专家学者授课、党史大讲堂、“百年书香”专题读书班等形式，开展班子带头学、讲座辅导学、党员交流学，公司党组、各厂党委理论学习中心组开展学习研讨53次，各级领导班子成员撰写心得体会199篇，为基层联系点党员上专题党课90节。鼓励微视频、微电影、微党课创作，做好党史学习教育情况简报编发，举办党史云竞赛和大国重器网络展览参观，开设双喜电视台《党史开讲》专栏，加强先进典型宣传报道，营造党史学习教育氛围。

开展“我为烟农办实事”“我与客户共成长”等主题实践活动，围绕“五个着力”梳理并完成重点项目50项，解决零售户、烟农、员工和其他群众难题223项。做好巩固脱贫攻坚成果同乡村振兴有效衔接，先后派驻4支队伍开展对口帮扶，广东中烟被评为广东省“万企帮万村”行动突出贡献爱心企业。依托“三会一课”、红色资源开展唱红歌、入党宣誓、重温入党誓词等活动，举办建党百年联欢会、主题宣讲和快闪拍摄等，激励广大干部职工展现新担当新作为。

【广西中烟工业有限责任公司】 2021年，广西中烟召开党史学习教育动员部署会，制定实施工作方案，成立领导小组及其办公室。领导小组听取情况汇报3次，公司指导组指导检查3次，烟草行业党史学习教育第三指导组对公司3次指导检查。党组“以上率下”，组织学习贯彻习近平总书记“七一”重要讲话精神，以及党的十九届五中、六中全会精神，系统学习《论中国共产党历史》等指定书目，开展政绩观专题教育，召开专题民主生活会和专题组织生活会，学深悟透习近平新时代中国特色社会主义思想，举办党组（党委、党总支）专题学习会61次、党组（党委）理论学习中心组学习会（政治理论学习）20次、直属单位党委（党总支）专题学习会41次、读书班17期、专题辅导讲座17次、集中学习1910次、党史专题党课344次，完成调研成果25份，党性淬炼活动76次，编发党史学习教育情况简报32期。

组织90余名处级以上干部到广西百色开展红色现场教学，组织76个党支部党员到革命遗址遗迹开展党性锻炼，参观红色主题展览、观看红色影片等，参加3000余人次。举办“永远跟党走”庆祝文艺晚会、知识竞赛、革命诗词朗诵比赛、红色运动会、发展成就PPT比赛、优秀党课评比等系列庆祝活动，举办“金叶先锋·担当奉献”烟草行业庆祝建党100周年主题巡回宣讲广西中烟报告会，表彰先进基层党组织13个、优秀党员和优秀党务干部208人，认定“一支部一特色”党建品牌49个，慰问老党员老干部及困难党员58人次，上报“光荣在党50年”退休党员34人。开展“我为群众办实事”“我为烟农办实事”“我与客户共成长”“我为基层服好务”等实践活动，完成公司级项目清单53项、部门级项目清单32项，各基层组织为职工群众解决实际困难160余项。

【重庆中烟工业有限责任公司】 2021年，重庆中烟5个基层党委、48个基层党支部、106名副处级（含）以上党员干部、1194名党员参加党史学习教育，落实21项工作任务，以学习成效推动企业“十四五”开好局。

营造党史学习教育氛围，重庆中烟党组、各单位党委开展专题读书班、专题学习、知识答题、专题党课等活动。用好红色资源、讲好红色故事，重庆中烟各级党组组织939名党员干部参观红色革命教育基地，组织923名党员观看红色电视剧电影。把“我为群众办实事”作为党史学习教育落脚点，征集意见建议、深入开展调查研究，办成实事143项，完成率100%。验收发布党建品牌36个，制作播放“永远跟党走”主题视频21期65部，在App开设《党史上的今天》栏目，与行业商业企业开展8场“红岩精神”在线联学、直播互动，追寻红色印记，传承红色基因。

【四川中烟工业有限责任公司】 2021年，四川中烟成立公司党史学习教育领导小组并下设办公室，研究制定《四川中烟党史学习教育实施方案》，先后召开领导小组会议7次，推进会议3次，推动党史学习教育各项要求落地落实。其间，公司开展党组理论学习中心组集体学习20次，举办干部“双月读书会”（含党史学习教育读书班）5期，组织专题理论学习15次，累计24.5天196个学时，公司领导班子成员面向所在支部、联系单位、一线党员带头讲授党课17次，宣讲党的十九届六中全会精神10次，撰写学习交流材料40余篇。举办处级干部党史学习教育研讨班1期，党支部书记党史学习教育暨基层党务实操培训班2期，青年干部培训班1期，党务工作者专题培训班1期，累计培训党员干部217人次。召开“雁行宽窄”党建品牌成果发布会，举办庆祝建党100周年“传承红色基因　践行初心使命”文艺演出和主题展览，干部职工参与1000余人次，网络直播单场累计观看突破172万人次。召开专题民主生活会和专题组织生活会。聚焦“我为群众办实事”实践活动，公司党组和各单位党委形成办实事清单共计442项，完成388项，长期推进54项，建立相关长效机制48个。

【贵州中烟工业有限责任公司】 2021年，贵州中烟及所属各单位分别成立党史学习教育领导小组及其办公室，组建指导组。制定指导组工作路线图，从“时间、任务、方法”维度聚焦30项主要任务；编制《工作手册》明确目标要求、基本任务、工作规则，编制《学习手册》收录党史应知应会供全体党员学习理解；在“党史学习教育重点任务清单”基础上，结合具体任务分别制定“办实事重点任务清单”“群众性主题宣传任务清单”等，分解134项具体工作。以党员青年、职工青年为主体，举办党史知识竞赛，组织宣讲小组“进支部党小组、进工人讲习所、进青年大讲堂、进乡村帮扶点”，推动学习教育直达基层、全面覆盖。

公司及所属各单位以“两个决议”“三本专著”“四部简史”等为主要内容，制定学习计划。开展党组（党委）理论学习中心组集体学习113次、专题学习研讨90次，各基层党支部以“三会一课”形式开展党史专题学习3404次。组织党员干部参加“金叶先锋·担当奉献”烟草行业庆祝建党100周年主题巡回宣讲，各级党组织利用红色资源，组织党员就近就便参观红色教育基地78次。把讲党课、作宣讲作为传承红色基因、弘扬革命精神的重要平台，组织党组主要负责同志、副处级以上干部讲党课，举办专题读书班、党史专题讲座。

开展“我为基层做服务”“我为职工解难事”“我为乡村作奉献”“我与客户共成长”等主题实践活动，落实好走访调研、清单管理、成效检验等工作措施。各级党组织召开专题民主生活会和专题组织生活会，查摆问题，明确整改方向。

【云南中烟工业有限责任公司】 2021年，云南中烟制定印发《党史学习教育实施方案》《“我为群众办实事”实践活动工作方案》等，系统推进学习教育。全省烟草工业系统共召开领导小组会议248次，印发党史学习教育情况简报28期，成立指导组13个，开展现场指导52次。通过党组理论学习中心组学习、读书班、“三会一课”、专题讲座、集中培训等方式，原文学习指定材料。各级领导班子深入开展学习286次，开展专题研讨发言152次，组织读书班130次，公司党组成员讲授党课26次，其他处级以上领导干部讲授党课302次。各级党组织制定“我为群众办实事”实施方案，聚焦改革发展中的重点难点和群众“急难愁盼”问题，把“问题清单”变为“履职清单”，全省烟草工业系统共为职工、烟农、零售户、其他群众解决难题3669个，开展“双报道双服务双报告”活动2700余人次。开设“党史学习进行时”“我为群众办实事”专题栏目，推送庆祝建党100周年和党史学习教育相关新闻稿件1500余篇。在第六届烟草行业微视频评选活动中，云南中烟获得组织奖，多部作品获得一等奖、最佳编剧奖、最佳剪辑奖。

【陕西中烟工业有限责任公司】 2021年，陕西中烟党组召开党史学习教育安排部署、学习贯彻习近平总书记“七一”重要讲话精神、学习贯彻党的十九届六中全会精神动员大会3次，召开党史学习教育领导小组会议2次；制定党史学习教育工作实施方案、“永远跟党走”群众性主题宣传教育活动具体举措等领导小组及其办公室文件23份，明确100项重点任务。派出3个工作指导组，对公司所属6家单位、21个部门进行督促指导。发挥“两网一报一微”及各类主流媒体作用，开辟专题专栏。领导小组办公室编发党史学习教育情况简报18期、增刊38期，展示学习教育的进展和成效。

围绕百年党史的4个阶段、习近平总书记“七一”重要讲话精神、党的十九届六中全会精神等专题，开展集中研讨5次，现场交流34人次，撰写心得体会242人次；公司领导和机关各党支部书记给所在支部党员讲授党史学习教育专题党课28场次；各单位领导班子累计开展集中学习88次，研讨交流118次，党员领导干部讲专题党课72场次。依托红色资源就近就便开展入党宣誓活动，制作党史题材微党课6部，形成课题研究成果10个，邀请专家学者作党史宣讲阐释17场次，组织党史知识竞赛、主题征文活动，制作“小延讲党史”微视频10集。

确定“我为烟农办实事”“我与客户共成长”“我为基层服好务”等10个主题、149项具体活动和41个重点服务项目，涵盖生产经营、精益管理、市场营销、疫情防控等各领域，服务对象包括烟农、零售户、包联对象、英烈后代等各群体，全年累计开展办实事实践活动506次。

【中国烟草实业发展中心】 **概况**。2021年，中烟实业所属企业累计编发党史学习教育情况简报100余篇，制作党史学习教育展板100余块，在内网、报刊等各媒体平台编发新闻报道1738篇，营造宣传氛围。强化理论武装，落实学习要求。所属企业全年开展党组（党委）理论学习中心组学习252次、集中学习研讨430次、党史学习教育读书班93期，邀请专家学者开展专题辅导讲座57次，将党史学习教育引向深入。强化特色创新，突出活动成效。所属企业在“八省红色故事汇”中，再现革命故事和英雄事迹，诠释精神谱系蕴含的时代内涵；在“身边的榜样”主题宣讲活动中，挖掘先进榜样和优秀集体先进事迹，以榜样的力量激励践行初心使命；围绕庆祝中国共产党成立100周年，举办文艺汇演、演讲比赛、征文比赛、教育专题片展播等活动。注重学史力行，确保工作实效。所属企业梳理形成“我为群众办实事”项目清单9份，完成办实事项目555项，探索形成常态化长效化机制或制度85个，以工作成效让职工群众共享高质量发展成果。

黑龙江烟草工业有限责任公司。2021年，黑龙江烟草工业有限责任公司党委班子、党员干部通读7本指定书目；开展党委理论学习中心组学习12天，其中，读书班2天，专家讲座6次，交流研讨6次，到红色教育基地学习1次，到黑龙江省委党校主题教室学习1次。公司党委组织党委理论学习中心组、机关党支部、青年理论学习小组5批次、200余人到哈尔滨尚志红色教育基地体验学习，参观中国土改文化第一村——元宝村暴风骤雨纪念馆和赵尚志、赵一曼纪念馆。选派5名员工参加中烟实业“八省红色故事汇”交流展演。邀请东北抗联老战士王济堂作专题党课。组织6场“学党史　强信念　开新局”党史知识竞赛。牡丹江卷烟厂选派优秀代表以视频形式参加中烟实业系统“身边的榜样”宣讲活动。利用龙江红色“实景课堂”，开展现场教学，累计参加人数超过1500人次。开展“我与客户共成长”“我为基层服好务”等主题实践活动，共梳理制定重点项目91项，完成75项，长期坚持16项。

红塔辽宁烟草有限责任公司。2021年，红塔辽宁烟草有限责任公司组织召开党史学习教育启动会，制定专题学习计划方案。邀请专家学者进行党课辅导；组织党员干部到中共满洲省委旧址纪念馆、抗美援朝纪念馆等红色教育基地开展主题党日、现场教学活动；扩大辽宁卷烟工业史馆红色文化展示空间，展现党的革命斗争历史；召开庆祝中国共产党成立100周年暨“两优一先”表彰大会，承办中烟实业“红色故事汇”，参加“身边典型宣讲”，组织先进员工开展“身边的榜样”巡回演讲等活动。开展“我与客户共成长”主题实践活动，为600余户困难零售户解决困难；开展“我为基层服好务”主题实践活动，办成实事

29 项，解决群众“急难愁盼”问题。

吉林烟草工业有限责任公司。2021 年，吉林烟草工业有限责任公司深入学习贯彻习近平总书记“七一”重要讲话精神，两级领导班子坚持以上率下，组织召开专题部署会议、党委理论学习中心组学习会议 25 次，开展专题学习 14 次，撰写学习心得体会 40 余篇。把学习“四史”与学习贯彻习近平总书记“七一”重要讲话精神相贯通，为党员干部配发指定书目，采取“个人学 + 集中学、研讨学 + 辅导学、党课学 + 宣讲学”方式，分层级开展专题学习。公司两级班子成员、基层支部书记以中国共产党的精神谱系为主要内容，讲授党史专题党课 80 余次，开展普通党员讲党课 30 余次。组织开展“铭记党史、践行使命”“永远跟党走、奋进新征程”百名党员集体宣誓等活动。举办庆祝建党 100 周年系列活动、党史知识竞赛、主题观影、党建联建等活动。与延边州烟草专卖局（公司）联合举办“奋斗百年路　启航新征程”庆祝中国共产党成立 100 周年文艺演出。参加中烟实业“八省红色故事汇”交流展演，参与中烟实业“身边的榜样”先进典型宣讲。形成公司及延吉、长春卷烟厂“我为群众办实事”实践活动项目清单 3 份共 48 项，动态新增项目 37 项，完成 82 项。

甘肃烟草工业有限责任公司。2021 年，甘肃烟草工业有限责任公司以“六个强化”扎实推进党史学习教育：一是强化政治担当，聚焦主线精心谋划抓落实；二是强化分类分级，以上率下突出重点抓学习；三是强化特色创新，丰富载体打造品牌抓成效；四是强化帮办措施，着眼群众“急难愁盼”抓落实；五是强化严格规范，高质高效开好专题会议；六是强化舆论宣传，多角度多形式抓氛围。

内蒙古昆明卷烟有限责任公司。2021 年，内蒙古昆明卷烟有限责任公司坚持以上率下，采取领导班子带头学、专题辅导深入学、及时跟进系统学、线上线下结合学、红色基地体会学“五学”模式，推动学习教育往深里走、往心里走、往实里走，确保学习教育高标准开展；统筹宣传阵地，确保学习教育高热度推进；坚持笃行实干，确保学习教育高质量实践。

深圳烟草工业有限责任公司。2021 年，深圳烟草工业有限责任公司开展党委理论学习中心组学习 27 次，举办党史专题读书班 6 期；以支部大会、党小组会和主题党日等形式开展党史学习 290 次。党委书记分别以“长征精神”和习近平总书记“七一”重要讲话精神为主题讲党课 2 次；党委委员在支部讲党课 11 次；各支部书记及支委讲党课 28 次；邀请深圳市委党校教授讲授“七一”专题党课 1 次。组织全体党员观看庆祝中国共产党成立 100 周年大会直播、党的十九届六中全会精神新闻发布会等。举办“红色故事汇”、红色文化书画摄影展、先进典型宣讲会、党史知识竞赛等活动。推动“我为群众办实事”实践活动落实落地，制定《“我为群众办实事”实践活动工作方案》，细化项目清单 35 项，完成 34 项，处于推进过程 1 项。

山西昆明烟草有限责任公司。2021 年，山西昆明烟草有限责任公司制定《党史学习教育实施工作方案》，各党支部落实“三会一课”制度，每月集中学习至少两次，党小组集中学习每周一次，带领支部全体党员深入学习贯彻习近平总书记重要讲话和指示批示精神。成立青年理论学习小组，组织带动团员青年强化理论武装，形成党委理论学习中心组、支部“三会一课”、青年理论学习小组并进共学的氛围。打造“主题党日 + 红色基地”特色活动，组织 430 余名党员干部到山西省红色教育资源场所参观学习。面向全体党员征集“我的入党故事”，开展“永远跟党走　启航新征程——庆祝中国共产党成立 100 周年主题实践活动”“身边的榜样”先进典型宣讲、“党课开讲啦”微党课展演评选等活动。印发《“我为群众办实事”实践活动工作方案》，确定“我为基层服好务”重点项目清单 12 项，“我与客户共成长”重点项目清单 2 项，解决职工群众“急难愁盼”问题。

海南红塔卷烟有限责任公司。2021 年，海南红塔卷烟有限责任公司党委成立党史学习教育领导小组和工作机构，制定党史学习教育方案。公司党委通过召开工作推进会、印发方案文件、制定每周安排、定期检查考核等途径，加强指导督促。公司党委理论学习中心组学习 24 次，举办专题读书班、研讨班 5 期，开展学习研讨 5 次，开设线上线下专题培训班 6 期，培训党员 800 余人次。各党支部组织集中学习 200 余次，心得交流 20 余次，组织专题党课 30 余次。举办“共话百年党史大讲堂”活动，开展“红色娘子军”红色故事展演，开展红色电影展映、红色视频展播、红色精神宣传，开设红色经典阅读学习栏目，评选表彰“党的忠诚卫士”，开展“身边的榜样”宣讲，举办党史学习教育主题微视频竞赛活动，组织红色教育基地体验学习 13 批次，建设

"七一勋章"获得者先进事迹宣传长廊。开展"我为群众办实事"实践活动，在履行社会责任、服务基层一线、服务卷烟零售户方面办实事，完成实事重点项目40项；开展"员工最不满意的三件事"意见征集工作，改进工作9项；开展"我与客户共成长"主题实践活动，服务零售户近1000人。

【中国烟草总公司郑州烟草研究院】 2021年，郑州烟草研究院将党史学习教育同庆祝中国共产党成立100周年、"四史"宣传教育、"永远跟党走"群众性主题宣传活动结合，制定工作方案和计划。围绕学习贯彻习近平总书记"七一"重要讲话精神、党的十九届六中全会精神、全国烟草科技创新大会精神等组织学习研讨。开展"我为群众办实事"实践活动，围绕4个办实事方向，建立党组和支部"1+12"工作台账，党组成员和支委带头认领任务、跟进督办，推动在服务行业企业、服务干部职工、助力乡村振兴、促进高质量发展等方面办实事、求实效。注重氛围营造，发放指定教材2400余册，开设网络培训班3个，每日推送"党史百年天天读"栏目，实时更新党史学习教育专栏、电子屏和宣传墙内容。召开全院庆祝建党100周年暨总结表彰大会，评选表彰优秀党员标兵、"两优一先"先进典型，举办主题征文、经典诵读、摄影图片展、微党课等系列活动，拍摄党建宣传视频，展现工作成果成效。

【中国烟草总公司合肥设计院】 2021年，合肥设计院组织深入学习贯彻习近平总书记在党史学习教育动员大会上的重要讲话精神、在庆祝中国共产党成立100周年大会上的讲话精神等，推进党史学习教育。召开党史学习教育动员会，成立党史学习教育领导小组。制定《合肥设计院党史学习教育具体实施方案》，并开展督导检查。开展党委理论学习中心组、党支部"三会一课"、主题党日等活动，召开党史学习教育专题民主生活会和专题组织生活会，举办庆祝建党100周年系列活动。开展"我为群众办实事"实践活动，先后完成2批"我为群众办实事"项目清单共10项重点任务。开展社企结对共建，强化疫情防控主体责任，履行社会责任办实事。

【中国烟草总公司职工进修学院】 2021年，职工进修学院共35名中层以上干部、80名党员和6个党支部参加党史学习教育。成立党史学习教育领导小组及其办公室，制定工作规则，压实工作责任。研究制定学院党史学习教育实施工作方案和具体措施清单，明确党史学习教育的"时间表"和"路线图"。召开动员会，对党史学习教育进行全面动员部署。结合学院实际，开展"永远跟党走"群众性主题宣传教育、"四史"宣传教育和庆祝建党100周年系列活动。全年召开领导小组会议8次、领导小组办公室会议5次，按要求向行业领导小组办公室报送工作纪实46次。学院编发党史学习教育情况简报29期、活动新闻40余篇，各党支部创作党史题材的微党课、微视频、学习版面70余期。

【上海新型烟草制品研究院】 2021年，上海新型烟草制品研究院以中国共产党百年历史为基本时间线索，全年安排党史学习教育专题学习5次，专题读书班2次；领导班子带头开展宣讲、参加所在党支部组织生活，党总支书记给全体党员上党课，班子成员到联系点上党课，党支部书记在支部上党课；聚焦研究院工作重点难点以及年度合理化建议、满意度测评工作中职工反映的热点问题，由主要领导牵头确定3个年度调研课题；召开党史学习教育专题民主生活会和专题组织生活会。

创新学习方式、丰富学习内容，总支部下属各党支部在"三会一课"、主题党日基础上，完成"十个一"系列学习特色活动。鼓励支部设计党史学习教育特色动作，以文字、图片、H5、短视频等形式，设计红色圣地云参观、党史思维导图、党史专题小讲坛、党史知识阶段小测试，用好线上线下教育资源，增强学习趣味性和有效性。策划开展庆祝建党100周年系列活动，组织全体党员参观中共二大会址重温入党誓词、设计布置"奋斗百年路　启航新征程"党的发展历程和建党精神图片史料展览、拍摄《在灿烂阳光下——庆祝建党100周年》主题短片、绘制祝福海报、开展先进表彰和先进事迹学习活动。党总支理论学习中心组举办习近平总书记"七一"重要讲话精神专题读书班，各党支部召开专题组织生活会学习交流。开展"我为群众办实事"实践活动，梳理形成"我为群众办实事"重点项目清单，明确工作安排和时间节点，落实完成项目清单所有工作，并将项目清单中群众反映较好的工作方法固化为长效机制长期坚持。

【南通醋酸纤维有限公司】 2021 年，南纤公司成立党史学习教育领导小组及其办公室，明确党委班子成员、支部书记、相关职能部门负责同志的工作责任。领导小组召开会议 10 次，编发党史学习教育情况简报 10 期，召开全体党员大会 3 次，研究部署工作举措，分享总结典型做法。结合合资企业实际，制定包含 6 个方面、20 条具体学习行动的党史学习教育实施细则。

领导班子组织集中学习 12 次、研讨 3 次，党委书记带头撰写学习体会，班子成员上党课 6 次。党委书记与 12 名同志以“你讲我讲大家讲”的形式共同讲授主题党课。邀请金一南教授作“百年苦难　百年辉煌”专题授课。开展“学党史　当先锋”主题读书活动，党员、员工撰写读书学习体会 200 余篇。全年党支部开展集体学习 48 次，组织交流研讨 83 人次。利用班前“微党课”“党课大家讲”等形式送党课到班组、进车间，实现党员和入党积极分子全覆盖。

牵头举办南通、珠海、昆明醋酸纤维有限公司庆祝中国共产党成立 100 周年系列活动，举办首批遵义党性锻炼学习班，利用周边红色和爱国主义教育基地开展各类教育 30 余批次，发布专题图文展和主题书画摄影联展各 1 期，群团组织利用春季凝聚力活动、观看《战上海》杂技剧等。

制定并落实包含 27 项具体任务的工作清单，开展扶贫救灾、捐资助学、志愿服务等公益活动。收集落实员工意见建议 60 条。常态化开展“亮身份、当先锋、创价值”主题活动。在“领航”项目中，倡导党员为高质量发展主动承担一项任务，全年共计开展课题 260 余项；在“先锋”项目中，开展“党员责任区”“党员示范岗”等主题活动，发挥党组织的战斗堡垒作用和党员先锋模范作用。

【昆明醋酸纤维有限公司】 2021 年，昆纤公司党委成立党史学习教育领导小组及其办公室，制定印发工作方案，统筹推进党史学习教育。党委理论学习中心组每月举办理论中心组专题学习暨党史学习教育读书班；邀请党史专家教授讲授专题党课；举办“党史我来讲”微党课、“百年党史青年说”宣讲、“党史百年天天读”等学习活动；拍摄《弦歌不辍、薪火相传》党史学习教育宣传片；开通“奋斗百年路　启航新征程”网上党史学习教育专栏，用好烟草行业网络党校、“学习强国”、党支部微信群等载体，组织党员干部集中学习、网络自学，撰写学习心得体会；开展“缅怀革命英烈、传承红色基因”和“我为群众办实事”实践活动；三纤公司联合开展庆祝中国共产党成立 100 周年系列活动；组织全体党员学习贯彻习近平总书记“七一”重要讲话精神，开展党史学习教育现场学习活动；开展党的十九届六中全会精神学习贯彻工作；举办党史学习教育主题征文比赛、“畅谈红色信仰　凝聚奋进力量”党史学习教育座谈会。

【珠海醋酸纤维有限公司】 2021 年，珠纤公司党委制定党史学习教育实施方案和工作计划，以学习贯彻习近平新时代中国特色社会主义思想、习近平总书记“七一”重要讲话精神和党的十九届六中全会精神为重点，将党史学习教育工作细化为 19 项任务，落实具体举措。公司党委班子坚持带头学、走在前。党委书记撰写书面学习体会，以专题党课的形式讲授讲解；班子成员在管辖区域进行宣讲。公司全体党员员工结合工作实际，提交学习心得体会 118 篇，评出获奖文章 38 篇。

公司党委先后组织开展全体党员牢记入党誓词活动，举办庆祝建党 100 周年党史知识竞赛，举办建党 100 周年暨公司成立 28 周年文艺晚会，组织集中收看庆祝中国共产党成立 100 周年“七一勋章”颁授仪式，观看聆听王玲、孟瑾等 6 位宣讲团成员的报告会。在公司党委引领下，党史学习教育引导全体员工将学习热情转化为推动公司高质量发展的强大内生动力。

召开党史学习教育专题民主生活会和专题组织生活会，把握党史学习教育阶段性工作特点加强督导。推进“我为群众办实事”实践活动，统筹做好党史学习教育、疫情防控和生产经营工作。形成“合资企业 456 党建工作模式”，落实“重视思想建党、理论强党”的党建要求，将党史学习教育与实际工作相结合，推进珠纤公司高质量发展。

◇ 编辑：褚　幸

1

2

3

1 2021年3月15日，黑龙江七台河市局（公司）开展“守护安全 畅通消费 提高群众监督举报维权意识”普法宣传活动

黑龙江七台河市局 杨双宇 摄

2 2021年8月9日，浙江丽水市局（公司）专卖人员张贴标识，加强电子烟监管，保护未成年人免受烟侵害

浙江丽水市局 汤晓勇 摄

3 2021年11月25日，山东东营市局（有限公司）与东营市公安局联合举办打击沿海走私烟草专卖品违法犯罪活动协作座谈会

山东东营市局 商白洁 摄

1 2021年2月25日，湖北省局（公司）、武汉市局（公司）、武汉海关缉私局联合召开“1·29”走私烟草专卖品专案工作衔接会

湖北武汉市局　罗　乐　摄

2 2021年3月15日，湖南株洲市局（公司）开展株洲市销毁假冒卷烟走私烟专项行动

湖南株洲市局　李爱芸　摄

3 2021年9月28日，广西河池宜州区局（营销部）专卖执法人员到卷烟零售户门面张贴烟草打假打私海报

广西河池宜州区局

覃业军　摄

4 2021年1月10日，云南普洱市局（公司）与普洱市公安局联合开展云南普洱"7·22"特大跨境销售假冒注册商标卷烟网络案件涉案物品展示

云南省局 供稿

5 陕西省局（公司）情报分析人员借助中国烟草寄递涉烟信息采集研判平台开展案情分析（2021年）

陕西省局 供稿

1

2

3

1 2021年4月12日，甘肃兰州市局（公司）与兰州市邮政管理局举行深化寄递渠道涉烟监管协作协议签字仪式

甘肃省局 王俊峰 摄

2 2021年12月4日，宁夏烟草系统开展“12·4”国家宪法日暨“宪法宣传周”活动

宁夏区局 郭 莉 摄

3 2021年1月23日，深圳市局联合深圳市海防打私办、海警局、海关缉私局、公安等部门，破获一起特大海运涉嫌走私卷烟案件

深圳市局 供稿

1 2021年6月29日，辽宁营口市局（公司）组织开展《中华人民共和国烟草专卖法》颁布30周年宣传活动

辽宁营口市局 仪德东 摄

2 2021年6月29日，天津市津南区局（分公司）开展纪念《中华人民共和国烟草专卖法》颁布30周年宣传活动

天津津南区局 孙 语 摄

3 2021年12月10日，河北石家庄桥西区局（分公司）工作人员指导零售户网上办理烟草专卖零售许可证

河北省局 供稿

1 EMS免费邮寄送达烟草专卖许可证，让群众“一次不用跑”（2021年）

江苏省局 供稿

2 2021年，浙江湖州市局（公司）“专销协同靶向监管”模型投入实战运用，专卖管理员依托数据看板安排当日市场监管任务

浙江湖州市局 方 华 摄

3 2021年3月15日，福建省烟草质量监督检测站、福州市城北局（分公司）等单位联合开展“守护安全、畅通消费——2021年3·15国际消费者权益日”宣传活动

福建省局 供稿

4

5

6

4 2021年9月17日，全国12313烟草市场监管服务热线湖北分中心揭牌

湖北省局 供稿

5 2021年9月8日，重庆铜梁区局（分公司）稽查队员通过手机端查询信用分析数据，对存在信用风险的零售户实施监管

重庆铜梁区局 罗心阳 摄

6 2021年6月3日，甘肃定西安定区局（营销部）专卖管理人员开展市场检查

甘肃定西市局 张晓军 摄

市场监管

1 2021年8月10日，青海海西乌兰县局（营销部）落实“守护成长”专项行动，开展未成年人保护法宣传

青海省局 供稿

2 2021年9月24日，新疆石河子市局（有限公司）召开“石河子烟草制品零售点合理布局规划”听证会

新疆石河子市局 程靖皓 摄

1 2021年8月23日，黑龙江省牡丹江烟叶公司宁安烟叶分公司试用自行研发的采收辅助机采收烟叶

牡丹江烟叶公司 戴 岩 摄

2 2021年2月21日，安徽池州东至县洋湖镇永济村烟农启用新型覆膜机开展覆膜备栽工作

安徽池州市局 钱 路 摄

3 2021年，福建龙岩上杭县局（分公司）强化烟叶收购廉政督查，确保烟叶收购廉洁、规范、公正、有序。图为工作人员检查烟叶收购质量

福建省局 供稿

1 江西赣州信丰县烟农专业合作社借助植保无人机做好烟田绿色防控工作（2021年）

江西省局 供稿

2 2021年9月25日，山东潍坊临朐县辛寨镇肖家店子村烟农利用闲置期烟叶育苗棚种植小米

山东潍坊临朐县局 李 伟 摄

3 2021年2月22日，河南许昌襄城县王洛镇谢庄育苗工场工作人员将播种后的苗盘淋水入池

河南省局 供稿

4 2021年4月16日，湖北宜昌兴山县局（营销部）开展烟叶标准化生产“三先”技术培训，将“技术课堂”搬至田间

湖北宜昌兴山县局 陈书苇 摄

5 2021年7月26日，全国首个双热源智能烤房群在湖南湘西花垣县全面开烤

湖南湘西花垣县局

欧建安 摄

6 广西百色市百坭村烟叶产业综合体（2021年）

广西区局 供稿

7 广西百色靖西市新靖镇常富村江城屯烟区（2021年）

广西百色市局

李东方 摄

1 2021年4月，重庆黔江区邻鄂镇烟农开展烟田起垄覆膜工作

重庆市局　供稿

2 2021年9月14日，四川泸州古蔺县局（分公司）烟技员查看烤烟质量，严守烤烟收购标准

四川省局　供稿

3 科技创新助推烟叶生产向绿色、高质量发展，贵州烟草技术人员在遵义沙湾镇连阡村大田释放蠋蝽（2021年）

贵州省局　供稿

4 2021年8月19日，云南曲靖马龙区鸡头村烟站对烟叶进行智能化分级

云南曲靖市局　王炳会　摄

1

2

3

1 2021年9月27日，北京西城区局（公司）组织开展零售户诚信经营模拟对抗演练

北京市局 供稿

2 2021年，内蒙古区局（公司）全力推动实施“柜计划”，创建自有零售连锁品牌“蒙选118”

内蒙古区局 供稿

3 黑龙江双鸭集贤县东荣村农网建设零售户店面升级改造后的东荣超市（2021年）

黑龙江省局 供稿

1 2021年9月8日，江苏无锡市局（公司）客户经理向零售户宣讲“金诚丝语利心”信用手册

江苏无锡市局 侯鹏飞 摄

2 2021年，浙江绍兴市局（公司）开展“我与客户共成长”主题实践，向优秀党员零售户颁发讲师聘书

浙江绍兴市局（公司） 张秀琴 摄

3 2021年3月20日，山东聊城东昌府区局（营销部）工作人员向零售户介绍真假烟鉴别知识和防调包知识

山东聊城东昌府区局 鹿 莉 摄

4 2021年3月4日，河南信阳商城县局（分公司）开展“学习雷锋在行动 巾帼服务别样红”为零售户整理柜台志愿服务活动

河南省局 供稿

5 2021年8月23日，陕西西安高新分局（营销部）专卖管理人员向零售户宣传保护未成年人免受烟侵害“守护成长”专项行动

陕西省局 供稿

1 2021年，重庆烟草商业系统运用“数智卷烟工商交接”系统，提升工商交接运行效率、效能、效益

重庆市局　涂金周　摄

2 2021年5月14日，新疆伊犁州伊宁市优秀零售户为新入网零售户介绍品牌陈列知识

新疆区局　供稿

烟草专卖
管理与经营

北京市烟草专卖局（公司）

【专卖管理】 **打网办案**。2021年，北京市烟草专卖局始终保持卷烟打假打私高压态势，以“打铁”精神深入推进打网办案工作。巩固深化联合执法机制建设。顺应公安管理体制改革，强化与北京市公安局环境食品药品和旅游安全保卫总队的机制建设和工作衔接，加强市区两级烟草、环食药旅工作对接与统筹，联合签署《关于建立烟草领域执法协作机制的意见》，印发《加强打击涉烟违法犯罪工作实施方案》，进一步加大打击涉烟违法犯罪工作力度。联合召开京津冀专卖管理联席会议，深化京津冀专卖执法协作机制建设。

以线索情报为重要抓手，加强综合研判，注重深度挖掘，实施分类管理；坚持全市“一盘棋”，优化考核导向，促进区域联合办案；加大对重大案件的集中指挥协调力度，“打大案”与“办个案”有机结合。持续加大物流寄递等重点环节监管打击力度。组织开展“红剑100”专项整治行动，惩治一批涉烟违法分子，查办一批颇具规模、有影响力的案件，全市打网办案整体水平得到提升。

2021年，全市查处各类涉烟案件2275起，比上年增长7.77%；查获非法卷烟1.06万件、假私烟0.51万件，总案值8225.52万元；公安、司法机关依法刑拘68人，判刑40人。朝阳“3·30”运输销售假私卷烟网络案、丰台“5·10”非法经营加热卷烟案、丰台“1·17”假冒卷烟网络案等3起案件达到国家局重大案件二级标准，实现全市近年来查处二级网络案件的突破。

市场监管。坚持监管全覆盖，关注市场净化和执法规范，多措并举推进市场监管工作。规范开展“双随机、一公开”检查，根据疫情防控形势变化安排检查进度，提升检查实效，全年全市累计检查6704户；持续加大重点监管工作力度，深化APCD工作法研究应用，全年全市模型分析总命中率15.79%，流入命中率16.5%。建立市场巡访制度，组织开展市场巡访工作，加强对市场净化水平的了解掌握，督促各区局提升辖区监管水平。

组织开展重点辖区“市场户”治理工作，加强督办指导和政策研究，治理清理269户，实现“市场户”清零，彻底解决长期存在的顽疾固症，优化卷烟市场生态。落实《中华人民共和国未成年人保护法》，组织开展“守护成长”“控烟执法月”等专项行动，全市清理校园周围持证零售户13户、无证零售户130户。

联合市场监管部门线下线上双向发力，持续开展电子烟监管，约谈督促互联网平台删除电子烟、茶烟等链接近1万条，向全市电子烟零售户印发张贴警示标语5万余份，劝导619户持证零售户下架电子烟。10月，北京市局查处一起向未成年人销售电子烟案件，是北京市内查办的首起向未成年人销售电子烟案件，也是新未成年人保护法施行以来北京市局针对违法销售电子烟行为开出的“首张罚单”。此后多个区局查处向未成年人销售卷烟、电子烟案件，人民网等多家媒体多次予以宣传报道。以全市执法音视频管理信息系统为抓手，抽查监督全市执法记录，督促提升执法规范水平。

行政许可。在坚持烟草专卖制度的基础上，深化落实“放管服”改革各项要求。贯彻落实实施细则，做好政策衔接和工作调整，全面收集汇总实施过程中出现的情况和问题，在全市范围内凝聚共识、统一意见。

持续加强持证零售户数量整体监测与分析。严把许可准入关，开展全市零售许可合理布局及合理容量调研，指导督促各区局因地制宜推进合理布局修订工作并着眼政策影响和区域平衡进行全市统筹，实现全市零售许可证数量增长逐步趋缓。选送的区局合理化布局规划入选全国优秀范例。

严格许可退出管理，加大“空壳户”“休眠证”等清理力度，全市长期未经营等持证零售户持续保持较低水平，相关工作经验作为典型向国家局作专题汇报。强化校园周边零售许可监管，全市累计清理校园周边持证零售户136户。

加大“网上办理”宣传工作力度，大兴、密云等区局创新方式方法，多措并举宣传引导网上办理。开展“我为群众办实事”实践活动，主动压减批发企业许可证办理时限，鼓励各区局结合实际压减办理时限、减少跑动次数。稳步推进许可标准化建设，加大“好差评”社会宣传推广力度，提升许可服务水平。

基础管理。研究出台《北京市烟草专卖局关于全面规范烟草专卖管理人员行政执法行为的实施意见》，推进执法规范化建设，建立行政执法视频全过程记录制度，实现全员全过程两个“全覆盖”；建立定期随机抽查反馈机制，及时发现问题，及时整改提高；修订完善“专卖执法规范教学片”1.0版，指导提升规范执法水平。

以内训师、专卖技能竞赛为抓手，抓好人员培养和技能提升工作。全年累计组织开展专卖业务线上培训12次，内容涵盖专卖各业务领域，覆盖专卖执法人员6000余人次；组织开展《中华人民共和国民法典》《中华人民共和国行政处罚法》《中华人民共和国未成年人保护法》等新修订法律法规学习研究，带动提升专卖队伍整体法治素养和能力水平。

坚持用制度管人管事，研究制定《卷烟鉴别培训用烟管理办法》等，系统开展专卖管理制度文件清理工作，规范办事流程，明确岗位责任，全面从严管理。优化完善专卖考核体系，坚持考绩与考为、结果与过程有机结合，调动提升各执法单位和全体专卖管理人员工作积极性。系统推进专卖信息化建设，持续提升专卖信息系统适应性和业务需求满足度。

【卷烟经营】 **卷烟销售**。2021年，北京市销量居前三位的卷烟品牌为“红塔山”“中南海”“云烟”。

重点品牌培育。全年销售重点品牌卷烟比上年增长2.84%。聚焦重点品牌、高端品牌和创新产品等，对标对表全国指标，做优做强重点品牌，强化数据对品牌培育、规范经营等工作的支撑。制定发布《2021年度北京烟草品牌培育推进方案》，完善品牌管理机制、市区“两级”培育机制及工商协同机制，丰富品牌培育内涵，发挥终端数据在品牌培育中的重要作用。

新品培育。2021年销售新品规格114个，销量比上年增长165%。全年引入新品规格39个，退出规格51个。以市场真实需求为导向，发挥政策引导和市场竞争双重作用，坚持价格梯次化管理原则，优化产品品类布局，合理精简品牌规格，提高新品供给质量和培育成功率。

【雪茄烟经营】 2021年，销售雪茄烟692.95万支，比上年增长3.06%；实现销售额6035.51万元，比上年增长1.68%；毛利1402.73万元，比上年增长2.89%。

【现代终端建设】 现代卷烟零售终端建设规模稳步扩大，渠道掌控力进一步增强。截至2021年底，全市建成现代终端1.18万户，占零售户的29.93%。全市共有诚信互助小组2433个，入组零售户占比96.75%。

加快零售终端提质升级，通过政策支持，激发诚信经营的零售户主动投入改造硬件设施，为全市终端形象提升发挥示范引领作用，自主投入形象提升客户突破1600户。

深化与金融机构的合作力度，以“烟草贷+聚合支付”一体化金融服务为抓手，推进烟草金融业务工作。烟草贷推广客户1.6万余户，办理客户3794户，占比10.8%。

2021年6月30日，北京烟草举办北京烟草系统党史知识竞赛决赛

北京市局　供稿

【市场化取向改革】 加快推

进工商网上配货，工商双方共同遵守协商确定的配货规则，按照统一工作流程开展配货业务，截至2021年底，开展工商网配的工业企业共计18家。

把开展销售大比武作为“我与客户共成长”主题实践活动的重要载体。围绕行业高质量发展主线，紧扣实际工作，对销售人员把握行业政策，提升理论水平和实操能力进行全面检阅。全市销售人员参加角逐，10名选手被评为北京烟草营销十大标兵，为全市销售队伍树立榜样标杆。

【特事辑要】 2021年2月3日，国家局党组成员、副局长段铁力在北京烟草调研。

2月4日，2021年北京烟草工作电视电话会议召开。

5月28日，“金叶先锋·担当奉献”烟草行业庆祝建党100周年主题巡回宣讲报告会在北京烟草举行。

6月21—25日，北京市局（公司）为党龄达到50周年的老同志发放中组部颁发的“光荣在党50年”纪念章。

8月25日，国家局党组成员、副局长张天峰在北京市局（公司）调研。

9月29日，北京烟草第八届职工运动会在朝阳体育中心举行。

2021年北京市烟草专卖商业主要情况统计

区局（公司）名称		东城区烟草专卖局（公司）	西城区烟草专卖局（公司）	朝阳区烟草专卖局（公司）	海淀区烟草专卖局（公司）	丰台区烟草专卖局（公司）
主要负责人/法定代表人（含党政领导）		王献军	孟庆伟	罗明录（—2021年12月） 史红军（2021年12月—）	张秀武	曹　盛（—2021年12月） 夏建瓴（2021年12月—）
所属县级单位		—	—	—	—	—
总资产（万元）		33511	34402	182927	132231	99956
资产负债率（%）		7.23	7.68	6.09	4.70	5.58
从业人员（人）		84	91	163	137	121
所属业务机构	营销机构	1个营销网建科	1个营销网建科	1个营销网建科	1个营销网建科	1个营销网建科
	物流配送机构	—	—	—	—	—
	专卖稽查机构	1个专卖稽查支队	1个专卖稽查支队	1个专卖稽查支队	1个专卖稽查支队	1个专卖稽查支队
	烟叶机构	—	—	—	—	—
烟农户数（户）		—	—	—	—	—
实现烟农总收入（万元）		—	—	—	—	—
零售户数（户）		1306	1413	5637	3213	2948
零售户销售毛利率（%）		15.03	14.98	13.59	14.23	14.26

区局（公司）名称	石景山区烟草专卖局（公司）	通州区烟草专卖局（公司）	顺义区烟草专卖局（公司）	延庆区烟草专卖局（公司）	怀柔区烟草专卖局（公司）
主要负责人/法定代表人（含党政领导）	魏学忠（—2021年12月） 韦　琪（2021年12月—）	夏建瓴（—2021年12月） 刘　帅（2021年12月—）	洪伟峻（—2021年12月） 舒　俊（2021年12月—）	李　杨	韦　琪（—2021年12月） 刘玉双（2021年12月—）
所属县级单位	—	—	—	—	—
总资产（万元）	18655	64787	51130	15555	16637
资产负债率（%）	8.48	3.34	4.09	14.49	6.12
从业人员（人）	56	102	104	66	77

续表

区局（公司）名称		石景山区烟草专卖局（公司）	通州区烟草专卖局（公司）	顺义区烟草专卖局（公司）	延庆区烟草专卖局（公司）	怀柔区烟草专卖局（公司）
所属业务机构	营销机构	1个营销网建科	1个营销网建科	1个营销网建科	1个营销网建科	1个营销网建科
	物流配送机构	—	—	1个配送仓储科	1个配送仓储科	1个配送仓储科
	专卖稽查机构	1个专卖稽查支队	1个专卖稽查支队	1个专卖稽查支队	1个专卖稽查支队	1个专卖稽查支队
	烟叶机构	—	—	—	—	—
烟农户数（户）		—	—	—	—	—
实现烟农总收入（万元）		—	—	—	—	—
零售户数（户）		717	3638	3527	1232	1667
零售户销售毛利率（%）		14.16	13.45	12.18	12.73	12.49

区局（公司）名称		大兴区烟草专卖局（公司）	昌平区烟草专卖局（公司）	密云区烟草专卖局（公司）	门头沟区烟草专卖局（公司）	房山区烟草专卖局（公司）	平谷区烟草专卖局（公司）
主要负责人/法定代表人（含党政领导）		陈江华	史红军（—2021年12月） 张国栋（2021年12月—）	李　强（—2021年12月） 高云发（2021年12月—）	许　鹏（2021年3月—）	姚琴声（—2021年12月） 张文茂（2021年12月—）	刘晓凡（—2021年12月） 和剑锋（2021年12月—）
所属县级单位		—	—	—	—	—	—
总资产（万元）		53911	59527	18635	5926	43935	15671
资产负债率（%）		7.93	3.72	6.48	10.39	3.28	8.03
从业人员（人）		123	108	79	55	107	75
所属业务机构	营销机构	1个营销网建科	1个营销网建科	1个营销网建科	1个营销网建科	1个营销网建科	1个营销网建科
	物流配送机构	1个配送仓储科	1个配送仓储科	1个配送仓储科	1个配送仓储科	1个配送仓储科	1个配送仓储科
	专卖稽查机构	1个专卖稽查支队	1个专卖稽查支队	1个专卖稽查支队	1个专卖稽查支队	1个专卖稽查支队	1个专卖稽查支队
	烟叶机构	—	—	—	—	—	—
烟农户数（户）		—	—	—	—	—	—
实现烟农总收入（万元）		—	—	—	—	—	—
零售户数（户）		3397	3736	2111	875	2827	2409
零售户销售毛利率（%）		13.22	13.10	12.64	14.73	13.97	11.84

◇ 撰稿：王智誉；编辑：王　静

天津市烟草专卖局（公司）

【专卖管理】 ***打假破网***。2021年，天津市烟草专卖局始终保持打假打私高压态势，深化京津冀专卖管理协作机制，完善公检法部门联合办案机制，推进多部门联合打击物流寄递环节涉烟违法犯罪工作，协同海关、海警加大海上打私力度，规范卷烟市场经营秩序。全年查处各类涉烟违法案件1767起，查获非法卷烟8959件，总案值6021万元，破获国家局四级以上标准重大案件10起，其中侦破1起特大跨国非法经营烟机案件。

破获重大案件。天津“7·06”特大跨国非法经营烟机案件。2021年7月，天津市烟草专卖局联合天津市公安

局破获特大跨国非法经营烟机案件，捣毁非法生产烟草专用机械窝点 1 处、存储仓库 2 处，抓获犯罪嫌疑人 4 人，现场查获非法生产的成品卷烟机 15 台，涉案金额超过 1 亿元。

天津“4·27”销售假烟网络案件。2021 年 4 月，天津市烟草专卖局在天津市公安局的配合下，破获销售假烟网络案件，抓获犯罪嫌疑人 5 人，查获假烟 283.78 件，货值 200 余万元，查扣涉案车辆 5 台，涉案金额 3000 余万元。

专卖内管。规范卷烟零售户大户供应策略，收紧大户投放上限，查处违法违规大户 307 户。坚持真烟非法流通案件追根溯源，制定《开展卷烟规范经营专项治理工作的实施方案》，加强事前事中监管，严格预警处理评查，实施投放调控，真烟非法流出数量比上年下降 10.7%。

市场监管。提升市场监管能力和政务服务水平，推进 APCD 工作法与“双随机、一公开”有机结合，不断提升市场监管效率和精准度，全市平均市场净化率 95.96%，比上年提升 0.26 个百分点。强化电子烟市场监管，开展保护未成年人免受烟侵害“守护成长”专项行动，依法查处向未成年人销售电子烟案件 3 起。推进烟草制品零售点合理布局工作，全市持证卷烟零售户比上年下降 1.4%。推进 12313 烟草市场监管服务热线天津分中心建设，完成与国家局行政许可“好差评”系统对接，进一步提升政务服务效能。

【卷烟经营】 **品牌培育**。持续优化工商协同机制，开展市区两级品牌评价工作，加快品牌规格置换速度。加强重点品牌考核引导，加大关键品类和骨干单品的培育力度，不断提升品牌培育合力。制定高端高价品牌发展规划，靶向开展新品培育工作，稳步拓展新品投放范围，提升新品市场动销水平。2021 年，全市销售重点品牌卷烟占比达到 93.83%，创新产品销量比上年增长 16.56%。

市场发展。统筹推进疫情防控与卷烟经营工作，推动稳销量与提结构，适时调增全年销售目标，保障低价位卷烟供应。加强经济运行调控，规范卷烟流通秩序，以适销货源供给促进市场动销，以优质客户服务密切客我关系，推动市场状态持续向好。2021 年，全市卷烟销量保持稳定增长，销售结构提升，实现单箱销售额 3.3 万元，比上年增长 5.01%。

市场化取向改革。优化货源组织模式，持续发力供需双侧管理，加强需求预测考核督导和工作指引，工商网配提前实现全覆盖，全年库存周转次数显著提升，市场需求响应能力和库存管理水平不断增强。落实国家局市场信息直测网络提质扩容工作，制定全市直测网络管理办法，推动多维度、多渠道市场信息监测，加强重点品牌规格历史数据统计分析，市场分析准确性和有效性得到提升。推动“俏紧平松软”模型有效应用，持续提升市场研判能力。推动销售一体化平台建设，促进信息化与业务工作深度融合和创新应用。

终端建设。制定《2021 年度天津烟草终端管理工作要求及终端建设、物资使用考评办法》，提高现代终端建设标准，严格现代终端引退管理；加快补齐农网短板弱项，加大农网终端建设投入，逐步缩小城乡网建差距，改善农网客户经营环境。持

2021 年 6 月 29 日，天津市局（公司）开展“6·29”烟草专卖法颁布日宣传教育活动

天津市东丽区局　王　韬　摄

续推广零售终端管理系统，聚焦零售终端数字化转型，建立与银联商务及合作银行间的沟通协作机制，投入使用双面屏收银机3073台。加强直营终端基础管理，建立月度规范巡查机制，规范终端物资管理，持续加强自营总店运营管理。

客户服务。结合党史学习教育“我为群众办实事”实践活动要求，推进“我与客户共成长”主题营销活动，开展困难零售户帮扶，为群众解难题、办实事、办好事。深化“我的客户我辅导”活动，制作辅导零售户微视频，开展零售户线上培训145场，参训人员2.8万人次。深化“烟商贷”工作推广，全年新增授信客户1315户，累计授信额度10.71亿元。加强信用体系网建工作，提升卷烟诚信互助小组建设质量，推广“津诚服务”消费者服务平台，开展线上推广活动12期，吸引平台会员6.48万人。

【雪茄烟经营】 **雪茄烟销售**。开展国产传统雪茄烟引退管理，合理满足市场需求。2021年，天津烟草商业系统销售国产传统雪茄烟664.79万支，比上年增长18.41%；实现销售额1252.46万元，比上年增长2.45%。其中，中高端雪茄烟销量和销售额分别增长116.57%和122.42%。

雪茄烟品牌培育。制定《天津市雪茄烟营销工作方案（试行）》，完善雪茄烟样本库评价标准和调整方式，夯实制度保障。学习“标杆”省市雪茄烟品牌培育经验，协调工业企业就培育方式和培育目标达成共识。开展雪茄烟样本库建设，结合终端商圈类别、经营环境、客户档位，筛选归类出部分“基础强、理念新、潜力大”的零售户作为雪茄烟样本终端，夯实雪茄烟消费基础。

【管理机制改革】 2021年，天津市局（公司）推动重点领域改革创新，落实国家局党组巡视整改要求，按照“顺利切换、平稳过渡”总体思路，推动滨海新区局管理机制改革，撤销塘沽、汉沽、大港等3个分局（分公司），设立天津市烟草公司滨海分公司，天津市滨海新区烟草专卖局与天津市烟草公司滨海分公司合署办公，负责辖区内的烟草专卖管理和卷烟销售工作，12月2日，滨海新区局（分公司）挂牌成立。稳步推进武清、宝坻、宁河、静海、蓟州等5个区有限公司联营体制机制改革，与市供销社签订《补充框架协议》，与各区供销社签订延续一年联营期限的补充协议，明确在此期间供销社配合市局（公司）完成巡视整改相关工作，理顺烟草专卖管理体制，改革工作取得阶段性进展。

【特事辑要】 2021年2月2日，天津市局（公司）召开2021年全市烟草工作电视电话会议。

6月24日，天津市局（公司）举行“奋斗百年路　启航新征程”庆祝建党100周年歌咏大会。

7月8—9日，国家局党组成员、副局长徐瑾在天津烟草调研。

2021年天津市烟草专卖商业主要情况统计

区局（公司）名称		天津市区第一烟草专卖局（分公司）	天津市区第二烟草专卖局（分公司）	天津市区第三烟草专卖局（分公司）	东丽区烟草专卖局（分公司）	津南区烟草专卖局（分公司）
主要负责人/法定代表人（含党政领导）		孙晓莹	孙晓莹	孙晓莹	孙晓莹	孙晓莹
所属县级单位		—	—	—	—	—
总资产（万元）		1449	1737	1475	1614	827
资产负债率（%）		—	—	—	—	—
从业人员（人）		83	84	84	69	68
所属业务机构	营销机构	1个营销网建科	1个营销网建科	1个营销网建科	1个营销网建科	1个营销网建科
	物流配送机构	—	—	—	—	—
	专卖稽查机构	2个稽查大队	2个稽查大队	2个稽查大队	1个稽查大队	1个稽查大队
	烟叶机构	—	—	—	—	—

续表

区局（公司）名称		天津市区第一烟草专卖局（分公司）	天津市区第二烟草专卖局（分公司）	天津市区第三烟草专卖局（分公司）	东丽区烟草专卖局（分公司）	津南区烟草专卖局（分公司）
烟农户数（户）		—	—	—	—	—
实现烟农总收入（万元）		—	—	—	—	—
零售户数（户）		2652	2881	2679	1772	1971
零售户销售毛利率（%）		10.39	10.39	10.39	10.39	10.39

区局（公司）名称		西青区烟草专卖局（分公司）	北辰区烟草专卖局（分公司）	滨海新区烟草专卖局（分公司）	武清区烟草专卖局（有限公司）	宝坻区烟草专卖局（有限公司）
主要负责人/法定代表人（含党政领导）		孙晓莹	孙晓莹	孙晓莹	翟晓强	刘欣凯（—2021年2月） 刘照明（2021年8月—）
所属县级单位		—	—	—	—	—
总资产（万元）		1011	905	2631	7230	5834
资产负债率（%）		—	—	—	22.32	23.23
从业人员（人）		71	69	254	116	103
所属业务机构	营销机构	1个营销网建科	1个营销网建科	1个营销网建科	1个营销网建科	1个营销网建科
	物流配送机构	—	—	1个送货中心	1个送货中心	1个送货中心
	专卖稽查机构	1个稽查大队	1个稽查大队	4个稽查大队	1个稽查大队	1个稽查大队
	烟叶机构	—	—	—	—	—
烟农户数（户）		—	—	—	—	—
实现烟农总收入（万元）		—	—	—	—	—
零售户数（户）		1810	2231	6536	2630	2278
零售户销售毛利率（%）		10.39	10.39	10.39	10.39	10.39

区局（公司）名称		宁河区烟草专卖局（有限公司）	静海区烟草专卖局（有限公司）	蓟州区烟草专卖局（有限公司）	天津市烟草专卖局公路分局
主要负责人/法定代表人（含党政领导）		王　颖	吴宝旺	白　岩（—2021年8月） 耳文新（2021年8月—）	乔　林
所属县级单位		—	—	—	—
总资产（万元）		2729	4580	6489	—
资产负债率（%）		29.57	19.03	17.91	—
从业人员（人）		76	84	112	35
所属业务机构	营销机构	1个营销网建科	1个营销网建科	1个营销网建科	—
	物流配送机构	1个送货中心	1个送货中心	1个送货中心	—
	专卖稽查机构	1个稽查大队	1个稽查大队	1个稽查大队	3个稽查大队
	烟叶机构	—	—	—	—
烟农户数（户）		—	—	—	—
实现烟农总收入（万元）		—	—	—	—
零售户数（户）		1774	2141	2631	—
零售户销售毛利率（%）		10.39	10.39	10.39	—

◎ 撰稿：高栓龙　张　强；编辑：吴中奇　王　静

河北省烟草专卖局（公司）

【专卖管理】 **打假打私**。2021年，河北省烟草专卖局发挥联合打假打私机制，强化京津冀、晋冀蒙区域打假协作和打击海上走私烟草协作机制，始终保持打假打私高压态势。全年查处假私烟案件4467起，查获假烟7227.7件、走私烟649.3件、非法烟丝烟叶590吨，收缴制假机械21台；侦破打假打私重大案件21起，其中一级案件7起；公安、司法机关依法拘留涉烟违法分子284人，逮捕216人，判刑277人。侦破唐山“9·26”全省首起特大海上走私卷烟案件，抓获犯罪嫌疑人18人，查扣走私船舶2艘，查获走私入境卷烟3581.32件，实现打击海上走私卷烟的重大突破。

市场监管。开展物流寄递环节和烟叶烟丝专项治理，净化卷烟零售市场。全年查处各类涉烟违法违规案件1.06起，其中案值5万元以上假私烟案件99起；查获各类非法卷烟1.9万件，其中假私烟7877件；捣毁非法加工窝点2个，查获烟叶烟丝578.8吨。全面推进“双随机、一公开”监管，全省累计检查零售户4.39万户，完成全年任务的177.5%。推进12313烟草市场监管服务热线平台建设并如期运行，建立起“集中受理、派单处理、限时办结、评价督办”的运行机制。开展保护未成年人免受烟侵害“守护成长”专项行动，督促辖区零售户全面设置警示标志，清理中小学校、幼儿园周边卷烟（含电子烟）零售点1014个，查处向未成年人销售电子烟案件9起。

行政许可管理。持续深化“放管服”改革，贯彻落实《烟草专卖许可证管理办法实施细则》，组织各地市开展烟草制品零售点合理布局的修订工作。推进零售许可网上服务，满足疫情防控常态化办证需要，进一步拓宽网办渠道，畅通国家局政务服务平台、省政务服务网、“百事通”等网上申请渠道，优化零售许可网上办理流程。截至2021年底，零售许可网上申请率由年初的14.9%提升至35.9%。持续提高许可证办理效率，全省准运证审批时限压减至2个工作日，零售许可证审批时限压减至8个工作日。

内部监管。编制内部专卖管理监督工作规范，围绕商业、工业、烟叶以及烟机企业生产经营关键环节，制定《河北省烟草行业内部专卖管理监督工作规范》，统一工作要点、内容、流程、标准、方法及表格；研究制定《河北省烟草专卖局废弃烟草专卖品处置管理监督办法》。收集2013年推行内管委派制以来涉及内管、销售、专卖、物流、烟叶、工业等部门相关制度30个、省局制度44个、违规经营案件通报12起，形成《河北省烟草行业内部专卖管理监督制度汇编》，助力内管工作标准化、科学化、规范化。

【卷烟经营】 **卷烟销售**。坚持“总量控制、稍紧平衡，增速合理、贵在持续”调控方针，关注需求变化，及时精准调控，实现卷烟销售量价齐升。2021年河北省烟草商业系统卷烟单箱销售额2.9万元，比上年增长12.5%。全省销量居前三位的卷烟品牌为“钻石”“红塔山”“云烟”。

品牌培育。分析品牌现状，制定卷烟交易指引，明确

2021年10月9日，河北保定市局（公司）深入社区宣传烟草专卖法律知识和《中华人民共和国未成年人保护法》

河北保定市局 贾 磊 摄

品规精简目标，公布全省销售额排名前“80 + 视同”的品规目录并纳入考核，增强各市公司尤其是各工业公司主动精简规格、调整布局的内生动力。抓住整体结构提升、低价位卷烟货源紧缺的有利时机，深度协同工业公司，对低价位卷烟进行超常规、大力度整合提升，以实现品牌布局“质”的飞跃。全年共引入新品 38 个、退出 58 个。2021 年重点品牌销量比上年增长 4.21%；重点品牌比重 96.34%，比上年增加 3.22 个百分点。

零售终端建设。探索提升服务、促进销售队伍转型等新途径，制定战略合作集团客户服务指导意见和战略合作培训篇、建设篇、服务篇等 3 本手册，各市公司开展客户培训、经营指导、店面形象提升、服务专员配备等工作。推进“我与客户共成长”主题实践活动，组织开展“我的业务我学习”“我的客户我辅导”“我的终端我维护”活动，累计培训客户经理 1.76 万人次，丰富客户经理知识储备；全年线上线下培训零售户 29.04 万人次；评估诚信互助小组 2.09 万余个，帮扶困难零售户 523 户，开展经营辅导活动 2051 场次，解决客户反映强烈、矛盾集中的重点难点问题 194 个。

信用体系建设。以“我为基层服好务”主题实践活动为契机，印发《关于推进卷烟零售客户信用体系建设工作实施方案》《关于进一步加强卷烟零售客户信用体系建设的指导意见》等文件，在全省推广石家庄市公司试点经验并组织专项研讨，梳理各项机制建设模板，协调推进进度，确保工作推广成效。

现代物流建设。聚焦高质量发展目标，谋规划、抓技改、强精益、讲创新，促进物流运行管理质量持续提升。以异标一体、混合分拣、高速运转、中国先进为目标，按照“统一标准、统一规划、统一模式”原则，推进物流技改工作。截至 2021 年底，沧州、张家口市公司完成物流技改，唐山市公司完成 1 条新线技改。制定完善全省现代物流发展规划，推进与邮政公司战略合作。开展新能源汽车推广、包装箱循环利用、托盘联运、塑膜回收、空车往返运输、无纸化签收等工作，全省共配置新能源汽车 193 辆，占终端配送车辆的 21.4%，全年回收裹膜 4260 千克。

【传统雪茄烟销售】 2021 年，全省累计销售雪茄烟 0.12 亿支，比上年增长 54.7%。优化品牌布局，全省共引入 6 个雪茄烟新品，分别为“长城（132 奇迹）”“黄鹤楼（雪之梦 5 号）”“将军（战神 4 号）”“王冠（小国粹）”“长城（唯佳金字塔）”“黄鹤楼（迷你醇味）”。进一步优化雪茄烟产品布局，形成价格梯度合理、品类丰富的产品架构，全年在销雪茄烟品牌 8 个、规格 40 个。加强市场调研，了解雪茄烟产品在制度建设、卷烟销售、终端建设、客户培训、岗位设置等方面情况，制定具体培育措施并稳步实施，促进雪茄烟持续健康发展。

【烟叶生产经营】 **烟叶种植收购**。2021 年，河北省烟叶种植涉及 3 个市、5 个县、23 个乡镇、70 个行政村、393 户烟农（不含邯郸肥乡区、保定定州市有关数据），实现烟农总收入 9650 万元。

重点技术推广应用。向各级烟叶公司和烟农推送《烟农提质增收操作手册》《大田移栽技术》《烟叶生产技术指导意见》等先进生产技术资料。加强田间管理、结构优化、采收烘烤等关键环节管控，提高烟叶有效产出。进一步提升重点技术推广水平，推进上部叶可用性提升实施面积 1 万亩，推进烟叶“1 + N”专业化烘烤 1.8 万担、采烤一体化 3.7 万担，推广烟叶绿色高效植保面积 0.6 万亩，推广不带肥滴灌面积 1.54 万亩、0.01 毫米地膜 1.4 万亩，推广应用生物质燃烧机 1000 余台，生产生物质颗粒燃料 3100 吨。

助力烟农多元增收。开展“我为烟农办实事”实践活动，全方位助力烟农多元增收。向烟农发放《STP 认知手册》《烤烟膜下小苗移栽技术指导手册》《看图种烟》《看图治病》等资料，指导规范化生产。指导产区规划，利用闲置育苗棚种植蔬菜，利用面积 3.53 万平方米，实现总产值 155.5 万元；利用 85 座闲置烤房进行杏扁、蔬菜烘干加工，实现总产值 34.61 万元；利用烟用农机创收 9.6 万元；利用轮作烟田面积 0.5 万亩种植玉米，实现总产值 294.63 万元；生产生物质燃料 3171.4 吨，实现销售收入 333 万元。2021 年实现烟农多元增收总产值 827.34 万元。

【科技创新】 制定《河北烟草商业系统“十四五”科技创新规划》，健全全省烟草商业系统科技创新工作体制机制，夯实管理基础。2021 年，评审年度结题科技项目 23 项，科技创新项目立项 16 项，指导发布优秀 QC 小组活动成果 70 项。培养创新人才队伍，组织基层员工参加河北省质量协会举办的质量管理基础知识线上培训班，2021 年全省烟草商业系统登记在册的 QC 小组数量 254 个，参与创新与精益改善的员工 1780 人。

【企业管理】 **精益管理**。在全省烟草商业系统智慧办公平台开辟“精益管理”模块，发布企业管理最新工作动态和文件精神，推广课题成果和先进经验，为各单位各部门搭建“精益管理即时交流平台”，提高企业管理水平。开展“全省诊断师归队”活动，发挥各单位质量管理小组初级、中级诊断师的业务优势，收集对标指标改进措施，形成案例集，支撑精益改善等活动的开展。

对标工作。建立《全省对标指标通报》制度，按季度发布，及时调控全省烟草商业系统对标管理工作。在国家局公布的 14 项对标指标中，有 8 项指标优于行业平均值，全省系统总资产贡献率、单箱人工费用、单箱卷烟经营费用指标水平均位居全国烟草行业第二位。全年实现降本增效 761.76 万元，超额完成国家局下达的年度任务指标。

规范管理。印发《关于全面加强全省系统重大投资采购项目监管工作的通知》，全面推进全省烟草商业企业招标采购项目进入公共资源交易中心进行开标、评标，确定进入交易中心的采购项目范围和标准（工程类 400 万元、物资类 200 万元、服务类 100 万元及以上项目）。全年进入省市级政府公共资源交易中心公开招标采购项目 81 个，涉及金额约 3.18 亿元，项目监督实现“全流程、全跟踪、全记录、全留痕”。依托交易中心所提供的公共交易网、公共服务平台、微信公众号、统计分析报告、现场咨询窗口等载体，促进招标采购行为更加公开、公平、公正。

【推进乡村振兴】 加强组织领导，有序推进乡村振兴工作。4 月，撤销河北省局扶贫工作领导小组，成立由“一把手”任组长的河北省局乡村振兴工作领导小组。从保持帮扶政策总体稳定、多措并举巩固拓展脱贫攻坚成果、聚焦特色产业发展、深入实施消费帮扶、实施乡村建设行动、全面加强农村精神文明建设、加强帮扶项目全生命周期管理等 7 个方面谋划部署具体任务，巩固脱贫攻坚成果，有效衔接乡村振兴战略。选派优秀干部充实驻村工作队，加强驻村帮扶力量。河北省局（公司）驻石家庄市行唐县南件村和葛仙庄村 2 个工作队深入推动精准脱贫，巩固脱贫攻坚成果，扎实推进乡村振兴工作，葛仙庄村工作队被评为河北省脱贫攻坚先进集体。

【特事辑要】 2021 年 1 月 29 日，河北省委常委、石家庄市委书记邢国辉到石家庄市局（公司）调研指导疫情防控和复工复产工作。

2 月 1 日，2021 年河北省烟草商业系统工作电视电话会议召开。

5 月 18—21 日，第四届河北省局（公司）烟草制品购销职业技能竞赛举办。

5 月 26—27 日，国家烟草专卖局党组书记、局长，中国烟草总公司总经理张建民在河北烟草调研。

7 月 7—9 日，国家局党组成员、副局长张天峰在基层联系点河北保定市局（公司）调研党建工作。

7 月 23 日，2021 年河北省烟草商业系统半年工作电视电话会议召开。

9 月，河北省局（公司）向河北张家口市政府捐赠 1.5 亿元，支持张家口“首都两区”建设，助力 2022 年冬奥会。

2021 年河北省烟草专卖商业主要情况统计

地市级局（公司）名称		石家庄市烟草专卖局（公司）	邯郸市烟草专卖局（公司）	保定市烟草专卖局（公司）	张家口市烟草专卖局（公司）
主要负责人/法定代表人（含党政领导）		贾立业 （—2021 年 8 月） 安志发 （2021 年 8—12 月，临时负责） 支宗良 （2021 年 12 月—）	范造来 （—2021 年 12 月） 赵忠凯 （2021 年 12 月—）	王春怀 （—2021 年 12 月） 李国锋 （2021 年 12 月—）	陆　军 （—2021 年 12 月） 魏　磊 （2021 年 12 月—）
所属县级单位[1]		藁城区、鹿泉区、栾城区、新华区、桥西区、裕华区、长安区等 7 个县级烟草专卖局（分公司），辛集市、晋州市、灵寿县、行唐县、平山县、正定县、高邑县、赵县、元氏县、赞皇县、新乐市、无极县、深泽县、井陉县等 14 个县级烟草专卖局（营销部）	邯山区、丛台区、复兴区、永年区等 4 个县级烟草专卖局（分公司），大名县、魏县、曲周县、邱县、鸡泽县、广平县、成安县、临漳县、磁县、涉县、馆陶县、峰峰矿区、武安市等 13 个县级烟草专卖局（营销部）	满城区、清苑区、徐水区、莲池区、竞秀区等 5 个县级烟草专卖局（分公司），涿州市、博野县、望都县、定兴县、阜平县、高碑店市、高阳县、涞水县、涞源县、蠡县、曲阳县、顺平县、安国市、易县、唐县等 15 个县级烟草专卖局（营销部）	万全区、崇礼区、宣化区、桥东区、桥西区等 5 个县级烟草专卖局（分公司），沽源县、尚义县、张北县、康保县、怀安县、怀来县、赤城县、涿鹿县、蔚县、阳原县等 10 个县级烟草专卖局（营销部）
总资产（万元）		320098	157159	240433	130414
资产负债率（%）		10. 29	13. 76	18. 01	24. 48
从业人员（人）		1006	1043	1112	593
所属业务机构	营销机构	1 个营销中心	1 个营销中心	1 个营销中心	1 个营销中心
	物流配送机构	1 个物流配送中心	1 个物流配送中心	1 个物流配送中心	1 个物流配送中心
	专卖稽查机构	1 个稽查支队、21 个稽查大队	1 个稽查支队、17 个稽查大队	1 个稽查支队、20 个稽查大队	1 个稽查支队、15 个稽查大队
	烟叶机构	1 个烟叶管理科	—	1 个烟叶管理科	1 个烟叶管理科
烟农户数（户）		78	—	23	292
实现烟农总收入（万元）		1893	—	757	7000
零售户数（户）		37260	36134	36578	18456
零售户销售毛利率（%）		14. 10	13. 50	13. 33	12. 20

地市级局（公司）名称	承德市烟草专卖局（公司）	唐山市烟草专卖局（公司）	廊坊市烟草专卖局（公司）	沧州市烟草专卖局（公司）
主要负责人/法定代表人（含党政领导）	徐　立	程　渊	支宗良 （—2021 年 12 月） 桑　军 （2021 年 12 月—）	王友安 （—2021 年 12 月） 李　强 （2021 年 12 月—）
所属县级单位[1]	平泉市局（分公司），丰宁满族自治县、滦平县、承德县、围场满族蒙古族自治县、隆化县、兴隆县、宽城满族自治县等 7 个县级烟草专卖局（营销部）	滦州市、路南区、路北区、开平区、古冶区等 5 个县级烟草专卖局（分公司），丰润区、丰南区、滦南县、乐亭县、迁安市、迁西县、遵化市、玉田县、曹妃甸区等 9 个县级烟草专卖局（营销部）	安次区、广阳区、三河市、大厂回族自治县、香河县、永清县、固安县、霸州市、文安县、大城县等 10 个县级烟草专卖局（营销部）	任丘市、泊头市、黄骅市、河间市、沧县、肃宁县、孟村回族自治县、东光县、海兴县、献县、青县、吴桥县、盐山县、南皮县等 14 个县级烟草专卖局（营销部）

续表

地市级局（公司）名称		承德市烟草专卖局（公司）	唐山市烟草专卖局（公司）	廊坊市烟草专卖局（公司）	沧州市烟草专卖局（公司）
总资产（万元）		77970	234497	153454	152456
资产负债率（%）		12.98	8.22	10.56	12.59
从业人员（人）		538	831	559	938
所属业务机构	营销机构	1个营销中心	1个营销中心	1个营销中心	1个营销中心
	物流配送机构	1个物流配送中心	1个物流配送中心	1个物流配送中心	1个物流配送中心
	专卖稽查机构	1个稽查支队、8个稽查大队	1个稽查支队、14个稽查大队	1个稽查支队、10个稽查大队	1个稽查支队、15个稽查大队
	烟叶机构	—	—	—	—
烟农户数（户）		—	—	—	—
实现烟农总收入（万元）		—	—	—	—
零售户数（户）		13805	28983	17460	27003
零售户销售毛利率（%）		10.00	12.61	11.00	15.82

地市级局（公司）名称		衡水市烟草专卖局（公司）	邢台市烟草专卖局（公司）	秦皇岛市烟草专卖局（公司）	河北雄安烟草专卖局（公司）
主要负责人/法定代表人（含党政领导）		付英乐（—2021年12月） 李鲁平（2021年12月—）	王　文（—2021年12月） 石向东（2021年12月—）	裴世勇（—2021年12月） 张　伟（2021年12月—）	阎　芳
所属县级单位[1]		冀州区局（分公司），桃城区、枣强县、武邑县、深州市、武强县、饶阳县、安平县、故城县、景县、阜城县等10个县级烟草专卖局（营销部）	襄都区、信都区、任泽区、南和区等4个县级烟草专卖局（分公司），沙河市、内丘县、临城县、隆尧县、柏乡县、宁晋县、巨鹿县、平乡县、广宗县、南宫市、新河县、威县、清河县、临西县等14个县级烟草专卖局（营销部）	抚宁区、海港区、山海关区、北戴河区等4个县级烟草专卖局（分公司），昌黎县、卢龙县、青龙满族自治县等3个县级烟草专卖局（营销部）	安新县、容城县、雄县等3个县级烟草专卖局（分公司）
总资产（万元）		67850	129109	106254	22676
资产负债率（%）		14.83	25.98	15.48	32.06
从业人员（人）		660	1010	390	171
所属业务机构	营销机构	1个营销中心	1个营销中心	1个营销中心	1个计划营销科
	物流配送机构	1个物流配送中心	1个物流配送中心	1个物流配送中心	—
	专卖稽查机构	1个稽查支队、11个稽查大队	1个稽查支队、18个稽查大队	1个稽查支队、7个稽查大队	1个稽查支队、3个稽查大队
	烟叶机构	—	—	—	—
烟农户数（户）		—	—	—	—
实现烟农总收入（万元）		—	—	—	—
零售户数（户）		14174	23347	12911	4631
零售户销售毛利率（%）		12.50	13.50	13.98	13.50

注：1. 统计表没有标注未上划的2个县级单位，分别为邯郸市局（公司）下辖的肥乡区烟草专卖局（公司）、保定市局（公司）下辖的定州卷烟经理部。

◇ 撰稿：苏维民；编辑：吴中奇　王　静

山西省烟草专卖局（公司）

【专卖管理】 **打假打私**。2021年，山西省烟草专卖局按照国家局“构建全国‘一盘棋’打假打私工作格局”的要求，健全区域打假打私协作机制，联合多部门在物流寄递、专车运输、包运团伙、制假转移等重点环节上重拳出击，加强与公安、食药、网安和技侦部门协作，推动打假打私综合治理提质增效，实现查办网络案件数量和质量双提升。2021年，全省查处假烟案件2166起、走私烟案件139起，其中案值5万元以上假烟案件34起；向公安机关移送案件105起，公安、司法机关依法拘留涉案嫌疑人68人，逮捕57人，判刑57人；打掉符合国家局标准网络案件24起，其中太原市局完成6起。

重大案件。2021年，长治市“1·08”非法经营卷烟案件和运城市“12·11”销售伪劣卷烟案件列为部级督办案件。

市场监管。开展零售市场“双随机、一公开”监管检查，全省检查卷烟零售户2.8万户。开展信用监管试点工作，推动涉企信息与信用主管部门公示和共享，推进与销售环节信用体系协同，探索建立协同监管和联合惩戒工作机制。加大电子烟监管力度，严查线上销售和向未成年人销售电子烟违法行为，并联合市场监管部门实施行政处罚，提升市场管控成效。集中开展清理整顿不符合持证条件零售户专项行动，共排查清理736户，维护卷烟市场秩序。

证件管理。落实《烟草专卖许可证管理办法实施细则》，规范行政许可行为。完成山西烟草一体化在线政务服务平台建设，在山西省政务服务平台开通申请入口，上线运行移动政务服务，为行政相对人提供更加便捷的服务，实现“放管服”改革的全面推进。加强一体化政务服务平台运行质量管控，确保在承诺时限完成行政许可审批。全面落实执行“好差评”制度，推动政务服务质量提升。稳妥推进中小学校、幼儿园周边持证零售户的清退工作，履行社会责任。

内部监管。构建“内管监控、专卖管控、营销调控、物流协同”四部门联动协作机制，修订完善内管制度，实施真烟异常流动通报考核，开展远程异地监管、工商企业“双随机、一公开”专项检查，持续加大监管和规范生产经营力度。

【卷烟经营】 **运行调控**。始终把保持经济平稳运行和良好市场状态摆在优先位置，研究全省人口规模变化和社会经济发展对卷烟销售的影响，健全“月度信息集成、季度状态监测”市场信息采集管理模式，强化省市局季度、月度经济运行分析会联动效应，采取“一季度基本平衡，二、三季度稍紧平衡，四季度紧平衡”的调控策略，动态把握市场供需节奏，推动主要经济指标稳步提升。销售卷烟比上年增幅排行业第14位，销售收入比上年增幅排行业第20位，单箱销售额比上年增幅排行业第19位，实现税利比上年增幅排行业第6位，首次突破年税利百亿元大关，创历史

2021年4月，山西阳泉市局（公司）客户经理开展零售终端建设市场调研
山西省局　供稿

最好水平。

品牌培育。聚焦行业“136、345”品牌高质量发展目标，修订在销品牌规格数量管理办法，强化重点品类月度销售通报，重点品牌引领带动、高端卷烟价值彰显、创新品类挖掘潜力、国产雪茄烟稳定增长的品牌发展态势更加凸显。全年引入规格54个，退出规格43个，全省在销国产卷烟规格数量下降到273个。销售重点品牌比上年增长2.34%，较行业平均值高0.26个百分点，销量比重90.13%，比上年提升1.59个百分点；销售创新品类卷烟比上年增长10.08%。

卷烟销售网络建设。出台全省终端建设、信用体系建设、职业客户建设等指导意见，塑造“金叶晋丰”流通品牌。开展低价位卷烟需求摸底和策略调整，解决80个偏远“空白村”入网难题，更好地满足农村市场需求。推进“我与客户共成长”主题销售活动，在市县两级全面开展以“我的业务我学习”“我的客户我辅导”“我的终端我维护”为主题的综合培训、岗位练兵、职业讲堂、销售改进、经营辅导、责任传导等活动，零售户培训面达到100%，零售户毛利率稳步提升至12%以上。

【雪茄烟经营】 引入适销国产雪茄烟，全年销售国产雪茄烟比上年增长27.58%，国产雪茄烟在销规格扩大到32个。

【现代烟草农业建设】 2021年，山西省共有种烟农户583户，实现烟农总收入9771万元，比上年增加1295万元；户均收入16.76万元，比上年增加2.68万元。在山西省烟草种植面积中，机械化耕地面积2.4万亩，起垄2.4万亩，移栽2.2万亩，覆膜2.4万亩，施肥2.1万亩，湿润育苗技术推广2.11万亩，轮作1.87万亩，沤制有机肥1.58万亩，小苗深栽1.58万亩，开展烟田废弃地膜捡拾2.4万亩。

【精益管理】 **管理创新**。因地制宜推进山西省局（公司）机关体系转版，创建省市两级重点事项清单，开展制度诊断，持续完善制度体系，推动制度文件与体系有机融合。开展对标管理，健全对标分析改进机制，全面启动县级局（公司）分层分类对标，形成对标通报分析、经验共享、落实改进的闭环管理模式。加快调整省级卷烟销售平台功能，健全行业标签规范统一、省级标签动态调整、市级标签自主设计的“档位＋标签”货源投放模式，试点建立面向消费者的事件用烟机制。按期完成信创一期工程和信创机房建设，新商盟订货系统硬件平台、高清视频会议系统等升级改造。

财务管理。从严控制一般性费用和“三公经费”。开展财务风险和涉税风险自查自纠、资金风险飞行检查，推动财务“双基”建设，在大额存款利息持续下调的背景下，加强资金统筹管理和竞争性存放，实现利息收益比上年增长9.48%，再创历史新高。

物流管理。优化物流网络节点布局，减少接力送货点4个、送货线路36条、送货车15辆。推动大同、吕梁和晋城市公司异型烟分拣设备改造。完成卷烟包装箱回收循环利用和工商纸滑托盘联运任务，在所属6家市公司推广应用53辆新能源车，为实现绿色低碳发展作出贡献。

创新管理。贯彻落实行业科技工作会议精神，召开全省烟草商业系统科技工作会，系统谋划“十四五”科技创新工作思路。进一步完善科研项目立项论证，审定立项省级课题16个，项目数量和质量均创历史新高。出台质量管理小组活动管理办法，召开全省烟草商业系统第九届优秀QC小组成果发布会，通报表彰12项优秀成果。

规范管理。完善审计制度，构建一体化审计模式、标准化审计流程，强化审计问题整改督查，转化审计成果。强化采购管理制度执行，注重供应商源头管理，实行线上巡查、线下督办，实现采购节点全流程管控，持续提升规范水平。

安全管理。推进安全标准化提档升级、制度化建设、双重预防机制建设和全员安全素质提升，重点开展消防安全、交通安全、危险作业及相关方、建设项目和危房、特种设备“五项整治行动”。强化网络安全综合防控和专业运维，开展应急演练，完成全国、全省“护网2021”实战攻防演习任务，确保安全稳定发展。

【特事辑要】 2021年2月3日，山西省局（公司）在太原市召开2021年全省烟草工作会议。

2021 年山西省烟草专卖商业主要情况统计

地市级局（公司）名称		太原市烟草专卖局（公司）	大同市烟草专卖局（公司）	阳泉市烟草专卖局（公司）	长治市烟草专卖局（公司）	晋城市烟草专卖局（公司）
主要负责人/法定代表人（含党政领导）		陈晓勇	张跃斌（—2021 年 10 月）常熙旺（2021 年 10 月—）	乔继光（—2021 年 11 月）李　军（2021 年 11 月—）	张春荣	杨　军
所属县级单位		小店区、迎泽区、杏花岭区、尖草坪区、万柏林区、晋源区、清徐县、古交市、阳曲县、娄烦县等 10 个县级烟草专卖局（营销部）	平城区、云冈区、云州区、新荣区、阳高县、天镇县、浑源县、灵丘县、广灵县、左云县等 10 个县级烟草专卖局（营销部）	平定县、盂县 2 个县级烟草专卖局（营销部）	潞州区、上党区、潞城区、屯留区、长子县、壶关县、平顺县、黎城县、武乡县、襄垣县、沁县、沁源县等 12 个县级烟草专卖局（营销部）	城区、泽州县、高平市、阳城县、沁水县、陵川县等 6 个县级烟草专卖局（营销部）
总资产（万元）		222627	137921	45450	111170	72139
资产负债率（%）		8.66	10.90	11.82	12.14	7.61
从业人员（人）		749	628	234	645	373
所属业务机构	营销机构	1 个营销中心	1 个营销中心	1 个营销中心	1 个营销中心	1 个营销中心
	物流配送机构	1 个物流配送中心	1 个物流配送中心、1 个配送中转站	1 个物流配送中心	1 个物流配送中心、3 个配送中转站	1 个物流配送中心、2 个配送中转站
	专卖稽查机构	1 个稽查支队、17 个稽查大队	1 个稽查支队、10 个稽查大队	1 个稽查支队、3 个稽查大队	1 个稽查支队、13 个稽查大队	1 个稽查支队、6 个稽查大队
	烟叶机构	—	—	—	—	—
烟农户数（户）		—	—	—	186	—
实现烟农总收入（万元）		—	—	—	1311	—
零售户数（户）		15435	12113	5874	13128	8836
零售户销售毛利率（%）		13.70	13.54	13.64	13.95	12.63

地市级局（公司）名称	朔州市烟草专卖局（公司）	忻州市烟草专卖局（公司）	吕梁市烟草专卖局（公司）	晋中市烟草专卖局（公司）	临汾市烟草专卖局（公司）	运城市烟草专卖局（公司）
主要负责人/法定代表人（含党政领导）	张海清（—2021 年 2 月）常熙旺（2021 年 2—10 月）钟志坚（2021 年 10 月—）	曲　涛	王新亮	钟志坚（—2021 年 10 月）张跃斌（2021 年 10 月—）	李　明	高栓平
所属县级单位	朔城区、平鲁区、山阴县、怀仁市、应县、右玉县等 6 个县级烟草专卖局（营销部）	忻府区、原平市、代县、繁峙县、定襄县、五台县、宁武县、神池县、岢岚县、五寨县、保德县、静乐县、偏关县、河曲县等 14 个县级烟草专卖局（营销部）	离石区、汾阳市、孝义市、交城县、文水县、交口县、石楼县、柳林县、中阳县、方山县、临县、兴县、岚县等 13 个县级烟草专卖局（营销部）	榆次区、太古区、祁县、平遥县、介休市、灵石县、榆社县、左权县、和顺县、昔阳县、寿阳县等 11 个县级烟草专卖局（营销部）	尧都区、侯马市、曲沃县、翼城县、襄汾县、洪洞县、霍州市、古县、吉县、安泽县、浮山县、乡宁县、蒲县、大宁县、永和县、隰县、汾西县等 17 个县级烟草专卖局（营销部）	盐湖区、临猗县、永济市、万荣县、河津市、新绛县、稷山县、铝厂厂区、绛县、闻喜县、夏县、垣曲县、平陆县、芮城县、风陵渡区等 15 个县级烟草专卖局（营销部）

续表

地市级局（公司）名称		朔州市烟草专卖局（公司）	忻州市烟草专卖局（公司）	吕梁市烟草专卖局（公司）	晋中市烟草专卖局（公司）	临汾市烟草专卖局（公司）	运城市烟草专卖局（公司）
总资产（万元）		51543	100640	118173	120200	149325	142028
资产负债率（%）		10.08	18.11	16.74	14.27	20.78	16.93
从业人员（人）		345	654	821	668	788	881
所属业务机构	营销机构	1个营销中心	1个营销中心	1个营销中心	1个营销中心	1个营销中心	1个营销中心
	物流配送机构	1个物流配送中心	1个物流配送中心、4个配送中转站	1个物流中心、7个配送中转站	1个物流中心、3个中转站	1个物流配送中心、1个配送中转站	1个物流配送中心、3个配送中转站
	专卖稽查机构	1个稽查支队、6个稽查大队	1个稽查支队、14个稽查大队	1个稽查支队、13个稽查大队	1个稽查支队、11个稽查大队	1个稽查支队、17个稽查大队	1个稽查支队、15个稽查大队
	烟叶机构	—	—	—	—	—	—
烟农户数（户）		—	—	—	—	204	193
实现烟农总收入（万元）		—	—	—	—	2212	6248
零售户数（户）		7227	11978	16140	15124	16467	16877
零售户销售毛利率（%）		12.89	12.97	12.56	12.17	12.86	13.82

◇ 撰稿：朱永胜；编辑：王　静

内蒙古自治区烟草专卖局（公司）

【专卖管理】 **案件查处**。2021年，内蒙古自治区烟草专卖局破获符合国家局标准假私烟网络案件19起、自治区标准网络案件8起，其中3起为部督案件。查获非法卷烟比上年增长27.31%，案值增长18.25%。公安、司法机关依法逮捕68人，判刑66人。

提升市场治理效能。持续深化“政府主导、部门配合、联管联治、共建共享共赢”专卖管理格局，联合公安部门打击涉烟违法犯罪活动，联合邮政管理部门打击寄递渠道涉烟违法行为，不断完善西北、华北、东北区域联合执法协作机制，健全与铁路公安部门协作机制，稳固专卖管理“北疆防线”，持续提升市场治理效能。

深化市场监管机制。落实新修改的《中华人民共和国烟草专卖法实施条例》，全面加强电子烟监管，开展“守护成长”专项行动，保障未成年人身体健康和合法权益。深化“放管服”改革，实现零售许可线上“一网通办”和线下“一站办结”。完成12313烟草市场监管服务热线分中心建设，实现“7×24小时”全天候人工服务。

【卷烟经营】 **市场供需保持动态平衡**。坚持以供给侧结构性改革为主线，加强供需双向引导，主动适应和引领卷烟消费升级，全年中高端卷烟销量增幅达到全国平均水平。精心组织货源，保障中低收入群体卷烟消费需求。本地区卷烟销量居前三位的品牌为“云烟”“红塔山”“黄山”，销量比上年分别增长4.47%、-0.72%、-0.65%。

销售网络建设提质升级。推进“蒙选118”自有流通品牌建设，建成加盟终端旗舰店9家、示范店84家、雪茄烟特色体验终端9家，面向核心客户输出品牌、输出管理、输出模式取得重要进展。推进“卷烟连锁柜台计划”，完成5053户柜台改造任务。推广零管系统，上线客户达到4959家，填补数据终端空白，服务客户、管理客户、组织客户能力明显提高，客我关系迈上新台阶。

深化市场化取向改革。持续优化品牌建设，重点品牌销量比上年增长5.26%，增幅列全国第一位；重点品牌销量占比91.65%，达到历史最高水平，重点品牌对结构提升的引领作用持续凸显。不断提高品牌资源配置效率，工商网配率达到87.7%，加快构建统一开放、竞争有序的市场体系。

【雪茄烟经营】 贯彻落实国产雪茄烟发展规划，制定《中国烟草总公司内蒙古自治区公司进一步加强国产雪茄烟营销工作的指导意见》。以行业国产雪茄烟发展规划为指引，丰富中高端雪茄烟供给，全年国产中高端传统雪茄烟销量 29.41 万支，比上年增长 119%，国产传统雪茄烟成为新的消费增长点。

【烟叶生产经营】 落实稳产业政策导向，不断夯实烟叶基础地位。2021 年收购上等烟比例 55.39%，平均等级合格率 81.93%，烟叶质量显著提升。烟农户均年收益比上年增长 10.2%，烟叶产业增收致富重要作用持续增强。

【管理创新】 **运行调控**。2021 年，内蒙古区局（公司）党组统筹疫情防控和生产经营，始终把经济平稳运行和市场良好状态摆在优先位置，科学研判疫情发展形势和传播规律，增强逆周期调节能力、跨周期政策设计，实现经济运行稳中提质、各项指标协调增长、市场状态持续向好，经济运行始终保持在合理区间。

疫情防控。面对疫情严峻形势，始终把干部员工生命安全和身体健康放在第一位，落实落细各项防控举措，实现“零感染、零疑似”目标。特别是涉疫口岸地区属地局（公司）不畏风险、冲锋在前，在做好自身防控的同时，成立党员先锋队，组建临时党支部，主动参与服务包联社区，树立烟草行业良好社会形象。

激发创新活力。编制出台“1+7+3”科技创新发展规划，持续完善“三型两库六平台”创新驱动机制，设立总经理创新奖励专项资金。完成 43 个创新项目、13 个标准化项目、117 个精益课题、78 个 QC 成果，申请专利、软件著作权 114 件，比上年增长 322%，创新活力显著增强。

安全生产。坚持“生命至上、安全第一”理念，宣传贯彻《中华人民共和国安全生产法》等法律法规，发挥全自治区烟草商业系统应急安全培训中心警示教育功能，推进安全生产专项整治三年行动，开展交通安全专项整治、消防安全专项整治、燃气及危化品安全专项整治，组织全自治区烟草商业系统开展安全检查 204 次，整改安全隐患和问题 1575 项，全自治区烟草商业系统没有发生一般及以上事故，为行业高质量发展提供安全保障。

法治保障。推进法治烟草建设，制定实施“八五”普法规划，推进“法律七进”和“3·15”“12·4”等专题法治宣传活动，增强全员尊法学法守法用法意识。坚持依法行政、依法管理、依法经营，不断完善法律风险防控体系，行政执法监督检查、合法性审查，以及合同、执法案卷集中评查等工作有序开展。

基础管理。推进质量管理体系、商业企业标准体系、对标管理体系建设，有 12 项对标指标比上年提升、4 项对标指标排名行业前三位。推进绿色发展，预算管理不断深化，业财融合不断深入，主动公开事项比上年增长 25.42%，实时跟踪销售动态，确保年度税利目标平稳实现；落实网络安全工作责任制，构建信息安全技术保障体系，稳步实施信创工程，完成核心应用系统容灾建设。推进专有云平台建设、大数据平台建设，数字化转型赋能迈出重要步伐，网信工作融合发展。

【特事辑要】 2021 年 9 月 14—16 日，国家烟草专卖局党组书记、局长，中国烟草总公司总经理张建民在内蒙古烟草调研。内蒙古自治区党委书记、人大常委会主任石泰峰，自治区党委副书记、自治区主席王莉霞会见张建民，自治区副主席艾丽华参加会见。双方就内蒙古烟草改革发展交换意见。

2021 年 10 月 26 日，内蒙古阿拉善烟草 18 名员工奔赴额济纳旗新冠肺炎疫情防控一线

内蒙古阿拉善盟局　苗俊敏　摄

2021 年内蒙古自治区烟草专卖商业主要情况统计

地市级局（公司）名称		呼和浩特市烟草专卖局（公司）	满洲里市烟草专卖局（公司）	呼伦贝尔市烟草专卖局（公司）	兴安盟烟草专卖局（公司）	通辽市烟草专卖局（公司）
主要负责人/法定代表人（含党政领导）		王福贵	梁　磊 （—2021 年 8 月） 高志勇 （2021 年 8 月—）	王鹏宇	孙宏宁	王明欣
所属县级单位		土默特左旗、托克托县、和林格尔县、清水河县、武川县、新城区、赛罕区、回民区、玉泉区等 9 个县级烟草专卖局（营销部）	扎赉诺尔区烟草专卖局（营销部）	海拉尔区、扎兰屯市、牙克石市、阿荣旗、莫力达瓦达斡尔族自治旗、大杨树、鄂伦春自治旗、根河市、额尔古纳市、新巴尔虎左旗、新巴尔虎右旗、鄂温克族自治旗、陈巴尔虎旗等 13 个县级烟草专卖局（营销部）	乌兰浩特市、阿尔山市、扎赉特旗、科尔沁右翼前旗、突泉县、科尔沁右翼中旗等 6 个县级烟草专卖局（营销部）	科尔沁区、科尔沁左翼后旗、科尔沁左翼中旗、开鲁县、库伦旗、奈曼旗、扎鲁特旗、霍林郭勒市等 8 个县级烟草专卖局（营销部）
总资产（万元）		171751	10179	46224	35840	71764
资产负债率（%）		4. 72	10. 12	14. 15	12. 07	11. 50
从业人员（人）		668	81	542	256	481
所属业务机构	营销机构	1 个营销中心	1 个营销中心	1 个营销中心	1 个营销中心	1 个营销中心
	物流配送机构	1 个物流配送中心、3 个物流中转站	1 个物流配送中心	2 个物流配送分中心、6 个物流中转站	1 个物流配送中心、3 个物流中转站	1 个物流配送中心、4 个物流中转站
	专卖稽查机构	1 个专卖监督管理科（专卖稽查支队）、3 个专卖稽查大队	1 个专卖监督管理科	1 个专卖监督管理科（专卖稽查支队）、15 个专卖稽查大队	1 个专卖监督管理科（专卖稽查支队）、6 个专卖监督管理股（专卖稽查大队）	1 个专卖监督管理科（专卖稽查支队）、14 个稽查大队
	烟叶机构	—	—	—	—	—
烟农户数（户）		—	—	—	—	—
实现烟农总收入（万元）		—	—	—	—	—
零售户数（户）		12835	1142	8405	7330	12923
零售户销售毛利率（%）		14. 15	13. 89	14. 35	14. 31	15. 18

地市级局（公司）名称	赤峰市烟草专卖局（公司）	锡林郭勒盟烟草专卖局（公司）	二连浩特市烟草专卖局（公司）	乌兰察布市烟草专卖局（公司）	包头市烟草专卖局（公司）
主要负责人/法定代表人（含党政领导）	刘凤君 （—2021 年 12 月） 李义春 （2021 年 12 月—）	王文兵 （—2021 年 9 月） 邢福臣 （2021 年 9 月—）	董英钊 （—2021 年 1 月） 张明昊 （2021 年 9 月—，1—9 月任党组副书记、副局长，副经理，主持全面工作）	王　强 （—2021 年 12 月） 王雷宇 （2021 年 12 月—）	赵海涛

续表

地市级局（公司）名称		赤峰市烟草专卖局（公司）	锡林郭勒盟烟草专卖局（公司）	二连浩特市烟草专卖局（公司）	乌兰察布市烟草专卖局（公司）	包头市烟草专卖局（公司）
所属县级单位		红山区、松山区、阿鲁科尔沁旗、巴林左旗、巴林右旗、林西县、克什克腾旗等7个县级烟草专卖局（营销部），翁牛特旗、喀喇沁旗、宁城县、元宝山区、敖汉旗等5个县级烟草专卖局（分公司），松山区烟叶分公司	锡林浩特市、阿巴嘎旗、苏尼特左旗、苏尼特右旗、镶黄旗、多伦县、太仆寺旗、正蓝旗、西乌珠穆沁旗、东乌珠穆沁旗、乌拉盖管理区等11个县级烟草专卖局（营销部）	—	集宁区、察哈尔右翼前旗、察哈尔右翼中旗、察哈尔右翼后旗、化德县、卓资县、凉城县、商都县、四子王旗、丰镇市、兴和县等11个县级烟草专卖局（营销部）	土默特右旗、固阳县、达尔罕茂明安联合旗、白云鄂博矿区、石拐区、东河区、九原区、青山区、昆都仑区等9个县级烟草专卖局（营销部）
总资产（万元）		102427	18025	5636	76267	178431
资产负债率（%）		17.76	11.01	16.37	7.58	5.36
从业人员（人）		749	302	34	476	440
所属业务机构	营销机构	1个营销中心	1个营销中心	1个营销物流中心	1个营销中心	1个营销中心
	物流配送机构	1个物流配送中心	1个物流配送中心	—	1个物流配送中心、3个物流中转站	1个物流配送中心
	专卖稽查机构	1个专卖监督管理科（专卖稽查支队）、3个专卖监督管理股（专卖稽查大队）	1个专卖监督管理科（专卖稽查支队）、2个专卖监督管理股（专卖稽查大队）	1个专卖监督管理科	1个专卖监督管理科（专卖稽查支队）、3个稽查大队	1个专卖监督管理科（专卖稽查支队）、2个专卖监督管理股（专卖稽查大队）
	烟叶机构	1个烟叶科、1个县级烟叶分公司、5个烟叶收购站	—	—	—	—
烟农户数（户）		359	—	—	—	—
实现烟农总收入（万元）		4511	—	—	—	—
零售户数（户）		14017	4400	477	8226	10343
零售户销售毛利率（%）		14.70	14.76	14.30	14.46	14.34

地市级局（公司）名称	鄂尔多斯市烟草专卖局（公司）	巴彦淖尔市烟草专卖局（公司）	乌海市烟草专卖局（公司）	阿拉善盟烟草专卖局（公司）
主要负责人/法定代表人（含党政领导）	张若宇	齐翠敏（—2021年1月）董英钊（2021年6月—，1—6月任党组副书记、副局长、副经理，主持全面工作）	杜秀亭	张健英

续表

地市级局（公司）名称		鄂尔多斯市烟草专卖局（公司）	巴彦淖尔市烟草专卖局（公司）	乌海市烟草专卖局（公司）	阿拉善盟烟草专卖局（公司）
所属县级单位		东胜区、康巴什区、达拉特旗、准格尔旗、伊金霍洛旗、杭锦旗、乌审旗、鄂托克旗、鄂托克前旗等9个县级烟草专卖局（营销部），乌兰木伦、棋盘井经济开发区、上海庙经济开发区等3个直属分局，准格尔经济开发区直属分局（营销部）	临河区、乌拉特前旗、乌拉特中旗、乌拉特后旗、五原县、杭锦后旗、磴口县等7个县级烟草专卖局（营销部）	海勃湾区、乌达区、海南区等3个县级烟草专卖局（营销部）	阿拉善左旗、阿拉善右旗、额济纳旗等3个县级烟草专卖局（营销部），乌斯太烟草专卖分局，东风场区烟草专卖分局（卷烟批发部）
总资产（万元）		149965	62204	39873	12024
资产负债率（%）		3.39	11.47	12.82	9.33
从业人员（人）		478	316	111	108
所属业务机构	营销机构	1个营销中心	1个营销中心	1个营销中心	1个营销中心
	物流配送机构	1个物流配送中心、2个物流中转站	1个物流配送中心	1个物流配送中心	1个物流配送中心
	专卖稽查机构	1个专卖监督管理科（专卖稽查支队）、2个专卖稽查大队、4个专卖监督管理股	1个专卖监督管理科（专卖稽查支队）、2个专卖监督管理股（专卖稽查大队）	1个专卖监督管理科（专卖稽查支队）、3个专卖监督管理股（专卖稽查大队）	1个专卖监督管理科（专卖稽查支队）、1个机动大队、3个专卖监督管理股（专卖稽查大队）
	烟叶机构	—	—	—	—
烟农户数（户）		—	—	—	—
实现烟农总收入（万元）		—	—	—	—
零售户数（户）		10856	6914	2141	1310
零售户销售毛利率（%）		13.00	16.08	14.94	13.43

◇ 撰稿：班晓华；编辑：王 静

辽宁省烟草专卖局（公司）

【专卖管理】 **案件查处**。2021年，辽宁省烟草专卖局贯彻落实“以防为主、打防结合”的总体思路，始终保持打假打私高压态势，构建集“天眼”“快眼”“海眼”及“云觅”“云脉”于一体的“三眼二云”涉烟情报综合分析研判系统，以“数字赋能”助力“数据专卖”模式，案件侦办效率和质量明显提升。全年查处各类涉烟违法案件9178起，其中案值5万元以上案件916起；查获各类非法卷烟2.51万件，其中假私烟0.76万件；查获非法烟丝烟叶455.34吨。全年侦办四级以上重大案件39起，省督案件17起，公安部、国家局督办案件2起，收缴制假烟机17台，公安、司法机关依法逮捕判刑239人。

打假打私。2021年，辽宁省局协调辽宁省打击走私综合治理领导小组办公室将打击烟草走私工作内容列入《2021年全省打击走私综合治理工作要点》，辽宁省打击侵权假冒工作领导小组办公室首次将烟草执法工作开展情况列入2021年辽宁省打击侵权假冒绩效考核维度评分细则。联合辽宁省公安厅、省邮政管理局组织开展为期6个月的全省打击物流寄递环节涉烟违法犯罪“雷霆”专项行动。印发《全省打击海上涉烟走私违法犯罪活动工作指引》《2021年全省打假打私工作专项方案》，有效开展“人防”“物防”“技防”。印发《全省打击物流寄递涉烟违法犯罪活动工作指引》《全省真烟异常流动管控专项工作方案》，强化本地

2021 年 7 月 6 日，辽宁营口市局（公司）组织开展“守护成长”专项行动

辽宁营口市局 仪德东 摄

治理防控，建立重点人员、重点电话、重点地址数据库，提升寄递环节涉烟违法行为的打击精准度。

市场监管。持续夯实网格化管理基础，依托行业专卖管理信息系统，编织形成“横向到边、纵向到底”纵横交错的市场监管网络。持续完善新型监管机制，修订印发《专卖市场监管标准化工作规范（2021 版）》《专卖标准化执法操作指南（2021 版）》，提升市场监管标准化、规范化水平。全面推行零售户信用等级管理，制定全省行业《卷烟零售户信用等级管理办法》，设置守法、守规、守约三大类信用评价指标，建成全省信用监管信息平台，动态调整零售户信用积分和信用等级。联合辽宁省市场监督管理局开展保护未成年人免受烟侵害“守护成长”专项行动，全面摸排清理中小学校、幼儿园周围存量售烟网点，加强零售市场日常监管。建设完成 12313 烟草市场监管服务热线辽宁分中心，完成全省话务整合、场地建设、人员设施配备、相关制度建立等工作，形成集中受理、派单处理、限时办结、统一反馈的运行机制。

证件管理。2021 年，辽宁省共有持证零售户 14.38 万户。印发全省烟草制品零售点合理布局规划指导意见，探索建立符合辽宁省实际的“总量＋距离”限制相结合合理布局模式。完善行政许可“好差评”机制，更新行政许可审批窗口政务服务“好差评”二维码，实现零售许可服务事项、评价对象、服务渠道全覆盖。印发《关于进一步加强烟草专卖零售许可后续监管工作的通知》，依法加强零售许可后续监管工作，对无证户和中小学校、幼儿园周边零售点依法有序清理清退。

【卷烟经营】 **卷烟销售**。2021 年，辽宁省烟草商业系统一类烟销量比上年增长 16.87%、重点品牌增长 1.84%、共育品规增长 8.64%。本地区销量居前三位的卷烟品牌为“人民大会堂”“七匹狼”“红塔山”。全年卷烟销售收入比上年增长 6.03%；实现税利比上年增长 3.61%。

品牌培育。探索品牌培育新方法，建立“133”品牌建设模式，出台《全省行业“133”品牌发展模式指导意见》，明确全省品牌建设标准。制定省市两级品牌发展规划，推动全省一类烟“215”“315”品牌发展工程；建立省市两级品牌管理档案，持续跟进品牌发展，推动规划目标有效落地。落实总公司、省公司、市公司三级品规目录共育机制，明确省市两级共育目录的确定方式和筛选标准，确定 72 个全省共育品规，进一步增强品牌发展合力。构建三级联动品牌评价机制，确立市场化调控机制和末位淘汰制，建立“3＋X”品牌定量定性评价模型，明确三级品牌评价标准，优化新品引入和品牌退出流程及工作标准。

现代零售终端建设。加强零售终端体系战略布局，印发《2021 年全省行业卷烟营销网络建设工作方案》；构建“三区四类六星”全终端评价模式，统一全省终端建设标准。全年累计建成“辽叶 e 家”流通品牌终端 1268 户，以省为单位流通品牌数量排名居行业第二位；建成现代终端 4.58 万户，占比 32.09%；建成示范街 125 条，实现市县域市场全覆盖。制定《全省行业“四进乡村”工作指导意见》，在鞍山海城市召开全省农网建设现场会，建立

“2244”农网建设模式，累计建成农网现代终端9908个。落实“134”诚信互助小组建设模式，入组零售户占比96.63%。

市场化取向改革。印发《关于2021年深化卷烟营销市场化取向改革推动营销高质量发展的通知》，结合辽宁实际对国家局改革任务进行分解细化。制定印发销售规范工作指引，发挥三级销售监管职能，全年印发12期全省行业销售监管情况通报；建立营销部门月度自查、内管审计纪检等部门季度协查、省公司半年抽查的工作制度，构建销售监管长效机制。

【雪茄烟经营】　2021年，辽宁省烟草商业系统销售雪茄烟1.48亿支，比上年下降5.89%；实现销售收入1.05亿元，比上年增长1.64%。全年经营雪茄烟9个品牌42个规格，新引入“长城（揽胜3号经典）”“长城（132奇迹）”“王冠（原味2号）”“王冠（假日·黄金海岸）”“将军（战神4号）”“黄鹤楼（雪之梦9号）”等6个规格。

【烟叶产销】　**烟叶种植与收购**。2021年，辽宁省收购上等烟比例68.04%。实现烟农种烟总收入2.26亿元。

规范烟叶生产经营运行。完善管理体系，编制印发《烟叶业务经营管理工作指引》《加强烟叶规范管理工作指引》。落实高效监督，全年开展以县局（分公司）自查、市局（公司）复查和省局（公司）核查为主要方式的内部监督检查，以及种植收购合同管理检查，推动“三查两审”烟叶规范运行体系建设。

优化烟叶生产方式。2021年，全省推广绿色高效专业化植保（无人机应用）面积3.88万亩，水肥一体化（含滴灌）面积2.74万亩，地膜回收面积4.25万亩。按照烟叶生产重点环节全程机械化发展方向，全省基本实现机耕、起垄、覆膜机械化作业全覆盖，施肥环节机械化作业比例67%、中耕培土机械化作业比例42%；全省开展烟农合作社专业化服务育苗面积3.93万亩、机耕面积2.82万亩、植保面积2.68万亩。提升产能布局优化能力，全省建设万担乡4个，产能占比45%；建设千亩村13个，产能占比32.5%；落实50亩以上集中连片烟田234片，产能占比47%。

开展“我为烟农办实事”实践活动。一是“送技术”，全省各产区通过开展网络视频直播、现场培训、技术交流等形式，为烟农开展技术指导200余次，累计培训烟农1万余人次。二是“送真情”，结合“学雷锋”活动，各产区为烟农开展农资代购、送肥到家、田间帮工等志愿服务。三是“送保障”，全省开展烟基建设项目1201项，行业投入补贴资金644万元，持续改善全省烟叶生产设施条件；为全省烟农投保烟叶种植灾害保险，投入烟叶生产专用物资和专业化服务补贴768.9万元。

【卷烟物流建设】　推进物流工商合作，将福建中烟纳入合作范围，进一步扩大鞍山区域集散中心运行规模，2021年完成工业入库5.6万箱，比上年增加4.18万箱；工业出库5.68万箱，增加4.05万箱。开展物流精益管理，对全省13家直属单位物流中心开展精益评价工作，并将评价结果纳入直属单位年度考核；组织举办2次全省行业物流管理现场会，提升全省行业物流现场管理及精益管理整体水平。加强物流队伍建设，持续开展精益六西格玛培训和项目指导工作，组织举办全省首届烟草物流岗位技能竞赛，提升物流队伍岗位技能水平。推动绿色物流建设，超额完成卷烟包装箱循环利用和卷烟托盘联运工作年度任务量，全年累计返还工业企业卷烟包装箱数量223.6万只，累计完成托盘联运14.57万箱。优化物流对标指标，全年全省行业物流总费用3.31亿元，物流费用率0.94%。全省单箱物流费用248.89元，比上年增长12.73%；人均配送效率968.27箱，比上年增长3.21%；送货响应时间41.57小时，比上年减少4.26小时。单车日均送货户数84.51户，比上年增长14.76%。

【管理创新】　完成提质增效计划，全年实现降本增效493.4万元，超额完成全年目标任务。融合高质量发展、运行指标、对标指标、绩效指标，建立“四标一体”全省行业标杆目标管理体系。以流程优化与再造为突破口，持续推进质量体系运行，2021年全省烟草商业系统共制（修）订标准198项，制（修）订流程123个，制定体系运行改善对策措施183项。与山东省局开展对标共建，制定《山东省局、辽宁省局对标共建工作实施方案》，设计五大工作机制，拟定三年工作规划，采用省局对省局、市局对市局、业务对业务的模式，实现经验互通互促、业务无缝对接。

【特事辑要】 2021年2月1日，2021年辽宁省烟草工作电视电话会议在沈阳市召开。

4月20—22日，国家烟草专卖局党组书记、局长，中国烟草总公司总经理张建民在辽宁、大连烟草调研。辽宁省副省长高涛一同在辽宁烟草调研。

7月6日，行业党史学习教育第一巡回指导组进驻辽宁省局（公司）。

7月7日，“金叶先锋·担当奉献”烟草行业庆祝建党100周年主题巡回宣讲团走进辽宁烟草。

7月21—22日，辽宁省烟草商业系统领导干部学习习近平总书记“七一”重要讲话精神读书班暨2021年半年工作电视电话会议在沈阳市召开。

9月17日，国家局党组成员、副局长韩占武在辽宁烟草调研。

10月28—29日，辽宁省烟草商业系统农网建设工作现场会在鞍山海城市召开。

2021年辽宁省烟草专卖商业主要情况统计

地市级局（公司）名称		沈阳市烟草专卖局（公司）	鞍山市烟草专卖局（公司）	抚顺市烟草专卖局（公司）	本溪市烟草专卖局（公司）
主要负责人/法定代表人（含党政领导）		胡志伟	兰艳丰	刘　林 （—2021年5月） 刘子木 （2021年5月—）	孙向东
所属县级单位		和平区、沈河区、大东区、皇姑区、铁西区、沈北新区、于洪区、浑南区、苏家屯区、辽中区、新民市、康平县、法库县等13个县级烟草专卖局（营销部）	海城市、台安县、岫岩满族自治县等3个县级烟草专卖局（营销部）	清原满族自治县、新宾满族自治县、抚顺县等3个县级烟草专卖局（营销部）	本溪满族自治县、桓仁满族自治县、南芬区等3个县级烟草专卖局（营销部）
总资产（万元）		449223	133881	69936	51457
资产负债率（%）		4.93	9.60	8.02	7.03
从业人员（人）		1153	406	307	234
所属业务机构	营销机构	1个营销中心、10个区域市场部	1个营销中心、4个区域市场部	1个营销中心、5个区域市场部	1个营销中心、6个区域市场部
	物流配送机构	1个物流中心、6个物流中转站	1个物流中心、3个物流中转站	1个物流中心、2个物流中转站	1个物流中心、1个物流中转站
	专卖稽查机构	1个稽查支队、18个稽查大队	1个稽查支队、10个稽查大队	1个稽查支队、4个稽查大队、3个市管大队、1个网络大队	1个稽查支队、6个稽查大队
	烟叶机构	—	—	—	—
烟农户数（户）		—	—	—	—
实现烟农总收入（万元）		—	—	—	—
零售户数（户）		29023	14070	7716	6134
零售户销售毛利率（%）		15.80	16.20	17.69	18.00

地市级局（公司）名称		丹东市烟草专卖局（公司）	锦州市烟草专卖局（公司）	营口市烟草专卖局（公司）	阜新市烟草专卖局（公司）
主要负责人/法定代表人（含党政领导）		苏广昌	赵静波	王　琳	张　明
所属县级单位		东港市、凤城市、宽甸满族自治县等3个县级烟草专卖局（营销部）	凌海市、北镇市、黑山县、义县等4个县级烟草专卖局（营销部）	盖州市、大石桥市、鲅鱼圈区、老边区等4个县级烟草专卖局（营销部）	阜新蒙古族自治县、彰武县2个县级烟草专卖局（分公司）
总资产（万元）		120811	99917	100019	45939
资产负债率（%）		8.48	6.19	4.42	14.64
从业人员（人）		428	363	304	391
所属业务机构	营销机构	1个营销中心、4个区域市场部	1个营销中心	1个营销中心、5个区域市场部	1个营销中心
	物流配送机构	1个物流中心、3个物流中转站	1个物流中心	1个物流中心	1个物流中心
	专卖稽查机构	1个稽查支队、10个稽查大队	1个稽查支队、12个稽查大队	1个稽查支队、5个稽查大队	1个稽查支队、4个稽查大队、3个市管大队
	烟叶机构	8个烟叶收购站	—	—	—
烟农户数（户）		912	—	—	—
实现烟农总收入（万元）		8037	—	—	—
零售户数（户）		10499	11624	10696	6748
零售户销售毛利率（%）		15.78	18.60	17.32	14.95

地市级局（公司）名称		辽阳市烟草专卖局（公司）	铁岭市烟草专卖局（公司）	朝阳市烟草专卖局（公司）	盘锦市烟草专卖局（公司）	葫芦岛市烟草专卖局（公司）
主要负责人/法定代表人（含党政领导）		汤海洋	汪　清	王龙宪	白俊平	丛　智
所属县级单位		辽阳县、灯塔市2个县级烟草专卖局（营销部）	开原市、昌图县、西丰县、调兵山市等4个县级烟草专卖局（营销部）	北票市、凌源市、朝阳县、建平县、喀喇沁左翼蒙古族自治县等5个县级烟草专卖局（营销部）	盘山县、大洼区2个县级烟草专卖局（营销部）	兴城市、绥中县、建昌县等3个县级烟草专卖局（营销部）
总资产（万元）		70689	65450	66631	55728	82966
资产负债率（%）		10.38	21.88	13.32	5.49	11.27
从业人员（人）		266	571	497	182	366
所属业务机构	营销机构	1个营销中心、3个区域市场部	1个营销中心、4个区域市场部	1个营销中心、7个区域市场部	1个营销中心、4个区域市场部	1个营销中心、3个区域市场部
	物流配送机构	1个物流中心	1个物流中心、3个物流中转站	1个物流中心、4个物流中转站	1个物流中心	1个物流中心、3个物流中转站
	专卖稽查机构	1个稽查支队、3个稽查大队、4个市管大队	1个稽查支队、8个稽查大队	1个稽查支队、7个稽查大队、2个市管大队	1个稽查支队、7个稽查大队	1个稽查支队、9个稽查大队
	烟叶机构	—	9个烟叶收购站	4个烟叶收购站	—	—

续表

地市级局（公司）名称	辽阳市烟草专卖局（公司）	铁岭市烟草专卖局（公司）	朝阳市烟草专卖局（公司）	盘锦市烟草专卖局（公司）	葫芦岛市烟草专卖局（公司）
烟农户数（户）	—	396	384	—	—
实现烟农总收入（万元）	—	8480	6070	—	—
零售户数（户）	7100	11442	12563	5560	9648
零售户销售毛利率（%）	15.00	15.87	15.86	16.50	17.80

◇ 撰稿：董春亮；编辑：王　静

吉林省烟草专卖局（公司）

【专卖管理】　**案件查处**。2021年，吉林省各级烟草专卖局对卷烟售假贩私违法犯罪活动实施全链条打击，跨部门跨地区联合“打假打私”合作机制不断深化，全省“一盘棋”格局初步形成。联合吉林省公安厅共同开展以“守卫市场”为主题的严打涉烟违法犯罪活动专项行动，巩固和深化联合打假协作机制，对跨区、跨省网络案件全程跟踪、全面督导，提高网络案件办案规模和办案质量。各市（州）局发挥打假破网主体作用，深化烟草、公安、海关等部门联防联控工作机制，关注涉烟违法犯罪活动新动向，聚焦重点地区重点环节持续发力，先后破获一批较为典型的网络案件。全年查处各类涉烟违法案件2529起，其中案值5万元以上案件202起；查处向未成年人销售电子烟案件4起；查获各类非法卷烟5550.81件；案值百万元以上假私卷烟网络案件14起，部督案件3起，总涉案金额8300万元，公安、司法机关依法刑拘91人，逮捕66人，判刑21人。

部分重大案件。长春市局联合市铁路公安处破获“1·23”网络案件，犯罪团伙通过铁路运输途径倒卖假私烟，涉及广西、广东、辽宁、内蒙古、新疆等多个省（自治区），涉案人员70余人，抓获嫌疑人31人，涉案金额超过1000万元，被国家局、公安部列为督办案件。

辽源市局破获“8·07”网络案件，累计涉案金额1400余万元，抓获嫌疑人20人，被国家局、公安部列为督办案件。

行政许可改革。2021年，吉林省局落实“放管服”和“最多跑一次”改革各项要求，进一步理顺工作流程和衔接机制，完善工作制度，规范服务行为。6月，出台《吉林省烟草制品合理布局规划指导意见》，各市（州）局结合本地实际，完成烟草专卖零售点合理布局规定的修订工作，建立总量控制与距离控制等相结合的布局模式，实行动态调整机制。统一组织开展许可证集中清理整治工作，压减无效零售许可证。在专卖战线组织开展“我为群众快审批”主题实践活动，全面做到零售许可证5日核发、准运证2日核发，提升行政审批服务效率。

市场监管。2021年，吉林省局落实市场监管职责，实现由“管流入”为主向“既管流入又管流出”转变。持续创新市场监管的方式方法，以“双随机、一公开”为重点、以信用监管为基础、以APCD重点监管为补充的新型监管机制运转良好，信息化、信用化监管水平不断提升。联合吉林省公安厅对违法运输频次较高的物流企业进行约谈，提高物流企业守法经营意识，主动配合监管，共同治理非法运输卷烟违法行为。吉林省各级烟草专卖局在市场监管上下功夫，发挥烟草、公安、邮政等职能部门的联合工作机制作用，打掉一批非法倒卖、非法运输真烟的违法犯罪团伙，加大真烟异常流动治理力度。重点加强电子烟市场监管，深化与吉林省市场监督管理厅的沟通协作，联合开展保护未成年人免受烟侵害“守护成长”专项行动。组织开展专项督导检查，吉林市桦甸市、通化市辉南县、长春市朝阳区等县（区）局先后查办一批向未成年人违法销售电子烟案件。

【卷烟经营】　**品牌培育**。2021年，吉林省卷烟销量居前三位的品牌为“长白山”“南京”“红塔山”。全年销售重点品牌卷烟比上年增长2.98%；销售高端卷烟比上年增长

21.03%；销售“细中短”创新产品比上年增长10.64%。全省卷烟单箱销售收入比上年增长7.39%。全年整合退市25个卷烟规格。

市场化取向改革。持续完善销售制度体系，梳理制度文件35份，清理废止8份，清除隐性市场壁垒，进一步提升销售管控水平。持续优化货源投放规则，探索“档位+标签”辅助货源投放模式，拓宽市场类型分类，增加工地施工等个性化标签，满足零售户差异化需求。加快推动城乡销售网络一体化协调发展，清除15个农村零售空白点，进一步完善农网布局，缩小空白村范围。

网络建设。探索以直营终端为引领，加盟终端、合作终端为补充的多元化终端布局，长春、吉林、延边等3家试点单位进展顺利。全省建成现代终端2.45万户，占比21.66%，全省A类以上终端占比始终保持40%以上；建成直营终端95户，加盟终端531户，合作终端245户。共有诚信互助小组6647个，入组零售户10.64万户，占比94%。举办4期“我与客户共成长”主题实践活动暨全省客户经理职能转型培训班，加快客户经理队伍职能转型。对全省生活存在较大困难的卷烟零售户进行摸排，确定441户困难零售户作为帮扶目标，按照“一户一档案、一户一策略”原则，建立帮扶管理档案，制定帮扶计划。

【雪茄烟经营】 按照国产雪茄烟发展规划，雪茄烟销售工作围绕“以中高端雪茄为龙头，低端雪茄为基础，统筹手工和机制雪茄发展”的发展方向，坚持规模与结构协调发展，做大做强雪茄烟市场，扩大雪茄烟品牌影响力，推动雪茄烟高质量发展。长春市局（公司）于2021年下半年率先成立雪茄烟发展部，并配备专人、专岗负责此项工作，加强雪茄烟销售力量。2021年，吉林省雪茄烟经营涉及安徽中烟、山东中烟、湖北中烟、四川中烟等4家工业企业，共8个品牌43个规格，合计销售雪茄烟0.42亿支，实现销售收入（含税）3097万元。

【烟叶生产】 **烟叶种植与收购**。2021年，吉林省种烟乡（镇）比上年减少5个，种烟村（屯）比上年减少16个，烟农比上年减少126户。全年收购烤烟等级结构和收购均价均达到近年来最高水平。其中，上等烟比例51.7%，中等烟比例48.3%，户均收入13.34万元。与上年相比，上等烟比例提高7.9%，收购均价提高3.4%，户均收入增长3.1%。全省烟叶等级合格率82.89%，等级纯度94.7%。烟叶原收原调全面执行，质量信息追溯体系趋于完善。

现代烟草农业。职业烟农队伍基本稳定，全省户均种植规模32亩，40～60亩职业烟农种植面积占比21.5%。连片种植规模扩大，全省500～1000亩集中连片面积地块7片，面积占比12.9%；100～500亩集中连片面积地块67片，面积占比33.8%。机械化作业能力提升，全省机耕、起垄、中耕培土、植保等重点环节机械化作业率达到100%，烟叶生产亩均用工持续降低。全省专业化育苗、分级实现全覆盖，移栽、采收专业化服务比例超过80%，机

吉林省局（公司）开展“我为烟农办实事”主题实践活动，帮助家庭困难种植户进行烟田揭膜并清理残膜（2021年）

吉林长春市局　赵　伟　摄

耕、植保、烘烤专业化服务比例超过50%。

生产重点技术。长春产区示范开发"中棵烟+高油分"烟叶1000亩，烟叶上等烟比例提高5.4%，亩均产值增加161.6元，满足湖北中烟烟叶原料买方质量需求；延边产区抓好"三早一膜"技术措施，结合小苗膜下移栽技术，烟叶大田生长时间控制在120天以上，进一步提高烟叶成熟度；白城烟叶产区推广烟田滴灌面积0.42万亩，推广比例达到88.74%，实现水肥一体化，改善烟叶结构；推广绿色高效无人机专业化植保技术，全省无人机烟叶作业面积1.3万亩，亩均植保效率提高50倍；推广使用烟夹面积0.82万亩，进一步降低烘烤用工；推广上部叶充分成熟一次性采收技术占产区种烟面积的98%，提升上部烟叶可用率。

构建绿色生产模式。通过推动烟田轮作、增施有机肥等技术措施，进一步减少化肥施用量，改良土壤性状，实现烟田用养结合；推广0.01毫米地膜清理回收工作；构建烟草病虫害绿色防控体系；推广应用生物质燃料烤房，促进节能减排，推动烟叶"绿色烘烤"。

综合利用促农增收。引导烟农发展多元产业，促农增收工作达到预期目标。2021年利用闲置育苗大棚开展水稻育苗、种植山野菜、盆栽苹果、葡萄和黄菇娘等经济作物，创造总产值173.11万元，实现净收入100.49万元；利用烟用农机，在移栽、覆膜、植保等环节开展专业化服务，降低烟农生产成本48.25万元；利用烟田井灌溉玉米田，烟农增加总产值48万元，增加净收入26.8万元；利用轮作烟田种植玉米，创造总产值202.5万元，实现净收入108万元；通过地膜回收、推广烟蚜茧蜂、烟用物资集中采购等烟叶延伸产业实现净收入36.08万元。

【卷烟物流建设】 2021年，吉林烟草商业物流费用累计2.11亿元，单箱物流费用230.82元，物流人均配送效率984.34箱，送货响应时间25.75小时；库存周转次数20.42次，比上年提升14.85%，全省8家单位库存周转次数超过20次，通化市局（公司）达到29.22次。完成通化、白山区域物流整合，打破地区分割，发挥规模效应，建立有利于资源整合和优化配置的制度机制。

【企业管理】 以提高内控风险管理能力、夯实管理基础为目标，完成全省烟草商业系统ISO 9000：2015版质量管理体系换版工作。通过内审和管理评审发现不合格项180项，提出改进建议342条，制定改进措施404项，体系文件执行率由2020年的93.7%提高到97.5%。坚持"一查三去一补一考"工作模式，全年全省烟草商业系统实现提质增效803万元，完成国家局下达目标的121.67%。2021年全省行业23项对标指标中，比上年改善的有6项，指标改善率26.09%。其中，烟叶管理费用占销售收入比重、单箱卷烟管理费用指标行业排名第二位；卷烟库存周转率行业排名由2020年的第24位提升至2021年的第17位。

【特事辑要】 2021年6月23日，吉林省烟草商业系统庆祝中国共产党成立100周年暨"两优一先"表彰大会在长春市召开。

8月16日，吉林省局（公司）印发《吉林烟草商业"十四五"发展规划》及四个专项规划。

10月12—15日，国家局党组成员、副局长段铁力在吉林烟草调研。

2021年吉林省烟草专卖商业主要情况统计

地市级局（公司）名称	长春市烟草专卖局（公司）	吉林市烟草专卖局（公司）	四平市烟草专卖局（公司）	辽源市烟草专卖局（公司）	通化市烟草专卖局（公司）
主要负责人/法定代表人（含党政领导）	车大光	吴晓旭	李光甲	黄继坤 （—2021年5月） 郭文飞 （2021年10月—）	王　崙

续表

地市级局（公司）名称		长春市烟草专卖局（公司）	吉林市烟草专卖局（公司）	四平市烟草专卖局（公司）	辽源市烟草专卖局（公司）	通化市烟草专卖局（公司）
所属县级单位		公主岭市、榆树市、农安县、德惠市、双阳区、九台区等6个县级烟草专卖局（分公司），二道区、南关区、朝阳区、宽城区、绿园区、净月区、高新区、经济技术开发区、汽车产业开发区等9个区烟草专卖局（营销部），1个柳河烟叶生产管理部，1个物流配送中心	永吉县、桦甸市、舒兰市、磐石市、蛟河市等5个县级烟草专卖局（分公司），船营区、昌邑区、丰满区、龙潭区等4个区烟草专卖局，1个物流配送中心	梨树县、伊通满族自治县、双辽市等3个县级烟草专卖局（分公司），1个物流配送中心	东丰县、东辽县2个县级烟草专卖局（分公司），1个物流配送中心	梅河口市、柳河县、集安市、辉南县、通化县等5个县级烟草专卖局（分公司），1个物流配送中心
总资产（万元）		280012	101009	58385	30417	58743
资产负债率（%）		8.58	5.31	6.31	5.64	6.86
从业人员（人）		1432	610	351	204	348
所属业务机构	营销机构	1个营销中心	1个营销中心	1个营销中心	1个营销中心	1个营销中心
	物流配送机构	1个物流配送中心、6个物流中转站	1个物流配送中心、4个对接点	1个物流配送中心、4个中转站	1个物流配送中心	1个物流配送中心、3个中转站
	专卖稽查机构	1个稽查支队、5个稽查大队	1个稽查支队、12个稽查大队	7个稽查大队	1个稽查支队、5个稽查大队	1个稽查支队、8个稽查大队
	烟叶机构	10个烟叶站	—	—	—	—
烟农户数（户）		442	—	—	—	—
实现烟农总收入（万元）		6110	—	—	—	—
零售户数（户）		32864	20122	10285	5965	10358
零售户销售毛利率（%）		11.50	14.25	13.31	10.75	13.82

地市级局（公司）名称	白城市烟草专卖局（公司）	白山市烟草专卖局（公司）	松原市烟草专卖局（公司）	延边朝鲜族自治州烟草专卖局（公司）
主要负责人/法定代表人（含党政领导）	张　伟	郭　辉	任大胜	王宏宇
所属县级单位	镇赉县、通榆县、大安市、洮南市等4个县级烟草专卖局（分公司），1个物流配送中心	抚松县、靖宇县、长白朝鲜族自治县、临江市等4个县级烟草专卖局（分公司），1个江源区烟草专卖局（营销部），1个物流配送中心	前郭尔罗斯蒙古族自治县、扶余市、长岭县、乾安县等4个县级烟草专卖局（分公司），1个物流配送中心	敦化市、珲春市、和龙市、龙井市、图们市、汪清县、安图县等7个县级烟草专卖局（分公司），1个物流配送中心
总资产（万元）	54409	29745	53926	68074
资产负债率（%）	5.91	5.92	5.94	12.01
从业人员（人）	411	269	389	508

续表

地市级局（公司）名称		白城市烟草专卖局（公司）	白山市烟草专卖局（公司）	松原市烟草专卖局（公司）	延边朝鲜族自治州烟草专卖局（公司）
所属业务机构	营销机构	1个营销中心	1个营销中心	1个营销中心	1个营销中心
	物流配送机构	1个物流配送中心、2个物流中转站	1个物流配送中心、4个物流中转站	1个物流配送中心、3个物流中转站	1个物流配送中心、4个中转站
	专卖稽查机构	1个稽查支队、8个稽查大队	1个稽查支队、7个稽查大队	1个稽查支队、9个稽查大队	1个稽查支队、11个稽查大队
	烟叶机构	1个烟叶经营管理科、4个烟叶工作站	—	—	1个烟叶经营管理科、7个烟叶工作站
烟农户数（户）		117	—	—	435
实现烟农总收入（万元）		1999	—	—	5151
零售户数（户）		9197	5151	11998	8193
零售户销售毛利率（%）		12.00	13.12	13.50	11.90

◇ 撰稿：王兴谦；编辑：王　静

黑龙江省烟草专卖局（公司）

【专卖管理】　**案件查处**。2021年，黑龙江省烟草专卖局保持打假打私高压态势，深化打假打私体系建设，强化执法协作，推进综合治理。全年查处各类涉烟违法案件5501起，其中，牡丹江市局查办部督网络案件1起，全省破获国标、省标网络案件首次突破50起；查获假烟871件，比上年增长26.5%。公安、司法机关依法拘留131人，追究刑事责任98人。“龙剑一号”专项行动和9起重大案件获得国家局通报表扬。

部分重大案件。2020年11月23日，佳木斯市局与公安机关破获一起家族式跨省销售假烟、走私烟网络案件，经过2021年的深挖研判，共计查获非法卷烟59.68件，货值金额111.69万元，涉案金额2300余万元，公安、司法机关依法判刑6人。

大庆市局与市公安部门联合破获“5·11”跨国销售假冒伪劣卷烟网络案件，抓获犯罪嫌疑人10人，采取强制措施10人，查处窝点3处，查获假冒伪劣卷烟89.58件，涉案金额1000余万元。

牡丹江“12·02”非法生产烟丝部督网络案件。2020年12月2日，该案由牡丹江市局与市公安局联合专案组历时两年破获，抓获涉案人员37人，其中采取行政强制措施23人，判刑22人。捣毁烟丝加工厂4处、烟叶烟丝储存地点12处，查扣制丝设备9台套，查获烟叶烟丝52.26吨，货值金额214.37万元，涉案金额1.13亿元，被公安部、国家局列为联合督办案件。

市场监管。黑龙江省局发挥多部门联合执法机制作用，持续将精细管理、规范管理、专业化管理等理念贯穿市场监管各个工作环节，着力提升市场监管效能，确保全省市场净化率达到97%以上。推进“双随机、一公开”工作，执行进度排名全国第一位。开展保护未成年人免受烟侵害“守护成长”专项行动，工作成效得到黑龙江省未成年人保护工作领导小组肯定。稳妥推进过渡期内电子烟监管，有序开展电子烟市场主体信息申报。持续深化“放管服”改革，零售许可新办等业务由8个工作日压缩至3个工作日；推进许可证网上办理，全省网办率由4.4%提升至66.8%。高质量完成12313烟草市场监管服务热线分中心建设。2021年全省新发放零售许可证2.15万户，变更2.52万户，延续1.27万户。

内部专卖管理监督。建立完善内部规范制度，强化问责机制，指导内管工作有力开展，完成国家局交办重大真烟外流案件核查工作。全面落实“十条措施”，对真烟外流单位给予经济处罚和责任追究，构建货源分配、物流配送、专卖打击、内部管理全链条监管新机制，打造全方位、多层次、立体化打击治理新格局。

【卷烟经营】 2021年，黑龙江省烟草商业系统始终坚持“总量控制、稍紧平衡，增速合理、贵在持续”方针，落实“精细管理年”工作要求，努力实现卷烟销售精细、精准、精深。统筹推进品牌培育、结构提升、状态调整、市场监测、销售网建等各项工作，推进市场化取向改革，强化卷烟销售调控，卷烟销售工作质量得到全面提升。

完善品牌管理制度，明确品牌规格引入原则，建立市场化淘汰机制，激发品牌竞争活力。科学规划品牌布局，加强品牌分析评价，坚持品牌培育应用数据分析决策，为品牌培育提供丰富的数据决策支撑，在销二类以上品牌规格占比达到88%，比上年提升12个百分点。重点品牌中高端卷烟销量比上年增长11.8%，超过全国平均水平1.6个百分点。聚焦一类烟销售增长，创新产品结构提升，卷烟结构大幅提高。行业内率先实现货源全省平台精准投放，货源投放水平稳步提升，市场状态稳步向好。统一网建管理规范，印发《全省营销网络建设制度规范指南》，建立现代终端考核体系，制定《现代终端管理质量考核方案》。统筹推进现代终端、农村网建，全年投入比上年增长77.6%。发展金叶品牌，累计建成加盟终端387户、发展现代终端2.2万户，销售网络服务向农村地区延伸，渠道掌握能力更加稳固。开展卷烟零售户资金帮扶，搭建“金叶贷”零售户信贷平台，有效解决零售户资金周转难题。成立零售户爱心基金，开展“情系零售户，慰问暖人心”主题活动，全省共帮扶困难零售户195户，捐赠资金6.4万元。

【雪茄烟经营】 黑龙江省烟草商业系统秉承“树品牌，强服务”宗旨，开拓雪茄烟市场，强化工商协同，推进新品上柜，开展“烟客驿站”雪茄烟直营店品鉴宣传，挖掘雪茄烟市场潜力。加强对雪茄烟市场的经营指导，重点培育国产中高端产品，引入适销新产品20余种，实现国产雪茄烟直营终端全覆盖。全省国产雪茄烟增长势头强劲，销售额、毛利额比上年实现较大幅度增长。

【烟叶产销】 **烟叶企业概况**。黑龙江省局（公司）下设哈尔滨烟叶公司和牡丹江烟叶公司，承担全省烟叶收购、加工与销售工作。

黑龙江省烟草公司哈尔滨烟叶公司成立于2001年12月，2006年12月改制为中国烟草总公司黑龙江省公司的全资子公司。下辖宾县、绥化、肇州、汤原、富锦、望奎、桦川、集贤、肇东等9个烟叶分公司①。截至2021年底，公司总资产13.32亿元，其中固定资产0.72亿元、流动资产12.39亿元，资产负债率56%。从业人员773人。

黑龙江省烟草公司牡丹江烟叶公司成立于2001年12

2021年7月23日，黑龙江省烟草公司牡丹江烟叶公司组织开展烟蚜茧蜂放飞工作

黑龙江省局　供稿

① 黑龙江省烟草公司哈尔滨烟叶公司原所属的绥滨、桦南分公司由于烟叶种植区划调整，在2021年无烟叶种植，经过优化，至2021年底变为9个烟叶分公司。

月，2006 年 12 月改制为中国烟草总公司黑龙江省公司的全资子公司。下辖宁安、东宁、林口、勃利、宝清、密山、海林、穆棱等 8 个烟叶分公司。自 2021 年 7 月起负责管理黑龙江烟叶复烤有限公司独立法人单位，主要经营项目为烟叶委托加工。截至 2021 年底，公司总资产 15.54 亿元，其中固定资产 1.15 亿元、流动资产 14.09 亿元，资产负债率 48.06%。从业人员 693 人。

烟叶种植与收购。落实“稳产业”要求，协调黑龙江省政府把发展烟叶产业统筹纳入产区“十四五”农业农村发展规划及乡村振兴产业规划，完成 57 万亩标准化烟田规划，建设标准化烟田 815 块，成为北方烟区唯一一家出台基本烟田保护制度的省份。深入研究致香机理，科学定位龙江烟叶是“中式卷烟不可或缺的特色优质原料”，工业企业烟叶需求量明显增加，配方使用比例持续提高，市场活力不断激发。推进规模化种植和全程机械化生产，与中烟机械集团有限责任公司等单位加强合作研发，烟用综合一体机、移栽机等新设备进入田间测试阶段，处于北方烟区领先水平。加强生产指导，培育职业烟农，烟叶种植水平得到提升。全年上等烟比例超过 47%，比上年提高 11 个百分点，创黑龙江省烟叶收购质量历史最高水平，烟叶基础地位持续巩固。

【特事辑要】 2021 年 1 月 27 日，黑龙江省局（公司）在哈尔滨市召开 2021 年全省烟草工作会议。

2021 年黑龙江省烟草专卖商业主要情况统计

地市级局（公司）名称		哈尔滨市烟草专卖局（公司）	齐齐哈尔市烟草专卖局（公司）	绥化市烟草专卖局（公司）	大庆市烟草专卖局（公司）	佳木斯市烟草专卖局（公司）
主要负责人/法定代表人（含党政领导）		贺志勤	和发皓（—2021 年 10 月）	纪　扬	张宝忠	顾宏伟
所属县级单位		呼兰区、阿城区、双城区、五常市、尚志市、巴彦县、宾县、依兰县、延寿县、木兰县、通河县、方正县等 12 个县级烟草专卖局（分公司）	讷河市、克山县、克东县、拜泉县、依安县、富裕县、甘南县、龙江县、泰来县等 9 个县级烟草专卖局（分公司）	肇东市、安达市、海伦市、庆安县、望奎县、兰西县、青冈县、明水县、绥棱县等 9 个县级烟草专卖局（分公司）	肇源县、肇州县、杜尔伯特蒙古族自治县、林甸县等 4 个县级烟草专卖局（分公司）	富锦市、同江市、抚远市、桦南县、桦川县、汤原县等 6 个县级烟草专卖局（分公司）
总资产（万元）		449638	125030	92062	119955	60747
资产负债率（%）		19.00	16.50	35.53	18.61	19.61
从业人员（人）		1664	521	682	349	432
所属业务机构	营销机构	1 个营销中心	1 个营销中心	1 个营销中心	1 个营销中心	1 个营销中心
	物流配送机构	1 个物流配送中心、12 个物流中转站	1 个物流配送中心	1 个物流配送中心	1 个物流配送中心	1 个物流配送中心
	专卖稽查机构	1 个稽查支队、21 个稽查大队	1 个稽查支队、15 个稽查大队	1 个稽查支队、5 个稽查大队	1 个稽查支队、4 个稽查大队	1 个稽查支队、2 个稽查大队、1 个铁路稽查大队
	烟叶机构	—	—	—	—	—
烟农户数（户）		—	—	—	—	—
实现烟农总收入（万元）		—	—	—	—	—
零售户数（户）		39012	16892	19160	10829	10431
零售户销售毛利率（%）		11.86	12.86	12.00	12.60	12.50

地市级局（公司）名称		牡丹江市烟草专卖局（公司）	鸡西市烟草专卖局（公司）	双鸭山市烟草专卖局（公司）	黑河市烟草专卖局（公司）	鹤岗市烟草专卖局（公司）
主要负责人/法定代表人（含党政领导）		单文林	刘海义	孙承华	李芳远	任大力
所属县级单位		海林市、宁安市、穆棱市、东宁市、林口县等5个县级烟草专卖局（分公司）	鸡东县、密山市、虎林市等3个县级烟草专卖局（分公司）	集贤县、友谊县、宝清县、饶河县等4个县级烟草专卖局（分公司）	北安市、五大连池市、嫩江市、逊克县、孙吴县等5个县级烟草专卖局（分公司）	萝北县、绥滨县2个县级烟草专卖局（分公司）
总资产（万元）		57619	54520	39081	40447	30708
资产负债率（%）		22.11	25.13	22.90	34.33	20.16
从业人员（人）		464	271	268	297	157
所属业务机构	营销机构	1个营销中心	1个营销中心	1个营销中心、1个电访中心	1个营销中心、1个电访中心	1个营销中心
	物流配送机构	1个物流配送中心	1个物流配送中心	1个物流配送中心	1个物流配送中心、5个物流中转站	1个物流配送中心
	专卖稽查机构	1个稽查支队、4个稽查大队	1个稽查支队、6个稽查大队	1个稽查支队、5个稽查大队	1个稽查支队、3个稽查大队	1个稽查支队、2个稽查大队
	烟叶机构	—	—	—	—	—
烟农户数（户）		—	—	—	—	—
实现烟农总收入（万元）		—	—	—	—	—
零售户数（户）		8700	6760	5619	6796	4180
零售户销售毛利率（%）		12.00	13.25	11.80	13.00	11.20

地市级局（公司）名称		伊春市烟草专卖局（公司）	七台河市烟草专卖局（公司）	大兴安岭地区烟草专卖局（公司）	绥芬河市烟草专卖局（公司）
主要负责人/法定代表人（含党政领导）		魏彤勇（2021年4月—）	张　亮	汪先华（2021年7月—）	杨同军
所属县级单位		铁力市、嘉荫县2个县级烟草专卖局（分公司）	勃利县烟草专卖局（分公司）	漠河市、塔河县、呼玛县等3个县级烟草专卖局（分公司）	—
总资产（万元）		29393	24812	5304	4141
资产负债率（%）		17.36	17.39	25.18	24.31
从业人员（人）		147	139	108	40
所属业务机构	营销机构	1个营销中心	1个营销中心	1个营销中心	1个营销中心
	物流配送机构	1个物流配送中心	1个物流配送中心	1个物流配送中心	1个卷烟配送部
	专卖稽查机构	1个稽查支队、7个稽查大队	1个稽查支队、4个稽查大队	1个稽查支队、2个稽查大队	1个稽查支队
	烟叶机构	—	—	—	—
烟农户数（户）		—	—	—	—
实现烟农总收入（万元）		—	—	—	—
零售户数（户）		3574	3134	1454	645
零售户销售毛利率（%）		11.10	13.13	15.00	12.00

◇撰稿：柳　涛；编辑：王　静

上海市烟草专卖局、上海烟草集团有限责任公司[①]

【专卖管理】 **案件查处**。2021 年，上海市烟草专卖局与安徽、江苏、浙江、福建、江西、山东等华东六省局签订《关于建立华东地区卷烟打假打私联合机制的合作协议》。与上海海警局建立协作机制，进一步深化合作，形成海上管控合力，提升烟草打假打私工作成效。全年查获各类非法卷烟 1.96 万件，涉案金额 1.97 亿元，其中查获各类假烟 4287.58 件，涉案金额 4407.94 万元；查获各类走私烟 9752.35 件，涉案金额 1.03 亿元。破获符合国家局标准重大网络案件 20 起；破获公安部、海关总署、国家烟草专卖局部级督办案件 6 起。公安、司法机关依法抓获涉烟犯罪嫌疑人 459 人，刑拘 76 人，判刑 83 人，查获违法车辆 36 辆。

大案要案。上海崇明 2021 年侦办完成的 2020 年“12·12”海上卷烟走私部督案件是上海市首起烟草与公安部门联合侦办的海上卷烟走私案件，单案查获走私烟 8881 件，实物案值 8000 余万元。

市场监管。2021 年，上海市局持续完善“双随机、一公开”监管，健全新型市场监管机制，强化重点监管，探索信用监管，推进数字化、智能化监管。9 月 16 日，上海市局首次运用专卖指挥中心，组织开展全市非法卷烟交易市场整治集群执法专项行动。通过开展“春雷 2021”“守护成长”以及集群执法等专项行动，全面加强对上海市重点区域和重点环节的市场监管，初步建立上海市卷烟零售户信用分级分类监管机制，不断完善 APCD 重点监管数据分析模型，维护上海烟草市场经营秩序。

证件管理。2021 年，上海市局坚持深化“放管服”改革工作，持续提升政务服务能级。制定发布 2021 版烟草制品零售点合理布局规定，审慎推进“一业一证”改革试点工作，巩固深化“两个免于提交”，全面升级“好差评”机制，参与上海市企业高频证照变更联办“一件事”，实现“好办”“快办”服务上线，12313 烟草市场监管服务热线上海分中心、12345 上海政务服务便民热线烟草分中心成立运行，实现“7×24 小时”人工服务。截至 2021 年底，上海市共有烟草专卖零售许可持证户 5.36 万户，比上年减少 4.03%。全年零售许可网办比例 64.7%，新办业务平均办结时间缩短至 1.78 天。“一网通办好差评”总体满意度高于上海市各委办局平均水平。

上海奉贤区烟草专卖局稽查支队专卖管理人员开展市场检查（2021 年）
上海市局　供稿

【卷烟经营】 **卷烟销售**。2021 年，上海市卷烟销量居前三位的品牌为“红双喜”“中华”“利群”。全年卷烟批发单箱销售收入比上年增加 0.18 万元。其中，“中华”品牌销量比上年增加 1.63 亿支（0.33 万箱），销量和状态均达到历史最高水平；“牡丹”品牌销量比上年增长 54%，销

① 上海烟草集团有限责任公司工业情况详见《烟草工业》栏目。

量和销售收入比上年增量均排名上海市场各卷烟品牌第一位。

实现全市一体的批发供应模式。随着“中华（软）”“中华（硬）”两个产品纳入上海市统销模式，上海市场卷烟批发供应完成从统购分销向统购统销模式的转变。

编制“十四五”现代商业发展规划。明确上海烟草商业坚持以稳中求进作为工作总基调，坚持把严格规范作为健康发展的生命线。以全国统一卷烟营销管理平台推广为契机，继续深化卷烟营销市场化取向改革，加快推进商业销售数字化转型，全面实现销售一体化运行模式，从而构建起供需动态平衡、品牌精准培育、终端服务高效的销售发展新格局。

市场化取向改革再深化。通过增加管理类指标的权重，优化客户分档规则，将全市零售户划分成30档，并在此基础上探索“档位＋标签”投放模式。市区两级共探索建立40个标签，形成全市统一管理的标签池，为探索更加精准地投放供应提供有效方法。此外，还通过“消费预约”“点上调整”等面向消费和零售的措施，进一步提高货源供应和终端真实销售需求的匹配性。

增值税电子普通发票上线运行。推进增值税电子普通发票的全市运用，通过数字技术进一步提升开票规范性，降低运维和物料成本，减少人力投入，促进商业企业降本增效。

【雪茄烟经营】 大力培育国产雪茄烟是上海烟草深化行业改革创新的重要组成部分。经过两年的努力，上海烟草与国内4家工业企业共同探索形成一套“工商协同、终端建设、直面消费”的发展模式，建立以终端建设为基础，以精准供应为抓手，以工商协同为保障，以直接面向消费者为目标的高效运行机制，工商零共同面向消费者的上海市场雪茄烟销售模式逐步成形。

上海烟草坚持以中高端雪茄烟为龙头，低端雪茄烟为基础，围绕手工与机制统筹、规模与结构协调的发展要求，结合雪茄烟市场实际，推进国产中高端雪茄烟的销售培育。2021年销售国产雪茄烟2203.14万支，销售额突破8000万元。

2021年，上海烟草集团与四川烟草工业、商业召开“工商一体　雪茄破题”——长城中高端手工雪茄培育上海现场会，共同就国产中高端雪茄烟的发展之路、发展方向等问题进行研讨，为工商协同、共同推进国产中高端雪茄烟的高质量发展提供保障。

经过一年的试运行，2021年底印发《雪茄零售客户分档管理办法》，形成一套以雪茄烟销售为核心的独立的零售户分档体系，是行业最早开展雪茄烟独立分档工作的单位之一。

【特事辑要】 2021年3月1日，新品“牡丹（红中支）”借第十届中国花卉博览会在上海市召开的契机，于崇明区进行全国首发，标志着“牡丹”品牌中、短、细等全品类的中高端梯次化产品布局形成。

4月28日，国家局党组成员、副局长段铁力在上海烟草调研。

5月24日，“中华”品牌创牌70周年系列活动启动仪式在上海烟草浦东科技创新园区举行。

6月21日，“金叶先锋·担当奉献”烟草行业庆祝建党100周年主题巡回宣讲报告会在上海烟草举行。

7月1日，上海烟草举行庆祝中国共产党成立100周年集体宣誓暨“光荣在党50年”纪念章颁发仪式。

11月11日，上海市局（公司）召开湖北省局（公司）第一期优秀青年人才来沪交流学习工作启动会。

11月26日，上海烟草举行“同升一面旗·共唱一首歌”升旗仪式暨《上海市志·工业分志·烟草业卷（1978—2010）》首发式。

12月，“中华”卷烟商标被认定为“上海好商标”。

2021 年上海市烟草专卖商业主要情况统计

区局（公司）名称		上海市黄浦区烟草专卖局（有限公司）	上海市虹口区烟草专卖局（有限公司）	上海市静安区烟草专卖局（有限公司）	上海市徐汇区烟草专卖局（有限公司）	上海市杨浦区烟草专卖局（有限公司）
主要负责人/法定代表人（含党政领导）		黎辉婷 （—2021 年 3 月） 刘彦博 （2021 年 4 月—）	单国荣	胡伟坚	刘正渝 （—2021 年 11 月） 高洪祥 （2021 年 11 月—）	仲玉顺
所属县级单位		—	—	—	—	—
总资产（万元）		189939	54798	43301	22059	26960
资产负债率（%）		7.85	36.04	15.94	16.06	18.44
从业人员（人）		376	271	192	109	130
所属业务机构	营销机构	1 个营销部	1 个营销部	1 个营销部	1 个营销部	1 个营销部
	物流配送机构	—	—	—	—	—
	专卖稽查机构	1 个稽查支队	1 个稽查支队	1 个稽查支队	1 个稽查支队	1 个稽查支队
	烟叶机构	—	—	—	—	—
烟农户数（户）		—	—	—	—	—
实现烟农总收入（万元）		—	—	—	—	—
零售户数（户）		1438	1274	1265	840	1231
零售户销售毛利率（%）		17.01	19.64	16.51	16.80	16.30

区局（公司）名称		上海市普陀区烟草专卖局（有限公司）	上海市长宁区烟草专卖局（有限公司）	上海市闵行区烟草专卖局（有限公司）	上海市宝山区烟草专卖局（有限公司）
主要负责人/法定代表人（含党政领导）		朱小岗 （—2021 年 6 月） 张　弥 （2021 年 6 月—）	刘晓晴	包华杰	王　平
所属县级单位		—	—	—	—
总资产（万元）		26303	17060	54222	42506
资产负债率（%）		26.00	15.80	21.10	20.03
从业人员（人）		112	92	229	162
所属业务机构	营销机构	1 个营销部	1 个营销部	1 个营销部	1 个营销部
	物流配送机构	—	—	—	—
	专卖稽查机构	1 个稽查支队	1 个稽查支队	1 个稽查支队	1 个稽查支队
	烟叶机构	—	—	—	—
烟农户数（户）		—	—	—	—
实现烟农总收入（万元）		—	—	—	—
零售户数（户）		1246	767	3211	3288
零售户销售毛利率（%）		16.32	16.70	16.30	15.65

区局（公司）名称		上海市浦东新区烟草专卖局（有限公司）	上海市松江区烟草专卖局（有限公司）	上海市青浦区烟草专卖局（有限公司）	上海市嘉定区烟草专卖局（有限公司）
主要负责人/法定代表人（含党政领导）		高文博	徐豪渊	冯永铿	王卫东
所属县级单位		—	—	—	—
总资产（万元）		94829	51176	38053	44337
资产负债率（%）		29.14	26.91	31.37	26.81
从业人员（人）		373	207	203	248
所属业务机构	营销机构	1个营销部、3个分公司	1个营销部	1个营销部	1个营销部
	物流配送机构	—	—	—	—
	专卖稽查机构	1个稽查支队、3个专卖管理署	1个稽查支队	1个稽查支队	1个稽查支队
	烟叶机构	—	—	—	—
烟农户数（户）		—	—	—	—
实现烟农总收入（万元）		—	—	—	—
零售户数（户）		10702	3235	3960	4267
零售户销售毛利率（%）		15.65	15.28	15.44	15.55

区局（公司）名称		上海市奉贤区烟草专卖局（有限公司）	上海市金山区烟草专卖局（有限公司）	上海市崇明区烟草专卖局（有限公司）	上海市烟草专卖局驻上海铁路专卖局（有限公司）
主要负责人/法定代表人（含党政领导）		张　锐	吴亚军	刘彦博（—2021年4月） 徐元清（2021年4月—）	徐庆毅
所属县级单位		—	—	—	—
总资产（万元）		46321	44054	27273	4805
资产负债率（%）		18.69	19.89	23.48	4.96
从业人员（人）		320	145	158	27
所属业务机构	营销机构	1个营销部	1个营销部	1个营销部	1个营销部
	物流配送机构	—	—	—	—
	专卖稽查机构	1个稽查支队	1个稽查支队	1个稽查支队	1个稽查支队
	烟叶机构	—	—	—	—
烟农户数（户）		—	—	—	—
实现烟农总收入（万元）		—	—	—	—
零售户数（户）		3970	4968	4066	84
零售户销售毛利率（%）		15.47	15.56	15.63	16.75

◇ 撰稿：周　强；编辑：王　静

江苏省烟草专卖局（公司）

【专卖管理】 **案件查处**。2021年，江苏省烟草专卖局保持打假打私高压态势，纵深推进“专卖管理大家谈”大讨论活动，凝聚全员共识。打击各类涉烟违法犯罪活动，维护国家利益、消费者利益。全年查获各类非法卷烟10.12万件，比上年增长27.3%；查获各类非法卷烟总案值10.9亿元，比上年增长24.96%，其中，查获假烟、走私烟数量分别增长240.48%、39.45%。39起重大案件和2个专项行动获得国家局表彰，5起案件被海关总署列为督办案件。受理鉴别检验委托2.9万批次，服务行政执法单位334家。监管违法违规大户，将6112户违法违规大户列入重点监管名录，加强预警分析、加大惩戒力度、深化后续监管，全年取消违法违规大户经营资格644户，严防非法真烟外流。

电子烟监管。2021年，江苏省局向江苏省委、省政府专题汇报控烟履约、电子烟监管工作2次，得到省委、省政府高度重视和大力支持。开展保护未成年人免受烟侵害“守护成长”专项行动，中小学校及幼儿园周边售卖电子烟商户的清理和劝阻工作取得成效；1397家合作终端和部分地市持证卷烟零售户实现销售电子烟“动态清零”，全年查处向未成年人销售电子烟案件14起。

法治烟草建设。落实党政主要负责人履行推进法治建设第一责任人职责，推动述法与年终述职考核深度融合、同步推进，提升领导干部的法治素养和法治能力。实施“规则同行”落地工程，加强制度建设和执行，加强制度培训和宣传贯彻，做到自觉尊崇制度、严格执行制度、坚决维护制度。补齐普法短板，采取普法短视频展播等形式，推动烟草法律法规及政策规定高效精准向零售户、消费者延伸。

【卷烟经营】 **卷烟销售**。2021年，江苏省销售卷烟单箱结构比上年增长6.81%，实现税利比上年增长7.76%。零售户综合毛利率11.31%，比上年增长0.37个百分点，保持经济平稳运行和市场良好状态。2021年，金丝利集团实现利润3252.65万元，为2011年以来首次扭亏为盈。

承办全国卷烟营销网络建设工作会议。11月30日，2021年全国卷烟营销网络建设工作电视电话会议在北京市召开，江苏烟草承办会议并作为分会场。江苏省局（公司）围绕全国卷烟营销网络建设工作会议主题，坚持全省“一盘棋”，加强工商之间、省市之间、客我之间协调联动，发挥各方优势、汇聚各方力量，探索构建高标准烟草市场体系、科学化品牌培育体系、数字化信息应用体系、现代化终端建设体系，形成可复制、可借鉴、可推广的“江苏经验”。“四个坚持”“四个新突破”网建经验开辟工商协同建网用网、共育品牌的新路径，探索行业营销网建发展新方向。

品牌培育。江苏省局（公司）围绕“136、345”品牌发展目标，制定品牌发展规划，完善“共育品规、选育品规”运行机制，促进大品牌做大做强、潜力品牌稳健成长。2021年，全省共育品牌规格增加到75个，销量占比接近

2021年8月1日，江苏省扬州市江都区局专卖管理人员张贴关于未成年人免受电子烟侵害的公告

江苏省局 张雅慧 摄

70%，四大区域市场全覆盖品牌规格销量占比均超过90%，重点品牌销量占比提升至94.79%，高于行业平均水平3.1个百分点，品牌发展导向更加鲜明、发展重点更加突出、发展布局更加优化。

【改革创新】 **“放管服”改革**。2021年，江苏省局（公司）组织零售点合理布局规定修订和后评估调整，促进改革更符合政策导向和群众预期，保持零售户数量总体稳定。推进“好差评”政务服务系统建设，方便群众和企业办事。深化开展便利店“一件事”改革，让数据跑路代替群众跑腿，进一步优化营商环境。

区域物流改革。推进盐城、徐州区域物流中心完成业务整合，物流资源充分利用、业务流程持续优化、运行质效不断提升。2021年，苏北五市人均配送效率1103.39箱，比上年增长16.21%；库存周转32.55次，比上年增长35.95%，规模效应和整体优势得到有序释放。南京、苏州市公司推动区域物流建设向既定目标迈进。

终端渠道建设。落实“11351”现代零售终端体系建设规划，持续深化终端建设，建成直营、合作终端1386家，加盟终端888家，新现代终端1.02万家，终端渠道掌控力显著提升。加强“金丝利零售”流通品牌建设，促进品牌赋能终端、加强客我链接、增强客户黏性，品牌效应不断显现。

数字化转型。推进“苏烟智云”专有云平台扩容升级和数字中台建设，提升数字化转型承载能力，加快推进营销、专卖、物流、安全、办公等平台的应用优化和功能迭代，以数字化驱动核心业务质量变革、动力变革、效率变革。

厂办大集体企业改革。截至2021年底，10家厂办大集体企业人员全部安置完毕，注销8家单位厂办大集体企业，剩余2家企业进入关闭注销收尾阶段。

【疫情防控与复工复产】 2021年，江苏省局（公司）严格执行常态化疫情防控措施，应对夏季南京、扬州等地疫情大考，实现全省烟草商业系统干部职工零确诊、零感染。加强工作调度，灵活调整卷烟投放策略，将新冠肺炎疫情影响降到最低。

【特事辑要】 2021年4月26日，国家局党组成员、副局长段铁力在江苏烟草调研。

6月2日，国家局党组成员、副局长韩占武在江苏烟草调研。

2021年江苏省烟草专卖商业主要情况统计

地市级局（公司）名称	南京市烟草专卖局（公司）	苏州市烟草专卖局（公司）	无锡市烟草专卖局（公司）	常州市烟草专卖局（公司）
主要负责人/法定代表人（含党政领导）	张加成（—2021年7月） 李江苏（2021年7月—）	张一兵（—2021年12月） 刘　旭（2021年12月—）	刘　旭（—2021年10月） 刘丽妮（2021年10月—）	王　亚
所属县级单位	浦口区、六合区、江宁区、溧水区、高淳区等5个县级烟草专卖局（分公司），以及第一、第二、第三、第四分局（分公司）	吴中区、相城区、吴江区、昆山市、太仓市、常熟市、张家港市等7个县级烟草专卖局（分公司）	江阴市、宜兴市、锡山区等3个县级烟草专卖局（分公司）	武进区、金坛区、溧阳市等3个县级烟草专卖局（分公司）
总资产（万元）	1090427	1057619	755644	456918
资产负债率（%）	7.40	8.57	6.39	8.86
从业人员（人）	1007	1152	696	595

续表

地市级局（公司）名称		南京市烟草专卖局（公司）	苏州市烟草专卖局（公司）	无锡市烟草专卖局（公司）	常州市烟草专卖局（公司）
所属业务机构	营销机构	1个营销中心	1个营销中心	1个营销中心	1个营销中心
	物流配送机构	1个物流配送中心	1个物流配送中心、2个物流中转站/对接点	1个物流配送中心、1个物流中转站/对接点	1个物流配送中心、1个物流中转站/对接点
	专卖稽查机构	1个稽查支队、1个特侦大队、9个稽查大队	1个稽查支队、8个稽查大队	1个稽查支队、4个稽查大队	1个稽查支队、5个稽查大队
	烟叶机构	—	—	—	—
烟农户数（户）		—	—	—	—
实现烟农总收入（万元）		—	—	—	—
零售户数（户）		26648	47989	28075	22158
零售户销售毛利率（%）		13.10	16.60	14.48	15.37

地市级局（公司）名称		镇江市烟草专卖局（公司）	南通市烟草专卖局（公司）	扬州市烟草专卖局（公司）	泰州市烟草专卖局（公司）
主要负责人/法定代表人（含党政领导）		李一匡	张礼伯	张伟屏	刘磊（—2021年10月） 屠文彪（2021年10月—）
所属县级单位		句容市、丹阳市、丹徒区、扬中市等4个县级烟草专卖局（分公司）	如东县、海安市、如皋市、海门区[1]、启东市、通州区等6个县级烟草专卖局（分公司）	宝应县、高邮市、江都区、邗江区、仪征市等5个县级烟草专卖局（分公司）	靖江市、泰兴市、姜堰区、兴化市等4个县级烟草专卖局（分公司）
总资产（万元）		334020	620748	397362	396840
资产负债率（%）		8.88	9.61	7.60	9.32
从业人员（人）		522	828	721	688
所属业务机构	营销机构	1个营销中心	1个营销中心	1个营销中心	1个营销中心
	物流配送机构	1个物流配送中心	1个物流配送中心、6个物流中转站/对接点	1个物流配送中心、2个物流中转站/对接点	1个物流配送中心、3个物流中转站/对接点
	专卖稽查机构	1个稽查支队、5个稽查大队	1个稽查支队、9个稽查大队	1个稽查支队、7个稽查大队	1个稽查支队、7个稽查大队
	烟叶机构	—	—	—	—
烟农户数（户）		—	—	—	—
实现烟农总收入（万元）		—	—	—	—
零售户数（户）		19077	38678	24370	27390
零售户销售毛利率（%）		15.75	15.19	15.95	16.31

地市级局（公司）名称		盐城市烟草专卖局（公司）	淮安市烟草专卖局（公司）	宿迁市烟草专卖局（公司）	徐州市烟草专卖局（公司）	连云港市烟草专卖局（公司）
主要负责人/法定代表人（含党政领导）		赵宏贵	李建强（—2021年11月）吴洁宝（2021年11月—）	徐　春	庄卫民	马海锋
所属县级单位		响水县、滨海县、阜宁县、射阳县、建湖县、大丰区、东台市等7个县级烟草专卖局（分公司）	淮安区、淮阴区、涟水县、洪泽区、金湖县、盱眙县等6个县级烟草专卖局（分公司）	沭阳县、泗阳县、泗洪县、宿豫区等4个县级烟草专卖局（分公司）	丰县、沛县、铜山区、睢宁县、邳州市、新沂市、贾汪区等7个县级烟草专卖局（分公司）	东海县、赣榆区、灌云县、灌南县等4个县级烟草专卖局（分公司）
总资产（万元）		432797	221375	160381	374435	180041
资产负债率（%）		10.83	7.74	7.61	7.96	9.85
从业人员（人）		933	623	529	1087	574
所属业务机构	营销机构	1个营销中心	1个营销中心	1个营销中心	1个营销中心	1个营销中心
	物流配送机构	1个物流配送中心、2个物流中转站/对接点	1个物流配送中心、2个物流中转站/对接点	1个物流配送中心、3个物流中转站/对接点	1个物流配送中心、3个物流中转站/对接点	1个物流配送中心、2个物流中转站/对接点
	专卖稽查机构	1个稽查支队、8个稽查大队	1个稽查支队、7个稽查大队	1个稽查支队、7个稽查大队	1个稽查支队、13个稽查大队	1个稽查支队、7个稽查大队
	烟叶机构	—	—	—	—	—
烟农户数（户）		—	—	—	—	—
实现烟农总收入（万元）		—	—	—	—	—
零售户数（户）		39218	25382	23640	52125	27963
零售户销售毛利率（%）		16.26	15.66	14.71	14.52	14.47

注：1.2021年1月，国家局、总公司印发《关于调整南通市烟草专卖局（公司）所属部分机构的批复》（国烟人〔2021〕31号），同意撤销江苏省海门市烟草专卖局，设立南通市海门区烟草专卖局，与南通市烟草公司海门分公司合署办公。

◇ 撰稿：崔云辉　张雅慧；编辑：吴中奇　王　静

浙江省烟草专卖局（公司）

【专卖管理】　**案件查处**。2021年，浙江省烟草专卖局查处各类涉烟违法案件2.95万起，比上年增长11.26%。查获非法卷烟17.3万件，比上年增长92.81%，其中假冒卷烟7.61万件，增长86.89%；走私烟5.1万件，增长435.59%；国产非法流通真烟4.58万件，增长16.17%。破获符合公安部、国家局标准的网络案件85起，其中部级督办案件11起。全省破获海上走私卷烟案件41起，查获假私烟9.51万件，公安、司法机关采取刑事强制措施290人。浙江宁波、福建厦门两地联合破获“4·27”特大海上走私卷烟案件，案值超过9.7亿元，是全国最大规模的海上涉烟违法案件。

全面落实华东片区烟草打假打私协作机制，联合赣闽两省破获“8·23”特大运输假私烟案；全年查处专车运输假烟案件287起，比上年增长54.3%，查获非法卷烟3.56万件，增长156.12%；查处物流寄递案件8624起，查获违法卷烟5568件。联合浙江省公安厅通报表扬卷烟打假打私工作成绩突出单位和个人，对接浙江省反走私办，将海上涉烟走私打击纳入全省反走私治理体系，与省公安厅联合共建情报指挥中心。

市场监管。推进“双随机+重点监管+日常走访”立

2021 年 4 月 27 日，浙江宁波市局联合多个执法部门破获“4·27”特大海上走私卷烟案，案值超过 9.7 亿元。图为 5 月 5 日，烟草、海关、公安、海警共同清点查获的走私烟现场

浙江宁波镇海区局　陈　滨　摄

体监管模式，执行双随机检查 6.86 万户次，重点监管检查 7.1 万户次，日常走访 48.05 万户次。实行省、市两级重点籍零售户分级分类监管，加大重点零售户监管力度，全年查处违法嫌疑重点籍 5118 起，注销 2518 户。扎实推进电子烟监管，坚持“净网”“溯源”工作目标，累计处理下架各类违规网站、链接 535 条，叫停“清洁生产工艺合成烟碱项目”落地衢州。推进“守护成长”行动，全年清理学校周边卷烟、电子烟经营户 397 户，清理无证零售户 303 户，查处向未成年人售烟案件 16 起，罚款总额位居全国前列。初步建成 12313 烟草市场监管服务热线浙江省分中心，统一受理全省投诉咨询，实现与国家局 12313 平台和地方政府 12345 热线对接，完成国家局试点任务。

行政许可改革。持续深化“最多跑一次”改革，实现许可证申请端申请零距离、内容零填报和材料零提交“三个零”服务，网上办证率达到 99.78%。开展许可证合理布局规定修订工作，并于 2021 年 6 月 1 日起全面落地执行，严把市场准入关口。开展卷烟零售许可证专项治理行动，规范清理“空壳证”“口袋证”等异常许可证，全省全年共收回、注销许可证 1.68 万个。10 月起，连续实现许可证总量的月度下降，许可证快速增长势头得到明显缓解。落实行业“好差评”系统上线运行工作，确保实现行政许可事项、评价对象、服务渠道“三个全覆盖”。

【卷烟经营】　**卷烟销售**。2021 年，浙江省卷烟批发销量平稳增长，销量居全国第六位。本地区卷烟销量居前三位的品牌为“利群”“中华”“红双喜”。

2021 年 4 月 6 日，浙江绍兴市局（公司）启动“刷脸”支付机安装推广工作，客户经理带着首批“刷脸”机上门为零售户安装，指导零售户掌握“刷脸”技巧

浙江绍兴市局　张　钗　摄

品牌培育。全年重点品牌销量比上年增长3.77%，销量占比92.89%。培育行业共育品牌，销量比上年增长8.49%，销量占比34.6%。定制品牌保持快速稳健发展，创新品类高端发力，细中短支卷烟销量持续增长。

终端建设。建成“香溢加盟店”4500户、现代零售终端7.83万户、配备双屏机6.26万台，支付宝及聚合支付扫码笔数达到3.33亿笔。“香溢购”平台全面覆盖，“香溢通”客户占比30%，“香溢坊”覆盖面超过90%，各项指标超额完成年度目标，终端数字化转型纵深推进。

物流建设。深化拓展智慧物流建设，启动行业智慧物流试点，制定“1246”工作方案。完成两次系统迭代改进，在“香溢坊”增加送货满意度评价功能，数字签收率超过99%，监测覆盖面超过92%。围绕高效配置，在智能调度、非烟配送、绿色物流、运力调配、应急管理等领域形成数字化应用场景矩阵。资源整合有序实施，全年精减从业人员22人，优化送货线路9条，减少送货车辆10辆。嘉兴、台州市公司完成异型烟技改项目，分拣产能提升121.6%。开展全省工业库存前置仓可行性研究，制定工商一体供应链优化方案，杭州、宁波前置仓建设请示通过国家局审批。全年人均配送效率1176.67箱，比上年增长2.83%，单箱物流费用279.86元，物流费用率0.63%，行业物流分层分类对标成绩保持前列。开展湖州非烟物流试点和衢州消费者物流试点。全年开展应急配送8275户次，服务体验持续改善。发起四员协同信息3.96万条，提供异常经营客户线索1.08万条，物流数字监管得到充分发挥。

【雪茄烟经营】 雪茄烟培育坚持以国产、高端、手工为方向，通过雪茄烟特色终端建设，加强雪茄烟文化宣传，培育雪茄烟消费群体，雪茄烟市场初具雏形。2021年，全省手工雪茄烟销量比上年增长176.98%，机制雪茄烟销量增长58.53%。

【技术创新】 深化完善“1253”基础架构，加快向数字化转型更高阶段跨越。推进专有云平台拓展完善，建成行业“第一朵”技术较为完备的信创云，为信创云建设应用提供示范。开展经管、专卖、综管、移动平台迭代升级，非烟运营、综合监管、财务共享、智慧人事等系统拓展重构，数字技术在更大范围、更多领域实现创新应用。实现行业智慧物流试点落地，推进运营全局管控、作业全程可视、资源高效配置。进一步引入政府、企业等外部数据，完善数据平台功能，推进数据资产统一管理，汇聚各类数据288TB，开发数据产品75个，打造数据看板161个，全面推进数字创新赋能。

【企业管理】 坚持以提升企业核心竞争力目标为引领，持续深化精益管理在浙江烟草的本土化实践，推进目标管理、体系建设、对标管理、绩效考核、创新管理等与中心工作深度融合，提升企业治理体系和治理能力现代化水平。聚焦企业管理数字化转型，突出数据赋能、资源整合、改革创新，通过迭代升级综管平台功能、丰富数据应用场景，加快高频多跨事项的流程再造、业务协同、数据共享，推进管理事项“网上办”“掌上办”“协同办”“智能办”。

【特事辑要】 2021年1月21—22日，2021年浙江省烟草专卖商业工作会议在杭州市召开。

4月7日，国家局党组第二巡视组巡视浙江省局（公司）党组工作动员会召开。

4月20—22日，国家局党组成员、副局长韩占武在浙江烟草调研。

6月1日，浙江省局（公司）举办全省烟草商业系统“永远跟党走——‘精实·先锋’心向党”云上红歌会。

6月30日，浙江烟草商业系统庆祝中国共产党成立100周年暨表彰大会在杭州市举行。

7月19日，浙江省副省长卢山在浙江烟草考察。

12月2日，浙江省局（公司）与4家国有流通企业座谈交流，开展终端生态合作。

2021 年浙江省烟草专卖商业主要情况统计

地市级局（公司）名称		杭州市烟草专卖局（公司）	宁波市烟草专卖局（公司）	温州市烟草专卖局（公司）	嘉兴市烟草专卖局（公司）	湖州市烟草专卖局（公司）	绍兴市烟草专卖局（公司）
主要负责人/法定代表人（含党政领导）		陈兴煜	蒋仲泉	朱建辉（—2021 年 4 月）柯先月（2021 年 4 月—）	陶文宇	龚一正	沈伏恒
所属县级单位		萧山区、余杭区、富阳区、临安区、桐庐县、建德市、淳安县等 7 个县级烟草专卖局（分公司）	鄞州区、北仑区、余姚市、慈溪市、奉化区、宁海县、象山县、镇海区等 8 个县级烟草专卖局（分公司）	苍南县、乐清市、平阳县、泰顺县、文成县、永嘉县、洞头区、瑞安市、龙港市等 9 个县级烟草专卖局（分公司）	嘉善县、平湖市、海宁市、海盐县、桐乡市等 5 个县级烟草专卖局（分公司）	长兴县、安吉县、德清县等 3 个县级烟草专卖局（分公司）	诸暨市、上虞区、嵊州市、新昌县等 4 个县级烟草专卖局（分公司）
总资产（万元）		1025263	888651	731646	487690	306742	461897
资产负债率（%）		10.15	15.12	13.09	19.30	14.62	15.35
从业人员（人）		1175	1285	1377	813	666	830
所属业务机构	营销机构	1 个营销中心、7 个区县营销部	1 个营销中心、8 个区县营销部	1 个营销中心、9 个区县营销部	1 个营销中心、5 个区县营销部	1 个营销中心、3 个区县营销部	1 个营销中心、4 个区县营销部
	物流配送机构	1 个配送中心、5 个中转站（对接点）	1 个配送中心、4 个中转站（对接点）	1 个配送中心、4 个中转站（对接点）	1 个配送中心	1 个配送中心、1 个中转站（对接点）	1 个配送中心、2 个中转站（对接点）
	专卖稽查机构	1 个稽查支队、10 个稽查大队	1 个稽查支队、10 个稽查大队	1 个稽查支队、12 个稽查大队	1 个稽查支队、7 个稽查大队	1 个稽查支队、6 个稽查大队	1 个稽查支队、6 个稽查大队
	烟叶机构	—	—	—	1 个烟叶收购站	—	2 个烟叶科、7 个烟叶收购站
烟农户数（户）		—	—	—	358	—	388
实现烟农总收入（万元）		—	—	—	117.41	—	263
零售户数（户）		43135	46700	50730	27306	21971	31867
零售户销售毛利率（%）		15.4	14.82	14.18	12.84	13.65	15.47

地市级局（公司）名称	金华市烟草专卖局（公司）	衢州市烟草专卖局（公司）	丽水市烟草专卖局（公司）	台州市烟草专卖局（公司）	舟山市烟草专卖局（公司）
主要负责人/法定代表人（含党政领导）	方录生（—2021 年 6 月）陈兴明（2021 年 7 月—）	周　博（—2021 年 7 月）杨军峰（2021 年 7 月—）	柯先月（—2021 年 4 月）徐永祥（2021 年 5 月—）	林勇刚	徐永祥（—2021 年 5 月）冉治平（2021 年 5 月—）
所属县级单位	义乌市、东阳市、永康市、兰溪市、浦江县、武义县、磐安县等 7 个县级烟草专卖局（分公司）	江山市、龙游县、常山县、开化县等 4 个县级烟草专卖局（分公司）	遂昌县、缙云县、松阳县、龙泉市、青田县、云和县、庆元县、景宁畲族自治县等 8 个县级烟草专卖局（分公司）	玉环市、温岭市、黄岩区、临海市、天台县、仙居县、三门县等 7 个县级烟草专卖局（分公司）	普陀区、岱山县、嵊泗县等 3 个县级烟草专卖局（分公司）

续表

地市级局（公司）名称		金华市烟草专卖局（公司）	衢州市烟草专卖局（公司）	丽水市烟草专卖局（公司）	台州市烟草专卖局（公司）	舟山市烟草专卖局（公司）
总资产（万元）		490499	172274	140293	589985	122506
资产负债率（%）		18.99	11.30	19.77	18.30	15.88
从业人员（人）		1027	531	679	968	336
所属业务机构	营销机构	1个营销中心、7个区县营销部	1个营销中心、4个区县营销部	1个营销中心、8个区县营销部	1个营销中心、7个区县营销部	1个营销中心、3个区县营销部
	物流配送机构	1个配送中心、3个中转站（对接点）	1个配送中心	1个配送中心、6个中转站（对接点）	1个配送中心、5个中转站（对接点）	1个配送中心
	专卖稽查机构	1个稽查支队、10个稽查大队	1个稽查支队、6个稽查大队	1个稽查支队、10个稽查大队	1个稽查支队、10个稽查大队	1个稽查支队、5个稽查大队
	烟叶机构	—	—	1个烟叶科（与业务科合署办公）、1个烟叶收购站	—	—
烟农户数（户）		—	—	—	—	—
实现烟农总收入（万元）		—	—	—	—	—
零售户数（户）		36107	16880	17005	43335	7760
零售户销售毛利率（%）		15.37	13.63	14.34	13.66	14.85

◇ 撰稿：游平议；编辑：吴中奇　王　静

安徽省烟草专卖局（公司）

【专卖管理】　**案件查处**。2021年，安徽省烟草专卖局打假打私取得“一个首例、两个翻番”成绩。铜陵市“10·23”案件被国家局评定为烟草打假打私特大案件，是安徽省首例特大案件，共查获假烟、走私烟1740余件，货值金额1568万元，涉案金额1796万元，是安徽省近年来一次性查获假烟实物数量之最。查扣运输假烟车辆5台，涉及运输（含海上和公路运输）、仓储、销售等3个环节，抓获涉烟违法分子25人。宿州市“12·15”案件与合肥市局联合侦办，抓获涉烟违法分子29人，查获假冒伪劣卷烟200余件，涉案金额3000余万元。破获近年来规模最大的走私雪茄烟案件，抓获犯罪嫌疑人14人，查扣走私雪茄烟3.04万支、烟斗丝158盒，实物案值500余万元，涉案金额5000余万元。

全年有25起案件被国家局列为重大案件，案件数量比2020年翻番；9起案件被公安部、国家局列为挂牌督办案件，案件数量比2020年翻番；全省办结符合国家局标准网络案件58起。全年查获各类非法卷烟2.15万件，查处案值5万元以上大要案件857起。公安、司法机关依法拘留262人，逮捕169人，判刑205人。

巩固完善“安徽模式”。2021年，安徽省局向安徽省委政法委呈报《升级政法烟草联合打假“安徽模式”　推进治理体系和治理能力现代化》的报告，系统总结“党委领导、两法衔接、数据驱动、综合治理”的“安徽模式”。安徽省委政法委、安徽省烟草专卖局联合印发《关于深化全省政法烟草联席会议机制建设实施意见》，巩固完善“安徽模式”并作出部署。

联合打假机制。运行公安烟草联合打假机制，安徽省公安厅与安徽省烟草专卖局联合印发打击涉烟违法犯罪活动工作方案，确定年度工作重点，对14起涉烟案件挂牌督办，现场指导铜陵“10·23”案件、宣城“9·14”案件有关工作。

与安徽省邮政管理局联合召开寄递环节打假工作电视电话会议，印发工作方案，深入推进烟草邮政联合执法工

2021 年 1 月，安徽亳州利辛县局（营销部）客户经理在零售户店内进行卷烟库存清点登记

安徽亳州市局　闫晓君　摄

作。全省各市邮政管理、烟草专卖管理部门在主要寄递企业设立联合执法办公室，实现常态化驻点监管。

涉烟案件情报分析指挥体系。2021 年，安徽省局推进警烟情报研判室建设，推进“1 + 16”公安烟草情报研判体系建设，组织开展省级中心建设调研，夯实“1”的建设基础；各市公安、烟草部门联合建设警烟情报研判室，2021 年建成 9 家市级研判室，实现“16”的全履责。建设邮政烟草寄递环节情报研判室，安徽省烟草专卖局会同安徽省邮政管理局，建设全省“1 + 3 + 13”寄递环节涉烟情报研判体系，建成运行省级寄递环节涉烟案件情报研判指挥中心，省邮政管理局派员驻点工作，实现“1”的有效运行，全省各级邮政、烟草部门建立 157 个联合执法办公室。成立合肥寄递物流监管区域分中心，实现寄递区域联合打假。

【卷烟经营】 **市场调控**。组织完成信息采集点市场扩容，通过“选指标、设权重、定阈值”等步骤，构建“4 + X”指标体系，建立市场总体状态和品规状态两层评价模型，将市场状态划分为“俏紧平松软”5 种状态，实现市场状态从定性到定量研判。

品牌管理。调整品规评价指标体系，优化品规引退流程，精简在销品规数量，保持工业销量稳定，加大力度培育重点品牌，全年累计退出品规 147 个，控制指标达到 320 个，全省品牌布局进一步优化。

客户服务。创建并依托“徽映”社区，开设小微课堂 10 个系列 67 个课程，问卷调查 3 次，线上考试 2 次。探索“徽映”智慧门店建设，在合肥、芜湖、亳州试点打造具有安徽特色的直营智慧门店。推广零售终端经营管理系统，累计使用零售户 1.06 万户，解决零售终端经营管理系统问题 67 项，加快推动传统零售终端加速向数字门店转变。

销售管理。推动销售网建成果信息化，省级营销平台升级功能全省落地运行，形成全省一套制度、一个信息系统的有效管理。学习行业销售“8 + 8”先进经验，初步形成省级营销子系统建设需求，谋划销售条线新一轮的数字化转型。建立品牌管理委员会季度会议机制，审核新品引入，把控新品卷烟质量。编修销售条线系统性风险防控清单，开展风险点日常监督检查，实现风险点可查、可控。

【雪茄烟经营】 **雪茄烟销售**。2021 年，安徽省在销国产传统雪茄烟规格 70 个，其中中高端雪茄烟规格 49 个。销售传统雪茄烟比上年增长 131.48%，销售额比上年增长 168.06%。

雪茄烟创新工作。组织开展雪茄烟终端建设调研、雪茄烟终端 LOGO 征集大赛和“我最喜爱的雪茄烟 LOGO”网络评选，制定符合安徽实际的雪茄烟终端建设标准、建设体系和雪茄烟分档管理办法。

【烟叶生产】 **烟叶种植**。2021 年，安徽省烟叶户均种植规模 93.18 亩，收购上等烟比例 66.74%，实现烟叶税利

2.47 亿元。

供给质量。聚焦烟叶营养、水分管理、成熟采收、烘烤工艺、分级储存等关键生产环节技术落实，推动烟叶生产水平提升，烟叶收购等级合格率达到81.87%。复烤加工质量稳中有升，在全国烟草行业首创打叶复烤质量信息链，围绕信息链形成工艺质量管理模式，质量管理数智化应用落地，成果案例入选2021 年苏浙皖赣沪先进质量管理案例50 佳，主要质量指标和设备运行指标均达到行业领先水平。

转型升级。聚焦“市场化、特色化、现代化”烟叶融合发展战略落地，持续开展烟叶生产方式转型升级项目研究，新品种引进、复混肥使用等关键技术在生产中转化推广，完成建设高标准烟田 5048 亩，40 万亩基本稻烟田保护纳入安徽省“十四五”农业农村规划。华环国际烟草有限公司工商示范线项目通过国家局科技司评审鉴定，鉴定报告指出项目整体研究达到国际领先水平。“中华”“黄山”原料示范性区域加工中心正式挂牌，与江苏中烟签约烟叶加工联合试验室。

【技术创新】 2021 年，安徽省局（公司）成立全省烟草商业系统科技创新工作领导小组，陆续出台“十四五”科技创新工作规划、《关于全面加强新时代全省系统科技创新工作的指导意见》、创新指数指标体系，优化完善创新管理机制。印发《关于直属单位专业技术职务、职业技能岗位聘任工作中创新工作业绩评价的指导意见》，推进专业技术职务、职业技能岗位聘任与创新工作挂钩。开展全省系统青年托举人才选育工作，创新人才培养使用机制逐步健全，凝聚员工创新向心力，不断增强企业内生发展动力。

全年安徽省烟草商业系统获得2021 年全国优秀质量管理小组、全国质量信得过班组各1 个，获得安徽省工人先锋号1 个。召开全省烟草商业系统创新成果、创新争先奖评选会，评选出10 项创新成果和2 位创新争先人物。10 人入选全省烟草商业系统青年托举人才库。成果驱动发展效果显现，华环国际烟草有限公司“多产地烟叶区域加工中心的‘跨产区、集约化’打叶复烤特色工艺研究与应用”通过国家局鉴定，成果水平国际领先。全年全省烟草商业系统共获得科技成果85 项，发明专利授权2 件，实用新型专利授权57 件。

【特事辑要】 2021 年 10 月 12—15 日，国家局党组成员、副局长徐𬍡在安徽烟草调研。

6 月 1 日，安徽省副省长何树山在宣城市调研烟叶工作。

2021 年安徽省烟草专卖商业主要情况统计

地市级局（公司）名称	合肥市烟草专卖局（公司）	淮北市烟草专卖局（公司）	亳州市烟草专卖局（公司）	宿州市烟草专卖局（公司）
主要负责人/法定代表人（含党政领导）	梁跃华（—2021 年6 月） 耿利永（2021 年6 月—）	张　浩	金大林	吴修军
所属县级单位	肥东县、肥西县、长丰县、庐江县、巢湖市、包河区、瑶海区、蜀山区、庐阳区等9 个县级烟草专卖局（营销部）	濉溪县局（营销部），1 个直属分局（营销部）	涡阳县、利辛县、蒙城县等3 个县级烟草专卖局（营销部），1 个直属分局（营销部）	灵璧县、泗县、砀山县、萧县等4 个县级烟草专卖局（营销部），1 个直属分局（营销部）
总资产（万元）	614205	89923	99736	172852
资产负债率（%）	21.95	14.97	22.28	20.44
从业人员（人）	1176	280	700	769

续表

地市级局（公司）名称		合肥市烟草专卖局（公司）	淮北市烟草专卖局（公司）	亳州市烟草专卖局（公司）	宿州市烟草专卖局（公司）
所属业务机构	营销机构	1个营销中心	1个营销中心	1个营销中心	1个营销中心
	物流配送机构	1个物流中心、2个物流中转站	1个物流中心	1个物流中心、3个物流中转站	1个物流中心、3个物流中转站
	专卖稽查机构	1个稽查支队、9个稽查大队	1个稽查支队、2个稽查大队	1个稽查支队、4个稽查大队	1个稽查支队、5个稽查大队
	烟叶机构	—	—	—	—
烟农户数（户）		—	—	—	—
实现烟农总收入（万元）		—	—	—	—
零售户数（户）		35265	8927	20303	25727
零售户销售毛利率（%）		11.85	14.40	13.10	13.50

地市级局（公司）名称		蚌埠市烟草专卖局（公司）	阜阳市烟草专卖局（公司）	淮南市烟草专卖局（公司）	滁州市烟草专卖局（公司）
主要负责人/法定代表人（含党政领导）		江　南	胡志刚	王天山（—2021年6月） 柯行流（2021年6月—）	孙志强
所属县级单位		怀远县、固镇县、五河县等3个县级烟草专卖局（营销部），1个直属分局（营销部）	临泉县、阜南县、太和县、颍上县、界首市等5个县级烟草专卖局（营销部），1个直属分局（营销部）	寿县、凤台县2个县级烟草专卖局（营销部），田家庵大通区（山南新区）、谢家集八公山区、潘集区等3个直属分局（营销部），毛集区1个直属分局	来安县、全椒县、天长市、定远县、凤阳县、明光市等6个县级烟草专卖局（营销部），1个直属分局（营销部）
总资产（万元）		129630	258312	186439	183923
资产负债率（%）		17.76	17.70	16.13	17.74
从业人员（人）		461	869	483	641
所属业务机构	营销机构	1个营销中心	1个营销中心	1个营销中心	1个营销中心
	物流配送机构	1个物流中心	1个物流中心、3个物流中转站	1个物流中心、2个物流中转站	1个物流中心、4个物流中转站
	专卖稽查机构	1个稽查支队、4个稽查大队	1个稽查支队、6个稽查大队	1个稽查支队、5个稽查大队	1个稽查支队、7个稽查大队
	烟叶机构	—	—	—	—
烟农户数（户）		—	—	—	—
实现烟农总收入（万元）		—	—	—	—
零售户数（户）		15852	29060	13592	18058
零售户销售毛利率（%）		14.00	13.60	13.93	13.40

地市级局（公司）名称	六安市烟草专卖局（公司）	马鞍山市烟草专卖局（公司）	芜湖市烟草专卖局（公司）	宣城市烟草专卖局（公司）
主要负责人/法定代表人（含党政领导）	岳　文	施书林	胡家木（—2021年6月） 张　骥（2021年6月—）	耿利永（—2021年5月） 王　健（2021年6月—）

续表

地市级局（公司）名称		六安市烟草专卖局（公司）	马鞍山市烟草专卖局（公司）	芜湖市烟草专卖局（公司）	宣城市烟草专卖局（公司）
所属县级单位		霍邱县、舒城县、金寨县、霍山县、叶集区等5个县级烟草专卖局（营销部），1个直属分局（营销部）	含山县、和县、当涂县等3个县级烟草专卖局（营销部），1个直属分局（营销部）	无为市、湾沚区、南陵县、繁昌区等4个县级烟草专卖局（营销部），1个直属分局，1个江北分局	宣州区、郎溪县、广德市、宁国市、泾县、绩溪县、旌德县等7个县级烟草专卖局（营销部）
总资产（万元）		223823	176728	248761	193467
资产负债率（%）		18.59	17.87	16.78	20.38
从业人员（人）		636	403	534	498
所属业务机构	营销机构	1个营销中心	1个营销中心	1个营销中心	1个营销中心
	物流配送机构	1个物流中心、4个物流中转站	1个物流中心	1个物流中心、1个物流中转站	1个物流中心
	专卖稽查机构	1个稽查支队、6个稽查大队	1个稽查支队、14个稽查大队	1个稽查支队、6个行动组	1个稽查支队、8个行动组
	烟叶机构	—	—	—	—
烟农户数（户）		—	—	—	—
实现烟农总收入（万元）		—	—	—	—
零售户数（户）		23154	11591	14084	14388
零售户销售毛利率（%）		13.40	12.00	12.23	12.50

地市级局（公司）名称		铜陵市烟草专卖局（公司）	池州市烟草专卖局（公司）	安庆市烟草专卖局（公司）	黄山市烟草专卖局（公司）
主要负责人/法定代表人（含党政领导）		王　凯（—2021年7月） 潘银来（2021年8月—）	胡守华	方贻斌 （2021年5月—）	刘新华（—2021年6月） 杨辉扬（2021年6月—）
所属县级单位		枞阳县烟草专卖局（营销部）、铜官区烟草专卖局和义安区烟草专卖局	东至县、石台县、青阳县、贵池区等4个县级烟草专卖局（营销部）	宜城、桐城市、怀宁县、潜山市、岳西县、太湖县、望江县、宿松县等8个县级烟草专卖局（营销部）	歙县、休宁县、祁门县、黟县、黄山区等5个县级烟草专卖局（营销部），屯溪区、徽州区2个直属分局（营销部）
总资产（万元）		114935	105602	238832	113920
资产负债率（%）		18.15	17.67	16.52	10.05
从业人员（人）		242	509	705	333
所属业务机构	营销机构	1个营销中心	1个营销中心	1个营销中心	1个营销中心
	物流配送机构	1个物流中心、1个物流中转站	1个物流中心、1个中转站	1个物流中心、4个物流中转站	1个物流中心
	专卖稽查机构	1个稽查支队、3个稽查大队	1个稽查支队、4个稽查大队	1个稽查支队、8个稽查大队	1个稽查支队、7个稽查大队
	烟叶机构	—	1个烟叶收购站	—	—
烟农户数（户）		—	153	—	—
实现烟农总收入（万元）		—	3323	—	—
零售户数（户）		8144	8690	25144	9633
零售户销售毛利率（%）		13.70	12.90	12.00	14.88

◇ 撰稿：张璐璐；编辑：吴中奇　王　静

福建省烟草专卖局（公司）

【专卖管理】 **卷烟打假打私**。2021年，福建省烟草专卖局持续完善沿海防控打击机制，加强与海警、海关、海防等执法部门的协作，建立“海警海上查、海关关口堵、烟草岸上抓、公安路上追”打击机制，实行“打母船、抓现行、破大案、摧网络”联合作战模式，形成“123”（1个联防联控机制、2个数据管控平台、3道打击防线）工作体系，守好全省6个沿海地市防线。各地切实扛起属地监管责任，漳州市局顺利承接云霄驻点打假任务。全年查获假私烟10.4万件，其中假烟6.3万件、走私烟4.07万件，比上年增长2.5倍；查获大型非法烟机25台，下降72%；查获非法烟叶烟丝474吨，下降31%。

重大案件侦办。推行专案办理“423”工作法，即紧盯“信息流、资金流、人物轨迹、物品轨迹”4个环节，利用“涉烟犯罪情报研判系统”“涉烟犯罪要素管控平台”2个平台进行类案串并和数据穿透，厘清“人物链条、环节链条、证据链条”3个链条，推动大数据等现代化科技手段与打假打私工作的深度融合，侦办一批犯罪链条全、涉案金额高、影响面大的网络案件。全年69起重大案件获得国家局表彰。

专卖内部监管。设立省局内部专卖管理处，突出真烟治异、大户治理、烟叶收购、废弃烟草专卖品处置等重点工作，加强“两烟”生产经营全过程监管。全年查处案值5万元以上真烟大要案672起，查获异常流动真烟1.33万件，取缔违法违规大户233户。

卷烟市场监管。推进电子烟监管，开展保护未成年人免受烟侵害“守护成长”专项行动，劝导2862户持证零售户下架电子烟，查处9起向未成年人销售电子烟案件，包括2起跨省制售“上头电子烟”案件，公安、司法机关依法刑拘19人。持续深化“放管服”改革，12313烟草市场监管服务热线福建分中心揭牌运行，行政许可“好差评”系统全面上线，探索零售户诚信体系和信用监管机制。优化零售户合理布局，完善零售许可退出机制。截至2021年底，全省持证零售户21.2万户，比上年增长2.8%，申请办证平均时间缩短到5个工作日内。

【卷烟经营】 **卷烟品牌培育**。围绕“136、345”品牌发展目标，构建以品牌为核心的资源配置模式，实施行业、省级、地市级三级品牌共育机制，推动形成品牌发展新格局。持续深化供给侧结构性改革，丰富产品选择，强化精准投放，提升供给质量。加强低价位货源供应保障，合理满足市场需求。

营销网络建设。制定《加快新网建“五化”建设，推动市场营销新跨越五年行动计划（2021—2025）》，以打造“一体化、数据化、智能化、平台化、品牌化”为目标，加快市场营销网络提质升级增效。9月20日，在漳州市试点开展生产经营管理一体化营销先行工作。

加大新零售推广力度，全省推广“E福通”1.94万户，占比9.24%。制定关于加强福建烟草流通品牌“海丝新晟”建设的指导意见，全省设立“海丝新晟”门店146家。出台落实乡村振兴战略开展农网市场深耕指导意见，分类施策打造示范终端，拓展农网客户盈利增长点，推动流通品牌专业化运维延伸至农网市场，现代终端客户中农网市场客户占比达到47.5%。

管理创新。持续推进区域物流、供应链物流、智慧物流、精益物流建设，探索新能源汽车在终端配送环节应用，开展烟用地膜和工业到货塑膜回收，创新卷烟包装换膜工艺，全面推广电子签收、电子小票、移动办公。

【雪茄烟经营】 制定《关于加强国产雪茄烟营销工作的指导意见》《国产雪茄烟高质量发展手册（试行）》。与四川中烟、山东中烟等工业企业达成雪茄烟战略合作协议，在中高端产品优先准入、品规覆盖面提高、销售工作机制创新等方面开展深度合作，助力行业打造雪茄烟发展领军品牌。分类打造特色终端，以直营终端为引领，从场景建设、经营品种、形象展示等方面，发挥零售终端品牌培育主阵地作用。对国产雪茄烟分9档实施精准培育，全年引进国产雪茄烟新品7个。销售国产传统雪茄烟1131.29万支，比上年增长51.45%；实现销售额4480.46万元，比上年增长90.37%。

2021 年 5 月 19 日，福建“烟叶成熟采烤年”活动暨“烟叶种采烤分一体化”现场会在三明市召开

福建省局　供稿

【烟叶生产经营】　**烟叶生产与收购**。2021 年，福建省推广“种采烤分”一体化组织模式，制定统一技术规范手册和单元管理规范，全省推广比例达到 62.5%。全省共建立绿色防控示范区 14.26 万亩，辐射区 43.36 万亩。上等烟比例 79.63%，比上年增加 0.93 个百分点；担烟均价 1702 元，比上年增加 101 元；实现烟叶税 6.73 亿元。实现烟农户均收入（含补贴）10.57 万元，首次突破 10 万元，比上年增长 13.17%；烟农多元化产业增收 3.3 亿元，户均增收 1 万元。

烟叶基础设施建设。坚持“以烟促稻、以烟稳粮”工作思路，完成基本烟田电子地图，建立烟田电子信息平台。持续开展烟基建设，投入行业补贴资金 2.06 亿元，建设烟基项目 1.75 万个；加快烤房升级换代，修订密集烤房建设管理办法，统一全省密集烤房建设标准，新建轻钢保温结构烤房 1803 座，技改一体化供热设备 5283 座，推广“云烘烤”设备 8000 套。

水源工程建设。截至 2021 年底，全省累计建设水源工程 40 个，核定烟草援建资金 23.75 亿元，完工项目 39 个，其中 2021 年新增竣工验收项目 5 个、开工建设项目 1 个。竣工项目累计供应灌溉用水 6.9 亿吨、居民饮用水 1.69 亿吨。

烟叶市场拓展。实施“百万翠碧”工程，扩大福建烟叶品牌影响力、市场竞争力。持续推进高可用性上部叶开发，与 10 家工业企业建立 14 个开发试点，开发高可用性上部烟叶 0.52 万吨（10.45 万担），其中，浙江中烟在浦城调拨上部烟叶 0.07 万吨（1.4 万担），全部进入“利群”二类以上配方。

【改革创新】　加强“139”烟叶科研体系建设，落实科研成果转化应用，强化两烟产品品质鉴定服务。雪茄烟叶试种开发初试成功，实现“零的突破”，初步建立适合福建省特点的雪茄烟叶种植技术体系，与四川中烟、山东中烟签订雪茄烟叶五年战略合作协议。

推进数字化转型运作，落实销售云试点和信创工程建设，推动省级云平台投入运行，数据中台与行业数据中台省级基线版同步推进。福建烟草（海晟融创）融合创新中心启动建设。

【多元化经营】　福建烟草海晟投资管理有限公司前身是成立于 1993 年的厦门海晟实业公司，位于福建省厦门市。2007 年改制更名为福建烟草海晟投资管理有限公司，成为中国烟草总公司福建省公司的全资子公司，专门负责福建省烟草商业系统多元化投资管理工作。公司以资本经营、投资管理为主线，投资范围涵盖金融投资、房地产开发、信息技术开发、连锁经营、文化传媒、酒店经营、物业管理等领域。

公司对外投资控（参）股企业 14 个，其中控股企业 11 个，分别是厦门海晟房地产开发有限公司、福州海晟房地产开发有限公司、泉州海晟房地产开发有限公司、福建海晟连锁营销发展有限公司、武夷山海晟国际大酒店管理有限公司、福建省海晟物业管理有限公司、厦门烟草海晟物业服务有限公司、福建省海晟文化传媒有限公司、福建海晟通仙茶业有限公司、厦门翔安兴海晟房地产开发有限公司、福建海晟信息技术有限公司；参股企业 3 个，分别是兴业银行股份有限公司、厦门海晟融创信息技术有限公司、福建华橡自控技术股份有限公司。

2021 年，海晟投资公司及所属投资企业实现经营收入 8.19 亿元，税利 4.74 亿元。截至 2021 年底，公司总资产 130.88 亿元，其中固定资产 1.03 亿元、流动资产 38.77 亿元。本部员工 105 人（不含借用），下属投资企业员工 751 人。

【特事辑要】 2021 年 6 月 22—25 日，国家局党组成员、副局长徐𬀩在福建烟草调研。

7 月 6—9 日，国家局党组成员、副局长韩占武在福建烟草调研。

11 月 19—21 日，国家局党组成员、副局长段铁力在福建烟草调研。

12 月 20 日，12345 福建政务服务便民热线烟草分中心、12313 烟草市场监管服务热线福建分中心揭牌成立。

12 月 23—24 日，国家烟草专卖局党组书记、局长，中国烟草总公司总经理张建民在基层联系点福建龙岩市局（公司）、龙岩烟草工业有限责任公司调研。

2021 年福建省烟草专卖商业主要情况统计

地市级局（公司）名称		福州市烟草专卖局（公司）	厦门市烟草专卖局（公司）	宁德市烟草专卖局（公司）	莆田市烟草专卖局（公司）	泉州市烟草专卖局（公司）
主要负责人/法定代表人（含党政领导）		黄学良（—2021 年 4 月）白万明（2021 年 5 月—）	黄端启	林茂新	江　晟	游文忠
所属县级单位		城北、城南、长乐区、福清市、闽侯县、连江县、平潭县、罗源县、闽清县、永泰县等 10 个县级烟草专卖局（分公司）	思明区、湖里区、集美区、第一分局等 4 个县级烟草专卖局（分公司）	蕉城区、福安市、福鼎市、霞浦县、古田县、屏南县、寿宁县、周宁县、柘荣县等 9 个县级烟草专卖局（分公司）	仙游县、城厢区、涵江区、秀屿区等 4 个县级烟草专卖局（分公司）	安溪县、永春县、惠安县、德化县、晋江市、石狮市、南安市、鲤城区、洛江区、丰泽区、泉港区等 11 个县级烟草专卖局（分公司）
总资产（万元）		444315	340837	174532	192594	596615
资产负债率（%）		11.78	16.47	14.40	10.23	7.91
从业人员（人）		1336	768	734	572	1372
所属业务机构	营销机构	1 个营销中心、10 个卷烟营销办公室	1 个营销中心、4 个客户服务中心	1 个营销中心、9 个卷烟营销办公室	1 个卷烟营销中心、4 个卷烟营销办公室	1 个卷烟营销中心、11 个卷烟营销办公室
	物流配送机构	1 个物流中心、1 个中转站、4 个对接点	1 个物流中心、1 个对接点	1 个物流中心、5 个对接点	1 个物流中心	1 个物流中心、3 个中转站、2 个对接点
	专卖稽查机构	1 个稽查支队、10 个稽查大队	1 个稽查支队、7 个稽查大队	1 个稽查支队、9 个稽查大队	1 个稽查支队、5 个稽查大队	1 个稽查支队、13 个稽查大队
	烟叶机构	—	—	—	—	—
烟农户数（户）		—	—	—	—	—
实现烟农总收入（万元）[2]		—	—	—	—	—
零售户数（户）		33273	23122	16539	14925	46960
零售户销售毛利率（%）		13.96	13.84	12.41	13.25	12.89

地市级局（公司）名称		漳州市烟草专卖局（公司）	龙岩市烟草专卖局（公司）	三明市烟草专卖局（公司）	南平市烟草专卖局（公司）
主要负责人/法定代表人（含党政领导）		罗万达	黄永辉	白万明 （—2021年5月） 薛学钦 （2021年5月—）	张清明
所属县级单位[1]		城区、龙海区、漳浦县、云霄县、东山县、诏安县、南靖县、平和县、华安县、长泰区等10个县级烟草专卖局（分公司）	新罗区、永定区、上杭县、武平县、长汀县、连城县、漳平市等7个县级烟草专卖局（分公司）	三元区、沙县区、永安市、大田县、尤溪县、将乐县、泰宁县、建宁县、宁化县、清流县、明溪县等11个县级烟草专卖局（分公司）	延平区、建阳区、武夷山市、邵武市、建瓯市、光泽县、顺昌县、浦城县、松溪县、政和县等10个县级烟草专卖局（分公司）
总资产（万元）		337192	304516	430273	269354
资产负债率（%）		9.24	11.24	11.23	12.84
从业人员（人）		1032	1896	2036	1962
所属业务机构	营销机构	1个卷烟营销中心、10个卷烟营销办公室	1个卷烟营销中心、7个卷烟营销办公室	1个营销中心、11个卷烟营销办公室	1个营销中心、10个卷烟营销办公室
	物流配送机构	1个物流中心、3个中转站、1个对接点	1个物流中心、2个中转站、2个对接点	1个物流中心、3个中转站、2个对接点	1个物流中心、5个中转站
	专卖稽查机构	1个稽查支队、11个稽查大队	1个稽查支队、7个稽查大队	1个稽查支队、11个稽查大队	1个稽查支队、10个稽查大队
	烟叶机构	—	1个烟叶生产部、1个烟叶购销部、46个烟叶收购站（点）、4个烟叶中心仓库、1个烟科分所（烟叶生产技术中心）、3个试验站	1个烟叶生产部、1个烟叶购销部、1个田间试验场、84个烟草站（点）、1个烟科分所（烟叶生产技术中心）、3个试验站	1个烟叶生产部、1个烟叶购销部、56个烟叶站（点）、1个烟科分所（烟叶生产技术中心）、3个试验站
烟农户数（户）		—	10711	14772	6879
实现烟农总收入（万元）[2]		—	90624	145277	88475
零售户数（户）		34375	15885	12887	14588
零售户销售毛利率（%）		12.29	13.57	14.08	12.92

注：1. 2021年7月，国家局、总公司印发《关于调整福建省烟草专卖局（公司）所属部分机构的批复》（国烟人〔2021〕108号），同意撤销福建省龙海市烟草专卖局，设立漳州市龙海区烟草专卖局。漳州市龙海区烟草专卖局与漳州市烟草公司龙海分公司合署办公，负责辖区内的烟草专卖、卷烟营销工作。同意撤销福建省长泰县烟草专卖局，设立漳州市长泰区烟草专卖局。漳州市长泰区烟草专卖局与漳州市烟草公司长泰分公司合署办公，负责辖区内的烟草专卖、卷烟营销工作。同意撤销三明市城区烟草专卖局，设立三明市三元区烟草专卖局。将三明市烟草公司城区分公司名称变更为三明市烟草公司三元分公司。三明市三元区烟草专卖局与三明市烟草公司三元分公司合署办公，负责辖区内的烟草专卖、卷烟营销工作。同意撤销福建省沙县烟草专卖局，设立三明市沙县区烟草专卖局，三明市沙县区烟草专卖局与三明市烟草公司沙县分公司合署办公，负责辖区内的烟草专卖、卷烟营销工作。

2. 实现烟农总收入含补贴。

◇ 撰稿：傅积恩；编辑：褚　幸

江西省烟草专卖局（公司）

【专卖管理】　**案件查处**。2021年，江西省烟草专卖局持续推进专卖治理体系和治理能力现代化，完善市场综合管控体系。全省查处各类涉烟非法案件1.36万起，其中案值5万元以上大要案件1541起，比上年增长24.27%；查获非法卷烟4.02万件，比上年增长15.76%；公安、司法机关依法拘留341人，逮捕131人，判刑252人。全省破获公安部、国家局督办案件4起，符合国家局标准网络案件36起，省标网络案件23起。

大案要案。南昌海关缉私局联合江西省局、南昌市局对走私雪茄烟违法行为开展联合打击，分赴上海、海南、浙江等地开展集中收网。查获非法雪茄烟4万余支，案值1100余万元，偷逃税款约550万元。公安、司法机关依法抓获犯罪嫌疑人16人，其中刑拘3人、取保候审8人。该案被国家局列为督办案件。

赣州定南县"3·02"制售假冒伪劣卷烟网络案，集非法生产、运输、储存、销售等主要环节为一体，涉及江西、广东、江苏等6个省（自治区、直辖市），涉案人员20余人，查获非法卷烟货值452万余元。公安、司法机关依法刑拘7人，逮捕6人，判刑4人。

九江永修县"4·18"非法经营案，捣毁非法生产烟丝地下窝点2处，查获非法烟丝56.4吨，烟叶27.8吨，打叶机、切丝机、回潮机等加工烟丝设备各1套，涉案金额1000余万元。公安、司法机关依法刑拘13人，逮捕11人，取保候审1人，判刑5人，网上追逃5人。

市场监管。落实"双随机、一公开""三项制度"相关要求，完善APCD工作法分析模型，调整检查频次，提升监管精准度；运用行政许可后续监管等综合手段，强化市场监管力度；探索信用奖励、惩戒相关制度，构建信用管理体系；开展电子烟市场综合整治，联合市场监督管理部门开展保护未成年人免受烟侵害"守护成长"专项行动，查处涉电子烟违法行为，全面摸排全省电子烟生产经营企业信息，把好电子烟市场主体信息审核录入关；加强侵权"茶烟"监管，鹰潭市局联合公安、市场监督管理部门对2处"茶烟"制品生产点进行执法检查，查获非法卷烟机4台、滤嘴接装机4台、卷烟盒包装膜包装机4台、卷烟纸950盘、滤嘴棒327箱，涉案金额1020余万元。公安、司法机关依法刑拘5人，取保候审3人，网上追逃1人。

许可管理。组织全省各单位完成两轮次零售许可证合理化布局修订，化解全省零售户数量增长较快新问题，保持总量在合理区间运行；推进"互联网+政务服务"，完善审批流程和制度，全省实现许可申请纸质材料"零提交"、身份认证"零误差"、全程办理"零跑腿"，烟草行政许可"好差评"实现线上线下全覆盖。

【卷烟经营】 **卷烟销售**。2021年，江西省卷烟销量比上年增长0.46%；实现卷烟税利比上年增长2.5%；卷烟单箱销售收入比上年增长4.91%。重点品牌销量比上年增长3.05%，其中"金圣"销量增长5.07%。

零售户综合毛利率逐月提升，12月末达到11.88%，比上年增加1.16个百分点。零售户总体满意度90.58%，比上年增加1.61个百分点，居行业第九位。

品牌培育。修订完善品牌（规格）引入退出管理办法，加快劣势品牌规格退出市场。全年引入品牌规格35个，清理不适用品牌规格295个，退出劣势品牌规格16个，截至2021年底江西省在销品牌规格258个。构建品牌适度竞争新机制，基本形成准入畅通、退出有序、适度竞争、秩序良好的品牌发展格局。推进工商共育品牌，九江市《"赣"出精彩　再燃"国烟"》工商共育品牌案例被评为全国7个最优案例之一。

网络建设。强化流通品牌建设，全年建成加盟终端102户。推进核心现代卷烟零售终端建设，建成现代终端4.87万户，其中农村现代终端1.14万户，比上年增长30.09%。提质扩容卷烟市场信息直接监测网络队伍，信息员从11人增加到28人，样本点从110个增加到209个。加大困难零售户帮扶力度，制定出台《江西烟草帮扶困难卷烟零售户工作方案（试行）》，建立完善全省系统878户困难零售户档案。

【雪茄烟经营】 2021年，销售国产雪茄烟453万支，比上年增长54.81%；实现销售额1725.94万元，比上年增长98.28%。销售四川中烟的雪茄烟231.9万支，比上年增长25.9%，其中"长城"销量228.01万支，增长23.99%。销售安徽中烟的雪茄烟157.72万支，比上年增长93.62%，其中"王冠"销量157.72万支，增长93.62%。销售山东中烟雪茄烟品牌"将军"31.35万支，比上年增长111.16%。

【烟叶生产经营】 **烟叶种植与收购**。2021年，江西省收购烟叶上等烟比例67.83%，中等烟比例30.71%；收购均价29.34元/千克；烟农6365户，烟农售烟总收入6.92亿

2021年1月29日，江西赣州信丰县局（分公司）技术人员实地指导育苗点择机开展剪叶工作

江西省局　供稿

口产业综合体试点以信丰县正平镇潭口村为核心区，形成“烟叶—水稻”“紫薯—烟叶”的轮作模式。抚州广昌县丰收产业综合体试点以烟农专业合作社为主体，以1100亩烟叶和4000亩基本烟田为基础，开展主业、多元产业及莲子去皮、烘烤加工、分拣包装、冷库储藏等二、三产业。抚州乐安县金农产业综合体试点争取政府第一批扶贫项目资金59.9万元，流转土地2020.1亩，种植烟叶1118.1亩、种植高产优质水稻903.1亩、紫薯215亩、食用菌80亩，实现主业和多元经营产业有机融合。

元，户均售烟收入10.87万元；全省实现烟叶农特税1.52亿元。在国家局烟叶收购检查中，江西省烟叶等级合格率81.2%，上等烟纯度91%，中等烟纯度95%。

推广应用“江西烟叶精益管理”小程序，引入GPS精准定位田块、烤房、二维码到包等数据采集手段，搭建烟叶生产过程关键环节质量追溯体系，实现烟叶生产全过程数据监控。全面实行专业化分级散叶收购，推行“221”即“五人两组三工位”分级模式，烟包采用二维码质量追溯，收购质量得到有效管控。

多元产业增收。以种植烟后稻、食用菌等作为江西省多元经营的主要发展方向。全省开展多元产业项目157个，其中产值在500万~1000万元的项目4个，产值1000万~5000万元的项目5个。多元产业总产值1.98亿元，净收入0.89亿元，烟农户均净收入1.39万元。产区优选本地名特优农产品，加快合作社农产品商标注册，2021年赣州市、抚州市各新增多元经营产品商标注册1个。

推动烟区产业综合体建设上水平。持续推进瑞金壬田镇凤岗村烟区、黎川潭溪乡新庄村烟区2个产业综合体建设，赣州信丰潭口、抚州广昌丰收、抚州乐安金农等3个烟叶产业综合体被纳入国家局产业综合体试点。赣州信丰潭

技术推广。推广烟叶生产“三深一高一有机”技术，冬季深翻18.31万亩，小苗深栽17.18万亩，饼肥类有机肥使用17.63万亩，营养土使用17.46万亩。大穴育苗技术推广5.38万亩，培土前移技术14.5万亩。深化“三虫三病”绿色防控技术应用，推广以“三深一高”等农业防治措施为基础，以“一蜂一器二纸三制剂”为核心的绿色防控技术体系，推广无人机植保等高效精准植保机械技术，全省绿色高效专业化植保面积15.34万亩，其中植保无人飞机应用12.05万亩。在抚州市、宜春市、吉安市、赣州市等烟区累计建立烟草绿色防控示范区137个，示范区面积3.76万亩，辐射区面积11.44万亩。

推行以专业烘烤师为管理主体的专业化烘烤模式，加强“同步预热低湿变黄”烘烤工艺培训和落实，培育选拔职业农民烤师1167人。开展“1+N”专业烘烤1.29万吨（25.75万担），采烤一体化0.49万吨（9.81万担）；落实上部烟高可用性原料开发0.1万吨（2.05万担），其中赣州石城县、吉安安福县与江西中烟合作开发0.1万吨（2万担），抚州黎川县与湖北中烟合作开发25吨（500担）。

烟叶生产基础设施建设。江西省投入2021年度烟基补贴资金2500.11万元，用于生物质烤房改造等烟叶生产基础

设施建设，共建设项目3290个，其中新建新能源烤房1456座，修复烤房970座，烟叶烘烤节能减排取得阶段性成效。启动7个标准化烟站建设，提升烟站生产条件。14个水源工程项目投入使用，3个项目完成竣工验收，社会效益、经济效益和生态效益得到发挥。投入援建资金1900万元，完成新农村建设项目21个，烟区生产生活条件有效改善。

【技术创新】 2021年，江西省局（公司）联合湖南省局（公司）等单位申报的“基于智能精准测报的南岭烟区全程绿色防控模式构建与应用”获批总公司立项。江西省局（公司）科技计划项目立项18个；管理计划项目4个项目通过专家鉴定评审，7个项目通过专家验收。获得省局（公司）科学技术进步奖励项目8个，其中一等奖1个、二等奖3个、三等奖4个。一等奖“江西省烟蚜茧蜂防治烟蚜技术研究与推广”采用“边研究、边示范”方式，累计示范推广143万亩，挽回经济损失1.02亿元，新增利润3297.84万元，新增税收1648.92万元，在大农业生产中推广面积89万亩，实现经济效益、社会效益、生态效益有机统一；三等奖“吉安烟叶绿色防控技术集成推广应用”建立绿色防控示范区1.65万亩、辐射区6.41万亩，引进的烟蚜茧蜂防控技术在油菜、桃树、蔬菜等大农业生产中得到推广。

【特事辑要】 2021年2月1日，江西省局（公司）工作电视电话会议在南昌市召开。

6月2—5日，国家局党组成员、副局长韩占武在江西烟草调研。

6月7日，“金叶先锋·担当奉献”烟草行业庆祝建党100周年主题巡回宣讲在江西省局（公司）举行。

2021年江西省烟草专卖商业主要情况统计

地市级局（公司）名称		南昌市烟草专卖局（公司）	九江市烟草专卖局（公司）	上饶市烟草专卖局（公司）	抚州市烟草专卖局（公司）
主要负责人/法定代表人（含党政领导）		揭东轲	王　健	林建伟	肖红武
所属县级单位		南昌县、进贤县、安义县、新建区、东湖区、西湖区、青山湖区、青云谱区等8个县级烟草专卖局（分公司）	九江城区、柴桑区、瑞昌市、武宁县、修水县、湖口县、都昌县、彭泽县、庐山市、庐山、永修县、德安县、共青城市等13个县级烟草专卖局（分公司）	信州区、广信区、广丰区、玉山县、铅山县、横峰县、弋阳县、鄱阳县、余干县、万年县、德兴市、婺源县等12个县级烟草专卖局（分公司）	临川区、东乡区、崇仁县、乐安县、宜黄县、南丰县、南城县、黎川县、金溪县、广昌县、资溪县等11个县级烟草专卖局（分公司）
总资产（万元）		279574	207098	257390	167309
资产负债率（%）		8.87	14.00	17.48	18.64
从业人员（人）		795	672	832	781
所属业务机构	营销机构	1个营销中心、8个区域营销部	1个营销中心、13个区域市场部	1个营销中心、12个营销部	1个营销中心、11个客户服务部
	物流配送机构	1个物流中心、1个物流接驳站	1个物流中心、6个物流中转站	1个物流中心、8个物流中转站	1个物流中心、2个物流中转站
	专卖稽查机构	1个稽查支队、11个稽查大队	1个稽查支队、14个稽查大队	1个稽查支队、12个稽查大队	1个稽查支队、11个稽查大队
	烟叶机构	—	—	—	17个烟叶收购站
烟农户数（户）		—	—	—	1087
实现烟农总收入（万元）		—	—	—	13704
零售户数（户）		19629	20910	27197	13783
零售户销售毛利率（%）		14.38	14.50	13.86	14.63

地市级局（公司）名称		宜春市烟草专卖局（公司）	吉安市烟草专卖局（公司）	赣州市烟草专卖局（公司）	景德镇市烟草专卖局（公司）
主要负责人/法定代表人（含党政领导）		朱辉明	李细洪	刘　辉	肖福元
所属县级单位		袁州区、丰城市、樟树市、高安市、万载县、上高县、宜丰县、奉新县、靖安县、铜鼓县等10个县级烟草专卖局（分公司）	吉州区、青原区、吉安县、吉水县、峡江县、新干县、永丰县、泰和县、遂川县、万安县、安福县、永新县、井冈山市等13个县级烟草专卖局（分公司）	上犹县、崇义县、大余县、信丰县、全南县、定南县、安远县、寻乌县、于都县、兴国县、会昌县、石城县、宁都县、瑞金市、龙南市、章贡区、南康区、赣县区等18个县级烟草专卖局（分公司）	浮梁县、乐平市、城区等3个县级烟草专卖局（分公司）
总资产（万元）		214454	182203	330609	81828
资产负债率（%）		18.75	20.80	17.61	12.06
从业人员（人）		795	847	1416	266
所属业务机构	营销机构	1个营销中心、31个客户服务部	1个营销中心、13个区域市场部	1个营销中心、47个客户服务部	1个营销中心、3个区域市场部
	物流配送机构	1个物流中心、6个物流中转站、2个物流接驳点	1个物流中心、8个物流中转站	1个物流中心、8个物流中转站	1个物流中心、1个物流接驳点
	专卖稽查机构	1个稽查支队、12个稽查大队	1个稽查支队、13个稽查大队	1个稽查支队、18个稽查大队	1个稽查支队、3个稽查大队
	烟叶机构	2个烟叶工作站、1个试验站	12个烟叶收购站（点）	13个中心站、33个烟叶站、2个实验站	—
烟农户数（户）		183	1961	3135	—
实现烟农总收入（万元）		2503	16110	4530	—
零售户数（户）		23606	20023	43100	7480
零售户销售毛利率（%）		14.11	14.33	14.87	14.20

地市级局（公司）名称		萍乡市烟草专卖局（公司）	新余市烟草专卖局（公司）	鹰潭市烟草专卖局（公司）	江西省烟草专卖局铁路分局
主要负责人/法定代表人（含党政领导）		熊体科	余　坚	何福荣	刘在强
所属县级单位		安源区、湘东区、芦溪县、上栗县、莲花县等5个县级烟草专卖局（分公司）	分宜县、渝水区2个县级烟草专卖局（分公司）	贵溪市、月湖区、余江区等3个县级烟草专卖局（分公司）	—
总资产（万元）		86693	57597	52815	—
资产负债率（%）		18.48	13.86	9.71	—
从业人员（人）		329	219	189	13
所属业务机构	营销机构	1个营销中心、5个区域市场部	1个营销中心、9个客户服务部	1个营销中心、6个客户服务部	—
	物流配送机构	1个物流中心	1个物流中心	1个物流中心	—
	专卖稽查机构	1个稽查支队、6个稽查大队	1个稽查支队、3个稽查大队	1个稽查支队、4个稽查大队	1个稽查支队
	烟叶机构	—	—	—	—

续表

地市级局（公司）名称	萍乡市烟草专卖局（公司）	新余市烟草专卖局（公司）	鹰潭市烟草专卖局（公司）	江西省烟草专卖局铁路分局
烟农户数（户）	—	—	—	—
实现烟农总收入（万元）	—	—	—	—
零售户数（户）	8523	5122	4559	—
零售户销售毛利率（%）	14.08	14.57	14.53	—

◇ 撰稿：刘丽蓉；编辑：褚 幸

山东省烟草专卖局（公司）

【专卖管理】 **案件查处**。2021 年，山东省烟草专卖局以营造公平公正法治环境和规范有序市场环境为重点，把新发展理念贯穿专卖管理全过程和各领域。全年查处各类涉烟违法案件 3.88 万起，查获非法卷烟 4.36 万件，总案值 3.87 亿元。其中，查处案值 5 万元以上大要案件 1465 起，查获非法卷烟 2.52 万件，案值 2.4 亿元，比上年分别增长 68%、120.88%、111.18%。公安、司法机关依法拘留 1354 人，逮捕 411 人，判刑 546 人。破获符合国家局、公安部标准的制售假烟走私烟网络案件 78 起，其中 3 起被列为部级督办案件。

大案要案。烟台市“4·20”非法经营走私卷烟案件，是一起典型的境外制假、走私入境、物流运输卷烟的网络案件，涉及山东、广西、广东、黑龙江、云南、辽宁、上海等 7 个省（自治区、直辖市），涉案金额超过 2 亿元，公安、司法机关依法刑拘 17 人，逮捕 6 人，判刑 18 人。

日照市“11·22”生产销售“上头电子烟”案件，是山东省侦办的首起“上头电子烟”案件，涉及山东、河北、浙江、湖北、辽宁、广东、新疆等多个省（自治区、直辖市）。该案捣毁制毒窝点 1 处，缴获非法烟丝、烟油 4.8 千克，涉案金额 600 余万元。

打击海上卷烟走私。建立健全联防联控工作机制，构建“海、河、陆”立体防线。联合有关部门，对主要海运航道、重点海域和海岸沿线实行常态化监控巡查，对重点码头、滩涂实施盯防监控。加强对联运码头的联合检查和日常管控，对仍具备船只停靠功能的废弃码头进行重点布控。加强道路交通联合稽查，强化物流寄递监管。全年查处 6 起海上走私卷烟案件，查获假私烟 1.06 万件，案值 0.95 亿元，查扣船只 2 艘、车辆 11 台。协助江苏省局查获海上走私卷烟 2000 余件。

联合执法协作。山东省公安厅、山东省烟草专卖局对山东省“打网办”领导小组及办公室成员进行调整，制定《警烟联动涉烟案件移交制度》《烟草行政执法与刑事司法工作衔接办法》。山东省“打网办”召开涉烟重大案件调度会 2 次，审核认定国标网络案件 78 起，挂牌督办案件 15 起。加强与山东省邮政管理局协作配合，共同签署《烟草寄递渠道联合监管合作协议》，对全省 60 余个寄递分拨中心开展常态化监管。

电子烟监管。联合山东省市场监督管理局，开展保护未成年人免受烟侵害“守护成长”专项行动。完善电子烟网上监测处理流程，建立动态化管控机制，清理违规广告及链接 47 条，约谈相关企业 38 家。加强线下渠道管控，摸排辖区电子烟实体店，建立专门档案 5900 余户，综合采取法制教育、政策引导、张贴警语、签订承诺书等措施，规范电子烟市场经营秩序。全省累计查处向未成年人销售电子烟案件 117 起，罚款 28.09 万元。

基础管理。通过“绿色通道”为行动不便群众上门办证 489 个，开展烟草普法宣传 2700 余场次，开展真假烟鉴别知识宣传 1300 场次，参与人数 11 万人次；落实“放管服”要求，修订完善卷烟零售点合理布局规定，清理“僵尸证”1.32 万个，零售户数量控制在 3.6‰左右。改进许可证办理流程，网上办理许可证 3988 个，平均受理审批时间 3.8 天。

【卷烟经营】 **卷烟销售**。2021 年，山东省烟草商业系统卷烟单箱销售额比上年增长 6.23%，实现卷烟销售收入比上年增长6.29%。截至2021年底，全省社会库存比上年下降31%。卷烟零售户综合毛利率11.41%，居行业第13位。

品牌培育。建立以品牌为核心、数据为驱动的要素资源配置和品牌管理新模式，实施三级品牌共育体系，完善品规活力测评、工商网配及市场化淘汰机制，建设重点突出、集中度高的品牌发展体系。2021年全省销售重点品牌卷烟比上年增长2.06%；重点品牌集中度89.55%，提高1.31个百分点。在销33个重点品牌，22个比上年增长。鲁产卷烟销量稳定，品类结构进一步优化。2021年鲁产烟销量比上年下降0.43%。

网络建设。启动零售户信用体系建设，规范诚信互助小组自运行行为。加强农网终端建设，开展农村盲点、空白点排查，打造乡村振兴示范店，补齐农村市场工作短板，全年排查农村空白点8万个，打造农村品牌店472户，现代终端1.54万户。

优化客户订货结算方式，协助银行提供小额贷款等金融服务，为32.73万零售户提供实时跨行结算服务。截至2021年底，全省累计网上订货率99.88%；电子结算率99.75%，电子结算成功率99.99%。

市场化取向改革。建立三级品牌共育机制，建立市场化品牌规格退出规则，规范“档位+标签”货源投放方式，明确“档位+标签”的供货规则、供货流程和供货范围，提升客户服务、品牌培育、监督管理的标准化水平。规范信用体系建设，统一全省信用等级划分标准，统一设置零售户信用积分体系，在此基础上构建守法类、守规类、守约类三方面指标，完善信用应用机制。

【雪茄烟经营】 分开管理雪茄烟与卷烟，实行单独分档和投放，结合雪茄烟经营资源，对客户实施公平投放。2021年，全省在销国产雪茄烟6个品牌39个规格，销售传统雪茄烟1618.88万支，比上年增长32.07%；实现销售额5970.97万元，比上年增长78.43%。

【烟叶产销】 **烟叶种植与收购**。2021年，山东省收购上等烟比例69.45%，实现烟叶税2.58亿元。烟农种烟总收入13.5亿元；亩均收入5267元，比上年增加396元；户均收入19.7万元，比上年增加1.7万元。

稳固烟叶发展基础。制定推广村党支部领办合作社、发展新型种植主体、推行托管服务等3个指导意见，建立以村集体土地集中流转为基础，以100亩左右新型主体和30～50亩烟农为重点，以托管服务为支撑的生产发展模式；制定《烟农合作互助小组建设规范》，发展烟农合作互助小组641个，促进小农户生产与现代农业发展有机衔接；推广村党支部领办合作社生产组织模式，整合农村土地、劳动力等生产要素，发展以烟为主的特色产业，实现烟农闲置土地有效利用，培养职业烟农和产业工人队伍，助力乡村振兴。

“中棵烟”培育。坚持“中棵烟”发展方向。建立“一封信、一张图、一标准、一流程”轮作管控机制，全省烟田轮作比例93%。制定全省烟草品种布局三年规划，全省6个主栽品种种植比例93.6%，推广“中烟特香301”等特色品种2万亩；推行全测全配施肥、水造法井窖移栽、全生育期按需供水技术；推行高可用性上部烟叶开发，落实“三熟三保障”关键技术和管理措施，上部上等烟比例比上年增加2.86个百分点；中部上等烟比例增加1个百分点，亩均收益和户均收益同步实现提高。

烟草农业现代化。研发水造井窖打孔机、移栽机，移

2021年4月1日，山东淄博沂源县烟农采收成熟期的下部雪茄烟叶
山东淄博沂源县局　高文伟　摄

栽效率提高 4 ~ 5 倍，初步完成采收机的定型设计，宜机化建设和农机农艺融合探索初见成效；示范山东智慧烟叶平台，创新烟叶智能收购流水线，推动烟叶生产收购方式、管理模式向数字化、智能化转型升级；促进绿色防控落实落地，推广碳晶加热、空气能热泵、生物质燃烧机等新能源烘烤设备 4156 台，提高清洁化烘烤水平，示范推广植物纤维全降解地膜 970 亩，联合青州烟草所开展废弃烟花提取香料成分研究，实现烟花资源化利用；推进产业融合发展，新建设 3 个行业烟区产业综合体试点，引导烟农利用轮作烟田和基础设施开展多元化种植，2021 年全省烟农多元经营实现产值 2.6 亿元，净收入 9729 万元。

【企业管理与创新】 推进流程管理，分业务领域评选“十佳流程”60 项、“精品流程”31 项。深化精益课题研究，立项省级课题 156 项、结题 135 项、奖励 64 项。完成第一批、启动第二批对标共建，应用对标平台改进短板 787 项；与辽宁省局（公司）开展对标共建。强化预算定额标准落地应用，推进业财融合和信息共享，建成全系统财务集成平台，国有资产保值增值率 107%。强化审计监督，开展各类审计 6289 项，提出审计建议 3734 条，工程审计审减 6262 万元。

质量管理小组建设取得新突破，3 个小组被评为国家优秀质量管理小组。立项省公司科技项目 25 项，评选科学技术进步奖 21 项，取得授权专利 274 件。

【特事辑要】 2021 年 7 月 1 日，山东省局（公司）“党建引领高质量发展”展厅正式启用。

7 月 23—24 日，山东省局（公司）系统半年工作座谈会暨高质量发展（第一片区）现场会在潍坊市召开。

10 月 21—23 日，国家局党组成员、副局长韩占武在山东烟草调研。

12 月 2—3 日，山东省局（公司）系统高质量发展（第二片区）现场会在济宁市召开。

2021 年山东省烟草专卖商业主要情况统计

地市级局（公司）名称		济南市烟草专卖局（有限公司）	青岛市烟草专卖局（有限公司）	淄博市烟草专卖局（有限公司）	枣庄市烟草专卖局（有限公司）
主要负责人/法定代表人（含党政领导）		杨忠武	于纪刚	王永利	张建军
所属县级单位		市中区、历下区、天桥区、槐荫区、历城区、章丘区、长清区、平阴县、济阳区、商河县等 10 个县级烟草专卖局（营销部）	市北区、黄岛区、胶州市、平度市等 4 个县级烟草专卖局（分公司），市南区、李沧区、崂山区、城阳区、即墨区、莱西市等 6 个县级烟草专卖局（营销部）	张店区、周村区、临淄区、桓台县、高青县等 5 个县级烟草专卖局（营销部），博山区、淄川区、沂源县等 3 个县级烟草专卖局（分公司）	滕州市、市中区、薛城区、山亭区、峄城区、台儿庄区等 6 个县级烟草专卖局（营销部）
总资产（万元）		346422	440599	125227	122315
资产负债率（%）		28.18	13.25	23.91	26.61
从业人员（人）		1081	982	928	868
所属业务机构	营销机构	1 个卷烟营销处、1 个网建市场处	1 个卷烟销售处、1 个网建市场处	1 个卷烟营销科	1 个卷烟营销科
	物流配送机构	1 个卷烟物流配送中心	1 个卷烟物流配送中心、5 个物流中转站	1 个卷烟物流配送中心	1 个卷烟物流配送中心、1 个物流中转站
	专卖稽查机构	1 个稽查支队、10 个稽查大队	1 个稽查支队、10 个稽查大队	1 个稽查支队、8 个稽查大队	1 个稽查支队、6 个稽查大队
	烟叶机构	—	5 个烟叶收购站、2 个烟叶收购点	3 个烟叶收购站	—
烟农户数（户）		—	89	245	—
实现烟农总收入（万元）		—	3110	2837	—
零售户数（户）		26404	33156	15783	14595
零售户销售毛利率（%）		16.82	15.07	12.75	15.55

地市级局（公司）名称		东营市烟草专卖局（有限公司）	烟台市烟草专卖局（有限公司）	潍坊市烟草专卖局（有限公司）	济宁市烟草专卖局（有限公司）
主要负责人/法定代表人（含党政领导）		鲁建平	邓　伟	巩红卫	邵　健
所属县级单位		东营区、河口区、垦利区、广饶县、利津县等5个县级烟草专卖局（营销部）	芝罘区、莱山区、福山区、牟平区、蓬莱区[1]、龙口市、招远市、莱州市、莱阳市、栖霞市、海阳市等11个县级烟草专卖局（营销部），开发区、驻烟台港2个县级烟草专卖局	诸城市、安丘市、昌乐县、临朐县、高密市、青州市等6个县级烟草专卖局（分公司），奎文区、寒亭区、潍城区、昌邑市、寿光市、坊子区等6个县级烟草专卖局（营销部）	兖州区烟草专卖局（分公司），任城区、曲阜市、泗水县、邹城市、微山县、鱼台县、金乡县、嘉祥县、汶上县、梁山县等10个县级烟草专卖局（营销部）
总资产（万元）		71785	318394	242459	225167
资产负债率（%）		16.58	27.30	33.94	20.49
从业人员（人）		442	1223	2781	1230
所属业务机构	营销机构	1个卷烟营销科	1个卷烟营销科、1个网建市场科	1个卷烟营销科、1个网建市场科	1个卷烟营销科、1个网建市场科
	物流配送机构	1个卷烟物流配送中心	1个卷烟物流配送中心、7个物流中转站	1个卷烟物流配送中心、5个物流中转站	1个卷烟物流配送中心、7个物流中转站
	专卖稽查机构	1个稽查支队、5个稽查大队	1个稽查支队、10个稽查大队	1个稽查支队、12个稽查大队	1个稽查支队、11个稽查大队
	烟叶机构	—	—	31个烟叶收购站、4个烟叶收购点、2个实验站	—
烟农户数（户）		—	—	2027	—
实现烟农总收入（万元）		—	—	49002	—
零售户数（户）		8298	24767	30797	29236
零售户销售毛利率（%）		14.84	14.98	15.36	14.29

地市级局（公司）名称		泰安市烟草专卖局（有限公司）	威海市烟草专卖局（有限公司）	日照市烟草专卖局（有限公司）	莱芜市烟草专卖局（有限公司）
主要负责人/法定代表人（含党政领导）		靳　新	张敬全	王暖春	任　勇
所属县级单位		泰山区、岱岳区、新泰市、肥城市、宁阳县、东平县等6个县级烟草专卖局（营销部）	市区、荣成市、乳山市等3个县级烟草专卖局（营销部）和文登区烟草专卖局（分公司）	东港区、岚山区、莒县、五莲县、经济开发区等5个县级烟草专卖局（分公司）	莱城区、钢城区2个县级烟草专卖局（营销部）
总资产（万元）		111808	119218	94722	36386
资产负债率（%）		22.82	19.74	18.52	44.10
从业人员（人）		669	484	1042	366
所属业务机构	营销机构	1个卷烟营销科	1个卷烟营销科	1个卷烟营销科	1个卷烟营销科
	物流配送机构	1个卷烟物流配送中心、3个物流中转站	1个卷烟物流配送中心、2个物流中转站	1个卷烟物流配送中心、1个物流中转站	1个卷烟物流配送中心
	专卖稽查机构	1个稽查支队、6个稽查大队	1个稽查支队、4个稽查大队	1个稽查支队、5个稽查大队	1个稽查支队、2个稽查大队
	烟叶机构	—	—	18个烟叶收购站、1个实验站	2个烟叶收购站

续表

地市级局（公司）名称	泰安市烟草专卖局（有限公司）	威海市烟草专卖局（有限公司）	日照市烟草专卖局（有限公司）	莱芜市烟草专卖局（有限公司）
烟农户数（户）	—	—	1162	179
实现烟农总收入（万元）	—	—	18511	2332
零售户数（户）	18520	11090	12154	4508
零售户销售毛利率（%）	12.40	14.36	14.83	14.43

地市级局（公司）名称		临沂市烟草专卖局（有限公司）	德州市烟草专卖局（有限公司）	聊城市烟草专卖局（有限公司）	滨州市烟草专卖局（有限公司）	菏泽市烟草专卖局（有限公司）
主要负责人/法定代表人（含党政领导）		刘太良	丛建军	王建民	王林立	杜文东
所属县级单位		兰山区、罗庄区、河东区等3个县级烟草专卖局（营销部），郯城县、兰陵县、莒南县、沂水县、蒙阴县、平邑县、费县、沂南县、临沭县等9个县级烟草专卖局（分公司）	德城区、禹城市、乐陵市、宁津县、齐河县、临邑县、平原县、武城县、夏津县、庆云县等10个县级烟草专卖局（营销部）和陵城区烟草专卖局（分公司）	东昌府区、临清市、冠县、莘县、阳谷县、东阿县、茌平区、高唐县等8个县级烟草专卖局（营销部）	沾化区、邹平市2个县级烟草专卖局（分公司），滨城区、惠民县、阳信县、无棣县、博兴县等5个县级烟草专卖局（营销部）	牡丹区、定陶区、曹县、成武县、单县、巨野县、郓城县、鄄城县、东明县等9个县级烟草专卖局（营销部）
总资产（万元）		285258	111099	86757	75035	181907
资产负债率（%）		23.59	23.18	13.55	13.93	32.02
从业人员（人）		3290	713	655	729	1308
所属业务机构	营销机构	1个卷烟营销科、1个网建市场科	1个卷烟营销科	1个卷烟营销科	1个卷烟营销科	1个卷烟营销科、1个网建市场科
	物流配送机构	1个物流分公司、5个物流中转站	1个卷烟物流配送中心	1个卷烟物流配送中心	1个卷烟物流配送中心、2个物流中转站	1个卷烟物流配送中心、7个物流中转站
	专卖稽查机构	1个稽查支队、12个稽查大队	1个稽查支队、11个稽查大队	1个稽查支队、8个稽查大队	1个稽查支队、7个稽查大队	1个稽查支队、9个稽查大队
	烟叶机构	44个烟叶收购站、1个烟叶收购点、1个实验站	—	—	—	—
烟农户数（户）		3171	—	—	—	—
实现烟农总收入（万元）		59271	—	—	—	—
零售户数（户）		38759	19882	20517	15119	33886
零售户销售毛利率（%）		13.74	14.56	14.22	13.63	13.22

注：1. 2021年5月，国家局、总公司印发《关于调整烟台市烟草专卖局（公司）所属部分机构的批复》（国烟人〔2021〕77号），同意撤销蓬莱市烟草专卖局、山东烟台烟草有限公司蓬莱营销部、长岛县烟草专卖局、山东烟台烟草有限公司长岛营销部，设立烟台市蓬莱区烟草专卖局、山东烟台烟草有限公司蓬莱营销部。烟台市蓬莱区烟草专卖局与山东烟台烟草有限公司蓬莱营销部合署办公，负责辖区内的烟草专卖管理和卷烟营销工作。

◇ 撰稿：蔡世龙　包自超；编辑：褚　幸

河南省烟草专卖局（公司）

【专卖管理】 **卷烟打假打私**。2021年，河南省烟草专卖局持续深化“政府领导、部门联合、多方参与、密切协作”的卷烟打假打私体系建设。成立河南省公安烟草打击涉烟犯罪联合情报研判中心，提升全省打击涉烟违法犯罪工作水平。河南省局与省公安厅联合开展“围歼三号”专项打假行动，深入开展集中清剿包装仓储窝点“百日行动”、元旦春节期间“百日市场整治”集中行动，组织跨区打假收网行动，强化破网追刑力度，评选表彰“全省十大涉烟犯罪典型案件”，卷烟打假态势平稳可控。

全年查处假私卷烟案件1.21万起，查获假私卷烟9263件。侦办符合公安部、国家局标准的网络案件51起，其中部督案件11起、厅督案件42起。捣毁大型烟机窝点21个，收缴大型非法烟机37台，公安、司法机关依法刑拘1069人，逮捕630人，判刑683人。

大案要案。焦作孟州市“1·01”制售假冒卷烟案件，涉及八省五市，查获假冒卷烟43件、非法烟叶烟丝62.44吨，收缴YJ14－22型卷接机1套（2台）、切丝机1台、振动式分筛机1台、回潮机2台、打叶机1台、烘丝机1台，涉案金额超亿元。公安、司法机关依法批准逮捕17人，取保候审9人，网上追逃1人。

南阳“1·02”制售假冒卷烟案件，查获仿YJ14－23型卷接机1套（2台）、炒丝机1台、筛丝机2台、离丝机1台、封口机12台、激光打码机3台、钢印机2台；查获假烟159件、非法烟叶烟丝7.3吨、卷烟纸177盘、滤嘴棒47.7万支，涉案金额2008万元，公安、司法机关依法刑拘13人。

洛阳“4·04”销售加热卷烟案件，涉及境外俄罗斯、日本、韩国，境内10余省市，涉案金额1600余万元，公安、司法机关依法刑拘8人，逮捕8人，判刑6人。

漯河临颍县“10·16”制售假冒卷烟案件，生产运输链条涉及国内外，假冒卷烟销至全国各地，涉案人员超百人、销售下线近千人，涉案金额超亿元。公安、司法机关依法刑拘24人，逮捕10人，判刑1人。

市场监管。构建新型监管机制，统筹开展“双随机、一公开”市场检查、APCD重点监管和诚信等级管理。开展数据专卖建设，建成“豫见云曦”一体化管控平台，实现一线信息自动采集、后台数据高度集成、执法文书现场打印。配备智能执法工具箱880个，实现全省市场监管中队全覆盖。强化重点领域治理，开展“利剑2021——两打两防”专项行动，严厉打击违法倒烟网络，严防真假烟非法流入流出，查获非法真烟1.98万件、案值2.07亿元，取缔违法违规卖烟大户347户。持续开展物流寄递环节涉烟监管，查获违法包裹2.52万个、非法卷烟1844件，案值2869万元。组织开展保护未成年人免受烟侵害“守护成长”专项行动，排查电子烟实体店5565家、劝导下架1756家，查处向未成年人售卖电子烟案件23起。12313烟草市场监管服务热线河南省分中心正式运行。

内部监督。开展卷烟规范经营“三对三查三提”专项行动，优化“34588”联合监管机制，形成真烟异常流动治理“发现问题、反馈问题、解决问题”闭环管理。强化废弃烟草专卖品处置管理工作，完善配套制度和指导意见，全年审批废弃品390批次，监销各类废弃品3.5万余吨，烟机29台套。

行政许可管理。完成全省县级局烟草制品零售点合理布局规划修订工作。推进“互联网＋政务服务”，全面实施许可事项网上申办，烟草专卖零售许可证办结时限缩短至8个工作日以内，部分县市缩短至5个工作日，变更、延续业务当日办结，准运证1日办结。

编印《服务型行政执法典型案例汇编》《服务型行政执法文件资料汇编》，指导全省烟草商业系统服务型行政执法建设。开展服务型行政执法建设，加大服务型行政执法示范点和标兵单位创建力度。

【卷烟经营】 **品牌培育**。围绕“136、345”品牌发展目标，聚焦重点品牌主导规格，强化高端引领，促进中端扩容，保障低价位卷烟供给，重点品牌集中度持续提升，创新品类保持较快增长。2021年，行业重点品牌卷烟销量比上年增长3.27%；细支烟、短支烟、中支烟等创新产品销量比上年增长19.67%。完善品牌进退规则，优化资源配置，引入卷烟新品34个，梳理退出不适销品牌规格34个。

网络建设。2021年，发布河南烟草商业“金叶”流通品牌，印发指导意见、体系规范和建设手册，推广“金叶通”系统，推进农网建设提质升级。建成现代零售终端4.98万户、“金叶”加盟终端1100户，共有诚信互助小组2.22万个。开展农村卷烟市场摸底排查，巩固提升“村村通”工作成果。制定《卷烟市场信息采集管理办法（试

河南郑州市局（公司）卷烟配送中心职工进行柔性分拣调试（2021年）
河南郑州市局　耿　倩　摄

行）》，构建卷烟市场信息采集体系；零售户综合毛利率比上年增加0.07个百分点。

现代物流建设。完成《河南烟草商业现代物流建设规划（2021—2030）》咨询论证，形成规划正本。推广条烟“明暗码”结合物流追溯机制；试行“一增一减一灵活”卷烟柔性配送模式，推广信阳市局（公司）“网格化+柔性+弹性”、开封市局（公司）“5F”［公平（Fair）、实用（Functional）、柔性（Flexible）、全协同（Full synergized）、友好共赢（Friendly）］配送模式，提升服务零售户的水平，提高物流运转的效能和效率。2021年，全省人均配送效率962.55箱，比上年增长2.61%；单车装载量3860.82箱，比上年增长6.03%；卷烟库存周转次数25.73次，比上年增长9.96%；物流从业人员3298人，比上年减少114人。

【雪茄烟经营】　2021年，印发《河南烟草商业“十四五”雪茄营销工作规划》，举办河南烟草商业第二届中式雪茄烟品鉴会。雪茄烟销量保持较快增长，销售国产传统雪茄烟1672.42万支，比上年增长49.39%；销售额5075.84万元，比上年增长97.75%。其中，销售手工雪茄烟74.06万支，销售额2447.37万元；机制雪茄烟1598.36万支，销售额2628.47万元。销售中高端雪茄烟193.89万支，销售额3029.05万元。

【烟叶生产经营】　**烟田规划**。出台《河南省“十四五”基本烟田建设和保护意见》《河南省“十四五”基本烟田建设规划与保护实施意见》。印发《河南省烟叶生产布局优化实施方案（2021—2025年）》，推进“一带两区”集聚化、规模化发展。全省种烟县由41个优化到37个，烟站（点）由239个整合到231个，核心县、重点县产能占比90.5%。

烟叶生产。强化“上六片”烟叶生产技术推广应用，许昌市局（公司）落实“上六片”面积6万亩、平顶山市局（公司）3000亩、漯河市局（公司）2000亩，为“上六片”提质增量奠定基础。开展适宜品种筛选与推广，安排“中川208”“豫烟13号”“Y2001”“云烟105”等4个品种示范面积2.63万亩。建立土壤保育长效机制，运用水肥一体化技术41.5万亩，回收地膜32.9万亩，示范推广大麦、油菜等绿肥掩青11.7万亩，冬翻/深耕65万亩，提升土壤活力。构建黄淮烟区绿色防控技术模式，建立以虫治虫、以菌防病、理化诱控综合示范区10万亩。出台《涉及烟农专业合作社有关烟叶业务管理办法（试行）的通知》，加强涉烟叶业务规范管理，全省烟农专业合作社数量由225个优化整合至72个。

烟叶烘烤模式创新。印发《烟叶采烤一体化规范作业规程》，推广“采烤一体化+智慧烘烤”现代化烘烤模式，该案例编入《中国烟叶公司2021年烟叶生产技术指南》，在全国范围交流推广。在行业率先发布电能烤房建设标准和烘烤技术规程2项企业标准，推广烘烤物联网系统5166套，实时监测烘烤进度，提高烘烤智能化水平。

烟农增收。深化产业融合，申报国家局产业综合体建设试点3个，累计5个。开展产业综合体管理创新课题研究，探索推进“烟叶+红薯”“烟叶+谷子”“烟叶+蔬菜”等“烟叶+”多元产业融合发展模式，拓宽烟农增收路径。洛阳烟叶产业综合体发展模式作为案例编入国家局《产业融合发展式与探索》。2021年，烟农增收项目总产值7.74亿元，净收入4.83亿元；产业融合发展项目总产值6.97亿元，净收入3.41亿元。

烟叶生产基础设施建设。2021年，河南省安排常规烟基建设项目3967件，行业补贴资金8986万元。完成电能烤房建设项目8500个，其中新建电能烤房1500座、改造7000座，行业补贴资金2.64亿元。三门峡灵宝市小秦岭（朱阳镇佛山）烟区水源工程项目通过国家局审批，工程概算总投资1.22亿元，其中行业援建资金1.04亿元。

【科技创新】 提高改革创新能力，召开科技创新和改革创新大会，制定科技创新工作指导意见，探索建立“问题+项目+人才”创新机制，评选学科带头人3人、首席专家8人、创新专家147人，覆盖卷烟、烟叶、专卖、物流、信息和综合六大领域、24个专业方向。

【特事辑要】 2021年4月27日，河南省局（公司）在安阳市召开2021年卷烟营销现场会，正式发布河南烟草商业“金叶”流通品牌。

7月23日，河南省局（公司）向河南省政府捐款1000万元，用于特大暴雨造成的防汛救灾和灾后重建工作。

12月13日，河南省公安烟草打击涉烟犯罪情报研判中心揭牌成立。

12月17日，12313烟草市场监管服务热线河南分中心正式运行。

2021年河南省烟草专卖商业主要情况统计

地市级局（公司）名称		郑州市烟草专卖局（公司）	开封市烟草专卖局（公司）	洛阳市烟草专卖局（公司）	平顶山市烟草专卖局（公司）	安阳市烟草专卖局（公司）
主要负责人/法定代表人（含党政领导）		蒋中民	胡晓洲（—2021年1月） 张　军（2021年1月—）	苏永士	焦文明	王院生（—2021年11月） 陈永军（2021年11月—）
所属县级单位		北城区、南城区、西城区、航空港区及登封市、新密市、巩义市、新郑市、荥阳市、中牟县、上街区等11个县级烟草专卖局（分公司）	兰考县、通许县、杞县、尉氏县、祥符区、城区等6个县级烟草专卖局（分公司）	城区、偃师区、孟津区、新安县、宜阳县、伊川县、汝阳县、嵩县、洛宁县、栾川县等10个县级烟草专卖局（分公司）[1]	郏县、叶县、宝丰县、鲁山县、汝州市、舞钢市、石龙区、市区等8个县级烟草专卖局（分公司）	安阳县、汤阴县、内黄县、滑县、林州市、城区等6个县级烟草专卖局（分公司）
总资产（万元）		441876	122394	205451	113161	163672
资产负债率（%）		8.27	15.21	12.39	28.93	11.82
从业人员（人）		1226	679	1583	1948	563
所属业务机构	营销机构	1个卷烟营销中心	1个卷烟营销中心	1个卷烟营销中心	1个卷烟营销中心	1个卷烟营销中心
	物流配送机构	1个物流配送中心、1个物流配送区域中转站	1个物流配送中心	1个物流配送中心、4个物流配送区域中转站	1个物流配送中心、3个物流配送区域中转站	1个物流配送中心
	专卖稽查机构	1个稽查支队、7个稽查大队	1个稽查支队、6个稽查大队	1个稽查支队、10个稽查大队	1个稽查支队、8个稽查大队	1个稽查支队、6个稽查大队
	烟叶机构	—	—	1个烟叶营销中心，48个烟叶收购站（点）	1个烟叶营销中心、33个烟叶收购站（点）	—
烟农户数（户）		—	—	4823	2257	—
实现烟农总收入（万元）		—	—	50058	35595	—
零售户数（户）		34963	18369	24479	16190	19740
零售户销售毛利率（%）		12.26	12.01	11.73	11.82	11.94

地市级局（公司）名称		鹤壁市烟草专卖局（公司）	新乡市烟草专卖局（公司）	焦作市烟草专卖局（公司）	濮阳市烟草专卖局（公司）	许昌市烟草专卖局（公司）
主要负责人/法定代表人（含党政领导）		乔中兴（—2021年7月） 常树达（2021年11月—）	周孝忠	赵岩峰	张　军（—2021年1月） 魏　伟（2021年1月—）	王宏超（—2021年9月） 郑　杰（2021年11月—）
所属县级单位		城区、浚县、淇县等3个县级烟草专卖局（分公司）	城区、新乡县、原阳县、延津县、封丘县、长垣市、卫辉市、辉县市、获嘉县等9个县级烟草专卖局（分公司）	武陟县、修武县、博爱县、温县、沁阳市、孟州市、城区等7个县级烟草专卖局（分公司）	濮阳县、清丰县、南乐县、范县、台前县、城区等6个县级烟草专卖局（分公司）	襄城县、禹州市、建安区、长葛市、鄢陵县、魏都区等6个县级烟草专卖局（分公司）
总资产（万元）		40007	156080	77086	86986	165462
资产负债率（%）		8.97	12.11	13.94	11.56	32.40
从业人员（人）		205	525	499	484	1347
所属业务机构	营销机构	1个卷烟营销中心	1个卷烟营销中心	1个卷烟营销中心	1个卷烟营销中心	1个卷烟营销中心
	物流配送机构	1个物流配送中心	1个物流配送中心、2个物流配送区域中转站	1个物流配送中心	1个物流配送中心	1个物流配送中心
	专卖稽查机构	1个稽查支队、3个稽查大队	1个稽查支队、9个稽查大队	1个稽查支队、8个稽查大队	1个稽查支队、6个稽查大队	1个稽查支队、6个稽查大队
	烟叶机构	—	—	—	—	1个烟叶营销中心、32个烟叶收购站（点）
烟农户数（户）		—	—	—	—	2716
实现烟农总收入（万元）		—	—	—	—	45865
零售户数（户）		6044	20661	12318	12467	16807
零售户销售毛利率（%）		11.81	11.54	11.80	11.81	11.47

地市级局（公司）名称	漯河市烟草专卖局（公司）	三门峡市烟草专卖局（公司）	南阳市烟草专卖局（公司）	商丘市烟草专卖局（公司）
主要负责人/法定代表人（含党政领导）	郑　杰（—2021年11月） 王　振（2021年11月—）	张敬榜	宋守晔（—2021年11月） 王院生（2021年11月—）	陈保军
所属县级单位	临颍县、舞阳县、城区等3个县级烟草专卖局（分公司）和1个城区烟叶分公司	卢氏县、灵宝市、陕州区、城区、义马市、渑池县等6个县级烟草专卖局（分公司）	镇平县、内乡县、西峡县、淅川县、邓州市、唐河县、新野县、社旗县、方城县、桐柏县、南召县、油田、城区等13个县级烟草专卖局（分公司）	梁园区、睢阳区、永城市、夏邑县、虞城县、宁陵县、民权县、睢县、柘城县等9个县级烟草专卖局（分公司）
总资产（万元）	54937	143991	217220	233445
资产负债率（%）	35.79	11.29	12.93	32.93
从业人员（人）	941	1126	2228	1196

续表

地市级局（公司）名称		漯河市烟草专卖局（公司）	三门峡市烟草专卖局（公司）	南阳市烟草专卖局（公司）	商丘市烟草专卖局（公司）
所属业务机构	营销机构	1个卷烟营销中心	1个卷烟营销中心	1个卷烟营销中心	1个卷烟营销中心
	物流配送机构	1个物流配送中心	1个物流配送中心、3个物流配送区域中转站	1个物流配送中心、4个物流配送区域中转站	1个物流配送中心、3个物流配送区域中转站
	专卖稽查机构	1个稽查支队、3个稽查大队	1个稽查支队、6个稽查大队	1个稽查支队、13个稽查大队	1个稽查支队、9个稽查大队
	烟叶机构	1个烟叶营销中心、16个烟叶收购站（点）	1个烟叶营销中心、46个烟叶收购站（点）	1个烟叶营销中心、49个烟叶收购站（点）	—
烟农户数（户）		690	9461	2138	—
实现烟农总收入（万元）		6917	69819	34989	—
零售户数（户）		8319	8645	37935	24718
零售户销售毛利率（%）		11.83	11.79	11.77	11.68

地市级局（公司）名称		信阳市烟草专卖局（公司）	周口市烟草专卖局（公司）	驻马店市烟草专卖局（公司）	济源市烟草专卖局（公司）
主要负责人/法定代表人（含党政领导）		张五庆	林　睿	高保昌	尚贺伟
所属县级单位		浉河区、平桥区、罗山县、潢川县、固始县、息县、淮滨县、光山县、商城县、新县等10个县级烟草专卖局（分公司）	商水县、郸城县、太康县、西华县、扶沟县、沈丘县、鹿邑县、项城市、淮阳区、川汇区等10个县级烟草专卖局（分公司）	遂平县、西平县、上蔡县、汝南县、平舆县、新蔡县、正阳县、确山县、泌阳县、驿城区等10个县级烟草专卖局（分公司）	—
总资产（万元）		180188	124005	142493	20685
资产负债率（%）		18.84	19.82	15.77	13.19
从业人员（人）		925	1394	1332	206
所属业务机构	营销机构	1个卷烟营销中心	1个卷烟营销中心	1个卷烟营销中心	1个卷烟营销中心
	物流配送机构	1个物流配送中心、2个物流配送区域中转站	1个物流配送中心、4个物流配送区域中转站	1个物流配送中心、2个物流配送区域中转站	1个物流配送中心
	专卖稽查机构	1个稽查支队、10个稽查大队	1个稽查支队、10个稽查大队	1个稽查支队、10个稽查大队	1个稽查支队
	烟叶机构	3个烟叶收购站（点）	—	1个烟叶营销中心、11个烟叶收购站（点）	4个烟叶收购站（点）
烟农户数（户）		224	—	1111	443
实现烟农总收入（万元）		2894	—	17587	2946
零售户数（户）		23229	28275	22590	2900
零售户销售毛利率（%）		11.69	11.71	11.32	11.78

注：1. 2021年9月，国家局、总公司印发《关于调整洛阳市烟草专卖局（公司）所属部分机构的批复》（国烟人〔2021〕129号），同意撤销偃师市烟草专卖局，设立洛阳市偃师区烟草专卖局，洛阳市烟草公司偃师市分公司更名为洛阳市烟草公司偃师分公司；撤销孟津县烟草专卖局、洛阳市烟草公司孟津县分公司、洛阳市吉利区烟草专卖局、洛阳市烟草公司吉利区分公司，设立洛阳市孟津区烟草专卖局、洛阳市烟草公司孟津分公司。

◇ 撰稿：范素娟；编辑：褚　幸

湖北省烟草专卖局（公司）

【专卖管理】 **打假打私**。2021年，湖北省烟草专卖局查处各类涉烟违法案件1.79万起，比上年下降17.97%，其中非法流通卷烟案件1.44万起、假冒卷烟案件3387起、走私烟案件108起。查获非法卷烟2.61万件，比上年增长7.33%，其中非法流通卷烟2.2万件、假冒卷烟3830件、走私烟234件。涉烟违法案件案（标）值2.46亿元。全年查处案值5万元以上案件768起，比上年增长58.68%；查处涉烟重大案件128起，比上年下降2.29%；公安、司法机关依法拘留174人，判刑163人。公安部、国家局督办案件4起，湖北省公安厅、湖北省局督办案件21起，督办案件总量比上年增加2起，查处武汉“9·21”特大系列贩售假烟案、恩施“5·10”特大系列非法经营烟叶烟丝案、荆门“1·09”特大贩售假烟等国标特大案件。

打假协作机制建设。湖北省委政法委首次将卷烟打假打私、“两烟”市场整顿工作纳入对各市（州、林区）平安建设考核评价范围，湖北省局与武汉海关、中国铁路武汉局集团有限公司签署《合作备忘录》，协调将长江航运公安局增补为15个省直及中央在鄂单位组成的省卷烟整顿领导小组的成员单位。2021年，设在武汉市公安局的“湖北烟草·武汉公安打击涉烟违法犯罪研判室”开始运行。湖北烟草大数据情报中心升级为“一中心、一室”双核驱动，并于12月21日被正式确定为全国打假打私湖北省局情报研判平台；全年向全国25省73个地市推送有效情报1141例，情报导查非法卷烟3540件、案（标）值4260余万元，参与重大案件线索及涉烟刑事案件研判368起，情报导侦、精准打击涉烟违法犯罪人员1261人次。

卷烟零售市场监管。12313烟草市场监管服务热线湖北分中心在行业率先启动运行，并被列入全国试点单位，全省共接听来电1.28万个，及时办结率100%，回访满意度97.93%。依托“互联网+大数据”分析、分类分级监管持续提升“双随机、一公开”、APCD重点监管质效，2021年全省双随机抽查4.8万户次，开展重点核查12.75万户次，查处违法违规户1.01万户，检查命中率7.88%，居全国第九位。以守法诚信经营高质量小组建设为载体，引入激励诚信、约束失信监管举措，《黄石市卷烟零售户记分制信用管理办法》被评为2021年湖北省社会信用体系建设典型案例。

行政许可管理。出台省局《关于烟草制品零售点合理布局的指导意见》，全省94家零售许可单位全面完成合理布局修订。开展“证照分离”“一业一证”改革，缩短零售许可办结时限，提高审批时效。落实《中华人民共和国未成年人保护法》要求，累计清退中小学校、幼儿园周边“红线”内卷烟零售店1567户。全年办理各类许可16.2万份，其中新办2.86万份、退出1.85万份；审签准运证8.02万份，调运卷烟326.44万箱、烟叶24.92万吨（498.45万担）。

【卷烟经营】 **卷烟销售**。2021年，全省卷烟社会月存销比保持在0.6左右，动销水平优于行业平均；卷烟零售价格指数保持99%之上，客户平均毛利率达到14%，市场状态整体良好。运用协议调整、货源增补、商商调剂等多种方式，组织适销货源，满足市场需要。全年卷烟销量比上年增长1.27%，卷烟单箱均价比上年增长4.18%。

品牌培育。出台围绕行业“136、345”品牌高质量发展目标，结合湖北实际，制定《湖北省烟草商业系统“十四五”卷烟品牌发展规划》。2021年，全省重点品牌销量比上年增长1.81%。健全三级品牌共育机制，综合多维度选取30个行业共育品规、10个省域市场潜力品规在全省范围进行重点培育，明确培育目标，制定培育措施，着力夯实品牌市场基础，全省重点培育品规销量比上年增长26.42%。

终端建设。坚持终端质量和数量并重，出台“1+10+3”终端运行管理制度体系，部署开展现代终端达标提质工作，组织农村卷烟营销网络盲点、空白点摸底排查，推进城网、农网一体化建设。全省农网“空白村”数量减少333个，农网终端覆盖面达到93.81%，累计建成现代终端4.32万户，占总客户比重19.43%，较行业平均水平高2.2个百分点。其中，农网现代终端占现代终端比重43.26%；上线使用“云POS”店铺管理系统的客户2.39万户。探索推进“知音便利”“知音便民”加盟终端建设，全年建成19家加

湖北十堰丹江口市雪茄烟叶大田（2021 年）
湖北十堰丹江口市局 刘成博 摄

收购高油分烟叶 0.53 万吨（10.65 万担），比上年增长 96.5%。推广上部烟叶带茎采烤 32.62 万亩，收购高可用性上部烟叶 0.54 万吨（10.82 万担），比上年增长 89.16%。高品质雪茄烟叶生产取得新突破，收购雪茄烟叶 0.04 万吨（0.87 万担），比上年增长 135.14%。烤烟上等烟比例 66.06%，比上年增加 0.82 个百分点。国家局收购检查等级合格率 83.5%，比上年增加 1.83 个百分点。烟叶收购均价、上等烟比例、等级合格率、等级纯度均为 2017—2021 年最好水平，烟叶销售在 2019—2021 年均实现

盟终端，“知音同行”流通品牌建设取得新突破。

【雪茄烟经营】 2021 年，湖北省国产雪茄烟销量比上年增长 67.46%，增幅排名居行业第十位。持续扩大国产雪茄烟品牌宽度，丰富雪茄烟市场消费选择。2021 年，全省在销国产雪茄烟规格数 41 个，比上年增加 5 个，在销规格数居行业第 11 位。创新国产雪茄烟营销模式，制定《湖北省国产雪茄营销工作方案》，从客户管理、货源供应、仓储配送、品牌发展、终端建设、客户服务、队伍建设、考核方式等 8 个方面探索创新国产雪茄烟营销模式。

【烟叶生产】 **优质生态烟田建设**。搭建全省生态烟田 GIS 系统，完成 1453 片生态烟田规划，绘制省、市（州）、县、乡四级优质生态烟田电子地图。烟叶种植向 13 个烤烟核心县（市）、8 个晾晒烟核心县（市）、46 个万担乡、195 个千亩村集中，比上年增加 6 个万担乡、20 个千亩村。烤烟户均种植规模提升至 29.69 亩。2019—2021 年，全省烟农数量稳定在 2.6 万户左右，培训新型职业烟农 1.27 万户。

烟叶质量提升。高标准落实中棵烟 + 高油分、上部烟 + 高可用性、雪茄烟叶 + 高品质的“三烟三高”重点任务，

“零库存”。

现代烟草农业建设。全面开展烟叶生产环节专业化服务，开展全程机械化试点，专业化育苗、分级覆盖率达到 100%，深翻、微耕等重点环节机械化达到 100%。全面推行绿色生产，完成 10 万亩地膜回收利用任务，推广应用生物质烤房 8122 座，替代燃煤 2 万吨，有效减少碳排放。全面推动产业融合，助力乡村振兴，实现烟农多元增收产值 4.84 亿元。全面应用湖北烟叶生产信息化管理系统和 RFID 原收原调质量追溯系统，试点开发一站式烟农服务平台，烟叶生产方式稳步向规模化、专业化、绿色化、机械化、数字化方向转型。

【“高质量发展推进年”工作】 将 2021 年作为全省烟草商业系统“高质量发展推进年”。聚焦“全面管理提质”，专卖监管条线率先破局，烟叶条线全面布局。聚焦零售终端提质升级，全省 1.8 万户现代终端通过达标验收，“金叶阳光”“知音同行”流通品牌建设纵深推进。推进国产雪茄烟重大专项，主持承担项目 6 项，研发关键技术 6 项，在全省建成定制化基地 3 个，湖北雪茄烟叶进入“长城”“黄鹤楼”等中高端手工雪茄烟配方。打击涉烟违法犯罪研判室

正式运行，财务共享服务中心正式上线，科技创新成果转化园孵化园建设有序推进，17 项科技创新成果在 2 个示范中心和 4 个产区示范园实施，3 项成果进入孵化，1 项产品向农业农村部申报登记。

【特事辑要】 2021 年 1 月 20 日，湖北省政府组织召开全省支持烟草行业发展暨卷烟打假市场整顿工作总结电视电话会议。

9 月 27—29 日，国家烟草专卖局党组书记、局长，中国烟草总公司总经理张建民在湖北烟草调研。

10 月 20 日，湖北省政府召开全省卷烟市场整顿领导小组会议。

2021 年湖北省烟草专卖商业主要情况统计

地市级局（公司）名称		武汉市烟草专卖局（公司）	黄冈市烟草专卖局（公司）	襄阳市烟草专卖局（公司）	荆州市烟草专卖局（公司）
主要负责人/法定代表人（含党政领导）		唐剑放（—2021 年 11 月）胡宜旺（2021 年 11 月—）	张俊初（—2021 年 1 月）张宏志（2021 年 1 月—）	龚春竹	胡宜旺
所属县级单位		江岸区、江汉区、硚口区、汉阳区、武昌区、青山区、洪山区、蔡甸区、江夏区、黄陂区、新洲区等 11 个区烟草专卖局（营销部）和东西湖区、汉南区 2 个区烟草专卖局（公司）	黄州区、团风县、红安县、麻城市、罗田县、英山县、浠水县、蕲春县、武穴市、黄梅县等 10 个县级烟草专卖局（营销部）和龙感湖分局（公司）	南漳县、保康县、谷城县、枣阳市、老河口市、宜城市、襄州区、襄城区、樊城区等 9 个县级烟草专卖局（营销部），南漳县、保康县 2 个烟叶分公司	荆州区、沙市区、江陵县、公安县、松滋市、石首市、洪湖市、监利市等 8 个县级烟草专卖局（营销部）
总资产（万元）		694760	180361	173916	184659
资产负债率（%）		16.38	16.30	24.98	16.71
从业人员（人）		1457	814	1066	1036
所属业务机构	营销机构	1 个营销中心、47 个市场部	1 个营销中心、1 个电访中心	1 个营销中心、35 个市场部	1 个营销中心、36 个市场部
	物流配送机构	1 个物流配送中心、5 个物流中转站	1 个配送中心、8 个物流中转站	1 个物流中心、6 个物流中转站	1 个物流中心、6 个物流中转站
	专卖稽查机构	1 个稽查支队、16 个稽查大队	1 个稽查支队、11 个稽查大队	1 个稽查支队、3 个稽查大队	1 个稽查支队、11 个稽查大队
	烟叶机构	—	—	8 个烟叶收购站	—
烟农户数（户）		—	—	2413	—
实现烟农总收入（万元）		—	—	17523	—
零售户数（户）		37151	29165	18106	19236
零售户销售毛利率（%）		16.37	14.36	15.00	10.00

地市级局（公司）名称	十堰市烟草专卖局（公司）	孝感市烟草专卖局（公司）	恩施土家族苗族自治州烟草专卖局（公司）	宜昌市烟草专卖局（公司）
主要负责人/法定代表人（含党政领导）	王洪斌	史广礼	谭志平（—2021 年 3 月）先开远（2021 年 3 月—）	赵传良（—2021 年 4 月）王大爱（2021 年 4 月—）

续表

地市级局（公司）名称		十堰市烟草专卖局（公司）	孝感市烟草专卖局（公司）	恩施土家族苗族自治州烟草专卖局（公司）[1]	宜昌市烟草专卖局（公司）
所属县级单位		城区、郧阳区、竹溪县、丹江口市、房县、竹山县、郧西县等7个县级烟草专卖局（营销部）和竹山县、竹溪县、房县、郧西县等4个烟叶分公司	孝南区、孝昌县、大悟县、云梦县、安陆市、应城市、汉川市等7个县级烟草专卖局（营销部）	恩施市、利川市、建始县、巴东县、宣恩县、咸丰县、来凤县、鹤峰县等8个县级烟草专卖局（营销部）	城区、夷陵区、枝江市、宜都市、当阳市、远安县、秭归县、兴山县、长阳土家族自治县、五峰土家族自治县等10个县级烟草专卖局（营销部）
总资产（万元）		135162	174254	291254	158736
资产负债率（%）		21.85	18.90	41.01	17.34
从业人员（人）		852	781	2248	956
所属业务机构	营销机构	1个营销中心、27个市场部	1个营销中心、29个市场部	1个营销中心、37个市场部	1个卷烟营销中心、33个市场部
	物流配送机构	1个物流中心、6个物流中转站	1个物流中心、4个物流中转站	1个配送中心、7个物流中转站	1个物流中心、8个物流中转站
	专卖稽查机构	1个稽查支队、7个稽查大队	1个稽查支队、8个稽查大队	1个稽查支队、13个稽查大队	1个稽查支队、10个稽查大队
	烟叶机构	16个烟叶站	—	48个烟叶收购站	12个烟叶收购站
烟农户数（户）		2882	—	16524	3469
实现烟农总收入（万元）		30117	—	116002	19253
零售户数（户）		14886	16744	16510	17394
零售户销售毛利率（%）		13.81	15.75	15.00	15.47

地市级局（公司）名称		咸宁市烟草专卖局（公司）	随州市烟草专卖局（公司）	黄石市烟草专卖局（公司）	荆门市烟草专卖局（公司）
主要负责人/法定代表人（含党政领导）		陈　劲	曾春来	李斌红	李远宏（—2021年1月）罗建勋（2021年1月—）
所属县级单位		咸安区、嘉鱼县、赤壁市、通城县、崇阳县、通山县等6个县级烟草专卖局（营销部）	随县、广水市、曾都区等3个县级烟草专卖局（营销部）	大冶市、阳新县2个县级烟草专卖局（营销部），1个直属分局（营销部）	沙洋县、钟祥市、京山市、城区等4个县级烟草专卖局（营销部）
总资产（万元）		89642	61034	102481	88507
资产负债率（%）		21.72	23.94	11.63	13.68
从业人员（人）		474	337	370	389
所属业务机构	营销机构	1个营销中心、16个市场部	1个营销中心、11个市场部	1个营销中心、15个市场部	1个营销中心、14个市场部
	物流配送机构	1个物流中心、4个中转站	1个物流中心、1个物流中转站	1个卷烟物流中心、1个中转站	1个物流中心、1个物流中转站
	专卖稽查机构	1个稽查支队、14个稽查大队	1个稽查支队、5个稽查大队	1个稽查支队、3个稽查大队	1个稽查支队、6个稽查大队
	烟叶机构	—	—	—	—

续表

地市级局（公司）名称	咸宁市烟草专卖局（公司）	随州市烟草专卖局（公司）	黄石市烟草专卖局（公司）	荆门市烟草专卖局（公司）
烟农户数（户）	—	—	—	—
实现烟农总收入（万元）	—	—	—	—
零售户数（户）	11135	7448	10376	9373
零售户销售毛利率（%）	16.76	15.81	16.93	19.76

地市级局（公司）名称		鄂州市烟草专卖局（公司）	仙桃市烟草专卖局（公司）	天门市烟草专卖局（公司）	潜江市烟草专卖局（公司）	神农架林区烟草专卖局（公司）
主要负责人/法定代表人（含党政领导）		刘　斌	罗建勋（—2021年1月）李　亮（2021年1月—）	余衍林	魏晓敏（—2021年1月）龚　涛（2021年1月—）	张尚学
所属县级单位		—	—	—	—	—
总资产（万元）		45947	55289	42116	37074	5226
资产负债率（%）		19.42	18.11	16.48	14.19	6.45
从业人员（人）		171	172	160	136	33
所属业务机构	营销机构	1个营销中心、5个市场部	1个营销中心、7个市场部	1个营销中心、6个市场部	1个营销中心、5个市场部	1个营销中心、3个市场部
	物流配送机构	1个物流中心	1个物流中心	1个物流中心	1个物流中心	1个配送中心（与营销中心合署办公）
	专卖稽查机构	1个稽查支队、2个稽查大队	1个稽查大队	1个稽查大队	1个稽查大队	1个稽查大队
	烟叶机构	—	—	—	—	—
烟农户数（户）		—	—	—	—	—
实现烟农总收入（万元）		—	—	—	—	—
零售户数（户）		5751	4702	3902	3558	539
零售户销售毛利率（%）		11.00	12.40	16.86	16.79	14.49

注：1. 2021年12月，恩施土家苗族自治州烟草专卖局、湖北省烟草公司恩施州公司印发《恩施州烟草商业系统县（市）烟草专卖局（卷烟营销部）、烟叶分公司"两烟"职能整合改革工作指导意见》的通知（恩州烟人〔2021〕38号），将湖北省烟草公司恩施州公司所辖全部8家县（市）烟叶分公司予以注销，将其承担的主营业务、管理职能、所辖人员和资产等与所在行政县级区划的烟草专卖局（营销部）予以整合。

◇ 撰稿：刘冠华；编辑：褚　幸

湖南省烟草专卖局（公司）

【专卖管理】　***卷烟打假打私***。2021年，湖南省烟草专卖局查处假私烟案件4403起，其中案值5万元以上假烟案件395起，比上年增加43起。查获假私烟2.33万件，比上年增长25.3%，居全国第八位。其中，查获假烟2.24万件，增长28.67%；走私烟873.19件，下降25.1%。查获非法烟叶烟丝986.3吨，比上年增长49.25%，居全国第三位。捣毁大型制假窝点5个、制丝窝点4个、制假设备7台，居全国第四位。破获4级以上重大案件49起，部督案件5起，3起案件获公安部、国家局贺信表彰。公安、司法机关依法刑拘397人，逮捕381人，判刑332人。

真烟异常流动治理。组织开展"破网净源"专项行动，全省查处非法流通真烟案件8160起，查获非法流通真烟6.56万件，破获非法流通真烟涉刑事案件37起，取缔违法大户1254个。全面实施全省内管信息系统和"四员"协同

系统，启动实施“四员协同流程标准化体系建设”项目，强化预警排查核实，推动问题及时解决，提升智慧监督能力和工作效能。全省真烟非法外流被省外查获1084件，比上年下降6%。

电子烟监管。联合市场监管、公安部门捣毁衡阳耒阳市、郴州资兴市2处假冒电子烟生产窝点。联合省市场监管部门开展保护未成年人免受烟侵害“守护成长”专项行动，全省清理中小学校、幼儿园周边售烟网点1345个、自助售卖机23台，查处向未成年人售烟案件12起、行政罚款1.77万元。

2021年3月14日，湖南益阳市局（公司）无害化销毁假私烟现场
湖南省局　供稿

大案要案。永州市“5·10”非法经营案件，捣毁生产窝点5个、储存窝点6个，生产、销售网络涉及湖南、河南、广东等多个省（自治区、直辖市）。现场查获非法成品卷烟374.24件、散支卷烟54.15件、烟丝3750千克、烟叶梗88.74吨、包装机3台、接装机1台、切丝机2台、隧道式回潮机3台、烘丝机1台、振动式筛分机1台、立式打叶机2台，涉案车辆3台，涉案金额2000余万元。

永州新田县“2·3”非法经营网络案件，现场查获非法烟叶9.78吨，涉及购进、运输、储存等3个环节，涉案金额474.97万元。公安、司法机关依法刑拘2人，直诉3人，判刑3人。该案是全国首例非法收购烟叶提炼电子烟烟油案。

长沙望城区局联合市公安局禁毒支队，在河北邢台、海南三亚、河南郑州、湖北孝感等地警方的协同配合下，成功侦办湖南省督“2021—111”互联网贩卖涉毒“上头电子烟”案件。公安、司法机关依法抓获嫌疑人781人，刑拘185人，逮捕108人。查获合成大麻素晶体156.81克、电子烟油3254.6毫升，含合成大麻素电子烟4800余支，与海南联合办案单位捣毁合成大麻素生产点1处，查获合成大麻素成品97千克。

行政许可管理。贯彻落实新修订的《烟草专卖许可证管理办法实施细则》，把好许可准入关，烟草零售许可证管控效果突出。2021年底，湖南省零售许可证持证户31.59万户，零售户过快增长势头得到扭转。

【卷烟经营】　**卷烟销售**。2021年，湖南省卷烟单箱销售均价比上年增加1887元，整条零售价格指数101.87%，居全国第二位。零售户综合毛利率11.77%，居全国第七位。全年销售一类烟比上年增长6.83%，二类烟比上年增长29.37%，销售创新品类比上年增长21.19%，销售重点品牌卷烟增加15.2亿支（3.04万箱）。

卷烟销售网络建设。印发《关于加强卷烟零售客户信用体系建设的通知》，全面推进“两体系三机制一平台”建设，对接省发改委、省市场监督管理局，融入社会信用大局。开展农网盲点空白点摸底排查活动，协助新办证944户，消除空白村803个，夯实农网网建基础。

推进全国统一营销管理平台试点项目，湘潭、张家界、长沙等3家市局（公司）成功试点运行，巩固湖南省行业试点推广“第一阵营”地位。印发《卷烟市场信息直接监测网络管理办法》，直测网络进一步提质扩容。

【雪茄烟销售】　2021年，销售国产传统雪茄烟2151万支，比上年增加620万支，增长40.51%。其中，手工雪茄烟131万支，增加70万支；机制雪茄烟2020万支，增加550万支。搭建雪茄烟“三类五档”评价培育模式，“专业雪茄吧终端、雪茄专柜终端、普通雪茄终端”三类终端构成的雪茄烟终端体系初步成型，从低到高“1～5”5个档位的雪茄烟客户分档规则逐步完善。

【烟叶生产经营】 **生产购销与复烤加工**。2021年，湖南省签订种植收购合同3.57万份，烟叶收购量比上年增长8.1%，烤烟收购均价比上年增长7.3%。国家局检查收购等级合格率83%，工商交接等级合格率72.2%，比上年分别增加0.75个、1.1个百分点。烟叶复烤新增仓储库容2.25万吨（45万担），投料加工10.75万吨（215.07万担），比上年增长15.9%。新增品牌区域加工中心2个。全省烟叶收购站点整合为201个，比上年减少6个；组建烟叶生产管理网格1012个。

专项开发与质量提升。工商协同实施高端卷烟原料定制化开发5.36万吨（107.21万担）、高可用性上部烟叶开发1.05万吨（21万担）、“高油分中棵烟”开发1500亩、带茎烘烤试点1905亩，烟叶可用性、适配性提升。全面推进烘烤质量提升行动，落实市县站三级烘烤岗位聘任129人，建立培训基地40个，培养烘烤技术骨干233人、农民烤师2536人；烤后黄烟率达到92%，烟农满意度达到96%。启动雪茄烟叶开发重大专项，与山东中烟签署战略合作协议，完成200亩雪茄烟叶引种试种和配套生产技术研究，初步筛选出适宜种植区域和适宜品种，基本明确各产区栽培、晾制技术参数。推进生物育种重大专项，工商深度协同推广“湘烟7号”“湘烟6号”等自育新品种32.7万亩。

烟叶生产转型发展。推进规模化种植、专业化服务、绿色化生产。全省烟农20～50亩种植户占比38.9%，比上年增加2个百分点；新增职业烟农3140户、家庭农场88户；育苗、烘烤、分级等五大重点环节综合专业化服务比例90.9%，增加3个百分点。有机肥施用、烟蚜茧蜂防治蚜虫、烟田地膜回收比例均为100%，绿色高效植保90.1万亩，新增新能源烤房2792座。提升风险保障能力，财政、烟草投入种植保费1.05亿元，全省烟农理赔0.97亿元，烟草捐赠救助0.17亿元；开展农业雇主责任保险（金农保）和烘烤保险试点及人影天气作业。全省新建烟区产业综合体4个，助力烟农增收和乡村振兴。

烟叶基础设施建设。全国基本烟田保护区划定和上图入库全面完成。烟草行业投入补贴资金3.89亿元，建设项目2.39万个。开展移栽、采收等适用农机研发与筛选，推进机械化作业。行业援建水源工程新完工竣工项目5个，拨付援建资金1.69亿元。

【企业管理】 **管理诊断**。制定印发《2021年高质量发展专项管理诊断活动实施方案》，在全省范围内开展高质量发展专项管理诊断，自查问题2606个，制定措施3077条。

管理创新。组织开展优秀质量管理小组活动成果评审发布，14个课题获得湖南省第42次质量管理小组成果交流发表会一等奖，15个小组获评湖南省优秀质量管理小组。7个课题获得第二十二届湖南省企业管理现代化创新成果一等奖，15个课题获得二等奖。实施精益日常改善工作，全省征集管理改善建议1009条，实施改善建议483条，创造直接经济效益2106万元。

科技创新。取得省部级科技成果24项，授权专利98件，获得省部级科技奖励4项、管理创新奖22项。建设各类创新工作室47个，组织开展全省烟草商业系统第一批技术能人工作室评选，申报创建行业首批、商业首家烟叶评级大师工作室。分类推进青年人才培育，建立青年人才库6个，明确青年专业人才培养对象199人，向国家局选拔推荐青年人才44人、青年科技托举人才14人，建立各类专业人才库13个，共318人。新增全国烟草青年技术能手5人、烟叶烘烤技师14人。

智慧物流。全面推广“双智”融合项目，不断拓宽信息化覆盖领域，持续推动数字化转型。项目覆盖全省31万卷烟零售户，好评率99.95%，打通物流配送服务“最后一公里”。与西藏区局（公司）签订《西藏烟草、湖南烟草卷烟物流工作战略合作框架协议》，在物流规划、精益物流、绿色物流、智慧物流、人才队伍建设等方面建立战略合作关系，提升西藏烟草物流管理水平，推动西藏烟草高质量发展。

【特事辑要】 2021 年 4 月 14—17 日，国家局党组成员、副局长韩占武在湖南烟草调研。

4 月 26 日，中国烟草援建韶山水源工程举行通水仪式。

5 月 11—14 日，国家局党组成员、副局长段铁力在湖南烟草调研。

6 月 17 日，湖南烟叶产业高质量发展研讨会在永州宁远县召开。

7 月 13 日，湘鄂赣烟草商业系统打叶复烤设备修理职业技能竞赛在湖南郴州圆满结束。此次竞赛是 2021 年行业唯一的省级一类竞赛。

12 月 7—9 日，国家局党组成员、副局长韩占武在湖南烟草调研。

2021 年湖南省烟草专卖商业主要情况统计

地市级局（公司）名称		长沙市烟草专卖局（公司）	株洲市烟草专卖局（公司）	湘潭市烟草专卖局（公司）	衡阳市烟草专卖局（公司）	邵阳市烟草专卖局（公司）
主要负责人/法定代表人（含党政领导）		吴奇林	陈新田	蔡国强（—2021 年 9 月）马　谊（2021 年 9 月—）	秦江顺（—2021 年 10 月）刘　智（2021 年 10 月—）	王　昆
所属县级单位		长沙县、望城区、浏阳市、宁乡市、芙蓉区、雨花区、开福区、天心区、岳麓区等 9 个县级烟草专卖局（分公司）	渌口区、醴陵市、攸县、茶陵县、炎陵县等 5 个县级烟草专卖局（分公司）	湘潭县、湘乡市、韶山市等 3 个县级烟草专卖局（分公司）	衡南县、耒阳市、常宁市、衡阳县、祁东县、衡东县、衡山县、南岳区等 8 个县级烟草专卖局（分公司）	邵东市、新邵县、隆回县、邵阳县、武冈市、新宁县、绥宁县、城步苗族自治县、洞口县等 9 个县级烟草专卖局（分公司）
总资产（万元）		603270	249889	159945	300797	232589
资产负债率（%）		8.91	14.54	13.41	5.73	8.34
从业人员（人）		728	427	273	752	736
所属业务机构	营销机构	1 个营销中心、1 个服务中心、9 个客户服务分部	1 个营销中心、5 个区域市场部	1 个营销中心、3 个区域市场部	1 个营销中心、8 个区域市场部	1 个营销中心、9 个区域客户服务分部
	物流配送机构	1 个物流公司	2 个物流中转站	1 个配送中心	1 个配送中心、4 个物流中转站	1 个配送中心、3 个物流中转站
	专卖稽查机构	1 个专卖稽查支队、9 个专卖稽查大队	1 个稽查支队、9 个稽查大队	1 个稽查支队、3 个稽查大队	1 个稽查支队、13 个稽查大队	1 个稽查支队、10 个稽查大队
	烟叶机构	3 个烟叶生产经营部（烟基办）、1 个烟叶生产技术中心、8 个烟叶生产收购站	1 个烟叶生产部	—	1 个烟叶生产经营部、15 个烟叶收购站	1 个烟叶生产经营部、4 个烟叶生产收购站
烟农户数（户）		2567	523	—	1496	1260
实现烟农总收入（万元）		36600	8619	—	28192	15167
零售户数（户）		39660	20039	13260	32604	31395
零售户销售毛利率（%）		13.99	13.32	13.31	14.05	13.48

地市级局（公司）名称		岳阳市烟草专卖局（公司）	常德市烟草专卖局（公司）	张家界市烟草专卖局（公司）	益阳市烟草专卖局（公司）	郴州市烟草专卖局（公司）
主要负责人/法定代表人（含党政领导）		吴胜波	颜　玫	李雄伟	李晓洋	高志强
所属县级单位		临湘市、华容县、岳阳县、汨罗市、平江县、湘阴县等6个县级烟草专卖局（分公司）	安乡县、澧县、石门县、临澧县、桃源县、汉寿县、津市市等7个县级烟草专卖局（分公司）	慈利县、桑植县、武陵源区等3个县级烟草专卖局（分公司）	南县、沅江市、桃江县、安化县等4个县级烟草专卖局（分公司）	桂阳县、嘉禾县、安仁县、永兴县、宜章县、临武县、资兴市、汝城县、桂东县等9个县级烟草专卖局（分公司）
总资产（万元）		260874	270803	97625	190357	336047
资产负债率（%）		20.79	4.46	14.26	4.67	11.22
从业人员（人）		540	660	447	439	1456
所属业务机构	营销机构	1个营销中心	1个营销中心、7个区域市场部	1个营销中心、4个客户服务分部	1个营销中心	1个营销中心、9个区域市场部
	物流配送机构	1个配送中心	1个配送中心、3个物流中转站	1个配送中心、2个物流中转站	1个配送中心、2个物流中转站	1个配送中心、4个物流中转站
	专卖稽查机构	1个稽查支队、13个稽查大队	1个稽查支队、10个稽查大队	1个稽查支队、5个稽查大队	1个稽查支队、7个稽查大队	1个稽查支队、12个稽查大队
	烟叶机构	—	9个烟叶收购站	5个烟叶生产收购站、17个烟叶生产收购点	—	23个烟叶收购站
烟农户数（户）		—	1547	2038	—	14598
实现烟农总收入（万元）		—	20500	22992	—	184632
零售户数（户）		29530	25111	6890	19833	17393
零售户销售毛利率（%）		14.00	13.76	13.24	13.24	13.23

地市级局（公司）名称	永州市烟草专卖局（公司）	怀化市烟草专卖局（公司）	娄底市烟草专卖局（公司）	湘西土家族苗族自治州烟草专卖局（公司）
主要负责人/法定代表人（含党政领导）	幸　勤	向宝铸	肖　曦	瞿红兵
所属县级单位	零陵区、祁阳市[1]、东安县、双牌县、宁远县、蓝山县、新田县、道县、江永县、江华瑶族自治县等10个县级烟草专卖局（分公司）	沅陵县、辰溪县、溆浦县、麻阳苗族自治县、新晃侗族自治县、芷江侗族自治县、洪江市、洪江区、会同县、靖州苗族侗族自治县、通道侗族自治县等11个县级烟草专卖局（分公司）	新化县、冷水江市、涟源市、双峰县等4个县级烟草专卖局（分公司）	龙山县、永顺县、花垣县、凤凰县、古丈县、保靖县、泸溪县等7个县级烟草专卖局（分公司）
总资产（万元）	249447	136826	156535	166499
资产负债率（%）	5.16	8.69	4.61	23.11
从业人员（人）	1291	588	374	694

续表

地市级局（公司）名称		永州市烟草专卖局（公司）	怀化市烟草专卖局（公司）	娄底市烟草专卖局（公司）	湘西土家族苗族自治州烟草专卖局（公司）
所属业务机构	营销机构	1个营销中心	1个营销中心	1个营销中心、4个区域市场部	1个营销中心、7个客户服务分部
	物流配送机构	1个配送中心、2个物流区域分中心、3个物流中转站	1个配送中心、6个物流中转站	1个配送中心、3个物流中转站	1个配送中心、5个区域中转站
	专卖稽查机构	1个稽查支队、13个稽查大队	1个稽查支队、11个稽查大队	1个稽查支队、7个稽查大队	1个稽查支队、7个稽查大队
	烟叶机构	16个标准化烟草工作站、1个烟叶生产经营部、7个烟叶生产经营分部	1个烟叶生产经营部、3个烟叶生产经营分部、5个烟叶收购点	—	14个烟叶生产收购站
烟农户数（户）		7506	460	—	3904
实现烟农总收入（万元）		107800	5883	—	50627
零售户数（户）		26742	22303	17199	13853
零售户销售毛利率（%）		13.98	13.34	13.23	13.93

注：1. 2021年6月，国家局印发《关于调整永州市烟草专卖局（公司）所属部分机构的批复》（国烟人〔2021〕80号），同意撤销祁阳县烟草专卖局，设立祁阳市烟草专卖局，将永州市烟草公司祁阳县分公司更名为永州市烟草公司祁阳市分公司，祁阳市烟草专卖局和永州市烟草公司祁阳市分公司合署办公。

◎撰稿：汤　锐　金　童；编辑：褚　幸

广东省烟草专卖局（公司）

【专卖管理】　**案件查处**。2021年，广东省各级烟草专卖局会同公安、海关缉私、海警等部门依法查处各类涉烟违法案件1.79万起，查获假冒卷烟13.29万件、真品走私烟2.67万件；查获大型制假烟机54台，非法烟丝烟叶716.27吨，假冒卷烟商标标识3828.2万张。查获假烟数量占全国24.48%，查获烟机数量占全国34.62%，均排名全国第一；查获走私烟数量占全国17.26%，排名全国第二。查处符合公安部、国家局标准网络案件199起。公安、司法机关依法刑拘1881人，批捕1324人，判刑1146人。

大案要案。侦破案值超百万元大要案308起，超千万元大要案15起。其中，云浮市“4·07”跨省非法经营卷烟案和东莞市“5·19”跨省中转分销仓储假烟案，涉案金额超过2.5亿元。湛江市局联合湛江海关缉私局组织开展“湛蓝2021—1”打击卷烟走私专项行动，打掉团伙4个、交易下家3个、交易网站1个，查获走私雪茄烟约1.2万支，案值约2.28亿元。全省对144起烟草打假打私重大案件犯罪嫌疑人进行跨省、跨市追逃，涉及16省49市，公安、司法机关依法抓获主犯64人、从犯50人。

市场监管。2021年6—9月，广东省局联合省市场监管局在全省范围内全面开展保护未成年人免受烟侵害“守护成长”专项行动，清理校园周围持证卷烟零售户1282户、无证户337户，查处向未成年人销售卷烟案件2起，查处向未成年人销售电子烟案件2起。

全面深入组织实施合理布局工作，着力控增量、减存量、强监管。依托“三统一”专卖管理信息平台，自主研发合理布局智能管控平台第一期排队轮候系统。全省零售许可证发放增速减缓，发证总量得到控制。截至2021年底，全省零售许可证持证户数40.7万户。

【卷烟经营】　**卷烟销售**。2021年，广东省烟草商业系统销售一类烟比上年增长10.84%、二类烟增长29.43%。销量居前三位的品牌为“双喜·红双喜”“芙蓉王”“利群”。销售细支烟比上年增长24.06%，中支烟增长58.6%。

品牌培育。聚焦行业“136、345”品牌高质量发展目标，落实总公司、省级、地市级局（公司）三级品牌共育机制，推动行业共育品规引入与培育，建立品牌测评信息化机制，加大不适销品规市场清退力度。优化国产卷烟准入品规总数，精减至283个。广东省在销29个重点品牌中，22个品牌累计销量比上年增长，25个品牌累计销售收入增长，22个品牌结构增长。

网络建设。推广“易灵通”店铺管家系统，推动现代终端门店的数字化改造，2021年全省完成现代终端改造2.6万余户。推进“我与客户共成长”主题实践活动，解决客户投诉或咨询问题1064个；消除“空白村”1820个；走访困难零售户3555次，帮扶困难零售户923户。推进零售户信用体系建设，制定印发《广东烟草商业系统卷烟零售客户信用体系建设实施方案》，构建信用评价机制和指标体系。加强客户分档管理，统一客户分档数量为30档，保持档位区间客户数量占比相对统一，提升客户服务、品牌培育、监督管理的标准化水平。加大农村网络建设力度，推进农网建设“322工程”，开展农网店铺升级改造活动，打造农网特色典型示范终端，谋划农网建设现场会，推动农村卷烟销售网络提质升级。

卷烟营销平台建设。按照行业一体化平台营销先行建设项目协同试点要求，制定《广东烟草统一营销管理平台建设实施方案》，确立“五个一”总目标及“1248”建设思路，以广州为试点单位，其余19家单位分4批，于2021年底完成试点单位的平台上线。

探索新媒体运营，建立“20同话”社区，开通“20频道”微信公众号，搭建工商零互通互动场景。开展业务创新，借助粤桂烟草“互联网+”联合实验室和地市单位人才力量，在卷烟精准投放模型、农网终端数字赋能、零售户店面形象智能识别评价等方面进行探索实践。

【烟叶产销】 **烟叶生产与收购**。落实移栽密度、均衡施肥、优化结构和专业化烘烤等4个方面关键技术，提升烟叶大田整齐度、均衡度、成熟度。2021年，全省落实小苗深栽12.38万亩，冬翻深耕6.55万亩；推广采烤一体化0.76万吨（15.28万担），比上年增加10.89个百分点。联合贵州中烟开展高可用性上部烟叶开发规模1.7万亩。

烟叶供给质量持续提升，上等烟比例71.46%，比上年增加4.43个百分点；中部烟比例61.84%、中部上等烟比例45.31%，比上年分别增加2.64个、4.33个百分点。烟叶收购均价30.1元/千克，比上年增长8.31%。烟叶收购监督检查等级合格率81.33%，上等烟纯度95.6%，中等烟纯度92%。

2021年12月1日，广东韶关南雄市湖口镇烟农对烟田进行深翻起垄
广东省局　供稿

2021年，广东省烟农售烟收入5.83亿元，户均收入14.23万元，比上年增加0.96万元。生产期间因干旱、冰雹、洪水等灾害，协调保险公司向烟农赔付资金2055.18万元。

烟叶生产方式转型升级。推进产区布局优化。以“万担乡、千亩村”为抓手，全省万担乡14个，千亩村29个，优化调整7个种烟村。核心烟区种植规模比上年增加约1.3个百分点。户均种植规模34.22亩，100亩以上种植农户259户。多渠道培育职业烟农。各产区从推动土地流转、完善扶持政策、实行分类管理、健全服务体系、建立激励机制等方面着手，落实职业烟农培育，2021 年种植面积 20 亩以上职业烟农 2067 户。持续巩固提升合作社建设水平，加强合作社规范化管理、市场化运作。育苗、机耕、植保、烘烤、分级环节专业化服务比例分别达到 100%、89.28%、67.04%、69.45%、100%，其中专业化机耕、植保、烘烤比上年分别增加 5.56 个、2.86 个、15.24 个百分点。

烟叶绿色生产。2021 年，全省绿肥与秸秆还田 5.64 万亩；烟蚜茧蜂防治蚜虫、无毒育苗防治病毒病等绿色防控技术实现烟田全覆盖；地膜回收及资源化利用面积占覆膜面积的 98.07%；新能源烤房升级改造 1337 座，占比 17.1%；简易水肥一体技术 4.39 万亩，绿色高效专业化植保 10.29 万亩。

烟叶生产基础设施建设。建设烟基项目 1949 个，行业概算补贴资金 3264 万元。截至 2021 年底，项目建设均完成，满足产区生产需要。在做好常规工作的基础上，与华南农业大学联合开展烟叶机械化课题研究，为加快广东省烟叶生产机械化进程提供思路。

多元化促农增收。因地制宜发展烟叶与粮、蔬、菌、果和农副产品加工等多元产业组合，打造多点支撑、多业并举、产出高效的多元发展格局。2021 年，广东省利用 4.85 万平方米育苗棚种植蔬菜、南瓜、香瓜等；利用 437 座烤房开展毛竹收购加工及农产品烘干生产；在非烟季节，引导合作社租赁 453 台套农机具服务大农业；综合利用基本烟田发展优质稻 9.33 万亩。全年实现多元增收总产值 5276 万元，比上年增加 1000 余万元。

统筹推进韶关马市镇综合体巩固提升、梅州平远县梅岭村产业综合体省级试点建设工作，提升烟区产业综合体建设水平。综合体亩均综合收入超过 7500 元。在发展传统订单模式的基础上，建设“始飞”“梅岭绿特优”“烟农情”等增收创富品牌。

【企业管理】　落实数字化转型工作任务。明确“流程改进计划”的工作分工，建立沟通机制，并完成 QC 项目管理系统建设。加大数字化转型重点项目投资和采购管理环节的指导力度。举办全省烟草商业系统暨省局（公司）机关 QC 成果发布会，并在广东省“南粤之星”杯优秀 QC 活动成果发布会上获得金钻奖（最高奖）17 个、金奖 21 个、银奖 10 个。坚持对标情况季度通报，引导各单位开展“对标结对子”活动，协助广州市局（公司）开展对海口市局（公司）对标帮扶工作。组织开展优秀 QC 成果的自我验证，对 6 家单位 35 个成果进行现场验证并通报情况。

【特事辑要】　2021 年 1 月 28 日，2021 年全省烟草商业系统工作电视电话会议在广州市召开。

4 月 13—16 日，广东烟草商业系统举行第六届烟草制品购销技能竞赛。

4 月 14 日，国家局党组成员、副局长韩占武在广东烟草调研。

2021 年广东省烟草专卖商业主要情况统计

地市级局（公司）名称	广州市烟草专卖局（有限公司）	中山市烟草专卖局（有限责任公司）	珠海市烟草专卖局（有限公司）	东莞市烟草专卖局（有限公司）
主要负责人/法定代表人（含党政领导）	张辉明	杨东升	罗春华	钟荣林（—2021 年 6 月） 朱伟优（2021 年 6 月—）
所属县级单位	越秀区、荔湾区、海珠区、白云区、天河区、黄埔区、番禺区、南沙区、花都区、从化区、增城区等 11 个区烟草专卖局（分公司）	—	横琴新区、斗门区 2 个县级烟草专卖局（分公司）	—
总资产（万元）	512564	108740	80084	261375
资产负债率（%）	19.20	23.46	22.89	25.09

续表

地市级局（公司）名称		广州市烟草专卖局（有限公司）	中山市烟草专卖局（有限责任公司）	珠海市烟草专卖局（有限公司）	东莞市烟草专卖局（有限公司）
从业人员（人）		1161	300	233	867
所属业务机构	营销机构	1个营销管理中心、11个营销部	1个营销管理中心、4个管理中心卷烟营销组	1个营销中心、3个营销部	1个营销管理中心、7个管理中心卷烟营销组
	物流配送机构	1个物流配送中心	1个物流配送中心	1个物流中心	1个物流中心
	专卖稽查机构	1个稽查支队、13个稽查大队	1个稽查支队、4个稽查大队	1个稽查支队、4个稽查大队	1个专卖稽查支队、8个稽查大队
	烟叶机构	—	—	—	—
烟农户数（户）		—	—	—	—
实现烟农总收入（万元）		—	—	—	—
零售户数（户）		50897	13438	11561	45814
零售户销售毛利率（%）		16.63	15.00	15.29	12.26

地市级局（公司）名称		佛山市烟草专卖局（有限责任公司）	肇庆市烟草专卖局（有限责任公司）	江门市烟草专卖局（有限公司）	惠州市烟草专卖局（有限责任公司）
主要负责人/法定代表人（含党政领导）		翁　飞（—2021年11月） 杨熙广（2021年12月—）	陈敏生	李程坚	赖科东
所属县级单位		南海区、顺德区、三水区、高明区等4个县级烟草专卖局（分公司）	高要区、四会市、广宁县、怀集县、封开县、德庆县等6个县级烟草专卖局（分公司）	新会区、鹤山市、台山市、开平市、恩平市等5个县级烟草专卖局（分公司）	博罗县、惠东县、惠阳区、龙门县、大亚湾区等5个县级烟草专卖局（分公司）
总资产（万元）		208412	88698	145879	170000
资产负债率（%）		30.49	26.94	37.64	22.60
从业人员（人）		709	566	704	642
所属业务机构	营销机构	1个营销管理中心、5个营销部	1个营销管理中心、7个营销部	1个营销管理中心、6个营销部	1个营销管理中心、6个营销部
	物流配送机构	1个物流配送中心	1个物流配送中心	1个物流配送中心	1个物流配送中心
	专卖稽查机构	1个稽查支队、6个稽查大队	1个稽查支队、7个稽查大队	1个专卖稽查支队、6个稽查大队	1个稽查支队、6个稽查大队
	烟叶机构	—	—	—	—
烟农户数（户）		—	—	—	—
实现烟农总收入（万元）		—	—	—	—
零售户数（户）		36100	17235	21792	22371
零售户销售毛利率（%）		13.00	14.02	12.54	14.47

地市级局（公司）名称	茂名市烟草专卖局（有限责任公司）	阳江市烟草专卖局（有限责任公司）	云浮市烟草专卖局（有限责任公司）	湛江市烟草专卖局（有限公司）
主要负责人/法定代表人（含党政领导）	梁树桥（—2021年7月） 陈以乔（2021年7月—）	杨　静	查志威	陈胜希（—2021年10月） 张栋梁（2021年10月—）

续表

地市级局（公司）名称		茂名市烟草专卖局（有限责任公司）	阳江市烟草专卖局（有限责任公司）	云浮市烟草专卖局（有限责任公司）	湛江市烟草专卖局（有限公司）
所属县级单位		高州市、化州市、信宜市、电白区等4个县级烟草专卖局（分公司）	阳春市、阳东区、阳西县等3个县级烟草专卖局（分公司）	云安区、罗定市、新兴县、郁南县等4个县级烟草专卖局（分公司）	徐闻县、遂溪县、吴川市、雷州市、廉江市等5个县级烟草专卖局（分公司）
总资产（万元）		104966	49440	53883	113491
资产负债率（%）		36.09	23.63	26.06	28.59
从业人员（人）		630	398	382	599
所属业务机构	营销机构	1个营销管理中心、5个营销部	1个营销管理中心、4个营销部	1个营销管理中心、5个营销部	1个营销管理中心、6个营销部
	物流配送机构	1个物流配送中心	1个物流配送中心	1个物流配送中心	1个物流配送中心
	专卖稽查机构	1个稽查支队、6个稽查大队	1个稽查支队、8个稽查大队	1个稽查支队、5个稽查大队	1个稽查支队、9个稽查大队
	烟叶机构	—	—	—	—
烟农户数（户）		—	—	—	—
实现烟农总收入（万元）		—	—	—	—
零售户数（户）		17079	10237	11126	20219
零售户销售毛利率（%）		12.81	13.51	13.56	11.21

地市级局（公司）名称		汕头市烟草专卖局（有限责任公司）	潮州市烟草专卖局（有限责任公司）	汕尾市烟草专卖局（有限公司）	揭阳市烟草专卖局（有限公司）
主要负责人/法定代表人（含党政领导）		朱伟优（—2021年6月） 许暖镇（2021年6月—）	许暖镇（—2021年6月） 刘长江（2021年7月—）	庄　智	赖少洪（—2021年5月） 肖大强（2021年5月—）
所属县级单位		澄海区、潮阳区、龙湖区、潮南区等4个县级烟草专卖局（分公司），南澳县[1]1个县级烟草专卖局（公司）	饶平县、潮安区2个县级烟草专卖局（分公司）	陆丰市、海丰县、陆河县等3个县级烟草专卖局（分公司）	普宁市、揭东区、揭西县、惠来县等4个县级烟草专卖局（分公司）
总资产（万元）		149786	68068	88798	160693
资产负债率（%）		24.19	21.71	28.67	26.13
从业人员（人）		682	599	526	771
所属业务机构	营销机构	1个营销管理中心、6个营销部	1个营销管理中心、3个营销部	1个营销中心、3个营销部	1个营销中心、5个区域市场部
	物流配送机构	1个物流配送中心	1个物流中心	1个物流中心	1个物流中心
	专卖稽查机构	1个稽查支队、7个稽查大队	1个稽查支队、3个稽查大队	1个稽查支队、4个稽查大队	1个稽查支队、5个稽查大队
	烟叶机构	—	—	—	—
烟农户数（户）		—	—	—	—
实现烟农总收入（万元）		—	—	—	—

续表

地市级局（公司）名称	汕头市烟草专卖局（有限责任公司）	潮州市烟草专卖局（有限责任公司）	汕尾市烟草专卖局（有限公司）	揭阳市烟草专卖局（有限公司）
零售户数（户）	20900	9326	13701	20582
零售户销售毛利率（%）	13.00	13.86	12.54	11.55

地市级局（公司）名称		韶关市烟草专卖局（有限公司）	梅州市烟草专卖局（有限公司）	河源市烟草专卖局（有限责任公司）	清远市烟草专卖局（有限公司）
主要负责人/法定代表人（含党政领导）		罗福命	管伟华（—2021年6月） 刘晓明（2021年6月—）	黄　涛	方文青
所属县级单位		南雄市、始兴县、曲江区、乐昌市、乳源瑶族自治县、仁化县、翁源县、新丰县等8个县级烟草专卖局（分公司）	五华县、大埔县、丰顺县、蕉岭县、平远县、兴宁市、梅县区等7个县级烟草专卖局（分公司）	东源县、龙川县、紫金县、连平县、和平县等5个县级烟草专卖局（分公司）	清新区、英德市、佛冈县、阳山县、连南瑶族自治县、连山壮族瑶族自治县、连州市等7个县级烟草专卖局（分公司）
总资产（万元）		118814	119747	80191	102175
资产负债率（%）		24.59	32.43	23.70	16.05
从业人员（人）		1172	1120	503	697
所属业务机构	营销机构	1个营销管理中心、9个营销部	1个营销中心、8个营销部	1个营销中心、6个营销部	1个营销管理中心
	物流配送机构	1个物流中心	1个物流中心	1个物流中心	1个物流配送中心
	专卖稽查机构	1个稽查支队、9个稽查大队	1个稽查支队、8个稽查大队	1个稽查支队、8个稽查大队	1个稽查支队、8个稽查大队
	烟叶机构	9个烟叶工作站、16个烟叶工作点	5个烟叶收购站、18个烟叶工作点、1个烟叶中心仓库	—	1个烟叶工作站
烟农户数（户）		2565	1397	—	129
实现烟农总收入（万元）		38616	21274	—	1901
零售户数（户）		11492	17380	14982	13871
零售户销售毛利率（%）		14.66	12.95	13.17	13.12

注：1.2021年，汕头市南澳县局（公司）尚未体制上划，汕头市局（有限责任公司）总资产、资产负债率、从业人员数据不含南澳县局（公司）。

◎撰稿：张　慧；编辑：褚　幸

广西壮族自治区烟草专卖局（公司）

【专卖管理】 **案件查处**。2021年，广西壮族自治区烟草专卖局查处各类涉烟违法案件1.01万起，涉案金额百万元以上案件180起，其中符合国家局标准的网络案件59起，部督案件5起。查获各类非法卷烟9.67万件，其中国产成品假烟6482.52件、有品牌散支烟628.9件、无品牌散支烟4270.99件、走私烟7.93万件，涉案卷烟实物总金额达到8.67亿元。查扣制假烟机26台套，非法烟叶烟丝258.5吨，公安、司法机关依法逮捕421人，判刑225人。

机制建设。制定《全区烟草打假打私跨区域联合办案协作机制》，鼓励地市级局在跨区域联打中发挥能动性；与自治区海警部门签订《联合打击烟草专卖品海上走私违法犯罪活动协作机制》《双拥共建协议书》，启动联合打击烟草专卖品海上走私暨“双拥”共建活动，深化海上打私机制建设。与广东省局、深圳市局联合签订《建立烟草打假打私协作机制备忘录》，加强桂粤深专卖执法合作，强化省际间涉烟案件联合查办，严厉打击涉烟违法犯罪行为。

加强与全国反走私综合治理调查研究中心合作，在“中国反走私”微信公众号等新媒体平台开设“烟草打私打假”宣传专栏，每周推送广西各地烟草打假打私相关报道。与自治区打私办、共青团广西区委、自治区直机关团工委联合举办烟草打私“文化大篷车”科普宣传活动，活动现场覆盖15万余人，《人民日报》、新华网、央广网、《光明日报》等媒体深入跟进，全网阅读量达到1238万次。

卷烟打私。发挥公安、海警、边防等多部门联合优势，强化一线海域封堵，陆路边境封控与梯次拦截，深化“大协同、多锁链”烟草打假打私新格局。加大海上打私力度，针对卷烟走私活动逐步由北仑河沿线向东西两侧漂移的新态势，推动地方政府组织海警、海关、公安、烟草等部门，定期开展情报收集研判，强化防城港江山乡白龙村、东兴江平镇万尾村等沿海重点村屯，钦州龙门港镇和北海市山口镇、沙田镇等重点卷烟走私上货海域的巡查防控，推进海上打私防线前移。钦州市、北海市、防城港市沿海地区共查处海上走私卷烟案件132起，查获走私卷烟1.64万件，涉烟走私船舶140艘。强化陆路封控与梯次拦截，百色市、崇左市针对边境一线实施重点时段与节假日巡查全覆盖，两地共查处走私烟案件65起，查获假私烟1603.02件。

卷烟打假。发挥烟警情报研判平台作用，强化重点区域和重点领域的集中整治，查处贵港“1·13”“1·30”“12·09”、南宁“6·09”、来宾“10·20”、贺州“5·26”等一批制售假烟网络案件，有效防范制假活动向自治区内转移扩散。发挥公安、海关、海警、边境管理等部门优势，强化行政执法与刑事司法有效衔接，破获防城港“8·15”、钦州“12·14”、崇左“11·03”等大要案件。针对南宁宾阳县、贵港桂平市、平南县等散支烟非法生产销售重点区域，组织开展系列专项整治行动，破获贵港“1·03”“1·30”、桂林“1·15”等一批重大典型案件。其中贵港“1·03”和“1·30”案件，共捣毁2个涉及多省的烟丝加工、散支烟产运储销等多环节、全链条犯罪网络，查获各类非法设备17台套、散支烟736.3件及非法原辅材料一批，涉案金额共计4618万元。

市场综合治理。开展“铁拳2021”等市场清理专项行动，监管整治涉烟物流寄递、无证经营、违法卖烟大户等乱象。落实小组50米“责任田”、信息点和交叉暗访机制的要求，发挥诚信互助小组群防群治效能。共有诚信互助小组1.49万个，小组成员提供违法违规线索5648条，处理违法违规零售户2601户。全自治区各级烟草部门市场检查共出动执法人员16.93万人次（其中协作单位2.48万人次），查处各类市场涉烟案件7501起，查获非法卷烟7434.91件。

电子烟监管。坚持“净网”“溯源”工作目标，强化对中小学校、幼儿园周边售烟网点的监管，加大对销售电子烟、电子烟网上宣传乱象整治力度，清理电子烟自动售卖机14台。南宁市、柳州市联合当地市场监管部门，分别就“向未成年人销售卷烟”“向未成年人销售电子烟”开出广西区首张罚单。8月15日，桂林市查处广西区首起“上头电子烟”案件。

“守护成长”专项行动。贯彻落实新修订的《中华人民共和国未成年人保护法》，开展禁止未成年人吸烟“守护成长”专项行动。与自治区法院、检察院、市场监督、教育等部门密切协作，通过小组会议宣传贯彻、走进校园讲堂、进村入户宣讲等多种形式，开展未成年人保护宣传工作。落实校园周围不得设置卷烟销售网点要求，通过“源头把关”限准入、“因店施策”巧劝退、“活用政策”换址搬、“联动协作”重治理等措施，全面清理校园周边“红线内”零售户。严格落实身份证件查验预防未成年人购烟制度，全自治区粘贴“禁止向未成年人销售卷烟”警示标语覆盖率达到100%。

【卷烟经营】 **卷烟销售**。2021年，广西烟草商业系统卷烟销量增幅居全国第15位。本地区卷烟销量居前三位的品牌为“真龙”“红塔山”“双喜”。全年销售全国重点品牌卷烟占总销量比重97.6%。卷烟市场价格指数保持在100

左右。零售户满意度评分 93.98 分，比上年增加 3.11 分，居行业第三位。

品牌培育。重新修订《卷烟品牌进退管理办法》，建立自治区、地级市、县（自治县）三级品牌共育机制，健全品规市场化淘汰机制，规划各工业公司在销品规分布，提升品牌培育工作质效。统筹各价位卷烟协调发展，推动常规卷烟、创新产品、雪茄烟协同发展，提升卷烟销售结构。全年实现单箱销售额比上年增加 1792 元。制定“真龙”品牌发展规划，加大品牌培育力度，推动“真龙”品牌量价齐升。全年销售地产重点品牌卷烟比上年增长 6.61%。

现代终端建设。推进零售终端转型升级，加快构建以直营终端为标杆、加盟终端为核心、现代终端为重点、普通终端为基础、合作终端为补充的现代化卷烟零售终端体系。落实现代终端扩容，实施分类提升，扩大现代终端规模，全自治区共建成现代终端 4.59 万户，整店打造终端乡镇覆盖率达到 100%。主动融入国家乡村振兴战略，组织召开农网建设现场会，总结推广贵港市、玉林市农网建设经验，重点解决农网客户硬件偏弱、软件不强的问题，补齐农网建设、客户服务等工作短板。

【烟叶生产】 **烟叶种植与收购**。2021 年，广西区上等烟比例 61.8%，比上年增加 1.89 个百分点。国家局抽检烟叶等级合格率 81.87%。脱贫巩固村集体 41 个，种烟面积 2882 亩；脱贫巩固烟农 1046 户，种烟面积 2.68 万亩，户均收入达到 8.61 万元。

强化核心烟区、重点烟区建设，建成烟叶万担乡 6 个、千亩村 24 个、百亩片 345 片，适度规模种植面积占总面积的 72.6%。

基础设施建设。组织开展烟叶基础设施摸排活动，有针对性地加强设施配套。2021 年投资 2973.09 万元，完成 72 座 7.27 万平方米育苗棚的维修，采购烟叶调制设施 863 个，修复烤房 1866 座，投入使用生物质燃烧机 510 台，改造配套专分散收场所 42 个。

绿色生产。种植绿肥 6000 余亩，深耕晒垡 11.6 万亩；种植万寿菊调理土壤微生态环境 2000 余亩，用石灰在青枯病发生危害严重的田块调理土壤酸度 1 万亩，对根茎病发生较重的田块消毒 1500 亩。加大有机肥的使用，亩施有机肥 300～500 千克。

推广烟蚜茧蜂防治蚜虫生物技术 12.64 万亩，防治效果达到 80%。开展蠋蝽防治烟青虫和斜纹夜蛾技术试点 5000 余亩，防治效果达到 65%。采用性诱剂 + 光波智能型灭虫灯防治斜纹夜蛾，有效控制斜纹夜蛾的发生危害。推广无人机飞防 + 增施微量元素叶面肥 6 万亩。

低碳烘烤。完善准采制度，规范采烟作业，减少鲜烟叶机械损伤及人为损耗。推广生物质燃烧机 510 套，使用烟夹烘烤 7400 套。推广“1 + N”专业化烘烤 0.25 万吨（5 万担），采烤一体化 0.56 万吨（11.11 万担），推广上部烟叶可用性提升 4.5 万亩、0.19 万吨（3.8 万担）。

2021 年，广西河池市南丹县巴定社区烟农查看烘烤的烟叶

广西河池天峨县局　雷　钧　摄

【特事辑要】 2021年4月8日，中国红十字会总会授予广西壮族自治区烟草专卖局（公司）“中国红十字会博爱奖章”，以表彰广西区局（公司）为打赢疫情防控攻坚战作出的积极贡献。

5月11—14日，国家局党组成员、副局长张天峰在广西烟草调研。

2021年广西壮族自治区烟草专卖商业主要情况统计

地市级局（公司）名称	南宁市烟草专卖局（公司）	柳州市烟草专卖局（公司）	桂林市烟草专卖局（公司）	梧州市烟草专卖局（公司）	北海市烟草专卖局（公司）
主要负责人/法定代表人（含党政领导）	林华丽	刘　峰	夏孟秋	黄仲宇	陈卫红（—2021年2月）马德军（2021年2月—）
所属县级单位	青秀区、兴宁区、江南区、西乡塘区、良庆区、邕宁区、武鸣区、宾阳县、横州市[1]、隆安县、上林县、马山县等12个县级烟草专卖局（营销部）	城区、柳江区、柳城县、鹿寨县、融安县、融水苗族自治县、三江侗族自治县等7个县级烟草专卖局（营销部）	城区、临桂区、灵川县、永福县、兴安县、全州县、灌阳县、阳朔县、荔浦市、平乐县、资源县、恭城瑶族自治县、龙胜各族自治县等13个县级烟草专卖局（营销部）	城区、苍梧县、岑溪市、藤县、蒙山县等5个县级烟草专卖局（营销部）	城区、合浦县2个县级烟草专卖局（营销部）
总资产（万元）	255711	131600	170432	62354	58994
资产负债率（%）	17.62	13.70	9.83	15.67	10.47
从业人员（人）	875	506	700	389	239
所属业务机构　营销机构	1个营销中心、12个区域市场部	1个营销中心、7个区域市场部	1个营销中心、13个区域市场部	1个营销中心、5个区域市场部	1个营销中心、2个区域市场部
所属业务机构　物流配送机构	1个物流中心、4个中转站	1个物流中心、5个中转站	1个物流中心、9个中转站	1个物流中心、3个中转站	1个物流中心
所属业务机构　专卖稽查机构	1个稽查支队、16个稽查大队	1个稽查支队、4个稽查大队	1个稽查支队、18个稽查大队	1个稽查支队、5个稽查大队	1个分局、1个稽查支队、4个稽查大队
所属业务机构　烟叶机构	—	—	—	—	—
烟农户数（户）	—	—	—	—	—
实现烟农总收入（万元）	—	—	—	—	—
零售户数（户）	34939	19134	24409	14402	8492
零售户销售毛利率（%）	15.01	14.64	14.94	14.95	14.92

地市级局（公司）名称	防城港市烟草专卖局（公司）	钦州市烟草专卖局（公司）	贵港市烟草专卖局（公司）	玉林市烟草专卖局（公司）	百色市烟草专卖局（公司）
主要负责人/法定代表人（含党政领导）	陈宇华	雷加进	谭广滨	李祥清	范东升（—2021年8月）许明忠（2021年8月—，主持工作）

续表

地市级局（公司）名称		防城港市烟草专卖局（公司）	钦州市烟草专卖局（公司）	贵港市烟草专卖局（公司）	玉林市烟草专卖局（公司）	百色市烟草专卖局（公司）
所属县级单位		城区、上思县、东兴市等3个县级烟草专卖局（营销部）	城区、灵山县、浦北县等3个县级烟草专卖局（营销部）	城区、桂平市、平南县等3个县级烟草专卖局（营销部）	城区、北流市、容县、陆川县、兴业县、博白县等6个县级烟草专卖局（营销部）	田阳区、田东县、右江区、平果市、德保县、靖西市、那坡县、西林县、凌云县、乐业县、田林县、隆林各族自治县等12个县级烟草专卖局（营销部）
总资产（万元）		32852	56200	74452	82975	117751
资产负债率（%）		18.38	10.31	15.63	15.82	10.52
从业人员（人）		171	365	451	550	1041
所属业务机构	营销机构	1个营销中心、3个区域市场部	1个营销中心、3个区域市场部	1个营销中心、3个区域市场部	1个营销中心、6个区域市场部	1个营销中心、12个区域市场部
	物流配送机构	1个物流中心、1个中转站	1个物流中心、2个中转站	1个物流中心、2个中转站	1个物流中心、2个中转站	1个物流中心、8个中转站
	专卖稽查机构	1个稽查支队、4个稽查大队	1个稽查支队、4个稽查大队	1个稽查支队、5个稽查大队	1个稽查支队、8个稽查大队	1个稽查支队、14个稽查大队
	烟叶机构	—	—	—	—	1个烟叶科、1个烟叶科研所、9个烟叶站
烟农户数（户）		—	—	—	—	3352
实现烟农总收入（万元）		—	—	—	—	31309
零售户数（户）		5645	14127	18188	19546	18800
零售户销售毛利率（%）		15.09	14.80	15.00	14.98	15.00

地市级局（公司）名称	贺州市烟草专卖局（公司）	河池市烟草专卖局（公司）	来宾市烟草专卖局（公司）	崇左市烟草专卖局（公司）
主要负责人/法定代表人（含党政领导）	王新钧	谢绍彬	袁秋亮	吴进福
所属县级单位	城区、钟山县、富川瑶族自治县、昭平县等4个县级烟草专卖局（营销部）	金城江区、宜州区、罗城仫佬族自治县、环江毛南族自治县、南丹县、天峨县、东兰县、巴马瑶族自治县、凤山县、都安瑶族自治县、大化瑶族自治县等11个县级烟草专卖局（营销部）	城区、忻城县、合山市、象州县、武宣县、金秀瑶族自治县等6个县级烟草专卖局（营销部）	江州区、扶绥县、宁明县、大新县、龙州县、天等县、凭祥市等7个县级烟草专卖局（营销部）
总资产（万元）	55108	83473	46483	44225
资产负债率（%）	14.57	8.51	16.65	16.67
从业人员（人）	436	617	345	354

续表

地市级局（公司）名称		贺州市烟草专卖局（公司）	河池市烟草专卖局（公司）	来宾市烟草专卖局（公司）	崇左市烟草专卖局（公司）
所属业务机构	营销机构	1个营销中心、4个区域市场部	1个营销中心、11个区域市场部	1个营销中心、6个区域市场部	1个营销中心、7个区域市场部
	物流配送机构	1个物流中心、2个中转部	1个物流中心、11个中转站	1个物流中心、5个中转站	1个物流中心、2个中转站
	专卖稽查机构	1个稽查支队、5个稽查大队	1个稽查支队、2个稽查大队	1个稽查支队、1个稽查大队	1个稽查支队、8个稽查大队
	烟叶机构	1个烟叶科、3个烟叶站	1个烟叶科、5个烟叶站	—	—
烟农户数（户）		689	216	—	—
实现烟农总收入（万元）		10346	1822	—	—
零售户数（户）		11147	20390	10792	9911
零售户销售毛利率（%）		14.77	14.63	14.78	15.00

注：1. 2021年7月30日，国家局、总公司印发《关于调整南宁市烟草专卖局（公司）所属部分机构的批复》（国烟人〔2021〕113号），同意撤销广西壮族自治区横县烟草专卖局，设立横州市烟草专卖局。横州市烟草专卖局与广西壮族自治区烟草公司南宁市公司横州营销部合署办公，负责辖区内的烟草专卖管理和卷烟营销工作。

◇ 撰稿：黄祥进；编辑：褚　幸

海南省烟草专卖局（公司）

【专卖管理】　**打假打私**。2021年，海南省烟草专卖局将打假打私工作融入社会综合治理体系和反走私联防联控体系，与海南海警局、中国海警局直属第四局签订联合执法协作办法，突出海上走私、物流寄递等重点领域监管，与海南省公安厅、海南海警局联合开展“利剑3号”打假打私集群战役，震慑涉烟违法犯罪分子，维护国家利益和消费者利益。

全年查处各类违法涉烟案件2220起。其中，公安部、国家局督办案件2起，符合公安部、国家局标准网络案件7起；案值5万元以上假烟案件36起。查获假烟、走私烟、异常流动真烟1.19万件，公安、司法机关依法追究刑事责任38人。2021年4月，海南省烟草专卖局联合中国海警局直属第四局查处1起海上走私卷烟案件，查获假私烟24个品牌规格8066件，货值1亿余元，总案值3亿余元，海上打私工作取得新突破。

市场监管。落实监管全覆盖要求，构建完善新型监管机制，强化电子烟、雪茄烟叶监管，组织开展“海南无假货”系列卷烟市场专项清理整顿、保护未成年人免受烟侵害“守护成长”专项行动等，依法查处向未成年人销售卷烟、电子烟案件27起，维护市场秩序，保护未成年人合法权益。

行政服务。推进“放管服”改革，按照“稳中有降、趋于合理”的调控思路，组织各市县局完成合理布局规划修订，落实“互联网+政务服务”工作要求，实现零售许可证“补办”“歇业”事项“智慧秒批”，开展行政许可事项“好差评”工作，做好12313、12345热线电话管理，提高服务水平。2021年，全省零售许可证持证户数7.7万户，持证率7.63‰，零售许可证增长过快势头得到初步控制。

【卷烟经营】　**卷烟销售**。2021年，海南省卷烟销量增幅排名全国第五位。其中，一类烟销量增长7.51%，二类烟销量增长2.84%。实现卷烟批发销售总额比上年增长4.35%。卷烟单箱批发销售收入比上年增加0.11万元，增长2.82%。实现税利比上年增长0.57%。

重点品牌卷烟（含“三沙”品牌）销量比上年增长1.93%。其中，“中华”“芙蓉王”“红塔山”“云烟”“白沙”“利群”“双喜·红双喜”“黄鹤楼”“玉溪”“黄山”

2021 年 8 月 31 日，海南省烟草专卖局与中国海警局直属第四局签订《联合打击烟草专卖品走私违法犯罪活动协作配合办法》

海南省局　陈少阳　摄

等 10 个重点品牌销量比上年增长 0.59%。创新品类卷烟销量比上年增长 19.27%，其中细支烟、短支烟、中支烟销量分别增长 15.58%、0.13%、49.02%。

海南自有品牌卷烟省内外销量比上年增长 14.2%，其中省内销量增长 10.19%。“三沙”品牌省内外销量比上年增长 15%。

网络建设。加快推动现代终端转型升级，截至 2021 年底，全省共有 7996 户零售终端达到初级现代终端以上标准，其中 1892 户试点使用现代终端店铺管理系统。开展“我与客户共成长”活动，全省诚信互助小组 4985 个。

物流建设。严格按照精益高效、绿色循环、协调共享的工作要求，持续提升物流服务保障能力。三亚新建物流配送中心投产运行，为辖区零售户提供“T + 1”送货服务；海口物流配送中心完成细标合一高速分拣设备技改工作，“甩箱式”物流配送覆盖全省 17 个市县，部分线路实现清洁能源化中转配送；开展《跨品牌卷烟纸箱循环利用通用要求》标准编写工作，海口新物流中心建设项目获批立项，项目建设工作有序推进。全年卷烟包装箱总体返还比例 128.37%，返还工业企业跨品牌包装箱超过 70 万只。2019—2021 年，单箱物流管理费用均为最低，居行业第一位。

【雪茄烟经营】　**雪茄烟销售**。2021 年，海南省销售雪茄烟 299.56 万支，比上年增长 62.96%。实现销售收入 0.19 亿元，增长 48.9%。

创新销售模式。制定出台《雪茄烟零售客户分档标准和货源投放规则的意见（试行）》，采用定性和定量相结合方式，对雪茄烟零售户进出实行闭环管理，将全省有效零售户分为 1 ~ 5 档雪茄烟零售户和普通雪茄烟零售户。在货源投放上，将中高端雪茄烟面向 1 ~ 5 档雪茄烟零售户投放，低端雪茄烟面向 1 ~ 5 档及普通雪茄烟零售户投放，具体投放品牌规格及数量由各地市级公司结合本地实际组织安排。琼海市局（公司）于 2021 年 11 月试点开展雪茄烟客户分档工作，综合试点情况后，择期在全省推广。

市场拓展。坚持以中高端雪茄烟为龙头，低端雪茄烟为基础，统筹手工和机制雪茄烟发展，逐步增加国产雪茄烟准入规格数量，提高雪茄烟产品供给丰富度。截至 2021 年底，全省在销雪茄烟规格 80 个，其中国产雪茄烟 49 个；2021 年引入国产雪茄烟规格 10 个，无退出规格。

雪茄烟零售终端建设。加强雪茄烟零售终端建设，重点选取店面形象好、经营能力强、守法意识高的零售户开展雪茄烟零售终端建设工作，帮助零售户改造门头店招、美化店面形象、提供经营指导，并统一使用“椰海茄客”现代终端名称，扩大国产雪茄烟品牌影响力。截至 2021 年底，全省共有“椰海茄客”高级雪茄烟终端 37 家。

【雪茄烟叶生产】　2020—2021 年度，海南省局（公司）海口雪茄研究所在琼海屯昌县、三亚五指山市、儋州昌江县、儋州东方市等 6 个试验点围绕品种、栽培、植保、晾制发酵技术开展专题研究。

在品种选育领域，开展行业雪茄烟重大专项海南产区承担的18个品种、125份种质资源的对比和鉴定试验，完成田间数据采集和烟叶采收晾制工作，初步筛选出适应海南生态条件的雪茄烟叶品种；新收集雪茄烟种质资源5份，开展78份杂交组合的比较试验，筛选出表现突出的杂交组合35个；完成5个雪茄烟品系在五指山、昌江、儋州3个产区的区域试验，提供4个“海研”系列雪茄烟品系支持福建省局（公司）、广东省局（公司）开展试种研究。

在栽培营养领域，开展基于海南气候条件的水肥运筹模式和有机物料试验。在植物保护领域，开展病虫害调查、发生规律和防控药剂筛选研究。

在晾制发酵领域，深化适宜采收成熟度、晾制机理、发酵工艺完善研究。根据雪茄烟叶主要碳氮代谢和色素相关酶活性等生理生化指标在晾制过程中的变化规律，绘制相关曲线图，为晾制工艺调整提供技术支撑。进一步完善和明确茄衣和茄芯烟叶发酵过程关键控制点参数，制定发布雪茄烟叶发酵技术标准，并在儋州、五指山等产区示范应用。

【管理创新】 推进县级局质量管理体系建设，实现质量管理体系地域全覆盖，全省烟草商业系统质量管理体系运行良好。开展精益课题和QC小组活动，学习推广典型案例，提升企业核心竞争力，提高管理创新能力。完善全省烟草商业系统分层分类对标指标体系，探索开展海口市局（公司）与广州市局（公司）对标帮扶共建工作，对标工作迈上新台阶。

2021年，根据国家局《关于2021年度烟草行业职业（岗位）标准等开发与修订项目计划的通知》，海口雪茄研究所《烟草病虫害绿色防控技术》《烟草病虫害综合治理》两个课题分别列入行业培训教材与课件开发项目计划，这两个课题是海南省局（公司）首次获批行业培训教材和课件开发立项。9月24日，海口雪茄研究所牵头申报的“以天敌为主的海南雪茄烟鳞翅目害虫绿色防控关键技术研究与推广应用”项目通过海南省科学技术厅关于省重点研发计划项目的立项审批。

【特事辑要】 2021年4月27—29日，国家烟草专卖局党组书记、局长，中国烟草总公司总经理张建民在海南烟草调研。

9月26—29日，国家局党组成员、副局长徐瑳在海南烟草调研。

2021年海南省烟草专卖商业主要情况统计

地市级局（公司）名称		海口市烟草专卖局（公司）	三亚市烟草专卖局（公司）	儋州市烟草专卖局（公司）	琼海市烟草专卖局（公司）
主要负责人/法定代表人（含党政领导）		陈　敏	陈晋广	崔宇慧	李　敏
所属县级单位		文昌市、澄迈县、定安县、临高县等4个县级烟草专卖局（营销部）	乐东县、陵水县、保亭县、五指山市等4个县级烟草专卖局（营销部）	东方市、昌江县、白沙县等3个县级烟草专卖局（营销部）	万宁市、屯昌县、琼中县等3个县级烟草专卖局（营销部）
总资产（万元）		139226	53242	35786	51176
资产负债率（%）		17.72	22.67	27.41	19.07
从业人员（人）		411	248	186	222
所属业务机构	营销机构	1个营销中心	1个营销中心	1个营销中心	1个营销中心
	物流配送机构	1个物流中心、1个卷烟物流中转站、2个卷烟物流对接点	1个物流中心、1个卷烟物流中转站、4个卷烟物流对接点	1个物流中心、2个卷烟物流中转站	1个物流中心、2个卷烟物流中转站
	专卖稽查机构	1个稽查支队、11个稽查大队	1个稽查支队、9个稽查大队	1个稽查支队、7个稽查大队	1个稽查支队、6个稽查大队
	烟叶机构	—	—	1个烟叶科	—

续表

地市级局（公司）名称	海口市烟草专卖局（公司）	三亚市烟草专卖局（公司）	儋州市烟草专卖局（公司）	琼海市烟草专卖局（公司）
烟农户数（户）	—	—	200	—
实现烟农总收入（万元）	—	—	1000	—
零售户数（户）	31419	16809	14732	13932
零售户销售毛利率（%）	13.10	13.44	13.36	12.52

◇撰稿：甘菊萍；编辑：褚　幸

重庆市烟草专卖局（公司）

【专卖管理】　*打假破网*。2021年，重庆市烟草专卖局巩固联合机制，保持高压态势，深入开展打假打私工作。全年查处各类涉烟违法案件6067起，查获各类非法卷烟7789.4件，实物案值6909万元。其中，案值5万元以上大要案件267起；“雷霆”专项行动查获非法卷烟3338.84件，涉案金额2757.95万元。全年完成验收网络案件27起，其中符合国家局标准的网络案件15起，部督案件2起；查获各类非法卷烟964.9件，非法烟叶11.34吨。公安、司法机关依法刑拘73人，逮捕44人，直诉39人。

市场监管。开展机动稽查23轮次，查获非法卷烟1093.5件。2021年底市场净化率98.5%。引导全市2032户卷烟零售户主动下架电子烟产品，持证户销售电子烟现象基本清零。

行政许可。2021年，全市烟草专卖许可证新办准予许可1.53万户，不予许可1865户，延续3.91万户，变更5326户，注销9760户。落实未成年人保护责任，全市全年处置中小学校周边零售户1941户，开出向未成年人销售电子烟罚单4张，20个区县实现中小学校周边50米内许可证清零。

【卷烟经营】　*卷烟销售*。2021年，重庆市烟草商业系统在销卷烟品牌50个、规格264个。其中，国内卷烟品牌45个、规格244个，国外卷烟品牌5个、规格20个。细支烟品牌规格70个，短支烟品牌规格8个，中支烟品牌规格62个。

销量居前三位的品牌为“龙凤呈祥”“云烟”“天子”。其中，“龙凤呈祥”销量比上年增长1.46%、“云烟”下降11.97%、“天子”增长27.6%。销量居前十位的品牌销量比上年下降4.07%。全国重点品牌卷烟销量比上年增长1.48%；实现销售额比上年增长3.6%。

细支烟销量比上年增长7.24%，中支烟增长43.8%，短支烟增长10.55%。

品牌培育。依托数智营销平台，商业企业根据数据开展品牌评价、进退和管理，工业企业利用商业数据有针对性开展宣传，零售户利用终端数据资源做好品牌展示，构建起“以数据为核心”的工商零共同面对消费者的品牌培育新机制。

严格品规进退管理，加强品规规模控制，分步推进品规数整合，每半年开展品牌评价梳理，每季度按引入规则审核引入符合条件的新品，优化品规布局。截至2021年底，在销国产卷烟品规数量由244个优化至199个，基本达到合理区间。

推行“多维”分档，实行“档位+标签”投放方式，并由销售分公司、区县分公司两级主体根据市场、品牌、客户状态指标，构建“俏紧平松软”指标评价模型，分级实施运行调控，确保全市卷烟销售增长均衡、目标可控、状态良好。

【雪茄烟经营】　2021年，在销雪茄烟品牌8个、规格31个，销售雪茄烟210.31万支。国产中高档雪茄烟实现销售额1305万元，比上年增加871万元。

【零售终端建设】　*直营终端管理*。加快直营终端“渝叶连锁”品牌建设，全市建成直营终端61个。推进将直营终端打造成为新品试销、品牌展示和消费体验基地，有效发挥直营终端品牌培育功能。

现代终端建设。印发《重庆市烟草专卖商业系统现代终端建设管理规范》《关于发布全市系统2021年现代终端验收标准的通知》，全面推进现代终端建设。全市建成并授牌星级现代终端1.07万户，数据采集终端1.35万户，改造客户门头1137户，打造标准店铺3898户。

2021年9月9日，重庆市局（公司）在重庆奉节县召开智慧烟叶基地单元建设现场会

重庆市局　涂金周　摄

合作终端建设。完成与中国邮政等9家连锁企业1945个门店数据对接，建成合作终端819户。所有单门店卷烟零售流水数据实时对接至营销平台，实现数据共享。实施动态管理，将其单门店数据对接的及时率、准确率和完整率作为合作终端评定标准，提升数据对接质量。

【零售户信用体系建设】 印发《零售商店信用体系建设实施方案（试行）》，建立零售户信用评价指标体系、等级管理体系和信用积分体系，推进信用评价结果在客户分档、货源投放、终端建设、市场监管等环节应用，发挥信用体系在引导零售户诚信经营、创新客户服务和监管方式等方面的作用。共有诚信互助小组7712个，参与零售户13.1万户。

【烟叶生产经营】 **烟叶种植与收购**。2021年，重庆市签订烤烟种植合同8739份，实现烟农总收入11.33亿元，户均收入12.96万元，比上年增加3.92万元；签订白肋烟种植合同1701户，收购0.09万吨（1.76万担）。

烟叶基础设施建设。完成2020年度基础设施项目建设及验收，实际投入资金4124.71万元，包括建成高标准基本烟田440.41亩、生物质颗粒生产线1处，配套生物质燃烧机1830件，修复育苗设施77件、烤房设施2338件。2021年度基础设施建设项目概算4358.52万元。完成水源工程援建资金划拨3229.51万元。

绿色防控。立项绿色防控科技专项9项，烟蚜茧蜂防治蚜虫技术烟田推广率100%，大农业放蜂50.7万亩；建成绿色防控模式示范区58个，示范区面积7.1万亩，病虫害损失率3.7%；辐射区23.8万亩，病虫害损失率5.01%。

多元化促农增收。助力实现巩固拓展脱贫攻坚成果同乡村振兴有效衔接。烟农多元产业净增收6229.13万元，比上年增加一倍。巫溪县文峰镇、万州白土镇人头村将烟区产业综合体建设纳入当地乡村振兴、高山特色旅游、特色效益农业总体规划，推动“烟叶＋多元产业”发展。巫溪文峰、万州人头烟区产业综合体入选2021年全行业高质量发展现场会经典案例。

【科技创新】 制定《中共重庆市烟草专卖局党组关于全面加强新时代科技创新工作的实施意见》，修订完善《科技计划项目管理办法》《科学技术奖励办法》及实施细则。全年申报国家局科技项目1项、行业标准制修订项目1个，新立市公司层级科技项目27个，直属单位层级科技项目11个，全市系统承担或参与科技项目的基层单位达到30家。

【数字化转型】 **基础建设**。扩容升级云平台，部署完成178台服务器、34台网络设备，大数据存储能力提升至

734TB。丰富“烟草钉”移动应用平台内容，行业级应用达到60个，各类小程序新增1500余个，平台用户超过14万人，访问率达到96.3%。举办数字化转型学术年会及专题讲座100余场。

系统建设。烟叶生产经营管理平台、涉烟违法犯罪大数据中心、数智精益管理、新OA系统等18个项目上线运行。其中，“数智营销”系统4月初完成部署，是行业首家上线运行的省级营销管理平台。承建全国12313烟草市场监管服务热线信息化平台，完成33个省份中心整合接入。“数智审计”等10个项目稳步推进，“数智物流”项目管理签订合同，卷烟营销决策系统等2个项目进入招标采购阶段，“数智质检”等5个项目完成立项。“数智精益管理”系统开发运行对标、管理诊断等8项业务功能模块以及精益问答窗、排行榜、知识库等3个工具和1个应用门户，初步实现精益管理的数字化转型。

系统应用。构建完善卷烟营销、专卖内管、终端零售、消费者会员、社会经济“五维一体”数据采集、管理、分析、应用体系，实现市场零售数据、消费者信息、社会经济数据采集零突破，解决数据传递的隔离、孤岛等问题。编制《数据驱动运行调控工作方案》，构建起区域卷烟总量、品规消费容量测算等用数模型，助力卷烟精准投放。举办智慧烟叶基地单元建设现场会，展示推广智慧育苗、智慧田管等场景应用。

数字化治理。谋划“十四五”网信蓝图，明确“1263”数智渝烟一体化云平台架构。完善网信制度标准体系，建立云平台、移动应用、网络安全等11个管理办法。建立信息化项目监理及咨询服务商库，制定应用系统开发项目评审规范，推动项目规范有序建设。建设实施安全态势感知平台，全年未发生网络安全事件。

【企业管理】 优化决策、审批、实施流程，调整项目计划、立项审批额度，对投资采购计划和项目进行分类、分线、分层“归口管理”。19个归口管理部门分线制定各自业务领域内的投资、采购项目控制标准，履行管理职责。把考核重点从结果转向过程，设置17个专项考核、200余个考核指标，实现工作全覆盖。围绕全市系统生产经营管理中的痛点、堵点、难点，梳理管理问题400余项，其中250项得到改进；开展微案例分享2次，分享案例48个。

【多元化经营】 重庆市烟草投资管理公司成立于2000年2月，经营业务涉及卷烟连锁、有机肥产销、“两烟”物流、烟用配套物资产销及物业餐饮服务等。截至2021年底，集团公司资产总额8.4亿元，其中固定资产3265.56万元、流动资产7.66亿元，资产负债率4.93%。2021年实现营业收入5.01亿元，实现税利7626万元。

【特事辑要】 2021年5月25日，重庆烟草工商共建烟叶基地单元签约仪式在酉阳土家族苗族自治县举行。

7月7日，国家局党组成员、副局长段铁力在重庆烟草调研。

2021年重庆市烟草专卖商业主要情况统计

地市级局（公司）名称	万州区烟草专卖局（分公司）	黔江区烟草专卖局（分公司）	涪陵区烟草专卖局（分公司）	渝中区烟草专卖局（分公司）	大渡口区烟草专卖局（分公司）
主要负责人/法定代表人（含党政领导）	李　明 （—2021年5月） 邹　毅 （2021年5月—）	王　平	陶云辉 （—2021年6月） 吴树成 （2021年6月—）	李兴奇 （—2021年5月） 江　波 （2021年5月—）	赵　飞 （—2021年4月） 张文平 （2021年5月—）
所属县级单位	—	—	—	—	—
总资产（万元）	20949	4111	5010	3581	2100
资产负债率（%）	—	—	—	—	—
从业人员（人）	371	310	217	73	49

续表

地市级局（公司）名称		万州区烟草专卖局（分公司）	黔江区烟草专卖局（分公司）	涪陵区烟草专卖局（分公司）	渝中区烟草专卖局（分公司）	大渡口区烟草专卖局（分公司）
所属业务机构	营销机构	1 个营销中心、6 个区域市场部	1 个客户服务部、3 个区域客户服务部	1 个客户服务部、5 个区域客户服务部	1 个客户服务部、2 个区域客户服务部	1 个客户服务部、1 个区域客户服务部
	物流配送机构	1 个物流中心	1 个物流配送中心	1 个配送中心	—	—
	专卖稽查机构	1 个稽查支队、3 个片区稽查队	1 个专卖稽查支队、3 个专卖稽查大队	1 个稽查支队、5 个稽查大队	1 个稽查支队、2 个稽查大队	1 个稽查支队、2 个稽查大队
	烟叶机构	2 个烟叶收购站、1 个烟叶仓储中心	3 个烟叶工作站	1 个烟叶收购站	—	—
烟农户数（户）		822	571	61	—	—
实现烟农总收入（万元）		3795	11186	881	—	—
零售户数（户）		6712	2323	4718	1966	1563
零售户销售毛利率（%）		13.23	15.75	13.86	15.00	15.00

地市级局（公司）名称		江北区烟草专卖局（分公司）	沙坪坝区烟草专卖局（分公司）	九龙坡区烟草专卖局（分公司）	南岸区烟草专卖局（分公司）	北碚区烟草专卖局（分公司）
主要负责人/法定代表人（含党政领导）		程念民	邱先勋（—2021 年 5 月） 楚　鹰（2021 年 5 月—）	楚　鹰（—2021 年 5 月） 范　毅（2021 年 5 月—）	谢小波	郭　敏
所属县级单位		—	—	—	—	—
总资产（万元）		7750	5561	6091	5357	3559
资产负债率（%）		—	—	—	—	—
从业人员（人）		84	97	107	103	81
所属业务机构	营销机构	1 个客户服务部、3 个区域客户服务部	3 个区域客户服务部	1 个客户服务部、4 个区域市场部	4 个区域客户服务部	1 个客户服务部、3 个区域市场部
	物流配送机构	—	无	—	—	—
	专卖稽查机构	1 个稽查支队、1 个许可大队、2 个市场大队、1 个政务大队	1 个稽查支队、5 个市场稽查队	1 个稽查支队、5 个稽查大队	1 个专卖政务大队、1 个专卖稽查支队、4 个专卖稽查大队	1 个稽查支队、1 个政务大队、3 个稽查大队
	烟叶机构	—	—	—	—	—
烟农户数（户）		—	—	—	—	—
实现烟农总收入（万元）		—	—	—	—	—
零售户数（户）		2998	4465	5563	3823	3538
零售户销售毛利率（%）		15.10	15.09	14.42	14.98	16.00

地市级局（公司）名称		万盛经济技术开发区烟草专卖局（分公司）	渝北区烟草专卖局（分公司）	巴南区烟草专卖局（分公司）	长寿区烟草专卖局（分公司）	江津区烟草专卖局（分公司）
主要负责人/法定代表人（含党政领导）		何明川（—2021年5月） 吴　静（2021年5月—）	戴　翔	张琼华（—2021年6月） 王东生（2021年6月—）	杨万长	王宏勇
所属县级单位		—	—	—	—	—
总资产（万元）		1246	8828	5793	2524	4154
资产负债率（%）		—	—	—	—	—
从业人员（人）		46	156	86	93	111
所属业务机构	营销机构	1个客户服务部	1个营销中心、5个区域市场部	3个区域市场部	1个客户服务部、2个区域客户部	1个客户服务部、7个市场区域客户服务部
	物流配送机构	—	—	—	1个物流配送组	—
	专卖稽查机构	1个稽查支队、1个稽查大队	1个稽查支队、6个稽查大队	1个稽查支队、4个稽查大队	1个稽查支队、2个稽查大队	7个稽查大队、1个机动稽查大队
	烟叶机构	—	—	—	—	—
烟农户数（户）		—	—	—	—	—
实现烟农总收入（万元）		—	—	—	—	—
零售户数（户）		1340	8722	4857	3311	5196
零售户销售毛利率（%）		13.72	15.00	13.60	16.29	14.73

地市级局（公司）名称		合川区烟草专卖局（分公司）	永川区烟草专卖局（分公司）	南川区烟草专卖局（分公司）	綦江区烟草专卖局（分公司）	大足区烟草专卖局（公司）
主要负责人/法定代表人（含党政领导）		高　态	杨智中	张文平（—2021年5月） 田　卫（2021年6月—）	鄢世伦（—2021年10月） 汤小奎（2021年10月—）	孙文东
所属县级单位		—	—	—	—	—
总资产（万元）		4030	3855	2657	3157	3184
资产负债率（%）		—	—	—	—	—
从业人员（人）		103	97	141	76	96
所属业务机构	营销机构	1个客户服务部、5个区域客户服务部	1个客户服务部、5个区域市场部	1个客户服务部、5个区域客户服务部	1个营销中心、4个区域市场部	1个客户服务部、4个区域客户服务部
	物流配送机构	—	—	—	—	—
	专卖稽查机构	1个稽查支队、5个稽查大队	1个稽查支队、7个稽查大队	5个稽查大队	1个稽查支队、4个稽查大队	1个稽查支队、4个稽查大队
	烟叶机构	—	—	—	—	—
烟农户数（户）		—	—	—	—	—
实现烟农总收入（万元）		—	—	—	—	—
零售户数（户）		4668	4887	3286	3670	3710
零售户销售毛利率（%）		14.48	13.90	15.00	14.36	14.81

地市级局（公司）名称		璧山区烟草专卖局（分公司）	铜梁区烟草专卖局（分公司）	潼南区烟草专卖局（分公司）	荣昌区烟草专卖局（分公司）	开州区烟草专卖局（分公司）
主要负责人/法定代表人（含党政领导）		刘　涛 （—2021年5月） 何　欢 （2021年6月—）	何　杨	龚洪磊	何　欢 （—2021年5月） 何亚欧 （2021年5月—）	柏红燕
所属县级单位		—	—	—	—	—
总资产（万元）		2806	2199	2138	2941	3402
资产负债率（%）		—	—	—	—	—
从业人员（人）		74	65	66	75	92
所属业务机构	营销机构	1个客户服务部、3个区域客户服务部	1个客户服务部、3个区域客户服务部	1个客户服务部、3个营销片区	1个客户服务部、3个区域客户服务部	1个客户服务部、5个区域客户服务部
	物流配送机构	—	—	—	—	—
	专卖稽查机构	1个稽查支队、3个稽查大队	1个稽查支队、3个稽查大队	1个稽查支队、3个稽查大队	1个稽查支队、2个稽查大队、1个政务大队	1个稽查支队、1个机动大队、5个稽查大队
	烟叶机构	—	—	—	—	—
烟农户数（户）		—	—	—	—	—
实现烟农总收入（万元）		—	—	—	—	—
零售户数（户）		2877	3456	2996	3386	4287
零售户销售毛利率（%）		16.10	14.55	14.74	14.29	13.98

地市级局（公司）名称		梁平区烟草专卖局（分公司）	武隆区烟草专卖局（分公司）	城口县烟草专卖局（分公司）	丰都县烟草专卖局（分公司）	垫江县烟草专卖局（分公司）
主要负责人/法定代表人（含党政领导）		雷　放 （—2021年6月） 骆大元 （2021年6月—）	袁力平	夏刚东 （—2021年5月） 邬　俊 （2021年5月—）	张斗奎	杨　军
所属县级单位		—	—	—	—	—
总资产（万元）		2030	14712	898	10420	2239
资产负债率（%）		—	—	—	—	—
从业人员（人）		85	271	37	189	77
所属业务机构	营销机构	1个客户服务部（含3个市场片区）	1个客户服务部、2个片区客户服务部	1个区域客户服务部	1个客户服务部、3个区域客户服务部	1个客户服务部、3个区域客户服务部
	物流配送机构	—	—	—	—	—
	专卖稽查机构	1个稽查支队、3个稽查大队	1个稽查支队、2个稽查大队	1个稽查支队、1个稽查大队	1个稽查大队、3个区域稽查队	1个专卖监督管理科、1个稽查支队、3个稽查大队
	烟叶机构	—	4个烟叶收购站	—	2个烟叶收购站	—
烟农户数（户）		—	886	—	487	—
实现烟农总收入（万元）		—	11235	—	5033	—
零售户数（户）		3153	2073	1089	3397	2866
零售户销售毛利率（%）		14.51	14.50	16.63	14.70	14.49

地市级局（公司）名称		忠县烟草专卖局（分公司）	云阳县烟草专卖局（分公司）	奉节县烟草专卖局（分公司）	巫山县烟草专卖局（分公司）	巫溪县烟草专卖局（分公司）
主要负责人/法定代表人（含党政领导）		许安定	秦　宝	陈伦飞	向永光	谭　波
所属县级单位		—	—	—	—	—
总资产（万元）		6215	2616	20904	14719	17706
资产负债率（%）		—	—	—	—	—
从业人员（人）		74	82	198	269	174
所属业务机构	营销机构	1 个客服部、4 个区域客服部	1 个客户服务部、4 个区域客户服务部	1 个客户服务部、3 个区域市场部	1 个客户服务部、2 个区域客户服务部	1 个客户服务部
	物流配送机构	—	—	1 个卷烟物流配送中心	—	—
	专卖稽查机构	1 个稽查支队、3 个稽查大队	1 个稽查大队、4 个市场稽查中队	1 个稽查支队、4 个稽查大队	1 个稽查支队、3 个稽查大队	1 个稽查支队、3 个稽查大队
	烟叶机构	—	—	3 个烟叶收购站	4 个烟叶收购站	2 个烟叶收购站
烟农户数（户）		—	—	1773	1800	678
实现烟农总收入（万元）		—	—	13563	21300	9543
零售户数（户）		2712	3589	3327	2292	2300
零售户销售毛利率（%）		15.43	15.04	14.83	14.07	14.42

地市级局（公司）名称		石柱土家族自治县烟草专卖局（分公司）	秀山土家族苗族自治县烟草专卖局（分公司）	酉阳土家族苗族自治县烟草专卖局（分公司）	彭水苗族土家族自治县烟草专卖局（分公司）
主要负责人/法定代表人（含党政领导）		徐小洪（—2021 年 5 月） 徐　宸（2021 年 5 月—）	吴　静（—2021 年 5 月） 赵依林（2021 年 5 月—）	肖　鹏（—2021 年 5 月） 李常军（2021 年 5 月—）	窦远奎
所属县级单位		—	—	—	—
总资产（万元）		12043	3884	27234	34337
资产负债率（%）		—	—	—	—
从业人员（人）		181	84	336	382
所属业务机构	营销机构	1 个客户服务部、3 个区域客户服务部	3 个区域市场部	1 个客户服务部、5 个区域客户服务部	1 个营销中心
	物流配送机构	—	1 个配送组	客服部兼物流配送	1 个物流中心
	专卖稽查机构	1 个稽查支队、3 个稽查大队	1 个稽查大队、4 个市场稽查队	1 个专卖科、5 个市场稽查队	4 个稽查支队
	烟叶机构	2 个烟叶收购站	—	4 个烟叶收购站	6 个烟叶收购站
烟农户数（户）		604	—	1208	1554
实现烟农总收入（万元）		6495	—	18301	24227
零售户数（户）		2243	2801	2810	2630
零售户销售毛利率（%）		14.78	14.10	15.60	15.00

◇ 撰稿：严　正；编辑：褚　幸

四川省烟草专卖局（公司）

【专卖管理】　**打假打私**。2021年，四川省烟草专卖局加强与公安多警种执法协作，联合印发《深化打假打私工作会议纪要》，进一步增强打击合力。推进全省“1+N”情报研判体系建设，制定情报研判工作管理规范，全省研判体系共分析案件58起，协助侦办案值百万元以上网络案件19起，涉案金额1.3亿元，数字化支撑烟草办案的实战作用有力彰显。坚持目标导向、强化源头治理、突出终端管控，全年查获假私非烟4.29万件，查处涉烟案件2.18万起，其中案值5万元以上涉烟案件1447起，假私非烟反弹得到遏制。

经典案例。成都“6·1”特大制售假烟案。成都市烟草、公安部门联合破获四川省近20年来的最大制售假烟案件，该案涉案总案值5100万元，批准逮捕并移送审查起诉犯罪嫌疑人33人（含外籍非法入境制假人员6人）；查获利用YJ14、YJ22零部件拼装而成，具有自动化生产能力的卷接机1台套、包装机2台套；查获假冒卷烟1022件，非法烟丝16余吨及大量制假辅料。

市场监管。纵深推进数字监管，召开四川省首届专卖管理高质量发展推进会，谋划和推进专卖数字化转型。承接国家局市场秩序监测与评价试点工作，探索烟草市场态势感知和全域画像，推动监管转型升级，全省市场净化率98.75%。持续深化定点整治，组织打击非法经营烟叶专项行动，查获非法烟叶烟丝560.26吨。联合四川省市场监督管理局开展“守护成长”专项行动，查处向未成年人销售电子烟案件5起，罚款1.2万元。深化“放管服”改革，建成全省12313烟草市场监管服务热线分中心。优化布局准入，强化后续监管，卷烟零售户户数月平均增幅下降0.43个百分点。

【卷烟经营】　**卷烟品牌培育**。四川省局（公司）按照国家局“大品牌”战略导向，围绕“136、345”卷烟品牌发展目标，坚持市场化取向改革，遵循市场基本规律，履行好品牌培育“第一职责”。2021年，本地区销量居前三位的卷烟品牌为“娇子”“云烟”“玉溪”。规范品牌引退流程标准，全年全省在销规格345个，准销规格273个，销量排名前20位的规格品牌集中度61.3%，全年退出不适销规格71个（含雪茄烟）。全年全省实现卷烟单箱销售收入3.89万元，销售共育品牌卷烟866.9亿支（173.38万箱）。四川成为“娇子”“玉溪”“天子”等品牌全国最大销区，也是“云烟”“黄鹤楼”“贵烟”等品牌省外第一大销区。

网络建设。聚焦“数字化”销售转型，开展数字门店建设，实施全商品扫码、全方式支付、全店铺管理，重构“人、货、场”要素配置。截至2021年底，全省推广卷烟零售终端管理系统2.19万户，发展会员店铺2.02万家，注册消费者会员144.14万人。初步建立“守信激励、失信约束”诚信体系，并在市场监管、货源投放、终端建设、客户服务等方面加以探索应用。探索商零网配模式，打破传统的限量定时供应模式，提升货源响应速度和适配性。探索加盟终端建设模式，四川诚至诚烟草投资公司在绵阳打样建设示范店，探索形象加盟、管理加盟、数据加盟的模式，为流通品牌建设做前期初步尝试。

【雪茄烟经营】　四川省局（公司）力求在雪茄烟销售机制、培育模式、市场发展上有所突破和创新。编制《中国烟草总公司四川省公司雪茄烟销售工作指导业务规范》。创新销售模式，以成都市局（公司）为试点单位，探索一套独立于卷烟、符合市场实际需求的雪茄烟销售模式。在客户分档上，将雪茄烟客户分为7个档位，构建雪茄烟客户多维评价体系，实现雪茄烟货源精准投放。建设专业销售队伍，加强雪茄烟销售知识培训，针对销售人员、零售户实施专项培训、集中宣讲等，覆盖所属21个市州局（公司）。

2021年，四川省销售雪茄烟9.87亿支，实现销售收入7.11亿元。销售传统雪茄烟5085万支，实现销售收入1.33亿元；销售中高端雪茄烟271.11万支，实现销售收入0.76亿元。

【烟叶生产经营】　**概况**。2021年，四川省烤烟涉及种烟县21个，种烟乡镇224个，种烟村1231个，烟农4.34万户。

“在哪种烟”迈出新步伐。2021年，四川省局（公司）在凉山州承办全国首个烟叶高质量发展现场会，全面展示四川烟叶“十三五”时期发展成效经验以及“十四五”烟叶高质量发展谋划思路。联合四川省农业农村厅、省自然资源厅出台《关于加强烟田保护推进烟叶高质量发展的实施意见》，划定基本烟田保护区266万亩。推动烟叶纳入全省农业农村现代化规划和攀西经济区发展规划，享受四川现代农业“10+3”产业体系建设相关政策。整合政府烟叶发展扶持资金3.66亿元，政策保障不断增强。

“谁来种烟”积蓄新动能。不断优化扶持政策，构建“三位一体”的新型职业烟农培育制度体系，认定职业烟农1.13万户，种烟规模占比37%。投入烟叶保险经费3856万元，烟农种烟托底保障更加有力。推进产业融合，坚持“以烟为主”，因地制宜推动“烟+N”融合，构建土地资源、种植规模、收益机制“三稳定”烟区综合体建设模式。全省新增建设国家局和省局（公司）烟区综合体各6个，累计打造16个。凉山会东官村、冕宁哈哈和宜宾筠连龙盘等3个综合体纳入省级现代农业园区建设。持续提高烟农效益，全省烟农新增售烟收入超过10亿元，户均收入突破10万元。

“怎么种烟”取得新成效。持续优化生产布局，推动烟叶产能布局向核心烟区和重点烟区集中，凉山、攀枝花烟叶规模占比85.3%，调整取消广元市旺苍县烟叶种植计划。推动烟田布局“大集中、小连片”，打造66个万担乡、320个千亩村，50亩以上连片规模占90.8%。推广重点技术，开展滴灌等水施追肥示范，实施水肥一体化98万亩，推广上部叶充分成熟一次性采烤及带茎砍烤93万亩。推进扁平改革，整合烟叶站点数量至172个，压缩18%。全省收购平均时长比上年缩短3天，烟叶在库时长平均缩短18%。

“为谁种烟”实现新突破。加强烟叶定制化生产，订单生产“红花大金元”品种3.25万吨（65万担），与5家卷烟工业企业开展高可用性上部烟叶开发18.34万亩和高油分中棵烟开发1000亩。加快产业化发展，收购雪茄烟0.05万吨（0.94万担），比上年增长46.1%。加快推进烟叶基地化建设，与3家卷烟工业企业建立紧密的雪茄烟叶原料供应关系；与德阳、达州市政府初步达成雪茄烟产业发展战略合作，雪茄烟产业链、供应链基本形成。

【科技与管理创新】 取得省部级科技成果58项，获得省部级科技奖励3项。组织开展全省商业系统“十三五”科技创新先进集体、先进个人表彰工作。新增高级职称34人，中级职称64人，技师38人，培养选拔“烟草行业技术能手”6人。全省系统形成QC小组活动成果246个，取得直接经济效益1589万元。

2021年4月30日，四川凉山州德昌县局（分公司）党总支在麻栗镇开展党建助力烟叶移栽主题党日活动

四川省局　供稿

【特事辑要】 2021年2月5日，《人民日报》、新华社等20余家媒体报道四川凉山州越西县桃园村烟农巴木玉布木故事。“春运母亲”巴木玉布木所在的桃园村烟叶种植规模从2015年的1600亩逐步扩大到2021年的2108亩，帮助72户烟农脱贫致富，其中困难户9户。国家局将其列为典型宣传案例。

6月10—11日，四川省巩固拓展脱贫攻坚成果同乡村振兴有效衔接工作推进会议在凉山州召开。其间，参会代表现场考察冕宁县哈哈河坝现代烟草农业园区丰乐烘烤工厂、四川烟叶复烤公司会东复烤厂和会东县现代烟草产业展示厅以及行业帮扶的普格县甲甲沟村、昭觉县姐把哪打村等项目。

7月9日，四川省农业农村厅、省自然资源厅、省烟草专卖局（公司）联合出台《关于加强烟田保护推进烟叶高质量发展的实施意见》。

7月13—14日，2021年全国烟叶高质量发展现场会在四川凉山召开。四川省局（公司）聚焦“在哪种烟、谁来种烟、怎么种烟、为谁种烟”四大课题作现场汇报。这是全行业首次聚焦烟叶高质量发展召开现场会。

11月26日，“凉山清甜香烤烟”入选《中国大百科全书》（第三版）“中国原产地物产”专题。

2021年四川省烟草专卖商业主要情况统计

地市级局（公司）名称		成都市烟草专卖局（公司）	自贡市烟草专卖局（公司）	攀枝花市烟草专卖局（公司）	泸州市烟草专卖局（公司）
主要负责人/法定代表人（含党政领导）		周德文（—2021年5月）	秦高华（—2021年8月）罗柱石（2021年8月—）	杨　宇	罗　旭
所属县级单位		青羊区、金牛区、武侯区、高新区、成华区、锦江区等6个烟草专卖局，一分公司（青羊、金牛区局）、二分公司（武侯区局、高新区分局）、三分公司（成华、锦江区局）等3个分公司，以及龙泉驿区、青白江区、新都区、温江区、双流区、郫都区、简阳市、都江堰市、彭州市、邛崃市、崇州市、金堂县、大邑县、蒲江县、新津区等15个县级烟草专卖局（分公司）	沿滩区、贡井区、大安区、自流井区、富顺县、荣县等6个县级烟草专卖局（分公司）	米易县、盐边县、东区、西区、仁和区等5个县级烟草专卖局（分公司）	古蔺县、叙永县、合江县、泸县、江阳区、龙马潭区、纳溪区等7个县级烟草专卖局（分公司）
总资产（万元）		1264460	98666	80883	158229
资产负债率（%）		18.13	17.06	5.80	17.26
从业人员（人）		1820	270	621	897
所属业务机构	营销机构	1个营销中心	1个营销中心	1个营销中心	1个营销中心
	物流配送机构	1个物流中心	1个物流中心	1个物流中心	1个物流中心
	专卖稽查机构	1个稽查支队、24个稽查大队	1个稽查支队、6个稽查大队	1个稽查支队、6个稽查大队	1个稽查支队、7个稽查大队
	烟叶机构	—	—	16个烟叶收购点	17个烟叶收购点
烟农户数（户）		—	—	2638	1863
实现烟农总收入（万元）		—	—	37044	35022
零售户数（户）		52179	8770	5516	14085
零售户销售毛利率（%）		15.06	15.06	17.63	14.40

地市级局（公司）名称		德阳市烟草专卖局（公司）	绵阳市烟草专卖局（公司）	广元市烟草专卖局（公司）	遂宁市烟草专卖局（公司）
主要负责人/法定代表人（含党政领导）		蒲　适	王　斌	何成伟	杜兴华
所属县级单位		中江县、罗江区、广汉市、什邡市、绵竹市、旌阳区等6个县级烟草专卖局（分公司）	涪城区、游仙区、安州区、江油市、三台县、梓潼县、盐亭县、北川羌族自治县、平武县等9个县级烟草专卖局（分公司）	利州区、昭化区、朝天区、剑阁县、旺苍县、苍溪县、青川县等7个县级烟草专卖局（分公司）	船山区、射洪市、蓬溪县、大英县、安居区等5个县级烟草专卖局（分公司）
总资产（万元）		164058	181602	87425	79784
资产负债率（%）		16.49	5.48	5.53	13.68
从业人员（人）		467	573	666	292
所属业务机构	营销机构	1个营销中心	1个营销中心	1个营销中心	1个营销中心
	物流配送机构	1个物流中心	1个物流中心	1个物流中心	1个物流中心
	专卖稽查机构	1个稽查支队、7个稽查大队	1个稽查支队、10个稽查大队	1个稽查支队、7个稽查大队	1个稽查支队、6个稽查大队
	烟叶机构	1个烟叶中心	—	7个烟叶收购点	—
烟农户数（户）		918	—	887	—
实现烟农总收入（万元）		2477	—	10849	—
零售户数（户）		14339	16029	9819	8950
零售户销售毛利率（%）		13.66	13.58	14.31	15.79

地市级局（公司）名称		内江市烟草专卖局（公司）	乐山市烟草专卖局（公司）	南充市烟草专卖局（公司）	宜宾市烟草专卖局（公司）
主要负责人/法定代表人（含党政领导）		杨海智	宋纪江	孙泽芝	罗柱石（—2021年8月） 黄　磊（2021年9月—）
所属县级单位		市中区、东兴区、隆昌市、资中县、威远县等5个县级烟草专卖局（分公司）	市中区、峨眉山市、夹江县、井研县、沙湾区、五通桥区、沐川县、犍为县、马边彝族自治县、峨边彝族自治县、金口河区等11个县级烟草专卖局（分公司）	高坪区、嘉陵区、顺庆区、阆中市、南部县、西充县、营山县、仪陇县、蓬安县等9个县级烟草专卖局（分公司）	翠屏区、南溪区、叙州区、江安县、长宁县、高县、筠连县、珙县、兴文县、屏山县等10个县级烟草专卖局（分公司）
总资产（万元）		94486	132119	151188	146888
资产负债率（%）		12.53	9.01	16.98	11.71
从业人员（人）		321	378	578	771
所属业务机构	营销机构	1个营销中心	1个营销中心	1个营销中心	1个营销中心
	物流配送机构	1个物流中心	1个物流中心	1个物流中心	1个物流中心
	专卖稽查机构	1个稽查支队、5个稽查大队	1个稽查支队、11个稽查大队	1个稽查支队、9个稽查大队	1个稽查支队、10个稽查大队
	烟叶机构	—	—	—	8个烟叶收购点

续表

地市级局（公司）名称	内江市烟草专卖局（公司）	乐山市烟草专卖局（公司）	南充市烟草专卖局（公司）	宜宾市烟草专卖局（公司）
烟农户数（户）	—	—	—	887
实现烟农总收入（万元）	—	—	—	29884
零售户数（户）	10301	11834	18351	14567
零售户销售毛利率（%）	15.51	14.45	14.90	14.69

地市级局（公司）名称		广安市烟草专卖局（公司）	达州市烟草专卖局（公司）	巴中市烟草专卖局（公司）	雅安市烟草专卖局（公司）
主要负责人/法定代表人（含党政领导）		常　革	谭永明	张长江	何梦皓（—2021 年 1 月） 胡雁翼（2021 年 3 月—）
所属县级单位		广安区、岳池县、武胜县、邻水县、华蓥市、前锋区等6个县级烟草专卖局（分公司）	通川区、达川区、宣汉县、开江县、万源市、大竹县、渠县等7个县级烟草专卖局（分公司）	巴州区、恩阳区、通江县、平昌县、南江县等5个县级烟草专卖局（分公司）	雨城区、名山区、荥经县、汉源县、石棉县、天全县、芦山县等7个县级烟草专卖局（分公司）和宝兴县烟草专卖局
总资产（万元）		68489	120708	59214	66303
资产负债率（%）		10.15	14.49	15.64	14.33
从业人员（人）		300	538	309	251
所属业务机构	营销机构	1个营销中心	1个营销中心	1个营销中心	1个营销中心
	物流配送机构	1个物流中心	1个物流中心	1个物流中心	1个物流中心
	专卖稽查机构	1个稽查支队、7个稽查大队	1个稽查支队、7个稽查大队	1个稽查支队、5个稽查大队	1个稽查支队、8个稽查大队
	烟叶机构	—	1个烟叶中心	—	—
烟农户数（户）		—	2249	—	—
实现烟农总收入（万元）		—	694	—	—
零售户数（户）		10968	16894	10388	4401
零售户销售毛利率（%）		15.85	16.48	15.10	14.56

地市级局（公司）名称	眉山市烟草专卖局（公司）	资阳市烟草专卖局（公司）	凉山彝族自治州烟草专卖局（公司）	阿坝藏族羌族自治州烟草专卖局（公司）	甘孜藏族自治州烟草专卖局（公司）
主要负责人/法定代表人（含党政领导）	四朗彭措（—2021 年 1 月） 何梦皓（2021 年 1 月—）	段　钢	郭明全（—2021 年 8 月） 梁　辉（2021 年 8 月—）	陈隽逸	局长、经理、法定代表人：陈志学 党组书记：青志勇

续表

地市级局（公司）名称		眉山市烟草专卖局（公司）	资阳市烟草专卖局（公司）	凉山彝族自治州烟草专卖局（公司）	阿坝藏族羌族自治州烟草专卖局（公司）	甘孜藏族自治州烟草专卖局（公司）
所属县级单位		东坡区、彭山区、仁寿县、洪雅县、青神县、丹棱县等6个县级烟草专卖局（分公司）	雁江区、安岳县、乐至县等3个县级烟草专卖局（分公司）	西昌市、会理市[1]、会东县、德昌县、盐源县、冕宁县、普格县、宁南县、越西县、喜德县、甘洛县、昭觉县、布拖县、美姑县、金阳县、雷波县、木里藏族自治县等17个县级烟草专卖局（分公司）	汶川县、茂县、松潘县、九寨沟县、理县、小金县、马尔康市、黑水县、金川县、红原县、阿坝县、若尔盖县、壤塘县等13个县级烟草专卖局（分公司）	康定市、泸定县、丹巴县、九龙县、理塘县、雅江县、巴塘县、乡城县、稻城县、得荣县、炉霍县、道孚县、色达县、甘孜县、新龙县、石渠县、德格县、白玉县等18个县级烟草专卖局（分公司）
总资产（万元）		118197	65182	738591	44404	34154
资产负债率（%）		14.46	17.16	12.74	10.77	8.67
从业人员（人）		315	287	2813	208	228
所属业务机构	营销机构	1个营销中心	1个营销中心	1个营销中心	1个营销中心	1个营销中心
	物流配送机构	1个物流中心	1个物流中心	1个物流中心	1个物流中心	1个物流中心
	专卖稽查机构	1个稽查支队、6个稽查大队	1个稽查支队、3个稽查大队	1个稽查支队、14个稽查大队	1个稽查支队、13个稽查大队	1个稽查支队、21个稽查大队
	烟叶机构	—	—	58个烟叶收购站、96个烟叶收购点	—	—
烟农户数（户）		—	—	37109	—	—
实现烟农总收入（万元）		—	—	389348	—	—
零售户数（户）		9076	8585	16010	3845	3010
零售户销售毛利率（%）		14.97	16.29	14.47	17.52	16.85

注：1.2021年12月，国家局、总公司印发《调整凉山彝族自治州烟草专卖局（公司）所属部分机构的批复》，同意撤销会理县烟草专卖局，设立会理市烟草专卖局；会理市烟草专卖局与四川省烟草公司凉山州公司会理分公司合署办公，负责辖区内的烟草专卖管理、卷烟营销和烟叶生产经营工作。

◎ 撰稿：王恩锋；编辑：周　佳　王　静　刘海文

贵州省烟草专卖局（公司）

【专卖管理】 ***打假打私***。2021年，贵州省烟草专卖局推进烟草打假打私工作，与贵州省公安、邮政管理等部门深化协作，联合开展“黔锋十号”打击卷烟制假原料等专项行动，查处重点环节涉烟违法犯罪活动。全年查处各类涉烟违法案件5568起，其中，案值5万元以上案件941起，国家局、公安部联合督办案件2起。查获假私烟2793.67件、非法烟叶烟丝1737万吨。公安、司法机关依法刑拘97人，逮捕108人，判刑85人。

遵义市“11·19”非法经营烟丝网络案件（部督）涉及4个省（自治区、直辖市），查获非法烟叶烟丝（含烟梗烟末）159.97吨、假烟57.76件、烟机8台套，案值1703.48万元，逮捕12人。

黔南州“5·25”非法经营烟叶案件（部督）涉及7个省（自治区、直辖市），查获非法烟叶烟丝（含烟梗）83.91吨、烟机13台套，案值1689万元，逮捕9人。

市场监管。全面落实“双随机、一公开”监管，优化APCD重点监管，严查市场违法经营行为，全年市场净化率保持在98%以上。全年执行烟草市场监督检查任务50.5万户次，开展专项整顿行动5次，查办无证经营案件625起、真品卷烟案件3747起，查获异常流动真品卷烟9393.47件。开展保护未成年人免受烟侵害“守护成长”专项行动，全省中小学校周边售烟网点基本实现清零，取消幼儿园周边

售烟网点697个，查处向未成年人售烟案件27起。开展侵权茶烟问题专项治理，首次查处非法生产侵权茶烟案件1起。强化电子烟市场监管，查处违法销售电子烟案件5起，配合公安机关查处涉毒电子烟案件1起。

政务服务。建成贵州省12313烟草市场监管服务热线分中心，初步建立热线运行制度体系，集中接听处置群众来电2.63万个，热线服务满意度99%以上。深化“互联网+政务服务”建设，全年网上办理卷烟零售许可审批事项10.73万件，在线办理率86.7%。进一步加强政务服务“好差评”工作管理，办事窗口“好差评”群众满意度保持在99%以上。截至2021年底，全省有持证卷烟零售户23.87万户。

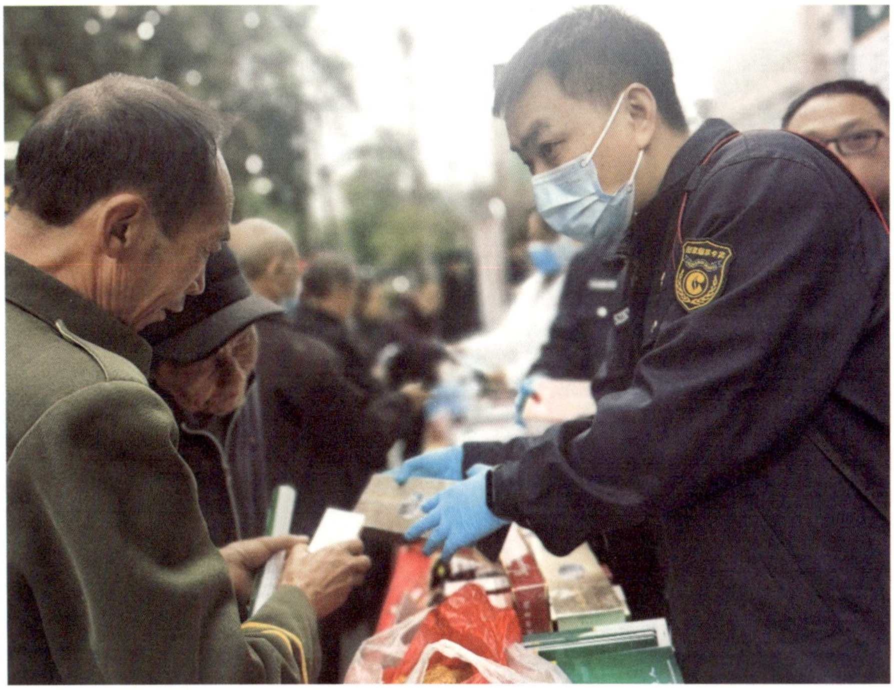

2021年3月15日，贵州黔东南州麻江县局专卖管理人员向消费者讲解真假卷烟辨别知识

贵州麻江县局　王承江　摄

【卷烟经营】 **品牌培育**。贵州省局（公司）将品牌培育作为卷烟经营第一职责，持续健全品牌进退市场化规则，建立品牌三级共育机制。特色卷烟规模持续扩大，保持较快发展态势，全年销售细支烟46.45亿支（9.29万箱）、中支烟20.26亿支（4.05万箱）。全年清退卷烟规格24个，引入新品卷烟规格26个。截至2021年底，全省在销国产卷烟品规279个。

市场化取向改革。围绕“1466”新生态价值体系内容，完成全省卷烟业务标准化体系编制。改革举措落地落实，“橄榄型”客户档位结构基本形成，“省—市—县”三级销售业务监管体系全面落地。全年卷烟需求预测吻合度99.52%，综合卷烟货源订足率91.5%。卷烟销售队伍转型不断深化，稳步推进销售队伍“新四员”工作模式，全年所属60个县级局（分公司）启动队伍转型工作。

卷烟销售网络建设。建设高质量现代零售终端、“黔彩”合作终端，探索打造“黔彩”便民终端，持续提升诚信互助小组运行质量，“黔彩”品牌影响力不断扩大。全省高质量现代零售终端占比16.11%，比上年提高5.11个百分点；截至2021年底，累计建成合作终端2536个，比上年增加1137个；诚信互助小组整体客户覆盖率98.1%，比上年提高3.1个百分点；高质量网上结算客户比例57.8%，比上年提高18.94个百分点。

开展“我与客户共成长”“服务零售户办实事”主题实践活动。全省共建成114个农网示范终端，帮扶1124户困难零售户实现户均增收2660元。2021年，全省卷烟零售户综合毛利率12.3%，户均盈利3.22万元。

【雪茄烟经营】 2021年，贵州省销售雪茄烟1482万支，比上年增长39.69%。实现销售收入3347万元，比上年增长48.72%。全年引入新品雪茄烟规格7个，退出雪茄烟品规3个。

【烟叶生产经营】 **烟叶收购**。2021年，贵州省收购上等烟叶比例75.13%，中部上等烟比例59.36%，连续三年分别超过70%、55%，比上年分别提高3.78个、3.15个百分点，达到贵州烟草历史最好水平。

烟叶种植。以烟叶基地单元为单位，组织各烟叶产区、对口工业企业、技术依托单位共同编制2021年单元烟叶生产技术方案，确保各项烟叶生产技术执行不走样。坚持工业品种需求导向，结合烟区生态特点，持续优化烤烟品种布局，其中，“云烟”系列品种（“云烟85”“云烟87”

“云烟116”等）种植面积占比84.3%，“K326”品种种植面积占比6.2%，其他品种种植面积占比9.5%，全省烟叶品种布局更加合理。

烟叶基础设施建设。全省完成上年度批复烟叶生产基础设施项目2.18万件，投入行业补贴资金2.5亿元，项目分布在贵阳市、遵义市等9个市州。2021年，新增完工援建水源工程项目3件，累计达到33件；新增捐赠行业援建资金0.13亿元，累计达到31.05亿元。

现代烟草农业建设。2021年，贵州省政府出台《关于加强基本烟田保护的意见》（黔府办函〔2021〕87号），对规划的400万亩基本烟田实施特殊保护。整合政府、烟草、社会等资金3.12亿元，建设行业烟区产业综合体22个，面积6.67万亩（烟叶种植3.23万亩、配套产业3.44万亩），落实种烟主体799个，培育新型经营主体501个，引进农业公司12家，形成以特色蔬菜、精品瓜果、优质粮食等为主的与烟配套产业6大类38个。

助农增收。2021年，开展“我为烟农办实事”实践活动1353项。全省烟农实现售烟收入69.07亿元（含补贴），比上年增加5.02亿元；实现烟农总收入80亿元，比上年增加6.5亿元；实现户均收入13.5万元，比上年增加2.3万元。培育形成有机肥、食用菌、特色蔬菜等多元增收产业，创建“百菜一家”等多元增收品牌。

【特事辑要】 2021年2月25日，贵州省局（公司）结对帮扶的六盘水市水城区工作队、贵州毕节市局（公司）等集体和单位被评为“全国脱贫攻坚先进集体”。

5月13日，贵州省委常委、副省长吴胜华在贵州烟草工商企业开展调研。

2021年贵州省烟草专卖商业主要情况统计

地市级局（公司）名称		贵阳市烟草专卖局（公司）	遵义市烟草专卖局（公司）	六盘水市烟草专卖局（公司）	安顺市烟草专卖局（公司）	毕节市烟草专卖局（公司）
主要负责人/法定代表人（含党政领导）		杨双剑	陈　勇	张林峰	朱　峻	邓祖昌
所属县级单位		清镇市、开阳县、息烽县、修文县、南明区、云岩区、观山湖区、白云区、乌当区、花溪区等10个县级烟草专卖局（分公司）	务川仡佬族苗族自治县、湄潭县、播州区、仁怀市、习水县、道真仡佬族苗族自治县、余庆县、桐梓县、正安县、绥阳县、凤冈县、赤水市、汇川区、红花岗区等14个县级烟草专卖局（分公司）	盘州市、水城区、六枝特区、钟山区等4个县级烟草专卖局（分公司）	西秀区、平坝区、普定县、镇宁布依族苗族自治县、关岭布依族苗族自治县、紫云苗族布依族自治县等6个县级烟草专卖局（分公司）	七星关区、大方县、黔西市[1]、金沙县、织金县、纳雍县、威宁彝族回族自治县、赫章县等8个县级烟草专卖局（分公司）
总资产（万元）		439623	720367	196084	153006	527594
资产负债率（%）		8.75	16.57	12.45	17.73	20.24
从业人员（人）		1181	3218	905	792	2930
所属业务机构	营销机构	1个卷烟营销中心、10个卷烟营销部	1个卷烟营销中心、14个卷烟营销部	1个卷烟营销中心、4个卷烟营销部	1个卷烟营销中心、6个卷烟营销部	1个卷烟营销中心、8个卷烟营销部
	物流配送机构	1个物流中心、3个物流中转站	1个物流中心、1个城区配送站、4个物流中转站	1个物流中心、1个物流中转站	1个物流中心	1个物流中心、6个物流中转站
	专卖稽查机构	1个稽查支队、10个稽查大队	1个稽查支队、14个稽查大队	1个稽查支队、4个稽查大队	1个稽查支队、6个稽查大队	1个稽查支队、8个稽查大队
	烟叶机构	6个烟叶工作站	40个烟叶工作站	6个烟叶工作站	4个烟叶工作站	34个烟叶工作站

续表

地市级局（公司）名称	贵阳市烟草专卖局（公司）	遵义市烟草专卖局（公司）	六盘水市烟草专卖局（公司）	安顺市烟草专卖局（公司）	毕节市烟草专卖局（公司）
烟农户数（户）	1306	11791	3826	776	21138
实现烟农总收入（万元）	14601	160581	45679	11374	222400
零售户数（户）	33268	35023	19198	17795	41726
零售户销售毛利率（%）	13.78	14.38	14.35	13.02	14.01

地市级局（公司）名称		铜仁市烟草专卖局（公司）	黔东南州烟草专卖局（公司）	黔南布依族苗族自治州烟草专卖局（公司）	黔西南布依族苗族自治州烟草专卖局（公司）	贵安新区烟草专卖局（公司）
主要负责人/法定代表人（含党政领导）		叶江平	蒋　聪	莫天前	罗　斐	文　赟
所属县级单位		德江县、沿河土家族自治县、思南县、石阡县、印江土家族苗族自治县、江口县、松桃苗族自治县、玉屏侗族自治县、万山区、碧江区等10个县级烟草专卖局（分公司）	岑巩县、镇远县、施秉县、麻江县、丹寨县、黄平县、天柱县、锦屏县、黎平县、三穗县、榕江县、从江县、剑河县、雷山县、台江县、凯里市等16个县级烟草专卖局（分公司）	都匀市、福泉市、瓮安县、长顺县、独山县、惠水县、平塘县、贵定县、龙里县、荔波县、罗甸县、三都水族自治县等12个县级烟草专卖局（分公司）	兴义市、兴仁市、普安县、安龙县、贞丰县、晴隆县、册亨县、望谟县等8个县级烟草专卖局（分公司）	—
总资产（万元）		209839	192563	219588	329858	18571
资产负债率（%）		22.80	15.11	21.49	13.31	16.01
从业人员（人）		1623	1190	1432	1110	51
所属业务机构	营销机构	1个卷烟营销中心、10个卷烟营销部	1个卷烟营销中心、16个卷烟营销部	1个卷烟营销中心、12个卷烟营销部	1个卷烟营销中心、8个卷烟营销部	1个卷烟营销中心
	物流配送机构	1个物流中心、3个物流中转站	1个物流中心、1个直送站和3个中转站	1个物流中心、1个物流中心送货部、5个物流中转站	1个物流中心、4个物流中转站	—
	专卖稽查机构	1个稽查支队、10个稽查大队	1个稽查支队、16个稽查大队	1个稽查支队、12个稽查大队	1个稽查支队、8个稽查大队	1个稽查支队
	烟叶机构	15个烟叶工作站	12个烟叶工作站	5个烟叶工作站	22个烟叶工作站	—
烟农户数（户）		2622	3127	2021	8645	—
实现烟农总收入（万元）		50927	42600	28663	110500	—
零售户数（户）		18576	24609	24587	18987	1364
零售户销售毛利率（%）		15.06	14.97	14.14	14.31	15.24

注：1. 2021年6月，国家局、总公司印发《关于调整贵州省烟草专卖局（公司）所属部分机构的批复》，同意撤销黔西县烟草专卖局，设立黔西市烟草专卖局。黔西市烟草专卖局与毕节市烟草公司黔西分公司合署办公，负责辖区内的烟草专卖管理、卷烟营销和烟叶生产经营工作。

◇ 撰稿：周必昂；编辑：周　佳　王　静　刘海文

云南省烟草专卖局（公司）

【专卖管理】 **涉烟打假打私**。2021年，云南省烟草专卖局进一步构筑“两烟”打假打私防线，云南省委、政法委继续将涉烟打假打私、“两烟”市场监管纳入全省平安建设和综治工作考核，省政府打击走私综合治理领导小组将打击涉烟走私纳入全省打击走私重点任务。与云南省高院等单位及地方党委政府加强协作，汇聚形成打击涉烟违法犯罪工作的强大合力。深化“云南省打击涉烟违法犯罪大数据智能化情报研判平台”实战运用，突出大数据分析，先后破获大理“9·10”、普洱“7·22”、西双版纳“9·17”等一批有较大影响力的涉烟网络案件。

全年全省破获各类涉烟违法案件1.67万起，其中大要案1941起、网络案件57起；查获涉案卷烟5.79万件，烟叶烟丝6001吨。公安、司法机关依法刑拘278人，批捕571人，判刑572人。

烟叶源头治理。关注源头治理和重点整治工作，深挖烟叶非法流通根源，打击擅自收购、囤积、加工等行为，打掉一批非法经营烟叶团伙和地下制丝窝点。红河泸西“三元地区”综合治理成果持续巩固，昆明嵩明、曲靖陆良、昭通鲁甸等区域烟叶生产经营秩序好转。

边境涉烟管控。抽调专卖管理人员组成边境涉烟缉私打假专项工作组，深入德宏、西双版纳等地开展工作。云南省局联合省公安部门加强边境涉烟案件侦办工作，在西双版纳、普洱、临沧等地打掉7个盘踞在边境一线分销假冒走私卷烟的跨境犯罪团伙。开展“绿滇”等系列专项行动，构建“一线封堵、二线查缉、三线破网”立体防控网络。2021年全省查获假私烟数量比上年减少29.7%。

市场监管。全省统一的12313烟草市场监管服务热线分中心正式建成并运行。落实“双随机、一公开”监管改革工作要求，2021年共下发双随机检查任务621次，随机抽取检查人员3373人次，检查人员覆盖率53.91%；随机抽取检查卷烟零售户3.87万户，零售户覆盖率14.81%。开展“守护成长”专项行动，对中小学校周边卷烟零售店进行清理整顿，持续清理整治电子烟线上销售和网络虚假违法广告。昭通鲁甸组织跨部门联合监管，加强电子烟管控，开出全国首张发布虚假烟草广告罚单。

行政许可服务。持续深化“放管服”改革，按照云南省许可证承诺办理工作时限进行行政许可，全省平均新办证时间1.27天。截至2021年底，全省有卷烟零售户24.12万户。聚焦“互联网+政务服务”，推进行政许可服务标准化、规范化，推动行政许可“好差评”系统建设。

【卷烟经营】 **卷烟零售终端建设**。按照以“直营终端为标杆、加盟终端为示范、一般现代终端为支柱、合作终端为补充、普通终端为基础”的总体思路，持续打造云南烟草商业“云香印象”卷烟零售终端品牌。加强顶层设计，引导传统门店逐步向具备全商品扫码、全方式支付、全店铺管理“三全”特征的数字门店转型。2021年，全省使用“云香印象”零售终端管理系统的终端客户4.66万户，扫码销售金额277.37亿元。

客户服务。坚持高效响应客户服务需求，加快补齐农村市场短板，推动城乡销售网络一体化协调发展。2021年，全省零售户综合毛利率15%以上，比上年提高0.4个百分点；客户满意度87.66分，比上年提高1.02分。

物流服务保障。加快推进普洱、昆明、红河等5个重点烟草物流中心建设项目。全年实现工商卷烟包装箱循环利用128.1万只，试点新能源车辆27辆。探索无纸化签收和塑料包装膜回收，绿色物流呈现新亮点。“T+0”“T+1”客户送达率86.4%，比上年提高10.2个百分点。

【雪茄烟经营】 2021年，云南省销售传统雪茄烟0.24亿支，比上年增长28.59%，其中国产雪茄烟占市场份额99.99%；销售机制雪茄烟0.24亿支，比上年增长27.68%；销售手工雪茄烟0.01亿支，比上年增长83.72%。

【烟叶生产经营】 **烟叶生产基础设施建设**。2021年，云南省投入烟叶生产基础设施建设行业补贴资金10.31亿元，建设烟叶生产基础设施项目4.36万件，烟田水利设施受益基本烟田17.15万亩。截至2021年底，总公司共审查通过云南省烟草行业援建水源项目114件，核定援建资金88.73亿元，其中，2021年度审查通过2件，核定援建资金0.95亿元。

稳定核心烟区。云南省委、省政府成立烟草工作领导小组，高位推动烟草产业发展。烟叶产区将烟叶生产纳入乡村振兴产业发展整体考虑，从财政、烟叶税返还等方面安排专项资金，支持烟田保护、烟叶生产。完成新一轮基本烟田规划，核心烟区集中流转150万亩烟田，推动烟叶种植布局不断优化。

云南德宏州梁河县烟区产业综合体示范区：烤烟—水稻—稻花鱼种养殖示范区（2021 年）

云南省局　供稿

实用技术推广。筹集资金 1.9 亿元支持烟叶抗旱保生产，加大抗旱节水栽培技术推广，全省 5 月 15 日最佳节令全面完成移栽任务。落实轮作 526 万亩，冬翻深耕 285 万亩；推广地膜烟 571 万亩；加大不适用烟叶优化力度，保持 18 ~ 22 片合理留叶水平；推广“1 + N”专业烘烤烟叶 23.85 万吨（477 万担），采烤一体化烟叶 1.6 万吨（32 万担），助推烟叶生产整体水平提升。

践行绿色发展。坚持“化肥减量化、植保绿色化、能源清洁化、资源循环化”发展方向，100% 推广烟蚜茧蜂防治蚜虫和废弃物回收；实施有机肥改良土壤 399.8 万亩；推广 0.01 毫米地膜 568.3 万亩，回收 514.8 万亩，资源化利用 412.2 万亩；推广生物质燃料烤房 7.1 万座，生物质燃料 36.9 万吨，替代原煤近 45 万吨。首次实施烟叶生产安全倒逼式管控，促进烟叶质量水平全面提升。

优质原料保障。与卷烟工业企业共建烟叶基地单元 200 个。与云南中烟继续开展“2260”高端特色优质烟叶开发，试点开展“专属烟区”建设，推进高可用性上部烟叶开发 34.6 万亩。对接工业特色特需品种调拨需求，种植“红花大金元”“K326”“NC”系列、“云烟 121”等特色特需品种 206.7 万亩。种植砵砂烟 3.1 万亩，进入卷烟新品配方，提升高端品牌原料保障能力。

烟叶转型升级。制定“一部手机种好烟”三年建设方案，明确总体建设思路，烟叶生产动态管理和“香叶智农”一站式烟农服务平台上线试运行。开展智能化分级收购烟叶 0.36 万吨（7.2 万担），探索“物联网 + 烘烤”和筐烟物流。全省烟农合作社整合至 250 个，入社烟农占 97.6%，机耕、起垄、移栽等重点环节平均机械作业率 45.5%。省、市、县、乡四级烘烤服务体系不断完善，建立培训基地 36 个，培养技术骨干 152 人、农民烤师 1.8 万人，烟叶烘烤损失降至 5.9%。

助力乡村振兴。全年全省实现烟农户均收入 5.2 万元、亩均收入 4237 元。全省烟后接茬面积达到 124.8 万亩，轮作烟田利用面积 101.2 万亩，初步形成“烟 + N”产业组合。综合利用育苗大棚 125.7 万平方米、密集烤房 1.9 万座、农机具 2.9 万台套。全省实现烟农多元产业增收 34 亿元，户均 4367.5 元，为巩固脱贫成果、助力乡村振兴作出贡献。

【技术创新】　**提升创新支撑能力**。加速布局重大科创平台，云南烟草商业科技研发中心项目获得国家局批复，进入实施阶段；云南大观实验室获得省重点实验室授牌。加强高层次创新人才培养，1 人入选行业科技领军人才，在全国烟草商业系统实现零的突破。完成云南省烟草农业科学研究院首席科学家等的双向选拔聘任工作，聘任专业技术岗位人员 66 人。

新特烟叶开发。完成 3000 亩雪茄烟叶规模化开发生产，创新建立“烟农 + 合作社 + 烟草公司”原料基地与“产区工业醇化 + 雪茄卷制企业”订单生产的“3 + 2”组织模式，基本建立符合云南生态环境的自主生产技术体系。制定发布《雪茄烟鲜叶收购标准》等 2 个企业标准，初步建成雪茄烟叶发酵分选工厂，自主研发出自动化晾制系统。围绕砵砂烟品种、初烤、复烤等产业链关键环节创新开发，初步实现砵砂烟系统化研究、订单化生产、规模化开发、品牌化应用。

科技成果转化。坚持试点先行、逐步完善，在曲靖、红河、大理建设 3 个全省烟草商业系统科技成果推广示范中心试点；在玉溪建设1个科技成果产业化平台试点，推动技术研发与成果孵化融通发展。2021年，开发出烟草内源抗TMV试剂中试产品，研制出2种具有免疫诱抗、促生长的多功能微生物菌剂中试产品，开发出1种防治烤房霉烂病的微生物菌剂等。

【特事辑要】 2021年1月22日，云南省局（公司）联合云南省农业农村厅、自然资源厅、工业和信息化厅印发《关于加强全省核心烟区建设的意见》，高位推动云南核心烟区建设。

2月23日，云南省委常委、常务副省长宗国英专题调研云南烟草全产业链发展工作。

2月25日，全国脱贫攻坚总结表彰大会在北京举行，云南省局脱贫帮扶工作领导小组办公室被评为“全国脱贫攻坚先进集体”。

4月15日，云南省政协主席李江、副主席董华一行到省局（公司）调研指导工作。

5月6日，国家烟草专卖局党组书记、局长，中国烟草总公司总经理张建民在北京会见云南省委常委、常务副省长宗国英，双方就稳定核心烟区、推动云南烟草高质量发展、助力地方经济社会建设交换了意见。国家局党组成员、副局长徐璒一同会见。

7月22日，云南省委副书记、省长王予波在大理白族自治州调研期间，参观了大理海西烟区产业综合体，对烟区综合体在大田高度集中化和环境保护方面的有益探索及取得成效给予充分肯定。

7月23—24日，国家局党组成员、副局长韩占武在云南烟草调研。

12月27日，云南省局（公司）与云南红塔银行联合建设的“香叶智农”一站式烟农服务平台上线运行。

2021年云南省烟草专卖商业主要情况统计[1]

地市级局（公司）名称		昆明市烟草专卖局（公司）	玉溪市烟草专卖局（公司）	曲靖市烟草专卖局（公司）	红河哈尼族彝族自治州烟草专卖局（公司）
主要负责人/法定代表人（含党政领导）		田泽华	蒲天燕	晏　飞	邓云龙（—2021年3月） 陈茂建（2021年3月—）
所属县级单位		呈贡区、安宁市、五华区、盘龙区、西山区、官渡区、东川区、晋宁区、富民县、宜良县、嵩明县、石林彝族自治县、禄劝彝族苗族自治县、寻甸回族彝族自治县等14个县级烟草专卖局（分公司）	红塔区、江川区、澄江市、通海县、华宁县、易门县、峨山彝族自治县、新平彝族傣族自治县、元江哈尼族彝族傣族自治县等9个县级烟草专卖局（分公司）	麒麟区、宣威市、沾益区、马龙区、陆良县、师宗县、罗平县、富源县、会泽县等9个县级烟草专卖局（分公司）	蒙自市、个旧市、开远市、弥勒市、建水县、石屏县、泸西县、元阳县、红河县、绿春县、金平苗族瑶族傣族自治县、屏边苗族自治县、河口瑶族自治县等13个县级烟草专卖局（分公司）
总资产（万元）		1321342	871956	1440914	836990
资产负债率（%）		13.17	9.14	19.55	12.25
从业人员（人）		1714	1018	2646	1233
所属业务机构	营销机构	1个营销中心、14个区域市场部	1个营销中心、9个区域市场部	1个营销中心、9个区域市场部	1个卷烟营销中心、13个区域市场部
	物流配送机构	1个物流中心、4个物流中转站	1个物流中心、8个县（区）物流中转站	1个卷烟物流分公司、9个卷烟物流中转站	1个物流分公司、4个物流中转站
	专卖稽查机构	1个稽查支队、14个稽查大队	1个稽查支队、9个稽查大队	1个稽查支队、9个稽查大队	1个稽查支队、13个稽查大队
	烟叶机构	53个烟叶收购站	50个烟叶收购站	87个烟叶收购站、339个烟点	38个烟叶收购站
烟农户数（户）		39676	56564	112607	39749
实现烟农总收入（万元）		229800	270419	575200	232400
零售户数（户）		38828	14215	23966	18753
零售户销售毛利率（%）		15.00	17.04	10.00	11.47

地市级局（公司）名称		楚雄彝族自治州烟草专卖局（公司）	大理白族自治州烟草专卖局（公司）	昭通市烟草专卖局（公司）	保山市烟草专卖局（公司）
主要负责人/法定代表人（含党政领导）		曹敬东	杨龙祥	刘永军	杨　轩
所属县级单位		楚雄市、禄丰市[2]、双柏县、牟定县、南华县、姚安县、大姚县、永仁县、元谋县、武定县等10个县级烟草专卖局（分公司）	大理市、宾川县、祥云县、弥渡县、南涧彝族自治县、巍山彝族回族自治县、漾濞彝族自治县、永平县、云龙县、洱源县、剑川县、鹤庆县等12个县级烟草专卖局（分公司）	昭阳区、鲁甸县、巧家县、镇雄县、彝良县、威信县、大关县、盐津县、永善县、绥江县、水富市等11个县级烟草专卖局（分公司）	隆阳区、施甸县、腾冲市、龙陵县、昌宁县等5个县级烟草专卖局（分公司）
总资产（万元）		785504	642627	390911	537804
资产负债率（%）		13.76	13.26	20.43	16.71
从业人员（人）		1214	1189	1783	900
所属业务机构	营销机构	1个卷烟营销中心	1个卷烟营销中心、12个县级卷烟区域市场部	1个卷烟营销中心、11个区域市场部	1个营销中心、22个卷烟营销服务站
	物流配送机构	1个物流分公司	1个物流分公司、12个县级物流中转站	1个物流分公司、11个物流中转站	1个物流分公司、5个物流中转站
	专卖稽查机构	1个稽查支队、10个稽查大队	1个稽查支队、12个专卖稽查大队	1个稽查支队、11个稽查大队	1个稽查支队、5个稽查大队
	烟叶机构	78个烟叶站	74个烟叶站	41个烟叶工作站	40个烟叶工作站
烟农户数（户）		52175	53324	10609	29034
实现烟农总收入（万元）		254324	219400	97788	182925
零售户数（户）		12783	15630	21778	12206
零售户销售毛利率（%）		10.00	16.70	13.09	12.60

地市级局（公司）名称	文山壮族苗族自治州烟草专卖局（公司）	普洱市烟草专卖局（公司）	丽江市烟草专卖局（公司）	临沧市烟草专卖局（公司）
主要负责人/法定代表人（含党政领导）	朱艳梅	廖文程	陈茂建（—2021年6月） 马文广（2021年6月—）	段　焰
所属县级单位	文山市、砚山县、西畴县、麻栗坡县、马关县、丘北县、广南县、富宁县等8个县级烟草专卖局（分公司）	景东彝族自治县、镇沅彝族哈尼族拉祜族自治县、墨江哈尼族自治县、景谷傣族彝族自治县、宁洱哈尼族彝族自治县、江城哈尼族彝族自治县、澜沧拉祜族自治县、孟连傣族拉祜族佤族自治县、西盟佤族自治县、思茅区等10个县级烟草专卖局（分公司）	玉龙纳西族自治县、永胜县、华坪县、宁蒗彝族自治县、古城区等5个县级烟草专卖局（分公司）	临翔区、凤庆县、永德县、云县、镇康县、耿马县傣族自治县、沧源佤族自治县、双江拉祜族佤族布朗族傣族自治县等8个县级烟草专卖局（分公司）
总资产（万元）	512900	424601	262154	263477
资产负债率（%）	11.99	15.74	14.27	19.44
从业人员（人）	993	790	456	727

续表

地市级局（公司）名称		文山壮族苗族自治州烟草专卖局（公司）	普洱市烟草专卖局（公司）	丽江市烟草专卖局（公司）	临沧市烟草专卖局（公司）
所属业务机构	营销机构	1个营销中心、8个区域市场部	1个营销中心、10个区域市场部	1个营销中心、5个区域市场部	1个营销中心、8个区域市场部
	物流配送机构	1个配送中心、4个物流中转站	1个物流分公司、8个物流中转站	1个物流中心、3个物流中转站	1个物流分公司、8个卷烟物流配送服务中转站
	专卖稽查机构	31个稽查支队、8个稽查大队	1个稽查支队、10个稽查大队	1个稽查支队、5个稽查大队	1个稽查支队、8个稽查大队
	烟叶机构	40个烟叶工作站	50个烟叶收购站、5个烟叶收购点	24个烟叶收购站、2个烟叶收购点	31个烟叶工作站
烟农户数（户）		13389	26481	17378	22645
实现烟农总收入（万元）		148100	165291	88651	111966
零售户数（户）		20536	15139	10687	10287
零售户销售毛利率（%）		12.27	16.00	15.78	11.75

地市级局（公司）名称		德宏傣族景颇族自治州烟草专卖局（公司）	西双版纳傣族自治州烟草专卖局（公司）	怒江傈僳族自治州烟草专卖局（公司）	迪庆藏族自治州烟草专卖局（公司）
主要负责人/法定代表人（含党政领导）		王黎亚	张国鲲	王　磊（—2021年7月） 曹本国（2021年7月—）	肖　玛
所属县级单位		芒市、瑞丽市、陇川县、盈江县、梁河县等5个县级烟草专卖局（分公司）	景洪市、勐海县、勐腊县等3个县级烟草专卖局（分公司）	泸水市、福贡县、贡山独龙族怒族自治县、兰坪白族普米族自治县等4个县级烟草专卖局（分公司）	德钦县、维西傈僳族自治县、香格里拉市等3个县级烟草专卖局（分公司）
总资产（万元）		73493	76540	18236	21593
资产负债率（%）		22.83	6.82	10.02	11.61
从业人员（人）		208	168	115	102
所属业务机构	营销机构	1个营销中心、5个区域市场部	1个卷烟营销中心	1个营销中心、4个区域市场部	1个营销中心、3个区域市场部
	物流配送机构	1个物流分公司、5个区域终端送货部	1个物流分公司	1个物流分公司	1个物流分公司
	专卖稽查机构	1个稽查支队、5个稽查大队	1个稽查支队、3个稽查大队	1个稽查支队、4个稽查大队	1个稽查支队、3个稽查大队
	烟叶机构	—	—	—	—
烟农户数（户）		—	—	—	—
实现烟农总收入（万元）		—	—	—	—
零售户数（户）		8353	10139	3028	2677
零售户销售毛利率（%）		10.58	15.00	18.33	13.50

注：1. 烟叶相关情况不含云南香料烟有限责任公司数据。

2. 2021年6月，国家局、总公司印发《关于调整楚雄州烟草专卖局（公司）所属部分机构的批复》（国烟人〔2021〕79号），同意撤销楚雄州禄丰县烟草专卖局，设立禄丰市烟草专卖局。将云南省烟草公司楚雄州公司禄丰县分公司名称变更为云南省烟草公司楚雄州公司禄丰分公司；禄丰市烟草专卖局与云南省烟草公司楚雄州公司禄丰分公司合署办公，负责辖区内的烟草专卖管理和卷烟营销工作。

◇ 撰稿：王津军；编辑：周　佳　王　静　刘海文

西藏自治区烟草专卖局（公司）

【专卖管理】 **打假打私**。2021年，西藏自治区烟草专卖局联合自治区11家单位建立打击涉烟违法犯罪厅际联席会议制度。保持打假打私高压态势，组织开展打击涉烟违法市场专项整治行动4次。全年查处各类涉烟违法案件204起，查获涉案卷烟521.35件，案值728.76万元；破获案值5万元以上案件30起；上缴罚没款72万元。公安、司法机关依法判刑3人。全年自治区卷烟市场净化率94.55%。

典型案件。2021年3月，拉萨市局联合市公安局经侦支队查获1起涉案金额141.7万元的特大销售假冒卷烟案件。现场查获“中华”“芙蓉王”“黄鹤楼”等14个品牌规格的假冒卷烟89.16件，捣毁储存假烟仓库2个，抓获涉烟犯罪嫌疑人1人，这是拉萨市局自成立以来查处的最大案值假烟案件。

【卷烟经营】 **卷烟销售**。自治区局（公司）贯彻“总量控制、稍紧平衡，增速合理、贵在持续”调控方针，经济运行呈运行“稳”、结构“优”、效益“好”的特点。全年卷烟销量增幅居行业商业企业第二位；销售重点品牌卷烟57.84亿支（11.57万箱），比上年增长4.13%；实现单箱销售额4.71万元，比上年增长1.82%。

品牌建设。在竞争有序的机制下，自治区卷烟品牌成长保持良好态势。深化网络建设，强化品牌培育，全年卷烟在销品牌规格由年初的210个精简至199个。注册运行“雪域阳光”流通品牌，加强客户服务，截至2021年底，累计建成现代卷烟零售终端620户，共有零售户诚信互助小组675个。全年卷烟零售户盈利水平保持在14%以上。

物流建设。12月，自治区局（公司）与湖南省局（公司）签订卷烟物流管理工作战略合作框架协议并举行座谈会。双方本着“立足长远、优势互补、资源共享、平等互利”原则，在物流规划、精益物流、绿色物流、智慧物流、人才队伍建设等方面建立战略合作关系，促进湘藏物流管理工作深入交流。

【雪茄烟经营】 2021年，全自治区销售传统国产雪茄烟90.1万支，比上年增长20.69%。传统国产雪茄烟市场以四川中烟“长城”品牌为主，主要培育4个雪茄烟品牌，分别为四川中烟“长城”“狮牌”“工字”，安徽中烟“王冠”。

【企业管理】 **数字化转型**。推动数字化转型工作，信创项目有序推进、数据平台不断完善、运行环境持续优化、网络安全得到保障。8月，自治区局（公司）成立全自治区烟草商业系统数字化转型工作领导小组，推进数字化转型战略深入实施。领导小组主要负责数字化转型工作的统筹协调和督促督办。同时，加强西藏烟草数字化转型的宣贯工作，通过舆论推动、思想引领、成果展示，促进全员思维观念转变，推进数字化转型。

基础管理。找准切入点、

2021年12月，西藏阿里地区卷烟物流配送人员在雪域高原上为卷烟零售户配送卷烟

西藏阿里地区局 巴桑多吉 摄

抓好着力点，自治区局（公司）编制完成《西藏烟草“十四五”规划》，QHSE 管理体系不断完善，对标共建深入推进，14 项对标指标中有 10 项比上年提升。加强科技创新和管理创新，与四川省局（公司）签订创新工作合作框架协议。全年立项 QC 课题 16 个、创新项目 11 个；1 人获得中国烟草总公司创新争先奖；6 件实用新型专利获得授权，4 件发明专利通过初审，1 件计算机软件著作权获批。

【队伍建设】 进一步加强专卖队伍建设，1 月，西藏区局（公司）举办全自治区烟草商业系统第一届专卖技能竞赛。来自 6 家单位的 27 名选手围绕法律法规测试、案件文书制作、卷烟真伪鉴别等 3 个模块展开角逐，最终决出团体奖 5 个、个人奖 6 个。

【特事辑要】 2021 年 1 月 8 日，西藏区局（公司）举办第一届专卖技能竞赛。

7 月 27 日，全国烟草行业第六次援藏工作座谈会在西藏拉萨召开。国家烟草专卖局党组书记、局长，中国烟草总公司总经理张建民出席会议并讲话，国家局党组成员、副局长徐䓍主持会议。

2021 年西藏自治区烟草专卖商业主要情况统计

地市级局（公司）名称		拉萨市烟草专卖局（公司）	山南市烟草专卖局（公司）	日喀则市烟草专卖局（公司）	林芝市烟草专卖局（公司）	昌都市烟草专卖局（公司）	阿里地区烟草专卖局（公司）
主要负责人/法定代表人（含党政领导）		程　伟	拉　果（—2021 年 5 月）米玛次仁（2021 年 5 月—）	张开友（—2021 年 5 月）格桑多吉（2021 年 5 月—）	索朗次仁	王鸿韬	扎西才旺
所属县级单位		—	—	—	—	—	—
总资产（万元）		97977	11792	19713	13623	22815	5084
资产负债率（%）		2.40	31.89	20.27	6.33	18.62	111.52
从业人员（人）		135	89	110	90	87	45
所属业务机构	营销机构	1 个卷烟营销中心、2 个县级卷烟营销网点	1 个卷烟营销中心、5 个县级卷烟营销网点	1 个卷烟营销中心、4 个县级卷烟营销网点	1 个卷烟营销中心、2 个县级卷烟营销网点	1 个卷烟营销中心、5 个县级卷烟营销网点	1 个卷烟营销中心、3 个县级卷烟营销网点
	物流配送机构	1 个卷烟物流中心	1 个卷烟物流中心	1 个物流配送中心	1 个物流配送中心	1 个物流配送中心	1 个物流配送中心
	专卖稽查机构	1 个专卖监督管理科、1 个机动稽查大队、4 个专卖稽查大队	1 个专卖监督管理科	1 个专卖监督管理科、4 个稽查大队	1 个专卖监督管理科、2 个专卖稽查大队	1 个专卖稽查支队、1 个机动稽查大队、5 个稽查大队	1 个专卖监督管理科
	烟叶机构	—	—	—	—	—	—
烟农户数（户）		—	—	—	—	—	—
实现烟农总收入（万元）		—	—	—	—	—	—
零售户数（户）		5640	2113	3207	1615	1570	823
零售户销售毛利率（%）		14.00	16.00	15.00	14.00	14.35	14.00

◇ 撰稿：郭得敏；编辑：周　佳　褚　幸　刘海文

陕西省烟草专卖局（公司）

【专卖管理】 **卷烟打假**。2021年，陕西省烟草专卖局巩固完善“政府领导、部门联合、多方参与、密切协作”的打假打私工作体系，与河南、山西、湖北等省建立毗邻地区联合执法协作机制，与省公安、海关、邮政等部门建立联合打假协作机制。全年查处各类假私烟案件5672起，查获假冒、走私卷烟1415.55件。破获符合国家局标准的网络案件24起，其中特级、一级案件各1起；5起案件被列为国家局、公安部督办案件。

破获西安“8·06”、渭南“4·29”涉烟网络案件，其中，渭南“4·29”非法经营案件抓获犯罪嫌疑人30人、批捕20人、查扣走私卷烟200余件，涉案金额达到7.3亿元，一举打掉新疆中哈边境、广西中越边境、云南中缅边境的3个走私卷烟犯罪团伙，端掉国内仓储窝点12个。

情报研判。发挥陕西物流寄递涉烟信息采集研判系统功能，构建“资源共享、信息互通、协同联动”的打击涉烟违法犯罪信息联动机制，精准打击物流寄递环节涉烟违法犯罪活动。全年研判推送涉烟线索5929条，查获各类非法卷烟1178.42件。加大技术研发和项目攻关力度，“陕西物流寄递涉烟信息采集研判平台应用研究及推广”项目通过国家局科技成果鉴定。

市场监管。自主研发“市场监管采集助手”小程序，有效提高市场监管精准化、智能化水平。健全完善以“双随机、一公开”为基本监管手段，以APCD重点监管为补充的市场监管机制，重点检查命中率23.64%。开展持证户售卖电子烟劝退工作，全年劝导下架售卖电子烟持证户1797户，实现持证户售卖电子烟下架清零。加强废弃烟草专卖品、电子烟原料生产企业监管，严防废弃烟草专卖品流入制假窝点或用于提取烟碱。开展保护未成年人免受烟侵害“守护成长”专项行动，清理校园周边涉烟网点584户、无证户238户等。

证件管理。修订卷烟零售点合理布局规划，清理违法违规及异常经营户7795户。推进“互联网+政务”服务，全面落实“好差评”制度。将12313烟草市场监管服务热线整合至陕西12345政务服务热线。推行零售许可证“511”办理模式，所属17个县级局实现“311”办证。对弱势群体提供送证上门、邮寄送达等服务，实行“一站式”申领、“零跑腿”续证、“零距离”服务等。截至2021年底，全省有持证卷烟零售户15.83万户，比上年增长1.95%。

【卷烟经营】 **提升卷烟销售质量效率**。修订《卷烟营销运行管控办法》，着力防波动、稳市场、稳预期。本地区销

2021年9月15日，陕西省局专卖管理人员用物流寄递涉烟信息采集研判系统分析涉烟犯罪组织网络层级

陕西省局　张月怡　摄

量居前三位的卷烟品牌为“好猫”“延安”“芙蓉王”。全年销售低价位卷烟204.34亿支（40.87万箱）、低焦油卷烟（8毫克/支及以下）159.53亿支（31.91万箱）、细支烟122.06亿支（24.41万箱）。全省卷烟零售户综合毛利率保持在12%。

市场化取向改革。召开全省“按状态调整货源供应策略”示范交流会，推动货源供应标准更高、方法更优、结果更准。优化工商网上配货参数，与行业23家卷烟工业企业实现工商网配，商业库存周转率、市场响应速度、库存精益化管理水平不断提升。严格执行品规退出引入管理，截至2021年底，全省在销国产卷烟品牌规格225个。

开展“我与客户共成长”主题实践活动。开展“我的客户我帮扶”活动，印发《关于进一步做好困难客户帮扶工作的指导意见》，举办全省“我为客户办实事”工作观摩会，制定“四类两级”精准帮扶标准。摸排省内困难卷烟零售户1106户，投入帮扶资金725万元，实施全店铺打造142户、局部改善915户。开展“我的终端我维护”活动，完成全省农村卷烟销售网络盲点、空白点摸底排查，填补空白村119个。

推动销售网络提质升级。制定“三新四化”终端战略，举办全省终端建设现场会，推广“丝路通”零售终端管理系统和“iST丝路情”流通品牌，印发六类终端建设工作规范，统筹推进城乡网络一体化发展。全年改造升级直营终端29户，建设加盟终端10户，推广运行“丝路通”零售终端管理系统260户，提升普通终端1.2万余户。

【雪茄烟经营】 **培育国产雪茄烟品牌**。联合四川中烟、山东中烟、安徽中烟、湖北中烟举办“‘我有茄宾、与子偕行’国产雪茄烟高质量发展论坛暨雪茄烟品牌推介文化周”活动，开展国产雪茄烟品牌宣讲会300余场次。全年引入中高端国产雪茄烟新品27个，全省在销雪茄烟规格50个。全年销售国产雪茄烟比上年增长44.08%。

探索建立国产雪茄烟销售机制。制定《雪茄烟营销服务管理办法》，从雪茄烟分类、雪茄烟终端分类、品牌引入、供应管理、物流储配、保障机制等6个方面加强管理，为国产雪茄烟销售服务有效运行提供制度保障。探索制定《雪茄烟终端建设工作规范》，明确雪茄烟终端选户、建设、服务、评估的全过程管理规范。依据雪茄烟客户分类指标，初步评定雪茄烟终端百余户。

加强国产雪茄烟销售队伍建设。在所属各市级局（公司）营销中心明确分管副主任，负责雪茄烟销售管理工作；在市级局（公司）营销中心和县级局（分公司）分别设立雪茄烟销售专员，负责辖区雪茄烟市场调研、终端建设、品牌培育等工作。全省开展雪茄烟销售培训560余次、培训各类人员5.4万余人次。

【烟叶生产经营】 **生产收购**。全年完成烟叶收购年度计划的99.2%。实现烟农售烟收入（不含补贴）7.7亿元；烟农户均收入8.5万元、亩产值3314元、收购均价25.7元/千克、上等烟比例54%，4项指标均实现“五连增”。

烟叶生产方式转型升级。联合省自然资源厅、农业农村厅印发《关于切实加强基本烟田建设与保护工作的通知》，建立基本烟田保护制度，全面形成覆盖省市县三级的基本烟田保护机制，划定基本烟田60万亩。出台《关于加快培育烟叶种植主体　着力解决“谁来种烟”指导意见》，明确不同类型种植主体培育目标和措施。召开全省烟叶高质量发展交流观摩会，建立烟叶转型升级月报告、通报制度，在“秦韵”微信公众号开设“走进烟田看高质量发展”和“烟叶转型升级进行时”专栏，《农民日报》整版报道陕西省烟叶转型升级工作推进情况。

烟叶生产基础设施建设。聚焦关键环节雇工难、成本高难题，加大适用农机具、烟夹使用推广力度，投入4626.3万元，购置各类农机具3172台套。全年投入资金9062万元，新建各类项目4988件，其中总公司补贴2804.6万元，省内商业企业补贴6257.4万元。3个在建水源工程项目按期推进。

产业融合发展及收益。围绕核心烟区开展综合体试点带动，全省建设综合体试点15个，其中国家级试点5个。聚焦“平台管理优、设施配套优、产业组合优、市场销售优、烟农收益优”的五优目标，突出特色打造发展平台，推进综合体内一、二、三产业融合，稳定核心产区、稳定烟农队伍。在主业稳定增收基础上，全省实现多元产业增收3.52亿元，净收入1.9亿元。

【特事辑要】 2021年1月22日，陕西省局（公司）召开2021年工作会议。

3月17—19日，国家烟草专卖局党组书记、局长，中国烟草总公司总经理张建民在陕西烟草调研。

5月17日，陕西省局（公司）联合四川、山东、安徽、湖北中烟在西安启动“国产雪茄烟高质量发展论坛暨雪茄烟品牌推介文化周”活动。

2021年陕西省烟草专卖商业主要情况统计

地市级局（公司）名称		西安市烟草专卖局（公司）	咸阳市烟草专卖局（公司）	宝鸡市烟草专卖局（公司）	渭南市烟草专卖局（公司）	铜川市烟草专卖局（公司）
主要负责人/法定代表人（含党政领导）		张爱峰	张永军	沈　宏	耿　欣	董海潮
所属县级单位		长安区、临潼区、高陵区、周至县、鄠邑区、蓝田县、阎良区、新城区、未央区、碑林区、雁塔区、莲湖区、灞桥区等13个区（县）烟草专卖局（分公司），1个直属高新分局（营销部）	秦都区、渭城区、兴平市、彬州市、长武县、淳化县、永县寿、旬邑县、礼泉县、乾县、武功县、三原县、泾阳县等13个县级烟草专卖局（分公司）	陈仓区、岐山县、眉县、扶风县、凤翔区[1]、陇县、千阳县、麟游县、太白县、凤县、金台、渭滨等12个县级烟草专卖局（分公司）	华州区、韩城市、华阴市、合阳县、澄城县、大荔县、蒲城县、白水县、富平县、潼关县等10个县级烟草专卖局（分公司），1个直属分局（城区分公司）	耀州区、城区、宜君县等3个县级烟草专卖局（分公司）
总资产（万元）		588621	130512	121197	108406	26583
资产负债率（%）		18.69	13.75	13.14	24.11	14.50
从业人员（人）		1386	856	770	869	182
所属业务机构	营销机构	1个营销中心	1个营销中心	1个营销中心	1个营销中心	1个营销中心
	物流配送机构	1个物流分公司	1个物流分公司、1个中转站、1个对接点	1个物流分公司、1个物流对接点	1个物流分公司	1个物流分公司
	专卖稽查机构	1个稽查支队、17个稽查大队	1个专卖稽查支队、13个专卖稽查大队	1个专卖稽查支队、12个专卖稽查大队	1个专卖稽查支队、11个专卖稽查大队	1个专卖稽查支队、3个专卖稽查大队
	烟叶机构	—	1个烟叶分公司、1个烟叶中心库、4个收购站点	1个烟叶分公司、1个烟叶中心库、12个收购站点	—	—
烟农户数（户）		—	204	868	—	—
实现烟农总收入（万元）		—	2061	8195	—	—
零售户数（户）		41265	17467	11946	18847	3216
零售户销售毛利率（%）		12.50	12.08	12.21	12.65	12.28

地市级局（公司）名称		商洛市烟草专卖局（公司）	汉中市烟草专卖局（公司）	安康市烟草专卖局（公司）	延安市烟草专卖局（公司）	榆林市烟草专卖局（公司）	杨凌示范区烟草专卖局（公司）
主要负责人/法定代表人（含党政领导）		洪 炜	湛 平	雷学锋（—2021年5月）刘海轮（2021年5月—）	王 林	张会军	陈焕强
所属县级单位		洛南县、丹凤县、商南县、山阳县、镇安县、柞水县等6个县级烟草专卖局（分公司），1个商州分局（分公司）	汉台区、南郑区、城固县、洋县、西乡县、勉县、宁强县、略阳县、镇巴县、留坝县、佛坪县等11个县级烟草专卖局（分公司）	汉滨区、汉阴县、石泉县、宁陕县、紫阳县、岚皋县、平利县、镇坪县、旬阳市[2]、白河县等10个县级烟草专卖局（分公司）	吴起县、志丹县、安塞区、宝塔区、子长县、延川县、延长县、甘泉县、富县、洛川县、宜川县、黄陵县、黄龙县等13个县级烟草专卖局（分公司）	神木市、绥德县、榆阳区、府谷县、定边县、靖边县、横山区、米脂县、子洲县、清涧县、佳县、吴堡县、神府煤田等13个县级烟草专卖局（分公司）	—
总资产（万元）		107721	115252	130190	82043	150880	8883
资产负债率（%）		11.05	16.00	9.23	28.50	9.08	10.72
从业人员（人）		710	681	893	833	663	45
所属业务机构	营销机构	1个营销中心	1个营销中心	1个营销中心	1个营销中心	1个营销中心	1个营销配送中心
	物流配送机构	1个物流分公司、1个物流中转站	1个物流分公司、2个物流中转站	1个物流分公司	1个物流分公司、1个直配站、1个中转站、3个对接点	1个物流分公司、1个直送站、1个对接点、5个物流中转站	—
	专卖稽查机构	1个专卖稽查支队、7个专卖稽查大队	1个专卖稽查支队、11个专卖稽查大队	1个专卖稽查支队、10个专卖稽查大队	1个稽查支队、13个稽查大队	1个专卖稽查支队、13个专卖稽查大队	1个专卖稽查支队
	烟叶机构	1个烟叶分公司、2个烟叶储运中心、17个收购站点	1个烟叶分公司、14个收购站点	1个烟叶分公司、1个烟叶生产技术中心、1个烟叶总库、34个收购站点	1个烟叶分公司、1个烟叶中心库、6个收购站点	—	—
烟农户数（户）		3253	1344	2633	756	—	—
实现烟农总收入（万元）		29385	11680	21400	5330	—	—
零售户数（户）		8750	16343	11168	11101	16954	840
零售户销售毛利率（%）		12.49	12.00	12.00	11.50	11.46	12.00

注：1. 2021年5月，陕西省局（公司）印发《关于调整宝鸡市烟草专卖局（公司）所属部分机构的批复》（陕烟人〔2021〕40号），宝鸡市烟草专卖局（公司）撤销凤翔县烟草专卖局（分公司），设立宝鸡市凤翔区烟草专卖局（分公司）。

2. 2021年6月，陕西省局（公司）印发《关于调整安康市烟草专卖局（公司）所属部分机构的批复》（陕烟人〔2021〕47号），安康市烟草专卖局（公司）撤销旬阳县烟草专卖局（分公司），设立旬阳市烟草专卖局（分公司）。

◇ 撰稿：杨　智；编辑：周　佳　王　静　刘海文

甘肃省烟草专卖局（公司）

【专卖管理】　***打假打私***。2021年，甘肃省烟草专卖局继续推进全省涉烟违法案件信息研判中心建设，健全案件侦办数据库，优化信息系统功能模块。加强卷烟打假打私联合协作，开展全省打击涉烟违法犯罪专项行动，推进物流寄递环节监管，强化大要案件督办。全年查处各类涉烟违法案件 9249 起，其中假私烟案件 3986 起；查获涉案卷烟 9454 件，其中假私烟 856 件。移送公安机关刑事立案假私烟案件 223 起，其中破获案值百万元以上案件 27 起、千万元以上 14 起、亿元以上 2 起；3 起案件被列为部督案件，5 起案件获得国家局奖励。公安、司法机关依法刑拘 91 人，批捕 121 人，判刑 142 人。

甘肃庆阳市局（公司）客户经理帮助卷烟零售户整理卷烟（2021 年）
甘肃庆阳市局　杨文婧　摄

市场监管。建立健全以市场管控率为核心指标的市场评价标准，落实零售户诚信等级分类管理办法，合理降低随机抽查比例，模型分析命中率达到 33.7%，比上年增加 19.8 个百分点。加强新型烟草制品监督管理，全年查处向未成年人售烟及电子烟案件 13 起。召开以“体系联动、效能先锋”为主题的专卖管理现场会，全面启动“八五”法治宣传教育与依法治理。全年未发生被国家局通报、约谈、督查、追责的不规范经营案件。

“放管服”改革。聚焦“服务零距离、办理零差错、办事零障碍、态度零投诉”目标，提升服务意识，增强管理能力，做到政务服务既有速度又有温度。落实政务服务“好差评”制度，推行“告知承诺制”，开展中小学校、幼儿园周边卷烟零售户清退工作。

【卷烟经营】 **供需动态平衡**。坚持把“销量与容量、供给与需求、销售与状态”“三个基本吻合”作为衡量卷烟销售工作的重要标准，从满足市场需求出发，持续深化供给侧结构性改革。提高供给体系对市场需求的适配性，增加有效供给、减少无效供给，持续提升货源供应的针对性、科学性、有效性。

2021 年，全省在销国产卷烟品牌规格有 151 个。本地区销量居前三位的卷烟品牌为“兰州”“红塔山”“云烟”。

深耕细作市场。坚持把精准营销作为卷烟销售重要手段，进一步健全市场监测体系，加大数据分析力度，为状态评价、精准调控、货源供应提供可靠数据支撑。充分发挥河东、河西、中部三大区域市场的功能作用，推进市场深耕细作。进一步优化业务分类、细化商圈类型，拓展市场细分维度，精准实施标签供货，持续挖掘市场量价潜力。

重点品牌培育。融入行业大品牌发展战略，落实三级品牌共育机制，加快构建工商零共同面向消费者的销售体系。顺应消费升级趋势，重点培育全国优势一、二类烟规格，支持省产一、二类烟加快发展，不断加大创新产品推广和国产雪茄烟培育力度。行业和全省共育品规销量增幅明显高于平均增幅，其中，行业共育品规实现销量比上年增长 7.04%，26 个全省共育品规实现销量比上年增长 16.5%。中高端卷烟及创新产品保持较快增长，引领消费结构升级，推动销售结构提升。

销售方式改革。健全市场监测体系，加大数据分析力度，为状态评价、精准调控、货源供应提供可靠数据支撑。优化现代终端结构，逐步实现全省终端从食杂店一个业态独大向便利店、小超市等多业态发展转变。重点打造“陇之情便利”流通品牌，加强品牌传播。推进智慧终端建设，深化应用全商品扫码、全店铺管理、多方式结算业务模式，带动现代终端从传统门店向数字门店转型。召开全省卷烟销售网建现场会，推广“陇上行”五位一体卷烟销售网建新模式。

全省累计建成现代零售终端3万户，占比25%，其中，建成加盟终端1499户，占比1.23%；“陇之情”注册消费者会员130万人；“全商品扫码、全店铺管理、全方式支付”零售户7600户。

零售户服务。全面推进卷烟零售户信用体系建设，全省共有诚信互助小组9305个，入组零售户达到100%。开展“我与客户共成长”、零售户意见全面征集、零售户满意度调查等活动，2021年，全省零售户满意度93.73分；零售户经营毛利率保持在12.5%以上。

【雪茄烟经营】 持续加大雪茄烟培育力度，积极协同工业企业，以中高端雪茄烟为龙头、低端雪茄烟为基础，统筹手工和机制雪茄烟发展，做大做强国产传统雪茄烟市场。增加国产传统雪茄烟供给，简化引入流程，丰富培育手段，对品牌规格进行单列管理，并设置下限管理，要求全省国产雪茄烟规格不少于30个，中高端规格不少于18个。全年销售国产传统雪茄烟1032万支。

【烟叶生产】 **烟叶种植**。严格落实烟叶种植收购计划，全年全省签订烟叶种植收购合同1427份，户均种烟面积比上年增加1.45亩。持续优化烟区生产力布局，划定“重点烟区”1.66万亩、“普通烟区”0.4万亩，重点烟区主攻生产科技创新和先进技术应用，通过加强精益生产管理实现降本增效，扩大户均种植规模和生产集中度；普通烟区在稳定现有规模基础上，全面落实烟叶生产标准化管理，稳定烟农种烟收入。

现代烟草农业建设。扩大新品种试验、推广面积，全省开展“云烟85”“云烟87”新品种试验各10亩，示范推广“延安1号”2000亩，“云烟99”5300亩。在病虫害防治中推广生物防治、物理防治等技术，开展“水肥一体化”试验20亩，“有机无机肥”试验800亩，推广黄色诱虫板2.06万亩，蓝色诱虫板0.84万亩。落实烟叶精益生产管理，全省推广精益生产面积2.06万亩，分生产环节落实精益生产各项措施，促进降本增效，累计降本113.3万元，实现亩均降本55元。

促农增收。开展“我为烟农办实事”活动，全年为烟农提供85.39万元的籽种等烟叶生产物资。组织育苗、移栽、大田管理等各类培训5024人。加大“三类”设施利用范围，利用闲置育苗大棚种植花卉、蔬菜，发展特色养殖业，利用专用机械服务大农业生产，“三类”设施利用创造多元化收入158.7万元。深度挖掘烟农劳务输出，安排烟农非生产经营时节务工实现净收入465.5万元。2021年，全省烟农实现多元化收入2000万元，其中净收入1217万元，户均实现非种烟收入1.4万元。

【疫情防控】 面对突发的新冠肺炎疫情，甘肃省局（公司）迅速反应，周密部署，及时开展健康排查，切实加强重点防护，细化落实应急措施，干部职工疫苗接种达到96%，全省烟草商业系统保持“零感染”“零病例”。考虑疫情给生产经营带来的风险，第一时间启动卷烟销售、物流配送等应急预案，密切关注卷烟销售状况，发布卷烟经营情况通报19期，积极应对各种复杂局面，切实将疫情对经济运行的影响降到最低。

【管理创新】 推进企业管理“结对共建”活动，广泛开展共建例会、联合攻关、管理诊断等活动，提炼形成结对共建工作机制。开展对标创优活动，建立健全对标目标设定、过程监控、结果运用等机制，所属市级局（公司）对标指标中10项优于行业平均值，占总指标的67%；县级局（营销部）对标指标中8项比上年提升，提升率80%。持续完善省市县三级创新体系，建立健全创新课题清单和合理化建议管理机制，充实企业管理专家库，建设形成青年创新领军人才队伍，推广应用优秀创新成果。全省烟草商业系统表彰奖励科学技术进步奖12项、创新争先奖2人，开展QC活动295项，省局（公司）发布QC成果8项。

【特事辑要】 2021年1月22日，甘肃省烟草商业系统工作会议在兰州市召开。

2021 年甘肃省烟草专卖商业主要情况统计

地市级局（公司）名称		兰州市烟草专卖局（公司）	天水市烟草专卖局（公司）	定西市烟草专卖局（公司）	酒泉市烟草专卖局（公司）	武威市烟草专卖局（公司）
主要负责人/法定代表人（含党政领导）		向　阳	许祥波	张　毅	王进立	苏斌成
所属县级单位		兰州新区、城关区、七里河区、安宁区、西固区、红古区、永登县、榆中县、皋兰县等 9 个县级烟草专卖局（营销部）	秦州区、麦积区、张家川回族自治县、清水县、甘谷县、秦安县、武山县等 7 个县级烟草专卖局（营销部）	安定区、临洮县、陇西县、岷县、通渭县、渭源县、漳县等 7 个县级烟草专卖局（营销部）	敦煌市烟草专卖局（公司），瓜州县、玉门市、肃州区、金塔县等 4 个县级烟草专卖局（营销部）	凉州区、民勤县、古浪县、天祝藏族自治县等 4 个县级烟草专卖局（营销部）
总资产（万元）		213454	70505	49786	43082	37582
资产负债率（%）		3. 59	4. 43	4. 41	2. 65	5. 36
从业人员（人）		691	330	319	220	244
所属业务机构	营销机构	1 个营销中心	1 个营销中心	1 个营销中心	1 个营销中心	1 个营销中心
	物流配送机构	1 个物流配送中心	1 个物流配送中心	1 个物流配送中心	1 个物流配送中心	1 个物流配送中心
	专卖稽查机构	1 个稽查支队、2 个稽查大队	1 个稽查支队、7 个稽查大队	1 个稽查支队、7 个稽查大队	1 个稽查支队、5 个稽查大队	1 个稽查支队、4 个稽查大队
	烟叶机构	—	—	—	—	—
烟农户数（户）		—	—	—	—	—
实现烟农总收入（万元）		—	—	—	—	—
零售户数（户）		18838	14467	12417	5823	7648
零售户销售毛利率（%）		15. 41	15. 24	15. 63	15. 49	15. 75

地市级局（公司）名称	张掖市烟草专卖局（公司）	庆阳市烟草专卖局（公司）	平凉市烟草专卖局（公司）	陇南市烟草专卖局（公司）	白银市烟草专卖局（公司）
主要负责人/法定代表人（含党政领导）	朵守红（—2021 年 5 月）唐仲雄（2021 年 5 月—）	李红地	田富昌	刘文雅	刘　衡
所属县级单位	甘州区、高台县、临泽县、山丹县、民乐县等 5 个县级烟草专卖局（营销部）	西峰区、合水县、华池县、环县、宁县、庆城县、镇原县、正宁县等 8 个县级烟草专卖局（营销部）	崆峒区、泾川县、灵台县、崇信县、华亭市、庄浪县、静宁县等 7 个县级烟草专卖局（营销部）	成县、徽县、两当县、西和县、礼县、文县、宕昌县、康县、武都区等 9 个县级烟草专卖局（营销部）	白银区、平川区、靖远县、景泰县、会宁县等 5 个县级烟草专卖局（营销部）
总资产（万元）	30323	66840	40551	61529	43880
资产负债率（%）	3. 11	5. 86	3. 52	6. 23	3. 53
从业人员（人）	235	391	317	404	279

续表

地市级局（公司）名称		张掖市烟草专卖局（公司）	庆阳市烟草专卖局（公司）	平凉市烟草专卖局（公司）	陇南市烟草专卖局（公司）	白银市烟草专卖局（公司）
所属业务机构	营销机构	1个营销中心	1个营销中心	1个营销中心	1个营销中心	1个营销中心
	物流配送机构	1个仓储配送中心	1个物流配送中心	1个物流配送中心	1个物流配送中心	1个物流配送中心
	专卖稽查机构	1个稽查支队、5个稽查大队	1个稽查支队、8个稽查大队	1个稽查支队、7个稽查大队	1个稽查支队、9个稽查大队	1个稽查支队、5个稽查大队
	烟叶机构	—	3个烟叶收购站	—	3个烟叶收购站	—
烟农户数（户）		—	1153	—	274	—
实现烟农总收入（万元）		—	5502	—	3069	—
零售户数（户）		6269	8795	10174	12886	8992
零售户销售毛利率（%）		15.25	15.46	15.39	15.34	15.25

地市级局（公司）名称		金昌市烟草专卖局（公司）	嘉峪关市烟草专卖局（公司）	临夏回族自治州烟草专卖局（公司）	甘南藏族自治州烟草专卖局（公司）
主要负责人/法定代表人（含党政领导）		王　锐（—2021年5月） 王永军（2021年5月—）	王永军（—2021年5月） 王　锐（2021年5月—）	金　明	张小平
所属县级单位		永昌县烟草专卖局（营销部）	—	临夏市、永靖县、临夏县、和政县、康乐县、广河县、东乡族自治县、积石山保安族东乡族撒拉族自治县等8个县级烟草专卖局（营销部）	舟曲县、临潭县、卓尼县、夏河县、迭部县、碌曲县、玛曲县、合作市等8个县级烟草专卖局（营销部）
总资产（万元）		18072	15669	29715	11232
资产负债率（%）		4.74	2.38	2.33	7.27
从业人员（人）		86	95	219	175
所属业务机构	营销机构	1个营销中心	1个营销中心	1个营销中心	1个营销中心
	物流配送机构	1个物流配送中心	—	1个物流配送中心	1个物流配送中心
	专卖稽查机构	1个稽查支队、1个稽查大队	1个稽查支队	1个稽查支队、8个稽查大队	1个稽查支队、3个稽查大队
	烟叶机构	—	—	—	—
烟农户数（户）		—	—	—	—
实现烟农总收入（万元）		—	—	—	—
零售户数（户）		2275	1563	7584	3917
零售户销售毛利率（%）		15.10	15.08	15.20	15.72

◇ 撰稿：毕耜栋；编辑：周　佳　王　静　刘海文

青海省烟草专卖局（公司）

【专卖管理】 **保持打假打私高压态势。**2021 年，青海省烟草专卖局查处各类涉烟违法案件 538 起，其中假烟案件 218 起；查获假烟 298.41 件。破获符合国家局标准网络案件 1 起，符合省局标准网络案件 10 起。公安、司法机关依法刑事拘留 18 人，逮捕 8 人，判刑 5 人。

2021 年 9 月 4 日，西宁市局会同省局稽查总队联合西宁市、广州市公安局在广州市白云区破获“7 · 29”跨省销售假冒卷烟网络案件，查获假冒卷烟 180 余件，现货案值 240 余万元；捣毁假烟仓库 1 个，查扣打码机 2 台，逮捕 5 人。该案是 2014 年以来，青海省查获数量最多、跨省追击成果最大、抓捕人数最多，仓储、运输、销售全链条多环节打击的重大假烟案件。

内部专卖管理监督。落实卷烟经营内部专卖管理监督工作指引要求，印发工作规则，构建全过程闭环监督长效机制。深化专卖内管销售协调联动，初步打通专卖、内管、销售以及省、市、县“三维三层”的沟通渠道。强化异常预警分析处置，加强真烟异常流动综合治理，做到精准施策、精准监管。

落实“放管服”改革要求。开展零售市场许可证合理容量调研，完成合理布局规定听证及发布，其中 5 家单位合理布局规定由当地政府公开发布，合理布局工作得到政府认可。截至 2021 年底，烟草专卖许可证持证数量占全省人口数量比例 4.1‰，低于全国平均水平。

守护未成年人健康成长。开展保护未成年人免受烟侵害“守护成长”专项行动，全面排查电子烟线下销售实体店并逐户登记建档。清理退出幼儿园周边持证卷烟零售户 46 户，校园周边无证经营户 91 户；累计登记建档电子烟线下实体店 200 户；查处向未成年人售卖卷烟案件 7 起，查处向未成年人售卖电子烟案件 2 起，劝导关闭电子烟商户 1 户，查获卷烟自动售卖机 2 台。

【卷烟经营】 **经营概况。**2021 年，全省一类烟销量比上年增长 9.99%，二类烟销量比上年增长 1.23%，三类烟销量比上年下降 2.33%，四类烟销量比上年下降 21.88%。三类以上卷烟销量占比 95.38%，比上年增加 1.3 个百分点。其中，一、二类烟销售比重分别增加 2.28 个、0.24 个百分点，三、四类烟分别减少 1.21 个、1.3 个百分点。本地区销量居前三位的卷烟品牌为“延安”“云烟”“兰州”。

品牌发展。2021 年，全省在销行业重点卷烟品牌 30 个，销量比上年增长 1.03%，低于行业平均增幅 1.05 个百

2021 年，青海海西州局（公司）政务服务窗口在当地政务服务中心共获评月度优秀窗口 11 次

青海省局　供稿

分点；销量占比 98.24%，比上年增加 0.98 个百分点，比行业平均比重高 6.55 个百分点。实现销售额比上年增长 5.46%，低于行业平均增幅 0.89 个百分点。从品牌看，销量比上年增长的品牌有“中华”“芙蓉王”“南京”“兰州”等，销量比上年增长 10% 以上的品牌有“贵烟”“黄金叶”“泰山”等；销量比上年下降的品牌有“利群”“牡丹”“白沙”等。

全省销售低焦油卷烟（8 毫克/支以下）34.65 亿支（6.93 万箱），比上年增长 3.2%；占总销量比重 32.08%，比上年增加 0.99 个百分点。低焦油卷烟销量比上年增长 10% 以上的品牌有“南京”“云烟”“黄鹤楼”等。

全省销售细支烟 8.29 亿支（1.66 万箱），比上年增长 5.6%；占销售比重 7.67%，比上年增加 0.41 个百分点。销量比上年实现增长的品牌（规格）有“中华（金细支）”“泰山（茉莉香韵）”“中华（细支）”等；销量比上年下降 10% 以上的品牌（规格）有“云烟（细支珍品）”“芙蓉王（硬蓝细支）”等。

【雪茄烟经营】 2021 年，全省实现国产雪茄烟销量 317 万支，比上年增长 67.8%。国产雪茄烟销售收入比上年增长 74.36%。

【基础管理】 **突出“精、细、实”，在基础管理提升中补齐短板。**省局（公司）机关首次开展管理诊断，并延伸到所属 3 家单位和烟草物流中心，其间共发现问题 77 项，提出整改建议 63 项。全年公开招标项目 97 个，占比 88.99%，公开招标金额占比 94.33%。在行业 14 项对标指标中，省局（公司）的 5 项指标优于行业平均水平。2021 年，省局（公司）获评青海省质量管理小组活动优秀企业；QC 成果在青海省质量管理小组成果发布会上获得一等奖 3 项、三等奖 2 项。

突出“活、学、用”，在队伍能力提升中集聚动能。持续加大干部职工交流力度，全年共有 161 人轮岗锻炼。实施“大培训、大练兵、大比武”活动，举办培训班 143 个班次，参训人员 4916 人次。与中国烟草总公司职工进修学院签订战略培训合作协议，推进中国烟草网络学院青海分院建设，深化“校企合作”培训模式。组织专卖管理、销售技能竞赛，10 人被评为省级技术能手，4 人被评为烟草行业技术能手；70 人通过专卖管理、销售职业技能鉴定。

【特事辑要】 2021 年 1 月 29 日，召开全省烟草工作电视电话会议。

5 月 12 日，青海省局（公司）与中国烟草总公司职工进修学院在郑州签署战略培训合作协议。

6 月 8 日，青海烟草首个党建服务品牌“昆仑先锋”注册成功。

8 月 9 日，青海省开出首张向未成年人销售卷烟“罚单”。

8 月 13 日，青海省 12313 烟草市场监管服务热线整合工作顺利完成。11 月 29 日，青海省 12345 政务服务便民热线 12313 分中心在青海省局（公司）挂牌成立，标志着 12313 烟草市场监管服务热线青海分中心完成与省 12345 热线对接。

10 月 26 日，国家烟草专卖局党组书记、局长，中国烟草总公司总经理张建民就青海省局（公司）《关于近期疫情防控应急处置情况的专报》作出批示，“请青海省局（公司）继续抓好疫情防控工作，切实把各项措施落实到位。同时，要统筹好生产经营等工作。”

2021 年青海省烟草专卖商业主要情况统计

地市级局（公司）名称		西宁市烟草专卖局（公司）	海东市烟草专卖局（公司）	海西蒙古族藏族自治州烟草专卖局（公司）	格尔木市烟草专卖局（公司）	海北藏族自治州烟草专卖局（公司）
主要负责人/法定代表人（含党政领导）		李安益（—2021 年 8 月） 刘 智（2021 年 9 月—）	陈永忠	徐 凯（—2021 年 8 月） 杨立群（2021 年 9 月—）	李 伟	杨立群（—2021 年 8 月） 田 宇（2021 年 9 月—）
所属县级单位		湟中区、大通回族土族自治县、湟源县等 3 个县级烟草专卖局（营销部）	平安区、互助土族自治县、循化撒拉族自治县、化隆回族自治县、民和回族土族自治县、乐都区等 6 个县级烟草专卖局（营销部）	都兰县、乌兰县、天峻县、茫崖市、大柴旦行委等 5 个县级烟草专卖局（营销部）	—	刚察县、祁连县、门源回族自治县等 3 个县级烟草专卖局（营销部）和海晏县 1 个县级烟草专卖局
总资产（万元）		45990	18252	8306	7772	4395
资产负债率（%）		10. 50	16. 52	14. 17	9. 98	15. 96
从业人员（人）		215	158	84	53	73
所属业务机构	营销机构	1 个营销中心	1 个营销中心	1 个营销中心	1 个营销中心	1 个营销中心
	物流配送机构	—	6 个物流中转站	3 个物流中转站	1 个物流中转站	3 个物流中转站
	专卖稽查机构	1 个稽查支队、9 个稽查大队	1 个稽查支队、6 个稽查大队	1 个稽查支队、5 个稽查大队	1 个稽查支队	1 个稽查支队、3 个稽查大队
	烟叶机构	—	—	—	—	—
烟农户数（户）		—	—	—	—	—
实现烟农总收入（万元）		—	—	—	—	—
零售户数（户）		10271	5991	1593	993	1244
零售户销售毛利率（%）		11. 04	12. 94	11. 93	11. 90	12. 15

地市级局（公司）名称	海南藏族自治州烟草专卖局（公司）	黄南藏族自治州烟草专卖局（公司）	玉树藏族自治州烟草专卖局（公司）	果洛藏族自治州烟草专卖局（公司）
主要负责人/法定代表人（含党政领导）	甘生军	李 铎（—2021 年 8 月） 窦海宁（2021 年 9 月—）	贺 斌	祁永年
所属县级单位	共和县、贵德县、兴海县、贵南县、同德县等 5 个县级烟草专卖局（营销部）	泽库县、河南蒙古族自治县、同仁市[1]、尖扎县等 4 个县级烟草专卖局（营销部）	称多县、杂多县、囊谦县、治多县、曲麻莱县等 5 个县级烟草专卖局（营销部）	久治县、达日县 2 个县级烟草专卖局（营销部）
总资产（万元）	4823	4855	9727	3023. 00
资产负债率（%）	14. 10	11. 14	6. 06	7. 96
从业人员（人）	76	65	76	50

续表

地市级局（公司）名称		海南藏族自治州烟草专卖局（公司）	黄南藏族自治州烟草专卖局（公司）	玉树藏族自治州烟草专卖局（公司）	果洛藏族自治州烟草专卖局（公司）
所属业务机构	营销机构	1 个营销中心	1 个营销中心	1 个营销中心	1 个营销中心
	物流配送机构	2 个物流中转站	4 个物流中转站	6 个物流中转站	1 个物流中转站
	专卖稽查机构	1 个稽查支队、5 个稽查大队	1 个稽查支队、1 个稽查大队	1 个稽查支队、5 个稽查大队	1 个稽查支队、2 个稽查大队
	烟叶机构	—	—	—	—
烟农户数（户）		—	—	—	—
实现烟农总收入（万元）		—	—	—	—
零售户数（户）		1766	913	854	454
零售户销售毛利率（%）		11.27	11.75	11.52	11.85

注：1. 2021 年 10 月 11 日，根据国烟人〔2021〕141 号文件，撤销黄南藏族自治州同仁县烟草专卖局，设立黄南藏族自治州同仁市烟草专卖局，同仁市烟草专卖局和同仁市营销部合署办公。

◇ 撰稿：陈星竹；编辑：周 佳 褚 幸 刘海文

宁夏回族自治区烟草专卖局（公司）

【专卖管理】 **打假打私**。2021 年，宁夏回族自治区烟草专卖局与自治区公安厅联合制定印发《2021 年度全区烟草打假打私工作要点》，对新形势下烟草打假打私重点任务进行部署；与自治区邮政管理局建立联合打击寄递渠道涉烟违法行为协作机制。试点建设宁夏（银川）寄递涉烟案件数据信息分析研判中心，全自治区烟草打假打私工作向“智慧、技术、信息”化转变。

落实公安部、国家局“3·06”非法经营雪茄烟案件督办要求，移交重点案件线索，宁夏、湖南、福建等 3 个省、自治区协同办案，破获 2 起重大涉烟案件，公安、司法机关依法抓获犯罪嫌疑人 20 余人，涉案金额 2000 余万元。全年查处各类涉烟违法案件 3361 起，查获涉案非法卷烟 1839.29 件，其中查处假冒卷烟案件 1760 起，查获假烟 173.53 件；侦办重大涉烟违法案件 7 起，公安、司法机关依法拘留 34 人。

市场监管。突出发挥专卖市场监管系统功效，持续推动“互联网＋监管”转型发展。围绕突出问题和重要节点，搭建监管分析模型 716 个，市场检查计划命中率 12.93%。落实市场监管“双随机、一公开”工作机制，“双随机”市

2021 年 2 月 15 日，宁夏中卫市局（公司）开展烟草专卖零售许可证“清网”行动

宁夏中卫市局 李 刚 供稿

场检查计划执行进度达到18.01%。依法履行监管职责，开展“守护成长”“雷霆—Ⅲ号”“利剑—Ⅰ号”等专项行动，清理校园周围非法经营卷烟商户50户，处置网络违法违规销售烟草产品链接4条，清理自助售卖机2台。全年全自治区市场管理满意度得分95.01分。

行政许可。贯彻落实行业深化“放管服”改革要求，进一步规范审批、加强监管、优化服务。印发《宁夏区烟草专卖局关于烟草制品零售点合理布局的指导意见》，创新引用零售点市场容量测评方法，将“放”的着力点放在稳定数量、提升质量、引导适度竞争上。推进“互联网+政务服务”，畅通烟草专卖行政许可证办理网上申请渠道，全自治区烟草专卖行政许可服务满意度在95%以上，烟草零售许可平均办理时限压缩至0.5天，网上办件率60.95%。建成运行宁夏烟草12313烟草市场监管服务热线，打造烟草政策法规“宣讲室”，解决消费者、卷烟零售户“急难愁盼”问题。

【卷烟经营】 **卷烟销售**。坚持“总量控制、稍紧平衡，增速合理、贵在持续”方针，持续深耕卷烟市场、加强市场销售、满足消费需求，实现稳中求进、进中更优状态。全年实现单箱销售收入3.26万元，比上年增长7.37%。

品牌培育。印发《宁夏烟草系统“十三五”品牌对标分析及“十四五”品牌发展规划报告》，修订完善《宁夏烟草系统卷烟品牌管理办法》，销售资源进一步向行业“双十五”品牌集聚。将零售终端作为卷烟品牌培育的重要平台，以主要街道、重点社区为单元，合理配置品牌资源，规划建设覆盖17家卷烟工业企业的品牌示范街（区）。持续推进培育方法创新，探索建立消费需求驱动的“1231”品牌销售模式。

市场化取向改革。加强区市两级互动，提高货源配置水平，进一步完善“统购分销”模式下的货源采购调运机制。建立适应市场的半年协议调整及月中货源调整机制，发挥市场在货源调运、配置资源中的决定性作用。推进“订单驱动、滚动配货、实时合同”工商交易模式变革向纵深发展，将网配工业的所有在销品规全部纳入网配范围。在保持现有零售户30档划分的基础上，进一步规范各档位内零售户数量占比，并保持相对统一，“橄榄型”客户结构初步形成。

零售终端建设。坚持“城乡一体、协调发展，分类建设、健全体系，优化服务、动态管理”建设思路，推进终端经营条件改善促转型“基础工程”，终端分类分层建设强体系“生态工程”、终端诉求响应解决畅机制“满意工程”等，发挥平台功能，提升零售户满意度和获得感。截至2021年底，全自治区有现代零售终端8362户，占比25%，其中农网现代零售终端1501户，占比5%。全年全自治区卷烟零售户销售毛利率15.23%，户均毛利4.02万元；零售户满意度比上年提高1.58分。

【雪茄烟经营】 **销售概况**。2021年，宁夏市场经销雪茄烟均为国产雪茄烟，共经销规格31个，其中，中高端雪茄烟规格25个。全年销售国产雪茄烟305.51万支，比上年增长30.03%，其中，销售中高端雪茄烟8.91万支，比上年增长178.44%。

模式创新。印发《宁夏区烟草公司关于做好2021年国产雪茄烟营销工作的通知》，理顺雪茄烟销售业务流程，修订完善相关配套管理办法。新引进24个国产雪茄烟规格，全面提高雪茄烟产品供给丰富度。以银川市局（公司）为试点，探索构建起独立的雪茄烟客户分档规则，通过“档位+标签”的方式实现雪茄烟精准投放。

销售创新。开展雪茄烟特色销售，组织各类趣味性雪茄烟推广活动，进一步提高雪茄烟培育兴趣。开展“雪茄+红酒”跨界体验活动。通过不定期发布雪茄烟品鉴知识、国产雪茄烟品牌知识等活动，逐步辐射客户群体，发掘雪茄烟消费市场。

【改革创新】 2021年，宁夏区局（公司）全面落实行业市场化取向改革工作要求，深入推进9项重点改革任务。其中，建立智能财务共享中心、搭建方针目标管理考核机制、完善人才队伍和薪酬管理机制，以及建立卷烟打假打私和市场监督管理新模式、优化完善区市营销管理机制、搭建一体化物流标准体系、理顺完善润维公司管理体制等重点改革任务，对进一步打牢工作基础、推动“三高”目标实现发挥牵引拉动作用。印发《全面加强新时代宁夏烟草科技创新工作的实施意见》。全面推行方针目标管理，首次贯通区市两级，构建横向到边、纵向到底、上下联动、左右衔接的方针目标管理机制。

【特事辑要】 2021年1月26日，宁夏区局（公司）召开2021年全自治区烟草工作会议。

4月25—27日，国家局党组成员、副局长徐㻏在宁夏参加自治区中央定点扶贫单位座谈会、自治区全区脱贫攻坚总结表彰大会，并在宁夏烟草调研。

6月30日，宁夏区局（公司）机关召开庆祝中国共产党成立100周年党员大会。

7月30日，宁夏区局（公司）召开2021年全自治区烟草商业系统半年工作电视电话会议。

9月16—17日，国家烟草专卖局党组书记、局长，中国烟草总公司总经理张建民在宁夏吴忠红寺堡区调研国烟扶贫工作，并调研宁夏烟草工作。

2021年宁夏回族自治区烟草专卖商业主要情况统计

地市级局（公司）名称		银川市烟草专卖局（公司）	石嘴山市烟草专卖局（公司）	吴忠市烟草专卖局（公司）	固原市烟草专卖局（公司）	中卫市烟草专卖局（公司）
主要负责人/法定代表人（含党政领导）		金　伟	马福明	张元锁	王　伟	杨万龙（—2021年9月） 张宝林（2021年9月—）
所属县级单位		永宁县、灵武市、贺兰县、兴庆区、金凤区、西夏区等6个县级烟草专卖局（分公司）	平罗县、惠农区、大武口区等3个县级烟草专卖局（分公司）	青铜峡市、盐池县、同心县、利通区、红寺堡区等5个县级烟草专卖局（分公司）	西吉县、彭阳县、隆德县、泾源县、原州区等5个县级烟草专卖局（分公司）	中宁县、海原县、沙坡头区等3个县级烟草专卖局（分公司）
总资产（万元）		104401	33099	39283	25120	24405
资产负债率（%）		8.89	7.58	8.28	19.61	10.73
从业人员（人）		367	151	227	209	160
所属业务机构	营销机构	1个卷烟营销中心	1个卷烟营销中心	1个卷烟营销中心	1个卷烟营销中心	1个卷烟营销中心
	物流配送机构	1个物流配送中心	1个物流配送中心	1个物流配送中心	1个物流配送中心	1个物流配送中心
	专卖稽查机构	1个稽查支队、6个稽查大队	1个稽查支队、3个稽查大队	1个稽查支队、5个稽查大队	1个稽查支队、5个稽查大队	1个稽查支队、3个稽查大队
	烟叶机构	—	—	—	—	—
烟农户数（户）		—	—	—	—	—
实现烟农总收入（万元）		—	—	—	—	—
零售户数（户）		12777	3861	5876	5849	5157
零售户销售毛利率（%）		15.77	15.40	14.82	14.87	15.19

◎撰稿：杜振平；编辑：周　佳　褚　幸　刘海文

新疆维吾尔自治区烟草专卖局（公司）

【专卖管理】 **打假打私**。2021年，新疆维吾尔自治区烟草专卖局与乌鲁木齐海关深度合作，签订全国第一个综合保税区内前置检查涉烟物品工作协议，对进入中哈霍尔果斯国际边境合作中心配套区的烟草专卖品开展前置检查，从源头上打击涉烟违法行为。推进涉烟情报研判中心建设，召开全自治区涉烟违法案件侦办暨情报中心建设研讨会，推动专卖管理模式转型。全年全自治区查处各类涉烟违法案件3736起，其中案值5万元以上案件108起，查获非法卷烟6232.68件，涉案金额8709.99万元。新疆霍尔果斯“4·21”销售假冒注册商标商品案入选2021年全国烟草打假打私经典案例。

市场监管。联合自治区公安厅开展打击涉烟违法犯罪百日专项行动，共查处各类涉烟违法案件1016起，查获假烟248.648件、走私烟70.79件，总案值1161.95万元。开展“守护成长”专项行动，清理中小学校及幼儿园周边持证卷烟零售户115户、无证户98户，清理自助售卖机14台。全年全自治区共查处向未成年人销售卷烟（电子烟）案件49起，罚款6.1万元。建成自治区12345政务服务便民热线12313烟草市场监管服务热线分中心，由自治区局集中接听。

证照管理。召开全自治区关于加强零售许可证管理电视电话会议，部署修订《全自治区零售点合理布局规划》，依法依规清理不符合规定的卷烟零售户。全年全自治区持有卷烟零售许可证9.71万户，人均烟草专卖零售许可证持证率约3.76‰。开展卷烟零售市场许可证合理容量调研，细分市场单元，科学设置烟草制品零售点。开展烟草专卖零售许可证专项检查行动，共清理各类不合规卷烟零售户1082户。

【卷烟经营】 **卷烟销售**。加强经济运行调控和销售策略管理，重点解决区域供给不平衡、不协调问题，健全动态平衡市场体系，保持经济运行在合理区间。通过“三个动态开展”，即动态开展“市场监测、专项调查、目标调剂”，有效应对疫情及发展形势带来的不确定性影响；实施“三个策略”，即“均衡销售、普惠投放、精准选点”策略，增强销售工作均衡性、稳定性和可持续性；加大商业库存储备，加大低价位卷烟供应，加强跨周期调节，响应市场需求，市场整体处于“稍紧平衡”状态。全年全自治区卷烟销售增幅1.45%，卷烟结构增幅4.58%。

2021年3月15日，新疆烟草质量监督检测站与乌鲁木齐市局（公司）联合开展以“守护安全，畅通消费”为主题的消费者权益保护日宣传活动

新疆区局 钟 宇 摄

品牌培育。丰富品类供给，建立全自治区统一高标准大市场，统一销售规则、统一业务流程、统一销售策略，实施行业共育品牌规格无条件引入，重点品牌规格统一布局和“一品一策”销售策略，全年引入40个规格新品。完善工商零共同面向消费者的品牌培育体系，将品牌发展

同各卷烟工业企业年度发展目标相结合，将市场真实需求同货源投放相结合，全年开展工商座谈26次。

终端建设。探索建设新疆烟草“丝路香韵”流通品牌建设，精选核心客户以信息化赋能，实现模式功能、消费体验双升级。推广“星级＋积分制”小组建设模式，通过“线上＋线下”活动方式，丰富小组活动的载体和内容。组织城网客户开展“我的生意经”优秀经营案例分享活动，农网客户开展“美丽商铺”建评活动，调动零售户自我提升积极性。全年全区建成现代终端14547户，建成农网现代终端1743户，推广新零售系统1138户。

开展“我与客户共成长”主题营销活动，探索专业分工、协同推进服务模式，增强经营指导针对性。多措并举推广“云POS”零售终端信息系统和“丝路香韵服务公众号”，强化现代经营模式。全年推广新零售系统1.16万户，占比11.54%；开通聚合支付业务7226户，占比65.34%。2021年，全自治区卷烟零售户综合满意度94.06分。

【雪茄烟经营】 围绕“以中高端雪茄烟为龙头，低端雪茄烟为基础，统筹手工和机制雪茄烟发展”国产雪茄烟发展方向，加大雪茄烟布局和培育力度，完善雪茄烟销售模式。全年引入5个中高端雪茄烟产品，截至2021年底，共经营国产雪茄烟7个品牌30个规格。工商协同制定发展规划，逐步缩减卷烟型雪茄烟份额，将培育重点聚焦至国产传统雪茄烟，按月度、半年度组织自下而上需求预测，做好货源组织供应；加大销售人员、零售户雪茄烟知识和文化培育，定期开展雪茄烟品牌销售策划和宣传推广活动。全年国产雪茄烟销量比上年增长57%。

【企业管理】 **转变业务模式**。优化调整物流配送模式，将传统接力配送模式转变为工业全面直送，缩短物流运输周期，快速响应市场需求。探索边远地区物流业务外包模式，保障边远市场货源供应。统筹推进数字中台、移动办公平台、打假情报中心等新型技术设施平台建设与应用，党建、销售、专卖管理等核心工作依托“互联网＋”“智能＋”信息技术，探索线上服务、大数据分析、数据化管理新模式，线下增补基层县局专销管理服务车辆，缓解基层服务半径大、人力资源不足等矛盾问题。

规范管理。完善销售监督、专卖内管、财务审计等协调配合的“大规范”“大监督”管理体系，重点将审计监督关口前移，紧盯项目“价格”关键环节，实行前置价格监督审计。统筹发展和安全两件大事，抓好常态化疫情防控，完成全自治区安全检查、隐患排查、维稳抽查，强化网络安全防御和应急保障。

考评体系。对全自治区人员考核评价体系进行重塑、优化，形成“综合＋专业”相结合的综合考评体系，在考核导向、指标及结果设计运用上注重激发队伍潜力活力、提升工作质量效能、规范基层单位管理。

【特事辑要】 2021年1月28日，新疆区局（公司）在乌鲁木齐市召开新疆烟草工作会议。

5月12—14日，国家烟草专卖局党组书记、局长，中国烟草总公司总经理张建民在新疆烟草调研。

5月24日，自治区副主席赵冲久在新疆烟草调研指导企业改革发展等工作。

6月29日，烟草行业党史学习教育第四巡回指导组进驻新疆区局（公司）。

6月30日，“金叶先锋·担当奉献”烟草行业庆祝建党100周年主题巡回宣讲报告会在新疆区局（公司）举行。

2021年新疆维吾尔自治区烟草专卖商业主要情况统计

地市级局（公司）名称	乌鲁木齐市烟草专卖局（公司）	昌吉回族自治州烟草专卖局（公司）	新疆维吾尔自治区石河子市烟草专卖局、新疆烟草兵团石河子有限公司	博尔塔拉蒙古自治州烟草专卖局（公司）	伊犁哈萨克自治州烟草专卖局（公司）
主要负责人/法定代表人（含党政领导）	秘秀峰 （—2021年8月） 曾广宇 （2021年8月—）	商志刚	党委书记、董事长：王志勇 局长：邵　岩	李　方	郜生权 （—2021年11月） 文宝成 （2021年12月—）

续表

地市级局（公司）名称		乌鲁木齐市烟草专卖局（公司）	昌吉回族自治州烟草专卖局（公司）	新疆维吾尔自治区石河子市烟草专卖局、新疆烟草兵团石河子有限公司	博尔塔拉蒙古自治州烟草专卖局（公司）	伊犁哈萨克自治州烟草专卖局（公司）
所属县级单位		—	昌吉市、五家渠市、阜康市、呼图壁县、玛纳斯县、吉木萨尔县、奇台县、木垒哈萨克自治县等8个县级烟草专卖局	—	博乐市、阿拉山口市、精河县、温泉县、双河市等5个县级烟草专卖局	伊宁市、伊宁县、霍城县、察布查尔锡伯自治县、巩留县、新源县、特克斯县、昭苏县、尼勒克县、霍尔果斯市、可克达拉市等11个县级烟草专卖局
总资产（万元）		56592	12981	27016	9339	36754
资产负债率（%）		20.31	29.87	41.93	77.89	86.39
从业人员（人）		422	236	144	85	214
所属业务机构	营销机构	1个营销管理中心	1个营销中心	1个营销管理中心	1个营销中心	1个营销中心
	物流配送机构	1个物流配送中心	1个物流配送中心	1个物流配送中心	1个物流配送中心	1个物流配送中心、5个物流中转站
	专卖稽查机构	1个稽查支队	1个稽查支队、8个稽查大队	1个稽查支队	1个稽查支队	1个稽查支队、3个稽查大队、1个莫合烟稽查支队
	烟叶机构	—	—	—	—	—
烟农户数（户）		—	—	—	—	—
实现烟农总收入（万元）		—	—	—	—	—
零售户数（户）		16375	10375	3460	3184	10058
零售户销售毛利率（%）		16.68	15.87	16.20	15.69	15.55

地市级局（公司）名称	克拉玛依市烟草专卖局（公司）	塔城地区烟草专卖局（公司）	阿勒泰地区烟草专卖局（公司）	吐鲁番市烟草专卖局（公司）	哈密市烟草专卖局（公司）
主要负责人/法定代表人（含党政领导）	曾广宇（—2021年8月）	谭　军	张新兵	姜朝斌	董正森
所属县级单位	克拉玛依区、白碱滩区、乌尔禾区、独山子区等4个县级烟草专卖局	塔城市、额敏县、沙湾市、乌苏市、奎屯市、托里县、裕民县和布克赛尔蒙古自治县等8个县级烟草专卖局	阿勒泰市、北屯市、布尔津县、福海县、富蕴县、吉木乃县、哈巴河县、青河县等8个县级烟草专卖局	高昌区、托克逊县、鄯善县等3个县级烟草专卖局	伊州区、巴里坤哈萨克自治县、伊吾县等3个县级烟草专卖局
总资产（万元）	7315	8992	14170	4250	5672
资产负债率（%）	72.42	27.13	86.21	28.26	29.66
从业人员（人）	78	163	138	101	106

续表

地市级局（公司）名称		克拉玛依市烟草专卖局（公司）	塔城地区烟草专卖局（公司）	阿勒泰地区烟草专卖局（公司）	吐鲁番市烟草专卖局（公司）	哈密市烟草专卖局（公司）
所属业务机构	营销机构	1个营销中心	1个营销中心	1个营销中心	1个营销中心	1个营销中心
	物流配送机构	1个物流配送中心	1个配送中心、3个物流中转站[1]	1个物流配送中心	1个物流配送中心	1个物流配送中心
	专卖稽查机构	1个稽查支队	1个稽查支队、8个稽查大队	1个稽查支队	1个稽查支队、3个稽查大队	1个稽查支队、3个稽查大队
	烟叶机构	—	—	—	—	—
烟农户数（户）		—	—	—	—	—
实现烟农总收入（万元）		—	—	—	—	—
零售户数（户）		2739	7923	4609	4171	4662
零售户销售毛利率（%）		15.78	15.62	15.93	16.54	15.87

地市级局（公司）名称		巴音郭楞蒙古自治州烟草专卖局（公司）	阿克苏地区烟草专卖局（公司）	喀什地区烟草专卖局（公司）	和田地区烟草专卖局（公司）
主要负责人/法定代表人（含党政领导）		王　霞	包　利	刘新华（2021年7月—）	王　春
所属县级单位		库尔勒市、铁门关市、焉耆回族自治县、博湖县、和静县、和硕县、轮台县、尉犁县、若羌县、且末县等10个县级烟草专卖局	库车市[2]、沙雅县、新和县、拜城县、阿瓦提县、温宿县、乌什县、柯坪县、阿克苏市、阿拉尔市、阿合奇县等11个县级烟草专卖局	喀什市、英吉沙县、莎车县、泽普县、叶城县、岳普湖县、伽师县、麦盖提县、疏勒县、疏附县、巴楚县、图木舒克市、乌恰县、阿图什市、阿克陶县等15个县级烟草专卖局	皮山县、墨玉县、和田市、洛浦县、策勒县、于田县、民丰县、昆玉市等8个县级烟草专卖局
总资产（万元）		25319	20227	23448	16704
资产负债率（%）		46.55	40.65	44.71	76.76
从业人员（人）		200	243	218	127
所属业务机构	营销机构	1个营销中心	1个营销中心	1个营销中心	1个营销中心
	物流配送机构	1个物流配送中心、3个物流中转站	1个物流配送中心	1个物流配送中心	1个物流配送中心
	专卖稽查机构	1个稽查支队	1个稽查支队	1个稽查支队	1个稽查支队
	烟叶机构	—	—	—	—
烟农户数（户）		—	—	—	—
实现烟农总收入（万元）		—	—	—	—
零售户数（户）		10728	11266	11866	5220
零售户销售毛利率（%）		15.76	15.32	15.26	16.40

注：1. 塔城地区塔城市局（公司）于2020年11月起试运行“1+3”物流配送模式，增设沙湾、乌苏中转站，与额敏中转站一同施行接力配送与终端配送。

2. 2021年，新疆区局（公司）印发新烟人〔2021〕13号文件，撤销阿克苏地区库车县烟草专卖局（分公司），设立阿克苏地区库车市烟草专卖局（分公司）。

◇撰稿：韩　敏；编辑：周　佳　褚　幸　刘海文

大连市烟草专卖局（公司）

【专卖管理】 **卷烟打假打私。**2021年，大连市烟草专卖局坚持“大专卖”“一盘棋”，主动应对形势变化，与大连市公安、海关、市场监管等部门强化合作，完善协调机制，形成执法合力。全年查处各类涉烟违法案件449起，其中，追刑案件18起。查获非法卷烟1570件，案值1359万元。全年有4起案件及“利剑2021”卷烟市场清理专项行动获得国家局通报表彰。“利剑2021”卷烟市场清理专项整治行动共查处案件149起，查获非法卷烟538件，案值581万元，公安、司法机关依法抓获嫌疑人20人，采取刑事强制措施14人。

应对海上打私严峻形势，召开海上打私再动员、再部署工作会议及专题推进会，开展打击海上走私卷烟工作实战演练，落实“七个有”工作举措，建立“1＋7＋N”联防联控机制、“134”巡查巡防机制、“技防＋物防＋人防”综合防控机制等，形成“海上缉、岸边堵、陆上查、市场管”强大合力。

市场监管和净化。完善以“双随机、一公开”监管为手段、以信用监管为基础、以重点监管为补充的新型监管机制，全市烟草商业系统分析模型运行437次，APCD系统检查卷烟零售户1.06万户，发现违规户172户，检查总体命中率1.63%。开展保护未成年人免受烟侵害“守护成长”专项行动，依法查处线上涉烟宣传、促销等违法行为，全年累计排查电子烟实体店510户，劝导下架61户。联合市公安局、市邮政管理局开展“雷霆”专项行动，累计查获涉烟快递面单938单，查获非法卷烟159件，案值182万元。

内部专卖管理监督。针对真烟异常流动的新特点、新问题，突出“小零散”治理，探索建立“小零散”治理“三不”机制，全年查处卷烟非法流通案件62起，其中案值10万元以上案件4起，查获非法卷烟356件，案值314万元。督导新冠疫情防控常态化下的卷烟无纸化配送工作，落实“双随机、一公开”专项检查，规范经营管理基础。加强内部监管信息化建设，全年制定内管监督货源投放策略46次、召开品牌引进退出会议4次。接收国家局反馈涉连案件1422起，案量450万支、案值574万元；对涉连真烟案件零售户货源停供148户、相同浏览器订货停供29户、违法违规零售户货源停供112户。

法治烟草建设。制定《“八五”普法规划》《大连烟草法治建设实施意见》等，进一步深化“证照分离”改革工作实施方案。全年开展两轮专卖执法案卷与经济合同自查和集中评查，共评查2020年度10个基层单位专卖执法案卷349本、15个部门的经济合同447份，发挥法治监督把关作用。推进制度文件“立改废”并举工作，加强清单管理和动态规范清理。

【卷烟经营】 **卷烟品牌培育。**科学设定经营品牌规格数量，实行分价位段精细化管理，截至2021年底，在销国产

2021年12月13日，大连市局专卖管理人员实地核查电子烟零售店
大连市局　供稿

卷烟规格精简至162个。发挥中高端卷烟结构提升作用，重点卷烟品牌销售比重93.31%。丰富供给填补细分市场空缺，满足个性化、多样化消费升级需求，全年细支烟销量比上年增长10.44%，中支烟销量比上年增长9.3%，短支烟销量比上年增长12.58%。优化工商资源配置，全年开展品牌培育活动20次。

卷烟销售网络建设。聚焦直营终端4S（Smoking、Show、Sale、Survey）功能，全面提升直营终端品质内涵，累计建成现代卷烟直营终端14户。突出规划引领，建设“金叶春天”便利店55户，“金叶春天”便民店150户，“金叶春天”MINI店12户，累计建成“金叶春天”便利店426户，“金叶春天”便民店250户。推进现代终端扩容提质，打造“三全、四好、六个功能”为标准的四星级现代终端50户，全市现代终端累计5147户。推进合作终端管理模式创新，合作模式逐步深化，全年开展合作终端总部对接10次，专题培训4场。稳步扩大“双规范”普通终端，全年建成“双规范”终端1.34万户，优质“双规范”占比48%。

商业流通品牌建设。推进加盟终端品质化转型，打造形成由城市便利店、农村便民店和社区MINI店组成的“金叶春天”连锁品牌谱系。优化运维标准，高标准开展加盟终端退出工作，确保“金叶春天”形象统一、运维规范。全年审核通过二星加盟终端357户，达到城网加盟终端总数的83.8%。获批特许经营许可，加入中国连锁经营协会，是行业唯一加入该协会的流通品牌。

基础管理与销售创新。筑牢销售网建工作基础，强化客户投诉咨询管理，创新开展市场信息采集工作。上线“支付即会员”“一键授权注册”功能，探索非烟商品会员价销售，依托“微商盟”“新商通”“春天服务”平台，面向零售户推送政策宣传、通知公告、商品信息等内容，结合全年重点工作，做好精品栏目运营。大连烟草微信矩阵累计推送微商盟图文期刊40期、春天服务图文期刊35期。

【雪茄烟经营】 2021年，全市销售雪茄烟273.78万支，比上年增长65.93%。其中，国产中高端手工雪茄烟［不含税调拨价15元（含）以上/支］实现销量12.84万支，比上年增长96.39%。大连卷烟市场首次迈进手工雪茄烟10万支以上规模市场。全年全市引入高结构新品雪茄烟规格14个，清退低效规格7个，国产中高端雪茄烟规格占比62%。

【智慧精益物流】 2021年，大连烟草物流中心配套智能入库系统引进入库烟垛自动整形装置，形成“自动整形+智能识别+视频语音”无人入库新模式；出库环节运用视觉影像捕捉识别技术，“图像溯源”推动干线配送信任交接，作业质效、保障能力、服务水平提升，两项技术专利获得国家知识产权局受理。优化县区物流布局和城区配送网络，调整订货周期，均衡配送任务，全面推广移动送货系统应用，实现交接无纸化、信息可追溯；托盘和纸滑托联运超额完成年度计划，更新配置5辆纯电动车，新能源车占比持续增长，低碳绿色物流纵深推进。

【特事辑要】 2021年4月20日，国家烟草专卖局党组书记、局长，中国烟草总公司总经理张建民在大连烟草调研。

6月2日，国家局党组成员、副局长段铁力在大连烟草调研。

7月5日，全国农村商业建设工作现场会在辽宁海城召开。大连市局（公司）参加会议并作经验交流发言。

9月16日，国家局党组成员、副局长韩占武在大连烟草调研。

10月18日，“金叶春天”获得商务部商业特许经营备案，“金叶春天”流通品牌迈入连锁便利店品牌序列。

2021 年大连市烟草专卖商业主要情况统计

区局（公司）名称		中山区烟草专卖局（分公司）	西岗区烟草专卖局（分公司）	沙河口区烟草专卖局（分公司）	甘井子区烟草专卖局（分公司）	旅顺口区烟草专卖局（分公司）
主要负责人/法定代表人（含党政领导）		曲新德	杜　萍	冉　仪（—2021 年 11 月） 赵文明（2021 年 11 月—）	唐功杰	王仁君（—2021 年 2 月） 张　宏（2021 年 2 月—）
所属县级单位		—	—	—	—	—
总资产（万元）		—	—	—	—	—
资产负债率（%）		—	—	—	—	—
从业人员（人）		24	25	27	46	44
所属业务机构	营销机构	1 个销售管理科	1 个销售管理科	1 个销售管理科	1 个销售管理科	1 个销售管理科
	物流配送机构	—	—	—	—	—
	专卖稽查机构	1 个专卖监督管理科（专卖稽查支队）	1 个专卖监督管理科（专卖稽查支队）	1 个专卖监督管理科（专卖稽查支队）	1 个专卖监督管理科（专卖稽查支队）	1 个专卖监督管理科（专卖稽查支队）
	烟叶机构	—	—	—	—	—
烟农户数（户）		—	—	—	—	—
实现烟农总收入（万元）		—	—	—	—	—
零售户数（户）		1207	1041	2005	5387	1747
零售户销售毛利率（%）		—	—	—	—	—

区局（公司）名称		金州区烟草专卖局（分公司）	普兰店区烟草专卖局（分公司）	瓦房店市烟草专卖局（分公司）	庄河市烟草专卖局（分公司）	长海县烟草专卖局（分公司）
主要负责人/法定代表人（含党政领导）		高　瑞	董广明	蔺　雁（—2021 年 11 月） 冉　仪（2021 年 11 月—）	张　宏（—2021 年 2 月） 陈乐环（2021 年 2 月—）	刘明帅
所属县级单位		—	—	—	—	—
总资产（万元）		—	—	—	—	—
资产负债率（%）		—	—	—	—	—
从业人员（人）		69	67	74	65	12
所属业务机构	营销机构	1 个销售管理科	1 个销售管理科	1 个销售管理科	1 个销售管理科	1 个销售管理科
	物流配送机构	—	—	—	1 个配送部	—
	专卖稽查机构	1 个专卖监督管理科（专卖稽查支队）	1 个专卖监督管理科（专卖稽查支队）	1 个专卖监督管理科（专卖稽查支队）	1 个专卖监督管理科（专卖稽查支队）	1 个专卖监督管理科（专卖稽查支队）
	烟叶机构	—	—	—	—	—
烟农户数（户）		—	—	—	—	—
实现烟农总收入（万元）		—	—	—	—	—
零售户数（户）		5923	3646	3698	3692	527
零售户销售毛利率（%）		—	—	—	—	—

◇ 撰稿：李　阳；编辑：周　佳　褚　幸　刘海文

深圳市烟草专卖局（公司）

【专卖管理】　**打假打私**。2021 年，深圳市烟草专卖局强化区域联动，与广东省局、广西区局签订三省区市《烟草打假打私协作机制》，与东莞市局、惠州市局签订《跨区联动打击涉烟违法犯罪工作会议备忘录》。开展“春雷三号”和“云枭四号”卷烟打假打私专项行动。加大对重点领域和关键环节的打击力度，在打击物流中转分销方面查办多起跨国寄递涉烟违法案件；与深圳市海警局签订《打击烟草专卖品海上走私违法犯罪活动协作机制》，联合市海警、海防打私办开展海上巡逻和重点区域巡查，筑牢海上打假打私防线。

全年共查处各类涉烟违法案件 1349 起，案值 1.24 亿元，其中案值 100 万元以上案件 20 起。查获涉案卷烟 1.43 万件，其中假烟 7541 件，走私烟及出口回流卷烟 5778 件。公安、司法机关依法刑拘 197 人，逮捕 125 人。

典型案例。深圳“1·23”特大海上走私烟案。该案是深圳市局联合深圳市海警局、深圳海关缉私局、南山公安分局共同破获的一起特大海运走私卷烟案，共查获走私卷烟 4002 件，涉案金额 3012.78 万元，查扣违法运输船只 1 艘，逮捕涉案嫌疑人 6 人。这起案件是深圳市局成立以来查获的首宗海上走私卷烟案，也是涉案卷烟数量最大、货值最高的案件。

深圳市龙岗“3·17”非法雪茄烟系列案。该案是龙岗区局联合深圳海关缉私局及龙岗公安分局，在全国多地破获的非法雪茄烟系列案。2021 年 3 月 17 日，专案组在龙岗区查处 1 起非法经营雪茄烟案，经分析研判，专案组后续接连在成都、上海、武汉等 6 省市查获系列非法雪茄烟案，共查获非法雪茄烟 3 万余支，公安、司法机关依法拘留涉案嫌疑人 16 人，逮捕 8 人，涉案金额 3000 万余元。公安部将该案列为 2021 年度侵犯知识产权重特大案件。

市场监管。全年深入开展“双随机、一公开”监管和 APCD 重点监管工作，持续深化烟草专卖网格化管理，提升“互联网 + 监管”工作水平，全面做好监管信息公示公开。12313 烟草市场监管服务热线深圳分中心完成与国家局管理平台对接并投入运行，实现“7 × 24 小时”全天候人工服务。

电子烟监管。加大电子烟线上线下监管力度，通过全网涉烟信息监测平台监测到有效电子烟相关线索 20 万条，累计向全国 20 个省局提供线索上千条；出动检查人员 2800 余人次对近 6 万户卷烟零售店进行摸底，劝导 402 户实体店下架电子烟。开展“守护成长”专项行动，净化未成年人成长环境，作出相关行政处罚 15 起，深圳光明区局开出全市首张向未成年人销售电子烟行政处罚单。集中约谈 49 家在深电子烟企业，签署《不向未成年人售烟承诺书》。

证件管理。制定并出台《深圳市烟草制品零售点合理布局规定》，优化卷烟零售市场准入机制，落实提质控量工作目标。强化行政许可后续监管工作，全面清理违法违规卷烟零售户；组织开展违法违规经营卷烟大户治理

2021 年 7 月 29 日，深圳市光明区局（公司）联合光明街道办事处开展“学党史·聚合力·送温暖”“我为群众办实事”实践活动

深圳市局　徐健斌　摄

专项行动，排查发现违法违规经营大户156户，立案49起。截至2021年底，全市共有持证卷烟零售户5.55万户。

【卷烟经营】 **品牌培育**。制定《2021年深圳烟草品规发展规划》，全面优化品规布局，全年全市在销卷烟品牌有88个，其中国产卷烟品牌53个，进口卷烟品牌11个，雪茄烟品牌24个（含国产品牌9个，进口品牌15个）。在销卷烟品牌规格有542个，其中国产卷烟规格299个。全年引进国产新品卷烟规格34个，退出47个。建立三级品牌共育机制，以品牌高质量发展目标为引领，建立总公司、市级、区级三级品牌共育目录，其中总公司共育规格52个，全市共育规格49个。满足个性化需求，全市细短中等创新型卷烟销量比上年增长17.1%，高于总销量增长率16.7个百分点。

本地区销量居前三位的卷烟品牌为“双喜”“芙蓉王”“中华”。

现代零售终端建设。推进“一方盒”卷烟新零售品牌创新实践工作（“一方盒”为深圳烟草卷烟新零售品牌），建设直营门店恒温恒湿雪茄房，探索开展非烟商品业务跨界合作。推进现代化卷烟零售终端体系优化，研究优化终端分类架构体系，探索与连锁便利店企业开展合作终端建设，率先在光明区局（公司）试点建设“深圳特专”合作终端4户。全年新授权“深圳特专”商户1502户，退出558户，截至2021年底，全市共有“深圳特专”现代终端7794户，总数保持在全市零售户数的15%左右。全年全市卷烟零售户整体满意度得分90.75分。

“我与客户共成长”主题营销活动。促进销售队伍转型，组织卷烟客户经理测评活动20余场次，开展“开口销售”微视频征集评选活动。结合“我为群众办实事”实践活动，走访困难卷烟零售户450户次，协助554位零售户办理“烟商贷”，解决客户投诉或咨询问题187个，解决率98.94%。精细客户辅导，采用线上线下“双课堂”模式组织客户培训747场次，覆盖全市卷烟零售户75.11%。推进形象靓化工程，协同卷烟工业企业开展主题陈列大赛活动13场次。

现代卷烟物流建设。在新物流中心工艺设备建设方面，从2021年4月到9月，物流中心从单机到整体全流程调试，从整体全流程调试到仓储、分拣、配送全流程的真实业务测试，实现从2500件测试烟到入库1.23万件烟与卷烟分拣54万条。全年对系统进行各类有效运维共300余次（项），使用备件500余个（件），设备有效作业率99.39%、卷烟破损率小于0.01‰。推进卷烟包装箱循环利用工作，全年共返还卷烟包装箱122万只，完成全年任务的131%。

2021年，物流中心累计完成卷烟入库55.65万箱，完成卷烟分拣量55.81万箱（品规531个），其中异型烟分拣量为9.33万箱（品规345个）。累计为近230万户次客户提供订货、扣款、分拣等服务。实现库扫码率、入库正确率、到货确认率、开锁率均为100%，实现仓储破损率、分拣差错率与分拣破损率均小于0.01‰。

【雪茄烟经营】 2021年，全市实现国产传统雪茄烟销量404.96万支，比上年增长58.36%。实现国产传统雪茄烟销售收入4263.92万元，比上年增长74.27%。

【管理创新】 完成《深圳烟草“十四五”发展规划》的编制工作。系统阐明未来一个时期，深圳烟草的发展环境、发展思路、发展目标、主要举措、保障措施等5个方面内容。

【多元化经营】 推进2018年启动的揭西特美思度假村有限公司“处僵治困”工作。在前期工作的基础上，开展专项审计及资产评估，并在获得国家局、总公司备案通过后，委托深圳联合产权交易所公开挂牌转让所持有的度假村公司80%股权。组织召开度假村公司股东会，完成股权转让、工商变更等相关流程；协调新老股东，妥善处理好资产交接、度假村留守人员解散补偿等问题，历时4余年的度假村公司“处僵治困”工作任务完成。

【特事辑要】 2021年2月，深圳市局与深圳海警局签订《打击烟草专卖品海上走私违法犯罪活动协作机制》。

11月，中国烟草总公司批复同意中国烟草国际有限公司将持有深圳烟草进出口有限公司2%的股权无偿划转至中国烟草总公司深圳市公司。

2021年深圳市烟草专卖商业主要情况统计

区局（公司）名称		福田区烟草专卖局（公司）	罗湖区烟草专卖局（公司）	南山区烟草专卖局（公司）	盐田区烟草专卖局（公司）	宝安区烟草专卖局（公司）
主要负责人/法定代表人（含党政领导）		张　玲	刘志平	童　彬	朱小兵	陈东文
所属县级单位		—	—	—	—	—
总资产（万元）		35253	35424	26966	25032	56321
资产负债率（%）		8.47	8.44	7.98	8.38	9.23
从业人员（人）		91	91	89	72	154
所属业务机构	营销机构	1个业务科	1个业务科	1个业务科	1个业务科	1个业务科
	物流配送机构	—	—	—	—	—
	专卖稽查机构	1个专卖科	1个专卖科	1个专卖科	1个专卖科	1个专卖科
	烟叶机构	—	—	—	—	—
烟农户数（户）		—	—	—	—	—
实现烟农总收入（万元）		—	—	—	—	—
零售户数（户）		4293	3361	3120	4298	11818
零售户销售毛利率（%）		18.08	14.14	14.35	12.77	13.97

区局（公司）名称		龙岗区烟草专卖局（公司）	光明区烟草专卖局（公司）	坪山区烟草专卖局（公司）	龙华区烟草专卖局（公司）	大鹏新区烟草专卖局（公司）	深圳中深烟草贸易中心
主要负责人/法定代表人（含党政领导）		赖远彪（—2021年9月） 李志威（2021年9月—）	杨正中	周建辉	杨　慧（2021年11月—，之前任副总经理，主持工作）	李庆忠	刘思雄
所属县级单位		—	—	—	—	—	—
总资产（万元）		49290	5638	5792	15512	4177	24328
资产负债率（%）		7.88	19.31	23.29	27.85	64.69	7.71
从业人员（人）		133	75	58	101	53	31
所属业务机构	营销机构	1个业务科	1个业务科	1个业务科	1个业务科	1个业务科	1个业务科
	物流配送机构	—	—	—	—	—	—
	专卖稽查机构	1个专卖科	1个专卖科	1个专卖科	1个专卖科	1个专卖科	—
	烟叶机构	—	—	—	—	—	—
烟农户数（户）		—	—	—	—	—	—
实现烟农总收入（万元）		—	—	—	—	—	—
零售户数（户）		10795	3677	4020	7196	2550	—
零售户销售毛利率（%）		10.00	13.34	11.35	12.98	17.94	—

◇ 撰稿：陈　兰；编辑：周　佳　褚　幸　刘海文

1 上海烟草物联网智能管理平台（2021年）

上海烟草集团　供稿

2 安徽中烟华环国际烟草有限公司技术人员通过数字化综合看板实时掌握生产进度、加工工况和关键产品质量、过程质量达标情况、变化趋势（2021年）

华环国际　张　浩　摄

1 2021年10月18日，河南中烟漯河卷烟厂质量检验员现场检查质量标准执行情况

河南中烟漯河卷烟厂　王志勇　摄

2 2021年，湖北中烟武汉卷烟厂采用AR+AI辅助设备维保

湖北中烟　供稿

3 2021年10月，广东中烟梅州卷烟厂开展真空回潮技术改造项目（二期）安装调试工作

广东中烟　许金龙　摄

4 2021年10月12日，广西中烟南宁卷烟厂制丝车间电工利用自主研制的气动实验平台开展实训

广西中烟南宁卷烟厂　郑光兴　摄

1 重庆中烟涪陵卷烟厂技术员进行设备维护保养（2021年）

重庆中烟涪陵卷烟厂　赵顺江　摄

2 云南中烟玉溪卷烟厂自动化、智能化的生产车间（2021年）

云南中烟　张元新　摄

1 2021年，张家口卷烟厂有限责任公司大力推动智慧工厂建设，提升生产制造现代化水平

河北中烟 供稿

2 浙江台州市局（公司）通过数据赋能，打造“全局可视、全面跟踪、全程可控”智能调度中心，实现物流全业务域的信息资源共享和数字化管理（2021年）

浙江省局 供稿

1 安徽中烟通过应用信息化设备完善全产业链一体化组织运行体系（2021年）

安徽中烟　盛宏阳　摄

2 2021年4月26日，福建省龙岩金叶复烤有限责任公司技术人员在人才工匠创新工作室进行电气编程实操交流

福建中烟　供稿

3 2021年8月30日，山东中烟青州卷烟厂卷包车间卷烟机械维修主管在“蜂巢”创新工作室指导青年职工开展设备创新研究

山东中烟青州卷烟厂 陈海龙 摄

4 2021年9月9日，湖南中烟“智慧工厂·质量与设备管理”专家论坛在郴州卷烟厂举办

湖南中烟 黄冬艳 摄

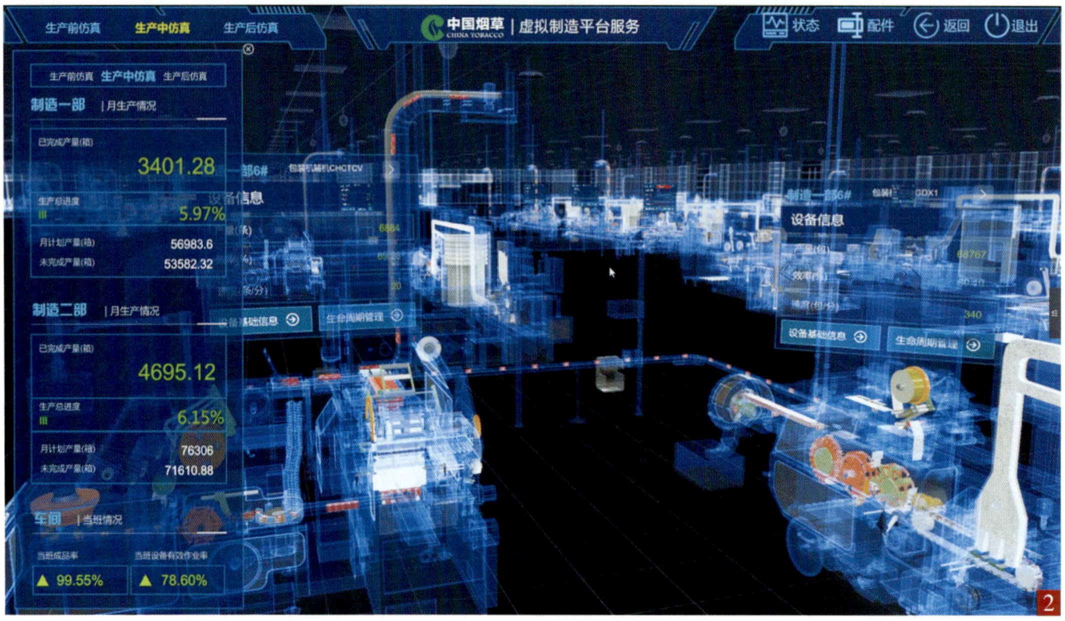

1 2021年7月15日，广西中烟南宁卷烟厂卷包车间维修团队开展ITM复合滤棒成型机进口备件国产化项目，针对复合机进口备件国产化解决方案进行现场研讨

广西中烟 供稿

2 云南中烟曲靖卷烟厂基于CPS的数字工厂，实现车间和设备的数字孪生，使生产过程基本实现实时化、透明化（2021年）

云南中烟 供稿

烟草工业

卷烟生产

河北中烟工业有限责任公司

【主要产品与品牌建设】 2021 年，河北中烟工业有限责任公司主要生产“钻石”和“新石家庄”2 个自有卷烟品牌，在产规格 35 个，其中“钻石”在产规格 34 个，“新石家庄”在产规格 1 个。全年推出“钻石（莲韵）”“钻石（闪光）”和“钻石（冬韵中支）”等 3 款新品，为“钻石”品牌结构提升提供了新的增长点。合作生产卷烟品牌有“白沙”“利群”“雄狮”“红金龙”“南京”等 5 个，全部由各中烟公司回购。

【“钻石（荷花）”系列卷烟】 2021 年，“钻石”品牌“荷花”系列产品实现销量 128.4 亿支（25.64 万箱），比上年增长 30.25%，其中，“钻石（硬荷花）”销量突破 15 万箱，“钻石（细支荷花）”销量突破 5 万箱，“钻石（软荷花）”销量突破 2 万箱。“钻石（荷花）”“钻石（细支荷花）”为行业共育卷烟规格。

【技术创新】 **深化创新机制改革。**推动技术项目分级授权管理和管理方式变革，实施公司总部、各卷烟厂分级管理模式；启动推进重大专项计划，组织制定印发原料综合应用技术升级、香精香料自主研发与自我保障重大专项方案；实施“揭榜挂帅”项目管理新机制，结合公司实际，围绕原料养护升级和卷包设备智能提升，设立项目榜单，实施竞争揭榜，改进项目形成机制。

突出重点项目攻关。制定“十四五”技术创新规划，重点布局“香精香料自主研发与自我保障重大专项”，加强功能性香基仿制，加快功能板块开发；布局“原料综合应用技术升级重大专项”，提升打叶复烤加工工艺研究能力，推动模块化配方技术研究与应用；布局“卷烟材料研究重大专项”，加强卷烟材料专项研究，攻关材料上机适用性；布局“卷烟工艺与装备技术重大专项”，提升单机智控能力、联机数控水平，加快数字化工艺建设；布局“科研大数据重大专项”，推动云计算、大数据、物联网等信息技术的融合创新。

强化技术新支撑。搭建河北中烟综合创新管理平台，集成专家库管理、科技项目申报、科技奖励申报以及科技成果交流等，加快资源共享、科技成果转化。启动青年人才托举计划，投入专项资金 220 万元用于青年人才科技创新能力培养，全年完成 11 人次青年人才评选工作。自主完成“烟草及烟草制品水分的测定——核磁法”总公司标准项目，并通过验收。全年取得科技成果 95 项，开展项目 48 项；获得省部级成果奖励 1 项，作为牵头单位承担国家局“揭榜挂帅”项目 1 项、重点项目 1 项；参加国家局重大科技项目 3 项、重点项目 1 项。

【原料保障】 **烟叶基地建设取得新突破。**加快推进烟叶基地建设规划，截至 2021 年底，已建成国家局烟叶基地单元 8 个、自建烟叶基地单元 4 个，形成以国家局基地为主体、自建基地为补充的基地供应格局。

“荷花”系列原料保障能力实现有效提升。通过工业调剂调入“荷花”品系急需原料 0.51 万吨（10.132 万担），其中，云南烟叶 0.39 万吨（7.7 万担）、贵州烟叶 0.07 万吨（1.332 万担）、津巴布韦烟叶 0.06 万吨（1.1 万担）；采购进口烟叶 0.31 万吨（6.24 万担）。截至 2021 年底，库存片烟 7.28 万吨（145.5 万担），能够满足 24 个月生产使用。

复烤加工水平持续提升。2021 年建成山东诸城区域加工中心，截至 2021 年底形成以云南陆良、重庆万州、山东诸城为中心的“3 + N”烟叶复烤加工工作格局。坚持复烤工艺关键节点管控、班检监督记录和复烤企业评价机制，做到过程可管控、责任可追溯。

【生产布局优化】 优化生产布局、整合生产资源、实施设备购置改造，2021 年初实现“钻石（硬玫瑰紫）”“钻石（红石二代）”2 个规格由河北白沙烟草有限责任公司转产到张家口卷烟厂有限责任公司，10 月实现“钻石（软荷花）”部分卷包生产由河北白沙烟草有限责任公司向张家口卷烟厂有限责任公司转移，并由河北白沙烟草有限责任公司实行异地供丝生产。新申购高速卷包设备 4 组，截至

2021 年底，河北中烟共申购 9 组高速机组，其中配置 5 组高速卷包设备并全部转产“钻石（硬荷花）”。完成 4 组卷包设备厂际间调拨和 2 组卷包设备改造。

【质量保障体系建设】 研究制定《河北中烟“质量管控发展”三年规划》，确定在人才队伍建设、生产装备保障、原辅材料保障等 11 个方面的主要发展目标，落实到公司总部各质量相关部门和各卷烟厂。在行业内，创新开展针对产品开发设计、配方维护、质量监督检查等环节的质量风险识别与应对，进一步拓展产品质量风险防控体系覆盖范围。全年开展 5 次质量监督巡查工作。

【物流保障】 **加强原料养护。**加强原料基础管理，开展原料养护管理诊断工作，确定管理诊断重点内容，采用自我诊断与公司相关部门、各物流分中心帮扶诊断相结合的方式，确定重点管控环节，初步形成《原料运输装车防护标准》《原辅料运输业务流程节点要求》等管理标准，解决一批制约原料精益管理的问题，推动原料仓储由“数量保管型”向“质量养护型”转变。

提升运输应急保障能力。2021 年初，河北石家庄市交通因新冠肺炎疫情全面受阻，在运力极度紧张的情况下，河北中烟积极协调，多措并举，科学利用物流集散中心运作特点，调度省外区域性储备货源，灵活采用返程运输、拼车组货、接力运输和调度外埠车辆多种运输方式，有效保证了运力。1 月，完成工商出库 20.8 万箱，工商出库比 2020 年增长 32%，保证市场供应。

强化包装箱循环利用。在全行业率先开展包装箱循环利用跨省合作，推动河北白沙烟草有限责任公司落地销售烟箱循环利用，加强烟箱循环利用上下游协作与区域协同，推动就地就近循环利用。

【管理创新】 **优化体系提升效能。**加强对管理体系的审核和流程优化，对公司 616 项管理标准进行系统评审，查找执行中的问题，全年新增优化管理标准 265 项。开展职能体系整合，对公司 25 个部门、540 项职能开展系统调研，集中梳理改进建议 85 条，优化关键部门职能配置。

深入开展管理诊断。推进管理诊断与企管工作的深度融合，制定《对标共建方案》和《现场管理诊断方案》，研究先进企业的管理模式和业务流程，从全员、全流程、全业务入手，形成九大类 37 项改进清单，分享 13 项优秀管理成果，有效推进精益管理落地实施。

发挥创新驱动作用。深入推进管理创新工作，全年公司总部申报课题 24 项，QC 课题 11 项。组织公司优秀 QC 及六西格玛课题评审活动，推荐 4 项课题参加行业 QC 交流，1 项课题获得第 46 届国际质量管理小组大会最高荣誉“Par Excellence”（金奖）。参加行业“降本增效统计口径细化完善”课题攻关，重点推广行业提升企业核心竞争力典型案例，促进经验相互借鉴、信息交流共享。

2021 年 1 月，河北中烟积极抗击新冠肺炎疫情
河北中烟　供稿

【特事辑要】 2021 年 2 月 4 日，河北中烟召开 2021 年电视电话工作会议。

5 月 26—28 日，国家烟草专卖局党组书记、局长，中国烟草总公司总经理张建民在河北烟草调研。

6 月 30 日，河北中烟召开庆祝中国共产党成立 100 周年纪念大会。

10 月 8 日至 12 月 8 日，国家局党组第一巡视组进驻河北烟草开展巡视工作。

所属卷烟生产企业

张家口卷烟厂有限责任公司

【主要产品】 2021 年，张家口卷烟厂有限责任公司（简称张烟公司）生产自有卷烟品牌为“钻石”。合作生产卷烟品牌为“利群”“雄狮”“红金龙”“南京”。

【质量管控】 张烟公司始终立足“做好一支烟”的责任使命，为壮大“钻石（荷花）”系列产品保驾护航。生产“钻石（闪光）”“钻石（莲韵）”等新产品，“钻石（软荷花）”顺利转产至张烟公司。召开“效率·效能·质量”管理创新研讨会，探索质量模式重构新思路。继续开展材料上机适用性研究，对问题材料实行“一票否决制”。持续完善《“钻石”系列产品工艺质量保障体系》，构建 10 个专项质量风险防控体系。SPC 制丝质量管控平台实现上线试运行。开展“强质量管控 筑质量品牌”主题质量月活动。获得河北中烟质量管理先进奖，实现张烟公司质量管理新提升。

【技术创新】 2021 年是张烟公司创新管理年，全年在研科技项目 35 项，其中校企合作 8 项，取得科技成果 27 项。发表并被中文核心期刊、EI、SCI 收录论文 9 篇；申请受理国家发明专利 15 件，授权发明专利 5 件、授权实用新型专利 35 件。新注册 QC 小组 36 个，获得国家局 QC 成果发布三等奖 1 项、QC 成果引进三等奖 1 项。引进 QC 课题 7 项，创造经济效益约 900 万元。获得省质协 QC 特等成果 5 项、一等成果 2 项、二等成果 2 项。六西格玛课题获得中质协质量技术奖优秀奖 2 项。全年立项厂级重点课题 7 项，典型课题 13 项，普通课题 185 项。

【特事辑要】 2021 年 4 月 2 日，张烟公司与天津工业大学合作设立的张家口卷烟厂有限责任公司研究生工作站揭牌成立。

5 月 26 日，国家烟草专卖局党组书记、局长，中国烟草总公司总经理张建民一行到张烟公司调研。

河北白沙烟草有限责任公司

【主要产品】 2021 年，河北白沙烟草有限责任公司（简称河北白沙）主要生产“钻石”“白沙”系列产品，其中，“白沙”为合作生产品牌。

【质量管控】 河北白沙坚守“把荷花做好，把石烟做强”的责任担当，开启“质量革命年”，全力保障“荷花”产品稳态管控，批次间稳定性得到显著提升；围绕烟虫、杂物、油烟、黄斑霉变、错混牌、香精香料等质量问题攻关，开展七大质量风险专项管理，全面提升质量风险防控能力；科学编制“质量管控发展三年规划”，围绕短板弱项制定总体目标，全年行业抽检合格率达到 100%。为进一步提升“荷花”系列产品精益化制造、柔性化生产的保障能力，开展“荷花”专线建设、高速机引进、智控中心建设、质检中心建设“四大中心任务”。

【技术创新】 河北白沙持续推进“创新工作室”建设，坚持弘扬劳模工匠精神，全年完成创新项目 156 项，创造经济效益 1687.57 万元，取得实用新型专利授权 27 件、软件著作权 17 项。以“五小”活动为载体，开展群众性经济技术创新活动，184 项小改小革创造经济效益 459 万元。2021 年，“卜建立创新工作室”被正式授牌为国家级创新工作室。

2021 年，河北白沙完成科技项目立项 18 项，评审取得 QC 成果 21 项，六西格玛成果 8 项。全年完成授权和受理专利 44 件，在核心期刊发表论文 3 篇。

【特事辑要】 2021 年 5 月 27 日，国家烟草专卖局党组书记、局长，中国烟草总公司总经理张建民到河北白沙调研。

5 月 31 日，河北白沙举办首届“荷花工匠日”活动。

7 月 8 日，国家局党组成员、副局长张天峰到河北白沙调研。

2021 年河北中烟工业有限责任公司所属卷烟生产企业/生产厂情况统计

		张家口卷烟厂有限责任公司	河北白沙烟草有限责任公司	所属生产厂 保定卷烟厂
法人资格		独立法人	独立法人	非独立法人
主要负责人/法定代表人（含党政领导）		董事长：曲志刚 党委书记、总经理：王海涛	董事长：籍　涛（—2021 年 1 月） 曲志刚（2021 年 2 月—） 党委书记：王玉立（2021 年 8 月—，之前任党委书记、总经理） 党委副书记、总经理： 李永乐（2021 年 8 月—）	党委书记、厂长： 马立志（—2021 年 8 月） 张太明（2021 年 8 月—）
成立时间		其前身为张家口卷烟厂，成立时间 1939 年	其前身为石家庄卷烟厂，成立时间 1948 年	1902 年
从业人员（人）		2147	1212	918
卷烟生产能力（亿支）		400	250	150
卷烟品牌	自有品牌	钻石	钻石、新石家庄	钻石
	合作生产品牌	利群、雄狮、红金龙、南京	白沙	白沙

◇ 撰稿：靳丹丹；编辑：周　佳　王　静　刘海文

上海烟草集团有限责任公司

【主要产品与品牌建设】 **主要产品**。2021 年，上海烟草集团有限责任公司（简称集团公司）所属卷烟生产企业有上海烟草集团有限责任公司上海卷烟厂、上海烟草集团北京卷烟厂有限公司、上海烟草集团有限责任公司天津卷烟厂、上海高扬国际烟草有限公司。生产的自有卷烟品牌有“熊猫”“中华”“中南海”“红双喜”“牡丹”“恒大”“大前门”等。

“中华”品牌全年生产 702.61 亿支（140.52 万箱），实现工业销量 712.95 亿支（142.59 万箱）。生产“中南海”130.56 亿支（26.11 万箱），实现工业销量 130.71 亿支（26.14 万箱）。生产（不含合作生产）“红双喜”194.35 亿支（38.87 万箱），实现工业销量 304.99 亿支（61.00 万箱）。

合作生产。与安徽中烟合作生产“红双喜”74.5 亿支（14.9 万箱）、“大前门”30 亿支（6 万箱）、“牡丹”9 亿支（1.8 万箱）；与山东中烟合作生产“红双喜”24.6 亿支（4.92 万箱）、“牡丹”5 亿支（1 万箱）；与河南中烟合作生产“红双喜”11.5 亿支（2.3 万箱）、“大前门”15.9 亿支（3.18 万箱）。

品牌建设。“中华”品牌持续完善全国市场布局，在销量增长的同时实现全面顺价，全年实现内销商业销量比上年增长 5.8%。其中，“中华（双中支）”在零售价 400～600 元/条广义细支烟中排名第一位，“中华（细支）”在零售价400～600 元/条细支烟中排名第二位。“牡丹”品牌被国家局列为视同为行业重点品牌进行考核，实现销量、结构快速增长。完成“红双喜”“中南海”“大前门”等品牌 10 个老规格的提质提价工作，市场状态保持良好，商业批发单箱结构稳中有升。

新品上市。2021 年 2 月，“牡丹（红中支）”上市。7 月，“中南海（冰耀中支）”“中南海（双中支北京）”先后上市。

【原料保障】 2021 年，集团公司加强烟叶资源调控，优化采购区域和加工点布局，持续提升原料库存的均衡性和合理性。全年采购烟叶 11.43 万吨（228.7 万担），其中国内烤烟 10.33 万吨（206.55 万担），进口烟叶 1.1 万吨（22.15 万担）。

【技术创新】 **技术中心概况**。上海烟草集团有限责任公司技术中心下设科技管理科、综合管理部、产品研究室、原料研究室、工艺材料研究室、调香研究室、烟草化学研究室、标准化研究室、工艺质量科、理化实验室等10个科室和北京、天津2个工作站，形成“十科两站”的组织架构。与上海烟草集团太仓海烟烟草薄片有限公司、上海白玉兰烟草材料有限公司、上海烟草包装印刷有限公司、上海烟草储运公司、上海牡丹香精香料有限公司分别共同组建烟草薄片研究室、滤棒技术研究室、包装设计印刷研究室、烟叶储存养护研究室、香精香料研究室等5个联合研究室。截至2021年底，共有员工208人，其中本科及以上学历196人，中级以上职称156人。

科研成果。2021年，技术中心承接历年结转科技项目74项，新立项项目43项，年度在研科技项目117项，孵化科技成果36项，主持国家局项目5个。主持和参与的“基于卷烟叶组、调香、辅材的产品数字化设计与维护关键技术研究”项目获得中国烟草总公司科学技术进步奖二等奖，2人获得中国烟草总公司2021年度创新争先奖。2021年集团公司申请专利265件，其中发明专利129件；获得专利授权176件，其中发明专利33件。发表核心期刊论文20篇，SCI论文1篇，国际烟草科学研究合作中心（CORESTA）会议交流论文2篇。

创新成果。2021年，研发上市“牡丹（红中支）”“牡丹（凤凰细支）”“中南海（冰耀中支）”“中南海（双中支北京）”等4款新品。完成“红双喜（硬江山珍品）”产品的维护改造。推进“熊猫（中支）”等产品的设计开发工作，开展“牡丹（红细支）”“牡丹（蓝细支）”产品设计和优化。重点开拓创新技术应用，围绕环保、健康概念等个性化需求，推进技术创新转化应用和产品技术储备研究。

【特事辑要】 2021年5月17日，2021年“上海烟草工匠”命名颁奖会暨职工创新工作室创建推进会在中华会场举行，对20名“上海烟草工匠”进行命名表彰，对5个上海烟草职工（劳模、工匠）创新工作室进行命名授牌。

所属卷烟生产企业/生产厂

上海烟草集团有限责任公司上海卷烟厂

【卷烟生产】 2021年，上海烟草集团有限责任公司上海卷烟厂生产的卷烟品牌有“熊猫”“中华”“红双喜”“牡丹”“大前门”。

【技术攻关】 健全项目运行管理制度，抓好全过程规范实施，提升员工自主管理和主动改善能力。2021年，新立集团级科技项目6项，厂级科技项目38项，申报质量管理小组课题158项。申报专利29件，其中发明专利12件，专利申报149人次，创同期历史新高。2个课题被评为2021年上海市质量管理小组活动优秀成果。

【技术改造】 围绕新品扩容需求，提升设备运行速度，“中华（双中支）”设备运行速度提升到250包/分钟，“中华（金中支）”包装机运行速度提升到200包/分钟。提高设备调试效率，采用计划节点拉动的方式缩短设备调试周期，第三组“中华（金中支）”包装机较第一组调试

2021年9月，上海烟草集团开展新版《中华人民共和国安全生产法》宣传贯彻活动

上海烟草集团　供稿

时间缩短近 5 个月。

【智能制造】 编制形成“1+1+7+8+N”智造工厂建设三年行动计划（2021—2023 年），通过对照智能制造和数字化转型发展动态，优化建设框架，发挥人机协同和数据驱动作用，加强工厂“智能+”应用场景建设，推动制造核心能力数字化转型和智能化升级。

【质量管理】 聚焦关键质量目标，开展工艺分析研究和设备性能验证，加大“生产+工艺”“生产+设备”对产品质量的保障力度。聚焦生产过程控制，通过优化西格玛测评项目、实行网格立体化虫控机制、加强制丝卷包联动机制，保障生产过程稳态。聚焦中细支卷烟突破，开展细支卷烟稳定性、质量管理趋势和新材料上机适应性研究，提升中细支卷烟生产工艺。聚焦质量管控模式创新，探索基于数字化转型的过程质量控制模式，推动技术创新在生产实际中的应用。

上海烟草集团北京卷烟厂有限公司

【卷烟生产】 2021 年，上海烟草集团北京卷烟厂有限公司生产的卷烟品牌有“中南海”“牡丹”“红双喜”。

【品牌建设】 加快推进中高端混合型卷烟发展，2021 年一、二类混合型“中南海”实现商业销量比上年增长 35.22%。开展“品牌直播间”“便利店陈列”等线上、线下品牌宣传活动。

【“十四五”规划】 完成以《“十四五”发展规划》《“中南海”品牌规划》为主体框架的“1+1+12”“十四五”发展规划编制，系统谋划“十四五”发展蓝图，明确主要发展目标。

【技术创新】 2021 年，完成“中南海（双中支北京）”“中南海（冰耀中支）”2 款内销产品的研发并上市。完成“中南海”3 款产品研发。申请（已受理）专利 83 件，其中发明专利 28 件；制（修）订标准 39 个；发表论文 13 篇，其中 SCI 论文 4 篇、核心期刊论文 2 篇。参与制定地方标准 1 项。

上海烟草集团有限责任公司天津卷烟厂

【卷烟生产】 2021 年，上海烟草集团有限责任公司天津卷烟厂生产的卷烟品牌有“恒大”“红双喜”“牡丹”“大前门”。

【品牌建设】 2021 年，天津卷烟厂持续推进“恒大”品牌建设，聚焦区域市场特色，满足天津市场主流价位需求，提升品牌知名度和尝试率；聚焦中支烟发展特色，以中支品类为主优化产品线，塑造差异化竞争优势。“恒大（硬中支）”基本完成布局规划，销量规模稳步提升，市场状态保持良好，中端主流价位品牌竞争力进一步提高。

【技术创新】 2021 年，开展 6 毫克/支“恒大（84 中支）”产品储备设计工作，完成调香和叶组配方设计、低焦油产品辅材设计和制丝工艺技术研究。推进“恒大（记忆 1949）”产品改造，推进产品视觉形象协调统一。开展“恒大（烟魁 1949 中支）”系统性维护研究。开展“恒大（记忆 1949）”常规产品卷制技术研究。公开发表论文 5 篇，其中核心期刊论文 5 篇。申请专利 10 件，其中发明专利 5 件，获得专利授权 2 件。

【信息化建设】 形成“十四五”期间信息化建设及数字化转型方案，为总体建设提供系统依据。完成网络设备国产化项目落地实施，为网络安全提供更强保障。推动状态监测功能在通用设备拓展应用，实现电管医生综合服务系统、智能消防监控平台上线运行，完成梗加料智能单机自适应控制、自诊断预警功能开发应用，推进辅料库智能化建设项目逐步展开。

【精益管理】 探索建立一体化创新目录编码规则，系统优化创新体系总体要求，对厂内载体边界划分、层级定位、立项评审、过程管理、验收评价作出统一规定，提升创新体系精益化建设实效作用。全年在研专业课题 8 项、关键项目 19 项、质量改进项目 42 项、节能项目 13 项、精神文明项目 34 项、QC 项目 132 项，提出精益提案 4000 项，取得精益行动及建议成果 3711 项。

上海高扬国际烟草有限公司

【资金存放管理】 2021 年，上海高扬国际烟草有限公司对存量资金进行存款安排，严格按照集团公司资金存放管理要求，结合公司实际确定年度存款计划和存放金额，并经上海卷烟厂党委会审议决定，报集团公司审批后方在公司基本银行账户内实施安排，确保资金存放安全受控。

上海烟草集团有限责任公司上海烟草储运公司

【生产经营】 2021 年，上海烟草集团有限责任公司上海烟草储运公司完成卷烟吞吐 2074.99 亿支（415 万箱），烟叶吞吐 23.97 万吨（479.4 万担），辅料吞吐 5.36 万吨。上海市内外卷烟配送订单执行率 100%。

【物流运营】 克服防疫、寒潮、订单变动频繁、多重应急任务叠加等困难，完成元春发运总量 260.55 亿支（52.11 万箱）。深化“两烟一体化”模式，探索卷烟多点发运，增强整体峰值发运能力。试点北京托盘联运，形成京沪工业卷烟托盘联运工作方案。

【质量管理】 打造原料“数字化仓间”样板仓间，实现关键养护数据自动采集、自动监测、自动报警，实现全天候在线自动养护。推广低氧充氮技术应用，原料仓库覆盖率 90%，其中市内仓库覆盖率 100%。持续推进“清洁仓间”在外仓落地应用，原料养护水平得到提升。

上海海烟物流发展有限公司

【生产经营】 2021 年，上海海烟物流发展有限公司实现主营业务收入 81.6 亿元，比上年增长 7.81%；实现税利 17.82 亿元，比上年增长 9.41%。

【卷烟经营】 持续扩大数据外延，探索并初步形成工商零一体化数据驱动销售模式，加强批发、零售、消费者等数据分析，提升销售能力。

【非烟经营】 以“打造全新供应链，提升渠道竞争力”为核心，打造非烟平台运营新模式。通过确立 B2B、B2C 非烟平台双业态管理模式，打通供应链上下游，探索平台与传统渠道双轨运行新模式。

2021 年上海烟草集团有限责任公司所属卷烟生产企业/生产厂情况统计

	上海烟草集团有限责任公司上海卷烟厂	上海烟草集团北京卷烟厂有限公司	上海烟草集团有限责任公司天津卷烟厂	上海高扬国际烟草有限公司	上海烟草集团有限责任公司上海烟草储运公司	上海海烟物流发展有限公司
法人资格	非独立法人	独立法人	非独立法人	独立法人	非独立法人	独立法人
主要负责人/法定代表人（含党政领导）	党委书记、厂长：朱洪武（—2021 年 10 月）党委书记、厂长、高扬公司总经理：周　栋（2021 年 10 月—）[1]	党委书记、董事长、总经理：蔡继东	党委书记：唐　涛 厂长：贯忠利	总经理：周　栋	党委书记、总经理：陆　焱	党委委员、总经理：管振毅 党委书记、副总经理：王玉丽
成立时间	1925 年	1970 年	1919 年	1992 年	1986 年	2002 年
从业人员（人）	2039	814	760	—	324	501
卷烟生产能力(亿支)	900	400	350	—	—	—
卷烟品牌	熊猫、中华、红双喜、牡丹、大前门	中南海、牡丹、红双喜	恒大、红双喜、牡丹、大前门	—	—	—

注：1. 2021 年 10 月，上海烟草专卖局、上海烟草集团有限责任公司党组印发《关于朱洪武等同志职务任免的通知》（沪烟专党〔2021〕152 号），朱洪武同志不再兼任上海烟草集团有限责任公司上海卷烟厂党委书记、厂长；周栋同志为上海烟草集团有限责任公司上海卷烟厂党委书记、厂长，上海高扬国际烟草有限公司总经理。

◇撰稿：周　强；编辑：王　静

江苏中烟工业有限责任公司

【主要产品与品牌建设】 **品牌发展动能支撑。**2021年，江苏中烟工业有限责任公司聚焦“低焦油、低危害”特色优势，坚持“高端引领，细支特色彰显，中支产品突破”品牌培育方向，产品竞争力和品牌影响力持续提升。

“南京”品牌持续健康平稳增长，细支引领优势更加彰显，“南京”品牌商业批发销售额跻身行业“136、345”品牌序列；“南京（细支九五）”“南京（软九五）”持续保持高速增长，“南京（雨花石）”保持强劲发展势头，“南京（大观园爆冰）”“南京（梦都）”等新品培育取得明显成效，“南京（炫赫门）”副品牌化发展取得实效；“苏烟”品牌恢复性发展初见成效，“苏烟（软金砂）”调价后取得平稳过渡，“苏烟（晶彩中支）”提升形象，“苏烟（彩中）”彰显价值，“苏烟（五星红中）”做大规模，初步形成“苏烟”中支产品组合；“苏烟（晶彩中支）”“苏烟（多彩中支）”进入报批程序。

现代销售体系建设。围绕国家重大区域战略，谋划形成以长三角经济圈、京津冀经济圈、珠三角经济圈、长江经济带、黄河流域生态保护和高质量发展经济带、北部和西部边疆“三圈两带两边”为支撑，国家中心城市、区域重要城市“百城重点”相协调的市场建设方向，省外实现销量50亿支（10万箱）以上市场有7个，比上年增加3个。

合作生产情况。2021年，江苏中烟合作生产卷烟474.55亿支（94.91万箱）。其中，与山东中烟合作生产“南京（红）”；与广西中烟合作生产“南京（佳品）”“南京（红）”；与吉林烟草工业合作生产“南京（硬金星）”“南京（金砂）”“南京（红）”；与江西中烟合作生产“南京（炫赫门）”“南京（硬林）”“南京（红）”；与黑龙江烟草工业合作生产“南京（炫赫门）”“南京（金砂）”“南京（红）”“南京（紫树）”；与陕西中烟合作生产“苏烟（五星红杉树）”“南京（佳品）”“南京（红）”；与河北中烟合作生产“南京（红）”。

【原辅材料保障】 **加强原料战略保障。**防范化解原料结构性矛盾和库存周期过快增长叠加风险，加强工业调剂，清退低适配度烟叶基地单元，国内烤烟库存周期比上年下降2个月。紧扣公司品牌原料风格特色需求，持续优化烟叶基地布局，将计划资源向优质核心原料产区集中，烟叶基地化供应率达到95.44%，烟叶基地植烟品种满足率96.67%。提升烟叶调拨质量，贵州遵义、湖南永州原料区域加工中心正式挂牌成立，“一厂一策”推进集中加工，全年烟叶等级平均合格率56.32%。

提升物资采购本质规范水平。推进行业巡视整改，巩固深化“两项整改”成果，以规范采购为前提、以精准采购为目标，开展举一反三排查整改。贯彻落实公司《采购

江苏中烟淮阴卷烟厂第一期企业文化微笑墙的海报内容为“淮烟工匠传承人”（2021年）

江苏中烟淮阴卷烟厂　刘毅伟　摄

管理办法》《供应商管理办法》，完成2022—2023年度烟用材料和烟机零配件公开招标工作。强化供应商考核，完善质量协同改进机制，持续提升材料质量的稳定性，全面推进烟用物资网上交易和国产烟机零配件寄售制工作，提升风险控制和规范管理水平。

【技术创新】　**提升科技创新质效。**坚持“低焦油”发展方向，深化推进各类降焦减害技术融通应用，全年卷烟焦油量加权平均值8.9毫克/支，卷烟抽检合格率及卷烟成品合格率均为100%，自产卷烟市场反馈率0.003ppm。推进核心技术研究，开展香精香料自主掌控、细支烟等关键技术研究。推进技改项目建设，徐州卷烟厂“苏烟”品牌专用生产线项目竣工验收，淮阴卷烟厂“制丝线工艺提升改造”“再造烟叶试验线改造”等项目投入试运行。

强化技术创新驱动发展。技术创新顶层设计持续完善，产品创新、项目运行等制度机制不断优化，“降焦减害联合实验室”“博士后创新实践基地”等高水平创新平台有效搭建。全年申报行业重点研发项目8项、行业重大专项13项，承担及参与行业科技项目11项。申报行业标准项目8项，参与承担1项国家标准和21项行业标准，5项行业标准获得发布实施。全年新增专利授权226件，其中发明专利16件。

【企业管理】　**系统构建“十四五”高质量发展顶层设计。**江苏中烟研究出台公司“十四五”发展规划，配套形成卷烟营销、科技创新、数字化转型、队伍建设、投资管理等5个专项规划和5家直属单位子规划，跟进形成一系列指导意见、工作方案，系统形成公司“十四五”规划体系，为公司“十四五”高质量发展明晰目标思路、方向路径和推进举措。

持续推动管理转型升级。优化综合管理体系建设，完善新产品首次生产等管理机制，构建科学合理的制度体系架构，实现招标代理机构使用与监管职能分离。常态化开展对标工作，在行业32项对标指标中公司有21项位列前五名、25项改进提升，其中，卷烟单箱成本比上年下降175元，一类烟香精香料单箱成本由98.3元下降到83元。深化精益管理，推动解决淮阴卷烟厂出丝率、徐州卷烟厂能源消耗等短板问题，全年实现内部挖潜5.7亿元，新品收入贡献率在3%以上。

深化推进依法规范治企。制定公司《关于全面推进法治烟草建设的实施方案》，推进“八五”普法教育，全面加强知识产权建设，深化法律风险防控，依法依规处理法律纠纷。制定落实“真招实招”15项廉洁风险防控硬举措，推进工业品网络采购，全年公开招标比例96.1%，提升规范水平。

【技术交流与合作】　探寻协同机制，与中国烟草总公司郑州烟草研究院、郑州轻工业大学、中国农业科学院等单位及高等院所，在烟叶原料、香精香料、降焦减害等方面开展合作。强化开放合作，致力于建立健全科技创新平台，融入行业科技创新平台体系和社会科技创新网络，2021年12月，江苏中烟获批设立江苏省博士后创新实践基地，首次融入地方创新体系。截至2021年底，公司有各级政府科技管理机构认定、认可的科研活动基地9个，产学研联合实验室6个。

【特事辑要】　2021年2月3日，江苏中烟2021年工作会议暨三届一次职工（会员）代表大会在南京市召开。

4月8日，国家局党组第三巡视组巡视江苏中烟党组工作动员会召开。

4月26日，国家局党组成员、副局长段铁力在江苏烟草调研。其间，段铁力调研江苏中烟南京卷烟厂。

6月1—2日，国家局党组成员、副局长韩占武在江苏烟草调研。其间，韩占武调研江苏中烟南京卷烟厂，走访南京市部分卷烟零售户。

6月28日，江苏中烟召开庆祝中国共产党成立100周年暨优秀共产党员、优秀党务工作者、先进基层党组织表彰大会。

9月30日，江苏中烟工业有限责任公司——中国烟草总公司郑州烟草研究院“降焦减害联合实验室”揭牌暨实验室第一届学术委员会第一次会议在江苏中烟技术中心举行。

11月12日，江苏中烟徐州卷烟厂“十二五”易地技术改造暨“苏烟”品牌专用生产线项目通过国家局整体竣工验收。

12月6日，江苏中烟获批设立江苏省博士后创新实践基地。

12月30日，江苏中烟南通烟滤嘴有限责任公司“张雪松劳模工作室”入选首批烟草行业劳模和工匠人才创新工作室联盟。

2021年江苏中烟工业有限责任公司所属卷烟生产厂情况统计

	江苏中烟工业有限责任公司 南京卷烟厂	江苏中烟工业有限责任公司 徐州卷烟厂	江苏中烟工业有限责任公司 淮阴卷烟厂
法人资格	非独立法人	非独立法人	非独立法人
主要负责人（含党政领导）	党委书记、厂长：魏　轲	党委书记、厂长：赵　亮	党委书记、厂长：施　彬
成立时间	1948年	1939年	1945年
从业人员（人）	1332	1494	1525
卷烟生产能力(亿支)	357	459	448
卷烟品牌	南京	苏烟、南京、一品梅	南京、罗曼蒂克

◇撰稿：徐　璐；编辑：周　佳　王　静　刘海文

浙江中烟工业有限责任公司

【主要产品与品牌建设】 **主要产品。**2021年，浙江中烟工业有限责任公司生产“利群”“大红鹰”“雄狮”“摩登”等4个品牌卷烟，共61个规格。其中，“利群”有45个规格，“大红鹰”1个规格，“雄狮”4个规格，“摩登”11个规格。

全年自产“利群”870.88亿支（174.18万箱），实现工业销量1546.83亿支（309.37万箱）；自产“大红鹰”1.01亿支（0.2万箱），实现工业销量16.54亿支（3.31万箱）；自产“雄狮”24.38亿支（4.88万箱），实现工业销量68.44亿支（13.69万箱）；自产“摩登”39.02亿支（7.8万箱），实现工业销量38.63亿支（7.73万箱）。

“利群”品牌发展。2021年，“利群”品牌规模总体稳定，批发销量和市值在行业“136、345”品牌中位列第一位和第二位。一类“利群”实现批发销量775.35亿支（155.07万箱），一类“利群”占“利群”销量比重首次超过50%。“利群”单箱批发销售额达到4.56万元。2021年，先后完成细支产品“利群（休闲细支）”及中支产品“利群（阳光尊中支）”的研发与上市。

品牌培育。以三大营销为重心，着眼产品接触深耕市场。以消费者为中心，着眼客户接触广泛联结。聚焦打造“可以不断升级的高结构大品牌”的定位，加大“利群”一类、新品类研发力度。坚持目标引领，以增量提结构为主线，拓展品牌发展体系。2021年，结合行业形势和丰富“利群”品牌树的需要，重点突出中支烟，同时完善细支烟的产品布局。

合作生产。全年与广西中烟、贵州中烟、河南中烟、陕西中烟、甘肃烟草、四川中烟、江西中烟、河北中烟、安徽中烟、重庆中烟合作生产“利群”分别为66.1亿支（13.22万箱）、99.9亿支（19.98万箱）、18.5亿支（3.7万箱）、112亿支（22.4万箱）、55亿支（11万箱）、136亿支（27.2万箱）、100亿支（20万箱）、30亿支（6万箱）、48亿支（9.6万箱）、50亿支（10万箱），与贵州中烟、安徽中烟合作生产“大红鹰”分别为8亿支（1.6万箱）、7.5亿支（1.5万箱），与贵州中烟、河南中烟、四川中烟、河北中烟、重庆中烟合作生产“雄狮”分别为9亿支（1.8万箱）、11.1亿支（2.22万箱）、5亿支（1万箱)、5 亿支（1 万箱)、10 亿支（2 万箱)。

【技术创新】　**加强高水平项目的培育和孵化。**强化重点领域关键核心技术攻关，开展科技项目培育、孵化。全年科技项目立项 112 项，其中 97 项在公司立项（一般项目 74 项，重点项目 15 项，备案项目 8 项)。“提高原料使用价值的二类卷烟关键设计技术研究与应用”“卷烟生产关键工序数字化表征技术研究与应用”等 15 项在省部级（行业）立项，均创历史纪录。2021 年取得科技成果 21 项。

加强知识产权的挖掘和保护。聚焦中式卷烟、智能制造等关键技术领域，分层次、分领域开展专利布局、挖掘等工作，全年申请专利 159 件，其中发明专利 81 件，占比 51%。2021 年获得专利授权 91 件，其中发明专利 39 件，占比 42.9%。发表中文核心期刊及以上论文 47 篇，其中 SCI 论文 7 篇。

加大科技创新平台建设。持续加大博士后科研工作站、浙大联合实验室等创新平台建设，打造高层次人才、高水平成果聚集高地。2021 年，实验室开展实施项目 14 项，新评审立项项目 15 项。加速推进烟草工艺、烟草制品质量评价等新平台建设。围绕公司“十四五”科技创新平台建设规划，推动创新平台科学布局，与中国烟草总公司郑州烟草研究院建设“利群品牌烟草工艺协同创新实验室”；与国家烟草质量监督检验中心探索建设“烟草制品质量评价联合实验室”。

【深化改革】　**推进“三化建设”，坚定不移深化企业改革发展。**聚焦公司高质量发展实施方案和“十四五”发展规划，浙江中烟准确识变、科学应变、主动求变，积极探索新路径，优化新布局，以“三化建设”，深入推进企业改革发展。

坚持市场化驱动。牢牢把握改革发展机遇，进一步突出“一切围绕市场转”的理念，增强企业跟进市场、服务市场的能力和开拓市场、引领市场的水平，通过线上线下协同发力，深化现代营销，把握发展的主动权。

强化一体化运作。加快推进信息化高度一体化建设，完成一体化门户规划，推动企业资源进一步优化配置、统筹使用，牢固树立公司“一盘棋”思想，注重队伍建设。加强干部交流与人才跨领域锻炼，促进激发队伍活力和战斗力。

加快数字化转型。围绕行业推进实施数字化转型战略部署，立足就地改造和升级，破立并举，加快数字化转型步伐、探索智能化升级路径，坚持打造智慧企业，促进质量变革、效率变革、动力变革，把“数智化”作为推动企业创新发展的新动能。

【精益管理】　浙江中烟围绕打造“三高”格局，坚持“实践—提升—再实践”的路径，持续探索“一个基础 + 二个循环”的管理创新，持续发挥企管职能、提升管理效能。加强现代管理理念的传播与宣传贯彻，通过各种渠道分享典型事迹和优秀案例，营造良好的氛围。强化监督考核，加强管理体系运行的策划和控制，突出对关键过程、重点环节的管控。强化对标管理，以全局对标的视角，开展多领域对标评价分析。强化成本管控，着眼预算管理，加强定额管理和成本分析。强化课题攻关，聚焦行业发展和企业重点工作，深入推进管理创新课题研究，为企业发展注入新动能、新活力。

2021 年 11 月 17 日，来自浙江中烟各条战线的员工代表共同启动公司首届企业文化日活动

浙江中烟　唐克文　摄

【原辅材料保障】 **原料保障**。2020烟叶年度，“利群”烟叶整体适配率为83.77%，比上年减少5.94个百分点，其中一类“利群”占比50.46%，比上年增加7.28个百分点。截至2021年6月底，“利群”烟叶库存占比91.4%，其中一类“利群”占比49.56%，实现库存结构与品牌需求结构相匹配。膨胀烟丝库存保障水平上升6.92～17.78个月，可稳定保障生产需求。

健全采购管理机制。持续完善《烟用材料采购管理程序》《供方管理程序》《合作生产烟用材料及供应商管理制度》等制度文件，健全采购管理机制。全年11个烟用材料首次面向社会公开招标，实现烟用材料供应商“有进有出”。全年引进新供方11家，原供方退出8家，烟用材料采购价格比上年下降4.49%。制定并完善《备件和维修材料互联网采购方案》和《互联网报价须知》，细化对互联网供方的管理措施，实现供方管理和质量管控双提升。截至2021年底，备件互联网采购金额7045万元。

2021年浙江中烟工业有限责任公司所属卷烟生产厂情况统计

	浙江中烟工业有限责任公司杭州卷烟厂	浙江中烟工业有限责任公司宁波卷烟厂
法人资格	非独立法人	非独立法人
主要负责人（含党政领导）	党委书记、厂长：周小忠	党委书记、厂长：虞文进
成立时间	1949年	1925年
从业人员（人）	1148	997
卷烟生产能力（亿支）	600	500
卷烟品牌	利群、大红鹰、雄狮、摩登	利群、大红鹰、雄狮、摩登

◇ 撰稿：许亚军；编辑：周　佳　王　静　刘海文

安徽中烟工业有限责任公司

【主要产品与品牌建设】 **品牌升级促转型**。2021年，安徽中烟工业有限责任公司围绕高质量发展战略，以“双占位”“双升级”为目标指引，推进品牌培育和市场转型。2021年，“黄山”品牌跻身行业“136、345”效益品牌之列，其中“黄山（高山流水中支）”产量比上年上升62.18%，“黄山（徽商新概念细支）”产量上升70.19%，“黄山（红方印细支）”超10万箱，上升21.78%。“黄山（徽商新概念细支）”“黄山（红方印细支）”“黄山（小红方印中支）”批发销量均位居行业同价位同支型第一位。

快速推进“皖烟出省”战略，“黄山（金皖烟）”和“黄山（新制皖烟）”省外销量增幅分别达到90.5%和20.7%，新增布局8省32市、9省65市。同时，省内市场价值持续攀升，全年省产一类烟市场份额达到47.71%，高价位、细中支产品市场份额比上年分别增长2.25%、3.8%。

传播升级塑形象。创新品牌传播新思路，打造沉浸式场景式传播。建设“窗口式”新零售终端，打造4100余户零售终端及窗口终端；在苏州、无锡、南京打造135户升级版和整店版“甜润品牌”终端。推进“矩阵式”宣传，发挥多渠道媒体优势，运用“音、视、图、文、游”新媒体矩阵提升流量转化率，新媒体矩阵粉丝57.46万人。

合作生产。全年合作生产卷烟176.5亿支（35.3万箱），比上年下降8.79%。其中，合作生产上海烟草集团“红双喜”74.5亿支（14.9万箱）、“牡丹”9亿支（1.8万箱）、“大前门”30亿支（6万箱），生产浙江中烟“利群”48.02亿支（9.60万箱）、“大红鹰（软蓝）”7.48亿支（1.5万箱），生产重庆中烟“天子”7.5亿支（1.5万箱）。

【原料保障】 **烟叶基地建设**。2021年安徽烟草工商共建烤烟基地单元26个，其中24个分布在云南、贵州、四川、湖南、福建等重点产区。在云南、四川等产区推进烟叶定制化生产1.27万吨（25.35万担）和可用性上部烟叶开发0.26万吨（5.2万担）。在安徽皖南继续开展站厂直调、分部位收购试点，创新收购模式，实现工商农三方共赢。

烟叶采购。进一步树立“大原料”意识，加强烟叶市场形势的分析，制定采购预案，精准施策。主动对接省级

2021年3月，安徽中烟合肥卷烟厂自主研发的行业首台叶丝宽度在线实时监测装置上线使用

安徽中烟合肥卷烟厂　黄传喜　摄

烟草进出口公司和国内工业企业，开展出口计划置换、工业计划和库存烟叶调剂等工作，持续优化烟叶库存结构。

烟叶加工。在调研、综合评价的基础上，新建3个区域烟叶加工中心，初步形成了以1家示范性加工中心为龙头，5家常规加工中心为主体，其他4家复烤企业为补充的烟叶打叶复烤新格局。介入复烤加工环节，发挥工业主导作用，共同挖掘装备改进潜力，深化分切分类、提质降耗等技术研究，加强过程质量管控，进一步提升打叶复烤质量水平。

【技术创新】　**产品研发。**研发“黄山”品牌系列产品，开发申报“黄山（天都中支）”“黄山（红方印金中支）”2款新产品，优化“黄山（高山流水中支）”“黄山（大红方印）”“黄山（七星皖烟）”等5款老产品，储备“黄山（恬润中支）”“黄山（天都细支）”“黄山（皖烟双中支）”等3款产品；提升“都宝”产品结构，开发申报“都宝（天空蓝中支）”一类烟新品，改造“都宝（新）”，储备260元、150元价位两款产品；服务境外市场，开发3款凉味细支烟、4款烟丝产品。

质量保障基础。全年开展配方维护中试验证82次，评价样品349个，重点规格感官标准偏差0.2分，内在质量稳中有升；调整滤棒生产工艺、优化卷接工艺以及改进胶囊壁材等措施，解决徽商新概念细支爆珠破损问题；优化各厂生产线技术和装备改造，完成阜阳卷烟厂技改测绘、调试和产品转线生产，完成滁州卷烟厂技改工艺设计，推进芜湖B线叶丝干燥升级改造及设备调试工作，完成细支高速卷包设备工艺验证，论证、优化“黄山”精品线工艺流程和布局升级方案，推进批次管理系统试运行。

自主创新研发。应用创新自主调香技术，剖析200余个香精主成分、解析120余个香精配方，完善在用和自主香精数据库。应用创新“石斛润”技术，设计开发原生石斛加香颗粒，研制石斛颗粒多孔柔润复合滤嘴。推进多级叶片烟丝混合技术，蚌埠卷烟厂、芜湖卷烟厂和阜阳卷烟厂实现烟叶4级混配。攻关“提高供丝质量均匀性”课题，风力送丝风速均控制在20米/秒以下。全年获得专利授权31件，发表论文23篇，其中1篇论文在CORESTA大会作口头报告。

【烟用物资及备品备件采购】　2021年，安徽中烟集中采购烟用材料44.9亿元、备件1.6亿元，公开招标比例100%，网上交易100%。

在烟用物资供应保障方面，持续完善滚动供应模式，做好3个月滚动供应，主要规格落实保当月加1个月备货再加1个月备料安排。严格落实“人物同防”的防疫要求，做好国内物资的备份供应，做好进口丝束、配件等预案，全年接收进口丝束500吨。实施强链补链防范风险，制定《主要烟用材料稳定供应方案》，联合相关部门对三纸一棒、烟用胶等材料加强多供方试验备份，配合技术中心推进进口丝束国产化替代和特规滤棒在材料厂试验工作，突破单一供应“瓶颈”。

【特事辑要】　2021年1月15日，安徽中烟企业管理现场会在合肥卷烟厂召开。

1月28日，安徽中烟“黄山”品牌入选“2020胡润中国最具历史文化底蕴品牌榜”。

7月9日，“金叶先锋·担当奉献”烟草行业庆祝建党100周年主题宣讲报告会在安徽中烟举行。

9月1日，安徽中烟滁州卷烟厂举行整体搬迁技术改造项目开工仪式。

9月28日，“黄山”品牌在“第16届亚洲品牌盛典”上再次入选“亚洲品牌500强”。

11月8日，安徽中烟召开科技创新大会。

12月7日，安徽中烟阜阳卷烟厂举行新厂投产仪式。

2021年安徽中烟工业有限责任公司所属卷烟生产厂情况统计

		安徽中烟工业有限责任公司蚌埠卷烟厂	安徽中烟工业有限责任公司芜湖卷烟厂	安徽中烟工业有限责任公司合肥卷烟厂	安徽中烟工业有限责任公司阜阳卷烟厂	安徽中烟工业有限责任公司滁州卷烟厂
法人资格		非独立法人	非独立法人	非独立法人	非独立法人	非独立法人
主要负责人（含党政领导）		党委书记、厂长：赵　立	党委书记、厂长：黄　剑	党委书记、厂长：王冬梅	党委书记、厂长：王子郁	党委书记、厂长：林　河（—2021年10月）、周　祥（2021年10月—）
成立时间		1942年	1949年	1949年	1948年	1949年
从业人员（人）		1012	935	925	695	776
卷烟生产能力(亿支)		400	375	413	200	200
卷烟品牌	自有品牌	黄山	黄山、都宝	黄山	黄山、红三环	黄山、红三环
	合作生产品牌	—	利群、大红鹰、天子	—	红双喜、大前门、牡丹	—

◇撰稿：孙　群；编辑：周　佳　褚　幸　刘海文

福建中烟工业有限责任公司

【主要产品与品牌建设】 **主要产品。**2021年，福建中烟工业有限责任公司生产的卷烟品牌有“七匹狼”“金桥”“古田”“石狮”等，其中“七匹狼”为全国重点卷烟品牌。许可生产“万宝路”“长寿”卷烟品牌。“长寿”品牌许可生产项目于2021年9月停止。

品牌培育。坚持以“七匹狼”品牌为主体的品牌发展体系。丰富品牌文化内涵，构建以“山海”为主题的品牌文化，推出“指尖燃星辰，心中有山海”的品牌价值观。完善品牌架构体系设计，丰富“海丝扬帆、激扬青春、红色传承、家国情怀、国际潮流”等五大产品系列，推出“七匹狼（银中支）”“金桥（蓝牌）”“七匹狼（星辰大海双中支）”等新产品。

【技术创新】 **新品研发。**全年研发报批“七匹狼（古田成功中支）”“七匹狼（星辰大海双中支）”“七匹狼（银细支）”“金桥（蓝牌）”等4款新产品；推进4款中高端及特色产品的研发储备；完成“七匹狼（锋芒）”维护提升。

技术成果。启动产品数字化辅助设计重大专项，加快推进产品研发模式数字化转型。全年开展各类科技项目研

福建中烟所属福建省龙岩金叶复烤有限责任公司技术人员开展技术攻关实验（2021年）

福建中烟　供稿

究 230 项，其中国家局科技项目 19 项、省级政府科技项目 1 项；取得各级科技成果 93 项，获各级科技奖励 44 项，参与制（修）订行业标准 5 项。全年申请专利 212 件，其中发明专利 129 件；获得专利授权 180 件，其中发明专利 49 件。截至 2021 年底，拥有授权专利 1369 件，其中发明专利 451 件。

信息技术创新应用。根据行业一体化平台“1242”总体架构、“云＋微服务＋中台”技术路线，推进企业中台及先行应用建设，完成专有云平台部署、业务中台能力开发以及数据中台建设调研评估、蓝图设计等工作，各先行应用基于中台架构分模块推进系统设计与功能开发，其中营销资源、营销活动等功能模块上线试运行，福建中烟数字化转型初见成效并进入新阶段。

【管理创新】 深化内部运营体制机制改革，烟用物资“四统一分”供应管理模式运用逐步成熟，探索构建统一的采购过程管理机制，完成卷烟代销新模式切换。完善科技创新机制，探索“揭榜挂帅”、课题组等创新举措，完善对外技术合作、科研采购等相关制度。全年实现提质降本增效 1.69 亿元。

【原辅材料保障】 **原料基地建设。**首次实现与云南曲靖市烟草公司签订 5 年定制化烟叶生产战略合作框架协议，打造烟叶基地定制化生产管理范本。与福建省龙岩金叶复烤有限责任公司签订《“七匹狼”原料区域加工中心建设协议》，并挂牌成立联合实验室，构建协作机制，提升整体加工服务水平。

原料精益管理。进一步完善“十四五”原料保障高质量发展战略规划及行动方案，依托 OGSM 一张表管理办法，持续推进原料领域战略举措落实落细。协同公司技术中心成立原料技术领域专家组，优化项目管理机制。加快推进原料供应链管控平台建设。

烟用材料采购机制改革。公司烟用物资“四统一分”供应管理模式运用逐步成熟。该模式顺利推进福建中烟首次烟用材料集中采购公开招标工作。

【特事辑要】 2021 年 6 月 22—25 日，国家局党组成员、副局长徐𬮿在福建烟草调研。其间，徐𬮿调研福建中烟技术中心技术研发情况。

7 月 6—9 日，国家局党组成员、副局长韩占武在福建烟草调研。

11 月 19—21 日，国家局党组成员、副局长段铁力在福建烟草调研。

12 月 23—24 日，国家烟草专卖局党组书记、局长，中国烟草总公司总经理张建民在基层联系点龙岩市局（公司）、龙岩烟草工业有限责任公司调研。

所属卷烟生产企业

龙岩烟草工业有限责任公司

【企业管理】 **设备管理。**2021 年，龙岩烟草工业有限责任公司购置生产设备，包括 1 组包装机、2 组卷烟机、4 组成型机。完成宽版中支规格卷包设备升级改造。完善侧开式包装样机相关功能，实现“七匹狼（古田金中支）”由半自动生产升级为全自动生产。完成动力配电系统中集控系统和锅炉热力除氧系统的改造。

技术改造。完成生产一区贮丝房、掺配加香段温湿度控制、制丝一区烘丝工序等项目改造。完成红坊片烟醇化库建设并交付使用。

质量管理。健全三层级工艺监督检查评价模式，构建“五维五域”质量管控模式以及消费者满意指数。健全新产品全流程质量监督保障机制，推进 30 项质量改进攻坚课题和 55 项自主质量改进活动。

【创新管理】 2021 年 6 月，与龙岩人才发展集团、中国电信龙岩分公司签署关于开展 5G 工业制造试点的三方战略合作协议。“龙烟 5G＋MEC 建设及应用”试点项目入选福建省“5G＋工业互联网”应用试点示范项目。开展中细支卷接加工过程参数的研究与应用、制丝生产过程防差错技术研究与体系构建等卷烟制造技术研究。获得福建中烟管理创新奖 8 项、进步奖 2 项。被中国烟草总公司评为烟草行业“十三五”科技创新工作先进集体。

厦门烟草工业有限责任公司

【企业管理】 **设备管理。**2021 年，厦门烟草工业有限责任公司完成第七台宽版中支设备改造和 ITM 异型条盒装填设备的自主创新设计，实施制丝混合型生产线“一头三身两尾”技术改造项目，攻克宽版中支包装机技术难题，生产速度达到每分钟 330 包。建设环境在线监测系统，应用悬浮技术改造办公楼制冷系统，应用水洗加生物法进行异味处理等一系列设备改造，构建环境友好型企业。

质量管理。落地福建中烟“三层七域”质量管控模式，从“控、稳、提”三方面有序推进各领域强链稳链补链工作。开展各层级工艺纪律督查，营造质量文化，提高全员质量意识。系统开展质量攻坚活动和各项技术创新项目。

【创新管理】 自主完成“十四五”规划编制，形成数字化转型路径。聚焦IT运营管控模式与数字化技术平台的构建，开展平台研究与实践，自主开发应用20余项。持续推进云平台研究，完成敏捷云搭建，推动OEE、物耗、虫情监测等数据在Quick BI的试点应用。将“云桌面”技术研究成果应用于集控改造项目。通过变革IT运营模式，创新“众包众创”双模式机制，推动信息职能转型。构建车间信息化运维、众包众创团队，分级、分类、分期组织人才培养，完成众包众创项目31个。获得中国烟草总公司科学技术进步奖三等奖1项、中华全国总工会职工技术成果优秀成果1项、厦门市科学技术进步奖三等奖1项。

2021年福建中烟工业有限责任公司所属卷烟生产企业情况统计

		龙岩烟草工业有限责任公司	厦门烟草工业有限责任公司
法人资格		独立法人	独立法人
主要负责人/法定代表人（含党政领导）		党委书记、董事长：姜志强 总经理：钱继春（2021年7月—）	党委书记、董事长：邱晓卫 总经理：罗旺春（2021年7月—）
成立时间		1951年	1948年
从业人员（人）		1599	1400
卷烟生产能力（亿支）		502	544
卷烟品牌	自有品牌	七匹狼、石狮、古田	七匹狼、石狮、金桥
	许可生产品牌	万宝路	长寿
	委托加工品牌	妙香	—

◇ 撰稿：王瑞安；编辑：周　佳　褚　幸　刘海文

江西中烟工业有限责任公司

【主要产品】 **自有品牌**。2021年，江西中烟工业有限责任公司生产的自有卷烟品牌有“金圣”“庐山”。

合作生产品牌。2021年，江西中烟合作生产浙江中烟“利群”100亿支（20万箱），江苏中烟“南京”75亿支（15万箱）。

【“金圣”品牌建设】 **品牌发展思路**。2021年，聚焦加快“金圣”品牌高质量发展，持续推进销售转型、新品培育和消费引导。推进销售转型，完成公司“十四五”品牌营销专项规划编制工作，制定《智慧营销体系信息化建设工作方案》。抓好新品培育，加快行业共育品规“金圣（圣地中国红中支）”的培育，截至2021年底，覆盖全国22个省、102个地市。

品牌销售情况。2021年，“金圣”品牌实现销量比上年增长10%。“金圣”一、二类烟销量比上年增长14%，增量占“金圣”增量的60%。“金圣（青瓷）”销量14.05亿支（2.81万箱），成为省外市场一类烟主导规格之一。全年“金圣”品牌省内市场销量264.25亿支（52.85万箱），比上年增长5%。

“金圣”新品研发。2021年，江西中烟完成“金圣（硬圣地中国红）”“金圣（青瓷中支）”2款新品研发工作，并在年内完成上市。储备“金圣（智圣出山双中支）”“金圣（斗彩）”“金圣（中国红细支）”“金圣（中国红双中支）”等4款新品的配方设计和包装设计，进一步丰富品牌在短、细、中等创新型产品规格和海外市场上的全方位布局。

【原辅材料保障】 **原料保障**。注重烟叶基地建设，强化基地全过程管控，探索省外基地服务外包、省内基地人员驻点工作，从源头提升烟叶质量。开展精准采购，推广烟叶调拨厂站直调模式，推行烟叶外观等级质量预检复检“两级控制”模式，进一步加强公司烟叶采购外观质量控制工作，实际采购量100%满足产品研发的计划需求。建立江西赣州、湖南郴州2个“金圣”品牌区域烟叶加工中心，提高片烟加工质量，在线水分抽检合格率100%。

辅料采购。2021年，采购烟用物资共计19.62亿元。开展醋纤滤棒、卷烟纸、商标纸等烟用材料采购项目公开招标工作，招标项目金额9.03亿元。严格按照公司采购和价格管理相关要求，完成2021年新品烟用材料、医药级丙二醇、烟用胶等采购项目谈判工作。烟机零配件方面，完成带类、除尘袋及过滤筒等采购项目公开招标工作，开展卷烟机刀具采购、制丝输送带供应商公开招标，完成卷烟机钢印（四厂分散采购）的单一来源谈判工作。

【技术创新】 **技术中心。**江西中烟工业有限责任公司技术中心成立于2007年1月，是行业级技术中心、省级企业技术中心和省级工程技术研究中心，拥有博士后科研工作站。技术中心设有综合办公室、产品研究部、原料研究部、材料研究部、香精香料研究部、工艺研究部和质量检测站等。有在岗员工78人（含遴选6人），其中高级专业技术人才12人（正高级1人）、中级专业技术人才53人；博士研究生学历2人、硕士研究生学历39人。

自主调香能力建设。完成234种单体香原料筛选和收集，初步构建公司单体香原料数据库。继续加强单体香原料开发，截至2021年底，共有10个自主提取香原料应用于卷烟配方中，年使用量约77.17吨。推进功能性香基模块成分剖析及辨香研究，累计完成210种在用香精香料标样的主要化学成分剖析，占比约为68.4%。全年开发完成的“金圣（硬圣地中国红）”“金圣（青瓷中支）”香精香料配方中成分可知、来源可控，具备可替代性的功能性香基模块比例（按使用量计）分别为59.7%、33.3%；老产品中功能性香基模块实现可知可控、具备可替代性来源的新增比例分别为48.91%、18.14%。

材料改进措施。开展中支加香滤棒、中支二元空管滤棒、细支二元空管加香滤棒在中支、细支烟新产品上的试验。完成风味接装纸、压纹框架纸、镀陶内衬纸、轻量化转移纸的研发应用，推进材料降本增效，全年节约成本约1000万元。

原料提质研究。2021年，原料提质研究重点聚焦于提高“‘金圣’品牌配方适配率”，着力推进原料产区布局丰富完善，提高省产烟叶配方适用水平，降低“金圣”品牌不适用原料占比。不断深化基于“金圣”品牌需求的模块配方前移工作，构建起具有“金圣”品牌特色的跨产区、跨部位模块配方打叶，个性化清选及切断加工等原料保障技术体系，降低中低等配方模块占比。

平台建设和科研成果。推进公司特色优势研究领域和联合实验室等创新平台建设。2021年，与郑州院共同组建江西中烟香精香料自主掌控与保障联合试验室和“金圣”品牌烟草工艺联合实验室；与国家烟草质量监督检验中心建立“金圣”品牌质量评价联合实验室。首次启动技术中心、各卷烟厂部门级科研项目立项工作，共有28个科研项目立项。

2021年6月7日，江西中烟第十三届职业技能竞赛暨第一届烟草制品购销职业技能竞赛考试现场　　江西中烟　章　航　摄

2021年申报专利116件，其中发明专利31件，实用新型专利84件；获得授权专利71件，其中发明专利24件，外观设计专利5件。启动130件境内商标注册申请，获得注册商标148件，著作权登记6项。

【管理创新】 **高质量发展评价指标体系初步构建。**设计建立公司高质量发展评价指标体系，包含综合质效、品牌销售、生产制造等8类75项指标，有助于公司高质量发展战略的分解细化，推动各部门更加聚焦于高质量发展的短板弱项指标实施改善。

战略闭环管理机制初步构建。建立战略闭环管理机制，正式成立战略管理委员会、细分各业务部门工作职责，明确政策分析解读、战略策划、制定、执行评价等全过程要求，确保战略管理有据可依，推动“十四五”规划分解落实和评估完善。

信息化基础设施建设。开展信息化基础设施对标分析，制定基于云平台的公司信息化基础设施规划，细化软硬件设施、资源调度等方面的管理标准，推动“云+双中台+微服务”新型技术架构落地。

降本增效。通过探索和完善烟用材料公开招标价格竞争机制、改进烟用材料工艺、加强采购质量过程管理、组织消化剩余库存材料等方式，实现公司烟用材料采购成本降低1.58亿元。初步建立香精香料定额管理，自有品牌香精香料单箱成本比上年上升2.23元。

精益管理。2021年，江西中烟以管理诊断、对标分析和课题攻关为抓手，着力加强精益管理，全年结题106项管理提升项目，完成制（修）订104项公司级管理制度（标准），实现降本增效7598万元。加强生产管理，卷接、包装设备运行效率比上年提高，烟叶、盘纸、商标纸等单耗比上年下降。

【特事辑要】 2021年1月22日，江西中烟召开2021年工作电视电话会议。

6月5日，国家局党组成员、副局长韩占武在江西中烟调研。

7月23日，江西中烟召开2021年半年工作电视电话会暨“四大工程”推进会。

8月16日，江西省委常委、南昌市委书记李红军在江西中烟调研。

2021年江西中烟工业有限责任公司所属卷烟生产厂情况统计

		江西中烟工业有限责任公司南昌卷烟厂	江西中烟工业有限责任公司赣州卷烟厂	江西中烟工业有限责任公司广丰卷烟厂	江西中烟工业有限责任公司井冈山卷烟厂
法人资格		非独立法人	非独立法人	非独立法人	非独立法人
主要负责人（含党政领导）		党委书记、厂长：罗　飚	党委副书记、厂长：何善懋	党委副书记、厂长： 毛小东（—2021年3月） 刘　曜（2021年3月—） 党委书记：徐辉广	党委书记、厂长： 刘　曜（—2021年3月） 华　刚（2021年3月—）
成立时间		1950年	2013年	1988年	1982年
从业人员（人）		1358	975	1041	476
卷烟生产能力(亿支)		270	300	89	150
卷烟品牌	自有品牌	金圣	金圣、庐山	金圣、庐山	金圣
	合作生产	利群、南京	南京	利群	利群

◇撰稿：李　杨；编辑：周　佳　褚　幸　刘海文

山东中烟工业有限责任公司

【主要产品】 **自有品牌。**2021年，山东中烟工业有限责任公司自有内销卷烟品牌主要有“泰山”“哈德门”。“泰山”产量978.77亿支（195.75万箱），比上年增长5.2%，实现销量983.7亿支（196.74万箱），比上年增长6.57%。“哈德门”产量199.18亿支（39.84万箱），比上年下降11.7%，实现销量200.45亿支（40.09万箱），比上年下降10.74%。

合作生产品牌。合作生产上海烟草集团“红双喜”24.6亿支（4.92万箱）、“牡丹”5亿支（1万箱），湖南中烟“白沙”19.5亿支（3.9万箱），湖北中烟“红金龙”10亿支（2万箱），江苏中烟“南京”15亿支（3万箱），云南中烟“玉溪”5亿支（1万箱）、“红塔山”12.4亿支（2.48万箱）。

【品牌建设】 **强化市场观念。**坚持“重在状态、重在提升、重在持续”，紧盯商业存销比和投放策略订足面、订足率等关键指标，把控调拨节奏，精准投放策略，市场动销畅通，状态持续向好，年末商业存销比居行业首位。

加强品牌培育。聚焦一、二类烟市场份额，聚焦一二类烟骨干规格，全年确定一、二类烟重点规格15个，倾斜市场资源。2021年，一、二类烟15个重点规格实现商业批发销量215.9亿支（43.18万箱），比上年增长28.66%，其中，“泰山（儒风细支）”销量突破12.5亿支（2.5万箱），“泰山（颜悦）”“泰山（望岳）”合计销量突破50亿支（10万箱）。“泰山”品牌商业批发销量连续7年实现增长。实现单箱批发销售额2.52万元，比上年增长8.3%。

统筹市场拓展。山东省内紧盯“稳规模、提结构、树形象”，实施价值提升工程，工商企业携手共建“泰山尊客”服务品牌。一、二类烟销量再创新高。2021年，鲁产卷烟省内市场份额为53.52%，其中，一、二类烟市场份额均为26.46%。省外紧盯“增销量、扩规模、提份额”，持续推进重点市场建设，开展专项提升活动，市场贡献率稳步提高。境外克服新冠肺炎疫情影响，拓展3个新市场，投放5款新产品，市场覆盖面进一步扩大。

【原辅材料保障】 **原料采购。**深化高端优质原料定向开发，建设国家局烟叶基地单元20个，基地单元主导种植品种符合率97.4%。深度推进烟叶模块化、均质化、集约化加工，初步建成3个原料区域加工中心，原料均质化加工实现全覆盖，片烟主要加工指标连续3年保持行业优秀水平。深度优化库存结构，提前两年完成降库存任务。

烟用物资管理。全年组织实施烟用材料、设备改造、备品备件集中采购15次，降低采购成本9600万元。严格烟用材料、备品备件供应商资质认证、评价考核，夯实质量保证基础。烟用材料、备品备件入库检验合格率100%，烟用材料质量监督检验合格率100%。严格采购计划审核，实时下达、跟踪调度采购订单，定期分析异常库存，采购需求与生产计划符合率保持在100%。积极应对能源原材料价格上涨压力，强化烟用物资供应保障风险管控，六类材料采购价格管控水平行业排名前五位，备品备件资金占用率、资金周转率水平居行业前列。

【技术创新】 **技术中心概况。**山东中烟工业有限责任公司技术中心成立于2006年10月，2007年通过国家发展改革委、科技部、财政部、海关总署、国家税务总局等五部委联合组织的国家认定企业技术中心的认定。2015年8月，通过中国合格评定国家认可委员会的认可评审。2021年，有在岗员工123人，其中博士研究生学历3人、硕士研究生学历13人；高级职称31人、中级职称80人。全年取得行业科技项目成果1项；公司级科技项目成果38项。

产品研发维护。坚持“把握主流、彰显特色”，统筹推进产品开发，“泰山（合悦）”上市表现良好，11款储备产品小试有序开展。精准实施分类维护，完成“泰山（红将军）”“泰山（白将军）”等26款产品稳定性维护，一、二类烟15个重点规格感官质量较设计值提升0.2~0.7分。

机制建设。坚持科技创新与体制机制创新“双轮驱动”，完善“一体两翼四助推”全员创新体系，出台优秀青年科技人才选拔培养办法。开展多部门联合攻关，搭建开放协同创新平台，持续加强与郑州院、青州所、山东农业大学等科研院校的合作交流。强化科技项目管理，完善成果评价奖励和推广应用机制，开展科研项目179项，其中，牵头行业科研项目4项、参与14项，在研公司级科技项目143项，鉴定验收37项。

技术攻关。聚焦核心技术自我掌控，实施热化学、香化学等应用基础研究，烟用功能滤棒赋香载体研究取得重要突破。推进制造过程课题研究，开展QC、

2021年11月2日，山东中烟开展公司烟机类、检验类三至五级技能鉴定实操考核

山东中烟　供稿

六西格玛、工艺质量改善等活动400余项，获得省级以上优秀成果82项，取得经济效益3500余万元。全年新增专利授权144件，其中发明专利33件。截至2021年底，拥有有效专利995件。

质量监督与技术保障。注重产品维护，持续强化质量监督，行业卷烟产品质量抽检合格率100%。百元以上卷烟规格感官质量实测平均值提升0.2分，卷烟焦油加权平均值比上年降低0.1毫克/支，重点规格卷烟感官质量波动收窄23%。

【管理创新】 **基础管理。**编制印发公司“十四五”规划，明确“十四五”时期“泰山”品牌进入行业“136、345”重点品牌集群目标。持续推进基于流程的综合管理体系建设，初步建立上下衔接、条线协同、层级支撑的流程体系。加强财务审计管理，强化预算全过程管理，持续推进资金竞争性存放，首次实现全年零贷款。优化多元化资产结构，强化投资监管，加强经营管理，在烟草行业多元化经营管理评价中，山东中烟综合绩效排名行业省级单位第二位。

精益管理。围绕高质量发展重点工作，开展149项精益课题研究，获得山东省企业管理现代化创新成果20项。4人入选烟草行业管理诊断专家库。深化对标管理，烟草行业32项省级公司对标指标中，山东中烟有15项优于行业平均水平，3项达到行业先进水平。全年实现降本增效1.6亿元。

设备技改。统筹规划“十四五”投资，加强项目过程管理。青州卷烟厂就地技术改造项目完成初步设计及概算，青岛卷烟厂制丝工艺提升改造项目通过国家局专家组论证，济南卷烟厂雪茄烟制造中心建设项目申报工作有序推进，颐中集团研发制造中心项目获国家局立项批复，取得土地建设使用权。购置4组超高速机组和23台雪茄烟生产设备，改造3组细支烟卷包机组。

2021年山东中烟工业有限责任公司所属卷烟生产厂情况统计

		山东中烟工业有限责任公司济南卷烟厂	山东中烟工业有限责任公司青岛卷烟厂	山东中烟工业有限责任公司青州卷烟厂	山东中烟工业有限责任公司滕州卷烟厂
法人资格		非独立法人	非独立法人	非独立法人	非独立法人
主要负责人（含党政领导）		党委书记、副厂长：傅　军 党委副书记、厂长： 李东方（2021年8月—）	党委书记、副厂长：张　彤 党委副书记、厂长： 秦承刚（2021年8月—）	党委书记、副厂长：孟庆华	党委书记、副厂长： 李继鹏（—2021年11月） 徐　伟（2021年11月—，之前任党委副书记、厂长）
成立时间		1928年	1919年	1948年	1951年
从业人员（人）		1350	1313	940	558
卷烟生产能力(亿支)		474	475	255	149
卷烟品牌	自有品牌	泰山、哈德门	泰山、哈德门	泰山、哈德门	泰山、哈德门
	合作生产品牌	黄鹤楼、红金龙	红双喜、牡丹	南京、白沙	玉溪、红塔山

◇撰稿：王绍习；编辑：周　佳　褚　幸　刘海文

河南中烟工业有限责任公司

【主要产品与品牌建设】 **主要产品。**2021年，河南中烟工业有限责任公司生产的内销卷烟品牌主要有“黄金叶”“红旗渠”，其中“黄金叶”实现销量比上年增长7.6%。

品牌培育。理清“不断强化高端引领、大力实施一类烟攻坚”的品牌培育主线，制定实施“黄金叶”品牌一类烟攻坚计划系列方案，跟进行业建立三级品牌共育机制。2021年，“黄金叶”一、二类烟实现商业销量比上年分别增长31.04%、18.07%。其中，“黄金叶（天叶）”“黄金叶（天叶细支）”分别增长11.18%、38.67%；“黄金叶（天香细支）”增长10.83%；“黄金叶（乐途）”增长14.26%；“黄金叶（爱尚）”增长10.25%。

产品研发维护。全年研发新品7个，上市新品6个，已研发待上市新品1个。其中，“黄金叶”系列“天叶中支”“天香中支”“天香”“乐途中支”“乐途硬”“炫尚（改造

2021 年 11 月 11 日，河南中烟工艺质量人员对卷烟产品进行检测
河南中烟　魏尧村　摄

科技合作交流。与郑州烟草研究院签订《河南中烟谢剑平院士创新中心合作协议》《烟草工艺联合实验室共建协议》，深化双方战略合作，提升科技创新供给水平。首次在云南烟叶公司成立高端原料联合实验室，推进模块设计数字化实质化运作；与河南农业大学、郑州轻工业大学等高等院校合作，推进烟草重点领域创新发展。组织技术技能人员到上海市烟草集团、广东中烟、湖南中烟、湖北中烟等企业学习调研。

产品）”等 6 个产品上市；“黄金叶（国色双中支）”定型待上市。完成 32 个产品叶组配方维护，实现 5 个产品内在提质优化。

合作生产。合作生产浙江中烟“利群”“雄狮”，上海烟草集团“红双喜”“大前门”，湖南中烟“白沙”。

【技术创新】　**技术中心概况**。河南中烟工业有限责任公司技术中心成立于 2007 年 3 月，为行业级技术中心。现有行业烟草加工形态研究重点实验室、行业再造烟叶标准研究室、河南省烟叶工程技术研究中心、河南省烟用材料工程技术研究中心等多个省部级以上科技创新平台。中心质量监督检测实验室通过国家认可委员会（CNAS）颁发的实验室认证，拥有各类先进大型仪器设备 70 余台套，总价值 9696.8 万元。截至 2021 年底，员工 208 人，其中博士研究生学历 12 人、硕士研究生学历 91 人；高级以上专业技术资格 55 人，其中正高级工程师 2 人、研究员 3 人；享受国务院政府特殊津贴专家 2 人、行业学科带头人 1 人、河南省优秀青年科技专家 1 人、全国评烟委员会委员 4 人、全国烟草标准化专业委员会委员 3 人、中国烟草品种审定委员会委员 1 人。

科研成果。2021 年，评选出公司级技术发明奖 2 项、科技进步奖 19 项、创新争先奖 10 项、标准奖 1 项、专利奖 924 项、科技论文奖 72 项。发表科技论文 151 篇，获得省部级科学技术奖励 6 项，获得授权专利 944 件，其中发明专利 106 件。取得科研成果 39 项。

【原料保障】　**基地化供应**。坚持“布局合理、品牌导向、特色优质”，推进基地布局优化。新增许昌禹州、漯河临颍县、驻马店确山县等 3 个省级工商联办基地，省内基地单元达到 13 个，基地化供应比率 90%；新增四川凉山州、贵州毕节威宁县 2 个工商联办基地，稳定优质原料供应渠道。推进“上六片”提质增量工程，建设平顶山郏县、漯河临颍县各 2000 亩“上六片”示范区，集成推广“上六片”定制生产技术。

均质化加工。全年完成烟叶加工（含二次混配）4.07 万吨（81.35 万担），其中“一专线四中心”加工总量超过 2.68 万吨（53.59 万担），选叶 3.37 万吨（67.45 万担）；烤后烟碱变异系数均值 2.76%、水分变异系数 1.68%、叶中含梗率 1.14%，三项指标均达到行业均质化优秀指标。

烟叶去库存。国内工业单向调剂销售片烟 0.15 万吨（2.9 万担），调剂购进云南中烟核心产区片烟 0.34 万吨（6.7 万担）。截至 2021 年底，库存片烟 18.8 万吨（376.12 万担），比上年减少 1.87 万吨（37.4 万担）；库存可用月数 27 个月，减少 2.4 个月。

【物流保障】　**物流保供**。统筹疫情防控和生产、市场变化，成立保供专班，完善应急预案，推进区域合作，强化统一调度，全年生产供应有效组织，内部移库卷烟 5.11 万箱，前置库移库 5.24 万箱，发运自有品牌卷烟 297.28 万箱，单箱卷烟物流费用行业最低。

绿色物流。强化绿色低碳，统筹推进卷烟包装箱和片烟包装箱循环利用，推进辅料托盘回收和非毗邻省份烟箱回收工作。全年完成卷烟包装箱复用量127.22万只、片烟包装箱9.17万套，两项节约费用4978.4万元；回收利用废旧辅料托盘1.8万个，节约采购费用594万元。

智慧物流。研究制定《公司智慧物流建设规划》，完成片烟打扫码建设项目开发和部署工作，从2021年度新购烟叶开始，实现每件片烟箱具有唯一数字化身份标识；创新完成行业卷烟在途系统信息对接，实现卷烟在途信息纵向贯通。

【企业管理】 **精益管理。**强化重点工作管控，引入PDCA信息管理系统，推动公司重点工作上线运行，年度在线发布公司重点工作421项，完成419项，跨年度工作2项，工作完成率100%。优化目标绩效管理，突出“优化整合、一体考核”工作主线，坚持统分结合、分类实施、精准考核、奖惩有度的原则，针对部门、单位工作特点设置差异化考核项目，形成支撑50项公司级目标和607项部门、单位级目标实现的生产经营工作“1+8+N”考核体系。

群众性质量改进。推进群众性质量改进活动，激发基层质量创新活力。2021年共开展QC课题攻关217项，获得全国优秀质量管理小组成果3项，河南省质量协会一等奖38项，其中黄金叶生产制造中心“研制烟丝风选自动控制系统”和南阳卷烟厂“切丝机上下铜排链安装工装的研制”两项QC成果获得第46届国际质量管理小组大会（ICQCC）特别卓越奖（金奖），南阳卷烟厂“新型ZJ19卷烟机供胶装置的研制”获得卓越奖（银奖）。

物资管理模式改革。按照“集权有度、授权科学”的原则，优化调整物资管理模式，重新梳理确定公司及卷烟厂两级管理职责，将物资采购项目调整为公司统一组织实施，对卷烟材料实行“五统一”管理，提高物资管理效率和物资供应灵活性。

【特事辑要】 2021年1月7日，河南省副省长王新伟在河南中烟技术中心、黄金叶生产制造中心调研。

1月12日，河南省委常委、省政府党组副书记周霁在河南中烟许昌卷烟厂调研。

10月20日，中国财贸轻纺烟草工会全国委员会印发《关于开展全国财贸轻纺烟草系统产业工人队伍建设改革试点工作的通知》（财贸轻纺烟草工发〔2021〕14号），将河南中烟金叶劳模和工匠人才创新工作室联盟建设列为全国试点。

12月27日，河南中烟与郑州烟草研究院召开深化战略合作座谈会，举行“河南中烟——谢剑平院士创新中心”“河南中烟——郑州烟草研究院工艺联合实验室”协议签订和揭牌仪式。

2021年河南中烟工业有限责任公司所属卷烟生产厂情况统计

		河南中烟工业有限责任公司黄金叶生产制造中心	河南中烟工业有限责任公司许昌卷烟厂	河南中烟工业有限责任公司安阳卷烟厂	河南中烟工业有限责任公司南阳卷烟厂	河南中烟工业有限责任公司驻马店卷烟厂	河南中烟工业有限责任公司漯河卷烟厂	河南中烟工业有限责任公司洛阳卷烟厂
法人资格		非独立法人	非独立法人	非独立法人	非独立法人	非独立法人	非独立法人	非独立法人
主要负责人（含党政领导）		总经理：陈春喜 党委书记：郑国兴	厂长：刘金福 党委书记：曾显峰	厂长：范国民 党委书记：陈清棠	厂长：李松峰 党委书记：杨玉良	厂长：董建兴 党委书记：常明升	厂长：吕　飞 党委书记：赵群发	副厂长：孙　鹏（主持工作） 党委书记：黄光富
成立时间		2014年	1949年	1945年	1950年	1949年	1946年	1981年
从业人员(人)		1950	1158	1063	843	666	668	663
卷烟生产能力（亿支）		650	300	200	150	175	150	150
卷烟品牌	自有品牌	黄金叶、红旗渠	黄金叶	黄金叶、红旗渠	黄金叶、红旗渠	黄金叶、红旗渠、散花	黄金叶、红旗渠	黄金叶、红旗渠
	合作生产品牌	—	—	—	红双喜、大前门	—	利群、白沙、雄狮	—

◇ 撰稿：陈仕文；编辑：褚　幸

湖北中烟工业有限责任公司

【主要产品】 2021年，湖北中烟工业有限责任公司生产的内销卷烟品牌主要有“黄鹤楼”“红金龙”。全年生产“黄鹤楼”1139亿支（227.8万箱），其中合作生产62亿支（12.4万箱）；生产“红金龙”302.5亿支（60.5万箱），其中合作生产38亿支（7.6万箱）。

【品牌建设】 **品牌培育**。优化提升品系建设，加大中支烟市场培育力度，全年中支烟实现销量83.1亿支（16.62万箱），比上年增长52.47%，增量居行业中支烟销量第四位；加大细支烟的开发投放力度，完成“视窗”产品定型和市场投放。坚持全国“一盘棋”制定全国性“共育品规+”目录，形成24个主导规格、10个潜力规格和26个护卫规格的品规布局，培育1个70万箱、1个20万箱和5个10万箱的“黄鹤楼”系列大单品。全年主导规格数量比上年减少1个，总量规模比上年增长6.2%，主导品规集中度比上年增加1个百分点，其中一类主导品规集中度95.33%，增加0.67个百分点。

2021年，10个新品品规实现销量56.5亿支（11.3万箱），比上年增加43亿支（8.6万箱）。在年度工业调拨销售收入中，新产品贡献率达到6.2%，比上年增加4.7个百分点；年度“黄鹤楼”品牌商业总销量中，新产品规模贡献率达到4.94%，比上年增加3.97个百分点。其中，品牌年度增量部分新产品贡献率达到82%；年度新品税利贡献度达到6.68%，超出年度目标值0.68个百分点。

市场拓展。省内外市场协调发展。“黄鹤楼”品牌全年省际比重62.04%，比上年增加0.32个百分点。在27个省市“黄鹤楼”销量过万箱的基础上，建立4个“黄鹤楼”总量过10万箱的规模基地，打造河南、广东和四川等3个“黄鹤楼”一类烟过8万箱，河北、浙江和江苏等3个过5万箱的一类烟规模基地。

【原辅材料保障】 持续调增“一基四重”区域烟叶计划，优化原料布局结构。在12个产区推进“中棵烟+高油分”项目，探索建设雪茄烟原料基地，推进雪茄烟原料国产替代化，提升烟叶使用质量。持续推进烟叶区域加工中心建设，提升加工均质化水平；烟用材料推行质量管理前移，生产过程使用反馈频次比上年下降35%。实施主要材料“热备份”，建立烟用材料价格调整市场联动机制，全年完成烟用材料降本5.5亿元。统一零配件编码，零配件库存周转率达到116%。扩展网采范围，由“急小零散”扩展至生产性保障物资和机械设备。网采金额增加至1.8亿元，节约资金约2700万元。

湖北中烟武汉卷烟厂卷包车间数字化生产中控室（2021年）

湖北中烟　供稿

【技术创新】 **产品创新**。加大产品集成创新和科技成果转化力度，完成“黄鹤楼（硬1916如意）”“黄鹤楼（软润香宝）”等10余款传统卷烟产品上市和储备产品研究工作。深化规模化产品配方技术研究，系统实施“1916、两珍、两红、一蓝”等维护，通过配方技术改革、香料技术升级、工艺技术提升、材料技术应用，提升卷烟产品品质。加强烟支卷制参数研究，优化烟支质量、吸阻、硬度、含水率及总通风率技术标准。

技术创新成果。围绕核心技术攻关、产业技术升级、数字化转型，在雪茄烟、科研大数据、数字化转型、烟草多用途利用开发等重点领域开展项目布局。申报国家局科技项目 9 项，完成科技项目立项评审 182 项，自由探索项目立项备案 199 项，验收成果 97 项。以产品为中心，着力产业链关键环节和共性技术研究，在原料、材料、工艺、产品集成等方面开展核心技术攻关，“中棵烟”高油分烟叶生产技术、丝状梗丝工艺技术、视窗卷烟平台搭建等研究成果实现转化应用。全年申报专利 705 件，其中发明专利 236 件；获得专利授权 523 件，其中发明专利 113 件；通过《专利合作条约》（PCT）申请国际专利 21 件；申请商标 79 件，其中国内商标 51 件。发表论文 42 篇，其中 SCI 论文 12 篇。

技术创新研发数字化转型。完成研发流程架构设计，输出湖北中烟整体集成产品开发（Integrated Product Development，IPD）流程架构，包括 5 个主流程、5 个职能支撑流程、4 个研发专业流程和 3 个基础支撑流程，形成两类场景；完成流程文件开发，输出 13 个流程文件，85 个 L6 模板，并与产品“三个一批”研发模式进行适配；完成研发团队设计，包括三层业务执行和业务决策团队架构，以及角色组成、职责、运作机制、决策机制、选聘标准、考核激励和持续改进机制等；完成研发 IT 架构设计，包括信息架构、应用架构和技术架构设计以及 IT 实施的路标规划，识别出 12 个主题域、54 个业务对象，形成三级数据资产目录，并根据业务对象和 IPD 流程活动，推导出 IT 应用架构，包括 9 大应用组，14 个应用，75 个功能模块，为后期 IT 建设、技术选型提供蓝图指引。

【改革发展】 全面贯彻新发展理念，编制“十四五”发展规划，明确企业战略目标和品牌战略方位。加快推动武烟智能工厂试点、研发数字化转型、智能营销 3.0 等重点任务，开展数据治理体系构建和数据资产梳理，武汉卷烟厂 1 项成果被评为国家数字化技术应用典范案例。全面推进重大（重点）项目建设，恩施卷烟厂原料库、红安卷烟厂车间改造项目建成投用，重大技术改造项目完成年度进度目标。深入开展绿色工厂标准研究，编制发布烟草行业首个绿色工厂标准。

【企业管理】 以数字化转型为载体，加快推动企业治理体系和治理能力现代化。对照标准树标杆，持续加强基层班组建设，2020—2021 年，湖北中烟共 4 个班组被评为全国质量信得过班组、10 个班组被评为湖北省质量信得过班组。加强企业重大风险防范，推进风险控制体系建设。加强网络安全基础设施和管理体系建设，湖北中烟被评为湖北省网络攻防演习最佳防守单位。加强疫情防控，发布第六版《湖北中烟新冠肺炎疫情防控导则》，组织开展防控应急演练。落实安全政治责任，企业安全形势总体平稳，三峡卷烟厂“11224”时钟安全文化体系被应急管理部评为首届企业安全文化建设最佳实践案例。

【特事辑要】 2021 年 1 月 19 日，湖北中烟召开第二届职工代表大会第一次会议暨 2021 年工作会议。

9 月 22 日，湖北中烟召开研发数字化转型项目一期成果汇报及二期项目推进会。

9 月 28—29 日，国家烟草专卖局党组书记、局长，中国烟草总公司总经理张建民在湖北烟草调研。

12 月 23 日，湖北中烟武汉卷烟厂与上海烟草集团上海卷烟厂对标共建启动会召开。

2021 年湖北中烟工业有限责任公司所属卷烟生产厂情况统计

	湖北中烟工业有限责任公司武汉卷烟厂	湖北中烟工业有限责任公司襄阳卷烟厂	湖北中烟工业有限责任公司恩施卷烟厂	湖北中烟工业有限责任公司三峡卷烟厂	湖北中烟工业有限责任公司红安卷烟厂	湖北中烟工业有限责任公司广水卷烟厂
法人资格	非独立法人	非独立法人	非独立法人	非独立法人	非独立法人	非独立法人
主要负责人（含党政领导）	党委书记：邓家云（—2021 年 11 月） 厂长：王　军	党委书记：杨林波（—2021 年 2 月） 张志生（2021 年 2 月—） 厂长：朱　巍	党委书记：刘华豫 厂长：朱　华	党委书记：孙德平 厂长：姚　俊	党委书记：张小平（—2021 年 2 月） 陈　实（2021 年 2 月—） 厂长：王闰光	党委书记：张志生（—2021 年 3 月） 张　放（2021 年 3 月—） 厂长：彭　波
成立时间	1916 年	1944 年	2009 年	1998 年	1980 年	1970 年

续表

	湖北中烟工业有限责任公司武汉卷烟厂	湖北中烟工业有限责任公司襄阳卷烟厂	湖北中烟工业有限责任公司恩施卷烟厂	湖北中烟工业有限责任公司三峡卷烟厂	湖北中烟工业有限责任公司红安卷烟厂	湖北中烟工业有限责任公司广水卷烟厂
从业人员（人）	1555	1217	709	782	686	513
卷烟生产能力（亿支）	769	288	250	150	108	114
卷烟品牌	黄鹤楼、红金龙	黄鹤楼、红金龙	黄鹤楼、红金龙	黄鹤楼、红金龙	黄鹤楼、红金龙	黄鹤楼、红金龙

◇ 撰稿：章　盛；编辑：褚　幸

湖南中烟工业有限责任公司

【卷烟生产和品牌建设】　**卷烟产销。**2021 年，湖南中烟内销卷烟品牌主要有“白沙”“芙蓉王”“芙蓉”“相思鸟”。实现卷烟销量（含合作生产回购，不含“万宝路”）比上年下降 2.15%。其中，一类烟增长 4.25%；二类烟增长 3.46%。实现卷烟调拨销售收入比上年增长 5.45%，实现税利比上年增长 6.11%。

2021 年，“芙蓉王”成为行业首个销量跨越 200 万箱的纯一类卷烟品牌。“和天下”系列保持全国高价位卷烟产销量第一位势，“白沙（硬和天下）”“白沙（硬细支和天下）”2 个规格均保持行业细分市场第一，并与“芙蓉王（硬）”“芙蓉王（硬细支）”等全国市场重点规格在保持量价齐增的同时，溢价水平高于主要竞品。

合作生产。合作生产卷烟比上年下降 8.13%。其中，与河北中烟合作生产“白沙”95 亿支（19 万箱），与山东中烟合作生产“白沙”19.5 亿支（3.9 万箱），与河南中烟合作生产“白沙”21.95 亿支（4.39 万箱），与重庆中烟合作生产“白沙”35 亿支（7 万箱），与内蒙古昆明卷烟有限责任公司合作生产“白沙”10 亿支（2 万箱）。湖南中烟合作生产卷烟回购 169.76 亿支（33.95 万箱），比上年下降 14.27%；回购卷烟实现销量 166.17 亿支（33.23 万箱），比上年下降 17.31%。

湖南中烟合作生产内蒙古昆明卷烟有限责任公司“冬虫夏草”3.5 亿支（0.7 万箱）。

品牌培育。完成“芙蓉王（硬红宝石）”“白沙（硬和天下尊享 84 毫米）”上市。其中，“芙蓉王（荣耀中支）”“芙蓉王（荣耀细支）”“芙蓉王（软蓝）”完成报批，“芙蓉王（东方红双中支）”“白沙（和天下尊品中支）”“白沙（和天下尊品细支）”产品基本定型。

2021 年 12 月 10 日，湖南中烟常德卷烟厂举行“芙蓉王”品牌产销量突破 200 万箱下线仪式

湖南中烟　谭佳亮　摄

1 月，“芙蓉王（硬红宝石）”上市，全年实现商业销量 2.8 亿支（0.56 万箱）；“白沙（硬和天下尊享 84 毫米）”上市，年内覆盖全国 14 个省级市场的 44 个地市级市场，实现商业销量 0.27 亿支（0.05 万箱）。

市场拓展。省内市场商业销售额、“白沙（和天下）”系列、

"芙蓉王"系列比上年增量均位列全国第一。省外市场"白沙（和天下）"系列在辽宁、江苏、河北等7个市场实现规模进阶，在四川、云南、西藏等10个市场实现份额提升。

【原料保障】 2021年，湖南中烟落实稳规模、固基地、优结构、提质量、降成本等，进一步巩固原料保障能力。清产核资不适用烟叶全部处置完毕。建立5年以上陈年烟叶处置的联动机制。强化基地单元建设，破解云南曲靖、四川凉山、贵州六盘水等核心产区质量改进"瓶颈"。坚持"一地一策"快抢快调，重点产区优质适用核心等级烟叶调拨占比得到提升。落实"复烤企业去产能"，推动区域加工中心建设，均质化加工能力持续增强。完成湘西鹤盛、云南保山重点品牌区域加工中心挂牌，行业首条专业片烟预混线在浏阳天福打叶复烤有限责任公司投产运行。2020年7月至2021年6月，调拨2020年度国内烤烟13.33万吨（266.57万担）；2021年7—12月，调拨2021年度国内烤烟10.08万吨（201.55万担）。

【技术创新】 *产品研发能力提升。*完成"芙蓉王（荣耀中支）""芙蓉王（荣耀细支）""芙蓉王（东方红双中支）""白沙（和天下尊品中支）""白沙（和天下尊品细支）"等新品开发。完成"芙蓉王（软蓝）"产品提质改造，完成"芙蓉王（领航双中支）""芙蓉王（东方红中支）""芙蓉王（海国图志中支）""白沙（鹤彩）"等4款产品设计定型，其中"芙蓉王（东方红中支）""芙蓉王（海国图志中支）""白沙（鹤彩）"等3款产品转为储备产品；完成"芙蓉王（软蓝）"升级改造。1款"白沙"雪茄型卷烟，3款"芙蓉王"、1款"白沙"等卷烟新品完成前期开发和储备。

*质量保障能力提升。*2021年，湖南中烟在行业卷烟产品质量监督全国抽检中，"白沙（和天下）""白沙（硬和天下尊享）"2个规格居行业质量综合排名第一位，"芙蓉王（硬）"1个规格居感官质量得分排名第一位；12个规格质量总分、10个规格感官质量得分位列行业前五名，7个规格卷制与包装质量获得满分。

*技术支撑能力提升。*开展科技创新项目242项，其中，科研项目162项，创新改进课题16项，成果推广类项目58项，创新小组项目6项。主持国家局科技项目13项，参与16项。取得科技成果20项，1项成果获得省部级奖励。获得专利授权203件，其中授权境外专利33件。

*科技创新取得新进步。*香精香料可知可控可替代比例处于行业领先水平，9个规格卷烟实现自主调配的功能性香基应用。一类烟膨胀烟丝研发使用取得新进步，降焦减害水平持续提高。"白沙（和天下细支）"实现连线自动生产，在行业首创异型包装和常规包装互换生产"一拖二"联机技术。

【企业管理】 2021年，湖南中烟制定实施10项管理提升方案，构建目标考核"4+1"体系，优化专项激励模式。优化金叶薄片管理关系与发展定位，创新浏阳片烟醇化库委托管理模式。针对主要劣势指标组织专项改进，长沙卷烟厂、常德卷烟厂成为行业首批对标共建单位，湖南中烟对标指标整体居行业第五位。重构制度体系框架，开展重点板块制度梳理。以一卡通系统、生产管控一体化标准版建设推进一体化系统融合和管理数字化转型。组织4次专题巡查，改进异常信息报送机制，编发质量专报34期，开展质量专项攻关5项，处理5起质量事故。

【特事辑要】 2021年1月21日，2021年湖南烟草工业工作会议、湖南中烟第一届第三次职工代表大会在长沙市召开。

3月19日，公司落实全面从严治党主体责任及纪检监察会在长沙召开。

4月7日，湖南中烟与郑州烟草研究院在湘西鹤盛原烟发展有限责任公司举行签约揭牌仪式，合作共建"烟叶原料复烤加工研究联合实验室"。

4月14—17日，国家局党组成员、副局长韩占武在湖南烟草调研，其间，考察湖南中烟长沙卷烟厂。

4月23日，烟草行业"提升烟用香精香料核心技术自主研发与自我保障能力专题整改首席专家工作团队扩大会议"在长沙市召开。

5月11—14日，国家局党组成员、副局长段铁力在湖南烟草调研。

6月28日，中共湖南中烟工业有限责任公司党校在湖南烟草职工培训中心举行揭牌仪式。

6月29日，湖南中烟四平卷烟厂易地技改项目通过中国烟草总公司整体竣工验收。

7月29日，公司2021年湖南烟草工业半年工作电视电话会议召开。

9月30日，湖南金叶烟草薄片有限责任公司易地技改项目建设开工。

12月7—9日，国家局党组成员、副局长韩占武在湖南烟草调研，其间，考察湖南中烟郴州卷烟厂。

12月，由郑州烟草研究院牵头，湖南中烟等9家单位共同参与，历时2年修订完成的《烟草及烟草制品——烟丝宽度的测定》技术标准，获得国际标准组织烟草及烟草制品技术委员会/物理尺寸测试分技术委员会正式发布。

2021年湖南中烟工业有限责任公司所属卷烟生产厂情况统计

		湖南中烟工业有限责任公司长沙卷烟厂	湖南中烟工业有限责任公司常德卷烟厂	湖南中烟工业有限责任公司郴州卷烟厂	湖南中烟工业有限责任公司零陵卷烟厂	湖南中烟工业有限责任公司吴忠卷烟厂	湖南中烟工业有限责任公司四平卷烟厂
法人资格		非独立法人	非独立法人	非独立法人	非独立法人	非独立法人	非独立法人
主要负责人（含党政领导）		党委书记、厂长：金铁龙（—2020年1月）毛华初（2021年8月—）副厂长：柳会武（—2021年8月，主持全面工作）	党委书记、厂长：向晓芳（—2021年8月）刘　斌（2021年8月—）	党委书记：肖　冰（—2021年11月）党委书记、厂长：黄　睿（2021年11月—）副厂长：李会亮（—2021年11月，主持工作）	党委书记、厂长：黄　睿（—2021年11月）副厂长：李会亮（2021年11月—，主持工作）	党委书记：李朝辉（—2021年11月）曹兴洪（2021年11月—）厂长：郭三明（—2021年11月）	党委书记、厂长：刘少军
成立时间		1947年	1951年	1939年	1976年	1970年	1948年
从业人员（人）		2186	2522	1246	863	383	572
卷烟生产能力（亿支）		685	800	179	165	98	86
卷烟品牌	自有品牌	芙蓉王、白沙	芙蓉王、白沙	芙蓉王、白沙、相思鸟、芙蓉	芙蓉王、白沙、芙蓉	芙蓉王、白沙	芙蓉王、白沙
	合作生产品牌	白沙	—	—	—	冬虫夏草	冬虫夏草
	委托加工品牌	万宝路	—	—	—	—	—

◇ 撰稿：周腾浪　何小凡；编辑：褚　幸

广东中烟工业有限责任公司

【主要产品与品牌建设】 ***主要产品***。2021年，广东中烟工业有限责任公司生产的内销卷烟有“双喜”“红玫”“椰树”等3个品牌35个规格。

品牌发展。2021年，公司品牌状态稳中向好，产品结构稳步提升，价格指数全年维持在较高水平，一、二类烟规模突破百万箱，实现“136、345”品牌引领集群“双占位”。“双喜”单箱销售额比上年增加2007元，平均价格指数115.12。“双喜”一类烟实现商业销量比上年增长17.3%，二类烟比上年增长76.9%。

品牌培育。投放方面，推进市场管理新思路，坚持全国“一盘棋”，细分市场功能定位，以精准投放模型为依托，调整完善投放策略，保证货源有效供给，推进一、二类重点产品全国布局。拓展省外中高端市场，2021年，“双喜”一、二类烟省际交易比重比上年增加约6个百分点。培育方面，线上利用新媒体资源，创新方式方法；线下以圈层培育为抓手，通过寻找优质圈层资源，分析区域消费特征，针对性开展品牌培育活动，运用“营销大数据平台”和“互联网+营销工具库”，构建面向市场的现代化销售

体系。

新品研发。以产品差异化、特色化为创新重点，深化科学配方设计、自主调香应用、精细工艺加工等卷烟综合技术集成应用和创新技术的转化应用研究。依托集成项目创新平台，立足产品风格定位，开展多阶段的试验与优化，完成2个新品研发。加强核心技术集成，通过柔性加工工艺优化、新型材料拓展应用与烟叶原料精选等技术集成，形成高端常规支、中支、细支及普一类标准支产品研发储备。

老产品维护。推进降低卷烟一氧化碳相关工作，完成“双喜（经典工坊）”“双喜（硬世纪经典）”“双喜（软）”“双喜（软01）”等6个规格降低一氧化碳盒标值工作。根据烟用香精香料核心技术自主研发与自我保障能力提升要求，通过自主调香技术与特征香基替代技术手段，对“双喜（硬金五叶神）”等产品进行香精配方与叶组配方优化提升；针对烟气柔和度提升，对“双喜（经典工坊）”“双喜（硬世纪经典）”等产品进行综合优化改造。

2021年11月，广东中烟韶关卷烟厂开展真空回潮线及薄片投料线改造项目设备工艺测试

广东中烟　供稿

【技术创新】　**技术中心概况。**广东中烟工业有限责任公司技术中心成立于2005年，承担企业产品开发、工艺技术研究、基础研究、质量检测监督、科技管理等职能，2008年被认定为国家企业技术中心。截至2021年底，员工135人，其中博士研究生学历11人、硕士研究生学历65人；高级职称51人、中级职称72人。2021年，技术中心在研项目170个，其中广东中烟项目159个，主持或参与国家局项目11个，内容涉及卷烟材料、卷烟工艺、再造烟叶等多个研究领域。全年申报专利140件，其中发明专利52件。截至2021年底，拥有有效专利1139件，其中发明专利381件。

技术成果转化。原料研究方面，通过完善烟叶质量评价体系，优化烟叶结构需求，调整烟叶规划及结构，支撑高端产品发展。工艺方面，以提升工艺对产品支撑能力为重点，实现生产厂各生产线“挖潜提质”，对梗签含量、烟叶舒展度等关键指标进行技术优化。材料方面，通过涂布印刷卷烟纸、微胶囊卷烟纸、可视化滤棒、味感型接装纸等新型材料的研发与应用，支撑产品高效研发。香精香料自主研发方面，持续开展功能性香精自主模块调香研究和应用，加强自主香料研发与提取，夯实自主香料产业化基础。化学研究方面，通过深挖检测数据，建立竞争性产品检测分析数据档案，支撑科学配方工作。

【精益制造】　以产品为中心，以全面推动精益工程为载体，以工艺质量为切入口推进精益制造，全链条、系统化深化大工艺管理，推动产品品质和管理水平全方位提升。坚持“找短板、立标准、建机制”质量改善方针，以工艺质量分析会为平台，推动质量管理体系有效运行。优化以质量提升为导向的绩效评价体系，增强全体员工的质量意识和精品意识。各卷烟厂开展工艺提升与改善项目、工艺设备填平补齐技改项目、优化烟丝结构集成创新项目等。以“大工艺”理念推动工艺管理向供应环节纵深延伸，加强原料、材料的加工工艺管控及仓储环节质量管理。以推进批次管理系统为抓手，建立生产供应链全业务过程的防差错、可追溯、精细化管理大数据分析基础，全面提升生产过程质量管控水平。

【原辅材料保障】　**原料保障工作。**坚持建立面向烟叶全生命周期的质量管控体系，以建设高水平烟叶基地为突破口，通过科研成果转化和辐射带动，深度介入大田生产及烟叶收购环节，引导产区落实生产技术。加快推进打叶复烤联合实验室及“双喜”原料示范性区域加工中心建设，提升加工精细化管控水平。优化仓储布局和革新虫害防治模式，以批次管理系统和仓储管理系统建设为契机，推动原料仓储向精益化、专业化发展，依托烟叶库存优化创新应用项目，实施新烟下选优化，提升入库烟叶等级纯度和质量。坚持以赛促学，加强人才队伍建设，1 人被评为行业青年烟叶评级技术能手。

辅料保障工作。以产品为中心，构建“以保障生产为基础、以稳定质量为核心、以协同创新为纽带、以共生共赢为目的”采购供应链生态体系，提升现代化水平。坚持问题导向，走访生产一线，以授课方式及时推广案例经验，提高采购队伍专业素养和供应商质量管控水平。

【企业管理】 以高质量发展为引领，夯实管理基础，优化完善“以产品为中心”的目标与绩效管理体系，推进质量管理体系建设，提升内控水平和治理能力。开展管理诊断，提高质量管理体系对高质量发展和精益工程的支撑能力。推进管理创新，激发内生动力和创新活力，结合对标管理，系统筹划、科学控本，促进企业提质增效。

【特事辑要】 2021 年 1 月 19 日，柬埔寨王国首相洪森致函广东中烟境外企业威尼顿集团有限公司，感谢企业积极履行纳税义务，为柬埔寨国民经济作出突出贡献。

4 月 14 日，国家局党组成员、副局长韩占武在广东烟草调研。

10 月 28 日，广东中烟中心成品库建设项目开工典礼在广州卷烟厂举行。

10 月 29 日，“双喜”原料示范性区域加工中心、“双喜”原料均质化加工定点单位和打叶复烤联合实验室在广东韶关烟叶复烤有限公司正式揭牌。

2021 年广东中烟工业有限责任公司所属卷烟生产厂情况统计

	广东中烟工业有限责任公司广州卷烟厂	广东中烟工业有限责任公司韶关卷烟厂	广东中烟工业有限责任公司梅州卷烟厂	广东中烟工业有限责任公司湛江卷烟厂
法人资格	非独立法人	非独立法人	非独立法人	非独立法人
主要负责人（含党政领导）	党委书记、厂长：饶智华	党委书记、厂长：何锦章	党委书记、厂长：刘依军	党委书记、厂长：崔要强
成立时间	2012 年	1950 年	1939 年	1978 年
从业人员（人）	1877	732	710	548
卷烟生产能力（亿支）	750	234	218	147
卷烟品牌	双喜	双喜	双喜	双喜、红玫、椰树

◇ 撰稿：李　夏；编辑：褚　幸

广西中烟工业有限责任公司

【主要产品与品牌建设】 **自有品牌。**2021 年，广西中烟工业有限责任公司生产“真龙”品牌卷烟比上年增长 9.79%，工业销售“真龙”品牌卷烟比上年增长 7.74%。

品牌建设。启动卷烟产品数字化设计与维护数据库建设，推进卷烟产品设计数据融合与智能模型关键技术研究。完成“真龙（海韵中支）”“真龙（甲天下中支）”新品开发上市；完成“真龙（三月三）”新品开发并获准产批复，开展“真龙（刘三姐中支）”开发并进行准产申报；完成“真龙（海韵）”“真龙（佳韵）”“真龙（起源）”“真龙（鸿韵）”“真龙（轩云）”“真龙（状元）”“真龙（祥云）”“真龙（致青春）”“真龙（中支凌云）”“真龙（海韵细支）”“真龙（刘三姐）”“真龙（美人香草）”“真龙（凌云）”等 13 个产品提质。

合作生产。2021 年，广西中烟合作生产卷烟品牌为江苏中烟“南京”、浙江中烟“利群”、广东中烟“双喜”。

卷烟销售模式创新。顺应行业数字化转型趋势，2021 年，广西中烟持续加大创新工具应用和探索，打通“真龙”品牌培育线上线下全链路，探索“互联网 + 销售”创新应用。依托可视化大屏管理系统、“双码”系统等技术，推进“互联网 + 工商协同”，深耕社群私域流量、推动平台整合优化。

利用大数据资产搭建智慧营销数据中台，梳理网络销售业务、数据情况，形成洞察分析报告，进一步提升数据增值服务能力。加强品牌文化传播，丰富“中国真龙”文化内涵，持续发掘地域文化、讲好品牌故事。开展“真龙”品牌“净香”品类销售体系构建，推动品牌风格特色更加鲜明。

广西中烟工作人员向零售户介绍烟包“扫码”知识（2021 年）
广西中烟　唐　宇　摄

【技术创新】　2021 年，广西中烟共实施开展科技计划项目 226 项，其中省部级项目 50 项。加快推进中国烟草总公司科技项目“制丝过程区域工况环境调控技术研究”实施，2 个示范区投入工况应用。加强重点异味源管控，实现叶片加料区域负压“气密间”试运行。完成“匠心 I 号颗粒”“山萘酊 I”“山黄皮精粹液”“陈皮精华液”等多项自主创新成果开发应用。累计完成 105 种功能性香基模块的辨识，辨识率达到 60.6%；完成 66 种核心功能性香基模块的仿香替代，替代率达到 59.5%；完成 9 种单体特色香原料和 8 种重要共性功能性香基的自主开发；香精香料自主掌控比例由 2019 年的 9.8% 提升至 2021 年的 43.43%。

举办“新时代·真龙”小微创新大赛，参加 2021 年中国创新方法大赛，参赛作品获得广西区域赛决赛一等奖 1 项、二等奖 2 项，获得全国总决赛三等奖 1 项。通过 2021 年度知识产权管理体系认证审核，广西中烟 2021 年获得授权专利 104 件，其中发明专利 12 件。截至 2021 年底，广西中烟累计授权有效专利 582 件，其中发明专利 164 件。

【企业管理】　强化战略规划，广西中烟编制印发“十四五”发展规划，配套制定科技创新、原料保障、人力资源等专项规划。持续抓好基础管理，建立“职能、流程、标准、指标”四位一体的职能价值流程管控机制，完成高质量发展评价指标体系建设；以提升全员绩效为目标，推进“4R”管理诊断模式与绩效管理、对标管理、体系管理、精益改善等管理工具方法的融合，集中开展管理改进和课题攻关，制定整改措施 323 项，解决公司大部分管理短板和“瓶颈”问题；开展风险机遇评价，构建全面风险清单，推进风险防控体系贯通衔接；构建管理、业务、财务一体化融合新格局，实现提质增效 1.07 亿元。持续开展对标管理，32 个行业工业企业对标指标中，24 个比上年进步，8 个排名上升，11 个优于行业平均值。完善全面绩效管理，修订完善年度绩效管理实施方案，优化绩效指标和评价标准，推动组织绩效和员工绩效同步提升。

【原料保障】　合作开展原料质量大数据研究，建设烟叶样品实物库，建立符合“真龙”品牌“净香”品类风格特色的原料感官质量评价规程。完成供应链平台原料保障模块和原料管理信息系统优化开发，在数据来源和业务信息化方面支撑数字原料管理。

初步构建“智慧烟叶”精准管理平台，在重庆奉节和广西百色烟叶基地进行数字转型探索和应用试点，提升基地烟叶种植、烘烤、收购的数字化和智能化水平。与商业公司协同，持续改进广西“K326”烟叶种植技术，修订“K326”烟叶生产技术方案，优化施肥、专业化烘烤等技术指标，不断改善广西烟叶品质，广西烟叶历史性进入“真龙”一类烟配方。

【信息化建设】　2021 年，广西中烟统筹推进数字技术与卷烟制造深度融合，不断提高基础支撑、数据服务、融合创新等能力。推进智能制造，确立构建 7 个智能制造核心能力，切分出 11 个智能制造项目和应用场景，按照夯实基础、构建能力、全面智能等 3 个阶段规划智能制造五年实施路径；推进卷烟厂 CPS（信息物理系统）数据资源规划，完成双向数据盘点，设计规划三大车间的 CPS 数采体系，明确规范标准，构建六大数据域，为设备数字化改造、工厂数采上云、数据中台建设明确实施阶段和路径。

重点项目实现新突破，完成私有云建设，核心平台从传统应用模式向云计算模式转型；推广供应链管理平台，产供销全链路的协同调度能力得到提升；搭建完成数据共享中心，制定数据共享机制方案，提升数据共享服务能力。

创新实践取得新成绩，"基于二维码的智能制造管控与供产销全链路追溯关键技术研发及应用"获得广西科技进步奖二等奖，并获选广西大数据与工业深度融合的重点示范项目；"基于 5G + MEC 的广西中烟智慧工厂项目"获得由工业和信息化部举办的全国第四届"绽放杯"5G 应用征集大赛优胜奖。

【特事辑要】 2021 年 3 月 31 日，广西中烟举行"价值"文化理念体系发布仪式，开启企业文化建设新征程。

5 月 6 日，广西中烟"新时代"党性教育中心正式投入使用。

5 月 7 日，广西壮族自治区党委、自治区人民政府召开全区脱贫攻坚总结表彰大会，广西中烟南宁卷烟厂被评为全区脱贫攻坚先进集体。

5 月 11 日，国家局党组成员、副局长张天峰在广西中烟调研。

6 月 16 日，广西壮族自治区常务副主席秦如培在广西真龙彩印包装有限公司调研。

2021 年广西中烟工业有限责任公司所属卷烟生产厂情况统计

		广西中烟工业有限责任公司南宁卷烟厂	广西中烟工业有限责任公司柳州卷烟厂
法人资格		非独立法人	非独立法人
主要负责人（含党政领导）		党委书记、厂长：卢　健	党委书记、厂长：訾东明
成立时间		1975 年筹建，1978 年正式生产	1946 年
从业人员（人）		924	860
卷烟生产能力（亿支）		435	347
卷烟品牌	自有品牌	真龙	真龙、甲天下
	合作生产品牌	利群	双喜、南京

◇ 撰稿：陶海游　周健茂；编辑：吴中奇　王　静

重庆中烟工业有限责任公司

【主要品牌与品牌建设】 ***主要产品。***2021 年，重庆中烟工业有限责任公司生产的自有卷烟包括"天子""龙凤呈祥""宏声"等品牌，重点规格有"天子（金）""天子（中支）""龙凤呈祥（魅力朝天门）"等。

品牌发展。重庆中烟坚持品牌聚焦战略，通过塑造品形、构建品类、打造品系、培育品规，推动重点品牌实现快速发展。2021 年，在自有产品商业批发收入增幅跑赢全国大盘的基础上，"天子"品牌实现商业销量比上年增长 20.4%，对自有品牌的销量贡献度、收入贡献度分别达到 40%、62%，分别提高 20 个、22 个百分点。重庆中烟坚持把开拓全国大市场、畅通产销大循环作为经营发展的重头戏，把加速市场拓展作为应对风险挑战的主策略，推动"天子"品牌从区域市场走向全国市场，省际间交易比重位居行业前列。截至 2021 年底，川渝以外培育形成 9 个万箱级、若干个准万箱级的梯次化市场格局，川渝以外市场商业销量和批发收入占比达到 28%、35%，"天子"品牌商业销量占比达到 50%。

品类构建。2021 年，重庆中烟发布行业首个中支烟品类"高雅香"，提出中支烟"3031"发展目标，加速推动中支烟"形象高端化、风格特色化、产品系列化、形态多样化"。开发推出国内首款长嘴中支新品——"天子（观天下）"，提升"天子"品牌系列竞争力。以"天子（中支）"为代表的中支系列产品在全国市场快速成长，全年实现商业销量居行业重点品牌中支烟第七位、重点品牌一类中支烟第四位，比上年增长 34.1%。

2021 年 8 月 8 日，重庆中烟举行“天子”品牌中支烟高雅香品类发布会

重庆中烟　孙　健　摄

规格、规模性产品，特别是中支产品的配方维护和质量管控。

规范科技创新管理。重庆中烟成立科学技术委员会，科委会办公室设在技术中心，负责科技项目管理、科技创新平台建设及管理、科技活动组织与管理、科技奖励评审等工作，完成科委会换届工作，修订发布《重庆中烟科学技术委员会章程》，组织完成重庆中烟 2016—2020 年度科技创新成果奖励评审工作，共评出科技进步奖 15 项，专利成果奖 225 件，科技论文奖 91 篇。推进项目管理，优化完善科研项目管理流程和制度，抓好项目立项、实施、过程、结题等闭环管理，全年共立项 25 项，完成科技项目结题验收 30 项。

科技创新举措。创新平台建设。按照重庆中烟博士后科研工作站人才引进计划，完成一名博士后入站工作，完成重庆市重点实验室相关工作，拟定天子科创园建设规划方案，初步形成“1234 + N”的规划构想。学术论文征集推荐。组织完成 2021 年度重庆烟草学会卷烟工业专业学术委员会优秀论文征集和初评工作，完成 2020 年度中国烟草学会优秀论文推荐以及中国烟草学会企业创新与发展学术论坛征文的征集与推荐工作。产学研创新融合。推动产学研协同创新，与双维伊士曼纤维有限公司签订《战略合作框架协议》，成立共建烟用过滤材料联合实验室，加强中支专用醋纤丝束技术研究。与郑州烟草研究院开展“中支卷烟核心原料醇化调控技术研究”“典型香精香料剖析与重构研究”等 6 个合作项目。

科技创新成果。2021 年，重庆中烟参与制定行业标准 4 项，获得专利授权 141 件（其中实用新型专利 134 件、发明专利 6 件、外观设计专利 1 件），获得 2021 年度重庆烟草学会优秀学术论文一等奖 2 篇、三等奖 1 篇，在核心期刊发表科技论文 5 篇。在重庆市 2021 年质量管理小组与质量信得过班组成果发表交流赛上，重庆中烟推荐的 23 项成果，12 项获得示范级（一等奖），8 项获得专业级（二等奖），3

合作生产。2021 年，重庆中烟合作生产湖南中烟“白沙”35 亿支（7 万箱），湖北中烟“黄鹤楼”17.5 亿支（3.5 万箱）、“红金龙”2.5 亿支（0.5 万箱），浙江中烟“利群”50.05 亿支（10.01 万箱）、“雄狮”9.95 亿支（1.99 万箱），安徽中烟“黄山”20 亿支（4 万箱），云南中烟“红塔山”17.5 亿支（3.5 万箱）。作为输出方，与安徽中烟合作生产“天子”7.5 亿支（1.5 万箱）。

【技术创新】　**产品研发维护**。加强研发全流程管理。2021 年，重庆中烟按照国家局相关要求，优化产品设计开发流程，规范包装材料设计评审，加强关键点风险控制，从制度上规范产品设计开发；制定《竞品购买及分析管理办法》，加大产品市场调研和竞品分析力度，开展新品市场测试，形成高质量市场测试调研报告，市场调研不断深入。优化设计开发成本。严把新品卷烟材料和香精香料设计成本，最大限度打造优质配套材料，完成三类烟卷烟纸降本试验、进口卷烟纸替代试验、硬盒常规烟 144 毫米滤棒改 100 毫米滤棒的试验验证以及三四类主要规格产品香精香料成本优化工作，“龙凤呈祥（软魅力朝天门）”等三类烟单箱香精香料设计成本降幅 30%～60%，“龙凤呈祥（鸿运朝天门）”等四类烟单箱香精香料设计成本降幅 50%～60%。推进新品研发。开展“天子（女士烟）”“天子（观天下 1 号）”“天子（黄色经典）”等 3 个新品的研发设计以及“天子（黄中支）”“天子（小天子中支）”改造调整。开展老产品维护。加大“天子（金）”“天子（中支）”等重点项获得改进级（三等奖）。在中国质量协会主办的2021年全国QC小组成果发表赛上，重庆中烟重庆卷烟厂卷包车间“冲锋”QC小组成果“研制成品烟包精准追溯系统”和涪陵卷烟厂制丝车间“智丝”QC小组成果“叶丝‘柔选+精选’除杂装置的研制”获得示范级（一等奖），重庆中烟推荐的成果还获得10项专业级（二等奖）、2项改进级（三等奖）。

【特事辑要】 2021年1月27日，在重庆市精神文明创建总结表彰大会上，重庆中烟被评为全国文明单位。

7月7—8日，国家局党组成员、副局长段铁力在重庆烟草调研期间，考察重庆中烟党建企业文化展厅、技术中心、信息中心和涪陵卷烟厂。

8月8日，重庆中烟举行“天子”品牌中支烟高雅香品类发布会，展现“天子”品牌中支烟高雅香品类构建成果，发布《“天子”品牌中支烟高雅香品类构建蓝皮书》。

12月30日，涪陵卷烟厂举行“天子”卷烟20万箱生产下线仪式。

2021年重庆中烟工业有限责任公司所属卷烟生产厂情况统计

		重庆中烟工业有限责任公司 重庆卷烟厂	重庆中烟工业有限责任公司 涪陵卷烟厂	重庆中烟工业有限责任公司 黔江卷烟厂
法人资格		非独立法人	非独立法人	非独立法人
主要负责人（含党政领导）		党委副书记、厂长： 刘大富（—2021年7月） 马洗凡（2021年8月—） 党委书记、副厂长： 冯祥国（—2021年12月）	党委副书记、厂长： 陈　瑜（—2021年5月） 卞川明（2021年5月—） 党委书记、副厂长： 李朝海（—2021年5月） 周　金（2021年5月—）	党委书记、厂长： 李大学（—2021年5月） 党委副书记、厂长： 李生春（2021年5月—） 党委书记、副厂长： 张文国（2021年5月—）
成立时间		1938年	1964年	1975年
从业人员（人）		1128	645	694
卷烟生产能力（亿支）		250	200	200
卷烟品牌	自有品牌	天子、龙凤呈祥	天子、龙凤呈祥、宏声	天子、龙凤呈祥
	合作生产品牌	黄鹤楼、红塔山、白沙、黄山、红金龙	利群、雄狮	—

◇撰稿：范　森；编辑：王　静

四川中烟工业有限责任公司

【主要产品与品牌建设】 ***主要产品。*** 2021年，四川中烟工业有限责任公司在产自有卷烟包括“娇子”“天下秀”“狮牌”等3个品牌41个规格。

品牌发展。 2021年，四川中烟围绕高质量发展，聚焦“六化”工作思路，紧扣“145”年度目标，确保川烟品牌运行平稳、市场状态良好。突出目标导向，通过“抓分解”确保年度目标和月度目标分解到各市场、规格、责任人，通过“抓通报”推动年度目标有效达成，通过“抓负面清单”督促工厂和营销分中心采取措施限期实现扭负为正。紧盯调拨执行，推进重点产品的半年协议签订、零点调拨行动、销售旺季货源保障、新产品入市调拨等各类专项工作任务。

聚焦高端抓培育，助推川烟品牌高质量发展。做好高端产品终端陈列和品牌培育工作，着力市场引入和布局培育主力价位，实现“娇子（宽窄好运）”销量居同价位全国第一位，“娇子（平安中支）”和“娇子（五粮浓香中支）”销量分别居同价位中支产品全国第二位。

“数字化”赋能，实现销售工作智慧化创新。采取融合化媒体传播、场景传播等多元化传播路径，品牌文化传播取得创新突破，“宽窄”哲学及IP成为品牌发展文化密码。加快数字化建设步伐，通过目标导向配套考核、增强双平台互动和可视化功能两项措施，实现流量、活跃度快速提升；工商互联试点工作推动协同销售一体化，在成都、青岛、济南、潍坊、荆州等市场开展工商“互联网+”协同对接和试点合作，采取“一地一策”推进品牌精准培育。

品牌培育和整合。2021 年，四川中烟制定品牌发展目标和计划，培育和维护主导规格，提高品规集中度，优化资源配置，提升市场竞争力，做大做强主导规格，有序退出不适销和盈利能力弱的品规。截至 2021 年底，拥有自有品牌卷烟准产规格 37 个，其中“娇子”系列 33 个。

2021 年 5 月，四川中烟成都卷烟厂卷包车间技改现场

四川中烟成都卷烟厂　李智敏　摄

品类构建和新品开发。2021 年，持续聚焦“宽窄”系列卷烟风格特征塑造和产品培育，从品类特性、彰显技术特色等方面，持续完善宽窄“润甜香”品类技术体系，强化宽窄“润甜香”品类构建与创新，新上市“娇子（宽窄逍遥中支）”“娇子（宽窄国宝）”2 款新产品。

卷烟合作生产。2021 年，四川中烟合作生产卷烟 201 亿支（40.2 万箱），其中，合作生产浙江中烟“利群”136 亿支（27.2 万箱）、“雄狮”5 亿支（1 万箱），云南中烟“云烟”40 亿支（8 万箱），湖北中烟“黄鹤楼”20 亿支（4 万箱）。

【技术创新】　**科研项目。**截至 2021 年底，四川中烟拥有各类授权专利 894 件，其中发明专利 271 件；全年申请专利 198 件，授权专利 206 件，其中发明专利 28 件；公开发表各类论文 187 篇，其中 SCI 和 EI 论文 9 篇。新立项公司级科研项目 58 项，主要围绕雪茄烟叶及加工研究技术、大工艺质量技术、原料保障技术、材料研究与分析技术、设备改造技术、信息保障与应用技术、香精香料研究、检测标准等方向；新增主持或参与中国烟草总公司科研项目 28 项，新立项总公司国产雪茄烟叶开发与应用、国产雪茄烟叶共性技术等 7 项以及卷烟配方技术升级“揭榜挂帅”项目 1 项；新增主研或参与国家局标准项目 14 项，其中主研雪茄烟类标准 3 项。

技术交流。2021 年，四川中烟持续深化与科研院所、高校以及行业内优秀企业交流，组织开展博士（后）技术交流、四川省科技青年联合会调研交流、科技创新大会学术讲座、院士工作站技术研讨与交流等 13 项科技活动，邀请专家学者 79 人次参加科技研讨，提升公司科技人员创新能力。

技术创新成果。2021 年，四川中烟完成科研成果 45 项，其中，转化应用 42 项（部分转化 1 项）。2 名博士在 2021 年国际烟草 CORESTA 大会作有关新型材料和雪茄烟发酵的报告。

【企业管理】　**“标准化”管理。**制定发布四川中烟“十四五”发展规划，组织开展专题宣讲活动。完善标准体系，完成标准制（修）订 127 项，参与国家及行业标准制（修）订 14 项。加强财务资金管理，总资产贡献率 108%，排名行业第一位；存货周转率 0.94 次，排名行业第一位。

“数字化”转型。制定四川中烟“12311”数字化转型发展蓝图，开展省级节点专有云和数据中心机房建设，加快 5G 专网和物联网平台建设。打造卷烟、雪茄烟等全品类产品研发大数据平台，探索中台化组件应用和“大数据 + 应用”，重点品牌原料保障及使用预测得到提高。

QC 管理创新。以 QC 创新带动全方位创新，2021 年，四川中烟 QC 成果获得国际质量管理小组大会金奖 1 项、全国大赛“示范级”荣誉 6 项、全国优秀六西格玛项目 1 项，被评为四川省质量管理小组活动优秀企业。

【特事辑要】　2021 年 2 月 8 日，四川省副省长李云泽在四川中烟长城雪茄烟厂调研。

4 月 12 日，四川省人大常委会党组副书记、副主任王宁在四川中烟及长城雪茄烟厂调研。

5 月 31 日，四川中烟召开 2021 年度科技创新大会。

6月29日，四川中烟申报的烟草行业雪茄发酵工艺重点实验室通过认定，成为行业首家雪茄烟重点实验室。

7月14日，国家局党组成员、副局长徐䶮在四川中烟西昌卷烟厂调研。

11月27日，四川中烟绵阳卷烟厂“超越”QC小组创新成果“研制AGV电池快速拆装车”在第46届国际质量管理小组大会（ICQCC）中获得金奖，实现四川中烟在国际质量管理领域奖项上“零的突破”。

2021年四川中烟工业有限责任公司所属卷烟生产厂情况统计

	四川中烟工业有限责任公司成都卷烟厂	四川中烟工业有限责任公司什邡卷烟厂	四川中烟工业有限责任公司绵阳卷烟厂	四川中烟工业有限责任公司西昌卷烟厂
法人资格	非独立法人	非独立法人	非独立法人	非独立法人
主要负责人（含党政领导）	党委书记：郭爱萍（—2021年10月） 丁连勇（2021年11月—） 党委副书记、厂长： 姜　鸥（—2021年4月） 刘　林（2021年11月—） 一级业务经理： 姜　鸥（2021年4—10月，主持行政工作）	党委书记：刘　柳 党委副书记、厂长： 唐　鹏（2021年4月—）	党委书记：余　强 （—2021年4月） 冯广林（2021年4月—） 厂长：余　强 （—2021年4月） 徐　庆（2021年4—12月） 党委副书记、副厂长： 江　磊（2021年12月—）	党委书记：于　翔 （—2021年12月） 徐　庆（2021年12月—） 厂长：于　翔 （—2021年4月） 董凌峰（2021年4月—）
成立时间	1952年	1918年	1952年	1985年
从业人员（人）	1274	923	660	573
卷烟生产能力(亿支)	350	270	190	142
卷烟品牌：自有品牌	娇子、天下秀	娇子、天下秀	娇子、天下秀	娇子、天下秀
卷烟品牌：合作生产品牌	—	黄鹤楼	利群、雄狮	黄鹤楼、云烟

◇ 撰稿：曾庆苗　黄　霞；编辑：吴中奇　王　静

贵州中烟工业有限责任公司

【主要产品与品牌建设】 ***主要产品。*** 2021年，贵州中烟工业有限责任公司生产的自有卷烟品牌有“贵烟”“黄果树”“遵义”，合作生产的卷烟品牌有“利群”“大红鹰”“雄狮”。

2021年，贵州中烟品牌建设加力提速，“贵烟”品牌实现销量居行业“双十五”品牌销量增幅第一位；“贵烟（跨越）”实现销量比上年增长20.95%，连续三年居行业一类细支烟单规格规模和增量第一位；“贵烟（萃）”实现销量居同价区细支烟销量第一位。“贵烟”中支卷烟销量比上年增长145.68%，居“双十五”品牌中支烟增幅第二位；“贵烟（红中支）”上市两年就跻身同价位中支烟销量第二位，比上年增长143.01%。“贵烟”商业批发收入比上年增长10.26%，一、二类烟商业销量比上年增长15.1%，成为拉动贵州中烟经济增长的第一动力。

2021年，贵州中烟省内市场实现商业销量、销售收入、单箱均价、“贵烟”销量、一二类烟销量等5个指标的增长。省外市场进一步扩大，新增5万箱省级市场1个，1万箱到3万箱省级市场4个，万箱级省级市场达到18个。区县扩户扩面持续加强，全国核心零售户建户数量达到16.07万户，客户覆盖率提升至69.7%。建立产、销、运等多部门协同机制，科学应对低库存运行新常态，全产业链响应市场能力持续提升。

合作生产。 2021年，贵州中烟合作生产浙江中烟“利群”99.84亿支（19.97万箱）、“大红鹰”8.05亿支（1.61万箱）、“雄狮”9亿支（1.8万箱）。

【技术创新】 ***产品研发。*** 2021年，贵州中烟“贵烟（福中支）”“贵烟（生肖）”研发上市，多款不同价位、不同类型的卷烟完成研发储备。不断加强产品维护，持续增强品质控制能力。

工艺创新。贵州中烟技术工艺不断升级，设备工艺升级优化，自主调香能力稳步提升，辨香、仿香和替代性研究取得新进展，仿配成品开展生产测试。7月26日，贵州中烟通过行业电视电话会议面向全行业开展“基于数字化调香技术平台的烟用表香香精设计调配技术”专题培训，分享贵州中烟自主调香“十六步工作法”。

科技创新。推进技术中心内设机构改革，进一步激活创新动力，2021年被国家局认定为行业级工业企业技术中心。全年公司申请专利183件，获得授权专利180件，其中发明专利38件，比上年增加18件。

2021年2月1日，贵州中烟毕节卷烟厂一车间组织班组员工进行制丝水分感知训练

贵州中烟毕节卷烟厂　强　迪　摄

【企业管理】　2021年，贵州中烟编制发布“十四五”规划及各项子规划，分解制定“贵烟”品牌进入行业“136、345”阵营目标。优化公司经济运行会功能职能，经济调控更为科学精准。全年公司2项指标成为行业标杆，4项指标排名行业前三位，13项指标优于行业平均水平，23项指标比上年提升。

全面精造工程取得新成果，围绕党建、人力、安全、原料等多要素多领域，立项实施精造项目51个、结题34个。卷烟产品在国家各级市场抽检中继续保持100%合格率，卷烟主流烟气成分释放量评价指数连续三年优于行业平均水平。

推进采购环节管理创新，开展成本研究，全年节约香精香料采购成本940万元。有序推进贵州中烟贵阳卷烟厂、科研信息“双中心”整体升级改造项目。统筹协调推进5家卷烟厂两班制均衡作业生产，提升职工幸福感和满意度。

加强全面预算管理，合理调控投资计划，强化过程监督，全年投资计划执行率达到99.93%，项目实施率达到93.98%。加强供应商管理，严格落实禁入制，烟用材料公开招标比例继续保持在100%，公司公开招标金额比达到97.64%。

【原料保障】　2021年，贵州中烟持续优化调拨烟叶结构，丰富优质原料获取途径，增强核心原料保障能力，新增2个国家级核心烟叶基地单元，年度核心原料调拨量比上年增长7%，年度采购烟叶抽检合格率继续保持行业前列。深化区域加工中心建设，“5+1”核心加工点建设更趋完善，2项均质化加工指标达到行业先进，质量稳定可控，整体库存烟叶总量回归到相对合理水平。

【多元化管理】　2013年3月，国家局、总公司批复设立贵州福贵投资管理有限公司。同年10月，完成工商登记注册，注册资本5793.87万元，2018年初经国家局批准，贵州中烟注资2.1亿元增持贵州银行股份，公司注册资本变更为2.68亿元，是贵州中烟工业有限责任公司全资子公司。公司主要经营范围为项目投资、贸易经营、包装印刷、纸箱生产、房屋租赁、矿泉水生产等。

贵州福贵投资管理有限公司拥有贸易分公司和房屋租赁分公司2家分公司，贵阳黄果树纸业有限公司、贵州台江福贵矿泉水有限公司、贵州新贵物业管理有限公司和贵定华灿实业有限公司等4家全资企业，遵义银江生态农业开发有限公司于2021年1月注销。公司参股贵州西牛王印务有限公司、贵阳云鼎汇科技文化产业发展有限责任公司和贵州银行，投资企业涉及包装印刷、物业管理、金融、预包装食品等领域。有行业员工71人，所属企业员工492人。截至2021年底，总资产4.62亿元，其中净资产4.44亿元，资产负债率3.8%。全年实现营业收入4771.91万元，实现利润368.97万元。

【特事辑要】 2021年5月13日，贵州省副省长吴胜华在贵州烟草工商企业调研。

6月22日，贵州中烟在贵阳市举行“两优一先”表彰大会暨文艺汇演，庆祝中国共产党建党100周年。

7月23日，贵州中烟召开2021年半年工作电视电话会议。

10月12日，贵州省委副书记、省长李炳军在贵州中烟贵阳卷烟厂调研。

12月8日，贵州省委常委、毕节市委书记吴强在贵州中烟毕节卷烟厂调研。

12月，贵州中烟贵定卷烟厂易地技改项目获得国家优质工程奖。

2021年贵州中烟工业有限责任公司所属卷烟生产厂情况统计

		贵州中烟工业有限责任公司贵阳卷烟厂	贵州中烟工业有限责任公司遵义卷烟厂	贵州中烟工业有限责任公司毕节卷烟厂	贵州中烟工业有限责任公司贵定卷烟厂	贵州中烟工业有限责任公司铜仁卷烟厂
法人资格		非独立法人	非独立法人	非独立法人	非独立法人	非独立法人
主要负责人（含党政领导）		党委书记、厂长：王光举	党委书记、厂长：马 亚	党委书记、厂长：赵科文	党委书记、厂长：谭天兵	党委书记、厂长：李 柏
成立时间		1940年	1978年	1974年	1951年	1977年
从业人员（人）		1777	1150	1044	769	493
卷烟生产能力（亿支）		500	350	300	150	100
卷烟品牌	自有品牌	贵烟、黄果树	贵烟、黄果树、遵义	贵烟、黄果树、遵义	贵烟、黄果树、遵义	黄果树、遵义
	合作生产品牌	—	—	利群、雄狮、大红鹰	—	—

◇ 撰稿：高 雕；编辑：吴中奇 王 静

云南中烟工业有限责任公司

【主要产品与品牌建设】 ***主要产品***。云南中烟工业有限责任公司所属卷烟生产企业有红塔烟草（集团）有限责任公司（简称红塔集团）和红云红河烟草（集团）有限责任公司（简称红云红河集团），2021年在产自有卷烟有“玉溪”“红塔山”“红梅”“云烟”“红河”“钓鱼台”“茶花”“红山茶”“雪莲”“呼伦贝尔”“威斯”等11个品牌104个规格。其中，红塔集团3个品牌36个规格，红云红河集团7个品牌67个规格。“玉溪”“红塔山”“云烟”“红河”等四大卷烟品牌规格共计83个，占总规格数79.81%。

2021年，云产新品类卷烟实现销量365.65亿支（73.13万箱），比上年增长11.04%。其中，细支烟实现销量251.8亿支（50.36万箱），增长6.61%；短支烟实现销量4.35亿支（0.87万箱），下降31.97%；中支烟实现销量98.15亿支（19.63万箱），增长36.34%。

全年云产卷烟实现商业销售额比上年增长2.41%，单箱结构首次突破3.1万元。

新品开发。2021年，云产卷烟自有品牌推出“云烟（盛世小熊猫）”“云烟（中支云端）”“红河（快乐）”“红塔山（双享）”“呼伦贝尔（至臻）”“钓鱼台（100mm细支）”等6个新品，累计实现商业销量2.05亿支（0.41万箱）。

品牌发展。2021年，云南中烟以“大重九提升工程”“玉溪千亿工程”“红河520工程”三大重点工程为依托，围绕“稳份额、提质量、抓重点、补短板”工作思路，把提高供给体系质量作为主攻方向，推进高质量市场营销体系建设，基于“1+4+X”品牌发展架构，将品牌建设重点落在“3+4+2”核心价值品系与“4+6+8+X”核心培育品规，发挥“大云产烟”集团化作战优势。

品牌培育。聚焦市场布局，云南中烟从品牌竞争力与市场吸引力两个维度出发，持续优化“深耕、巩固、潜力、跟进”四类市场分类标准，以各市场固有优势扩大整体布局比较优势。坚持“巩固存量、释放增量”，聚焦三大价值存量市场与九大重点突破市场，紧盯区域发展突破口，聚

力构建品牌战略高地。将“一省一策”作为构建新型工商关系的抓手，进一步明晰市场拓展的主线与路径，始终与商业企业保持协同有效性与节奏统一性。聚焦终端建设，增强零售终端的经营信心与品牌黏性。聚焦网络赋能，立足增强和释放“本香世界”运营效能。聚焦协同合作，立足构建新型工商关系，形成“236”工商数字化平台合作布局。

市场化取向改革试点。落实行业市场化取向改革工作要求，优化工商网配模式，进一步拓展网配覆盖面。截至2021年底，云南中烟累计与302家公司开展线上网配业务，网配业务操作覆盖率95.27%，比上年提升19.56个百分点；2021年网配订单量占总发货量的75.55%，比上年提升8.46个百分点。

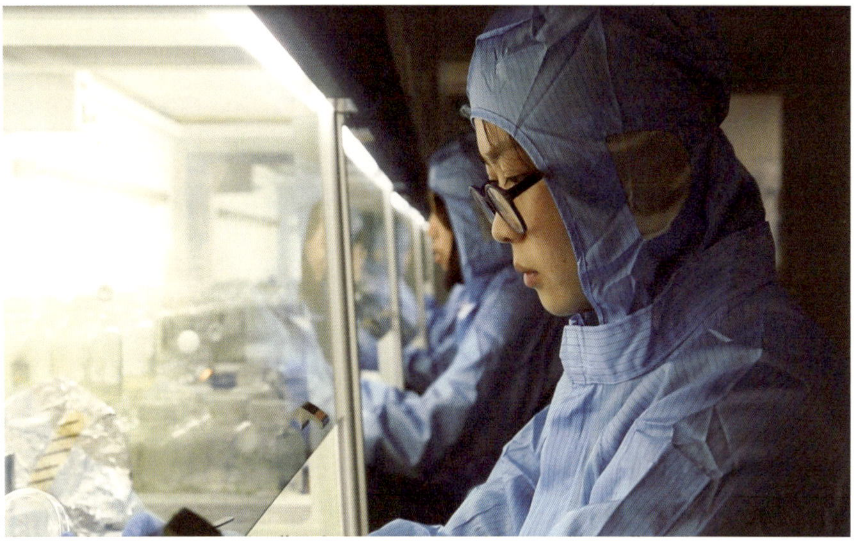

云南中烟科研人员进行科研攻关（2021年）

云南中烟　供稿

卷烟合作生产。2021年，云南中烟完成合作生产582.05亿支（116.41万箱），比上年增长1.29%。其中，与中烟实业合作生产“云烟”276.96亿支（55.39万箱）、“玉溪”6.9亿支（1.38万箱）、“红塔山”153.47亿支（30.69万箱）、“红河”11.24亿支（2.25万箱）、“红梅”58.56亿支（11.71万箱）；与山东中烟合作生产“玉溪”5亿支（1万箱）、“红塔山”12.4亿支（2.48万箱）；与重庆中烟合作生产“红塔山”17.5亿支（3.5万箱）；与四川中烟合作生产“云烟”40亿支（8万箱）。

【技术创新】　**技术中心概况。**云南中烟工业有限责任公司技术中心于2014年3月18日成立，由云南中烟科技开发部和原料部及红塔集团技术中心、红云红河集团技术中心、云南烟草科学研究院组建而成。拥有行业卷烟调香技术重点实验室和卷烟工艺与装备研究重点实验室，行业烟用材料标准研究室和产品质量安全标准研究室，中国烟草总公司烟草添加剂安全性测试中心，云南省烟草化学重点实验室，归口统筹云南中烟博士后科研工作站。

科研项目。2021年，云南中烟承担国家级、省部级、地厅级在研科技项目共123项，其中中国烟草总公司项目获得立项7项，云南省科技厅项目获得立项1项，云南中烟项目立项38项；牵头承担4项、参与31项总公司和行业标准项目。参与总公司和行业发布的标准6项。

技术创新成果。香精香料研发与应用方面，提升“单体”香料和“已知”香精应用比例，坚持限定使用未知香精香料，新增型号以“单体”香料和“已知”香精为主，红塔集团和红云红河集团对可知可控香精香料（含“单体”香料和“已知”香精）的采购比例分别为61.8%和55.9%。规范完善香精香料运维体系，建立香精香料等效替代应用工作机制，制定《烟用香精香料等效替代规程》，修订《新增烟用香精香料选定管理办法》等技术标准，改造升级香精香料信息系统和样品实物库，确保实现在用香精香料高效、规范保供。自主研发8个香精香料、45种天然香原料；开展4个主力规格产品的香精替代研究。

烟用材料研究与应用方面，研发多层次裸眼3D条盒应用于“云烟（大重九9+1）”，五段分体式可解开条盒应用于“玉溪（中支境界）”。应用定位BOPP膜焕彩升级技术，提升“云烟（大重九）虎年生肖版”等4个在销规格的包装层次感和设计体验感。广泛应用彩图定位框架纸，丰富和拓展硬包卷烟包装设计界面。研发拥有自主知识产权的“欧米茄激光切割易撕拉”拉线，使条盒包装膜更易开启。统一红云红河集团品牌常规烟支圆周和纸箱尺寸，提升卷烟指标控制稳定性和多点生产质量一致性。自主研发全视觉卷烟燃烧灰分检测分析设备、“天圆地方”烟支加工设备及智能机械臂包装平台，满足卷烟研发对新技术、新工艺、新材料的需求。

工艺创新与应用方面，优化工艺管控模式，完善云南中烟生产质量管控及保障制度框架，制定关键环节控制要求，组织开展各卷烟厂过程质量评价互动检查，发掘工艺亮点44项，诊断发现共性问题5项、个性问题66项。在线激光打孔技术全面应用于云产中细支卷烟，提升云产卷烟质量。推进新型再造梗丝、二氧化碳膨胀丝等新工艺研究及产品验证，开展烟支含梗签剔除技术、薄压细切微膨胀梗丝技术的研究及推广应用。

【原料保障】 **库存烟叶清产核资。**2021 年，云南中烟完成“消化库存降等降级烟叶”5.88 万吨（117.56 万担）、“不适用烟叶处置”1.22 万吨（24.46 万担）；完成国家局下达的为期三年的库存烟叶专项清产核资全部任务。

烟叶库存优化。实际调拨国内烟叶 35.92 万吨（718.3 万担），特色烟叶品种调拨量增加，“红花大金元”比上年增加 0.90 万吨（18.01 万担），上等烟占比提升 2.74 个百分点，中部烟占比提升 5.46 个百分点。计划进口烟叶 2.53 万吨（50.5 万担），比上年增长 46.9%。

烟叶基地建设。总结 2018 年以来烟叶基地单元建设经验，完成 2021 年度烟叶基地单元新增、清理、调整及调拨核定量衔接工作，推进云产卷烟原料保障扶持资金落地。

原料质量管控。发布《云南中烟工商交接烟叶质量管理实施办法》《烤烟精细挑选标准（试行）》《卷烟用再造烟叶入库检验检测管理办法》，制定 2021（烤烟）年度烟叶复烤方案，推进均质化加工和区域加工中心建设，创新烟叶工商交接监督检查模式，提升工商交接等级质量和纯度。

原料研究。制定“翡翠工坊”片烟精选技术方案和操作流程，开展具有载香、载味功能的重组烟草关键工艺技术研究，推进烟梗纤维在烟草包装材料及烟用纸张中的应用研究，优化改进“KMHY－20”等 4 款再造烟叶产品。

【辅料保障】 **云南中烟物资（集团）有限责任公司概况。**云南中烟物资（集团）有限责任公司（简称物资集团）成立于 2006 年，由云南中烟物资配套公司改制而成，是云南中烟的全资子公司。主要对云南中烟所属 10 家全资卷烟工厂生产所需的烟用材料、烟机零配件履行保障供应职能，对云南中烟专用生产烟机设备、非生产性物资实行统一管理，并承担云南中烟卷烟中心库仓储运输经营业务。代管云南烟草机械有限责任公司（云南烟草机械厂），参股云南中烟新材料科技有限公司、上海中臣烟草机械配件有限责任公司。截至 2021 年底，物资集团资产总额 28.28 亿元，其中净资产 19.6 亿元，资产负债率 30.7%。从业人员 122 人。

物资供应保障。加强统筹协调和多方联动，推进构建高质量发展物资保障体系。聚焦卷烟生产滚动计划，坚持“以计划为龙头”的管控模式，深化实施“一品一策、链型管控”保供机制，加强数据统计和动态分析，科学编制、及时下达采购计划，提高采购计划和生产计划的匹配性，确保烟用材料供应及时高效。面对疫情、限电等因素造成部分辅料供应链断裂的困境，加强工厂一线调研和动态风险评估，做好协同保供和风险防控，年度烟用材料保供及时率达到 99.42%。

物资采购管理。修订完善采购管理制度，严格执行“三关三审”，规范采购决策程序，把好采购决策关口。加强采购实施管理和过程监控，通过采购管理信息系统对采购各节点实施精细化管理。深化“真招实招、应招尽招”，进一步扩大集中招标范围，全年卷烟材料、香精香料、烟机零配件、非烟用物资公开招标采购比例分别达到 99.57%、99.91%、100%、99.22%。强化供应商动态管控，及时核查、更新供应商不良行为记录，对行贿供应商实施“零容忍”和禁入措施，严防采购领域廉洁风险。开展烟用材料采购价格和成本对标，强化成本动态监控，建立价格预警机制。推进烟机零配件寄售制和中心库建设，持续深化协同共享，降低库存资金占压。

网上商城运用。优化云南中烟网上商城，推进非生产性物资“互联网＋采购”平台与 ERP 系统对接，实现物料管理、采购订单、结算实时集成，完善系统功能和数据维护，建立商品库及供应商库，发挥规模采购优势，提高采购工作效率。全年通过网上商城发出询价单 1339 个，比上年增长 20%；下达订单 2551 个，比上年增长 17.45%；订单金额 1.97 亿元，比上年增长 7.07%。

烟机设备管理。以“设备净效率”为核心指标，加强设备运行统计分析，督促卷烟工厂对标对表，改善设备绩效管理，提升设备运行效率，全年设备净有效作业率 88.21%。修订设备价值管理体系，深化检维修管理基准运用，促进设备管理规范化、标准化。

卷烟中心库业务。加强卷烟中心库软硬件建设，优化业务流程和业务标准，夯实基础管理，提升现场作业效率和安全技防水平。合理调配资源，统筹安排发运，健全多方联动机制，增强应急保障能力，全年卷烟发运量 262 万箱，准时发货率 99.53%，出库差错率为 0。

【企业管理】 2021 年，云南中烟对“1＋11”高质量发展体系分解工作任务落实情况开展首次评估，编制完成《云南中烟管理大纲解读与指引》，推动《云南中烟管理大纲》落地实施。加强和改进贯标工作，制定并发布《管理创新工作机制》，加强和改进对标管理。编制完成《云南中烟对标分析报告》《卷烟工厂对标分析报告》，对比标杆分析指标存在的管理问题并改进。持续推进 QC 小组活动，全年形成 QC 成果 471 项，创造经济效益 2.7 亿元。完成云南中烟 2021 年度优秀质量管理小组成果预审及发布会，31 个 QC 成果现场发布，11 个成果进行交流。推进管理与信息化融合，按照 PDCA 循环的管理理念，建设以任务管理、绩效管理、问题管理和知识管理为核心的管理信息系统，提升管理的数字化水平。持续推进依法治企，制定《法治烟草建设规划（2021—2025）》《法治宣传教育第八个五年规划（2021—2025 年）》。强化重大风险管控，持续提升风险防控能力，深化“1＋N”审计模式，开展资金风险和清理拖欠民营企业、中小企业账款专项检查，优化完善废弃烟草专卖品处置监管机制，对行贿供应商实施严格禁入措施，全面排查商标法律风险，规范多元化企业工程投资管理。

【特事辑要】 2021 年 1 月 22 日，云南中烟召开 2021 年工作会议。

2 月 10 日，云南省副省长和良辉在红云红河集团调研。

4 月 30 日，云南省脱贫攻坚总结表彰大会在昆明市举行。红塔集团群团工作部、红云红河集团群团工作部被评为云南省脱贫攻坚先进集体，云南中烟 7 人被评为云南省脱贫攻坚先进个人。

5 月 12—14 日，国家烟草专卖局党组书记、局长，中国烟草总公司总经理张建民在新疆烟草调研期间，考察红云红河集团新疆卷烟厂。

5 月 24 日，新疆维吾尔自治区副主席赵冲久在新疆卷烟厂调研。

7 月 23—24 日，国家局党组成员、副局长韩占武在云南烟草调研。

7 月 27 日，云南省副省长张治礼在云南中烟调研。

8 月 3 日，云南省委副书记、省长王予波在云南中烟调研。

9 月 14—17 日，国家局党组成员、副局长徐瑝在云南烟草调研。

9 月 16 日，云南省人大常委会常务副主任张太原在红塔集团楚雄卷烟厂调研。

9 月 23 日，全国人大监察和司法委员会副主任委员车俊在红塔集团调研。

11 月 9 日，云南省政协副主席董华在红塔集团调研。

11 月 19 日，云南中烟召开干部大会。国家局党组成员、副局长徐瑝出席会议并讲话。同日，徐瑝出席云南中烟“韵律翠湖 翡翠之夜”品牌文化展演活动。

12 月 21 日，云南省委副书记石玉钢在红塔集团调研。

所属卷烟生产企业

红塔烟草（集团）有限责任公司

【主要产品与品牌建设】 2021 年，红塔集团所属省内全资生产厂生产内销卷烟“玉溪”“红塔山”“红梅”等 3 个品牌 36 个规格。国内合作生产“玉溪”“红塔山”“红梅”等 3 个品牌 14 个规格，互动加工“云烟”1 个规格。

重点品牌“玉溪”居全国一类烟销量第五位，“红塔山”居全国卷烟品牌销量第四位。持续加大创新品类、高端卷烟市场培育力度，全年创新品类卷烟实现销量比上年增长 4.21%。实现卷烟商业批发销售额比上年增长 1.21%，单箱商业批发销售额增长 4.23%。

【生产管理】 2021 年，红塔集团以实施“‘玉溪’品牌千亿工程”为统领，紧扣“最优制造、无忧质量、最佳成本”任务目标，持续推进生产管理上水平。深化综合净效率管理，卷包设备净效率 88.23%，平均设备产能利用率 83.19%，全员实物劳动生产率 390.29 箱/人；“玉溪（软）”“玉溪（硬）”“玉溪（尚善）”“玉溪（初心）”等规格和高端高档、创新品类卷烟 6 条生产专线建设稳步推进，专线、专人、专机、专标、专控“五专”生产管理模式取得成效，在行业首创中支卷烟软包硬化异型条盒包装设备化生产模式。

强化过程质量控制，自主化、常态化、体系化开展工艺评价，推进精准定量质量考核、全市场化质量导向、质量管控三步走等产品品质“净整改”，全年卷烟生产过程西格玛水平 4.47，比上年增长 4.07%，产品包装与卷制质量满分率由 25% 提升至 50%。以“667”成本管控法为路径，全价值链、全要素、全环节推进“最佳成本”体系构建，卷烟单箱生产成本比上年下降 6.93%。

持续推进智慧红塔建设，实施玉溪卷烟厂高端高档精品线产品信息追溯等多项信息化改造，构建“参数预设置、过程自纠偏”智能控制系统、卷包生产质效系统、卷烟生产全过程数据链管理等信息化平台，省内工厂生产管理逐步由“业务驱动”向“数据驱动”转型。搭建智慧物流，开发备件图形识别领料系统，升级物料仓储管理手段，推进卷烟成品自动化仓库建设，物流仓储托盘装卸、出入库部分实现自动化作业，参与完成行业北京、上海、厦门等地卷烟运输在途信息系统预约到货试点工作，卷烟成品准时到货率99.94%。

【科技创新】 2021年，红塔集团居国家知识产权运营公共服务平台“2020中国企业专利实力500强榜单”第124位；发明专利“用五打十八分加工烟叶的打叶风分机组及方法”被国家知识产权局评为第二十二届中国专利优秀奖。科技项目获得云南省科学技术进步奖三等奖1项，获得云南中烟科学技术进步奖一等奖1项、二等奖3项、三等奖5项。2021年，专利技术获得国家知识产权局受理343件，其中发明专利44件；获得授权431件，其中发明专利35件、实用新型专利396件；获得登记计算机软件著作权37件。

【原辅材料保障】 2021年，红塔集团坚持以“符合产品配方设计和满足品牌发展需求”为核心，持续深化政工商农协同，提高烟叶原料生产和采供质量。全年完成烟叶工商交接17.32万吨（346.3万担），烟叶综合等级合格率72.54%，云南中烟、云南省局检查合格率分别为72.7%、84.65%。采购进口烤片1.04万吨（20.8万担），工业调剂（调出）烤片2.85万吨（56.95万担），采购薄片0.93万吨（18.58万担）。编制《烤烟精细挑选标准》《特色高端烟叶分选（翡翠工坊）实施方案》，完成87个样品的感官质量评价，为高端精品卷烟生产提供优质原料保障。

在物资采购方面，红塔集团执行国家局、云南中烟规范采购各项制度和要求，完善内部管控流程，创建烟用材料供应商产品质量安全保障监督框架和供应商约谈机制，确保各类物资采供规范、高效、优质。全年物资采购金额47.78亿元，烟用材料公开招标率99.28%、香精香料100%、复烤及仓储物资100%、烟机配件100%、非烟用物资99.68%；烟用材料产品质量综合评价得分94.63分；烟机零配件寄售采购占比18.29%，非烟用物资网上采购占比83.15%。

红云红河烟草（集团）有限责任公司

【主要产品与品牌建设】 2021年，红云红河集团（含全资生产厂和控股企业）生产卷烟“云烟”“红河”“小熊猫”“钓鱼台”“茶花”“雪莲”“呼伦贝尔”“紫气东来”“冬虫夏草”“大青山”“MC”等11个品牌116个规格，国际合作生产“威斯”1个规格，国内合作生产“白沙”1个规格，互动加工“玉溪”1个规格、“红塔山”4个规格、“红梅”1个规格。

2021年，红云红河集团品牌状态总体呈现结构合理增长、重点品牌和创新产品稳健发展态势。全年实现商业单箱销售额比上年增长3.6%；一、二类烟实现商业销量比上年增长9.99%；“大重九”系列实现商业销量比上年增长21.4%，“云烟”实现商业销量比上年增长0.66%，“红河”一、二类烟实现商业销量比上年增长4.23%。“云烟（软大重九）”“云烟（细支大重九）”“云烟（软珍品）”“云烟（细支云龙）”等4个规格进入行业共育品规名单。创新产品实现商业销量比上年增长13.84%。

2021年8月26日，红塔集团青工创新实训基地揭牌成立，为青年人才培养搭建平台

云南中烟 田 平 摄

【生产管理】 红云红河集团以“精准生产计划”管理为主线，优化生产组织协调等业务流程，抓好生产调度管理、进度跟踪、过程预警和计划执行监督，确保生产计划测算分解精准、下

2021年，红云红河集团昆明卷烟厂建成数控中心，实时监测每台设备运行情况，实时调度现场操作人员，实现多个信息系统的数据共享共用

红云红河集团　供稿

达及时、执行严格。围绕品牌发展规划和工厂发展定位优化生产力布局，实施设备改造升级，完成5条“大重九”系列自动化生产线建设，集团多点生产规格从23个缩减至6个，全年设备净效率87.96%、卷接包产能利用率83.57%。

强化工艺质量管控，抓好产品提升工程，推进质量隐患排查治理、制造过程工艺评价考核、工艺符合性测试、过程能力测评、工艺纪律监督检查、产品交叉抽检、均质化品控、产品提质维护等工作。全年76个缺陷单位被投诉，比上年减少144个，市场投诉率0.007ppm，下降66.67%，国家局产品质量抽检集团品规包装与卷制质量得分上半年为99.4分、下半年为99.89分。

推进技改项目建设，红河卷烟厂易地技改项目、曲靖卷烟厂打叶复烤易地技改和新建烟叶仓库项目建成并投入使用。完善物流运行机制和运行模式，抓好抓实调供发运、仓储管养等工作，全年成品卷烟准时发货率100%、准时到货率99.98%。

【科技创新】 开展技术创新、管理创新等多维度创新，推进工业互联网平台、智能工厂、数字化车间建设，全年形成管理创新课题成果24项、“净管理”最佳实践案例研究课题成果33项，获得国家知识产权局专利、软件著作权授权672件，1件发明专利获得云南省专利奖一等奖，1项科技成果获得云南省科技进步奖三等奖，9项科技成果获得云南中烟科技进步奖，4个QC小组被评为云南省优秀质量管理小组，曲靖卷烟厂被评为行业“十三五”科技创新工作先进集体。

【原辅材料保障】 红云红河集团继续推进烟叶去库存工作，完成专项清产核资。调增核心产区烟叶采购调拨数量，优化原料库存结构，完成国内烟叶调拨入库18.11万吨（362.21万担）。开展高端原料保障单收单调和“2260”高端特色烟叶开发项目，推进“大重九”系列专属原料基地建设，“大重九”系列原料手撕精片选烟叶0.09万吨（1.79万担）。

推进物资安全库存管理，加强对生产计划安排、物资实时库存、产品供货周期的动态跟踪，健全完善烟用物资质量问题过程监控和快速反馈机制。全年采购卷烟材料55.41亿元，比上年节约采购资金774万元，公开招标金额占比100%；采购烟机零配件1.89亿元，公开招标金额占比100%，烟机零配件库存占设备固定资产原值比重1.6%；采购非烟用物资3.72亿元，公开招标金额占比100%。

【企业管理】 红云红河集团推进实施《强化“三中心”核心职能发挥实施纲要》《卷烟工厂发展定位及产能布局指导意见》《高质量发展指标体系》等3个高质量发展统领性文件，研究制定优化生产力布局、工艺质量保障、技术创新、生产组织运行、原料保障、物流保障、信息技术、人才支撑、成本管理等9个配套实施方案，形成“3+9”高质量发展落实体系。深化集团本部和所属卷烟厂机构改革，形成系统完备、科学规范、协调有序、运行高效的机构职能体系。开展基本制度梳理检查、流程框架分析诊断、标准动态评审修订，梳理完善集团基本管理制度24项，识别流程风险533个，修订标准文件84项。推行“赛马制”“标杆法”绩效管理，优化考核评价要素，完善专项考核评价细则，强化月度跟踪、季度检查和年度评价，加大结果运用及工资总额分配挂钩力度。加大成本管理，突出抓好财务预算、采购计划、投资计划的配套协调，制定定额标准管理办法等，全年在工程投资、采购管理、生产消耗、物流管理、费用管理等方面实现降本增效 11.71 亿元。推进安全生产标准化一级达标建设，开展“安全生产专项整治三年行动”，深入排查和整治各类安全隐患，实现全年零事故目标，在云南中烟安全生产绩效考核中排名第一位。

2021 年云南中烟工业有限责任公司所属卷烟生产企业/生产厂情况统计

		红塔烟草（集团）有限责任公司	所属生产厂			
			玉溪卷烟厂	楚雄卷烟厂	大理卷烟厂	昭通卷烟厂
法人资格		独立法人	非独立法人	非独立法人	非独立法人	非独立法人
主要负责人/法定代表人（含党政领导）		党委书记、董事长：王　勇 党委副书记、总经理：李　恒	党委书记：孙　涌 厂长：杨明权	党委书记：宇　成 厂长：范　斌	党委副书记、厂长：王桂铝 （全面负责厂党委工作）	党委书记：刘向虹 厂长：马晓伟
成立时间		1956 年	1956 年	1974 年	1950 年	1970 年
从业人员（人）		8435	2850	1609	1223	1769
卷烟生产能力(亿支)		2050	1100	300	250	400
卷烟品牌	自有品牌	玉溪、红塔山、红梅、阿诗玛、新兴	玉溪、红塔山、红梅、阿诗玛、新兴	玉溪、红塔山、红梅	玉溪、红塔山、红梅	玉溪、红塔山、红梅
	合作生产品牌	—	—	—	—	—
	互动加工品牌	—	—	—	—	云烟

		红云红河烟草(集团)有限责任公司	所属生产厂					
			昆明卷烟厂	红河卷烟厂	曲靖卷烟厂	会泽卷烟厂	新疆卷烟厂	乌兰浩特卷烟厂
法人资格		独立法人	非独立法人	非独立法人	非独立法人	非独立法人	非独立法人	非独立法人
主要负责人/法定代表人（含党政领导）		总经理：杨煜文	党委书记：夏家全 厂长：李泓燊（兼）	党委书记、厂长：张　涛	党委书记、厂长：邹玉胜	党委书记、厂长：周应奎	党委书记、厂长：朱福桢	党委书记、厂长：王力家
成立时间		2008 年	1922 年	1985 年	1966 年	1973 年	1960 年	1981 年
从业人员（人）		9787	3477	1372	2317	647	721	844
卷烟生产能力（亿支）		2495	845	534	534	165	242	175
卷烟品牌	自有品牌	云烟、红河、小熊猫、钓鱼台、茶花、雪莲、呼伦贝尔、MC	云烟、钓鱼台、茶花、雪莲、红河、MC	红河、云烟、雪莲	云烟、红河、钓鱼台	云烟、红河、小熊猫	云烟、红河、雪莲	云烟、呼伦贝尔、红河
	合作生产品牌	威斯	—	威斯	—	威斯	—	威斯
	互动加工品牌	玉溪、红塔山、红梅	—	红塔山	—	—	玉溪、红塔山、红梅	红塔山

◇ 撰稿：张宸睿　彭　林　杨裕萍；编辑：吴中奇　王　静

陕西中烟工业有限责任公司

【主要产品与品牌建设】 **主要产品发展。** 2021年，陕西中烟生产自有卷烟“好猫”“延安”2个品牌25个规格。实施“一类烟翻番工程”，坚持“提一类、扩二类、优三类”等品牌发展基调，加快品牌结构提升。贯穿“品牌管控、产品推广、消费培育、渠道服务”四方面工作，针对“延安”品牌重点规格“延安（1935）”系列、“延安（红韵）”系列产品实施“四大战略”升级举措；“好猫”品牌以推动重点规格“好猫（长乐）”系列产品扩规模为重点，发挥“好猫（金丝猴）”系列、“好猫（招财猫）”“好猫（吉祥）”等规格作用，提升“好猫”品牌一类烟体量。

2021年，陕西中烟实现卷烟销量比上年增长2.05%，其中自有品牌增长1.94%。一、二类烟销量、增量、占比等主要指标均创历史新高。实现卷烟销售收入比上年增长10.94%，其中自有品牌销售收入增长9.67%。实现税利比上年增长12.13%。

加强自有品牌形象塑造。 2021年，陕西中烟印发品牌培育指导意见，明确品牌营销思路、市场定位、营销策略，对“好猫（吉祥）”“好猫（招财猫1600）”“好猫（细支招财猫）”品牌文化进行深度挖掘和重新演绎。探索延安消费市场“旅游+烟草”销售新模式，共同打造“延安”品牌卷烟当地特产新概念。

合作加工。 制定《苏陕卷烟生产力梯度结构性转移试点工作方案》，畅通对口联系渠道，建立帮扶协作机制，在定点工厂、企业管理、人才培养等领域形成9个专项方案。全力推动合作品牌烟用材料落地生产，2021年，“苏烟（五星红杉树）”滤棒、纸箱进入批量试验阶段，修订《卷烟品牌合作生产管理程序》，增强品牌合作生产管理机制保障。2021年，合作生产浙江中烟“利群”、湖北中烟“黄鹤楼”、江苏中烟“南京”“苏烟”。

【技术创新】 **产品研发与维护。** 2021年，陕西中烟围绕“一类烟翻番工程”，坚持将产品维护提升作为科技研发工作的重中之重。坚持市场导向，深入陕西省内主销市场开展调研，找准问题症结，产品研发与维护更加精准。统筹烟叶原料使用，强化“好猫（吉祥）”等骨干规格配方维护提升，推行产品标定值管理，加强在线质量检测、理化分析和感官质量评价。采用自主调香方式，完成“好猫（长乐九美）”研发，两款“延安”中支储备产品基本定型。

自主调香建设。 2021年，陕西中烟大力开展辨香研究，完成45种功能性香基模块解析，获取其原料组成及配比信息。加强创香研究，选用科研用实物库内单体香原料，结合企业叶组质量特征，完成增香、改善舒适性和梗丝加料等5种功能性香基模块设计。推进香精香料数据库建设，加快实施“部分香精香料剖析与重构研究”等科技项目，完成50种单体香原料的分析检测及评价，初步确立企业单体香原料数据库构架。公司可知可控、具备可替代来源的香基模块和单体香原料占比37.35%，比上年提高14.56个百分点。

关键技术研发。 2021年，陕西中烟持续开展微生物技术研究，加快微生物处理模块烟叶技术研究，完成微生物发酵增香效果评价55株、微生物配方1个。开展不同打叶片型结构对卷制加工过程的影响研究，在福建南平烟叶产区开展打叶复烤推广验证。坚持凡调必评，完成127个拟调拨烟叶样品的感官质量评吸评价工作。修订卷烟产品工艺标准32项，其中21项高于行业对标要求，工艺标准体系更加科学健全。自主研发能力持续提升，全年取得专利授权79件，其中发明专利5件。

科研技术交流。 2021年，陕西中烟持续深化院企、校企及行业重点实验室技术合作与交流。以科研项目为抓手，与郑州烟草研究院等开展技术合作，在自主调香、理化分析、工艺管控、原料保障等方面构建合作平台。与烟草行业数字化调香研究重点实验室、烟草行业烟用植物应用研究重点实验室等开展技术交流；以苏陕卷烟生产力梯度性结构转移为契机，加强与江苏中烟的技术合作。

【疫情防控】 2021年底，面对省内特别是西安市突发新冠肺炎疫情，陕西中烟党组强化指挥调度，科学精准防控疫情，紧急捐款400万元支持疫情防控工作。各单位、各部门全力以赴抗疫情、稳生产、保运行，陕西中烟延安卷烟厂主动出击、逆行上阵，组织一线职工驻厂封控生产，克服卷烟材料供应和物流运输等严重困难，各项生产基本顺畅。公司数十名党员干部在保证正常工作前提下，投身社区志愿服务。

【企业管理】 **持续增强企业核心竞争力。** 2021年，围绕提升企业核心竞争力的各项目标任务，深入推进精益管理。将对标管理理念和方法延伸到生产经营各领域，与2018年末期相比，22项成本类对标指标中有15项指标在行业排名位次前移；工业企业 32 项对标指标中，23 项比上年提升，15 项达到行业平均水平，6 项达到优秀水平。修订《管理创新课题实施办法》，简化创新流程，细化评价标准，健全奖励机制，结题管理改进课题 18 项。发布 100 项具有实效性、指引性的行业典型案例，为推动管理创新提供借鉴。

物流管理。 2021 年，陕西中烟以行业精益物流课题研究为契机，加强课题研究及成果转化共享，强化精益物流创新成果的落地转化，推进工厂间精益成果共享，促进物流管理创新和提升。承办第三届陕西烟草工商物流一体化交流会暨精益物流课题交流评比活动，承担行业精益物流重点研究课题 3 项，其中获得一类成果 2 项、二类成果 1 项。

2021 年 5 月，陕西中烟澄城卷烟厂制丝车间被中华全国总工会授予“全国工人先锋号”称号

陕西中烟澄城卷烟厂　王红喜　摄

【特事辑要】 2021 年 1 月 22 日，2021 年陕西烟草工业系统工作电视电话会议在西安市召开。

3 月 17—19 日，国家烟草专卖局党组书记、局长，中国烟草总公司总经理张建民在陕西烟草调研期间，考察陕西中烟延安卷烟厂，并听取陕西烟草工商企业工作汇报。

5 月 25 日，陕西省副省长程福波在陕西中烟宝鸡卷烟厂调研。

7 月 7 日，陕西省委常委、政法委书记庄长兴，副省长程福波一行在陕西中烟汉中卷烟厂调研。

11 月 2 日，陕西省人大常委会党组书记、副主任刘小燕在陕西中烟旬阳卷烟厂调研。

2021 年陕西中烟工业有限责任公司所属卷烟生产厂情况统计

		陕西中烟工业有限责任公司宝鸡卷烟厂	陕西中烟工业有限责任公司延安卷烟厂	陕西中烟工业有限责任公司汉中卷烟厂	陕西中烟工业有限责任公司澄城卷烟厂	陕西中烟工业有限责任公司旬阳卷烟厂
法人资格		非独立法人	非独立法人	非独立法人	非独立法人	非独立法人
主要负责人（含党政领导）		党委书记：徐屹秦 厂长：刘景明	党委书记：韩占奎（—2021 年 6 月） 任亚东（2021 年 6 月—） 厂长：雷建强	党委书记：丁　毅（—2021 年 3 月） 李晓龙（2021 年 3 月—） 厂长：李亚锋	党委书记：李　磊 厂长：刘振宇	党委书记：金新伟（—2021 年 6 月） 朱兆荣（2021 年 6 月—） 厂长：栗丰斌
成立时间		1949 年	1943 年	1975 年	1976 年	1976 年
从业人员（人）		1747	964	1014	481	675
卷烟生产能力(亿支)		400	185	200	63	150
卷烟品牌	自有品牌	好猫、延安	延安、好猫	好猫、延安	延安	好猫、延安
	合作生产品牌	—	南京、苏烟	利群、黄鹤楼	—	—

◇ 撰稿：许　杨；编辑：吴中奇　王　静

中国烟草实业发展中心

【主要产品与品牌建设】 ***主要产品。***2021 年，中国烟草实业发展中心（简称中烟实业）所属企业主要生产“兰州”“长白山”“人民大会堂”“冬虫夏草”“大青山”“哈尔滨”“林海灵芝”“龙烟”“紫气东来”“三沙”“宝岛”等自有品牌。其中，“兰州”“长白山”“冬虫夏草”为重点卷烟品牌，“人民大会堂”在东北和华北 9 个省级市场视同行业鼓励培育品牌进行考核，“三沙”品牌在海南省内视同重点品牌，“哈尔滨（老巴夺）”“龙烟（呈祥）”在黑龙江省内视同重点品牌（规格）。

2021 年，中烟实业所属企业主要合作生产云南中烟“云烟”“红塔山”“红梅”等品牌卷烟共 427.85 亿支（85.57 万箱），江苏中烟“南京”208.65 亿支（41.73 万箱），浙江中烟“利群”55 亿支（11 万箱），湖北中烟“黄鹤楼”“红金龙”30 亿支（6 万箱），湖南中烟“白沙”10 亿支（2 万箱），广东中烟“双喜”2.55 亿支（0.51 万箱）。

自有品牌。自有品牌实现商业销量比上年增长 5.38%；单箱销售额比上年增加 1077 元，增长 3.96%；实现税利比上年增长 9.99%，占中烟实业整体实现税利的 73%。一类烟实现销量比上年增长 24.8%，一类烟销量占比提高 1.9 个百分点。“聚焦一类中支烟发力”取得成效，一类中支烟实现销量比上年增长 65.2%。

创新产品。细支烟、中支烟等创新产品实现销量比上年增长 14.75%。“长白山（777）”细支烟实现销量居行业细支烟商业销量第四位。“冬虫夏草（和润）”细支烟实现销量 15.11 亿支（3.02 万箱）。“人民大会堂（硬红细支）”实现销量比上年增长 12.3%。“三沙（细支）”实现销量 6.11 亿支（1.22 万箱）。“兰州”细支烟实现销量 20.29 亿支（4.06 万箱）。

“哈尔滨（老巴夺）”中支烟实现销量居行业中支烟销量第四位。“长白山（迎春中支）”实现销量 54.46 亿支（10.89 万箱）。“冬虫夏草（双中支）”实现销量比上年增长 54.69%。“兰州（黑中支）”实现销量比上年增长 44.51%。

【科技创新】 2021 年，中烟实业新研发中支烟 7 个规格、细支烟 1 个规格、短支烟 1 个规格。持续推进降焦，所属企业 8 毫克/支及以下自有品牌卷烟销量 812.8 亿支（162.56 万箱），自有品牌卷烟盒标焦油量加权平均值 8.48 毫克/支。全年 5 家企业承担的 6 个项目列入总公司科技项目计划，7 家企业承担或参与行业标准制修订项目 10 个。全年获得授权发明专利 19 件。内蒙古昆明卷烟有限责任公司“烟草现代供应链研究”课题获得行业精益物流重点课题一等奖。加强科技人才队伍建设，所属企业 2 人被评为烟草行业“十三五”科技创新工作先进个人，5 个创新工作室成为烟草行业首批劳模和工匠人才创新工作室联盟成员。

【管理创新】 2021 年，完成国家局下达的 1.2 亿元提质增效目标任务，完成项目制口径 3.5 亿元。创新开展生产成本指标环比波动分析，增强成本管控能力。实施质量管理小组课题备案制度，全年坚持活动的小组共 164 个，备案课题 178 项，转为注册课题 165 项，形成成果课题 163 项，创新活力提高。组织所属企业谋划对标帮扶和结对共建，通过交流互访、专题研讨等方式学习借鉴优秀管理经验，巩固基础管理水平。

【烟叶优库存】 坚持“加大力度加快速度去不合理库存、抓牢基础抓好核心补合理库存”，从去存量、调结构两个维度，采取国内调剂、科研攻关等措施，推进烟叶去库存和优库存工作。所属企业围绕高可用性上部烟叶开发开展科研攻关项目 4 项，全年开发高可用性上部烟叶 0.35 万吨（6.95 万担），进行库存烟叶二次加工 0.77 万吨（15.33 万担）。

【特事辑要】 2021 年 1 月 26 日，2021 年中国烟草实业发展中心工作电视电话会议在北京市召开。

4 月 21 日，国家烟草专卖局党组书记、局长，中国烟草总公司总经理张建民在红塔辽宁烟草有限责任公司调研。

4 月 27 日，国家烟草专卖局党组书记、局长，中国烟草总公司总经理张建民在海南红塔卷烟有限责任公司调研。

4 月 27 日，内蒙古昆明卷烟有限责任公司生产制造部被中华全国总工会授予“全国工人先锋号”称号。

5 月 18 日，黑龙江烟草工业有限责任公司全资子公司——哈尔滨市祥和龙商贸有限公司举行挂牌仪式。

6月21日，内蒙古昆明卷烟有限责任公司“苁蓉”原料打叶复烤北方区域加工中心在山东烟叶复烤有限公司诸城复烤厂揭牌成立。

6月23日，国家局党组成员、副局长段铁力在黑龙江烟草工业有限责任公司牡丹江卷烟厂调研。

6月23日，全国烟草行业合作生产工作座谈会在黑龙江哈尔滨市召开。

7月26日，由黑龙江烟草工业有限责任公司海林卷烟厂、穆棱卷烟厂合并设立的黑龙江烟草工业有限责任公司牡丹江卷烟厂举行揭牌仪式。

9月15日，国家烟草专卖局党组书记、局长，中国烟草总公司总经理张建民在内蒙古昆明卷烟有限责任公司调研。

10月12日，国家局党组成员、副局长段铁力在吉林烟草工业有限责任公司长春卷烟厂调研。

所属卷烟生产企业

黑龙江烟草工业有限责任公司

【主要产品与品牌建设】 ***自有品牌***。2021年，黑龙江烟草工业有限责任公司把自有品牌培育作为中心工作，强化卷烟品类科学布局、创新卷烟销售方式，“哈尔滨（老巴夺红中支）”实现销量比上年增加1.85亿支（0.37万箱）。“哈尔滨（老巴夺）”“龙烟（呈祥）”2个品牌规格在黑龙江省内视同重点品牌考核。

卷烟合作生产。合作生产江苏中烟“南京（炫赫门）”24.5亿支（4.9万箱）、“南京（红）”99.38亿支（19.88万箱）、“南京（紫树）”0.77亿支（0.15万箱）、“南京（金砂）”36.5亿支（7.3万箱）；合作生产湖北中烟“黄鹤楼（硬金砂）”9.5亿支（1.9万箱）、“红金龙（软精品）”20.5亿支（4.1万箱）；合作生产云南中烟“云烟（紫）”25亿支（5万箱）。

【技术创新】 搭建公司层面的科技创新项目立项平台，调动科技人才和广大员工创新积极性，激发科技人才的创新潜能。2021年，公司“提高滞库烟叶使用价值的应用研究”“细支烟质量稳定性控制技术研究”2个项目获得中烟实业科技项目立项；“烟叶功能模块开发及配伍性技术研究”“提高龙江烟叶工业可用性的技术研究”“龙江品牌卷烟主体香精成分剖析及自主调香研究”等3个在研项目进展顺利；“基于卷烟降焦减害滤嘴添加剂的研究与应用”精益课题结项。此外，技术研发中心获得授权外观设计专利1件，公示发明专利2件。

【管理创新】 落实烟草行业行贿供应商禁入制度，动态更新“黑名单”，做好招标现场严格资质复核工作，严格审查采购活动中存在的行贿供应商“换马甲”“换壳”行为。开展样品卷烟管理和使用联合自查工作，明确整改任务、责任措施和完成时限，确保问题整改措施落实到位。

围绕研发、投资、采购、生产等成本管控点，推进全过程、全要素降本增效。2021年，按降低收入成本率口径统计降本增效，完成9500万元；按项目类统计降本增效，完成6700万元。

【原料保障】 做好原料去库存、优库存工作。2021年，工业调剂烟叶0.02万吨（0.39万担），生产使用0.53万吨（10.52万担），提前完成“清产核资”烟叶处置消化任务。

红塔辽宁烟草有限责任公司

【主要产品与品牌建设】 2021年，红塔辽宁烟草有限责任公司巩固合作品牌战略地位，稳定合作生产规模，持续提升合作产品结构及盈利水平。扩大自有品牌销售范围，实现销量比上年增长15.7%。突出培育自有品牌。“人民大会堂（硬红细支）”被列为行业共育品牌规格，品牌影响力扩大。以“人民大会堂（御廷蘭香细支）”“人民大会堂（会堂中支）”“人民大会堂（16细支）”“人民大会堂（盛京）”系列为“拳头产品”，开拓高结构市场。“人民大会堂（盛京中支）”“人民大会堂（会堂中支）”为“人民大会堂”中支烟系列重点发展品牌规格；“人民大会堂（蘭香细支）”“人民大会堂（盛京细支）”保持良好增长态势，比上年分别增长18.11%、44.26%。

2021年，合作生产云南中烟“玉溪（软红人民大会堂）”2.47亿支（0.49万箱）、“玉溪（硬）”1.45亿支（0.29万箱）、“玉溪（细支阿诗玛）”2.97亿支（0.59万箱)、“红塔山(大经典1956)”0.94亿支(0.19万箱)、“红塔山(软经典)”52.06亿支(10.41万箱)、“红塔山(硬经典100)”23.34亿支(4.67万箱)、“红塔山(新时代)”1.41亿支(0.28万箱)、“云烟(紫)”18.3亿支(3.66万箱)、“红梅(软黄)”46.5亿支(9.3万箱);合作生产黑龙江烟草工业有限责任公司“哈尔滨(老巴夺红中支)”1.25亿支(0.25万箱)。

【技术创新】 2021年,完成可知可控、具备可替代性来源香精香料品种26个,占全年使用总量的47.89%,高于行业标准要求。综合运用新技术、新工艺、新材料,优化“人民大会堂”系列工艺设计、烟支总通风、支重等物理指标,提升产品内在质量。参与的国家局、总公司重点科技项目“改善梗丝性状提高梗丝可用性加工技术研究”通过验收,全国第一条梗丝复切生产线投产,科技成果转化效果显著。

【管理创新】 围绕提质降本增效目标,推进对标攻关工作,全年实现降本增效1875万元,超额完成目标任务。深入开展备件管理专项工作,减少占用备件库存资金。挖潜、盘活仓储面积1.47万平方米,库容利用率提升20%,减少租库资金247万元。降低物流费用,2021年平均单箱运费比上年下降4.64元,优于行业平均水平。持续做好烟叶去库存工作,完成库存辽宁烟叶调剂,减少资金占用1.85亿元。谋划“十四五”智能工厂建设,编制智能工厂建设实施方案,明晰数字化、网络化、智能化的发展方向。

吉林烟草工业有限责任公司

【主要产品与品牌建设】 **卷烟产销。**2021年,吉林烟草工业有限责任公司围绕“一类烟求突破、二类烟进前十”工作目标,深化工商协同,优化市场布局,品牌发展态势持续向好。一、二类烟实现销量占比35.7%,比上年提高7.4个百分点。商业批发单箱销售收入比上年增加1348元,单箱增幅居全国重点品牌第八位。“长白山”卷烟坚持低焦发展方向,全年实现商业销量比上年增长16.94%;商业单箱销售额比上年增加1207元,增长4.41%。

全年合作生产江苏中烟“南京”47.5亿支(9.5万箱),比上年下降26.92%;合作生产云南中烟“红塔山”9.9亿支(1.98万箱)。

创新产品。创新品类发展势头持续向好。“长白山(777)细支”实现销量121亿支(24.2万箱),比上年增长24%,居全国细支烟单规格第四位、全国二类烟第八位。“长白山(蓝尚)细支”实现销量15亿支(3万箱)。以中支烟、细支烟为代表的创新品类占“长白山”品牌总量的47.6%。

新品培育。新品“长白山(圣境中支)”“长白山(参品)”“长白山(神韵细支)”“长白山(人参参缘)”增长态势良好,引领作用初步显现。

市场结构。吉林省内市场实现销量占品牌总销量的37%。一、二类烟实现销量比上年增长45%,单箱销售收入比上年增加1301元,省内市场占有率达到33.8%,提高0.3个百分点。省外市场实现销量比上年增长6%,一、二类烟实现销量比上年增长30.5%,单箱销售收入比上年增加1330元,长三角、珠三角实现向二类以上市场结构转型。

【技术创新】 完成冬青风格、烟草本香等8款一类烟新品研发储备工作,3款卷烟通过报价准产。着力技术创新,通过单体香料成分剖析、自主仿香、自主调香、自主创香,建立香精质量数据库;老产品香精香料可知可控可替代比例达到55%,新产品比例达到75%,全年降低香精香料成本700万元以上。完成国家局清产核资烟叶使用要求。利用模块化配方二次复烤、烟叶改良等技术,处置不适用烟叶、库存搁置烟叶及小库存烟叶0.38万吨(7.6万担);加大库存北方不适用烟叶提质技术研究与应用,全年使用库存不适用烟叶0.25万吨(5万担)。

全年申报专利73件,获得授权专利33件,其中发明专利5件、实用新型专利28件。推进设备更新和技术改造,全年新增3台套细支烟、1台套中支烟卷包机组,长春卷烟厂制丝线工艺设备更新改造完工投产,烟叶仓储配套设施建设项目完成整体竣工决算审计。

【管理创新】 深化基础管理,提升内控水平。开展综合管理标准升级换版工作,全年梳理公司级管理标准311个,制(修)订文件269份,文件制(修)订率86.5%,形成靠制度管人、按流程分责、依标准做事的工作机制。持续深化内、外对标，全年32项行业对标指标中1项指标达到行业先进水平，11项指标达到行业平均水平，19项指标达到中烟实业平均水平，25项指标比上年进步。延吉卷烟厂18项对标指标中9项指标比上年进步，长春卷烟厂14项对标指标中9项指标比上年进步。万支卷烟综合能耗2.69千克标准煤。推进提质增效，全年实现提质增效1.28亿元，完成中烟实业下达的目标任务。

【原料保障】 2021年，调入原烟0.63万吨（12.58万担），调入联营产品片烟0.35万吨（6.93万担），调入薄片0.18万吨。推进烟叶清产核资和对外调剂，减少烟叶采购，消化烟叶库存，盘活占压资金。全年烟叶库存比上年减少2.42万吨（48.48万担），减少占压资金11.57亿元。

甘肃烟草工业有限责任公司

【主要产品与品牌建设】 2021年，甘肃烟草工业有限责任公司实现卷烟销售收入比上年增长4.84%，实现税利增长7.96%。合作生产浙江中烟“利群（长嘴）”20亿支（4万箱），“利群（新版）”35亿支（7万箱）。

“兰州”卷烟坚持“低焦绵香”风格特色，发展态势平稳。全年“兰州”实现商业销量比上年增长0.95%；商业单箱销售额比上年增加1036元，增长4.23%。

一类中支烟“兰州（黑中支）”“兰州（小青支）”实现工业销量分别为11.2亿支（2.24万箱）、2.45亿支（0.49万箱），实现税利9.01亿元，税利贡献率8.78%。二类烟“兰州（硬珍品）”销量129.95亿支（25.99万箱），比上年增长5.65%，居行业二类烟销量第七位。

【技术创新】 2021年，新品“兰州（中支飞天花径）”“兰州（粹经典）”上市。与科研院校合作共建联合实验室，2020年以来重点开展的5个项目取得阶段性成果。推进工艺技术创新和管理模式创新，提高制造过程加工水平，降焦减害技术继续保持行业领先地位。开展生物技术攻关，培养致香成分益生菌，在地产烟叶上进行试验并取得良好效果。建立“兰州”品牌特色香原料数据库，可知可控可替代香基模块比例提高到32%。参与国家局、总公司科技项目、标准制定项目各1项。1人被评为烟草行业“十三五”科技创新工作先进个人，1人入选行业青年人才托举工程。新增授权专利9件，其中发明专利2件。在2021年中国烟草学会优秀论文评选中，获评一类论文1篇、三类论文2篇。

【管理创新】 推进备件精益化管理，制定《备件降库存工作方案》，提高备件保障能力和库存管控水平。聚焦智慧物流建设，持续提升物流综合保障能力，与甘肃天水市局（公司）建立同城共库项目，单箱物流费用比上年下降7.59%。稳步实施用工分配制度改革，推动收入分配向技术、销售和生产一线重点岗位倾斜，激发员工干事创业的积极性。

【原料保障】 抓好烟叶去库存优库存，其中，配方使用清产核资烟叶0.45万吨（9万担），处置下选烟叶0.09万吨（1.7万担），调剂出售片烟0.13万吨（2.68万担）。

内蒙古昆明卷烟有限责任公司

【主要产品与品牌建设】 2021年，内蒙古昆明卷烟有限责任公司品牌发展态势向好。全年实现商业销量比上年增长18.57%。“冬虫夏草”实现商业销量比上年增长18.31%，其中核心品牌规格“冬虫夏草（双中支）”实现商业销量20.4万支（4.08万箱），销量居同价位中支烟第一位。加大市场开拓力度，卷烟品牌覆盖32个省级市场、286个地市级市场，省级市场覆盖率96.97%，地市级市场覆盖率77.09%。

全年合作生产湖南中烟“白沙（硬）”10亿支（2万箱）。与湖南中烟合作生产“冬虫夏草（和润）”2亿支（0.4万箱）、“冬虫夏草（双中支）”1.5亿支（0.3万箱）。

【技术创新】 推进生物酶切技术应用，“冬虫夏草”全系列产品配方中生物酶处理烟叶使用量由40.5%提升至100%。提升香精香料自主研发与自我保障能力，在用香精香料可知可控可替代比例达到38.47%，实现25款单体香原料在自主品牌卷烟产品中的转化应用。2021年度申报国家局科技项目1项，参与2项。获得授权发明专利6件，实用新型专利16件。

【管理创新】 加强创新管理平台建设，系统推进公司创新管理工作，新建《精益课题管理标准》，优化《科技项目管理标准》，形成科技项目、质量管理小组、精益课题、精益自主改善等创新机制，实现创新全覆盖。2021 年，科技项目结题 10 项，质量管理小组成果对外发布 8 项，精益课题通过可行性评审 30 项，精益自主改善提报提案 87 项。

【原料保障】 2021 年，烟叶调拨计划 1.62 万吨（32.4 万担），其中烤烟 1.42 万吨（28.45 万担）。完成烟叶调拨 1.25 万吨（25 万担）。人工发酵烟叶 0.19 万吨（3.8 万担），生产投送烟叶 1.03 万吨（20.62 万担），合作生产加工 0.07 万吨（1.47 万担）。通过调整产区布局和等级结构，优化烟叶库存结构，开展年久烟叶消化去库存工作。

深圳烟草工业有限责任公司

【主要产品与品牌建设】 2021 年，深圳烟草工业有限责任公司在产自有卷烟品牌“双喜（好日子）”，合作生产品牌“双喜”。

全年“双喜（好日子）”实现内销比上年增长 4.7%。其中一类烟增长 21.4%、二类烟增长 7.6%，一、二类烟实现销量占“双喜（好日子）”总销量的 66.4%，增加 7 个百分点。“双喜（好日子）”商业单箱销售额比上年增长 4.8%。“双喜（硬金樽好日子）”实现销量 22 亿支（4.4 万箱），比上年增长 20.9%；“双喜（硬晶彩好日子）”实现销量 13 亿支（2.6 万箱），比上年增长 45.1%。创新品类卷烟保持较快增长，细支烟、中支烟等创新产品实现销量比上年增长 31.1%。

合作生产广东中烟“双喜”2.57 亿支（0.51 万箱），比上年减少 74.3%。

【技术创新】 落实新品研发计划，推出“双喜（细支晶彩好日子）”，于 6 月上市。加大科技项目攻关力度，在中烟实业科技项目评审会上，2 个项目分别获得中烟实业科技项目一等奖、三等奖，3 个项目通过立项评审。深化自主调香技术研究，香精香料可知可控可替代比例从 6% 提高至 50%，完成三年自主掌控任务的 146%，单体香料自主采购完成三年总目标的 88%。持续加强知识产权布局，全年共申请专利 21 件，其中发明专利 8 件、实用新型专利 13 件。

【管理创新】 持续推进精益管理工作，围绕“精益设备”和“精益质量”两大主题，落实 11 个方面、34 项精益改进措施。加强对标、体系、质量管理小组活动等企管基础工作，32 项对标指标中 20 项超过上年，对标指标提升率为 62.5%；通过“三标一体”管理体系再认证审核。4 项质量管理小组成果参加中烟实业评审，获得一等奖 1 项、二等奖 3 项。

【原料保障】 2021 年，采购国内烟叶 1.51 万吨（30.25 万担），其中采购云南烟叶 0.55 万吨（11 万担），上等烟占比 81%，比上年提高 4 个百分点。提升烟叶高端定制化工作水平，完成 250 吨（5000 担）高成熟度上部烟叶定制。推动两个区域加工中心建设工作，开展配方打叶试点，完成烟叶精选 1.09 万吨（21.8 万担），提升烟叶加工质量。推进烟叶基地单元建设与维护，抓好基地单元专分散收和原收原调工作。推进烟叶仓库智能化建设，完成烟箱二维码和仓储智能化监测系统开发，“片烟害虫控制”课题被评为行业精益物流课题三类成果。抓好烟叶降库存工作，上等烟比例 74.2%，库存量和库存结构均保持合理水平。

山西昆明烟草有限责任公司

【主要产品与品牌建设】 2021 年，山西昆明烟草有限责任公司主要生产卷烟品牌 4 个，其中“云烟”“红河”“红塔山”为合作生产品牌，“紫气东来”为自有品牌；生产卷烟规格 15 个，其中“云烟（细支珍品）”“云烟（软珍品）”“云烟（细支云龙）”“云烟（福）”“云烟（紫）”“云烟（小熊猫家园）”“红河（A7）”“红河（硬）”“红河（软甲）”“红塔山（硬传奇）”“红塔山（新时代）”“红塔山（硬经典）”为合作生产规格，“紫气东来（汾清香）”“紫气东来（祥瑞）”“紫气东来（吉祥天下）”为自有规格。

推进品牌工程，自有品牌“紫气东来”系列实现工业销量 3.67 亿支（0.73 万箱），比上年增长 41.5%。“紫气东来”纳入山西、河北省级共育品牌规格目录，新开拓山西省外地市级市场 10 个。“紫气东来（在天）”申报获批，新增 1 个中支高端规格，填补公司中支卷烟的空白。“云烟（福）”实现工业销量 56.5 亿支（11.3 万箱），比上年增长 3.7%。卷烟结构持续提升，全年公司实现单箱销售收入1.66万元，比上年增长3.32%。推动终端陈列优化工作，建成5399户“标准化、规范化、场景化”陈列样板终端。

【技术创新】 完善组织工作机制、课题管理机制、科学评价机制等6项机制，编制修订《科技项目管理办法》《创新成果评价及奖励管理办法》等9项科技创新管理标准。与郑州烟草研究院合作成立“香精香料自主研发与保障联合实验室”，合作开展“烟用香精化学重构与创制技术研究”科技项目，自有品牌在用香精香料可知可控可替代比例达到100%。确立科技项目13项，其中3项列入中烟实业科技项目计划。“面向移动端制丝关键参数预警实时共享系统的研发”获得中烟实业优秀QC小组二等奖，“降低细支卷烟机烟支废品率”和“研制割带专机剪带装置”获得中烟实业优秀QC小组三等奖。“一种条烟自动缓存装置”专利已获得授权。研发投入比上年增长11.06%。持续提升实验室检测能力，购置卷烟燃烧锥落头倾向测试仪等13台专业检测设备，补齐科技创新硬件短板。完成“紫气东来（在天）”研发申报和准产批复，“紫气东来（中支福）”研发储备和“紫气东来（吉祥天下）”配方改造。

【管理创新】 持续深化精益管理，34项行业对标指标改善提升72.73%，19项卷烟工厂对标指标改善提升73.68%；公司目标指标100项，综合完成率89%。节能降耗效果显著，万支卷烟综合能耗比上年下降24%，超额完成节能目标。全年投资执行率90.55%，提高37个百分点。以“清旧账、补短板、强管理”为目标，成立零备件联合清查小组，召开专题会议16次，制定管理诊断工作方案，核对清理寄售库存，备件库存由2000余万元降至1400万元。2021年公司卷烟品牌在云南中烟和集团抽检中，包装与卷制平均得分99.03分，由2020年的集团第五名跃升至第一名，整体质量控制水平优于红云红河集团平均水平。

【原料保障】 2021年调入原料1.18万吨（23.51万担）。截至2021年底，原料库存0.37万吨（7.32万担），成品库存21.35亿支（4.27万箱）。各项物资采购成本5.07亿元，其中烟用物资采购成本4.66亿元，非烟用物资采购成本0.18亿元。

海南红塔卷烟有限责任公司

【主要产品与品牌建设】 2021年，海南红塔卷烟有限责任公司自有品牌销量持续增长，全年实现销量比上年增长20%。其中，“三沙”实现销量增长19.61%，实现单箱销售收入增长6.99%。

合作生产云南中烟“红塔山”56.57亿支（11.31万箱），“红梅”12.06亿支（2.41万箱），“云烟”24.84亿支（4.97万箱），“玉溪（软境界）”109万支（22箱）。

【技术创新】 成立卷包车间技能大师创新工作室；实施“改进螺杆空气压缩机及其配套辅机”“升级智能烟草异物剔除机”“智能送料小车”等50余项技术创新改造及维护项目；围绕海南自贸港建设需求，6月上市“宝岛（中支）”；与海口雪茄研究所合作，研发1款雪茄风格的中支新品和2款具有海南特色的新产品储备；提升香精香料核心技术能力和数字化调香能力，可知可控的香精香料品种数占比达到30%。

【管理创新】 梳理完善体系文件和管理制度533个，流程160个。完善对标工作机制，对标指标比上年进步23项，提升率71.88%。实现降本增效7623.45万元，超额完成中烟实业下达的1400万元目标任务。申报5个创新专利，参与1项行业标准的制定；1个项目获得中烟实业立项，1个项目通过结题，3件实用新型专利获得授权；完成“三沙”第34类注册商标维护和“椰王”第35类注册商标的正常使用。质量管理小组成果获得海南省优秀质量管理小组活动成果一等奖3个、二等奖1个，获得中烟实业优秀质量管理小组成果二等奖1个、三等奖2个。

吉林烟草进出口有限责任公司

【生产经营】 根据商务部《关于执行联合国安理会第2375号决议，做好关闭境外涉朝合资合作企业相关工作的通知》，2021年对朝出口业务暂停。

2021 年中国烟草实业发展中心所属卷烟生产企业/生产厂情况统计

		黑龙江烟草工业有限责任公司	所属生产厂		
			哈尔滨卷烟厂	牡丹江卷烟厂[1]	绥化卷烟厂
法人资格		独立法人	非独立法人	非独立法人	非独立法人
主要负责人/法定代表人（含党政领导）		董事长：孔庆峰 党委书记、总经理： 马保军（—2021 年 10 月） 刘所锋（2021 年 10 月—）	副厂长：孙永钢 （主持工作）	党委副书记、副厂长： 王全宏 （2021 年 4 月—，主持工作）	副厂长：唐文双 （主持工作）
成立时间		2007 年	1902 年	2021 年	1970 年
从业人员（人）		3160	1174	992	561
卷烟生产能力（亿支）		535	322	185	27
卷烟品牌	自有品牌	哈尔滨、林海灵芝、龙烟	哈尔滨、龙烟	林海灵芝、哈尔滨	—
	合作生产品牌	南京、黄鹤楼、红金龙、云烟	黄鹤楼、红金龙、南京、云烟	云烟	—
	委托加工品牌	—	—	—	—

		红塔辽宁烟草有限责任公司	所属生产厂[2]		吉林烟草工业有限责任公司	所属生产厂	
			沈阳卷烟厂	营口卷烟厂		延吉卷烟厂	长春卷烟厂
法人资格		独立法人	非独立法人	非独立法人	独立法人	非独立法人	非独立法人
主要负责人/法定代表人（含党政领导）		董事长：陈玉秋 党组书记、 总经理：慈　东	厂长：穆　忠 党委书记： 裴禄军	厂长：宋岐国 党委书记： 刘韶军 （—2021 年 5 月）	董事长：陈玉秋 党组书记、总经理： 吕子军	厂长：金光泽 党委书记： 王　钢 （2021 年 4 月—）	厂长：崔永浩 （—2021 年 4 月） 副厂长：胥天祥 （2021 年 11 月—， 主持工作） 党委书记：张利军
成立时间		2003 年	1908 年	1909 年	2006 年	1975 年	1933 年
从业人员（人）		2269	842	1105	2954	1265	1068
卷烟生产能力（亿支）		368	173	195	488	248	240
卷烟品牌	自有品牌	人民大会堂	人民大会堂	人民大会堂	长白山	长白山	长白山
	合作生产品牌	玉溪、红塔山、云烟、红梅	红塔山、红梅	玉溪、红塔山、云烟	南京、红塔山	—	南京、红塔山
	委托加工品牌	哈尔滨（老巴夺红中支）	—	哈尔滨（老巴夺红中支）	—	—	—

	甘肃烟草工业有限责任公司	所属生产厂		内蒙古昆明卷烟有限责任公司	深圳烟草工业有限责任公司
		兰州卷烟厂	天水卷烟厂		
法人资格	独立法人	非独立法人	非独立法人	独立法人	独立法人
主要负责人/法定代表人（含党政领导）	董事长：李东梅 （—2021 年 7 月） 由　明 （2021 年 7 月—） 党组书记、总经理： 蔺翻红	厂长：廖国太 （—2021 年 5 月） 张　辉 （2021 年 5 月—） 党委书记： 牟怀斌	厂长：王乐平 党委书记： 漆嵩柏 （2021 年 5 月—）	董事长：刘　龙 党委书记、总经理： 王旭东	董事长：李东梅 （—2021 年 7 月） 由　明 （2021 年 7 月—） 党委书记、总经理： 梁　强

续表

		甘肃烟草工业有限责任公司	所属生产厂		内蒙古昆明卷烟有限责任公司	深圳烟草工业有限责任公司
			兰州卷烟厂	天水卷烟厂		
成立时间		1936 年	1936 年	1970 年	2003 年	1988 年
从业人员（人）		2261	1145	767	1143	625
卷烟生产能力（亿支）		875	515	360	250	234
卷烟品牌	自有品牌	兰州	兰州	兰州	冬虫夏草、云烟（苁蓉）、大青山	双喜（好日子）
	合作生产品牌	利群	利群	—	白沙	双喜
	委托加工品牌	—	—	—	—	—

		山西昆明烟草有限责任公司	海南红塔卷烟有限责任公司	吉林烟草进出口有限责任公司
法人资格		独立法人	独立法人	独立法人
主要负责人/法定代表人（含党政领导）		董事长：刘　龙 总经理：陈景云 党委书记：刘根栓	董事长：孔庆峰 党委书记、总经理：梁生龙	总经理：鲍立泰
成立时间		1928 年	1978 年	1999 年
从业人员（人）		993	556	15
卷烟生产能力（亿支）		198	150	—
卷烟品牌	自有品牌	紫气东来	三沙、宝岛	—
	合作生产品牌	云烟、红河、红塔山	玉溪、红塔山、红梅、云烟	—
	委托加工品牌	—	—	—

注：1. 2021 年 2 月，国家局、总公司印发《关于黑龙江烟草工业有限责任公司合并设立牡丹江卷烟厂的批复》（国烟法〔2021〕39 号），同意撤销黑龙江烟草工业有限责任公司海林卷烟厂、穆棱卷烟厂两个卷烟生产点，并在此基础上合并设立黑龙江烟草工业有限责任公司牡丹江卷烟厂（非法人企业），作为黑龙江烟草工业有限责任公司所属的不具法人资格的卷烟生产点。

2. 2021 年 5 月起，穆忠任沈阳卷烟厂厂长，之前任副厂长主持工作；2021 年 5 月起，宋岐国任营口卷烟厂厂长，之前任副厂长主持工作。

◇ 撰稿：刘新鉴；编辑：褚　幸

雪茄烟生产

安徽中烟工业有限责任公司

【蚌埠卷烟厂雪茄烟生产部概况】 安徽中烟工业有限责任公司雪茄烟生产主要由安徽中烟蚌埠卷烟厂雪茄烟生产部承担。安徽中烟蚌埠卷烟厂雪茄烟生产部前身为安徽蒙城雪茄烟厂，位于安徽省蒙城县。2001 年 10 月，经国家烟草专卖局批准在安徽蒙城雪茄烟厂原厂址成立雪茄烟生产部，隶属于蚌埠卷烟厂，不具有法人资格，更名为蚌埠卷烟厂雪茄烟生产部。2005 年 4 月，更名为安徽黄山卷烟总厂蚌埠卷烟厂雪茄烟生产部。2006 年 5 月，更名为安徽中烟工业公司蚌埠卷烟厂雪茄烟生产部。2011 年 7 月，更名为安徽中烟工业有限责任公司蚌埠卷烟厂雪茄烟生产部。2021 年，月平均从业人数 658 人，其中，在岗固定员工 72 人（含蚌埠卷烟厂派驻 3 人），其余人员为业务外包用工。生产部设备年产能 2.4 亿支。

【雪茄烟产销】 2021 年，生产各类雪茄烟比上年增长 28.8%，其中全叶卷雪茄烟增长 152.8%；调拨销售各类雪茄烟比上年增长 37.1%，其中全叶卷雪茄烟增长 126.2%。实现调拨销售收入 2.8 亿元，比上年增长 92.12%；批发销售收入 3.73 亿元，比上年增长 92.35%。

雪茄烟商业销量占行业市场份额 41.48%，比上年下降

1.29个百分点，其中半叶卷雪茄烟占比43.19%，下降0.79个百分点，居行业第二位；全叶卷雪茄烟占比19.08%，增加1.3个百分点，居行业第三位，“王冠”品牌居行业雪茄烟单品牌销量第一位。

【主要产品与品牌建设】 **主要产品**。在产的雪茄烟有“王冠”“黄山松”“都宝”等3个品牌44个系列规格，其中包括半叶卷机制雪茄烟17个规格，除“都宝（原味9号）”外，其余规格均为“王冠”品牌；全叶卷雪茄烟18个规格，除“王冠（塑2支）”为机制全叶卷雪茄烟外，其余规格均为手工全叶卷雪茄烟，品牌均为“王冠”；卷烟型雪茄烟9个规格，其中6个“王冠”品牌，3个“黄山松”品牌。“都宝（原味9号）”半叶卷机制雪茄烟为指定销往中国台湾地区的专属产品。

新品研发。完成“王冠（假日风情）”“王冠（国粹满堂彩）”“王冠（浪漫假日）”“王冠（成都假日）”等19款全叶卷新品研发和“王冠（黄山印象）”“王冠（原味1号黄金版）”“王冠（原味8号）”“王冠（香草MIX）”“王冠（雪梅MIX）”等5款半叶卷新品商标设计和包装打样工作。完成全叶卷雪茄烟“王冠（国粹满堂彩）”“王冠（假日阳光）”“王冠（蓝色假日5支装）”和半叶卷雪茄烟“王冠（香草MIX）”等4款新品申报及准产。

山东中烟工业有限责任公司

【雪茄运营中心概况】 山东中烟工业有限责任公司雪茄烟研发管理由雪茄运营中心负责，具体生产由济南卷烟厂雪茄烟生产车间承担，制丝车间负责烟叶预处理。山东中烟工业有限责任公司雪茄运营中心前身为始建于1999年12月的将军烟草集团有限公司技术中心雪茄烟实验室。2004年5月，国家局正式批准将军烟草集团有限公司济南卷烟厂生产雪茄烟，济南卷烟厂成立雪茄烟生产工段。2008年12月，山东中烟工业公司济南雪茄烟制造中心正式成立。2010年，山东中烟工业公司更名改制为山东中烟工业有限责任公司后，中心更名为山东中烟工业有限责任公司济南雪茄烟制造中心。2011年3月，山东中烟设立山东中烟工业有限责任公司雪茄烟制造中心筹备办公室。2012年5月，山东中烟工业有限责任公司雪茄烟制造中心成立，负责雪茄烟生产、产品研发、品牌建设、市场销售等工作。2017年7月，更名为雪茄制造中心，主要承担雪茄烟产品研发、市场销售、综合管理等工作任务。2021年12月，更名为雪茄运营中心，增加雪茄烟原辅材料研究、产品商标设计、烟叶基地技术管理等职能，不再承担雪茄烟制造相关职能，雪茄烟生产由济南卷烟厂雪茄烟车间具体负责。

【济南卷烟厂概况】 山东中烟工业有限责任公司济南卷烟厂的前身是始建于1928年的东裕隆烟草公司。1959年，正式称济南卷烟厂。2006年，山东烟草工业实施管理体制改革后，济南卷烟厂上划为山东中烟工业公司直属非法人卷烟生产厂。济南卷烟厂具备生产烤烟型、混合型、雪茄型等多类型卷烟技术能力。截至2021年底，雪茄烟车间有原料处理、手工雪茄烟生产、机制雪茄烟生产等3个区域，生产区域面积9600平方米，拥有1台套100千克/小时打叶机和1条500千克/小时打叶线，卷制设备22台套、包装设备10台套。具备年产手工全叶卷雪茄烟600万支、机制雪茄烟2200万支的生产能力。有雪茄烟生产、管理相关正式员工64人，业务外包人员696人。

【雪茄烟产销】 2021年，生产雪茄烟比上年增长50.79%。其中，手工雪茄烟增长117.26%、机制雪茄烟增长44.63%。实现工业调拨比上年增长66.2%，其中，手工雪茄烟调拨增长141.6%、机制雪茄烟调拨增长59.7%。实现商业批发比上年增长47.82%，其中，手工雪茄烟增长106.65%、机制雪茄烟增长42.89%。实现工业调拨销售收入1.41亿元，比上年增长124.5%；商业批发销售收入1.8亿元，比上年增长92.8%。中高端雪茄烟销量、市场份额以及手工雪茄烟单支均价、机制雪茄烟单支均价居行业第二位。

【主要产品与品牌建设】 **主要产品**。确立“泰山”“将军”2个雪茄烟品牌，手工、机制雪茄烟2个品类，“巅峰”“战神”“3G”“巴哈马”“豹”等五大品系21款品规的鲁产雪茄烟品牌架构。

品牌建设。锚定“中国最高端雪茄”目标，坚持品质决胜，推动规模与结构协调发展，密切监控市场动销，控制调拨节奏，实施8款手工雪茄烟、5款机制雪茄烟提价，获批准产3款手工雪茄烟新产品。推进重点终端展览展示项目建设，完成济南、烟台、潍坊、临沂等地“泰山”品牌展示体验中心建设。

【技术创新】 以市场需求为导向，以品质特色为核心，先后完成7款新产品的开发和申报工作，获批准产“泰山

(战神 5 号)”“泰山(超级战神)”“泰山(都市丛林)”等 3 款手工雪茄烟新产品。加强量本利测算，严控产品设计成本。在雪茄烟国家标准修订项目中，牵头负责并基本完成雪茄烟感官技术修订任务。持续优化工艺标准，完成 8 款手工雪茄烟、10 款机制雪茄烟、5 款卷烟型雪茄烟产品标准、工艺技术标准修订完善工作。学习借鉴国内外先进技术，开展工艺试验，优化茄衣原料处理流程，开展微生物发酵实验，持续改善产品吸味，逐步形成“泰山”雪茄烟核心工艺技术。深入生产车间开展质量抽检，前往市场一线开展调研，做好产品检验及质量分析，全年完成月度产品质量抽检报告 12 份，季度质量分析报告 4 份。与常德烟机公司合作开发国产 TJ21 型雪茄卷制机，完成零件测绘工作。完成六西格玛项目 1 项，取得 QC 成果 5 项，获得山东省 QC 成果一等奖 1 项。参与编写国家局统编教材 2 部，获得实用新型专利授权 9 件。

【原辅材料】 结合国内外雪茄烟叶生产现状，直面雪茄烟原料日趋紧张的现实，科学研判，合理布局。做好进口优质原料储备保障，订购进口雪茄烟叶 2.73 万担，基本能够满足雪茄烟生产需求。科学规划并推进基地单元建设，先后与云南、福建、海南、湖南省局(公司)签署雪茄烟战略合作协议，开展工商研全方位、多角度协同合作。开展云南、海南烟叶评价和产品试验，加快使用国产雪茄烟叶，逐步进入在制产品及拟申报新产品配方。参与国家局国产雪茄烟叶开发重大专项“国产雪茄烟叶质量与风格评价技术研究”“云南雪茄烟叶定制化集中发酵技术研究”等项目研究。持续推进原料科学养护，全方位、多举措创造适宜存储条件，实现原料仓储“零虫情”。

【综合管理】 按月编制月度产销计划、月份销售分析报告，合理控制调拨节奏和销售进度。制(修)订《雪茄终端形象展示管理规定》等 24 个文件，进一步规范和优化业务流程，从严管控雪茄样品烟，确保执行环节合理合规。加大市场监管力度，从严审批流程，全年完成 53 份市场运作方案、41 份品鉴会方案的审核，完成市场运作评估报告 43 份、品鉴会评估报告 41 份。开展业务重组，进一步明确职责，划分研发组、原料组、市场组、综合组等 4 个工作小组，北方、中南、华东、东南、西北、西南等 6 个省外片区，设置省内片区，实现省内市场统一管理。公开选用 6 名销售人员，抽调 1 名科级干部任省内业务片区负责人。探索雪茄烟生产业务外包人员管理新模式，实行柔性生产、潮汐岗位管理。加强培训，提升素质，1 人在“泰山杯”第三届山东中烟烟草制品购销职业技能竞赛中获得二等奖，被评为山东中烟工业有限责任公司技术能手。

湖北中烟工业有限责任公司

【三峡卷烟厂概况】 湖北中烟工业有限责任公司雪茄烟生产主要由湖北中烟三峡卷烟厂承担。湖北中烟三峡卷烟厂前身为成立于 1899 年的茂大卷叶烟制造所，位于湖北省宜昌市。2004 年，历经三峡、当阳两厂改革合并，三峡卷烟厂成为湖北中烟工业有限责任公司所属生产厂。

截至 2021 年底，三峡卷烟厂拥有 8 套卷接包生产设备和 40 余台套雪茄烟专业生产设备。主要生产“黄鹤楼”“茂大”“三峡”等雪茄烟品牌系列，具备年产叶束式雪茄烟 500 万支、叶片式雪茄烟 1500 万支、迷你雪茄烟 1.5 亿支生产能力。在册员工 782 人。

【雪茄烟产销】 2021 年，生产传统雪茄烟比上年增长 226.25%。传统雪茄烟实现销量比上年增长 192%，增幅排名行业第一位，中高端雪茄烟销售增长 1.1 倍，市场份额 22.9%，比上年提升 2.75 个百分点，是所有工业企业中份额提升最高的企业。

【主要产品与品牌建设】 **新品研发。** 2021 年，“黄鹤楼(雪之韵 5 号)”“黄鹤楼(逍遥 5 号)”“黄鹤楼(逍遥 6 号)”“黄鹤楼(迷你冰爽)”等 4 款新品获得国家局准产及价格批复。

品牌培育。 “黄鹤楼(公爵)”“黄鹤楼(雪之梦 8 号)”在相应价区市场份额分别为 49% 和 21%，排名价区第一位，持续引领国产雪茄烟高端形象。“黄鹤楼(雪之韵 2 号)”市场覆盖面稳步提升，成为中端机制雪茄烟价位段的核心品规。新品“黄鹤楼(雪之梦 5 号)”销量实现增长，在相应价区市场份额 40%，比上年提升 12 个百分点。

特色销售。 全国销区根据疫情防控要求，创新探索雪茄烟特色主题销售活动。利用雪茄烟特色物资，开展终端生动化陈列，全年累计维护“黄鹤楼”雪茄烟窗口终端 8000 余户。

【技术创新】 **课题研究。** 依托雪茄烟技术集成平台，完成“黄鹤楼雪茄烟支醇化技术研究与应用”“湖北来凤优质雪茄茄衣、茄芯原料生产与应用”“黄鹤楼国产雪茄原料分级标准的制定与应用”等6个项目结题，核心期刊收录论文6篇，受理专利13件。

原料应用。创新“三段式”特色堆积发酵技术，加强国产雪茄烟原料研究应用，在中高端雪茄烟产品中应用比例明显提升，且产品品质稳定。加强农工商合作，在湖北来凤、五峰、丹江口及四川什邡、海南儋州、云南临沧等地建立原料种植基地，首次实现国产茄衣批量调拨。

【易地技改及原料库项目】 2016年12月13日，国家局正式批准三峡卷烟厂易地搬迁技术改造项目建设。项目建设用地面积约24.67万平方米，项目批复初步设计概算共计17亿余元，技改完成后，原料仓储能力60万担，卷烟年产能30万箱、雪茄烟1.5亿支。按照湖北中烟高质量发展规划，三峡卷烟厂致力于打造成为“国内一流中式雪茄和卷烟制造企业”。

2021年，原料库项目三栋库封顶，被评为宜昌市优质结构工程；易地搬迁技术改造项目进入联合工房主体结构施工。

四川中烟工业有限责任公司

【长城雪茄烟厂概况】 四川中烟工业有限责任公司雪茄烟生产主要由四川中烟长城雪茄烟厂承担。四川中烟长城雪茄烟厂于2007年9月经国家烟草专卖局批准成立，其前身是诞生于1918年的益川工业社，2009年实施易地技术改造，总投资12亿元，占地面积30万平方米，2011年4月建成投产，2015年11月更名为四川中烟工业有限责任公司长城雪茄烟厂。截至2021年底，有员工412人。产品涵盖手工、机制全系列的传统雪茄烟、卷烟型雪茄烟和雪茄型卷烟，拥有“长城”“狮牌”“工字”等3个品牌，具备机制标准雪茄烟设备产能4亿支、雪茄型卷烟设备（中高速）产能44亿支，产品出口地涵盖欧洲、南美洲的11个国家和地区，是亚洲最大的单体雪茄烟生产基地、中国雪茄烟的领军企业。

【雪茄烟产销】 2021年，生产雪茄烟比上年增长66.7%，其中手工雪茄烟增长125.3%。实现销量比上年增长37.58%，其中手工雪茄烟增长105.12%。实现销售收入4.58亿元，比上年增长99.39%，其中手工雪茄烟2.78亿元，增长136.85%。实现税利2.42亿元，比上年增长234.76%，其中手工雪茄烟1.47亿元，增长259.94%。

【主要产品与品牌建设】 *高端产品结构体系和市场布局*。2021年，“长城”手工雪茄烟占全国市场份额47.46%，排名行业第一位，“中国雪茄领导者”地位进一步巩固。手工雪茄烟“长城（GL1号）”布局北上广深等8个核心城市，销量突破1万支，市场影响力进一步提升，头部带动效应增强；以“长城（GJ6号）”为代表的高端价位产品基本完成布局，并同步梳理完成主力市场规划；百元以上高端产品总销量突破120万支，市场占比50%，其中“长城（秘制132）”实现销量32万支，排名同价位第一。

聚焦36个重点城市，以北上广深成等5个核心消费城市为引领，辐射构建起京津冀、江浙沪、粤海、成渝经济圈全面布局。2021年，上海市场雪茄烟销量首次突破50万支，其中高端手工雪茄烟销量达到15万支，占比30%，为高端手工雪茄烟市场拓展积累“上海经验”。

2021年12月，“首届毛氏雪茄文化周”活动在中国雪茄博物馆举办
四川中烟 彭参锐 摄

【技术创新】 **产品研发。**运用自主科技创新成果，开发“长城（GJ6号）”“长城（唯佳金字塔）”“长城（盛世奇迹）”“长城（骑士1号）”等4款产品，并获得国家局批复。

“醇甜香”品类构建。德阳、海南、湖北、云南等四大烟叶产区基地建设初具成效，总规模超过5千亩，年产烟叶超过1万担，并形成一套完善的基地建设及生产操作标准，为下一步深入打造为我所控、由我所用的核心原料基地打下基础。

发酵工艺创新。发挥国家局重大专项工业发酵方向牵头单位优势，依靠重点实验室平台，开展国产原料工业化应用研究，自主建立“精炼秘制发酵”核心技术，破解原料供给难题，手工雪茄烟国产原料使用比例达到30%，平均比例进一步提升，缓解中高端手工雪茄烟产品配方对进口原料的依赖。

雪茄基础应用研究。撰写发表相关科技论文10余篇，其中SCI论文1篇，获得授权发明专利3件、实用新型专利5件。《雪茄烟叶工商交接等级标准》通过专家评审，“雪茄烟胚吸阻测定”等行业标准项目启动，进一步提升行业标准话语权。

重点实验室项目。雪茄发酵工艺重点实验室通过行业认定评审，为行业首家雪茄烟重点实验室；厅市共建国产雪茄烟叶工业高效利用四川省重点实验室通过四川省科技厅认定评审，是雪茄烟领域首家省部级重点实验室，为进一步增强企业核心技术研发实力提供创新载体支撑。

创新项目。组织参与中国质量协会主办的2021年第一期全国QC小组成果发表赛，“降低注射加香针的消耗”“提高‘长城（醇雅薄荷）’小盒铝箔纸定位准确率”两个QC成果获得“示范级”荣誉，“研制宽窄逍遥外盒成型装置”获得“专业级”荣誉。

◇ 编辑：王　静

烟草机械工业

烟机工业概况

烟机工业整体运行稳健。2021年，烟草行业全力推动高质量发展，实现“十四五”良好开局。国产烟机工业紧随行业发展步伐，深化企业管理改革、加快创新升级，全年工作整体运行稳健、量增质升，主要业绩指标再创新高，实现经济运行稳定增长，进一步发挥烟机工业对烟草行业的全产业链支撑保障作用。

技术创新与成果。推进ZB418型双铝包异形包装机组的项目鉴定工作，完成上海卷烟厂样机提速升级，实现一个月350包/分连续性稳定速度测试。完成“高速特种滤棒成型机研制”“打叶线叶片结构调整技术及设备研制”“包装机模块化设计及应用研究”等25个科技项目验收，推出ZL26E特种滤棒成型机组、YF175型滤棒储存固化系统等10余项烟机新产品。

技术合作和交流。落实与云南中烟、上海烟草集团和浙江中烟等相关联合研发协议，推进相关产品研发项目。推进上海、许昌、秦皇岛烟机公司与国外烟机制造企业的合作生产项目，保持与意大利G. D公司、意大利IMA公司、德国HAUNI公司等的技术合作交流。与三纤公司共同开展喷丝帽等丝束生产关键零件的试制攻关。

拓展国内外烟机市场。2021年新冠肺炎疫情加速传播，出口贸易继续受到重创，但在各方不懈坚持和努力下，中国烟草机械集团有限责任公司控股企业2021年签订出口合同额680余万美元。

推进与工商企业战略合作。与湖南、陕西、黑龙江省公司签署战略合作协议，开展农业机械化方面项目合作。探索合作共赢新模式，物流技术公司与陕西省公司全资公司成立专业合资公司，全面开展商业物流业务合作。上海烟机成为宁德时代新能源科技股份有限公司首家合格供应商。与中国节能集团签署战略合作协议。与跨国烟草企业保持良好合作关系。在与日烟国际的合作中，完成日烟国际菲律宾项目整机结算工作。且在零配件方面有所突破，签订长期有效的《零配件主供应协议》。

中国烟草机械集团有限责任公司

【概　况】 中国烟草机械集团有限责任公司（简称集团公司）组建于1999年，由中国烟草总公司、上海烟草集团和中国烟草总公司云南省公司、山东省公司、河南省公司共同出资组建，是烟草行业第一家按现代企业制度框架组建的专业化集团公司。后经股权变更，集团公司由中国烟草总公司控股，上海烟草集团及云南中烟、山东中烟、河南中烟等4家工业公司参股。2008年，经中国烟草总公司批准，集团公司新增湖南中烟、湖北中烟、江苏中烟、安徽中烟、广东中烟等5家股东。增资扩股后，中国烟草总公司股权比例占67%，上海烟草集团占5%，云南中烟、河南中烟、山东中烟、湖南中烟、湖北中烟、江苏中烟、安徽中烟、广东中烟分别占3.5%。集团公司是中国烟机工业核心企业，对全国烟草专用机械的生产经营担负一定的行业管理职能。2011年，中国烟草总公司对集团公司增加投资10亿元，总公司所占股权比例增至74.69%，上海烟草集团股权比例占3.87%，云南中烟、河南中烟、山东中烟、湖南中烟、湖北中烟、江苏中烟、安徽中烟、广东中烟分别占2.68%。

集团公司下辖8家控股企业，包括上海烟草机械有限责任公司、常德烟草机械有限责任公司、许昌烟草机械有限责任公司、秦皇岛烟草机械有限责任公司等4家烟机生产企业，北京达特集成技术有限责任公司、中烟烟机零配件采购服务中心有限责任公司2家专业公司，以及设在上海专门从事烟机产品开发的中烟机械技术中心有限责任公司和设在长沙专门从事烟草物流设备供应的中烟物流技术有限责任公司。同时，集团公司持有云南烟草机械有限责任公司30%的股份。集团公司本部下设11个部室。

截至2021年底，集团公司总资产178.42亿元，负债64.24亿元，所有者权益114.18亿元。

【领导机构】

董事会

董事长：姚宗东

副董事长：朱洪武

董　事：曲　伟、张维群、夏开元、王众声、杨志忠、陈慧斌、王海龙、刘　云、张赤兵、华　伟（职工董事）

监事会

主　席：陈俊奎

监　事：卢勇华、杨　帆（职工监事）

班子成员

党组书记、总经理：姚宗东

党组成员、副总经理：曲　伟、龙　旭、张维群

党组成员、纪检组组长：吴　伟

副巡视员：吴熙亮

【生产经营】　2021年，集团公司生产卷接包设备、滤棒成型及辅联设备733台（含190套成套设备和286台单机），实现销售727台（含185套成套设备和292台单机）；生产制丝、打叶复烤及二氧化碳膨胀烟丝生产线设备1173台（含6条成线和714台单机），实现销售1129台（含4条成线和736台单机）。

【精益管理】　集团公司持续推进控股企业精益管理创优评价和管理诊断工作，督促各企业依据《中国烟草机械集团有限责任公司精益管理工作创优评价办法》对企业精益管理工作进行自评；依据《中国烟草机械集团有限责任公司企业“管理诊断”工作方案》开展企业管理自诊断。依据《烟草行业“十四五”绿色低碳循环发展工作方案》要求，制定集团公司“十四五”绿色低碳循环发展工作方案，结合控股企业“十三五”节能减排工作完成情况，制定各企业“十四五”阶段性工作目标。

【质量管理】　集团公司对各企业2020年度质量工作总结和2021年度质量工作计划进行梳理分析，提出集团公司2021年度质量工作部署。督促控股生产企业做好产品质量自检、行检和可靠性测试工作。组织开展2020年度烟机工业QC成果预审，将预审排名第一位的优秀成果上报国家局。

【安全生产】　集团公司履行安全生产工作职责，督促各企业制订年度安全工作计划，落实行业2021年度安全生产电视电话会议精神。加大控股企业新冠疫情防控工作力度，落实党中央、国务院决策部署，以及国家局和集团公司关于疫情防控工作部署，组织各企业严格执行防疫措施。组织开展控股企业上半年安全检查工作，发现问题隐患35项，开具5份安全检查报告书，督促企业认真整改，各相关企业向集团公司提交整改报告。组织开展控股企业下半年安全自查工作。

所属企业

上海烟草机械有限责任公司

【概　况】　上海烟草机械有限责任公司（简称上海烟机），前身为成立于1952年的上海烟草公司机械厂，1959年更名为上海轻工业机械制造厂；1970年更名为上海烟草工业机械厂，是中国第一家烟草机械专业生产企业；1999年成为中国烟草机械集团有限责任公司控股企业；2002年改制为上海烟草机械有限责任公司，现位于中国（上海）自由贸易试验区锦绣东路2555号。下辖上海烟草机械新场铸造有限责任公司、上海中臣烟草机械配件有限责任公司、

上海中臣烟草数控技术有限公司、苏州锦晨智能科技有限公司、上海烟机综合生活服务部5家企业。截至2021年底，上海烟机总资产41.21亿元，其中固定资产6.86亿元、流动资产31.72亿元，资产负债率39.32%。从业人员1010人。上海烟机党委书记、董事长：郭宏斌；总经理：韩芸。

【生产经营】 2021年，上海烟机实现工业总产值22.08亿元，工业增加值11.05亿元；实现营业收入22.4亿元，出口实现销售收入1229.8万元。全年实现税利2.45亿元，其中利润1.60亿元。公司三项费用率17.11%。万元产值综合能耗9.3千克标准煤。

【主要产品】 2021年，上海烟机主要产品：ZB25B（C）型软盒硬条包装机组、ZB45B型硬盒硬条包装机组、ZB47型硬盒硬条包装机组、ZB28型软盒硬条包装机组、ZB48型硬盒硬条包装机组、ZB48A硬盒硬条包装机组、ZB415型硬盒硬条包装机组、ZB416型硬盒硬条包装机组、ZB416A型硬盒硬条包装机组、ZB418型双铝包包装机组。

【技术创新】 2021年，上海烟机聚力智能制造产线升级，产线1.0完成自动装夹系统的改造升级，完成设备管理、生产过程、质量管理等数字可视化看板应用，联接机床从2台扩充至4台，稳定实现"7×24"少人值守加工。完成产线2.0升级，智能立体高架仓库启动上线应用，完成机器人系统软件、上位系统软件开发，实现机器人对机群设备的智能调度；承接上海烟草集团烟支钢印雕刻机业务，完成上海卷烟厂驳运引导系统项目（糖料项目），突破全系列包装机的全物料机器人上料课题研究。聚合集成技术优势，成功签订自动轮转模切机合作协议，完成"首单"通用设备合同签订与交付，完成喷管支撑机匣试制交付，实现首个大型薄壁环类零件试制。

常德烟草机械有限责任公司

【概　况】 常德烟草机械有限责任公司（简称常德烟机）成立于1969年，1999年完成公司制改造，是中国最早从事烟草机械产品研发和生产制造的企业之一。下辖常德烟机配件经销服务有限责任公司、常德金叶机械有限责任公司、常德旺达物业服务有限责任公司。截至2021年底，常德烟机总资产27.87亿元，其中固定资产4.02亿元、流动资产23.24亿元，资产负债率12.24%。从业人员1135人。常德烟机董事长：周诗伟（—2021年2月）；董事长、总经理：杨军（2021年2月—，之前任总经理）；党委书记：秦继玉。

【生产经营】 2021年，常德烟机生产烟草机械整机144台套，其中烟机整机121台套、烟机大修23台套；销售烟草机械整机142台套，其中烟机整机132台套、烟机大修10台套。实现工业总产值20.09亿元（现价，不含税，下同）、工业增加值7.8亿元、产品销售收入16.69亿元，出口实现销售收入0.06亿元。公司三项费用率18.10%。万元产值综合能耗7.52千克标准煤。

【主要产品】 2021年重点攻关项目：实验室用卷接机组研制、高速轮式复合卷接机组的研制、卷接设备智能管理系统研发（2.0版）、ZJ116系列卷接机组新型伺服系统升级、卷接机组新一代人机交互系统的研究等。

主要产品：ZJ17型卷接机组、ZJ17E型卷接机组、ZJ118型卷接机组、ZJ112型卷接机组、ZJ112A型卷接机组、ZJ116型卷接机组、ZJ116A型卷接机组、ZJ116B型卷接机组、ZJ119型卷接机组、YF13型卷烟储存输送装置、YF14型卷烟储存输送系统、YF171A型滤棒储存输送装置、FY113型废烟支处理机、ZL26A型纤维滤棒成型机组、YF27B型滤棒气力输送装置、YF27C型滤棒气力输送装置、YF27D型滤棒气力输送装置、YF26型滤棒接收装置、YF26C型滤棒接收装置、YF26D型滤棒接收装置、YF26F型滤棒接收装置、TJ91型茄衣成型机、TJ91A型茄衣成型机。

【技术创新】 2021年，常德烟机按照集团公司中长期科技发展规划确定新的"一体两翼"（传统卷烟装备、新型卷烟装备及智能化服务）产品发展规划布局。实施ZJ119型卷接机组改进优化和技术支撑，推进ZJ17、ZJ116A智能化升级等项目，开展实验室用卷接机组项目样机试制，准备雪茄烟茄衣成型卷制一体机组样机生产，截至2021年底，完成卷接设备智能管理系统（iTOS-2.0版）设计验证评审。设备运维中心通过试运行，可整合内外资源，探索产品全生命周期管理和智能服务新模式。

【市场销售】 常德烟机ZJ118、ZJ116A/B和ZJ119等主导产品的市场认可度不断提升，销售额均实现增长。以河北白沙烟草有限责任公司为试点，与上海烟机、许昌烟机合作开展设备整线联调，调试周期在有效工作日之内从预计120天缩短至110天。全力配合上海卷烟厂“卷接、包装综合智能化平台”建设，联合打造ZJ118/iTOS试用机群示范点，第一组ZJ118/iTOS设备完成运抵调试。创新客户培训模式，举办公司内外包括网络视频的各机型烟机设备技术培训班11期，为43家卷烟厂的422位学员开展培训，在常态化疫情防控形势下满足客户培训需求。

许昌烟草机械有限责任公司

【概　况】　许昌烟草机械有限责任公司（简称许昌烟机）位于河南省许昌市，于1958年经国家经济委员会批准创建，1965年划归中国烟草工业公司管理，1969年划归国家轻工部管理，1987年划归中国烟草总公司管理，1999年划归中国烟草机械集团有限责任公司，2002年成功改制，更名为许昌烟草机械有限责任公司。下辖许昌富思特烟机配件有限公司1个全资子公司。截至2021年底，许昌烟机总资产14.62亿元，其中固定资产3.46亿元、流动资产10亿元，资产负债率23.99%。从业人员1103人。许昌烟机董事长：张维群（—2021年10月）、曲伟（2021年10月—）；党委书记、总经理：吴永胜。

【生产经营】　2021年，许昌烟机生产烟机产品335台，销售烟机产品296台。实现工业总产值11.42亿元（含富思特公司），实现工业增加值3.71亿元；实现销售收入11.04亿元（含富思特公司），出口实现销售收入0.38亿元；实现税利1.75亿元（含富思特公司），其中利润1.19亿元。公司三项费用率24.87%。万元产值综合能耗12.96千克标准煤。

【主要产品】　2021年，许昌烟机产品主要为三大类。滤棒成型类产品：ZL29、ZL29A、ZL28、ZL26C、ZL26D、ZL26E、ZL27、ZL22D型纤维滤棒成型机组，YL43、YL43A、ZL41、ZL41A型复合滤棒成型机组；高速特种滤棒成型机研制。

辅联物流类产品：ZF12B、ZF19型卷烟储存输送系统，YF17、YF17A型卷烟储存输送装置，ZF25、ZF25A型滤棒自动发射与接收系统，YF71、YF73、YF75型盘纸自动更换机，YF712/713型包装机组物料站，YF611、YF611A型条盒储存输送系统，YF172、YF175型滤棒固化储存输送装置，FY115型废烟支处理机，YP19、YP113型装封箱机，YJ35D、YJ36、YJ37、YJ39、YJ311型装盘机，YB17B、YB19、YB111、YB113型卸盘机，异型条烟分拣线。

卷接类产品：ZJ19B、ZJ114、NJ11A/NJ21型卷接机。

【技术创新】　2021年，许昌烟机着力对“关键核心和卡脖子”问题进行攻坚。梳理完成公司核心产品、核心部件、核心件目录清单；持续推进成型机进口件国产化工艺攻关，完成2种ZL28零件国产化攻关、ZL28产品鼓轮/气阀类等4种核心件工艺攻关。

“高速特种滤棒成型机研制”“YF175型滤棒储存固化输送系统”“分格装卸盘机研制”等5个项目顺利完成集团验收。

“多元线性复合滤棒成型机组研制”“超高速包装机新型物料站研制”2个项目完成内部验收并提供给用户；“2500支/分滤棒发射机研制”样机完成用户交验；“异型条烟高速分拣包装关键技术研究”项目通过河南省烟草专卖局鉴定验收；“YF611A条盒输送系统自主电控升级”项目通过客户验收。

智能化工作稳步推进，ZL28、ZF19、YF28、ZL29等主导产品实现三维模型化率目标要求。全年申报专利17件，其中实用新型专利13件、发明专利4件。全年获得授权专利15件，其中实用新型专利14件、发明专利1件。

【企业管理】　**提升服务质量和品牌形象。**实施CRM升级项目，建立客户反馈质量问题的长效管理机制；建立常态化产销协调会议机制，完成16组集团整线配套设备和22组滤棒成型重点产品设备供应，全年实现国内外专卖整机保障289台套。出台《客户服务人员行为规范》，深入推进调试标准化作业。

提升核心制造能力。统筹建设数字化车间生产资源管理平台，完成三维工艺设计升级，机加车间60余台数控机床实现全面联网，箱体柔性线自动化加工实现连续生产36小时，取得实质性突破。

提升质量管控能力。借鉴行检方式，建立对控股子公司的质量管控模式，对子公司的质量管控和实物质量等进行质量审核，出具审核报告；出台《巡查巡检管理办法》等7项制度，夯实质量管理制度基础；建立起供应商质量管控长效机制；开展“预防为主”的三级质量预防体系建设；实现“ZL29机组刀盘动平衡、ODM装置线路板故障报警”等难题的突破。

提升基础保障能力。制定《设备分类分级管理办法》，提升设备管理的规范化水平；对重点设备采用轮流专业维保方式，提高设备使用效率；行业制造基地功能进一步完善，新产品研发试制车间项目完成主体结构施工、道路中粒径柏油铺设；绿色化升级改造项目有序推进。

秦皇岛烟草机械有限责任公司

【概　况】　秦皇岛烟草机械有限责任公司（简称秦皇岛烟机）前身为中国轻工业机械总公司秦皇岛轻工业机械厂，1989年4月划归中国烟草总公司管理，更名为中国烟草总公司秦皇岛烟草工业机械厂，2002年3月改制为秦皇岛烟草机械有限责任公司。秦皇岛烟机下辖二级单位两个，分别为秦皇岛弘和机械有限责任公司、秦皇岛金叶物流有限责任公司。截至2021年底，秦皇岛烟机总资产16.32亿元，其中固定资产2.22亿元、流动资产12.93亿元，资产负债率36.35%。从业人员992人。秦皇岛烟机党委书记、总经理：王小飞；董事长：曲伟。

【生产经营】　2021年，秦皇岛烟机生产烟机整机1173台套，销售烟机整机1129台套；实现工业总产值8.13亿元，实现工业增加值2.83亿元，实现产品销售收入7.46亿元；实现税利0.59亿元，其中利润0.18亿元。公司三项费用率27.13%。万元产值综合能耗19.43千克标准煤。

【主要产品】　秦皇岛烟机主要产品为SP27型浸渍装置、SP67型升华装置、EVO系列切丝机、设备控制系统、WQ3系列回潮机、SJ2系列加香机和SJ1系列加料机、SH66系列滚筒薄板式烘丝机、WQ91型转辊式加温加湿机、KG型烟梗复烤机、KG型烟叶复烤机等。

【技术创新】　完成“分流式打叶风分系统研制”等3个集团重点科技项目的验收以及“EVO切丝机国产化研制”等13个科技项目的结题工作。“梗线滚筒气流式烘丝机研发与应用”“双质体共振式高频振动筛分机的研发”等项目列入研发课题并立项。“滚筒—气流式烘丝机技术研究与设备研发”获得2021年度中国烟草总公司科学技术进步奖。秦皇岛烟机再次通过河北省高新技术企业认定。2021年，申请专利32件，其中发明专利11件；获得专利授权49件，其中发明专利7件。

【企业管理】　深化精益管理，制定《管理项目管理办法》《改善管理办法》，初步构建形成涵盖岗位自主改善、管理项目实施等分级分类精益管理体系。启动“精益之星”评选，广泛开展群众性改进创新活动。深化管理标准体系建设，2021年修订管理制度106个，新增18个，废止8个，截至2021年底，管理制度共388个。

中烟机械技术中心有限责任公司

【概　况】　中烟机械技术中心有限责任公司（简称技术中心）成立于1999年，2012年经中国烟草总公司批复同意进行股权改制，成为中国烟草机械集团有限责任公司的全资子公司，主要负责烟草机械研发与设计。截至2021年底，技术中心总资产2.81亿元，其中固定资产0.54亿元、流动资产2.24亿元。资产负债率2.37%。在岗员工76人。技术中心党总支书记：陈黎（—2021年1月）、张世成（2021年1月—）；总经理：陈黎（—2021年1月）、郭宏斌（2021年1月—）；执行董事：曲伟。

【生产经营】　2021年，技术中心实现营业收入0.38亿元、技术研发收入0.38亿元。三项费用率32.82%。

【技术创新】　2021年，技术中心进一步深化与集团公司4家控股生产企业及部分中烟的协同创新，加快柔性化、模块化卷接、包装、成型、制丝设备研制，发挥好技术中心在关键共性技术研究、产品技术平台研究领域的引领支撑作用。

同上海烟机公司合作开展“基于伺服驱动的400包/分钟模块化硬盒包装机研制”项目，研发目标是推出可以与国际先进水平对标的新型模块化包装机组。

同常德烟机合作开展“实验室用卷接机组研制”项目，分别与山东中烟技术中心、河南中烟技术中心签订样机试用协议，项目按客户需求完善规格件和选项件设计，如期向常德烟机提交全部设计工程图。

同许昌烟机合作开展“模块化多品规滤棒成型机组研制”项目，将打造复合滤棒和特种滤棒自主化的技术平台，截至2021年底，该项目完成方案评审和标准宣贯，确定机组结构框架方案，切割输出部分试验装置完成签发。

同秦皇岛烟机合作开展“原烟工业智能分级原理机研发”项目，完成烟叶数采、烟叶分仓两个部分的样机试制。烟叶分揭、烟叶梳理按新的技术方案进行初步试验，效果基本达到预期。

2021年，技术中心与山东中烟技术中心开展技术交流与合作，加强国产柔性化烟机设备的深入研究，加快推进“实验室用卷接机组研制”等产品的试用工作。与湖南烟叶复烤公司、秦皇岛烟机签署合作伙伴框架协议，成立“打叶复烤工艺技术及装备联合实验室”，加强三方在打叶复烤新工艺、新技术、新设备等领域的创新开发，为支撑特色复烤品牌建设提供技术创新平台。

技术中心加强与云南中烟技术中心、三纤公司技术中心、湖南烟叶复烤公司等单位的技术交流，充分利用行业优势，借助烟草行业卷烟工艺与装备研究重点实验室、三纸一棒联合实验室和打叶复烤联合实验室等行业资源，针对一些共性技术、关键性技术，以联合技术攻关、联合项目合作、联合实验研究等方式，将技术成果转化，与烟草全产业链有机结合起来，提升技术中心参与行业全产业链烟机装备保障的创新能力。

北京达特集成技术有限责任公司

【概　况】　北京达特集成技术有限责任公司（简称北京达特公司）成立于1998年，原名为北京达特膨胀烟丝成套设备工程有限责任公司。2002年，更名为北京达特烟草成套设备技术开发有限责任公司。2013年，更名为北京达特集成技术有限责任公司。达特公司由中国烟草机械集团有限责任公司、五洲工程设计研究院、秦皇岛烟草机械有限责任公司共同投资组建，注册资本5000万元。北京达特公司集科、工、贸于一体，实施机、光、电、控一体化的成套设备工程，并承揽烟草物流设计（咨询）与集成业务、烟草农业机械集成业务。截至2021年底，北京达特公司总资产5.32亿元，其中固定资产0.01亿元、流动资产5.29亿元，资产负债率64.09%。从业人员102人。北京达特公司党支部书记、董事长：付嘉；总经理：李建梅。

【生产经营】　2021年，北京达特公司实现营业收入7.2亿元。实现税利0.98亿元，其中利润0.73亿元。2021年公司整体经营情况基本符合预期。

2021年新签合同总额8.55亿元，比上年增长20%。其中，干冰生产线集成项目1项，合同金额0.57亿元；制丝电控项目6项，合同金额0.05亿元；物流集成项目5项，合同金额0.39亿元；改造和备件项目46项，合同金额0.11亿元；农机项目132项，合同金额7.43亿元。

【技术创新】　2021年，北京达特公司在研科技项目27项，其中续研科技项目16项、新立项科技项目11项。续研项目“CO_2超临界流体柔性膨胀关键技术研究及装备自主开发”为集团公司重点科技项目，其余均为公司立项科技项目，参研人数47人，研发人员费用650万元。2021年研发投入总预算合计为0.26亿元，实际研发投入0.27亿元，获得发明专利授权1件、计算机软件著作权2项。

中烟烟机零配件采购服务中心有限责任公司

【概　况】　中烟烟机零配件采购服务中心有限责任公司（简称零配件中心）于2012年9月26日在原北京特思达机电技术开发有限责任公司的基础上工商变更组建，位于北京市丰台区海鹰路1号园6号楼3层。主要从事销售机械设备、技术服务业务。截至2021年底，零配件中心总资产6.41亿元，其中固定资产0.01亿元、流动资产6.33亿元，资产负债率45.93%。从业员工23人。零配件中心董事长、总经理：赵文宏。

【生产经营】　2021年，零配件中心实现营业收入6.92亿元。实现税利1.27亿元，其中利润0.74亿元。公司三项费用率2.11%。

【企业管理】　夯实基础管理，进一步完善企业管理标准体系。强化采购规范管理、内部控制，深化人力资源管理、完善公司管理制度。加强企业安全管理，科学精准防控疫情，完善《零配件中心预防新冠肺炎输入工作流程》，组织北京保税库开展核酸检测，保障行业用户使用进口烟机零配件的安全。

合理调配资源，进一步提升保税库运行效率。通过去除信息孤岛，优化任务调度方式，优化综合管理系统模块化功能，通过任务看板展示信息，提升业务信息获取实时性。全力重保网络安全，防范网络信息风险能力进一步提升。

强化售前服务，提升购销信息匹配度。延伸售后服务，保障用户利益，通过远程视频会议，为广州、昆明、上海等地重点用户解决多项设备维护、配件安装过程中的疑难问题。优化现有签约寄售库存模式，向行业用户及合作外商推广签约寄售。

中烟物流技术有限责任公司

【概　况】 2017年9月，国家局、总公司印发关于设立中烟物流技术有限责任公司的批复，同意中国烟草机械集团有限责任公司、中烟商务物流有限责任公司共同投资设立中烟物流技术有限责任公司（简称物流技术公司）。公司注册资本5000万元，其中中国烟草机械集团有限责任公司占70%、中烟商务物流有限责任公司占30%。物流技术公司于2017年11月30日正式成立。截至2021年底，物流技术公司总资产3.95亿元，资产负债率92.06%。从业人员146人。公司董事长：曲伟（—2021年1月）、周诗伟（2021年1月—）；党支部书记、总经理：姜新荣。

【生产经营】 2021年，物流技术公司新签行业项目21项，非烟项目3项。实现销售收入1.9亿元。

【主要产品】 自主设计研发条烟分拣设备5套：新立式分拣机（FJ15000）、循环分拣机（FJ25000）、高速分拣机（FJ30000）、超高速分拣机（FJ100000）、异型烟分拣系统及三标合一（标准烟、细支烟、异型烟）分拣合单包装系统（YX5000），具有设备占地面积小、投资少、运行成本低等优势。

自主设计研发的单机设备主要为：标准烟开箱机（ES0301000000）、细支烟开箱机（ES0302000000）、补货小车（ES04030000000）、发射机（ES1602000000）、S型缓存（ES0602000000－000）、五拨卧式机（ES1702000000）。

【技术创新】 *产品方面。*完成立式机、卧式机、补货小车等系列产品的升级开发与定型。推进件箱式自动装卸车机器人研究、自动拆码垛关节机器人集成应用、堆垛机控制系统、托盘输送线控制系统的研发；开展基于AI视觉的识别技术研究，解决烟叶分选定级、件烟自动装卸货三维识别、件烟和条烟垛型识别等技术难题。其中自主研发烟叶智能分级系列产品，在云南曲靖、楚雄等地实际应用；环保包装机成功研制并验收通过。

*软件方面。*完成智能仓库管理系统WMS、仓库控制系统WCS、分拣管理系统的产品化建设工作，并大面积应用于各类行业及非烟项目；紧跟行业物流发展趋势，完成卷烟商业企业二维码应用整体解决方案及二维码相关信息系统的自主研发工作，打通工商零消各环节数据链条，实现企业之间以及各业务环节之间的资源共享。开展算法技术研究，解决智能仓储调度、分拣调度等技术问题，开发垛型算法管理系统、物流管控平台等；开展基于数字孪生的物流设备管理技术研究，实现设备三维可视化管理并可预知生产情况和设备故障，开发智慧物流设备管理系统。推进软件标准化研发平台建设，通过CMMI3级认证。探索大数据、云计算、区块链、物联网、移动互联、新一代人工智能等现代信息技术在烟草物流方面的深化研究和应用，打造智慧物流新生态，为重庆烟草、陕西烟草、河北烟草提供全省的智慧物流整体规划及解决方案。

*探索智慧物流发展方向。*落实行业打造“全面感知、数字驱动、智能管理、智慧决策”的智慧物流体系部署要求，结合行业农工商一体化全产业链发展方向，与重庆市公司物流分公司签订集物流技改、智慧物流于一体的战略合作协议，有序推进长沙卷烟厂线边物流自动化合作项目，探索物流技术智能化工作实施方向。

*依托重点项目落实研发成果。*申报“多品规条烟高效分拣系统”“柔性式自动装卸系统”等发明专利及软件著作权，2021年申报发明专利6件、实用新型专利10件、软件著作权4项。截至2021年底，累计获得实用新型专利授权35件、外观设计专利授权4件、软件著作权33项，发表论文2篇。获得全国高新技术企业认定和CMMI3级认证。

云南烟草机械有限责任公司

【概　况】 云南烟草机械有限责任公司（简称云南烟机）成立于2008年6月，是由云南中烟工业有限责任公司与中国烟草机械集团有限责任公司共同出资组建的行业全资专业化烟草机械生产经营企业。云南烟机经营范围涵盖烟用包装、卷接、储存、输送机械生产销售及大修理，烟机技术改造、零配件设计生产销售，烟用农业机械设计生产销售。截至2021年底，云南烟机公司总资产9.94亿元，其中非流动性资产0.4亿元、流动性资产9.29亿元，资产负债率58.69%。从业人员332人。云南烟机公司董事长：金亦斌（—2021年11月）、吴永茂（2021年11月—）；党委副书记、总经理：李宏彬（全面负责党委工作）。

【生产经营】 2021年，云南烟机实现工业总产值8.55亿元，工业增加值2.64亿元。实现产品销售收入7.85亿元，其中烟机修理及改造收入3.59亿元、烟机零配件销售收入0.45亿元、上海配套件收入0.06亿元、制丝线（贮柜）改造收入0.07亿元、烟用农机销售收入3.68亿元。实现税利1.47亿元，其中利润1.16亿元。三项费用率8.79%。万元产值综合能耗1.18千克标准煤，万元增加值能耗3.82千克标准煤。

【技术创新】 落实2021年烟夹需求计划，推进烟草农用机械技术突破，完成热泵供热烘烤设备的研发，改进烟草烘烤设备，进一步满足达特公司需求，提升市场对云烟机品牌的认可度和接受度。围绕企业高质量发展目标，夯实技术基础管理。申报QC小组活动成果18个，其中，创新型课题“成品条盒自动拆解检测装置的研制”、问题解决型课题“缩短更换YB45内框纸虚线切刀及对辊的时间”获得云南烟草工业系统第十八次优秀QC小组成果三等奖。全年申报专利36件，获得实用新型专利授权15件。

烟草专用机械持证生产企业名单

序号	企业名称	企业住所
1	上海烟草机械有限责任公司	中国（上海）自由贸易试验区锦绣东路2555号
2	常德烟草机械有限责任公司	湖南省常德市长庚路999号
3	许昌烟草机械有限责任公司	河南省许昌市永昌路6号
4	秦皇岛烟草机械有限责任公司	河北省秦皇岛市经济技术开发区龙海道67号
5	天津华一有限责任公司	天津市红桥区丁字沽三号路8号
6	昆明船舶设备集团有限公司	云南省昆明市人民东路3号
7	颐中（青岛）烟草机械有限公司	山东省青岛市崂山区株洲路88号
8	贵州平水机械有限责任公司	贵州省安顺市平坝县210信箱
9	北京长征高科技有限公司	北京市经济技术开发区地盛北街1号25号楼
10	杭州萧山烟草机械设备有限公司	浙江省杭州市萧山区临浦镇通一村（后沈）
11	沈阳飞机工业（集团）有限公司	辽宁省沈阳市皇姑区陵北街1号
12	武汉船用机械有限责任公司	湖北省武汉市青山区武东街9号
13	昆明风动新技术集团发展有限公司	云南省昆明市高新区科泰路
14	中国船舶工业总公司七一五研究所宜昌分部	湖北省宜昌市绿萝路43号
15	巩义市建设机械制造有限公司	河南省巩义市城东石灰务工业区
16	云南烟草机械有限责任公司	云南省昆明市高新技术开发区科医路43号
17	昆明烟机集团二机有限公司	云南省昆明市东郊金马寺
18	昆明烟机集团三机有限公司	云南省昆明市经济技术开发区信息产业基地拓翔路235/237号
19	宝应仁恒实业有限公司	江苏省扬州市宝应县苏中北路18号
20	江苏恒森烟草机械有限公司	江苏省无锡市锡山区羊尖镇机械装备产业园胶阳路
21	宁波轻工机械制造有限公司	浙江省宁波市镇海区骆驼工业区南一西路78号
22	智思控股集团有限公司	江苏省武进市高新技术产业开发区凤鸣路18号
23	北京达特集成技术有限责任公司	北京市经济技术开发区地盛北街1号25号楼
24	东方机器制造（昆明）有限公司	云南省昆明市经济技术开发区昌宏路88号
25	南京大树智能科技股份有限公司	江苏省南京市江宁区经济技术开发区挹淮街8号
26	机科发展科技股份有限公司	北京市海淀区首体南路2号
27	扬州市天宝自动化工程有限公司	江苏省扬州市宝应县柳堡镇仁里工业园区
28	合肥安大电子检测技术有限公司	安徽省合肥市高新技术开发区天达路2号安大科技园电子楼
29	云南紫金科贸有限公司	云南省昆明市金星广场A幢3楼
30	上海兰宝坤大智能技术有限公司	上海市奉贤区金汇镇金碧路228号6幢1层

续表

序号	企业名称	企业住所
31	开封东方机械有限公司	河南省开封市通许县北工业园区丽星路中段
32	深圳市格雷柏智能装备股份有限公司	深圳市福田区天安数码城创新科技广场 B1710
33	郑州竹林智研机械设备制造有限公司	河南省巩义市竹林镇镇北街
34	湖南傲派自动化设备有限公司	湖南省湘潭市湘潭县易俗河镇梧桐路以西（湘潭天易示范区傲派工业园）
35	北京航天雷特机电工程有限公司	北京市丰台区科学城恒富中街 2 号 1 号楼 6498 室
36	常德瑞华制造有限公司	湖南省常德市武陵工业新区 2 号路 518 号
37	南京焦耳科技有限责任公司	江苏省南京市高新区南京软件园（西区）团结路 99 号孵鹰大厦 A 座 404－405 室
38	河南施普盈科技有限公司	河南省许昌市许由路与学院路交叉口许昌汉诺威自动化有限公司大门口东侧
39	张家口市东力机械制造有限责任公司	河北省张家口市张家口高新技术产业开发区富强路 24 号
40	上海坤大信息技术有限公司	上海市闵行区联航路 1588 号
41	南京文采科技有限责任公司	江苏省南京市建邺区嘉陵江东街 18 号 3 号楼 2 层
42	安徽飞翔烟机配套有限公司	安徽省安庆市桐城市范岗镇红旗路 41 号
43	天津斯巴克斯机电有限公司	天津市北辰区天津北辰经济技术开发区科技园华泰道 8 号
44	张家口百通烟草机械有限责任公司	河北省张家口市高新技术产业开发区丰华路 1 号

◇ 撰稿：卫明源；编辑：周　佳　王　静　刘海文

卷烟辅助材料生产

南通醋酸纤维有限公司

【生产经营】 2021 年，南通醋酸纤维有限公司（简称南纤公司）围绕“聚焦一个目标、围绕一个中心、突出五项重点”的工作思路，统筹新冠肺炎疫情防控和生产经营，克服原辅材料价格大幅上涨等严峻挑战，实现“十四五”良好开局。全年生产丝束 10.6 万吨，销售丝束 10.73 万吨；生产醋片 20.3 万吨，销售醋片 10.35 万吨。实现利润 27.38 亿元。

【辅料生产供应】 南纤公司确保辅料生产供应，辅料主要为醋纤丝束油剂，用于醋纤丝束生产润滑、集束、防静电。醋纤丝束油剂以白油、乳化剂为主要原料，根据醋纤丝束的生产特点和要求配制。2021 年，生产油剂 1735 吨，除自用外，向昆明、珠海两家醋酸纤维有限公司销售油剂 417 吨。

【协同创新】 **安全协同。**协助安全生产指导委员会组织开展三纤公司安全生产督导检查和网络安全专项督导，开展三纤公司《自然灾害专项应急预案》调研，提出 4 个方面的改进意见，协同构建系统安全治理体系。

技术协同。开展丝束生产专题技术交流，协同开发 2 个新规格丝束，支持推动财务审计、联合采购、醋片运输、人力资源、信息化建设等协同工作。

管理协同。牵头编写《三纤公司深化协同创新研究报告》，首次完成《三纤公司高质量发展评价报告》编制，配合编制三纤公司“十四五”规划、国际醋纤产业和技术发展现状及趋势研究。

【品牌建设】 **持续改进产品质量。**制订质量提升计划，确定 58 项丝束质量提升课题；系统分析中国烟草投资管理公司满意度调查结果，针对性制定 6 项改进举措；开展质量风险识别评价，强化质量安全管控。全年 S－泵浆液浓度稳定性 SD、丝束断头率、丝束线密度变异系数 CV 等达到或超过既定目标，丝束生产合格率 99.06%，市场使用情况保持稳定，无系统性丝束产品质量反馈和投诉。

持续提升服务价值。联合用户开展中细支烟新品开发、丝束成型研究、产品质量改进、进口丝束替代等 39 项合作课题，为用户提供增值服务，推动丝束生产服务与卷烟创新链、供应链的融合。2021 年度中国质量协会丝束用户满意度调查 94.96 分，忠诚度 97.8 分。

持续深化品牌合作。联合上海烟草集团举行“爱我中华 华维力行”醋酸丝束“中华”专线建设主题交流活动，探讨无二氧化钛丝束、国产替代进口等议题。全年为用户开发改进 5 个规格丝束、7 个无二氧化钛丝束品种，提升基地化供应保障服务水平。

【技术创新】 多品种浆粕开发取得阶段性成果，巴西木浆生产效率和使用量逐年提高；完成 1800 吨国产棉浆的醋片生产并提升生产效率 4%~10%，纺丝试生产各项技术质量指标正常；完成 3000 吨挪威软木浆的醋片生产，并成功进行 15%以上比例的纺丝生产；喷丝帽国产化取得进展，成功实现 110 孔 84 微米喷丝帽国产化开发，产出丝束质量与进口喷丝帽无明显差异。全年获得专利授权 4 件。

【安全环保】 **巩固提升双重预防机制建设。**围绕系统安全治理，开展系统安全风险梳理和重要生产流程风险再辨识，落实 100 余项改进措施。梳理 7 种自然灾害事故主要风险，完善自然灾害应急预案。围绕本质安全建设和环保节能减排，组织实施 20 个安全环保精益改善项目。开展隐患排查治理，组织各类 EHS 检查和安环专业人员每日巡查，全年各类隐患整改率 95.86%。总经理深入一线部门和班组参加晨会 20 余场次并进行现场巡查，全年带队开展 5 次公司级安全检查，发现隐患 533 条，整改率 100%。

开展危化品安全专项整治。针对湖北十堰重大燃气爆炸事故、贵州贵阳甲酸甲酯泄漏等事故，第一时间召开专题会议，开展南纤公司天然气管理风险再辨识。开展危化品泄漏专项整治工作，夯实危化品安全管理的制度和技术基础，识别较大泄漏点 541 个，对 487 条风险回顾分析，新增风险 22 条，挖掘改进措施 133 项。

推进本质安全建设。改善设备安全水平，对设备设施进行系统评估，深度分析故障缺陷，优化维修维护策略，评估约 4700 台套工艺设备和 7500 台套独立电仪设备。强化工艺技术安全，完成 46 个工艺系统的 HAZOP 分析，完善工艺技术安全信息管理和变更管理流程，工艺变更和试验风险全面受控；加强异常报警治理，关键报警响应及时率 99.3%，报警数量比上年下降 7%。

推进环保减排治理。严控污染物排放总量，实现全面达标排放，二氧化碳、氮氧化物、烟尘排放量均比上年减少 65.92%、30.69%、36.28%。开展固体废物减排治理工作。推进重点环保技改项目，锅炉烟气脱硫除尘系统优化、VOCs 治理等重点环保项目取得进展。

常态抓牢新冠肺炎疫情防控。实时关注外部疫情动态，组织疫情防控工作专题会议，组织建立公司疫情防控综合应急预案和五项专项预案，调整完善方案 8 次。严控中高风险地区人员流动和进口物资安全，完成 1021 人次外出轨迹跟踪申报，常态化开展进口物资核酸检测 282 批次。组织采购储备充足防疫物资，推动全员接种疫苗，做到应接尽接。

【精益管理】 **提升产销。**通过精准排产、细化过程质量管理、提升柔性化生产能力和纺丝速度等举措优化产品产销。全年生产细支烟丝束 1.43 万吨，中支烟丝束 4808 吨；销售细支烟丝束 1.47 万吨、中支烟丝束 4878 吨；丝束认购率达到 125.42%，丝束认购计划和分配计划继续保持国内第一位。

降低费用。推动实施修旧利废、自主维修和进口备件国产化等举措，节约维修费用；合法合规开展税收筹划，减少税费 869 万元；合理安排资金计划，增加财务收益 2744 万元；紧盯奖励补贴政策，进行申报，获得政府奖励 457 万元；首次实现碳排放权交易，实现增利 339 万元。

强化管理。全年组织实施 10 个精益六西格玛项目和 48 个 QC 项目，取得财务收益 4900 万元。开展 62 项 TPM 改善课题，醋片设备 OEE 达到 94.19%，丝束设备 OEE 达到 94.06%，关键设备故障率下降 39%。系统开展节能降耗，实现节能率 2.96%，节约标准煤 1.42 万吨。巩固集约型一体化管理体系运行成果，构建生产和维修部门四级管理体系，推进生产和维修部门管理标准化，深化公司基于卓越绩效的质量经营模式内涵，获评中国质量协会“管理体系实践典型企业”。

【工程建设】 2021 年，公司六期工程完成安全、节能、环保设施、职业健康和项目档案等 5 个单项验收，验收准备工作全面完成。项目竣工决算总投资较初步设计节省投资 1.31 亿元，实现“安全、质量、进度、费用”全面受控。

【特事辑要】 2021 年 1 月 7 日，南纤公司召开第四届二次职工代表暨五届二次会员代表大会。

4 月 21 日，“爱我中华　华维力行”醋纤丝束“中华”专线十周年座谈会在南纤公司召开。

4 月 28 日，南纤公司“刘英杰劳模创新工作室”揭牌。

11 月 16 日，三纤公司召开科技创新大会暨科技委会议、三纤公司“十四五”规划发布会议。

◇ 撰稿：刘静静；编辑：周　佳　王　静　刘海文

昆明醋酸纤维有限公司

【生产经营】 2021 年，昆明醋酸纤维有限公司（简称昆纤公司）生产丝束 3.55 万吨，销售丝束 3.54 万吨，实现利润 4.15 亿元。

【安全环保】 2021 年，昆纤公司一般及以上安全事故为零，三废排放达标率 100%，职业病发病率为零，网络安全事件为零。生产无中断连续工作天数 694 天。

昆纤公司全面树立系统安全观，系统推进各项安全工作。开展多层级立体化系统安全观学习，树立全员系统安全观。聚焦系统安全的制度建设，检视整体生产安全工作，开展针对产品质量、客户需求、生产能力等全方位的风险辨识，新辨识风险 89 条，制定新管控措施 43 项，完善管理制度 5 项。抓好风险管控和隐患排查治理工作，开展 34 项昆纤特色的“三重三化”专项检查；开展隐患整改回头看检查；落实提高网络安全意识，强化行为规范、技术管控等措施。

抓好危化品规范管理，强化对丙酮、盐碱、液碱等危化品的源头管控；加强对危化品卸料、存储、使用、管理各环节的检查；加强危化品管理信息平台建设等工作。抓好疫情防控工作，强化人防、物防、技防等防控措施；严格离昆、返昆、外协、访客等人员管理；促进员工疫苗接种等工作，取得“安全生产、疫情防控”阶段性胜利。

【品牌协同】 昆纤公司以“四个提升”为目标，持续推进“华维”品牌建设。提升专线产品应用水平，秉持为客户量身打造产品和服务的专线建设理念，开展提高专线产品均质化水平，客户端上机适应性、专线丝束质量指标稳定性等工作；提升昆纤丝束质量稳定性，加大客户现场的关注力度，开展有针对性的工艺技术和产品质量改进，去卷曲能、丝带翻转、滤棒硬度等质量得以提升；提升昆纤丝束的产品价值，充分发挥区位优势，加强交流合作，配合客户开展以推进高质量发展为目标的系列实验；提升“华维”品牌的内涵价值，发挥协同优势，向内全力抓好系列协同工作，驱动协同创新、协同发展有序落实；向外组织开展好协同服务，打造三纤公司与客户的共赢局面。

【客户服务】 2021 年，昆纤公司聚焦市场，贴近客户，树牢“华维”品牌之魂。以坚持打造“标杆专线”为目标，持续深化“云烟”“玉溪”专线建设，不断提高专线丝束产品质量和服务水平，进一步夯实昆纤产品在云南市场的主导地位。稳步推进公司中长期客户服务质量发展规划，结合客户端上机适应性、吸阻稳定性、消耗等丝束产品表现，提高数据分析和解决问题的能力，完善内部产品质量评价体系，管控产品品质。聚焦客户和市场，加强向主管部门的主动报告请示和与客户的深度沟通协调，提升客户服务水平和昆纤丝束的认购率。

【搬迁技改】 昆纤公司围绕两个重点，推进搬迁技改项目准备工作。一是与云南中烟共同成立昆纤公司搬迁原址开发项目的领导和执行机构，与各级政府进行多轮商谈，促进现址开发方案制定。二是做好立项准备，成立昆纤公司搬迁建设方案编制机构，初步编制各系统、各专业项目工程建设的技术方案，有序推进立项报告和立项申报材料的准备工作。

【特事辑要】 昆纤公司再次入围“2021 云南省非公企业 100 强”榜单，排名第 71 位。

12 月 18 日，昆纤公司总降 10 千伏配电室的智能巡检机器人系统完成调试，并首次完成机器人替代人工例行巡视任务，标志着昆纤公司配电室智能机器人自动巡检迈出历史性的一步。

◇ 撰稿：李如音；编辑：周　佳　王　静　刘海文

珠海醋酸纤维有限公司

【生产经营】 2021 年，珠海醋酸纤维有限公司（简称珠纤公司）生产丝束 7.12 万吨，销售丝束 7.33 万吨，实现利润 8.38 亿元。

2021年11月，珠纤公司党委与美方高管沟通党的十九届六中全会精神

珠纤公司 供稿

2021年度“绿色工厂”名单。

【协同创新】 **深化三纤协同。**牵头完成三纤公司“十四五”规划，形成三纤公司整体层面上融为一体的首个五年规划，为三纤公司高质量发展提供战略导航。承办三纤公司与福建中烟技术交流会，深化双方友好合作。牵头完成三纤公司二氧化钛等辅料联合采购，有效降低采购成本。牵头完成三纤公司客户关系管理系统建设，提升客服效率和质量。严格执行三纤公司人力资源3P项目规划，提前完成控员计划。

推动数字化转型。与广东中烟共建数据平台，助力双方同步提升产品品质。新建“丝束质量自动预警系统”，通过质量异常分析报警、虚拟截留等功能，提高过程质量分析效率和产品质量管控水平。利用PI系统建立模型指导生产，进一步发挥PI系统生产工艺数据中心作用。拓展设备点巡检系统应用，持续提高巡检质效和设备故障防范能力。实现档案管理数字化、会议管理信息化，行政运营效能不断提高。

优化创新生态。全年评选出59个科技创新项目和25个管理创新项目，年度财务收益182万元。科技创新参与399人次、创新指数4.48，为历史最佳水平。知识产权实现全链条保护。通过知识产权体系年度监督审核。公司被评为2021年度广东省知识产权示范企业。

【安全环保】 **紧绷疫情防控之弦。**珠纤公司贯彻落实关于疫情防控的工作要求，抓好常态化防控，构筑群体免疫防线，为安全稳定生产提供保障。

压实安全生产责任。完善反“三违”机制，编制“应知应会”检查清单、反“三违”排查清单及试卷，在突击闭卷考试中取得良好成绩。优化安全责任清单，将网络安全责任纳入岗位EHS责任承诺书中，主体责任覆盖范围更全面。

强化安全意识教育。开展EHS法规主题宣传，营造知法守法氛围。采取总经理授课、综合及专项检查、实战演练、技能竞赛等形式，开展安全生产月、消防宣传月等活动。全年中高层参加安全活动255次，中高层管理人员安全授课30次，人均安全培训31.3学时，各类应急演练146次。

创新隐患排查方法。实施模块/流程审核16次，共发现284条隐患，挖掘出制度、管理、操作等方面的深层次问题，为从根本上消除隐患提供支撑。

深化节能减排。实施循环水系统运行优化项目，年节电308万度，减少标准煤370吨，减少碳排放约1500吨；实施空调加湿系统改造项目，年节约蒸汽1080吨，减少标准煤97吨，减少碳排放约250吨。开展泄漏检测与修复工作，降低VOCs排放。对标“双碳”要求，主动申请并通过第三方“产品碳足迹”核查，公司入选工业和信息化部

【品牌建设】 **丰富销售服务内涵。**深化“一省一策”“一厂一策”工作，加强与客户在产品定制、技术研发等方面的合作。与四川中烟共建宽窄烟用丝束生产（研发）基地，成为国内醋纤行业首创实践。在行业网络学院平台开展烟用丝束应用技术专题培训，向全行业展示“华维”品牌良好形象，也填补职工进修学院在此领域培训课程的空白。面对复杂的新冠肺炎疫情，采取零接触、错峰发货等措施，助力广东、湖北和福建等多家客户度过非常时期。

满足市场需求，积极开发新品。积极推进供给侧结构性改革，深度挖掘细分市场，成功开发7.3Y26000和7.3Y22000规格，有效填补国内中、细支烟用中空滤棒丝束规格空白，并已得到多家用户批量使用。强化特规丝供应保障，助力广西中烟实现落地加工，降低生产成本；实现“华维”品牌特规丝在湖北中烟多牌号上使用，有力提升丝束供应自主可控能力，持续提高“华维”品牌的市场影响力。

截至2021年底，珠纤公司产品覆盖“双喜”“黄鹤楼”“芙蓉王”“利群”等13个重点卷烟品牌，重点卷烟品牌覆盖率达到87%。

【企业管理】 **深化“零缺陷”管理。**承担“零缺陷”深化工作的9个部门完成阶段性目标并推广经验，全员“零缺陷”意识能力进步明显。各部门通过工作质量责任制建立、麻烦消除系统应用等方法，持续增强质量管理能力。

深化精益管理。实施精馏塔精细化控制、空调器加湿系统改造等举措，全年吨丝束蒸汽单耗4.8吨，节约蒸汽成本213万元。实施循环水系统运行优化、循环水泵系统改善等举措，全年节约用电成本171万元。严格最高最低库存管控，维修备品备件库存比上年减少582万元，下降15.2%。

提升组织效能。开展流程型组织建设，增强业务链协同，提升执行效率。以“精英人才、关键岗位B角、管理人员后备”为人才培养主攻方向，以职业导师制模式、珠纤工匠评聘为依托，以内训师培育和课程开发为基础，造就高素质队伍，助力控员增效。2021年，有33名管理和研发人员获得珠海市“产业发展和创新人才”奖励。

【特事辑要】 2021年3月26日，珠纤公司“绿色高效丙酮回收工艺技术研究与应用”项目获得首届创新珠海科技进步奖一等奖。

11月19日，珠纤公司档案工作规范管理通过广东省一级甲等测评，成为珠海市首家获此评级的企业。

◎ 撰稿：钟慧婷；编辑：周 佳 王 静 刘海文

其他卷烟辅助材料生产企业名单

辅料生产企业名称	出资人（烟草企业）	总资产（万元）	总产值（万元）	总利润（万元）	主要经营项目
中烟摩迪（江门）纸业有限公司	中国烟草总公司参股	76337	48352	6863	主要经营卷烟纸、成型纸、其他用于烟草制造业的各种纸类制品的加工、生产和销售，并提供与此相关的服务等
上海烟草包装印刷有限公司	上海烟草集团有限责任公司控股	243519	115165	382	主要经营出版物印刷、包装印刷、其他印刷，从事印刷科技专业领域内的技术咨询、技术服务等
上海白玉兰烟草材料有限公司	上海海烟投资管理有限公司全资	48327	57289	5.8	主要经营滤棒产品的生产、销售、委托加工及其相关领域的设计、开发与技术咨询、技术服务等
上海烟草集团太仓海烟烟草薄片有限公司	上海烟草集团有限责任公司全资	76412	24345	2976	主要经营烟草薄片委托加工、烟叶购进、烟草薄片生产销售，与烟草薄片生产相关的技术咨询服务，烟草薄片仓储，香料销售等
上海牡丹香精香料有限公司	上海烟草集团有限责任公司控股	19352	21671	3690	主要负责烟用香精香料的研制、开发、生产、销售、运输及其相关领域内的咨询服务等
南通烟滤嘴有限责任公司	江苏中烟工业有限责任公司全资设立	241550	143758	36935	主要负责烟滤的加工、销售等
龙游塔恩纸业有限公司	浙江中烟投资管理有限公司参股	19085	11500	1600	主要经营生产销售水松原纸、水松纸、其他纸及烟草行业的其他纸产品等
湖州新天外绿包印刷有限公司	浙江中烟投资管理有限公司参股	37952	29315	105	主要经营卷烟包装印刷、其他印刷、包装装潢，从事货物与技术的进出口业务等
浙江伟博包装印刷品有限公司	浙江中烟投资管理有限公司参股	18342	15087	1467	主要经营卷烟包装印刷、包装装潢印刷及进出口业务（不含分销业务）等

续表

辅料生产企业名称	出资人（烟草企业）	总资产（万元）	总产值（万元）	总利润（万元）	主要经营项目
浙江利群环保纸业有限公司	浙江中烟工业有限责任公司参股	22802	30509	7549	主要经营造纸法烟草薄片的技术研发、生产及自产产品的销售等
蚌埠卷烟材料厂	隶属安徽中烟工业有限责任公司、集体企业	46960	42506	398	主要生产经营滤棒、香精香料、接装纸、内衬纸、框架纸、烟箱、白乳胶、烟用布带、封箱胶带等卷烟辅材产品等
芜湖卷烟材料厂	隶属安徽中烟工业有限责任公司、集体企业	35492	15260	1072	烟草专卖品生产；包装装潢印刷品印刷；特定印刷品印刷；烟草制品零售；烟草专卖品进出口；再生资源回收等
合肥烟草工贸总公司	隶属安徽中烟工业有限责任公司、集体企业	20056	12781	355	主要经营纸箱、铝箔纸、接装纸、卡纸、滤棒等卷烟辅材等
阜阳卷烟材料厂	隶属安徽中烟工业有限责任公司、集体企业	13454	9544	－28	主要经营纸箱、铝箔纸、接装纸、卡纸、滤棒等卷烟辅材等
滁州卷烟材料厂	隶属安徽中烟工业有限责任公司、集体企业	20927	14051	165	主要经营纸箱、滤棒、薄片丝、铝箔纸、卡纸、烟用接装纸的生产、制造，其他卷烟材料配套服务、精加工、修理等
中烟益升华（厦门）滤嘴棒有限责任公司	福建中烟工业有限责任公司参股	17865	2921	－819	主要经营烟用醋纤丝束购进，烟用丙纤丝束购进，研究、开发、生产、销售烟用滤棒，滤棒加工，提供烟用滤棒的售后、实验室测试和咨询等专业技术服务，烟草专用机械购进等
福建鑫叶投资管理集团有限公司	福建中烟工业有限责任公司控股	282500	115535	24609	主要经营自有资金投资的资产管理服务，包装装潢印刷品印刷，出版物印刷，以自有资金从事投资活动等
龙岩鑫达彩印有限公司[1]	福建鑫叶投资管理集团有限公司控股	18441	18787	4139	主要经营商标、广告等印刷品，兼营装潢设计
福建省石狮市富兴包装材料有限公司	福建鑫叶投资管理集团有限公司控股	15436	12228	1618	主要从事水松纸、铝箔纸、卡纸等卷烟辅料的经营与管理等
山东鲁烟莱州印务有限公司	将军烟草集团有限公司全资	34346	25444	1757	主要经营包装装潢印刷品印刷、油墨生产销售、纸张销售等
济南泉永印务有限公司	将军烟草集团有限公司全资	21645	22748	4651	主要经营卷烟商标印制，包装箱盒及其他纸制包装物、本册制造，纸张等的批发，国内广告业务，企业品牌策划与推广等
山东将军开元纸业有限公司	将军烟草集团有限公司全资	9504	6760	339	主要经营包装装潢印刷，铝箔纸、瓦楞纸、纸箱、卡纸及包装制品生产、销售，进出口业务，设备租赁、房屋租赁等
山东将军烟草新材料科技有限公司	将军烟草集团有限公司全资	36697	15000	3841	主要经营烟用滤棒的研发制造，烟草专卖品生产、批发，烟草制品零售，食品生产销售，货物进出口，技术开发、咨询、服务，机械零件、零部件加工销售，劳务服务，房产租赁，互联网销售等
将军烟草集团有限公司济南包装材料分公司	将军烟草集团有限公司直属	12751	13923	42	主要经营包装装潢印刷品印刷、塑化烟箱租赁，批发零售纸张、瓦楞纸、纸制品、塑料制品等

续表

辅料生产企业名称	出资人（烟草企业）	总资产（万元）	总产值（万元）	总利润（万元）	主要经营项目
将军烟草集团有限公司临清纸业分公司	将军烟草集团有限公司直属	9044	4381	695	主要经营包装装潢印刷品印刷，批发零售纸张、纸制品、烟用辅助材料等
颐中烟草（集团）有限公司卷烟材料分公司	颐中烟草（集团）有限公司直属	3797	8067	3695	主要经营卷烟滤棒加工等
颐中烟草（集团）有限公司烟台分公司	颐中烟草（集团）有限公司直属	5653	1765	－345	主要生产、销售丝束成型助剂和相关资产租赁管理等
颐中（青岛）实业有限公司	颐中烟草（集团）有限公司全资	31368	18575	1949	主要经营烟草辅料加工、香精香料、微生态、装饰涂料（胶粘剂）、仓储、商业零售等
颐中（潍坊）实业有限公司	颐中烟草（集团）有限公司全资	15317	7897	87	主要经营烟用滤棒、内衬纸、纸箱等卷烟配套的原辅材料（烟草专卖品除外）加工销售，房屋租赁等
颐中（滕州）实业有限公司	颐中烟草（集团）有限公司全资	1585	1599	－182	主要经营加工烟用滤棒等
青州新华包装制品有限公司	颐中烟草（集团）有限公司全资	12968	13822	34	主要经营烟标印刷及接装纸加工等
烟台颐中包装有限公司	颐中烟草（集团）有限公司全资	3122	10690	302	主要经营纸箱的制造，纸箱、纸板、包装材料的批发，三乙酸甘油酯、增塑剂、农副产品的销售包装装潢印刷品印刷等
青岛嘉泽包装有限公司	颐中烟草（集团）有限公司参股	78524	87060	10233	主要生产销售卷烟包装材料等
青岛黎马敦包装有限公司	颐中烟草（集团）有限公司参股	63975	70076	8654	主要经营烟标印刷等
河南金瑞香精香料有限公司	河南黄金叶投资管理有限公司控股	22719	25321	6508	主要生产、销售烟用香精香料等
河南金芒果印刷有限公司	河南黄金叶投资管理有限公司控股	19123	15937	2559	主要生产、销售烟标装潢等
许昌永昌印务有限公司	河南黄金叶投资管理有限公司控股	17386	25246	2354	主要生产、销售烟标装潢等
焦作金叶醋酸纤维有限公司	河南中烟工业有限责任公司控股	25141	17341	2131	主要生产、销售烟用醋酸纤维丝束等
驻马店发时达工贸有限公司	河南黄金叶投资管理有限公司控股	8077	9886	588	主要生产、销售接装纸、内衬纸等，加工烟用滤棒等
郑州黄金叶实业总公司	隶属河南中烟工业有限责任公司、集体企业	47033	37518	1945	主要生产、销售烟标装潢、框架纸等，加工烟用滤棒等
河南新郑金芒果实业总公司	隶属河南中烟工业有限责任公司、集体企业	19917	21014	2523	主要生产、销售接装纸、框架纸等，加工烟用滤棒等
安阳红旗渠集团	隶属河南中烟工业有限责任公司、集体企业	26225	25467	127	主要生产、销售滤棒、框架纸等
南阳双龙实业公司	隶属河南中烟工业有限责任公司、集体企业	21785	21176	3175	主要经营包装装潢印制，生产销售框架纸等，加工烟用滤棒等

续表

辅料生产企业名称	出资人（烟草企业）	总资产（万元）	总产值（万元）	总利润（万元）	主要经营项目
漯河沙河实业有限公司	隶属河南中烟工业有限责任公司、集体企业	15025	12627	1133	主要经营包装装潢印制，生产销售框架纸等，加工烟用滤棒等
许昌帝豪实业公司	隶属河南中烟工业有限责任公司、集体企业	17565	27531	1014	主要生产、销售接装纸、内衬纸、框架纸、烟箱等，加工烟用滤棒等
洛阳烟草服务中心	隶属河南中烟工业有限责任公司、集体企业	19698	14792	742	主要经营包装装潢印制，生产销售框架纸等，加工烟用滤棒等
湖北中烟工业有限责任公司卷烟材料厂	湖北中烟工业有限责任公司全资	263161	173597	45961	主要经营醋纤滤棒生产销售，滤棒加工，烟用醋纤丝束购进等
湖北新业烟草薄片开发有限公司	湖北中烟工业有限责任公司全资	93460	40853	17503	主要经营再造烟叶生产销售，造纸法再造烟叶加工，烟草薄片技术开发、转让及咨询服务，烟草提取物科技开发、生产、销售等
襄阳市鸿琰实业有限责任公司	湖北中烟工业有限责任公司全资	19086	20512	172	主要经营各类烟用纸箱的加工、生产和销售，接装纸的加工、生产和销售，物流运输等
宜昌金叶工贸有限责任公司	湖北中烟工业有限责任公司全资	4807	6140	719	主要经营纸质包装及其他纸制品制造、销售，循环烟箱加工，卷烟及雪茄烟零售等
湖北宜昌金丝烟草有限公司	湖北中烟工业有限责任公司全资	19857	3515	443	主要经营烟叶、烟丝制造、销售，烟丝包装、仓储服务，企业自营产品和技术进出口等
湖北龙乡印刷包装股份有限公司	湖北中烟工业有限责任公司控股	2717	5387	1175	主要经营包装装潢印刷品设计、印刷、后期加工，其他印刷品印刷等
黄鹤楼科技园（集团）有限公司	湖北中烟工业有限责任公司参股	1150425	293542	113133	主要生产、经营卷烟外包装印刷品、商标印刷品和纸业制品、烟用香精香料，经营仓储、运输、物业管理等
常德金鹏印务有限公司	湖南中烟投资管理有限公司控股	106161	116326	27024	主要经营出版物印刷品、包装装潢印刷品、其他印刷品印刷，包装服务，包装装潢设计、制版，包装制品、纸张、印刷设备及器材销售，产品特征、特性检验服务等
宁夏弘德包装材料有限公司	湖南中烟工业有限责任公司控股	46656	22139	1704	主要经营设计、生产、销售包装印刷产品等
湖南九子龙印务有限公司	湖南中烟投资管理有限公司控股	4844	3704	0.71	主要研制开发、印制烟标及其他印刷品和生产纸箱制品等
常德市芙蓉实业发展有限责任公司	湖南中烟投资管理有限公司全资	47667	41744	282	主要经营卷烟原辅材料及包装物品的生产加工，基建维修，装饰材料等
常德芙蓉大亚化纤有限公司	湖南中烟投资管理有限公司控股	29952	22733	8536	主要经营丙纤滤棒生产销售，滤棒加工，烟草专用机械购进，烟用丙纤丝束生产销售等
四平芙蓉纸品有限责任公司	湖南中烟投资管理有限公司全资	5194	5198	551	主要经营纸制品生产、销售、铝箔纸复合、分切、印刷等
湖南兴泰包装材料有限公司	湖南中烟投资管理有限公司全资	6993	10131	263	主要经营包装材料制造、包装装潢印刷、其他印刷品的生产销售等
郴州永旺包装材料有限公司	湖南中烟投资管理有限公司全资	12241	12127	70	主要经营纸箱、铝箔纸、水松纸、透明纸、白卡纸、塑料制品及相关包装材料的生产与销售等

续表

辅料生产企业名称	出资人（烟草企业）	总资产（万元）	总产值（万元）	总利润（万元）	主要经营项目
湖南和鑫包装材料有限公司	湖南中烟投资管理有限公司控股	11395	4374	229	主要经营加工、生产、销售各类薄膜、纸制品和其他包装材料及制品（不含食品包装）等
长沙市嘉沙实业有限公司	湖南中烟投资管理有限公司全资	12280	14847	732	主要经营条盒生产销售、烟用香精生产销售等
广西真龙实业有限责任公司	广西中烟天成投资管理有限责任公司全资设立	31901	21587	1306	主要经营烟用接装纸、内衬纸等研发、生产、销售及CNAS 实验室认可的项目检测及服务等
广西真龙彩印包装有限公司	广西中烟天成投资管理有限责任公司控股	82969	75412	14738	主要经营制版印刷（凭许可证有效期经营）等
广西真龙天瑞彩印包装有限公司	广西真龙彩印包装有限公司全资设立	23833	19801	3298	主要经营内部资料性出版物印刷、包装装潢印刷、其他印刷品印刷，场地租赁，仓储服务等
四川三联新材料有限公司	四川中烟工业有限责任公司控股	192277	125943	38069	主要生产、经营滤棒及有关配套产品，研发加热卷烟、烟斗丝，生产、经营加热器具、烟斗等
四川宽窄印务有限责任公司	四川中烟投资有限责任公司	77675	57613	10330	主要负责设计、制造、销售包装装潢制品，承接彩色印刷业务等
四川宽窄纸品有限责任公司	四川中烟投资有限责任公司	17524	9419	2871	主要经营内衬纸、框架纸、其他用于烟草制造业的各种纸类制品的加工、生产和销售，以及再生资源回收和销售，并提供与此相关的服务等
四川宽窄实业有限责任公司	四川中烟投资有限责任公司	7467	10511	502	属造纸和纸制品业。主要经营纸制品制造加工，包装装潢，仓储服务等
贵州西牛王印务有限公司	贵州福贵投资管理有限公司参股	37623	22878	319	主要负责烟标印刷、商标设计与制作、开发新包装产品、纸包装印刷商标等
贵阳黄果树纸业有限公司	贵州福贵投资管理有限公司全资子公司	6577	11045	2347	主要经营包装纸箱的生产销售，废造纸原料、废塑料等的回收与销售等
贵州贵定华灿实业有限公司	贵州福贵投资管理有限公司全资子公司	2748	1264	86	主要生产销售烟箱、接装纸铝箔复合纸、金属包装材料，包装物印刷以及销售化工产品等
陕西好猫卷烟材料有限公司	陕西中烟投资管理有限公司全资	24791	10699	244	主要负责滤棒的研发加工和瓦楞纸箱、内衬纸、框架纸的生产和销售等
西安惠大化学工业有限公司	陕西中烟投资管理有限公司参股	43067	52498	10976	二醋酸纤维素丝束以及辅助原材料的生产，销售自产产品等
西安大安化学工业有限公司	陕西中烟投资管理有限公司参股	72496	83918	12432	二醋酸纤维素丝束以及辅助原材料的生产，销售自产产品等
宁波大安化学工业有限公司	陕西中烟投资管理有限公司参股	112233	69239	16654	主要经营乙酸酐的制造（在危险化学品生产、储存批准证书范围内经营），二醋片的制造，自产产品销售等
宁夏弘德包装材料有限公司	陕西中烟投资管理有限公司参股	19885	46656	1704	主要经营设计、生产、销售包装印刷产品等
渝烟 材料公司	重庆烟草投资管理有限公司全资设立	2120	2350	95	主要经营烟用水基胶（包括接嘴胶、搭口胶、包装胶）的生产、销售、研发等；PE 热收缩膜的生产、销售、研发等
宝鸡好猫实业（集团）有限公司	陕西中烟工业有限责任公司全资	46868	27188	171	主要经营出版物印刷、包装印刷、其他印刷，从事货物与技术的进出口业务，各类广告的设计、制作，纸制品的加工等

注：1. 龙岩鑫达彩印有限公司 2021 年 2 月由福建三华彩印有限公司分立后成立。

◇ 编辑：周　佳　王　静　刘海文

烟叶加工

打叶复烤

2020烤季（2020年7月1日至2021年6月30日），全国打叶复烤企业加工烟叶比上年减少1.3%。从加工量分布情况看，23家独立法人打叶复烤企业委托加工烟叶比上年减少1.61万吨（32.2万担）；委托加工、自营、工业车间模式分别占原烟加工总量的84.4%、6.5%、9.1%。

23家独立法人打叶复烤企业委托加工烟叶中，加工省外烟叶占比11.8%，加工省内烟叶占比88.2%。加工所在地产区内烟叶、加工区外省内烟叶分别占加工省内烟叶总量51.2%、48.8%，反映出省内烟叶流通达到较高且稳定水平。跨省流动烟叶仍保持在12%左右的水平。

2020烤季，打叶复烤企业与工业企业间的全部加工对子共计316个，较上一烤季减少7个。卷烟工业企业平均加工点数量13.8个，比上一烤季增加0.1个。

从加工形式看，打叶复烤企业实施多等级配打加工烟叶，配打比例83.4%，增幅3%，近几年配打比例呈上升趋势；实施单等级加工烟叶，单打比例16.6%，降幅12.8%，较2018烤季的22.4%减少5.9个百分点，降幅26.1%，单打比例持续降低。

丹东辽东烟草发展有限责任公司

【概　况】 丹东辽东烟草发展有限责任公司位于辽宁省凤城市，成立于1996年7月，隶属于中国烟草总公司辽宁省公司。公司拥有年储存烟叶1.5万吨（30万担）的物流中心1个，年打叶复烤能力3万吨（60万担）的现代化生产线1条。公司法定代表人：车世平。

【生产经营】 根据产能压缩工作安排，2021年公司处于停产状态，无加工业务。

【人员安置】 2021年，公司开展产能压缩工作，12月底前，公司所有人员全部由辽宁省烟草公司丹东市公司接收。截至2021年底，进入清算注销程序。

延边友利打叶复烤有限责任公司

【概　况】 根据贯彻高质量发展实施意见制订复烤产能压缩方案和国家局关于贯彻行业高质量发展实施意见进一步调整压缩复烤产能通知要求，延边友利打叶复烤有限责任公司有序开展企业关停转型各项工作。

2019年8月起，公司除完成2019烤季工作任务外，停止签订其他加工合同，冻结除季节性用工人员以外的人事档案及人事关系，不再续签劳动合同。2020年4月，成立关停转型工作领导小组，制定延边友利打叶复烤有限责任公司董事会关于关停转型的实施意见。2020年9月底，完成所有打叶复烤任务，封存设备。2020年10月29日，召开公司董事会，研究通过公司关停转型实施方案。2020年12月4日、14日，先后在延吉、长春两地召开职工大会，向全体员工传达关于关停转型的相关文件，表决通过公司关停转型实施方案。2021年3月，吉林烟草工业公司与延边州委州政府、延吉市委市政府就整合压缩公司产能工作达成共识，得到政府相关部门的理解和支持。2021年11月，公司股东（会）出具解散公司的决议，成立友利公司清算组，制定公司清算方案，在国家企业信用信息公示系统中进行简易注销公告申请，并在《延边晨报》刊登注销公告信息。

黑龙江烟叶复烤有限公司

【概　况】 黑龙江烟叶复烤有限公司于2021年7月29日改制迁址到黑龙江省七台河市勃利县，隶属于中国烟草总公司黑龙江省公司牡丹江烟叶公司。拥有1条12000千克/小时打叶复烤生产线，复烤加工能力3万吨（60万担）。改制后，复烤公司处理历史遗留问题，推动体制改革，探索盈利渠道，全面融入牡丹江烟叶公司管理体系。截至2021年底，公司拥有总资产1.85亿元，其中，固定资产2529万元、流动资产1.43亿元，资产负债率22.28%。从业人员142人。公司法定代表人：马彦领（—2021年7月）。

【生产经营】 2021年，公司加工原烟2.23万吨（41.63万担）。实现销售收入0.94亿元。

华环国际烟草有限公司

【概　况】 华环国际烟草有限公司成立于1994年5月28日，隶属于安徽省烟草专卖局（公司），位于安徽省滁州市凤阳县，是由安徽省烟草公司、上海烟草集团有限责任公司和安徽中烟工业有限责任公司共同投资建设、共同经营的现代化打叶复烤企业。公司下设涡阳烟叶复烤厂和蚌埠储运分公司2个机构。拥有2条12000千克/小时的打叶复烤生产线，年设计生产能力6万吨（120万担）；拥有仓库面积近20万平方米，其中成品仓库16.3万平方米，原料仓库3.6万平方米，可储存成品烟叶7.65万吨（153万担）、原料烟叶1.5万吨（30万担）。截至2021年底，华环公司总资产（年末值）15.47亿元，其中固定资产（年末净值）5.75亿元、流动资产9.38亿元，资产负债率3.08%。公司从业人员437人。公司党委书记：王新胜（—2021年6月）白云彦（2021年6月—）；董事长、总经理：王新胜（—2021年7月）；董事长：王道支（2021年7月—）；总经理：白云彦（2021年7月—）。

【生产经营】 2021年，公司打叶复烤烟叶6.13万吨（122.65万担），月均代储原料7.63万吨（152.54万担）。实现业务收入3.19亿元，比上年增长3.57%。全年成本费用3.5亿元，比上年增长2.04%。

【技术创新】 2021年，公司建成工商协同型打叶复烤示范线，通过国家局评审鉴定，整体研究达到国际领先水平，研究成果有力支撑加工质量的稳定优异。优化工业分级标准、分选工艺和分选作业模式，实现多等级分选规模化生产，环形辊道智能分选线运行顺畅，选后原料综合合格率88%以上，分选用工比上年减少近5500人次。在行业首创打叶复烤质量信息链，质量管理数智化应用落地，成果案例入选苏浙皖赣沪先进质量管理案例50佳，产品质量创历史新高，各项技术指标全面达到行业先进标准。“中华”和“黄山”原料示范性区域加工中心、“江苏中烟烟叶加工联合实验室”揭牌成立。

福建武夷烟叶有限公司

【概　况】 福建武夷烟叶有限公司位于福建省邵武市，成立于2000年12月。有中国烟草总公司福建省公司、福建省烟草公司南平市公司、浙江中烟工业有限责任公司、上海烟草集团有限责任公司、江苏中烟工业有限责任公司、红塔烟草（集团）有限责任公司、安徽中烟工业有限责任公司、山东中烟工业有限责任公司、四川中烟工业有限责任公司、重庆中烟工业有限责任公司等10家股东，隶属于中国烟草总公司福建省烟草公司。公司占地面积37.38万平方米，年复烤加工能力3万吨（60万担），从业人员1200人（含季节性人员）。截至2021年底，公司总资产12.52亿元，其中，固定资产3.94亿元、流动资产8.1亿元，资产负债率2.62%。公司董事长：周志攀；副总经理：章文水（主持工作）；法定代表人：张清明。

【生产经营】 2021年，公司复烤加工烟叶3.22万吨（64.3万担），产出片烟2.18万吨（43.6万担）。实现销售收入1.9亿元，其中加工收入1.74亿元。实现税利3009万元。

福建省三明金叶复烤有限公司

【概　况】 福建省三明金叶复烤有限公司位于福建省三明市，成立于1998年10月。有中国烟草总公司福建省公司、福建省烟草公司三明市公司、湖北中烟工业有限责任公司、上海烟草集团有限责任公司、江苏中烟工业有限责任公司、福建中烟工业有限责任公司、贵州中烟工业有限责任公司、红云红河烟草（集团）有限责任公司、湖南中烟工业有限责任公司、四川中烟工业有限责任公司、重庆中烟工业有限责任公司等11家股东，隶属于福建省烟草专卖局（公司），注册资本9.13亿元。公司占地面积23.95万平方米，有1条处理能力12000千克/小时的国产打叶复烤生产线，年复烤加工能力3万吨（60万担）。截至2021年底，公司总资产12.10亿元，其中，固定资产3.67亿元、流动资产7.87亿元，资产负债率8.95%。从业人员935人。

公司董事长：周志攀；总经理：赖禄祥；法定代表人：白万明。

【生产经营】 2021年，公司复烤加工烟叶3.4万吨（67.94万担），产出成品片烟2.31万吨（46.2万担）。实现销售收入1.75亿元，其中加工收入1.58亿元。实现税利2.85亿元。

【质量提升】 2021年，加工关键指标均达到行业对标先进水平，烟叶自然出片率68.57%，成品片烟含水率CV值1.62%、成品片烟烟碱CV值2.63%、打后大中片率合格率100%、打后叶中含梗率合格率100%，碎片合格率99.92%。

【技术创新】 “细支卷烟‘专属性、定制化’打叶复烤特色工艺研究与应用”重大专项即将完成结题。与江苏中烟正式成立烟叶联合实验室，开展“苏产”卷烟烟叶原料片烟质量需求持续优化、烟叶原料品牌适用性技术创新等研究，促进质量管控水平新提升。开展科技项目立项评审，申报国家知识产权局并获得授权实用新型专利4件、受理2件。

福建省龙岩金叶复烤有限责任公司

【概　况】 福建省龙岩金叶复烤有限责任公司位于福建省龙岩市永定区，2003年4月由原龙岩卷烟厂打叶复烤分厂改制而来，隶属于福建中烟工业有限责任公司。公司有福建中烟工业有限责任公司、龙岩烟草工业有限责任公司、厦门烟草工业有限责任公司、福建省烟草公司龙岩市公司、上海烟草集团有限责任公司、湖北中烟工业有限责任公司、广东中烟工业有限责任公司等7家股东。截至2021年底，公司总资产11.88亿元，其中，固定资产3.77亿元。从业人员371人。公司党委书记、总经理：姜林忠（—2021年2月）、刘志刚（2021年2月—）。

【生产经营】 2021年，全年打叶复烤加工烟叶3.1万吨（61.97万担），产出片烟2.05万吨（41.02万担）。实现销售收入1.91亿元，其中加工收入1.62亿元。实现税利3018万元。

【技术创新】 2021年，公司分别在批次质量管控、多指标化学成分配方均质化控制模式、烟叶智能分级技术、工艺智能分析决策技术、高效均质化选叶等5个方面持续开展项目研究工作。正式挂牌福建中烟“七匹狼”品牌原料区域化加工中心。

江西赣南烟叶复烤有限责任公司

【概　况】 江西赣南烟叶复烤有限责任公司位于江西省赣州市经济开发区，成立于2009年10月，是由中国烟草总公司江西省公司发起，12家省内外烟草工商企业共同投资兴建的国有股份制企业，注册资本8.51亿元，占地面积26.6万平方米，拥有江西省唯一一条12000千克/小时的打叶复烤生产线，主要设备有智能原烟收储设备、数字仓库、人机组合烟叶清选设备等。截至2021年底，公司总资产8.35亿元。从业人员110人。公司党委书记、总经理：廖为发。

【生产经营】 2021年，公司复烤加工原烟1.21万吨（24.25万担），产出片烟0.79万吨（15.8万担）。实现营业总收入6493万元。实现税金982万元。

【技术创新】 2021年，公司充分发挥“金圣”品牌原料区域加工中心职能，与江西中烟共同开展的烟叶切断分类加工项目，可实现任意长度烟叶切断，获得1项“一种烟叶传送带间距调节装置”实用新型专利。研究菱形框栏和六边形对中片率的影响，实践表明，通过一打、二打使用六边形框栏对提升中片率有明显作用，保障江西中烟细支烟对叶片中片率的需求。

山东烟叶复烤有限公司

【概　况】 山东烟叶复烤有限公司位于山东省济南市，成立于2011年1月，由中国烟草总公司山东省公司与上海烟草集团有限责任公司共同投资组建，隶属于中国烟草总公司山东省公司。公司下辖山东烟叶复烤有限公司诸城复烤厂、沂水复烤厂、潍坊复烤厂、临沂分公司和山东瑞博斯烟草有限公司1个全资子公司，拥有2条打叶复烤生产线和1条造纸法再造烟叶生产线，年设计复烤加工能力4.5万吨（90万担），年薄片生产能力为6000吨。2021年分别与山东中烟、河北中烟、蒙昆公司签订战略合作框架协议，揭牌成立“泰山”“钻石（荷花）”“云烟（苁蓉）”原料区域加工中心、技术试验中心。在岗人员979人。截至2021年底，公司总资产8.93亿元，其中，固定资产3.05亿元、流动资产4.22亿元，资产负债率17%。公司党组书记、董事长、法定代表人：徐立国（—2021年6月）、徐良涛（2021年6月—）。

【生产经营】 2021年，公司复烤加工原烟6.44万吨（128.85万担），产出片烟量4.32万吨。生产薄片3334吨，销售3817吨。月度平均代存烟叶约14.7万吨（294万担）。实现营业总收入4.64亿元，其中主营业务收入3.48亿元。实现税利1051万元。

【技术创新】 整合全公司技术力量和创新资源，采取“1+3+N”模式，建立公司级技术中心，优化完善项目“研发—转化—应用”流程，推动构建全链条科技创新工作体系。组织开展山东烟叶温度梯度试验，构建高可用性上部烟叶提质保香新模式，编制的《山东上部烟叶复烤加工标准》被纳入山东烟草农业综合标准体系。2021年，复烤公司立项科技项目8项，其中省公司重点项目2项；“片烟混配工艺控制技术研究”等3项项目通过省公司结题鉴定，其中2项项目达到国内先进水平；获省公司标准创新贡献奖1项、专利奖2项。

天昌国际烟草有限公司

【概　况】 天昌国际烟草有限公司位于河南省许昌市，2011年9月重组整合为新的天昌国际烟草有限公司，隶属于河南省烟草专卖局（公司）。公司投资总额27.4亿元，注册资本22.48亿元，有中国烟草总公司河南省公司、河南中烟工业有限责任公司、上海烟草集团有限责任公司、浙江中烟工业有限责任公司、湖北中烟工业有限责任公司、中国烟草河南进出口有限责任公司、江苏中烟工业有限责任公司、贵州中烟工业有限责任公司、红云红河烟草（集团）有限责任公司、安徽中烟工业有限责任公司、吉林烟草工业有限责任公司、红塔烟草（集团）有限责任公司、天利国际经贸有限公司、四川中烟工业有限责任公司、广东中烟工业有限责任公司、重庆中烟工业有限责任公司等16家股东。公司下辖天昌复烤厂、三门峡复烤厂、宝丰复烤厂、南阳复烤厂等4家打叶复烤生产厂，拥有5条打叶复烤生产线，年设计复烤加工能力10.5万吨（210万担）。在岗员工604人。公司党委书记：王辉；总经理：赵遂生。

山东烟叶复烤有限公司诸城复烤厂打叶复烤生产车间现场（2021年）
山东烟叶复烤有限公司　钱　达　摄

【生产经营】 2021年，公司复烤加工烟叶8.18万吨（163.5万担），产出片烟5.54万吨（110.8万担）。实现营业收入7.7亿元。实现税利8960万元。

【技术改造】 2021年，南阳复烤厂技术改造项目工程建设全部完成，并通过项目验收、结算审计、决算审计及后审计。天昌复烤厂易地技改项目一期联合工房标段完成框架结构且主体封顶完毕，完成A区设备下地坪浇筑

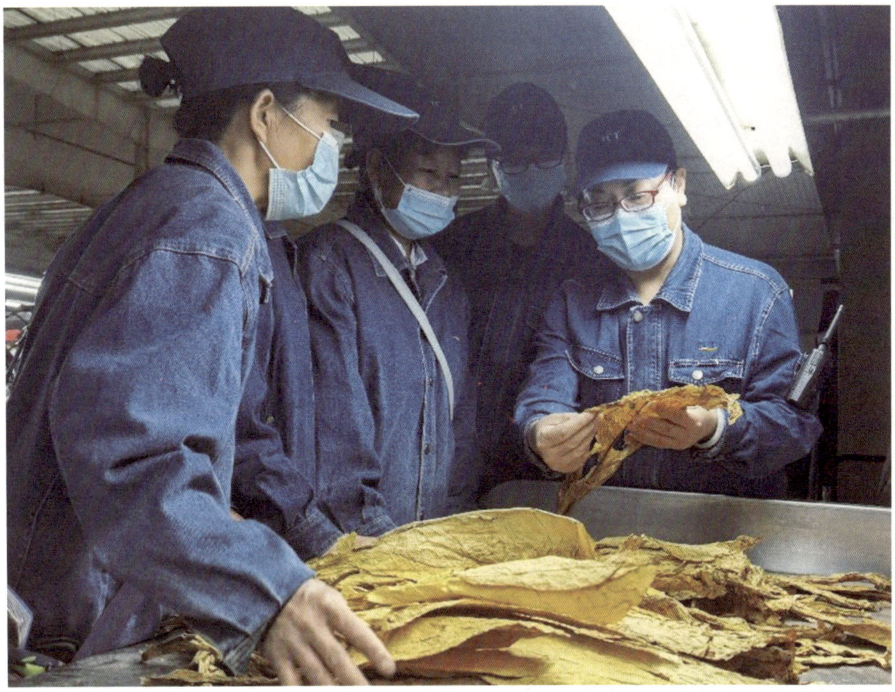

2021 年 10 月 6 日，天昌国际烟草有限公司天昌复烤厂挑选车间开展对浙江中烟从南阳内乡调拨的 C3F 等级烟叶进行选叶工作

河南省局　供稿

及配方高架库四层架体搭设；二期取得土地使用权证，建筑施工图设计通过审核、获得建设工程规划许可证，施工图取得审图合格证；专卖设备获国家局准购批复，部分设备加工制造完毕。

湖北烟草金叶复烤有限责任公司

【概　况】　湖北烟草金叶复烤有限责任公司位于湖北省恩施州经济开发区。2009 年 12 月，重组整合为湖北烟草金叶复烤有限责任公司，是中国烟草总公司湖北省公司控股管理的子公司。2010 年 1 月，公司正式挂牌成立，有中国烟草总公司湖北省公司、湖北中烟工业有限责任公司、湖南中烟工业有限责任公司、浙江中烟工业有限责任公司、红云红河烟草（集团）有限责任公司、红塔烟草（集团）有限责任公司、山东中烟工业有限责任公司、四川中烟工业有限责任公司、广西中烟工业有限责任公司、安徽中烟工业有限责任公司等 10 家股东，注册资本 11.74 亿元。公司下辖恩施复烤厂、襄阳复烤厂 2 个打叶复烤生产厂。公司拥有打叶复烤生产线 2 条，其中，恩施复烤厂拥有 1 条 12000 千克/小时打叶复烤生产线，襄阳复烤厂拥有 1 条 9000 千克/小时打叶复烤生产线，年设计加工能力 5.25 万吨（105 万担），实际加工能力 8 万吨（160 万担）。截至 2021 年底，公司总资产 13.74 亿元，资产负债率 8.90%。从业人员 404 人。公司党组书记、总经理、法定代表人：程瑞武。

【生产经营】　2021 年，公司复烤加工烟叶 5.27 万吨（105.46 万担），产出片烟 3.45 万吨。实现营业收入 2.86 亿元。实现税利 7422 万元，其中税金 4139 万元。

湖南烟叶复烤有限公司

【概　况】　湖南烟叶复烤有限公司位于湖南省郴州市，于 2011 年 9 月注册登记，10 月正式运作。公司有股东 19 家，注册资本 22.88 亿元，其中湖南省烟草公司持股比例 51.98%，其他 18 家工业企业股东持股比例 48.02%。公司实行“一个法人、两点生产加工”经营模式，下辖郴州、永州 2 家复烤厂，两厂分别于 2015 年、2017 年完成易地技改，拥有 12000 千克/小时打叶复烤生产线 3 条，年设计加工能力 9 万吨（180 万担）。有原烟仓库 13.6 万平方米，原烟仓储能力 8 万吨（160 万担），有成品高架库 1.5 万平方米，多层成品库 8.2 万平方米，成品仓储能力 5.5 万吨（110 万担），能满足国内各卷烟工业企业和国际烟草企业跨区跨省大规模集中配打、模块化、均质化、个性化加工需求。在岗员工 392 人。公司党组书记、总经理、法定代表人：李志刚（2021 年 8 月—）。

【生产经营】　2021 年，公司完成投料加工烟叶 10.75 万吨（215.07 万担），产出成品片烟 34.89 万箱，挑选原烟 7.46 万吨（149.26 万担）。实现营业收入 4.1 亿元。实现税利 5400 万元。

【技术进步】　公司承担的国家局打叶复烤技术升级重大专项暨商业模式“特色化、模块化”打叶复烤示范线的建设通过国家局验收。与秦皇岛烟草机械有限责任公司、中烟机械技术中心有限责任公司联合成立打叶复烤工艺技术及装备联合实验室。全年获得 11 篇论文成果、13 件专利授

湘西鹤盛原烟发展有限责任公司马鞍新厂打叶复烤车间（2021 年）

湘西鹤盛原烟发展有限责任公司　彭劲涛　摄

权、2 项软件著作权，获得湖南省企业管理现代化创新成果二等奖 1 个。公司承办湘鄂赣烟草商业系统打叶复烤设备修理职业技能竞赛，并取得优异成绩。3 人被评为烟草行业技术能手。

常德芙蓉烟叶复烤有限责任公司

【概　况】　常德芙蓉烟叶复烤有限责任公司成立于 2005 年 12 月，由湖南中烟工业有限责任公司，湖南省烟草公司常德市公司、张家界市公司共同出资组建，注册资本 3721 万元，隶属于湖南中烟工业有限责任公司。2014 年 7 月，公司易地技改搬迁至常德鼎城高新技术产业园区灌溪镇兴工大道 8 号，占地面积 15.7 万平方米，总建筑面积约 7 万平方米，拥有 1 条 12000 千克/小时的打叶复烤生产线，工艺技术上以突出满足“芙蓉王”品牌原料复烤加工为重点，力求为客户提供优质、高效、满意的加工与服务。截至 2021 年底，公司总资产 7.55 亿元。从业人员 189 人。4 月，公司实验室通过中国合格评定国家认可委员会（CNAS）专家组复审。党总支书记、总经理、法定代表人：侯军（—2021 年 6 月）、张晖（2021 年 7 月—）。

【生产经营】　2021 年，公司打叶复烤加工烟叶 2.07 万吨（41.4 万担），完成烟叶二次混配 0.86 万吨（17.09 万担）。实现销售收入 1.25 亿元。实现税利 1907.57 万元。

湘西鹤盛原烟发展有限责任公司

【概　况】　湘西鹤盛原烟发展有限责任公司位于湘西自治州吉首市，成立于 1999 年，属于湖南中烟工业有限责任公司控股企业。2020 年，在吉首市马鞍工业园完成易地技改建设。公司占地面积 30.7 万平方米（其中马鞍新厂区占地 20.7 万平方米），是湘西自治州农业产业化龙头企业。拥有 1 条 6000 千克/小时打叶复烤生产线，年复烤加工能力 3.5 万吨（70 万担）。截至 2021 年底，公司总资产 9.57 亿元。在岗员工 176 人。公司党支部书记、总经理、法定代表人：张其龙（—2021 年 4 月）、张雄飞（2021 年 5 月—）。

【生产经营】　2021 年，公司复烤加工烟叶 3.41 万吨（68.2 万担）。实现销售收入 1.73 亿元。上缴税金 622 万元。实现利润 156 万元。

【示范创建】　2021 年 4 月，“湖南中烟湘西区域加工中心”在湘西鹤盛原烟发展有限责任公司揭牌成立。8 月，国家局印发通知，明确湘西鹤盛对接湖南中烟重点品牌“芙蓉王（白沙）”，列入全国重点品牌原料示范性区域加工中心建设名单。

浏阳天福打叶复烤有限责任公司

【概　况】　浏阳天福打叶复烤有限责任公司注册成立于

2004年12月，为湖南中烟3家控股复烤企业之一。由湖南中烟工业有限责任公司，湖南省烟草公司长沙、衡阳市公司共同出资组建，注册资本1.6亿元。公司位于浏阳市高新技术产业开发区，总占地面积12.61万平方米，拥有12000千克/小时分类加工打叶复烤生产线1条，年复烤加工能力3万吨（60万担）；10000千克/小时的片烟预处理线，年加工能力2.04万吨（40.8万担）。截至2021年底，公司总资产6.65亿元。在岗员工152人。公司党支部书记、总经理、法定代表人：李昌平（—2021年4月）、张其龙（2021年5月—）。

【生产经营】 2021年，公司复烤加工烟叶1.99万吨（39.8万担），产出片烟1.32万吨（26.4万担），全配方预处理业务量0.49万吨（9.89万担）。实现营业收入1.18亿元。实现税利1410.55万元。

【技术改造】 2021年，公司“芙蓉王”全配方片烟预处理线建设项目批复投资总金额1.97亿元。10月20日，正式进入试生产阶段，截至2021年底，投料生产近500批次，各批次质量情况总体稳定，工序质量指标控制稳定，符合控制标准要求。

广东韶关烟叶复烤有限公司

【概　况】 广东韶关烟叶复烤有限公司位于广东省韶关市，成立于1992年，2003年改制为有限公司，由中国烟草总公司广东省公司、广东中烟工业有限责任公司和深圳烟草工业有限责任公司共同出资组建，隶属于中国烟草总公司广东省公司。公司占地面积9万余平方米，拥有1条6000千克/小时打叶复烤生产线，年复烤加工能力1.5万吨（30万担）。截至2021年底，公司总资产5.3亿元。从业人员144人。公司党委书记、总经理、法定代表人：骆伟强。

【生产经营】 2021年，公司复烤加工烟叶3.68万吨（73.54万担），产出片烟2.29万吨（45.8万担）。实现营业收入1.63亿元。实现税利1815.94万元。

【产能整合】 2021年，按照广东复烤去产能工作进度，妥善做好原广东梅州烟叶复烤有限公司分流干部职工的接收与安置工作，去产能工作平稳过渡。

【企业管理】 2021年，公司新增设技术中心和企业管理部2个部门，以优化内部职能，实现与工业同步对接。推进制度体系建设，编制96项企业技术标准、248项管理标准、15项工作标准，完成企业标准化建设工作。开展贯标对标，持续加强精益管理，打叶复烤32项对标指标中27项获得先进。持续深入推进区域加工中心建设，提升加工服务保障能力，2021年入选第二批重点品牌（双喜）原料示范性区域加工中心。

【技术创新】 2021年，公司聚焦原料保障研究，新增科技项目3项，按进度结题3项，其中获得广东中烟科技进步三等奖1项，优秀科技项目一等奖1项。QC课题“均质化策划系统研发”获得“南粤之星”金钻奖，自主研发“无动力烟叶除杂工具”被推荐为行业职工优秀技术创新成果评选交流项目。深入推进数字化转型，首创式地研发“智能翻框喂料设备”，将传统人工投料作业改为人工智能投料模式并完成实验，以实现生产投料更加高效、更低成本、更便于管控。

广西伊灵烟叶复烤有限责任公司

【概　况】 广西伊灵烟叶复烤有限责任公司是广西唯一的一家打叶复烤企业，原隶属于南宁卷烟厂，现隶属于中国烟草总公司广西壮族自治区公司管理。公司于2000年筹建，2002年6月正式投产。截至2021年底，有中国烟草总公司广西壮族自治区公司、广西中烟工业有限责任公司、百色市烟草公司、贺州市烟草公司、河池市烟草公司等5个股东单位，拥有总资产5.5亿元，占地面积30.51万平方米。公司经营业务范围包括烟叶打叶复烤加工和纸箱加工，配置有1条6000千克/小时打叶复烤生产线和1条纸箱生产线，年打叶复烤加工设计能力1.5万吨（30万担），年纸箱加工能力300万只。公司在岗员工165人。公司党委书记、总经理、法定代表人：卢洪元；董事长：李波。

【生产经营】 2021年，完成复烤烟叶1.29万吨（25.72万担），产出片烟0.85万吨，打叶质量抽检合格率

99.64%。加工产品质量保持稳定，产品交付合格率均达到100%；加工纸箱194.42万只，纸箱质量抽检合格率99.79%。全年实现销售收入7040万元（其中打叶复烤收入5214万元、纸箱加工收入1826万元）。实现税利69万元。

【企业管理】 2021年，公司全面推进对标工作，抓好指标分解和管控责任落实，公司对标行业30项对标指标（除2项对标指标因未配备检测设备无法检测外），达标22项，达标率73.33%，达到先进指标18项，其中设备故障率1.42%，比行业先进指标（≤2%）低0.58个百分点。持续深入推进降本增效，紧盯重点领域控成本，片烟单位生产成本4208元/吨，比上年减少646.75元/吨。注重创新成果转化，课题“降低打叶复烤车间粉尘浓度”获得广西区局（公司）QC成果发布会三等奖，产生直接经济效益18.34万元。

四川烟叶复烤有限责任公司

【概　况】 四川烟叶复烤有限责任公司成立于2011年12月，实行“一个法人、多点加工”的组织模式和现代企业股份制管理模式，本部设在成都，有云南中烟工业有限责任公司、浙江中烟工业有限责任公司、江苏中烟有限责任公司等14家股东，由中国烟草总公司四川省公司控股管理。2019年，四川复烤率先完成去产能工作，将泸州复烤厂转型为仓储中心，开展片烟存储和社会化租赁业务。下辖复烤厂由5家调减至4家，分别位于会理、德昌、会东、宜宾，设计加工产能从14.25万吨（285万担）调整为9.75万吨（195万担），主要加工方式为模块配方打叶，工艺技术采用柔打细分、低温慢烤和均质化加工，每年9月至次年6月为生产烤季。截至2021年底，总资产38亿元。在岗员工475人。公司总经理、法定代表人：桂冬。

【生产经营】 2021年，公司加工烟叶10.93万吨（218.5万担），产出片烟6.7万吨（134万担）。实现营业收入4.67亿元。实现税利1.31亿元。

【技术改造】 加快推进会东复烤厂易地技改项目建设，主动调整项目分项，强化投资控制，年度节约投资411万元，用112天完成会东新厂建设攻坚。调整优化会理、德昌两家复烤厂技改方案，对标对表、少改多建、优化资产，精简投资931万元，增加建筑面积0.77万平方米。

贵州烟叶复烤有限责任公司

【概　况】 贵州烟叶复烤有限责任公司位于贵阳市，于2010年1月12日挂牌成立，由中国烟草总公司贵州省公司控股并管理。下辖毕节、遵义、铜仁、黔南、湄潭、黔西南、贵阳复烤厂等7家复烤厂。公司由中国烟草总公司贵州省公司、上海烟草集团有限责任公司、湖南中烟有限责任公司等19家单位出资组建，注册资本46.76亿元。公司拥有12000千克/小时打叶复烤生产线8条，其中毕节复烤厂2条，其余6家复烤厂各1条，年复烤加工能力32万吨（640万担）。在岗员工976人。截至2021年底，公司总资产57.08亿元，净资产52.78亿元。公司党委书记、总经理：何彬。

贵州烟叶复烤有限责任公司湄潭复烤厂技改现场（2021年）

贵州省局　供稿

【生产经营】 2021年，公司复烤加工烟叶19.74万吨（394.85万担），产出片烟12.8万吨（256万担），挑选烟叶15.70万吨（314.05万担）。实现营业收入8.28亿元。实现代储服务收入3168.2万元。实现税利9527万元。

【技术改造】 2021年，推进毕节、贵阳复烤厂技术改造升级。完成毕节复烤厂土地地质勘查、工程监理招标、标段划分、工程清单及标段控制价编制、联合工房及工艺设备优化调整等项目。贵阳复烤厂签订《土地备忘录》《项目投资协议书》，完成建设用地产权证办理。

【区域加工中心建设】 持续推进区域加工中心建设，提升复烤加工保障能力。公司分别与贵州中烟、江苏中烟、上海烟草集团、安徽中烟等4家工业公司签订“贵烟”“苏烟”“南京”“中华”“黄山”等卷烟品牌区域加工中心建设战略框架合作协议。安徽、上海和江苏区域加工中心分别在湄潭、遵义复烤厂挂牌，贵州中烟“贵烟”品牌获得中国烟叶公司示范性加工专线批复。

重庆烟叶复烤有限公司

【概　况】 重庆烟叶复烤有限公司位于重庆市巴南区，成立于2013年9月。公司是按照现代企业制度组建的股份制打叶复烤企业，由中国烟草总公司重庆市公司、重庆中烟工业有限责任公司、湖南中烟工业有限责任公司、江苏中烟工业有限责任公司投资组建，中国烟草总公司重庆市公司控股，注册资本9.8亿元。下辖万州复烤厂（原重庆万兴烟叶有限责任公司）和彭水复烤厂（原重庆金益烟草有限责任公司）。截至2021年底，有员工285人，中级以上专业技术职称58人，职业技能等级二级以上48人。公司党组书记、总经理、法定代表人：黄玉平。

【生产经营】 2021年，公司加工烟叶3.37万吨（67.32万担），产出成品片烟2.19万吨（43.8万担）。实现加工收入1.34亿元。实现税金1831.2万元。

【技术改造】 2021年，公司易地技改项目全面完成基础强夯和项目建设指挥部建设；一标段工程完成3栋建筑的结构封顶以及其余4栋建筑的基础工程和部分柱梁安装；二标段工程完成40%的基础工程；完成原烟配方立库、成品周转立库的合同和烟机专卖设备合同签订；完成秦皇岛烟机公司总承包项目、锅炉动力管网、厂前区电梯、项目空调、高低压配电等项目的组价和跟审工作；完成数智复烤总规设计和数字化工地项目上线运行。

云南省烟草烟叶公司

【概　况】 云南省烟草烟叶公司位于云南省昆明市，成立于1982年，是中国烟草总公司云南省公司的全资子公司，是集烟叶购进、加工、销售、仓储及技术研发为一体的综合性烟草企业。公司注册资本1.92亿元，总占地面积69.21万平方米，其中公司本部占地面积39.27万平方米，烟叶醇化仓储中心占地面积29.94万平方米，可存储烟叶6.5万吨（130万担），拥有1条12000千克/小时和2条6000千克/小时的打叶复烤生产线，年加工生产量10万吨（200万担）。截至2021年底，公司总资产95.05亿元。在岗员工471人。公司党委书记、经理、法定代表人：符泽博。

【生产经营】 2021年，公司购进和调入烟叶11.43万吨（228.65万担），复烤加工烟叶10.47万吨（209.35万担），产出片烟6.74万吨（134.77万担），销售烟叶10.46万吨（209.23万担）。实现销售收入72.63亿元。实现税利

云南省烟草烟叶公司生产加工烟叶现场（2021年）

云南省烟草烟叶公司　卢廷辉　摄

10.46 亿元。

【配方打叶】 公司围绕“配方打叶标志性企业”战略目标，持续深化配方打叶技术研发应用，通过完善配方打叶标准体系，构建原料分析数据库，进一步提升烟叶资源使用价值。2021 年，累计研发设计配方模块 93 个 9.47 万吨（189.32 万担），非典型清香型烟叶配方利用率 45% 以上。

【创新管理】 2021 年，公司持续完善精益改善创新机制，搭建创新改善平台，申报科技项目课题 4 项，1 项参与课题获得云南省局（公司）科学技术进步三等奖。QC 课题获得云南省局（公司）二等奖 4 项、三等奖 2 项，第二名 1 项，1 个 QC 小组被评为云南省优秀质量管理小组。申请知识产权保护 6 项，授权发明专利 3 件，实用新型专利 10 件，获得登记软件著作权 2 项。

【技术改造】 2021 年，完成配电高低压设备技术改造项目并通过单项验收，完成公司生产厂区大门及边坡改造项目申请报告书编制并获批复。12 月，原烟周转库建设项目通过整体竣工验收，建筑面积 1.54 万平方米。

云南烟叶复烤有限责任公司

【概　况】 云南烟叶复烤有限责任公司位于云南省昆明市，成立于 2009 年 12 月 16 日，由 8 家打叶复烤企业重组整合后组建，2010 年 1 月 1 日正式运行，是全国第一家重组整合的股份制打叶复烤企业。公司实行董事会领导下的总经理负责制，共 19 家股东单位，注册资本 52.75 亿元，中国烟草总公司云南省公司是最大的股东，股权比例为 50.74%。公司下属 10 家复烤厂分布在云南省 7 个州（市），共 10 条打叶复烤生产线，年设计加工能力 28.5 万吨（570 万担），年均加工烟叶 45 万吨（900 万担），为行业 25 家工商企业和 13 家州（市）公司提供烟叶收储加工服务。员工 1208 人。公司党委书记、总经理、法定代表人：廖世勇。

【生产经营】 2021 年，公司共收储烟叶 59.73 万吨（1194.69 万担），复烤加工烟叶 43.87 万吨（877.44 万担），实现个性化服务收入 4.02 亿元。实现税利 11.95 亿元。

【技术创新】 2021 年，公司获得知识产权专利授权 26 件，其中发明专利 1 件，实用新型专利 21 件，软件著作权 4 项；发表论文 15 篇，其中核心期刊 SCI 2 篇。公司主导的“叶片结构在线无损片型结构检测”科技项目，获得云南烟草科技进步一等奖；“初烟流转环节框栏替代麻片包装物流模式创新与应用”项目通过批量推广应用验证，并取得经济效益。

【精益管理】 2021 年，公司为每一箱成品片烟订制唯一的“复烤云码”，集合“生产班组、下线时间、生产批次、工艺质量”等数据，以微信服务号为载体，实现数字化复烤工厂“从 0 到 1”的革命性突破。2021 年，公司在首届云南省局（公司）打叶复烤设备修理职业技能比武中包揽全部奖项，即一等奖 1 名、二等奖 2 名、三等奖 5 名、优胜奖 7 名；公司获得此次技能比武团体优胜奖。

红河烟叶复烤有限公司

【概　况】 红河烟叶复烤有限公司位于红河州弥勒市，成立于 2003 年 8 月 8 日，由云南省烟草公司红河州公司和红河卷烟厂共同出资组建。公司注册资本 2 亿元，云南省烟

红河烟叶复烤有限公司精片选叶车间（2021 年）
红河烟叶复烤有限公司　张杰龙　摄

草公司红河州公司持有51%的股份，红河卷烟厂持有49%的股份。2008年，红河卷烟厂持有股权划转至红云红河烟草（集团）有限责任公司。2018年，公司股权调整为红云红河集团持有60%的股份，云南省烟草公司红河州公司持有40%的股份。公司占地面积约71.11万平方米，拥有12000千克/小时打叶复烤生产线2条，年复烤加工能力6万吨（120万担），主要为红云红河集团提供原烟收购、复烤加工服务。截至2021年底，公司总资产18.67亿元，其中固定资产2.91亿元、流动资产15.76亿元，资产负债率1.54%。在岗员工126人。公司董事长：倪乐峰（2021年4月—，之前任董事长、总经理）；总经理：杨石钢（2021年4月—）。

【生产经营】 2021年，公司复烤加工烟叶7.26万吨（145.23万担），产出片烟3.19万吨（63.88万担）。实现主营业务收入2.83亿元。实现税利2.21亿元。

曲靖天福烟叶复烤有限责任公司

【概　况】 曲靖天福烟叶复烤有限责任公司位于云南省曲靖市，成立于2003年11月，由曲靖卷烟厂、曲靖市烟草专卖局（公司）共同出资组建。2008年，公司股权划转至红云红河烟草（集团）有限责任公司和云南中烟工业有限责任公司。公司注册资本2.46亿元，红云红河集团持股95%，云南中烟持股5%。公司易地技改后占地面积64万平方米，配备12000千克/小时打叶复烤主线、6000千克/小时打叶复烤特色工艺线各1条，年复烤加工能力4.5万吨（90万担）。截至2021年底，公司总资产3.18亿元，其中，固定资产1978.34万元、流动资产2.83亿元，资产负债率11.87%。在岗职工209人。公司董事长：徐剑峰（—2021年11月）、符强（2021年11月—）；总经理：彭江（—2021年8月）、徐剑峰（2021年8月—）。

【生产经营】 2021年，公司复烤加工烟叶1.93万吨（38.7万担），产出片烟1.2万吨（23.96万担）。实现主营业务收入9303.49万元。

咸阳烟叶复烤有限责任公司

【概　况】 咸阳烟叶复烤有限责任公司原名陕西烤烟复烤厂，始建于1976年，1986年上划陕西省烟草专卖局（公司），1995年并入陕西省宝鸡卷烟厂，2003年划归咸阳市烟草专卖局（公司）管理。2006年企业改制后，成立咸阳烟叶复烤有限责任公司，注册资本9000万元，2008年、2014年经过两次增资扩股，总资本达到2.74亿元。股东单位由陕西省烟草专卖局（公司）等行业5家工商企业组成。企业位于陕西省西咸新区秦汉新城，占地面积14.58万平方米，有6000千克/小时打叶复烤生产线1条，原烟仓库1万平方米、精选车间0.7万平方米，成品仓库1.15万平方米。企业每年可解决周边区县近800人的短期就业问题。截至2021年底，公司总资产4.29亿元，资产负债率11.54%。在册员工144人。公司党委书记、董事长：张云（2021年7月—）；党委副书记、总经理：王林生（2021年7月—）。

【体制改革】 2021年4月，公司划归陕西省烟草专卖局（公司）管理。6月，召开股东会、董事会、监事会，选举产生第四届董事会、监事会组成人员，聘任总经理等管理人员，8月成立中共咸阳烟叶复烤有限责任公司委员会，9月成立中共咸阳烟叶复烤有限责任公司纪律委员会，全面理顺管理体制。

【生产经营】 2021年，公司加工原烟2.01万吨（40.2万担），生产成品片烟1.3万吨（26万担）。实现主营业务收入1.15亿元，实现税利3689万元。

【技术改造】 2021年，公司建设完成恒温恒湿实验室，搭建原烟化学检测数据应用平台。完成15T燃气锅炉和叶片复烤机建设，建成均质化配料及数字收储系统和叶片复烤机在线水分自动控制系统。

【市场建设】 以“立足陕西，面向西北，服务行业”为定位，搭建“1+3+N”市场架构，业务涉及陕西、甘肃、湖北、云南等9家工业企业，货源分布陕西、甘肃等11省17个产区，“好猫”“延安”品牌原料区域加工中心于2021年12月挂牌成立，“兰州”品牌原料区域加工中心完成筹建。

再造烟叶生产

上海烟草集团太仓海烟烟草薄片有限公司

【概　况】 上海烟草集团太仓海烟烟草薄片有限公司位

于江苏省太仓港港口开发区，成立于2004年1月，2007年7月开始试生产。公司由上海烟草集团有限责任公司、广东省金叶烟草薄片技术开发有限公司共同出资组建，注册资本3.9亿元。2015年12月，公司完成投资方变更和工商登记注册手续，成为上海烟草集团有限责任公司全资子公司。公司占地面积14.85万平方米，年生产能力为1万吨造纸法烟草薄片。从业人员209人。公司党总支书记、总经理、法定代表人：郭亮。

【生产经营】 2021年，公司生产薄片产品6259.72吨，其中，生产薄片S烤烟型2717.1吨，薄片Z烤烟型257.4吨，薄片A烤烟型3014.1吨，薄片JYZ烤烟型271.12吨。销售薄片4454.56吨。实现销售收入2亿元。实现税利4257.44万元。

【技术改造】 2021年5月，公司再造烟叶生产线建设项目初步设计获得国家局的批复，推动完成施工图设计，6月取得规划许可证，8月取得《施工图设计文件审查合格书》，12月完成施工总承包招标、合同签订工作。

江苏鑫源烟草薄片有限公司

【概　况】 江苏鑫源烟草薄片有限公司位于淮安市清江浦区，成立于2011年10月，为江苏中烟工业有限责任公司全资子公司。公司拥有2000千克/小时再造烟叶生产线、1500千克/小时再造梗丝验证生产线。截至2021年底，公司总资产11.68亿元，其中，固定资产4.65亿元、流动资产6.43亿元，资产负债率4.6%。从业人员252人。公司党委书记、总经理、法定代表人：梁瑞海；董事长：王轩庭。

【生产经营】 2021年，公司生产再造烟叶4124.36吨，销售再造烟叶4023.57吨；生产再造梗丝1122.33吨，销售再造梗丝1210.98吨。实现销售收入2.8亿元。实现税利1.05亿元，其中税金0.82亿元。

【技术提升】 生产线运行状态持续优化，再造烟叶平均日产量37.11吨，比上年提高8%；再造梗丝平均日产量11.39吨，比上年提高24.2%。系列重点技改项目有序推进，再造烟叶试验线改造项目顺利实现试生产，香精香料集中调配设施建设项目立项报批有序推进，醇提线改造实现全线贯通，白水系统改造项目通过立项评审。

安徽中烟再造烟叶科技有限责任公司

【概　况】 安徽中烟再造烟叶科技有限责任公司位于安徽省蚌埠市，于2011年4月成立，注册资本1亿元，是安徽中烟工业有限责任公司的全资子公司。公司占地面积13.33万平方米，拥有瑞典Andritz公司生产的Yankee 1台，荷兰Alfa Laval公司生产的Decanter Centrifuge 2台以及上海高新纸机等众多先进生产设备，年设计加工生产能力1万吨。截至2021年底，公司总资产4.57亿元，其中，固定资产17734.5万元、流动资产2.5亿元，资产负债率3.85%。在岗员工152人（含委派人员8人）。公司董事长：刘云；党委书记、总经理：张玲珑（—2021年2月）、陈鹏（2021年2月—）。

【生产经营】 2021年，公司生产薄片4032吨，销售3475.83吨。实现销售收入1亿元。实现税利1771.2万元，其中利润501.99万元。

福建金闽再造烟叶发展有限公司

【概　况】 福建金闽再造烟叶发展有限公司位于福建省罗源县，成立于2003年3月，注册资金1.76亿元，由福建中烟工业有限责任公司、厦门烟草工业有限责任公司、龙岩烟草工业有限责任公司共同投资组建，隶属于福建中烟工业有限责任公司，是一家以造纸法再造烟叶为主，烟用胶囊、异形滤棒、卷式薄片为辅的经营多种产品的专业化企业。公司占地面积17.12万平方米，二期“七匹狼”专用再造烟叶生产线投资3.2亿元，设计产能1万吨。截至2021年底，公司总资产6.09亿元。在岗员工315人。公司董事长：李跃锋；党委副书记、副总经理、法定代表人：陈泉根（—2021年2月，主持工作）；党委书记、总经理、法定代表人：陈泉根（2021年2月—）。

【生产经营】 2021年，公司生产再造烟叶4410吨，销售再造烟叶4749吨；产销卷式薄片1吨，滤棒8850万支。全年实现销售收入2.48亿元，实现税利3035万元。

【技术改造】　优化MES系统、提升关键工序Cpk并配合APC程序介入控制，再造烟叶QI达到86.68，比上年提升3.46。通过谐波滴丸机和滤棒双搭口胶系统优化改造。开展二次赋香线优化改造，实现HNB再造烟叶柔性化生产。2021年9月，公司原料预处理线及配套一期仓库正式落成启用。

【企业管理】　建立“133”战略发展思路框架，优化使命、愿景、价值观，形成“十四五”战略规划。以重点职能作为推进试点开展差距分析和自评并输出改进机会，创建达标部门并导入卓越绩效评价管理模式。开展关键核心技术课题研究，参与福建中烟组织的各种技术研究及管理创新项目，全年共完成11个科技项目，15个管理创新项目和15个QC项目。获得专利授权3件，其中发明专利1件。

山东瑞博斯烟草有限公司

【概　况】　山东瑞博斯烟草有限公司位于山东省沂水县，成立于2002年6月，是国家烟草专卖局批准成立的再造烟叶生产企业，为山东烟叶复烤有限公司的全资子公司。公司注册资金6378.5万元，占地面积18.11万平方米，经营范围为烟草薄片委托加工、生产销售、生产技术服务、烟草专用机械购进、烟叶购进、仓储等。公司有1条再造烟叶生产线，年生产加工能力6000吨，供热站、空压站、变电站、供水站、污水处理站等配套公用设施完善。截至2021年底，公司总资产1.12亿元，其中固定资产3251万元、流动资产7557万元，资产负债率21.72%。在岗员工71人。公司副总经理、法定代表人：姜华（—2021年8月，主持工作）；党委书记、总经理、法定代表人：马腾（2021年8月—）。

【生产经营】　2021年，公司生产薄片3334.46吨，实现销售调拨3615.42吨。实现营业总收入8695万元，实现税利527万元。

【技术改造】　2021年，公司立足于再造烟叶及烟用植物纤维全降解地膜生产，实施基于制浆工序“一线两用”工艺装备改造，提升制浆自动化控制水平及浆料加工精度，产品在片基均匀性、片基渗透性、嗅香等方面得到改善，产品质量稳定性进一步提高。

河南卷烟工业烟草薄片有限公司

【概　况】　河南卷烟工业烟草薄片有限公司位于河南省许昌市，2006年7月成立，是河南中烟工业有限责任公司全资子公司。有幅宽2640毫米烟草薄片长网纸机、卧式螺旋沉降式离心机、滚筒式薄片烘干机、高浓磨浆机、预压式打包机、流浆箱等主要设备，年生产能力1.5万吨。截至2021年底，公司总资产6.42亿元。从业人员290人。公司党委书记、董事长、法定代表人：武超伟。

【生产经营】　2021年，公司生产再造烟叶8421吨，再造烟叶成丝5712吨；销售再造烟叶2716吨，再造烟叶成丝5739吨。实现销售收入3.42亿元，实现税利1.48亿元，其中利润1.11亿元。

【技术创新】　开展龙须草、改性纤维等外加纤维应用研究，产品抗张强度提升40%以上。开展特色产品提质改造，产品烧纸气息有效降低，口感舒适度明显改善。开展制浆自动控制技术研究，打浆控制方式进一步优化。开展浆料新鲜度控制研究，明确了表征浆料新鲜度的特征成分，建立了浆料新鲜度在线检测方法。

湖北新业烟草薄片开发有限公司

【概　况】　湖北新业烟草薄片开发有限公司位于湖北省武汉市，成立于2001年11月，由湖北中烟工业有限责任公司直属管理。有原料投料系统、梗末萃取、高低浓磨浆、离心分离、蒸汽双效浓缩等设备，年加工能力1万吨。截至2021年底，公司总资产9.35亿元，其中，固定资产2.7亿元、流动资产6.65亿元。在册员工275人。公司党委书记、经理、法定代表人：熊斌。

【生产经营】 2021 年，公司生产再造烟叶 4394 吨，销售再造烟叶 4355 吨。实现销售收入 3.96 亿元，实现税利 1.92 亿元。

【技术改造】 2021 年，公司积极推进各项技术改造，包含造纸法薄片就地技术、打包机、烘丝机、卧螺升级技术、双效浓缩系统升级、消防设施升级、货运电梯、空压机等。

云南中烟再造烟叶有限责任公司

【概　况】 云南中烟再造烟叶有限责任公司位于云南省昆明市，成立于 2001 年 11 月，是由云南中烟工业有限责任公司控股（50% 股份），昆明船舶设备集团有限公司（25% 股份）、云南瑞升烟草技术（集团）有限公司（25% 股份）参股的国有控股股份制企业，注册资本 3.9 亿元。公司主要经营造纸法再造烟叶业务，包括再造烟叶生产销售及相关配套工艺技术研究、工艺装备设计开发，是目前国内生产规模位居前列、品质具有特色、持续保障能力和综合技术实力较强的再造烟叶研发和生产企业，拥有完全自主知识产权再造烟叶生产线 3 条，年生产能力 3 万吨。截至 2021 年底，公司总资产 10.39 亿元，净资产 9.58 亿元，流动资产 5.68 亿元，资产负债率 7.78%。公司董事长：许永明；总经理、法定代表人：徐广晋。

【生产经营】 2021 年，公司生产再造烟叶 1.6 万吨，销售 1.69 万吨。实现营业收入 5.33 亿元，实现税利 1.42 亿元。

【技术创新】 聚焦制约“感官质量”“物理质量”提升的关键因素，集成应用 MF 膜技术、MVR 低损蒸发技术等关键创新技术，实现产品宏观微观成分平衡调控、香气质量改善、舒适性和物理性能提升；专用再造烟叶实现自主原料开发替代，带动创新工艺技术和自主调香能力提升。夯实配方技术研究基础，从产品、原料、片基等 3 个重点方面夯实成分平衡促进品质提升的技术基础，建立“原料—产品”化学指标传递预测模型，形成全叶型片基配方及实现工艺定型。2021 年，公司申请专利 20 件，获得授权 59 件，发表论文 3 篇。

中烟施伟策（云南）再造烟叶有限公司

【概　况】 中烟施伟策（云南）再造烟叶有限公司成立于 2011 年 8 月，由中国双维投资有限公司、云南中烟工业有限责任公司、红塔烟草（集团）有限责任公司、红云红河烟草（集团）有限责任公司和施伟策—摩迪国际（中国）有限公司共同投资组建，中外双方各占 50% 股份。公司主要经营加工、生产和销售用于烟草产品制造的烟草薄片，进口相关原材料和设备，以及提供与此相关的服务，建设用地 28.4 万平方米。截至 2021 年底，公司总资产 9.65 亿元，其中，固定资产 5.96 亿元、流动资产 2.57 亿元，资产负债率 43.02%。在岗人员 221 人。

【生产经营】 2021 年，公司生产再造烟叶 1.22 万吨，销售 1.15 万吨。全年实现销售收入 3.85 亿元，实现税利 8547 万元。

【生产技改】 2021 年，结合“零缺陷”的工作质量要求，公司在生产过程能力方面，生产车间以降低断纸损耗率，以及 45% 以上的高涂布率在同行业中处于领先水平。通过对卷纸设备的不断优化改进，首次实现雪茄烟茄套、加热烟草等材料化产品的销售，特别是雪茄烟茄套产品为国际上首次实现 70% 烟草原料含量的茄套产品；自动贴标机的投入使用使得人工粘贴标签不平整的问题得到解决，并降低员工劳动强度；包装段捆扎机国产化工作已全面完成，解决了进口捆扎带价格高、供货期长、设备维修困难等问题。

【技术创新】 全年公司开展科技项目 19 项，其中内部在研项目 14 项，外部在研项目 5 项（包括云南中烟项目 4 项，河北中烟项目 1 项），获项目经费支持 152.96 万元。截至 2021 年底，公司累计申报专利 81 件。2021 年，申报国家专利 21 件，其中，发明专利 17 件、实用新型专利 4 件。获得发明专利授权 5 件，获得实用新型专利授权 1 件。发表科技论文 4 篇。

◇编辑：周　佳　褚　幸　刘海文

科研和
教育培训

科研院所

2021 年全国烟草行业主要科研机构（排名不分先后）：

中国烟草总公司郑州烟草研究院

中国烟草总公司合肥设计院

上海新型烟草制品研究院

中国烟草科技信息中心

中国烟草标准化研究中心

国家烟草基因研究中心

云南省烟草农业科学研究院［中国烟草育种研究（南方）中心］

中国烟草总公司黑龙江省公司牡丹江烟草科学研究所（中国烟草东北农业试验站、中国烟草进出口烟叶检测站）

福建省烟草专卖局烟草科学研究所（中国烟草东南农业试验站）

湖北省烟草科学研究院（中国烟草白肋烟试验站）

贵州省烟草科学研究院（中国烟草西南农业试验站）

湖南省烟草科学研究所（中国烟草中南农业试验站）

中国烟草总公司青州烟草研究所［中国农业科学院烟草研究所、中国烟草遗传育种研究（北方）中心］

国家烟草栽培生理生化研究基地

广东省烟草科学研究所

江西省烟草科学研究所

河南省烟草科学研究所

山东烟草研究院

中国烟草总公司重庆市公司烟草科学研究所

陕西省烟草科学研究所

中国烟草总公司海南省公司海口雪茄研究所

四川省烟草科学研究所

中国烟草总公司郑州烟草研究院

【概　况】　中国烟草总公司郑州烟草研究院（简称郑州院）位于河南省郑州市，始建于1958 年，主要从事烟草栽培调制及贮保、烟草基因、卷烟加工工艺和卷烟配方、烟草化学、烟用香精香料、卷烟减害降焦、再造烟叶等方面的应用基础和共性技术研究，卷烟厂和烟叶复烤厂的工程设计、行业相关检测仪器的研制、开发等。学科范围覆盖从烟草基因到卷烟生产的全过程。郑州院是国际标准化组织烟草及烟草制品技术委员会（ISO/TC 126）国内技术归口单位，是国际烟草科学研究合作中心（CORESTA）的分会员单位。2021 年，有在职员工 325 人，其中各类专业技术人员 282 人，包括中国工程院院士 1 人、总公司科技杰出贡献奖获得者 1 人、行业科技领军人才 2 人、享受国务院政府特殊津贴专家 6 人、行业学科带头人 10 人、高级以上职称人员 215 人、具有硕士和博士研究生学历 222 人。

党组书记、副院长：宋亚强（—2021 年 9 月）、宋民宝（2021 年 9 月—）；党组副书记、院长：谢剑平（—2021 年 9 月）；党组成员、副院长：王德平（2021 年 9 月—，负责科研和行政全面工作）

【科研成果】　2021 年，有 21 个项目通过郑州院学委会验收。申请专利 319 件，获得授权 314 件；获得软件著作权 32 项。出版著作 19 部，在 CORESTA、TSRC 等国际会议发表论文 21 篇。在各类期刊发表论文 158 篇，其中 SCI 收录 49 篇，影响因子 5.0 以上 14 篇，影响因子 10.0 以上 3 篇，基因中心 1 篇论文在国际权威的生物学期刊《核酸研究》发表，影响因子达到 16.97，再创行业第一单位论文影响因子新高。

【创新平台建设】　重点实验室建设取得新成绩，郑州院工艺、化学、香料等 3 家行业重点实验室在 22 家实验室评估中排名靠前，获得国家局稳定资金支持。国家局批准建设中国烟草科学数据中心，在牵头实施烟草科研大数据重大专项取得显著成效的基础上，进一步优化完善中心建设方案，各项建设任务稳步推进。行业单体香原料库持续扩容，实物库与数据库建设同步发力，形成 300 余种常用单体香原料名单，收集 3000 余个样品，完善单体香原料应用技术体系。

【基础与前沿研究】 **开发自然烟气产品。**在烟支结构改进、适配器具开发等方面实现新突破，形成具有自主知识产权的实验室定型产品。

加强烟草与健康基础研究。开展暴露风险评价、环境烟气等研究，牵头起草《烟草与健康研究工作要点(2022—2025年)》，对整体研究布局、重点任务进行系统谋划。

强化烟草基因前沿优势。持续开展品质相关功能基因研究，获得一批重要功能基因，探索开展紫杉醇前体物合成等烟草多用途利用研究。

【数字化转型】 **科研大数据研究向纵深推进。**烟叶质量、卷烟产品鉴别、烟草育种、烟草科技知识图谱等4个大数据应用平台通过国家局鉴定，在行业内推广试用。依托烟草近红外大数据分析平台，建设企业专有系统，构建烟叶风格、醇化进度等指数模型，为卷烟数字化设计夯实基础。

智能制造领域取得突破。与中国电子技术标准化研究院合作编制《卷烟工业智能制造技术发展路线图（2021—2035年)》《烟草行业智能制造标准体系建设指南》。承担山东中烟、湖北中烟的智能制造、智能工厂建设咨询项目，打破外资企业垄断的局面。

智慧烟叶生产研究取得进展。与中国工程院院士赵春江团队联合共建智慧烟叶生产协同创新实验室，开发鲜烟叶素质识别算法，提供鲜烟叶成熟度精准判断新方法。初步搭建烟叶智能烘烤大数据服务平台，助力破解智能烘烤难题。

【人才队伍】 谢剑平院士被聘为国家局、总公司首席科学家，2人被评为行业“十三五”科技创新工作先进个人，烟草工艺研究室被评为行业“十三五”科技创新工作先进集体。郑州院博士后科研工作站在2021年度河南省博士后工作考核中被评为优秀等级。2021年，招收入站博士后5人，出站2人，在站人数11人，为设站以来人数之最。

【支撑服务行业】 **支撑行业能力强化。**高质量完成监督抽查、专项监测和控烟履约相关工作。深度参与行业新一轮科技规划制定。《烟草科技》入选《世界期刊影响力指数报告》。主导发布1项、立项2项国际标准。

服务行业水平提升。在企业设立院士创新中心，共建一批联合实验室。工程设计领域开始承担行业重大工程建设项目的立项技术审查工作，获得建筑行业（建筑工程）甲级资质。抗黑胫病生防菌剂获得农业农村部农药登记证书。仪器设备传统主力产品实现迭代升级，自主研发的新用途仪器走向市场。持续提升烟用香精香料对卷烟工业企业的供给保障能力，助力行业香精香料实现自主掌控。

◈ 撰稿：赵英豪；编辑：周 佳　王 静　刘海文

中国烟草总公司合肥设计院

【概　况】 中国烟草总公司合肥设计院（简称合肥设计院）成立于1990年6月，位于安徽省合肥市，是国家局、总公司直属管理的烟草行业专业设计院，具有国家住房和城乡建设部批准的“轻纺行业（食品发酵烟草工程）专业甲级”“建筑行业（建筑工程）甲级”设计资质。合肥设计院的主要职责是受国家局、总公司委托负责组织烟草行业固定资产重大投资工程项目的技术审查（咨询）以及行业直属单位审批权限内的重大工程项目的技术咨询；参与行业打叶复烤厂和烟用仓库投资项目的前期总体规划及设计工作；参与烟草行业工程建设项目施工图第三方审查和项目的相关咨询工作，以及行业工程建设项目设计规范、技术标准的编制、修订工作和实施、监督工作等。合肥设计院下设6个职能部门，办公室、人事处、经营处、财务管理处（审计处）、技术审查处、设计处。2021年，有在职员工71人，其中，具有副高级及以上职称专业技术资格34人（含正高级工程师3人）、中级职称26人，并有52人次取得国家一级注册建筑师、结构工程师、公用设备工程师、造价工程师、咨询工程师等各类注册执业资格。

党委书记、院长：卢安宁

【主要工作】 2021年，合肥设计院采用远程论证推动项目进度，为行业工程建设项目规范实施、推进提供技术支持，全年完成国家局和省级局（公司）、中烟公司委托技术审查（咨询）项目15个。在做好技术审查（咨询）工作的同时，合肥设计院以片区负责和项目跟踪为抓手，拓展行业工程项目设计和第三方审查市场份额，全年通过参加公开招投标、竞争性谈判等新签订各类设计、第三方审查、咨询合同53项。拓展全过程工程咨询服务，增添发展新动能，推进青海西宁和广东肇庆卷烟物流配送中心项目，中标苏州烟草区域物流中心技术改造、福州烟草区域物流中心技术改造、青州卷烟厂就地技术改造等全过程工程咨询服务项目，与国内领先咨询企业上海同济工程咨询有限公司签订合作协议。

【技术创新】 紧跟勘察设计领域和烟草行业发展新趋势，探索BIM设计、绿色建筑、海绵城市、装配式建筑、智能制造等新技术领域，加强教育培训、课题研究，不断提高新技术应用水平，初步形成《海绵城市设计手册》《绿色建筑设计手册》。BIM技术服务体系逐步完备，完成重庆烟叶复烤、广东中烟韶关库房、陕西中烟宝鸡卷烟厂制丝线升级改造、山东中烟滕州卷烟厂护卫队营房项目BIM设计，基本形成以年轻业务骨干为主、涵盖全专业的BIM团队。

【科技服务】 发挥专业优势和技术力量，当好行业固定资产投资工程项目建设领域的参谋和助手。协助推进行业建设工程投资管理制度建设，按照国家局发展计划司工作安排，完成卷烟厂、打叶复烤厂、物流配送中心等3个建设控制指标修订工作，为行业建设项目宏观决策、工程科技进步、投资效益提升提供科学依据。

【人才队伍建设】 持续加大在岗职工的教育培训力度和注册考试、职称申报的鼓励扶持力度。全年新增各类专业注册7人次，10人获聘中、高级专业技术岗位。保持专业注册资格补贴制度等政策稳定，激发专业技术人才自我提升、干事创业的热情。按照《合肥设计院2020—2025年人才引进和培养规划》要求，推进人才引进工作，通过公开招聘择优引进2名高校应届毕业生。

◇撰稿：张　睿；编辑：周　佳　王　静　刘海文

上海新型烟草制品研究院

【概　况】 上海新型烟草制品研究院成立于2015年6月。2016年5月，国家局批复同意设立上海新型烟草制品研究院有限公司，与上海新型烟草制品研究院合署办公。

院长：陆　捷（兼）

中国烟草科技信息中心

【概　况】 中国烟草科技信息中心（简称科技信息中心）是国家局1986年4月批准建立的行业科技情报信息事业机构，时称全国烟草科技情报站，1989年3月更名为全国烟草科技情报中心，1994年更名为中国烟草科技信息中心。主要业务由国家烟草专卖局科技司领导和指导，部分业务与行政管理工作由中国烟草总公司郑州烟草研究院领导。主要职责是：承担国内外烟草科技、经济等信息的收集、研究、加工、报道、交流以及信息资源和烟草科学数据资源的建设工作；承担行业烟草科研大数据重大专项以及烟草科学大数据中心的研究、开发、建设、维护与服务等工作；承担软科学研究、情报调研、科技评估评价、科技政策研究、烟草知识产权研究、科技查新以及信息咨询服务和创新体系建设咨询服务等工作；承担《烟草科技》期刊的编辑出版工作；承担中国烟草科教网的建设、维护与对外服务工作，承担国家局科技业务管理系统开发与维护工作等。科技信息中心下设有《烟草科技》编辑部、信息资源部、情报研究部、知识产权研究室、网络系统部和综合部等6个二级部门。截至2021年底，有在册员工25人，其中高级职称17人（正高级职称3人）、中级职称5人，具有博士研究生学历5人、硕士研究生学历8人。

主　任：郑新章

【中国烟草科学数据中心建设】 2021年9月，国家局决定，依托郑州烟草研究院并以其所属的中国烟草科技信息中心为主体建设中国烟草科学数据中心。中心的成立为进一步完善行业科技创新体系、强化行业科技支撑服务体系、夯实行业科技基础支撑平台等提供科学数据支撑。

【烟草科研大数据重大专项】 **取得多项科技成果**。牵头承担的“烟草科研大数据资源体系与数据标准体系研究”项目和作为第二承担单位完成的“烟草科研大数据总体架构和异构资源智能调度关键技术研究”项目，通过国家局组织的科技成果鉴定。鉴定委员会一致认为，该项目成果总体技术水平达到国际先进水平，在烟草科技领域达到国际领先水平。由上海烟草集团有限责任公司牵头完成的“基于卷烟叶组、调香、辅材的产品数字化设计与维护关键技术研究”项目通过国家局鉴定。

多项科研项目完成。作为第二承担单位完成的“烟草科技知识图谱构建及应用研究”“烟草科研大数据分析模型与可视化集成应用关键技术研究”“烟草科研大数据安全态势预警关键技术研究与应用”以及科技信息中心参与的“烟叶质量大数据构建及应用研究”“卷烟产品鉴别信息大数据构建及应用研究”等5个重大专项科研项目完成研究任务，向国家局提交项目鉴定申请材料。

多项在研项目进展顺利。牵头承担的“烟草关联学科文献信息资源融合汇通平台研究与构建”项目、作为第二承担单位完成的“烟草科研数据融合与关联挖掘关键技术研究”项目以及参与承担的“烟草近红外大数据构建及应用研究”项目等3个项目进展顺利。

完成科技大数据重大专项组织协调工作。参与烟草科研大数据重大专项的组织实施，组织召开近10次重大专项工作协调会和专题汇报研讨；参与组织烟草科研大数据重大专项2021年第二批项目的申报和评审工作；协助完成重大专项项目申报指南、年度工作要点、成果推广应用方案等的研讨和制定工作。编辑重大专项月报11期。

【《烟草科技》期刊】 2021年，《烟草科技》收到来稿706篇，编辑出版发行期刊12期，7万余册。发表各类学术论文171篇，约300万字。《烟草科技》编辑部与郑州院烟草化学研究室、贵州中烟工业有限责任公司联合举办“近红外光谱技术研究与应用”征文活动，遴选出18篇刊登于《烟草科技》增刊。

期刊学术影响力继续提升，2021年继续保持为美国《化学文摘》（CA）、英国《科学文摘》（SA）、荷兰Scopus、日本JST数据库收录期刊；连续第6次入选北大中文核心期刊；继续保持为中国科技核心期刊、中国科学引文数据库（CSCD）核心库来源期刊、RCCSE中国核心学术期刊（A）、中国学术期刊文摘数据库收录期刊等。入选《世界期刊影响力指数（WJCI）报告（2020科技版）》，是我国烟草专业期刊中唯一进入Q1、Q2区的期刊，在134种农艺学国际期刊中排第66位，在28种中国大陆期刊中排第14位。《烟草科技》的影响力指数（CI）在29种轻工业期刊中排名第4位，位于Q1区；在49种农艺学期刊中排名第16位，位于Q2区。

继续为中国知网、万方数据、重庆维普等国内外各重要数据库及出版平台发送当期数据。2021年《烟草科技》期刊网站更新数据12期，通过“烟草学术期刊”微信公众号发布文章12期共67篇，被中国学术期刊文摘收录55篇，被中国知网“中文精品学术期刊双语数据库”收录30篇。

【情报研究和知识产权研究】 **完成行业科技创新规划类课题研究工作**。完成《创新型烟草行业建设评估报告》《烟草行业“十三五”科技创新规划评估报告》《行业科技创新政策落实情况调研分析报告》《“十三五”省部级烟草科技奖励成果统计分析报告》等4篇研究报告。聚焦烟草文献数据知识检索服务平台运行情况、行业“十三五”时期授权专利统计以及新形势下《烟草科技》期刊发展等内容，分别撰写3期《科技政策与科技情报》动态研究报告。

知识产权研究工作取得新进展。完成烟草行业技术类专利的信息资源建设和分析研究工作，全年完成专利分析月报12期、专利季报4期、专利年报1期等，完成“十三五”烟草行业专利统计分析报告。配合国家局科技司完成部分烟草工商企业知识产权工作调研，撰写调研报告。完成知识产权政策、发展规划、管理体制机制等的政策性调研工作，协助国家局科技司起草烟草行业知识产权工作指导意见。编制知识产权中心建设方案并形成初稿。

【信息资源建设】 **烟草科技文献数据库群持续扩容**。全年新加工发布各类文献5.06万篇，全文新增3.52万篇，年增加总量持续保持高水平。截至2021年底，中国烟草科教网文献类数据库资源总量达到77.45万篇，全文达到62.23万篇。

烟草专利信息资源建设持续推进。全年采集、入库、标引烟草技术类中国专利2.4万件，回溯标引中国专利1.2万件。全年累计查询180万次中国专利法律状态，更新法律状态数据4万条。检索、筛选2019年11月至2020年10月国外专利1.8万件，采集、入库、标引烟草技术类国外专利8528件，涵盖38个国家或专利组织。回溯标引国外专利2144件。

中国烟草科教网信息发布量持续增加。全年采集、发布、审核科教网栏目中文信息7194篇，合计450余万字；翻译加工国外信息616篇，合计约45万字。扩充完善知识产权服务平台成果库的6000余条数据字段。

新版“烟草文献数据知识检索服务平台”运行良好。新版“烟草文献数据知识检索服务平台”2021年访问量达到20万人次。根据平台用户使用情况和操作日志，采用中文分词、检索关键词聚类分析、新词发现等算法等可视化展示方式，撰写平台用户行为分析报告，向行业工商企业和科研院所进行发布。

【合作与服务】　**横向合作科技项目数量增长。**承担广东中烟“专利价值评估体系研究”科技项目；承担河南中烟“基于智能挖掘的烟草科技知识发现技术研究及应用”“卷烟质检大数据平台的研究与应用”“卷烟材料数字化设计平台构建”科技项目；承担“湖北雪茄烟重大专项工作平台”项目，完成前期需求调研、技术选型、原型设计、系统开发和实施部署；承担江苏中烟科技项目“江苏中烟香原料数字化特色库”的研发工作。协助郑州院烟草农业研究室完成“河南中烟烟叶质量数据库”系统的研发、资料整理和验收工作。参与郑州院烟草香料研究室“单体香料实物库与信息库升级改造”项目和烟草行业香原料中心库的研发工作。

持续为行业企业提供信息咨询服务。先后为广东、湖北、浙江等中烟工业公司和上海烟草集团、湖北省局（公司）和内蒙古昆明卷烟有限责任公司等服务对象完成企业调研、培训和信息资料的整理以及部分企业查新、专题资料查询和专题调研等工作。对工商企业开展科技论文撰写、信息资源检索与有效利用等专题培训服务。

中国烟草标准化研究中心

【概　况】　中国烟草标准化研究中心（简称标准化中心）位于河南省郑州市，成立于1995年1月，是国家局批准建立的行业标准化、计量专业机构，隶属于中国烟草总公司郑州烟草研究院，业务上受国家局科技司和郑州院领导，国家市场监督管理总局、国家标准化管理委员会指导。主要职责是负责全国烟草标准化技术委员会秘书处的日常工作，专门从事烟草标准化的研究及推广，为行业提供标准体系框架，引导行业科学地制（修）订标准；作为ISO/TC126烟草及烟草制品技术委员会及其分技术委员会的国内技术对口单位和SC2烟叶分技术委员会的副主席和联合秘书处承担单位，负责配合国家局科技司组织行业参与国际标准化活动，承担国际标准投票，开展国际标准新工作项目提案，跟踪研究烟草相关国际标准化发展趋势和工作动态；作为烟草行业计量技术归口单位，承担烟草行业专用计量器具的技术审核、计量标准（基准）建立和量值溯源以及重要标准物质的研制。标准化中心下设标准化管理室、国际标准化室、标准化研究与推广室、计量室4个部门。截至2021年底，有在职员工23人，其中研究员及正高工7人、高级工程师10人、工程师4人。

主　任：范　黎

【谋划建设计量测试中心】　**开展计量测试中心建设的系统规划。**针对“测不准、测不了、测不全”问题，聚焦行业量值溯源体系、专用计量测试技术的空白、新型计量测试技术，针对此后3～5年逐步开展行业计量测试工作，分析和归类“温湿度等环境参数计量测试技术”“气溶胶计量测试技术”“流量计量测试技术”等9个共性技术领域和40余项具体项目，形成《行业计量测试中心三年项目规划》（2022—2024）及“行业质量基础设施建设计量测试能力提升项目”投资计划草案。

增强项目研究的深度与广度。拓展在线计量，与河南中烟、内蒙古昆明卷烟有限责任公司及湖北省局（公司）合作开展计量项目，将计量测试推广到烟叶生产领域。开展远程计量，与云南中烟合作的“寮中红塔卷烟产品质量监督计量保障和远程监测技术的研究与应用”“卷烟产品质量检测环境实时监测和保障方法的研究与应用”两项远程计量项目基本完成。做好传统卷烟专用器具计量，完成《烟草实验室大气环境检定规程》（JJG〔烟草〕21—2021）等行业标准制（修）订，申报并获批“卷烟小盒密封度测定仪检定规程　负压抽气－水浸法”行业标准项目。完成行业专用计量器具的量值传递，依托9个行业最高计量标准，对7800余件行业专用器具开展计量检定或校准。

【谋划建设微生物研究平台】　**开展微生物研究平台建设**。申报的“烟草微生物分析鉴定和筛选应用实验室建设”项目获得总公司批复并有序实施。为保护行业专有和专用烟草微生物菌种资源，支持行业微生物研究应用，提出“烟草微生物菌种资源保藏平台建设”投资计划草案。

申报行业科研和标准项目。牵头申报总公司科技项目“烟草专用蛋白酶和淀粉酶的高效创制及应用研究”并获得批复。

加强企业合作。发掘行业共性问题，以微生物风险分析和防控为重点，完成山东中烟合作项目“手工雪茄烟加工过程微生物风险分析研究”，申报并获批广西中烟项目“烟草添加剂卫生指标菌快速检测方法建立及应用研究”、四川中烟合作项目“手工雪茄烟加工过程霉变微生物分析及监控研究”；以有益菌利用为重点，申报并获批湖北省局（公司）科技项目“雪茄烟叶降TSNAs特色菌种资源精准筛选和评价技术研究”。

【标准化工作】　**烟草企业标准体系建设研究**。申报并获批“卷烟工业企业标准体系的构成及指南”行业标准项目、内蒙古昆明卷烟有限责任公司合作项目“烟草制品生物酶应用标准体系”、湖北中烟合作项目“烟草标准科研公共服务科技情报服务”，推进河南南阳市局（公司）、湖北襄阳市局（公司）“企业标准化建设咨询服务”项目。

标准物质（样品）研制。申报并获批行业标准项目“烟草特有N－亚硝胺混合溶液标准物质的研制”、湖北中烟合作项目“烟草水分标准样品研制”、四川中烟合作项目“‘醇甜香’品类雪茄标准样品制作研究”、河南中烟“企业卷烟感官标准样品制作规范研究”，完成贵州中烟合作项目“滤棒中三乙酸甘油酯施加量标准样品的研制——近红外法”。

雪茄烟叶分级技术研究。牵头承担的海南省局（公司）科研项目“海南雪茄烟叶分级标准研究”、湖北中烟合作项目“雪茄烟原料企业分级标准研究”项目顺利推进。

烟用材料成分剖析技术成果推广。申报并获批河北中烟“烟用水基胶、卷烟纸主要成分剖析及粘接（浸润）能力分析研究”、广西中烟“卷烟纸纤维类型及纤维素含量分析研究”、吉林烟草工业有限责任公司“烟用水基胶成分剖析研究”、四川中烟“雪茄烟用重点材料风险分析”、江苏中烟“烟用水基胶成分剖析研究与粘接性能关键理化指标挖掘”等合作项目。

加强国际标准化工作。主导完成ISO《烟草及烟草制品　烟丝宽度的测定》（20193：2019/AMD1：2021）国际标准的修订并正式发布。ISO 4906《细切烟丝　用于制备细切烟丝制品的填充值测定方法　恒重加压法》和ISO 9322《卷烟滤棒、卷烟和其他烟草制品包装纸材料　乙酸盐和柠檬酸盐的测定　离子色谱法》两项国际标准正式立项。首次组织推荐3名行业专家参与IEC国际标准的制定工作，选派8名行业专家分别参与ISO三个工作组（WG19、WG22、WG23）的工作；组织完成ISO/TC126第37次大会以及ISO/WG工作组会议等15次参会任务，参会预案及会后总结及时上报国家局科技司；组织国内相关方完成28项国际标准文件的投票及评议工作；编制完成4期《烟草国际标准化动态》，为行业企业提供相关咨询服务。

国家烟草基因研究中心

【概　况】　国家烟草基因研究中心（简称基因中心）成立于2010年12月，隶属中国烟草总公司郑州烟草研究院，业务上接受国家局科技主管部门的指导和管理。根据国家局的总体部署和烟草基因组计划重大专项的整体安排，基因中心主要负责开展烟草基因组研究工作。基因中心下设烟草生物信息学实验室、烟草分子生物学实验室、烟草代谢组学实验室和综合室等4个部门。截至2021年底，有在职员工26人，其中高级职称19人，具有博士研究生学历18人、硕士研究生学历7人。

主　任：罗登山（兼）

【科研项目与平台建设】　2021 年，基因中心承担各类科研项目 52 项，2 项项目获得院青年科技进步奖三等奖，1 项河南省科技攻关项目通过省科技厅验收，4 项项目通过院学委会验收。烟草生物信息学平台主要分析工具访问量 10 万余次，开发植物细胞标记数据库，为植物单细胞测序研究提供精准、全面的大数据分析平台支撑。烟草基因芯片平台完成 1920 份烟草全基因组分子模块库高世代材料的基因分型，筛选获得纯合差异位点数 2.6 万个。烟草代谢组学平台开发高通量液质非靶向分析方法，构建的包含近 7 万条质谱信息的植物代谢产物标准质谱数据库 2.0 版上线运行。

【基因研究】　针对烟叶黄酮醇/芸香苷合成调控，鉴定出 2 个 *NtWRKY*41 基因，发现 *NtWRKY*41*a* 能够促进烟草中木质素和绿原酸合成，并同时抑制类黄酮和莨菪亭合成，揭示 *NtWRKY*41*a* 在调节烟草苯丙烷代谢中的功能。针对烟叶绿原酸合成调控，克隆到 4 个功能基因 *NtHQT*1－4、多个正/负调控转录因子基因，创制相应过表达和基因编辑材料。

筛选获得 3 个烟叶莨菪亭合成调控相关转录因子基因靶标，创制 T0 代遗传材料 20 余份。使用基因编辑手段创制获得多份对烟草二氯喹啉酸药害具有高抗水平的遗传材料，明确乙烯合成关键基因 *ACS*3 和生长素受体基因 TIR 编辑材料具有生产应用潜力。鉴定烟草叶片夹角调控关键基因 *TAC*1，基因沉默后叶片夹角显著变小，该遗传材料具有密植种植的潜力。鉴定 1 个显著响应干旱胁迫的 LRR 类受体蛋白激酶基因 *NtIMK*2，明确其正向调节植株抗旱性的生物学功能。

全年申请基因发明专利 7 件，获得发明专利授权 16 件，其中基因专利 6 件。

【服务与合作】　**技术服务合同额持续稳定。**全年签订技术服务合同 11 份，围绕高香气特色品种选育与工业应用、烟草核心基因库编辑素材组学分析、烟草甲生防技术等产业关注的“瓶颈”性问题，与福建中烟、云南中烟、云南省局（公司）等 6 家行业工商企业深化合作。

湖南中烟联合实验室稳定运行。合作开展的烟草基因编辑工厂化育种高通量代谢表型检测、烟草抗除草剂材料创制、烟草腋芽调控等 6 项科研项目均完成年度研究任务，基因中心提供的基因技术咨询与培训服务得到湖南中烟认可。

【学术论文】　2021 年，基因中心作为第一单位完成的论文 *PCMDB: a curated and comprehensive resource of plant cell markers* 在国际生物学权威期刊《核酸研究》（中科院分区 1 区 Top 期刊，影响因子 16.97）在线发表。这是基因中心学术论文影响因子继 2020 年在生物信息学研究领域首次突破 10 分后的又一全新跨越。

全年基因中心发表各类学术论文 23 篇，包括 SCI 论文 9 篇、核心期刊论文 4 篇、会议论文 9 篇、其他论文 1 篇。论文总影响因子 59.99，平均影响因子 6.67，标志着基因中心以稳定的高水平产出论文成果。

云南省烟草农业科学研究院［中国烟草育种研究（南方）中心］

【概　况】　云南省烟草农业科学研究院（简称云南省烟草农科院）位于云南省昆明市，前身是成立于 1955 年的云南省烟草科学研究所，2009 年 3 月更名为云南省烟草农业科学研究院，是云南省局（公司）的直属科研机构；中国烟草育种研究（南方）中心（简称南方中心）成立于 1995 年，与云南省烟草农业科学研究院合署办公。下设 4 个管理部门、2 个技术支撑部门、10 支科技创新团队。2021 年，有在职员工 104 人，其中正高级职称 16 人、副高级职称 44 人，具有博士研究生学历 41 人、硕士研究生学历 43 人，烟草行业学科带头人 4 人、行业领军人才 1 人、享受国务院政府特殊津贴 1 人、云南省中青年学术和技术带头人 3 人、云南省技术创新人才 8 人、云南省高层次人才培养支持计划 4 人、云南省高层次人才引进计划 4 人、云南省委联系专家 2 人。

党委书记、院长、主任：顾华国

【科研攻关】 **雪茄烟叶开发**。围绕“开发高端特色雪茄原料、实现中式雪茄原料国产化”的战略目标，初步打通“品种、栽培、采收、晾制、发酵、分拣、醇化”全产业链关键核心技术“瓶颈”，形成符合云南气候特点的优质雪茄烟叶生产技术体系。

硃砂烟叶生产。实现硃砂烟系统化研究、订单化生产、规模化开发、品牌化应用。2021 年云南省种植硃砂品种 3.1 万亩，收购高品质硃砂烟叶 1.7 万担。硃砂烟叶原料进入云南中烟“红河（道）”品规配方，一个“从种子到卷烟品规”全链条创新引领的产业发展新方向初显端倪。

【技术创新】 **新品种选育**。推出芳香烟草等一批特质烟叶新品种。抗 PVY“云烟 87”、抗 PVY“云烟 121”、抗黑胫病“红元”等新品种全国推广 20 万亩。2021 年，全国十大主栽烟叶品种中，“云”系列占 7 个，种植面积超过 929 万亩。

绿色烟叶生产技术。持续推进植烟土壤保育、烟草绿色防控、提质增效烘烤等重大专项研究，集成研发第一代拆装式可移动烤房和“电饭煲”式烘烤模式，2021 年云南省投入 1200 余座移动清洁烤房，其中 536 座用于大理漾濞抗震救灾。

科研成果。2021 年，云南省烟草农科院开展科研项目 80 项，其中国家基金委项目 9 项、国家局项目 4 项、省科技厅项目 11 项、省公司项目 36 项。

【技术服务】 始终按照“技术服务于生产、成果应用于生产”的基本要求，打造由“烟草农业科技”微信公众号、“一部手机种好烟”抖音号、“烟草病虫害智能识别”“烟叶识熟”微信小程序等三类融媒体组成的生产技术服务平台。

中国烟草总公司黑龙江省公司
牡丹江烟草科学研究所
（中国烟草东北农业试验站、
中国烟草进出口烟叶检测站）

【概　况】 中国烟草总公司黑龙江省公司牡丹江烟草科学研究所（简称牡丹江烟草科学研究所）位于黑龙江省哈尔滨市，始建于 1985 年，隶属于黑龙江省烟草专卖局（公司）。始建名称为黑龙江省烟草科学研究所，原位于黑龙江省牡丹江市。1995 年，经国家烟草专卖局批准在省烟草科学研究所的基础上成立中国烟草东北农业试验站；1998 年成立中国烟草进出口烟叶检测站。2008 年 1 月单位名称变更为中国烟草总公司黑龙江省公司牡丹江烟草科学研究所，2016 年 10 月搬迁到哈尔滨市。主要承担烤烟新品种选育、生物技术研究、烤烟栽培技术研究与推广、植物营养与肥料、病虫害防治技术、烘烤技术研究及全国进出口烟叶及其制品的转基因检测和监测工作。牡丹江烟草科学研究所设 6 个科研科室和 3 个行政后勤服务科室。截至 2021 年底，有在职员工 27 人，其中高级职称 18 人（含正高 3 人）、中级职称 4 人。

党委书记、所长：孙东辉（2021 年 8 月—，之前任副所长，主持工作）

【科研工作】 **龙江特色烟叶配方作用机理研究**。明确龙江烟叶“柔、细、净、甜”烟气特征的物质基础，明确龙江烟叶“协调烟香、平衡烟气、增加甜感”的配方作用。

主栽品种抗病性定向改良育成新品系。构建现代烟草生物育种技术体系，实现从基因到品种的育种路径全线贯通，通过分子标记辅助育种手段获得高抗烟草普通花叶病、农艺性状和内在品质与“龙江 911”相一致的烤烟新品系，从品种源头开辟烟叶生产绿色防控、减工降本、提质增效的新路径。

加快推进烟叶生产全程机械化项目。坚持把烟叶生产转型升级作为稳固烟叶基础的重要途径，经多方论证，确定项目最终技术优化方案，进一步完善细节，明确改进思路，以农机、农艺、信息、智能融合为目标，提升全程机械化水平。

【成果转化】 推行提高钾素肥效的施用方式，提高肥料的利用效率，促进烟叶成熟，提高上部烟叶含钾量，改善烟叶品质。推进绿色防控新发展理念，防控效果逐年凸显，提升烟叶生产安全、烟叶质量安全及烟区生态安全。推行优化等级结构的群体调控技术，提高上部烟叶主等级的产出水平。提高烟叶化学成分的协调性，降低尖刺感。

【技术服务】 开展漂浮育苗、田间管理、烤房维修维护、采收烘烤技术指导培训1600余人次；为产区化验土壤样品1391份，烟叶样品6000余份。发布病虫简报4期，预测病害发生规律，并通过多种方式为产区进行病害诊断和指导。

【科研成果】 2021年，承担各类科研项目17项，其中主持黑龙江省局项目12项、协作课题5项。获得中国烟草学会优秀论文一等奖1篇，省烟草学会一等奖1篇、二等奖1篇、三等奖2篇。3项课题通过黑龙江省烟草专卖局组织的鉴定。

福建省烟草专卖局烟草科学研究所（中国烟草东南农业试验站）

【概　况】 福建省烟草专卖局烟草科学研究所位于福建省福州市。1997年5月，在福建省三明市成立福建省烟草专卖局烟草农业科学研究所，2002年初迁到福州，与中国烟草东南农业试验站（简称东南站）实行“一套班子，两块牌子”管理，隶属福建省局（公司）。2004年全面异地搬迁至福州市，2016年11月更名为福建省烟草专卖局烟草科学研究所。在福州市晋安区宦溪镇设科研基地，在龙岩、南平、三明等3个主产烟区设分所（烟叶生产技术中心），形成以省烟科所为龙头，龙岩、三明、南平3个分所和9个产烟县烟叶生产技术试验推广站组成的“139”烟草农业科研体系。省烟科所下设6个研究室和福建省烟草病虫害预测预报及综合防治二级站。截至2021年底，有在职员工13人，其中研究员2人、高级农艺师4人、农艺师5人，具有博士研究生学历1人、硕士研究生学历9人。

所长：李春英

【科研工作】 **特色品种选育**。自主育成烟叶新品系“FJ2005”参加全国区试，“2103”“FJ2106”等10个新品系参加福建省烤烟品种区试。分别完成9个品种（系）全国烤烟品种区域试验、全国引种试验和5个品种（系）全国烤烟品种生产试验，完成47份全国品种试验新品系抗青枯病鉴定试验。开展“烟草青枯病抗性资源评价及抗病机制”“翠碧一号遗传改良”研究。

烟草绿色防控技术研究与推广。“福建烟草绿色防控技术研究与应用”项目通过鉴定，试制3个纳米农药产品入选行业“十三五”科技成果展，构建“检—放—诱—调—熏—减”的武夷丘陵生态区烟草绿色防控技术模式。完成“基于绿色缓释农药的地老虎精准防控技术研究与应用”项目研究，编制“烟草病虫害预测预报技术规程”。开展“套种三叶草对烟草病害控制”项目研究，制定《福建省烟稻轮作区病虫害全域全程一体化绿色防控实施意见》。

土壤保育技术研究。开展“福建植烟土壤保育重点技术深化研究与集成示范”项目研究，建立土壤保育重点技术集成应用核心示范片4500亩。开展“基于烟秆炭产品烟稻轮作区化肥减施增效技术研究与示范”项目研究，发现增施烟秆有机肥可以减施化肥氮10%～15%。完成福建植烟土壤理化性状普查工作，提出“增施有机肥，稳氮、控磷、稳钾，从原来普遍增施硼肥改为对部分缺硼土壤补施硼肥，偏酸性土壤施用适量的石灰或白云石粉”的生产技术措施。

特色优质烟叶栽培。开展“基于清甜蜜甜风格的‘翠碧一号’特色优质烟叶关键生产技术研究与应用”研究，阐明福建烟叶致香物质形成机理，探明100余种烟叶致香物质与产地、品种、温度和感官评吸质量的关系。“福建上下部烟叶深化应用研究”项目通过成果鉴定。开展“低温条件下不同形态氮素和镁互作对烟株早期生长的影响”、镁磷互作田间试验等研究。

烟叶调制技术研究。开展“基于水分和颜色监测的密集烘烤测控技术研究”项目研究。“鲜烟成熟度智能化检测技术”项目研究初见成效，完成对“翠碧一号”不同成熟度鲜烟图库的筛选整理以及智能识别App的初步调试，该项目被纳入国家局智能烘烤技术研究项目。研发试验用的小烤房。

雪茄试种研究。开展田间试验，初步筛选出适合工业需求的茄衣品种1个、茄芯品种3个，并筛选出福建烟区适宜的种植区域和种植季节，制定福建雪茄烟叶生产的技术方案。

【技术服务】 制定2021年福建省烤烟生产重点技术指导意见，全年技术指导培训33场次，累计受训1000余人次。全省建立绿色防控示范区14.26万亩，辐射区43.36万亩。做好病虫害预测预报工作，发布病虫信息7期。承担江苏、福建、湖南、浙江、上海等地5家卷烟工业企业在福建烟叶基地单元的技术服务工作。

【科研成果】 2021年在研科技项目30个，其中主持或参加10项省部级项目。获得授权发明专利1件和实用新型专利3件，发表学术论文8篇，3个科研项目通过福建省局科技成果鉴定或验收。

湖北省烟草科学研究院（中国烟草白肋烟试验站）

【概 况】 湖北省烟草科学研究院（中国烟草白肋烟试验站）是全国唯一的白肋烟农业科研单位，其前身为成立于1986年的湖北省鄂西烟草科研所，1997年6月更名为湖北省烟草科研所；2013年7月更名为湖北省烟草科学研究院。承担全国及全省雪茄烟、烤烟、白肋烟和其他各类烟草的育种、栽培、调制、植保等科学研究和试验示范任务；为烟叶产区提供烟叶与土壤样品的化验检测、病虫害预测预报及综合防治、烟叶生产先进实用科学技术推广等科技服务；为烟叶产区提供烟草良种、负责湖北省全省烟草良种繁殖、包衣加工、计划调拨。白肋烟试验站下设4个研发中心、4个研发服务部门和2个综合管理部门。截至2021年底，有在职员工30人，其中行业学科带头人2人、研究员3人、副研究员3人、高级农艺师17人、高级工程师1人，具有博士研究生学历8人、硕士研究生学历14人。

院 长：杨春雷

【重大专项】 2021年主持承担国家局雪茄烟重大专项6项，在五大领域技术攻关上全面实现破题。各项关键技术取得阶段性成果并在烟叶产区推广应用，开发100%以湖北雪茄烟叶为原料的产品，湖北雪茄烟叶逐步进入“长城”“黄鹤楼”等主要品牌中高端手工雪茄烟配方。助力产区，对接四川、湖北和安徽等工业公司，在十堰丹江口市、恩施州来凤县和宜昌市五峰县建成3个高标准优质国产雪茄烟叶定制化生产基地。在十堰丹江口召开雪茄烟重大专项工作推进会和培训会。

【技术服务】 为烟叶产区公司和烟农提供烟草育苗、烟叶移栽、大田管理等技术资料。发布病虫情报4期，提供咨询服务200余次。通过“线上+线下”方式，将理论培训和现场技术指导相结合，开展技术培训交流近2000人次。完成产区烟种供应工作，调拨包衣种9.35万袋。

【科研成果】 2021年，获得湖北省局（公司）科学技术进步奖一等奖1项，标准创新贡献三等奖1项。3个项目通过省部级成果鉴定，6个项目通过省局结题验收。获得1项行业标准，授权专利21件、软件著作权4项，发表论文25篇，其中SCI论文8篇。

贵州省烟草科学研究院（中国烟草西南农业试验站）

【概 况】 贵州省烟草科学研究院（中国烟草西南农业试验站）的前身是贵州烟叶改良场，成立于1948年11月22日，1983年更名为贵州省烟草科学研究所，2012年更名为贵州省烟草科学研究院，与中国烟草总公司中国烟草西南农业试验站（1999年成立）合署办公。总部在贵阳，在福泉、平坝设有2个基地。贵州省烟草科学研究院下设6个科研团队、3个业务部门和6个管理后勤部门。截至2021年底，有在职员工123人，其中科技人员80人，高级职称38人、中级职称54人，具有博士研究生学历29人、硕士研究生学历47人。

党委书记、院长：王 丰

【技术创新】 新增“云烟87”和“K326”的uORF数

据，优化 uORF 基因编辑体系，获得 4 份编辑材料；建立烟草叶片单细胞分离方法，获得腋芽减少基因编辑植株株系 3 个；获得兼抗白粉病和马铃薯 Y 病毒病的“云烟 87”和“K326”定向改良材料；鉴定并获得参与类西柏烷合成的新基因 1 个；克隆烟草腺毛优势表达转录因子 4 个；开发基于 NtAP1L 突变位点的赤星病抗性相关共显性分子标记 1 份；阐明青枯病与黑胫病混发烟株茎秆组织的微生物群落结构及多样性；研究形成蠋蝽低温保种方法，明确蠋蝽的重要抗冻基因 Hsp70s 及生殖基因 Vg 和 VgR 的表达变化情况。

与黔西南、毕节共建育种基地；新品种（系）“贵烟 8 号”“贵烟 5 号”等在全省进行示范种植，其中“GZ36”全省示范种植 5.65 万亩；“贵烟 6 号”“GZ20”“GZ36”“G358”等品系通过全国农业评审，其中“贵烟 6 号”“G358”进入品种审定程序；定向改良新品系“GZM11”和“GZM12”通过国家局组织的田间鉴评。

形成保蓄型水溶根施肥产品和防控土传病害绿肥布局，构建“减化肥、增碳库、调营养”的土壤保育关键技术；开发烟用棒状一次肥产品 1 个、全元一次性肥料产品 1 个；优选出青枯病生防菌剂 2 种、化学药剂 4 种；研制防治赤星病的双相超高粘附剂型 1 个；研究形成蠋蝽低温保种方法，延长货架期 30 天。

建立并优化近红外预测模型，实现烟叶烘烤过程中淀粉、蛋白质、总糖、还原糖和叶绿素含量的实时预测；研发循环风机智能变频控制技术，烤后烟叶中性香气物质总量提高 20% 以上。

利用废弃烟叶和烟花制备得到可应用于烟草薄片的香料产品 3 个；利用烟草作为生物反应器获得人干扰素粗制品 1 个。构建土壤全组分代谢物质 GC－MS 的拟靶标代谢组学方法，开发土壤磷脂快检、烟叶氨基酸与 Amadori 化合物共检方法，检测效率提升 1 倍以上。

【成果转化】 推动多功能生物有机肥、烟草专用促生功能菌剂、烤烟专用有机无机复混肥 3 项成果进入孵化流程，推荐 6 项成果进入 2022 年贵州省推广计划，遴选出 9 项新成果进入烟叶科技成果转化园 2022 年度验证计划。水溶性根施肥（提苗肥）在全省 100% 推广应用；多功能型生物有机肥示范应用 8200 亩；烟草苗期 TMV 快速检测试纸条应用 2 万条，覆盖 60 万亩；多连杆喷头推广应用 11.7 万亩；蛾类害虫高效诱芯推广 80 万亩；“十个关键稳温点烘烤工艺”在贵州各烟区全面推广。

【科技服务】 组建 4 个以院领导为组长、32 名科技骨干为成员的技术服务组，开展产区服务与指导，累计培训 100 余场，培训烟农、技术员 5000 余人次。完成上海、江苏、湖南等工业企业 24 个烟叶基地单元技术服务工作。与贵州、上海、湖南等 10 家卷烟工业企业和相关烟叶产区联合建成 5 个“烟叶质量联合评价工作组”，开展烟叶基地单元及新品系烟叶样品质量评价 300 次。生产销售烤烟用种 183.42 万亩，全省良种供种率 100%。

【科研成果】 2021 年，贵州省烟草科学研究院新立科技项目 33 项，其中国家自然科学基金 3 项、省部级项目 6 项。获得省部级科技成果 2 项；发表论文 51 篇，SCI 影响因子首次突破 10 分；获得授权发明专利 38 件、实用新型专利 26 件、计算机软件著作权 3 项。在基因超量表达编辑技术、单细胞分离技术、微生物功能型肥料研究应用、蠋蝽储存运输、智能变频烘烤技术等方面实现突破。

湖南省烟草科学研究所
（中国烟草中南农业试验站）

【概　况】 湖南省烟草科学研究所位于湖南省长沙市，成立于 2013 年 12 月。主要开展烟草农业科技创新活动。2000 年 7 月，国家局批准成立的中国烟草中南农业试验站正式授牌，是行业 5 个烟草农业试验站之一。2015 年 8 月，湖南省烟草科学研究所与中国烟草中南农业试验站合署办公。下设长沙、永州、郴州、湘西、衡阳、湖南农大、湖南中烟技术中心农业所等 7 个实验基地。截至 2021 年底，有专职人员 8 人，其中高级职称 4 人、中级职称 4 人，具有博士研究生学历 5 人、在读博士 2 人。

所长：肖汉乾（2021 年 8 月—）

【技术创新与服务】 **技术研究持续推进**。全年主持或参与国家局重大专项、重点项目5项，省公司重点项目19项。选育出100余个综合性状优良的高世代育种材料，4个新品系参加全国区试或生产示范，“HN230”通过全国农业评审。构建湖南烟区主要病虫害预测模型，开发测报App，发布省级病虫情报6期。优化异色瓢虫、蠋蝽规模化繁育技术，开发天敌昆虫引诱剂，制备多功能复合型可湿性干粉产品。完善湘西植烟土壤微生物数据库，构建“基于鲜烟叶代谢组的烤后烟叶风格特征评估模型”，在张家界、怀化、永州、郴州、长沙开展200亩雪茄烟叶的引种试种，初步制定《雪茄烟栽培技术规程》。

成果转化加快推进。推广自育烟叶新品种35万亩，“湘烟5号”“湘烟7号”推广面积超过“K326”。全省建立绿色防控示范区48个，核心区面积26.4万亩，辐射区面积76.9万亩，推广烟蚜茧蜂、蠋蝽、赤眼蜂等天敌防控技术252万亩。

创新能力持续提升。6名科研员明确为湖南省局学科带头人培养对象，2名科研人员完成博士学业，1人通过研究员评审。进一步提升创新平台建设，建立湖南烟草首家天敌昆虫繁育中心，为湖南烟草天敌昆虫商品化繁育和应用提供基础条件。

【技术成果】 2021年，获得湖南省政府科学技术进步奖二等奖1项，湖南省公司科技进步特等奖1项、二等奖3项、三等奖1项。发表论文22篇，其中SCI论文11篇；获得授权发明专利7件，制（修）订湖南省地方标准1项。

中国烟草总公司青州烟草研究所［中国农业科学院烟草研究所、中国烟草遗传育种研究（北方）中心］

【概　况】 中国农业科学院烟草研究所始建于1958年，1959年4月增名山东省烟草研究所，1987年经国家科委批准增挂中国烟草总公司青州烟草研究所牌子（简称青州所），受中国农业科学院、中国烟草总公司和山东省政府领导。作为唯一的国家级烟草农业科研机构，承担全国性烟草绿色防控、基因组计划等重大烟草农业科研项目，着重解决烟草农业生产中的重大科技问题，开展国际烟草农业科技合作与交流，培养烟草农业科技人才，编辑《中国烟草科学》专业期刊，拥有国家烟草改良中心等3个国家级创新平台，“烟草行业烟草基因资源利用重点实验室”“烟草行业烟草病虫害监测与综合治理重点实验室”等16个省部级创新平台和“中加烟草病虫害监测与综合治理联合实验室”等4个国际合作平台。截至2021年底，有在职员工198人，其中专业技术人员185人，正高级职称35人、副高级职称74人，具有博士研究生学历93人、硕士研究生学历64人，45岁以下青年专家126人、享受国务院政府特殊津贴12人、烟草行业学科带头人2人、院农科英才3人、中国农业科学院创新团队首席科学家6人，博士、硕士生导师87人、在站博士后17人、在读研究生150余人。

党委副书记、所长：王元英（—2021年8月）、张忠锋（2021年8月—）

【科研立项】 2021年，青州所新增各类纵向项目55项，其中国家自然科学基金7项，国家外国专家局项目1项，中国烟草总公司重大科技项目、重点研发项目30项，农业农村部部委预算项目4项，山东省和青岛市中央引导地方科技发展资金项目各1项。新增各类省级公司、工业企业合作项目103项。

【科技创新】 **服务烟草种业发展需求**。构建烟草全基因组分子模块育种技术体系，突破基于突变体库的烟草种质资源创制与特征香韵品种培育技术，烤烟新品系“CF235”通过农业评审，抗赤星病“中烟300”和特征香韵新品系“特3”“特5”通过田间鉴评；自主育成雪茄烟叶茄衣品系“中雪1号”和“中雪3号”。

助推烟区农业绿色发展。实施国家重点研发计划“特色经济作物化肥农药减施技术集成研究与示范”和“烟草绿色防控”重大科技项目，全国共建烟草绿色防控示范区2041个，面积638万亩，辐射区面积2000万亩；示范区化肥平均减量28.5%、肥料生产力平均提高27.8%。

推动产业链条延伸。构建天然活性成分稳定表达系统，实现西柏烷二萜、虾青素高效合成；构建植物蛋白瞬时表达系统，建成利用烟草生产外源蛋白技术平台，实现利妥昔等药用蛋白高效合成。

助力烟草智慧生产。初步建立智慧烟草农业决策模型，实现对气候、病虫害的智能监控，提供区域烟草生产数据管理、施肥决策报告生成、产质量预测等精准化、可视化和智能化管理与信息服务。研发出烟叶图像智能密集烘烤装备，实现烘烤过程烟叶变化状态和运行参数的远程监控。

【科研平台】 青州所2个烟草行业重点实验室通过中期评估，“烟草行业烟草病虫害监测与综合治理重点实验室”获得创新平台稳定支持。农业农村部烟草产业产品质量监督检验检测中心通过复评审；在科技部、财政部“中央级高等学校和科研院所等单位重大科研基础设施和大型科研仪器开放共享评价考核”中，烟草所获得“良好”等次。

【成果转化】 烤烟新品种“中川208”“中烟特香301”逐步成为四川、山东部分烟区主栽品种。所办企业实现快速发展，2021年青岛农特公司销售收入4040.94万元，比上年增长217.2%。巩固脱贫攻坚成果，制定实施“田间课堂”行动方案，60余名专家深入烟叶生产一线开展技术指导和推广工作，累计培训1.05万余人次。

【科研成果】 青州所以第一单位发表论文130篇，其中Top5 SCI论文15篇（影响因子>8或JCR排名第一位10篇），并在国际顶级期刊*Nature genetics*上首次发表论文。获得授权国家发明专利55件；出版著作5部；制定国家标准2项。获得中国烟草总公司科学技术进步奖二等奖1项，云南省科技进步奖二等奖1项。

国家烟草栽培生理生化研究基地

【概　况】 国家烟草栽培生理生化研究基地（简称烟草基地）于1997年11月依托河南农业大学烟草学院组建而成的国家烟草专卖局直属的科研机构，受国家局科技司和河南农业大学双重领导。烟草基地的主要任务是根据国家局的战略任务，围绕行业重大科技问题开展创新性研究。在烟草基地的基础上，建设有烟草行业烟草栽培重点实验室。烟草基地立足于整合全校与烟草专业相关的科研力量和平台资源，组建烟草栽培生理生态、烟草生物育种、烟草智慧农业与智能烘烤、烟草化学与调香工程、烟草加工工程与工艺等5个创新团队。截至2021年底，有从事烟草教学和科研工作的教师77人。在国内外、行业内外聘请名誉教授、兼职教授、兼职硕士生导师20余人。

主任：赵铭钦

【技术创新】 2021年，烟草基地主持承担国家局以及四川、湖北、湖南等10余个省市局（公司）有关雪茄烟、智慧农业、智能烘烤等多项重点重大科技攻关项目，均取得创新性成果。新增国家自然科学基金项目3项，省科技攻关项目5项，烟草行业重大重点科研项目25项。

【服务行业和战略合作】 2021年，持续加强与四川省局（公司）、海南省局（公司）、湖北中烟、四川中烟等战略合作，助力雪茄烟产业的高质量发展。开展线上线下相结合的服务行业新模式，全程助力烟叶生产高质量发展。面对郑州“7·20”“7·30”灾情疫情双重考验，烟草基地组织专家教授60人次分赴全国烟区指导烟农开展生产自救，《人民日报》《河南日报》《大河报》等媒体进行深入报道。

【成果转化】 在秸秆综合利用方面，研发利用秸秆、烟梗等废弃物采用气爆和微生物发酵方法生产有机肥，采用碳化方法生产生物炭，利用压块技术生产生物质燃料的方法和产品。在新型烤房研发方面，研发利用电能加热与冷藏双向技术，节约烘烤成本，实现绿色烘烤与环保节能。2021年，获得河南省科学技术进步奖三等奖1项、中国烟草总公司河南省公司科学技术进步奖三等奖1项。

【学术交流与国际合作】 2021年，烟草基地和重点实验室先后与美国弗吉尼亚理工大学、美国肯塔基大学、美国北卡罗来纳州立大学、英国莱斯特大学、英国英美烟草公司、法国烟草研究所开展项目合作与技术交流；召开“黄鹤楼”手卷雪茄烟感官评价与品牌定位交流会、四川雪茄烟产业振兴与质量风格评吸评价研讨会；创办“烟苑论坛”学术平台，先后邀请22名专家开展学术交流与学术讲座。

【科研成果】 以第一作者或通信作者发表学术论文132篇，其中SCI、EI论文56篇，影响因子10.0以上2篇，5.0以上8篇。获得授权专利19件，其中国际专利1件、软件著作权6件。出版专著6部。

广东省烟草科学研究所

【概　况】 2021年，广东省烟草科学研究所位于广东韶关市，其前身是成立于1963年的广东南雄烟草试验站，1987年更名为广东省南雄烟草研究所，2002年更名为广东省烟草南雄科学研究所，2021年更名为广东省烟草科学研究所，为独立事业法人。承担广东省烟草系统烟草农业技术创新重点科研项目攻关，重点开展种质资源保护、新品种选育、烟叶生产技术、绿色防控技术、清洁高效调制技术、烟草功能成分及多功能利用、烟田机械化等领域技术研发和应用工作；开展良种繁育、病虫害预测预报、烟叶生产评价、烟叶产品质量安全性监测，开展全省新品种、新技术和新成果的引进、转化、示范和推广工作，提供技术咨询、服务与培训，开展相关科技情报信息采集、交流与利用等。下设综合管理办公室、技术研发中心、技术服务中心、实验中心和基地管理中心，其中实验中心面积1000余平方米，配置分析仪器设备可满足分子育种、生理生化、环境模拟、烟叶调制、质量评价及植物保护等方面的技术研发工作。截至2021年底，有在职员工25人，其中高级职称4人、中级职称7人，具有博士研究生学历3人、硕士研究生学历9人。

所长：曾　涛（—2021年11月）、罗福命（2021年11月—）

【科研创新】 2021年，承担国家局科技项目4项、广东省局科技项目19项、广东中烟科技项目4项、深圳烟草工业科技项目1项。

【技术服务】 完成广东省烤烟良种繁育、包衣加工及种子供应工作；完成全省各阶段烟叶生产技术培训工作，累计受训1300余人次；完成全省烟草病虫害预测预报、烟叶质量评价及安全性监测工作；在全省主产烟区建设6个科技示范点，集成新品种、新技术、新成果，示范带动成果转化应用。

【合作交流】 与上海院、郑州院、青州所、华南农业大学、暨南大学、广州大学、青岛农业大学、广东省农业科学院等行业内外科研院校（所）建立良好科研协作关系，同时联合广东省各烟叶产区、相关工业公司，以科技项目为载体，共同开展技术攻关研究与开发，产学研合作开展烟草科技创新与技术推广工作。

【科研成果】 2021年，研究所获得省部级奖2项，在正式刊物发表论文9篇、各级学会（会议）发表论文11篇；合作出版专著4本，获得发明和实用新型专利授权各3件、计算机软件著作权登记2项。

江西省烟草科学研究所

【概　况】 江西省烟草科学研究所成立于1994年，原名为江西省烟叶科学研究所，2017年8月变更为江西省烟草科学研究所，是江西省局（公司）直属科研机构，负责烟草技术研究、全省烟叶三级技术体系的组织协调指导、烟叶科技协作组织和烟叶生产技术指导等工作。拥有实验室面积1400平方米，实验室配置多种分析仪器设备，具备烟草育种、栽培营养、生理生化、烘烤调制、质量评价和植物保护等科研条件。截至2021年底，有在职员工16人，其中高级农艺师5人、农艺师6人、工程师2人。

法定代表人：何宽信

【科研工作】 开展烟叶品种、栽培、植保、烘烤和质量评价等5个专题研究，完成29项试验任务。开展峡江烟叶质量提升、乐安烟叶示范区建设、烟草专用基追肥示范、同步预热低湿变黄密集烘烤工艺推广，推进栽培、植保、烘烤技术成果转化落地。通过理论培训和现场指导，加强江西省烟叶技术服务。

【科研创新】 **新品种选育**。自育烟叶新品系“JX1516”通过全国农业评审，筛选（选育）出“ZY157”“1835”等在全省综合表现较好的新品系。

栽培营养。探明氧化镁和枯饼混合发酵促进大田前中期烟叶质体色素和含氮化合物积累，早生快发效果明显；明确鳝泥田、麻砂泥田等不同土壤类型下适宜镁肥种类；提出推迟7天播种或适度提高施氮量、栽后15～20天浇施追肥等大孔育苗配套栽培技术。

绿色防控。明确复合芽孢杆菌、地衣芽孢杆菌等生物菌剂配施有机肥可有效降低青枯病危害；集成苗棚熏蒸消毒、带药剪叶、防虫网阻隔、喷施免疫诱抗剂等措施，建立病毒病防治综合示范区，防效达到73.68%。

采收烘烤。优化同步预热低湿变黄烘烤工艺，进一步改善烤后烟叶化学成分协调性；开发间歇性排湿智能化装置，可实现间歇排湿操作、物联网远程查看和控制；引进自动加料环保燃烧机，实现烘烤工艺的技物融合。

质量评价。构建基于主要化学成分及协调性指标的江西烟叶内在质量评价方法，提出“中棵烟”株型标准及关键指标范围；跟踪分析全省132个烟叶样品，明确江西省烟叶质量状况、年度间波动情况及存在问题，针对性提出烟叶质量改进建议。

【技术服务】 开展“K326”生产技术调研，明确石城“K326”生产技术要点。加强技术指导，适时提出针对性技术建议，向产区发布2021年全省烟叶生产技术建议和关于应对异常气候的技术建议等。加强基层技术培训和指导，累计开展培训15期，培训1000余人次。

【成果转化】 自主研制的烟草专用基追肥配方，示范应用5500余亩，每亩用工减少1～2个，平均产值提高5.5%，烤后烟质量同步提升。推进“同步预热低湿变黄”密集烘烤工艺推广工作，在峡江县、乐安县等5个产烟县应用比例达78%，进一步提升烟叶烘烤技术水平。

【科研成果】 2021年，研究所发表论文5篇，获得授权发明专利3件、实用新型专利2件。江西省局（公司）科技立项2项、结题项目3项，获得江西省局（公司）科学技术进步奖一等奖1项。

河南省烟草科学研究所

【概　况】 河南省烟草科学研究所（简称河南研究所）成立于2014年12月，为河南省局（公司）的专业部门。主要负责河南省烟草系统科技创新、管理创新等重点科研项目攻关，重点开展烟草新品种选育、栽培与耕作、植物保护、烘烤调制、资源环境等技术研究；负责全省烤烟良种试验示范；提供烟草农业新品种、新技术、新工艺、新方法的示范推广及培训服务；承担本系统技术中心的业务指导工作等。设科研项目组和科研成果转化组。截至2021年底，有在职员工8人，其中研究员3人、高级农艺师1人，中级职称3人，具有博士研究生学历2人、硕士研究生学历3人。

所长：黄元炯（—2021年12月）、李　琦（2021年12月—）

【科研工作】 在河南许昌、平顶山、漯河示范烟叶新品系“Y2001”，南阳、驻马店示范“云烟105”，三门峡、洛阳示范“中川208”“豫烟13号”；开展基础调研，完善配套政策，落实田间调查，加强技术落地。开展课题研究、生产调研和技术指导等工作。

开展全省烟草病虫害测报、关键植保技术、新品种示范技术和空气源热泵密集烤房等培训。

【技术创新】 组织修订3项有机肥料标准，组织实施基于烟叶营养精准调控的土壤肥料长期监测试验、烟草肥料结构优化与提质增效技术研发及应用等项目的研究工作，与工业企业合作“1340”优质烟叶工程。

【科研成果】 全年出版专著1部，获得授权发明专利1件、实用新型专利1件，发表论文5篇。

山东烟草研究院

【概　况】 山东烟草研究院成立于2011年2月25日，隶属于山东省局（公司），主要从事烟草农业、卷烟营销、电子商务与现代物流、经济运行、现代企业管理和信息技术等方面的研究开发，其间根据形势变化对职能作优化调整，开展行业政策的研究、解读以及省局（公司）政策的研究、解读、落实、调研工作。拥有信息技术实验室、近红外光谱技术研究实验室和烟草农业实验室等3个专业实验室。截至2021年底，有在职员工13人，其中具有博士研究生学历2人、硕士研究生学历10人。

分党组成员、副院长：刘永亮（主持工作）

【科研工作】 **推进绿色防控技术研究。**开展山东本地蠋蝽生物学调查和本地化扩繁技术研究，构建蠋蝽本地化扩繁技术体系，实现蠋蝽的规模化繁育和商品化供应。推广应用蠋蝽防治烟青虫/斜纹夜蛾2.61万亩，农药减施比例达到40%以上。

开展烟叶地方性杂气调控技术研究。以山东潍坊、临沂、日照等3个重点烟叶产区为切入点，以分析烟叶感官质量与化学成分、土壤养分、灌溉水等指标相关性为手段，对山东烟叶地方性杂气形成的物质基础进行分析，初步摸清烟叶杂气基本状况，明确影响烟叶杂气的主要因素及调控措施。

开展烘烤精准管控技术研究。利用“互联网+”、智能控制等技术，实现烟叶烘烤过程实时远程可视化监控，提升烟叶烘烤精准管控水平，保障烟叶烘烤质量。

开展烟草专卖法律风险防控实务研究。以“实用性、准确性、创新性、全面性”为宗旨，以执法实践为基础，以案例分析为载体，以法规政策为依据，全面梳理烟草专卖行政处罚和行政许可的法律风险点，分析法律风险形成原因，提出法律风险防控对策，出版《烟草专卖法律风险防控实务》，为基层执法人员提供法律指导。

【技术服务】 开展烟叶质量快速检测服务。利用近红外光谱技术完成1088个烟叶样品常规化学成分等质量指标的快速检测；组织开展2020年烟叶样品感官质量评价工作，撰写2020年度山东烟叶品质分析报告。参与全省雪茄烟叶集中发酵技术攻关。通过探索烟叶含水率、烟垛覆盖材料、码垛方式等对雪茄烟叶发酵的影响，初步明确雪茄烟叶发酵的主要技术参数，形成雪茄烟叶发酵技术规范。推进行业内调研咨询服务。组织开展调研咨询课题，完成各类调研咨询报告102篇，编印《山东烟草信息参考》，为山东省烟草系统提供信息咨询服务，在创新业务领域中发挥研究院的功能作用。

【科研成果】 2021年，研究院承担科研项目22项，8个项目通过省局（公司）鉴定或验收。获得山东省公司科学技术进步奖一等奖2项、二等奖2项。获得新型实用专利授权2件。

中国烟草总公司重庆市公司
烟草科学研究所

【概　况】 中国烟草总公司重庆市公司烟草科学研究所（简称重庆烟科所）成立于2011年6月9日，位于重庆市，由西南大学和重庆市局（公司）共同建设，属于校企双方共建非法人单位，主要负责开展烟草科研、试验示范、烟叶生产技术培训与推广等工作。重庆烟科所下设3个业务管理部门和6个科研部门。在重庆巫山县设立渝东北区域技术中心，彭水县设立渝东南区域技术中心。截至2021年底，有在职员工57人，其中高级职称12人、副高职称20人、中级职称5人。

所长：徐小洪（2021年5月—）

【科研工作】 2021年，重庆烟科所科研重点以互联网和大数据互联为手段，深入开展品种选育、土壤保育、配套栽培技术优化及绿色防控应用技术研究。精心组织烟叶生产关键环节实用技术培训，推动科技成果转化应用。

【技术创新】 **科研项目**。在科技创新工作中，突出问题导向、过程导向和结果导向。2021年，新立科研项目5项。为推进成果转化应用，对建所10年来的科技成果进行全面梳理。按照推进节点，采取实地调研与定期研讨相结合的方式，强化项目过程管控。

品种选育。烤烟新品种“渝金香1号”推广示范种植2000余亩，并开展引进品种的示范栽培和配套技术完善研究。继续完善品种资源收集，积累世代育种材料350余份。

栽培技术。开展促进早生快发、改善根系发育和强根壮株应用研究和示范，成效明显。

土壤保育。牵头开展全市植烟土壤普查工作，共采集、分析2500份土壤样品、18个指标，并向产区印发植烟土壤分析报告，为产业应用和上云建库夯实基础。持续开展酸化土壤改良、有机肥提高烟田土壤碳氮比技术推广应用。

绿色防控。制定全市年度绿色防控实施方案，通过药效试验，明确最佳施用技术。针对苗期、移栽期、大田后期出现的病虫害，及时制定防控策略，发布病虫情报5期，为全市植保防控提供技术支撑。

烘烤技术。派出烘烤技术骨干，深入基层一线，蹲点帮扶，指导技术落实，提升烟农烘烤技术水平。

【技术服务】 提升技术服务水平，起草重庆市局（公司）年度生产技术方案，凸显实用技术的延续性、实用性、先进性和针对性。注重产业融合，组织全市烟叶条线90余名干部员工前往陕西咸阳市杨陵区，开展现代农业生产技术培训，将先进理念和方式运用到产业发展中。采取线上与线下的方式，开展土壤保育、良种良法、早生快发、绿色防控和上部叶开发等重点技术培训，累计参训700余人次。

【科研成果】 全年公开发表论文3篇；获得授权专利9件，其中发明专利5件；获得重庆市科委成果评价科技成果3个。

陕西省烟草科学研究所

【概　况】 陕西省烟草科学研究所（简称陕西烟科所）原名为陕西省烟草研究所，成立于1992年8月。2017年，正式更名为陕西省烟草科学研究所，隶属陕西省局（公司），主要从事烟草农业相关研究。截至2021年底，有在职员工7人，其中高级农艺师4人、高级经济师2人、农艺师1人。

所长：艾绥龙

【技术创新】 陕西烟科所联合卷烟工业企业、科研院所开展陕西烟叶特色挖掘项目研究，并对陕西恢复种植雪茄烟叶进行调研和论证。选育的烟叶新品系“2329”通过陕西省烟草品种管理委员会田间鉴评，新品系“9A05”推荐参加全国品种试验。选育的“秦烟96”“秦烟99”“秦烟201”等在生产中大量应用，2021年在国内推广20万亩。研发水肥协同供给专家咨询系统，建设4个烟叶高质量发展水肥协同关键技术示范基地。开展烟草软实力研究，完成烟草商业软实力指标体系构建和软实力评价办法，提出陕西烟草商业软实力评价实施办法建议稿，起草省市县三级对标指标和对标三级管理办法；开展陕西烟草智库需求调研，构建覆盖科研机构和职能部门的烟草智库战略体系。

【技术服务】 制定2021年陕西省烟草绿色防控技术方案，推动绿色防控工作实现常态化；推动蠋蝽防治烟青虫和斜纹夜蛾技术全省推广工作。制定土壤保育2021年技术推广方案，在商洛、安康、汉中、宝鸡等4个烟区创新集成土壤保育及化肥减施增效技术体系，创制5个适宜绿色生态优质烟叶的工程化生物有机肥产品配方和生产工艺；建立有机肥生产基地，生产应用自制有机肥2850吨。在商洛、汉中、安康等烟叶产区大力推广湿润育苗技术；在宝鸡、咸阳等产区建立“技术服务示范田”4个，指导两个市公司完善烟叶生产技术体系。

【科研成果】 获得陕西省局（公司）科学技术进步奖一

等奖2项、二等奖1项；发布陕西省地方标准1个；发表学术论文2篇。

中国烟草总公司海南省公司海口雪茄研究所

【概　况】　中国烟草总公司海南省公司海口雪茄研究所（简称雪茄研究所）位于海南省海口市。2015年7月，国家局批复成立，2017年12月，更名为中国烟草总公司海南省公司海口雪茄研究所，为海南省局（公司）非独立法人运行分支机构。主要职责为承担雪茄烟叶的科学技术研究及成果转化推广，承担雪茄烟产品研发和市场研究，组织开展科研项目攻关，为持续改善雪茄烟叶和雪茄烟产品的品质安全提供技术保障，为雪茄烟产业发展提供科技支撑。截至2021年底，有在职员工14人，其中管理人员4人、科研人员8人、外聘专家2人，具有博士研究生学历7人，具有正高级职称3人、副高级职称7人，海南省高层次人才10人。

支部书记、所长：李方友

【技术创新】　2021年，雪茄研究所共完成18个品种、125份种质资源的对比和筛选试验，完成5个品系在五指山、昌江、儋州等3个烟叶产区的区域试验。新发现病害4种、害虫4种，发现海南雪茄烟叶病害22种、害虫16种，并对主要病害开展防治药剂筛选；围绕水肥运筹、成熟度、晾制机理、发酵工艺完善等开展研究，进一步提升调制后烟叶质量。

【科研服务】　组织科研技术力量到海南雪茄烟叶种植企业，帮助解决技术问题；为其提供病虫害防治预测预报，全年发布《海南雪茄烟病虫信息》8期，全面监测病虫发生情况和消长动态，保障雪茄烟叶生产工作顺利进行。为广西、广东、福建等省局（公司）“海研”系列品种（系）材料开展试种研究提供支持。

【交流合作】　2021年，雪茄研究所参加行业重点实验室评估、雪茄烟叶工商交接标准论证、发酵工厂论证等；与中国农业科学院烟草研究所续签战略合作协议，与山东中烟续签战略合作协议；与海南大学、热科院香料饮料所、三亚崖州湾科技城等单位就搭建“工商研企”合作平台进行磋商。

【科研成果】　2021年，收集雪茄烟叶种质资源5份；通过比较试验，筛选出表现突出的杂交组合35个，并完成制种。发表论文12篇，其中SCI文章4篇，出版专著1本。获得授权发明专利1件，实用新型专利2件。

四川省烟草科学研究所

【概　况】　四川省烟草科学研究所（简称四川烟科所）位于四川省成都市，前身是2009年7月在四川省西昌市成立的四川省烟草技术中心，2015年4月迁至成都市，2016年10月更名为四川省烟草科学研究所。主要负责四川省烟草商业系统科技创新项目攻关，重点开展烟草农业科学技术研究；提供烟草农业新品种、新技术、新工艺、新方法的示范推广及培训服务；承担产区烟叶技术中心的业务指导工作。四川烟科所设有技术研发部、综合管理部2个管理部门和烟草育种、栽培、营养与肥料、植保、调制与加工、化学与多功能开发、国产雪茄烟叶研究与应用重大专项等7个方向研究课题组。截至2021年底，有在职员工15人，其中研究员1人、高级农艺师9人、农艺师2人、工程师1人，具有博士研究生学历2人、硕士研究生学历12人。

党支部书记、所长：郭仕平（2021年12月—，之前任党支部书记、副所长，牵头负责工作）

【技术创新】　2021年，四川烟科所有4个烤烟新品系通过全国农业评审，4个雪茄烟新品系通过行业田间鉴评，首次开展新品种“中川208”单收单调工业使用验证。与四川诚至诚烟草投资有限责任公司共同攻克烟草专用肥结块难题，新研发出配方1个。研发的生物质育苗盘、少基质盘进入示范阶段，少基质育苗盘示范4000亩。优化2款植保四翼无人机，开发基于智能手机的无人机施药质量快速检测系统，在烟区示范作业3000亩。研发出1款背负式轻简圈施底肥机具，雪茄烟叶编烟机、发酵加湿机研发初步成型。制定《雪茄烟叶晾房建设技术标准（试行）》，1项雪茄烟叶生产技术研究成果通过国家局鉴定。从烟叶废弃物中提取出高附加值的绿原酸等功能成分，为废弃物资源化利用探索新途径。

【成果转化】 制定烤烟新品种“中川208”、全生育期不揭膜栽培、上部烟叶带茎砍烤、雪茄烟叶生产等4套技术方案，并指导落实，有效保障烟株生长、提升上等烟比例；优化的新型育苗配方肥得到全面推广，价格降低27%；自主研发防控烟蚜的七星瓢虫产品推广近37万亩，防效达到70%以上；防控根茎病害的2个微生态制剂推广应用近25万亩，防效初显。

【技术服务】 建立烟叶生产技术服务对口联系工作机制，以课题组为单位，分别对口联系各产区提供技术咨询和服务。育苗、土肥、栽培、病虫害防治、特殊烟叶烘烤等领域专家多次到产区提供技术服务。

【科研成果】 获得授权专利56件，其中发明专利12件；出版著作2部；发表论文20篇；获得省政府科技进步二等奖1项，获得国家局科技进步三等奖1项。

表1 国家级企业技术中心

序　号	单位名称	认定时间
1	上海烟草集团有限责任公司技术中心	1995年
2	湖北中烟工业有限责任公司技术中心	2003年
3	湖南中烟工业有限责任公司技术中心	2004年
4	山东中烟工业有限责任公司技术中心	2007年
5	广东中烟工业有限责任公司技术中心	2008年
6	福建中烟工业有限责任公司技术中心	2011年

表2 行业级工业企业技术中心

序　号	单位名称	
1	卷烟工业企业	上海烟草集团有限责任公司技术中心
2		云南中烟工业有限责任公司技术中心
3		湖北中烟工业有限责任公司技术中心
4		湖南中烟工业有限责任公司技术中心
5		广东中烟工业有限责任公司技术中心
6		山东中烟工业有限责任公司技术中心
7		福建中烟工业有限责任公司技术中心
8		浙江中烟工业有限责任公司技术中心
9		安徽中烟工业有限责任公司技术中心
10		江西中烟工业有限责任公司技术中心
11		广西中烟工业有限责任公司技术中心
12		河南中烟工业有限责任公司技术中心
13		贵州中烟工业有限责任公司技术中心
14	非卷烟工业企业	南通醋酸纤维有限公司技术中心
15		南通烟滤嘴有限责任公司技术中心
16		中国烟草机械集团有限责任公司技术中心
17		上海烟草包装印刷有限公司技术中心

表3　行业级烟叶生产技术中心

序　号	单位名称
1	湖北省烟草公司恩施州公司烟叶生产技术中心
2	云南省烟草公司玉溪市公司烟叶生产技术中心
3	贵州省烟草公司遵义市公司烟叶生产技术中心
4	云南省烟草公司曲靖市公司烟叶生产技术中心
5	山东潍坊烟草有限公司烟叶生产技术中心
6	贵州省烟草公司毕节市公司烟叶生产技术中心
7	山东临沂烟草有限公司烟叶生产技术中心
8	福建省烟草公司三明市公司烟叶生产技术中心
9	四川省烟草公司凉山州公司烟叶生产技术中心
10	云南省烟草公司昆明市公司烟叶生产技术中心
11	安徽皖南烟叶有限责任公司烟叶生产技术中心
12	湖南省烟草公司永州市公司烟叶生产技术中心
13	福建省烟草公司南平市公司烟叶生产技术中心
14	云南省烟草公司大理州公司烟叶生产技术中心

表4　省级烟草农业科研机构

序　号	名　称	隶属单位	备　注
1	云南省烟草农业科学研究院	云南省烟草专卖局（公司）	同时挂牌：中国烟草育种研究（南方）中心
2	贵州省烟草科学研究院	贵州省烟草专卖局（公司）	同时挂牌：中国烟草西南农业试验站
3	湖北省烟草科学研究院	湖北省烟草专卖局（公司）	同时挂牌：中国烟草白肋烟试验站
4	福建省烟草专卖局烟草科学研究所	福建省烟草专卖局（公司）	同时挂牌：中国烟草东南农业试验站
5	湖南省烟草科学研究所	湖南省烟草专卖局（公司）	同时挂牌：中国烟草中南农业试验站
6	中国烟草总公司黑龙江省公司牡丹江烟草科学研究所	黑龙江省烟草专卖局（公司）	同时挂牌：中国烟草东北农业试验站、中国烟草进出口烟叶检测站
7	山东烟草研究院	山东省烟草专卖局（公司）	
8	中国烟草总公司重庆市公司烟草科学研究所	重庆市烟草专卖局（公司）	
9	广东省烟草科学研究所	广东省烟草专卖局（公司）	
10	陕西省烟草科学研究所	陕西省烟草专卖局（公司）	
11	江西省烟叶科学研究所	江西省烟草专卖局（公司）	
12	河南省烟草科学研究所	河南省烟草专卖局（公司）	
13	安徽省农科院烟草科学研究所	安徽省农科院	同时挂牌：安徽省烟草公司烟草研究所
14	海口雪茄研究所	海南省烟草专卖局（公司）	
15	四川省烟草科学研究所	四川省烟草专卖局（公司）	

表5　行业重点实验室

序　号	名　称	依托单位
1	烟草行业烟草化学重点实验室	中国烟草总公司郑州烟草研究院
2	烟草行业烟草工艺重点实验室	
3	烟草行业烟草香料基础研究重点实验室	
4	烟草行业卷烟烟气重点实验室	上海烟草集团有限责任公司
5	烟草行业烟草栽培重点实验室	河南农业大学
6	烟草行业卷烟功能材料重点实验室	湖南中烟工业有限责任公司
7	烟草行业卷烟调香技术重点实验室	云南中烟工业有限责任公司
8	烟草行业卷烟工艺与装备研究重点实验室	云南中烟工业有限责任公司 中烟机械技术中心有限责任公司
9	烟草行业工业生物技术重点实验室	郑州轻工业大学
10	烟草行业烟草病虫害监测与综合治理重点实验室	中国烟草总公司青州烟草研究所
11	烟草行业烟草基因资源利用重点实验室	
12	烟草行业烟草生物技术育种重点实验室	云南省烟草农业科学研究院
13	烟草行业烟草分子遗传重点实验室	贵州省烟草科学研究院
14	烟草行业烟用植物应用研究重点实验室	湖北中烟工业有限责任公司
15	烟草行业燃烧热解研究重点实验室	安徽中烟工业有限责任公司
16	烟草行业纤维过滤材料重点实验室	南通醋酸纤维有限公司
17	烟草行业再造烟叶技术研究重点实验室	广东中烟工业有限责任公司 广东省金叶科技开发有限公司
18	烟草行业烟草加工形态研究重点实验室	河南中烟工业有限责任公司 中国烟草总公司郑州烟草研究院
19	烟草行业生态环境与烟叶质量重点实验室	中国烟草总公司郑州烟草研究院 中国农业科学院农业资源与农业区划研究所
20	烟草行业黄淮烟区烟草病虫害绿色防控重点实验室	河南省农业科学院烟草研究所 河南省农业科学院植物保护研究所
21	烟草行业山地烤烟品质与生态重点实验室	贵州省烟草科学研究院
22	烟草行业数字化调香研究重点实验室	湖南中烟工业有限责任公司
23	烟草行业雪茄发酵工艺重点实验室	四川中烟工业有限责任公司
24	烟草生物学效应重点实验室	国家烟草质量监督检验中心

表6　行业工程研究中心

序　号	名　称	依托单位
1	国家烟草基因工程研究中心	云南省烟草农业科学研究院
2	烟草行业新型烟草制品装备工程研究中心	颐中烟草（集团）有限公司
3	烟草行业病虫害生物防治工程研究中心	云南省烟草公司玉溪市公司
4	烟草行业特种滤棒工程研究中心	四川三联新材料有限公司
5	烟草行业微生物有机肥工程研究中心	贵州省烟草公司遵义市公司

续表

序　号	名　称	依托单位
6	烟草行业生物炭基肥工程研究中心	贵州省烟草公司毕节市公司
7	烟草行业烟用爆珠工程研究中心	将军烟草集团有限公司
8	烟草行业生物酶应用工程研究中心	内蒙古昆明卷烟有限责任公司

表7　博士后科研工作站

序　号	名　称	建站时间
1	上海烟草集团有限责任公司博士后科研工作站	2002年
2	广西中烟工业有限责任公司博士后科研工作站	2004年
3	广东中烟工业有限责任公司博士后科研工作站	2006年
4	湖南中烟工业有限责任公司博士后科研工作站	2007年
5	河南中烟工业有限责任公司博士后科研工作站	2008年
6	浙江中烟工业有限责任公司博士后科研工作站	2008年
7	湖北中烟工业有限责任公司博士后科研工作站	2008年
8	云南烟草科学研究院博士后科研工作站	2010年
9	中烟机械技术中心有限责任公司博士后科研工作站	2010年
10	安徽中烟工业有限责任公司博士后科研工作站	2013年
11	云南省烟草农业科学研究院博士后科研工作站	2013年
12	四川中烟工业有限责任公司博士后科研工作站	2013年
13	江西中烟工业有限责任公司博士后科研工作站	2013年
14	福建中烟工业有限责任公司博士后科研工作站	2013年
15	贵州中烟工业有限责任公司博士后科研工作站	2013年
16	云南中烟工业有限责任公司博士后科研工作站	2014年
17	中国烟草总公司郑州烟草研究院博士后科研工作站	2015年
18	中国农业科学院烟草研究所博士后科研工作站	2015年
19	重庆中烟工业有限责任公司博士后科研工作站	2016年

表8　院士工作站（院士科研团队工作基地）

序　号	建设单位	院士姓名、所在单位	平台名称
1	云南烟草科学研究院	孙汉董（中国科学院植物研究所）	
2	四川中烟工业有限责任公司	陈　坚（江南大学）	
3	安徽皖南烟叶有限责任公司	赵春江（北京市农林科学院）	创新基地
4	湖南中烟工业有限责任公司	孙宝国（北京工商大学）	
5	广东中烟工业有限责任公司	陈克复（华南理工大学）	
6	贵州省烟草科学研究院	安德鲁（乌克兰院士）	贵州省微生物与健康院士工作站

◇撰稿：江厚龙　许嘉东；编辑：周　佳　王　静　刘海文

教育培训

中共国家烟草专卖局党校（国家烟草专卖局职工培训中心）

【概　况】 中共国家烟草专卖局党校（国家烟草专卖局职工培训中心）［简称党校（培训中心）］成立于1991年12月，为国家烟草专卖局内设机构性质的直属事业单位。承担烟草行业党员干部教育培训工作，列入中央党校中央和国家机关分校序列，是行业党员干部教育培训的重要基地。2017年5月，被确立为中央党校中央和国家机关分校第五学区牵头单位。2020年和2021年，先后增设合肥、湘潭教学点，实行招生计划、教学计划、课程设置、教学管理、考核评估“五统一”教学管理模式，形成“一校三地”教学格局。2020年7月1日，党校主办的中国烟草网络党校正式上线，服务行业18万余名党员，理论教育延伸到行业“最后一公里”，“线上线下并举”教育培训体系基本形成。2021年，党校（培训中心）有教职员工25人，中央党校兼职师资50余人，行业特色专业师资100余人。

党校校长：韩占武（兼）；党校副校长、培训中心主任：程春节

【教育培训】 **完成教育培训任务**。2021年，举办行业司局级进修班1期、处级进修班2期、科级培训班2期，培训司局级干部22人、处级干部363人、科级干部149人。

完善教学格局。2021年春季学期举办首期年轻干部培训班，学员全部来自基层一线，纳入中央党校主体班次，形成局、处、科三级全覆盖，进修、培训两种班次全齐备的教育培训体系。总结合肥教学点成功经验，取得中央党校中央、国家机关分校的认可和支持，秋季学期增设湘潭教学点，线下教育培训规模由每年350余人增加到700余人，本部与两个教学点同步视频教学，与井冈山、皖南、湘潭党性锻炼基地深度合作。推进网络党校，升级平台建设、丰富教学资源，初步形成“一体两翼三地”联动、“线上线下并举”的高质量教学发展新格局。

提高教学质量。突出理论教育和党性教育主业主课地位，以学习习近平新时代中国特色社会主义思想为中心内容和首要任务，专题学习党的十九届五中、六中全会精神，专门部署党史学习教育，设计能力提升课堂，优选安排行业特色课程。不断创新教学形式，案例交流、双向答疑、学术沙龙、学员讲坛、电影教学、实地参访等教学方式成为常态。先后邀请中央党校知名教授102人次，一级教授7人次，院士、专家学者26人次，主体课程面授率100%。合肥、湘潭教学点与省委党校、高等院校、科研院所、先进制造企业紧密协作，与本部教学互为补充、良性互动。

丰富课题研究成果。开展“订单式”专题研讨，聚焦行业中心工作，推动理论学习和课题研究相融合，制定实施方案，画出时间表、路线图，建立案例库、引入导师制，机关业务司局联手指导，形成攻关合力，着力破解重点难点。6项课题研究成果向国家局领导专题汇报，11项课题与机关部门联动推进，1项研究成果报送中组部“庆祝中国共产党成立100周年”征文活动。课题研究“十环节循环论证”的相关做法，在分校教学工作会上作经验交流。

深入党史学习。专题教学全面系统，安排专家权威讲座22讲、开展党性锻炼9次、观看红色影片20余次，组织党史沙盘教学、学员讲坛、情景朗诵会、党史知识竞赛和学习征文等。组织学员赴古田、井冈山、韶山、金寨开展党性锻炼，到李大钊故居、西山无名英雄纪念广场等革命纪念场馆进行现场教学，传承红色基因，赓续精神血脉。围绕党史和党的十九届六中全会精神，组织学员谈体会、写心得，在《东方烟草报》刊发系列体会文章6个专版、41篇文章。

【教学保障】 完善常态化新冠肺炎疫情防控方案、应急预案，细化应急处置流程，严格出入管理，定期核酸检测，疫苗应接尽接，保障教学工作平稳有序。安全管理提质增效，落实全员安全生产责任制，推进安全管理标准化规范化建设，实施安全生产三年行动提升计划，整改安全隐患126起，无一起安全事故。内部管理持续发力，明确党校

“六个定位”，形成管理“十条理念”，试点推进 OKR 工作法，队伍凝聚力、服务力不断增强，学员满意度、认可度持续提升。

◇ 撰稿：袁　艺；编辑：周　佳　王　静　刘海文

中国烟草总公司职工进修学院

【概　况】　中国烟草总公司职工进修学院（简称职工进修学院）前身是河南省烟草工业学校，成立于 1985 年。1992 年，更名为中国烟草总公司郑州中等专业学校，2001 年改制更名为中国烟草总公司职工技术培训中心，2009 年更名为中国烟草总公司职工进修学院。2011 年，国家烟草专卖局职业技能鉴定指导中心在职工进修学院设立。2014 年，中国烟草学会教育培训专业委员会、安全生产专业委员会在职工进修学院设立办事机构。2015 年，正式建成行业网络培训平台。2017 年，中国烟草总公司黄淮烟叶样品中心在学院建成揭牌。2021 年，职工进修学院有在职在编干部教师 106 人，其中具有硕士研究生以上学历 62 人（含博士研究生学历 12 人）、高级专业技术资格 38 人、高级企业培训师资格 33 人。

职工进修学院党组书记、院长：王　宏

【教育培训】　2021 年，职工进修学院举办各类脱产培训 151 期、培训 1 万余人次，开展线上培训 120 期、培训 2.6 万余人次。行业网络培训平台用户日均登录 4.9 万人次，人均学习时长 140.5 小时。指导实施行业职业技能鉴定 3.3 万余人次，获证 1.8 万余人次（其中高技能人才鉴定 1.3 万余人次，获证 6000 余人次）。承办行业竞赛 2 届次，指导省级一、二类职业技能竞赛 37 届次。发行教材 95 种、10.3 万册，引进通用网络课程 711 门、1022 学时，组织开发网络课件 236 个、455 学时。

【教研鉴定成果】　职工进修学院推动烟叶智能分级关键技术攻关取得阶段性成效，自主开展“面向卷烟智能制造人才的培训与支撑体系研究”等 8 个方面课题研究，牵头承担国家局关于降低行业制度性交易成本的课题研究。学院教师在各类刊物发表论文 24 篇，获得实用新型专利 7 件、软件著作权 1 件，参与科研项目 3 项、教材开发项目 4 项、标准建设 3 项。深化质量体系建设，完成 15 家鉴定站评价审核，重点对 4 家新建鉴定站进行帮扶指导。印发行业技能人才评价质量督导规程。实现三至五级鉴定督导全覆盖。完善职业标准体系，完成 5 个职业技能标准、11 个题库的开发修订，新增试题 6.3 万余道、技能试卷 968 套。

◇ 撰稿：杨明伟；编辑：周　佳　王　静　刘海文

各省级公司所属部分教育培训机构情况

名　称	成立时间	隶属单位	2021 年主要工作
河北平山温泉烟草培训中心	1998 年 11 月	河北省烟草专卖局（公司）	全年举办各类培训班 37 期，培训 2748 人，涵盖党建、人事、内管、销售等内容；承接河北省局（公司）技能竞赛 3 次，承接外省单位党史学习教育活动 1.91 万人次
山西烟草教育培训中心	2005 年 10 月	山西省烟草专卖局（公司）	全年组织全省系统培训班 47 期，培训学员 4716 人次；线上培训班 15 期，培训学员 2613 人次。组织开展专业技能鉴定培训班 8 期，组织内训师培训等
内蒙古自治区局（公司）教育培训中心	2017 年	内蒙古自治区烟草专卖局（公司）	全年开展全自治区烟草行业处级干部学习贯彻党的十九届五中全会精神专题轮训班，开展专业技术人才技能人才、处级干部等培训。网络学习方面，推送 4 个专题学习，发布 2 个专题、1 个测试，组织 10 期网络培训班
吉林省烟草专卖局（公司）教育培训中心	2019 年	吉林省烟草专卖局（公司）	完成吉林烟草党性教育轮训、干部能力建设、内训师资培养、专业化能力提升、专业技能人才培训等综合培训。举办各类培训班 56 期，培训 4001 人次

续表

名　称	成立时间	隶属单位	2021 年主要工作
黑龙江省烟草专卖局（公司）教育培训中心	2011 年	黑龙江省烟草专卖局（公司）	正式上线运行中国烟草网络学院。举办党性教育培训，青年干部、县级班子成员等干部能力培训等。全年举办各类培训 62 期，培训学员 1 万余人次
上海烟草集团教育培训中心	2011 年	上海市烟草专卖局、上海烟草集团有限责任公司	全年组织实施各类培训项目 82 个，培训学员 7649 人次，实施技能鉴定 525 人次
中国烟草总公司安徽省公司教育培训中心	2004 年	安徽省烟草专卖局（公司）	全年开展省局（公司）层面培训 73 期次，培训 5189 人次。承接 13 家直属单位 69 个培训项目，培训 2742 人次。承办行业培训 9 期次，培训 532 人次
中国烟草总公司福建省公司厦门职工教育培训中心	2001 年	福建省烟草专卖局（公司）	全年举办各类培训 38 场，共计培训学员 1597 人次。完成全省烟草商业系统党性教育轮训、干部专业化能力建设、内训师资培养、技术技能类培训、青年干部培养等综合培训任务
中国烟草井冈山传统教育基地	1996 年	江西省烟草专卖局（公司）	举办各类培训班 65 期，培训学员 4238 人次。完成烟草行业党性教育培训、江西省党性教育轮训、干部能力建设等综合培训
江西省烟草培训中心	1991 年	江西省烟草专卖局（公司）	完成全省系统党员轮训、内训师技能提升培训、新进员工岗前培训等综合培训。全年举办各类培训班 151 期，培训学员 1.43 万人次
山东烟草职工培训中心	2001 年	山东省烟草专卖局（公司）	全年举办各类培训班 298 个，培训学员 1.78 万人次（含异地办班）。先后承办大型竞赛 11 场
中国烟草总公司青州中等专业学校	1983 年	山东省烟草专卖局（公司）	挂牌成立中共山东省委党校（山东行政学院）、山东省烟草专卖局（公司）分党校，完成全系统党务干部培训，分层次举办处级干部、科级干部、青年干部培训班
河南省烟草职工培训中心	2009 年	河南省烟草专卖局（公司）	全年举办各级各类培训班 158 期，培训 1.22 万人次。开展技能鉴定 7 个批次、8 个职业（岗位）、1148 人次
湖北省烟草专卖局教育培训中心	2009 年	湖北省烟草专卖局（公司）	教育培训采取线上 + 线下相结合的培训方式，全年各类培训共培训学员 1.1 万人次
湖南省烟草职工培训中心	2002 年	湖南省烟草专卖局（公司）	全年举办各类培训班（含会议）122 期，培训学员 7217 人次
广西烟草商业系统教育培训中心	2010 年 8 月	广西壮族自治区烟草专卖局（公司）	全年共举办各类培训班 89 期，培训学员 6922 人次
四川省烟草专卖局教育培训中心	2008 年	四川省烟草专卖局（公司）	全年全省系统共举办各类培训班 1509877 期，培训学员约 10 万人次
贵州烟草商业教育培训中心	2011 年	贵州省烟草专卖局（公司）	全年共举办培训班 54 期（含网络培训），培训约 6.7 万人次，培训天数合计 901 天
西藏自治区烟草专卖局（公司）教育培训中心	2017 年	西藏自治区烟草专卖局（公司）	全年举办各类培训班 15 期，培训学员 406 人次
河北中烟教育培训中心	2012 年 5 月	河北中烟工业有限责任公司	2021 年 4 月恢复线下培训，共举办培训班 31 期，培训 1132 人次。借助中国烟草网络学院开展各类专题学习和网络培训共 9 期，培训总人数 22417 人次

续表

名　称	成立时间	隶属单位	2021 年主要工作
浙江烟草职工培训中心	2011 年 11 月	浙江中烟工业有限责任公司	全年举办各类培训班 823 期，培训学员 4.3 万人次（含线上网络培训）。开展公司干部能力建设、内训师资培养、新进员工入职等综合培训
河南中烟教育培训中心	2015 年	河南中烟工业有限责任公司	全年举办各类培训班 732 期，培训学员 7456 人，累计 4.41 万人次；公司处级以上党员干部人均学习天数 15 天，处级以下党员人均学习天数 13.6 天
中共湖南中烟工业有限责任公司党校	2021 年 6 月	湖南中烟工业有限责任公司	举办各类培训班 4 期，培训学员 366 人次
广东中烟工业有限责任公司员工教育培训中心	2014 年	广东中烟工业有限责任公司	完成公司处级以上干部培训、科级及以下员工通用类和业务类培训；备战行业内训师教学竞赛；创新新员工培训方式，细化岗位实习内容，规范培训课程设置
广西烟草工业教育培训中心	2011 年	广西中烟工业有限责任公司	全年举办各类培训班 356 期，培训学员 3.34 万人次。完成党务干部培训、干部能力建设、内训师资培养、新进员工入职等综合培训
云南中烟工业有限责任公司培训中心	1983 年	云南中烟工业有限责任公司	培训中心全年共组织完成各类培训 103 期，培训 5619 人次。开展量身定制培训项目和赛前培训，承办各类竞赛

◇ 编辑：周　佳　王　静　刘海文

授权专利

【授权专利概况】　2021 年，烟草行业获得国家知识产权局授权的烟草技术类专利共计 8233 件，比上年增长 45%。其中，发明专利 1293 件，增长 65.3%；实用新型专利 6390 件，增长 44%；外观设计专利 550 件，增长 20.1%。三类专利分别占授权专利总量的 15.7%、77.6% 和 6.7%。

【专利权人分类统计】　按照专利权人分类统计，2021 年，卷烟工业企业、各级烟草专卖局（公司）、科研单位的授权专利数量居前三位，分别占授权专利总数的 63.7%、18.6%、6.7%。卷烟工业企业、科研单位、卷烟材料厂或公司的授权发明专利数量居前三位，分别占授权发明专利总数的 62.3%、17.3%、9.2%。

表 1　2021 年国内烟草行业不同类型专利权人授权专利统计　　单位：件

序号	专利权人类型	专利总数	发明专利	实用新型	外观设计
1	卷烟工业企业	5508	861	4281	366
2	各级烟草专卖局（公司）	1605	104	1398	103
3	科研单位	576	239	314	23
4	卷烟材料厂或公司	503	127	328	48
5	烟草机械公司	163	22	137	4
6	其他	160	21	113	26
7	复烤加工厂或公司	98	3	93	2
8	烟叶公司	33	6	27	0

续表

序号	专利权人类型	专利总数	发明专利	实用新型	外观设计
9	进出口公司	3	0	3	0
10	教育培训机构	3	0	3	0

【专利权人授权专利统计】 2021年，云南中烟工业有限责任公司、河南中烟工业有限责任公司、湖北中烟工业有限责任公司的授权专利数量居前三位，分别占授权专利总数的20.3%、11.1%、7.1%。云南中烟工业有限责任公司、湖北中烟工业有限责任公司、中国烟草总公司郑州烟草研究院的授权发明专利数量居前三位，分别占授权发明专利总数的18.7%、8.8%、8.3%。在国内烟草行业授权发明专利总数前十名中，授权发明专利所占比例较高的单位分别是：浙江中烟工业有限责任公司，占比41.5%；中国烟草总公司郑州烟草研究院，占比40.8%；云南省烟草专卖局（公司），占比26.6%。

表2 2021年授权专利总数前十名的国内烟草行业专利权人

单位：件

序号	专利权人	专利总数	发明专利	实用新型	外观设计
1	云南中烟工业有限责任公司	1729	256	1289	184
2	河南中烟工业有限责任公司	944	106	821	17
3	湖北中烟工业有限责任公司	604	120	445	39
4	山东省烟草专卖局（公司）	413	7	356	50
5	贵州省烟草专卖局（公司）	349	65	280	4
6	云南省烟草专卖局（公司）	297	79	214	4
7	中国烟草总公司郑州烟草研究院	282	115	166	1
8	安徽中烟工业有限责任公司	260	36	202	22
9	四川中烟工业有限责任公司	223	37	179	7
10	江苏中烟工业有限责任公司	218	16	170	32

表3 2021年授权发明专利总数前十名的国内烟草行业专利权人

单位：件

序号	专利权人	专利总数	发明专利	发明占比（%）
1	云南中烟工业有限责任公司	1729	256	14.8
2	湖北中烟工业有限责任公司	604	120	19.9
3	中国烟草总公司郑州烟草研究院	282	115	40.8
4	河南中烟工业有限责任公司	944	106	11.2
5	云南省烟草专卖局（公司）	297	79	26.6
6	贵州省烟草专卖局（公司）	349	65	18.6
7	浙江中烟工业有限责任公司	130	54	41.5
8	湖南中烟工业有限责任公司	187	46	24.6
9	上海烟草集团有限责任公司	201	40	19.9
10	贵州中烟工业有限责任公司	179	38	21.2

◇ 供稿：国家局科技司；编辑：周　佳　王　静　刘海文

新闻舆论和文化建设

行业新闻舆论管理

做好主题策划提升央媒报道水平。指导烟草行业各单位、行业媒体围绕重大主题做好宣传策划，持续做好庆祝中国共产党成立100周年、党史学习教育等宣传报道；通过印发烟草行业季度报道重点，加强统筹谋划，集中调配优质资源，丰富报道形式和内容，展示行业中心工作、报道行业重要会议、树立行业良好形象。2021年，国家局在国务院新闻办“中国发布”App发表稿件42篇。行业各单位、行业媒体在央媒平台发稿7153篇。

推动融媒体建设拓宽宣传平台。在国家局办公室指导下，烟草行业15家单位先后提出新媒体建设方案，初步形成各有特色的融媒体中心；重点直属单位广泛开展“三集中”实战培训，推动对外宣传工作开展；《东方烟草报》社推出全媒体“中央厨房”，构建起记者一次采集、编辑多次生成、渠道多元传播的工作格局。引导行业各单位、行业媒体坚持“内容为王”，创作高品质的新媒体作品；充分利用“报、网、端、微”等平台载体加强宣传。在行业优秀网评作品评选中，逐步增加短视频、H5等新媒体报道占比。

推进新闻宣传话题库建设。印发《关于建立新闻宣传选题策划人队伍的通知》，成立策划人队伍、建立工作机制、压实责任分工，推进新闻宣传话题库建设有序开展。以每季度的行业重点报道选题策划活动为平台，组织开展集中交流，创新作品形式，丰富转化内容。

行业新媒体建设日趋规范。烟草行业各单位高度重视新媒体建设管理，加强内容审核，创新展现形式，提高运行质量。2021年，按照国务院办公厅有关要求，国家局开展行业政务新媒体账号核查补报工作，组织行业各省级局开展政务新媒体突出问题排查整治，注销问题账号，完成整改工作。

加强舆情监测回应社会关切。加强舆情监测，加大政策解读力度，创新解读形式，完善网民留言回复机制。2021年，共办理国办政务平台、中国政府网转办公众咨询留言19件，办理国家局政府网站互动交流栏目网民留言2621件。加强权威政策发布，通过“政府信息公开”专栏，集中发布权威政策和政策解读。

主要报刊

【《中国烟草》杂志】 **概况。**《中国烟草》杂志由国家烟草专卖局主管，《中国烟草》杂志社有限公司主办，前身为《中国烟草工作》，创刊于1985年。1997年1月起更名为《中国烟草》。1999年起由月刊改为半月刊，2001年分为综合版和经济版。2003年按照中央有关部门的决定，《中国烟草》杂志实行“管办分离”的管理体制。刊物以“坚持正确导向、服务烟草行业、探索改革思路、贴近职工生活”为办刊宗旨，坚持正确舆论导向，围绕中心、服务大局，坚持“三贴近”原则，全面、准确、及时、深入地宣传阐释国家局党组的工作部署和要求，发挥“喉舌、窗口、园地”作用。2021年度，《中国烟草》杂志征订量9.43万份（含赠阅数）。

注重政治引领。始终坚持把党的政治建设摆在首位，增强“四个意识”、坚定“四个自信”、做到“两个维护”，不断提高政治能力，为打造行业一流新型主流媒体筑牢坚实根基。深入贯彻全面从严治党方针，做到态度不变、决心不减、尺度不松，发挥全面从严治党引领保障作用。提高政治站位，增强机关刊物意识，履行职责使命，为推动行业高质量发展营造更加良好的舆论氛围。

注重主责主业。2021年，《中国烟草》杂志深入宣传报道学习贯彻党的十九届五中、六中全会精神，中央经济工作会议精神。围绕2021年全国烟草工作电视电话会议、全国烟草科技创新大会及各专项工作会议，行业庆祝中国共产党成立100周年、深入开展党史学习教育，行业“十三五”回顾及谋划“十四五”，行业开展新冠肺炎疫情防控工作，行业经济运行、烟叶生产、专卖管理、数字化转型、安全生产、巩固脱贫攻坚成果同乡村振兴有效衔接等重点领域进行宣传报道。其中，《中国烟草》各期“要闻”围绕国家大事、行业中心工作，及时跟进报道；第2期“党建”栏目，对“十三五”时期行业群团工作进行总结，明确“十四五”时期发展目标；第6期“关注”栏目，对烟草行业工业和信息化系统抗击新冠肺炎疫情5个先进集体、14名先进个人分别进行报道；第8期“卷首”对行业开展党史学习教育的重要意义进行深刻论述；第10期“视觉”栏目，展现行业各基层单位庆祝建党百年，开展系列党史学习教育活动；第13期为创刊第700期，恰逢7月1日出版，为庆祝中国共产党成立100周年，该期围绕“党旗引领中国烟草”展开并进行报道；第15期“卷首”评论文章，对行业上半年工作进行回顾，并展望下半年行业发展；第16期“专题”栏目聚焦行业党史学习教育，以评论、综述、纪实报道等多种形式，对国家局党组推动行业党史学习教育走深走实、“党旗引领下的中国烟草”专题展览、“金叶先锋·担当奉献”烟草行业庆祝建党100周年主题宣讲等进行全面立体报道；第23期、24期，“卷首”“学习”“专稿”栏目，均围绕学习贯彻党的十九届六中全会精神展开宣传报道，为行业学习贯彻营造氛围。

注重服务大局。高质量完成国家局“党旗引领下的中国烟草”专题展览与“科技引领　自立自强——党的十八大以来烟草行业科技创新成就展”文案写作工作。编辑出版“党旗引领中国烟草”特刊、《100年100事——党旗引领下的中国烟草》画册、《心系高原　情暖藏区——“十三五”时期全国烟草行业助力西藏脱贫攻坚纪实》画册和《科技引领自立自强》画册，采写《赓续精神血脉　书写时代画卷》《心中有群众　肩上有担当》等文章。

持续加大行业外媒体发稿力度。协助国家局办公室做好向国务院新闻办公室新闻发布信息平台报送信息工作。2021年，《中国烟草》杂志28篇文章被“中国发布”App转发，10余篇文章分别被《人民日报》客户端、“学习强国”、中国新闻网、人民论坛网等刊载。

【《中国烟草学报》】　《中国烟草学报》（简称《学报》）创刊于1992年，由中国烟草学会主办，面向国内外公开发行，主要刊登烟草工业、农业、经济等方向学术论文、研究报告，以及反映烟草科研进展、学术动态的综述类论文。2021年，《学报》依托专家力量和大数据平台，聚焦行业重点课题和重大专项，坚持三审制度，严把用稿质量，继续入选北大中文核心期刊目录。《学报》影响因子比上年提升1.8%，在29个轻工业学科期刊（除纺织食品类）中排名第三。

2021年，《学报》围绕国家局推动高质量发展、推进高效能治理、造就高素质队伍重点工作，聚焦科技发展重点需求，与国家局科技司合作，利用“烟草学术期刊”微信公众号，配合《学报》纸质媒体，发布行业科技重点工作及国外期刊科技创新重点成果。微信公众号注重发掘受众特点，提高文章质量，对期刊内容进行延伸，对创新性强、应用价值高的文章进行二次加工。在微信平台采取创新式的鼓励方式，通过纸刊配合、线下赠阅等方式增强用户黏性与活跃度。截至2021年底，微信公众号关注量近9000人，发文182条，阅读4.5万人次。

【《烟草科技》】　《烟草科技》是国家局主管、郑州烟草研究院主办、中国烟草科技信息中心编辑出版的综合性烟草科学研究和技术开发类学术刊物，主要刊登烟草工业、农业及科技管理等方面的学术论文、研究报告、研究简报，以及反映国内外烟草科研进展、学术动态的综述文章等。《烟草科技》在国内外公开发行，是国家局指定的国际学术交流刊物。

2021年，《烟草科技》围绕国家局科技重大专项和重点科研领域组稿，共收到来稿706篇，编辑出版发行12期，约7万余册。全年发表各类学术论文171篇，约300万字。与烟草行业烟草化学重点实验室、贵州中烟工业联合举办“近红外光谱技术研究与应用”征文活动，共征集稿件28篇，其中18篇刊登于《烟草科技》增刊。《烟草科技》继续作为英国《科学文摘》、荷兰《文摘与引文数据库》、中文核心期刊（第5次）、中国科技核心期刊、中国科学引文数据库（CSCD）核心库来源期刊、中国核心学术期刊、中国学术期刊文摘数据库的收录期刊。入选《世界期刊影响力指数（WJCI）报告（2020科技版）》，是中国烟草专业期刊中唯一进入Q1区（影响因子前25%）、Q2区（影响因子前25%~50%）的期刊。《烟草科技》继续为中国知网、万方数据、重庆维普、百度学术、COAJ平台、超星域出版等提供即时数据。通过烟草学术期刊微信公众号发布数据12期共67版，被中国学术期刊文摘收录55篇，被中国知网“中文精品学术期刊双语数据库”收录30篇。

【《新烟草》杂志】 《新烟草》杂志于1986年创刊，由中国烟草总公司主管，黑龙江省烟草公司和《中国烟草》杂志社有限公司主办。2013年7月由半月刊变更为旬刊。

2021年，《新烟草》围绕庆祝中国共产党成立100周年这条主线，紧扣烟草行业工作实际开展宣传报道。2月，“最美封面人物”网络评选结束，此项活动共吸引超过61万人次参与、8.7万余人次投票。3月，与中烟商务物流公司合办的“镜头里的烟草物流”主题摄影征集活动结束。60余家工商企业投稿400余幅摄影作品，通过精选40幅“会讲故事的图片”，并经公众号、网络投票二次传播，展现行业物流发展情况和物流战线干部职工奉献风采。7月，与中信银行合办的第二季“烟草零售服务之星大家评”活动在河北、湖北、江苏等8个省区开展。11月，与红塔集团合作推出的“我的初心”主题征文活动结束。该活动历时三年，举办三季，收到稿件240余篇，90篇文章进入网络投票环节，网络浏览量超过100万人次，投票10万余人次。

2021年，《新烟草》创新报道形式和宣传手段。配合专题宣传制作H5，落实“我为群众办实事”实践活动，制作《我为零售户办实事——卷烟经营实用法律问答及案例选编》《我为烟农办实事——烟叶生产实用技术选编》2本电子杂志，面向零售户和烟农线上发放。制作《我们的责任——行业帮扶困难零售户和烟农主题作品选》《我们的名字——党员零售户守初心担使命主题作品选》2本电子杂志。

【《东方烟草报》】 **概况**。《东方烟草报》创刊于1992年，是由山东省烟草专卖局主管，中国烟草总公司山东省公司主办，《东方烟草报》社有限公司出版发行。该报为周七报，包括正报、《金周刊》《中国烟机》《中烟物流》《现代卷烟营销》《山东视窗》《山东中烟报》等刊物。2021年，《东方烟草报》发行量25.35万份，比上年增长1.7%。

2021年，《东方烟草报》发稿1.7万篇，比上年增长12.22%；中央和省级党媒刊发本社记者稿件79篇，比上年增长44%；29部文稿作品获得全国或省级奖励，实现山东新闻奖一等奖、中国新闻奖复评和中国产经新闻奖“零的突破”；文稿差错率控制在0.15‰之内。推出八版全彩“庆祝中国共产党成立100周年”行业特刊，围绕行业推动高质量发展、推进高效能治理、造就高素质队伍和履行社会责任，设置专题专栏，组织采访报道。

建设“中央厨房”全媒体平台及融媒体指挥调度中心。推进“中央厨房”全媒体平台及融媒体指挥调度中心建设，重塑“策采编发评管服”业务流程，2021年9月1日上线运行。改版升级客户端、网站，增加地方频道和视频等重要栏目，初步实现客户端与网站、微信、抖音等平台互联互通。开展数据中心和视频媒资管理系统研究，为拓展完善“中央厨房”功能做好技术准备。

构建全媒体传播格局。新媒体发稿2.6万条，比上年增长52.16%，总关注量超过320万人。《人民日报》全国党媒信息公共平台与《今日头条》采用推送稿件1174篇，围绕庆祝建党100周年、党史学习教育、学习贯彻党的十九届六中全会精神，在报纸、网站、客户端、微信号等开设专栏，刊发稿件5000余篇，在抖音号开设“党史上的今天”合集，发布作品318条，采取全媒体方式跟踪报道“金叶先锋·担当奉献”烟草行业庆祝建党100周年主题巡回宣讲活动。抖音号在4月被国家局确定为行业头部号，关注量

72万人；注册成立MCN启动行业短视频联盟建设，拍摄制作视频片129部。推进融媒体工作组建设和微信矩阵融合重组，19个小组和子号关注量总数突破160万人，其中微信主号关注量82万人。承担国家局交办的"央媒看烟草"统计上报、端网转发和报道评审工作，转发中央媒体稿件7153篇。

【《烟草企业文化》】 《烟草企业文化》是由中国烟草职工思想政治工作研究会、《中国烟草》杂志社有限公司主办，《中国烟草》杂志社有限公司编辑出版的内刊，面向烟草行业各直属单位发送，是中国烟草思想政治工作研究会的会刊。

2021年，在国家局人事司指导下，《烟草企业文化》对版式设计和栏目设置进行改版，调整后的版式设计符合当代纸媒潮流，时尚、大气、有文化特色。在内容上，围绕党史学习教育、全面从严治党、建党百年、对口援藏、共同富裕、党的十九届六中全会、乡村振兴、软实力建设等内容进行重点报道，完成全年12期宣传报道工作。

网络媒体

【国家局行业网站】 **概况**。2021年，国家局网站相继推出"奋斗百年路　启航新征程""烟草行业学习贯彻习近平总书记'七一'重要讲话精神""'守护成长'专项行动""科技引领　自立自强""直属单位'一把手'谈数字化转型"等13个专题专栏，共发布稿件1864条，为做好党和国家大事要事宣传报道、推进行业重点工作提供舆论支撑。国家局内网发布各类信息1.2万余条，政府网站发布各类信息2.7万余条，国家局网站成为信息发布、互动交流、政策解读的重要平台，为提升行业软实力作出贡献。

完善机制，落实党组（党委）网络意识形态工作责任制。为贯彻中共中央办公厅关于网络意识形态工作的有关文件精神，落实国家局党组网络意识形态工作责任，国家局制定并印发加强行业网络意识形态工作的相关文件，明确将网络意识形态工作纳入党组（党委）重要议事日程、确定网络意识形态工作责任部门、加强网络意识形态工作检查考核等多项政策措施。行业各单位学习文件精神，完善工作机制，明确工作部门，为全面落实党委（党组）网络意识形态工作责任制，奠定制度和组织保障。

做好庆祝建党100周年网上主题宣传教育。在庆祝党的百年华诞的历史性时刻，国家局网站推出"烟草行业学习贯彻习近平总书记'七一'重要讲话精神""烟草行业庆祝中国共产党成立100周年专题""烟草行业党史学习教育专题""烟草行业庆祝建党100周年主题巡回宣讲"等专题专栏。行业各单位推出大批内容丰富、形式多样的专题专栏。浙江中烟推出"学党史、悟思想、办实事、开新局"专题，制作"我心向党，榜样同行"专题短片、"浙江卷烟工业发展掠影"H5等作品；重庆中烟推出"党史学习教育""乡村振兴"等专题，增强宣传教育的实效性和感染力。

"七一"前夕，行业各级网站首页和信息发布类客户端统一调整展示形式，首屏置顶飘红，图片样例统一使用新华社授权发布的中国共产党成立100周年庆祝活动标识，营造"党的盛典、人民的节日"浓厚氛围。

落实国务院办公厅信息发布要求。落实国务院办公厅各项信息发布要求，行业网站均开设时政要闻类栏目，确保重要新闻、视频及相关解读评论文章等，在行业网站、新媒体得到及时、准确落实。全国两会期间，国家局发挥整体联动、同步发声的协同机制作用，行业网站共转载稿件346篇，总浏览量26.8万人次；行业新媒体共转载稿件516篇，总阅读量150.6万次，展现网站宣传报道"一盘棋"的强大合力。

推进实施行业数字化转型战略。7月，国家局内网推出"烟草行业数字化转型"专题，重点推出"直属单位'一把手'数字化转型访谈"专栏，首次采取在行业各单位内网首页显著位置加挂链接，实现各级网站发布时间统一、栏目样式统一、发布内容统一。通过10期"一把手"谈数字化转型访谈的推出，行业各单位认识到，推进实施数字化转型战略既是时代潮流、国家战略，更是建设现代化烟草经济体系、推动行业高质量发展的必然选择。

“三新”工作定位和“四转三大”工作思路成为推进烟草行业数字化转型战略的共同遵循，数字化转型专栏成为数字化转型学习研讨的重要平台。专栏开篇第 1 期通过对浙江模式的宣传推广，使各单位看到行业特色的数字化转型先进理念和范本，坚定推进企业数字化转型的信心和决心。专栏的推出，打造出烟草行业数字化转型创新实践的共享平台，营造出行业上下探索实践数字化、网络化、智能化的创新氛围。专栏推出后，各单位借鉴国家局网站宣传模式，开设本单位“数字化转型专栏”，移动端同步上线专栏，在报纸、杂志等刊物上进行转载刊登，开展数字化转型论文征集、众创微视频竞赛、全员数字化培训、数字化技能竞赛等相关活动，强化行业数字化转型的思想意识，提高网信队伍数字化转型的能力和素质。云南省局（公司）将通讯员队伍与信息技术人员深度融合，用专业视角解读专业问题，对数字化转型专题同策划、同采编、同修改，提升数字化转型报道质量。

行业网站健康指数保持良好。按照国务院办公厅秘书局制定的《政府网站与政务新媒体检查指标》要求，国家局持续开展行业网站及新媒体运行情况监测，及时发现问题、督促整改。网站及新媒体每季度监测合格率均为 100%，省级政府网站平均健康指数保持在 95 分以上、省级企业网站平均健康指数保持在 97 分以上，其中北京、天津、湖北、青海等省级局（公司），河北、河南、四川、重庆等中烟工业公司连续三个季度健康指数均为 100 分，江苏、上海、山东等省级局（公司），浙江、广东、湖南等中烟工业公司积极整改，网站健康指数不断提高。

上线运行招采公告发布系统。落实《中国烟草总公司关于进一步加强采购管理工作的意见》有关要求，规范行业各单位在国家局政府网站发布招标公告和公示信息工作，7 月，国家局政府网站上线招采公告发布系统，规范各单位在国家局政府网站发布招采公告的工作流程，缩短发布时间，日均发布招采公告达到 200 余条，为各单位加强政务信息公开提供便利。

服务公众能力提高。国家局进一步完善网民留言答复机制，规范留言办理、答复、发布程序，明确各部门、各单位的工作责任，缩短办事流程，提高办事效率。行业各单位政府网站互动回应栏目回复率及回复质量提高，四川省局（公司）、深圳市局（公司）等 19 家政府网站均在 1 个工作日内答复网民常见问题咨询，吉林、云南省局（公司）网民留言答复工作受到网民留言表扬。北京市局（公司）严格执行留言答复三级审批制度，确保留言答复及时、专业、权威。

【中国烟草资讯网】 **充分利用全媒体资源。**开设“庆祝中国共产党成立 100 周年”网络专题，反映行业各单位党史学习教育相关动态，为庆祝建党 100 周年营造舆论氛围。制作网络专题，持续跟踪更新《中国烟草》《新烟草》《烟草企业文化》杂志相关报道，累计编发行业各级单位各类庆祝建党百年相关稿件 1000 余条，各类微视频、H5 等新媒体作品 300 余部；在“中国烟草资讯”微信公众号策划“建党百年，对党说句心里话”留言征集活动，平台累计阅读、互动量超过 10 万次；开展“我的初心”主题征文网络投票活动，页面访问量超过 105 万人次，累计投票 10.8 万人次。

加强横向渗透融合。与国家局相关司局、二级公司加强联系，对接报道需求，体现平台价值。配合国家局专卖司制作“守护成长”专项行动网络专题报道，开辟“担当力行　守护成长——保护未成年人免受烟侵害‘守护成长’专项行动”网络专题；配合国家局人事司做好“金叶先锋·担当奉献”烟草行业庆祝建党 100 周年主题网络宣讲视频展播；配合国家局科技司制作“一图读懂全国烟草科技创新大会精神”宣传图片；利用微信公众号，及时跟踪报道各地疫情防控动态，河南、山西等地烟草行业单位抗击暴雨洪涝灾害情况等。

聚焦国烟帮扶和乡村振兴工作与行业现代烟草流通体系建设，深耕做好与国家局计划司、中国烟叶公司合作的

“全国烟农增收创富大赛”、与中国卷烟销售公司合作的“零售服务之星评选活动”两个品牌系列活动。与中烟商务物流公司合办“镜头里的烟草物流”主题摄影征集活动，生动展现行业物流战线干部职工服务零售终端的奉献风采。

探索推进媒体融合。尝试组建微信矩阵联盟，形成集群效应，提升传播效果和影响力。对外加强联动，继续做好“中国发布”App等平台报送工作，推动杂志文章在人民网、新华网、中新网、“学习强国”等平台转载，2021年累计推动20余篇杂志文章在各主流媒体平台转载发表；对内与30余个行业微信公众号组建微信矩阵联盟，与《新烟草》编辑部合作，发布“我们的名字——党员零售户守初心担使命”系列稿件，通过微信矩阵联盟相互转载，持续提升“中国烟草资讯”微信公众号关注度和阅读量，提升杂志社整体传播力和影响力。2021年，中国烟草资讯网发布各类资讯信息1万余条，设计制作14个网络专题。截至2021年底，“中国烟草资讯”微信公众号总关注量31.3万人，日均有效阅读量超过5000次。

新媒体建设

【江苏中烟工业有限责任公司】 江苏中烟落地落实“大宣传”理念，推进“报刊网微”媒体融合，提升新闻舆论传播力、引导力、影响力。建设“卓越文化在线”“火伴团青之家”“六朝文华”等微信公众平台，强化规范管理，形成协同高效传播矩阵，增强公司新媒体宣传、互动、引导、服务等功能。围绕建党百年，对接中央、省主流媒体，以“三集中”形式组织通讯员深入一线创作，挖掘企业红色资源，弘扬老一辈劳模精神，形成一批高质量的微视频、H5等新媒体作品，全面展现企业党的建设和发展成效。

【安徽省烟草专卖局（公司）】 2021年，安徽省局（公司）建成行业首批融媒体中心，有效发挥信息汇聚、参谋决策等作用。安徽省局（公司）统筹全省系统通讯员队伍建设，建立新媒体人才库，充实新闻宣传力量。“安徽烟草”微信公众号运行平稳，全年推文233篇，聚焦宣传党建引领、企业形象、社会责任等方面。

【安徽中烟工业有限责任公司】 创新展现形式，提高运行质量，打造“一品黄山天高云淡”“徽映徽商情”等微信公众号新媒体矩阵平台，矩阵总关注量达到40万人，比上年增加20.7万人，主服务号头条打开率始终维持在高于业内平均值5倍的水平；系列创意短视频，在微视等短视频平台浏览量达到18万余次。

【福建省烟草专卖局（公司）】 “福建烟草网”微信公众号是福建省局（公司）官方微信公众平台和新媒体资讯传播重要阵地，服务烟草员工、零售户、消费者、烟农等，推送烟草资讯、宣传行业政策、提供办事服务、展示闽烟风貌。“福建烟草网”微信公众号发挥省级新媒体平台的资源优势和融合价值，相继开通监督咨询、烟农服务、在线订、许可证办理等微信功能，开发“闽烟学会”移动端，形成“新闻资讯+办事服务+监督咨询”三大主体功能模块，实现相关业务“一号通办”，让烟农、零售户、消费者等主要服务群体随手可用、随时管用。2021年，“福建烟草网”微信公众号总阅读量83.19万人次，累计关注量15.56万人。

【江西省烟草专卖局（公司）】 “江西烟草”微信公众号是江西省局（公司）官方微信公众号、《东方烟草报》社微信矩阵号，由江西省局（公司）和《东方烟草报》社共同管理运营，主要用途是传播好烟草声音、讲好烟草故事。2021年，“江西烟草”微信公众号关注量8.63万人；推送稿件277期，开设专栏14个，新增设党史学习教育、践行新发展理念、乡村振兴、专卖办证等4个专栏。

【山东省烟草专卖局（公司）】 2021年7月1日，山东省局（公司）上线运行“山东烟草”微信公众号，打造烟草员工、零售户、烟农、消费者沟通交流纽带和新媒体传播阵地。“山东烟草”微信公众号下设微资讯、微专题、微服务栏目，各栏目下设子栏目，包括今日聚焦、新闻播报、热点关注、权威发布、直通基层、一线来风、党旗飘飘、我为群众办实事、烟农天地、法律法规、观天下、看齐鲁、媒体视点、视频在线、深读等。截至2021年底，推送微信稿件314条，关注量突破25.6万人。

【河南省烟草专卖局（公司）】 围绕构建“大宣传”格局，面向全省烟草商业系统及烟农、零售户、消费者、工业企业等服务对象和社会公众，河南省局（公司）建成以“金叶之缘”微信公众平台为主账号、18个市局和2个直属单位微信公众平台为分账号，省、市局整体协同、一体响应的“1＋20”微信公众号矩阵体系。2021年，“金叶之缘”微信公众号关注量突破30万人，发稿244期906篇，形成新媒体领域的正面舆论主阵地。

【重庆市烟草专卖局（公司）】 2021年，重庆市烟草商业系统搭建“渝烟视线”视频宣传平台，设计开发前台和后台，用户可在前台拍摄、上传、发布、点击、点赞、评论、转发、下载视频，在后台编辑、管理、审核视频，实现在钉钉平台内视频的全流程管理。完成“互联网＋”宣传片《大智若“渝”》《数治觉醒》拍摄制作，创下播放量破万次的纪录。组织开展“数字化转型实践和探索”众创活动微视频竞赛创作培训和作品评比，共征集72个微视频、236个随手拍。承担国家局“守护成长”专项行动短视频制作任务，短视频被46家媒体转发，全网播发量超过千万次，点赞量超过20万次。

【四川省烟草专卖局（公司）】 2021年，四川省局（公司）内网发布各类政务新闻3042篇，其中“焦点关注”栏目310篇、“川烟通讯”栏目116篇，网站政务新闻质量指数较2020年提升3个百分点。国家局网站累计录用四川稿件数量居全国前10位。累计发布媒体报道657篇，其中央媒报道118篇，阅读量100万次以上作品2篇、50万次以上作品4篇；7篇央媒和新媒体作品分别获得国家局优秀网评作品二、三等奖；达州市局（公司）摄制的短视频《年的味道》获得四川省烟草商业系统首个“四川新闻奖”。

建设融媒体“1个中心＋4个分中心＋若干特色工作室”。8月，德阳烟草融媒体中心挂牌，9月晋级川北分中心；12月，眉山烟草融媒体工作室挂牌，“1＋4＋N”融宣机构建设取得阶段成效。

【贵州省烟草专卖局（公司）】 2021年，贵州省局（公司）成立融媒体中心，聚焦新媒体宣传作品的生产中心、“大宣传”的融合中心、全省烟草商业系统宣传队伍的成长中心“三个中心”功能定位，下设素材、策划、制作、推广等4个小组。中心成立以来，依托“贵州省烟草专卖局”微信服务号，以主播播报新闻形式，以主播沉浸式体验视频，以“两烟一专”策划选题，全年推出“黔彩”融媒体作品97部，4部作品被评为烟草行业网评优秀作品，3部作品被行业抖音号转载，4次在行业内作经验交流。

【云南省烟草专卖局（公司）】 2021年，云南省局（公司）讲好云南烟草商业故事，传递云南烟草好声音，构建起覆盖线上线下、连通内部外部的全媒体传播新格局，全面启动融媒体信息化项目建设工作，汇聚融媒体中心“一专多能”人才队伍，西双版纳“9·17”特大跨境销售假烟案件新闻发布会首次以直播方式在烟草行业新媒体上呈现，在线观看人数22万人。

【云南中烟工业有限责任公司】 2021年4月，云南中烟新媒体门户上线运行，开通“资讯”板块24个新闻频道和展示视频内容的“融媒”板块，具备图文影音展示、频道可视化搭建、媒体在线编辑等业务能力。截至2021年底，平台共接入ERP系统、费用报销、差旅模块等公司本部级和直属单位及工厂级32个业务系统（应用），同时上线工作台、微盘、微文档、问卷调查、投票、直播等数字化工具。平台共有2.9万余个账户激活使用，日平均访客数达到1.6万余人次，工作日每小时在线人数超过5000人，审核发布新闻内容1万余条，其中视频内容占比达到10%以上，媒体内容初步呈现图文向音视频转化的态势。

【陕西省烟草专卖局（公司）】 2021年，陕西省局（公司）加快新媒体建设步伐，依托“陕西烟草”“秦韵”微信公众号，扩大对外宣传影响力、传播力、公信力。“陕西烟草”微信公众号发布新闻动态71期，微信公众号关注量突破21万人。“秦韵”微信公众号围绕党史学习教育、庆祝建党100周年、贯彻落实党的十九届六中全会精神、致敬先进典型、守护成长、烟叶转型升级等主题推出专题系列报道21期，公众号总阅读量超过21万人，关注量突破5000人。

【陕西中烟工业有限责任公司】 2021年，“陕西中烟工业有限责任公司”微信公众号以“积极拓展新媒体建设，建好用好管好公司微信公众号”为目标，全年发布全省烟草工业系统重要新闻、重大活动等69期。以党史学习教育为重点，刊发“天天读党史”32期、“小延讲党史”3期。截至2021年底，“陕西中烟工业有限责任公司”微信公众号关注量4781人，日均浏览量100余次。“陕西好猫”微信公众号累计关注量70.1万人，较2020年度增长6.71万人。累计发帖45期192篇。以“好猫”“延安”品牌为主题，举办10次微信互动游戏活动，总参与量达到10.83万人次，开展微信互动留言活动7次，共收到消费者留言8286条。

志鉴编纂

行业志鉴编纂

【《中国烟草年鉴》】 《中国烟草年鉴》是全面反映中国烟草行业改革和发展情况以及所属各企业发展概貌的专业性、权威性行业综合年鉴。《中国烟草年鉴》自1996年创刊以来，已先后编纂出版1991—1995年、1981—1990年、1996—1997年、1998—1999年、2000年、2001年、2002年、2003年、2004年、2005年、2006年、2007年、2008年、2009年、2010年、2011—2012年、2013年、2014年、2015年、2016年、2017年、2018年、2019年、2020年共24卷。从2004年卷起，由《中国烟草》杂志社有限公司《中国烟草年鉴》编辑部具体负责编辑工作。

《中国烟草年鉴（2021）》设有特载、大事记、行业概览、“十三五”时期发展概况、国家烟草专卖局　中国烟草总公司组织机构、烟草专卖管理与经营、烟草工业、科研和教育培训、新闻舆论和文化建设、公益活动、社会责任报告选登、重要政策法规与文件选登、“中国人民志愿军抗美援朝出国作战70周年”纪念章、先进人物和先进集体、附录共计15个栏目。本卷年鉴“栏目”下设“分目”“条目”。其中，新增加的“十三五”时期发展概况栏目，全面总结五年来烟草行业在经济运行、“两烟”生产经营、法治烟草建设、科技创新、全产业链发展、绿色防控、责任烟草、助力脱贫攻坚、党建工作、文化建设等各方面改革发展的成功经验、做法和取得的成绩。全方位展示烟草行业在促进经济发展、保证财政增收、稳定社会就业、助力脱贫攻坚、支持乡村振兴、发展民族工业、保障消费者利益等各方面作出的贡献；社会责任报告选登栏目收录2020年部分企业对社会公开发布的践行社会责任相关情况的报告。

《中国烟草年鉴（2021）》主要收录2020年全国烟草行业发展的主要工作情况。各栏目内容充实，信息量大，反映行业改革发展的历程，具有很强的权威性、延续性。为更直接展示行业各单位的工作与成就，《中国烟草年鉴（2021）》在正文中配图，采用四色印刷，表现形式多样；并以彩图配合相关栏目，生动、直观、全面地反映行业各方面发展情况，彩图涉及面广，内容丰富。

《中国烟草年鉴（2021）》在总体结构上，积极适应烟草行业改革发展和行业类年鉴编纂新要求，突出综述性条目和特色条目，加强对行业总体情况的反映，力求全面呈现烟草产业各发展环节的情况。

省级公司志鉴编纂

【《河北中烟志》】 《河北中烟志》以2003年公司成立到2021年“十四五”开局为时间段，以述、记、志、图、表、录等6种体裁，采取编年体与纪事本末体相结合的方式，以篇、章、节、目等4层条目形式编纂。《河北中烟志》拟分为序、凡例、概述、大事记和正文等5个部分。正文分为企业沿革、党的建设、卷烟生产、卷烟销售、科技创新、原料保障、材料保障、质量保障、仓储物流、企业管理、软实力建设、群众组织、人物及荣誉等13篇。截至2021年底，已完成《河北中烟志》篇目结构设定，并根据卷烟行业工业企业特点，结合河北中烟自身发展特色，设定篇、章、节、目等具体内容，全面启动修志工作。

【《上海市志·工业分志·烟草业卷（1978—2010）》】 《上海市志·工业分志·烟草业卷（1978—2010）》（简称《烟草业卷》）由上海市烟草专卖局、上海烟草集团有限责任公司承编。2021年1月8日，《烟草业卷》验收稿通过上海市地方志办公室专家组验收；11月26日，《烟草业卷》在上海烟草“集团文化活动日”上出版首发。《烟草业卷》是一部全面记载上海烟草行业33年改革创新发展历程的新编史志，是上海烟草第一部纳入上海市地方志市级专志的志书，第一部系统性记述企业改革发展历程的志书，第一部全景式反映集团组建后取得跨越性成果的志书。全志共9篇28章117节194目，74万字，配套资料长编167万字。

【《浙江烟草商业志（2011—2020）》】 2021年3月，浙江省局（公司）启动《浙江烟草商业志》续修工作。主要记载2011—2020年浙烟专卖商业从“十二五”落实精实管理、转型提升战略到“十三五”全面构建“互联网+浙烟专卖商业”管理新格局的发展历程。志稿32万余字，附有卷首照片210余幅、文中图表40余张。共设7章、36节、113目，附大事记、先进品牌（规格）名录、烟叶公司以及各地市级局（公司）、浙江烟草进出口有限公司简介。

【《安徽省烟草专卖局（公司）年鉴》】 《安徽省烟草专卖局（公司）年鉴》编纂工作于2006年启动，是系统记述安徽省烟草商业系统专卖管理、卷烟营销、烟叶生产与经营、企业管理与改革、精神文明建设等方面内容的权威性文献资料。2021年，完成2019年年鉴出版和2020年年鉴资料编撰工作，在基本保持往年的编纂框架的前提下，凸显时代特色、适应发展需求，对栏目设置安排及组稿要求方面进行部分调整，设概览、专题特载、大事记、领导与机构、重要报告、重要会议与活动、党建与主营业务、管理与服务、全省系统各单位、改革创新与制度机制建设、重要文件、2020年荣誉榜、公益活动等13个栏目，记载安徽省烟草商业系统发展情况和主要特点。

【《安徽中烟工业有限责任公司年鉴》】 《安徽中烟工业有限责任公司年鉴》由安徽中烟工业有限责任公司于2009年启动编纂工作，已完成2008年至2018年11卷，其中2009年启动编纂的第1卷为内部资料，其余10卷为公开出版发行。2021年，《安徽中烟工业有限责任公司年鉴（2019）》《安徽中烟工业有限责任公司年鉴（2020）》完成三校工作。《安徽中烟工业有限责任公司年鉴》每卷约60万字，是系统记述安徽卷烟工业发展状况的资料性文献，对认识和研究安徽卷烟工业具有较强的针对性与实用性。

【《江西省志·烟草志（1991—2010）》】 《江西省志·烟草志（1991—2010）》编纂工作于2012年启动，由江西省局（公司）与江西中烟联合成立编纂委员会。2021年1月付印成册并正式出版，是此次《江西省志》中的标样志书。全书共9章56节，计88万余字，采用照、图、表339张。

【《山东省烟草专卖局　中国烟草总公司山东省公司年鉴》】　《山东省烟草专卖局　中国烟草总公司山东省公司年鉴》为两年一鉴，由山东省局（公司）组织编纂，是一部全面反映山东省局（公司）系统改革、发展情况及所属各单位发展概貌的专业性年鉴。2021年，《山东省烟草专卖局　中国烟草总公司山东省公司年鉴》2019—2020卷已完成组稿、排版、校对等工作。该卷年鉴主要收录2019—2020年山东省烟草商业系统大事要闻，分设特载、行业概览、人事变化、直属单位、统计资料、大事记、疫情防控、公益事业、先进集体与先进个人、附录等10个栏目。年鉴彩色排版，以彩图配合相关栏目，生动、直观、全面地反映全省烟草商业系统各方面发展情况。

【《山东中烟年鉴》】　《山东中烟年鉴》编纂工作于2011年启动，由山东中烟工业有限责任公司负责编纂，完成2011—2014年鉴4卷后，2015—2017年暂停，2018年重启，并将2015—2017年三年内容合编一卷，于2019年完成编纂。随后恢复分年编纂。2021年，编纂完成2018年、2019年年鉴。年鉴采用分类编辑法，主体内容分为栏目、分目、条目等3个层次，条目为年鉴内容的基本单位。一般设领导重要讲话、大事记、公司综述、公司部门、公司中心、卷烟工厂、集团公司、先模人物、附录等栏目。年鉴为纸质版，未实现数字化、网络化。

所属企业中，青岛卷烟厂、青州卷烟厂、将军集团、颐中集团等4家单位开展年鉴编纂工作。《青岛卷烟厂年鉴》2008年12月首次出版，截至2021年底，已出版14卷。年鉴分年度编写，主体内容设文献特载、大事记、企业概况、生产与管理、专题介绍、产品录、光荣榜、附录等栏目，由青岛卷烟厂办公室（党委办公室）负责统编，《青岛卷烟厂年鉴》编纂委员会审定。

《青州卷烟厂年鉴》于2012年启动，分年度编写，截至2021年底，已出版9卷，主要记录青州卷烟厂生产、管理、营销、技术改造以及党群工作等各方面发展历程和成绩。

《将军集团年鉴》于2017年启动，分年度编写，截至2021年底，编纂完成2017年、2018年年鉴，形成2019年年鉴征求意见稿。年鉴一般设领导重要讲话、大事记、公司综述、公司部门、卷烟配套材料企业、地产企业、服务企业、三地分公司、先模人物、附录等栏目。

《颐中集团年鉴》于1994年启动，分年度编写，截至2021年底，已出版20卷。年鉴设图片、集团综述、文献特载、文件选登、大事记、管理机构、所属企业、光荣榜、产品简介、附录等10个栏目。

【《湖南烟草工业年鉴》】　《湖南烟草工业年鉴》由公司卷和企业卷组成，每套7卷，其中公司卷对外出版发行，企业卷为内部资料。2021年，公司卷修改完善2018年卷、2019年卷编写内容，未出版发行。企业卷中，长沙卷烟厂完成《长沙卷烟厂年鉴》2019年卷出版、2020年卷初稿编写工作；常德卷烟厂年内未撰稿；郴州卷烟厂完成《郴州卷烟厂年鉴》2019年卷编纂工作，未出版；零陵卷烟厂完成《零陵卷烟厂年鉴》2020年卷编纂出版工作；四平卷烟厂完成《四平卷烟厂年鉴》2020年卷编纂出版工作；吴忠卷烟厂完成《吴忠卷烟厂年鉴》2020年卷编纂出版工作。截至2021年底，完成编辑出版《湖南烟草工业年鉴》2007—2020年鉴共86卷，其中公司卷11卷，长沙卷烟厂13卷，常德卷烟厂11卷，郴州卷烟厂12卷，零陵卷烟厂13卷，四平卷烟厂13卷，吴忠卷烟厂13卷。截至2021年底，均仅有纸质版本，未实现数字化和网络化。

【《广州卷烟厂年鉴》】　《广州卷烟厂年鉴》是由广东中烟工业有限责任公司广州卷烟厂组织编纂，是记录企业重要事件与数据信息，反映企业发展概况的综合年鉴。2018年，广州卷烟厂组建年鉴编撰委员会及编辑部，启动年鉴编纂工作。2021年，广州卷烟厂以成立10周年为契机，编印《广州卷烟厂年鉴（2013—2017）》，收录广州卷烟厂2011—2016年各方面发展情况，年鉴采用分类编纂法，设有特载、大事记、企业概况、卷烟生产、综合管理、党群工作、企业文化、附录8个栏目，总字数约25万字。截至

2021年底，完成2018年、2019年、2020年、2013—2017年等4卷年鉴，每卷内部印发250册。

【《四川省志·烟草志（1986—2005）》】 《四川省志·烟草志（1986—2005）》是由四川省地方志编纂委员会组织编纂，四川省烟草专卖局（公司）承编的《四川省志（1986—2005）》分卷。志书以突出“新形势、新情况、新政策、新机制、新成就”为指导思想，从2015年7月起实施，截至2021年底已完成组织发动、志稿编纂、总纂评审、印刷发行等4个阶段工作。全志共6篇16章54节及附录，选用彩色照片80幅，插图90余幅，表格30余张，编纂文字约60万字。志书记录20年间四川烟草在烟草体制、烟草生产、烟草营销、烟草专卖、烟草科教、烟草管理等方面的重要事件、重要活动、重大项目、重大举措、重要经验，并收录部分重要人物名录，客观、全面、多维度地反映四川烟草各方面发展情况。

【《云南烟草年鉴》】 《云南烟草年鉴》是由云南省烟草专卖局、中国烟草总公司云南省公司主办的省级行业年鉴，系统记录云南烟草商业改革发展的历史进程。从2008年开始编纂，已编辑出版13卷。2021年，完成《云南烟草年鉴》（2020）编印工作。该卷年鉴主要以条目形式反映2020年云南烟草商业系统各方面工作情况，内容包括特载、专文、大事记、总述、云南烟草商业“十三五”时期发展概况、云南省烟草专卖局机关、中国烟草总公司云南省公司所属单位、附录等8个部类，正文86万字，彩页31页。

【《云南中烟年鉴》】 《云南中烟年鉴》由云南中烟工业有限责任公司组织编纂，是全面反映云南中烟重要改革发展情况，以及所属单位发展概貌的专业性权威性年鉴。《云南中烟年鉴》以全面、客观、系统地记述云南中烟年度的基本情况和各项工作发展现状，充分反映云南中烟年度基本面貌和发展进程为任务。云南中烟从2012年开始启动年鉴编纂工作，成立年鉴编纂委员会，编辑部设在公司办公室。截至2021年底，公开出版发行10卷，记录2011年至2020年内容，一年一卷，每卷发行400册，每卷约80万字。

【《红塔集团年鉴》】 《红塔集团年鉴》于2009年创刊，截至2021年，已公开出版发行纸质和电子书15卷，其中2013年下半年和2014年上半年，补编2007卷、2008卷，至此《红塔集团年鉴》与《红塔集团志》（1956—2005）形成一套完整的宝贵历史资料丛书。年鉴编纂紧扣党的方针政策、烟草行业改革发展要求，内容按分类法编排，以条目为记载单元，全面系统反映红塔集团发展进程，年度工作重点和企业特点突出。2021卷设16个类目，收录二次文选10篇、大事记107件、条目620条、图片（图）133幅、统计表34个，全书版面字数497千字。

【《红云红河集团年鉴》】 《红云红河集团年鉴》由红云红河集团于2008年开始编纂，至2021年形成12卷（2009—2020年一年一卷）。集团年鉴作为反映集团年度基本情况的资料工具书，设集团概况、品牌维护、企业管理、产品质量、生产管理、原料保障、物资管理、物流管理、基建技改、信息化建设、财务审计、安全保障、队伍建设、廉政建设、党建群团、公益事业、主要会议、组织机构、生产企业、荣誉榜、数据汇编、记事、附录等23个栏目124个条目。年鉴每年编印600册，以满足集团本部各部门及下属工厂（公司）日常使用。

【《昆明卷烟厂年鉴》】 《昆明卷烟厂年鉴》（1992—2020年一年一卷）是简明记载昆明卷烟厂1992—2020年基本情况的资料工具书。编辑队伍由红云红河集团昆明卷烟厂办公室档案室工作人员组成。2021年，编辑完成2019卷和2020卷。2020卷设主要工作、重要会议、通知·规定、组织沿革、统计数字汇集、荣誉汇编、大事记等7个栏目

36个条目，并制作2020年卷烟产品照片作为附件收录。年鉴内部印发80册。

【《曲靖卷烟厂年鉴》】 《曲靖卷烟厂年鉴》（2010—2020年一年一卷）是继《曲靖卷烟厂志》（1966—2009）出版之后，简明记载曲靖卷烟厂2010—2020年基本情况的资料工具书。年鉴由红云红河集团曲靖卷烟厂年鉴编纂委员会编纂，印数50册。《曲靖卷烟厂年鉴》2020年卷设特载、企业概况、生产制造、基础管理、队伍建设、党建群团、重要会议、组织机构、天福公司、荣誉榜、数据汇编、大事记等栏目。

博物馆、展馆建设

中国烟草博物馆

【概　况】 中国烟草博物馆（简称烟博馆）位于上海市长阳路，于2004年7月15日开馆，总投资1.8亿元。烟博馆总建筑面积为9617平方米，其中占地面积5511平方米，展示面积约3500平方米。烟博馆是一家反映中国烟草发展历史、传承中国烟草文化的专业博物馆，是上海首个国家级行业博物馆，也是目前世界上规模最大的烟草博物馆。烟博馆开馆后的日常运行委托上海市烟草专卖局、上海烟草集团有限责任公司（简称上海市局、集团公司）进行管理。

烟博馆有烟草历程、烟草农业、烟草工业、烟草经贸、烟草管理、烟草文化、吸烟与控烟等展馆，参观者可以通过文物、文献、模型、场景、真人蜡像及照片、多媒体等形式，全面了解中国烟草的起源及各发展阶段的概况和特征、吸烟与控烟的发展历史及中国烟草行业在控烟与减害降焦等方面所做的工作。

【参观交流】 2021年，烟博馆推出“服务日志”“日巡馆”等服务新举措，进一步提升“三多三心”服务水平。截至2021年底，接待散客观众2294人次，其中18～70岁观众占总人数85.8%，团队接待98批共2499人次，观众满意度测评共收集测评表762份，满意度达到99.3%，比上年提高0.2个百分点。

【特别展览】 “科技引领　自立自强——党的十八大以来烟草行业科技创新成就展”由国家局科技司、《中国烟草》杂志社、烟博馆联合举办，集中展示党的十八大以来烟草行业科技创新工作重要成果和积极成效。截至12月底，共接待参观人员500余人次。

“根基血脉·力量之源——党的群众路线百年历程图片

科技引领　自立自强——党的十八大以来烟草行业科技创新成就展（2021年）

上海烟草集团　供稿

史料展”以中国共产党群众路线的历史沿革为线索，从1917年俄国十月革命开始回溯，展现中国共产党群众路线的形成、发展、完善的历史过程。截至6月底展览结束，共接待团体参观17批次325人次。

“中华”品牌烟标展上线烟博馆官网（2021年）

上海烟草集团　供稿

“至臻至美·华章——‘中华’品牌创牌70周年烟标精选展”集中展示“中华”品牌创牌以来各个时期的70枚烟标，回顾“中华”振兴民族卷烟工业、经受市场经济洗礼和打造中式卷烟代表品牌的创牌、立牌、强牌之路，庆祝“中华”创牌70周年。截至12月底，共接待团体参观16批次392人次。该烟标展已在烟博馆官网上线。

“‘中华’传奇七十载　传世中华一百年——上海烟草党史学习教育之‘我心向党·情满中华’主题展”在“至臻至美·华章——‘中华’品牌创牌70周年烟标精选展”的基础上，进一步丰富品牌相关内容、改进展示形式和效果。新增的70周年主题标识加深上海烟草职工对“中华”品牌发展历程的理解，提升职工对品牌的热爱，为营造上海烟草集团文化日主题活动氛围奠定基础。截至12月底，共接待团体参观4批次106人次。

至臻至美·华章——“中华”品牌创牌70周年烟标精选展（2021年）

上海烟草集团　供稿

“中华”传奇七十载　传世中华一百年——上海烟草党史学习教育之“我心向党·情满中华”主题展（2021 年）

上海烟草集团　供稿

烟博馆设计制作的《2020 中国烟草卷烟新品烟标集》（2021 年）

上海烟草集团　供稿

【烟标征集】　根据中国烟草学会印发的行业卷烟新产品烟标征集工作的通知，烟博馆加强与各省对接，共征集到 23 家卷烟工业企业，66 个品牌规格的新品烟标，新品烟标征集完整率达到 100%。截至 2021 年底，博物馆完成《2020 中国烟草卷烟新品烟标集》设计制作，并向行业 80 余家单位寄送历年新品烟标集，为行业交流分享、深化烟标研究发挥作用。

烟博馆策划制作的《不忘来时路——烟草红色工运连环画》（2021 年）

上海烟草集团　供稿

【红色教育】　2021 年，烟博馆策划制作《不忘来时路——烟草红色工运连环画》，全套连环画共6本，以海派连环画绘画技法为创作形式，生动再现中国共产党成立前夕到新中国成立这一历史时期，烟草行业颇具代表性的烟草红色工运事件，具有很强的可阅读性和传播性，为开展党史学习教育提供历史教材。

“红途”平台“光荣之城”和“红途微视”板块（2021年）

上海烟草集团　供稿

2021年，微党课视频上线“红途”。烟博馆作为上海市爱国主义教育基地，将“红色印迹·历久弥新”“光辉起点·筑梦前行”“栉风沐雨·薪火相传”等3部反映烟草行业红色工运故事的视频短片以及烟博馆简介图文等内容，提供至上海市红色文化资源信息应用平台“红途”，刊登于“光荣之城”和“红途微视”板块。烟博馆作为烟草行业传播烟草文化和展示良好形象的窗口，入选“2021年度系统组织生活基地”。

【线上竞答】 依托“上海烟草”微信服务号平台，以“华章七十载 奋进新时代”为主题，分12期开展“华章七十载”中华品牌历史文化大型知识竞答活动，运用“云展览”“云问答”“云科普”等形式，带领观众回顾“中华”发展历程、品牌发展各个时期的重要事件和故事。12期活动累计吸引56.43万人次参与，平均每期4.7万人次，参与人数较上年同期活动增长14.6%。

6月21日，烟博馆与《东方烟草报》社联合举办的“伟大开端——党史知识竞答活动”登录“东方烟草报”官方微信公众号。活动依托中共一大纪念馆资源，以在线“云党课”的形式，引导大家加深对党的历史的理解。活动为期10天，参与人数共1.5万余人次。

【网站升级】 为提高烟博馆网站实用性，优化页面交互功能，新版博物馆网站于11月26日正式上线。新版网站主要对网站首页、线上展览和公众服务板块进行修改，与旧版网站相比，页面更简洁、内容更丰富、功能更完整。截至2021年底，已上线展览《至臻至美·华章——“中华”品牌创牌70周年烟标精选展》和《烟草广告画》。烟博馆持续打造官网平台，每半个月从内部刊发的《学博动态》筛选优质资讯发布；挖掘烟草文物的历史价值与艺术价值，定期在网站“烟事闲趣”板块刊登烟草文物研究性文章。截至2021年底，“烟博动态”板块推送新闻183篇，“烟事闲趣”发布稿件22篇，总访问量4.85万人次。

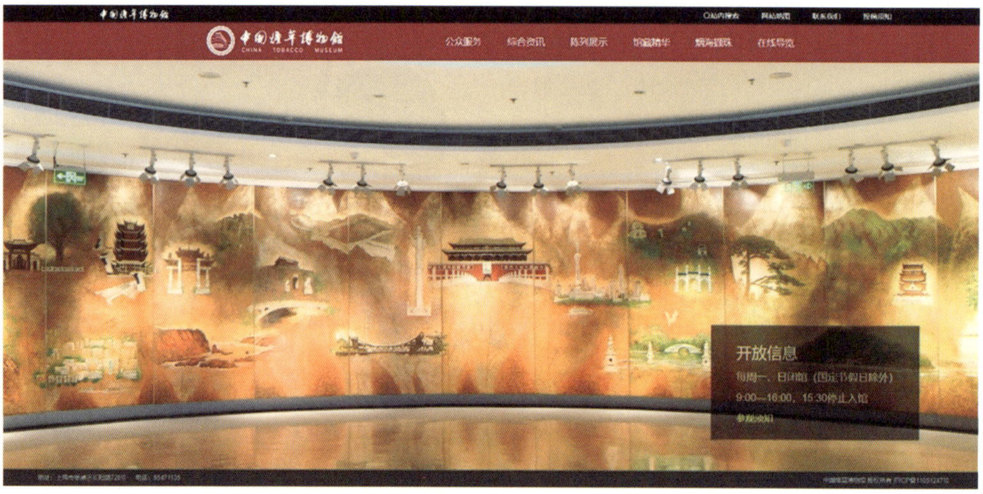

新版中国烟草博物馆网站（2021年）

上海烟草集团　供稿

中国雪茄博物馆

中国雪茄博物馆位于四川什邡市长城雪茄烟厂，是由国家烟草专卖局、中国烟草总公司发起建设的全国性、专业性的国家级博物馆，授权四川中烟全面管理的公益性工业旅游示范点、科普教育基地和爱国主义教育基地，是集展示、体验、教育、感悟以及销售功能为一体的综合性主题博物馆。博物馆项目历经数年的筹备、规划，于2017年11月8日建成并对外开放，建筑物主体分三层，建筑面积共4662平方米，分“寻根”“溯源”“探秘”三个展厅，围绕中国雪茄产地、历史和工艺进行主题展示，寻根中国雪茄之乡、溯源中国雪茄百年、探秘重现雪茄技艺。馆内，陈列有前驻古巴大使张拓捐赠的古巴领导人劳尔·卡斯特罗亲笔签名雪茄、国礼“长城雪茄”包装盒印刷模板以及世界最长雪茄等珍贵藏品共计200余件。

2021年，中国雪茄博物馆接待访客近5000人次。主办“雪茄与古琴——雪茄退休职工风采展示”，承办“首届毛式雪茄文化周：四川省庆祝中国共产党成立100周年优秀书画作品巡展”“长城雪茄2022高端品牌打造研讨会”“笔墨浓情送祝福，温情永伴在茄园”“人生无处不宽窄——诗词赋征文活动颁奖典礼”等一系列专题活动，扩大中国雪茄博物馆及长城雪茄历史文化的受众面。实施博物馆升级改造，对藏（展）品、展位展台、多媒体展示等进行重新梳理与规划调整，对展示标牌等进行统一规范标识，新增卷制体验区、烟斗展示区等。

展馆展厅

【北京市烟草专卖局（公司）】 2021年6月，由北京市烟草专卖局（公司）机关党委主办，烟草学会协办的“奋斗百年路，启航新征程——党旗引领下的北京烟草”专题展览在北京烟草机关一层举办，全面展示北京烟草与时代发展同行、与改革开放同步，坚定不移履行政治责任、经济责任、社会责任，为烟草行业发展作出的贡献。

专题展览展示北京烟草改革发展的历程及系统各直属单位的建设发展历程，分为“勇担重担、不负使命”“勇立潮头、改革创新”“勇毅笃行、引领发展”“勇敢当先、争创一流”等4个阶段。该展览成为基层党组织和党员干部开展学习、交流和活动的党性教育阵地，激励全体职工坚持把党史学习教育转化为促进工作开展的内生动力，为行业高质量发展贡献自己的力量。

【天津市烟草专卖局（公司）】 2021年5月，天津市局（公司）主办的“庆祝中国共产党成立100周年——‘中国梦·金叶行’津烟奋进历程主题展览”开展。展览由“津烟记忆”“站上新起点”“践行新使命”“开启新征程”等4个图文展区及28组实物展品组成的实物展区构成。展览简要回顾烟草业在天津地区的萌芽与发展，对天津市局（公司）自1985年成立以来在党中央和国家局的领导下的发展成就进行全面展示，对全市烟草商业系统开启“十四五”时期高质量发展新征程进行展望。该展厅为天津烟草对外讲好津烟故事、展示津烟文化、打造津烟名片提供宣传阵地，为天津烟草对内开展思想政治教育、凝聚企业发展合力提供教育阵地，为天津烟草各级基层党组织开展“主题党日”提供活动阵地。展览开展以来，累计接待参观者650余人次。

2021年6月，由天津市局（公司）主办，天津烟草物流中心承办的“百年瞬间，永恒辉煌——中国共产党100年伟大历史进程中的重要历史瞬间特展”在天津烟草商业党员学习教育实践基地开展。展览选取党的历史上100个重要历史节点，按照“新民主主义革命时期”“社会主义革命和建设时期”“改革开放和社会主义现代化建设时期”“中国特色社会主义新时代”等4个阶段，综合运用图片、文字、视频、讲解等形式，展示中国共产党成立百年来的奋斗历程和辉煌成就，是天津烟草商业推动党史学习教育常态化、长效化和“四史”学习教育的重要平台。展览开展以来，累计接待参观者590余人次。

【内蒙古自治区烟草专卖局（公司）】 2021年6月，内蒙古区局（公司）举办“内蒙古烟草行业党建工作成果展”，全面展示“十三五”时期内蒙古烟草商业系统党建工作成果。党建工作成果展共分三部分，第一部分是争当“责任先锋”，围绕内蒙古区局（公司）“责任先锋”党建品牌，以展台、展架形式，展示全区行业各单位在政治、组织、文化、思想、发展等5个方面争当先锋党建工作成果。第二部分是建党百年画卷，选取党的重要历史节点，以图文展板百米画卷形式，展示中国共产党发展历程和伟大业绩。第三部分是献礼百年作品展，突出展示零售户、烟草员工及亲属朋友等历时100天集体绣制的党旗一面、“烟标中的红色印迹”烟标拼图等手工作品。展厅综合运用图片、文字、视频、讲解等形式，以一单位一课题、一单位一展区、一单位一特色的内容，集中展示内蒙古烟草坚持统筹联动构建全区商业大党建格局，各单位基层党建百花齐放的局面，推动党史学习教育常态化、长效化。党建工作成果展厅是全区烟草行业开展“四史”学习教育的重要平台。截至2021年底，累计接待行业内外参观学习1900余人次。

内蒙古区局（公司）“内蒙古烟草行业党建工作成果展”展厅（2021年）
内蒙古区局　供稿

【辽宁省烟草专卖局（公司）】 2021年4月，辽宁省局（公司）“奋斗百年路　启航新征程”展厅启用。展厅分“不忘初心　牢记使命”“栉风沐雨　砥砺奋进”“践履惟新　弘毅笃行”“向史而新　扬帆致远”等4个部分，重温党的百年光辉历程，弘扬辽烟红色文化和辽烟人的奋斗精神，全面展现辽宁烟草坚定不移履行政治责任、经济责任、社会责任，为经济社会发展作出的全方位贡献和取得的系列成就。展厅第四部分为党建专题展厅，对全省烟草商业系统“党史学习教育”、学习贯彻“党的十九届六中全会”“学雷锋工程”等进行专题展示，并及时进行维护更新。

辽宁省局（公司）“奋斗百年路　启航新征程”展厅党建展厅部分（2021年）
辽宁省局　供稿

展厅自建成以来，已成为展示辽宁烟草形象的重要窗口、开展党员学习教育的重要平台以及机关各支部开展“三会一课”“主题党日”的活动阵地。截至2021年底，累计接待参观者300余人次。

【吉林省烟草专卖局（公司）】 2021年，吉林省局（公司）以“党史学习教育”为契机，利用展板、条幅等宣传党的百年历史和党的十九届六中全会精神等内容。3月，制作“以党史学习教育成效推动高质量发展”主题展板，包含“新民主主义革命时期”“社会主义革命时期”“改革开放新时期”“党的十八大以来”等内容；12月，制作“认真学习贯彻党的十九届六中全会精神　奋力谱写吉林烟草商业改革发展新篇章”主题展板，分为“紧紧围绕一个主题实现中华民族伟大复兴”“百年历程四个伟大飞跃”“两个确立”“新时代发展成就”等9个板块。

2021年12月，吉林省局（公司）制作“认真学习贯彻党的十九届六中全会精神　奋力谱写吉林烟草商业改革发展新篇章”主题展板

吉林省局　供稿

各市（州）局（公司）结合各自党建品牌制作展板。5月，长春市局（公司）制作“中国共产党的百年光辉历程”展板；4月，四平市局（公司）制作“‘探模式、建机制’高质量发展成果展”展板；9月，吉林市龙潭区局制作“赓续红灯精神，传承红色基因”展板，展示龙潭区局“红灯精神”党建品牌。

【浙江省烟草专卖局（公司）】 2021年6月，浙江省局（公司）举办建党100周年书画摄影优秀作品展。该展览以庆祝中国共产党成立100周年为主题，共征集作品630幅，其中书法作品161幅、绘画作品95幅、摄影作品374幅，最终展出作品78幅。展览展现一百年来党领导人民进行伟大奋斗所取得的重大成就和进入新时代经济政治文化所发生的巨大变化，展示浙江省局（公司）秉承“红船精神”，持续以党的建设强基铸魂，守好“红色根脉”，以高质量党建引领企业高质量发展的奋进历程，抒发浙烟人爱党、爱国、爱企情怀。

【福建省龙岩市烟草专卖局（公司）】 2021年6月，由龙岩市直机关党工委主办，福建省龙岩市局（公司）承办的“龙岩市党员政治生活馆”开馆，展馆面积约800平方米，是福建省烟草商业系统首个党员政治生活馆。

政治生活馆定位为习近平总书记关于党内政治生活新思想学习阵地、百年政治生活历史学习阵地、闽西党史学习阵地、党员政治生活组织阵地，总体布局突出“主题展区＋功能区”特色，综合运用文字、图片、视频、实物以及声光电技术等手段呈现。展区以“党内政治生活的百年历程”“党内政治生活的闽西苏区探索”为主线，以《关于新形势下党内政治生活的若干准则》为指引，介绍不同时期党内政治生活的探索和发展。功能区突出沉浸式、体验感和互动性，设置初心堂、阅读室、VR体验区等场景，是基层党组织和党员干部开展学习、交流和活动重要的党性教育阵地。

【江西省烟草专卖局（公司）】 2021年8月7日，江西省局（公司）“‘星火’党建文化展厅”启用。展厅由

江西省局（公司）“星火”党建文化展厅（2021 年）

教育的重要平台以及机关各支部开展“三会一课”“主题党日”的活动阵地，满足行业内外交流、员工学习培训等多用途需要。全年累计接待参观学习者 680 余人次。

江西省局　供稿

“党的建设”“企业文化建设”“廉政文化建设”等 3 个展室组成。其中，企业文化建设展室包含全省烟草商业系统高质量发展成果展播、学习宣传综合频道和“星火”文化理念体系宣传贯彻等板块，全面展示江西烟草履行的经济责任、社会责任以及高质量发展建设以来取得的系列成就，是全省烟草商业系统高质量发展成果对外宣传和企业形象展示窗口。展厅具备学习宣传、参观展览、文化活动、资源收藏等功能，是进行理论宣传、政治教育、宣讲宣誓、法规宣传、文化宣贯、典型宣传、警示教育、文明实践等活动的重要场所。

【山东省烟草专卖局（公司）】　2021 年 7 月 1 日，山东省局（公司）“党建引领高质量发展”展厅启用。展厅分“峥嵘岁月　红色基因”“改天换地　探索前行”“开基创业　万象更新”“工商分开　继往开来”“乘风破浪　初心如磐”等 5 个篇章，弘扬鲁烟红色文化和鲁烟人奋斗精神，全面展示山东烟草在党的领导下与时代发展同行、与改革开放同步，坚定不移履行政治责任、经济责任、社会责任，为经济社会发展作出全方位贡献的奋进历程和取得的系列成就。展厅坚持一厅多用，对外作为展示山东烟草形象的重要窗口，对内作为开展党史学习教育和“四史”

【河南省烟草专卖局（公司）】

2021 年 6 月 28 日，河南省局（公司）“党旗引领下的河南烟草商业”成就展开展。该展览是河南烟草商业首次举办的发展成就展，以“党旗引领下的河南烟草商业”为主题，将党史、新中国史、改革开放史、社会主义发展史学习交汇融合，分为党史、河南烟草商业发展史、展望篇等 3 个单元，通过 500 余幅图片及 30 余件实物，系统展示河南烟草商业坚定不移跟党走、改革创新谋发展的沧桑巨变。广大党员干部通过参展，切实汲取党史力量，传承红色基因，以史为鉴，以史明志，把爱党爱国爱社会主义的热情转化为推动河南烟草商业高质量发展的实际行动。

【湖北省烟草专卖局（公司）】　2021 年 6 月 29 日，湖北省局（公司）“庆祝中国共产党成立 100 周年专题展览”开展。该展览展出形式融合声、光、电效果，以庆祝建党 100 周年为主线，打造“忠心报国——我们的成长”“初心为民——我们的榜样”“匠心抒怀——我们的风采”“红心向党——我们的记忆”等 4 个板块。其中，“忠心报国——我们的成长”板块重点介绍湖北烟草自成立以来，取得的成就和重要历史阶段大事记、烟草企业文化等；“初心为民——我们的榜样”板块选取湖北省烟草商业系统获得省部级以上表彰的人员、学科带头人、平凡岗位英模人物等，展示湖北省烟草商业自组建以来的先进典型；“匠心抒怀——我们的风采”板块展示干部职工庆祝建党 100 周年主题书画摄影作品 70 余幅（组）；“红心向党——我们的记忆”板块重点介绍全省烟草商业战“疫”、战汛、战贫成就

湖北省局（公司）“庆祝中国共产党成立100周年专题展览”（2021年）

湖北省局　供稿

及各直属单位开展的庆祝建党100周年特色活动。该展览已成为湖北省局（公司）宣传党的伟大成就、党员群众教育、展示湖北烟草干部职工精神风采的新阵地。

【海南省烟草专卖局（公司）】 2021年6月，海南省局（公司）“峥嵘百年　与党同行　庆祝建党100周年图片展”开展。该展览分为“新民主主义革命时期”“社会主义革命和建设时期”“社会主义现代化建设时期”“中国特色社会主义新时代”等板块，沿着历史发展脉络，图文并茂地展示中国共产党领导人民不懈奋斗、不断奋进的光辉革命历史，回溯孤岛奋战“二十三年红旗不倒”的琼崖革命精神，追忆党旗引领下海南烟草人矢志不渝、艰苦创业的辉煌奋斗历程，带领广大干部职工“重回”历史现场，感受伟大成就来之不易，感悟中国共产党为中国人民谋幸福、为中华民族谋复兴的初心和使命，让革命战旗永不褪色、让党的事业薪火相传、让红色基因代代传承。

2021年6月，海南省局（公司）“峥嵘百年　与党同行　庆祝建党100周年图片展”开展

海南省局　供稿

【四川省烟草专卖局（公司）】 2021年6—7月，四川省局（公司）举办“红色百年·感恩奋进”主题职工书画摄影比赛优秀作品展。本次展览作为全省烟草商业系统庆祝建党100周年系列活动之一，展现四川烟草人爱党爱国爱企、不断开拓创新的精神风貌。该展览主题鲜

明，参赛参展作品围绕主题，缅怀党的丰功伟绩，歌颂伟大时代，表达对党的无限深情，对祖国的赤子之情，对行业的感恩之心，对美好生活的炽热之爱。活动共征集到书法作品145件、绘画作品57幅、摄影作品383件（组）。

【深圳市烟草专卖局（公司）】 2021年，深圳市局（公司）聚焦“建党百年”，丰富宣传教育载体，在党史学习教育中激发“红色动能”，先后举办“深圳烟草党史学习教育主题展”“中国共产党简史主题展”“深圳烟草党史学习教育特色亮点展”，综合运用图片、文字、讲解等形式，重温中国共产党带领中国人民取得伟大胜利的百年实践史，集中展现全市烟草商业系统党史学习教育成果及基层党建品牌创建成果，成为展示深圳烟草形象的重要窗口、党员学习教育的重要平台以及基层党组织开展“三会一课”“主题党日”的活动阵地，全年累计接待行业内外参观学习人员1200余人次。

【湖南中烟工业有限责任公司】 2021年8月，湖南中烟零陵卷烟厂党群服务中心“党建展览馆”完工并投入使用。展览馆分为光辉历程、蓬勃发展、榜样力量、以文化人、廉洁自律等5个子展厅，是集党史党建、企业发展、精神文明、廉政家风为一体的复合型展览馆。展馆围绕“以党建促发展”的主线，结合湖南永州地方特色，通过文、图、影、物，并运用声、光、电、人工智能等多种表达方式，集中展现零陵卷烟厂40余年的奋斗历程与成就，以及工厂践行“双新一体”发展战略的生动实践。全年接待行业内外参观者800余人次。

【湖北中烟工业有限责任公司】 2021年11月，湖北中烟举办“倡清廉促发展”书画作品展，进一步深化全面从严治党、持续涵养风清气正的政治生态。该书画作品展是湖北中烟党组2021年党风廉政建设宣传教育月活动之一，目的在于通过“倡清廉促发展”书画作品和“清正廉洁”故事征集活动推进廉洁文化建设，进一步提醒党员干部自觉筑牢拒腐防变的思想道德防线，自觉践行社会主义核心价值观和“两个至上”行业共同价值观。各单位共选送书法作品115件、绘画97件、手工作品4件、故事征文43篇，围绕廉洁主题，以原创精品传承中华美德，以雅文墨宝展现清风正气，营造思廉、尊廉、倡廉、守廉的氛围。

【广西中烟工业有限责任公司】 2021年7月，“广西中烟卷烟工业展示馆”完成升级改造，基础板块升级改造完成电路改造、装修拆改、板块设计等九大项21个板块内容的设计安装；数字升级改造完成中控系统升级、电子翻书采购及互动大屏升级等八大项升级更换，对展示内容模块进行补充完善，采用声、光、电等创新手段，扩大展示面积、丰富展示方式，补充、收集、整理、展示更多历史资料，进一步梳理广西卷烟工业发展的历史脉络，展现公司改革发展成果成就。全年共接待行业内参观者15场次481人。

【四川中烟工业有限责任公司】 2021年6月，四川中

“庆百年　感党恩　跟党走”四川中烟庆祝中国共产党成立100周年优秀文创作品展览手工艺品作品展区（2021年）

四川中烟　供稿

烟举办"'庆百年 感党恩 跟党走'四川中烟庆祝中国共产党成立100周年优秀文创作品展览"。该展览收集作品350余件，展出100件，分为"征文作品展""书法作品展""海报设计作品展""摄影作品展""手工艺品作品展""绘画及电子视频作品展""曲艺展示"等7个部分，均由四川中烟干部职工创作，歌颂党的百年光辉历程和伟大成就，反映四川中烟坚持党建引领、推进党建品牌建设的先锋力量，展示四川中烟百年来发展变化、干部职工践行初心使命的历程，表达铭记党恩的情怀、爱国爱党的深情和永远跟党走的决心。

报刊名录

2021年烟草行业部分报刊名录

报刊名	报刊号/准印证号	创刊时间	刊期	联系电话	主管、主办单位
《中国烟草》	ISSN1008－9063 CN11－3831/D	1985年	半月刊	010－63605464	《中国烟草》杂志社有限公司
《新烟草》	ISSN1008－5181 CN23－1526/TS	1986年	旬 刊	010－63605464	黑龙江省烟草公司、《中国烟草》杂志社有限公司
《中国烟草学报》	ISSN1004－5708 CN11－2985/TS	1992年	双月刊	010－63605768	中国烟草学会
《烟草科技》	ISSN1002－0861 CN41－1137/TS	1957年	月 刊	0371－67672637	郑州烟草研究院
《东方烟草报》	CN37－0082	1992年	周七报	0531－88562706	山东省局（公司）
《新烟》	上海市连续性内部资料 准印证第0824号	2018年	季 刊	021－61661716	上海新型烟草制品研究院
《烟机通讯》	豫内资〔许昌〕0005号	1995年	半月报	0374－3266661	中国烟草机械集团有限责任公司
《北京烟草》	京内资准字1999－L0006	1993年	季 刊	010－67009775	北京市局（公司）、北京烟草学会
《京烟》	京内资准字99－L0501	1993年	月 报	010－59028305	上海烟草集团北京卷烟厂有限公司
《天津烟草》	准印证号（刊型）2019003	2000年6月	双月刊	022－23292109	天津市局（公司）、天津市烟草学会
《津烟》[1]		1994年	半月报	022－84786089	上海烟草集团天津卷烟厂
《河北烟草》	冀L1100113	1988年6月	双月刊	0311－88607991	河北省局（公司）、河北中烟主管，河北省烟草学会主办
《河北烟草》	冀L1100205	2003年8月	月 报	0311－66006794	河北中烟、河北省局（公司）
《山西烟草》	山西省内部资料 准印证号（晋）K224	1987年5月	双月刊	0351－6563104	山西省局（公司）、山西省烟草学会
《大光》	山西省内部资料准印证〔2013〕 B124号4开4版	1998年	月 刊	0351－2022051	山西昆明烟草有限责任公司
《内蒙古烟草》	（蒙）连内资01－21004/K	1988年	双月刊	0471－4369775	内蒙古自治区烟草学会
《辽宁烟草》	辽宁省内部资料准印证号028	1990年	双月刊	024－31210786	辽宁省局（公司）、辽宁省烟草学会
《红辽烟草》	辽宁省内部资料 准印证辽A036号	2005年1月	半月刊	024－22815777	红塔辽宁烟草有限责任公司
《吉林烟草》	（吉）LSZ2017006	1994年	季 刊	0431－88401432	吉林省局（公司）

续表

报刊名	报刊号/准印证号	创刊时间	刊期	联系电话	主管、主办单位
《烟草专卖导读》	JL02－033	2003 年 4 月	月　刊	0432－64606502	吉林省吉林市局（公司）
《吉林烟草工业报》	吉林省连续性内部资料出版物 JN 03－025	2008 年 5 月	半月报	0433－2850896	吉林烟草工业有限责任公司
《哈尔滨烟草》	黑新出印字 2301026 号	2002 年	月　刊	0451－88620696	黑龙江省哈尔滨市局（公司）
《黑龙江烟草工业》	黑新出印第字 2301039 号	1988 年	旬　刊	0451－82521456	黑龙江烟草工业有限责任公司
《上海烟草》	上海市连续性内部资料准印证第 0205 号	1987 年	季　刊	021－61669608	上海市烟草学会
《江苏烟草》	苏新出准印 S（2021）00000063	2008 年	半月报	025－87756105	江苏省局（公司）
《江苏烟草研究》	苏新出准印 S（2021）00000122	2008 年	双月刊	025－87756105	江苏省局（公司）、江苏省烟草学会
《江苏中烟》	S（2021）00000061	2007 年 1 月	双月刊	025－69896136	江苏中烟
《江苏中烟报道》	S（2021）00000062	2007 年 1 月	半月报	025－69896136	江苏中烟
《浙江烟草》	浙内准字第 0046 号	1987 年 4 月	双月刊	0571－87089173	浙江省局（公司）、浙江中烟、浙江省烟草学会
《浙江中烟报》	浙企准字 S042 号	2006 年	月　报	0571－87075860	浙江中烟
《宁烟》	浙内准字第 BQ098 号	2016 年	月　报	0574－88686748	浙江中烟宁波卷烟厂
《安徽烟草》	安徽省内部资料准印（综）L00－111	2001 年 1 月	月　刊	0551－65508523	安徽省局（公司）、安徽省烟草学会
《蚌烟实报》	皖内部资料性图书 BB－2010－009 号	2010 年	月　报	0552－4089163	安徽省蚌埠市局（公司）
《安徽中烟》	安徽省内部资料准印证号第 L00－053	2006 年	半月报	0551－65392203	安徽中烟
《黄山世界》	安徽省内部资料准印证号：00－265	2009 年	季　刊	0551－65368037	安徽中烟
《福建烟草》	（闽）内资准字 K 第 097 号	1987 年 1 月	双月刊	0591－87069008	福建省局（公司）、福建中烟、福建省烟草学会
《海峡烟草》	（闽）内资准字 K 第 173 号	2003 年 6 月	旬　报	0591－87069456	福建省局（公司）
《海峡烟草》（烟叶版）	（闽）内资准字 K 第 173 号	2005 年 5 月	月　报	0591－87069456	福建省局（公司）
《三明烟草》	（闽）内资准字 G 第 3 号	1992 年 1 月	双月刊	0598－8566611	福建省三明市局（公司）、三明市烟草学会
《福建中烟》	（闽）内资准字 D 第 028 号	2011 年 5 月	半月刊	0592－5836962	福建中烟
《江西烟草》	（赣）0000122	1991 年 1 月	双月刊	0791－86535120	江西省局（公司）、江西中烟、江西省烟草学会主办
《金圣报》	（赣）0000076	2004 年 6 月	月　报	0791－88358596	江西中烟
《典藏》	赣内资字第 326 号	2009 年 9 月	不定期	0791－88358596	江西中烟
《江西中烟》	（赣）0000432	2021 年 12 月	季　刊	0791－88358596	江西中烟
《广烟之窗》	赣内资字第 E004 号	1996 年 10 月	月　报	0793－6078818	江西中烟广丰卷烟厂

续表

报刊名	报刊号/准印证号	创刊时间	刊期	联系电话	主管、主办单位
《山东烟草》	鲁连内资第01095号	2007年	双月刊	0531－81218315	《东方烟草报》社有限公司
《东方烟草报·山东中烟报》	CN37－0082	2007年11月	半月报	0531－58709712	山东中烟
《东方烟草报·金周刊·泰山周刊》	CN37－0082	2008年5月	半月报	0531－58709712	山东中烟
《将军视窗》	（鲁）0100009	2015年2月	月　报	0532－88777166	将军烟草集团有限公司
《中国烟草科学》	ISSN 1007－5119 CN37－1277/S	1979年	双月刊	0532－88703238	中国农业科学院烟草研究所、中国烟草总公司青州烟草研究所
《河南烟草》	河南省连续性内部资料［审省直连］00102号	1996年	双月刊	0371－65583198	河南省局（公司）、河南中烟、河南省烟草学会
《中原烟草》	河南省连续性内部资料［审省直连］00142号	2015年1月	半月刊	0371－65583016	河南省局（公司）
《南阳烟草通讯》	河南省连续性内部资料［南阳］049号	2009年9月	月　刊	0377－60320302	河南省南阳市局（公司）
《郑烟工作》	河南省连续性内部资料［审郑州连］00056号	2016年5月	月　刊	0371－86168696	河南省郑州市局（公司）
《天之叶》	内资〔省直〕163号	2006年	月　刊	0371－69192986	河南中烟
《黄金叶制造》	河南省连续性内部资料郑州〔74号〕	2008年	月　报	0371－85519112	河南中烟黄金叶生产制造中心
《安烟》	内部资料〔安阳〕审连00001号	2010年	月　报	0372－5089089	河南中烟安阳卷烟厂
《湖北烟草》	（鄂）4200－2021096/连	1986年	月　刊	027－83609835	湖北省局（公司）、湖北中烟、湖北省烟草学会
《金叶》	（鄂）4210－2020002/连	2007年	季　刊	0716－8506862	湖北省荆州市局（公司）
《黄石烟草》	（鄂）4202－2019016/连	2013年	月　刊	0714－6579167	湖北省黄石市局（公司）
《黄鹤楼内刊》	鄂内资准印（鄂）4201－2021018/连	2007年8月	半月刊	027－83292197	湖北中烟
《湖南烟草》	（湘O）LK20210058	1986年9月	双月刊	0731－85799484	湖南省局（公司）、湖南中烟主管，湖南省烟草学会主办
《潇湘烟语》	永新出准字（湘M报）2019002号	2009年5月	双月刊	0746－8421935	湖南省永州市局（公司）主管，永州市烟草学会主办
《先锋家园》	（湘F）LK20210023	2011年3月	季　刊	0730－8713331	湖南省岳阳市局（公司）主管，岳阳市烟草学会主办
《浓香》	（湘L刊）2020010	2015年2月	半年刊	0735－2153569	湖南省郴州市局（公司）主办
《湖南中烟》[2]	湖南省刊型内部资料准印证号（湘O）LK20210351	2014年	月　刊	0731－85098341	湖南中烟
《白沙报》	湖南省报型内部资料准印证号（湘A）LB20210001	1989年	月　报	0731－85516888	湖南中烟长沙卷烟厂

续表

报刊名	报刊号/准印证号	创刊时间	刊期	联系电话	主管、主办单位
《常德卷烟厂》	湖南省内部资料型 准许印证号（湘 J2020020）	1984 年	月　刊	0736－7299323	湖南中烟常德卷烟厂
《郴烟通讯》	湖南省报型内部资料 准印证号：（湘 L）LB20210004	1995 年	半月报	0735－2229909	湖南中烟郴州卷烟厂
《零烟通讯》	湖南省报型资料 准印证（湘 M 报）2019001	1986 年	半月报	0746－6668564	湖南中烟零陵卷烟厂
《广东烟草》	粤（O）L0150364	2004 年 8 月	月　刊	020－38809775	广东省局（公司）、广东省烟草学会
《广西烟草》	广西壮族自治区内部资料性 出版物准印证第 2000080 号	1987 年	月　刊	0771－5851875	广西区局（公司）、广西中烟
《百色烟草》	广西壮族自治区内部资料性 出版物准印证第 1013905 号	2008 年	不定期	0776－2939326	广西区百色市局（公司）
《广西中烟》	桂 1005303	2016 年	半月刊	0771－8098231	广西中烟
《重庆烟草》	渝内字第 349 号	1986 年	双月刊	023－67982703	中国烟草总公司重庆市公司主管，重庆市烟草学会主办
《四川烟草》	川 KX01－223	1985 年	月　刊	028－86162451	四川省局（公司）、四川中烟、四川省烟草学会
《贵州烟草科学》	（黔）字第 2020059	2010 年 1 月	季　刊	0851－84117138	贵州省局（公司）主管，贵州省烟草科学研究院主办
《贵阳烟草》	贵阳市 GYL2017 第 016 号	2005 年	季　刊	0851－85821020	贵州省贵阳市局（公司）
《遵义烟草》	（黔）字第 2020106 号	2002 年	季　刊	0851－28662813	贵州省遵义市局（公司）
《毕节烟草》	（黔）字第 2020149 号	1988 年 8 月	旬　刊	0857－8282770	贵州省毕节市局（公司）
《贵州烟草》	（黔）字第 2020148 号	2005 年	周　报	0851－6831628	贵州中烟、贵州省局（公司）
《贵烟之窗》	（黔）字第 2020369 号	2005 年	月　刊	0851－8981053	贵州中烟贵阳卷烟厂
《遵烟一览》	（黔）字第 2020359 号	2007 年	月　刊	0852－8620941	贵州中烟遵义卷烟厂
《云南烟草》	（53）Y000207	1988 年 4 月	双月刊	0871－63536852	云南省局（公司）、云南中烟主管，云南省烟草学会主办
《七彩云》	（53）Y000287	2014 年 12 月	双月刊	0871－63537661	云南省局（公司）、云南中烟主管，云南省烟草学会主办
《云南中烟》	（53）　Y000303	2011 年 1 月	双月刊	0871－65013597	云南中烟
《红塔时讯》	（53）Y000383 号（1～7 期） （53）Y000365 号（8～12 期）	1987 年 5 月	月　刊	0877－2968922	红塔集团
《今日红云红河》	（53）Y000314 号	2009 年 1 月	月　刊	0871－65869218	红云红河集团
《陕西烟草》	（陕）2020－ST037	1990 年	双月刊	029－85466219	陕西省烟草公司、陕西省烟草学会
《泾渭情》	陕内资字 0324 号	2006 年	季　刊	029－33369992	陕西省咸阳市局（公司）
《同心安康》	安新出连内印字第 016 号	2007 年	季　刊	0915－3286490	陕西省安康市局（公司）
《陕西中烟》	（陕）2022－GY015	2003 年	半月报	029－63368602	陕西中烟
《宝烟通讯》	（宝鸡）2022－GY009	2005 年 7 月	月　刊	0917－3469332	陕西中烟宝鸡卷烟厂

续表

报刊名	报刊号/准印证号	创刊时间	刊期	联系电话	主管、主办单位
《甘肃烟草》	甘新出连续性内部资料 准印（刊型）LK－000049	1992 年 12 月	双月刊	0931－7826909	甘肃省局（公司）、甘肃省烟草学会
《烟语》	甘出准 036 字总 341 号 〔2009〕022 号	2009 年 10 月	季　刊	0939－8213649	甘肃省陇南市局（公司）
《河州烟语》	（甘）LK130002	2016 年 1 月	季　刊	0930－6666012	甘肃省临夏州局（公司）
《天水烟草》	（甘）LK050012	2020 年 1 月	季　刊	0931－6827730	甘肃省天水市局（公司）
《飞天烟讯》	（甘）LB000033	1994 年	月　刊	0931－2555055	甘肃烟草工业有限责任公司
《青海烟草》	青（6300053）	1992 年 12 月	双月刊	0971－6102916	青海省局（公司）、青海省烟草学会
《宁夏烟草》	银金审服内准字 2021374－77 号	1991 年 1 月	季　刊	0951－5043218	宁夏区局（公司）、宁夏区烟草学会
《新疆烟草》	新疆内部资料（报刊型） 准印证号（新 K）0100047	1988 年	双月刊	0991－4810977	新疆维吾尔自治区烟草学会
《深圳烟草》	（粤 B）第 L107010065	2008 年	双月刊	0755－82029719	深圳市局（公司）、深圳市烟草学会
《深烟风采》	粤内登字 B 第 13175 号	2002 年 9 月	季　刊	0755－81788331	深圳烟草工业有限责任公司

注：1. 2021 年 1 月 1 日至 11 月 1 日，《津烟》准印证号为 2020014；2021 年 11 月 15 日至 12 月 15 日，准印证号为 20210019。

2. 2021 年 4 月，《天下和书院》更名为《湖南中烟》。

3. 2021 年 1 月，《黄冈烟草》《十堰烟草》《张烟之声》《柳州烟草》《崇左烟草》《价值》《红塔楚雄时讯》《红塔大理时讯》《红塔昭通时讯》停刊；7 月，《济烟视窗》停刊。

2021 年中国烟草新书目

1. FDA 电子烟碱传输系统烟草制品上市前申请指南/胡清源主译. —北京：科学出版社，2021.

2. FOCKE FX2 包装机组——电气部分/《FOCKE FX2 包装机组（电气部分）》编写组编. —郑州：河南科学技术出版社，2021.

3. FOCKE FX2 包装机组——机械部分/《FOCKE FX2 包装机组（机械部分）》编写组编. —郑州：河南科学技术出版社，2021.

4. ZB28 型软盒硬条包装机组——机械部分/《ZB28 型软盒硬条包装机组（机械部分）》编写组编. —郑州：河南科学技术出版社，2021.

5. ZB48 型硬盒硬条包装机组——电气部分/《ZB48 型硬盒硬条包装机组（电气部分）》编写组编. —郑州：河南科学技术出版社，2021.

6. ZB48 型硬盒硬条包装机组——机械部分/《ZB48 型硬盒硬条包装机组（机械部分）》编写组编. —郑州：河南科学技术出版社，2021.

7. ZJ116 型卷接机组——电气部分/《ZJ116 型卷接机组（电气部分）》编写组编. —郑州：河南科学技术出版社，2021.

8. ZJ116 型卷接机组——机械部分/《ZJ116 型卷接机组（机械部分）》编写组编. —郑州：河南科学技术出版社，2021.

9. 长春卷烟厂志/《长春卷烟厂志》编纂委员会编. —长春：吉林人民出版社，2021.

10. 醋酐制备与醋酸回收工（三至五级）专业知识/《醋酐制备与醋酸回收工（三至五级）专业知识》编写组编. —郑州：河南科学技术出版社，2021.

11. 党支部标准化规范化建设工作 30 例/国家烟草专卖局人事司编著. —北京：红旗出版社，2021.

12. 定向型特色烤烟生产理论与实践/叶晓青主编. —广州：华南理工大学出版社，2021.

13. 电子伺服控制技术及卷烟封装设备应用/张明琰主编.—汕头：汕头大学出版社，2021.

14. 二醋片加工操作工（三至五级）专业知识/《二醋片加工操作工（三至五级）专业知识》编写组.—郑州：河南科学技术出版社，2021.

15. 福建烟草气象/马治国著.—北京：气象出版社，2021.

16. 工业企业精益能源管理理论与实践——以卷烟企业为例/虞文进，陶智麟主编.—北京：经济管理出版社，2021.

17. 河南省烟草公司南阳市公司烟叶综合标准体系（2020年版）/牛书金，张常兴，程玉渊主编.—郑州：郑州大学出版社，2021.

18. 海南雪茄烟种质资源SNP指纹图谱及身份证/吕洪坤，张兴伟等著.—北京：中国农业科学技术出版社，2021.

19. 化学分析中HPLC方法的选择/王颖，张水锋，刘珊珊主译.—北京：化学工业出版社，2021.

20. 基于"中华"品牌的丽江烟叶生产标准化体系构建/蔡宪杰，闫鼎等著.—北京：中国农业科学技术出版社，2021.

21. 浆液制备与丙酮回收工（三至五级）专业知识/《浆液制备与丙酮回收工（三至五级）专业知识》编写组编.—郑州：河南科学技术出版社，2021.

22. 戒烟日/安徽省地质博物馆编著.—合肥：安徽美术出版社，2021.

23. 戒烟指导手册/时国朝，王雄彪等主编.—上海：上海科学技术出版社，2021.

24. 卷烟工厂设备状态监控标准体系/李明伟，毛爱龙，许佩主编.—武汉：华中科技大学出版社，2021.

25. 卷烟工厂设备状态监控管理探索/李明伟，毛爱龙，张伟峰主编.—武汉：华中科技大学出版社，2021.

26. 卷烟工业用胶/熊安言，孙觅主编.—北京：台海出版社，2021.

27. 卷烟加香加料效果评价研究/朱怀远，陈晶波等主编.—武汉：华中科技大学出版社，2021.

28. 卷烟制丝生产大数据分析与应用/李跃锋，李善莲等主编.—武汉：华中科技大学出版社，2021.

29. 卷烟制丝质量综合评价/李少平，范磊等主编.—郑州：郑州大学出版社，2021.

30. 卷烟包装标识履约政策与现状：上册/周明珠，李晓辉等主编.—北京：中国轻工业出版社，2021.

31. 烤烟豆浆灌根及标准化技术/韦凤杰，苏新宏主编.—北京：中国农业科学技术出版社，2021.

32. 烤烟挂灰烟形成机理与消减策略研究/云南省烟草农业科学研究院编著.—北京：科学出版社，2021.

33. 烤烟烟叶质量与植烟土壤盐分关系研究——以湖北中烟凉山基地为例/叶协锋，王鹏等著.—郑州：黄河水利出版社，2021.

34. 宽窄说：人人自乐的成都/成都娇子品牌推广有限公司编.—成都：四川美术出版社，2020.

35. 龙岩优质烤烟生产养分资源管理/曾文龙，蔡海洋等著.—北京：中国农业出版社，2021.

36. 绿色萃取技术原理、进展和应用/杨飞，邓惠敏主译.—北京：中国轻工业出版社，2021.

37. 美国家庭吸烟预防与烟草控制规范/丁丽，赵继俊，陈志浩主编.—郑州：郑州大学出版社，2021.

38. 美国卷烟包装和广告标识规范/赵继俊，丁丽，陈志浩主编.—郑州：郑州大学出版社，2021.

39. 品读安徽烟标/方国友编著.—昆明：云南人民出版社，2021.

40. 热分析技术开发及其在烟草中的应用/周涛主编.—昆明：云南大学出版社，2021.

41. 丝束加工操作工（三至五级）专业知识/《丝束加工操作工（三至五级）专业知识》编写组编.—郑州：河南科学技术出版社，2021.

42. 世界烟斗发展溯源/（匈）费伦茨·勒瓦迪著，长城斗坊译.—北京：华夏出版社，2021.

43. 小型零售店运营技术升级/于纪刚，韦德文等主编．—广州：广东经济出版社，2021.

44. 现代烟草农业发展问题研究——以河南省为例/邓蒙芝，李富欣著．—北京：中国农业出版社，2021.

45. 雪茄手册/四川中烟工业有限责任公司编著．—北京：华夏出版社，2021.

46. 雪茄新规则/四川中烟工业有限责任公司编著．—北京：华夏出版社，2021.

47. 雪茄烟烟气成分及其检测技术/侯宏卫，李东亮主编．—武汉：华中科技大学出版社，2021.

48. 烟草靶斑病/赵艳琴著．—天津：天津科学技术出版社，2021.

49. 烟草产业绿色发展策略与关键技术/唐世凯著．—北京：化学工业出版社，2021.

50. 烟草行业标准体系建设（2019—2020）/范黎，李栋主编．—郑州：郑州大学出版社，2021.

51. 烟草商业企业标准化工作实效/范黎，杨国涛主编．—郑州：郑州大学出版社，2021.

52. 烟草土传菌物病害微生态调控理论与实践/康业斌，成玉梅著．—北京：中国林业出版社，2021.

53. 烟草栽培学数字课程/杨焕文，吴伯志主编．—北京：高等教育出版社，2021.

54. 烟草主要病虫害严重度分级图谱/王静，申莉莉等著．—北京：中国农业科学技术出版社，2021.

55. 烟草病虫害诊断及绿色防控技术/云南省烟草农业科学研究院编著．—北京：科学出版社，2021.

56. 烟草多用途技术与应用/王金棒，胡斌主编．—郑州：郑州大学出版社，2021.

57. 烟草干燥工艺学/朱文魁，李斌主编．—北京：中国轻工业出版社，2021.

58. 烟草物流师（三至五级）专业知识/《烟草物流师（三至五级）专业知识》编写组．—郑州：河南科学技术出版社，2021.

59. 烟草工程化豆浆灌根理论与技术/韦凤杰，苏新宏，陈彦春主编．—北京：中国农业科学出版社，2021.

60. 烟梗加工提质技术/聂聪，田海英主编．—北京：中国轻工业出版社，2021.

61. 烟叶均质化生产技术理论与实践/蔡宪杰，徐海清等著．—北京：中国农业出版社，2021.

62. 烟用丝束和烟用二醋片制造工（三至五级）基础知识/《烟用丝束和烟用二醋片制造工（三至五级）基础知识》编写组编．—郑州：河南科学技术出版社，2021.

63. 烟碱和烟草的神经生物学和遗传学/陈欢，付亚宁，王红娟主译．—北京：科学出版社，2021.

64. 烟机设备机械修理工（三至五级）基础知识/《烟机设备机械修理工（三至五级）基础知识》编写组．—郑州：河南科学技术出版社，2021.

65. 云南自育烤烟品种红花大金元特性及关键配套生产技术集成与应用/鲁耀，刘浩主编．—北京：中国农业出版社，2021.

66. 云南省植烟土壤质量现状与评价/云南省烟草农业科学研究院编著．—昆明：云南科技出版社，2021.

67. 云南省植烟土壤保育重大专项工作成效/云南省烟草农业科学研究院编著．—昆明：云南科技出版社，2021.

68. 在线组织：钉钉赋能 28 个组织数字化转型的故事和方法/王吉斌，彭盾，白雪飞主编．—北京：机械工业出版社，2021.

69. 自动化立体仓库设备操作/《自动化立体仓库设备操作》编写组．—郑州：河南科学技术出版社，2021.

70. 驻马店烤烟烟叶质量风格及栽培彰显技术/薛超群，张小全，翟文汇，张晓婷主编．—郑州：河南人民出版社，2021.

71. 中国禁烟法令变迁史/于恩德编著．—北京：中国人民公安大学出版社，2021.

72. 中国烤烟香型区划/罗登山主编．—北京：中国轻工业出版社，2021.

73. 中国烟草科学与技术（1982—2020）/谢剑平主编．—北京：中国轻工业出版社，2021.

74. 中国烟草年鉴（2020）/《中国烟草》杂志社有限公司编．—北京：中国经济出版社，2021.

75. 中国烟田杂草图鉴/王凤龙，周义和等主编．—北京：中国农业科学技术出版社，2021.

76. 中国烟叶质量/周义和，尹启生，宋纪真，黄晓东主编．——北京：化学工业出版社，2021.

77. 中华人民共和国烟草专卖法实施条例（2021 年最新修订）．—北京：中国法制出版社，2021.

企业文化建设

北京市烟草专卖局（公司）

2021 年，北京市局（公司）以落实文化软实力为载体，提升文化感召力。北京烟草商业系统各部门、各单位组织学习“两个至上”行业共同价值观的内涵诠释和烟草行业文化架构体系，通过印发征求意见表、召开员工座谈会等形式开展意见建议征集；针对《中国烟草视觉识别系统》具体应用场景，逐项梳理，调研自查，促进行业形象识别体系在北京烟草的规范应用。

以庆祝建党百年活动为载体，提升企业宣传力。北京市局（公司）先后组织开展“永远跟党走”群众性主题宣传教育活动，举办“党旗引领下的北京烟草”主题展览，组织聆听“金叶先锋·担当奉献”烟草行业庆祝建党 100 周年主题巡回宣讲，为 43 名老党员发放由中央组织部颁发的“光荣在党 50 年”纪念章，组织全市烟草商业系统党史知识竞赛，召开北京烟草庆祝建党百年“两优一先”表彰大会。1 个集体被评为北京市先进基层党组织，3 名员工被评为北京市国资委优秀共产党员、优秀党务工作者，9 个单位分别被评为首都文明单位标兵、首都文明单位。

以党史学习教育为抓手，提升员工思想力。组织观看《筑梦路上》《英雄的诗篇》《长津湖》等红色电影，传承红色基因、赓续红色血脉；组织参观中国共产党历史展览馆、首都博物馆、“百年恰是风华正茂”主题档案文献展、中国共产党早期北京革命活动纪念馆，厚植爱党爱国爱企业的情怀。

天津市烟草专卖局（公司）

2021 年，天津市局（公司）制定印发《中共天津市烟草专卖局党组关于提升天津烟草软实力的实施意见》，明确天津烟草提升软实力建设的指导思想、基本原则、主要目标、工作任务，建立领导机构，健全完善机制，提出工作措施。制定印发《天津烟草 2021 年软实力建设重点任务》，重点从企业文化建设、加强战略管理、强化学习创新、履行社会责任、改进新闻宣传、加强风险防范等方面提出工作要求。践行“两个至上”行业共同价值观，加强津烟文化建设，推进开展文明创建活动。加强企业发展规划建设，编制印发天津烟草“十四五”规划，推进天津烟草行业高质量发展“1 +2 +2”政策体系跟踪问效工作实施。健全学习创新机制，推进烟草网络学院天津分院建设，理顺市、区两级科技创新平台机制，为基层科技创新提供制度保证。加强专卖管理体系建设，履行保护未成年人免受烟侵害社会责任，提升行政许可和政务服务质量，深入推进“八五”普法宣传工作，履行助力乡村振兴社会责任。发挥舆论引领作用，健全完善新闻宣传工作机制，推进政务新媒体建设，加强舆情管理和履约工作，组织开展党史学习教育、庆祝中国共产党成立 100 周年等重大主题宣传活动，加大新闻宣传工作力度。加强重大风险防范，完善重大风险防范化解机制，提升应对重大风险能力。

市局（公司）按照烟草行业文化架构体系修订工作总体安排，开展“两个至上”行业共同价值观新时代内涵诠释征集活动和行业文化架构体系修订意见建议征集活动。开展企业文化建设改善课题研究，借鉴运用国内外先进的企业文化建设理念和方法，对全市烟草商业系统企业文化建设情况进行定量分析测评，并从物质、行为、制度、精神等4个层次分析存在问题，为完善天津烟草文化架构体系奠定基础。推进《中国烟草视觉识别系统》规范使用，组织开展规范使用视觉识别系统培训，引导全市烟草商业系统规范使用视觉识别系统，形成统一完整的烟草视觉形象。

河北省烟草专卖局（公司）

2021年，河北省局（公司）以价值引领为导向，增强文化感召力。坚持以党内政治文化引领企业文化建设，以党的坚定信仰、严明纪律、优良作风指导企业使命愿景、发展理念、行为规范和核心价值观的构建，加强顶层设计，正确处理行业文化架构体系与省市级烟草公司企业文化架构体系之间的关系，形成行业统一、上下贯通、各具特色的企业文化建设模式。

以履行社会责任为抓手，增强外部影响力。履行国有企业政治责任、经济责任和社会责任，把树立良好的社会形象作为企业发展的关键环节，助力经济社会发展，深化“放管服”改革提升政务服务水平，节能减排推进现代物流建设，维护零售户、烟农、消费者等基层群众利益，协调好环境、客户、伙伴之间的关系，营造公平的营商环境，增强社会认同感，提高信任指数和满意指数，为地方经济社会发展作出贡献。

2021年，河北省局（公司）开展“两个至上”行业共同价值观新时代内涵诠释征集活动，进一步丰富烟草文化共同价值观，赋予烟草文化新的时代内涵。以社会主义核心价值观和行业“两个至上”共同价值观为引领，以党史学习教育为载体，召开“金叶先锋·担当奉献”烟草行业庆祝建党100周年主题巡回宣讲河北省局（公司）报告会，开展《民族脊梁　红色记忆》微视频录制及相关主题实践活动，宣传先进人物和典型事迹。完善烟草文化体系，开展行业文化架构体系修订意见建议征集活动，修订完善精神文化、行为文化、物质文化相统一的烟草行业文化架构体系。建立形象识别体系，开展规范使用《中国烟草视觉识别系统》情况调研，增强行业上下对行业形象识别体系的认同感，促进行业形象识别体系在行业内的统一规范。组建全省烟草商业系统企业文化人才库，为企业发展赋能提速。组织“迎‘五四’青年节‘青年不忘党恩、重温红色党史’”主题活动，“迎‘七一’‘两优一先’表彰”“风雨同舟、齐心抗疫，致敬最美劳动身影”网络投票，“中国梦　劳动美”河北省职工广播体操网上展演，全省烟草商业系统第二届乒乓球比赛等活动。推进创新工作室建设，组织申报烟草行业劳模和工匠人才创新工作室工作。

山西省烟草专卖局（公司）

2021年，山西省局（公司）党组提出“坚持以‘责任’文化建设为牵引，持续提升山西烟草文化软实力”的推进思路，一体推进“5586”（五个倍加珍惜、五个自觉增强、八大责任、六个新形象）“责任”文化体系建设，强化战略引领和文化支撑。

推动“责任”文化理念宣传贯彻。以“珍惜、感恩、责任、奋进”为主题，连续两年开展“责任意识年”和“责任意识深化年”活动，展示传播责任文化，倡导“五个感恩”“五个倍加珍惜、五个自觉增强”“责润于心、奋发于行”的责任理念，倡导“企业服务社会、全员服务客户、机关服务基层”的服务理念，倡导“廉洁规范、专业敬业，创先争优、团队协作”的行为理念，开展“高质量发展大讲堂”“责任大讲堂”活动、“责任”文化进岗位进制度进流程活动、“责任”文化征文、知识竞赛、演讲比赛等主题活动，全面提振干部员工干事创业的责任感、奋发有为的精气神、改革创新的内生力。

推动“责任”文化理念落地。运用“一线工作法”“九个抓落实”“快速响应督办机制”以及ISO 9000质量管理体系等管理机制推动各项工作落实落细。以“一线工作法”破解基层难题，即：与群众同坐一条板凳，问题在一线发现、思路在一线拓展、举措在一线研究、难题在一线破解。以“九个抓落实”提升工作质效，即：提高站位抓落实、思维变革抓落实、凝心聚力抓落实、咬紧目标抓落实、问题导向抓落实、扭住重点抓落实、统筹兼顾抓落实、督查考评抓落实、履职尽责抓落实。以“台账式管理、清单式推进、清零式办结”督办机制管控工作全过程，做到每一项工作都有布置、有落实、有结果、有考核。将 ISO 9000 质量管理体系转版工作作为提升企业管理水平的撬动力，开展省市两级局体系转版，与制度建设深度融合，搭建企业综合管理平台，实现以事项为起点、制度为依据、流程为支撑的“管理字典”功能，用一流的企业管理模式，即：一流的目标管理、一流的体系建设、一流的基础管理、一流的创新机制、一流的管理团队抓管理，全面提升企业内控水平和运行效率。

内蒙古自治区烟草专卖局（公司）

2021 年，内蒙古区局（公司）始终坚持文化自信，把握文化软实力建设的现实意义和实践要求，把内蒙古烟草“责任文化”作为做好工作的根本动力。内蒙古烟草“责任文化”传承发展“两个至上”行业共同价值观，彰显内蒙古烟草精神、价值、力量。2021 年，内蒙古区局（公司）持续巩固“责任文化”建设成果，创建“责任先锋”党建品牌，发挥“五阵地一支部”宣传教育作用，接待参观交流人数 1.5 万余人，提升外部影响力。聚焦庆祝建党 100 周年主题，召开全区烟草商业系统党建工作现场会，举办“两优一先”评选表彰活动。以“责任文化”引领，保持群团紧贴员工、服务群众的组织特色。举办“永远跟党走”文艺演出，组织开展各类慰问、文体活动，参加内蒙古自治区总工会“安康杯”知识竞赛，营造“快乐工作、健康生活”氛围，展现烟草企业文化。

辽宁省烟草专卖局（公司）

2021 年，辽宁省局（公司）将文化赋能工程纳入“十四五”发展规划之中，推动重建辽宁烟草“责任”文化体系，打造“辽烟雷锋”特色文化品牌，持续深化企业文化建设。把党史学习教育贯穿全年，学习、实践、宣传，紧扣党性锻炼、为民服务、推动发展“三条主线”，解决发展难点、基层难题、群众难事“三个现实问题”，推动党史学习教育取得扎实成效。宣传贯彻习近平总书记“七一”重要讲话精神和党的十九届六中全会精神，举办专题读书班和学习会，开展庆祝建党 100 周年系列活动，深化政治认同、思想认同、情感认同。组织开展“学金叶先锋·做辽烟雷锋”活动，制定印发《关于深入推进“学金叶先锋·做辽烟雷锋”活动的通知》，组织参观雷锋纪念馆、举办雷锋精神专题讲座、开展“立足岗位学雷锋”等活动；全年共开展学雷锋实地参观 63 次，组织学习培训 376 次，受教育人数 5940 人次，开展学雷锋志愿服务 607 次，帮扶活动 899 次，广大党员为身边群众解决难题 719 个。

吉林省烟草专卖局（公司）

2021 年，吉林省局（公司）坚持以习近平新时代中国特色社会主义思想为指导，践行社会主义核心价值观和“国家利益至上、消费者利益至上”行业共同价值观，结合吉林省烟草商业系统改革发展实际，持续发挥吉林烟草商业“德”文化在企业软实力建设中的引领作用。加强宣传贯彻“德”文化，通过“线上+线下”等形式，打造一体化全方位宣传模式，推动宣传贯彻方式多样化。发挥典型引领作用，结合庆祝建党 100 周年，对全省烟草商业系统 50 名先进个人和 24 个先进集体进行表彰，营造学习先进、赶超先进的氛围。履行企业社会责任，支持边疆少数民族和偏远地区的经济社会发展，促进烟农、卷烟零售户增收，主动参与地方公益事业，树立企业良好形象。倡导视觉形象一体化，广泛应用中国烟草视觉识别系统，按照统一规范对现有形象标识进行调整完善。同时，把“德”文化元素融入现有企业阵地中，持续发挥宣传教育普及作用。

黑龙江省烟草专卖局（公司）

2021年，黑龙江省局（公司）突出企业文化铸魂，紧扣内外“两条主线”。对内坚持内化于心，弘扬奋斗精神。结合庆祝建党100周年和党史学习教育、“五爱”主题宣讲活动，举办“永远跟党走”主题宣传教育、“党在我心中”党史知识竞赛、“颂歌献给党”歌咏大会、“最美奋斗者”演讲等，通过理论武装、创新活动、宣传引导，弘扬中华优秀传统文化和社会主义核心价值观，倡导“国家利益至上、消费者利益至上”行业共同价值观，强化专业敬业、廉洁规范、尽责担当的行为理念。对外注重外化于形，塑造黑龙江烟草形象。巩固文明单位创建成果，围绕“我为群众办实事”实践活动，提升基层工作服务水平；参与帮扶共建、开展志愿服务，履行社会责任。通过建设学习阵地、表彰典型示范、举办主题活动，完善文化阵地教育人、树立先进标杆激励人、开展主题活动引导人机制，丰富文化软实力建设内涵，引导广大干部员工增强文化自信和文化自觉。

上海市烟草专卖局
上海烟草集团有限责任公司

2021年，上海市局（集团公司）坚持以社会主义核心价值观为引领，落实行业文化软实力建设各项重点任务，践行“两个至上”行业共同价值观，传承和创新“和搏一流”企业精神，为高质量发展提供思想文化保障。

加快建设符合社会主义核心价值观的先进文化。开展“两个至上”行业共同价值观新时代内涵诠释征集活动和行业文化架构体系修订意见建议征集活动，调查研究规范使用《中国烟草视觉识别系统》情况，分别形成专项报告提交国家局。

以建党100周年为契机，开展“我心向党　情满中华”建党百年系列活动。举行庆祝中国共产党成立100周年集体宣誓暨“光荣在党50年”纪念章颁发仪式；举办上海烟草“奋斗百年路　启航新征程”庆祝中国共产党成立100周年党建成果展；制作播放党的十八大以来上海烟草党建工作成果专题片。

以“中华”品牌创牌70周年为契机，开展集团“文化活动日”系列活动。制作播放“中华”品牌创牌70年发展回顾片、演绎品牌故事等，全面展示“中华”品牌从创牌、立牌到强牌的历程，发挥文化的凝聚力、感召力和影响力。

讲好上海烟草故事，凝聚向上力量。围绕“党史学习教育”“建党百年华诞”“中华品牌创牌70周年”等主题，开展上海烟草“百人话百年”系列主题征文、红色文创、书画作品征集活动，引导员工传承弘扬“和搏一流”企业精神。2篇报道入选央媒报道优秀稿件推荐及点评，1篇报道被评为烟草行业优秀网评作品；向新华网、“学习强国”等平台投稿，46篇征文、1份红色文创设计被“学习强国”平台录用；在“学习强国”平台“爱国情·强国志·报国行”主题征文活动中，2篇征文获得全国三等奖、1篇获得上海一等奖、4篇获得上海三等奖。

江苏省烟草专卖局（公司）

2021年，江苏省局（公司）坚定文化自信，坚持以文培元、以文铸魂、以文化人，更好构筑烟草精神、价值、力量，促进文化软实力不断提升。

企业理念深入人心。坚持强根铸魂、守正创新，弘扬社会主义核心价值观和“国家利益至上、消费者利益至上”行业共同价值观，丰富完善文化架构体系，形成“事业至上、规则同行、和衷共济、开放务实”企业理念，把“事业至上”根植于心，做到对党忠诚、勇于担当、乐于奉献；把“规则同行”贯穿始终，守法律、遵纪律、循规矩、崇道德，把讲规则作为行事习惯，让守规则成为自觉追求；把“和衷共济”付诸行动，树立共同目标，增进团结奋斗，凝聚强大合力；把“开放务实”化为常态，保持开放思维，注重求真务实，深化改革创新。

文化载体建设有序推进。建好用好省、市、县三级文化中心（室）、新时代文明实践中心、党员活动室、职工之家、职工书屋、道德讲堂等设施，为推进文化建设提供服务。完成“中国烟草江苏省文化中心”升级改造，集中展示江苏烟草商业近40年来改革发展形成的成功经验、精神标识和文化精髓，为企业改革发展提供思想保证、精神力量。坚持党建带群建，发挥群团组织作用，定期举办道德讲堂、学术论坛、青年学堂、“我们的节日”、“世界读书日”、书画摄影大赛、运动会等文体活动。

浙江省烟草专卖局（公司）

2021年，浙江省局（公司）以建设先进的责任文化、创新文化、和谐文化为目标，牢固树立“两个至上”行业共同价值观。注重理念创新，丰富“精实”文化内涵和外延。以数字浙烟生态体系建设为导向，为“精实”文化注入“让数据说话、用数据决策”数字文化新内涵，以数据驱动企业文化贯穿经营管理全过程，实现企业文化建设迭代升级，推动文化管理向纵深发展。聚焦行业中心工作，打造适应数字浙烟生态体系建设的企业文化宣传贯彻矩阵，讲好浙烟故事，推动“精实”文化落地。

以“三型”党组织建设、“先锋”争创活动、“最美浙烟人”选树学活动为载体，推进企业文化在基层全面落地。制定“三型”党组织建设实施意见，加强学习、服务和创新常态机制建设，明确总体要求和具体措施。开展全省烟草商业系统先锋集体、先锋能手评选活动，评选表彰先锋集体20个、先锋能手30人，优秀共产党员50人、优秀党务工作者25人、先进基层党组织15个。深化“精实·先锋”党建品牌、党业融合综合体创建、党建文化园建设，全面建立“党员先锋岗”“党员责任区”“党员突击队”。推进“红色驿站”创建活动，开展“红色驿站”专项调研，研究党建宣传、客我成长、为民服务、文明实践等功能定位，制定全省烟草商业系统香溢“红色驿站”建设工作方案。开展向“最美浙烟人”学习活动，挖掘基层先进典型。

安徽省烟草专卖局（公司）

2021年，安徽省局（公司）深化文化建设，提升价值引领力。培育行业共同理念，倡导“共建共享、尽责担当”价值理念，倡导“创新创业、协同高效”经营理念，倡导“专业敬业、廉洁规范”行为理念；深耕“成长”文化品牌，谋划“徽映”服务品牌识别系统规范应用；推动文化实践落地，举办“成长文化日”活动。

注重学习创新，提升学习创新力。加强干部队伍建设，参加首届烟草行业内训师教学能力竞赛，2名参赛选手分别获得第三名、第五名；搭建学术交流平台，发挥“学术论坛”专家库作用和烟草学会服务科学决策的学术“智库”职能，开展学术年会和研讨活动；加强党校组织建设，合肥基地形成完整的业务类课程体系，黄山基地拓展专卖管理数据分析、终端管控、烟草综合知识教育等课程，蚌埠基地开发安全管理系列课程。

积极担当履责，提升社会责任力。规划社会履责目标，建立绿色烟叶生产、绿色物流建设、绿色机关服务建设目标，落实社会履责任务，组织开展“义务献血”“捐资助学”“援手质检、助力移库”“援手书屋”等志愿服务活动，开展特色农产品助销等援疆、援藏活动。

加强舆论引导，提升宣传影响力。完善新闻工作机制，建立全省烟草商业系统新媒体专家人才库和网评员队伍，打造演播大厅和融媒体指挥中心，组织年度新闻宣传重点选题策划座谈研讨，通报直属单位新闻宣传情况；加强沟通交流合作，先后联合新华社安徽分社、中国经济信息社、安徽新媒体集团、《东方烟草报》社等媒体开展3期“主流媒体看烟草”采访报道活动。

福建省烟草专卖局（公司）

2021年，福建省局（公司）持续构建高质量新发展阶段的企业文化，培育和践行“三为三谋”发展宗旨、“三高三新”发展目标、“1234”工作思路和“三实五力”人才理念，为传统“责任”文化注入时代元素。开展“两个至上”行业共同价值观新时代内涵诠释征集活动和行业文化架构体系修订意见建议征集活动，全省烟草商业系统线上线下参与征集工作干部员工6012人，征集修订意见建议共计367条。对规范使用《中国烟草视觉识别系统》开展“全流程、全方位、全覆盖”式排查，共查看办公场所、办公用品、网站、各种宣传阵地等1.22万处（类），整改问题128个。

江西省烟草专卖局（公司）

2021年，江西省局（公司）贯彻落实提升行业软实力战略部署，制定《提升行业软实力“星火”行动方案》，提出“星火”文化建设、战略管理增强、全员素质提升、社会责任融入、舆论宣传引导、风险防范协同等“六大工程”。开展提升行业软实力宣讲，开设软实力建设专题专栏，每月专报情况，每季定期研究，实现信息共享、强化沟通、协调推进，建立评估制度。推动“星火”文化工程和舆论宣传引导工程上单点突破，并在南昌市局（公司）开展试点。

开展“星火”文化理念宣传贯彻，组织“星火”文化理念巡回宣讲，纳入培训计划；利用办公大楼、网点等场所，内外网站、微信公众号等媒体，宣传“两个至上”行业共同价值观和“星火”标识及理念体系；向零售终端、烟农延伸，探索“星火”视频号、农村网点“星火”店建设。开展“繁星人物”故事征集活动，选树“繁星人物”，发掘“繁星人物”文化故事，探索“星空课堂”活动，组织“繁星人物”面向干部员工进行文化、经验等培训，建立“星火”文化影响机制。开展年度热词征集活动，评选出“新、实、稳、红、暖、正、同心同行、有我我在、奋进亦是远航、星火”等十大热词，拓展企业“星火”文化理念体系。开展“星火”党建文化室建设，省局（公司）机关建成“星火”党建文化室，作为宣传思想教育阵地，发挥理论宣传、政治教育、文化宣贯、法律宣传、警示教育及文明实践等作用。

山东省烟草专卖局（公司）

2021年，山东省局（公司）以推进治理体系和治理能力现代化为主线，以建设先进烟草企业文化为引领，持续增强企业战略领导力、学习创新力、社会责任力、舆论引导力、风险抵御力。

强化顶层设计，制定落实关于提升烟草行业软实力指导意见的具体措施及分工方案，印发软实力建设年度重点任务。深化企业文化，部署开展“两个至上”行业共同价值观新时代内涵和行业文化架构体系修订意见建议征集活动，征集构建山东烟草商业文化体系的意见建议。增强综合治理能力，持续加大电子烟整治力度，成立“守护成长”专项行动工作组，联合印发《保护未成年人免受烟侵害“守护成长”专项行动方案》；修订完善卷烟零售点合理布局规定，全省基本完成中小学校周边卷烟零售户清理工作。提升干部员工素质，探索员工综合考核评价机制，将素质提升纳入考评工作，组建全系统新型智库，开展专业技术职务岗位聘任工作，调动全员干事创业热情；成立中共山东省委党校（山东行政学院）山东省局（公司）分校，开展各类培训。树立企业社会形象，践行“两个至上”行业共同价值观，履行企业政治责任、经济责任、社会责任，开展志愿服务、“慈心一日捐”、爱心助学等公益活动。

河南省烟草专卖局（公司）

2021年，河南省局（公司）将“软实力强企战略”纳入推动河南烟草商业系统由大变强“2241”重点任务，制定《关于提升河南烟草商业软实力的实施意见》，明确重点任务和年度要点，初步形成1条提升主线、6项目标任务、6个工作专班“1+6+6”软实力提升工作模式。加强顶层设计，构建软实力提升“六力”目标，即政策执行力持续提升，战略领导力持续提升，文化凝聚力持续提升，学习创新力持续提升，综合治理能力持续提升，形象影响力持续提升。明确“六项重点任务”，即深化战略研究，加强顶层设计；深化“人才强企”，提升执行能力；深化文化引领，激发内生动力；深化创新驱动，打造创新型企业；深化风险防范，加强规范监督；深化形象建设，勇于担当尽责。制定河南烟草商业“十四五”软实力建设专项规划，明确到2035年，河南烟草商业系统文化自信显著增强，发展战略方向清晰，全员素质有效提升，自主创新取得突破，治理能力持续提高，行业形象充分展现，高质量发展取得丰硕成果，综合竞争力大幅跃升。

湖北省烟草专卖局（公司）

2021年，湖北省局（公司）将企业文化建设与党史学习教育、“我与客户共成长”主题实践活动相结合，把践行社会主义核心价值观和“两个至上”行业共同价值观融入企业日常。开展“永远跟党走”群众性主题宣传活动，举办“初心向党·经典传唱——红歌大联唱”“红心向党·百年辉煌——书画摄影评比”“我心向党·青春聚力——青年学党史”“追忆初心·建功新时代——先进典型事迹宣讲”系列活动，组织微党课评比，搭建“周五观党史”“电梯红色诗文”等多元学习平台。用好“大思政课”，组织干部员工开展“清明祭英烈”活动，坚持每月升国旗，组织参观抗击新冠肺炎疫情专题展，实地走访乡村振兴联系点。发挥群团组织纽带作用，制定《湖北省烟草商业系统志愿服务激励嘉许实施细则》，打造“每人每日一元捐”“爱心妈妈——留守儿童暖心牵手行动”等，增强干部员工爱党爱民、爱国兴企的思想自觉和行动自觉。

湖南省烟草专卖局（公司）

2021年，湖南省局（公司）挖潜企业文化建设，激发内驱力，弘扬践行社会主义核心价值观、“两个至上”行业共同价值观，加强爱国主义教育和公民道德建设。举办典型事迹报告会，号召向先进典型学习，凝聚正能量、提振精气神。开展文明创建活动，提升凝聚力，召开全省系统文明创建工作推进会，制定印发深化新时代文明单位创建工作的意见。持续开展扶贫帮困、义务植树、义务献血、文明劝导等志愿服务活动。省局机关开展文明处室、文明员工、文明家庭表彰；开展“潇湘家书”活动，发动各支部党员干部写家书、学家书、读家书，全年收集家书23篇。发挥群团组织功能，坚持党建带群建，加强对青工委、妇委会等群团组织的指导，通过举办庆祝建党100周年文艺晚会、主题阅读分享、趣味运动会、专题座谈会等办实事、志愿服务方式，建设青年文明号、青年突击队、青年岗位能手、青年志愿服务，激励青年员工立足岗位，在实践中成长成才。

广东省烟草专卖局（公司）

2021年，广东省局（公司）统筹做好新闻宣传、杂志办刊、行业网站等工作，出版发行《广东烟草商业系统社会责任报告专集》《抗疫复产双胜利专集》，组织策划9个专题宣传，征集稿件共计597篇，在广东省局（公司）网站发布新闻稿件2654篇，向国家局网站报送新闻稿件超过3000篇。成立广东烟草战略研究委员会和研究员专家库，推进战略修订完善。

加大人才队伍建设和培训力度，落实培训数字化转型。截至12月，省局（公司）组织培训班56批次，直播课堂培训34场，其中线下培训9020人次、线上培训1.7万人次；全省烟草商业系统共组织培训2586批次，培训12.51

万人次；选派998人次参加行业培训139批次。建设“粤烟管理学院”，发挥其在培训工作交流、课程体系搭建、“互联网+”学习、师资管理体系搭建、培训数据分析利用、培训档案数字化等方面的重要作用。依托“粤烟管理学院”，全省烟草商业系统累计贡献线上课程门数达到1271门，课程资源贡献度居行业第一位，全行业累计参加课程学习33.51万人次。探索培训创新，加强人才队伍培育。围绕“十四五”规划关于人才队伍建设的相关要求，与中山大学、浙江大学、西南政法大学、西南财经大学等高校加强合作，开展培训教学活动。

广西壮族自治区烟草专卖局（公司）

2021年，广西区局（公司）坚持以习近平新时代中国特色社会主义思想为指导，把提升软实力作为增强行业整体实力、改善行业社会形象、营造和谐发展环境的重要举措。聚焦价值引领，增强内部凝聚力，在全区烟草商业系统组织开展“两个至上”行业共同价值观新时代内涵诠释和行业文化架构体系修订意见建议征集活动。把企业文化建设同党史学习教育结合起来，通过日常学习、红色教育、庆祝建党100周年系列活动等，筑牢信仰之基。把学习“四史”同学习行业发展史结合起来，组织员工参观企业文化展厅，厚植党员干部爱党爱国爱企情怀。坚持正向引导，增强外部影响力，做好巩固脱贫攻坚成果与乡村振兴有序衔接相关工作，发挥主业优势，扶持烟区烟草产业发展。着眼风险防范，增强企业竞争力，围绕制约和困扰广西烟草商业长远发展的问题，开展调研并形成调研报告15篇。开展防范风险专题调研，提高应急处置和防范化解风险能力。

海南省烟草专卖局（公司）

2021年，海南省局（公司）强化素质提升和教育引领，联合重点高校开展领导干部综合素质培训、干部党性修养教育培训。利用中国烟草网络学院开设专题课程，全省烟草商业系统共举办网络培训班8期，累计参与培训3452人次。以服务基层为导向，通过“送培训下基层”方式开展鉴定集中培训和复核培训，推动技能人才队伍建设。搭建技能比武平台，开展全省烟草商业系统烟草制品购销职业技能竞赛。立足“项目+团队+人才”攻坚模式，搭建青年员工成长成才平台。

履行社会责任，提升综合治理力。加大产业帮扶力度，协调落实帮扶户就业、医疗、子女义务教育等政策保障。突出优质终端的示范引领作用，将烟草文化融入活动宣传，努力形成与零售户的经营共同体、利益共同体、文化共同体、发展共同体。持续推进绿色循环物流建设，创新开展跨品牌卷烟纸箱循环利用工作，推动使用纯电动“甩箱式”终端配送车和清洁能源干线中转车，实现中转配送“绿色”运输。

聚焦同频共振，提升舆论引导力。坚持把党史学习教育作为宣传工作的重中之重，全方位、多频次、持续性开展宣传报道，营造浓厚氛围。在省局（公司）机关设立党史学习教育暨庆祝建党百年专题展厅，在办公楼等位置设置形象标识，宣传贯彻党建文化、企业文化、责任文化。开展庆祝建党100周年烟草行业微视频评选、“琼烟先锋·担当奉献”全省烟草商业系统先进事迹宣讲会等活动，在省局内网报道信息200余条，编发活动简报14期。

重庆市烟草专卖局（公司）

2021年，重庆市局（公司）实施“党建立烟、改革强烟、科技兴烟、依法治烟”战略，宣传贯彻“快乐工作，愉快生活”渝烟工作理念，增强企业凝聚力和向心力。创建劳模创新工作室，探索“工会主导+直属单位主体+劳模主责”的创建模式，建成代先强烟叶分级工作室、潘必胜劳模和工匠人才创新工作室；创新开展“农民工匠示范村”打造，在彭水苗族土家族自治县三义乡龙合村挂牌打造“农民工匠示范村”，助力乡村振兴工作。组织完成第一届“最美渝烟人”评选活动。与市总工会联合举办全市烟叶分级培训暨劳动技能竞赛，举办彭水县三义乡首届“农民工匠杯”烟叶分级技能比武。以“同心向党、共铸辉煌”为主题，完成第四届职工运动会主城、渝西、万州、涪黔片区预赛。办好“渝烟大讲堂”，搭建融业务学习、工作交流、经验分享于一体的文化活动平台，共推出精品课程3期，员工好评率达到98.53%。完善青年活动中心，持续打造“渝烟青年说”活动品牌。

四川省烟草专卖局（公司）

2021年，四川省局（公司）以习近平新时代中国特色社会主义思想为指导，以建设先进烟草文化为引领，面向全体干部职工征集“两个至上”行业共同价值观新时代内涵诠释的意见建议。坚持“省、市、县、点”4个层级全覆盖，从视觉识别系统（VI）标识使用情况、管理现状方面，对全省烟草商业系统VI标识使用情况进行全面摸底调查，实现VI使用管理台账管理。聚焦“强党建、守底线、重创新、提质效、增活力”战略重点，开展党员带头亮明身份、带头发出声音、带头发挥作用“三带头”主题实践活动，强化企业文化建设对行业中心工作的促进作用，与时俱进弘扬时代精神、行业精神和四川烟草精神，以观念更新、思维革新、方法创新推动体制机制完善，不断增强企业文化的生命力、凝聚力、感召力。

贵州省烟草专卖局（公司）

2021年，贵州省局（公司）持续开展“黔彩，新生态”企业文化理念体系宣传贯彻，制定《贵州烟草企业文化视觉识别手册》《贵州烟草企业文化图库模板手册》，设计各种类别、范围效果图174项，各所属单位对在用的不符合要求的企业文化标识进行全面清理，推进全省烟草商业系统标识更换工作。召开全省烟草商业系统庆祝建党100周年“两优一先”表彰大会，面向全体党员表彰优秀集体和优秀个人。开展全省烟草商业系统庆祝建党100周年主题宣讲暨劳模上讲堂活动，弘扬劳模精神、劳动精神、工匠精神。开展“黔彩党课开讲啦”活动共计1040期，利用党课形式对优秀党员事迹进行宣讲。组织全省烟草商业系统1.29万人通过电脑、手机观看“金叶先锋·担当奉献”烟草行业庆祝建党100周年主题宣讲。毕节市局（公司）、黔南州局（公司）等直属单位开展先进典型巡回宣讲，激励党员干部员工在新时代新征程中展现新作为、实现新担当。组建“黔彩”融媒体中心，以省局（公司）公众号、内网为传播载体，对离退休老党员、劳动模范、新冠肺炎疫情防控工作等进行视频、图文专题报道。深入了解全省烟草商业系统技术技能人才队伍建设情况，理清全省烟草商业系统专业技术资格和职业技能管理现状，完成探索建立干部员工“双螺旋”成长晋升通道调研报告。

云南省烟草专卖局（公司）

2021年，云南省局（公司）以提高云南烟草商业核心竞争力为目标，以推进企业治理现代化为主线，以党的高质量建设为引领，以增强文化凝聚力、学习创新力、战略执行力、社会责任力、风险抵御力为重点，明确提升软实力必须全面融入国家战略大局、必须坚决贯彻行业发展布局、必须紧密结合云南烟草发展方位“三必须”工作思路，研究制定专项方案，全面、系统安排部署软实力建设工作。

加强党的领导，组织召开各级党组织会议、书记讲党课，开展主题党日活动，组织各类党员培训，梳理汇总“我为群众办实事”等五大方面647项任务，建设“雨林先锋”“苍洱金叶”等特色党建品牌。加强企业文化建设，以建党百年为契机，举办巡回宣讲、党史知识竞赛、文艺汇演和职工运动会等庆祝建党100周年系列活动，有效激励引导广大干部职工坚定不移听党话、跟党走。提高现代化治理水平。以编制全省烟草商业系统“十四五”发展规划为契机，切实提高企业战略管理水平。推动数字化转型升级。贯彻落实《烟草行业“互联网+”行动计划》目标任务，进一步完善“互联网+烟草”模式，加快全产业链数字化升级。履行社会责任。省局（公司）帮扶办被党中央、国务院评为全国脱贫攻坚先进集体，24个单位（集体）、48人（次）获得州市级以上表彰。初步构建全方位、立体式、多角度的大宣传体系，强化聚焦策划、聚焦创新、聚焦合作“三个聚焦”打造大宣传新格局。构建全员学习体系，参加国家局举办培训班123期，培训2497人；举办培训班1356期，培训2.64万人。

西藏自治区烟草专卖局（公司）

2021年，西藏区局（公司）制定西藏烟草软实力建设工作要点。一是强化党建引领。西藏自治区烟草商业系统以发挥党建引领作用为着眼点，推进党建互帮互促互学互升。立足自身实际，创建“雪域阳光”党建品牌，品牌LOGO获得国家知识产权局登记注册。二是履行社会责任。全面实施“守护国土”工程，增强安全意识，厚植家国情怀，教育引导干部员工争做“神圣国土守护者、幸福家园建设者”。推进脱贫攻坚与乡村振兴有效衔接，做好“十四五”时期烟草行业援建的7个美丽乡村建设示范点项目审核，增强基础发展能力、改善边境地区条件。组织机关党员干部在春节、藏历新年、重阳节等节假日期间慰问达孜区养老院“五保”老人。各基层单位组织干部员工与帮扶村群众“结对帮扶认亲戚”，开展“寒冬送温情”志愿服务活动。三是改进宣传引导。成立“雪域阳光”摄制组，拍摄援藏会专题宣传片4部。办好西藏烟草内部网站、西藏烟草微信公众号等媒体。四是有效防控风险。应对经济运行风险，落实“总量控制、稍紧平衡，增速合理、贵在持续”调控方针；应对非法卷烟冲击风险，召开卷烟打假打私厅级协调联席会议，开展合理化布局修订、电子烟专项治理、中小学校周边零售店清理整顿专项行动；应对创新能力不足的风险，组建科技专家库，形成较为完善的科技创新工作机制和制度体系。

陕西省烟草专卖局（公司）

2021年，陕西省局（公司）培育共同发展意识，以社会主义核心价值观为引领，践行“两个至上”行业共同价值观，按照潜心做事、低调做人的行业行为信条和讲责任、讲诚信、讲效率、讲奉献的行为准则，开展共同理念宣传教育，引导干部员工坚定文化自信，自觉践行共建共享、尽责担当的价值理念。坚持守正创新，运用“陕烟党建”“秦韵”微信公众号等新媒体，宣传全省系统干部员工积极践行“两个至上”行业共同价值观的生动实践，引导广大烟农、零售户、利益相关方画好同心圆、构建共同体，努力实现共赢发展。

严格规范视觉识别，组织开展“两个至上”行业共同价值观新时代内涵诠释和行业文化架构体系修订意见建议征集活动，调研《中国烟草视觉识别系统》使用情况，督促规范管理使用。西安市局（公司）为基层单位发放《中国烟草视觉识别系统》手册；咸阳市局（公司）印发规范使用“中国烟草视觉识别系统”的通知；铜川市局（公司）在信封、文件袋、宣传册、席位签等办公用品上规范使用；商洛市局（公司）在PPT、电子文档上统一规范使用，加强对外宣传推广。

打造“初心驿站”服务品牌，把建好用好陕西烟草“初心驿站”党群服务中心作为巩固“不忘初心、牢记使命”主题教育成果，践行“两个至上”行业共同价值观的具体行动，作为促进党的建设与业务工作深度融合的积极探索，按照“试点先行、规范提高，示范引领、整体推进”的建设思路，着力打造党建宣传、政务服务、志愿服务、便民服务“四位一体”的服务平台。全省系统累计建成党群服务中心21个，在履行社会责任、拓展服务领域、展示烟草行业社会形象等方面发挥重要窗口作用。

甘肃省烟草专卖局（公司）

2021 年，甘肃省局（公司）以“陇之情”文化品牌为引领，加强精神文化、行为文化、物质文化的学习、宣传、推广，推动完善母子文化理念，丰富经营、管理、服务、人才、学习、廉政、执法和公共关系等衍生理念，完善突出自身特色的企业文化体系。做好母子文化标识和不同载体的规范应用，强化文化品牌标识在零售终端、运输车辆、环境布置、活动现场、企业宣传等载体中的运用，统一对外宣传形象，推动全省烟草商业系统理念共识化、行为规范化、视觉一体化。

加强企业文化宣传贯彻工作，持续推进文化建设与思想政治、母子文化、服务品牌和拓展载体等工作相融共进。组织开展全省烟草商业系统“甘烟先锋、担当奉献”巡回宣讲，把文化宣贯融入各级党组织和干部职工政治学习、廉政教育、意识形态教育等工作，融入基层“三会一课”、主题党日、工作例会、培训学习、纪念日等活动。践行“国家利益至上、消费者利益至上”行业共同价值观，统筹推动文化品牌与党建品牌持续融合，构建“陇之情”文化品牌 + 党建品牌的运行模式，全省烟草商业系统建成 15 个系列、136 个支部特色品牌。推进“陇之情”服务品牌建设，在社会层面强化宣传贯彻“人一我十、共创价值”服务品牌，在市场主体层面强化宣传贯彻“报效国家、回报社会、服务客户、成就员工”的企业使命，在企业员工层面强化宣传贯彻“勤奋、敬业、责任、奉献、担当、创新”的企业精神。

青海省烟草专卖局（公司）

2021 年，青海省局（公司）贯彻落实国家局党组关于提升文化软实力建设的工作要求，以“昆仑先锋”党建品牌为引领，加强企业文化建设，提升文化软实力。强化企业文化宣传贯彻。在全省烟草商业系统开展“两个至上”行业共同价值观新时代内涵诠释和行业文化架构体系修订意见建议征集活动，共征集到意见建议 24 条，丰富拓展青海烟草企业文化的内涵。强化企业文化引领作用。举办员工书画摄影大赛，共收到各类作品 166 幅；举办员工羽毛球、乒乓球比赛，参加 300 余人；举办经典诵读活动，省局（公司）机关参与 94 人；征集讲好“三个故事”微视频 10 部、“党的故事我来讲”微视频 11 部。强化企业文化阵地建设。向各基层单位拨付职工书屋建设经费补助 17.2 万元，省局（公司）机关职工书屋被评为全国职工书屋示范点；发挥职工书屋文化阵地作用，全省烟草商业系统共开展阅读活动 14 次；加强家庭家教家风教育，开展最美家庭和绿色家庭创建活动，全省烟草商业系统有 2 户家庭分别被评为 2021 年青海省最美家庭和绿色家庭示范户。

宁夏回族自治区烟草专卖局(公司)

2021 年，宁夏区局（公司）根据国家局党组关于提升烟草行业软实力的指导意见，统筹软实力与硬实力协调发展，聚焦文化强基、素能固本、战略管理、形象提升、舆论引导、风险防控“六大工程”，建立软实力建设工作机制。组织开展“两个至上”行业共同价值观新时代内涵诠释和行业文化架构体系修订意见建议征集活动，组织规范使用中国烟草视觉识别系统情况调研、“发扬三牛精神、推动三高目标”解放思想大讨论、“奋斗百年路　启航新征程”主题演讲比赛等活动；征集“十四五”规划建议，形成《宁夏烟草系统“十四五”规划》；完善人才培养使用制度体系建设；完善打假打私协作机制，落实未成年人保护法，履行专卖打假等社会责任；编制《宁夏烟草系统定点帮扶村实现巩固拓展脱贫攻坚成果同乡村振兴有效衔接的实施方案》《宁夏烟草系统 2021 年定点帮扶工作计划》，助力乡村振兴；推进新媒体融合发展，完善新闻舆论工作机制。

新疆维吾尔自治区烟草专卖局(公司)

2021年，新疆区局（公司）履行社会责任，提供帮扶资金1347.18万元，派出工作队35个，参加自治区“访惠聚”驻村工作，并在接续助力喀什落车县4个帮扶村的基础上，增加塔城地区5个对口帮扶村，巩固拓展脱贫攻坚成果同乡村振兴有效衔接。组织开展“送温暖 献爱心”捐赠活动，带动员工利用“以购代帮”的形式，自费购买“访惠聚”工作队所在地帮扶农产品，价值近20万元；在全自治区范围内发起新疆妇女儿童发展基金会“春蕾计划——梦想未来”行动倡议，干部员工累计捐款5.25万元。开展节日送温暖、夏日送清凉、生日送祝福、住院送慰问、离岗送关爱等员工慰问活动。将党史学习教育与软实力建设相结合，举办党史知识竞赛、征文及演讲比赛、职工大讲堂、云端诵读、庆“十一”健步走等活动；组织开展“线下”文艺汇演、摄影大赛等文化活动；举办篮球、乒乓球、象棋等体育活动，激发员工队伍活力。

大连市烟草专卖局（公司）

2021年，大连市局（公司）倡导“工作+读书+运动”健康生活方式和先进企业文化，鼓励引导干部员工担当作为，领导带头营造“干”字为先的氛围，连续6年开展书香大连烟草读书交流会，组织“弘扬劳模精神，学习先进事迹”活动，举办庆祝中国共产党成立100周年合唱汇演、“永远跟党走 奋斗新征程”主题音乐党课、“攀登奋进 献礼百年”主题青年攀岩比赛等文艺体育活动，展示队伍良好风貌。打造“春天使者 时代先锋”党建品牌，开展“我为群众办实事”“人人动手建终端”等活动，落实办实事127项。组织“大连烟草春天志愿者服务队”参与抗击新冠肺炎疫情等志愿服务活动。大连烟草积极履行社会责任，获得大连五一奖状，并被评为西岗区先进集体。“撸起袖子加油干、真干实干抓紧干、两横一竖就是干、一茬接着一茬干、一张蓝图干到底”的“干”字精神，激发了干部员工干事创业的精气神，凝聚起推动企业发展的强大合力。

深圳市烟草专卖局（公司）

2021年，深圳市局（公司）以党员活动室、职工之家、老干部活动室、青年之家等为活动阵地，推进企业文化建设工作。开展迎春书画摄影展和廉政书画摄影展，举办“迎春读书会”“青年学党史主题读书会”“职工学历史主题读书会”等活动；搭建平台，为职工开展棋类比赛、羽毛球比赛、书法培训等文体活动，展现深圳烟草企业文化建设成果。

河北中烟工业有限责任公司

2021年，河北中烟制定《河北中烟企业文化建设“十四五”规划》，印发《河北中烟2021年企业文化建设工作纲要》，确保企业文化始终与企业发展战略相匹配。持续深化“荷花文化”内涵，完善《荷花文化理念体系及释义》，印发《河北中烟荷花文化体系》（修订版），开展“荷花杯”党史知识暨企业文化知识竞赛，宣传贯彻新时期“荷花文化”新内涵。规范文化载体，按照《荷花文化视觉识别系统》要求，设计安装全新的企业LOGO、标识，设计完成司旗、司徽、司歌，录制《荷花之歌》MV，打造完整统一的企业形象。引入激励机制，建立企业文化建设的阶段性工作评价指标体系，制定《河北中烟企业文化专员积分管理办法》，探索系统、科学、规范、有效的企业文化建设之路，使文化建设成为河北中烟高质量发展和软实力建设的重要支撑。

江苏中烟工业有限责任公司

2021 年，江苏中烟进一步深植“卓越”文化体系。贯彻行业软实力建设要求，制定江苏中烟软实力建设整体方案，落实年度软实力工作要点，推进各项任务落地落实。注重融入渗透，用软实力的观念审视、改进工作，初步构建江苏中烟文化管理模式，提升战略管理能力，治理体系更趋完善高效，服务消费健康优势不断凸显。聚焦企业文化建设，开展“两个至上”行业共同价值观新时代内涵诠释和行业文化架构体系修订意见建议征集活动，组织规范使用中国烟草视觉识别系统情况调研，强化“卓越”文化在线平台作用，开展助农活动等，推动“卓越”文化入脑入心入行。

浙江中烟工业有限责任公司

2021 年，浙江中烟贯彻落实国家局党组关于提升烟草行业软实力的指导意见要求，研究制定公司《提升企业软实力实施方案》。强化职责分工，调动全员参与，切实推进软实力建设各项工作举措。制定印发《浙江中烟 2021 年软实力建设工作要点》，从深化企业文化建设、加强战略研究管理、提升干部员工素质、持续履行社会责任、强化宣传舆论引导和增强风险防范能力等 6 个方面共提出 28 条具体工作计划和要求。

开展“两个至上”行业共同价值观新时代内涵和行业文化架构体系修订意见征集活动，开展烟草行业视觉识别体系落实工作调研，向行业提供相关建议 8 条。推进企业文化升级，召开专题会议研讨企业文化新体系内容 10 余次，构建公司企业文化 2.0 升级版。创立并举办首届“1117”企业文化日活动，讲述企业发展历程，诠释企业文化内涵，营造企业文化建设氛围。将品牌文化宣传融入“我与客户共成长”主题实践活动，通过阵地共建、队伍共育、工作共抓、活动共办等措施，深化工商联建共建，促进优势互补、工作互动，提升客户对企业文化、品牌文化的认同。

安徽中烟工业有限责任公司

2021 年，安徽中烟弘扬“厚德崇智、共创共享”的企业核心价值观，以深入开展党史学习教育为载体，积极开展“攀登者 +”系列活动。在安徽中烟网站创新开展“攀登者”企业文化宣传，定期更新公司内外网企业文化模块，丰富“攀登者”企业文化内涵。以“攀登者 +”为主题开展企业文化内训师培训暨宣讲竞赛活动。组织开展“两个至上”行业共同价值观新时代内涵诠释征集活动，开展《中国烟草视觉识别系统》规范使用情况调研。参加烟草行业“庆祝建党 100 周年第八届中华杯烟草职工书画大赛”，安徽中烟 5 人分别获得二等奖、三等奖和优秀奖；选送 10 余部短视频作品参加行业“庆祝建党 100 周年第六届烟草行业微视频大赛”。

利用红色资源，传承红色基因。7 月，开展“追寻铁军印记、传承红色基因”专题学习教育，组织机关党员和团员青年追寻新四军在安徽的足迹，瞻仰 8 处革命纪念馆并拍摄制作专题教育片。挖掘安徽烟草工业红色文化资源，编印《黄山世界》（红色专刊）。5 月，公司机关党委到西柏坡开展牢记“两个务必”、传承“赶考”精神学习教育培训。参加“永远跟党走”安徽省直机关红色经典诵读竞赛活动，获得三等奖。

福建中烟工业有限责任公司

2021 年，福建中烟落实“十四五”企业文化建设专项行动具体方案，持续开展“海纳百川、敢拼会赢”企业文化新理念和品牌文化宣传贯彻。开展“两个至上”行业共同价值观新时代内涵诠释和行业文化架构体系修订意见建议征集活动，专题调研《中国烟草视觉识别系统》规范使用情况，形成问题清单和整改落实清单。加强企业文化和品牌文化协同建设，通过党建共建方式，拍摄制作“海纳百川、敢拼会赢”企业宣传片，推出《纯境的夏天》《星辰大海》等短视频作品，协同传播新“七匹狼”品牌文化。推进“海纳百川、敢拼会赢”企业文化展厅建设，完成展厅策划设计、制作展陈、完善提升，并具备开馆条件；培养选拔一批企业文化展厅宣讲员。开展“不忘初心、敢拼会赢”党建创新实践活动，形成党建创新实践、政研课题研究、课程开发项目238项。围绕庆祝建党100周年系列活动，开展“红土情·蓝海梦”主题征文，收到投稿近400篇，评选优秀作品38篇；分别在龙岩烟草工业有限责任公司、厦门烟草工业有限责任公司开展青年文学交流活动，讲好党史故事，共话山海文化；举办福建卷烟工业改革发展主题图片巡回展。落实意识形态工作责任制，全年编辑出版《福建中烟》报35期；“e企看”发布推文超过500篇，其中“党史上的今天”栏目发稿288篇，向行业内外媒体投稿发布300余篇，讲好企业故事、传播正能量。

江西中烟工业有限责任公司

2021年，江西中烟将企业软实力建设作为企业高质量发展重要支撑，以“软实力建设工程”为引领，将软实力工作纳入“十四五”发展规划重要内容，推进企业文化建设工作。党建工作方面，深入学习贯彻习近平新时代中国特色社会主义思想，重点学习贯彻习近平总书记“七一”重要讲话精神、党的十九届六中全会精神，深入开展党史学习教育，举办庆祝建党100周年系列活动，在方志敏干部学院举办2期处级干部培训班，在井冈山等革命传统教育基地举办党员专题培训班，启动“智慧党建”信息化平台项目。新闻舆论方面，组织建党百年专题报道，加大与人民网、央广网、中国新闻社等媒体合作力度，创办《江西中烟》内刊杂志，形成“一报一网一刊一号”四位一体大宣传平台。重大风险和法律风险防范化解方面，修订完善企业防范化解重大风险清单，以综合督查的形式对直属单位开展督查检查，强化重点领域法律风险防控。群团工会方面，围绕爱党爱国爱社会主义主题开展“我们的节日”系列活动，举办“喜迎建党100周年·金圣杯”第四届职工运动会，召开公司工会第二届一次会员代表大会暨一届一次职工代表大会。

山东中烟工业有限责任公司

2021年，山东中烟以加强企业文化建设为引领，以增强战略领导力、学习创新力、社会责任力、舆论引导力、风险抵御力为重点，扎实推进软实力建设，统筹软实力与硬实力协调发展。

在推进文化建设方面，深入宣传“国家利益至上、消费者利益至上”行业共同价值观，利用企业内部“报网微视”和黑板报、宣传栏等载体，宣传贯彻行业共同理念。开展“两个至上”行业共同价值观新时代内涵诠释和行业文化架构体系修订意见征集活动，梳理整改、规范使用《中国烟草视觉识别系统》。以“两个至上”行业共同价值观为指导，推进山东中烟“母文化”、各单位“子文化”、车间处室“微文化”三级共建，实施文化优化提升工程。优化公司文化理念体系，贯彻国家局“总量控制、稍紧平衡，增速合理、贵在持续”方针，坚持“重在状态、重在提升、重在持续”，倡导“勇做新时代泰山挑山工”，为公司高质量发展注入新的文化活力。持续完善文化阵地，发挥宣传主阵地作用，做好员工思想教育，传承企业红色基因，打造具有山东中烟特色的红色党建文化。公司党建宣教中心被评为“省直机关党员教育示范点”。推动各单位文化提升，所属各单位贯彻行业文化理念，丰富完善各自文化体系。济南卷烟厂在“泰山·担当有为”文化中融入“四个一”行动准则；青岛卷烟厂完善以“善良、厚道、坚韧”为特质的文化体系；青州卷烟厂吸纳地方文化基因，修订发布“泰山·一甲”文化体系；滕州卷烟厂拓展形成

“善”文化核心理念。所属各单位、部门、中心相继创建“书香财务”“乐善、乐业、乐享”等微文化品牌。

河南中烟工业有限责任公司

2021年，河南中烟贯彻落实国家局党组关于提升烟草行业软实力的指导意见，强化顶层设计，推动守正创新，持续加强公司软实力建设。强化软实力建设顶层设计，把软实力建设作为公司“十四五”规划的重要组成部分，制定印发“十四五”时期软实力建设子规划，明确全面推进企业文化建设、构建“112N”企业融媒体宣传新格局、推进依法治企提升公司法治建设工作水平三个方面软实力建设战略任务；将软实力建设工作纳入“1+3+5”滚动式战略规划推进体系，每年“一计划一评估”，确保软实力建设逐步深入、持续推进。推动企业文化建设守正创新，践行“两个至上”行业共同价值观，结合党史学习教育和公司“作风建设年”活动要求，倡导树立务实重干、改革创新、勤政廉洁三种作风，为企业文化注入新的内涵和活力。发挥文化价值引领作用，鼓励下属各单位结合自身特点打造各自特色文化，形成驻马店卷烟厂“成长文化”、洛阳卷烟厂“责任文化”、漯河卷烟厂“奋进文化”等，提升企业文化感召力，增强企业发展凝聚力、战斗力、向心力。

湖北中烟工业有限责任公司

2021年，湖北中烟建立完善公司意识形态和网络意识形态工作运行机制，不断强化企业文化的指导、组织、协调、管理和督查，推动建立企业文化大宣传格局和传播矩阵。发挥文化理念引领作用，公司党组以践行社会主义核心价值观和“两个至上”行业共同价值观为主线，形成以各单位为主体的9个子文化和11个条线分文化的“思行”文化体系。发挥制度建设的规范作用，制订企业文化发展战略，明确“十四五”时期指导思想、目标、计划等。制订企业文化建设管理办法，将企业文化融入管理体制，持续开展员工大讲堂、“班前十分钟”等教育和文化宣传活动，宣传贯彻“八常思、八不行”行为规范，推动“严、实、细、新、俭”管理文化全覆盖，助推企业“三新”“三高”出新绩。2021年，湖北中烟在烟草行业内外媒体刊发新闻通讯249篇，举办新闻媒体恳谈会，策划拍摄《情暖学子心，筑梦人生路》等公益宣传片，展示湖北中烟的责任与担当。

湖南中烟工业有限责任公司

2021年，湖南中烟强化企业软实力建设。开展“两个至上”行业共同价值观新时代内涵诠释和行业文化架构体系修订意见征集活动，开展《中国烟草视觉识别系统》规范使用调研，形成专题报告。印发湖南中烟《进一步加强企业文化建设实施方案》，完善公司文化视觉体系、文化阵地和人文平台，优化内部媒体定位及学习宣传中心功能，完善内部媒体管理制度。强化社企共建，建设白沙共享图书馆，打造长沙公益文化新地标。统筹内外媒体力量，重点围绕年度工作会议精神、“双新一体”发展战略、“踏实为基、扎实为要”工作方针、“品质立企、品牌强企”质量理念等重点内容开展宣传。编发公司专刊7期，员工学习宣传中心推送报道210余期，内网上线专题21个，年内发稿6000余篇。外网实现上线，并以满分成绩通过国家局三季度检查。聚焦党建引领、品牌发展、履行社会责任等方面的新思路、新举措，在新华网、“学习强国”平台、《中国烟草》杂志、《东方烟草报》、《湖南日报》等开展宣传。

广东中烟工业有限责任公司

2021年，广东中烟以党建文化为引领，深入推进企业文化建设，进一步提升凝聚力和战斗力。持续完善企业核心价值体系，制定《广东中烟企业文化实施方案》作为企业文化建设的基本遵循和总体纲领，将企业核心价值观融入机制、标准制定，引导员工自觉遵循和崇尚核心价值观。深化创新企业自媒体建设，以双喜电视台、“喜闻乐见”新媒体平台为主体，围绕党史学习教育、庆祝建党100周年、打造精益工程、抗疫保产等主题，创新宣传形式、讲好烟草故事。利用短视频、微电影、海报图片、有声新闻等形式，由单向式传播向互动式、服务式、场景式传播转变，全面展现企业和员工风貌。推动企业文化视听长廊项目落地。打造集党建文化展示与活动场所、高品质产品示范中心、科研创新成果展示窗口、现代化智慧会客厅等多功能于一体的企业文化长廊，将企业文化通过有形、创新、科普、互动的方式呈现，统一并传递“以产品为中心”的企业文化价值观。完善并利用精益求精、追求卓越的“质量文化”，有原则、有底线的“廉洁文化”，解放思想、开拓进取的“创新文化”，攻坚克难、协作共进的“抗疫保产精神”，勇担使命责任的“担当精神”等企业文化建设成果，助推广东中烟高质量发展。

广西中烟工业有限责任公司

2021年，广西中烟持续开展“价值”文化建设。一是制定印发公司《2021年软实力建设工作要点》，开展“两个至上”行业共同价值观新时代内涵诠释和行业文化架构体系修订意见建议征集活动。二是结合庆祝建党100周年系列活动，开展社会主义核心价值观和“两个至上”行业共同价值观宣传贯彻，巩固“全国文明单位”创建成果。举办“真龙颂国”主题朗诵等文化活动，组织参加全区“党史故事大家讲”，参加第十三届“我邀明月颂中华”朗诵赛获得二等奖；参加“崇诚守信”主题演讲比赛获得二等奖。三是发布“价值”文化，并做好宣传贯彻。拍摄制作价值文化宣传片《致敬价值创造者》，举办“价值”文化理念体系发布仪式，制定印发“价值”文化理念体系宣传贯彻方案，编发“价值”文化手册。邀请文化专家宣讲、文化建设部门负责人带头宣讲、各部门（单位）领导上文化课等，累计开展文化培训宣讲40余场。实施文化目视化，加强文化宣传贯彻阵地建设，推动“价值”文化进入部门、渗入岗位。修订《企业文化管理标准》，细化完善公司各部门（单位）“价值”文化责任。把践行“价值”文化理念纳入各部门（单位）的绩效考核指标库和全体员工岗位说明书。组建部门企业文化管理员队伍共31人，选送15人参加全区企业文化师课程专题培训。通过“广西企业文化建设示范基地”复评，得到评审专家肯定。

重庆中烟工业有限责任公司

2021年，重庆中烟实施“追赶、集聚、数字化”三大战略，完善“追赶者”文化体系，系统推进公司软实力建设工程。一是落实行业文化软实力建设重点任务。开展《中国烟草视觉识别系统》规范运用情况调研工作，对“两个至上”行业共同价值观新时代内涵诠释和行业文化架构体系修订提出9条建议。二是制定印发《重庆中烟2021年软实力建设工作要点》。制定5个方面、36项工作措施，丰富完善建设内容。三是发挥党建引领优势。组织开展理论学习中心组学习13次，举办专题读书班4期。开展“党建与业务融合发展年”活动，探索建立融合机制，创新搭建融合载体，实践形成特色融合成果。开展“一支部一品牌”创建活动，验收发布36个党建品牌。落实新时代党的组织路线，以“1+4”会议推动“1+5”人才集群打造，形成队伍建设总体框架。四是树立良好企业形象。重庆中烟被评为第六届“全国文明单位”；履行社会责任，助力乡村振兴，累计投入资金2000余万元。打造“幸福重庆中烟”，增强广大干部职工的归属感、获得感和幸福感。五是践行“追赶者”文化。发布《重庆中烟员工行为规范》《2021—2023新时代精神文明建设规划》，规范员工行为，提升文明素养。建成“追赶者”文化展厅、文化长廊，组织撰写政研论文55篇，成立烟草行业第一家企业文联。

四川中烟工业有限责任公司

2021年，四川中烟成立提升软实力工作领导小组，制定印发公司《提升企业软实力实施方案》，将“企业软实力建设”纳入公司《“十四五”战略发展规划》，聚焦高效能治理，在“十四五”期间着力打造“十大软实力建设工程”，系统推进公司提升软实力各项工作。

持续打造川烟特色文化，坚持和弘扬“两个至上”行业共同价值观，形成“宽窄”文化体系，即“雁行宽窄”党建文化，“正直豁达、智慧精微”企业文化，“科技可感知、文化可传播”品牌文化。开展党建品牌建设，推进“雁行宽窄”党建品牌建设，探索“关键少数走在前作表率、党委立足品牌促融合、支部立足特色建堡垒、党员立足岗位当先锋、搭建平台强保障”的品牌建设路径，形成“1+8+N”品牌特色载体体系，设立党员先锋攻坚岗64个、先锋队75个，高质量开展“联建共创”活动139次。深化与学术机构和新闻媒体“学—研—产”合作，联合举办“宽窄哲学研讨会”“宽窄哲学高峰论坛”，出版《宽窄哲学研究与辩证法》等专著，开办名家专栏，开展系列读书分享活动，打造“宽窄之道”新锐哲学微刊微信公众号。创新拓展文化传播路径，围绕“宽窄”文化主题，创新传播手段，讲好“宽窄”故事。弘扬工匠精神和劳模精神，4人被评为四川工匠，6人获得四川省五一劳动奖章。

贵州中烟工业有限责任公司

2021年，贵州中烟挖掘“贵烟”品牌文化与“精造文化”，巩固文化成果，推进企业文化建设融入公司各项中心工作。一是开展“两个至上”行业共同价值观新时代内涵诠释征集活动，收集汇总意见建议37条。结合行业高质量发展要求，开展行业文化架构体系修改意见建议征集活动，收集汇总意见建议76条。二是围绕“强化行业共同理念，提升贵烟文化守正创新能力”“厚植贵烟文化发展新理念，助推企业高质量发展”“完善企业形象识别系统，汇聚强大正能量”“推进文化融入计划，促进贵烟文化新发展”等4个方面进行企业文化工作部署。三是开展公司VI视觉识别系统规范使用调研，组织人员到贵阳、遵义、贵定、铜仁卷烟厂开展专项调研，同步开展全公司、全流程领域自查自检，并制定整改措施，确保行业视觉识别系统在公司各单位规范使用。四是编制发布《贵烟精造文化集粹》，丰富公司“精造”文化内涵，加强精造典型案例挖掘。五是开展新进员工企业文化宣导，对200余名新进员工开展2期企业文化课程培训，让文化成为员工成长内生动力。六是持续开展爱心文化活动，开展“送你‘一被子’”金秋助学活动、“爱心100”资助活动等。

云南中烟工业有限责任公司

2021年，云南中烟举办云南中烟“最美突破者”企业文化宣讲活动，组织所属单位以展播形式，弘扬正能量主旋律，宣传公司企业文化的精神实质和丰富内涵。在庆祝建党100周年、“四史”学习、“我为群众办实事”等重要环节融入公司红色文化进行宣传贯彻，举办“百年大党 风华正茂”党课教学技能竞赛，举办“学百年党史·悟思想伟力·铸奋斗精神”党史知识竞赛暨学习强国挑战赛。加强在中央级媒体上宣传公司思想政治文化建设成果，在新华网客户端、《工人日报》客户端、“学习强国”云南平台等媒体刊发稿件160余篇。与行业媒体、省级党报联合开展“百名党员百个故事 致敬党的百年华诞——云南中烟党建引领融媒体特别报道”，覆盖多家媒体，点击率达到670万人次。

陕西中烟工业有限责任公司

2021年，陕西中烟加强文化建设，提升文化价值引领能力。推动制度标准与价值准则协调性同步评审，将“智行”文化理念融入公司相关制度和标准之中。结合庆祝建党100周年，开展职工书画大赛、歌咏比赛等活动。开展新进员工企业文化培训4期、企业文化专题培训5期（含1期网络专题培训班）、现场管理培训3期。开展《中国烟草视觉识别系统》规范使用情况自查，营造企业视觉环境。

注重战略研究，提高公司战略管理水平。制定印发《中共陕西中烟工业有限责任公司党组课题研究工作实施办法》、2021年党组课题研究工作方案、《关于加强公司高质量发展方案举措落实情况监督考核的通知》。

注重学习创新，提升员工队伍素质。强化人才专业学习能力培养，对人才培训实行分层分类管理，推荐10人入选行业高级专业（技术）资格评审委员会专家库，8人进入行业优秀技能人才专家库。建立全员学习教育模式，构建全员学习体系。组织开展4次职业技能鉴定工作，鉴定人数共计285人。

承担社会责任，融入经济社会发展大局。助力脱贫攻坚与乡村振兴有效衔接，相关工作覆盖15个县区32个乡镇。

注重宣传引导，推动“两网一报一微”及各类新媒体平台建设。举办公司通讯员新闻写作培训，加强对公司新闻宣传队伍的培训指导研讨。宣传公司先进单位、先进人物、先进事迹，凝聚干事创业的精气神。

中国烟草实业发展中心

红塔辽宁烟草有限责任公司

2021年，红塔辽宁烟草有限责任公司修订完善企业文化理念体系并开展宣传贯彻活动。将原“九大理念”调整为“六大理念”，对内涵、释义、员工行为准则等进行重新修订，使之更加适应公司发展需要。推动企业文化宣传贯彻落地，组建兼职企业文化宣讲员队伍，开展4场宣讲及竞赛活动。发挥宣传阵地作用，做好《红辽烟草》、红辽网站、微信公众号等媒体宣传，并利用地方、行业媒体加强宣传。解决员工关心关切的热点问题，按要求为在职员工改善工作环境，创新方法举措。开展“十三五”发展图片展、“追忆似水流年”迎新春活动、“五四”青年节劳模主题团日、读书日朗读会，以及足球、篮球、羽毛球比赛等文体活动，丰富员工文化生活，增强员工对企业的认同感、归属感。

吉林烟草工业有限责任公司

2021年，吉林烟草工业有限责任公司坚持企业文化、精神文明和公司发展“互融共促”方针，把企业文化建设贯穿于生产经营、企业管理各方面。

贯彻落实国家局党组关于提升烟草行业软实力的指导意见和中烟实业党组提升软实力任务分工方案，践行“两个至上”行业共同价值观，抓好主责主业。加强社会主义核心价值观教育，引导员工恪守社会公德、职业道德和家庭美德。实施员工素质提升工程，全面提升党员和员工政治素质、专业素质、道德素质。实施“人才强企”战略，加大对优秀青年人才的发现、培养和支持力度，强化技能知识学习，以岗位技能人员为主体，开展专兼职安全员、烟草制品购销员职业技能鉴定、网络安全专题知识竞赛等岗位练兵、技能培训、技能大赛、全员劳动竞赛等活动，共计42次；组织开展吉林烟草工业有限责任公司第二届烟机设备修理职业技能竞赛发挥“育人才”的平台作用。围绕新冠肺炎疫情防控、敬老爱幼等开展志愿服务216次。在吉林烟草学会2020年度优秀论文评选中共有10篇论文获奖，其中一等奖2篇、二等奖2篇、三等奖6篇。

甘肃烟草工业有限责任公司

2021年，甘肃烟草工业有限责任公司以习近平新时代中国特色社会主义思想为指导，始终坚持培育和践行社会主义核心价值观，以公司机关各党支部及两厂为单位，面向全体员工开展“两个至上”行业共同价值观新时代内涵诠释征集活动和行业文化架构体系修订意见建议征集活动，依据《烟草行业文化架构体系》（2007年版），针对“两个至上”行业共同价值观新时代内涵诠释内容共征集意见建议28条；结合行业“三新一高”目标，针对行业文化架构体系修订具体要求共征集意见建议37条。开展规范使用《中国烟草视觉识别系统》情况调研方面。甘肃烟草工业坚持“全流程、全方位、全覆盖”，对规范使用《中国烟草视觉识别系统》情况进行自下而上广泛调研，对标对表《中国烟草视觉识别系统》基础应用、规范应用部分标准要求，重点从规格、字体、颜色、材质、工艺等方面对导视系统、事务用品及指导应用部分进行严格排查。

内蒙古昆明卷烟有限责任公司

2021年，内蒙古昆明卷烟有限责任公司落实行业软实力建设工作部署，完善企业文化体系，为企业文化注入新的活力并赋予特定内涵，塑造以“自信、自强、实干、担当”为主线的蒙昆特色核心价值观，凝聚“勤劳专注、自强不息”的蒙昆之魂。按照“线上与线下，传统媒体与新媒体结合，地方媒体辅助”的宣传部署，内抓凝聚、外塑形象，推动公司的文化精神与理念落地落实。统一规范视觉识别系统，规范标识使用。凝练文化精神提振士气，制作《匠人匠心　奋楫笃行》等企业文化宣传片；开展庆祝建党100周年文艺汇演并进行线上直播；组织开展烟草行业“身边的榜样”先进典型学习活动；以“传承红色基因　讲好革命故事”为主题，组织各党总支党支部交流学习红色经典，录制经典故事20篇。强化新闻舆论宣传，准确把握行业政策导向及宣传重点，强化宣传工作，展现公司发展动态；通过新媒体宣传员工日常工作，挖掘先进员工，制作发布短视频21个，累计完播量29万次；与地方媒体合作展示党建成果成效，树立烟草企业形象。

深圳烟草工业有限责任公司

2021年，深圳烟草工业有限责任公司以习近平新时代中国特色社会主义思想为指导，坚持“国家利益至上、消费者利益至上”行业共同价值观，秉承“团结、创新、包容”的企业精神，持续推进企业软实力建设，在传承和创新的基础上打造“平和、热情、学习、共享”的深烟特色企业文化。传承和弘扬中华优秀传统文化，举办“丹青贺百年，翰墨颂党恩”庆祝中国共产党成立100周年书画摄影展。扎实推进党史学习教育，举办“以史为鉴，开创未来”党史知识竞赛、“传承红色基因，讲好南粤故事”红色故事会等活动，引导和激励广大党员干部学史明理、学史增信、学史崇德、学史力行。

海南红塔卷烟有限责任公司

2021年，海南红塔卷烟有限责任公司深入开展企业文化宣传工作，严格落实2021年行业文化软实力建设重点任务。广泛宣传学习，在OA办公系统“海红文化”板块上开设“行业文化架构体系”宣传专栏，并将“行业文化架构体系”修订的学习融入各党支部日常学习和各部门部务会学习之中。落实意见征集工作，在全体员工中开展“两个至上”行业价值观新时代内涵的诠释征集和行业文化架构体系修订意见征集活动，落实学习研讨、宣传宣讲等工作。开展《中国烟草视觉识别系统》调研，调查公司在宣传各领域使用情况，对使用过程中出现的不规范、不平衡问题制定整改措施。

坚持和践行“两个至上”行业共同价值观，成立劳模、工匠创新工作室，发挥技术骨干“传帮带”作用；以创建“工人先锋号”活动为抓手，持续开展“岗位练兵”劳动竞赛活动。开展公司2021年度学术论文征文活动，征集员工论文50余篇，并将优秀论文报送省烟草学会、红塔集团参加评审，其中2篇论文获得红塔集团2021年政研论文三等奖，2篇论文获海南省烟草学会二等奖，5篇论文获海南省烟草学会三等奖。制作2020年度的先进集体与个人的文化墙，开设“光荣榜”宣传板块，弘扬榜样力量。

◎ 编辑：褚　幸

1 2021年10月13日，天津蓟州区局（有限公司）志愿服务队到帮扶村开展爱老敬老志愿服务活动

天津蓟州区局 李 妍 摄

2 2021年11月30日，张家口卷烟厂有限责任公司党委举行“相约冬奥——扛红旗、当先锋”专项行动启动仪式

河北中烟 供稿

1

2

1 2021年10月9日，山西太原清徐县局（营销部）党支部开展“抗洪救灾”爱心募捐活动

山西省局 供稿

2 内蒙古通辽市局（公司）援建的通辽奈曼旗移民村大棚种植园（2021年）

内蒙古区局 供稿

3

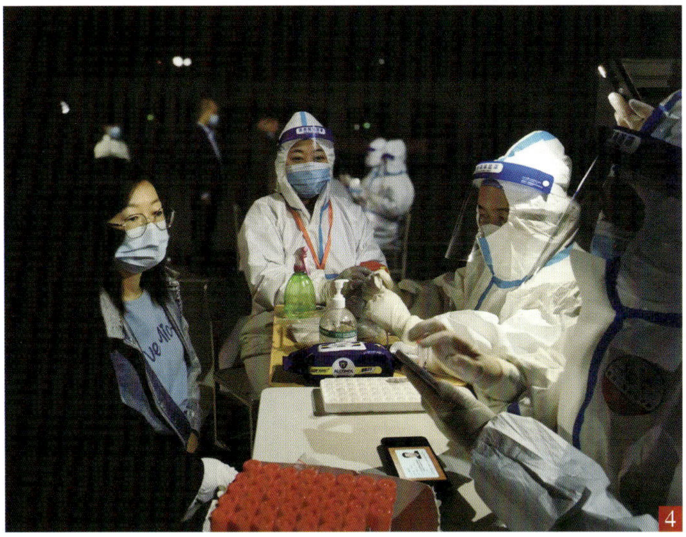

4

3 2021年10月22日，辽宁朝阳市局（公司）开展“学金叶先锋 做辽烟雷锋”麒麟山生态监护志愿服务活动

辽宁省局 供稿

4 2021年10月4日，黑龙江哈尔滨市局（公司）党员志愿者下沉防疫一线协助医务人员进行核酸采样

黑龙江哈尔滨市局 栾思维 摄

5 2021年10月30日，江苏连云港市局（公司）开展乡村振兴助农忙志愿服务活动

江苏连云港市局 赵若文 摄

5

1 2021年12月16日，浙江绍兴上虞区局（分公司）党员志愿者为居家隔离的社区居民采购生活物资

浙江绍兴上虞区局 徐 婷 摄

2 2021年4月23日，安徽安庆岳西县局（营销部）组织志愿者帮助农户采茶

安徽安庆岳西县局 谢恩慧 摄

3 2021年12月4日，福建中烟厦门烟草工业有限责任公司志愿者到厦门兴旺社区文明实践站开展“文明健康，洁净家园”志愿服务活动

厦门烟草工业有限责任公司 周竑晟 摄

4 2021年3月18日，江西赣州南康区局（分公司）志愿者到田间帮助零售户育秧

江西省局 供稿

5 2021年8月18日，山东潍坊临朐县局（分公司）党员志愿服务队帮助全县首家“乡村振兴示范店”挂牌

山东潍坊临朐县局 李 伟 摄

1

2

1 2021年7月23日，河南省洪灾过后，河南中烟技术中心组织志愿者清理道路淤泥

河南中烟　供稿

2 2021年10月12日，河南中烟漯河卷烟厂开展“红色百年 热血同行”志愿献血活动

河南中烟漯河卷烟厂　范现鑫　摄

3 2021年5月6日，中国烟草援建的湖南永州营乐源水库正式蓄水

湖南省局 供稿

4 2021年3月14日，广西中烟南宁卷烟厂卷包车间和动力车间“青年文明号”联合开展“学雷锋 树新风 绿色邕江行”志愿服务活动

广西中烟 董泽伟 摄

1 2021年4月27日，重庆黔江区局（分公司）组织青年志愿者深入烟田，帮助烟农进行烟叶移栽

重庆市局 供稿

2 2021年3月5日，重庆中烟志愿者参加《重庆市文明促进条例》签名活动

重庆中烟 孙 健 摄

3 2021年3月12日，四川中烟绵阳卷烟厂开展“学雷锋”植树节志愿服务活动

四川中烟 郗文帅 摄

4 行业水源工程援建项目云南保山花梨沟水库（2021年）

云南省局　供稿

5 2021年5月26日，云南中烟红塔集团大理卷烟厂干部职工向大理漾濞县地震灾区捐款

云南中烟　供稿

1 中国烟草捐赠扶贫资金建设的西藏山南市贡嘎县杰德秀特色小城镇商业区（2021年）

《中国烟草》杂志社 陈兴杰 摄

2 陕西烟草“初心驿站”便民服务点（2021年）

陕西省局 供稿

3 2021年3月12日，陕西中烟澄城卷烟厂组织志愿者开展义务植树活动

陕西中烟澄城卷烟厂　王红喜　摄

4 2021年4月16日， 甘肃嘉峪关市局（公司）专卖执法志愿服务队到戈壁滩开展清理垃圾活动

甘肃嘉峪关市局　朱培桓　摄

1 2021年11月，宁夏区局（公司）机关青年党员组成突击队奔赴疫情防控一线

宁夏区局 供稿

2 2021年4月2日，南纤公司志愿者走进社区服务百姓

南纤公司 董 磊 摄

公益活动

2021年全国烟草行业公益活动概况

国家烟草专卖局　中国烟草总公司

2021年，国家局、总公司积极开展各项社会公益活动。

扶贫济困。向中国法律援助基金会捐款300万元，用于捐助“1+1”中国法律志愿者行动，为服务在青海、新疆及新疆生产建设兵团的“1+1”中国法律志愿者提供支持；向中国西部人才开发基金会捐款300万元，在湖北竹溪县、竹山县，江西兴国县、宁都县开展“学相守、玩相守、爱相守”的“相守计划”，关爱农村留守儿童。

资助教育事业。向中国扶贫基金会捐款192万元，用于资助湖北省竹溪县、竹山县400名特困大学生，并在这两个县的高中各开办3个“金叶自强班”，资助300名特困高中生；向中国儿童少年基金会捐款1500万元，用于“春蕾计划”，为江西、四川、宁夏、广西、新疆、湖北、内蒙古等7个省（区）的3400名高中女生提供学习生活费用。

资助医疗事业。向湖南省汨罗市血吸虫病防治项目捐款150万元，用于汨罗市血吸虫病防治基础设施建设。

助力乡村振兴。1739个行业党支部结对共建1386个脱贫村；帮扶干部3.32万人，其中挂职帮扶干部3855人；投入3.35亿元帮扶2584个脱贫村，其中驻村工作队1299个、第一书记1257人、工作队员2392人。

定点帮扶。国家局自2002年、2013年、2016年定点帮扶竹溪县、竹山县和宁夏吴忠红寺堡区以来，截至2021年底，共投入无偿帮扶资金7.19亿元，派驻挂职帮扶干部26人，累计购买和帮助销售农产品3.55亿元。2021年，开展轮换工作，选派6名挂职干部在帮扶县挂职，投入无偿帮扶资金1.4亿元、有偿帮扶资金4653.7万元，消费帮扶采购农产品1.06亿元。通过定点帮扶受益人口达到12.28万人。

行业援藏。国家局组织在西藏拉萨市召开全国烟草行业第六次援藏工作座谈会，总结“十三五”时期的援藏工作成效，捐款5.95亿元用于“十四五”时期西藏区兴边富农工作，2021年捐款2亿元用于援藏工作，惠及西藏自治区下属所有地市。协调西藏自治区，拟定国家局、总公司对西藏自治区兴边富民工程定点捐赠资金协议和“十四五”期间国家局援藏资金投资项目规划工作方案，西藏自治区印发《烟草行业援助西藏自治区乡村振兴项目和捐赠资金管理的暂行办法》，确保全国烟草行业援藏资金安排使用到位、项目建设完成到位、项目惠民成效到位，助力西藏谱写长治久安和高质量发展新篇章。

灾害救助。向河南省捐款5000万元，用于防汛救灾。

北京市烟草专卖局（公司）

2021年，北京市烟草商业系统向西藏自治区财政厅、扶贫基金会捐款400万元，用于支援西藏自治区兴边富民工程建设。

北京市局（公司）团委向北京青少年发展基金会捐款20万元，用于开展卷烟零售户志愿服务活动。

北京市局（公司）开展“共产党员献爱心”捐献活动，全系统共募集善款12.3211万元。

2021年，北京市烟草商业系统采购国家局定点扶贫地区农产品，共计252.08万元。

天津市烟草专卖局（公司）

2021年，天津市烟草商业系统捐款348.82万元（含个人捐款9.52万元），用于各项社会公益活动。

天津市局（公司）开展走访慰问帮扶村工作，分别向蓟州区金车庄村、迁礼庄村发放慰问金、慰问品共计0.76万元。全市烟草商业系统选派3名干部，到宝坻区方家庄中街村、方家庄后街村开展工作。开展消费帮扶，支持购买宁夏、天津蓟州等农特产品，累计消费338.54万元。

所属各单位累计开展爱老敬老、慰问生活困难群众、清理环境卫生等志愿服务活动88次，组织职工捐款5.97万元，并为养老院、儿童福利机构等捐赠生活物资价值1.72万元。所属各单位职工个人参加社会公益活动122人次，累计捐款3.55万元。

河北省烟草专卖局（公司）

2021年，河北省烟草商业系统捐款1.65亿元（含个人捐款18.42万元），用于各项社会公益活动。

扶贫济困，捐款359.8万元。其中，投入扶贫资金353.34万元用于精准脱贫、产业扶贫，助力农民增收致富；全省烟草商业系统成立74个驻村工作组，选派115名干部到贫困村任第一书记。资助乡村建设，捐款292.34万元，用于美丽乡村建设、整治人居环境，解决帮扶村道路翻修、村民饮水、种植养殖、项目开发和村容村貌等问题。资助教育文化事业，捐款10.19万元。其中，向石家庄市友谊大街小学捐款9.68万元配置教学设备。灾害救助。向河北省红十字会捐款506万元，用于支持新冠肺炎疫情防控工作。社会帮扶，捐款1.51亿元。其中，向河北张家口市捐款1.5亿元，用于支持张家口“首都两区”建设；开展消费帮扶，定点采购扶贫地区农产品72万元；捐款10万元用于支持河北省委“三下乡”活动，捐款8.75万元用于帮扶社区改善人居环境，走访慰问捐款21.13万元；组织“职工互助一日捐”“博爱一日捐”等活动捐款15.48万元；向困难卷烟零售户捐款6.87万元。

积极开展其他各类公益活动。组织3719名党员干部进驻包联社区参加联防联控、排查执勤、环境消杀，协助开展新冠疫情防控工作；开展普法宣传、“创建文明城市”、“党员进社区双报到”等活动；开展走访慰问活动，为困难户捐赠衣物312件，为困难家庭学生捐赠学习用具156件、书籍125本，看望困难卷烟零售户137户；党员干部到敬老院慰问287人次，到福利院看望残疾儿童117人次；全省烟草商业系统累计组织275名职工参加义务献血活动，共计献血3.82万毫升；累计组织467名职工参加义务植树活动，植树3284棵；组织职工参加清扫马路活动463次，参与2845人次。

山西省烟草专卖局（公司）

2021年，山西省烟草商业系统捐款2528.53万元（含个人捐款75.53万元），用于各项社会公益活动。

扶贫济困。全省烟草商业系统成立72个驻村工作队，选派43名干部任第一书记，开展定点帮扶工作；省局（公司）及所属11个市局（公司）捐赠帮扶资金2453万元，其中捐款553万元用于全省烟草商业系统定点帮扶地区乡村振兴，捐款400万元用于支持西藏建设，捐款1500万元用于支持山西省水灾地区重建。省局（公司）及所属11个市局（公司）职工捐款75.53万元，用于关爱少年儿童成长、资助教育、扶贫帮困、疫情防控、水灾地区重建等，参与“以购代捐”消费扶贫活动、“博爱一日捐”、“慈善一日捐”等活动。

所属各单位积极开展其他各类公益活动。太原市局（公司）联合属地交警开展交通文明志愿活动，维护属地交通秩序；联合各属地社区慰问敬老院、困难卷烟零售户、退休老党员等。大同市局（公司）组织志愿服务者对环卫车辆进行清洗消毒，并为环卫工人发放慰问品；所属营销中心到福利院开展“关爱细入微，情满福利院”学雷锋活动。阳泉市局（公司）参与全市“十万党员结对认亲、排忧解难温暖民心”行动，与困难卷烟零售户结对认亲，开展帮扶活动。长治市局（公司）开展“心系灾区　携手共‘晋’”抗洪救灾捐赠活动。晋城市局（公司）联合驻地社区开展“树立防范意识　守护财产安全”主题活动，组织志愿者向辖区网格住户宣传防范电信网络诈骗风险、防范和远离非法集资等。朔州市局（公司）开展“情系留守　爱暖童心”活动，帮助留守儿童、困难儿童解决实际困难。忻州市局（公司）组织与特殊教育学校党支部结对共建暨党员志愿服务活动。吕梁市局（公司）开展“弘扬吕梁精神·决胜脱贫攻坚”关爱留守儿童爱心包捐赠活动。晋中市局（公司）组建党员志愿者小组，参与所在社区核酸检测点志愿者服务工作；在汛情期间组建党员抗洪志愿服务队参与抢险救灾工作。临汾市局（公司）组织志愿服务队投入抗洪救灾工作。运城市局（公司）积极参与社区共建，常态化开展“帮建共创”“社区吹哨、党员报到”专项行动。

内蒙古自治区烟草专卖局（公司）

2021年，内蒙古自治区烟草商业系统捐款2094万元，用于各项社会公益活动。

扶贫济困。自治区局（公司）捐款1290万元，其中捐款400万元助力乌兰哈达镇高根营子嘎查开展神骏湾生态体验区二期景区道路工程，修建省级通道至景区道路；全自治区烟草商业系统向重点包联村派驻驻村干部51人，其中驻村第一书记23人、驻村工作队队员28人；向区红十字会、阿拉善盟、二连浩特市、通辽市捐赠新冠肺炎疫情防控和救灾资金540万元。兴安盟局（公司）投入帮扶资金310万元，用于帮扶点乌兰浩特市斯力很现代农业园区和平村中药生产基地建设。鄂尔多斯市局（公司）投入139万元用于扶贫济困，向结对帮扶村、结对帮扶社区专项捐款103万元。呼和浩特市局（公司）帮扶联系点，为武川县得胜沟乡大青山抗日游击根据地党员干部教育中心捐款5万元，修建过水道路护坝捐款9.8万元，并对67户困难户开展包联帮扶。阿拉善盟局（公司）为阿左旗巴润别立镇岗格嘎查困难群众捐款3万元用于危房重建，组织党员慰问困难群众，并捐赠米、面、油等生活物资。

资助乡村建设。赤峰市局（公司）开展包联点养牛场配套机电井建设项目，帮助巴林右旗宝日勿苏镇巴彦萨如拉噶查建设养牛场机电井。包头市局（公司）捐款20万元用于包联村基础设施建设。呼伦贝尔市局（公司）定点扶贫扎兰屯市浩饶山镇东台平村，为东台平村安装路灯65盏，价值32.5万元。锡林郭勒盟局（公司）捐款12.11万元，其中用于帮扶对口嘎查修路、修房。通辽市局（公司）捐款25万元，为帮扶点发展养牛业，探索乡村振兴工作新的经济增长点。

灾害救助。通辽市局（公司）助力抗灾工作，并向受灾地区捐款130万元。赤峰市局（公司）松山区烟叶分公司帮助乡村修建防洪坝，为青海省海南藏族自治州共和县倒淌河镇藏族人民捐赠衣物500件。

所属各单位积极开展其他各类社会公益活动。锡林郭勒盟局（公司）职工参加新冠肺炎疫情防控活动6次，参加鼠疫防控活动1次。鄂尔多斯市局（公司）与结对社区党组织联建共建，开展新冠肺炎疫情防控志愿服务工作。鄂尔多斯市乌审旗局（营销部）人员到毛乌苏沙漠腹地进行植树造林，栽种樟子松70余棵，杨柴1000余棵。赤峰市局（公司）参加“党建引领绿色发展，融合共建美丽赤峰”义务植树活动。呼伦贝尔市海拉尔区局（营销部）参与文明交通值守工作，全年参与文明交通值守83人次、志愿服务时长153小时。在“博爱一日捐”活动中，阿拉善盟局（公司）捐款1.11万元，鄂尔多斯市局（公司）捐款1.51万元，二连浩特市局（公司）捐款0.65万元，锡林郭勒盟局（公司）捐款1.3万元。

辽宁省烟草专卖局（公司）

扶贫济困。2021年，辽宁省烟草商业系统投入帮扶资金431.4万元，派出帮扶干部33人。省局（公司）向西藏捐款400万元，用于援藏工作。向定点帮扶村阜新市彰武县大板村捐款6.64万元。

所属各单位积极开展其他各类公益活动。沈阳市局（公司）组织开展学雷锋志愿服务活动，各支部累计197名党员参加街道社区清理垃圾、新冠肺炎疫情防控等工作。鞍山市局（公司）开展无偿献血活动，全地区40余名干部职工参与无偿献血累计8000毫升。抚顺市局（公司）清原县局党支部以各党小组为单位开展“我为群众办实事”实践活动，对困难零售户开展对接帮扶。阜新市局（公司）深入开展学雷锋志愿服务共建活动，为阜新市新邱区志愿服务站捐赠立式饮水机、急救药箱、微波炉、充电宝、老花镜等物品。辽阳市局（公司）成立“七色光”扶危助困帮扶基金，组建“七色光志愿服务队”，为帮扶社会困难群体提供资金支持和人员保障。

吉林省烟草专卖局（公司）

扶贫济困。吉林省局（公司）向力旺社区捐赠新冠肺炎防疫物资，价值2万余元；联合长春市特殊教育学校、长春市残联等开展“温暖点亮微心愿　助力雏鹰展翅飞”主题党日活动，向长春市特殊教育学校聋哑儿童捐赠冬季保暖羽绒服，价值16万余元；向新疆、江苏、宁夏等地区医疗卫生机构捐赠爱心负压救护车17辆。

长春市局（公司）开展慰问潜在返贫群众工作，捐赠扶贫资金151.28万元，帮助贫困户脱贫75户。吉林市局（公司）捐款19.95万元。四平市局（公司）选派驻村帮扶干部，捐款25万元用于乡村振兴；购买湖北竹溪县帮扶农产品6万元。辽源市局（公司）捐款40.45万元。通化市局（公司）捐款11.87万元（含职工个人捐款0.95万元），组织走访慰问建档立卡脱贫户主题活动，捐款0.92万元。白城市局（公司）捐款100.8万元，用于扶贫济困、基础设施建设，向长白邱家店村、靖宇天合兴村派驻工作队队员2人，捐款捐物价值24.3万元；采购帮扶地区农产品4.31万元。松原市局（公司）捐款11.16万元。延边州局（公司）捐款14.13万元，消费帮扶投入资金12.01万元。

资助环境保护、社会公共设施建设活动。吉林市局（公司）捐款18.26万元用于城市绿化包保义务植树。白城市局（公司）组织青年志愿者积极参与绿化造林活动，栽种樟子松200棵；向洮南市安定镇新光村捐赠60.4万元，用于提升村部建设等。松原市局（公司）组织开展义务植树活动，栽植松树150棵。辽源市局（公司）通过辽源市慈善总会定向捐款30万元用于辽源市“千村示范”包保村创建项目、乡村振兴包保村继续帮扶项目。

资助文化教育事业。长春市局（公司）助学捐款95万元，四平市局（公司）捐款30万元，辽源市局（公司）捐款0.45万元，白山市局（公司）捐款0.6万元，松原市局（公司）捐款0.96万元。

义务献血。白城市局（公司）组织职工献血共计1.2万毫升；白山市局（公司）21名职工献血7200毫升；松原市局（公司）60名职工献血1.5万毫升。

黑龙江省烟草专卖局（公司）

2021年，黑龙江省烟草商业系统捐款1146.74万元（含个人捐款5.04万元），用于各项社会公益活动。其中，投入扶贫资金741.7万元，用于精准脱贫、产业扶贫等。响应国家局对口援藏工作，捐款400万元用于支援西藏地方社会经济发展。职工个人捐款5.04万元，主要用于慰问受灾群众、贫困学生和贫困户等。

所属各单位积极开展其他各类公益活动。哈尔滨市局（公司）组织49名党员志愿者下沉香坊区幸福镇11个村、3个社区，协助社区进行7轮核酸检测，完成31.97万人核酸采样。黑河市局（公司）两次新冠肺炎疫情共出动954人次，参加24小时值守工作，协助社区完成消杀和转运隔离人员工作；组织党员突击队参与防汛工作。牡丹江、佳木斯、鹤岗等市局（公司）参与文明城市大清扫志愿服务、文明交通引导志愿服务等活动。齐齐哈尔、牡丹江、佳木斯、鹤岗、绥芬河等市局（公司）开展爱心图书捐赠活动、建立“烟草惠农图书室”“一助一”帮扶失业人员活动等。省局、哈尔滨市局（公司）和牡丹江烟叶公司组织开展“送温暖，献爱心”助力乡村振兴捐赠闲置生活物资活动。

上海烟草集团有限责任公司

2021年，上海烟草集团有限责任公司捐款9875.3万元，用于各项社会公益活动。

上海烟草集团本部分别向上海市慈善基金会、老年基金会、拥军优属基金会等各类公益机构和单位开展公益捐赠。对辽宁、福建、贵州、江西等受灾烟区以及湖北竹溪县、竹山县和宁夏吴忠红寺堡区等定点帮扶县开展公益救济捐赠，向新疆、江苏、宁夏等地区医疗卫生机构捐赠爱心负压救护车17辆，改善当地医疗急救条件。

所属单位积极开展各类公益活动。北京卷烟厂有限公司在北京平谷区、湖北五峰土家族自治县、青海共和县、贵州湄潭县、云南香格里拉市、湖北恩施土家族苗族自治州和重庆万州区先后建立爱心学校7所。上海卷烟厂、海烟物流公司以及杨浦、闵行、静安、普陀等区局（公司）开展慰问高龄老人、资助贫困学生、交通协管等公益活动。

江苏省烟草专卖局（公司）

2021年，江苏省烟草商业系统捐款2319万元，用于各项社会公益活动。

扶贫济困、资助乡村振兴。向江苏省妇女儿童基金会捐款25万元，向南京市慈善总会见义勇为项目捐款50万元，向无锡慈善总会“一日捐”捐款35万元，向常州文明办美德基金捐款25万元，向连云港东海安峰镇捐款20万元，向宿迁慈善总会捐款40万元。向帮扶点泰州罡杨镇捐款35万元、省委驻徐州丰县帮扶工作队捐款75万元、无锡江阴曙光村捐款21万元、常州溧阳洙汤村捐款20万元、宿迁宿豫仰化镇建新村捐款30万元、淮安花街社区捐款20万元。

积极开展其他各类公益活动。向西藏自治区捐赠援藏资金400万元，组织干部职工开展“3·5”学雷锋活动、“3·12”植树节活动，参加青年志愿者服务、公益读书、义务献血、文明城市创建等活动。

浙江省烟草专卖局（公司）

2021年，浙江省烟草商业系统捐款5616万元，用于各项社会公益活动。

扶贫济困，助力乡村振兴。省局（公司）向浙江省财政厅公益性捐款3000万元，用于救灾和共同富裕示范区建设；向西藏自治区捐款400万元；向浙江省见义勇为基金会捐款100万元；向温州苍南县赤溪镇园屿村捐款15万元。杭州市局（公司）向“春风行动”捐款64.5万元；向杭州枫树岭镇捐款60万元。温州市局（公司）向共建村社选派驻村社第一书记6人，党员下沉结对村社60人次。宁波、绍兴、金华、衢州、舟山等市局（公司）组织参与“慈善一日捐”，累计捐款36.3万元。衢州市局（公司）向市慈善总会、市红十字会等捐款82万元。台州市局（公司）向市慈善总会、红十字会等捐款229.93万元，其中职工个人捐款10.93万元；选派13名干部到结对乡镇、村任第一书记、农村指导员。

新冠肺炎疫情防控。杭州市局（公司）200余名党员在防控一线提供志愿服务，绍兴市局（公司）向市红十字会捐款50万元。

义务献血。杭州市局（公司）24人参与献血共计6800毫升；温州市局（公司）参加义务献血15人次；丽水市局（公司）参加义务献血28人次，献血7800毫升。

积极开展其他各类公益活动。全省烟草商业系统组织干部职工开展防疫抗疫、防汛抗台、反欺诈宣传、平安护航、垃圾分类指导、文明城市建设等志愿活动。

安徽省烟草专卖局（公司）

支持乡村振兴。安徽省烟草商业系统选派2名干部担任第一书记、驻村工作队队长，选派50名工作人员进驻73个乡村振兴帮扶点。落实资金需求，安庆、马鞍山、宿州、宣城、铜陵等5家直属单位推进5万元以上乡村振兴项目19个，全省烟草商业系统全年乡村振兴总投入1089.08万元。合肥市局（公司）资助夏阁镇等行政村，捐款7.5万元。亳州市局（公司）资助利辛县秦四庙乡美好乡村建设，捐款8万元。马鞍山市局（公司）协助完成当涂、含山护河镇污水处理项目等，捐款240万元。宣城市局（公司）资助黄村镇安吴村道路硬化工程改造等，捐款31.9万元。宿州市局（公司）投入帮扶资金96万元，支持全市6个帮扶村改善基础设施。阜阳市局（公司）投入帮扶资金350余万元。铜陵市局（公司）资助铜陵枞阳云龙村等，捐款33.81万元。池州市局（公司）资助帮扶村路基建设等，捐款17.3万元。安庆市局（公司）支持美好乡村建设投入帮扶资金105万余元。黄山市局（公司）向结对帮扶村捐款23.9万元。六安市局（公司）完成帮扶项目13项，投入帮扶资金20.71万元。皖南烟叶公司开展美好乡村建设，资助周王镇红洋村等，捐款44.5万元。

扶贫济困。合肥市局（公司）向肥西县慈善协会捐款2万元。淮北市局（公司）向市妇联“两癌”困难家庭捐款4.9万元。阜阳市局（公司）捐赠扶贫资金13.35万元；向市见义勇为基金会捐款5万元。滁州市局（公司）帮助困难家庭，捐款16.3万元；帮助社会困难群体，捐款9.3万元。宣城市局（公司）帮扶困难零售户等，捐款3万元；向绩溪县家朋乡捐款4.8万元用于灾后重建。铜陵市局（公司）向翠湖社区等捐款5.86万元。池州市局（公司）

帮扶困难家庭等，捐款4.27万元。安庆市局（公司）开展向困难人员送温暖慰问活动等，捐款33.4万元。黄山市局（公司）开展“留守儿童慰问”“爱心圆梦——希望工程捐款”等活动，捐款4.9万元。

资助教育、科学、文化、体育、卫生事业。合肥市局（公司）开展“圆梦微心愿”结对活动等，捐款1.52万元。淮北市局（公司）向濉溪县韩村镇育蕾学堂捐款4.9万元。亳州市局（公司）开展“金秋助学，学子启航”活动，捐款6.21万元。滁州市局（公司）开展爱心助学、关爱留守儿童活动，捐款6.2万元。马鞍山市局（公司）捐款4.8万元，用于“弯腰拾文明　城市更洁净”志愿服务活动。宣城市局（公司）开展各类爱心助学活动，捐款9万元。池州市局（公司）开展“希望工程爱心助学”活动、慰问特殊教育学校等，捐款1.36万元。黄山市局（公司）捐款43.25万元。

福建省烟草专卖局（公司）

2021年，福建省烟草商业系统捐款1.32亿元（含个人捐款126.45万元），用于各项社会公益活动。

扶贫济困、助力乡村振兴。全省烟草商业系统共选派16名干部到贫困乡村任职，捐款206万元，用于解决帮扶村基础设施建设、卫生环境整治等问题。资助教育文化事业，向福建省扶贫助残大学生圆梦行动捐款100万元；参加“三下乡”活动，向南平松溪县郑墩镇捐款20万元；向翔安区新圩镇捐款10万元；向莆田市捐款15万元，用于资助百名困难大学生。社会帮扶，向红十字基金会捐款80万元，用于新冠肺炎疫情防控工作；向福建省见义勇为基金会捐款30万元；支持援藏工作捐款400万元。向其他公益活动捐款9.6万元；参加义务献血活动，献血34.5万毫升；参加义务植树活动，植树2407棵。

所属单位开展各类公益活动。福州市局（公司）组织职工参加轻松筹、水滴筹等网络募捐活动；厦门市局（公司）参与福建省红十字会“爱过年情暖厦门”项目、河南防汛救灾及灾后重建相关项目等；莆田市局（公司）在“10·17”全国扶贫日活动期间，组织所属单位协同零售户开展扶贫产品直播推介活动4场，实现直播实时销售额约4.5万元；泉州、漳州、龙岩、三明等市局（公司）开展新冠肺炎疫情防控、创建文明城市、垃圾分类宣传、党员结对帮扶等志愿服务活动。

江西省烟草专卖局（公司）

2021年，在社会公益活动方面，江西省烟草商业系统捐款1393.3万元。

扶贫济困，捐款102.06万元，其中走访慰问生活困难群众、帮扶贫困户等捐款47.44万元，资助结队共建社区困难病患等其他活动捐款54.62万元（含个人捐款2.56万元）。助力乡村振兴，捐款972.38万元，江西省烟草商业系统共成立61个驻村工作队，选派驻村第一书记32人，驻村队员102人。投入资金1940万元，用于支援帮扶新农村建设、疫后恢复生产经营、人居环境整顿等，其中省局（公司）安排帮扶资金460万元，定点帮扶上饶市玉山县仙岩镇桑园村光伏发电站项目170万元、村民广场及公厕项目60万元、路灯项目30万元、希望小学改造提升项目100万元，赣州兴国县南坑乡南坑村村级光伏发电站项目100万元。

资助教育事业，捐款110.56万元（含个人捐款0.99万元），捐赠图书1244册。灾害救助，捐款60.76万元，用于抗灾救灾、新冠肺炎疫情防控等。其他捐款147.54万元，其中，用于综合治理帮扶捐款14.79万元、社区共建捐款102.52万元、平安创建活动捐款23.99万元、文明创建活动捐款6.24万元。

积极开展其他各类公益活动。全省烟草商业系统组织干部职工参与创文创卫、社区服务、新冠肺炎疫情防控等各类志愿服务活动共计1.7万人次。慰问老人、孤残儿童，开展日常帮扶1931人次。组织237名职工参加义务献血活动，共计6.64万毫升。组织450名职工参加义务植树活动，植树934棵。

山东省烟草专卖局（公司）

2021年，山东省烟草商业系统捐款1466.88万元（含个人捐款55.41万元），用于各项社会公益活动。

扶贫济困、助力乡村振兴。参与“慈善一日捐”“爱心妈妈”“情系灾区”等活动，累计捐款62.43万元（含个人捐款44.37万元）。选派驻村第一书记69人，帮助乡村建设特色产业发展项目、农田设施建设项目、村级“硬件”提升项目和综合服务配套建设项目等。拨付帮扶项目基金1079.34万元（含捐赠517.45万元）。

积极开展其他各类公益活动。向地方见义勇为基金、人口关爱基金等捐款257.58万元。组织职工捐赠图书1598本，献血5.57万毫升。组织开展交通文明劝导、社区环境整治、防疫物资发放和政策宣传等活动1278次，参与1.65万人次。

河南省烟草专卖局（公司）

2021年，河南省烟草商业系统捐款3894.4万元（含个人捐款265.2万元），用于各项社会公益活动。

扶贫济困、助力乡村振兴。全省烟草商业系统捐款975.6万元（含个人捐款32.7万元），其中，组织开展消费扶贫活动，购买扶贫地区农产品544万元。组织开展“99公益日”慈善捐款、消费助农、爱心助残、慰问贫困群众等，捐款431.6万元（含个人捐款32.7万元）。投入帮扶资金984.6万元，引进帮扶资金1075.12万元，开展帮扶项目179个。

捐资助学。捐款14.4万元（含个人捐款0.6万元），其中郑州市局（公司）3.9万元、洛阳市局（公司）3万元、焦作市局（公司）2.3万元、商丘市局（公司）1.2万元、驻马店市局（公司）3.5万元、天昌公司0.5万元。

灾害救助。2021年7月17—23日，河南省遭遇历史罕见特大暴雨，发生严重洪涝灾害。河南省烟草商业系统向地方政府、烟农、卷烟零售户捐款1892.2万元（含个人捐款231.9万元），支持灾后重建工作。其中，省局（公司）向省政府捐款1000万元，向受灾严重的烟农和零售户捐款200万元；平顶山市局（公司）捐款16万元、安阳市局（公司）捐款52万元、鹤壁市局（公司）捐款10万元、新乡市局（公司）捐款250.5万元、焦作市局（公司）捐款20万元、许昌市局（公司）捐款75万元、三门峡市局（公司）捐款10.8万元、南阳市局（公司）捐款26万元。党员干部职工捐款231.9万元。

积极开展其他各类公益活动，捐款27.6万元。在防汛救灾中，充分发挥党组织战斗堡垒作用和党员先锋模范作用，组建党员突击队、党员巡逻队、党员服务队579个，党员到社区报到参与防汛救灾1673人次，领导干部赴受灾一线开展防汛救灾873人次。

湖北省烟草专卖局（公司）

扶贫济困。2021年，湖北省局（公司）对1379户受灾卷烟零售户建档立卡、长期帮扶；针对十堰“6·13”重大燃气爆炸事故、随州特大暴雨等受灾零售户制定专项帮扶方案。全省营销战线设立536个党员先锋岗、218个党员志愿服务队，为零售户解决实际困难1701个。

助力乡村振兴。巩固拓展脱贫攻坚成果同乡村振兴有效衔接，全省烟草商业系统181个党支部参与脱贫村结对共建，选派135支驻村工作队、307名驻村帮扶干部、119名第一书记，落实帮扶项目425个，帮扶脱贫村156个，投入帮扶资金4208万元；对外捐赠资金1990万元，其中1000万元用于“湖北希望工程知音同行公益助学行动”。

新冠肺炎疫情防控。2021年，湖北省烟草商业系统5543名党员常态化下沉1596个社区，在8—9月湖北新冠肺炎疫情集中暴发期间，123个工作队（组）紧急驰援，2310名干部职工、1971名党员参与24小时接力服务。

积极开展其他各类公益活动。创新探索“党员十分钟服务圈”“社企红色联盟”“服务连心卡”等“小”“微”服务载体，组织“六一”送关爱、高考送清凉，推出便民驿站、助农专柜等一系列服务举措，为孤寡老人、留守儿童、困难群众完成“微心愿”1.2万个。

湖南省烟草专卖局（公司）

2021年，湖南省烟草商业系统捐款2.3亿元，用于各项社会公益活动。

助力乡村振兴。全省烟草商业系统共派出驻村工作队99个，驻村帮扶人员213人，服务帮扶村138个，投入440.36万元用于人居环境改善、交通及通信设施改造，投入7265.26万元用于帮扶地区烟基项目及零售终端建设，受益群众29.39万人。

资助教育事业。捐款143.19万元，用于为困难学子、留守儿童购置文教用品等。

灾害救助。捐款280.88万元，用于抗击新冠肺炎疫情、救助烟叶病虫害、洪涝灾害、雨雪冰冻灾害等。

积极开展其他各类公益活动。组织开展致敬老党员、“爱心护航　助力中考”“守护未成年　拒绝电子烟”走进校园活动、“守护莲城健康平安”抗疫志愿者献血活动等。全省烟草商业系统共开展各类志愿服务活动2096次，开展义务献血活动87次，开展义务植树活动54次。

广东省烟草专卖局（公司）

2021年，广东省烟草专卖局（公司）向广东省扶贫开发协会捐赠1000万元。

2021年，广东省烟草商业系统扶贫济困、社会帮扶捐款约332万元。其中，参加“广东扶贫济困日”活动，韶关市局（公司）捐款90.35万元（含职工个人捐款17.31万元）；云浮市局（公司）捐款4.3万元；汕头市局（公司）捐款5万元，职工个人捐款2.19万元；茂名市局（公司）捐款5万元；珠海市局（公司）捐款1.33万元；湛江市局（公司）捐款3.96万元；阳江市局（公司）捐款25.51万元；肇庆市局（公司）捐款10万元。揭阳市局（公司）全年公益捐款159.29万元，汕尾市局（公司）开展扶贫济困活动共捐款6万元，肇庆市局（公司）其他捐款10.38万元，中山市局（公司）向中山市“慈善万人行”活动捐款6万元，职工个人捐款2.89万元。

资助乡村建设捐款1297.28万元。其中，支持乡村振兴、基础设施建设、改善教育、环境整治、饮用水改造、综合治理等项目，惠州市局（公司）捐款58.12万元、韶关市局（公司）捐款54.16万元、潮州市局（公司）捐款92万元、云浮市局（公司）捐款136.3万元、汕头市局（公司）捐款152万元、清远市局（公司）捐款160余万元、茂名市局（公司）捐款147.16万元、梅州市局（公司）捐款206.2万元、汕尾市局（公司）捐款171.35万元、湛江市局（公司）捐款59万元、阳江市局（公司）捐款31.04万元、中山市局（公司）捐款30万元。捐资助学捐款约9.48万元。其中云浮市局（公司）捐款7.9万元。阳江市局（公司）向阳江市江城区麻演小学、阳春市民族希望学校捐款1.28万元用于购买图书。

积极开展其他各类公益活动。韶关市局（公司）组织89名职工共计献血2.74万毫升，组织150名职工义务植树226棵。潮州市局（公司）组织开展关爱老年人、“为爱益行”志愿服务、“送法进社区”、慰问残疾儿童、无偿献血等活动。东莞市局（公司）开展爱心捐书、“关爱长者　情暖夕阳”敬老慰问、公益植树等活动。广州市局（公司）援建全市首个农村长者“暖心饭堂”，启动“耆关爱、乐助童”志愿活动，为2000名老人和儿童送上价值40万元的“冬日暖阳”爱心包。茂名市局（公司）支持地方开展创建全国文明城市和国家卫生城市，投入资金19.5万元。江门市局（公司）各志愿服务队参加志愿服务192次、2301人次，服务总时长1.05万小时。肇庆市局（公司）组织职工献血4200毫升。湛江市局（公司）组织职工献血1.79万毫升。

广西壮族自治区烟草专卖局（公司）

扶贫济困、助力乡村振兴。广西壮族自治区烟草商业系统共派出第一书记16人，驻村工作队员62人，帮扶支持89个村，帮助3.74万名群众脱贫。全年开展帮扶项目65个，项目投入625.2万元，农网建设投入156.8万元，采购扶贫地区农产品711.5万元。其中，自治区局（公司）派出第一书记和工作队员6人，捐赠帮扶项目资金275.56万元，用于乡村基础设施建设等。南宁市局（公司）捐赠2万元，用于乡村公共设施等建设。柳州市局（公司）开展“两茶一稻”（茶叶、油茶，优质水稻）支柱产业帮扶等，投入帮扶资金9.42万元。桂林市局（公司）干部职工向资源县车田乡等地困难卷烟零售户捐款6.32万元；开展帮扶项目7个，投入资金38.5万元。河池市局（公司）捐款50.57万元，用于帮扶村修建道路等。梧州市局（公司）捐款10万元，用于帮扶村农田水利设施管护等。钦州市局（公司）投入13.94万元，用于帮扶村乡村风貌改造等。北海市局（公司）捐款21.08万元，用于帮扶村危旧房改造等项目。贵港市局（公司）向帮扶村捐款24.3万元，用于公共设施修缮。玉林市局（公司）捐款43.99万元，用于乡村环境改造等。百色市局（公司）捐款51.5万元，用于产业扶持等。崇左市局（公司）捐款12.68万元，用于乡村产业扶持等。

资助教育事业。自治区局（公司）机关党员向靖西市帮扶村困难学生捐款1.79万元。北海市局（公司）向合浦县山口镇水东小学捐款6.14万元。南宁市局（公司）向希望工程捐款15万元。

积极开展其他各类公益活动。钦州市局（公司）志愿者到社区担任“值班网格员”，参与社会治理工作。来宾市局（公司）组织志愿者42批次共586人次开展社区卫生整治。北海市局（公司）开展新冠肺炎疫情防控服务、环境卫生清洁等志愿活动25次共631人次。贵港、钦州市局（公司）党员干部参与无偿献血活动，分别献血8080毫升、6800毫升。桂林市局（公司）595名干部职工向市慈善事业会“慈善呵护·关爱童行”慈善募捐活动捐款4.66万元。

海南省烟草专卖局（公司）

2021年，海南省烟草商业系统捐款632.81万元（含个人捐款18.71万元），用于各项社会公益活动。

扶贫济困。海口市局（公司）开展“助力防寒送温暖”主题党日活动，慰问病重职工、困难零售户，敬老院送温暖活动等，捐款17.55万元；琼海市局（公司）开展帮困助学、救济贫困、水滴筹等活动，捐款0.42万元；儋州市局（公司）开展慰问困难党员、脱贫户等活动，捐款0.74万元。

资助社会公共设施建设和乡村振兴。捐款614.1万元用于援藏和乡村振兴工作，共派出182名干部参加乡村振兴工作，其中12人任驻村第一书记。其中，省局机关捐款400万元，用于援藏工作；海口市局（公司）捐款105.14万元，用于对口帮扶村乡村振兴工作；琼海市局（公司）捐款38.96万元，用于人居环境整治及发展产业项目等；儋州市局（公司）捐款70万元，用于开展农村基础设施建设，改善乡村环境。

积极开展其他各类公益活动。组织职工参加志愿者服务、创文巩卫巡查、交通劝导等各类公益活动；开展“一张纸献爱心行动”，售卖废旧纸张所得款捐赠海南省慈善总会。组织无偿献血活动，献血9600毫升。开展消费帮扶系列活动，线上线下消费扶贫产品金额22.41万元，采购国家局定点扶贫地区产品6.81万元。

重庆市烟草专卖局（公司）

2021年，重庆市烟草商业系统捐款5399万元，用于各项社会公益活动。其中，各直属单位定额捐款420万元，向涪陵受灾烟农捐款81.3万元，乡村振兴捐款3333.7万元，援藏捐款400万元，慈善公益事业捐款850万元，困难救济捐款314万元。

帮扶活动。2021年，全市烟草商业系统购买国家局定点扶贫地区农产品110.3万元，其中购买湖北竹山县农产品27.59万元、竹溪县55.57万元、宁夏吴忠红寺堡区27.14万元。购买重庆市定点扶贫地区农产品32.98万元。“巫溪小店”帮助销售贫困地区农产品305.5万元。

四川省烟草专卖局（公司）

2021年，四川省烟草商业系统捐款2221.62万元，用于各项社会公益活动。

扶贫济困。捐款458.91万元。其中，省局（公司）向省公安厅英烈基金捐款200万元，向甘孜州炉霍县斯木镇瓦达下街村捐款15万元、向果木村等捐赠物资价值30万元。

助力乡村振兴。全省烟草商业系统投入1940万元帮扶61个村、80个项目，新派驻村人员114人，助力乡村振兴。其中，省局（公司）投入385万元，开展定点帮扶普格县乡村振兴项目，主要落实普格县螺髻山镇甲甲沟村修建幼教点、修建村文化广场、安装太阳能路灯、实施环境绿化等4个帮扶项目。

社会公共设施建设。捐款982.77万元，其中，机关本部捐赠援藏资金400万元，支持道桩村蚕桑产业园区建设（第四期）捐款50万元，支持兴文县大河苗族乡落白亮村脱贫攻坚示范片香桂产业路建设项目捐款20万元，支持巴中通江县涪阳镇石龙寺村烘干房建设捐款16.1万元，支持凉山州冕宁县产业综合体建设项目捐款220.35万元，支持阿坝州若尔盖县麦溪乡查科村村民活动中心院坝改造捐款20万元，支持甘孜州道孚县亚卓镇地入村购置路灯项目捐款15万元，支持甘孜州德格县中扎科乡曲公村购置青稞收割机等捐款15万元。

资助教育、文化、卫生事业。捐款396.73万元，其中，省局机关向“爱在阳光下”希望工程公益助学项目捐款100万元，省公司工会“金秋助学”项目捐资26.4万元帮助68名贫困学子圆梦大学，支持巴中通江县涪阳镇石龙寺村农民夜校教室建设捐款26万元；阿坝州局（公司）向贫困学生捐款14.5万元。分别为攀枝花、九寨沟县人民医院新冠肺炎疫情防控PCR实验室项目捐款50万元。

灾害救助。捐款383.2万元，其中，资助攀枝花自然灾害救助，捐款200万元；资助凉山自然灾害救助，捐款160万元；资助甘孜得荣县贡波乡自沙村堰塞湖受灾村民，捐款15万元。

贵州省烟草专卖局（公司）

2021年，贵州省烟草商业系统研究制定《关于实现巩固拓展脱贫攻坚成果同乡村振兴有效衔接的具体措施》，明确设立5年过渡期，过渡期内保持对脱贫县、乡、村主要帮扶政策的总体稳定。出台《对外捐赠管理实施细则》，明确捐赠范围和渠道，优化管理程序，进一步强化对外捐赠管理，规范捐赠行为。持续巩固烟叶产业发展基础，主动融入乡村振兴和农业产业结构调整大局。持续强化资金扶持和项目帮扶，共实施帮扶项目100余个，捐赠资金4000余万元，重点支持毕节市建设贯彻新发展理念示范区和六盘水水城区巩固拓展脱贫攻坚成果同乡村振兴有效衔接。

云南省烟草专卖局（公司）

2021年，云南省烟草商业系统捐款1亿元（含个人捐款248.91万元），用于各项社会公益活动。

扶贫济困，捐款2629.24万元（含个人捐款48.36万元），用于各地州（市）开展重点乡村帮扶及乡村振兴工作。资助教育文化事业，捐款1191.25万元（含个人捐款38.02万元），用于改善贫困地区教学环境、购买文体物资等。社会公共设施建设，捐款4432.96万元（含个人捐款0.96万元）。社会帮扶，捐款899.33万元（含个人捐款6.93万元），用于支持边境地区新冠肺炎疫情防控。灾害救助，捐款653.45万元（含个人捐款27.14万元），用于自然灾害受灾农户生产生活恢复等。其他公益活动，捐款121.42万元（含个人捐款49万元）。

积极开展其他公益类活动。通过志愿者服务形式，组织职工2万人次开展新冠肺炎疫情防控（含边境）、脱贫帮扶、关爱老人、“保护母亲河”、“文明城市创建”、“三清洁”等公益性服务，参与献血26.8万毫升。全省烟草商业系统参与“99公益日　助力云岭见义勇为”线上募捐活动，捐款78.5万元。

西藏自治区烟草专卖局（公司）

2021年，西藏自治区烟草商业系统捐款222.7万元，用于各项社会公益活动。

扶贫济困。捐赠资金10万元，用于拉萨市达孜区五保供养服务中心（金叶敬老院）升级改造。西藏区局（公司）捐赠资金7.12万元，用于驻村点烟草生态林建设、公共饮水机更换；捐赠资金20.40万元，用于春节、藏历新年慰问4个驻村点群众。阿里地区局（公司）捐赠慰问物资及慰问金8.1万元。昌都市局（公司）开展“我与客户共成长”主题志愿活动等，向困难群众捐款捐物价值19.21万元，并向驻村点仁果乡加卡小学捐赠学习用品等。日喀则市局（公司）搭建爱心助考服务点，并开展各种慰问活动，捐款捐物价值31.72万元。

积极开展其他社会公益活动。西藏区局（公司）向自治区慈善总会捐赠资金97.2万元，为全自治区警务站订购《新华每日电讯》报刊。拉萨市局（公司）开展“保护生态文明，共创绿色家园”绿色公益主题活动，组织职工参与献血活动。林芝市局（公司）参加义务植树、献血等活动。山南市局（公司）向扎囊县阿扎乡江津村等捐款28.95万元，用于支持乡村建设等项目，并开展义务植树、献血等活动。

陕西省烟草专卖局（公司）

2021年，陕西省烟草商业系统捐款1710.29万元，用于各项社会公益活动。

支持教育、科学、文化、卫生医疗、体育事业和环境保护、社会公共设施建设等公益性活动捐款1552.88万元，其中，支援西藏工作捐款400万元，向咸阳三原东周儿童村捐款100万元，支持全国第十四届运动会捐款85万元，助力地方新冠肺炎疫情防控捐款64.13万元，向宝鸡陇县捐款40万元；助力当地乡村振兴捐款838.75万元。资助新农村建设、灾害救助捐款118.21万元。向其他社会公共福利事业捐款39.2万元。

甘肃省烟草专卖局（公司）

2021年，甘肃省烟草商业系统捐款682.83万元（含个人捐款4.69万元），用于各项社会公益活动。

扶贫济困，助力乡村振兴。捐款482.83万元（含个人捐款4.69万元），用于巩固拓展脱贫攻坚成果同乡村振兴有效衔接工作，主要实施新农村建设、村容村貌整治、富民产业培育、乡村道路建设等项目。

新冠肺炎疫情防控。捐款200万元，用于兰州市新冠肺炎疫情防控工作。全省烟草商业系统组建党员突击队57支、党员先锋队90支、党员服务志愿队114支，1453名党员干部参与新冠肺炎疫情防控工作。

积极开展其他各类公益活动。所属各单位开展“美丽乡村有我一份”“金叶情系困难群众，真情慰问显担当”等宣传活动，开展“心系社区微心愿，凝聚温暖党员情”“新春送福进社区，共驻共建暖寒冬”“无偿献血传大爱”等志愿活动，开展“安全伴我行”“科普进终端”“宪法宣传周”“关心关爱下一代”等科普活动，开展“‘疫’不容辞、奋战一线”“在新冠肺炎疫情中历练，在奉献中前行”“凝心聚力抗疫情，尽锐出战保民安”等防控活动，开展“情暖教师节，慰问暖师心”“冬送温暖”等慰问活动，开展“植树造林添新绿，献礼建党100周年”等植树活动。

青海省烟草专卖局（公司）

扶贫济困。与海东市巴藏沟乡李家村党支部开展结对帮扶活动，向帮扶村所在乡卫生院捐赠救护车1辆、捐款43万元用于维修改造村农田水利设施，为巴藏沟乡中心小学捐赠图书价值3万元。

助力乡村振兴。捐款42万元，用于海东平安区三合镇瓦窑台村高原美丽乡村建设项目，进一步完善基础设施、改善村容村貌。帮扶驻村队沟通协调，与企业联系，帮助43名贫困户村民实现劳务就业，增加劳务收入45万余元。

新冠疫情防控及其他社会公益活动。省局（公司）捐赠防疫物资价值1.05万元。开展“关怀贫困母亲”网络募捐活动，参与858人次，捐款4.43万元。

宁夏回族自治区烟草专卖局（公司）

2021年，宁夏回族自治区烟草商业系统捐款148.95万元，用于各项社会公益活动。

扶贫济困。选派16名干部驻村工作，捐款94.85万元，用于产业帮扶、教育帮扶、基础设施、美丽乡村建设。其中，向红寺堡区捐赠帮扶资金50万元，用于帮扶村特色种养殖产业基础设施提升项目、特色农产品保鲜库建设项目；向定点帮扶村杨柳村捐款15万元，用于公共厕所改造项目；通过“爱心乐购”、消费帮扶等形式捐款18.58万元；捐款11.27万元用于其他各类乡村振兴工作。

资助教育事业。捐款52.1万元，用于资助贫困学生。其中，捐款43.9万元用于贫困学生文化活动用品等购置；捐款5.4万元用于“希望工程·圆梦行动”捐资助学活动；向宁夏扶贫基金会捐款1.8万元，认购“爱心包”50套；向宁夏儿童福利院捐款1万元，用于购置图书、教辅材料等。

积极开展其他公益活动。捐款2万元，用于社区共建、城市创建等工作；组织全自治区烟草商业系统24个基层党组织近半数党员干部全程参加新冠肺炎疫情防控工作，主动开展定点帮扶村特色农产品展示推介活动、贺兰山分片包植增绿活动、“路长制”及“周五有约”社区志愿服务活动等。

新疆维吾尔自治区烟草专卖局（公司）

2021年，新疆维吾尔自治区烟草商业系统捐款1887.2万元（含个人捐款30.49万元），用于各项社会公益活动。

扶贫济困。捐款1442.99万元（含个人捐款5.09万元），其中向“访民情、惠民生、聚民心”活动驻村点捐款831.45万元，其他扶贫济困捐款620.23万元，用于“访惠聚”工作队所在村（社区）基础设施、环境整治、新冠肺炎疫情防护物资购置等工作。

资助教育事业。捐款7.7万元（含个人捐款5.4万元），资助恰尔巴格村等困难学生；开展“春雷计划——梦想未来”“爱心一元捐”活动；为英吉沙县城关乡夜校购买学习物资；参与自治区青基会芙蓉学子计划等。

资助乡村建设。捐款432.77万元（含个人捐款20万元），用于昌吉市阿什里乡胡阿根村、伊犁昭苏县萨尔阔布乡阔里布拉克村、和田皮山县乔达乡恰尔巴格村等实施人居环境整治、基础设施建设、畜牧专业技术帮扶项目；组织职工个人“以购代帮”购买扶贫村特色农产品20万元。

积极开展其他各类公益活动。捐款3.74万元，用于冬季破冰、积雪清扫，春季、秋季义务植树活动，植树1870棵；向阿克苏拜城县布隆乡“访惠聚”工作队及喀什莎车县乡村振兴所在村村民捐赠衣物、书籍、儿童玩具等物品2100余件；开展“送温暖　献爱心”捐赠活动，捐赠衣物等6645件；向克拉玛依社区捐赠电脑2台；帮助村民采摘、销售葡萄580千克，苹果2000吨；参加公益活动无偿献血80人次、3.02万毫升。

大连市烟草专卖局（公司）

2021年，大连市烟草商业系统捐款607万元，用于各项社会公益活动。

慈善捐款、资助教育事业、专项捐赠。慈善捐款207万元，其中，向大连慈善基金会捐款50万元；向大连市慈善总会捐款50万元；向西岗区慈善总会捐款32万元；通过大连慈善基金会向对口帮扶村庄河市长岭镇洪昌村、塔岭镇东瓜川村分别捐款15万元和10万元；旅顺口区局（分公司）向旅顺口区慈善总会捐款2万元；金州区局（分公司）向金普新区慈善总会捐款10万元；普兰店区局（分公司）向普兰店区慈善总会捐款11万元；瓦房店市局（分公司）向瓦房店市慈善总会捐款9万元；庄河市局（分公司）通过庄河市慈善总会向对口帮扶村庄河市光明山镇吕沟屯村捐款10万元。资助教育，向大连市青少年基金会青年志愿者、希望工程共捐款8万元。向行业定点扶贫地区开展农产品扶贫采购8.8万余元。专项捐赠，捐赠援藏资金400万元。

积极开展其他各类公益活动。大连市局（公司）通过“春天慈善基金”开展“圆梦助学”项目、普兰店大姜屯修缮道路援助和援藏工作。西岗区局（分公司）、甘井子区局（分公司）开展慰问困难户活动，向慰问对象捐赠物资。沙河口区局（分公司）向星星之火孤独症支持中心、困难家庭捐赠生活物资。普兰店区局（分公司）向中国狮子联会大连代表处十七分区慈莲服务队捐赠医用酒精。庄河市局（分公司）开展“温暖客户”主题活动，为3户低保户开展店铺改造升级。

深圳市烟草专卖局（公司）

扶贫济困，深圳市局（公司）采购国家局定点扶贫县农产品56.88万元。资助教育事业，向“好技师、好讲师”系列活动捐款70万元；捐赠援藏资金400万元。

积极开展其他各类公益活动。福田区局（公司）开展垃圾分类整治、送温暖等志愿服务活动。罗湖区局（公司）开展“我为群众办实事”实践活动，参与社区一线新冠肺炎疫情防控志愿服务。龙岗区局（公司）开展义工服务活动，参与54人次。龙华区局（公司）走访困难卷烟零售户312次，帮扶困难客户39户，协助71户零售户办理“烟商贷”等烟草经营金融业务等。坪山区局（公司）开展义务植树、巡河护河、助力防疫抗疫等志愿服务活动，累计服务时长超过450小时。光明区局（公司）慰问一线环卫工人590人，并捐赠慰问品。大鹏新区局（公司）到河源上村开展党史教育小课堂9期，参与41人次。

◇编辑：周　佳　褚　辛　刘海文

河北中烟工业有限责任公司

支持乡村振兴。2021年，河北中烟共投入乡村振兴帮扶资金340万元，重点用于帮扶村人居环境整治，主要开展路灯改造、环境清理、道路修缮、厕所改造、污水治理等13项整治工作。分两轮重新选派3名第一书记和3名工作队队员，充实帮扶力量，接续推进驻村帮扶治理乡村振兴工作。

河北中烟建立防止返贫动态监测和帮扶机制，守住不发生规模性返贫底线，全年各定点帮扶村无一人返贫；强化产业带动，促进脱贫人口持续增收，各帮扶村全年共实现集体收入102.3万元，收益覆盖2189人；加大人居环境整治力度，持续完善公共服务设施和基础配套设施，农民群众的获得感、幸福感和安全感不断增强。荷花公益基金会组织开展一系列针对农村空巢老人的关爱活动，其中“妇老乡亲”农村养老模式得到复制推广；开展百余场“荷花助老便民志愿服务活动”，改善老年群体生活状态；在20余个项目点实施“乐龄陪伴工程”项目，开办多个老年公益食堂，服务农村空巢老人。

江苏中烟工业有限责任公司

2021年，江苏中烟工业系统捐款1122万元，用于各项社会公益活动。

救济贫困、扶助残疾人等，捐款1082万元。其中，向江苏省儿童少年福利基金会捐款80万元、残疾人基金会捐款100万元、江苏省慈善总会捐款200万元、受灾烟叶产区捐款310万元，援藏捐款200万元，对口帮扶江苏宿迁泗阳县捐款107万元、南京栖霞区马群街道文康苑社区捐款10万元、徐州挂钩定点经济薄弱村捐款40万元，向徐州市总工会捐款35万元。

资助教育文化事业，向徐州市徐州一中教育发展基金会捐资助学40万元。

浙江中烟工业有限责任公司

2021年，浙江中烟工业系统捐款4879万元，用于各项社会公益活动。

资助教育事业。捐款633.5万元。其中，向浙江省慈善联合总会、山东省慈善总会、江苏省慈善总会、广东省慈善总会、湖南省慈善总会、河北省慈善总会、四川省慈善总会、陕西省慈善协会、安徽省慈善与社会福利协会、河南省慈善总会、重庆市慈善总会等各捐款53万元，向云南省慈善总会捐款50.5万元。

灾害救助。捐款2990万元。其中，向云南曲靖陆良县慈善总会捐款200万元，向云南普洱景谷傣族彝族自治县慈善会捐款190万元，向会东县民政局捐款170万元，向祥云县红十字会捐款150万元，向新平县慈善总会捐款140万元，向曲靖市马龙区红十字会、洛宁县慈善协会、利川市慈善总会各捐款130万元，向建水县民政局捐款120万元，向宁乡市慈善会捐款100万元，向郴州市慈善总会捐款90万元，向景东彝族自治县慈善会、泸西县民政局、德江县慈善总会、会理县慈善总会、建始县慈善总会各捐款80万元，向永州市慈善总会捐款75万元，向姚安县财政局捐款70万元，向文山市慈善会捐款55万元，向宁南县民政局、卢氏县慈善总会、灵宝市慈善总会、方城县慈善总会、恩施市慈善总会、竹山县慈善会各捐款50万元，向鹤峰县慈善总会、宣恩县慈善总会各捐款45万元，向隆回县慈善总会、内乡县慈善总会各捐款40万元，向常宁市民政局、蒙阴县慈善总会、平邑县慈善总会、浦城县慈善总会各捐款30万元，向宁洱哈尼族彝族自治县慈善会、潍坊市慈善总会、隆林各族自治县民政局捐款25万元，向镇远县慈善总会、叙永县慈善会、古蔺县慈善会、石门县慈善总会、汝阳县慈善会、嵩县慈善协会、巫山县慈善会各捐款20万元，向宜阳县慈善协会捐款15万元，向兴文县慈善总会、湘西土家族苗族自治州慈善总会各捐款10万元。

其他捐款1255.5万元。其中，向杭州市慈善总会捐款355.5万元；向西藏自治区捐款200万元；向杭州西湖区慈善总会、宁波奉化区慈善总会各捐款100万元；向温州文成珊溪镇鳌洋村捐款70万元；向浙江省慈善总会“慈善一日捐”、衢州江山市民政局、宁波市红十字会各捐款50万元；向杭州上城区慈善总会、杭州市桐庐县慈善总会各捐款20万元；向杭州上城区慈善总会、宁波镇海区慈善总会、绍兴市红十字会各捐款50万元，用于抗击新冠肺炎疫情；向湖北十堰竹溪县、竹山县、宁夏吴忠红寺堡区分别捐款35万元、35万元、20万元，用于促进社会发展和进步的其他社会公共和福利事业。

安徽中烟工业有限责任公司

2021年，安徽中烟工业系统实施乡村振兴、爱心助学、防控新冠肺炎疫情及抗击自然灾害等项目，共计捐款1099.5万元。

公司总部向安徽省慈善总会捐款200万元用于助学等活动，向安徽省见义勇为基金会捐款100万元用于奖励、帮扶和救助见义勇为英雄人物，捐款50万元用于烟叶基地灾害扶持专项资金，捐赠专项资金200万元用于援藏工作。投入资金179.5万元用于巩固定点帮扶的宿州灵璧县朝阳镇杨桥村脱贫攻坚成果：一是加强基础设施建设项目。为新时代文明实践中心配置部分教学设备和桌椅板凳，投入资金10万元；实施乡村亮化工程，安装太阳能路灯，投入资金30万元；改造乡村振兴工作站，投入资金10万元。二是稳步推进产业振兴项目。推进蔬菜水果大棚建设，投入资金40万元；购置秸秆打捆机2台，投入资金60万元。三是大力开展助学公益活动，向朝阳镇捐赠安全书包1000个，价值29.5万元。

所属各卷烟厂积极开展各类公益活动。蚌埠卷烟厂捐款16万元用于贫困妇女儿童等救助，捐款34万元用于定点帮扶村的乡村振兴工作；芜湖卷烟厂向安徽师范大学教育基金会等公益机构捐款26.5万元用于爱心助学项目，捐款103.5万元用于定点帮扶村的乡村振兴工作；合肥卷烟厂向合肥市青少年发展基金会、青海格桑花教育基金会等单位捐款70万元用于教育慈善事业；阜阳卷烟厂向安徽省青少年发展基金会捐款15万元用于映山红奖学金助学项目；滁州卷烟厂向滁州市第一人民医院捐款20万元用于新冠肺炎疫情防控工作，向滁州市青少年发展基金会、慈善爱心助学协会捐款8万元用于教育慈善事业，捐款17万元用于定点帮扶村的乡村振兴工作。

福建中烟工业有限责任公司

2021年，福建中烟工业系统捐款2191.89万元，用于各项社会公益活动。

灾害救助，捐款89.5万元。其中，向辽宁朝阳建平县民政局捐款10万元，向云南曲靖马龙区民政局捐款20万元、大理祥云县红十字会捐款19.5万元，向福建龙岩永定区慈善总会捐款20万元、三明尤溪县慈善总会捐款20

万元。

支持乡村振兴及援藏事业，向福建南平浦城县捐款300万元、三明建宁县捐款100万元，向厦门市慈善总会捐款10万元，向龙岩永定区合溪乡捐款0.39万元，向西藏自治区捐款200万元。

支持医疗事业，向厦门同安区红十字会、海沧区慈善会、思明区红十字会各捐款100万元。支持教育事业，向厦门市教育基金会捐款390万元。

所属各单位积极开展各类公益活动。龙岩烟草工业有限责任公司向龙岩市慈善总会捐款640万元。厦门烟草工业有限责任公司资助困难家庭患者医疗资金，向厦门中山医院基金会捐款50万元；资助高考贫困学生，支持地方教育事业，向厦门市教育基金会捐款20万元、海沧区教育基金会捐款50万元；支持社会公共福利事业，向厦门市老年基金会捐款22万元、爱国拥军促进会捐款20万元。

江西中烟工业有限责任公司

2021年，江西中烟工业系统捐款880万元，用于各项社会公益活动。其中，资助教育事业，捐赠助学款30万元；帮扶萍乡市“生态文明村”建设资金150万元；支持宜春上高镇渡乡乡村振兴捐款500万元；支持援藏事业向西藏自治区捐款200万元。

山东中烟工业有限责任公司

2021年，山东中烟工业系统捐款485万元，用于各项社会公益活动。

支持乡村振兴及援藏事业。捐赠援藏资金200万元。向潍坊青州宋阁村驻村帮扶项目捐款50万元，向烟台长岛砣矶镇后口村捐款20万元。向青岛市市北区慈善总会捐款15万元，定向用于甘肃定西临洮窑店镇乡村振兴工作。向湖南永州、郴州、山东临朐、云南大理洱源县受灾烟田各捐款50万元。累计采购湖北十堰竹溪县、竹山县和宁夏吴忠红寺堡区、江西赣州兴国县等定点帮扶和对口支援地区农产品价值445.34万元。

所属卷烟厂积极开展其他各类公益活动。济南卷烟厂组织开展“心系临夏　泉城有情”东西部协作社会捐助活动，捐款1.42万元；参加“希望小屋”爱心捐助活动，捐款1.03万元；其他捐款1.77万元；组织职工无偿献血约2万毫升。青岛卷烟厂“希望小屋”爱心捐助活动，捐款1.8万元；青州卷烟厂参加“慈心一日捐”活动，职工捐款9.61万元；常态化结对帮扶101名困难学生；组织职工无偿献血1.15万毫升。滕州卷烟厂参加“慈心一日捐”活动，职工捐款9.74万元；组织职工无偿献血2.16万毫升。颐中集团组织职工无偿献血3.62万毫升。

河南中烟工业有限责任公司

2021年，河南中烟工业系统捐款3721.64万元（含个人捐款148.3万元），用于各项社会公益活动。其中，灾害救助2219.34万元、支持乡村振兴1231万元、鼓励公益与助学123万元。

灾害救助。向河南省财政厅、郑州市管城区人民政府、新郑市人民政府、郑州经开区、许昌市慈善总会、安阳市人民政府分别捐款1000万元、200万元、100万元、100万元、300万元、300万元用于自然灾害救助；向郑州、安阳、新乡、焦作、周口、鹤壁、平顶山、开封、洛阳等市卷烟零售户分别捐款40万元、30万元、40万元、20万元、10万元、30万元、10万元、6.94万元、2.4万元，用于自然灾害救助；向湖南郴州市慈善总会捐款30万元，用于郴州烟叶受灾救助。

巩固脱贫攻坚成果和支持乡村振兴。向信阳新县周河乡毛铺村产业扶贫项目、人居环境整治项目、志智双扶项目分别捐款730万元、125万元、120万元；向许昌襄城湛北乡杨庄村、安阳龙安龙泉镇周家庄村、南阳社旗下洼镇高庄村、南阳淅川厚坡镇王河村、驻马店正阳袁寨乡孙楼村、洛阳嵩县纸房镇邓岭村分别捐款40万元、65万元、40万元、40万元、36万元、35万元，用于打造党建阵地、建设基础设施、助力乡村振兴。

鼓励公益与助学。向漯河市见义勇为协会、南阳市见义勇为事业促进会分别捐款20万元、40万元，用于支持见义勇为公益活动开展；向河南省直工会金秋助学项目捐款30万元；向河南省扶贫基金会捐款15万元；向“爱心书屋”教育资助项目捐款15万元；援助安阳市困难企业职工3万元。

河南中烟工业系统干部职工个人捐款共计148.3万元。其中，参与巩固脱贫攻坚成果1509人次、捐款18.62万元，参与捐资助学168人次、捐款2.73万元，参与支持新冠肺炎疫情防控工作96人次、捐款2.08万元，参与支持自然灾害救助工作9539人次、捐款114万元，支持见义勇为公益活动捐款4.77万元，开展“点亮毛铺　助力乡村振兴”青年志愿捐赠活动，捐款6.1万元用于架设路灯。

积极开展其他各类公益活动。采购定点地区农产品，组织慈善活动112次，参加无偿献血活动380人次，参加爱心助考、植树、义务劳动1980人次，到福利院看望孤寡老人、留守儿童参与18人次，开展文明交通、文明行为劝导、道路清洁、社区服务1122人次，协助社区开展疫情防控等志愿活动4216人次。

湖北中烟工业有限责任公司

湖北中烟自2017年联合湖北省卫健委、省妇联、湖北省局（公司）等单位和省妇女儿童基金会、省教育基金会全面启动“三见”（“我看见·荆楚送光明”“我梦见·荆楚送希望”“我听见·荆楚送健康”）公益活动。

2021年，“我梦见·荆楚送希望”大学生助勤帮困项目在27所高职院校开展。该项目通过在学校设立一些勤工俭学岗位，鼓励和支持家庭贫困学生通过自己的劳动获得劳动报酬，学生通过勤工俭学岗位劳动，得到工作锻炼的同时，培养学生自立自强、创新创业精神，增强学生社会实践能力，将学生资助与育人有机结合起来，对大学生成长成才、学校教育管理工作起到促进作用。

“我听见·荆楚送健康”特殊教育学校职业训练公益项目，先后在荆州沙市区特殊教育学校、利川市特殊教育学校、汉川市特殊教育学校、大冶市特殊教育学校、竹溪县特殊教育学校5所学校开展。该项目通过搭建仿真教室，锻炼学生独立生活的能力，通过搭建职业训练中心，让学生掌握一技之长，为今后更好融入社会提供帮助。

2021年，湖北中烟在前期“我听见·我看见·我梦见”等系列公益项目的基础上，根据社会需求，优化调整“三见”公益项目方案，先后开展“我梦见·荆楚送希望”公益木兰项目，构建妇女儿童帮扶网络；“我梦见·荆楚送希望”寻访荆楚好老师项目，进一步营造尊师重教浓厚社会氛围，引导和激励广大教师不忘立德树人初心，牢记为党育人、为国育才使命，潜心教书育人。

湖南中烟工业有限责任公司

2021年，湖南中烟工业系统捐款1.8亿元，用于各项社会公益活动。其中，灾害救助、支持乡村振兴、扶助残疾人等活动，捐款5364万元；资助教育、科学、文化、体育、卫生事业等活动，捐款1.21亿元；资助环境保护、社会公共设施建设等活动，捐款496万元。

湖南中烟工业系统在3省9市县对口帮扶9个村投入资金1089.50万元，向助学型公益活动捐款1200万元。

支持建设共享图书馆。截至2021年底，湖南中烟与省政府、公益组织三方共建的圭塘河共享图书馆拥有图书5万余册，书籍借阅数5.3万余次，接待读者超过18万人次，组织各类公益活动、读书活动500余场。该公益文化志愿服务项目在文化和旅游部“2021年文化和旅游领域学雷锋志愿服务先进典型”评选中，被评为2021年最佳志愿服务项目。

广东中烟工业有限责任公司

2021年，广东中烟工业系统捐款2127万元，用于各项社会公益活动。

巩固脱贫攻坚成果和支持乡村振兴。支持定点帮扶村镇巩固拓展脱贫攻坚成果，加强基础设施建设，推动人居环境改善，助力乡村振兴。向韶关仁化城口镇捐款50万元，向梅州蕉岭南磜镇岭背村捐款62万元，向梅州梅县梅西镇捐款98万元，向湛江遂溪岭北镇捐款120万元。支持2021年“广东扶贫济困日”活动捐款1140万元。

灾害救助，捐款400万元，用于救助烟叶受灾严重的四川会理市、湖南郴州市、云南弥勒市、云南景东彝族自治县、广东南雄市等地。

积极开展其他各类公益活动。向广州“我为南激献爱心”活动捐款2.07万元，向广州“幸福工程救助贫困母亲”活动捐款2.19万元，向韶关“慈善一日捐”活动捐款4.1万元，向梅州“爱心父母大联盟”活动捐款5.94万元，向湛江“南粤会亲—湛江会亲”活动捐款1.4万元，支持2021年“广东扶贫济困日”活动，职工个人捐款7.54万元。参加南激村“邻里花园”志愿服务、邓世昌纪念馆志愿服务、“我为群众办实事”、“全民志愿行　共创文明城”志愿服务等，共参与1.83万人次。无偿献血活动参与284人次。植树活动参与36人次。

广西中烟工业有限责任公司

2021年，广西中烟工业系统捐款1479.86万元，用于各项社会公益活动。

巩固脱贫攻坚成果和支持乡村振兴，捐款578.32万元。其中，向烟叶种植乡村救灾捐款385万元，主要用于云南曲靖罗平县、保山昌宁县、大理洱源县，重庆奉节县以及广西百色凌云县、德保县烟叶救灾；向广西精准帮扶重点市县捐款193.32万元，主要用于河池都安县、东兰县、崇左大新县、柳州三江县、融水县等精准帮扶项目及全区欠发达地区的产业扶持、基础设施建设，并资助身患尿毒症的“最美乡村医生”、爱心助残、慰问贫困户等活动。

资助教育事业，捐款379.79万元。其中，向广西青少年发展基金会捐款100万元，用于援建“希望厨房”；向广西协力扶助基金会捐款150万元，用于广西精准帮扶教育活动；向广西壮族自治区总工会捐款50万元，用于“金秋助学”活动；向周边幼儿园、小学捐款79.79万元，用于学校教育设施建设。

资助乡村建设，捐款321.75万元。其中，向百色田林县民政局捐款100万元；向贺州富川瑶族自治县慈善总会捐款176.75万元，用于对口帮扶村基础设施建设；向柳州融安县民政局捐款15万元，用于浮石镇木瓜村道路建设；向新疆阿克苏拜城县布隆乡托万克布隆村捐款30万元，用于村民房屋修缮工程。

支援西藏自治区建设。积极履行国有企业社会责任，参与西藏自治区兴边富民工程，向西藏自治区捐款200万元。

重庆中烟工业有限责任公司

2021年，重庆中烟工业系统捐款1300万元，用于各项社会公益活动。

巩固脱贫攻坚成果和支持乡村振兴，捐款670万元。其中，向新疆阿克苏拜城县民政局捐款80万元，用于新疆烟草驻村“访惠聚”工作队乡村振兴帮扶；向西藏自治区捐款200万元，用作“十四五”时期烟草行业援藏资金；向西藏昌都市财政局捐款50万元，用于重庆市援藏项目“昌都市委宣传部LED屏”建设；向重庆涪陵区财政局捐款10万元，用于涪陵区百花镇红花村产业发展及基础设施建设；向黔江区财政局捐款10万元，用于黔江区新华乡石钟村乡村振兴帮扶；向石柱土家族自治县财政局捐款320万元，用于乡村振兴帮扶。

资助教育事业，捐款350万元。其中，向重庆市教育发展基金捐款30万元、南岸区教育发展基金捐款110万元、黔江区教委捐款140万元，用于助学捐赠项目；向石柱土家族自治县教育基金会捐款50万元，用于该县特殊教育事业；向重庆市残疾人福利基金会捐款20万元，用于重庆“雨露助残——关爱儿童”捐助活动。

灾害救助，捐款130万元。其中，向双江拉祜族佤族布朗族傣族自治县慈善会捐款90万元，用于帮扶云南临沧烟叶产区受灾烟农；向湖南郴州市慈善会捐款40万元，用于帮扶湖南郴州烟叶产区受灾烟农。

其他各类社会公益活动，捐款150万元。其中，向重庆市沈铁梅文化发展基金会捐款130万元，用于重庆市川剧院地方文化产业保护；向重庆市慈善总会捐款20万元，支持重庆市“吃得文明”主题活动公益广告创作大赛。

四川中烟工业有限责任公司

2021年，四川中烟工业系统7个帮扶项目投入帮扶捐赠资金1400万元。其中，四川甘孜下雄乡洛戈二村“村级活动室修建、观景台翻新修建、村容村貌改善”项目200万元，广元苍溪白驿镇岫云村青年创业中心建设项目150万元，泸州叙永水潦彝族乡白腊村黑猪生态养殖种猪养殖场建设项目50万元，凉山越西竹阿觉镇呷拖村黄牛养殖项目50万元，凉山会东乌东德镇青龙山村“宽窄花园”示范基地建设项目150万元，凉山州绿色家园戒毒康复小区第三期项目274万元，什邡师古大泉坑村“毛式烟田文旅项目”建设326万元，援藏资金200万元。

贵州中烟工业有限责任公司

2021年，贵州中烟工业系统实施捐赠项目13个，投入帮扶资金3344万元。其中，结对帮扶黔西南晴隆县实施乡村振兴投入2254万元，主要帮助晴隆沙子镇产业园区CTC红碎茶绿碎茶设备购置及薏仁酒厂建设项目，助力当地特色产业发展，增加居民就业机会；开展“圆梦·助学”扶智（扶志）行动；针对存在返贫风险的重点群体，设立农民扶助金，搭建农民扶助平台，坚决防止返贫发生；支持结对帮扶村壮大村集体经济，因地制宜发展产业；捐赠援藏资金200万元；向黔西南普安县、贞丰县、晴隆县及黔东南州从江县等投入农村中小学基础设施建设资金400万元，用于学校园区操场改造、体育设施配备等；各卷烟厂投入帮扶资金490万元，主要用于遵义市新冠肺炎疫情防控和毕节纳雍县、黔南贵定县、遵义市遵义县、铜仁松桃县、黔西南普安县等结对帮扶村产业路修建、环境卫生整治等项目。

云南中烟工业有限责任公司

云南中烟工业有限责任公司本部。2021年，云南中烟本部捐赠社会公益资金4567万元，共计23个项目，涉及云南昆明、玉溪、曲靖、红河、大理、昭通、保山、德宏、西双版纳等9个州市部分地区的教育事业，开展“挂包帮、转走访”精准帮扶、“兴边富民”工程、云南省妇女儿童发展基金会中小学生关爱计划、云南省老龄事业发展基金会助老工程、云南省慈善总会助老助学、云南省教育基金会爱心书屋和支教助学等专项捐赠。针对德宏傣族景颇族自治州境外输入新冠肺炎疫情较重、抗疫压力较大的情况，云南中烟协调捐赠资金100万元，支持边境少数民族地区新冠肺炎疫情防控工作。

巩固脱贫攻坚成果和支持乡村振兴。2021年，云南中烟本部精准帮扶保山市施甸县投入300万元，向曲靖宣威市、会泽县各投入150万元，向西双版纳景洪市兴边富民项目投入200万元；云南合和（集团）股份有限公司投入986.47万元。云南中烟对口保山施甸县选派新一轮驻村第一书记和工作队员5人。

红塔烟草（集团）有限责任公司。2021年，红塔集团捐款1995.8万元，用于各项社会公益活动。

巩固脱贫攻坚成果和支持乡村振兴。红塔集团本部向挂钩帮扶点普洱市澜沧拉祜族自治县南岭乡谦哲村捐款250万元；玉溪卷烟厂向玉溪江川区董炳村捐款96万元；楚雄卷烟厂向挂钩帮扶点楚雄州楚雄市东华镇路上村捐款120万元，向武定猫街镇大厂、大麦地村委会捐款34万元；大理卷烟厂向大理剑川岩典村、漾濞白蛇马村、云龙双龙村、弥渡德苴乡等村镇捐款270万元；昭通卷烟厂向昭通盐津滩头乡滩头村捐款160万元，用于当地村镇基础设施建设、特色产业发展等项目。红塔集团对口普洱澜沧县选派新一轮驻村第一书记和工作队员3人。

资助教育事业。红塔集团本部向玉溪市教育体育局捐款220万元，向玉溪市山区民族教育促进会捐款60万元，向玉溪市慈善总会捐款30万元；玉溪卷烟厂向玉溪市及红塔区教育体育局捐款210万元；楚雄卷烟厂向楚雄州（市）教育体育局捐款195.8万元；大理卷烟厂向大理巍山五印乡印山小学捐款35万元、向永平水泄乡文库村幼儿园捐款45万元；昭通卷烟厂向昭通市教育体育局、永善县政府、盐津滩头村捐款180万元，用于改善当地部分中小学校、幼儿园教学设备设施和资助困难家庭学生。

积极开展其他各类公益活动。红塔集团本部向玉溪市江川区政府捐款30万元、向玉溪市慈善总会捐款50万元，分别用于江川县工委旧址红色教育基地建设项目和玉溪市困境儿童救助项目；昭通卷烟厂向云南省见义勇为基金会捐款10万元。

红云红河烟草（集团）有限责任公司。 2021年，红云红河集团捐款2329.42万元，用于各项社会公益活动。

巩固脱贫攻坚成果和支持乡村振兴，捐款707.9万元。其中，对口帮扶会泽田坝乡板坡村106万元，对口帮扶昆明寻甸金源乡小村50万元，对口帮扶会泽钟屏街道鱼洞社区、以则村及金钟街道石鼓社区86.9万元，对口帮扶会泽马路乡水口村、旁官地村、火红乡龙树村、鲁纳乡狮子村等180万元，红河泸西三塘乡15万元，内蒙古乌兰浩特义勒力特嘎查村135万元，新疆阿克苏拜城县亚吐尔乡休相村65万元、乌鲁木齐市经济技术开发区两河片区马家庄子村20万元、塔城裕民阿勒腾也木勒乡克孜布拉克村50万元。

支持奖教助学，捐款1430.81万元。其中，云南大学120万元、云南师范大学120万元、昆明理工大学100万元、云南农业大学50万元、云南财经大学50万元、云南省教育基金会30万元；支持昆明、红河、曲靖、会泽等地教育事业捐款590.81万元；支持新疆奎屯、伊犁、乌鲁木齐、石河子等地教育事业捐款170万元，支持内蒙古乌兰浩特教育事业捐款200万元。

扶贫济困，捐款87.72万元。其中，昆明盘龙区德馨学校36万元、弥勒朋普镇齐格村8万元、会泽火红乡等地敬老院福利院28.72万元、乌兰浩特市红十字会15万元。

积极开展其他各类公益活动，捐款102.99万元。其中，用于昆明五华区红云街道长虫山生态修复25万元、昆明五华区疾病预防控制中心应急物资配置20万元、昆明富民东村镇环境卫生整治30万元、会泽宝云街道仙龙社区安全饮水管网改建27.99万元。

陕西中烟工业有限责任公司

2020年，陕西中烟工业公司捐款1280万元，用于各项社会公益活动。

灾害救助、支持乡村振兴。公司派出驻村干部7人开展包村工作，其中2人担任驻村第一书记。向咸阳永寿常宁镇灰家村捐助帮扶资金30万元，用于大棚蔬菜种植、养牛场养殖产业项目建设等。向榆林绥德定仙墕镇王坪山中心村捐款20万元，用于养殖场项目建设等。向旬阳仙河镇竹园河村捐款50万元，用于优质水稻产业项目扶持。向白柳镇峰溪社区捐款20万元，用于生态果蔬基地产业项目建设。向佛坪长角坝镇龙草坪村捐款40万元，用于产业发展扶持。向渭南澄城安里镇义井庄村村委会捐款70万元，用于新发展苹果产业、樱桃产业园日光保温棚等项目。向延安延川延水关李家迁村捐款20万元。向延安市慈善协会捐款20万元。

资助科教文卫事业。向宝鸡市残疾人福利基金会捐款20万元，用于帮扶困难白内障患者复明项目。向澄城县住房和城乡建设局捐款100万元，用于建设澄城县全民健身运动广场。为汉中南郑区湘水镇中心小学捐赠学习书籍106册。支持延安无锡枣园中学和宝塔兰家坪小学第九期支教活动各捐款10万元。

资助环境保护、社会公共设施建设。向陕西省“合力团”项目捐款100万元，用于建设宝鸡麟游县常丰镇果园灌溉项目，新建引水低坝1座，形成总库容约1万立方米的果园高位蓄水池。向延安宝塔区青化砭镇梁村资助美丽乡村建设资金20万元。资助宝鸡千阳张家塬镇柳家塬村及观明村15万元、金台区金河镇紫原村10万元、高新区天王镇小塬村10万元，用于村基础设施建设、道路硬化等。资助旬阳市“五城联创，三级同创”环保项目10万元、城关镇草坪村道路改造项目100万元。资助汉中南郑圣水镇瓮池村乡村基础建设5万元。

积极开展其他各类公益活动。组织开展“微心愿”“关爱退役军人”“爱心超市扶志”“10元关爱行动”等慈善募捐、关怀慰问活动。采购湖北十堰竹山县、宁夏吴忠红寺堡区、江西赣州兴国县等国家局定点帮扶和对口支援地区物资及其他企业合作社农特产品共计540.5万元，职工自发采购帮扶村农产品20余万元，缓解农产品销售难的问题。向西安市、延安市红十字会分别捐赠抗疫资金300万元、100万元，支持全省新冠肺炎疫情防控工作。职工个人向各类公益活动积极捐款20余万元。

中国烟草实业发展中心

2021年，中国烟草实业发展中心系统捐款8523.3万元，用于各项社会公益活动。

支持乡村振兴，捐款3586.6万元。其中，蒙昆公司捐赠乡村振兴资金2045万元；与定点帮扶村内蒙古呼和浩特清水河县杈几也村协商制定青少年研学教育实践基地项目实施方案，推进研学基地建成投入使用；购买国家局定点帮扶地区农产品157万元，组织员工自愿购买公司帮扶地区农产品9万元。甘肃烟草工业投入资金550万元，用于甘肃省3个县区5个乡镇7个村共计19个项目的帮扶工作；开展消费帮扶，采购行业定点帮扶地区农产品30万元；购买甘味农副产品89万元，先后到帮扶村购买农产品共计3万余元。山昆公司向山西受灾地区捐款500万元，用于山西省洪涝灾害灾后重建工作。吉林烟草工业向包保的吉林延边龙井智新镇工农村捐款30万元、和龙南坪镇高岭村捐款20万元，用于巩固脱贫攻坚成果；向湖南郴州市慈善总会捐款70万元，用于支持郴州市烟叶生产及救灾防灾补损。深圳烟草工业向湖南永州新田县冰雹灾后烟叶生产救助捐款20万元。红辽公司向对口帮扶村辽宁朝阳市朝阳县东台子村捐款6.6万元，向河南受灾地区捐款9.3万元，向沈阳爱心广场公益基金会捐款20万元，向辽宁省600户贫困零售户捐款24.7万元，资助苏家屯区中兴街道30户特困户和低保户3万元。

资助教育、科学、文化、卫生、体育等事业，捐款4936.7万元。其中，蒙昆公司捐赠教育扶持资金332万元、生态建设资金3000万元、其他捐款10万元；开展交通引导、环境整治、义务植树等14项志愿服务活动，全年共计446人次参与，累计志愿服务时长1425小时；组织76名员工无偿献血2.63万毫升；开展“博爱一日捐”活动，募集员工捐款3万元。吉林烟草工业向吉林延吉市经济开发区捐款255万元；向延边医院天使爱心基金会捐款100万元，用于支持吉林省少数民族地区医学和医疗水平的发展；支持长春市“助蕾助耕计划”项目和长春市特殊教育学校食堂改造项目捐款535万元；向延边汪清天桥岭镇转角楼村捐款250万元，支持该村秸秆综合利用项目。甘肃烟草工业向兰州市慈善总会捐款205万元，用于支持兰州市教育事业发展；向天水市慈善总会捐款20万元，用于天水市新冠肺炎疫情防控工作；成立“党员先锋防疫志愿服务队”，共计164人次参与，助力社区完成14轮2.38万人次核酸采样工作，累计志愿服务时长90小时；组织开展“党员进社区　服务零距离”“我为党旗增色”“支部联建进社区　圆梦群众微心愿”“流动儿童之家”等志愿活动。山昆公司开展助困助学公益活动捐款208万元。海红公司向海南省慈善总会捐款90万元，支持海南琼中青少年足球教育事业；筹备抗灾物资支援河南特大暴雨灾害救助；开展“迎百年荣光　树百年品牌”植树活动。红辽公司向辽宁沈阳白清九年一贯制学校沈南二校各捐款2.5万元；资助苏家屯区8名中考、高考就学困难考生1.6万元；向营口盖州矿洞沟镇薛屯小学、红塔杨运小学捐款10万元。

中国烟草总公司郑州烟草研究院

中国烟草总公司郑州烟草研究院继续对口帮扶河南许昌襄城凹郭村，巩固深化脱贫攻坚成果。在郑州“7·20”特大暴雨灾害期间，郑州院第一时间组成党员先锋队，全面参与院区、社区抗洪抢险、设备转移、清淤排水工作；在新冠肺炎疫情防控关键时刻，组织5期60名党员志愿者参与社区疫情防控管理；及时发布向暴雨灾区捐款捐物倡议书，参与332人、捐款4.9万元、捐赠物资237件；开展“抗疫宣传送祝福”“四送一助力”“灾后助重建　点亮微心愿”行动，常态化开展支部共建“手拉手”活动。

中国烟草总公司职工进修学院

2021年，中国烟草总公司职工进修学院助力乡村振兴，持续开展消费帮扶活动，购买国家局定点帮扶地区农产品共计3.6万元；组建战“疫”志愿服务队开展社区核酸检测志愿服务，编发疫情防护知识12期，组织20名党员志愿者深入疫情防控一线，为社区提供静态管理、环境消杀、物资保障等志愿服务；在河南郑州“7·20”特大暴雨灾害期间，主动组织力量参加周边社区防洪抢险、物资转移、排水清污工作，第一时间发布《防汛救灾，共克时艰》捐款倡议书，全体教职工积极参与，向灾区捐款共计2.1万元；开展节前慰问活动和精神文明建设一对一困难帮扶活动，走访慰问老党员、生活困难群众共计29人次。

中国烟草总公司合肥设计院

2021年，合肥设计院认真做好巩固脱贫攻坚成果同乡村振兴有效衔接工作，开展消费帮扶，购买宁夏吴忠红寺堡区、安徽六安金寨县、新疆和田皮山县等地农产品共计3.08万元。

南通醋酸纤维有限公司

灾害救助。组织14名“维+”志愿者到社区支援核酸检测，开展秩序维持、疏导指引、体温测量和防疫宣传等志愿服务。向河南新乡遭受暴雨洪灾地区捐赠矿泉水、方便面等基本生活物资，组织12名“维+”志愿者第一时间将物资送抵灾区，帮助受灾群众尽快恢复正常生产生活。

捐资助学。依托“南纤博爱助学奖学金”平台，2021年累计向南通中学、启秀中学、通师一附教育集团捐款45万元，奖励和资助150余名南通学子。通过《江海晚报》“关爱一线牵”平台，资助10名困难大学生2万元用于分担部分学费。

其他公益捐赠。向张謇慈善基金、崇英关爱基金、江海关爱基金等捐款145万元，用于困难群体帮扶，助力乡村振兴。

积极开展其他各类公益活动。组建成立200余人的“维+”志愿服务队伍，开展家电维修、消防安全、医疗义诊等八大类20余种社区便民服务。联合南通崇川区新桥北村社区举办“党群携手学雷锋 维+公益进社区”主题公益活动，受益群众超百人。

昆明醋酸纤维有限公司

为进一步履行社会责任，彰显企业担当，巩固脱贫攻坚成效，助力乡村振兴。2021年12月，昆纤公司向盘龙区慈善协会捐款30万元，定向用于小河社区开展乡村振兴项目的实施和救济贫困、扶助残疾人等项目，助力小河社区发展，切实履行昆纤公司社会责任。

珠海醋酸纤维有限公司

支持乡村振兴。2021年，珠纤公司积极融入国家乡村振兴战略，捐款10万元用于贵州遵义市对口帮扶医院改善医疗基础条件；工会组织开展帮扶地区农产品集体采购，共计20余万元。

支持教育事业。珠纤公司关注所在地区教育事业发展，2021年捐款10万元用于帮助斗门区南门小学建设爱心书屋，为学生提供良好的阅读学习环境。

其他志愿服务活动。加强社区建设，2021年捐款10余万元，支持平沙社区“亮灯工程”，美化社区居住环境，助力文明城市建设。参加“6·30”广东扶贫日活动，向社会困难群众提供帮助。全年党工团组织开展环境保护、关爱老人等志愿服务活动8次，参与人数超过200人次，服务时长累计600余小时。

◇ 编辑：褚　幸

社会责任报告选登

□ 广西壮族自治区烟草专卖局（公司）2021年社会责任报告（摘要）

□ 湖北中烟工业有限责任公司2021年社会责任报告（摘要）

□ 红云红河烟草（集团）有限责任公司2021年社会责任报告（摘要）

广西壮族自治区烟草专卖局（公司）2021 年社会责任报告（摘要）

2021 年广西壮族自治区烟草专卖局（公司）社会责任报告主体包含概览、政治责任、经济责任、社会责任、文化责任、安全责任部分。

概　览

社会责任理念。广西壮族自治区烟草专卖局（公司）坚持以习近平新时代中国特色社会主义思想为指导，坚持党对国有企业的全面领导，践行“国家利益至上、消费者利益至上”的行业价值观，不断加强管理和改革创新，依法行政，依法生产经营，依法监督管理，促进经营效益逐年提升。积极融入国家经济社会发展大局，有效履行保证国家财政收入、维护消费者利益、助力乡村振兴、稳定就业保障民生、打击烟草非法贸易等社会责任，努力为国家财政增收、地方经济社会发展稳定作出积极贡献。

2021 **年改革发展主要成就**。实现商业增加值 150.84 亿元；实现税利总额 127.8 亿元，自 2017 年税利总额首次突破百亿元后，已连续五年超百亿元。

乡村振兴。2021 年，共派出驻村扶贫第一书记 16 人，驻村工作队员 44 人，帮扶项目投入 625.2 万元，落实脱贫地区农产品采购金额 711.5 万元，定点帮扶和支持 89 个村，惠及 3.74 万人。广西区局（公司）坚持以人民为中心，加强精准扶贫工作，特别是“十三五”时期，投入扶贫资金 2346.53 万元，结对帮扶贫困村 108 个，派出驻村干部 637 人次，实现 5854 户贫困户 2.3 万人如期脱贫；对百色、贺州、河池等 3 个市 11 个县的 4000 余户烟农以及时代楷模黄文秀担任过第一书记的百色市乐业县百坭村烟叶种植予以重点帮扶，为广西老少边山穷地区如期完成脱贫攻坚任务贡献烟草力量。广西区局（公司）获得脱贫攻坚（乡村振兴）先进后盾单位奖，党建处被评为自治区脱贫攻坚先进集体，百色靖西市局（营销部）被评为国家烟草专卖局脱贫攻坚先进集体。广西区局（公司）毛茂巧、河池市局（公司）梁山被评为自治区优秀脱贫攻坚（乡村振兴）工作队员。定点帮扶的崇左市江州区成为第一批全国幸福生活与美好环境共同缔造活动培训基地。定点帮扶的崇左市江州区江州镇板备村中，邑牟屯党支部书记陈立彩被评为全国脱贫攻坚先进个人。

稳定就业。2021 年，全区收购烟叶超过 1.5 万吨（30 万担），烟叶生产基础设施投入 2373.13 万元，解决百色、贺州、河池等 3 个市 11 个县 411 个村等老少边山穷地区 4457 户烟农约 1.3 万人的就业和脱贫致富问题，烟农户均售烟年收入超 10 万元（含补贴）；带动机耕、植保、分级等农村就业人员 3.34 万人次（用工数量），实现务工收入 417 万元；伊灵烟叶复烤公司在烟叶复烤季节解决 226 个季节工、145 个劳务外包人员的就业问题。在烟叶生产环节解决约 4 万人就地就业问题。全区 23 万户卷烟零售户（超过一半在农村），平均毛利率稳定在 13% 以上，户月均盈利约 3200 元，基本实现“一本烟草证养活一家人”，解决约 100 万人的民生问题。

依法履行专卖监管职责。2021 年，全区查处涉烟违法案件 1.01 万起，涉案金额 100 万元以上案件 180 起，其中符合国家局标准网络案件 59 起，公安部（海关总署缉私局）、国家局督办案件 5 起；查获各类非法卷烟 11.16 万件，涉案卷烟实物总金额 8.67 亿元。

政治责任

首要政治任务。2021 年 4 月，习近平总书记在广西考察调研时指出，“要坚持党对国有企业的全面领导，坚持加强党的领导和完善公司治理相统一，在深化企业改革中搞好党的建设，充分发挥党组织在企业改革发展中的领导核心作用”。广西区局（公司）作为全国少数民族人口最多的省级行政区的一家大型国有企业，肩负着维护国家利益、促进边疆民族地区经济发展稳定的重要职责，始终以习近平新时代中国特色社会主义思想为指导，胸怀“两个大局”，心系“国之大者”，把落实习近平总书记重要讲话精神作为首要政治任务和最重要的政治担当，加强政治建设，保持正确发展方向，强化经营管理，确保国有资产保值增值，保证国家财政收入、维护消费者利益，支持地方经济发展，履行社会责任，促进和谐发展。

坚持党的领导，加强党的建设。坚持政治引领。广西区局（公司）坚持党的全面领导，增强把握新发展阶段、贯彻新发展理念、服务和融入新发展格局的政治能力、战略眼光和专业水平，把党中央的方针政策、国家局的决策部署体现到谋划战略、制定政策、部署任务、推动工作的各项实践中。

扎实推进党组织建设。全区烟草商业系统设党组 15 个，党委 1 个，党总支 2 个，党支部 289 个，在职党员 3151 人。健全党的组织，做到“两个全覆盖”，2021 年度组织各级党组（党委）理论学习中心组集体学习 121 次，党组（党委）班子成员带头讲党课 118 次，基层党支部开展交流研讨 2.15 万人次，以党建为引领，推动党建与业务深度融合发展。

发挥党支部战斗堡垒和党员先锋模范作用，深入推进“我为群众办实事”实践活动，切实解决好基层和群众的“急难愁盼”问题，为群众办实事好事 1517 项，涌现一批敢担当善作为的先进典型。

全面从严治党。坚持严的主基调，全面从严，一严到底。以政治建设为统领，全面落实主体责任和监督责任，把党风廉政建设和反腐败工作与生产经营同部署、同落实、同考核。加强对“一把手”和领导班子监督，规范用好问责利器，以“关键少数”带动影响“绝大多数”。强化巡视巡察，接受国家局党组政治巡视，对 15 家直属单位开展“两项整改”暨广西区局（公司）巡察“回头看”全覆盖专项检查。突出重点领域和关键环节，强化权力运行监督，防范廉洁风险。落实监督联席会议机制，推进内部监督贯通协同。严肃查处违规吃请问题，持续正风肃纪。做好查办案件的“后半篇文章”，以案示警、以案促改、以案促治；加强廉洁教育和警示教育，不断筑牢拒腐防变思想防线。

加强改革创新，服务发展大局。贯彻新发展理念，推进创新驱动发展战略。2021 年，科技专家入库人才增加到 130 人，全员创新活力迸发，QC 课题研究、科技论文在行业排名前列，“创客空间”等创新平台建设稳步推进。绿色防控、智慧物流项目以创新为引领，主动融入国家新发展格局，响应国家“双碳”绿色发展战略，获得创新与创效、生产与生态的“双丰收”。

深化管理能力现代化建设。紧扣高质量发展，持之以恒抓基层打基础，全面提升三大市场平台建设水平，提升基层战斗力、市场拓展力和渠道掌控力。运用基于风险思维的 RG－PDCA 过程方法，持续推动质量管理体系、企业标准体系、合规体系融合；推进智能财务共享中心建设，不断提升企业管理成熟度。普及质量管理知识，举办各层级质量体系培训，提升企业管理能力和水平。

做好“六稳”“六保”工作。2021 年，全区烟草商业系统招聘应届大学毕业生 29 人，社会人才招聘 40 人，接收安置军转干部 2 人，接收安置退役士兵 5 人；所辖企业广西双维投资管理有限责任公司安排就业岗位人员 837 人（含劳务外包人员）。响应国家号召要求，全区烟草商业系统 2021 年减免 473 户承租户租金 950 万元。

深化“放管服”改革，优化营商环境。强化“互联网＋政务服务”，深化线上线下证件办理无缝衔接，努力让群众“一次都不用跑”。持续做好“线上政务咨询”“不接触文书送达”等便民举措，打造“阳光政务”“高效政务”。通过政府网站、公告栏以图文并茂方式发布烟草专卖零售许可证办理操作流程；通过电话提醒、微信视频指导等方式引导网上业务办理，让群众足不出户就能完成业务办理；烟草各政务服务窗口主动与邮政 EMS 对接，推行邮政速递送达。2021 年，全区新办发放烟草专卖零售许可证 7365 份，通过网上受理新办、变更、延续等许可事项 9.33 万份，网办率达到 72.9%。

经济责任

助力国家和地方经济发展。广西区局（公司）始终站在保证国家财政收入、助力广西地方经济发展的大局中统筹谋划发展，推动经济运行稳中有进，税利贡献稳定增长，全区烟草商业系统2021年税利增长7.25%，增幅全行业排名第三位；2021年上缴税金94.4亿元，比上年增长7.9%，占广西财政收入的3.12%。在新冠肺炎疫情对全球生产和需求造成全面冲击的大背景下，紧紧围绕国家和地方发展大局，努力贡献烟草力量。

推动高质量发展。围绕广西烟草商业“1+7”（“1”指高质量发展总体实施方案，“7”指烟叶生产、品牌发展、营销网络、市场监管、现代物流、创新支撑、人才队伍等7个子实施方案）高质量发展系列实施方案，编制“十四五”发展规划，完善烟叶、复烤生产力布局，优化卷烟品类结构布局；继续落实抓基层、打基础的工作要求，深入推进卷烟零售终端建设；建立完善现代市场监管体系、经济运行调控体系、供需动态平衡体系、现代物流体系，创新支撑体系；全面落实中长期干部、人才队伍培养规划；谋划构建“243”经济运行质量监测体系，增强经济运行的均衡性、协调性和可持续性，推动经济运行保持在合理区间。

以国家局“总量控制、稍紧平衡，增速合理、贵在持续”十六字方针为指引，坚持广西区局（公司）“11336”发展新思路，即坚持稳中求进这个总基调，围绕实现高质量发展这个总目标，把握新发展阶段、贯彻新发展理念、融入新发展格局这三个要求，夯实党建、人才、管理这三个基础，在改革创新、市场监管、终端建设、品牌培育、烟叶生产、信息化建设等6个方面实现新突破。推动党的建设、生产经营、内部管理、人才建设等各方面工作高质量发展。

抓好数字化转型。创新发展新一代信息基础设施，按照行业“1+1+N”的云平台建设路线和统一标准规范，建设行业云平台省级节点环境。创新发展一体化协同应用体系，推动5G、云计算、大数据、人工智能、物联网等为代表的新兴数字技术与各业务应用场景的深度融合，助力发展烟叶生产、物流配送、市场监管、企业管理等数字化应用，提升科学决策与精准管控能力，构建全产业链数字化运营体系。

确保国有资产保值增值。2021年，全区烟草商业系统国有资产保值增值率120.68%，总资产贡献率73.73%。

社会责任

加强法治烟草建设。以“美好生活　民法典相伴”为主题开展普法宣传活动，运用网站普法栏目平台、微信公众号等新媒体，营造学习民法典的浓厚氛围。开展《中华人民共和国烟草专卖法》及其实施条例、《中华人民共和国未成年人保护法》《广西壮族自治区爱国卫生条例》等有关法律法规的宣传，按照“谁执法、谁普法”普法责任制要求，利用“报、网、端、微、屏”等各种形式，宣传贯彻解读有关法律法规，广泛宣传不向未成年人售烟的要求，推动相关法律法规在行业的严格执行。2021年，开展普法宣传1500场次，发放资料18万余份，发送短信息297万条次，播放宣传视频2.7万条次，普法受众64万余人次。

严格依法监督。贯彻落实依法行政、依法管理、依法生产经营要求，全面提升法治化水平。2021年，开展专卖行政执法案卷评查153次，评查案卷2.38万件，其中行政处罚类案卷2989件，行政许可类案卷2.07万件；全年行政案件复议维持率96.3%，行政诉讼案件败诉率为0，在确保法律得到正确实施的同时，依法维护行政相对人的合法权益。

依法打击烟草非法贸易。坚持“政府领导、部门联动、多方参与、密切协作”，保持烟草打假打私高压态势。广西沿海沿边，地理位置特殊，面对涉烟违法犯罪活动复杂严峻的形势，广西区局坚持“守国门、堵通道、讲大局、作贡献”方针，始终保持烟草打假打私的高压态势。2021年，全区查获各类非法卷烟11.16万件；梧州“1·12”案获得国家局表彰，钦州“12·14”案被评为2021年全国打假打私经典案例。

坚持“综合施策、统筹治理”，构建市场综合整治体系。联合自治区公安厅、市场监管局、邮政管理局等部门，协同开展“铁拳2021”等市场清理整顿专项行动，净化市场环境；借助政府信息数据平台，利用大数据筛选甄别有效情报，精准导侦办案；坚持“打疏结合”，协助地方政府做好群众脱贫致富工作。在防城港东兴等地，烟草部门配合当地政府“开正门、堵邪门”，加快发展口岸经济，让边境群众逐渐摆脱对走私的依赖。

落实控烟履约责任。依法履行控烟履约责任。严格执行《中华人民共和国烟草专卖法》《中华人民共和国广告法》《中华人民共和国未成年人保护法》等法律规定，加强与法院、检察院、市场监管局、教育局等协作，协同做好未成年人保护工作。

2021 年，通过诚信互助小组开展未成年人保护相关法律知识培训 1.86 万场次，零售户培训覆盖率 100%；向群众发放宣传资料 26.33 万份，向 1.45 万个诚信互助小组微信群推送“守护成长”系列公益视频、普法宣传；清理中小学校、幼儿园周边持证零售户 2918 户，处罚向未成年人售烟案件 2 起。

践行绿色低碳发展。加强绿色防控。2021 年，全区烟草商业系统建设绿色防控核心示范区 2.12 万亩，病害损失率 2.37%；辐射区 8.71 万亩，病害损失率 6.2%。在绿色防控核心示范区实行“多靶标，多技术”，全面推进绿色防控技术体系，生物绿色防控靶标区防治效果 90% 以上，烟叶病虫害损失率低于 3%。无偿推广烟蚜茧蜂防治蚜虫技术约 12.25 万亩。

低碳清洁生产。推进减污降碳和能源资源高效利用，减量化石能源碳消耗。2021 年，在烟叶烘烤中装备新能源生物质燃烧机 510 套，使用生物质颗粒 0.25 万吨，减少标准煤用量 0.5 万吨，有效降能减耗，减少环境污染。加快废弃地膜污染治理方面，选用 0.01 毫米及以上厚度地膜 8.85 万亩，回收利用地膜 10.55 万亩，资源利用烟杆等烟田废弃物 2 万亩，有效防控烟区面源污染，烟区绿色生态屏障进一步筑牢。

坚持物流绿色循环发展。开展卷烟包装箱循环利用，向工业企业返回卷烟包装箱 393.75 万个，完成国家局下达任务的 112.34%，减少生产新包装箱的碳排放；推进绿色物流运输，与广西中烟开展南宁同城托盘联运工作，与云南、湖南中烟开展纸滑托盘联运工作，提高运输装卸效率；开展配送车辆电动化试点工作。

积极参与公益事业。2021 年，全区烟草商业系统乡村振兴、救灾、抗疫等公益性、救济性捐款共计 6936.63 万元。近 6 年捐款金额合计约 3.54 亿元。

文化责任

践行社会主义核心价值观。将社会主义核心价值观融入企业文化及干部职工日常教育中，不断提升全员品德修养，厚植爱党爱国情怀，进一步激发广大干部职工爱岗敬业精神和担当作为意识。

传承红色文化。广西红色资源丰富，不仅是百色起义、龙州起义、湘江战役等革命历史事件的发生地，还有桂林抗战文化城、八路军驻桂林办事处、邓颖超纪念馆等红色资源遗迹，承载着党在广西的光辉奋斗历程。全区烟草商业系统各级党组织结合主题党日或专题党课就近就便用好红色资源开展现场教学，2021 年组织党员到红色教育基地开展现场教学 234 批次、4968 人次，进一步传承红色文化，坚定理想信念，增强新时代党员对党的事业的信仰和信心。

弘扬企业文化。加强企业文化建设。围绕“国家利益至上、消费者利益至上”的行业共同价值观和“规范、共赢、和谐”的企业文化理念，通过开设企业文化长廊、加强职工企业文化培训、在单位网站设企业文化专栏、开展企业廉政文化建设、举办迎“七一”升国旗以及演讲、征文、歌咏比赛等多种方式活动，传播企业正能量，弘扬“同创企业和谐，共赢社会信任”的文化愿景，进一步增强广大干部职工的凝聚力和干事创业的精气神。

加强职工合法权益保障。聚焦维护职工合法权益，坚持办事公开民主管理。2021 年，全区烟草商业系统召开职代会 22 次；组织征集意见活动 32 次，收集意见建议 1021 条；组织职工代表参与 819 个采购项目的全程监督，涉及项目金额 3.8 亿元，落实职工知情权、参与权、表达权、监督权。发挥劳模、工匠、技术能手作用，建立技术人才创新工作室（青年创客空间）17 个，取得创新成果 69 个。定期开展职工年度健康体检，做好职工“生、老、病、故”慰问及探望工作，让职工及家属感受组织的温暖。关爱职工身心健康，丰富文体活动，引导职工在工作之余开展羽毛球、乒乓球、健步走等活动，不断提升职工的凝聚力、幸福感和归属感，实现和谐发展。

开展职业教育培训。围绕大局开展职业教育培训。开展党的十九届五中、六中全会精神及行业年度工作会精神等学习培训，参加学习7400余人次；服务基层，开展各类专业培训，全年举办培训项目72个，现场培训超过6000人次，涵括党务工作、依法行政、科技创新、信息安全等多项内容；着眼长远，做好青年及高层次人才培训。在浙江大学、中山大学等高校举办青年干部综合素质、高层次管理人员培训班，为助推高质量发展夯实人才基础。

推行诚信规范经营。诚信经营。全区烟草商业系统各单位坚持诚信经营、守信践诺的理念。贯彻落实党中央、国务院关于清理拖欠民营企业、中小企业账款工作的要求，组织开展专项检查，确保落实“零清欠”。引导卷烟零售户诚实守信，坚持明码实价，不哄抬物价，营造诚信经营的良好氛围。全区共有诚信互助小组1.48万个，入组零售户占比99.73%。2021年，全区零售户满意度达到93.98分，全行业排名第三位。

规范管理。把严格规范作为“生命线”和“高压线”，坚持既严格规范又富有效率的企业发展模式。抓好合规建设，推进企业经营合规管理标准化体系落地运行，规范生产经营各个环节。严格采购规范管理，持续加强采购管理规范的执行、监督、问责，做到职责分明、权责一致、相互制衡。抓好内部审计监督，依法依规开展各单位负责人经济责任审计，开展财务收支审计和烟叶基础设施项目专项审计、罚没卷烟专项审计调查和废弃烟草专卖品处置专项审计调查。履行监督职能，加强对工程建设、物资采购项目全过程审计监督，实现审计全覆盖。2021年，完成项目审计115个，完成日常审计管理监督2709项，提出审计建议被采纳2119条。

安全责任

夯实安全管理基础。贯彻落实习近平总书记关于统筹发展和安全的重要论述，坚持“安全第一、重在预防”，落实安全生产主体责任。建立安全生产全员参与机制，加强安全培训，强化全员安全意识和技能。加大投入，升级安全设施设备，推进安全生产标准化建设，通过地方主管部门评审，各直属单位均取得二级达标企业资格，安全硬件保障、软件管理水平不断提升。

防范管控重大风险隐患。贯彻中央和国家局关于防范和化解重大风险的要求，从源头上做好防范管控。坚持慎终如始、“人”“物”同防，做到常态化疫情防控不松懈。构建风险分级管控和隐患排查治理双重预防机制，开展安全生产专项整治三年行动，深入组织安全隐患排查，提高安全生产整体预控能力，消除事故隐患。

湖北中烟工业有限责任公司2021年社会责任报告（摘要）

2021年湖北中烟工业有限责任公司社会责任报告主体包含走进湖北中烟（公司简介、党的建设、纪检监督等）、经济责任、员工责任、客户责任、环境责任、伙伴责任、公共责任、责任管理等部分。

党的建设

加强政治建设，锻造坚强有力的班子集体。学习贯彻习近平总书记系列重要讲话精神，严格执行“第一议题”制度，开展党组理论学习中心组集中学习35次，专题集中（扩大）学习8次，专题讲座7次；常态化开展《中国共产党章程》和政绩观专题教育，始终保持政治上的清醒和坚定。严守党的组织原则和相关制度，严格执行民主集中制，落实“三重一大”决策事项前置研究程序，召开党组会36次，议事282项，研究讨论“三重一大”事项102项。践行党的宗旨，注重深入实际调查研究，注重服务基层服务群众，认真执行基层联系点制度，建立基层联系点9个，落实联系基层单位清单任务186项。

发挥示范带动作用，抓好党史学习教育。围绕学习贯彻习近平总书记在党史学习教育动员大会上的重要讲话精神和4个专题，湖北中烟党组（党委）开展中心组学习71次，交流发言254人次。各级党组织讲党课328场次，参加人员6072人次。组织引导各级党组织到红色教育基地开展体验教学180余场、4000余人次。举办处级干部专题培训2期，科级干部专题培训5期，党员轮训25期。把党史学习教育与开展庆祝中国共产党成立100周年系列活动结合起来，发起“领袖有号召，我们有响应”签名践诺活动，举办群众性文艺活动“伟大的征程”，组织制作20集中国共产党系列精神谱系视频，开展“传承红色基因——我来讲党史”“回顾党史健步走”等活动。

发挥领学促学作用，抓好习近平总书记“七一”重要讲话精神学习宣传贯彻。湖北中烟党组把学习宣传贯彻习近平总书记“七一”重要讲话精神作为重大政治任务和党史学习教育的核心内容，党组（党委）理论学习中心组共召开专题学习37次，举办专题读书班、讲座和研讨51场次，交流发言533人次；讲授专题党课267次，参加党员4961人次。党组成员带头撰写心得体会，带动党员干部职工撰写体会2211篇。将开好党史学习教育专题组织生活会作为学习贯彻习近平总书记“七一”重要讲话精神的重要形式，共查摆问题6205项，制定整改措施7170项。

发挥以上率下作用，抓好党的十九届六中全会精神学习宣传贯彻。湖北中烟召开动员会，组织引导全员进一步深刻领会党的十九届六中全会的重大意义、精神实质、核心要义和实践要求，进一步深刻认识“两个确立”的决定性意义、决定性作用，进一步掀起学习贯彻全会精神热潮，把学习实效体现在履职尽责、推动企业高质量发展上，公司党组（党委）开展集中学习17次，中心组学习10次，班子成员撰写心得体会44篇。

提升政治能力，抓好企业高质量发展。湖北中烟党组全面准确完整贯彻新发展理念，不断提升“政治三力”，精心组织编制公司“十四五”高质量发展规划体系，明确企业战略目标和品牌战略方位。落实国家烟草专卖局党组书记、局长，中国烟草总公司总经理张建民提出的“湖北烟草发展要走在行业前列”的工作要求，紧盯“双一流”企业建设目标，制定《关于发展力争走在行业前列实施方案》，明确任务措施。实施创新优先战略，搭建“1+N”创新平台，打造创新体系升级版，推进企业治理体系和治理能力现代化，统筹抓好疫情常态化科学精准防控和安全生产工作，全面推进依法治企。

强化政治责任，全面加强企业党的建设。加强基层党组织建设，制（修）订党建制度12项，进一步完善“思行”生态型党建标准体系；加快推进党建信息系统应用，深入推进“支部星级评价”和“党员量化积分”管理，注重发挥模范机关的带头作用，完成党支部书记、党务工作者培训和党员轮训任务。做好宣传思想工作，把握正确方向和舆论导向，及时宣传党中央和上级党组织重大决策部署的落实成效，大力宣传烟草专卖制度下的精准扶贫、责任履行和公益事业服务，进一步提升企业形象。开展精神文明建设，深化新时代道德建设，加强爱国主义教育，积极践行社会主义核心价值观、“两个至上”行业共同价值观，大力弘扬劳动精神、劳模精神、工匠精神，激发向上向善的正能量。全面提升企业软实力，推进企业文化建设，健全完善“思行”文化体系，制定相关管理制度和评价指标体系，促进企业文化内化于心、外化于行。改进职工思想政治工作，印发具体实施意见，服务中心工作，凝聚向上合力。常年聚焦群众所思所盼问题，多形式收集意见建议443条，已解决405条。

纪检监督

扛稳夯实管党治党责任。始终坚持发展第一要务，持续用力纵深推进全面从严治党。围绕企业高质量发展目标精心编制全面从严治党工作“十四五”规划，做到上级党组织重大决策部署到哪里，纪检监督就跟进到哪里；深入推进“四责协同”，不断夯实全面从严治党主体责任，保持管党治党责任链条不松；不断完善企业监督体系，强化对关键少数人权力运行的制约和监督、对重点领域和关键环节系统性廉洁风险的防控。

扎实推进巡视整改工作。切实担当政治责任，牵头落实国家局党组巡视公司党组反馈意见整改，完成整改措施38项，制（修）订制度33项；加强巡视巡察上下联动，开展“两项整改”专项巡察，先后完成对5个直属单位1个部室（中心）、3个多元化企业的专项巡察；配合国家局党组“两项整改”回头看检查，协同各责任部门反复对照检视，推进“两项整改”成效不断巩固。

持续强化监督执纪问责。坚持严的主基调，协同贯通纪检监察、巡视巡察、财务审计、组织人事、规范管理等职能监督，构建发现惩处机制。坚持标本兼治，深化“两项整改”，推动重点领域修订完善制度，制定“一把手”和领导班子监督实施办法及责任清单，构建预防阻断机制。坚持教育先行，深入开展警示教育，将覆盖面延伸到副科级干部和基层支部；开展干部任前廉政谈话、科级干部及关键岗位日常监督谈话、运用监督执纪“第一种”形态提醒谈话，构建持续改进机制。

不断巩固作风建设成效。深入推进纠四风树新风，紧盯关键节点，组织交叉检查、明查暗访，常态化开展提醒提示和廉洁宣传教育，严肃查处违反中央八项规定精神的党员干部，督促两批减负措施清单落实落地；坚持开展党风廉政建设宣教月活动，组织党纪法规专题学习、党风廉政知识测试等活动，举办优秀廉政文化作品鉴赏、“倡清廉促发展”书画作品展，推进清廉企业建设。

经济责任

服务战略，优布局。围绕统筹布局、融合发展，湖北中烟“十四五”预计投资90亿元，加快推动重大技术改造、工艺技术装备升级、绿色工厂与智慧园区、智能制造、智慧物流、技术创新等6个领域实施项目建设，打造具有行业竞争力的生产集群。

转型升级，提实力。坚持从严治党，切实发挥把方向、管大局、保落实的领导作用。不断加强和改进党对企业的领导，建立和完善现代企业制度，优化国有资产监管模式，实现国有资产保值增值，推进选人用人机制和薪酬制度改革，强化企业内部全程监督，建立投资项目问责机制，做好企业剥离办社会职能工作，妥善解决历史遗留问题，推进实施烟草企业国际拓展发展战略。

结构优化，有突破。坚持稳中求进工作总基调，立足新发展阶段，贯彻新发展理念，构建新发展格局，深化供给侧结构性改革，企业高质量发展迈出坚实的步伐，湖北中烟卷烟销售收入稳步增长，“黄鹤楼”销售结构明显提升。

科技创新，保质量。湖北中烟科技创新工作以习近平新时代中国特色社会主义思想为指导，将党建工作融入产业链、融入发展链，全面落实创新优先发展战略，为“十四五”创新工作开好局、起好步提供强力技术支撑。产品研发维护实现新突破。技术创新成果取得新进展。体制机制建设取得新成效。

数字转型，赋新能。围绕“国内一流、国际一流”发展愿景，湖北中烟以高质量发展为主题，以数字化转型为主线，深入推进信息化和烟草产业的融合创新，以数字化、网络化、智能化赋能高质量发展向更深层次迈进。

完善治理，精管理。正确处理好公司董事会和其他治理主体的关系，明确权责边界，保证公司党组“把方向、管大局、保落实”，董事会“定战略、作决策、防风险”，经营层“谋经营、抓落实、强管理”，各治理主体不缺位、不越位，不相互替代、不各自为政的公司治理机制，切实促进公司高效能治理。

夯实内控，防风险。围绕湖北中烟战略目标，以制度流程为抓手，以风险管理为导向、合规管理监督为重点，启动建立覆盖公司各部室（中心）、各卷烟厂、直属单位各种业务和事项，涵盖内部环境、风险评估、控制活动、信息与沟通、内部监督等各项控制要素，贯穿决策、执行和监督全过程的“三位一体”风险控制体系。

降本增效，促发展。2021年，湖北中烟党组确定成本领先战略，不断深化企业成本管理，坚持精益管理降本增效是内功的基本定位，坚持系统谋划一体推进的工作思路，注重降本增效工作与公司各类管理载体的有机融合，统筹各方力量，坚持文化倡导、目标引导、综合施策，全年完成降本增效6.16亿元的工作目标，为全面实现“双一流”企业建设和高质量发展提供强有力保障。

环境责任

贯彻绿色发展理念，建立生态保护长效机制。2021年，湖北中烟坚持贯彻新发展理念，落实党中央、国务院和烟草行业关于加强生态环境保护、打好污染防治攻坚战、打赢蓝天保卫战部署安排，采取各项有效举措，强化源头治理，严格落实责任。进一步建立健全生态环境保护责任体系，各部门（单位）年度目标责任书中承接分解能耗、排放、原辅料供应、烟箱循环使用等10类43项指标。推进环境管理体系、能源管理体系建设及清洁生产审核，推进资源节约及污染防治全方位、全过程管理；将绿色发展理念融入企业生产经营全过程，进一步梳理相关管控节点、流程，完善制度标准体系建设，全年制（修）订环境、设备、材料、工艺、产品等领域企业标准18项。

坚持绿色发展目标，建设环境友善型企业。加强碳排量控制，持续提升全员节能意识，培养全体员工珍惜资源、合理用能习惯；梳理与优化流程，结合双碳目标，加大能源绩效管控，推进能源管理数字化转型，全年能耗指标继续保持在行业前列，碳核查排放量同口径下降13%，碳排放强度下降16%。持续推进绿色新能源利用，路灯照明逐步更换为太阳能模式，持续淘汰燃油式叉抱车，湖北中烟各类场内机动车采用新能源的占比超过97%。协同处置废弃物，开展物料回收再利用，节约社会资源，减少环境污染。构建绿色供应链，夯实烟叶绿色供应链，推进绿色土壤保育技术，大力推广性诱剂、杀虫灯、诱蚜板等物理防治手段，协同产区着力推广以烟杆为原材料的生物质颗粒燃料及生物有机肥料；构建烟用材料绿色供应链，在寻源环节优选环保供应商，在新产品开发环节优选环保材料，在履约环节促进绿色供应链建设水平的提升，不断巩固绿色供应链建设的长效机制。发展绿色新技改，规划绿色建设行动方案，与国内一流的绿色发展研究机构组建联合研究团队，对湖北中烟6家卷烟厂、2家直属单位进行现场调研，编制完成绿色工厂调研报告；搭建以“基础设施、能源与资源消耗、环境影响、职业健康与员工关怀、管理体系及措施和碳排放”六大要素为主要对象，覆盖工厂建设、设计和运行三大阶段的烟草行业首个绿色工厂标准。打造绿色大物流，贯彻落实绿色循环理念，以打造绿色循环供应链物流为目标，从“绿色建设、绿色包装、绿色运输、绿色仓储、绿色综合”等5个方面提高全过程推进物流综合利用效率，提升循环利用水平，推进节能型绿色仓储设施建设，坚持深化烟用包装物循环利用、深入推行绿色运输、全面实施绿色养护、不断增强绿色综合治理能力，初步建立起绿色循环物流体系，全年片烟箱回收利用2000套，薄片箱回收利用1500套，循环烟箱使用量420万个，完成塑料烟箱循环利用60万个次，节省用纸2.52万吨，节约用水50.4万立方米，减少二氧化碳排放3.78万吨，树立良好社会形象，为国家资源节约和环境保护作出贡献。

红云红河烟草（集团）有限责任公司
2021年社会责任报告（摘要）

2021年云南中烟红云红河烟草（集团）有限责任公司社会责任报告主体包含报告专题、经济责任、客户责任、环境责任、伙伴责任、员工责任、公共责任、责任管理、责任绩效等部分。

报告专题

专题一：庆祝中国共产党成立100周年

2021年，为庆祝中国共产党成立100周年，红云红河烟草（集团）有限责任公司（简称红云红河集团）开展庆祝大会暨“时代先锋”表彰大会、文化展演、党史知识竞赛、群众性主题宣传教育等一系列活动，回顾党的历史，学习党的知识，铭记党的宗旨。

一代代红云红河人不畏创业艰难，不止创新步伐，不断接力奋斗，走过一段段不平凡的奋斗历程，取得一个个令人鼓舞的发展成就。红云红河集团发展的根本在于始终坚持党的领导，不断攻坚克难、砥砺前行；在于坚决落实党的决策部署，持续改革创新、蓬勃向上；在于永远牢记党的根本宗旨，持续创造效益、为经济社会发展作出积极贡献。

6月29日，红云红河集团召开庆祝中国共产党成立100周年暨“时代先锋”表彰大会，庆祝党的百年华诞，回顾党的光辉历程，讴歌党的丰功伟绩，弘扬党的优良传统，动员激励集团各级党组织和广大党员干部铭记奋斗历程、担当历史使命，为开创红云红河集团“十四五”高质量发展新局面汇聚磅礴力量、作出更大贡献。

专题二:巩固拓展脱贫攻坚成果

致力脱贫攻坚。2015年以来，在云南省委省政府和云南中烟党组的正确领导和大力支持下，云南中烟红云红河集团扎实推进省级帮扶点：集团本部帮扶的会泽县田坝乡板坡村，市级帮扶点：昆明卷烟厂帮扶的昆明市寻甸县金源乡小村、曲靖卷烟厂帮扶曲靖市会泽县金钟街道石鼓社区、钟屏街道鱼洞社区、以则村，红河卷烟厂帮扶红河州弥勒市虹溪镇啥咩村、西二镇西龙村，县级帮扶点：会泽卷烟厂帮扶的会泽县火红乡龙树村、马路乡水口村、旁官地村、鲁纳乡狮子村共3县9乡11村，结对帮扶2058户贫困户8125人的脱贫攻坚对口帮扶任务。

在资金上，红云红河集团自2015年开展脱贫攻坚帮扶工作以来，共投入帮扶资金1.02亿元，另投入云南中烟扶贫捐赠资金3000万元。在人员上，红云红河集团及各生产厂先后派驻48名驻村队员深入乡村。截至2021年底，仍有28名驻村队员（其中8名第一书记）长年蹲点、驻守、工作在村。他们全身心融入驻点，做到真驻村、真扶贫、真做事。

针对帮扶对象饮水难、住房难、行路难、读书难、就业难、养老难、生活难、增收难、脱贫难的现状，采取精准识别贫困户，建立贫困户档案，实施动态管理，经过多年努力，成功做到“两不愁三保障”达标情况。一是贫困户人均纯收入水平。现有贫困户已全部出列，饮水安全有保障，实现不愁吃不愁穿，有必需的口粮、四季衣服和达标饮水脱贫标准。二是住房安全稳固。所有建档立卡户均达到住房遮风避雨，房屋结构体系整体基本安全的标准。三是适龄青少年就学得到保障。适龄儿童入学率达到100%，未发生因贫辍学的现象。四是基本医疗有保障，参保率达到100%；社会养老有保障，16岁以上贫困人口（在校生除外）新农保参保率100%。五是农村饮水有保障。每户均通干净卫生自来水，达到村村通自来水或有饮水水源保障、人力取水半径不超过1千米标准。

到2020年底，经持续帮扶，红云红河集团本部及各生产厂帮扶的所有贫困户（含红河卷烟厂帮扶的弥勒市西二镇西龙村52户贫困户共163人）全部脱贫。

2021年，红云红河集团深入学习贯彻习近平总书记关于实施乡村振兴战略的重要指示和考察云南重要讲话精神，为严格落实习近平总书记关于打赢脱贫攻坚战后“四不摘”的工作要求，做好过渡期内的帮扶政策衔接、帮扶机制优化和帮扶方式调整，确保帮扶政策总体稳定，根据省市县各级党委政府的安排，在乡村振兴阶段，红云红河集团及各生产厂原帮扶点均未作调整，除已于2016年脱贫出列的弥勒市虹溪镇啥咩村不再帮扶外，仍结对帮扶原脱贫攻坚阶段所帮扶的3县8乡10村。

红云红河集团贯彻落实云南省驻村工作队选派管理相关规定的要求，选派优秀员工到村开展驻村工作，按照“一出一进”的原则，确保驻村人数达到要求。2021年，继续选派28名工作能力强、思想觉悟高、爱岗敬业的优秀员工到会泽县的所有帮扶村协助村“两委”开展乡村振兴工作（第一书记8人，队员20人），其中，轮换新选派8人（第一书记、工作队队长4人），继续坚持在一线驻村开展帮扶工作的队员20人。红云红河集团领导多次到挂钩村调研，持续做好驻村人员的关心关爱，开展乡村振兴回访活动，慰问驻村队员。

2021年，会泽卷烟厂的“小花椒撬动产业发展大链条”项目，被国务院扶贫办社会扶贫司评为2020年“企业精准扶贫专项案例50佳”。2021年，经昆明卷烟厂乡村振兴工作领导小组与昆明市寻甸县金源乡昆烟帮扶项目工作领导小组多次沟通，金源乡小村的“臭参加工厂配套提升工程”于3月开始施工建设，计划通过臭参加工厂、牛犊繁殖基地的拉动，让小村形成特色产业链，补强产业发展短板。除对各家各户的产业帮扶，昆明卷烟厂还帮助小村建设光伏发电站项目，进一步壮大村集体经济项目。此外，在金源乡小学，昆明卷烟厂还投资建设一个图书室，提升乡村孩子阅读品质。

在4月30日召开的云南省脱贫攻坚总结表彰大会上，红云红河集团群团工作部被评为云南省脱贫攻坚先进集体，昆明卷烟厂、曲靖卷烟厂、会泽卷烟厂各1人被评为云南省脱贫攻坚先进个人，在云南省扶贫开发领导小组对驻滇单位定点扶贫工作考核中，红云红河集团以扎实、高效和负责的工作实绩被评定为“好”。

助力乡村振兴。乡村振兴工作是决战全面建成小康社会、全面建设社会主义现代化国家的重大历史任务，是新时代“三农”工作的总抓手。到2050年，乡村全面振兴，农业强、农村美、农民富全面实现。乡村振兴的目标可见，但长远，不能一蹴而就，需要越来越多的力量参与。红云红河集团结合帮扶点的实际情况持续开展乡村振兴工作，为当地村民解难事、办实事，全力投入乡村振兴的时代浪潮之中，通过帮扶对口乡村，帮助贫困乡村脱贫，同时通过采购扶贫农产品的方式，直接帮助农户增收。脱贫“摘帽”不是重点，而是新生活新奋斗的起点。新的征程上，红云红河集团将继续鼓足干劲，保持优良作风，全力做好接续帮扶工作，用实际行动践行初心使命，与乡村同谋共发展，切实助力乡村振兴。

2021年，红云红河集团乡村振兴工作取得新进展。以习近平总书记关于实施乡村振兴战略的重要指示精神为指导，在集团党委的领导下顺利完成对口帮扶乡村的转段和帮扶工作，以“四不摘”为准则做好过渡期内帮扶政策衔接、机制优化和方式调整，全年结对的3县8乡10村帮扶政策总体稳定，项目有序进行，帮扶资金、工作队员工作经费、职工捐赠物资等足额到位，红云红河集团及各生产厂累计采购各类扶贫农产品387.82万元，在圆满完成地方政府和集团党委安排的乡村振兴任务的同时，适时开展助学、助老、助残活动，用实际行动回报社会，担当尽责。

专题三：我为群众办实事

近年来，红云红河集团始终把发展企业与奉献社会紧密结合，在扶危济困、捐资助学等方面倾注大量人力物力和资金，彰显企业心系社会、奉献爱心的责任担当。2021年，红云红河集团积极开展为公益学校爱心捐款、结对帮扶敬老院、开展爱国卫生运动以及开展职工关爱等活动，高标准、高质量推进落实“我为群众办实事”实践活动，不断增强人民群众获得感、幸福感、安全感。

5月12日，会泽卷烟厂设备基建党支部组织开展“爱国卫生人人参与，健康生活人人共享”主题党日活动，清扫路面，提升城乡人居环境。5月20日，红云红河集团机关第二党总支组织开展主题党日活动，为特殊儿童建立的民办公益学校德馨学校开展爱心捐款，以实际行动在党史学习教育中践行“我为群众办实事”。7月9日，红云红河集团机关第三党总支（物流中心）第一党支部与昆烟九九集团党总支第三党支部党员来到万爱老年公寓，开展“我为群众办实事”结对共建主题党日活动，为老人们送去温暖和帮助。9月，红云红河集团举办以“抗疫不松劲　健康是根本”为主题的“学四史　办实事　开新局”职工关爱行动。10月15日，红云红河集团党建工作部党支部以志愿服务的形式，到云南保山军分区原司令员家中看望刘斌司令员的遗孀王昌群老人，开展“我为群众办实事”主题党日活动，切身感受“老山精神”，巩固深化党史学习教育成效。11月17日，红云红河集团机关到德馨学校开展“守初心　心连心　办实事”走访慰问和支部共建活动。

经济责任

党建引航发展。2021年，红云红河集团党委以习近平新时代中国特色社会主义思想为指导，全面贯彻党的十九大和十九届历次全会及十九届中央纪委六次全会精神，深入贯彻新时代党的建设总要求，坚持党的领导不动摇，坚持服务生产经营不偏离，坚持建强基层党组织不放松，扎实推进党的建设和全面从严治党各项工作，为红云红河集团实现“十四五”良好开局提供坚强的政治保障。

廉政建设。红云红河集团党委加强对各级党委履行主体责任、各级党委书记履行第一责任人责任、各级党委成员履行“一岗双责”、各级纪委履行监督责任情况的监督，发现问题、纠正偏差。推动红云红河集团党委全年研究部署党风廉政建设工作17次39项，推动红云红河集团党委按要求向云南中烟党组、纪检组报告全面从严治党工作情况，红云红河集团纪委定期向云南中烟纪检组作工作汇报并进行年度述职。深入贯彻党中央以及上级关于加强对“一把手”和领导班子监督文件要求，形成“79＋11”监督工作清单，强化对“三重一大”决策制度、党委工作规则、总经理班子工作规则、民主集中制、党内政治生活制度等贯彻落实情况的监督，红云红河集团党委书记、副书记和纪委书记同各工厂领导班子开展廉政谈话，促进领导干部依规依法履职用权、以身作则、担当作为、廉洁自律。制定《关于加强和改进集团纪检监察工作的实施办法》，推动纪检监察工作双重领导体制具体化、程序化、制度化。红云红河集团本部以及省内各工厂均与地方纪委监委建立健全全面从严治党主体责任会同监督机制和进一步加强监督执纪执法工作协作配合机制。2021 年，红云红河集团副处级以上领导干部进行廉政教育率 100%，开展廉政教育场次 1100 场，受教育 2 万余人次。

完善公司治理。公司治理是国家治理的微观体现和重要组成部分，完善公司治理是企业深化改革、实现高质量发展的重要任务。红云红河集团在 2021 年推进《云南中烟管理大纲》宣传贯彻、组织开展质量/环境/职业健康安全管理体系内部审核、开展“三标一体”管理体系 2021 年第三方监督审核，不断提升公司治理质效。

守法合规运营。近年来，党中央、国务院高度重视国有企业合规管理，强调企业必须把强化合规放到贯彻习近平法治思想高度来认识，放到落实全面依法治国战略的全局来部署，放到保障企业高质量发展的层面来推动。红云红河集团深入贯彻党中央决策部署，推动企业切实加强合规管理，着力打造法治企业，实现高质量发展。

推进品牌建设。红云红河集团牢固树立重视品牌、聚焦品牌的生产经营导向，提升产品品质，增加优质供给，努力以品牌发展更好满足需求、引领消费，加快形成以品牌引领技术进步、促进结构提升、带动企业发展的良好格局。2021 年，红云红河集团持续深化品牌建设，丰富和提升品牌形象和文化内涵，提高品牌的认同感和影响力，增强品牌的吸引力和号召力。

客户责任

推行信息化工作。7 月 7 日，红云红河集团在会泽卷烟厂举办信息化全员安全管理工作交流活动。活动旨在通过交流共享、互学共进，助推红云红河集团安全管理工作实现新突破、开创新局面。会泽卷烟厂以《运用信息化技术推动全员化管理——为安全管理提供坚实的基础》为题，从“一清单两台账管理方式、全员化安全管理系统、一部手机管生产信息平台”等方面，汇报了会烟信息化全员安全管理工作的探索和实践。由红云红河集团信息管理部及省内各工厂信息化部门一行 10 人组成的调研组到红河卷烟厂调研信息化建设工作。调研组听取工厂易地技改期间信息化建设情况汇报，实地参观、交流红河卷烟厂基于 CPS 的生产运行管理系统、高级排产及协同调度系统等系统建设应用情况，开展数采数据深化业务应用和红云红河集团工业大数据统一标准及技术架构研讨。

规范质量管理。2021 年，红云红河集团紧密围绕高质量发展主题，着眼于集团“3＋9”高质量发展体系下“质量管理中心”职能，大力提升工艺质量管控水平，全面提升科技创新竞争力，聚焦“三大工程”，为红云红河集团的高质量发展不断注入内生动力。全年红云红河集团产品质量出口商检、行检、抽检合格率 100%，制造环节市场投诉 13 起，共计 76 个缺陷单位，较去年同期减少 144 个缺陷单位，下降 65.5%，市场有效投诉率 0.007ppm；国家局下半年抽检集团 9 个牌号，包装卷制项目 7 个牌号得满分，平均分 99.89 分，在所抽检的 24 家卷烟工业企业中排名第三位。工艺质量管控体系进一步完善，红云红河集团产品质量隐患排查整改进一步深化，工艺质量监督范围进一步拓宽，工艺符合性测试思路进一步明确。

加快科技创新。为使红云红河集团历年的科技创新成果能够切实落地，2021 年于集团范围内开展科技创新培训工作，并对工厂所获专利的实际转化应用情况进行实地调查，为今后科技创新工作的开展明确方向。2021 年，红云红河集团9项科技成果获得云南中烟2021年度科技进步奖，其中1项一等奖、2项二等奖、6项三等奖；全年申请专利、软件著作权818件，获得授权597件，较上年同期增加224件，其中1件国际实用新型专利授权（德国）。专利及软件著作权量连续3年增长率在50%以上。曲靖卷烟厂获评烟草行业“十三五”科技创新工作先进集体。

注重设备效率。红云红河集团以卷包设备效率为抓手，提高设备“净管理”水平。一是制定差异化设备净效率指标，对设备净效率进行差异化定制，分类对各机型制定考核值，全面督促各厂提升各机型的运行效能；二是抓好过程管控，从各厂抽调人员开展现场抽查工作，不仅验证数据的真实性，还搭建工厂卷包操作及维修人员的横向交流平台，促进工厂间的共同提高；三是加强数据复核，每日核对数据产量，出现异常及时联系找出原因并进行修正，最大限度保证数据真实性。加大自主研发和创新力度，持续推进手包烟机械化生产。在对各厂手包烟生产状况进行调研、梳理的基础上，制定2021年度手工包装产品机械化改造工作计划，通过研发、改造、新建、购置等方式多措并举，协调推进软“云烟（大重九）”“云烟（细支大重九）”自动化生产。

优质原料保障。优质原料供应。一是协调烤烟生产布局，积极优化原料区域品种结构；二是深耕核心原料基地建设和生产管控；三是以红云红河集团原料质量符合性评价为基础，制定并落实导向性2021年烤烟生产技术方案；四是高度重视大重九专属原料基地建设；五是持续提升“2260”高端特色烟叶开发水平；六是继续深化高端原料保障单收原调；七是规范开展“云香识云味”生产技术培训；八是严格规范、有序推进科技项目研究，开展4项科研项目的研究实施工作。支持烟农发展。红云红河集团督促各县烟草公司抓好烟技员对烟农的技术指导落实，提升育苗、移栽和成熟采烤规范化水平，让原料基地生产的烟叶更符合集团需求，提升烟叶质量，从而增加烟农售烟收入。

保护消费者权益。红云红河集团坚持“国家利益至上、消费者利益至上”的行业共同价值观，连续多年获评“维护消费者权益——3·15满意单位”。开展消费者调研，科学分析消费者的意见反馈，围绕红云红河集团产品质量、产品稳定性、产品设计、消费习惯等方面，与消费者进行沟通和交流，全方位了解消费者和市场对红云红河集团产品的看法和需求，为开发更符合消费者需求的产品，提供有用的参考意见。

环境责任

推行绿色管理。从绿水青山就是金山银山，到生态是资源和财富，红云红河集团坚持高质量发展，坚持筑牢绿色的屏障，围绕绿色发展，不断完善能源管理体系建设，认真做好环境治理工程，积极打好污染防治攻坚战，同时开展绿色运输、实施绿色仓储、践行烟草物流“绿循环”、推行绿色办公，铺就绿色的亮丽底色，走出适合企业实际的高质量发展之路。

实施绿色生产。制定工作计划，工作有效推进；强化技术能力建设，夯实管理基础；拿出举措，推进工作向纵深开展；强化“问题管理”，推进能源环境改进、整改工作；落实工作计划，加强跟踪管理。

绿色运输。物流中心在运输的各个环节中采取节能减排的措施主要是在业务范围内，在符合运量、运价前提下，想办法确保运输车辆在往返环节中满载率尽可能地高，协助承运商最大限度地减少车辆因空载、少载方面的燃油消耗，进而为社会的节能减排作出贡献。

绿色仓储。深入贯彻落实红云红河集团高质量发展要求，推动仓储物流绿色发展，物流中心以寻找磷化铝杀虫替代为着力点，有效推进仓储养护技术迭代，不断探索原料绿色养护方式方法。在持续推进新型生态帐幕研究应用基础上，实施完成一段式气调法单堆杀虫试点工作，不断提升原料仓储养护质量，持续推进烟叶养护由“储”向“养”转变，推动集团虫害防治向绿色健康方向发展。

实现节约循环。践行烟草物流“绿循环”，坚持做好卷烟包装箱循环利用工作。加强工商信息沟通、提升商业返还烟箱数量和复用合格率，加强循环烟箱生产计划管控、提高处理合格循环烟箱的使用率，克服疫情影响、年度目标任务完成数据趋势正常。共同推进整托盘联运工作。分别与昆明市烟草公司、红河州烟草公司、曲靖市烟草公司、新疆维吾尔自治区烟草公司、兴安盟烟草公司持续开展整托盘联运工作，2021 年，整托盘共计发货 20.97 万箱，比上年增长 69.01%。

推行绿色办公。为营造低碳环保的绿色办公环境，倡导绿色生活方式，红云红河集团加强资源节约与循环利用，在日常办公中倡导节水、节电、绿色出行，继续开展信息化无纸化办公，通过电话、视频会议减少差旅次数，开展低碳生活的宣传培训，为创造碧水蓝天的环境作出贡献。

推动环境保护。2021 年，红云红河集团无环境污染事故发生，各项环境指标均有不同程度减量，圆满完成全年既定目标。根据集团、各生产厂 2020 年环境指标的实现情况，及时按照“一厂一策”进行分解，量化确定年度目标，确保环境管理治标及措施能够得到层层分解落实；稳步推进“周重要环境管理信息”报告制度，编制“重要环境管理信息”周报；针对国家对“危固废”监管日益加强，梳理“危固废”规范管理要点，下发专项通知，推动工厂立行立改；以“世界环境日”为契机，利用电子大屏、短信推送等形式进行宣传，普及环保知识。

履行控烟履约。红云红河集团认真履行《烟草控制框架公约》规定的责任和义务，坚持法治思维，坚持从实际出发，推进烟草制品技术创新和减害降焦，培育低焦油卷烟品牌，满足消费者低焦油、环保健康的需求。同时通过配合打击烟草制品非法贸易、扩大卷烟包装警示面积等一系列措施，有序推进控烟履约的各项工作，实现健康与经济社会良性协调发展。

公共责任

2021 年“云南好人”评选活动。2021 年底，“云南好人”评选活动举办颁奖典礼。红云红河集团支持“云南好人”的评选已有 16 年。坚持支持公益事业，坚持做好产品，是一个优秀企业所必需的素养。而能否坚持这样的坚持，则体现了企业所倡导的价值。红云红河集团或许就在坚持这样的坚持，坚持公益，坚持产品。

安全生产管理。落实安全生产。红云红河集团牢固树立“安全发展”理念，坚守安全“红线”和“底线”。贯彻落实安全生产工作要求，压实全员安全生产责任，强化风险管控和隐患排查治理，深入推进安全标准建设，不断夯实安全管理基础，不断提升安全管理和保障水平，圆满完成“7 个为 0”“8 个 100%”的红云红河集团年度安全目标，保持零伤亡、零事故，安全生产形势保持平稳受控。在 2021 年度云南中烟对所有直属单位的安全工作考核中，红云红河集团以 9.86 分位列第一名。昆明卷烟厂和曲靖卷烟厂分别获得云南省消防委颁发的先进单位专职消防队，红河卷烟厂获得河州人民政府安全生产目标责任考核优秀工厂。

组织安全培训。红云红河集团加强安全文化建设，持续推动文化理念落地。向集团全体职工发放新版《中华人民共和国安全生产法》等安全法律法规 1 万多册并组织培训，开展一系列国家安全、主题教育等宣传贯彻活动，创作并展播《安全大家看》等安全宣传视频 34 个；红云红河集团高度重视安全培训工作，2021 年开展各类安全培训 455 次，共 3.6 万人次。进一步提升职工队伍的安全素质，增强安全生产的法治观念，使职工从“要我安全”向“我要安全”“我会安全”转变。新疆卷烟厂开展“小晨会 + 微课堂”双擎安全教育模式，针对身边的安全风险和隐患，班组成员共同辨识风险、排查隐患，分享心得和经验，提升班组隐患排查的自觉性和安全管理的主动性。

聚焦社会公益。促进教育事业。作为大型国企的红云红河集团在教育投入方面不遗余力，助学助教已经内化为企业的重大使命之一，常年投入，认认真真地践行着百年树人的教育精神。红云红河集团设立奖教助学项目，帮助特困学生，资助特殊教育学校，慰问教师，履行国有企业的社会责任。

建设和谐社区。红云红河集团倡导志愿精神，职工积极投身陪伴留守儿童、植树造林、抗疫志愿服务、助力脱贫攻坚等公益活动，截至 2021 年底，红云红河集团共有志愿者服务团队 10 个，注册青年志愿者 400 人。志愿者平均年龄 27.3 岁，积极履行社会责任，展现企业良好形象。

◎ 编辑：王　静

重要政策法规与文件选登

编者按：2021年是《中华人民共和国烟草专卖法》颁布30周年，为进一步提升烟草专卖法律法规社会知晓度，切实维护卷烟零售户和消费者合法权益，现全文刊登《中华人民共和国烟草专卖法》（2015年修正）。

中华人民共和国烟草专卖法

（1991年6月29日第七届全国人民代表大会常务委员会第二十次会议通过　根据2009年8月27日第十一届全国人民代表大会常务委员会第十次会议《关于修改部分法律的决定》第一次修正　根据2013年12月28日第十二届全国人民代表大会常务委员会第六次会议《关于修改〈中华人民共和国海洋环境保护法〉等七部法律的决定》第二次修正　根据2015年4月24日第十二届全国人民代表大会常务委员会第十四次会议《关于修改〈中华人民共和国计量法〉等五部法律的决定》第三次修正）

目　录

第一章　总　则

第一条　为实行烟草专卖管理，有计划地组织烟草专卖品的生产和经营，提高烟草制品质量，维护消费者利益，保证国家财政收入，制定本法。

第二条　本法所称烟草专卖品是指卷烟、雪茄烟、烟丝、复烤烟叶、烟叶、卷烟纸、滤嘴棒、烟用丝束、烟草专用机械。

卷烟、雪茄烟、烟丝、复烤烟叶统称烟草制品。

第三条　国家对烟草专卖品的生产、销售、进出口依法实行专卖管理，并实行烟草专卖许可证制度。

第四条　国务院烟草专卖行政主管部门主管全国烟草专卖工作。省、自治区、直辖市烟草专卖行政主管部门主管本辖区的烟草专卖工作，受国务院烟草专卖行政主管部门和省、自治区、直辖市人民政府的双重领导，以国务院烟草专卖行政主管部门的领导为主。

第五条　国家加强对烟草专卖品的科学研究和技术开发，提高烟草制品的质量，降低焦油和其他有害成份的含量。

国家和社会加强吸烟危害健康的宣传教育，禁止或者限制在公共交通工具和公共场所吸烟，劝阻青少年吸烟，禁止中小学生吸烟。

第六条　国家在民族自治地方实行烟草专卖管理，应当依照本法和民族区域自治法的有关规定，照顾民族自治地方的利益，对民族自治地方的烟叶种植和烟草制品生产给予照顾。

第二章　烟叶的种植、收购和调拨

第七条　本法所称烟叶是指生产烟草制品所需的烤烟和名晾晒烟，名晾晒烟的名录由国务院烟草专卖行政主管部门规定。

未列入名晾晒烟名录的其他晾晒烟可以在集市贸易市场出售。

第八条　烟草种植应当因地制宜地培育和推广优良品种。优良品种由当地烟草公司组织供应。

第九条　烟叶收购计划由县级以上地方人民政府计划部门根据国务院计划部门下达的计划下达，其他单位和个人不得变更。

烟草公司或者其委托单位应当与烟叶种植者签订烟叶收购合同。烟叶收购合同应当约定烟叶种植面积、烟叶收购价格。

第十条　烟叶由烟草公司或者其委托单位按照国家规定的收购标准统一收购，其他单位和个人不得收购。

烟草公司及其委托单位对烟叶种植者按照烟叶收购合同约定的种植面积生产的烟叶，应当按照合同约定的收购价格，全部收购，不得压级压价，并妥善处理收购烟叶发生的纠纷。

第十一条　省、自治区、直辖市之间的烟叶、复烤烟叶的调拨计划由国务院计划部门下达，省、自治区、直辖市辖区内的烟叶、复烤烟叶的调拨计划由省、自治区、直辖市计划部门下达，其他单位和个人不得变更。

烟叶、复烤烟叶的调拨必须签订合同。

第三章　烟草制品的生产

第十二条　开办烟草制品生产企业，必须经国务院烟草专卖行政主管部门批准，取得烟草专卖生产企业许可证，并经工商行政管理部门核准登记；其分立、合并、撤销，必须经国务院烟草专卖行政主管部门批准，并向工商行政管理部门办理变更、注销登记手续。未取得烟草专卖生产企业许可证的，工商行政管理部门不得核准登记。

第十三条　烟草制品生产企业为扩大生产能力进行基本建设或者技术改造，必须经国务院烟草专卖行政主管部门批准。

第十四条　省、自治区、直辖市的卷烟、雪茄烟年度总产量计划由国务院计划部门下达。烟草制品生产企业的卷烟、雪茄烟年度总产量计划，由省级烟草专卖行政主管部门根据国务院计划部门下达的计划，结合市场销售情况下达，地方人民政府不得向烟草制品生产企业下达超产任务。烟草制品生产企业根据市场销售情况，需要超过年度总产量计划生产卷烟、雪茄烟，必须经国务院烟草专卖行政主管部门批准。

全国烟草总公司根据国务院计划部门下达的年度总产量计划向省级烟草公司下达分等级、分种类的卷烟产量指标。省级烟草公司根据全国烟草总公司下达的分等级、分种类的卷烟产量指标，结合市场销售情况，向烟草制品生产企业下达分等级、分种类的卷烟产量指标。烟草制品生产企业可以根据市场销售情况，在该企业的年度总产量计划的范围内，对分等级、分种类的卷烟产量指标适当调整。

第四章　烟草制品的销售和运输

第十五条　经营烟草制品批发业务的企业，必须经国务院烟草专卖行政主管部门或者省级烟草专卖行政主管部门批准，取得烟草专卖批发企业许可证，并经工商行政管理部门核准登记。

第十六条　经营烟草制品零售业务的企业或者个人，由县级人民政府工商行政管理部门根据上一级烟草专卖行政主管部门的委托，审查批准发给烟草专卖零售许可证。已经设立县级烟草专卖行政主管部门的地方，也可以由县级烟草专卖行政主管部门审查批准发给烟草专卖零售许可证。

第十七条 国家制定卷烟、雪茄烟的焦油含量级标准。卷烟、雪茄烟应当在包装上标明焦油含量级和“吸烟有害健康”。

第十八条 禁止在广播电台、电视台、报刊播放、刊登烟草制品广告。

第十九条 卷烟、雪茄烟和有包装的烟丝必须申请商标注册，未经核准注册的，不得生产、销售。

禁止生产、销售假冒他人注册商标的烟草制品。

第二十条 烟草制品商标标识必须由省级工商行政管理部门指定的企业印制；非指定的企业不得印制烟草制品商标标识。

第二十一条 托运或者自运烟草专卖品必须持有烟草专卖行政主管部门或者烟草专卖行政主管部门授权的机构签发的准运证；无准运证的，承运人不得承运。

第二十二条 邮寄、异地携带烟叶、烟草制品的，不得超过国务院有关主管部门规定的限量。

第二十三条 个人进入中国境内携带烟草制品的，不得超过国务院有关主管部门规定的限量。

第五章 卷烟纸、滤嘴棒、烟用丝束、烟草专用机械的生产和销售

第二十四条 生产卷烟纸、滤嘴棒、烟用丝束、烟草专用机械的企业，必须报国务院烟草专卖行政主管部门批准，取得烟草专卖生产企业许可证。

本法所称烟草专用机械是指烟草专用机械的整机。

第二十五条 生产卷烟纸、滤嘴棒、烟用丝束、烟草专用机械的企业，应当按照国务院烟草专卖行政主管部门的计划以及与烟草制品生产企业签订的订货合同组织生产。

第二十六条 生产卷烟纸、滤嘴棒、烟用丝束、烟草专用机械的企业，只可将产品销售给烟草公司和持有烟草专卖生产企业许可证的烟草制品生产企业。

第六章 进出口贸易和对外经济技术合作

第二十七条 国务院烟草专卖行政主管部门根据国务院规定，管理烟草行业的进出口贸易和对外经济技术合作。

第七章 法律责任

第二十八条 违反本法规定擅自收购烟叶的，由烟草专卖行政主管部门处以罚款，并按照查获地省级烟草专卖行政主管部门出具的上年度烟叶平均收购价格的百分之七十收购违法收购的烟叶；数量巨大的，没收违法收购的烟叶和违法所得。

第二十九条 无准运证或者超过准运证规定的数量托运或者自运烟草专卖品的，由烟草专卖行政主管部门处以罚款，可以按照查获地省级烟草专卖行政主管部门出具的上年度烟叶平均收购价格的百分之七十收购违法运输的烟叶，按照市场批发价格的百分之七十收购违法运输的除烟叶外的其他烟草专卖品；情节严重的，没收违法运输的烟草专卖品和违法所得。

承运人明知是烟草专卖品而为无准运证的单位、个人运输的，由烟草专卖行政主管部门没收违法所得，并处罚款。

超过国家规定的限量异地携带烟叶、烟草制品，数量较大的，依照第一款的规定处理。

第三十条 无烟草专卖生产企业许可证生产烟草制品的，由烟草专卖行政主管部门责令关闭，没收违法所得，并处罚款。

无烟草专卖生产企业许可证生产卷烟纸、滤嘴棒、烟用丝束或者烟草专用机械的，由烟草专卖行政主管部门责令停止生产上述产品，没收违法所得，可以并处罚款。

第三十一条 无烟草专卖批发企业许可证经营烟草制

品批发业务的，由烟草专卖行政主管部门责令关闭或者停止经营烟草制品批发业务，没收违法所得，并处罚款。

第三十二条 无烟草专卖零售许可证经营烟草制品零售业务的，由工商行政管理部门责令停止经营烟草制品零售业务，没收违法所得，并处罚款。

第三十三条 生产、销售没有注册商标的卷烟、雪茄烟、有包装的烟丝的，由工商行政管理部门责令停止生产、销售，并处罚款。

生产、销售假冒他人注册商标的烟草制品的，由工商行政管理部门责令停止侵权行为，赔偿被侵权人的损失，可以并处罚款；构成犯罪的，依法追究刑事责任。

第三十四条 违反本法第二十条的规定，非法印制烟草制品商标标识的，由工商行政管理部门销毁印制的商标标识，没收违法所得，并处罚款。

第三十五条 倒卖烟草专卖品，构成犯罪的，依法追究刑事责任；情节轻微，不构成犯罪的，由工商行政管理部门没收倒卖的烟草专卖品和违法所得，可以并处罚款。

烟草专卖行政主管部门和烟草公司工作人员利用职务上的便利犯前款罪的，依法从重处罚。

第三十六条 伪造、变造、买卖本法规定的烟草专卖生产企业许可证、烟草专卖经营许可证等许可证件和准运证的，依照刑法有关规定追究刑事责任。

烟草专卖行政主管部门和烟草公司工作人员利用职务上的便利犯前款罪的，依法从重处罚。

第三十七条 走私烟草专卖品，构成走私罪的，依照刑法有关规定追究刑事责任；走私烟草专卖品，数额不大，不构成走私罪的，由海关没收走私货物、物品和违法所得，可以并处罚款。

烟草专卖行政主管部门和烟草公司工作人员利用职务上的便利犯前款罪的，依法从重处罚。

第三十八条 烟草专卖行政主管部门有权对本法实施情况进行检查。以暴力、威胁方法阻碍烟草专卖检查人员依法执行职务的，依法追究刑事责任；拒绝、阻碍烟草专卖检查人员依法执行职务未使用暴力、威胁方法的，由公安机关依照治安管理处罚法的规定处罚。

第三十九条 人民法院和处理违法案件的有关部门的工作人员私分没收的烟草制品，依照刑法有关规定追究刑事责任。

人民法院和处理违法案件的有关部门的工作人员购买没收的烟草制品的，责令退还，可以给予行政处分。

第四十条 烟草专卖行政主管部门和烟草公司的工作人员滥用职权、徇私舞弊或者玩忽职守的，给予行政处分；情节严重，构成犯罪的，依法追究刑事责任。

第四十一条 当事人对烟草专卖行政主管部门和工商行政管理部门作出的行政处罚决定不服的，可以在接到处罚通知之日起十五日内向作出处罚决定的机关的上一级机关申请复议；当事人也可以在接到处罚通知之日起十五日内直接向人民法院起诉。

复议机关应当在接到复议申请之日起六十日内作出复议决定。当事人对复议决定不服的，可以在接到复议决定之日起十五日内向人民法院起诉；复议机关逾期不作出复议决定的，当事人可以在复议期满之日起十五日内向人民法院起诉。

当事人逾期不申请复议也不向人民法院起诉、又不履行处罚决定的，作出处罚决定的机关可以申请人民法院强制执行。

第八章 附 则

第四十二条 国务院根据本法制定实施条例。

第四十三条 本法自1992年1月1日起施行。1983年9月23日国务院发布的《烟草专卖条例》同时废止。

中华人民共和国国务院令

第 750 号

现公布《国务院关于修改〈中华人民共和国烟草专卖法实施条例〉的决定》，自公布之日起施行。

总理　李克强

2021 年 11 月 10 日

国务院关于修改《中华人民共和国烟草专卖法实施条例》的决定

为加强电子烟等新型烟草制品监管，国务院决定对《中华人民共和国烟草专卖法实施条例》作如下修改：

增加一条，作为第六十五条："电子烟等新型烟草制品参照本条例卷烟的有关规定执行。"

此外，对条文顺序作相应调整。

本决定自公布之日起施行。

《中华人民共和国烟草专卖法实施条例》根据本决定作相应修改，重新公布。

中华人民共和国烟草专卖法实施条例

（1997年7月3日中华人民共和国国务院令第223号发布　根据2013年7月18日《国务院关于废止和修改部分行政法规的决定》第一次修订　根据2016年2月6日《国务院关于修改部分行政法规的决定》第二次修订　根据2021年11月10日《国务院关于修改〈中华人民共和国烟草专卖法实施条例〉的决定》第三次修订）

第一章　总　则

第一条　根据《中华人民共和国烟草专卖法》（以下简称《烟草专卖法》），制定本条例。

第二条　烟草专卖是指国家对烟草专卖品的生产、销售和进出口业务实行垄断经营、统一管理的制度。

第三条　烟草专卖品中的烟丝是指用烟叶、复烤烟叶、烟草薄片为原料加工制成的丝、末、粒状商品。

第四条　国务院和省、自治区、直辖市的烟草专卖行政主管部门职责及领导体制，依照《烟草专卖法》第四条的规定执行。设有烟草专卖行政主管部门的市、县，由市、县烟草专卖行政主管部门主管本行政区内的烟草专卖工作，受上一级烟草专卖行政主管部门和本级人民政府的双重领导，以上一级烟草专卖行政主管部门的领导为主。

第五条　国家对卷烟、雪茄烟焦油含量和用于卷烟、雪茄烟的主要添加剂实行控制。烟草制品生产企业不得违反国家有关规定使用有害的添加剂和色素。

第二章　烟草专卖许可证

第六条　从事烟草专卖品的生产、批发、零售业务，以及经营烟草专卖品进出口业务和经营外国烟草制品购销业务的，必须依照《烟草专卖法》和本条例的规定，申请领取烟草专卖许可证。

烟草专卖许可证分为：

（一）烟草专卖生产企业许可证；

（二）烟草专卖批发企业许可证；

（三）烟草专卖零售许可证。

第七条　取得烟草专卖生产企业许可证，应当具备下列条件：

（一）有与生产烟草专卖品相适应的资金；

（二）有生产烟草专卖品所需要的技术、设备条件；

（三）符合国家烟草行业的产业政策要求；

（四）国务院烟草专卖行政主管部门规定的其他条件。

第八条　取得烟草专卖批发企业许可证，应当具备下列条件：

（一）有与经营烟草制品批发业务相适应的资金；

（二）有固定的经营场所和必要的专业人员；

（三）符合烟草专卖批发企业合理布局的要求；

（四）国务院烟草专卖行政主管部门规定的其他条件。

第九条　取得烟草专卖零售许可证，应当具备下列条件：

（一）有与经营烟草制品零售业务相适应的资金；

（二）有固定的经营场所；

（三）符合烟草制品零售点合理布局的要求；

（四）国务院烟草专卖行政主管部门规定的其他条件。

第十条　烟草专卖行政主管部门依照《烟草专卖法》

及本条例的规定，发放烟草专卖许可证和烟草专卖品准运证并实施管理。

第十一条 申请领取烟草专卖生产企业许可证的，应当向省、自治区、直辖市（以下简称省级）烟草专卖行政主管部门提出申请，由省级烟草专卖行政主管部门审查签署意见，报国务院烟草专卖行政主管部门审批发证。

第十二条 申请领取烟草专卖批发企业许可证，进行跨省、自治区、直辖市经营的，应当向省级烟草专卖行政主管部门提出申请，由省级烟草专卖行政主管部门审查签署意见，报国务院烟草专卖行政主管部门审批发证。

申请领取烟草专卖批发企业许可证，在省、自治区、直辖市范围内经营的，应当向企业所在地烟草专卖行政主管部门提出申请，由企业所在地烟草专卖行政主管部门审查签署意见，报省级烟草专卖行政主管部门审批发证。

第十三条 申请领取烟草专卖零售许可证，依照《烟草专卖法》的规定办理。

第十四条 烟草专卖许可证的发证机关可以定期或者不定期地对取得烟草专卖许可证的企业、个人进行检查。经检查不符合《烟草专卖法》和本条例规定条件的，烟草专卖许可证的发证机关可以责令暂停烟草专卖业务、进行整顿，直至取消其从事烟草专卖业务的资格。

烟草专卖许可证的具体管理办法，由国务院烟草专卖行政主管部门根据本条例的规定制定。

第三章 烟叶的种植、收购和调拨

第十五条 国务院烟草专卖行政主管部门按照合理布局的要求，会同有关省、自治区、直辖市人民政府依据国家计划，根据良种化、区域化、规范化的原则制定烟叶种植规划。

第十六条 烟叶由烟草公司或其委托单位依法统一收购。烟草公司或其委托单位根据需要，可以在国家下达烟叶收购计划的地区设立烟叶收购站（点）收购烟叶。设立烟叶收购站（点），应当经设区的市级烟草专卖行政主管部门批准。未经批准，任何单位和个人不得收购烟叶。

第十七条 地方烟草专卖行政主管部门组织同级有关部门和烟叶生产者的代表组成烟叶评级小组，协调烟叶收购等级评定工作。

第十八条 国家储备、出口烟叶的计划和烟叶调拨计划，由国务院计划部门下达。

第四章 烟草制品的生产

第十九条 设立烟草制品生产企业，应当由省级烟草专卖行政主管部门报经国务院烟草专卖行政主管部门批准，取得烟草专卖生产企业许可证，并经工商行政管理部门核准登记。

第二十条 烟草制品生产企业必须严格执行国家下达的生产计划。

第二十一条 禁止使用霉烂烟叶生产卷烟、雪茄烟和烟丝。

第二十二条 卷烟、雪茄烟和有包装的烟丝，应当使用注册商标。

第五章 烟草制品的销售

第二十三条 取得烟草专卖批发企业许可证的企业，应当在许可证规定的经营范围和地域范围内，从事烟草制品的批发业务。

取得烟草专卖零售许可证的企业或者个人，应当在当地的烟草专卖批发企业进货，并接受烟草专卖许可证发证机关的监督管理。

第二十四条 无烟草专卖批发企业许可证的单位或者个人，一次销售卷烟、雪茄烟50条以上的，视为无烟草专卖批发企业许可证从事烟草制品批发业务。

第二十五条 任何单位或者个人不得销售非法生产的烟草制品。

第二十六条 烟草专卖生产企业和烟草专卖批发企业，不得向无烟草专卖零售许可证的单位或者个人提供烟草制品。

第二十七条　在中国境内销售的卷烟、雪茄烟，应当在小包、条包上标注焦油含量级和“吸烟有害健康”的中文字样。

第二十八条　国务院烟草专卖行政主管部门在必要时，可以根据市场供需情况下达省、自治区、直辖市之间的卷烟、雪茄烟调拨任务。

第二十九条　严禁销售霉坏、变质的烟草制品。霉坏、变质的烟草制品，由烟草专卖行政主管部门或者有关行政管理部门监督销毁。

第三十条　有关部门依法查获的假冒商标烟草制品，应当交由烟草专卖行政主管部门按照国家有关规定公开销毁，禁止以任何方式销售。

第三十一条　假冒商标烟草制品的鉴别检测工作，由国务院产品质量监督管理部门和省、自治区、直辖市人民政府产品质量监督管理部门指定的烟草质量检测站进行。

第六章　烟草专卖品的运输

第三十二条　烟草专卖品准运证由省级以上烟草专卖行政主管部门或其授权的机构审批、发放。烟草专卖品准运证的管理办法由国务院烟草专卖行政主管部门制定。

第三十三条　跨省、自治区、直辖市运输进口的烟草专卖品、国产烟草专用机械和烟用丝束、滤嘴棒以及分切的进口卷烟纸，应当凭国务院烟草专卖行政主管部门或其授权的机构签发的烟草专卖品准运证办理托运或者自运。

跨省、自治区、直辖市运输除国产烟草专用机械、烟用丝束、滤嘴棒以及分切的进口卷烟纸以外的其他国产烟草专卖品，应当凭国务院烟草专卖行政主管部门或者省级烟草专卖行政主管部门签发的烟草专卖品准运证办理托运或者自运。

在省、自治区、直辖市内跨市、县运输烟草专卖品，应当凭省级烟草专卖行政主管部门或其授权的机构签发的烟草专卖品准运证办理托运或者自运。

运输依法没收的走私烟草专卖品，应当凭国务院烟草专卖行政主管部门签发的烟草专卖品准运证办理托运或者自运。

第三十四条　有下列情形之一的，为无烟草专卖品准运证运输烟草专卖品：

（一）超过烟草专卖品准运证规定的数量和范围运输烟草专卖品的；

（二）使用过期、涂改、复印的烟草专卖品准运证的；

（三）无烟草专卖品准运证又无法提供在当地购买烟草专卖品的有效证明的；

（四）无烟草专卖品准运证运输烟草专卖品的其他行为。

第三十五条　海关监管的烟草制品的转关运输，按照国家有关海关转关运输的规定办理运输手续。

第七章　卷烟纸、滤嘴棒、烟用丝束、烟草专用机械的生产和销售

第三十六条　烟草专卖批发企业和烟草制品生产企业只能从取得烟草专卖生产企业许可证的企业购买卷烟纸、滤嘴棒、烟用丝束和烟草专用机械。

卷烟纸、滤嘴棒、烟用丝束、烟草专用机械的生产企业不得将其产品销售给无烟草专卖生产企业许可证的单位或者个人。

第三十七条　烟草专用机械的购进、出售、转让，必须经国务院烟草专卖行政主管部门批准。

烟草专用机械的名录由国务院烟草专卖行政主管部门规定。

第三十八条　任何单位或者个人不得销售非法生产的烟草专用机械、卷烟纸、滤嘴棒及烟用丝束。

淘汰报废、非法拼装的烟草专用机械，残次的卷烟纸、滤嘴棒、烟用丝束及下脚料，由当地烟草专卖行政主管部门监督处理，不得以任何方式销售。

第八章　进出口贸易和对外经济技术合作

第三十九条　设立外商投资的烟草专卖生产企业，应

当报经国务院烟草专卖行政主管部门审查同意后，方可按照国家有关规定批准立项。

第四十条 进口烟草专卖品的计划应当报国务院烟草专卖行政主管部门审查批准。

第四十一条 免税进口的烟草制品应当存放在海关指定的保税仓库内，并由国务院烟草专卖行政主管部门指定的地方烟草专卖行政主管部门与海关共同加锁管理。海关凭国务院烟草专卖行政主管部门批准的免税进口计划分批核销免税进口外国烟草制品的数量。

第四十二条 在海关监管区内经营免税的卷烟、雪茄烟的，只能零售，并应当在卷烟、雪茄烟的小包、条包上标注国务院烟草专卖行政主管部门规定的专门标志。

第四十三条 专供出口的卷烟、雪茄烟，应当在小包、条包上标注“专供出口”中文字样。

第九章 监督检查

第四十四条 烟草专卖行政主管部门依法对执行《烟草专卖法》及本条例的情况进行监督、检查，查处违反《烟草专卖法》及本条例的案件，并会同国家有关部门查处烟草专卖品的走私贩私、假冒伪劣行为。

第四十五条 国务院烟草专卖行政主管部门在必要时，可以根据烟草专卖工作的实际情况，在重点地区设立派出机构；省级烟草专卖行政主管部门在必要时，可以向烟草专卖品生产、经营企业派驻人员。派出机构和派驻人员在派出部门的授权范围内监督、检查烟草专卖品的生产、经营活动。

第四十六条 烟草专卖行政主管部门查处违反《烟草专卖法》和本条例的案件时，可以行使下列职权：

（一）询问违法案件的当事人、嫌疑人和证人；

（二）检查违法案件当事人的经营场所，依法对违法生产或者经营的烟草专卖品进行处理；

（三）查阅、复制与违法活动有关的合同、发票、账册、单据、记录、文件、业务函电和其他资料。

第四十七条 烟草专卖行政主管部门或者烟草专卖行政主管部门会同有关部门，可以依法对非法运输烟草专卖品的活动进行检查、处理。

第四十八条 人民法院和行政机关依法没收的烟草专卖品以及充抵罚金、罚款和税款的烟草专卖品，按照国家有关规定进行拍卖的，竞买人应当持有烟草专卖批发企业许可证。

依法设立的拍卖企业拍卖烟草专卖品，应当对竞买人进行资格验证。拍卖企业拍卖烟草专卖品，应当接受烟草专卖行政主管部门的监督。

第四十九条 烟草专卖行政主管部门的专卖管理检查人员执行公务时，应当佩戴国务院烟草专卖行政主管部门制发的徽章，出示省级以上烟草专卖行政主管部门签发的检查证件。

第五十条 对检举烟草专卖违法案件的有功单位和个人，给予奖励。

第十章 法律责任

第五十一条 依照《烟草专卖法》第二十八条规定处罚的，按照下列规定执行：

（一）擅自收购烟叶的，可以处非法收购烟叶价值 20% 以上 50% 以下的罚款，并按照查获地省级烟草专卖行政主管部门出具的上年度烟叶平均收购价格的 70% 收购违法收购的烟叶；

（二）擅自收购烟叶 1000 公斤以上的，依法没收其违法收购的烟叶和违法所得。

第五十二条 依照《烟草专卖法》第二十九条规定处罚的，按照下列规定执行：

（一）无准运证或者超过准运证规定的数量托运或者自运烟草专卖品的，处以违法运输的烟草专卖品价值 20% 以上 50% 以下的罚款，可以按照查获地省级烟草专卖行政主管部门出具的上年度烟叶平均收购价格的 70% 收购违法运输的烟叶，以及按照市场批发价格的 70% 收购违法运输的除烟叶外的其他烟草专卖品。

（二）有下列情形之一的，没收违法运输的烟草专卖品和违法所得：

1. 非法运输的烟草专卖品价值超过5万元或者运输卷烟数量超过100件（每1万支为1件）的；

2. 被烟草专卖行政主管部门处罚两次以上的；

3. 抗拒烟草专卖行政主管部门的监督检查人员依法实施检查的；

4. 非法运输走私烟草专卖品的；

5. 运输无烟草专卖生产企业许可证的企业生产的烟草专卖品的；

6. 利用伪装非法运输烟草专卖品的；

7. 利用特种车辆运输烟草专卖品逃避检查的；

8. 其他非法运输行为，情节严重的。

（三）承运人明知是烟草专卖品而为无准运证的单位、个人运输的，没收违法所得，可以并处违法运输的烟草专卖品价值10%以上20%以下的罚款。

（四）邮寄、异地携带烟叶、烟草制品超过国务院有关部门规定的限量1倍以上的，依照本条第（一）项的规定处罚。

第五十三条 依照《烟草专卖法》第三十条规定处罚的，按照下列规定执行：

（一）无烟草专卖生产企业许可证生产烟草制品的，由烟草专卖行政主管部门责令关闭，没收违法所得，处以所生产烟草制品价值1倍以上2倍以下的罚款，并将其违法生产的烟草制品公开销毁；

（二）无烟草专卖生产企业许可证生产卷烟纸、滤嘴棒、烟用丝束或者烟草专用机械的，由烟草专卖行政主管部门责令停止生产，没收违法所得，处以违法生产的烟草专卖品价值1倍以上2倍以下的罚款，并将其违法生产的烟草专卖品公开销毁。

第五十四条 依照《烟草专卖法》第三十一条规定，无烟草专卖批发企业许可证经营烟草制品批发业务的，由烟草专卖行政主管部门责令关闭或者停止经营烟草制品批发业务，没收违法所得，处以违法批发的烟草制品价值50%以上1倍以下的罚款。

第五十五条 取得烟草专卖批发企业许可证的单位违反本条例第二十三条第一款的规定，超越经营范围和地域范围，从事烟草制品批发业务的，由烟草专卖行政主管部门责令暂停经营批发业务，没收违法所得，处以违法经营的烟草制品价值10%以上20%以下的罚款。

第五十六条 取得烟草专卖零售许可证的企业或者个人违反本条例第二十三条第二款的规定，未在当地烟草专卖批发企业进货的，由烟草专卖行政主管部门没收违法所得，可处以进货总额5%以上10%以下的罚款。

第五十七条 无烟草专卖零售许可证经营烟草制品零售业务的，由工商行政管理部门或者由工商行政管理部门根据烟草专卖行政主管部门的意见，责令停止经营烟草制品零售业务，没收违法所得，处以违法经营总额20%以上50%以下的罚款。

第五十八条 违反本条例第二十五条、第三十八条第一款规定销售非法生产的烟草专卖品的，由烟草专卖行政主管部门责令停止销售，没收违法所得，处以违法销售总额20%以上50%以下的罚款，并将非法销售的烟草专卖品公开销毁。

第五十九条 违反本条例规定，未取得国务院烟草专卖行政主管部门颁发的烟草专卖批发企业许可证，擅自跨省、自治区、直辖市从事烟草制品批发业务的，由烟草专卖行政主管部门处以批发总额10%以上20%以下的罚款。

第六十条 违反本条例第二十六条、第三十六条第二款规定，为无烟草专卖许可证的单位或者个人提供烟草专卖品的，由烟草专卖行政主管部门没收违法所得，并处以销售总额20%以上50%以下的罚款。

第六十一条 违反本条例第三十六条第一款规定，烟草专卖批发企业和烟草制品生产企业从无烟草专卖生产企业许可证的企业购买卷烟纸、滤嘴棒、烟用丝束、烟草专用机械的，由烟草专卖行政主管部门处以所购烟草专卖品价值50%以上1倍以下的罚款。

第六十二条 违反本条例第四十一条规定，免税进口的烟草制品不按规定存放在烟草制品保税仓库内的，可以处烟草制品价值50%以下的罚款。

第六十三条 违反本条例第四十二条规定，在海关监管区内经营免税的卷烟、雪茄烟没有在小包、条包上标注国务院烟草专卖行政主管部门规定的专门标志的，可以处非法经营总额50%以下的罚款。

第六十四条 违反本条例第四十八条的规定，拍卖企业未对竞买人进行资格验证，或者不接受烟草专卖行政主管部门的监督，擅自拍卖烟草专卖品的，由烟草专卖行政主管部门处以拍卖的烟草专卖品价值20%以上50%以下的罚款，并依法取消其拍卖烟草专卖品的资格。

第十一章 附 则

第六十五条 电子烟等新型烟草制品参照本条例卷烟的有关规定执行。

第六十六条 本条例自发布之日起施行。

中共国家烟草专卖局党组关于贯彻落实《中共中央 国务院关于实现巩固拓展脱贫攻坚成果同乡村振兴有效衔接的意见》的具体意见

（2021年5月10日 国烟党〔2021〕87号）

行业各直属单位，国家局、总公司机关各部门、各单位：

为深入贯彻落实《中共中央 国务院关于实现巩固拓展脱贫攻坚成果同乡村振兴有效衔接的意见》和中共中央办公厅、国务院办公厅《关于坚持做好中央单位定点帮扶工作的意见》等文件精神，切实将烟草行业对脱贫地区的帮扶工作融入到中华民族伟大复兴的战略全局中考虑，现提出如下意见：

一、指导思想

以习近平新时代中国特色社会主义思想为指导，深入贯彻落实党的十九大和十九届二中、三中、四中、五中全会精神，坚定不移贯彻新发展理念，坚持以人民为中心的发展思想，坚持系统观念，以乡村振兴战略的全面推进为契机，融入以国内大循环为主体、国内国际双循环相互促进的新发展格局。依托烟草行业体制优势、产业优势和资金优势，立足脱贫地区实际，统筹推动巩固拓展脱贫攻坚成果与乡村振兴的有效衔接，全面带动脱贫地区实现以乡村产业兴旺、生态宜居、乡风文明、治理有效、生活富裕为标志的全面振兴。

二、目标任务

按照党中央、国务院的决策部署，严格落实习近平总书记关于打赢脱贫攻坚战后“四不摘”的工作要求，设立5年过渡期，做好过渡期内的帮扶政策衔接、帮扶机制优化和帮扶方式调整，确保帮扶政策总体稳定。统筹帮扶脱贫地区民生改善与产业发展，持续提高乡村建设能力和农村现代化水平。到2025年，帮助脱贫地区实现脱贫攻坚成果巩固拓展，乡村振兴全面推进，脱贫地区干部群众干劲十足，经济活力和产业竞争力明显增强，基础设施和乡村环境进一步提升，治理水平和宜居程度显著改善。

三、重点工作

（一）保持帮扶政策总体稳定

脱贫攻坚期结束后，帮扶政策在过渡期内要保持总体稳定。贯彻落实乡村振兴重点帮扶县政策，大力推动产业发展、就业务工、消费帮扶等发展类政策，持续落实教育、医疗、住房、饮水等民生保障类政策，保证在帮扶资金支持、帮扶项目安排、优秀干部选派、特色产业发展、基础设施建设和公共服务水平提升方面给予大力支持，为脱贫人口生产生活改善、脱贫地区发展能力增强注入持久动力。对巩固拓展脱贫攻坚成果和乡村振兴任务重的县区，继续选派挂职帮扶干部和驻村第一书记，健全常态化帮扶工作机制，做好定期轮换和交接工作。

（二）发挥好烟叶产业"压舱石"作用

持续发挥烟叶产业的致富作用和示范效应，在尊重市场规律和产业发展规律的基础上，将烟叶种植计划持续向脱贫地区倾斜，确保脱贫地区烟叶种植面积稳定、烟叶税收贡献稳定、烟农收入稳中有升。不断强化烟叶关键核心技术攻关能力和转化能力，以烟叶产业带动农业整体发展水平提档升级。综合利用各类资源要素推动烟叶产业与多元化产业融合发展，做好烟农增收工作。运用烟农合作社运转中形成的良好经验，助推脱贫地区组建特色产业农民合作社、家庭农场等新兴农业经营主体，健全专业化社会服务体系，实现小农户和现代农业的有机衔接。

（三）聚力脱贫地区特色产业发展

帮扶资金投入聚焦特色产业发展，推动延伸特色产业链，加强深加工、仓储保鲜、冷链物流设施建设。协助做好特色产业发展规划，围绕特色资源做好产业文章，优化脱贫地区特色产品品牌运营能力，打造县域公共品牌，帮助提高脱贫地区特色产业的市场适应性。利用脱贫地区绿水青山的旅游资源，结合特色优质农产品，打造农家乐、特色小镇、休闲度假村等田园旅游综合体，提升特色产业附加值，以点带面，起到良好示范作用。利用烟草全产业链优势，在综合衡量成本收益的前提下，引导烟草配套产业向脱贫地区转移，优化资源配置，繁荣县域经济。

（四）提升脱贫地区基础设施建设和公共服务水平

帮扶资金投入向基础设施建设和公共服务领域倾斜，注重加强普惠性、兜底性、基础性民生建设。帮扶项目安排向农村产业公路、旅游公路、入户公路倾斜，支持脱贫地区推进标准公厕、生活垃圾、污水处理和村容村貌整治等基础设施建设。持续巩固"两不愁三保障"成果，加强教育和医疗设施建设。充分利用行业政策资源，持续推动脱贫地区烟田基础设施和水源工程建设，过渡期内保证烟草各类惠农补贴基本稳定，推动构建烟农增收，农业增效，乡村增绿的乡村振兴新实践。开展农村示范零售终端建设，完善农村卷烟零售网点布局。

（五）深入实施消费帮扶

发挥消费帮扶需求端对特色产业发展供给端的牵引作用，通过行业采购带动脱贫地区企业发展和技术升级，争取打造出一批规模较大、技术先进、盈利良好、带贫作用突出的本地企业。行业各级单位工会、食堂等部门在全年采购额度内预留一定比例用于采购脱贫地区农产品和服务。推进订单式消费帮扶，建立一批直采基地，鼓励企业或个人认领乡村特色农产品，提高消费帮扶的精准性与靶向性。采用信息化手段拓宽销售渠道，持续优化脱贫地区农产品采购方式。积极拓展个人采购渠道。协助做好农产品品牌培育、质量追溯和流程管控，提高脱贫地区农产品综合竞争力。

（六）大力推进扶志扶智

坚持扶志扶智相结合，防止政策养懒汉和泛福利化倾向，注重营造健康文明新风，切实提升乡村治理水平。发挥行业各级帮扶干部和驻村工作队、第一书记贴近基层，贴近群众的优势，推进农村思想政治工作，把农民群众精气神提振起来。引导乡村移风易俗。

(七)稳妥推进就业帮扶

加大对脱贫地区低收入人口就业的帮扶力度。在烟叶种植、分拣等环节优先雇佣低收入人口，做好人员培训。加大对卷烟零售户中低收入人口的帮扶力度。利用信息化手段对接行业保安、厨师、服务员等工勤岗位需求与乡村劳动力供给。根据行业需求针对性提供技术培训服务，促进脱贫人口稳定就业。

(八)继续做好党建帮扶

指导帮扶县加强基层党建，抓党建促乡村振兴。深化落实国家局机关党支部与定点帮扶县区村支部对口帮扶和联学联建机制，完善党建帮扶工作方案，灵活运用各部门单位的政策优势与资源优势，帮助对口帮扶村解决实际困难。研究制订过渡期内利用党建返还资金助力乡村建设的具体落实方案。

(九)加强帮扶项目全生命周期管理

持续完善帮扶资金使用和项目管理全过程的制度建设，规范帮扶项目的投前论证、立项审批、招标采购、项目实施、资金支付和竣工验收各环节，确保项目建设过程合法依规，项目建设结果高质高效。已投入运营的帮扶项目，要摸清资产底数，建立台账。公益性资产要落实管护主体，明确管护责任，确保使用效果。经营性资产要明晰产权关系，确定合理资产收益、防止帮扶资产流失。资产收益重点用于项目运行管护、巩固拓展脱贫攻坚成果、村级公益事业等方面。未形成资产的产业奖补投入，要聚焦产业发展痛点，与当地产业发展方向一致。建立定期评估报告机制，持续跟进了解项目建设和运行情况。

四、保障措施

(一)强化组织领导

充分发挥行业各级党组(党委)在推进巩固拓展脱贫攻坚成果同乡村振兴有效衔接中的领导作用，增强政治担当、责任担当与行动自觉，继承发扬脱贫攻坚阶段形成的良好经验和先进做法，坚持系统观念，统筹好行业资源和工作重点，推动战略谋划和实践探索有机贯通。行业各级单位要提高政治站位，按照相关要求平稳有序做好扶贫工作机构职能的调整优化，推动帮扶措施和工作体系平稳过渡。完善对帮扶干部的管理和关心关爱制度。

(二)优化帮扶方式

脱贫攻坚任务完成后，注重适时调整工作重点、帮扶方式和帮扶人群。工作重点从解决建档立卡贫困人口“两不愁三保障”问题向全面推进乡村振兴转变。帮扶方式从集中资源支持脱贫攻坚向完善体制机制常态化帮扶转变。帮扶人群从建档立卡贫困户向脱贫不稳定户乃至全体农村群众转变。提高要素整合与资源共享能力，发挥行业资源“药引子”作用，引导政府和社会资源参与帮扶。杜绝“撒胡椒面”式帮扶，在脱贫地区产业发展与消费帮扶、民生改善与公共服务水平提升、扶志扶智等领域给予帮扶，打造出一批项目质量高、帮扶效果好、带动作用突出的“民心项目”。

(三)做好调研指导

“一分部署、九分落实”，要切实发挥调研指导对推进责任落实、政策落实和工作落实的抓手作用，把帮扶地区作为联系基层的重要渠道、改进作风的重要平台，创新试点的重要基地。行业各级单位要开展领导班子及相关部门(单位)到脱贫地区的调研指导活动，督促工作落实，推动项目建设。行业各级单位帮扶工作管理部门要注重深入一线了解情况，因地制宜，确保帮扶资金投入方向精准，帮扶政策高效管用，帮扶效果良好显著。

(四)完善考核评价

脱贫攻坚任务完成后，要做好巩固拓展脱贫攻坚成果与全面推进乡村振兴的考核评价衔接工作。探索建立乡村振兴考核评价机制，将其纳入行业高质量发展绩效评价体系。注重建章立制与落地见效同步到位，确保各项工作措施细化、进度可见，结果可评估。

◇ 编辑：周　佳　刘海文

先进人物和先进集体

- □ 先进人物名单
- □ 先进集体名单

先进人物名单

【烟草行业获评全国脱贫攻坚先进个人名单】 （中共中央 国务院关于表彰全国脱贫攻坚先进个人和先进集体的决定）（2021 年 2 月 25 日发布）

肖 冰 湖南中烟工业有限责任公司郴州卷烟厂党委书记、宜章县黄沙镇新垄村驻村工作队原队长兼第一书记

张向阳（苗族） 湖南省湘西土家族苗族自治州烟草专卖局（公司）多元化办公室主任、龙山县里耶镇云顶村驻村工作队队长兼第一书记

姚葳蕤 云南中烟工业有限责任公司团委副书记

武轩羽 陕西省汉中市西乡县烟草专卖局（分公司）科员、西乡县子午镇七星坝村驻村工作队队员

【烟草行业获评全国技术能手名单】 （人力资源社会保障部关于表彰第十五届中华技能大奖和全国技术能手的决定）（人社部发〔2021〕38 号）（2021 年 6 月 4 日发布）

于晓江 红塔辽宁烟草有限责任公司营口卷烟厂

喻树洪 湖南中烟工业有限责任公司长沙卷烟厂

张军刚 云南省烟草公司曲靖市公司

【烟草行业获评全国普法工作先进个人名单】 （中共中央宣传部 司法部 全国普法办关于表彰 2016—2020 年全国普法工作先进单位、先进个人和依法治理创建活动先进单位的决定）（司法通〔2021〕90 号）（2021 年 12 月 28 日发布）

郜生权 新疆维吾尔自治区伊犁哈萨克自治州烟草专卖局（公司）党组书记、局长、经理

卢国胜 湖北省烟草专卖局（公司）政策法规与体制改革处处长

黄 政 贵州中烟工业有限责任公司法律与改革部部长

夏庆松 安徽省安庆市烟草专卖局（公司）法规科科长

刘 兴（白族） 湖南中烟工业有限责任公司党组成员、副总经理

杨 秋（女） 海南省三亚市烟草专卖局（公司）法规科科长

唐 露（女） 贵州省毕节市烟草专卖局（公司）科员

宋培琳（苗族） 贵州省黔南州罗甸县烟草专卖局（分公司）内管派驻组组长

杨 帆 云南中烟工业有限责任公司法律与改革部副部长

【烟草行业获评全国先进老干部工作者名单】 （中共中央组织部 人力资源社会保障部关于表彰全国老干部工作先进集体和先进个人的决定）（2021 年 12 月 19 日发布）

张晓郁（女） 河南省南阳市烟草专卖局离退休人员管理办公室科员

【烟草行业获评国家技能人才培育突出贡献个人名单】 （人力资源社会保障部关于表彰第十五届中华技能大奖和全国技术能手的决定）（人社部发〔2021〕38 号）（2021 年 6 月 4 日发布）

钟 明 上海烟草集团有限责任公司上海卷烟厂

【烟草行业“十三五”科技创新工作先进个人名单】 （中国烟草总公司关于表彰烟草行业“十三五”科技创新工作先进集体和先进个人的决定）（中烟办〔2021〕106 号）（2021 年 9 月 9 日发布）

谢 刚 北京市烟草专卖局（公司）信息中心

邱 雨 天津市烟草专卖局（公司）物流中心

陈向辉 河北省烟草专卖局（公司）物流处

康向平 山西省烟草专卖局（公司）信息中心

杨　峰　内蒙古自治区烟草公司包头市公司

于　勇　辽宁省烟草公司辽阳市公司

梁校源　吉林省吉林市烟草公司桦甸分公司

元　野　中国烟草总公司黑龙江省公司牡丹江烟草科学研究所

蔺　雁　中国烟草总公司大连市公司瓦房店分公司

郭文卓　江苏省烟草专卖局（公司）信息中心

陈　楠　浙江省烟草专卖局（公司）信息中心（数据资源管理中心）

张丽娜　安徽省烟草专卖局（公司）科技处

林智慧　福建省烟草公司三明市公司

杜旺斌　江西省赣州市会昌县烟草分公司

杜传印　山东潍坊烟草有限公司烟叶生产技术中心

常　栋　河南省烟草公司平顶山市公司

左华红　湖北省烟草公司荆州市公司

杨红武　湖南省烟草专卖局（公司）科技处

陈泽鹏　广东烟草韶关市有限公司

首安发　广西壮族自治区烟草公司贺州市公司

陈德鑫　中国烟草总公司海南省公司海口雪茄研究所

王　勇　四川省烟草公司凉山州公司

徐　宸　重庆市烟草公司石柱分公司

张　燕　云南省烟草质量监督检测站

李　震　贵州省烟草公司黔西南州公司

熊　巍　西藏自治区烟草质量监督检测站

张　强　陕西省烟草科学研究所

李　阳　甘肃省烟草公司兰州市公司

王以轩　青海省烟草专卖局（公司）物流中心

张亚平　宁夏回族自治区烟草公司银川市公司

谢雯燕　上海烟草集团有限责任公司技术中心

冯文宁　河北中烟工业有限责任公司技术中心

朱怀远　江苏中烟工业有限责任公司技术中心

李钰靓　浙江中烟工业有限责任公司杭州卷烟厂

周　顺　安徽中烟工业有限责任公司技术中心

黄朝章　福建中烟工业有限责任公司技术中心

李　强　江西中烟工业有限责任公司南昌卷烟厂

赵　昆　颐中烟草（集团）有限公司

王二彬　河南中烟工业有限责任公司技术中心

谢　豪　湖北中烟工业有限责任公司技术中心

饶国华　广东中烟工业有限责任公司技术中心

吴　彦　广西中烟工业有限责任公司技术中心

朱立军　重庆中烟工业有限责任公司技术中心

黄玉川　四川三联新材料有限公司

施　鸣　贵州中烟工业有限责任公司技术中心

缪明明　云南中烟工业有限责任公司技术中心

樊亚玲　陕西中烟工业有限责任公司技术中心

梁银春　南通醋酸纤维有限公司化工及节能环保研究部

廉　磊　珠海醋酸纤维有限公司制浆丙酮生产部

金静静　国家烟草基因研究中心

李　斌　中国烟草总公司郑州烟草研究院工艺研究室

郑赛晶　上海新型烟草制品研究院基础研究室

杨　波　中国烟草总公司合肥设计院技术审查处

王德吉　中国烟草总公司职工进修学院烟草农业培训部

李　彪　中烟机械技术中心有限责任公司

张吉军　常德烟草机械有限责任公司

翟玉俊　甘肃烟草工业有限责任公司

刘晓晖　深圳烟草工业有限责任公司

杨爱国　中国烟草总公司青州烟草研究所烟草遗传育种研究中心

【烟草行业抗击新冠肺炎疫情先进个人名单】　（国家烟草专卖局关于表彰烟草行业抗击新冠肺炎疫情先进集体和先进个人的决定）（国烟人〔2021〕4号）（2021年1月18日发布）

北京市烟草专卖局（公司）

杨振国（满族）　海淀区烟草专卖局（公司）党建工作科主任科员

天津市烟草专卖局（公司）

焦　成　中国烟草总公司天津市公司物流中心办公室主任

河北省烟草专卖局（公司）

孙义朋　河北省烟草公司廊坊市公司卷烟物流配送中心设备维护员

河北中烟工业有限责任公司

沈　强　河北中烟工业有限责任公司市场营销中心副总经理兼河南、湖北销区经理

山西省烟草专卖局（公司）

李学军　临汾市烟草专卖局（公司）安全管理科主任科员

内蒙古自治区烟草专卖局（公司）

傅中舆　呼和浩特市烟草专卖局（公司）物流配送中心主任

辽宁省烟草专卖局（公司）

樊重印　朝阳市烟草专卖局（公司）应急保障员

吉林省烟草专卖局（公司）

李宝翔　白山市江源区烟草专卖局（营销部）内管员

黑龙江省烟草专卖局（公司）

李　军　黑龙江省烟草公司牡丹江市公司卷烟物流配送中心经理

陈秀颖（女）　黑龙江省烟草专卖局（公司）党建工作处副主任科员

上海市烟草专卖局（集团公司）

徐　霖　松江区烟草专卖局（公司）营销部市场经理

江苏省烟草专卖局（公司）

苏　燃（女，满族）　镇江市烟草专卖局（公司）群团工作处副处长

江苏中烟工业有限责任公司

陈　晔　江苏中烟工业有限责任公司南京卷烟厂行政管理处处长

浙江省烟草专卖局（公司）

曾上忠　平阳县烟草专卖局（分公司）内部专卖管理监督派驻工作组副组长

浙江中烟工业有限责任公司

徐　鑫　浙江中烟工业有限责任公司杭州卷烟厂制丝车间辅助备工

安徽省烟草专卖局（公司）

王　昆（女）　淮北市烟草专卖局（公司）营销中心信息主管

安徽中烟工业有限责任公司

李　刚　安徽中烟工业有限责任公司蚌埠卷烟厂行政科职工医院医务管理员

福建省烟草专卖局（公司）

丁嘉乐　莆田市烟草专卖局（公司）党建工作科科员

福建中烟工业有限责任公司

曹文杰　福建中烟工业有限责任公司市场营销中心新疆区域三级市场经理

江西省烟草专卖局（公司）

徐建文　新余市烟草专卖局（公司）党建工作科科长、工会副主席、机关党委专职副书记

江西中烟工业有限责任公司

支水援　江西中烟工业有限责任公司市场营销中心新疆销区经理

山东省烟草专卖局（公司）

张　璐（回族）　滨州市烟草专卖局（公司）内管员

山东中烟工业有限责任公司

袁　瑞　山东中烟工业有限责任公司滕州卷烟厂办公室秘书、滕州市姜屯镇罗岗村第一书记

河南省烟草专卖局（公司）

李致新　灵宝市烟草专卖局（分公司）党组书记、局长、经理

河南中烟工业有限责任公司

崔龙杰　河南中烟工业有限责任公司许昌卷烟厂党委委员、纪委书记、新县周河乡毛铺村第一书记

湖北省烟草专卖局（公司）

范立国　竹山县烟叶分公司公祖烟叶站原副站长、竹山县柳林乡民主村原第一书记

许汝冰（土家族）　湖北省烟草科学研究院烟草病虫害研究中心科员

潘钦中　鄂州市烟草专卖局（公司）卷烟营销中心经理

湖北中烟工业有限责任公司

邓家云　湖北中烟工业有限责任公司董事、武汉卷烟厂党委书记

杨华强　湖北中烟工业有限责任公司生产制造中心设备管理员

闵文雄　湖北中烟工业有限责任公司广水卷烟厂卷包车间烟机操作工

湖南省烟草专卖局（公司）

陈志和　岳阳市烟草专卖局（公司）办公室主任

湖南中烟工业有限责任公司

张嘉熙　湖南中烟工业有限责任公司长沙卷烟厂物资配送部副部长

广东省烟草专卖局（公司）

曹　梅（女）　广东省烟草专卖局（公司）机关服务中心副调研员

广东中烟工业有限责任公司

谢　霞（女）　广东中烟工业有限责任公司湛江卷烟厂党建工作办公室党支部书记、主任

广西壮族自治区烟草专卖局（公司）

黄景良（壮族）　凤山县烟草专卖局（营销部）车队长、凤山县砦牙乡板峒村第一书记

广西中烟工业有限责任公司

巫　毅　广西中烟工业有限责任公司柳州卷烟厂办公室主任

海南省烟草专卖局（公司）

王乙奋　琼海市烟草专卖局（公司）物流中心主任

重庆市烟草专卖局（公司）

陈　军　巫山县烟草专卖局（分公司）储运科副科长

重庆中烟工业有限责任公司

向邦云　重庆中烟工业有限责任公司重庆卷烟厂科室第一党支部书记、后勤服务科副科长

四川省烟草专卖局（公司）

朱晓舟　四川省烟草公司成都市公司物流中心党总支书记、主任

四川中烟工业有限责任公司

陈习羽　四川中烟工业有限责任公司绵阳卷烟厂质量检测工作站主任

贵州省烟草专卖局（公司）

韦品胜（水族）　平塘县烟草专卖局（分公司）人事监察股股长、牙舟镇甲本村扶贫驻村干部、同步小康驻村工作组组长

贵州中烟工业有限责任公司

张富贵　贵州中烟工业有限责任公司兴义烟叶储运站党建工作科党务工作员、驻村第一书记

云南省烟草专卖局（公司）

杨茂凡　龙陵县烟草专卖局（分公司）木城烟叶工作站副站长

云南中烟工业有限责任公司

李　旭　云南烟草国际有限公司市场拓展部部长

陕西省烟草专卖局（公司）

贾会孝　陕西南湖物业管理有限责任公司党支部书记、总经理

陕西中烟工业有限责任公司

张荣军　陕西中烟工业有限责任公司宝鸡卷烟厂双退办主任

甘肃省烟草专卖局（公司）

秦国寿　金昌市烟草专卖局（公司）办公室机关驾驶员

青海省烟草专卖局（公司）

刘　洋（女，土族）　海南藏族自治州烟草专卖局（公司）企业管理员

宁夏回族自治区烟草专卖局（公司）

穆　军（回族）　中卫市烟草专卖局（公司）派驻海原县李俊乡蔡祥村第一书记

新疆维吾尔自治区烟草专卖局（公司）

魏明明　吐鲁番市烟草专卖局（公司）卷烟物流配送中心送货驾驶员

西藏自治区烟草专卖局（公司）

登增晋美（藏族）　西藏自治区烟草专卖局（公司）办公室副主任

大连市烟草专卖局（公司）

周世峰　金州区烟草专卖局（分公司）自贸区市场部主任

深圳市烟草专卖局（公司）

邱剑锋　宝安区烟草专卖局（公司）专卖稽查队长

中国烟草机械集团有限责任公司

钟学明　常德烟草机械有限责任公司安保部主任

中国烟草实业发展中心

于金波　黑龙江烟草工业有限责任公司海林和穆棱卷烟厂技改项目指挥部原安保组组长

中国烟草总公司职工进修学院

曹　瑞（女）　中国烟草总公司职工进修学院后勤保障中心副主任

国家局、总公司机关

张全发　国家烟草专卖局机关服务中心（局）综合服务处处长

辜菊水　中国卷烟销售公司交易管理部主任

【烟草行业优秀内训师名单】　（国家烟草专卖局关于授予首届烟草行业内训师教学能力竞赛优胜选手烟草行业优秀内训师的决定）（国烟人〔2021〕88号）（2021年6月8日发布）

姜浩博　湖北省烟草专卖局（公司）

崔媛媛　河北省烟草专卖局（公司）

张　伟　安徽省烟草专卖局（公司）

张渊泽　山西省烟草专卖局（公司）

丁晓翠　安徽省烟草专卖局（公司）

孔祥帅　辽宁省烟草专卖局（公司）

马化怡　山东省烟草专卖局（公司）

刘　臻　河南省烟草专卖局（公司）

高　婧　云南中烟工业有限责任公司

唐　磊　云南中烟工业有限责任公司

赵　林　河南中烟工业有限责任公司

姚景扬　广东中烟工业有限责任公司

李　力　河南中烟工业有限责任公司

王金晨　山东中烟工业有限责任公司

杨志成　上海烟草集团有限责任公司

彭振全　山东中烟工业有限责任公司

【烟草行业青年技术能手人员名单】　（国家烟草专卖局关于授予首届烟草行业青年技能竞赛优胜选手烟草行业青年技术能手的决定）（国烟人〔2021〕152号）（2021年11月12日公布）

序号	姓名	性别	单位	技能等级
1	唐之卿	男	湖南省烟草专卖局（公司）	三级
2	陈超勇	男	湖南省烟草专卖局（公司）	三级
3	胡雅杰	男	湖南省烟草专卖局（公司）	四级
4	唐　敬	男	湖南省烟草专卖局（公司）	五级
5	唐佳俊	男	湖南省烟草专卖局（公司）	三级
6	谢　晋	男	广东中烟工业有限责任公司	二级
7	张丽梅	女	云南中烟工业有限责任公司	三级
8	刘　琼	女	贵州省烟草专卖局（公司）	二级
9	卢晓延	女	河南省烟草专卖局（公司）	二级

续表

序号	姓名	性别	单位	技能等级
10	周　成	男	湖北省烟草专卖局（公司）	三级
11	刘晓迪	女	云南中烟工业有限责任公司	三级
12	张德康	男	云南省烟草专卖局（公司）	无
13	王洪君	男	内蒙古自治区烟草专卖局（公司）	三级
14	皮　亮	男	上海市烟草专卖局（集团公司）	三级
15	王润玲	女	云南省烟草专卖局（公司）	五级
16	陈宇鹏	男	福建省烟草专卖局（公司）	三级
17	张训霞	女	山东省烟草专卖局（公司）	二级
18	王逸枫	男	上海市烟草专卖局（集团公司）	五级
19	齐宝仝	男	陕西省烟草专卖局（公司）	三级
20	吴　杰	男	贵州省烟草专卖局（公司）	三级

【2021 年度烟草行业技术能手名单】（国家烟草专卖局关于授予 2021 年度烟草行业职业技能竞赛优秀选手烟草行业技术能手的决定）（国烟人〔2021〕17 号）（2022 年 1 月 26 日发布）

一、行业省级一类职业技能竞赛（共 3 人）

首届湘鄂赣烟草专卖局（公司）打叶复烤设备修理职业技能竞赛

彭永丰　湖南烟叶复烤有限公司永州复烤厂

贺泽军　湖南烟叶复烤有限公司郴州复烤厂

谢博文　湖南烟叶复烤有限公司郴州复烤厂

二、行业省级二类职业（岗位）技能竞赛（共 108 人）

（一）第四届中国烟草实业发展中心烟草制品购销职业技能竞赛

付亚洲　吉林烟草工业有限责任公司

张　涛　吉林烟草工业有限责任公司

魏志军　山西昆明烟草有限责任公司

（二）第四届北京市烟草专卖局（公司）烟草制品购销职业技能竞赛

朱施玮　北京市丰台区烟草专卖局（公司）

秦　聪　北京市平谷区烟草专卖局（公司）

高　峻　北京市顺义区烟草专卖局（公司）

（三）第三届天津市烟草专卖局（公司）烟草制品购销职业技能竞赛

冯国燚　天津市区第三烟草专卖局（分公司）

顾乃珊　天津市区第三烟草专卖局（分公司）

徐亚东　天津市区第三烟草专卖局（分公司）

（四）第四届河北省烟草专卖局（公司）烟草制品购销职业技能竞赛

曹红蕊　唐山市烟草专卖局（公司）

赵　亮　唐山市烟草专卖局（公司）

舒嘉悦　秦皇岛市烟草专卖局（公司）

安天宇　保定市烟草专卖局（公司）

（五）第四届山西省烟草专卖局（公司）烟草制品购销职业技能竞赛

张　瑾　太原市烟草专卖局（公司）

王　鑫　晋中市烟草专卖局（公司）

午胜华　忻州市烟草专卖局（公司）

冯向雅　晋城市烟草专卖局（公司）

（六）第二届黑龙江省烟草专卖局（公司）烟草制品购销职业技能竞赛

孙国玮　哈尔滨市烟草专卖局（公司）

陈晓熙　哈尔滨市烟草专卖局（公司）

杜玮婷　哈尔滨市烟草专卖局（公司）

邹梓楠　哈尔滨市烟草专卖局（公司）

（七）首届大连市烟草专卖局（公司）烟草制品购销职业技能竞赛

徐　赫　大连市烟草专卖局（公司）

王　超　大连市烟草专卖局（公司）

（八）第四届上海烟草集团有限责任公司烟草制品购销职业技能竞赛

赵煜昶　上海烟草集团有限责任公司

吕永朋　上海烟草集团有限责任公司

丁德平　上海烟草集团浦东烟草糖酒有限公司

张馨文　上海烟草集团有限责任公司

黄邃真　上海烟草集团有限责任公司

余舒锟　上海烟草集团有限责任公司

（九）第四届江西省烟草专卖局（公司）烟草制品购销职业技能竞赛

王　洋　宜春市烟草专卖局（公司）

毕玉婷　九江市烟草专卖局（公司）

洪胜翔　九江市烟草专卖局（公司）

（十）第四届山东省烟草专卖局（公司）烟草制品购销职业技能竞赛

郭　锐　烟台市烟草专卖局（公司）

胡明菲　东营市烟草专卖局（公司）

侯雨晴　济南市烟草专卖局（公司）

刘泉泉　潍坊市烟草专卖局（公司）

（十一）第四届湖北省烟草专卖局（公司）烟草制品购销职业技能竞赛

赵　娜　荆门市烟草专卖局（公司）

郑冰洁　武汉市烟草专卖局（公司）

陈　颖　宜昌市烟草专卖局（公司）

全冬霞　荆门市烟草专卖局（公司）

（十二）第六届广东省烟草专卖局（公司）烟草制品购销职业技能竞赛

陈应航　广州市烟草专卖局（公司）

李建新　佛山市烟草专卖局（公司）

邓诗诗　东莞市烟草专卖局（公司）

董　玥　广州市烟草专卖局（公司）

（十三）第三届广西壮族自治区烟草专卖局（公司）烟草制品购销职业技能竞赛

李敏萍　贺州市烟草专卖局（公司）

元志红　桂林市烟草专卖局（公司）

张森宁　柳州市烟草专卖局（公司）

李玉玲　南宁市烟草专卖局（公司）

（十四）第五届四川省烟草专卖局（公司）烟草制品购销职业技能竞赛

夏　梦　乐山市烟草专卖局（公司）

冯昕磊　德阳市烟草专卖局（公司）

刘茂涵　德阳市烟草专卖局（公司）

（十五）第三届陕西省烟草专卖局（公司）烟草制品购销职业技能竞赛

常文馨　西安市烟草专卖局（公司）

文　佩　咸阳市烟草专卖局（公司）

王柳君　汉中市烟草专卖局（公司）

（十六）第四届甘肃省烟草专卖局（公司）烟草制品购销职业技能竞赛

程汉文　兰州市烟草专卖局（公司）

高龙龙　兰州市烟草专卖局（公司）

汪文奇　定西市烟草专卖局（公司）

蔡炳龙　兰州市烟草专卖局（公司）

（十七）第四届青海省烟草专卖局（公司）烟草制品购销职业技能竞赛

姚凯旋　格尔木市烟草专卖局（公司）

赵　慧　海东市烟草专卖局（公司）

（十八）第二届宁夏回族自治区烟草专卖局（公司）烟草制品购销职业技能竞赛

戴安青青　吴忠市烟草专卖局（公司）

马　萍　吴忠市烟草专卖局（公司）

（十九）第四届浙江中烟工业有限责任公司烟草制品购销职业技能竞赛

施序明　浙江中烟工业有限责任公司

陈　烨　浙江中烟工业有限责任公司

陈　凯　浙江中烟工业有限责任公司

（二十）首届江西中烟工业有限责任公司烟草制品购销职业技能竞赛

钟志坤　江西中烟工业有限责任公司

陈　锟　江西中烟工业有限责任公司

吴鹏鹏　江西中烟工业有限责任公司

（二十一）第三届山东中烟工业有限责任公司烟草制品购销职业技能竞赛

隋　岩　山东中烟工业有限责任公司

庄志霄　山东中烟工业有限责任公司

张广振　山东中烟工业有限责任公司

凌　云　山东中烟工业有限责任公司

（二十二）第二届湖北中烟工业有限责任公司烟草制品购销职业技能竞赛

贾爱平　湖北中烟工业有限责任公司恩施卷烟厂

徐加锋　湖北中烟工业有限责任公司武汉卷烟厂

（二十三）第二届广东中烟工业有限责任公司烟草制品购销职业技能竞赛

谢泽纯　广东中烟工业有限责任公司

李　均　广东中烟工业有限责任公司

（二十四）第四届四川中烟工业有限责任公司烟草制品购销职业技能竞赛

余　静　四川中烟工业有限责任公司

张春华　四川中烟工业有限责任公司什邡卷烟厂

（二十五）第四届贵州省烟草专卖局（公司）烟草专卖管理岗位技能竞赛

廖婷婷　贵阳市烟草专卖局（公司）

李　薇　毕节市烟草专卖局（公司）

杨焱奎　黔南州烟草专卖局（公司）

（二十六）第四届甘肃省烟草专卖局（公司）烟草专卖管理岗位技能竞赛

翟景乐　兰州市烟草专卖局（公司）

曹彤晖　陇南市烟草专卖局（公司）

裴宇昕　兰州市烟草专卖局（公司）

（二十七）第三届青海省烟草专卖局（公司）烟草专卖管理岗位技能竞赛

解文亮　西宁市烟草专卖局（公司）

赵生莲　格尔木市烟草专卖局（公司）

（二十八）首届河南省烟草专卖局（公司）烟草物流岗位技能竞赛

翟腾飞　驻马店市烟草专卖局（公司）

易　楠　信阳市烟草专卖局（公司）

李灵玉　许昌市烟草专卖局（公司）

（二十九）首届辽宁省烟草专卖局（公司）烟草物流岗位技能竞赛

李静泉　沈阳市烟草专卖局（公司）

孙东业　营口市烟草专卖局（公司）

姚　括　朝阳市烟草专卖局（公司）

（三十）首届上海烟草集团有限责任公司烟草物流岗位技能竞赛

陈晓健　上海烟草集团有限责任公司上海烟草储运公司

张文婷　上海烟草集团有限责任公司上海烟草储运公司

（三十一）首届四川省烟草专卖局（公司）烟草物流岗位技能竞赛

曾鹏程　德阳市烟草专卖局（公司）

江谋阔　成都市烟草专卖局（公司）

荣力锋　自贡市烟草专卖局（公司）

（三十二）首届云南中烟工业有限责任公司烟草物流岗位技能竞赛

欧阳世波　云南中烟工业有限责任公司红云红河烟草（集团）有限责任公司

安裕强　云南中烟工业有限责任公司红云红河烟草（集团）有限责任公司

杨　阳　云南中烟工业有限责任公司红塔烟草（集团）有限责任公司

（三十三）第三届浙江中烟工业有限责任公司烟叶评级职业技能竞赛

陈强华　浙江中烟工业有限责任公司

郑天军　浙江中烟工业有限责任公司

（三十四）第四届河南中烟工业有限责任公司烟机设备修理职业技能竞赛

王明刚　河南中烟工业有限责任公司安阳卷烟厂

付　恒　河南中烟工业有限责任公司安阳卷烟厂

（三十五）第四届湖南中烟工业有限责任公司烟机设备修理职业技能竞赛

吴永新　湖南中烟工业有限责任公司长沙卷烟厂

周章明　湖南中烟工业有限责任公司常德卷烟厂

（三十六）第五届贵州中烟工业有限责任公司烟机设备修理职业技能竞赛

王　柯　贵州中烟工业有限责任公司贵阳卷烟厂

文开锡　贵州中烟工业有限责任公司毕节卷烟厂

先进集体名单

【烟草行业获评全国脱贫攻坚先进集体名单】（中共中央　国务院关于表彰全国脱贫攻坚先进个人和先进集体的决定）（2021 年 2 月 25 日发布）

国家烟草专卖局扶贫工作领导小组办公室

四川省凉山彝族自治州烟草专卖局（公司）

贵州省烟草专卖局（公司）结对帮扶六盘水市水城区工作队

贵州省毕节市烟草专卖局（公司）

云南省烟草专卖局（公司）脱贫帮扶工作领导小组办公室

【烟草行业获评全国五一劳动奖状名单】（中华全国总工会关于表彰 2021 年全国五一劳动奖和全国工人先锋号的决定）（总工发〔2021〕7 号）（2021 年 4 月 27 日发布）

湖北中烟工业有限责任公司三峡卷烟厂

安徽中烟工业有限责任公司蚌埠卷烟厂

【烟草行业获评全国工人先锋号名单】（中华全国总工会关于表彰 2021 年全国五一劳动奖和全国工人先锋号的决定）（总工发〔2021〕7 号）（2021 年 4 月 27 日发布）

内蒙古昆明卷烟有限责任公司生产制造部

吉林烟草工业有限责任公司延吉卷烟厂制丝车间维修班组

福建省泉州市丰泽区烟草专卖局（分公司）城东专卖所（客服部）

湖南省郴州市烟草专卖局（公司）物流配送中心

重庆中烟工业有限责任公司重庆卷烟厂卷包车间乙班班组

四川中烟工业有限责任公司什邡卷烟厂卷包车间分工会

贵州烟叶复烤有限责任公司毕节复烤厂生产科生产一班

云南中烟红云红河烟草（集团）有限责任公司昆明卷烟厂生产三部（卷包部）GD121P－GDS1000 机电修理组

云南烟叶复烤有限责任公司保山复烤厂仓储分选车间烟叶分选班

陕西中烟工业有限责任公司澄城卷烟厂制丝车间

甘肃省定西市烟草专卖局（公司）物流中心

【烟草行业获评全国普法工作先进单位名单】（中央宣传部　司法部　全国普法办关于表彰 2016—2020 年全国普法工作先进单位、先进个人和依法治理创建活动先进单位的决定）（司法通〔2021〕90 号）（2021 年 12 月 28 日发布）

北京市烟草专卖局（公司）政策法规与体制改革处

天津市烟草专卖局（公司）政策法规与体制改革处

福建省泉州市烟草专卖局（公司）

江苏省盐城市烟草专卖局（公司）

福建省莆田市烟草专卖局（公司）

河南省平顶山市烟草专卖局（公司）

湖南省岳阳市烟草专卖局（公司）

【烟草行业获评依法治理创建活动先进单位名单】

（中央宣传部　司法部　全国普法办关于表彰2016—2020年全国普法工作先进单位、先进个人和依法治理创建活动先进单位的决定）（司法通〔2021〕90号）（2021年12月28日发布）

安徽省淮南市烟草专卖局（公司）

福建省漳州市烟草专卖局（公司）

湖北省荆州市烟草专卖局（公司）

贵州省遵义市烟草专卖局（公司）

【烟草行业“十三五”科技创新工作先进集体名单】

（中国烟草总公司关于表彰烟草行业“十三五”科技创新工作先进集体和先进个人的决定）（中烟办〔2021〕106号）（2021年9月9日发布）

辽宁省烟草公司朝阳市公司

浙江省烟草专卖局（公司）信息中心（数据资源管理中心）

安徽皖南烟叶有限责任公司技术中心

福建省烟草公司龙岩市公司长汀县烟叶技术试验推广站

江西省烟草科学研究所烘烤课题组

山东潍坊烟草有限公司

河南省烟草公司洛阳市公司烟叶生产技术中心

湖北省烟草公司恩施州公司

湖南省烟草公司永州市公司烟叶生产技术中心

广东省烟草质量监督检测站

四川省烟草专卖局（公司）雪茄烟叶创新团队

云南省烟草农业科学研究院

贵州省烟草科学研究院

上海烟草集团有限责任公司技术中心

河北中烟工业有限责任公司技术中心

江苏中烟工业有限责任公司技术中心

浙江中烟工业有限责任公司技术中心

安徽中烟工业有限责任公司技术中心

龙岩烟草工业有限责任公司

河南中烟工业有限责任公司安阳卷烟厂高卫军创新工作室

湖北中烟工业有限责任公司技术中心

广东中烟工业有限责任公司原料供应中心

广西中烟工业有限责任公司互联网研究中心

红云红河烟草（集团）有限责任公司曲靖卷烟厂

南通醋酸纤维有限公司细支卷烟专用丝束开发及产能升级研究项目团队

中国烟草总公司郑州烟草研究院烟草工艺研究室

上海新型烟草制品研究院雾化烟草制品研究室

上海烟草机械有限责任公司产品研发中心

中国烟草总公司青州烟草研究所烟草病虫害防控创新团队

【烟草行业抗击新冠肺炎疫情先进集体名单】（国家烟草专卖局关于表彰烟草行业抗击新冠肺炎疫情先进集体和先进个人的决定）（国烟人〔2021〕4号）（2021年1月18日发布）

北京市烟草专卖局（公司）

中国烟草总公司北京市公司物流中心

天津市烟草专卖局（公司）

天津烟草行业党员民兵突击队

内蒙古自治区烟草专卖局（公司）

满洲里市烟草专卖局（公司）

吉林省烟草专卖局（公司）

舒兰市烟草专卖局（分公司）

黑龙江省烟草专卖局（公司）

绥芬河市烟草专卖局（公司）

上海市烟草专卖局（集团公司）

金山烟草志愿者服务队

浙江省烟草专卖局（公司）
浙江省烟草公司衢州市公司配送中心送货部
安徽省烟草专卖局（公司）
华环国际烟草有限公司生产加工中心
安徽中烟工业有限责任公司
安徽中烟工业有限责任公司市场营销中心
福建中烟工业有限责任公司
厦门烟草工业有限责任公司
江西省烟草专卖局（公司）
九江市烟草专卖局（公司）
江西中烟工业有限责任公司
江西中烟工业有限责任公司广丰卷烟厂疫情防控突击队
山东中烟工业有限责任公司
山东中烟工业有限责任公司济南卷烟厂
河南中烟工业有限责任公司
河南中烟工业有限责任公司黄金叶生产制造中心
湖北省烟草专卖局（公司）
武汉市新洲区烟草专卖局（营销部）
罗田县烟草专卖局（营销部）
湖北中烟工业有限责任公司
湖北中烟工业有限责任公司武汉卷烟厂援建方舱医院突击队
湖北中烟工业有限责任公司红安卷烟厂
湖南省烟草专卖局（公司）
澧县烟草专卖局（分公司）
湖南中烟工业有限责任公司
湖南中烟物流有限责任公司
广东省烟草专卖局（公司）
江门市烟草专卖局（公司）
广西壮族自治区烟草专卖局（公司）
都安瑶族自治县烟草专卖局（营销部）
四川中烟工业有限责任公司
四川中烟工业有限责任公司成都卷烟厂
贵州中烟工业有限责任公司
贵州中烟工业有限责任公司贵定卷烟厂应急办公室
云南省烟草专卖局（公司）
红河州烟草专卖局（公司）
云南中烟工业有限责任公司
红云红河烟草（集团）有限责任公司新疆卷烟厂
新疆维吾尔自治区烟草专卖局（公司）
乌鲁木齐市烟草专卖局（公司）
中烟国际集团有限公司
中烟国际集团有限公司人事公关部（香港）
国家局、总公司机关
国家烟草专卖局办公室（外事司）秘书处（值班室）
国家烟草专卖局经济运行司综合处

【烟草行业获评第46届国际质量管理小组大会获奖项目名单】 （第46届国际质量管理小组会议2021年11月发布）

序号	获奖单位	小组名称	项目名称	奖项
1	河北中烟石家庄卷烟厂信息中心	“智荷花”QC小组	减少制丝车间源头生产环节故障次数	金奖
2	河南中烟工业有限责任公司黄金叶生产制造中心	“澎湃”QC小组	研制烟丝风选自动控制系统	金奖
3	河南中烟工业有限责任公司南阳卷烟厂	“智思”QC小组		金奖
4	河南中烟工业有限责任公司南阳卷烟厂	“卷接”QC小组		银奖
5	四川中烟工业有限责任公司绵阳卷烟厂	“超越”QC小组	研制AGV电池快速拆装车	金奖
6	内蒙古赤峰市烟草专卖局（公司）	“星光”QC小组	细支双单元同步分拣模式的研发	金奖

【烟草行业获得中国质量协会2021年度质量技术奖励项目名单】 （关于公布2021年度中国质量协会质量技术奖项目奖结果的通知）（2021年12月2日发布）

一、烟草行业入选2021年度中国质量协会质量技术奖六西格玛优秀项目

序号	项目名称	主要完成单位	主要完成人	奖励方向
1	降低泰山（好客）细支卷烟机组的烟支缺陷率	山东中烟工业有限责任公司青州卷烟厂	黄　刚　曲立彦　石大松　房国梁　李树波	六西格玛
2	提高规模线加料工序入口水分西格玛水平	河南中烟工业有限责任公司黄金叶生产制造中心	付　露　张　翀　牛梦晗　李秦宇　侯志龙	六西格玛
3	降低ZB48包装机故障停机率	河南中烟工业有限责任公司黄金叶生产制造中心	师丽鹏　王爱霞　高尊华　许　强　乔建军	六西格玛
4	降低钻石（软红）燃油出口水分标偏	张家口卷烟厂有限责任公司	刘艺超　张志武　李　超　陈娇娇　张云飞	六西格玛
5	降低ZJ119高速卷烟机残烟消耗	河北白沙烟草有限责任公司	刘金龙　张　娜　李振喜　陈国栋　李　光	六西格玛
6	提高松散回潮工序出口水分稳定性	山东中烟工业有限责任公司青州卷烟厂	司维鹏　周功建　李海涛　于向飞　赵　新	六西格玛
7	降低黄金叶（乐途）卷烟空头不良率	河南中烟工业有限责任公司许昌卷烟厂	董欢欢　顾则同　王　辉　刘　鑫　银乃潮	六西格玛
8	梗丝质量过程控制优化	山东中烟工业有限责任公司青岛卷烟厂	徐　明　李　伟　杨昌鹤　徐风仑　成帅帅	六西格玛
9	提高工艺放行包装与卷制质量得分	张家口卷烟厂有限责任公司	李　艳　王红素　牛志鹏　宋雪娜　崔永旺	六西格玛
10	质量检验分析平台的研发与设计	山东中烟工业有限责任公司	祝洪敏　王新亭　张纯旺　张晓翠　方艳丽	六西格玛
11	提高叶片加料入口物料含水率Cpk	河南中烟工业有限责任公司许昌卷烟厂	韩李锋　李长进　马媛媛　李　琪　张润泽	六西格玛
12	提高黄金叶（硬帝豪）烟片原料利用率	河南中烟工业有限责任公司南阳卷烟厂	崔　岩　李书峰　鲁中甫　杨林超	六西格玛
13	提高黄金叶专用梗加工过程出丝率	河南中烟工业有限责任公司安阳卷烟厂	王一丁　吴雪芹　韩　明　钱亚红　周旭东	六西格玛
14	提高硬包小盒气密性达标率	四川中烟工业有限责任公司什邡卷烟厂	黄　勇　肖凯丹　唐建雄　谢一丁　李　军	六西格玛
15	降低锅炉蒸汽损耗量	河南中烟工业有限责任公司漯河卷烟厂	张　迪　黄会民　王根旺　王志勇　李秀珍	六西格玛
16	减少4#卷接机百箱停机时间	河南中烟工业有限责任公司驻马店卷烟厂	李永红　魏景春　刘俊强　张　艳　张陈燕	六西格玛

续表

序号	项目名称	主要完成单位	主要完成人	奖励方向
17	提高白肋烟线加里料过程的西格玛水平	河南中烟工业有限责任公司安阳卷烟厂	韩慧丹　韩　明　郭濛濛　周永刚　朱　丹	六西格玛
18	提高红旗渠（新版银河）松散回潮工序加工能力	河南中烟工业有限责任公司南阳卷烟厂	李新会　刘　颖　文金昉　胡　冰　刘穗君	六西格玛
19	提高黄金叶专用梗丝填充值	河南中烟工业有限责任公司许昌卷烟厂	张一鸣　李长进　马媛媛　李　琪　郭　越	六西格玛
20	提高新制丝梗线工艺加工水平	河南中烟工业有限责任公司南阳卷烟厂	刘宇濛　鲁中甫　黄琰博　陈　洋　李　俊	六西格玛
21	降低黄金叶（商鼎）烟丝批次综合得分标准差	河南中烟工业有限责任公司许昌卷烟厂	马媛媛　李向磊　李长进　郭　越　李　琪	六西格玛
22	降低 GDX1 包装机故障停机率	山东中烟工业有限公司济南卷烟厂	陈琳琳　陈仁华　杜　斌　侯　乐　周　凯	六西格玛
23	提高制梗丝西格玛水平	红塔烟草（集团）有限责任公司大理卷烟厂	赵　隽　高长江　龚开凤　谢　媛　尹少平	六西格玛
24	2020 提高真空回潮工序烟片回透率	河南中烟工业有限责任公司漯河卷烟厂	张亚飞　王庆伟　王根旺　王靖怡　杜素贞	六西格玛
25	降低锅炉蒸汽除氧单箱消耗	河南中烟工业有限责任公司南阳卷烟厂	谢　滨　洪　建　陈　霞　叶晶晶　王维尚	六西格玛
26	提高成品 B 梗丝含水率 Cpk	河北白沙烟草有限责任公司保定卷烟厂	陈　梅　王香娟　柴红立	六西格玛
27	提高梗线加工梗丝出丝率	河南中烟工业有限责任公司漯河卷烟厂	王靖怡　王庆伟　王根旺　宋　杰　杜素贞	六西格玛
28	降低 RD5000 烘丝机干头干尾率	红塔烟草（集团）有限责任公司大理卷烟厂	李培学　高长江　李浩鹏　尹少平　杨　豪	六西格玛
29	提高 YB45 小包机加工效率	河南中烟工业有限责任公司南阳卷烟厂	李　盈　范礼敏　王　柱　王中青　张书杭	六西格玛
30	二氧化碳干燥系统的设计	山东中烟工业有限责任公司济南卷烟厂	张　磊　孟　贝　王　晓　李佩佩　孙延钊	六西格玛

（以上排名不分先后）

二、烟草行业入选 2021 年度中国质量协会质量技术奖现场管理改进优秀项目

序号	项目名称	获奖单位	主要完成人	奖励方向
1	基于差异化理论的锅炉除氧器乏汽余热回收利用精益改善	浙江中烟工业有限责任公司	裘明祥　于兴江　姚佳明　伍小磊　张拥军	现场管理改进
2	SMED 在卷包车间缩短换牌时间中的应用	山东中烟工业有限责任公司青州卷烟厂	黄　刚　房国梁　任传新　杨连忠　郄　欣	现场管理改进

（以上排名不分先后）

◇ 编辑：吴中奇　王　静

附　录

□ 国际烟草

□ 品牌名录

国际烟草

2021年世界烟草发展报告①

一、烟草发展环境

（一）世界经济复苏

2021年，受基数效应和政策因素推动，世界经济大幅反弹，并创造近半个世纪以来的最高增长水平，其中美国GDP较上年增长5.7%（这是美国自1984年以来最强劲的增长），超过23万亿美元；中国GDP增长8.1%，达到114万亿元（17.7万亿美元）；欧盟27国GDP增长5.3%，达到14.4亿欧元（17.1亿美元）。与此同时，全球经济发展呈现高度分化和显著不平衡性，从空间看，不同国家和区域的经济复苏严重分化；从时间看，世界经济总体呈前高后低增长态势，下半年主要经济体的经济增速明显下降，经济下行压力明显增加。尤其是发达国家实施大规模宽松的货币和财政政策推升全球通货膨胀压力，全球面临能源和供应链危机，地缘政治风险水平高位运行。世界烟草产业正是在这种复苏和复杂的背景下，顺应形势变化，拓展发展空间。

（二）新冠肺炎疫情持续扩散

2021年，席卷全球的新冠肺炎疫情并没有像人们年初期待和乐观预计的那样顺利终结，病毒不断变异使其传染性不断增强，全球新冠肺炎确诊人数不断增加。据世界卫生组织统计，截至2021年底，全球累计确诊病例超过2.9亿人次，死亡人数超过540万人，分别是2020年底的3.5倍和3倍，美洲和欧洲感染人数均超过1亿人。疫情不断起伏反复，新冠变异毒株的不断涌现，很多国家不得不在放松管控与重新颁布禁令等之间来回拉锯，政治、经济和社会等正常活动受阻，人们的学习、工作和生活方式以及人们的心理都被深刻改变，烟草产品的生产、流通和消费也不得不适应疫情和防控措施的变化。

（三）烟草监管政策动态调整

1. **世界卫生组织的控烟行动**

举办缔约方会议。世界卫生组织以线上视频会议方式，举办原定在2020年召开的《烟草控制框架公约》缔约方第九次会议和《消除烟草制品非法贸易议定书》缔约方第二次会议，一些重要议题再次被推迟到下次会议。会议通过《关于〈世界卫生组织烟草控制框架公约〉与2019冠状病毒病大流行后复苏问题的宣言》，强调必须保护公共卫生政策免受烟草商业利益和既得利益的影响，应该把烟草控制措施，尤其是增加烟草税，作为从疫情中恢复经济社会发展的重要内容；宣言还提到跨国烟草公司通过收购制药公司，可能会使烟草管制工作的实施复杂化和受到阻碍，同时呼吁防止烟草业干预和参与应对疫情相关的公共卫生政策和行动。

发布全球烟草流行趋势报告。报告显示，15岁以上成年人口中烟草使用人数和使用率在过去5年继续稳步下降。2020年，全球烟草使用人数有13亿人，而上个报告期2015年为13.2亿人，预计到2025年这一数字将下降至12.7亿人。全球烟草使用率22.3%，而2015年为24.4%；男性和女性烟草使用率为36.7%、7.8%，分别比2015年下降2.8个百分点、1.5个百分点。在落实控烟措施方面，195个成员国中的146个国家至少有一项控烟措施的实施水平达到最高水准，约53亿人口因此而得到更好保护。

世界无烟日。2021年第34个世界无烟日主题为“承诺戒烟”。世界卫生组织认为新冠病毒大流行导致数以百万计的吸烟者表示愿意戒烟，戒烟运动的目标是支持至少1亿人戒烟，为此，世界卫生组织将与合作伙伴一道，建立数字社区，使人们能够找到戒烟所需的社会支持。

2. **一些国家和地区的主要监管措施**

在烟草税方面。印度尼西亚、德国、泰国等都在推进加

---

① 除特别说明外，本文中的表述和数据均不包含中国。

税。在印度尼西亚，2021 年 2 月起，机制丁香烟和机制普通卷烟消费税平均增长 12.5%。在德国，新法案要求在 2022 年和 2023 年，每盒（20 支）卷烟税负年均提高 0.10 欧元；2025 年和 2026 年，年均再增加 0.15 欧元。在泰国，自 2021 年 10 月 1 日起实行新的烟草阶梯税率：价格不超过 72 泰铢/盒的卷烟按照 25% 的税率缴税，价格高于 72 泰铢/盒的按照 42% 的税率缴税；另将每盒从量税从 1.20 泰铢提高至 1.25 铢。新税制本应在 2020 年 10 月 1 日实施，但为应对疫情、减轻业主负担而推迟一年。减税的国家也有，如土耳其，酒精饮料和烟草占该国价格指数篮子的 6.06%，为缓解通胀上行压力，已将卷烟和烟草产品的特别消费税率从 67% 降至 63%。

在新型烟草产品方面。世界卫生组织在发布的《新型和新兴烟草制品提出的挑战及其分类》中提出，《烟草控制框架公约》的所有条款及其实施准则均可适用于新型烟草制品，甚至还可将其扩大适用于使用这些产品所需的装置。有批准上市的，在美国，到电子烟上市申请截止日期（2020 年 9 月），美国食品药品管理局（FDA）共收到 650 万份申请，之后陆续收到 100 多万份申请。2021 年 10 月，FDA 授权“Vuse”电子烟 solo 系列三款产品上市，这是自 FDA 实施烟草产品上市准入申请（PMTA）以来首次批准电子烟通过审核。但在同月，美国邮政局发布电子烟邮寄规则，除规定的豁免外，禁止通过美国邮政递送电子烟产品，包括电子烟设备、烟液（不论是否含尼古丁，也不区分是否为合成尼古丁）、零件及组件等。有全面禁止的，在中国香港，特别行政区立法会三读通过《2019 年吸烟（公众卫生）（修订）条例草案》，禁止进口、制造、贩卖、分发和宣传另类吸烟产品，包括电子烟、加热非燃烧烟草产品和草本烟，同时禁止这些产品在禁烟区内使用。有加税的，在加拿大，2021 年预算引入“电子烟税”，从 2022 年开始征收，该税率设定为每 10 毫升 1 加元，不管是否含有尼古丁（大麻除外）。在德国，德国政府宣布将于 2022 年 7 月起对电子烟征税，税率为 0.16 欧元/毫升烟液（包括不含尼古丁的电子烟烟液）并逐年提高，到 2026 年税率将翻倍；加热卷烟的税率与传统卷烟一致，这将导致各类烟草产品税负趋同。

在其他监管规定方面。限制烟草广告和促销，德国是唯一仍允许在公共场所播放烟草广告的欧盟国家，但新法令规定，自 2021 年起，电影不允许为烟草产品做广告，也不允许在专卖店外分发免费样品，并且从 2022 年开始，传统烟草产品的户外广告将被禁止，从 2023 年起，禁令将包括烟草加热器，2024 年，禁令将包括电子烟。加强环境保护，欧盟禁塑令自 2021 年开始实施，要求卷烟滤嘴加上标签，提醒消费者正确回收；西班牙为此修改了废物和污染土壤法，规定在所有的海滩禁烟；法国将每年拨款 8000 万欧元用于捡烟头，并将分发袖珍烟灰缸，设立更多的纯烟草垃圾箱，并建立新的烟头收集和回收系统，但这笔费用将根据生产者拓宽责任原则，由烟草商承担。确保后代不吸烟计划，新西兰为实现 2025 年无烟目标，正在推进立法，计划从法律实施之日起，任何 14 岁及以下的人都将禁止合法购买烟草产品，直至涵盖所有年龄组；将为烟草零售商引入许可证制度，许可数量减少到已有销售点的 5%~10%；禁止使用滤嘴和香料，并试图将卷烟尼古丁含量限制在对依赖该物质的吸烟者不满意的水平。丹麦开始考虑禁止向 2010 年以后出生的人出售卷烟和其他尼古丁产品，让他们永远不会开始吸烟或使用尼古丁产品。

二、各类烟草产品概况

根据欧睿国际（Euromonitor International）调查和推算数据，全球卷烟销售出现近十年来难得一见的增长，雪茄销量保持稳健增长态势，电子烟销售额恢复两位数增速，加热卷烟产品销售规模扩大但增速回落，尼古丁袋保持超高速增长。

（一）卷烟

2021 年，随着世界经济反弹，卷烟消费也出现恢复性增长。从销量看，出现近十年来难得一见的增长，除中国大陆外，世界销售卷烟 5599.3 万箱，比上年增长 0.2%。销量超过 100 万箱的国家有 15 个，合计占世界卷烟销量比重58.7%，较上年提高0.7个百分点。其中卷烟销量居前三位的国家是印度尼西亚、美国、俄罗斯，销量分别为591.9万箱、423.5万箱、396.7万箱；增速居前三位的国家是埃及、印度尼西亚、越南，比上年分别增长12.5%、7.0%、6.5%。从销售额看，出现近十年来最快的增长，除中国大陆外，世界卷烟销售额5051.1亿美元，比上年增长4.2%。销售额超过100亿美元的国家有14个，合计占世界卷烟销售额比重65.4%，较上年提高0.3个百分点。其中卷烟销售额居前三位的国家是美国、印度尼西亚、德国，销售额分别为967.5亿美元、332.2亿美元、271.2亿美元；增速居前三位的国家是印度尼西亚、印度、澳大利亚，比上年分别增长24.8%、13.4%、7.9%。从卷烟非法贸易看，疫情管控措施限制了非法卷烟的生产和流通，除中国大陆外，世界卷烟非法贸易量进一步下降到734.8万箱，比上年下降2%。

表1　2021年世界主要市场卷烟销量、销售额及增速

增速（%）	销量（万箱）	主要市场	排名	主要市场	销售额（亿美元）	增速（%）
7.0	591.9	印度尼西亚	1	美国	967.5	2.7
-4.9	423.5	美国	2	印度尼西亚	332.2	24.8
-3.5	396.7	俄罗斯	3	德国	271.2	3.8
5.0	241.9	土耳其	4	日本	235.6	-0.3
12.5	224.7	埃及	5	法国	209.2	6.3
-9.2	186.6	日本	6	英国	184.0	4.5
6.5	172.1	越南	7	意大利	180.0	-2.1
6.2	156.8	印度	8	俄罗斯	177.9	-1.4
6.0	156.8	孟加拉国	9	韩国	137.7	3.2
-2.3	144.5	德国	10	加拿大	132.4	3.6
-0.4	131.8	韩国	11	印度	130.8	13.4
15.5	127.3	巴基斯坦	12	澳大利亚	128.4	7.9
-0.5	121.1	意大利	13	土耳其	110.0	3.7
-1.0	105.5	巴西	14	西班牙	106.1	-4.2
-11.0	103.8	菲律宾	15	—	—	—

注：数据来自欧睿国际。

（二）雪茄

近十年来，雪茄①销量一直保持稳健增长态势。2021年，除中国大陆外，世界雪茄销售量383.2亿支，比上年增长4.3%，销售额242.7亿美元，比上年增长6.2%。从类别看，其中常规雪茄在中国大陆之外市场的销量为102.2亿支，比上年增长0.9%，销售额164.7亿美元，比上年增长2.7%；微型雪茄销售281亿支，比上年增长5.6%，销售额78亿美元，比上年增长14.4%。从市场看，中国等新兴市场正在快速成长，但北美和西欧等传统市场依然占据主导地位，美国引领着雪茄增长，西欧地区则在稳步下降。2021年，美国占世界常规雪茄销量和销售额的比重达到近年来最高水平，分别为83.7%和66.5%，不过其常规雪茄销量还没有恢复到2019年的高点；美国微型雪茄虽然也在同步增长，但是日本市场占据主导地位，日本微型雪茄按重量不按支数征税，在卷烟税提高时微型雪茄可享优惠税率，日本烟草、英美烟草和菲莫国际等均在2019年进入微型雪茄市场，微型雪茄在价格敏感的消费者中很受欢迎，2021年，日本微型雪茄销量128.4亿支、销售额27.2亿美元，分别是2018年的24倍、28倍，占世界微型雪茄销量和销售额的45.7%和34.9%，美国紧随其后，分别占比20.1%和17.2%。不过，日本政府拟于2022年10月之前将微型雪茄税负调整到卷烟税负水平，微型雪茄销售热潮可能难以持续。

表2　2021年主要国家雪茄销量、销售额及增速

	国家	销量（亿支）	增速（%）	国家	销售额（亿美元）	增速（%）
常规雪茄	美国	85.6	2.0	美国	109.6	3.1
	西班牙	2.9	-1.8	德国	6.3	5.6
	意大利	1.7	1.6	瑞士	3.3	-0.3
	法国	1.7	-2.6	意大利	3.2	4.8
	德国	1.5	0.9	加拿大	3.2	-9.7
微型雪茄	日本	128.4	5.3	日本	27.2	29.6
	美国	56.5	18.2	美国	13.4	13.1
	德国	29.2	0.8	法国	7.9	8.9
	西班牙	16.2	-1.9	德国	7.9	4.6
	法国	10.7	-3.3	意大利	3.0	4.9

注：数据来自欧睿国际。

① 欧睿国际的雪茄分类是按照环值规格（1环=1/64英寸）和重量来划分的，将环值低于29，即雪茄横截面周长低于29/64英寸的，并且重量小于3克的雪茄称为微型雪茄（Cigarillos），将其他雪茄统称为雪茄（Cigars），本文将前者称为微型雪茄，后者称为常规雪茄。

（三）电子烟

2021 年，电子烟销售额恢复两位数的增速。除中国大陆外，世界电子烟产品销售额为 213 亿美元，比上年增长 12.1%。从产品种类看，封闭式电子烟销售额 135.2 亿美元，比上年增长 13.9%；开放式电子烟销售额 77.8 亿美元，增长 9.1%，其中用于加注开放式电子烟的烟液销售额 55.6 亿美元，增长 10%。从市场看，电子烟主要市场正在从电子烟有关肺病、强化监管以及全球疫情冲击中走出来，电子烟第一大市场美国扭转上一年度负增长的态势，销售额 103.1 亿美元，增长 9.9%，受消费习惯和政策影响，美国以封闭式电子烟为主，开放式电子烟在美国市场继续萎缩，占销售额比重不足 3%。电子烟第二大市场英国对电子烟的态度更加开放，电子烟市场发展也表现得相对平稳，2021 年销售额为 34.5 亿美元，比上年增长 16.9%，英国以开放式电子烟为主，67.0% 的电子烟销售额来自开放式电子烟，但封闭式电子烟销售额和所占比重也在不断上升。

注：数据来自欧睿国际。

图 1　2012—2021 年世界电子烟销售额和增长率

（四）加热卷烟

2021 年，加热卷烟产品销售规模继续扩大，但增速继续回落。除中国大陆外，世界加热卷烟产品销售额 264.1 亿美元，比上年增长 27.1%，其中加热烟具销量 2570 万套，销售额 17.8 亿美元；加热烟支销量 229.3 万箱，销售额 246.3 亿美元。从市场范围看，加热卷烟产品市场在不断扩展，市场格局也在不断演变，日本作为最早引入加热卷烟的市场，一直保持着规模最大的加热卷烟市场地位，但增

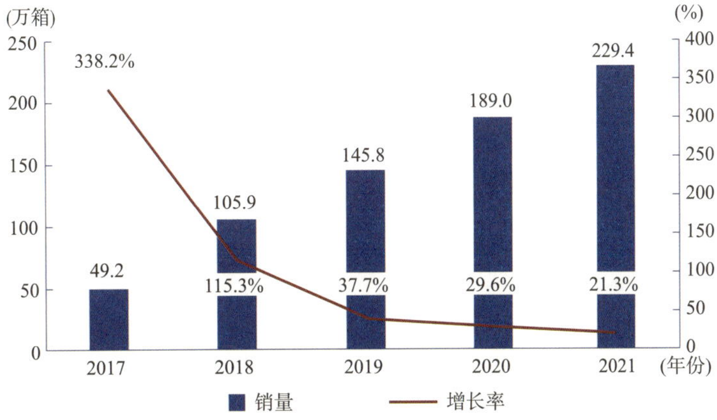

注：数据来自欧睿国际。

图 2　2017—2021 年加热卷烟销量和增长率

速已经回落到个位数，2021 年销售额 103.1 亿美元，比上年增长 7.4%，占世界加热卷烟销售额比重 39%，较上年下降 7.2 个百分点。在欧洲，加热卷烟市场增速虽然也在快速回落，但增速远高于东亚地区，对世界加热卷烟产品增长的贡献最大，2021 年整个欧洲市场销售额 124.8 亿美元，比上年增长 45.9%，占世界加热卷烟销售额比重 47.3%，较上年提高 6.1 个百分点，俄罗斯、德国、波兰等销售额增速均超过 60%。在美国，虽然菲莫国际“IQOS”加热卷烟产品已获得 FDA 的减害烟草产品（MRTP）授权，但美国国际贸易委员会的裁决中止了美国市场销售。

（五）其他烟草产品

2021 年，世界手卷烟（或称为细切烟丝）销量继续保持增长，销量 10.3 万吨（约等于 295.1 万箱卷烟①），比上年增长 3.2%，销售额 317 亿美元，比上年增长 12.7%。斗烟销量 13.2 万吨，比上年增长 1.5%，销售额 65.6 亿美元，比上年增长 7.2%。传统无烟气产品（或称为传统口含烟，包含嚼烟、鼻烟）销量 12.5 万吨，比上年下降 0.9%，销售额 141.6 亿美元，比上年增长 2.9%，其中嚼烟销量和销售额均下降，鼻烟则均保持增长，二者占销量的比重分别为 35.3% 和 64.7%，占销售额的比重分别为 7.1% 和 92.9%。尼古丁袋②是目前增长最快的新兴无烟气产品，在美国和斯堪的纳维亚地区（即瑞典、挪威和丹麦）等传统口含烟市场显著增长，2018 年销量 2.9 亿袋、销售额 0.6 亿美元，到 2021 年增长到销量 82 亿袋、销售额 23 亿美元，销量和销售额分别增长 27 倍、3735.5 倍。

三、烟叶

（一）全球烟叶生产

全球有 70 余个国家生产烤烟、45 个国家生产白肋烟，但是除中国外，约 80% 的产量源自前十位的国家，对低产量国家的采购在持续下降。根据环球烟叶公司统计数据，2021 年，全球烟叶产量 472.8 万吨（9456 万担）。除中国外，烤烟产量 172.9 万吨（3458 万担），比上年增长 3.9%，白肋烟产量 39.9 万吨，比上年下降 9.3%。

表 3　2018—2022 年全球烟叶产量

单位：万吨

	2018 年	2019 年	2020 年	2021 年	2022 年
烤烟					
中北美洲及加勒比地区	16	15.4	11.7	15.6	16.2
南美洲	65.8	68.8	64	65.8	60
欧洲及独联体	12.5	11.9	10.9	10.8	11
非洲及中东	41.5	42.9	31.1	35.5	34.1
亚洲和大洋洲	53.2	52.9	48.8	45.1	49.9
总计	189	191.9	166.4	172.9	171.3
白肋烟					
中北美洲及加勒比地区	6.9	6.4	5.1	5	5.5
南美洲	11.7	11.5	9.7	8	8.5
欧洲及独联体	2.6	2.3	1.8	1.8	1.9
非洲及中东	27.9	23.7	17.4	16.5	18.4
亚洲及大洋洲	9.6	9.8	10	8.6	8.6
总计	58.6	53.7	44	39.9	42.9
香料烟					
总计	15.5	16.3	15.5	12.5	—
深色晾晒烟					
总计	12.5	11.6	11.1	10.8	—

注：数据来自环球烟叶公司；数据不含中国；2021 年数据为估计值、2022 年数据为预测值。

1. 巴西

据巴西烟草种植者协会（Afubra）统计，2020/2021 年种植季，巴西南部地区烟叶种植面积 27.3 万公顷（410 万亩），较上个种植季减少 5.9%，烟叶总产量 62.8 万吨（1256 万担），减少 0.7%，其中烤烟 57.3 万吨（1146 万担）、白肋烟 4.9 万吨（98 万担）、其他类烟叶 0.6 万吨（12 万担）。与上个种植季相比，虽然本种植季烟叶种植面积与产量均有所下降，烟叶平均价格 10.54 雷亚尔（1.95 美元）/千克，上涨 19%，其中烤烟 10.63 雷亚尔（1.97 美元）/千克、白肋烟 9.96 雷亚尔（1.84 美元）/千克、其他

① 换算标准为 0.7g 烟丝约等于 1 支卷烟。

② 不含烟叶的尼古丁袋由微晶纤维素制成，颜色为白色，含有注入的尼古丁和其他香料。同传统口含烟一样，可以放在口腔中靠近牙龈，通常在嘴唇后面长达一个小时。尼古丁通过牙龈的口腔黏膜进入血液。

类烟叶7.14雷亚尔（1.32美元）/千克。价格上涨带动烟叶种植者收入增加，本种植季烟叶总收入66.2亿雷亚尔（12.3亿美元），增长18.1%。巴西烟草种植者协会预计在下个种植季，随着越来越多的种植者实施作物多样化调整，烟叶种植面积和产量还会继续下降9%以上。

表4 2011/2012—2020/2021种植季巴西烟叶概况

种植季	户数（万户）	面积（万亩）	产量（万吨）	亩产（千克/亩）	均价（雷亚尔/千克）	收入（亿雷亚尔）
2020/2021	13.8	410.0	62.8	153.3	10.5	66.2
2019/2020	14.6	435.6	63.3	145.3	8.9	56.1
2018/2019	14.9	446.0	66.4	149.0	8.8	58.6
2017/2018	14.9	446.2	68.6	153.7	9.2	62.8
2016/2017	15.0	447.8	70.6	157.7	8.6	60.9
2015/2016	14.4	406.6	52.5	129.2	10.0	52.3
2014/2015	15.4	462.4	69.8	150.9	7.1	49.8
2013/2014	16.2	485.6	73.1	150.6	7.3	53.2
2012/2013	16.0	470.5	71.3	151.5	7.5	53.1
2011/2012	16.5	486.9	72.8	149.4	6.3	45.8

注：数据来自巴西烟草种植者协会（Afubra）。

2. 美国

据美国农业部统计，美国烟叶种植面积在1930年最高曾经达到212.4万英亩（1289.4万亩），至21世纪初已经减少到43.2万英亩（262.5万亩），过去20年又缩减一半。2021年，美国烟叶种植面积、烟叶产量、烟叶产值等均较上年有较大提高，美国烟叶种植面积21.9万英亩（132.9万亩），增长14.6%；烟叶产量47.8亿磅（21.7万吨、434万担），增长30.7%；单位面积产量2183磅/英亩（163.1千克/亩），提高11.9%；烟叶均价2.15美元/磅（4.73美元/千克），提高2%；烟叶产值10.3亿美元，增长30.7%。2021年，美国烤烟种植面积15万英亩（91.1万亩），比上年增长21%，其中北卡罗来纳州面积占79.9%；烤烟产量31.3万磅（14.2万吨、284万担），增长37.7%；烤烟产值6.3亿美元，增长40%。白肋烟面积4.1万英亩（24.9万亩），与上年持平，其中肯塔基州面积占85.3%；白肋烟产量8.4万磅（3.8万吨），增长4.9%；白肋烟产值1.8亿美元。美国烟草种植者预计2022年会成为有史以来烟叶种植成本最高的一年，许多种植者正在认真考虑退出烟草产业，烟叶生产可能会重回下滑走势。

表5 2012—2021年美国烟叶概况

年份	面积（万亩）	产量（万吨）	亩产（千克/亩）	均价（美元/千克）	收入（亿美元）
2021	132.9	21.7	163.1	4.7	10.3
2020	116.0	16.9	145.8	4.6	7.8
2019	137.9	21.2	153.9	4.4	9.4
2018	176.9	24.2	136.7	4.5	10.9
2017	195.1	32.2	165.1	4.5	14.6
2016	194.0	28.5	147.0	4.4	12.6
2015	199.6	32.6	163.5	4.4	14.4
2014	229.7	39.8	173.1	4.6	18.4
2013	216.3	32.9	151.9	4.8	15.8
2012	204.1	34.6	169.5	4.5	15.6

注：数据来自美国农业部。

3. 津巴布韦

烟草农业是津巴布韦的支柱产业，目前有超过14万户烟叶种植者，近百万人生计依赖烟叶。津巴布韦国内虽然有7家卷烟加工厂，但技术设备落后，津巴布韦所产烟叶只有约2%被用于国内卷烟生产，其余优质烟叶全部出口，平均每年创汇约6亿美元，津巴布韦外汇收入近三成来自烟叶出口。在2020/2021烟草种植季，烟叶生长期间气候条件适宜，基本没有遭遇重大干旱和洪涝灾害，烟叶产量和质量都优于上年度。据津巴布韦烟草产业和营销委员会（TIMB）统计，在2020/2021烟草种植季，津巴布韦烟叶种植面积12.5万公顷（187.8万亩），同比增长6.5%；烟叶产量21万吨（420万担），同比增长14.4%；单位面积产量112.1千克/亩，同比提高7.4%；烟叶平均售价2.8美元/千克，同比提高12%；烟叶销售收入5.9亿美元。其中烤烟产量为19.1万吨（382万担），占烟叶总产量的90.7%，93.5%的烟叶通过合同方式收购。

表6　2011/2012—2020/2021种植季津巴布韦烟叶概况

种植季	户数（万户）	面积（万亩）	产量（万吨）	亩产（千克/亩）	均价（美元/千克）	收入（亿美元）
2020/2021	14.5	187.8	21.0	112.1	2.8	5.9
2019/2020	12.2	176.3	18.4	104.4	2.5	4.6
2018/2019	15.5	219.0	25.9	118.5	2.0	5.3
2017/2018	14.1	199.5	25.3	126.6	2.9	7.4
2016/2017	9.9	166.2	18.9	113.7	3.0	5.6
2015/2016	8.2	153.8	20.2	131.5	3.0	6.0
2014/2015	9.8	157.0	19.9	126.7	3.0	5.9
2013/2014	10.6	153.8	21.6	140.6	3.2	6.9
2012/2013	7.9	132.9	16.7	125.3	3.7	6.1
2011/2012	6.0	114.5	14.5	126.2	3.7	5.3

注：数据来自津巴布韦烟草产业和营销委员会（TIMB）。

（二）跨国烟叶公司

环球烟叶公司和皮克萨斯国际（Pyxus International）两家独立的跨国烟叶公司大约包揽了除中国之外的世界略超1/3的烤烟和白肋烟，其余烟叶被区域或地方烟叶公司以及烟草产品制造商自营直接采购。

1. 环球烟叶公司

2021财年①面对疫情持续扩散和烟叶需求下滑的挑战，环球烟叶公司为18.5万户直接合同种植者提供更好的生产服务，为特定客户扩大直接采购、农艺支持和专业加工等增值服务，利用数字化提高供应链效率，不断拓展植物配料业务，努力保持公司业务稳定发展。得益于下半财年烟叶出货强劲、并表植物配料公司和汇率有利，公司经营业绩较上年有所改善，实现销售收入19.8亿美元、利润1.5亿美元、净利润0.9亿元，分别增长3.8%、16.9%、21.9%。其中烟叶全年出货量较上年有所下降，烟叶销售收入18.4亿美元（占公司收入比重93%），下降2.4%，利润1.7亿美元，增长15.1%；植物配料部门在收购的公司纳入财务报表带动下，实现销售收入1.4亿元，增长517.9%，实现扭亏，盈利38万美元。从收入来源看，来自菲莫国际、英美烟草、帝国品牌的收入分别占公司收入的23.2%、17.1%、10.6%；来自美国、比利时的收入分别占比18.6%、18.5%，中国占比2.7%。

近年来，公司除努力稳定烟叶经营外，也在积极向经营更多品类的、综合性的全球农产品供应商转型。一是致力于打造基于植物配料的平台，为企业客户提供丰富多样的植物配料，用以生产供人类和宠物食用的最终产品。为此，公司持续开展相关并购，2020年10月，以1.64亿美元现金和590万美元额外营运资本收购Silva International公司，该公司是一家天然特种脱水蔬菜、水果和草药加工公司；2021年10月，又收购Shank's Extracts公司，该公司是特种配料、调味品和食品公司。同时，将新近收购的公司与上一财年收购的Fruit Smart公司进行优化整合，发挥协同效应，其中包括2020年12月关闭一家生产脱水和液体甘薯产品公司，该公司库存和业务出售要持续到2022财年。二是介入其他小规模的烟草行业，其全资子公司AmeriNic为下一代烟草产品生产液体尼古丁，生产严格遵守美国药典标准。全资子公司Global Laboratory Services提供种子、烟叶和成品（包括电子烟烟液）的保护剂和烟草成分的测试，包括烟草成品和主流烟雾中的化合物测试。此外，环球烟叶公司还有回收烟草废料的业务。

2. 皮克萨斯国际

2021财年②，皮克萨斯国际业绩继续下滑。由于物流不畅导致烟叶销量比上年下降4.8%，汇率变动导致销售价格下降10.3%，销售收入因此减少2亿美元，降至13.3亿美元，下降12.8%，业务亏损0.6亿美元，增加0.5亿美元，亏损同比扩大417.2%。从公司三大业务板块看，一是北美地区烟叶，实现销售收入1.6亿美元，盈利870万美元；烟叶销量2.93万吨，较上年减少0.68万吨，均价5.62美元/千克，增加0.29美元/千克，成本（烟叶采购和运输、储藏及其他期间成本）4.95美元/千克，较上年增加0.19美元/千克。二是其他地区烟叶，实现销售收入11.1亿美元，盈利2770万美元；烟叶销量29.7万吨，较上年减少9.8万

① 环球烟叶公司2021财年截至2021年3月31日。

② 皮克萨斯国际2021财年截至2021年3月31日。

吨，均价3.56美元/千克，下降0.47美元/千克，成本3.04美元/千克，下降0.4美元/千克。三是其他产品和服务，实现销售收入0.3亿美元，但由于公司核销大麻制品和工业大麻库存，以及退出工业大麻业务导致成本飙升266.7%，最终造成亏损近1亿美元。

2021财年，公司首要任务是执行法院的破产重组计划。通过债转股、延长债务到期日等方式进行债务重组，减少约4亿美元的债务，增强财务灵活性。在中间商、供应商、客户和合作伙伴的支持下，持续推进业务转型，推动价值创造。重组董事会，除CEO留任外，在7人组成的董事会中又新引入6名具有财务和经营、农业和食品工业、公司整合、烟草产业等不同背景、经历和观念的董事。

多元化方面进行战略调整。一是巩固电子烟烟液业务，通过2018年和2020年收购和换股操作，目前持有调味烟液制造和经销商Humble Juice的65.3%股权；同时公司还投资一个非并表的合资公司Purilum，该公司提供风味配方和开发烟液在内的电子烟产品。二是退出大麻业务，公司曾经收购美国一家从事大麻二醇（CBD）提取和其他工业大麻应用的公司、加拿大两家具有从事医用和成人大麻生产和销售许可的公司。但在公司重整计划生效和新董事会成员加入后，公司董事会决定退出工业大麻、CBD和加拿大合法大麻业务。公司认为退出现金流为负的大麻业务，可以减少费用支出，重点发展利润更高的烟草和电子烟烟液业务。

四、主要烟草公司发展概况

2021年，在世界经济强劲复苏带动下，主要烟草公司都抢抓机遇，推进战略，调整策略，努力为股东创造更好业绩。

表7 2017—2021年四大跨国烟草公司主要业绩

		2017年	2018年	2019年	2020年	2021年
销量（万箱）	菲莫国际	1523.9	1563.4	1532.7	1409.3	1439.8
	英美烟草	1419	1460	1396	1338	1348.2
	日本烟草	982.8	1019.2	1049.2	1016.6	1057.6
	帝国品牌	530	511.0	488	478.2	463.8
销售收入（亿美元）	菲莫国际	781.0	798	779.2	760.5	822.2
	英美烟草	748.6	841.5	839.1	833.9	884.5
	日本烟草	594.8	656.5	672.1	686.1	742.7
	帝国品牌	293.7	308.1	299.1	305.7	321.1
消费税（亿美元）	菲莫国际	493.5	502.0	481	473.5	508.2
	英美烟草	487.0	515	508.6	503	531.1
	日本烟草	436.6	481.4	495.8	511.7	552.1
	帝国品牌	192.9	203.6	196.6	203.6	218.4
利润（亿美元）	菲莫国际	115.0	114	105.3	116.7	129.8
	英美烟草	83.5	124.1	115.2	127.9	140.8
	日本烟草	45.9	48.2	40.8	42	47.3
	帝国品牌	28.9	30.7	26.4	34.8	40.2

注：数据来自跨国公司快报或年报；销量包括可燃烟草产品和加热卷烟；日本烟草、帝国品牌业绩只计算烟草业务。

表8 2021年国际市场销量前15位卷烟品牌

排名	品牌	价位档	所属公司	销量（万箱）	增速（%）	排名变化
1	Marlboro（万宝路）	高档	菲莫国际+奥驰亚	645.8	0.3	—
2	Winston（云斯顿）	中价位	日本烟草+帝国品牌	365.1	9.1	—
3	Pall Mall（波迈）	中价位	英美烟草	227.7	2.2	—
4	Rothmans（乐富门）	经济型	英美烟草	211	−3.0	—
5	Camel（骆驼）	中价位	日本烟草+英美烟草	174	15.8	上升两位
6	L&M（蓝星）	中价位	菲莫国际	168.7	−7.4	—
7	Kent（健牌）	高档	英美烟草	148	−2.6	—
8	Chesterfield（切斯特菲尔德）	经济型	菲莫国际	117.6	12.8	—

续表

排名	品牌	价位档	所属公司	销量（万箱）	增速（%）	排名变化
9	LD（乐迪）	经济型	日本烟草	100.2	-1.2	—
10	Lucky Strike（好彩）	中价位	英美烟草	90.5	19.6	上升三位
11	Mevius	高档	日本烟草	89.7	-6.9	下降一位
12	Philip Morris（菲莫）	经济型	菲莫国际	84.8	-7.1	下降一位
13	Parliament（百乐门）	高档	菲莫国际	83.2	19.8	上升一位
14	Sampoerna A（三宝麟 A）	中价位	菲莫国际	75.63	15.1	上升一位
15	Dunhill（登喜路）	高档	英美烟草	71.4	-8.9	下降三位

注：数据来自跨国公司快报或年报；“Winston（云斯顿）”不包含帝国品牌销量。

（一）菲莫国际

1. 财务业绩

2021 年，菲莫国际扭转销量下滑趋势，各主要财务指标都表现出色。公司实现销售收入 822.2 亿美元、不含税销售收入 314.1 亿美元、利润 129.8 亿美元、净利润 97.1 亿美元，比上年分别增长 8.1%、9.4%、11.2%、13%。公司烟草消费税 508.2 亿美元；销售和管理费用 83.0 亿美元，费用率（费用/销售收入）10.1%；利润率（利润/不含税销售收入）41.3%。公司无烟气产品不含税销售收入占公司全部不含税销售收入比重 29.1%，比上年提高 5.3 个百分点，与 2025 年占比超过 50% 的目标还有一段距离。

2. 产品和品牌发展

公司销售卷烟和加热卷烟合计 1439.8 万箱，比上年增长 2.2%，加热卷烟增量首次超过卷烟减少量，这使公司综合销量自 2012 年以来首次实现正增长。

卷烟。销量 1249.8 万箱，比上年减少 7.3 万箱，下降 0.6%。公司的中东与非洲大区、美洲大区销量呈现逆势增长，分别增加 19.8 万箱、1.7 万箱，增长 8.4%、1.3%，其他地区销量继续减少，欧盟地区减少最多，减少 11.2 万箱，下降 3.4%。

公司前十大卷烟品牌销量占公司卷烟总销量 90.6%。“Marlboro（万宝路）”“Chesterfield（切斯特菲尔德）”“Parliament（百乐门）”“Sampoerna A（三宝麟 A）”等 4 个品牌销量实现增长，比上年分别增长 2.9%、12.8%、19.8%、15.1%；特别是“Marlboro（万宝路）”扭转多年持续下滑的颓势，销量增加 13.5 万箱，达到 479.81 万箱，占公司卷烟销量比重提高 1.3 个百分点，比重达到 38.4%。“L&M（蓝星）”“Philip Morris（菲莫）”“Dji Sam Soe（234）”“Bond Street（邦德街）”“Next”等 6 个品牌销量继续下滑，其中“Bond Street（邦德街）”销量减少 19.9 万箱，比上年下降 41.2%，减少的绝对量和下降的幅度都是最大的。

加热卷烟。销量达到 190 万箱，比上年增加 37.7 万箱，增长 24.8%，增速回落 2.8 个百分点。公司的各大销区均在增长，其中欧盟地区销量增加最多，增加 16.7 万箱，占加热卷烟全部增量的 44.3%，不过欧盟和东欧地区增速在下降。占公司加热卷烟销量比重最大的销区依然是东亚与大洋洲地区，占比 40.2%，较上年提高 4.5 个百分点；该地区的加热烟销量增速仍是最低的，增长 12.7%，但增速提高 2.3 个百分点；其中在日本的销量为 66.2 万箱，增长 14.5%，占日本烟草消费总量（卷烟和加热卷烟合计）的 22.9%，提高 2.5 个百分点。

3. 持续推进“无烟气未来”战略

公司自 2008 年以来，已经投入 90 余亿美元用于研发、验证和商业化创新型无烟气产品。

“IQOS”使用范围和人群继续扩大。2021 年，“IQOS”产品新进入 9 个市场，退出白俄罗斯和美国两个市场，前者是为了遵守美国制裁规定，后者是因为与英美烟草的专利官司被美国国际贸易委员会裁决被迫退出美国市场，为解决这个官司，菲莫国际正酝酿将“IQOS”放在美国本土生产。截至2021年底，“IQOS”产品已经覆盖71个国家和地区，使用者①达到2120万人，较上年同期增加360万人，其中1530万名使用者原来属于传统烟草产品消费者，在使用“IQOS”之后彻底戒掉传统烟草产品，实现完全转化。公司首席执行官在接受日经新闻采访时预测，日本将在未来10年成为无烟气社会，在日本之外的其他地方，菲莫国际将在10～15年退出可燃烟草产品领域。

积极拓展医疗和保健业务。2021年2月，公司提出“超越尼古丁”（Beyond Nicotine）战略，明确展示公司拓展健康和医疗领域的雄心，将公司在吸入和雾化领域的专业优势应用到呼吸给药系统和保健方面，致力于创新产品和解决方案，以解决未能满足的患者和消费者需求，到2025年健康医疗业务至少创造不含税收入10亿美元。为此，公司开展三起重要收购：一是以每股溢价46%、总额8.5亿英镑（12亿美元）收购创新吸入给药解决方案的供应商Vectura Group，该公司拥有由其全球制药合作伙伴销售的13种吸入性产品和11种非吸入性产品。二是以51亿丹麦克朗（8.2亿美元）收购开发和生产基于口服和吸入给药系统的创新药物和健康产品公司Fertin Pharma，该公司主营研发和生产尼古丁口香糖、尼古丁袋、可液化片剂和其他用于输送包括尼古丁在内的活性成分的固体口服系统，拥有领先的尼古丁替代疗法（NRT）解决方案。三是收购美国的呼吸药物开发公司OtiTopic，该公司针对急性心肌梗死研究开发可吸入乙酰水杨酸（ASA）治疗方案。另外，从2021年第三季度开始，菲莫国际在无烟气产品项目下增加“其他类别”，将医疗和保健纳入其中，2021年，其他类别的不含税销售收入超过1亿美元，其中约39%来自Fertin Pharma的尼古丁替代疗法和尼古丁口含产品业务。

（二）英美烟草

1. 财务业绩

2021年，英美烟草实现销售收入642.8亿英镑（884.5亿美元）、不含税销售收入256.8亿英镑（353.4亿美元）、利润102.3亿英镑（140.8亿美元）、净利润69.7亿英镑（96亿美元），比上年分别增长-1%②、-0.4%、2.7%、6.2%。烟草消费税386亿英镑（531.1亿美元），公司利润率39.8%。非可燃烟草产品合计实现的不含税销售收入占公司不含税销售收入比重12.4%。

2. 产品和品牌发展

可燃烟草产品。销量1310万箱，比上年下降0.3%，其中卷烟销量1274万箱、手卷烟等销量36万箱，分别下降0.1%、9.2%；不含税销售收入220.3亿英镑，下降3.2%。公司继续扩大与菲莫国际的卷烟销量差距优势，连续第二年居全球卷烟销量第一位。在最重要的美国市场，公司可燃烟草产品销量下降5%，销量仅占公司可燃烟草产品总销量的10.7%，但得益于2021年四轮提价，美国市场占公司可燃烟草产品不含税收入的45.5%，较上年提高1.9个百分点。

5个全球战略性卷烟品牌销量占公司卷烟总销量58.8%，其中2个品牌销量增长：“Pall Mall（波迈）”销量227.7万箱、“Lucky Strike（好彩）”90.5万箱，比上年分别增长2.2%、19.6%；3个品牌下降：“Rothmans（乐富门）”销量211万箱、“Kent（健牌）”148万箱、“Dunhill（登喜路）”71.4万箱，分别下降3.0%、2.6%、8.9%。3个美国本土品牌销量均表现不佳，“Camel（骆驼）”“Newport（新港）”“Natural American Spirit（美洲精神）”销量分别下降9.9%、3.3%、0.8%。

非可燃烟草产品。电子烟销量5.4亿套（按照每个器具10毫升烟液为一套），比上年增长55.5%，不含税销售收入9.3亿英镑，比上年增长51.8%；电子烟品牌“Vuse”在美国、英国、法国、德国、加拿大等五大市场的占有率

---

① “IQOS”使用者的认定标准是：达到使用烟草法定年龄（至少18岁），过去7日内的烟草消费中，日均消费至少有5%是菲莫国际的加热卷烟。传统卷烟消费者戒烟转为“IQOS”使用者的认定标准是：在除菲莫国际的加热卷烟之外没有其他加热卷烟产品的市场，过去7日内，个人每日消费菲莫国际加热卷烟的量即代表其每日烟草消费量；在除菲莫国际加热卷烟之外还有其他加热卷烟产品的市场，过去7日内，个人每日消费加热卷烟的量即代表其每日烟草消费量，而菲莫国际的产品至少占70%的消费量。

② 以英镑计价的销售收入是下降的，但是以美元计价的销售收入是增加的，原因在于公司采用的英镑兑美元汇率升值较大，2021年1英镑兑1.376美元，而2020年1英镑兑1.284美元。

已经达到33.5%，固定消费者达到840万人，被第三方认证为碳中和品牌。加热卷烟品牌“glo”成为全球增长最快的加热卷烟品牌，销量38.2万箱，比上年增长78.7%，不含税销售收入8.5亿英镑，比上年增长34.4%；增长最快的是欧洲和北非市场，销量增长195%，公司超过一半的加热卷烟销量来自这一地区；在日本加热卷烟市场的占有率提高1.8个百分点，达到21.2%。尼古丁袋（公司称之为现代口含烟）销量33亿袋，比上年增长70.5%，不含税销售收入2.7亿英镑（3.7亿美元），比上年增长38.8%；在美国市场，公司因为上一年收购Dryft Sciences的尼古丁袋产品，销量大涨272%，但因为价格促销和快速扩张门店导致收入下降81.5%；“Velo”是多数美国消费者尝试尼古丁袋的首选品牌，而且消费者大都来自使用其他烟草产品的消费者；“Velo”在北欧处于绝对统治地位，丹麦、挪威、瑞典市场占有率分别为90.5%、63.9%、59.6%。传统口含烟折合成卷烟销量为16万箱，比上年下降3.9%，不含税销售收入11.2亿英镑，比上年下降3.6%；其中美国市场销量占比88.8%，不含税销售收入占比96%。

3. **推进“更美好的明天”战略**

向非可燃烟草产品目标快速推进。2020年，公司制定发展目标：到2025年，公司非可燃新型产品（电子烟、加热卷烟和尼古丁袋）不含税销售收入达到50亿英镑，到2030年公司非可燃产品消费者数量达到5000万人。2021年，非可燃新型产品的不含税销售收入强劲增长42.4%，达到20.5亿英镑（28.3亿美元）；非可燃产品消费者数量增加480万人，达到1830万人。此外，公司充分利用与迈凯伦车队建立的全球合作伙伴关系，通过F1赛车等平台积极推广非可燃新型产品，比如2021年在F1阿布扎比大奖赛与艺术家合作大力推广“Vuse”。

成为第一家获得美国电子烟上市准入的企业。2021年10月，美国FDA授权英美烟草公司旗下“Vuse”品牌电子烟的一款电子加热设备（Vuse Solo Power Unit）和两款烟草口味的封闭式可替换烟弹（尼古丁含量4.8%）上市销售，这是自FDA实施烟草产品上市准入申请（PMTA）以来，首次批准电子烟产品上市。

积极拓展“超越尼古丁”（Beyond Nicotine）领域。公司通过所属风投公司Btomorrow Ventures（BTV）和精选的第三方，增强对“超越尼古丁”的认识理解和机会把握，致力于解决消费者当前和未来需求，提供健康和激发活力的产品。BTV自2019年底成立以来，截至2021年底已完成17项投资，包括2021年的9个新增投资项目，主要投在创新消费业务和新科学与技术领域。此外，公司还与Organigram公司签署战略合作协议，成为该公司第一大股东，并将成立由双方共同管理和共同派遣科技人员的专门研发机构，从大麻二酚（CBD）着手，聚焦下一代成人大麻产品的研究和开发。2021年，英美烟草试点推出其第一款大麻二酚电子烟“Vuse CBD Zone”，该款电子烟有薄荷、芒果和浆果三种口味，这是英美烟草首次推出非尼古丁产品。

推进企业组织结构转型。2021年，公司推出名为“Quest”的组织转型计划，通过精简公司业务，提高决策效率，推动组织灵活性，落实增长战略，建设可持续的“未来企业”。该计划有五大支柱：“量子计划”（Quantum），精简优化业务；推动创新，以数字化驱动，以最先进技术打造未来品牌；赋能组织，吸引和留住多样化人才；构建可持续发展日程，聚焦降低公司业务对人类健康的影响；技术和大数据分析，驱动公司转型和从整个价值链发现商业价值。

提前完成节约目标。公司2019年提出“量子计划”，计划利用三年时间实现减费降本10亿英镑。到2021年底已经节约13亿英镑，提前一年超额完成预定目标，公司因此将目标提高到2022年底前节约15亿英镑。“量子计划”实施两年，已经增强组织响应速度和灵活性，提高运营效率和供应链效率。

（三）日本烟草

1. **财务业绩**

2021年，日本烟草实现销售收入8.39万亿日元

（763.6亿美元）、不含税销售收入2.32万亿日元（211.5亿美元）、利润4990.2亿日元（45.4亿美元）、净利润3401.8亿日元（31亿美元），比上年分别增长11.4%、11.1%、6.4%、9%。其中烟草业务、食品业务、医药业务占公司不含销售收入比重分别为90.1%、6.3%、3.5%。烟草消费税6.07万亿日元（552.1亿美元）。销售和管理费用8885.7亿日元（80.9亿美元），费用率10.6%。

在烟草业务中，日本国内业务不含税收入5594亿日元（50.9亿美元）、利润1255亿日元（11.4亿美元），比上年分别微增0.7%、下降17.3%。国际业务不含税收入1.54万亿日元（139.7亿美元）、利润3945亿日元（35.9亿美元），比上年分别增长17.6%、33.1%。烟草业务国内国际综合利润率24.8%。

2. 产品和品牌发展

2021年，日本烟草销售可燃烟草产品和加热卷烟合计1057.6万箱。

在日本，国内可燃烟草市场规模210.6万箱，较上年进一步萎缩8.4%，日本烟草在国内销量124.4万箱，比上年下降9.5%，市场占有率进一步下滑到59.1%，下降0.7个百分点；加热卷烟延续平稳增长态势，销量9.2万箱，增长15.2%，在日本加热烟市场占有率估计为10.3%。4个国内重点品牌销量占公司国内可燃烟草产品销量比重43.9%，“Mevius”“Seven Stars（七星）”“Winston（云斯顿）”“Natural American Spirit（美洲精神）”的销量分别为57.9万箱、15.4万箱、14.7万箱、4.4万箱，比上年分别下降11.9%、9.6%、10.9%、3.8%。

在国际，日本烟草销售可燃烟草产品920.4万箱，比上年增长5.6%，占公司国际销量近四成的俄罗斯、土耳其、英国、意大利、西班牙等关键市场，以及巴西、德国、菲律宾、伊朗等其他市场，公司产品销量都普遍增长，第三方调查的市场占有率也普遍提升。4个全球旗舰品牌销量623.4万箱，比上年增长10.5%，占公司国际销量的67.7%，比上年提高3个百分点，其中“Winston（云斯顿）”“Camel（骆驼）”“LD（乐迪）”“Mevius”的销量分别为350.4万箱、141.2万箱、100.2万箱、31.8万箱，分别增长10.1%、24.1%、－1.3%、3.8%。此外，积极拓展电子烟领域，公司通过2015年收购美国电子烟公司Logic进军美国市场。

3. 重点经营举措

调整公司运营模式。结束烟草业务双总部模式，将原来国内和国际分开独立运作的烟草业务整合为统一的烟草业务，位于东京的烟草业务总部职能被整合到位于瑞士日内瓦的国际烟草业务总部，战略制定、绩效管理和决策流程相应被整合，并且要在成功整合研发职能后，整合全球烟草业务供应链，进一步加强烟草业务的整体竞争实力和盈利能力。日本市场将只作为其全球烟草业务的关键市场来运营，国内销售组织结构从三层重组为两层，撤销三分之二的营销机构，关闭一家国内卷烟厂和滤嘴厂，清算一家工程公司，优化人力资源，优化烟叶采购范围。运营模式调整和整合优化任务预计在2022年完成，与此相关的成本预计为370亿日元。

提价。为了与修改的税制结构相适应，对冲计划中的提税，日本烟草申请并获得财政部批准将50个规格的加热卷烟每盒提价30日元，提高国内市场销售的卷烟、微型雪茄、烟丝等173个规格产品的零售价格，提价10～130日元不等。

进一步缩减烟叶规模。公司和日本烟叶审议委员会将2022年国内烟叶种植面积确定为3889公顷（5.8万亩），比上年大幅减少34%，收购均价将保持在2021年1924.15日元（17.51美元）/千克不变。

（四）帝国品牌

1. 财务业绩

帝国品牌的主营业务主要包括烟草和物流两块，公司认为2021财年①取得令人满意的成绩，各项业务综合实现

① 帝国品牌2021财年截至2021年9月30日。

销售收入 327.9 亿英镑（441.2 亿美元），比上年增长 0.7%，其中烟草业务 238.6 亿英镑（321.1 亿美元）、物流业务 95.9 亿英镑（129.0 亿美元），分别增长 -0.5%、3.46%。实现利润 31.5 亿英镑（42.3 亿美元）、净利润 29.1 亿英镑（39.1 亿美元），比上年分别增长 15.2%、86.5%①。

烟草业务不含税销售收入 76.1 亿英镑（102.4 亿美元），比上年下降 4.7%，其中传统烟草占烟草业务不含税销售收入比重 97.5%，新型烟草产品（公司称之为下一代烟草产品 NGP）占比仅为 2.5%。烟草业务利润 29.9 亿英镑（40.2 亿美元），比上年增长 15.2%，利润率 39.3%，较上年提高 6.9 个百分点。烟草消费税 162.2 亿英镑（218.4 亿美元）。公司销售和管理费用 21.2 亿英镑，费用率 6.5%。

2. **产品和品牌发展**

2021 财年，公司传统烟草产品继续下滑，新型烟草产品继续收缩版图和规模。公司销售传统可燃烟草产品 463.8 万箱，比上年下降 3%，公司认为在转型调整和面对疫情挑战的阶段，这个降幅好于预期。尤其是雪茄专注在大众化的产品上，在美国销量增长 45%，成为美国大众雪茄市场居第二位的制造商。新型烟草产品除着力培育的欧洲地区市场有所增长外，其他地区的业务都明显下降，比如美洲地区收入下降 26.8%，非洲、亚洲和大洋洲的收入已经下降到聊胜于无。

公司有 160 余个品牌，在 2019 年曾提出的集中资源打造"资产型品牌"，不过这个构想在 2021 年似乎淡出公司战略，公司已经开始致力于品牌转型创新，形成新的品牌组合，从品牌种类看，卷烟和手卷烟品牌："JPS""Davidoff""West""Gauloises""Winston""L&B""Kool""RIZIA+"；雪茄品牌："Backwoods""Dutch Master"；新型烟草产品品牌：电子烟"blu"、加热卷烟"Pulze"、尼古丁袋"ZoneX"。从品牌结构看，公司着力提高在次高端产品的参与度，如德国的"JPS"、美国的"Winston"；优化在价值产品上的经营，如澳大利亚的"Parker&Simpson"；振兴地方品牌，如英国的"Embassy"、西班牙的"Nobel"和"Fortuna"；最大限度地发挥手卷烟的潜力，例如澳大利亚的"Riverstone"。

3. **推进战略转型**

发布新战略。新战略包括一个目标，即放松和快乐，开辟通往更健康未来的道路；一个愿景，即以责任、专注和选择为动力，打造强大的挑战者业务；三大战略支柱，即聚焦传统可燃产品的重点市场、从更广泛的市场组合中获取价值，建立有针对性的下一代产品业务；三大关键推动力，即建立以消费者为中心的业务、创造以绩效为导向的文化、实施简化而高效的运营；新行为准则，即始于消费者、合作、担当、真实、共创未来。

重组企业管理团队。新设立首席消费者官，调整区域架构并任命了新的区域负责人，任命新的首席供应链官和首席财务官，来自雀巢、联合利华、宝洁和百事可乐等消费品公司的高管为公司带来新的经营理念，同时重组销售和营销组织，市场事业群从 13 个减少到 10 个。

着力稳定五大优先的可燃烟草市场份额。公司对每个市场都要进行月度执行评估，2021 财年五大市场份额下降 2 个基点，低于上年度的 17 个基点，美国、英国和西班牙市场份额提高弥补德国和澳大利亚的下降。

建立可持续的新型烟草业务基础。加热卷烟方面主动退出日本市场，顺利推进捷克和希腊的试销，为在欧洲市场进一步推广收集宝贵的消费者信息。在电子烟方面，通过全新包装、全新理念、全新平台以及增加销售网点等方式提高上柜率，期待"blu"品牌在美国市场全新再出发。尼古丁袋品牌"ZoneX"聚焦欧洲市场，取得令人鼓舞的成绩，公司将遵循严格和聚焦的原则继续深耕欧洲市场，暂没有开拓其他市场的计划。

出售高端雪茄业务。古巴的 Habanos SA 和西班牙的 Al-

---

① 导致大幅增长因素有：金融工具按市价计算的外汇会计收益；出售优质雪茄；前期无形资产减记和 2021 财年入账的资产出售利润。调整后的净利润比上年下降 2%。

tabana SL 两家公司构成帝国品牌的高端雪茄业务，2020 财年共计贡献 1 亿英镑利润，2020 年 10 月被以 2.81 亿英镑从帝国品牌的业务板块中剥离。

（五）奥驰亚集团

1. 财务业绩

2021 年，奥驰亚集团实现销售收入 260.1 亿美元，比上年下降 0.5%，其中可燃烟草产品、口含烟、酒分别实现销售收入 254.7 亿美元、26.1 亿美元、4.9 亿美元，分别增长 -0.6%、3%、-19.5%。公司实现不含税销售收入 211.1 亿美元、利润 115.6 亿美元、净利润 24.8 亿美元，比上年分别增长 1.3%、6.3%、-44.4%。公司消费税 49 亿美元，销售和管理费用 20.2 亿美元，费用率 7.7%。可燃烟草产品利润率 57.4%，口含烟利润率 67%。

2. 产品及品牌发展

卷烟。销售出现较大下滑，销量 187.6 万箱，比上年下降 7.5%。“Marlboro（万宝路）”品牌销量 165.9 万箱，比上年下降 6.6%，不过“Marlboro（万宝路）”在美国卷烟市场的占有率较上年反而提升 0.2 个百分点，达到 43.1%。公司低端卷烟销量 13.2 万箱，比上年下降 17.4%，市场占有率提高 0.5 个百分点，达到 3.9%。

雪茄。销量 18.03 亿支，比上年增长 0.2%，其中美国最畅销的机制雪茄品牌是“Black & Mild”，该品牌销量 17.96 亿支，比上年增长 0.3%。

口含烟。销量 8.2 亿罐（袋），与上年持平，其中两个主打传统口含烟品牌“Copenhagen”和“Skoal”销量分别为 5.04 亿罐和 1.97 亿罐，比上年分别下降 3.6% 和 5.3%，市场占有率也下降。“*on*!”品牌的尼古丁袋表现优异，带动其他口含烟产品销售 1.19 亿罐（袋），比上年增长 34.5%，“*on*!”的市场占有率也较上年提高 2.8 个百分点，达到 3.9%。

电子烟。“JUUL”在 2020 年向 FDA 提交的 PMTA 申请仍然处于待定状态，美国市场占有率自 2018 年的高点 76% 减至 2021 年的 37.6%。奥驰亚集团在 2018 年以 128 亿美元获取“JUUL”35% 的股权，但到 2021 年底，这笔股权的公允价值只剩下 17 亿美元。

3. 公司战略和策略实施情况

进行业务优化。一是剥离葡萄酒业务，以 12 亿美元出售拥有葡萄酒庄园和经营进口葡萄酒的公司 Ste. Michelle Wine Estates（Ste. Michelle），该公司是奥驰亚集团在 2008 年以 117 亿美元收购无烟气烟草公司 UST（UST 旗下子公司包括美国无烟烟草公司 USSTC 和葡萄酒公司 Ste. Michelle）时取得的，近年来经营业绩持续下滑。二是削减金融资产，公司 2021 年底金融资产余额 1.1 亿美元，较上年减少 2.1 亿美元，公司还将在 2022 年底前终止资本公司 Philip Morris Capital Corporation（PMCC）运作。三是公司完成尼古丁袋“*on*!”品牌剩余股权的收购，完全持有“*on*!”品牌。四是审视加热卷烟合作，公司 2020 年和菲莫国际签订为期五年的独家在美销售“IQOS”加热产品协议，到 2021 年 10 月加热烟支 Marlboro HeatSticks 在北弗吉尼亚州卷烟零售中已经赢得 1.9% 的份额，但 2021 年 11 月因美国国际贸易委员会的裁决而被迫中止销售，公司将会与菲莫国际就接下来的合作进行重新审视和协商。

积极推进“超越吸烟”（moving beyond smoking）战略。公司到 2030 年的愿景是“负责任地引导成年吸烟者向无烟气未来过渡”。目前主要全资子公司 4 家：在美国生产 Marlboro 和独家代理“IQOS”加热器及“Marlboro”加热卷烟的公司菲莫美国公司 Philip Morris USA（PM USA）、生产“Copenhagen”和“Skoal”品牌传统口含烟等的无烟气烟草公司 U. S. Smokeless Tobacco Company（USSTC）、生产“Black & Mild”品牌雪茄的公司 John Middleton（JMC）、生产“*on*!”品牌尼古丁袋的公司 Helix Innovations（Helix）。主要战略性股权投资 3 家：世界最大啤酒企业百威英博 Anheuser-Busch InBev SA/NV（ABI）、美国领先的电子烟企业 JUUL Labs（JUUL）、全球领先的加拿大的大麻素公司 Cronos Group（Cronos）。

（六）韩国烟草

1. 财务业绩

韩国烟草公司（KT&G）是一家包括烟草、人参保健、房地产和医药、化妆品等其他业务的综合性集团公司。2021

年，公司实现不含税销售收入 5.23 万亿韩元（44.1 亿美元），比上年增长 3.4%，其中烟草业务、人参保健业务、房地产业务、其他业务占销售收入比重分别为 52.6%、24.7%、14.1%、8.5%。公司实现利润 1.47 万亿韩元（12.4 亿美元），比上年下降 10.4%，净利润 1.17 万亿韩元（9.9 亿美元），比上年下降 15.5%。

烟草业务实现收入 2.75 万亿韩元（23.2 亿美元），比上年增长 2.3%，其中韩国国内业务 1.96 万亿韩元（16.6 亿美元）、出口业务收入 7875 亿韩元（6.6 亿美元），分别增长 4.4%、-2.6%。

2. 产品发展和经营策略

韩国市场目前只销售卷烟和加热卷烟，2019 年美国"电子烟肺炎"暴发之后，韩国政府 3 次发布公告建议停止使用液态电子烟，此后销量锐减，到 2021 年 6 月已经停止销售。据韩国企划财政部统计，2021 年韩国卷烟和加热卷烟销量 143.6 万箱，与上年基本持平，但随着疫情导致的社交距离政策加强、在家办公人数扩大等，对没有烟灰、没有异味的加热卷烟偏好正在增加，卷烟和加热卷烟发展继续分化，其中卷烟销量 125.8 万箱，比上年下降 2%，加热卷烟销量 17.8 万箱，比上年增长 17.1%。

2021 年，韩国烟草公司在韩国国内销售卷烟 82.2 万箱，比上年下降 1.2%，降幅低于国内市场整体降幅，国内市场占有率继续提高。公司"淡味/低刺激"和"超细"产品持续增长，推出首款爆珠雪茄产品。据公司第三季度统计，公司卷烟产品在低焦油（3mg 以下）市场占有率 62.9%，比上年提高 1.6 个百分点，在 4500 韩元以上中高端价格市场占有率 89.4%，增加 0.2 个百分点。公司继续领跑加热卷烟市场，疫情之下自有加热卷烟平台销量增长有效对冲线下销售的下降，公司加热设备在韩国国内市场份额超过 75%，加热卷烟市场占有率提高 6.1 个百分点，达到 40.4%。

公司目标是要成为全球第四大烟草公司，拓展国际市场是企业发展重要任务，不过 2021 年，公司在境外市场的发展成果并没有达到预期。一是在卷烟方面，虽然美国等海外子公司的销售额有所增加，但某些市场因疫情封锁，加之国际物流受阻，导致公司出口减少，境外销售卷烟 77.6 万箱，比上年下降 7.4%。二是在加热卷烟方面，推出升级版烟具 Lil2.0 和多口味烟支"Fiit"，得益于技术创新以及与菲莫国际联盟协议的推动，市场快速扩展，从上年的 3 个市场（日本、俄罗斯、乌克兰）扩展到哈萨克斯坦、塞尔维亚、亚美尼亚、危地马拉、意大利、马来西亚等 20 多个市场。三是暂停在美国的烟草业务，公司认为由于美国对烟草的监管不断加强，竞争加剧，需要对美国的业务进行一次审查，此举将使公司损失约 2058 亿韩元（1.7 亿美元）的销售额，占公司销售收入的 3.9%。

（七）瑞典火柴

1. 财务业绩

2021 年，以当地货币计算的营业收入和利润均创历史新高，瑞典火柴（Swedish Match）公司所有品种产品的销售收入和利润都以两位数增长。不含税收入 184.9 亿瑞典克朗（21.6 亿美元）、利润 82.9 亿瑞典克朗（9.7 亿美元）、净利润 62.2 亿瑞典克朗（7.3 亿美元），比上年分别增长 10.7%、18.5%、27.2%。其中无烟气产品不含税销售收入 121.2 亿瑞典克朗（14.1 亿美元）、利润 60 亿瑞典克朗（7 亿美元），分别增长 13.8%、16.6%，利润率 49.6%；雪茄不含税销售收入 46.9 亿瑞典克朗（5.5 亿美元）、利润 18.4 亿瑞典克朗（2.2 亿美元），分别增长 3.4%、2.5%，利润率 39.3%。此外，火柴和打火机等产品也表现强劲，实现收入 13.4 亿瑞典克朗（1.6 亿美元）、利润 3 亿瑞典克朗（0.3 亿美元），比上年分别增长 16.4%、33.8%。

2. 产品和品牌发展

无烟气产品主要品牌包括传统口含烟品牌"General""Göteborgs Rapé"，尼古丁袋品牌"ZYN"。在美国，公司的美式湿鼻烟销量 1.3 亿罐，比上年下降 2.8%，嚼烟销量 524.4 万磅，比上年下降 7.8%；尼古丁袋继续高速增长，销售 1.7 亿罐，比上年增长 52.4%，但来自对手的竞争导致公司市场占有率下降10.6个百分点至64.2%。在斯堪的纳维亚地区，鼻烟销售2.5亿罐，比上年增长4.0%，尼古丁袋2030万罐，比上年增长55%，市场占有率均略微下降。

雪茄基本在美国销售，全年销售19.9亿支，比上年增长4.6%，市场占有率22%，提高4个百分点。其中上年度因为疫情导致产能受限的天然叶雪茄，在本年度强劲反弹，销售12.6亿支，增长18.1%，均质叶雪茄（茄衣和茄套都由薄片等再造烟叶组成的雪茄）因为受原材料输入限制而出现较大下滑，销售7.3亿支，下降12.6%。

3. **聚焦无烟气业务发展**

按照“没有卷烟的世界”的公司愿景，深耕扩大无烟气产品组合和范围，并与科技界和监管机构合作更好地理解无烟气产品、促进健康。一是大力发展尼古丁袋，公司预计消费者对更安全的卷烟替代品的需求将显著增长，并认为尼古丁袋作为一个类别，将成为更多消费者在降低风险产品领域寻求满意体验的第一选择。尼古丁袋消费者来源既有卷烟消费者，也有其他口含烟消费者，还有很多电子烟消费者，公司在美国继续增加“ZYN”销售网点数量，同时努力提高消费者忠诚度。二是计划把美国的雪茄业务从美国业务剥离，通过将雪茄业务分拆给股东的方式，建立具有独立销售和管理能力的美国雪茄公司，并将该公司向证交所提请独立上市，分离预计最早将在2022年下半年完成，瑞典火柴从此完全退出可燃烟草产品的生产，聚力将公司打造成以尼古丁袋和口含烟等无烟产品为主的强大公司。实际上，瑞典火柴在20多年前就开始业务转型，1999年剥离其卷烟业务，后来剥离斗烟、优质雪茄和非美国机制雪茄业务。三是并购生产生态引火物（用于炉灶、壁炉、烧烤等）的Fire－Up公司，不过对利润暂时没有产生重大影响。

（八）斯堪的纳维亚集团

1. **财务业绩**

2021年，斯堪的纳维亚集团（Scandinavian Tobacco Group）不含税销售收入82.3亿丹麦克朗（13.1亿美元），比上年增长2.8%，EBITDA（息税折旧摊销前利润）23.3亿丹麦克朗（3.7亿美元），增长22.3%，净利润13.9亿丹麦克朗（2.2亿美元），增长105.1%。公司业务包括手工雪茄、机制雪茄、斗烟与烟丝、附属品（包括火柴）与合同制造等四部分，分别占公司销售收入的比重为36.9%、35.5%、14.7%、13%。公司市场分为美国、欧洲、其他地区，分别占公司销售收入的比重为52.6%、41.8%、5.6%。

2. **公司发展**

公司概况。公司历史可以追溯到200多年前，目前是世界领先的雪茄公司，是北美最大的手工雪茄制造和销售商、欧洲最大的机制雪茄制造商，业务涉及烟叶种植、雪茄产品制造和销售全价值链。拥有雪茄烟叶种植企业Caribbean Cigar Holdings Group 20%股份，在靠近烟叶产地和消费者的地区拥有11家工厂，包括多米尼加、洪都拉斯、尼加拉瓜的手工雪茄厂，欧洲、多米尼加和印尼的机制雪茄厂，丹麦的斗烟和烟丝厂。公司产品销往100余个国家。

公司战略。2020年提出“迈向2025”战略，公司宗旨：精心制作，让大家更快乐；公司愿景：成为无可争议的全球雪茄领导者；三大目标：做大公司、不断提升EBITDA利润率、优秀的现金流创造；五大路径：扩展手工雪茄业务，驱动机制雪茄利润可持续增长，整合新的并购，精简高效，拥抱绩效文化；四大支撑：IT和大数据能力及基础设施，精益、敏捷、高效地运营，吸引人才，成长孵化器。

产品及品牌。手工雪茄品牌有“Cohiba”“Macanudo”“Diesel”“Cao”“PARTAGAS”“Dontomas”“Punch”“Bolivar”等；机制雪茄品牌有“La Paz”“Signature”“Captain Black”“Panter”“Mehari's”“Balmoral”“Gold”“Mercator”“Petit”等；斗烟和烟丝品牌有“Erinmore”“W. Ø. Larsen”“Clan”“Bali Shag”“Colts”“Tiedemanns”“Bugler”“Break”“Escort”等。

重点经营举措。一是持续开展并购，公司2008年剥离卷烟和鼻烟业务后重点扩展雪茄业务，2010年与瑞典火柴公司非美国雪茄业务整合，此后又开展针对雪茄和斗烟制造商、个别品牌、在线销售平台等在内的8起并购，公司销售收入从25亿丹麦克朗增长到80多亿丹麦克朗。最近两起并购分别是：2020年，以15.59亿丹麦克朗收购欧洲领先的机制雪茄制造商Agio Cigars，这是公司有史以来最大的收购；2021年收购意大利雪茄公司Moderno Opificio del Sigaro Italiano（MOSI）多数股权，进一步提升公司在欧洲机制雪茄领域的领导地位。二是整合精简业务，根据整合Agio Cigars计划，关闭荷兰两家工厂；改变在加拿大、澳大利亚和新西兰等烟草监管最严格市场的进入方式，关闭在澳大利亚和新西兰的销售办事处，选择分销商模式，加拿大被整合到美国现有的销售组织中。三是加强美国业务，为迎合美国手工雪茄强劲需求，公司在2021年成立新的销售公司Forged Cigar，扩展手工雪茄批发和零售渠道；决定在此后两到三年内以Cigars International零售品牌为名新建6～8家雪茄超级销售体验店，将美国的超级销售体验店数量扩大一倍。

（九）印度烟草公司

1. 财务业绩

2021财年①，印度烟草公司（ITC）销售收入7497.9亿卢比（102.6亿美元）、不含税销售收入4815.1亿卢比（65.9亿美元）、利润1493.8亿卢比（20.4亿美元）、净利润1303.2亿卢比（17.8亿美元），比上年分别增长-1.5%、3.9%、-14.8%、-13.9%。其中卷烟（包含雪茄）业务不含税销售收入2033.3亿卢比（27.8亿美元），比上年下降4.1%；利润1272亿卢比（17.4亿美元），比上年下降14.4%。卷烟业务占公司不含税销售收入和利润的比重分别为42.2%、85.2%。

2. 公司概况

印度烟草公司是印度最重要的私营企业之一，总部位于西孟加拉邦加尔各答，是一家大型综合性企业集团，业务涵盖快速消费品、酒店、纸板和包装、农业企业和信息技术。公司成立于1910年，前身为印度帝国烟草有限公司，1970年更名为印度烟草有限责任公司，1974年改为ITC Limited。在烟草业务方面，公司是印度卷烟市场的领导者，拥有5家卷烟厂，拥有“Insignia”“India Kings”“Classic”“Gold Flake”“American Club”“Wills Navy Cut”“Players”“Scissors”“Capstan”“Berkeley”“Bristol”“Flake”“Silk Cut”“Duke & Royal”等品牌，此外，公司还于2010年在印度市场推出自称迄今为止该国最美味的雪茄之一——“Armenteros”品牌手工雪茄。公司卷烟主要出口地区是西亚，凭借旗下的“Classic”“Wills”“Scissors”“ACE Umbrella”品牌，公司在巴林和卡塔尔卷烟市场稳居第三位。

3. 印度烟草概况

在印度，烟草对农业、工业和出口部门贡献巨大，在印度经济中占有重要地位。一是在烟草农业方面，印度烟叶产量居全球前三位，烤烟连续六年下降，产量下降30%以上，到2020年才保持相对稳定，产量为22.4万吨。二是在烟草产品方面，包括卷烟、比迪烟、嚼烟、gutkha、zarda、鼻烟等类产品。三是在监管方面，印度是少数几个对整个烟草价值链都进行监管的国家之一；卷烟包装上印有法定图片和文字警语，面积占比不低于85%。四是在税收方面，合法卷烟贡献超过八成的国内烟草税收。多年来，印度对卷烟的歧视性和惩罚性征税，导致人们从消费完税卷烟逐渐转向其他逃税或轻税形式的烟草产品，包括非法卷烟（根据欧睿国际数据，印度是全球第四大非法卷烟市场）和其他种类烟草产品，因此，一方面合法卷烟在烟草消费总量中的份额从1981—1982财年的21%下降至2021财年的仅约9%，但另一方面同期该国的烟草消费总量却有所增加。

（十）印度尼西亚盐仓公司

1. 财务业绩

2020年②，印度尼西亚盐仓公司（PT Gudang Garam）销售收入114.5万亿印尼盾（79.8亿美元），比上年增长

---

① 印度烟草公司2021财年截至2021年3月31日。

② 盐仓公司暂未公布2021年经营快报和年报，本文采用2020年的年报来概述盐仓公司发展状况。

3.6%，但是在疫情之前连续几年都是两位数增长。在产品税负水平提高而公司未同步提价，以及销量下降等负面因素共同作用下，公司不含税销售收入 17.4 万亿印尼盾（12.3 亿美元）、利润 10 万亿印尼盾（7.1 亿美元）、净利润 7.6 万亿印尼盾（5.4 亿美元），比上年分别下降 23.7%、33.4%、29.7%。包括消费税、增值税等在内的烟草税 78.7 万亿印尼盾（55.8 亿美元）；利润率 57.5%；销售和管理费用 7.6 万亿印尼盾（5.4 亿美元），费用率 6.6%。

2. 公司概况

盐仓公司成立于 1958 年，从事丁香烟生产经营，有员工 3.1 万人，印度尼西亚国内拥有 4 家工厂。印度尼西亚有 2.7 亿人口，是世界排名居前的烟草市场，66% 的成年男性吸烟，丁香烟是占主导地位的卷烟类别，卷烟消费中超过七成是机制丁香烟，超过两成是手卷丁香烟，普通卷烟不足一成而且以混合型为主。菲莫国际所属三宝麟（HM Sampoerna）、盐仓（Gudang Garam）、针标（Djarum）三大烟草公司占印度尼西亚有税烟草市场份额的七成以上。盐仓公司产品多样，包括 SKL（sigaret kretek klobot，即玉米壳丁香烟）①、SKT（sigaret kretek linting tangan，即手卷丁香烟）②、SKM（sigaret kretek linting mesin 即机制丁香烟）③，还有低尼古丁系列的丁香烟。

3. 产品发展

据尼尔森市场研究机构统计，2020 年印度尼西亚国内卷烟总销量 438.6 万箱，下降 15.1%，其中占总销量 76.5% 的 SKM 销量下降 16.4%，占总销量 19.1% 的 SKT 销量下降 4.5%。盐仓公司产品表现优于印度尼西亚烟草市场整体表现，卷烟销量 179.4 亿支，比上年下降 6.5%，市场份额提高 1 个百分点，达到 26.6%。占公司销量 85.1% 的 SKM FF（浓味机制丁香烟）销售 152.8 万箱，比上年下降 3.7%；占公司销量 4.8% 的 SKM LTN（低焦油机制丁香烟）销售 8.6 万箱，大幅下降 47.1%；占公司销量 10.1% 的 SKT 销售 18.2 万箱，增长 6.6%。

（十一）埃及东方公司

1. 财务业绩

埃及东方公司（Eastern Company）成立于 1920 年，是埃及唯一的卷烟制造商，在埃及证券交易所公开上市。2021 财年④，公司销售收入 640.8 亿埃及镑（40.7 亿美元）、不含税销售收入 160.2 亿埃及镑（10.2 亿美元）、利润 67.7 亿埃及镑（4.3 亿美元）、净利润 42.8 亿埃及镑（2.7 亿美元），比上年分别增长 16.5%、10.8%、17.5%、12.8%。纳税总额 480.6 亿埃及镑（30.5 亿美元），利润率 42.2%。

2. 生产经营情况

2021 财年，公司努力克服疫情影响，提高生产和销售效率，稳定原材料成本，实现销售规模创纪录，埃及国内卷烟销量达到 133.7 万箱，比上年增长 12%，国内卷烟业务不含税销售收入 128 亿埃及镑（8.1 亿美元），增长 14%。公司在埃及国内销售的卷烟品牌有 32 个，前三位品牌是“Cleopatra queen soft”“Cleopatra gold box”“Cleopatra super star”，销量分别为 77.2 万箱、48.2 万箱、5.6 万箱，占总销量的比重分别为 57.7%、36.1%、4.2%，而销量最低的品牌“Balmont Box”销量只有 140 箱。公司还从事合作生产业务，2021 年董事会批准与菲莫国际续约，继续为菲莫国际提供生产和印刷服务，具体合同内容基本保持不变。2021 财年，公司合作生产部门生产卷烟 43 万箱，比上年下降 5.3%，收取加工费 23.6 亿埃及镑（1.5 亿美元），比上年下降 5.8%，加工费收入占不含税收入比重 14.7%。此外，公司还有手工雪茄、水烟、手卷烟、斗烟等烟草产品出口业务，但收入占比不大。

◇ 执笔：衡丙权；编辑：王　静

---

① SKL 是用于玉米壳（klobot）包裹的手卷丁香烟。虽然这种丁香烟已经很少见，但仍然可以在东爪哇的农村地区找到，在老年人中很受欢迎。

② SKT 是用纸包裹的手工制作的丁香烟，1913 年推出，是第一个大规模生产的用于商业用途的丁香烟产品。不配备过滤嘴的手卷丁香烟在今天仍然是一种流行的选择。

③ SKM 是机卷丁香烟，1974 年推出，是丁香烟行业历史上的一个蓬勃发展的产品。这种丁香烟配有过滤嘴，外观与西方卷烟品牌相似，每一根的形状、大小和颜色都是统一的。

④ 东方公司 2021 财年截至 2021 年 6 月 30 日。

品牌名录

2021 年在产卷烟品牌（规格）名录

河北中烟工业有限责任公司

品　牌	规　格	焦油量	备　注	规　格	焦油量	备　注
钻石△	钻石（荷花绿水青山）	8mg/支	一类烟、细支烟	钻石（细支心世界）	8mg/支	二类烟、细支烟
	钻石（一品荷花）	10mg/支	一类烟	钻石（闪光）	10mg/支	二类烟，2021 年 11 月批准上市
	钻石（双中支荷花）	10mg/支	一类烟	钻石（软绿）	10mg/支	二类烟
	钻石（细支荷花）	6mg/支	一类烟、细支烟	钻石（细支尚风）	8mg/支	二类烟、细支烟
	钻石（软荷花）	10mg/支	一类烟	钻石（玫瑰二代）	10mg/支	三类烟
	钻石（荷花）	10mg/支	一类烟	钻石（绿石 2 代）	11mg/支	三类烟
	钻石（荷花经典中支）	9mg/支	一类烟	钻石（硬玫瑰紫）	11mg/支	三类烟
	钻石（一九零二中支）	9mg/支	一类烟	钻石（经典纯和）	11mg/支	三类烟
	钻石（细支避暑山庄）	8mg/支	一类烟、细支烟	钻石（盛世迎宾）	10mg/支	三类烟，2021 年 11 月退出
	钻石（硬珍品）	11mg/支	一类烟	钻石（硬红）	11mg/支	三类烟
	钻石（莲韵）	10mg/支	一类烟，2021 年 11 月批准上市	钻石（硬迎宾）	11mg/支	三类烟
	钻石（君子中支）	10mg/支	一类烟	钻石（银玉兰）	11mg/支	三类烟
	钻石（细支西柏坡）	8mg/支	一类烟、细支烟，2021 年 11 月退出	钻石（红石 2 代）	11mg/支	三类烟
	钻石（扁蓝时尚）	8mg/支	一类烟、细支烟	钻石（平安）	11mg/支	三类烟
	钻石（西柏坡）	10mg/支	一类烟	钻石（软红）	11mg/支	三类烟
	钻石（冰雪大好河山）	10mg/支	一类烟	钻石（硬蓝）	11mg/支	三类烟
	钻石（冬韵中支）	9mg/支	一类烟，2021 年 11 月批准上市	钻石（鸿运）	10mg/支	三类烟
	钻石（金玉兰）	10mg/支	二类烟	钻石（硬特醇）	11mg/支	四类烟
	钻石（金石）	11mg/支	二类烟			
新石家庄	新石家庄（软）	11mg/支	四类烟，2021 年 11 月退出			

上海烟草集团有限责任公司

品 牌	规 格	焦油量	备 注	规 格	焦油量	备 注
熊猫	熊猫（硬经典）	10mg/支	一类烟			
中华△☆★	中华（软）	11mg/支	一类烟	中华（金中支）	10mg/支	一类烟、中支烟
	中华（硬）	11mg/支	一类烟	中华（金细支）	8mg/支	一类烟、细支烟
	中华（全开式）	11mg/支	一类烟	中华（听 50 支）	11mg/支	一类烟
	中华（硬 12 支）	11mg/支	一类烟	中华（细支）	8mg/支	一类烟、细支烟
	中华（硬 5 支）	11mg/支	一类烟	中华（双中支）	10mg/支	一类烟、中支烟
	中华（金短支）	10mg/支	一类烟、短支烟			
牡丹△	牡丹（蓝中支）	9mg/支	一类烟、中支烟	牡丹（凤凰细支）	8mg/支	一类烟、细支烟，2021 年新改造产品
	牡丹（青柠细支）	6mg/支	一类烟、细支烟	牡丹（红中支）	9mg/支	一类烟、中支烟，2021 年新产品
	牡丹（金细支）	6mg/支	一类烟、细支烟	牡丹（飞马）	10mg/支	二类烟
	牡丹（金短支）	10mg/支	一类烟、短支烟	牡丹（软）	10mg/支	二类烟
	牡丹（软蓝）	10mg/支	一类烟			
恒大	恒大（记忆 1949）	10mg/支	一类烟	恒大（记忆 1949 中支）	8mg/支	一类烟、中支烟
	恒大（全开式烟魁）	10mg/支	一类烟	恒大（硬中支）	8mg/支	一类烟、中支烟
	恒大（烟魁 1949 中支）	8mg/支	一类烟、中支烟			
红双喜△☆★	红双喜（硬晶派）	11mg/支	一类烟	红双喜（硬 8mg）	8mg/支	三类烟
	红双喜（硬江山珍品）	11mg/支	二类烟	红双喜（硬百顺）	11mg/支	三类烟
	红双喜（硬江山精品）	10mg/支	三类烟	红双喜（硬上海）	11mg/支	三类烟
	红双喜（硬）	11mg/支	三类烟			
大前门	大前门（短支）	10mg/支	一类烟、短支烟			
	大前门（软）	10mg/支	四类烟			
中南海△	中南海（软北京）	10mg/支	一类烟	中南海（特高）	11mg/支	二类烟
	中南海（软精品）	10mg/支	一类烟	中南海（清正烤烟）	10mg/支	二类烟
	中南海（硬北京）	10mg/支	一类烟	中南海（典 5）	5mg/支	二类烟、混合型
	中南海（京韵细支烤烟）	8mg/支	一类烟、细支烟	中南海（5mg 细支）	5mg/支	三类烟、中支烟、混合型
	中南海（硬酷爽风尚）	8mg/支	一类烟、混合型	中南海（典 8）	8mg/支	三类烟、混合型
	中南海（3mg）	3mg/支	一类烟、混合型	中南海（金 8mg）	8mg/支	三类烟、混合型
	中南海（清净香中支烤烟）	10mg/支	一类烟、中支烟	中南海（5mg）	5mg/支	三类烟、混合型
	中南海（双中支北京）	10mg/支	一类烟、中支烟，2021 年新产品	中南海（8mg）	8mg/支	三类烟、混合型
	中南海（冰耀中支）	5mg/支	一类烟、中支烟、混合型，2021 年新产品			

江苏中烟工业有限责任公司

品　牌	规　格	焦油量	备　注	规　格	焦油量	备　注
苏烟△☆	苏烟（彩中）	8mg/支	一类烟、中支烟	苏烟（软金砂）	11mg/支	一类烟
	苏烟（水韵）	10mg/支	一类烟	苏烟（甜韵）	8mg/支	一类烟、短细支烟
	苏烟（沉香）	6mg/支	一类烟、细支烟	苏烟（东渡顺）	11mg/支	一类烟
	苏烟（金砂2）	11mg/支	一类烟	苏烟（七星）	11mg/支	一类烟
	苏烟（五星红杉树）	11mg/支	一类烟	苏烟（灵韵细支）	4mg/支	一类烟、细支烟
	苏烟（五星红中）	10mg/支	一类烟、中支烟，2021年新产品	苏烟（晶彩中支）	8mg/支	一类烟、中支烟，2021年新产品
南京△☆★	南京（九五）	11mg/支	一类烟	南京（十二钗中式混合型）	4mg/支	一类烟、细支烟、混合型
	南京（软九五）	11mg/支	一类烟	南京（梦都）	6mg/支	一类烟、细支烟
	南京（细支九五）	5mg/支	一类烟、细支烟	南京（硬金星）	11mg/支	二类烟
	南京（雨花石）	5mg/支	一类烟、细支烟	南京（红楼卷）	5mg/支	一类烟、细支烟
	南京（大观园）	6mg/支	一类烟、细支烟	南京（臻品）	10mg/支	一类烟
	南京（十二钗烤烟）	6mg/支	一类烟、细支烟	南京（十二钗薄荷）	6mg/支	一类烟、细支烟
	南京（精品）	11mg/支	一类烟	南京（炫赫门炫彩）	8mg/支	一类烟、细支烟
	南京（大观园爆冰）	6mg/支	一类烟、细支烟	南京（炫赫门）	8mg/支	二类烟、细支烟
	南京（金砂）	10mg/支	二类烟	南京（佳品）	11mg/支	二类烟
	南京（硬林）	11mg/支	二类烟	南京（红）	11mg/支	三类烟
	南京（紫树）	10mg/支	三类烟			
一品梅	一品梅（淡黄）	8mg/支	四类烟			

浙江中烟工业有限责任公司

品　牌	规　格	焦油量	备　注	规　格	焦油量	备　注
利群△☆★	利群（休闲细支）	7mg/支	一类烟、细支烟，2021年新产品	利群（江南韵）	8mg/支	一类烟、细支烟
	利群（休闲云端）	7mg/支	一类烟、细支烟，2021年停产	利群（长嘴）	11mg/支	一类烟
	利群（红利）	10mg/支	一类烟	利群（软红长嘴）	11mg/支	一类烟
	利群（休闲）	11mg/支	一类烟	利群（西湖恋）	8mg/支	一类烟、细支烟
	利群（天外天）	9mg/支	一类烟、中支烟	利群（楼外楼）	10mg/支	一类烟、中支烟
	利群（软金色阳光）	8mg/支	一类烟	利群（薄荷）	9mg/支	一类烟

续表

品牌	规格	焦油量	备注	规格	焦油量	备注
利群△☆★	利群（阳光橙中支）	9mg/支	一类烟、中支烟，2021年停产	利群（软蓝）	10mg/支	一类烟
	利群（阳光橙中支）	9mg/支	一类烟、中支烟，2021年新改造产品	利群（夜西湖）	10mg/支	一类烟
	利群（阳光）	8mg/支	一类烟	利群（新二代）	10mg/支	二类烟
	利群（软长嘴）	11mg/支	一类烟	利群（老版）	11mg/支	二类烟
	利群（西子阳光）	5mg/支	一类烟、细支烟	利群（蓝天）	11mg/支	二类烟
	利群（山外山）	9mg/支	一类烟、中支烟	利群（新版）	11mg/支	二类烟
	利群（硬）	10mg/支	一类烟			
大红鹰	大红鹰（软蓝）	8mg/支	三类烟			
雄狮	雄狮（红老版）	8mg/支	三类烟	雄狮（红）	8mg/支	五类烟
	雄狮（硬）	8mg/支	四类烟	雄狮（薄荷）	8mg/支	五类烟

安徽中烟工业有限责任公司

品牌	规格	焦油量	备注	规格	焦油量	备注
黄山△☆★	黄山（天都）	8mg/支	一类烟	黄山（红方印细支）	9mg/支	一类烟
	黄山（徽商新视界细支）	8mg/支	一类烟	黄山（黑马细支）	6mg/支	一类烟
	黄山（硬天都）	10mg/支	一类烟	黄山（红皖烟）	11mg/支	二类烟
	黄山（高山流水中支）	8mg/支	一类烟	黄山（新红皖）	11mg/支	二类烟
	黄山（徽商新概念）	10mg/支	一类烟	黄山（大黄山）	10mg/支	二类烟
	黄山（七星皖烟）	10mg/支	一类烟	黄山（记忆）	10mg/支	二类烟
	黄山（大红方印）	10mg/支	一类烟	黄山（新制皖烟）	11mg/支	二类烟
	黄山（金皖烟）	11mg/支	一类烟	黄山（贵宾迎客松）	8mg/支	三类烟
	黄山（金皖细支）	8mg/支	一类烟	黄山（硬）	11mg/支	三类烟
	黄山（红方印前店后坊中支）	8mg/支	一类烟	黄山（软大壹品）	10mg/支	三类烟
	黄山（风韵）	10mg/支	一类烟	黄山（印象一品）	10mg/支	三类烟
	黄山（徽商新概念双中支）	10mg/支	一类烟	黄山（嘉宾迎客松）	8mg/支	三类烟
	黄山（红方印新中支）	10mg/支	一类烟	黄山（硬记忆）	8mg/支	三类烟
	黄山（硬东海）	10mg/支	一类烟	黄山（硬一品）	10mg/支	四类烟
	黄山（国宾迎客松）	11mg/支	一类烟	黄山（新一品）	10mg/支	四类烟
	黄山（小红方印）	10mg/支	一类烟			

续表

品牌	规格	焦油量	备注	规格	焦油量	备注
都宝▲	都宝（冰爽世界）	8mg/支	一类烟、混合型	都宝（新）	8mg/支	五类烟、混合型
	都宝（悠酷中支）	10mg/支	一类烟、混合型			
红三环	红三环（幸福篇）	10mg/支	四类烟	红三环（渡江）	9mg/支	五类烟

福建中烟工业有限责任公司

品牌	规格	焦油量	备注	规格	焦油量	备注
七匹狼△☆★	七匹狼（金砖中支）	8mg/支	一类烟、中支烟	七匹狼（纯尚）	8mg/支	一类烟、中支烟
	七匹狼（大通仙）	10mg/支	一类烟	七匹狼（软灰）	11mg/支	一类烟
	七匹狼（金砖细支）	6mg/支	一类烟、细支烟	七匹狼（1575）	10mg/支	一类烟
	七匹狼（金砖时代）	7mg/支	一类烟、细支烟	七匹狼（锋芒）	6mg/支	一类烟、细支烟
	七匹狼（星辰大海双中支）	10mg/支	一类烟、中支烟，2021年新产品	七匹狼（软红）	10mg/支	二类烟
	七匹狼（古田金中支）	8mg/支	一类烟、中支烟	七匹狼（纯雅）	6mg/支	二类烟
	七匹狼（1575金中支）	8mg/支	一类烟、中支烟	七匹狼（纯翠）	6mg/支	二类烟、中支烟，2021年停产
	七匹狼（尚品）	11mg/支	一类烟	七匹狼（纯境）	8mg/支	二类烟、中支烟
	七匹狼（1575冰抹茶）	7mg/支	一类烟、细支烟	七匹狼（红）	11mg/支	二类烟
	七匹狼（古田红军灰）	8mg/支	一类烟、中支烟	七匹狼（蓝钻）	8mg/支	二类烟
	七匹狼（古田金细支）	8mg/支	一类烟、细支烟	七匹狼（英伦奶香）	8mg/支	三类烟、中支烟
	七匹狼（观海中支）	9mg/支	一类烟、中支烟	七匹狼（豪迈）	8mg/支	三类烟
	七匹狼（翠碧嘉缘）	10mg/支	一类烟	七匹狼（金砂）	10mg/支	三类烟
	七匹狼（厦门）	11mg/支	一类烟	七匹狼（豪运）	11mg/支	三类烟
	七匹狼（乘风启航）	7mg/支	一类烟、细支烟	七匹狼（蓝）	8mg/支	三类烟
	七匹狼（银中支）	9mg/支	一类烟、中支烟，2021年新产品	七匹狼（白）	10mg/支	三类烟
	七匹狼（鼓浪扬帆）	8mg/支	一类烟、中支烟	七匹狼（豪情）	10mg/支	三类烟
	七匹狼（通运）	10mg/支	一类烟	七匹狼（古田）	10mg/支	三类烟
金桥▲	金桥（蓝牌）	6mg/支	一类烟、混合型，2021年新产品	金桥（冰爆）	8mg/支	一类烟、混合型
	金桥（双爆）	8mg/支	一类烟、混合型	金桥（软混）	10mg/支	三类烟、混合型
古田	古田（光芒）	10mg/支	一类烟			
石狮	石狮（平安）	11mg/支	四类烟，2021年停产	石狮（软富健）	10mg/支	四类烟

续表

品 牌	规 格	焦油量	备 注	规 格	焦油量	备 注
万宝路	万宝路（软金 3.0）	8mg/支	一类烟、混合型	万宝路（软红 2.0）	10mg/支	二类烟、混合型
	万宝路（硬红 2.0）	10mg/支	一类烟、混合型			
长寿	长寿（两岸）	10mg/支	三类烟，2021 年停产			

江西中烟工业有限责任公司

品 牌	规 格	焦油量	备 注	规 格	焦油量	备 注
金圣△	金圣（智圣出山·国瓷）	8mg/支	一类烟、细支烟	金圣（滕王阁·长天）	10mg/支	一类烟、中支烟
	金圣（智圣出山）	10mg/支	一类烟	金圣（金吉）	10mg/支	一类烟
	金圣（智圣出山 16 支装）	10mg/支	一类烟、短支烟	金圣（吉品）	10mg/支	一类烟
	金圣（圣地中国红）	10mg/支	一类烟、短支烟	金圣（滕王阁细支）	8mg/支	一类烟、细支烟
	金圣（典藏瑞香）	10mg/支	一类烟	金圣（青瓷中支）	8mg/支	一类烟、中支烟
	金圣（圣地中国红中支）	10mg/支	一类烟、中支烟	金圣（青瓷）	10mg/支	一类烟
	金圣（红瑞香）	10mg/支	一类烟	金圣（滕王阁·紫光）	8mg/支	二类烟、细支烟
	金圣（智圣出山·国味）	8mg/支	一类烟、细支烟	金圣（滕王阁·更上一层楼）	10mg/支	二类烟
	金圣（硬圣地中国红）	10mg/支	一类烟	金圣（赣）	11mg/支	二类烟
	金圣（硬典藏）	10mg/支	一类烟	金圣（硬）	10mg/支	三类烟
	金圣（典藏花开富贵）	10mg/支	一类烟	金圣（硬滕王阁）	10mg/支	三类烟
	金圣（硬红瑞香）	10mg/支	一类烟	金圣（软红）	10mg/支	三类烟
	金圣（本草瑞香）	8mg/支	一类烟、细支烟	金圣（软）	10mg/支	三类烟
	金圣（原生工坊）	10mg/支	一类烟	金圣（庐山·有滋有味）	10mg/支	三类烟
	金圣（炫彩）	10mg/支	一类烟	金圣（硬红·十二生肖）	10mg/支	三类烟
	金圣（软瑞香）	10mg/支	一类烟	金圣（庐山）	10mg/支	三类烟
庐山	庐山（精品）	10mg/支	三类烟	庐山（银）	11mg/支	四类烟
	庐山（黄精品）	10mg/支	三类烟	庐山（新）	11mg/支	四类烟
	庐山（大红运）	10mg/支	四类烟			

山东中烟工业有限责任公司

品 牌	规 格	焦油量	备 注	规 格	焦油量	备 注
泰山△☆★	泰山（拂光）	11mg/支	一类烟	泰山（心悦）	10mg/支	二类烟、细支烟
	泰山（儒风）	10mg/支	一类烟	泰山（大鸡）	11mg/支	二类烟，2021 年停产
	泰山（茉莉香韵）	11mg/支	一类烟、细支烟	泰山（白将细支）	8mg/支	二类烟、细支烟

续表

品牌	规格	焦油量	备注	规格	焦油量	备注
泰山△☆★	泰山（瀞五）	10mg/支	一类烟、中支烟	泰山（常胜将军）	10mg/支	二类烟
	泰山（拂光细支）	8mg/支	一类烟、细支烟	泰山（青秀）	11mg/支	二类烟
	泰山（儒风细支）	11mg/支	一类烟、细支烟	泰山（琥珀）	6mg/支	二类烟
	泰山（皇家礼炮21响）	8mg/支	一类烟	泰山（东方）	11mg/支	三类烟
	泰山（合悦）	7mg/支	一类烟、细支烟，2021年新产品	泰山（沂蒙）	11mg/支	三类烟
	泰山（金将中支）	5mg/支	一类烟、中支烟	泰山（宏图）	11mg/支	三类烟
	泰山（哈德门壹号）	10mg/支	一类烟、短支烟	泰山（平安）	6mg/支	三类烟
	泰山（新品）	11mg/支	一类烟	泰山（华贵）	11mg/支	三类烟
	泰山（八喜）	11mg/支	一类烟	泰山（白将军）	11mg/支	三类烟
	泰山（好客细支）	6mg/支	一类烟、细支烟	泰山（红将二代）	11mg/支	三类烟，2021年停产
	泰山（望岳）	7mg/支	一类烟	泰山（红将军）	8mg/支	三类烟
	泰山（颜悦）	8mg/支	一类烟、细支烟	泰山（硬红八喜）	10mg/支	三类烟
	泰山（好好学习）	6mg/支	一类烟			
哈德门	哈德门（纯香）	10mg/支	四类烟	哈德门（软）	10mg/支	四类烟
	哈德门（金典）	10mg/支	四类烟			

河南中烟工业有限责任公司

品牌	规格	焦油量	备注	规格	焦油量	备注
黄金叶△☆★	黄金叶（天叶中支）	10mg/支	一类烟、中支烟	黄金叶（软盛世金典）	11mg/支	一类烟
	黄金叶（天叶）	11mg/支	一类烟	黄金叶（乐途硬）	10mg/支	一类烟，2021年新产品
	黄金叶（天叶细支）	8mg/支	一类烟、细支烟	黄金叶（商鼎）	10mg/支	一类烟、中支烟
	黄金叶（天尊）	10mg/支	一类烟、短支烟	黄金叶（炫尚）	7mg/支	一类烟、细支烟，2021年新改造产品
	黄金叶（天香细支）	6mg/支	一类烟、细支烟	黄金叶（红火）	10mg/支	一类烟
	黄金叶（天香中支）	10mg/支	一类烟、中支烟，2021年新产品	黄金叶（金丝路）	10mg/支	一类烟
	黄金叶（国色细支）	7mg/支	一类烟、细支烟	黄金叶（爱尚）	7mg/支	二类烟、细支烟
	黄金叶（天香）	10mg/支	一类烟	黄金叶（红南阳）	10mg/支	二类烟
	黄金叶（百年浓香）	9mg/支	一类烟、短支烟	黄金叶（金硬）	10mg/支	二类烟
	黄金叶（浓香细支）	6mg/支	一类烟、细支烟	黄金叶（黄金眼）	10mg/支	二类烟

续表

品 牌	规 格	焦油量	备 注	规 格	焦油量	备 注
黄金叶△☆★	黄金叶（浓香中支）	10mg/支	一类烟、中支烟	黄金叶（乐途）	10mg/支	二类烟、短支烟
	黄金叶（摩卡）	7mg/支	一类烟、细支烟	黄金叶（小目标）	10mg/支	二类烟
	黄金叶（黄金细支）	8mg/支	一类烟、细支烟	黄金叶（硬红旗渠）	11mg/支	三类烟
	黄金叶（大 M）	10mg/支	一类烟	黄金叶（硬帝豪）	10mg/支	三类烟
	黄金叶（小黄金）	10mg/支	一类烟	黄金叶（金满堂）	10mg/支	三类烟
	黄金叶（乐途中支）	10mg/支	一类烟、中支烟，2021 年新产品	黄金叶（喜满堂）	10mg/支	三类烟
	黄金叶（软大金圆）	11mg/支	一类烟			
红旗渠	红旗渠（芒果）	10mg/支	三类烟	红旗渠（雪茄）	10mg/支	四类烟
	红旗渠（天行健）	11mg/支	三类烟	红旗渠（硬银）	10mg/支	四类烟
	红旗渠（新版银河）	10mg/支	四类烟	红旗渠（软红）	10mg/支	四类烟
散花	散花（软蓝）	11mg/支	四类烟			

湖北中烟工业有限责任公司

品 牌	规 格	焦油量	备 注	规 格	焦油量	备 注
黄鹤楼△☆★	黄鹤楼（软珍品）	8mg/支	一类烟	黄鹤楼（硬 1916 红爆）	10mg/支	一类烟
	黄鹤楼（视窗）	8mg/支	一类烟、细支烟，2021 年新产品	黄鹤楼（硬漫天游）	10mg/支	一类烟
	黄鹤楼（硬知音）	11mg/支	一类烟	黄鹤楼（硬天骄圣地）	10mg/支	一类烟
	黄鹤楼（硬峡谷情）	10mg/支	一类烟	黄鹤楼（硬平安）	8mg/支	一类烟、细支烟
	黄鹤楼（硬珍品）	8mg/支	一类烟	黄鹤楼（硬 15 细支）	8mg/支	一类烟、细支烟
	黄鹤楼（硬峡谷柔情）	10mg/支	一类烟	黄鹤楼（硬天下胜景）	8mg/支	一类烟、细支烟
	黄鹤楼（硬大彩）	6mg/支	一类烟	黄鹤楼（硬嘉禧缘）	9mg/支	一类烟、细支烟
	黄鹤楼（硬奇景）	10mg/支	一类烟、中支烟	黄鹤楼（硬圣火）	6mg/支	一类烟、细支烟
	黄鹤楼（软红）	8mg/支	一类烟	黄鹤楼（硬生态）	8mg/支	一类烟、细支烟
	黄鹤楼（硬雅韵）	8mg/支	一类烟	黄鹤楼（硬峡谷情细支）	8mg/支	一类烟、细支烟
	黄鹤楼（软雅韵）	8mg/支	一类烟	黄鹤楼（硬天骄圣地细支）	8mg/支	一类烟、细支烟
	黄鹤楼（硬红）	8mg/支	一类烟	黄鹤楼（感恩中支）	8mg/支	一类烟、中支烟
	黄鹤楼（硬雅香）	11mg/支	一类烟	黄鹤楼（峡谷情中支）	9mg/支	一类烟、中支烟
	黄鹤楼（硬蓝）	9mg/支	一类烟、中支烟	黄鹤楼（软竹蕴）	8mg/支	一类烟、短支烟

续表

品　牌	规　格	焦油量	备　注	规　格	焦油量	备　注
黄鹤楼△☆★	黄鹤楼（硬祝福）	11mg/支	一类烟、中支烟	黄鹤楼（硬金砂龙烟）	11mg/支	二类烟
	黄鹤楼（软蓝）	11mg/支	一类烟	黄鹤楼（硬金砂）	8mg/支	二类烟
	黄鹤楼（硬8度）	10mg/支	一类烟	黄鹤楼（硬银紫）	10mg/支	二类烟
	黄鹤楼（硬1916）	10mg/支	一类烟	黄鹤楼（天下名楼）	8mg/支	二类烟、细支烟
	黄鹤楼（软1916）	10mg/支	一类烟	黄鹤楼（硬天下名楼90）	8mg/支	二类烟、细支烟
	黄鹤楼（硬15）	10mg/支	一类烟	黄鹤楼（硬雪之景）	11mg/支	二类烟、雪茄型
	黄鹤楼（1916中支）	9mg/支	一类烟、中支烟	黄鹤楼（软雪之景）	11mg/支	二类烟、雪茄型
	黄鹤楼（硬感恩）	8mg/支	一类烟	黄鹤楼（金典中支）	8mg/支	一类烟、中支烟
红金龙△	红金龙（硬爱你爆珠）	8mg/支	二类烟	红金龙（硬黄佳品）	10mg/支	三类烟
	红金龙（软精品）	11mg/支	三类烟	红金龙（硬蓝爱你）	8mg/支	三类烟、细支烟
	红金龙（软精品二代）	10mg/支	三类烟	红金龙（硬新版）	10mg/支	四类烟
	红金龙（硬福满多）	11mg/支	三类烟	红金龙（软蓝九州腾龙）	10mg/支	四类烟
	红金龙（硬爱你）	10mg/支	三类烟	红金龙（硬红龙）	11mg/支	三类烟、雪茄型
	红金龙（硬神州腾龙）	10mg/支	三类烟	红金龙（软虹之彩）	9mg/支	五类烟

湖南中烟工业有限责任公司

品　牌	规　格	焦油量	备　注	规　格	焦油量	备　注
芙蓉王△☆★	芙蓉王（钻石）	10mg/支	一类烟	芙蓉王（硬）	11mg/支	一类烟
	芙蓉王（软蓝）	10mg/支	一类烟	芙蓉王（硬蓝细支）	8mg/支	一类烟、细支烟
	芙蓉王（硬领航）	9mg/支	一类烟	芙蓉王（硬红带细支）	8mg/支	一类烟、细支烟
	芙蓉王（硬75mm）	9mg/支	一类烟、短支烟	芙蓉王（硬闪带细支）	8mg/支	一类烟、细支烟
	芙蓉王（硬蓝新版）	10mg/支	一类烟	芙蓉王（硬细支）	8mg/支	一类烟、细支烟
	芙蓉王（蓝）	10mg/支	一类烟	芙蓉王（硬中支）	10mg/支	一类烟、中支烟
	芙蓉王（硬闪带75mm）	8mg/支	一类烟、短支烟	芙蓉王（硬匠心手作）	10mg/支	一类烟、中支烟
	芙蓉王（硬王之荣耀）	10mg/支	一类烟、中支烟	芙蓉王（荣耀细支）	8mg/支	一类烟、细支烟，2021年新产品
	芙蓉王（荣耀中支）	10mg/支	一类烟、中支烟，2021年新产品	芙蓉王（硬红宝石）	10mg/支	一类烟，2021年新产品
	芙蓉王（硬红带）	10mg/支	一类烟，2021年2月退市			

续表

品 牌	规 格	焦油量	备 注	规 格	焦油量	备 注
白沙△★	白沙（和天下）	11mg/支	一类烟	白沙（硬精品三代）	10mg/支	二类烟
	白沙（软和天下）	10mg/支	一类烟	白沙（硬红运当头）	10mg/支	二类烟
	白沙（硬和天下尊享）	10mg/支	一类烟、短支烟	白沙（硬蓝尚品）	10mg/支	二类烟
	白沙（硬细支和天下）	7mg/支	一类烟、细支烟	白沙（硬天天向上细支）	8mg/支	二类烟、细支烟
	白沙（硬和天下尊享 84mm）	10mg/支	一类烟	白沙（精品二代）	10mg/支	三类烟
	白沙（硬和天下双中支）	10mg/支	一类烟、中支烟	白沙（硬新精品二代）	10mg/支	三类烟
	白沙（硬和气生财）	11mg/支	一类烟	白沙（精品）	8mg/支	三类烟
	白沙（软珍品）	10mg/支	一类烟、中支烟	白沙（绿和）	10mg/支	三类烟
	白沙（硬新和气生财细支）	8mg/支	一类烟、细支烟	白沙（硬）	10mg/支	三类烟
	白沙（硬白细支）	6mg/支	一类烟、细支烟	白沙（软）	10mg/支	三类烟
芙蓉	芙蓉（软红）	11mg/支	五类烟			
相思鸟	相思鸟（软）	11mg/支	五类烟			
万宝路	万宝路（硬金 3.0）	8mg/支	一类烟、混合型	万宝路（硬冰爵 2.0）	8mg/支	一类烟、混合型
冬虫夏草	冬虫夏草（和润）	6mg/支	一类烟	冬虫夏草（双中支）	8mg/支	一类烟

广东中烟工业有限责任公司

品 牌	规 格	焦油量	备 注	规 格	焦油量	备 注
双喜△☆★	双喜（大国喜）	10mg/支	一类烟	双喜（传奇）	10mg/支	二类烟
	双喜（硬紫红玫王）	10mg/支	一类烟	双喜（和喜）	10mg/支	二类烟
	双喜（五叶神金尊）	10mg/支	一类烟	双喜（软经典 1906）	10mg/支	二类烟
	双喜（百年经典）	10mg/支	一类烟	双喜（硬经典 1906）	10mg/支	二类烟
	双喜（春天细支）	8mg/支	一类烟、细支烟	双喜（硬蓝红玫王）	8mg/支	二类烟
	双喜（春天中支）	10mg/支	一类烟、中支烟	双喜（花悦）	8mg/支	二类烟、细支烟
	双喜（硬逸品）	8mg/支	一类烟	双喜（金 01）	10mg/支	二类烟、短支烟
	双喜（软红五叶神）	11mg/支	一类烟	双喜（莲香）	10mg/支	二类烟
	双喜（硬世纪经典）	10mg/支	一类烟	双喜（硬金五叶神）	11mg/支	二类烟
	双喜（经典工坊）	10mg/支	一类烟	双喜（软蓝红玫王）	8mg/支	二类烟
	双喜（硬红五叶神）	11mg/支	一类烟	双喜（软经典）	11mg/支	三类烟
	双喜（盛世）	6mg/支	一类烟	双喜（硬 01）	11mg/支	三类烟，2021 年 12 月调价为二类烟
	双喜（金国喜）	10mg/支	一类烟、细支烟	双喜（硬）	11mg/支	三类烟
	双喜（国喜细支）	10mg/支	一类烟、细支烟	双喜（硬红玫王）	8mg/支	三类烟
	双喜（红邮喜）	10mg/支	一类烟、中支烟	双喜（软 01）	11mg/支	三类烟
	双喜（珍藏）	8mg/支	一类烟、短支细	双喜（软）	11mg/支	三类烟
	双喜（硬经典）	11mg/支	三类烟			

续表

品牌	规格	焦油量	备注	规格	焦油量	备注
红玫	红玫（硬金）	11mg/支	三类烟			
椰树	椰树（硬）	11mg/支	四类烟			

广西中烟工业有限责任公司

品牌	规格	焦油量	备注	规格	焦油量	备注
真龙△☆	真龙（硬赞歌）	10mg/支	一类烟、中支烟	真龙（起源）	11mg/支	一类烟
	真龙（甲天下中支）	8mg/支	一类烟、中支烟，2021 年新产品	真龙（鸿韵）	11mg/支	一类烟
	真龙（巴马天成）	6mg/支	一类烟	真龙（美人香草）	6mg/支	一类烟、细支烟
	真龙（软海韵）	10mg/支	一类烟	真龙（硬凌云）	10mg/支	二类烟
	真龙（海韵细支）	8mg/支	一类烟、细支烟	真龙（状元）	10mg/支	二类烟
	真龙（神韵）	10mg/支	一类烟	真龙（轩云）	11mg/支	二类烟
	真龙（海韵）	11mg/支	一类烟	真龙（致青春）	8mg/支	二类烟
	真龙（海韵中支）	8mg/支	一类烟、中支烟，2021 年新产品	真龙（凌云）	8mg/支	二类烟、细支烟
	真龙（龙天下）	10mg/支	一类烟	真龙（祥云）	11mg/支	二类烟
	真龙（晶钻刘三姐）	6mg/支	一类烟、细支烟	真龙（锦绣）	10mg/支	三类烟
	真龙（刘三姐）	8mg/支	一类烟、细支烟	真龙（珍品）	11mg/支	三类烟
	真龙（中支凌云）	9mg/支	一类烟、中支烟	真龙（软娇子）	10mg/支	三类烟
	真龙（佳韵）	11mg/支	一类烟	真龙（娇子）	10mg/支	三类烟

重庆中烟工业有限责任公司

品牌	规格	焦油量	备注	规格	焦油量	备注
天子△	天子（重庆 20 年）	11mg/支	一类烟	天子（五粮香 30 年）	11mg/支	一类烟
	天子（千里江山中支）	9mg/支	一类烟	天子（千里江山细支）	8mg/支	一类烟、细支烟
	天子（观天下长嘴中支）	9mg/支	一类烟	天子（金如意细支）	8mg/支	一类烟、细支烟
	天子（壹号）	11mg/支	一类烟	天子（中支）	10mg/支	一类烟、中支烟
	天子（细支传奇）	6mg/支	一类烟、细支烟	天子（五粮香 20 年）	11mg/支	一类烟
	天子（软黄）	11mg/支	一类烟	天子（重庆红）	11mg/支	一类烟
	天子（中国心中支）	9mg/支	一类烟、中支烟	天子（硬珍品龙凤呈祥）	11mg/支	一类烟
	天子（千里江山）	11mg/支	一类烟	天子（金）	11mg/支	一类烟
	天子（重庆印象）	9mg/支	一类烟、中支烟	天子（C 位）	8mg/支	一类烟、中支烟
	天子（小天子）	11mg/支	一类烟			

续表

品 牌	规 格	焦油量	备 注	规 格	焦油量	备 注
龙凤呈祥△	龙凤呈祥（好运来）	10mg/支	二类烟	龙凤呈祥（硬遇见）	10mg/支	三类烟
	龙凤呈祥（遇见）	8mg/支	二类烟、细支烟	龙凤呈祥（硬喜庆新）	10mg/支	三类烟
	龙凤呈祥（百年好合）	10mg/支	二类烟	龙凤呈祥（吉祥如意）	10mg/支	三类烟
	龙凤呈祥（硬）	11mg/支	二类烟	龙凤呈祥（硬世纪朝天门）	10mg/支	三类烟
	龙凤呈祥（盛世）	10mg/支	二类烟	龙凤呈祥（佳品）	10mg/支	三类烟
	龙凤呈祥（软魅力朝天门）	11mg/支	三类烟	龙凤呈祥（畅行天下）	10mg/支	四类烟
	龙凤呈祥（花开富贵）	11mg/支	三类烟	龙凤呈祥（鸿运朝天门）	11mg/支	四类烟
宏声	宏声（硬）	10mg/支	四类烟，2021 年停产			

四川中烟工业有限责任公司

品 牌	规 格	焦油量	备 注	规 格	焦油量	备 注
娇子△☆	娇子（宽窄）	10mg/支	一类烟	娇子（祥云）	10mg/支	一类烟
	娇子（宽窄逍遥细支）	8mg/支	一类烟、细支烟	娇子（格调）	9mg/支	一类烟、中支烟
	娇子（宽窄国宝）	10mg/支	一类烟，2021 年新产品	娇子（宽窄好运细支）	8mg/支	一类烟、细支烟
	娇子（宽窄逍遥中支）	10mg/支	一类烟、中支烟，2021 年新产品	娇子（五粮醇香中支）	10mg/支	一类烟、中支烟
	娇子（清甜香）	11mg/支	一类烟	娇子（五粮醇香）	10mg/支	一类烟
	娇子（宽窄逍遥）	10mg/支	一类烟	娇子（格调短支）	10mg/支	一类烟、短支烟，2021 年停产
	娇子（红韵新）	10mg/支	一类烟	娇子（红）	11mg/支	二类烟
	娇子（宽窄吉祥双中支）	10mg/支	一类烟、中支烟	娇子（格调细支）	8mg/支	二类烟、细支烟
	娇子（青海湖侧旋）	11mg/支	一类烟	娇子（金格调）	8mg/支	二类烟
	娇子（精品）	10mg/支	一类烟，2021 年停产	娇子（黑）	11mg/支	二类烟，2021 年停产
	娇子（五粮浓香中支）	10mg/支	一类烟、中支烟	娇子（蓝）	11mg/支	二类烟
	娇子（宽窄如意）	10mg/支	一类烟	娇子（软阳光）	11mg/支	三类烟
	娇子（宽窄如意细支）	7mg/支	一类烟、细支烟	娇子（X）	6mg/支	三类烟
	娇子（宽窄平安中支）	10mg/支	一类烟、中支烟	娇子（新概念）	8mg/支	三类烟
	娇子（五粮浓香细支）	10mg/支	一类烟、细支烟	娇子（绿时代阳光）	9mg/支	三类烟
	娇子（宽窄好运）	10mg/支	一类烟	娇子（时代阳光）	11mg/支	三类烟
	娇子（软宽窄平安）	10mg/支	一类烟	娇子（蓝时代）	8mg/支	三类烟
	娇子（X 龙韵）	7mg/支	一类烟、细支烟，2021 年停产	娇子（红格调）	10mg/支	三类烟
	娇子（X 生肖）	6mg/支	一类烟、细支烟			
天下秀	天下秀（红名品）	9mg/支	三类烟	天下秀（金）	11mg/支	四类烟
狮牌	狮牌（锦绣成都）	10mg/支	三类烟、雪茄型	狮牌（原香）	11mg/支	三类烟、雪茄型

贵州中烟工业有限责任公司

品 牌	规 格	焦油量	备 注	规 格	焦油量	备 注
贵烟△☆★	贵烟（福）	10mg/支	一类烟	贵烟（跨越）	7mg/支	一类烟、细支烟
	贵烟（硬小国酒香）	10mg/支	一类烟	贵烟（萃）	8mg/支	一类烟、细支烟
	贵烟（软高遵）	10mg/支	一类烟	贵烟（行者）	10mg/支	一类烟、短支烟
	贵烟（蓝色的爱）	11mg/支	一类烟	贵烟（细支行者）	7mg/支	一类烟、细支烟
	贵烟（硬高遵）	11mg/支	一类烟	贵烟（小国酒香）	10mg/支	一类烟
	贵烟（玉液 1 号）	10mg/支	一类烟	贵烟（行者梦）	9mg/支	一类烟、中支烟
	贵烟（红中支）	8mg/支	一类烟	贵烟（喜）	11mg/支	二类烟
	贵烟（盛世）	10mg/支	一类烟	贵烟（硬黄精品）	11mg/支	三类烟
	贵烟（细支国酒香 30）	6mg/支	一类烟、细支烟	贵烟（新贵）	10mg/支	三类烟
	贵烟（国酒香 30）	10mg/支	一类烟	贵烟（金百合）	10mg/支	三类烟
	贵烟（魔力）	8mg/支	一类烟、细支烟	贵烟（喜贵）	10mg/支	二类烟
	贵烟（贵中支）	8mg/支	一类烟	贵烟（生肖）	10mg/支	一类烟，2021 年新产品
	贵烟（福中支）	8mg/支	一类烟，2021 年新产品			
黄果树	黄果树（佳遵）	11mg/支	三类烟	黄果树（长征）	10mg/支	三类烟
	黄果树（长征红星照耀）	10mg/支	三类烟	黄果树（佳品）	10mg/支	三类烟
	黄果树（蓝佳品）	10mg/支	三类烟	黄果树（软）	10mg/支	四类烟
遵义	遵义（软）	10mg/支	四类烟			

云南中烟工业有限责任公司

品 牌	规 格	焦油量	备 注	规 格	焦油量	备 注
玉溪△☆★	玉溪（硬和谐）	10mg/支	一类烟	玉溪（中支境界）	10mg/支	一类烟、中支烟，2021 年新产品
	玉溪（硬）	10mg/支	一类烟	玉溪（创客）	8mg/支	一类烟、细支烟
	玉溪（华叶）	10mg/支	一类烟	玉溪（细支庄园）	8mg/支	一类烟、细支烟
	玉溪（初心）	10mg/支	一类烟	玉溪（细支阿诗玛）	7mg/支	一类烟、细支烟
	玉溪（软）	11mg/支	一类烟	玉溪（细支清香世家）	8mg/支	一类烟、细支烟
	玉溪（软尚善）	10mg/支	一类烟	玉溪（细支 108）	8mg/支	一类烟、细支烟
	玉溪（软小庄园）	8mg/支	一类烟	玉溪（细支初心）	8mg/支	一类烟、细支烟
	玉溪（软阿诗玛）	10mg/支	一类烟	玉溪（鑫中支）	9mg/支	一类烟、中支烟
	玉溪（软初心）	10mg/支	一类烟	玉溪（中支阿诗玛）	8mg/支	一类烟、中支烟
	玉溪（软境界）	10mg/支	一类烟	玉溪（中支和谐）	8mg/支	一类烟、中支烟
	玉溪（双中支翡翠）	8mg/支	一类烟、中支烟	玉溪（108）	8mg/支	一类烟、短支烟
	玉溪（中支华叶）	8mg/支	一类烟、中支烟	玉溪（高配版）	10mg/支	一类烟

续表

品 牌	规 格	焦油量	备 注	规 格	焦油量	备 注
云烟△☆★	云烟（印象）	10mg/支	一类烟	云烟（神秘花园）	8mg/支	一类烟、细支烟
	云烟（印象烟庄）	8mg/支	一类烟	云烟（84mm 细支祥瑞）	7mg/支	一类烟、细支烟
	云烟（软印象烟庄）	8mg/支	一类烟	云烟（84mm 细支雪域）	7mg/支	一类烟、细支烟
	云烟（雪域）	10mg/支	一类烟	云烟（细支珍品）	8mg/支	一类烟、细支烟
	云烟（云端）	10mg/支	一类烟	云烟（中支天眼）	9mg/支	一类烟、中支烟
	云烟（小云端）	10mg/支	一类烟	云烟（中支金腰带）	9mg/支	一类烟、中支烟
	云烟（软珍红钻）	10mg/支	一类烟	云烟（中支塞上好江南）	9mg/支	一类烟、中支烟
	云烟（百味人生）	10mg/支	一类烟	云烟（中支乌镇之恋）	10mg/支	一类烟、中支烟
	云烟（软珍品）	11mg/支	一类烟	云烟（黑金刚印象）	10mg/支	一类烟、中支烟
	云烟（软珍品 zj）	11mg/支	一类烟，2021 年停产	云烟（小熊猫家园）	10mg/支	一类烟、中支烟
	云烟（软珍品红韵）	10mg/支	一类烟	云烟（盛世小熊猫）	10mg/支	一类烟、中支烟，2021 年新品
	云烟（绿呼伦贝尔）	11mg/支	一类烟	云烟（74mm 大团结）	10mg/支	一类烟、短支烟
	云烟（呼伦贝尔碧草云天）	10mg/支	一类烟	云烟（硬云龙）	10mg/支	二类烟
	云烟（软大重九）	8mg/支	一类烟	云烟（细支云龙）	8mg/支	二类烟、细支烟
	云烟（软礼印象）	10mg/支	一类烟	云烟（福）	10mg/支	三类烟
	云烟（9+1 大重九）	8mg/支	一类烟	云烟（紫）	10mg/支	三类烟
	云烟（细支大重九）	8mg/支	一类烟、细支烟	云烟（红）	10mg/支	三类烟
	云烟（中支云端）	9mg/支	一类烟、中支烟	云烟（软紫）	8mg/支	三类烟
	云烟（中支大重九）	9mg/支	一类烟、中支烟	云烟（软如意）	8mg/支	三类烟
红塔山△★	红塔山（双享）	4mg/支	一类烟	红塔山（硬欣经典）	10mg/支	三类烟
	红塔山（硬传奇）	10mg/支	二类烟	红塔山（软经典）	10mg/支	三类烟
	红塔山（硬恭贺新禧）	10mg/支	二类烟	红塔山（软新）	8mg/支	三类烟，2021 年停产
	红塔山（细支传奇）	8mg/支	二类烟、细支烟	红塔山（硬经典 100）	10mg/支	三类烟
	红塔山（硬新势力）	10mg/支	三类烟	红塔山（硬经典）	10mg/支	三类烟
	红塔山（新时代）	10mg/支	三类烟	红塔山（大经典 1956）	10mg/支	三类烟
红河△	红河（道）	10mg/支	一类烟	红河（软 99）	8mg/支	二类烟
	红河（硬 V8）	10mg/支	一类烟	红河（小熊猫世纪风）	10mg/支	三类烟
	红河（去野）	10mg/支	一类烟	红河（软甲）	10mg/支	三类烟
	红河（快乐）	10mg/支	二类烟	红河（软 88）	10mg/支	三类烟
	红河（A7）	10mg/支	二类烟	红河（硬 88）	10mg/支	三类烟
	红河（硬 99）	8mg/支	二类烟	红河（硬）	11mg/支	三类烟

续表

品　牌	规　格	焦油量	备　注	规　格	焦油量	备　注
红梅	红梅（软顺）	10mg/支	四类烟，2021 年停产	红梅（软黄）	10mg/支	四类烟
雪莲	雪莲（岁月）	8mg/支	一类烟	雪莲（软蓝）	10mg/支	一类烟
	雪莲（74mm 天韵）	10mg/支	一类烟、短支烟	雪莲（尚禧）	10mg/支	二类烟
	雪莲（细支 1960）	8mg/支	一类烟、细支烟	雪莲（蓝精品）	10mg/支	三类烟
	雪莲（3000）	8mg/支	一类烟、细支烟			
钓鱼台	钓鱼台（94mm 硬景泰蓝）	6mg/支	一类烟	钓鱼台（84mm 细支）	7mg/支	一类烟、细支烟
	钓鱼台（100mm 细支）	7mg/支	一类烟、细支烟，2021 年新产品	钓鱼台（中支）	9mg/支	一类烟、中支烟
茶花	茶花（94mm）	8mg/支	三类烟			
红山茶	红山茶（软）	10mg/支	三类烟			
威斯	威斯（小熊猫）	10mg/支	三类烟			
呼伦贝尔	呼伦贝尔（金戈铁马）	8mg/支	一类烟	呼伦贝尔（天堂草原）	8mg/支	一类烟、细支烟
	呼伦贝尔（至臻）	9mg/支	一类烟、中支烟	呼伦贝尔（草原情）	10mg/支	二类烟
	呼伦贝尔（天之韵）	9mg/支	一类烟、中支烟			

陕西中烟工业有限责任公司

品　牌	规　格	焦油量	备　注	规　格	焦油量	备　注
好猫△	好猫（细支天赋）	7mg/支	一类烟、细支烟	好猫（长乐）	10mg/支	二类烟
	好猫（吉祥）	11mg/支	一类烟	好猫（金丝猴）	10mg/支	二类烟、中支烟
	好猫（细支招财猫）	8mg/支	一类烟、细支烟	好猫（细支长乐）	7mg/支	二类烟、细支烟
	好猫（招财猫 1600）	10mg/支	一类烟	好猫（金猴王）	10mg/支	三类烟
	好猫（中支金丝猴）	10mg/支	一类烟、中支烟	好猫（招财进宝）	10mg/支	三类烟
	好猫（炫蓝）	11mg/支	一类烟	好猫（猴王磨砂）	11mg/支	三类烟
	延安（1935）	10mg/支	一类烟	延安（中支 1935）	10mg/支	一类烟、中支烟
	延安（红韵）	10mg/支	一类烟	延安（金）	10mg/支	二类烟
延安△	延安（千年帝都）	10mg/支	一类烟、中支烟	延安（公主）	10mg/支	二类烟
	延安（青春岁月）	10mg/支	一类烟	延安（硬）	10mg/支	三类烟
	延安（细支 1935）	8mg/支	一类烟、细支烟	延安（软）	10mg/支	三类烟
	延安（细支千年帝都）	8mg/支	一类烟、细支烟	延安（硬红）	10mg/支	四类烟
	延安（细支圣地河谷）	8mg/支	一类烟、细支烟			

中国烟草实业发展中心

黑龙江烟草工业有限责任公司

品 牌	规 格	焦油量	备 注	规 格	焦油量	备 注
哈尔滨	哈尔滨（龙烟万福）	10mg/支	一类烟、中支烟	哈尔滨（老巴夺）	10mg/支	三类烟、中支烟
	哈尔滨（龙烟金安）	10mg/支	一类烟、中支烟	哈尔滨（风尚）	10mg/支	三类烟
	哈尔滨（老巴夺红中支）	9mg/支	一类烟、中支烟	哈尔滨（HAPPY）	10mg/支	二类烟、中支烟
龙烟	龙烟（红松香）	10mg/支	一类烟、中支烟	龙烟（呈祥）	8mg/支	二类烟、细支烟
	龙烟（北国风光）	8mg/支	一类烟、细支烟	龙烟（冰雪）	8mg/支	一类烟
林海灵芝	林海灵芝（8mg）	8mg/支	三类烟、混合型	林海灵芝（软如意）	10mg/支	四类烟，2021 年停产
	林海灵芝（如意）	10mg/支	三类烟	林海灵芝（蓝色经典）	9mg/支	四类烟、混合型

红塔辽宁烟草有限责任公司

品 牌	规 格	焦油量	备 注	规 格	焦油量	备 注
玉溪△☆★	玉溪（人民大会堂软红）	11mg/支	一类烟	玉溪（阿诗玛细支）	7mg/支	一类烟、细支烟
	玉溪（硬）	10mg/支	一类烟			
人民大会堂	人民大会堂（16）	10mg/支	一类烟	人民大会堂（中支）	9mg/支	一类烟、中支烟
	人民大会堂（16 细支）	6mg/支	一类烟、细支烟	人民大会堂（古瓷细支）	6mg/支	一类烟、细支烟
	人民大会堂（盛京中支）	9mg/支	一类烟、中支烟	人民大会堂（硬红）	10mg/支	二类烟
	人民大会堂（盛京细支）	6mg/支	一类烟、细支烟	人民大会堂（硬红细支）	6mg/支	二类烟、细支烟
	人民大会堂（蘭香细支）	6mg/支	一类烟、细支烟			
哈尔滨	哈尔滨（老巴夺红中支）	9mg/支	一类烟、中支烟			
云烟△☆★	云烟（紫）	10mg/支	三类烟			
红塔山△★	红塔山（软经典）	10mg/支	三类烟	红塔山（新时代）	10mg/支	三类烟
	红塔山（硬经典 100）	10mg/支	三类烟	红塔山（大经典 1956）	10mg/支	三类烟
红梅	红梅（软黄）	10mg/支	四类烟			

吉林烟草工业有限责任公司

品 牌	规 格	焦油量	备 注	规 格	焦油量	备 注
长白山△	长白山（细支人参烟）	8mg/支	一类烟、细支烟	长白山（777）	7mg/支	二类烟、细支烟
	长白山（德容天下）	3mg/支	一类烟，2021 年停产	长白山（心归）	10mg/支	二类烟
	长白山（人参参品）	8mg/支	一类烟、中支烟	长白山（人参）	6mg/支	二类烟
	长白山（人参盛世）	10mg/支	一类烟、短支烟，2021 年新产品	长白山（红人参）	10mg/支	三类烟

续表

品 牌	规 格	焦油量	备 注	规 格	焦油量	备 注
长白山△	长白山（人参参缘）	8mg/支	一类烟、中支烟	长白山（软红）	8mg/支	三类烟
	长白山（韵藏天下）	8mg/支	一类烟、细支烟	长白山（迎春中支）	9mg/支	三类烟、中支烟
	长白山（神韵细支）	5mg/支	一类烟、细支烟	长白山（银）	8mg/支	三类烟
	长白山（国风）	9mg/支	一类烟、中支烟，2021 年新产品	长白山（红）	9mg/支	三类烟
	长白山（神韵）	5mg/支	一类烟	长白山（海蓝）	11mg/支	三类烟
	长白山（揽胜）	8mg/支	一类烟	长白山（桂花）	10mg/支	四类烟
	长白山（心驰）	9mg/支	一类烟、中支烟，2021 年新产品			
	长白山（圣境）	9mg/支	一类烟、中支烟			
	长白山（蓝尚）	8mg/支	一类烟、细支烟			

甘肃烟草工业有限责任公司

品 牌	规 格	焦油量	备 注	规 格	焦油量	备 注
兰州△	兰州（飞天梦）	8mg/支	一类烟	兰州（桥）	6mg/支	一类烟、细支烟
	兰州（中支飞天梦）	8mg/支	一类烟、中支烟	兰州（16 支吉祥）	8mg/支	一类烟
	兰州（硬飞天）	8mg/支	一类烟	兰州（细支珍品）	8mg/支	一类烟、细支烟
	兰州（细支飞天梦）	8mg/支	一类烟、细支烟	兰州（硬珍品）	8mg/支	二类烟
	兰州（中支飞天花径）	8mg/支	一类烟、中支烟，2021 年新产品	兰州（硬如意）	8mg/支	三类烟
	兰州（粹经典）	8mg/支	一类烟，2021 年新产品	兰州（硬精品）	6mg/支	三类烟
	兰州（黑中支）	8mg/支	一类烟、中支烟	兰州（硬蓝）	8mg/支	三类烟
	兰州（硬吉祥）	8mg/支	一类烟	兰州（硬黄）	8mg/支	四类烟
	兰州（小青支）	8mg/支	一类烟、中支烟	兰州（硬红）	8mg/支	四类烟

内蒙古昆明卷烟有限责任公司

品 牌	规 格	焦油量	备 注	规 格	焦油量	备 注
冬虫夏草△	冬虫夏草（金）	10mg/支	一类烟	冬虫夏草（红中支）	8mg/支	一类烟、中支烟，2021 年新产品
	冬虫夏草（和润中支）	8mg/支	一类烟、中支烟	冬虫夏草（金细）	6mg/支	一类烟、细支烟，2021 年新产品
	冬虫夏草（和润）	6mg/支	一类烟、细支烟	冬虫夏草（银）	8mg/支	一类烟，2021 年新产品
	冬虫夏草（双中支）	8mg/支	一类烟、中支烟			
云烟苁蓉	云烟（苁蓉和悦）	6mg/支	一类烟、细支烟	云烟（硬苁蓉）	10mg/支	二类烟
	云烟（软苁蓉）	9mg/支	二类烟			
大青山	大青山（昭君和亲）	8mg/支	二类烟、中支烟	大青山（长丰）	10mg/支	三类烟

深圳烟草工业有限责任公司

品 牌	规 格	焦油量	备 注	规 格	焦油量	备 注
双喜△☆★	双喜（细支盛世好日子）	8mg/支	一类烟	双喜（硬晶彩好日子）	10mg/支	一类烟
	双喜（硬盛世好日子）	10mg/支	一类烟	双喜（万象好日子）	10mg/支	一类烟
	双喜（细支金樽好日子）	8mg/支	一类烟	双喜（好日子城市之光）	10mg/支	一类烟
	双喜（硬金樽好日子）	10mg/支	一类烟	双喜（软珍品好日子）	10mg/支	一类烟
	双喜（细支晶彩好日子）	8mg/支	一类烟	双喜（硬祥和好日子）	8mg/支	二类烟
	双喜（好日子欢乐颂）	10mg/支	一类烟	双喜（硬精品好日子）	10mg/支	三类烟
	双喜（软锦绣好日子）	8mg/支	一类烟	双喜（硬吉祥好日子）	10mg/支	三类烟
	双喜（硬祥云好日子）	8mg/支	一类烟			

山西昆明烟草有限责任公司

品 牌	规 格	焦油量	备 注	规 格	焦油量	备 注
紫气东来	紫气东来（汾清香）	6mg/支	一类烟、细支烟	紫气东来（吉祥天下）	10mg/支	一类烟
	紫气东来（祥瑞）	8mg/支	一类烟			
云烟△☆★	云烟（软珍品）	12mg/支	一类烟	云烟（福）	10mg/支	三类烟
	云烟（细支珍品）	8mg/支	一类烟	云烟（紫）	12mg/支	三类烟
	云烟（细支云龙）	8mg/支	二类烟			
红河△	红河（A7）	10mg/支	二类烟	红河（软甲）	11mg/支	三类烟
	红河（硬）	12mg/支	三类烟			
红塔山△★	红塔山（硬传奇）	10mg/支	二类烟	红塔山（硬经典）	11mg/支	三类烟
	红塔山（新时代）	10mg/支	三类烟			

海南红塔卷烟有限责任公司

品 牌	规 格	焦油量	备 注	规 格	焦油量	备 注
云烟△☆★	云烟（紫）	10mg/支	三类烟	云烟（福）	10mg/支	三类烟
玉溪△☆★	玉溪（软境界）	10mg/支	一类烟			
红塔山△★	红塔山（软经典）	10mg/支	三类烟	红塔山（硬经典100）	10mg/支	三类烟
	红塔山（硬经典）	10mg/支	三类烟	红塔山（硬恭贺新禧）	10mg/支	二类烟
	红塔山（硬传奇）	10mg/支	二类烟	红塔山（新时代）	10mg/支	三类烟
红梅	红梅（软黄）	10mg/支	四类烟			
三沙	三沙（中支）	8mg/支	一类烟、中支烟	三沙（细支）	8mg/支	一类烟、细支烟
	三沙（椰王绿）	10mg/支	二类烟	三沙（椰王金）	10mg/支	一类烟，2021 年退市
宝岛	宝岛	10mg/支	一类烟	宝岛（三沙）	10mg/支	一类烟
	宝岛（一品沉香）	8mg/支	一类烟、细支烟			

注：1. 2021 年在产卷烟品牌（规格）名录中，标☆的为 2021 年二类以上卷烟销量排名前 15 位品牌，标★的为卷烟销售额排名前 15 位品牌，标△的为卷烟重点品牌，标▲的为卷烟视同重点品牌。“双喜·红双喜”在本名录中分别按“双喜”“红双喜”单列。

2. 备注中未说明的卷烟品牌（规格）类型均为烤烟型。

2021 年在产雪茄烟品牌（规格）名录

安徽中烟工业有限责任公司

品　牌	品　名	风格特征	尺寸规格	包装规格	类　别
王冠△	王冠（20 支）	中度浓味	88mm×9.2mm	20 支装硬盒	机制雪茄烟
	王冠（塑 10 支）	中度浓味	130mm×15.3mm	10 支装塑盒	机制雪茄烟
	王冠（原味 1 号）	中度浓味	130mm×14.8mm	10 支装硬盒	机制雪茄烟
	王冠（原味塑十支）	中度浓味	130mm×14.8mm	10 支装塑盒	机制雪茄烟
	王冠（原味 9 号）	中度浓味	88mm×9.2mm	10 支装硬盒	机制雪茄烟
	王冠（原味 9 号塑嘴）	中度浓味	110mm×9.2mm	5 支装硬盒	机制雪茄烟
	王冠（原味 9 号塑嘴十支）	中度浓味	110mm×9.2mm	10 支装硬盒	机制雪茄烟
	王冠（原味 3 号）	中度浓味	110mm×9.2mm	5 支装硬盒	机制雪茄烟
	王冠（原味 9 号迷你塑嘴）	中度浓味	90mm×9.2mm	10 支装硬盒	机制雪茄烟
	王冠（原味 3 号铁盒）	中度浓味	110mm×9.2mm	10 支装铁盒	机制雪茄烟
	王冠（奶香 10 支）	香味雪茄	80mm×7.8mm	10 支装铁盒	机制雪茄烟
	王冠（赛悦）	中度浓味	88mm×9.2mm	10 支装铁盒	机制雪茄烟
	王冠（城市印象）	中度浓味	88mm×9.2mm	10 支装铁盒	机制雪茄烟
	王冠（原味 2 号）	中度浓味	130mm×15.3mm	10 支装塑盒	机制雪茄烟
	王冠（经典 8 号）	中度浓味	136mm×14mm	10 支装硬盒	机制雪茄烟
	王冠（香草 MIX）	中度浓味	80mm×8mm	10 支装铁盒	机制雪茄烟
	王冠（塑 2 支全叶卷）	中度浓味	120mm×13mm	2 支装硬盒	机制雪茄烟
	王冠（10 支全叶卷）	中度浓味	150mm×17.8mm	10 支装木盒	手工雪茄烟
	王冠（国粹）	中度浓味	140mm×20mm	10 支装木盒	手工雪茄烟
	王冠（经典铝 2 支全叶卷）	中度浓味	150mm×17.8mm	2 支装硬盒	手工雪茄烟
	王冠（智者 010 十支）	中度浓味	150mm×20.0mm	10 支装木盒	手工雪茄烟
	王冠（智者 010 五支）	中度浓味	158mm×20.0mm	5 支装木盒	手工雪茄烟
	王冠（梅兰竹菊）	中度浓味	150mm×22.0mm	8 支装硬盒	手工雪茄烟
	王冠（古建三绝）	中度浓味	136mm×14.5mm	10 支装硬盒	手工雪茄烟
	王冠（小国粹）	中度浓味	90mm×16.2mm	5 支装铁盒	手工雪茄烟
	王冠（茶香之茶马古道）	中度浓味	90mm×16.2mm	10 支装硬盒	手工雪茄烟
	王冠（古建三绝 25 支）	中度浓味	136mm×14.5mm	25 支装硬盒	手工雪茄烟
	王冠（经典 5 号）	中度浓味	150mm×17.8mm	5 支装硬盒	手工雪茄烟
	王冠（蓝色假日）	中度浓味	110mm×16.4mm	5 支装硬盒	手工雪茄烟
	王冠（国粹风度）	中度浓味	124mm×20mm	10 支装木盒	手工雪茄烟
	王冠（假日·黄金海岸）	中度浓味	110mm×22mm	5 支装铁盒	手工雪茄烟

续表

品 牌	品 名	风格特征	尺寸规格	包装规格	类 别
王冠△	王冠（国粹满堂彩）	中度浓味	156mm×20mm	5支装硬盒	手工雪茄烟
	王冠（假日阳光）	中度浓味	156mm×20mm	4支装硬盒	手工雪茄烟
	王冠（蓝色假日5支）	中度浓味	110mm×16.4mm	5支装硬盒	手工雪茄烟
	王冠（万象）	中度浓味	84mm×7.8mm	20支装硬盒	卷烟型雪茄烟
	王冠（万象细支）	中度浓味	94mm×6.2mm	18支装硬盒	卷烟型雪茄烟
	王冠（国粹名角）	中度浓味	84mm×7.8mm	10支装硬盒	卷烟型雪茄烟
	王冠（古型）	中度浓味	84mm×7.8mm	16支装硬盒	卷烟型雪茄烟
	王冠（国粹荣耀）	中度浓味	84mm×7.8mm	20支装硬盒	卷烟型雪茄烟
	王冠（加勒比）	中度浓味	84mm×7.8mm	20支装硬包	卷烟型雪茄烟
黄山松	黄山松（回味迎客松）	中度浓味	84mm×7.8mm	20支装硬盒	卷烟型雪茄烟
	黄山松（迎客松赢客）	中度浓味	84mm×7.8mm	20支装硬盒	卷烟型雪茄烟
	黄山松（醉翁亭）	中度浓味	84mm×7.8mm	20支装硬盒	卷烟型雪茄烟
都宝	都宝（原味9号）	中度浓味	88mm×9.2mm	20支装硬盒	机制雪茄烟

山东中烟工业有限责任公司

品 牌	品 名	风格特征	尺寸规格	包装规格	类 别
泰山	泰山（巅峰2号）	中上浓味	152mm×62mm	礼品木盒10支装	手工雪茄烟
	泰山（巅峰5号）	中上浓味	146mm×65mm	礼品木盒10支装	手工雪茄烟
	泰山（巅峰6号）	中上浓味	127mm×62mm	礼品纸盒5支装	手工雪茄烟
	泰山（战神5号）	中度浓味	152mm×47mm	礼品纸盒8支装	手工雪茄烟，2021年新产品
	泰山（超级战神）	中上浓味	120mm×65mm	礼品纸盒10支装	手工雪茄烟，2021年新产品
	泰山（都市丛林）	中上浓味	127mm×62mm	精品盒10支装	手工雪茄烟，2021年新产品
	泰山（阔佬2号）	中度浓味	123mm×44mm	纸盒5支装	机制雪茄烟
	泰山（3G原味）	中度浓味	100mm×28mm	铁盒10支装	机制雪茄烟
	泰山（3G沉香）	中度浓味	86mm×25mm	铁盒8支装	机制雪茄烟
	泰山（3G咖啡）	中度浓味	98mm×28mm	纸盒10支装	机制雪茄烟
	泰山（巴哈马甜味）	中度浓味	88mm×25mm	铁盒10支装	机制雪茄烟
	泰山（巴哈马）	中度浓味	88mm×25mm	纸盒10支装	机制雪茄烟
	泰山（3G水蜜桃）	中度浓味	70mm×26mm	纸盒16支装	机制雪茄烟
	泰山（中海御叶）	中下淡味	84mm×17mm	纸盒20支装	卷烟型雪茄烟、细支
	泰山（雪豹双十支）	中下淡味	94mm×24.4mm	双十支纸盒	卷烟型雪茄烟
	泰山（雪豹细支）	中下淡味	97mm×17mm	纸盒20支装	卷烟型雪茄烟、细支
	泰山（雪豹）	中度淡味	100mm×24.4mm	纸盒20支装	卷烟型雪茄烟，2021年停产
	泰山（黑豹）	中下淡味	94mm×24.4mm	双十支纸盒	卷烟型雪茄烟
	泰山（黑豹细支）	中下淡味	84mm×17mm	纸盒20支装	卷烟型雪茄烟、细支

续表

品　牌	品　名	风格特征	尺寸规格	包装规格	类　别
将军△	将军（大力神）	中度浓味	150mm×56mm	礼品纸盒5支装	手工雪茄烟
	将军（战神1号）	中度浓味	140mm×56mm	礼品木盒10支装	手工雪茄烟
	将军（战神3号）	中度浓味	130mm×56mm	礼品木盒10支装	手工雪茄烟
	将军（战神4号）	中度浓味	100mm×56mm	铁盒4支装	手工雪茄烟
	将军（战神）	中度浓味	120mm×56mm	礼品纸盒5支装	手工雪茄烟
	将军（战神荣耀）	中下浓味	100mm×38mm	纸盒10支装	机制雪茄烟
	将军（战神07）	中下浓味	123mm×44mm	铁盒5支装	机制雪茄烟
	将军（3G）	中下浓味	100mm×28mm	铁盒10支装	机制雪茄烟

湖北中烟工业有限责任公司

品　牌	品　名	风格特征	尺寸规格	包装规格	类　别
黄鹤楼△	黄鹤楼（公爵）	中等浓郁	150mm×66mm	10支航空铝木盒礼品装	手工雪茄烟
	黄鹤楼（1916雪之梦2号）	中等浓郁	230mm×78.5mm	1支装木盒	手工雪茄烟
	黄鹤楼（1916雪之梦3号）	中等浓郁	176mm×59.7mm	10支装木盒	手工雪茄烟
	黄鹤楼（雪之梦6号）	中等浓郁	155mm×62.8mm	10支纸板硬盒装	手工雪茄烟
	黄鹤楼（雪之梦7号）	中等浓郁	140mm×56.5mm	5支纸板硬盒装	手工雪茄烟
	黄鹤楼（雪之梦8号）	中等浓郁	140mm×62.8mm	5支纸板硬盒装	手工雪茄烟
	黄鹤楼（雪之梦9号）	中等浓郁	110mm×56.5mm	5支纸盒装	手工雪茄烟
	黄鹤楼（雪之梦5号）	中等浓郁	124mm×62.3mm	10支装木盒	手工雪茄烟
	黄鹤楼（雪之梦10号）	中等浓郁	110mm×62.3mm	4支纸板硬盒装	手工雪茄烟
	黄鹤楼（雪之韵2号）	温和型	132mm×50.9mm	5支纸盒装	半机制雪茄烟
	黄鹤楼（雪之韵6号）	温和型	100mm×31.4mm	10支纸盒装	半机制雪茄烟
	黄鹤楼（雪之韵5号）	温和型	90mm×47.1mm	5支纸盒装	半机制雪茄烟，2021年新产品
	黄鹤楼（迷你醇味）	醇和型	84mm×24.5mm	10支铁盒装	机制雪茄烟
	黄鹤楼（逍遥5号）	中等浓郁	158mm×62.8mm	10支装木盒	手工雪茄烟，2021年新产品
	黄鹤楼（南洋伍号）	醇和型	88mm×27.6mm	10支纸盒装	卷烟型雪茄烟
	黄鹤楼（雪之景2号）	醇和型	84mm×16.5mm	10支纸盒装	卷烟型雪茄烟
	黄鹤楼（雪之景3号）	醇和型	88mm×22.5mm	10支纸盒装	卷烟型雪茄烟
	黄鹤楼（雪之景5号）	醇和型	84mm×24.2mm	10支纸盒装	卷烟型雪茄烟
	黄鹤楼（雪之景6号）	醇和型	64mm×26.0mm	10支纸盒装	卷烟型雪茄烟
	黄鹤楼（雪之景9号）	醇和型	90mm×20.4mm	20支纸盒装	卷烟型雪茄烟
	黄鹤楼（雪之景10号）	醇和型	100mm×22.5mm	10支纸盒装	卷烟型雪茄烟
	黄鹤楼（雪之景7号）	醇和型	84mm×24.0mm	20支纸盒装	卷烟型雪茄烟

续表

品　牌	品　名	风格特征	尺寸规格	包装规格	类　别
茂大	茂大（5 支 XY）	温和型	105mm×39.3mm	5 支纸盒装	半机制雪茄烟
	茂大（1 号）	温和型	132mm×50.9mm	5 支塑料盒装	半机制雪茄烟

四川中烟工业有限责任公司

品　牌	品　名	风格特征	尺寸规格	包装规格	类　别
长城△	长城（骑士 1 号）	轻度浓味	120mm×53mm	4 支装纸盒	机制雪茄烟
	长城（骑士 3 号）	轻度浓味	100mm×34mm	10 支装纸盒	机制雪茄烟
	长城（金南极）	轻度浓味	120mm×34mm	5 支装纸盒	机制雪茄烟
	长城（风雅）	轻度浓味	84mm×24.5mm	10 支装纸盒	机制雪茄烟
	长城（行者）	轻度浓味	100mm×27.7mm	10 支装铁盒	机制雪茄烟
	长城（迷你原味）	轻度浓味	98mm×26mm	10 支装铁盒	机制雪茄烟
	长城（迷你咖啡）	轻度浓味	75mm×26mm	10 支装铁盒	机制雪茄烟
	长城（迷你香草）	轻度浓味	75mm×26mm	10 支装铁盒	机制雪茄烟
	长城（毛氏雪茄烟 2 号）	轻度浓味	84mm×24.6mm	20 支装纸盒	卷烟型雪茄烟
	长城（天龙）	轻度浓味	97mm×17mm	20 支装纸盒	卷烟型雪茄烟
	长城（壹叁贰 13 号）	轻度浓味	84mm×24.6mm	20 支装纸盒	卷烟型雪茄烟
	长城（132 原味）	轻度浓味	84mm×24.4mm	20 支装纸盒	卷烟型雪茄烟
	长城（132 醇味）	轻度浓味	74mm×24.2mm	20 支装纸盒	卷烟型雪茄烟
	长城（132 咖啡）	轻度浓味	84mm×24.4mm	20 支装纸盒	卷烟型雪茄烟
	长城（软传奇）	轻度浓味	84mm×24.4mm	20 支装纸盒	卷烟型雪茄烟
	长城（丝路）	轻度浓味	97mm×17mm	20 支装纸盒	卷烟型雪茄烟
	长城（醇雅 COCO）	轻度浓味	94mm×19.5mm	18 支装纸盒	卷烟型雪茄烟
	长城（醇雅薄荷）	轻度浓味	94mm×19.5mm	18 支装纸盒	卷烟型雪茄烟
	长城（醇雅奶香）	轻度浓味	94mm×19.5mm	18 支装纸盒	卷烟型雪茄烟
	长城（GL 1 号）	中度浓味	194mm×60mm	5 支装木盒	手工雪茄烟
	长城（胜利）	中度浓味	152mm×66mm	10 支装木盒	手工雪茄烟
	长城（GL3 号）	中度浓味	156mm×67.3mm	10 支装木盒	手工雪茄烟，2021 年新产品
	长城（GJ6 号）	中度浓味	184mm×71mm	10 支装木盒	手工雪茄烟，2021 年新产品
	长城（生肖版）	中度浓味	135mm×66mm	10 支装木盒	手工雪茄烟

续表

品　牌	品　名	风格特征	尺寸规格	包装规格	类　别
长城△	长城（唯佳金字塔）	中度浓味	152mm×64.8mm	10支装木盒	手工雪茄烟，2021年新产品
	长城（揽胜1号）	中度浓味	150mm×64.7mm	10支装纸盒	手工雪茄烟
	长城（揽胜3号经典）	中度浓味	124mm×62.3mm	10支装纸盒	手工雪茄烟
	长城（10支132秘制）	中度浓味	110mm×47mm	10支装木盒	手工雪茄烟
	长城（传奇3号）	中度浓味	178mm×58.7mm	5支装木盒	手工雪茄烟
	长城（5支传奇1号）	中度浓味	105mm×72mm	5支装木盒	手工雪茄烟
	长城（132奇迹）	中度浓味	130mm×68.5mm	10支装纸盒	手工雪茄烟，2021年新产品
	长城（导师2号）	中度浓味	130mm×53.4mm	25支装木盒	手工雪茄烟
	长城（132记忆）	中度浓味	124mm×62.3mm	25支装纸盒	手工雪茄烟，2021年新产品
	长城（红色132）	中度浓味	90mm×53.4mm	5支装铁盒	手工雪茄烟
	长城（盛世奇迹）	中度浓味	135mm×62.3mm	5支装纸盒	手工雪茄烟
	长城（2号）	轻度浓味	130mm×53.4mm	5支装纸盒	手工雪茄烟
	长城（经典2号）	轻度浓味	130mm×53.4mm	5支装纸盒	手工雪茄烟
	长城（3号）	轻度浓味	150mm×50mm	5支装纸盒	手工雪茄烟
	长城（大号铝管5支）	轻度浓味	160mm×55mm	5支装纸盒	手工雪茄烟
	长城（盛世3号）	轻度浓味	140mm×58mm	10支装纸盒	手工雪茄烟
	长城（经典3号）	轻度浓味	150mm×50mm	5支装纸盒	手工雪茄烟
	长城（盛世5号）	轻度浓味	150mm×56mm	10支装纸盒	手工雪茄烟
	长城（盛世6号）	轻度浓味	110mm×44mm	50支装纸盒	手工雪茄烟
狮牌	狮牌（5支小号）	轻度浓味	112mm×31mm	5支装纸盒	机制雪茄烟
	狮牌（大S）	轻度浓味	84mm×24.2mm	20支装纸盒	卷烟型雪茄烟
	狮牌（年画）	轻度浓味	84mm×24.2mm	20支装纸盒	卷烟型雪茄烟
	狮牌（加勒比阳光）	轻度浓味	150mm×44mm	20支装纸盒	手工雪茄烟
工字	工字（1号）	轻度浓味	84mm×34mm	10支装纸盒	机制雪茄烟
	工字（红）	轻度浓味	84mm×34mm	10支装纸盒	机制雪茄烟

注：2021年在产雪茄烟品牌（规格）名录中，标△的为雪茄烟重点品牌。安徽中烟雪茄烟尺寸规格为“长度×直径”；山东中烟、湖北中烟、四川中烟雪茄烟尺寸规格为“长度×周长”。

◇ 编辑：周　佳　褚　幸　刘海文

索引使用说明

一、本索引采用关键词索引法编制。年鉴中有实质检索意义的内容均予以标引，以供检索使用。

二、本索引具体排列规律如下：以数字开头的标目，排在最前面；以英文字母打头的标目，列于其次；汉字标目则按首字的音序、音调依次排列；首字相同时，则以第二个字排序，并依次类推。

三、索引标目后的数字，表示检索内容所在的年鉴正文页码，如果一个关键词在同一页中出现多次，页码只标一次。

索　引

Y

Z

图书在版编目（CIP）数据

中国烟草年鉴.2022/《中国烟草》杂志社有限公司编.—北京：中国经济出版社，2023.6
ISBN 978-7-5136-7324-2

Ⅰ.①中… Ⅱ.①中… Ⅲ.①烟草工业—中国—2022—年鉴 Ⅳ.①F426.89-54

中国国家版本馆CIP数据核字（2023）第088530号

责任编辑 郑 潇
责任印制 马小宾
封面设计 金 菊
彩插设计 许双慧 卢 旋 王雨婷
彩插编辑 褚 幸

出版发行 中国经济出版社
印 刷 者 北京富泰印刷有限责任公司
经 销 者 各地新华书店
开　　本 889mm×1194mm 1/16
印　　张 34.25
插页印张 5
字　　数 2100千字
版　　次 2023年6月第1版
印　　次 2023年6月第1次
定　　价 350.00元
广告经营许可证 京西工商广字第8179号

中国经济出版社 网址 www.economyph.com 社址 北京市东城区安定门外大街58号 邮编 100011
本版图书如存在印装质量问题，请与本社发行中心联系调换（联系电话：010-57512564）